Strafjustiz und DDR-Unrecht

Dokumentation

Herausgegeben von
Klaus Marxen und Gerhard Werle

De Gruyter Recht · Berlin

Band 5/1. Teilband:

Rechtsbeugung

Unter Mitarbeit von
Boris Burghardt, Ute Hohoff und Petra Schäfter

De Gruyter Recht · Berlin

♾ Gedruckt auf säurefreiem Papier,
das die US-ANSI-Norm über Haltbarkeit erfüllt

ISBN 978-3-89949-240-8

Bibliografische Information der Deutschen Nationalbibliothek

Die Deutsche Nationalbibliothek verzeichnet diese Publikation in der Deutschen Nationalbibliografie; detaillierte bibliografische Daten sind im Internet über http://dnb.d-nb.de abrufbar.

Printed in Germany
Einbandgestaltung: Christopher Schneider, Berlin
Druck und buchbinderische Verarbeitung: Hubert & Co., Göttingen

Vorwort zum fünften Band

Die Dokumentation „Strafjustiz und DDR-Unrecht“ präsentiert der Öffentlichkeit erstmals ein vollständiges Bild der strafrechtlichen Verfolgung von DDR-Unrecht. Die Dokumentation ist aus dem Forschungsprojekt „Strafjustiz und DDR-Vergangenheit“ hervorgegangen, das wir mit Unterstützung der VolkswagenStiftung an der Humboldt-Universität zu Berlin durchführen. Kooperationsvereinbarungen mit den Justizbehörden haben uns den Zugang zu allen einschlägigen Verfahrensunterlagen ermöglicht.

Gelingen kann ein Vorhaben dieser Art und Größenordnung nur, wenn tatkräftige Hilfe von außen kommt und tüchtige Mitarbeiterinnen und Mitarbeiter beteiligt sind. Wir haben daher zahlreichen Personen und Institutionen zu danken.

Unser besonderer Dank gilt den Ministerien und Staatsanwaltschaften der Länder Berlin, Brandenburg, Mecklenburg-Vorpommern, Sachsen, Sachsen-Anhalt und Thüringen für die Bereitschaft, die Justizmaterialien zur Verfügung zu stellen. Gedankt sei ferner den Mitgliedern des Projektbeirats, Herrn Generalstaatsanwalt a.D. Schaefgen, dem Staatssekretär im Bundesministerium der Justiz Herrn Diwell, dem ehemaligen Richter am Bundesgerichtshof Herrn Prof. Dr. Horstkotte sowie dem Strafverteidiger Herrn Prof. Dr. Dr. Ignor, die uns bei der Konzipierung dieser Dokumentation beraten haben.

Großen Dank schulden wir auch allen Mitarbeiterinnen und Mitarbeitern des Forschungsprojekts „Strafjustiz und DDR-Vergangenheit“ sowie unserer Lehrstühle, die das Werk auf vielfältige Weise unterstützt haben. An erster Stelle sind Boris Burghardt, Ute Hohoff und Petra Schäfter zu nennen, die durch konzeptionelle und praktische Mitarbeit besonderen Anteil am Gelingen dieses Bandes haben. Weiterhin danken wir Heike Berger, Nora Dittmer, Harm-Randolf Döpkens, Claudia Haarmann, Jenny Krieger, Alexander Lambor, Barbara Lüders, Mario Piel, Camill Sander, Anja Schepke, Doreen Siegmund, Isko Steffan, Gregoria Palomo Suárez und Petra Tesch, die in verschiedenen Phasen an dem Vorhaben mitwirkten.

Gedankt sei schließlich der VolkswagenStiftung, die durch die großzügige Förderung des Projekts „Strafjustiz und DDR-Vergangenheit“ eine entscheidende Voraussetzung für die vorliegende Dokumentation geschaffen hat.

Berlin, im August 2007

Klaus Marxen *Gerhard Werle*

Inhalt

Band 5/1

Dokumente

Teil 1: Arbeits- und zivilrechtliche Entscheidungen

Teil 2: Strafrechtliche Entscheidungen

Band 5/2

Abkürzungsverzeichnis

a.	am, an
a.A.	anderer Ansicht
a.a.O.	am angegebenen Ort
a.F.	alter Fassung
A.V.d.	Auf Vorhalt der/des
ABF	Arbeiter- und Bauernfakultät
ABl. AHK	Amtsblatt der Alliierten Hohen Kommission
ABlKR	Amtsblatt des Kontrollrats in Deutschland
Abs.	Absatz oder Absender
Abschn.	Abschnitt
Abt.	Abteilung
ABVO	Verordnung über die Aufenthaltsbeschränkung
ADMV	Allgemeiner Deutscher Motorsport-Verband
ADN	Allgemeiner Deutscher Nachrichtendienst
aF	alter Fassung
AG	Amtsgericht
AGB	Arbeitsgesetzbuch der DDR
AGL	Abteilungsgewerkschaftsleitung
Ah	Ampèrestunde
Akz.	Aktenzeichen
Al.	Abteilungsleiter
Alt.	Alternative
amt.	amtierende(-r)
Angekl.	Angeklagte, (-r)
Anl.	Anlage
Anm.	Anmerkung
anschl.	anschließend
AP	Associated Press (US-amerikanische Nachrichtenagentur)
Apr.	April
ARD	Arbeitsgemeinschaft der öffentlich-rechtlichen Rundfunkanstalten der Bundesrepublik Deutschland (Erstes Deutsches Fernsehen)
AT	Allgemeiner Teil
Aufl.	Auflage
AWG	Arbeiter-Wohnbaugenossenschaft
Az.	Aktenzeichen
b.	bei
b.u.v.	beschlossen und verkündet
BA	Beschlussausfertigung
Bd.	Band
BDM	Bund Deutscher Mädel
BDVP	Bezirksbehörde der Deutschen Volkspolizei
betr.	betreffend(-e), (-er), (-es)
bezw.	beziehungsweise
BG	Bezirksgericht
BGBl.	Bundesgesetzblatt

BGH	Bundesgerichtshof
BGHR	BGH-Rechtsprechung, hrsg. von den Richtern des Bundesgerichtshofs (Loseblattsammlung)
BGHSt	Bundesgerichtshof in Strafsachen, amtliche Sammlung
BGL	Betriebsgewerkschaftsleitung
Bl.	Blatt
BMSR	Betriebs-, Mess-, Steuer und Regelungstechnik
BND	Bundesnachrichtendienst
BPO	Bezirksparteiorganisation
BR	Bundesrepublik
BRAO	Bundesrechtsanwaltsordnung
BRD	Bundesrepublik Deutschland
Bst.	Buchstabe
BStU	Bundesbeauftragte(r) für die Unterlagen des Staatssicherheitsdienstes der ehemaligen DDR
Buchst.	Buchstabe
BV	Bezirksverwaltung
BVB	Berliner Verkehrs-Betriebe
BVerfG	Bundesverfassungsgericht
BVerfGE	Entscheidungen des Bundesverfassungsgerichts (amtliche Sammlung)
BVfS	Bezirksverwaltung für Staatssicherheit
BZ	Berliner Zeitung
bzw.	beziehungsweise
ca.	circa
cbm	Kubikzentimeter
CIA	Central Intelligence Agency
cm	Zentimeter
CSR	Tschechoslowakei
CSSR	Československá Socialisticka Republiká (Tschechoslowakische Sozialistische Republik)
d.	die, der, des
d.A.	der Akte(n)
d.h.	das heißt
d.J.	des Jahres
DAF	Deutsche Arbeitsfront
DASR	Deutsche Akademie für Staats- und Rechtswissenschaft
DB	Durchführungsbestimmung
DBB	Deutsche Bauernbank
DDR	Deutsche Demokratische Republik
Defa	Deutsche Film-Aktiengesellschaft
DER	Deutsche Reisebüro GmbH
dergl.	dergleichen
Dez.	Dezember
DFD	Demokratischer Frauenbund Deutschlands
DHFK	Deutsche Hochschule für Körperkultur und Sport
dikt.	diktiert
Dir.	Direktive
dgl.	dergleichen
DKP	Deutsche Kommunistische Partei

DM	Deutsche Mark
DPA	Deutsche Presseagentur oder (Deutscher) Personalausweis
DRiZ	Deutsche Richterzeitung
DSF	Deutsch-Sowjetische Freundschaft
DSSV	Deutscher Schwimmsport-Verband (der DDR)
DtV	Deutscher Taschenbuchverlag
DtZ	Deutsch-deutsche Rechts-Zeitschrift
DuI	Dokumentation und Information (Amtliche Veröffentlichungsreihe der Generalstaatsanwaltschaft der DDR)
DVP	Deutsche Volkspolizei
EAW	Elektro-Apparate-Werke
EGStGB	Einführungsgesetz zum Strafgesetzbuch
ehem.	ehemalig(-e), (-er), (-es)
einschl.	einschließlich
EK	Eisernes Kreuz
engl.	englisch(-e), (-er), (-es)
EVG	Europäische Verteidigungsgemeinschaft
evt., evtl.	eventuell
Expl.	Exemplar
FDGB	Freier Deutscher Gewerkschaftsbund
FDJ	Freie Deutsche Jugend
FGB	Familiengesetzbuch der DDR
fm	Festmeter
fr.	früher
franz.	französisch(-e), (-er), (-es)
fristgem.	fristgemäß
FVerfO	Verordnung zur Anpassung der Bestimmungen über das gerichtliche Verfahren in Familiensachen an das Familiengesetzbuch der Deutschen Demokratischen Republik
GA	Goldtdammer's Archiv
Gbl., GBl.	Gesetzblatt der DDR
gel.	gelesen
gem.	gemäß
Gen.	Genosse/Genossin
gez.	gezeichnet
GfM	Gesellschaft für Menschenrechte
GG	Gehaltsgruppe oder Grundgesetz
ggf.	gegebenenfalls
GHG	Großhandelsgesellschaft
Gr.	Gruppe(n)
GÜSt	Grenzübergangsstelle
GVG	Gerichtsverfassungsgesetz
GVS	Geheime Verschlusssache
h.M.	herrschende Meinung
ha	Hektar
HA	Hauptabteilung
HJ	Hitler-Jugend
HO	Handelsorganisation
HS	Haftsachen (Hauptabteilung der Deutschen Volkspolizei)

HV	Hauptverhandlung oder Hauptverwaltung
i.A.	im Auftrag
i.d.F.	in der Fassung
i.S.	im Sinne
i.S.d.	im Sinne der/des
i.S.v.	im Sinne von
i.V.	in Vertretung
i.V.m.	in Verbindung mit
IBM	Internationale Büromaschinen-Gesellschaft
idF	in der Fassung
IPbürgR, IPBPR	Internationaler Pakt über Bürgerrechte und politische Rechte
JAngest.	Justizangestellte(-r)
JEP	Jahresendprämie
JR	Juristische Rundschau
jun.	junior
JZ	Juristenzeitung
(K)	Kombinat
K.Dir.	Kontrollratsdirektive
KDir	Kontrollratsdirektive
KfZ	Kraftfahrzeug
KG	Kammergericht oder Kreisgericht oder Kontrollratsgesetz
KGB	Komitet gossudarstwennoi besopasnosti (Komitee für Staatssicherheit der Sowjetunion)
KgU	Kampfgruppe gegen Unmenschlichkeit
KK	(Betriebliche) Konfliktkommission oder Karlsruher Kommentar
Kl.	Klasse
Koll.	Kollege(n)
komm.	kommunistisch(e), (-er), (-es)
Kont. Dir.	Kontrollratsdirektive
KP	Kommunistische Partei
KPD	Kommunistische Partei Deutschlands
KPD/ML	Kommunistische Partei Deutschlands/Marxisten-Leninisten
KPdSU	Kommunistische Partei der Sowjektunion
Krad	Kraftrad
KRD, KRDir	Kontrollratsdirektive
KreisG, KrG	Kreisgericht
Krs.	Kreis
KSZE	Konferenz über Sicherheit und Zusammenarbeit in Europa
KVK	Kriegsverdienstkreuz
KVP	Kasernierte Volkspolizei
KWV	Kommunale Wohnungsverwaltung
KZ	Konzentrationslager
LDPD	Liberaldemokratische Partei Deutschlands
LG	Landgericht
Lg.Kdo.	Luftgaukommando
LK	Leipziger Kommentar
LP	Langspielplatte
l	Liter
lt.	laut

M	Mark (der DDR)
m	Meter
m.	mein(-e), (-er), (-es) oder mit
m.N.	mit Nachweisen
m.w.N., m.w.Nachw.	mit weiteren Nachweisen
MdI	Ministerium des Innern
MDR	Monatsschrift für deutsches Recht
MfS	Ministerium für Staatssicherheit
Militär-GB	Militär-Strafgesetzbuch
Min.	Minuten
monatl.	monatlich
MRABl.	Amtsblatt der Militärregierung Deutschland
MRG	Militärregierungsgesetz
MStGB	Militärstrafgesetzbuch
MWD	Ministerstvo Vnutrennych Del (Ministerium des Innern der Sowjetunion)
n.F.	neuer Fassung
nat.soz.	nationalsozialistisch
NDPD	Nationaldemokratische Partei Deutschlands
NJ	Neue Justiz
NJW	Neue Juristische Wochenschrift
Nov.	November
Nr.	Nummer
NS	Nationalsozialismus
NSBO	Nationalsozialistische Betriebszellenorganisation
NSDAP	National-sozialistische deutsche Arbeiterpartei
NSKK	Nationalsozialistisches Kraftfahrkorps
NStZ	Neue Zeitschrift für Strafrecht
NStZ-RR	Neue Zeitschrift für Strafrecht – Rechtsprechungs-Report
NSV	Nationalsozialistische Volkswohlfahrt
NSW	Nichtsozialistisches Wirtschaftsgebiet
NTS	Narodno Trodowoi Sojus
NVA	Nationale Volksarmee
NW	Nebenwohnung
o.ä.	oder Ähnliches
o.g.	oben genannte(-n), (-r), (-s)
OG	Oberstes Gericht
OG-Inf.	OG-Informationen
OGSt	Entscheidungen des Obersten Gerichts der DDR in Strafsachen
Okt.	Oktober
OLG	Oberlandesgericht
OMR	Obermedizinalrat
OV	Operativer Vorgang
OWiG	Ordnungswidrigkeitengesetz
OWVO	Verordnung zur Bekämpfung von Ordnungswidrigkeiten
Pkt.	Punkt
Pkw, PKW	Personenkraftwagen
PKZ	Personenkennzahl oder Polizeiliches Kennzeichen
Pol.Kennz.	Polizeiliches Kennzeichen

POS	Polytechnische Oberschule
pp.	und so weiter
PVAO	Pass- und Visaanordnung
qm	Quadratmeter
(R)StGB	Reichsstrafgesetzbuch
(R)StPO	Reichsstrafprozessordnung
R.d.BA	Rückseite der Beschlussausfertigung
RA	Rechtsanwalt
RAD	Reichsarbeitsdienst
Rdn., RdNr.	Randnummer
RehaG	(Strafrechtliches) Rehabilitierungsgesetz
Reichs-StGB	Reichsstrafgesetzbuch
Res.	Reserve
RFT	Rundfunk-Fernsehen-Television
RGBl.	Reichsgesetzblatt
RGSt	Reichsgericht in Strafsachen (amtliche Sammlung)
Rias, RIAS	Rundfunk im Amerikanischen Sektor
rm, RM	Roter Morgen (Zeitschrift der KPD/ML)
RStGB	Reichsstrafgesetzbuch
RStPO	Reichsstrafprozessordnung
Rücks.	Rückseite
Rz.	Randziffer
S.	Satz oder Seite
s.	siehe
Sa.	Sachsen
SA	Sturmabteilung
SBZ	Sowjetische Besatzungszone
SED	Sozialistische Einheitspartei Deutschlands
sen.	senior
SFB	Sender Freies Berlin
SFRJ	Sozialistische Föderative Republik Jugoslawien
SfS	Staatssekretariat für Staatssicherheit
SK	Systematischer Kommentar
SKK	Sowjetische Kontrollkommission
SMAD	Sowjetische Militäradministration in Deutschland
s.o.	siehe oben
sog., sogen.	so genannte(-n), (r-), (-s)
sowjet.	sowjetisch(-e), (-er), (-es)
soz.	sozialistische(-r)
SPW	Schützenpanzerwagen
SS	Schutzstaffel
SSR	Sozialistische Sowjetrepublik(en)
StA	Staatsanwalt(schaft)
staatl.	staatlich(-e), (-er)
StAG	Staatsanwaltschaftsgesetz der DDR
ständ.	ständige(-r), (-s)
StBG	Staatsbürgerschaftsgesetz der DDR
stellv.	stellvertretende(-n), (-r), (s-)
StGB	Strafgesetzbuch

StPO	Strafprozessordnung
Str.	Straße
StrÄG	Strafrechtsänderungsgesetz
StrRehaG	Strafrechtliches Rehabilitierungsgesetz
StV	Strafverteidiger
StVE	Strafvollzugseinrichtung
SU	Sowjetunion
TASS	Telegrafnoe Agentstwo Sowjetskowo Sojusa (sowjetische Nachrichtenagentur)
Teno	Technische Nothilfe
TKO	Technische Kontrollorganisation
u.	und
u.ä.	und Ähnliches
u.a.	unter anderem, und andere
UA	Urteilsausfertigung
UdSSR	Union der sozialistischen Sowjetrepubliken
Uffz.	Unteroffizier
UH	Untersuchungshaft
UHA	Untersuchungshaftanstalt
uk	unabkömmlich
U-Haft	Untersuchungshaft
U-Organ, U.-Organ	Untersuchungsorgan
u.s.w.	und so weiter
UNO	United Nations Organisation
Urt.	Urteil
usf.	und so fort
usw.	und so weiter
UVR	Ungarische Volksrepublik
UZ	Unsere Zeitung (Zeitung der DKP)
v.	vom, von
V.d.	Vorhalt der/des
VD	Vertrauliche Dienstsache
VdgB	Vereinigung gegenseitiger Bauernhilfe
VdJ	Vereinigung der Juristen (der DDR)
VdN	Verfolgte(r) des Naziregimes
VE	volkseigen(-e), (-er), (-es) oder Volkseigentum
VEB	Volkseigener Betrieb
VEM	(Warenzeichen)
Verf.	Verfassung
Vert.	Verteidiger/Verteidigung
VESchG	Gesetz zum Schutze des Volkseigentums und anderen gesellschaftlichen Eigentums
Vfg.	Verfügung
vgl.	vergleiche
VKA	Volkskontrollausschuss
VO	Verordnung
vorl.	vorläufig
VOS	Vereinigung der Opfer des Stalinismus
VP	Volkspolizei

VPHA	Volkspolizeihaftanstalt
VPKA	Volkspolizeikreisamt
VPO	Vereinigung Politischer Ostflüchtlinge
VPUHA	Volkspolizei-Untersuchungshaftanstalt
VVB	Vereinigung Volkseigener Betriebe
VVN	Vereinigung der Verfolgten des Naziregimes
VVS	Vertrauliche Verschlusssache
WBK	Wehrbezirkskommando
WDK	Wiener Konvention bzw. Übereinkommen über Diplomatische Beziehungen
WDR	Westdeutscher Rundfunk
westl.	westlich
WM	Westmark oder Waschmaschinen
wöchentl.	wöchentlich
wohnh.	wohnhaft
Z.	Zuchthaus
z.B.	zum Beispiel
z.P.	zur Person
z.K.	zur Kenntnisnahme
z.S.	zur Sache
z.Z., z.Zt.	zurzeit
zahlr.	zahlreiche(-n)
ZAP-Ost	Zeitschrift für die Anwaltspraxis/Ausgabe Ost
zbV	zur besonderen Verwendung
ZDF	Zweites Deutsches Fernsehen
Zi., Ziff.	Ziffer
ZJ	Zeugen Jehovas
ZK	Zentralkomitee
ZP	Zusatzprotokoll
ZPO	Zivilprozessordnung
ZStW	Zeitschrift für die gesamte Strafrechtswissenschaft
Ztr.	Zentner
ZVOBl	Zentralverordnungsblatt

Einführung in die Dokumentation „Strafjustiz und DDR-Unrecht"

Beabsichtigt ist eine umfassende Dokumentation der strafrechtlichen Verfolgung systembedingten DDR-Unrechts. Zeitlich setzt die Dokumentation im Jahre 1989 ein, denn erste Verfahren wurden schon unmittelbar nach der politischen Wende noch in der DDR betrieben. Den weitaus größeren Teil der dokumentierten Verfahren führte allerdings die Strafjustiz der Bundesrepublik Deutschland nach der Wiedervereinigung durch.

Die Dokumentation bietet vor allem zwei übergreifende Perspektiven. Sie zeigt erstens die Strafverfolgungsaktivitäten der Justiz auf, und sie gibt zweitens zeitgeschichtlich bedeutsame Feststellungen wieder. Damit ermöglicht die Dokumentation nicht nur eine fundierte kritische Auseinandersetzung mit der strafrechtlichen Aufarbeitung des DDR-Unrechts selbst; vielmehr wird auch die DDR-Vergangenheit mittelbar zum Gegenstand der Dokumentation. So richtet sich das Angebot des Gesamtvorhabens sowohl an die allgemeine Öffentlichkeit wie auch an die Fachöffentlichkeit verschiedener wissenschaftlicher Disziplinen: Rechtswissenschaft, Geschichtswissenschaft, Politikwissenschaft, Sozialwissenschaften.

I. Begründung des Vorhabens

Mit der Strafverfolgung von DDR-Unrecht unternahm die deutsche Justiz einen weiteren Versuch, Systemkriminalität aufzuarbeiten. Zuvor waren – im Osten und im Westen Deutschlands – Strafverfahren gegen NS-Täter durchgeführt worden. Ihnen waren die Strafverfolgungsmaßnahmen der Alliierten vorangegangen, die mit den Nürnberger Prozessen ihren Anfang genommen hatten. Die Linie der Verfolgung staatlich initiierter Kriminalität führt bis hin zu den Tribunalen, die derartige im ehemaligen Jugoslawien und in Ruanda begangenen Verbrechen ahnden. Die Verfolgung von DDR-Unrecht ist – ungeachtet aller Besonderheiten dieser Verfahren – Bestandteil einer Entwicklung, die darauf zielt, die faktische Straflosigkeit der Kriminalität der Mächtigen zu beenden. Diese Ausdehnung der Herrschaft des Rechts verdient es, eine Wende genannt zu werden. Sie leitet einen neuen Abschnitt in der Entwicklung des Rechts ein. Gesellschaftlich, politisch und juristisch sollte diesem Vorgang daher höchste Aufmerksamkeit gewidmet werden. Dazu bedarf es einer uneingeschränkten und ungefilterten Wahrnehmung. Eine solche Wahrnehmung soll diese Dokumentation für den Bereich der Strafverfolgung von DDR-Unrecht ermöglichen.

Auch zeithistorische Gründe rechtfertigen das Vorhaben. Zum einen bieten die Justizdokumente eine wertvolle historische Materialgrundlage, denn sie enthalten zeitgeschichtlich bedeutsame Feststellungen, die durch die hohen Beweisanforderungen des Strafverfahrens abgesichert sind. Zum anderen bildet die Dokumentation einen justiziellen Vorgang ab, der sich nach Art und Umfang deutlich von den sonstigen Justizaktivitäten abhebt. Bei der politischen und historischen Bewertung dieses Vorgangs wird nicht allein danach gefragt werden, ob die Justiz ihre selbst gesteckten Ziele erreicht hat. Vielmehr werden Nutzen und Nachteil der Verfahren für den Prozess der deutschen

Vereinigung ein wichtiges Thema sein, für dessen Behandlung die Dokumentation das wesentliche Material bereitstellt.

Die Bewertungen der Strafverfahren wegen DDR-Unrechts gehen weit auseinander. Nicht wenige sind der Ansicht, dass die Justiz einen Irrweg beschritten habe. Sie vermissen eine ausreichende Rechtsgrundlage, erheben wegen der Unvergleichbarkeit von DDR-Unrecht und NS-Verbrechen den Vorwurf der Unverhältnismäßigkeit und kritisieren die Verfahren als verkappte politische Abrechnung und letztlich als „Siegerjustiz". Andere dagegen lasten der Justiz an, nur halbherzig gegen Systemtäter vorgegangen zu sein und dadurch den Systemopfern Genugtuung verweigert zu haben. Die Justiz habe die Hauptverantwortlichen verschont und viel zu milde Strafen verhängt. Dieser Meinungsstreit beruht zu einem erheblichen Teil auf einer jeweils nur selektiven Wahrnehmung des Gesamtvorgangs. Darin wirkt sich nicht allein der Unterschied der politischen Standpunkte aus. Grenzen sind auch denjenigen gesetzt, die sich unvoreingenommen eine Meinung bilden wollen. Denn die dafür nötige Materialbasis steht nicht zur Verfügung. Die Medien und die juristische Fachpresse bieten nur Ausschnitte. Die Medien konzentrieren sich auf spektakuläre Einzelfälle. In der juristischen Fachöffentlichkeit sind fast nur Entscheidungen aus dem Bereich höchstrichterlicher Rechtsprechung präsent. Ihre Auswahl erfolgt nach rein rechtlichen Gesichtspunkten. Als Endprodukte verraten sie nichts über den Verlauf der Strafverfolgung und über den Rechtsfindungsgang. Weitgehend ausgeblendet bleibt auch der zeithistorisch besonders bedeutsame Vorgang der Sachverhaltsfeststellung, für den die unteren Instanzen zuständig sind. Nicht einmal ansatzweise kommt der Gesamtvorgang in den Blick. Die Selektivität der Wahrnehmung gilt es zu beseitigen, damit eine sachliche Diskussion über Stärken und Schwächen der Strafverfolgung von DDR-Unrecht geführt werden kann. Ein geeignetes Mittel dafür ist eine auf Vollständigkeit angelegte Dokumentation.

II. Rechtsgrundlagen der Strafverfolgung von DDR-Unrecht

Auch nach der deutschen Wiedervereinigung sollte DDR-Unrecht verfolgt werden können. Das geht zweifelsfrei aus Regelungen im Einigungsvertrag und in Folgegesetzen hervor, die das anzuwendende Recht und Verjährungsfragen betreffen.

Nach Artikel 8 des Einigungsvertrages wurde mit dem Beitritt der DDR das Strafrecht der Bundesrepublik gesamtdeutsch verbindlich. Auf vorher in der DDR begangene Straftaten, sog. „DDR-Alttaten", ist nach Artikel 315 Absatz 1 des Einführungsgesetzes zum Strafgesetzbuch § 2 des Strafgesetzbuches anzuwenden. Daraus ergibt sich: Zunächst muss die Tat nach beiden Rechtsordnungen, also nach DDR-Recht wie nach bundesdeutschem Recht strafbar sein (Zwei-Schlüssel-Ansatz). Trifft dies zu, so ist das mildere Recht anzuwenden. Für die Ahndung von DDR-Unrecht ist damit das Meistbegünstigungsprinzip maßgeblich. Es veranlasst eine Prüfung in mehreren Schritten.

Dem ersten Prüfungsschritt liegt das Strafrecht der DDR zugrunde. Ausgeschieden werden die Fälle, die bereits nach diesem Strafrecht straflos sind. Der zweite Prüfungsschritt gilt der Frage, ob in den verbleibenden Fällen eine Strafbarkeit auch nach dem Strafrecht der Bundesrepublik gegeben ist. Ein positives Ergebnis hat zur Folge, dass nun nach der Unrechtskontinuität zwischen den anwendbaren Vorschriften des DDR-Strafrechts und des Strafrechts der Bundesrepublik gefragt wird. Eine bloß formale

Übereinstimmung der Vorschriften genügt nämlich nicht. Es muss sichergestellt sein, dass das alte und das neue Recht im Wesentlichen denselben Unrechtstyp erfassen. Andernfalls würde das strafrechtliche Rückwirkungsverbot verletzt. Wird die Unrechtskontinuität bejaht, so folgt als letzter Prüfungsschritt der Vergleich der Strafvorschriften mit dem Ziel, die mildere Strafdrohung zu bestimmen.

Verjährungsfragen regelt Artikel 315a des Einführungsgesetzes zum Strafgesetzbuch. Die Vorschrift sieht vor, dass eine bis zum Beitritt noch nicht eingetretene Verjährung mit dem Tag des Beitritts als unterbrochen gilt. Die Unterbrechung hat zur Folge, dass die Frist in voller Länge erneut zu laufen beginnt. Die Regelung zielt auf eine Kompensation des Zeitaufwandes, der für den Neuaufbau der Justiz auf dem Gebiet der früheren DDR zu veranschlagen war. Nachdem sich abzeichnete, dass der justizielle Neuaufbau mehr Zeit in Anspruch nahm, als ursprünglich vorgesehen, wurden 1993 und 1997 Gesetze erlassen, die die Verjährungsfristen verlängerten. Zudem stellte ein weiteres 1993 erlassenes Verjährungsgesetz klar, dass systembedingte Straftaten verfolgbar blieben, auch wenn die Verjährungsfrist noch vor dem Beitritt abgelaufen war. Da eine Verfolgung von Taten dieser Art in der DDR unterblieb, wurde – in Übereinstimmung mit der Rechtsprechung zu systembedingten Straftaten in der NS-Zeit – ein Ruhen der Verjährung angenommen.

Im Wesentlichen blieb es bei diesen Vorgaben. Verfassungs- und Gesetzgeber verzichteten auf eine weitergehende Gestaltung der Strafverfolgung von DDR-Unrecht. Die Aufgabe einer Präzisierung der rechtlichen Grundlagen musste zur Hauptsache von der justiziellen Praxis bewältigt werden. Auch dieser Umstand rechtfertigt eine Dokumentation des justiziellen Vorgehens.

III. Konzeption und Ziele der Dokumentation

Dokumentiert werden soll die strafrechtliche Aufarbeitung des systembedingten DDR-Unrechts. Was unter „systembedingt" zu verstehen ist, hat die Justiz selbst durch die Organisationsform der Schwerpunktstaatsanwaltschaft und die Bildung von Fallgruppen in der Entscheidungspraxis näher bestimmt. Als systembedingt sind danach Taten anzusehen, die durch das System, das den Staat DDR trug, initiiert, gefördert oder geduldet wurden. Dazu sind folgende Fallgruppen zu zählen: Wahlfälschung, Gewalttaten an der deutsch-deutschen Grenze, Rechtsbeugung, Amtsmissbrauch und Korruption, Straftaten unter Beteiligung des Ministeriums für Staatssicherheit, Denunziation, Misshandlung von Gefangenen, sonstige Wirtschaftsstraftaten, Doping sowie Spionage. Darüber hinaus wurden von den Schwerpunktstaatsanwaltschaften teilweise auch Taten verfolgt, die erst nach dem Ende der DDR begangen wurden. Dazu gehören etwa Fälle vereinigungsbedingter Wirtschaftskriminalität und Aussagedelikte, die im Zusammenhang mit Strafverfahren wegen DDR-Unrechts verübt wurden. Diese Bereiche bleiben hier jedoch unberücksichtigt, weil schon aus zeitlichen Gründen allenfalls ein mittelbarer Zusammenhang mit dem System der DDR besteht.

Die Dokumentation soll gewährleisten, dass die Strafverfolgung in ihrem zeitlichen Ablauf vollständig abgebildet wird. Einbezogen werden daher auch die Verfahren, die nach der politischen Wende noch in der DDR begonnen und teilweise dort sogar abgeschlossen wurden. Im Zentrum stehen allerdings die Strafverfahren, die die Justiz der

Bundesrepublik Deutschland nach dem Beitritt der DDR am 3. Oktober 1990 durchgeführt hat.

In die Dokumentation werden nur Verfahren aufgenommen, in denen Anklage erhoben wurde. Denn erst mit der Anklageerhebung verlässt das Strafverfahren das Stadium unabgeschlossener Ermittlungen und ungesicherter Annahmen über Tat und Täter.

Zur Hauptsache werden gerichtliche Sachurteile dokumentiert. Die in ihnen getroffenen oder überprüften Sachverhaltsfeststellungen sind durch erhöhte Anforderungen an die Beweiserhebung und -würdigung abgesichert. Auch bestimmen maßgeblich Entscheidungen dieser Art über die Reichweite staatlicher Strafverfolgung, weil sie verbindlich zwischen strafbarem und straflosem Verhalten abgrenzen. Daneben werden Prozessurteile und gerichtliche Beschlüsse wiedergegeben, sofern sie Verlauf und Ergebnis des Verfahrens wesentlich mitgestaltet haben. Auf Anklagen und Einstellungsentscheidungen wird ausnahmsweise dann zurückgegriffen, wenn eine Identifizierung des Verfahrensgegenstandes anders nicht möglich ist.

Die Fallgruppen bestimmen den Aufbau der Dokumentation. Nach ihnen richtet sich auch die Aufteilung in Einzelbände. Damit wird den erheblichen Unterschieden zwischen den Fallgruppen Rechnung getragen. Sie betreffen nicht allein die tatsächliche und rechtliche Seite des jeweiligen Unrechtskomplexes, sondern auch die Verfolgungspraxis. Die Präsentation nach Fallgruppen lässt die jeweiligen Besonderheiten in der Entwicklung der justiziellen Verarbeitung deutlich hervortreten und bringt über den einzelnen Fall hinausgehende zeithistorische Zusammenhänge zur Geltung.

IV. Materialgewinnung

Das Dokumentationsvorhaben war nicht leicht zu realisieren. Denn die Strafverfolgung von DDR-Unrecht wurde dezentral betrieben. Auf die Einrichtung einer zentralen Stelle der Landesjustizverwaltungen, vergleichbar derjenigen in Ludwigsburg zur Aufklärung nationalsozialistischer Verbrechen, wurde verzichtet. Die Materialien mussten also über die im jeweiligen Fall zuständigen Staatsanwaltschaften gewonnen werden. Diese Bemühungen konnten sich auf die neuen Bundesländer und Berlin konzentrieren, weil die Verfahren nach den strafprozessrechtlichen Zuständigkeitsregeln fast ausnahmslos dort durchzuführen waren. Etwas erleichtert wurde das Vorhaben durch organisatorische Maßnahmen im Bereich der Staatsanwaltschaften in den Jahren 1992 und 1993. Die neuen Bundesländer übertrugen die Zuständigkeit auf Schwerpunktstaatsanwaltschaften oder Schwerpunktabteilungen bei Staatsanwaltschaften. Berlin richtete eine allein mit den Verfahren wegen DDR-Unrechts befasste Staatsanwaltschaft II ein. Mit diesen Staatsanwaltschaften sowie mit der für die Spionageverfahren zuständigen Bundesanwaltschaft mussten unter Einbeziehung der jeweiligen Justizministerien Absprachen darüber getroffen werden, wie die einschlägigen Verfahren erfasst werden konnten und in welchen Formen eine Überlassung und Verwertung von Verfahrensmaterialien möglich war. Zu beteiligen waren auch die für den Datenschutz zuständigen Behörden, weil Strafverfahrenakten datenschutzrechtlich besonders sensibles Material enthalten.

Es bedurfte somit umfangreicher Kooperationsvereinbarungen. Auch musste für die Erfassung, die Übergabe, die Anonymisierung, die Verarbeitung mit EDV-Mitteln und die Aufbewahrung der Materialien ein hoher personeller und organisatorischer Aufwand geleistet werden. Derartige Aufgaben überfordern Einzelpersonen und auch universitäre Einrichtungen. Nötig war die Etablierung eines Forschungsprojekts auf Drittmittelbasis. Die Förderungszusage der VolkswagenStiftung ermöglichte die Einrichtung des Forschungsprojekts „Strafjustiz und DDR-Vergangenheit" an der Juristischen Fakultät der Humboldt-Universität zu Berlin. Das Projekt entwickelte Formen der Kooperation mit den beteiligten Behörden, die eine vollständige Erfassung und sachgerechte Verarbeitung gewährleisteten.

Die Staatsanwaltschaften machten dem Projekt die relevanten Verfahrensmaterialien in kopierter Form zugänglich. Die Anonymisierung der Daten solcher Personen, die nicht zu den Personen der Zeitgeschichte gehören, erfolgte zunächst noch vor Übernahme der Materialien in den Arbeitsbereich des Projekts, nach Änderung der datenschutzrechtlichen Auflagen vor Veröffentlichung der Texte. Im Projekt wurden die Verfahren und die Materialien mit kennzeichnenden Daten sowie die Texte der Materialien unter Einsatz von EDV-Techniken verarbeitet. In regelmäßig Abständen wurde der Bestand an Verfahren und Verfahrensmaterialien mit den Staatsanwaltschaften abgeglichen. Dadurch ist sichergestellt, dass das Projekt zumindest für den Zeitraum seit der Begründung spezieller staatsanwaltschaftlicher Zuständigkeiten in den Jahren 1992 und 1993 über eine vollständige Materialsammlung verfügt. Dagegen können Lücken für den Zeitraum davor nicht völlig ausgeschlossen werden. Betroffen sind Verfahren, die vor der Wiedervereinigung noch von DDR-Staatsanwaltschaften und in den ersten Jahren nach der Wiedervereinigung von örtlich zuständigen Staatsanwaltschaften der Bundesrepublik Deutschland eingeleitet wurden. Sie sind nirgends systematisch erfasst. Die Quote fehlender Verfahren dürfte jedoch gering sein. Das Projekt ist allen Hinweisen auf derartige Verfahren nachgegangen, die sich aus den erfassten Verfahren und aus der Presseberichterstattung ergaben.

V. Materialauswahl

Der Intention einer vollständigen Dokumentation würde der Volltextabdruck sämtlicher Dokumente aus allen Verfahren am besten entsprechen. Der Umfang einer solchen Publikation würde jedoch jedes vertretbare Maß übersteigen. Zudem hätten zahlreiche Dokumente einen weitgehend identischen Inhalt. Es war daher eine Materialauswahl vorzunehmen. Sie orientierte sich an den folgenden generellen Leitlinien.

Es war sicherzustellen, dass die wesentlichen Strafverfolgungsaktivitäten vollständig abgebildet wurden. Auch mussten die dokumentierten Verfahren in ihrem Ablauf nachvollziehbar bleiben. Zur Hauptsache sollten, wie oben dargelegt, tat- und revisionsrichterliche Entscheidungen mit wichtigen rechtlichen Aussagen und zeitgeschichtlich bedeutsamen Sachverhaltsfeststellungen zur Geltung kommen. Nur ausnahmsweise sollte auf sonstige richterliche und staatsanwaltschaftliche Entscheidungen oder sonstige Materialien zurückgegriffen werden. Welche Konsequenzen diese Leitlinien für die einzelnen Fallgruppen hatten, wird in der Einleitung der einzelnen Bände dargelegt. Dort werden auch zusätzliche spezielle Auswahlkriterien erläutert, die sich aus den Besonderheiten der einzelnen Fallgruppen ergaben.

VI. Systematik der Dokumentation

Die Dokumentation ist nach Fallgruppen in Einzelbände aufgeteilt. Besonders umfangreiche Fallgruppen erstrecken sich auf zwei Bände. Die Dokumentation der Fallgruppen ist so angelegt, dass eine separate Nutzung der Bände möglich ist. Geplant ist ein Gesamtumfang von etwa zehn Bänden. Die Abfolge des Erscheinens richtet sich nach dem Stand der Verfolgungsaktivitäten. Vorrangig werden Fallgruppen dokumentiert, in denen die Strafverfolgung vollständig oder nahezu abgeschlossen ist.

Im Zentrum jedes Einzelbandes steht der Dokumententeil. Die darin enthalten Verfahren sind mit laufenden Nummern und einem Kurztitel versehen, der den Verfahrensgegenstand benennt. Vorangestellt ist ein Verzeichnis der aus diesem Verfahren zum Abdruck kommenden Materialien. Die Abfolge der dokumentierten Verfahren richtet sich nach den Besonderheiten der Fallgruppe. Sie wird in der Einleitung des Einzelbandes dargelegt und begründet.

Die zu einem Verfahren gehörenden Dokumente werden chronologisch nach dem Zeitpunkt der Entscheidung angeordnet. An erster Stelle ist in der Regel das erstinstanzliche Urteil abgedruckt. Es folgen, soweit vorhanden, Entscheidungen weiterer Instanzen. Die jeweils zuletzt wiedergegebene Entscheidung hat, sofern nichts anderes angemerkt ist, Rechtskraft erlangt. Den einzelnen Dokumenten ist ein Inhaltsverzeichnis vorangestellt.

Dem Dokumententeil geht ein einleitender Beitrag voraus. Er enthält für die jeweilige Fallgruppe einen Überblick über Gegenstand, Umfang und Entwicklung der Strafverfolgungsmaßahmen. Ferner werden darin die Materialauswahl und die Reihenfolge der Wiedergabe erläutert. Ein dem Dokumententeil nachfolgender umfangreicher Anhang bietet weiterführende Informationen sowie mehrere Register (näher dazu unten VIII).

VII. Bearbeitung der Materialien

Größtmögliche Authentizität ist durch Wiedergabe von Dokumenten im Faksimile-Abdruck erreichbar. Davon wurde jedoch abgesehen, weil die Bände viel zu umfangreich geworden wären. Auch wäre es wegen der erheblichen formalen Unterschiede der einzelnen Dokumente nicht möglich gewesen, eine übersichtliche und gut lesbare Dokumentation vorzulegen.

Günstige Rezeptionsbedingungen lassen sich unter weitgehender Wahrung der Authentizität durch einen Abdruck von Texten im Wortlaut erreichen. Dieser Weg wurde hier gewählt. Die editorische Grundlinie lautet daher: Texteingriffe werden nur vorgenommen, wenn sie aus datenschutzrechtlichen Gründen unvermeidlich und zur Gewährleistung von Übersichtlichkeit und Lesbarkeit geboten sind. Selbstverständlich werden Eingriffe durch Kürzungen oder Zusätze als solche kenntlich gemacht. Annotierungen haben, wie es dem Charakter einer Quellenedition entspricht, lediglich die Funktion, Verständnishilfe zu bieten. Auf Bewertungen jeder Art wird verzichtet.

Im Einzelnen wurden an den Materialien, die fast ausnahmslos als Kopien der Originaldokumente vorlagen, folgende Bearbeitungsschritte vorgenommen (vgl. auch das Beispiel auf S. XXVII). Zunächst erfolgte eine Überprüfung der Materialien unter dem Gesichtspunkt des Persönlichkeitsschutzes. Stets wurden Tag und Monat des Geburtsdatums sowie Angaben zum Geburts- und Wohnort entfernt. Ferner wurden Nachnamen bis auf den Anfangsbuchstaben unkenntlich gemacht, sofern die Betroffenen nicht zum Kreis der Personen der Zeitgeschichte gehören. Wiesen Personen identische Anfangsbuchstaben auf und war eine Verwechslung nicht auszuschließen, so blieb auch der zweite Buchstabe des Namens erhalten. Im Falle einer auch dann noch bestehenden Übereinstimmung wurden völlig andere Buchstaben vergeben. Nach der Anonymisierung personenbezogener Angaben wurden die Kopien mit Hilfe eines Scanners eingelesen. Es schloss sich eine Bearbeitung der Dateien mittels eines Textverarbeitungsprogramms an. In mehreren Korrekturdurchläufen wurde die Übereinstimmung mit der kopierten Vorlage überprüft. Eine inhaltliche Überprüfung – z.B. der in den Texten verwendeten Zitate – wurde nicht vorgenommen.

Die äußere Gestaltung der Texte wurde unter Wahrung größtmöglicher Nähe zum Original vereinheitlicht. Zur Erleichterung der Identifizierung und Zuordnung des Dokuments wurde ein Text mit folgenden Angaben vorangestellt: Aussteller sowie Datum, Aktenzeichen und Art des Dokuments. Zitate im Text erhielten eine einheitliche Form. Hervorhebungen blieben erhalten, soweit sie nicht Namen von Verfahrensbeteiligten betrafen. Das gilt auch für Hervorhebungen in Zitaten. Bei ihnen muss offen bleiben, ob sie Bestandteil des Zitats sind oder hinzugefügt wurden. Aufgenommen wurde die Seitenzählung des Originals. Sie ist mit geschweiften Klammern „{ }“ eingefügt. Genannt wird die Zahl der Seite, die im Original der angegebenen Stelle folgt.

Rechtschreibung und Zeichensetzung wurden in der vorgefundenen Form belassen. Eingegriffen wurde lediglich in Fällen offensichtlicher Schreib- und Zeichensetzungsfehler. Sie wurden – ohne Kennzeichnung – korrigiert. Fehler sonstiger Art wurden durch Anmerkungen ausgewiesen. Fehlten Wörter oder Satzteile, so wurde der fehlende Text in eckigen Klammern eingefügt, falls er aus dem Kontext zweifelsfrei zu erschließen war. Selten aufgetretene unleserliche Passagen wurden durch den Hinweis „⊗ unleserlich ⊗“ kenntlich gemacht.

Über die Anonymisierung personenbezogener Angaben hinaus wurden Textkürzungen nur in Ausnahmefällen vorgenommen. Im Wesentlichen dienten sie dazu, unnötige Wiederholungen zu vermeiden oder Textteile entfallen zu lassen, die wegen der Anonymisierung bedeutungslos geworden waren. Aus Gründen des Persönlichkeitsschutzes wurden gelegentlich auch Textpassagen mit datenschutzrechtlich besonders sensiblen Informationen gestrichen, wie etwa gutachtliche Aussagen über den Gesundheitszustand von Angeklagten. Die Stelle des weggelassenen Textes nimmt eine kurze Beschreibung des Inhalts ein. Ihr ist das Zeichen „⊗“ voran- und nachgestellt, das die Kürzung kenntlich macht. Es unterscheidet sich deutlich von Auslassungen im Original („…“). Generell weggelassen wurden Verweise auf Beiakten und Beweismittelordner, ebenso wie Ausführungen zu den Verfahrenskosten.

Gelegentlich wurde, um den Text besser erfassbar zu machen, eine Überschrift hinzugefügt, die sich auf Grund der Untergliederung des Textes aufdrängte. Eckige Klammern markieren den Beginn und das Ende des Zusatzes.

Die Anmerkungen, die dem jeweiligen Dokument nachfolgen, sind knapp gehalten. Sie erklären Fachbegriffe und weisen auf historische Zusammenhänge hin, die nicht als bekannt vorausgesetzt werden können. Nähere Erläuterungen zu historischen und politischen Hintergründen enthalten die Einleitungen zu den Einzelbänden. Die Anmerkungen verweisen ferner auf verfahrenspraktische Zusammenhänge, z.B. auf andere Strafverfahren gegen den Angeklagten oder auf Strafverfahren gegen im Dokument erwähnte Personen. Vollständigkeit ist insoweit jedoch nicht gewährleistet. Die Anonymisierung, die nach den zunächst geltenden datenschutzrechtlichen Auflagen vor der Verarbeitung vorzunehmen war, erschwerte die Zuordnung. Abkürzungen werden nicht in Anmerkungen, sondern in einem gesonderten Verzeichnis erläutert.

VIII. Hilfsmittel

Die Erschließung der Dokumente wird durch verschiedene Hilfsmittel erleichtert. Das Abkürzungsverzeichnis steht vor dem Dokumententeil. Im Anhang sind zunächst Gesetze und andere Rechtsvorschriften abgedruckt, die für die jeweilige Fallgruppe von Bedeutung sind. Gelegentlich werden weitere Materialien hinzugefügt, die für das Verständnis historischer Zusammenhänge wichtig sind, z.B. Organigramme von DDR-Institutionen. Anschließend ist in einer Auswahlbibliographie die einschlägige juristische und zeitgeschichtliche Literatur zusammengestellt. Es folgt eine Übersicht über alle Verfahren der jeweiligen Deliktsgruppe, die bis zur Fertigstellung des Manuskripts bekannt waren. Dieser Übersicht lassen sich die Aktenzeichen, die Urteile sowie die Verfahrensergebnisse für die einzelnen Angeklagten entnehmen. Den Abschluss bilden verschiedene Register. Das Gesetzesregister ermöglicht die gezielte Suche nach gesetzlichen Vorschriften, die in der Dokumentation erwähnt sind. Das Personenregister führt zu den Textstellen, an denen bestimmte Personen genannt werden. Allerdings sind wegen der Anonymisierung im Übrigen nur Personen der Zeitgeschichte recherchierbar. Das Ortsregister enthält Verweise auf geographische Begriffe. Das Sachregister erschließt die Dokumentation nach Schlagworten und enthält auch Namen von Institutionen. Die Register werden mit Beendigung der Dokumentation zu einem Gesamtregister zusammengefasst werden.

IX. Ergänzung der Dokumentation

Eine Dokumentation dieser Art ist mit dem Risiko verbunden, dass Nachträge notwendig werden. Zwar ist die Strafverfolgung von DDR-Unrecht insgesamt weitgehend abgeschlossen. Auch kann durch die Abfolge der Bände ein größtmögliches Maß an Vollständigkeit gewährleistet werden, indem diejenigen Fallgruppen den Vorrang erhalten, in denen die Verfolgung am weitesten vorangeschritten ist. Gleichwohl können Lücken dadurch entstehen, dass Verfahren zum Erscheinungszeitpunkt noch nicht beendet sind. Diese Möglichkeit lässt sich allein schon wegen der Dauer der Rechtsmittelverfahren und der verfassungsgerichtlichen Verfahren nicht ausschließen. Auch können noch so intensive Recherchen nicht vollständig davor bewahren, dass in bereits abgeschlossenen Verfahren relevante Materialien erst nach dem Erscheinen der Buchpublikation bekannt werden. Um derartige Lücken schließen zu können, wird die Buchpublikation durch eine Volltextedition aller Verfahren in digitalisierter Form ergänzt werden.

Beispiel einer Dokumentseite

Bezirk Erfurt ① ② Lfd. Nr. 12

Landgericht Erfurt ③ 3. November 1994
Az.: Js 6/94 – 2 KLs

URTEIL ④

Im Namen des Volkes

In der Strafsache gegen

den Rentner
Gerhard Müller, ⑤
geboren 1928,
Deutscher, verheiratet,

wegen Anstiftung zur Wahlfälschung

hat die 2. Große Strafkammer des Landgerichts Erfurt aufgrund der Hauptverhandlung vom 11.10.1994, 12.10.1994, 18.10.1994, 19.10.1994, 25.10.1994, 26.10.1994 und 03.11.1994, an der teilgenommen haben:

⊗ Es folgt die Nennung der Verfahrensbeteiligten. ⊗ ⑥

am 03.11.1994 für Recht erkannt:

Der Angeklagte wird wegen Anstiftung zur Wahlfälschung zu einer Freiheitsstrafe von

8 Monaten

verurteilt.
Die Vollstreckung der Freiheitsstrafe wird zur Bewährung ausgesetzt.
Der Angeklagte trägt die Kosten des Verfahrens.
Angewendete Strafvorschriften: §§ 107a Abs. 1, 26, 56 StGB; Art. 315 Abs. 1 EGStGB, § 211 Abs. 1 StGB/DDR {3} ⑦

Gründe

(abgekürzt nach § 267 Abs. 4 StPO)

I. [Feststellungen zur Person] ⑧

Der Angeklagte Müller wurde 1928 in C. als uneheliches Kind einer Arbeiterin geboren. Da seine Mutter allein für den Lebensunterhalt zu sorgen hatte, wurde er bereits kurz nach seiner Geburt in die Familie eines Schneiders zur Pflege gegeben. Dort wuchs er als letztes von zwölf Kindern auf.

Von 1934 bis 1942 besuchte er in Bad Brambach die Grund- und weiterführende Schule, anschließend absolvierte er bis Januar 1945 eine Lehrausbildung im Lehrerbildungsinstitut in Auerbach. Nach Kriegsende arbeitete der Angeklagte zunächst in Bad Brambach in der Landwirtschaft, um dann von Januar bis August 1946 einen Kurs für

147

① Kurztitel, charakterisiert den Verfahrensgegenstand

② Laufende Nummer

③ Aussteller, Datum und Aktenzeichen

④ Art des Dokuments

⑤ Angaben zu den Angeklagten (ohne Geburts- und Wohnort)

⑥ Redaktionelle Zusammenfassung einer gekürzten Passage zwischen Auslassungszeichen

⑦ Beginn der Originalseite in geschweiften Klammern

⑧ Redaktionelle Textergänzung in eckigen Klammern

Die bundesdeutschen Strafverfahren wegen Rechtsbeugung durch die DDR-Justiz

Diese Einleitung befasst sich zunächst mit Gegenstand, Umfang und Entwicklung der Strafverfolgungsmaßnahmen (I.). Anschließend werden Auswahl und Präsentation der Materialien erläutert und begründet (II.).

I. Die strafrechtliche Aufarbeitung des DDR-Justizunrechts[1]

Nach der Wiedervereinigung hat die bundesdeutsche Justiz zahlreiche Strafverfahren gegen Juristen der DDR wegen Rechtsbeugung durchgeführt. Insgesamt erhoben die Staatsanwaltschaften der neuen Bundesländer und Berlins 374 Anklagen wegen Rechtsbeugung. Damit bilden sie innerhalb der wegen DDR-Unrechts erhobenen Anklagen die größte Gruppe.[2]

Anknüpfungspunkte für die Anklagen wegen Rechtsbeugung waren dabei Entscheidungen der DDR-Justiz in konkreten Einzelfällen. Die von den Gerichten getroffenen tatsächlichen Feststellungen betreffen über die damaligen Justizhandlungen hinaus, welche die Grundlage für den Rechtsbeugungsvorwurf bilden, auch das Justizsystem der DDR, in das die damaligen Verfahren eingebettet waren.

Der nachfolgende Text bietet zunächst eine Darstellung des Justizsystems der DDR aus der Sicht der bundesdeutschen Gerichte (1.). Anschließend werden die konkreten Tathandlungen (2.), die Strafverfolgung durch die bundesdeutsche Justiz (3.) sowie die in den Urteilen erfolgte strafrechtliche Einordnung (4.) dargestellt.

1. Allgemeine zeitgeschichtliche Feststellungen der bundesdeutschen Gerichte zum Justizsystem der DDR

Der Anteil der Urteile, die allgemeine historische Ausführungen zum Justizsystem der DDR enthalten, ist gering.[3] Der Bundesgerichtshof hat in zwei Urteilen zum Justizsystem der DDR Stellung genommen, einmal in seiner ersten Entscheidung zur Rechtsbeugung von Richtern der DDR vom 13. Dezember 1993 und dann in der folgenden zur Strafbarkeit von Staatsanwälten der DDR vom 9. Mai 1994.[4]

Auch in den Entscheidungen, in denen sich Feststellungen zum Justizsystem der DDR finden, werden überwiegend lediglich einzelne Aspekte angesprochen. Als Ausnahme hervorzuheben ist das Urteil des Landgerichts Frankfurt/Oder im sog. Havemann-Ver-

1 Die folgenden Ausführungen basieren wesentlich auf der Dissertation von *Hohoff*, An den Grenzen des Rechtsbeugungstatbestandes. Eine Studie zu den Strafverfahren gegen DDR-Juristen, Berlin 2001.

2 Vgl. *Marxen/Werle/Schäfter*, Strafverfolgung, Tab. 13 auf S. 28.

3 So enthielten einer Analyse *Hohoffs* mit Stand von 1999 zufolge von insgesamt 120 erfassten tatrichterlichen Judikaten lediglich 18 (= 15%) solche Feststellungen (vgl. *Hohoff*, Grenzen, S. 73).

4 *BGH*, Urteil v. 13.12.1993 – Az. 5 StR 76/93, UA S. 13ff., BGHSt 40, 30, 34ff. = lfd. Nr. 1-2, S. 23ff. sowie *ders.*, Urteil v. 9.5.1994 – Az. 5 StR 354/93, UA S. 12ff., BGHSt 40, 169, 174ff. Die späteren Entscheidungen des BGH legen diese Ausführungen zum Justizsystem der DDR zugrunde.

fahren. Es enthält detaillierte Ausführungen zur Einbindung der Justiz in das politische System der DDR.[5]

Die Gerichte haben die zeithistorischen Feststellungen in unterschiedlicher Weise getroffen. Überwiegend wurden die Bedingungen des Justizsystems der DDR als offenkundig angesehen; dementsprechend wurde keine Beweisaufnahme durchgeführt. Auch der Bundesgerichtshof ist von Offenkundigkeit ausgegangen, was ihm die Möglichkeit eröffnete, eigene Feststellungen zum Justizsystem der DDR zu treffen.[6] Teilweise haben die Gerichte aber auch formell Beweis über Funktion und Stellung der Justiz im politischen System der DDR erhoben.[7]

Nachfolgend werden die Feststellungen des Bundesgerichtshofs zum Justizsystem der DDR wiedergegeben.[8]

a) Stellung und Funktion der Justiz im politischen System der DDR

Der Bundesgerichtshof geht von folgendem Befund aus. In der DDR gab es keine Gewaltenteilung. Die Rechtsprechung hatte neben anderen staatlichen Organen die Funktion, die „staatliche Macht der Arbeiterklasse auszuüben“. Sie war dabei „fest in das einheitliche System der Machtausübung eingegliedert“. Nach § 3 des Gerichtsverfassungsgesetzes der DDR gehörte es zwar zu den Aufgaben der Justiz, „die gesetzlich garantierten Rechte und Interessen der Bürger zu schützen, zu wahren und durchzusetzen“. Die Rechte und Interessen des Einzelnen wurden in der DDR jedoch nicht als Gegensatz zu staatlichen Belangen gesehen, vielmehr herrschte die Auffassung, dass alles, was der Entwicklung und Festigung der sozialistischen Gesellschaft diene, zugleich dem Interesse des Einzelnen entspreche. Die in Artikel 19 DDR-Verfassung garantierte „sozialistische Gesetzlichkeit“ gewährleistete daher keinen umfassenden Schutz vor Rechtsbeeinträchtigungen durch den Staat. Durch den Zusatz „sozialistisch“ fand eine Orientierung der Gesetzesanwendung an dem Staatsziel des Artikels 1 Absatz 1 DDR-Verfassung, der Verwirklichung eines sozialistischen Staates, statt. Die DDR wurde in Artikel 1 Absatz 1 der Verfassung als die „politische Organisation der Werktätigen in Stadt und Land, die unter Führung der Arbeiterklasse und ihrer marxistisch-leninistischen Partei den Sozialismus verwirklicht“, bezeichnet. Die Führung durch die SED hatte damit Verfassungsrang und stand nach dem Text der Verfassung gleichgeordnet neben anderen staatlichen Funktionen, also auch der Justiz. Tatsächlich war die SED der Rechtsprechung insofern übergeordnet, als sie die Inhalte des Sozialismus und damit die sozialistische Komponente der Gesetzlichkeit definierte. Folglich entsprach es dem Staats- und Verfassungssystem der DDR, dass die Entscheidungen der Justiz mannigfachen Ein-

5 *LG Frankfurt/Oder*, Urteil v. 30.9.1997 – Az. 23 Kls 36/94, UA S. 17ff. = lfd. Nr. 8-1, S. 573ff. Dieses Verfahren ist auch abgedruckt in *Rottleuthner,* Havemann-Verfahren.

6 Siehe zu den dahinter stehenden strafprozessualen Gründen *Hohoff,* Grenzen, S. 77.

7 Beispielhaft können folgende Verfahren genannt werden: *LG Frankfurt/Oder,* Urteil v. 4.9.1996 – Az. 25 Ks 7/95, UA S. 72, 93; *LG Frankfurt/Oder,* Urteil v. 30.9.1997 – Az. 23 Kls 36/94 = lfd. Nr. 8-1, S. 573ff, 679f.; *LG Schwerin,* Urteil v. 14.6.1993 – Az. 31 Kls 24/92, UA S. 104, 109 = lfd. Nr. 3-1, S. 94f., 96; *LG Dresden,* Urteil v. 28.2.1994 – Az. 5 Kls 82 Js 13837/92, UA S. 168f., 170ff.

8 Vgl. *BGH*, Urteil v. 13.12.1993 – Az. 5 StR 76/93, UA S. 12ff., BGHSt 40, 30, 34ff. = lfd. Nr. 1-2, S. 23ff. sowie *ders.,* Urteil v. 9.5.1994 – Az. 5 StR 354/93, BGHSt 40, 169, 174ff. Ausführlich, auch zu den Feststellungen der anderen Gerichte, *Hohoff*, Grenzen, 85ff.

flüssen unterlagen, die allesamt letztlich auf die SED zurückzuführen waren. Die Orientierung der Justiz an der inhaltlichen Bestimmung sozialistischer Grundsätze durch die SED wurde durch das Prinzip des demokratischen Zentralismus (Artikel 47 Absatz 2 DDR-Verfassung) verstärkt. Der Einheitlichkeit der Rechtsprechung kam daher in der DDR ein weit größerer Stellenwert zu als in der Bundesrepublik.

Vielfältige Formen der Einflussnahme auf die Tätigkeit der Richter, die zwar formell nach Artikel 96 Absatz 1 DDR-Verfassung bei ihrer Rechtsprechung unabhängig und nur an die Verfassung, die Gesetze und andere Rechtsvorschriften gebunden waren, dienten der Durchsetzung sozialistischer Prinzipien und einer weitestmöglichen Uniformität der Rechtsprechung. Das Oberste Gericht der DDR beispielsweise nahm zum einen durch rechtlich verbindliche Richtlinien und Beschlüsse Einfluss auf die Richter. Zum anderen trugen die Plenartagungen des Obersten Gerichts sowie so genannte Standpunkte, die vom Obersten Gericht teilweise im Zusammenwirken mit der Generalstaatsanwaltschaft und den Ministerien formuliert wurden, zur Beeinflussung der Richter bei. Dabei wurden auch die Standpunkte als für die Rechtsanwender verbindlich angesehen, obwohl diese Bindungswirkung rechtlich nicht normiert war. Als justizfremde Stelle nahm zum Beispiel die zuständige Abteilung beim Zentralkomitee der SED besonders in den ersten beiden Jahrzehnten des Bestehens der DDR auf Verlautbarungen des Obersten Gerichts sowie auf die Entscheidung einzelner Strafsachen Einfluss. Neben dieser fehlenden sachlichen Unabhängigkeit war die persönliche Unabhängigkeit der Richter der DDR ebenfalls eingeschränkt.

Die Staatsanwaltschaft war streng hierarchisch und zentralistisch organisiert. Dem Prinzip des demokratischen Zentralismus kam in diesem Zusammenhang besondere Bedeutung zu. Dementsprechend waren für die Tätigkeit der Staatsanwälte die Einflussnahme übergeordneter Instanzen sowie die Abstimmung von Entscheidungen mit anderen staatlichen Organen und der SED besonders ausgeprägt. Die Untersuchungsorgane des MfS waren formell gemäß § 88 Absatz 2 Nr. 2 DDR-StPO befugt, in Strafverfahren zu ermitteln. Obwohl sie dabei nach dem Gesetzeswortlaut der Aufsicht des Staatsanwaltes unterlagen, hatte das MfS bei der Ausübung der Staatsgewalt eine privilegierte Position inne, so dass in Wirklichkeit bei einer Abstimmung der Auffassungen der Staatsanwaltschaft und des MfS „zumindest nicht von einer Unterordnung des MfS“ ausgegangen werden darf.

b) Differenzierung zwischen politisch bedeutsamen und alltäglichen Fällen?

Angesichts der Tatsache, dass die Anklagen wegen Rechtsbeugung hauptsächlich Entscheidungen der DDR-Justiz aus dem Bereich des politischen Strafrechts zum Gegenstand haben,[9] stellt sich die Frage, ob die Ausführungen der Gerichte zur DDR-Justiz genereller Natur sind oder nur einen bestimmten Sektor betreffen. Die Judikate sehen das geschilderte System der Einbindung und Steuerung der Justiz indes als für alle Rechtsgebiete gültig an.[10] Ausführungen des Bundesgerichtshofs, im Bereich der Alltagskriminalität und bei familienrechtlichen Angelegenheiten habe die Justiz der DDR

9 Siehe unten S. XXXIII.

10 So ausdrücklich *LG Frankfurt/Oder,* Urteil v. 30.9.1997 – Az. 23 Kls 36/94, UA S. 53 = lfd. Nr. 8-1, S. 594.

Aufgaben der neutralen Streitschlichtung erfüllt und Gerechtigkeit angestrebt,[11] könnten so verstanden werden, dass das System der Einflussnahme und Steuerung in politisch unbedeutenden Bereichen des Rechtssystems nicht zum Tragen kam. Letztlich bleibt diese Frage in der Rechtsprechung des Bundesgerichtshofs jedoch offen.[12]

2. *Die konkreten Tathandlungen*

Der gegen die Juristen erhobene Tatvorwurf besteht nicht in einer Beteiligung am DDR-Justizsystem im Allgemeinen, sondern in der gesetz- und rechtswidrigen Entscheidung im konkreten Einzelfall. Demzufolge bildeten gerichtliche und staatsanwaltschaftliche Einzelentscheidungen den Anknüpfungspunkt. Bezogen auf alle Anklagen werden zunächst die Stellung und Funktion der in den Rechtsbeugungsverfahren Angeschuldigten erläutert. Danach erfolgt eine Darstellung derjenigen DDR-Verfahren, die zum Gegenstand bundesdeutscher Anklagen geworden sind.

a) Tätergruppen

Die Anklagen betrafen in erster Linie die an den damaligen Entscheidungen unmittelbar beteiligten Richter und Staatsanwälte. Angeschuldigt waren Richter aller Instanzen sowie Staatsanwälte aller Verfahrensebenen. In geringem Umfang waren auch Mitarbeiter des MfS aufgrund der Mitwirkung an einem konkreten Ermittlungsverfahren von einer Anklage wegen Rechtsbeugung betroffen.[13]

Einige wenige Anklagen richteten sich gegen justizexterne Personen, die nicht an der Entscheidung konkreter Einzelfälle beteiligt waren. Ihnen wurde zur Last gelegt, durch generelle Vorgaben auf die Entscheidungen Einfluss genommen zu haben. Der Tatvorwurf lautete dann Anstiftung zur Rechtsbeugung. In diesen Zusammenhang gehört das Verfahren gegen den ehemaligen Minister für Staatssicherheit Erich Mielke, der aufgrund einer Weisung zur Behandlung der Anzeigen wegen Fälschung der Kommunalwahlen vom 7. Mai 1989 wegen Anstiftung zur Rechtsbeugung angeklagt wurde.[14] Auch die Anklage der Staatsanwaltschaft II bei dem Landgericht Berlin gegen die ehemalige Hauptamtsleiterin im Ministerium der Justiz Dr. Hildegard Damerius sowie den

---

11 *BGH*, Urteil v. 13.12.1993 – Az. 5 StR 76/93, UA S. 19, BGHSt 40, 30, 39 = lfd. Nr. 1-2, S. 26; *ders.*, Urteil v. 9.5.1994 – Az. 5 StR 354/93, UA S. 14f., BGHSt 40, 169, 176. In ähnlicher Weise auch *LG Schwerin,* Urteil v. 14.6.1993 – Az. 31 KLs 24/92, UA S. 98 = lfd. Nr. 3-1, S. 92; *LG Leipzig,* Urteil v. 27.2.1997 – Az. 5 Kls 835 Js 1756/92, UA S. 157.

12 Vgl. *Hohoff,* Grenzen, S. 110.

13 So war in zwei Verfahren der Staatsanwaltschaft Schwerin der damalige Leiter der Bezirksverwaltung Schwerin des MfS in seiner Funktion als Untersuchungsorgan gemäß § 88 Abs. 2 Ziff. 2 DDR-StPO (1968/1974) wegen Einleitung von strafrechtlichen Ermittlungsverfahren angeklagt, *StA Schwerin* – Az. 121 Js 5080/91 sowie 111 Js 414/92. Die Anklagen wurden von der StA Schwerin zurückgenommen. Auch die Anklage der StA II bei dem LG Berlin – unter anderen – gegen den ehemaligen 1. Stellvertreter des Leiters der Hauptabteilung IX (Untersuchungsabteilung) des MfS knüpft an die Einleitung eines Ermittlungsverfahrens an, vgl. *StA II bei dem LG Berlin,* Anklage v. 3.5.1995 – Az. 30 Js 3325/93. Das Verfahren wurde durch rechtskräftigen Beschluss nicht eröffnet.

14 *StA bei dem KG,* Anklage v. 16.4.1991 – Az. 2 Js 245/90. Das Verfahren ist wegen dauernder Verhandlungsfähigkeit Mielkes eingestellt worden. Siehe dazu *Hohoff,* Grenzen, S. 62f.

ehemaligen Referatsleiter Erwin Reisler wegen der Kontrolle und Anleitung der Waldheimer Prozesse ist hier zu nennen.[15]

b) Sachverhalte

Eine erste Einteilung der den Anklagen wegen Rechtsbeugung zugrunde liegenden DDR-Verfahren lässt sich nach Rechtsgebieten treffen. Danach sind Rechtsbeugungen in Strafverfahren sowie in Arbeits- und Zivilrechtsstreitigkeiten zu unterscheiden. Der Schwerpunkt der Anklagen lag dabei auf Entscheidungen aus dem Bereich des Strafrechts. Die Anklagen konzentrierten sich damit auf den Komplex, in dem die politische Verfolgung der Regimegegner, Oppositionellen und Ausreisewilligen die gravierendsten und offensichtlichsten Folgen hatte.

aa) Strafrechtliche Entscheidungen

Von insgesamt 374 Anklagen beziehen sich 361 auf DDR-Verfahren aus dem Bereich des Strafrechts. Dabei sind zwei Anknüpfungspunkte für einen Rechtsbeugungsvorwurf möglich: Fälle, in denen Strafverfolgung stattgefunden hat, und Fälle systembedingter Nichtverfolgung.

(1) Strafrechtliche Verfolgung

Der Tatvorwurf wegen Rechtsbeugung durch Strafverfolgungsmaßnahmen erfasste in erster Linie die Mitwirkung an strafrechtlichen Urteilen aller Instanzen. Bei den Richtern bestand der Tatvorwurf darin, Personen zu einer Freiheitsstrafe oder zum Tod verurteilt zu haben. Anknüpfungspunkt für den Rechtsbeugungsvorwurf gegenüber Staatsanwälten war die Sitzungsvertretung in der Hauptverhandlung einschließlich der Beantragung einer bestimmten Strafe.

Auch Entscheidungen im Ermittlungsverfahren bildeten die Grundlage für einen Tatvorwurf wegen Rechtsbeugung. Hinsichtlich der richterlichen Tätigkeit sind insoweit der Erlass eines Haftbefehls sowie die Anordnung der Fortdauer der Untersuchungshaft zu nennen. Bei Staatsanwälten basierte der Tatvorwurf auf dem entsprechenden Antrag des Staatsanwalts, dem Verfassen der Anklageschrift und – selten – auf der Vornahme von prozessualen Zwangsmitteln.

Neben diesen Entscheidungen wurde als Anknüpfungspunkt für einen Rechtsbeugungsvorwurf gegen Staatsanwälte auch das Abfassen eines Berichts über ein Ermittlungsverfahren an den Generalstaatsanwalt der DDR oder dessen Stellvertreter gesehen.[16] Der Tatvorwurf bestand darin, die gesetzwidrige Strafverfolgung nicht beendet zu haben, und damit in einem Unterlassen.

---

15 *StA bei dem KG*, Anklage v. 20.4.1993 – Az. 2 Js 88/92. Die Eröffnung des Verfahrens wurde gem. § 204 Abs. 1 StPO rechtskräftig abgelehnt. Zu weiteren Anklagen gegen justizexterne Personen siehe *Hohoff*, Grenzen S. 31f.

16 *StA II bei dem LG Berlin*, Anklage vom 22.12.1993 – Az. 30/76 Js 1494/93 und Anklage v. 4.5.1994 – Az. 30/76 Js 121/90.

Die Anklagen wegen Rechtsbeugung durch Strafverfolgungsmaßnahmen bezogen sich auf die Waldheimer Verfahren sowie auf Strafverfahren, denen politisches Strafrecht und Militärstrafrecht zugrunde lagen.[17] Ausgenommen von der heutigen Strafverfolgung blieben damit in der Regel Entscheidungen der DDR-Justiz, die „normale" Kriminalität betrafen.[18]

Den Hauptgegenstand der Verfahren wegen Rechtsbeugung bildeten Entscheidungen im Bereich des politischen Strafrechts.[19] Das politische Strafrecht der DDR lässt sich – in Orientierung an den Rechtsnormen, die der strafrechtlichen Verfolgung zugrunde lagen –, in drei Zeitabschnitte unterteilen. Zu unterscheiden ist die Phase der sowjetischen Besatzungszone und der frühen DDR der fünfziger Jahre, der Zeitraum ab 1958 seit der Geltung des Strafrechtsergänzungsgesetzes sowie das politische Strafrecht ab 1968, dem Zeitpunkt der Einführung eines eigenen Strafgesetzbuchs der DDR. Um eine möglichst umfassende Klärung für die Behandlung des DDR-Justizunrechts durch die Gerichte zu erreichen, haben die Staatsanwaltschaften zunächst in zeitlicher und inhaltlicher Hinsicht nahezu die gesamte politische Strafverfolgung in der DDR anhand exemplarischer Einzelfälle zur Anklage gebracht. Erkennbar wird allerdings ein deutlicher zeitlicher Schwerpunkt. Die Verfahren wegen Rechtsbeugung gegen Richter und Staatsanwälte der DDR hatten hauptsächlich politische Strafverfahren auf der Grundlage des Strafgesetzbuchs der DDR vom 12. Januar 1968 – einschließlich seiner Änderungen – zum Gegenstand.[20] So betrafen 253 der insgesamt 374 Anklagen diese Phase der politischen Strafverfolgung. Das entspricht 67,6%. Die Strafverfahren, die den Ausgangspunkt des Rechtsbeugungsvorwurfs bildeten, richteten sich in den siebziger und achtziger Jahren in erster Linie gegen Personen, die das Land auf dem Weg der Ausreise oder der Flucht verlassen wollten. Zur Anwendung kamen dabei gegen Regimegegner, Oppositionelle und Ausreisewillige vorrangig die Straftatbestände der §§ 97, 98, 99, 100, 105, 106, 213, 214, 217, 219 und 220 DDR-StGB.[21]

Innerhalb dieser Zeitspanne hatten 208 bundesdeutsche Anklagen wegen Rechtsbeugung Entscheidungen in DDR-Strafverfahren der achtziger Jahre zum Gegenstand.[22] Damit betrafen mehr als die Hälfte aller Anklagen strafrechtliche Entscheidungen der DDR-Justiz in der letzten Dekade des Bestehens der DDR.

Die Erklärung für diese Konzentration der Staatsanwaltschaften auf die achtziger Jahre ist in der Rechtsprechung des Bundesgerichtshofs zu finden.[23] Der Bundesge-

17 Zum umstrittenen Begriff des politischen Strafrechts siehe *Eisenberg/Sander* JZ 1987, 111, *Kirchheimer*, Justiz, S. 606. Hier soll der Begriff Strafvorschriften kennzeichnen, die dem Aufbau und der Sicherung des politischen Systems in der Sowjetischen Besatzungszone (SBZ) und der DDR dienten. Siehe zu diesem Ansatz der Begriffsbestimmung *Hohoff,* Grenzen, S. 36.

18 Zu einigen Anklagen, die zwar eher Fälle der Alltagskriminalität betreffen, allerdings jeweils mit erkennbar politischem Bezug, siehe *Hohoff,* Grenzen, S. 34.

19 So betreffen 326 der insgesamt 374 Anklagen Maßnahmen der politischen Strafverfolgung in der DDR.

20 Zu den Anklagen, die sich dieser zeitlichen Unterteilung nicht zuordnen lassen, weil die heutigen Strafverfahren mehrere Fälle zum Gegenstand haben, die sich auf zwei oder alle drei Phasen der politischen Strafverfolgung erstrecken, siehe *Hohoff,* S. 36f.

21 Die genannten Normen sind teilweise abgedruckt im Anhang S. 1038ff.

22 Als Grenze für die Berechnung wurde der 1.8.1979 gewählt, der Tag, an dem das 3. Strafrechtsänderungsgesetz vom 28.6.1979 in Kraft trat (vgl. § 4 des Änderungsgesetzes).

23 Zu weiteren Erklärungsansätzen siehe *Hohoff,* Grenzen, S. 57.

richtshof hat Sachverhaltskonstellationen aufgezeigt, in denen die Verhängung freiheitsentziehender Sanktionen in der Regel eine Strafbarkeit der beteiligten Richter und Staatsanwälte wegen Rechtsbeugung darstellt. Dabei handelt es sich um Fälle aus dem Bereich der schematisch verlaufenden strafrechtlichen Verfolgung von Ausreiseantragstellern in den achtziger Jahren.

Innerhalb der Rechtsbeugungsverfahren, die an DDR-Strafverfahren aus dem Bereich des politischen Strafrechts anknüpften, nimmt das sog. Havemann-Verfahren eine Sonderstellung ein.[24] In den Verfahren gegen den Regimegegner Havemann kamen nicht die üblichen Vorschriften des politischen Strafrechts zur Anwendung. Die Urteile basierten vielmehr auf der Verordnung über Aufenthaltsbeschränkung vom 24. August 1961[25] sowie auf dem Devisengesetz vom 19. Dezember 1973[26].

Nur in Berlin sind insgesamt vier Rechtsbeugungsverfahren geführt worden, die an Verurteilungen wegen Militärstraftaten anknüpften.

(2) Systembedingte Nichtverfolgung

Neben der strafrechtlichen Verfolgung hatten die Rechtsbeugungsverfahren die systembedingte Nichtverfolgung von Straftaten zum Gegenstand. In diesen Fällen unterblieb die Strafverfolgung, weil sie Interessen der politischen Führung der DDR zuwiderlief. Acht Anklagen betrafen derartige Fälle systembedingter Nichtverfolgung. Die Anklagen richteten sich in erster Linie gegen ehemalige Staatsanwälte der DDR, da diese für die Durchführung von Ermittlungsverfahren zuständig waren. Daneben wurden in diesem Zusammenhang der damalige Minister für Staatssicherheit Erich Mielke sowie ein Mitarbeiter der Untersuchungsabteilung MfS angeklagt.[27] Der wichtigste Sachverhaltskomplex aus diesem Bereich ist die Nichtverfolgung der Anzeigen wegen Fälschung der Kommunalwahlen in der DDR vom 7. Mai 1989.[28] Sechs Anklagen hatten diesen Komplex zum Gegenstand. Die Staatsanwaltschaft Berlin hatte ferner in zwei Anklagen die Einstellung eines Ermittlungsverfahrens trotz hinreichenden Tatverdachts zum Gegenstand eines Rechtsbeugungsvorwurfs gemacht.[29]

bb) Arbeitsrechtliche Entscheidungen

Entscheidungen im Arbeitsrecht waren nur in geringem Umfang Gegenstand von Rechtsbeugungsverfahren.[30] Lediglich zwölf Anklagen (= 3,2%) betrafen arbeitsrechtliche Entscheidungen. Dabei gründeten sich die Rechtsbeugungsvorwürfe in erster Linie

24 Siehe dazu *Hohoff,* Grenzen, S. 58ff.; *Rottleuthner,* Havemann-Verfahren.

25 DDR-GBl. II, S. 343. Die Verordnung ist abgedruckt im Anhang, S. 1050f.

26 DDR-GBl. I, S. 574ff.

27 Zu dem Verfahren gegen Mielke – *StA bei dem KG*, Anklage v. 16.4.1991 – Az. 2 Js 245/90 – siehe *Hohoff,* Grenzen, S. 63 sowie oben S. XXXII und Fn. 13.

28 Im Einzelnen siehe *Hohoff,* Grenzen, S. 62f.

29 *StA bei dem KG*, Anklage v. 22.7.1992 – Az. 2 Js 225/90 sowie *StA II bei dem LG Berlin*, Anklage v. 26.2.1996 – Az. 28/2 Js 48/93.

30 Siehe dazu *Hohoff,* Grenzen, S. 65f.

auf die Behandlung von Kündigungsschutzklagen.[31] Eine Verurteilung wegen Rechtsbeugung erfolgte in keinem dieser Verfahren.

cc) Zivilrechtliche Entscheidungen

Nur ein Strafverfahren wegen Rechtsbeugung hatte eine zivilrechtliche Entscheidung zum Inhalt. Die Anklage der Staatsanwaltschaft Magdeburg betraf einen Fall der Zwangsadoption.[32] Nachdem das Bezirksgericht Magdeburg die Eröffnung des Hauptverfahrens abgelehnt hatte,[33] bestätigte das Oberlandesgericht Naumburg diese Entscheidung, weil die Tat verjährt sei.[34]

3. Strafverfolgung durch die bundesdeutsche Justiz

Die Anklagen wegen Rechtsbeugung sind allesamt erst nach der Wiedervereinigung durch die bundesdeutsche Justiz erhoben worden. Auch die Ermittlungsverfahren wurden mit Ausnahme von zwei Verfahren alle erst nach dem 3. Oktober 1990 eingeleitet. Die zwei Strafverfahren, die noch von der Staatsanwaltschaft der DDR begonnen wurden, betrafen die Nichtverfolgung von Anzeigen wegen Fälschung der Kommunalwahlen vom 7. Mai 1989.[35] Sie standen also in engem Zusammenhang zur Strafverfolgung wegen Wahlfälschung in der Endphase der DDR.[36]

Mit der Vereinigung ging die Strafverfolgungskompetenz auf die Bundesrepublik über. Bald setzte eine breite Ermittlungstätigkeit der Staatsanwaltschaften der neuen Bundesländer und Berlins ein. Die ersten Anklagen wurden in Berlin und Sachsen-Anhalt im Jahr 1991 erhoben. Der Schwerpunkt der Strafverfolgung wegen Rechtsbeugung lag in Berlin (41,7% der Anklagen) und Sachsen (34,8%). Die vergleichsweise hohe Zahl von Anklageerhebungen in Sachsen lässt sich dabei ebenso wenig eindeutig

31 Lediglich ein Verfahren der StA Dessau hat die Abweisung einer Schadensersatzklage zum Inhalt, vgl. *StA Dessau,* Az. 122 Js 14224/92. Die Eröffnung des Hauptverfahrens wurde rechtskräftig abgelehnt.

32 *StA Magdeburg,* Anklage v. 30.9.1991 – Az. 4 Js 5011/91 = lfd. Nr. 2-1.

33 *BezG Magdeburg,* Beschluss v. 16.4.1992 – Az. 5 KLs 17/91 = lfd. Nr. 2-2.

34 *OLG Naumburg,* Beschluss v. 11.5.1993 – Az. Ws 85/92, BA S. 10 ff. = lfd. Nr. 2-3, S. 50ff.

35 *StA bei dem KG,* Anklage v. 8.4.1993 – Az. 2 Js 66/91, S. 66ff. (der Verfahrensfortgang ist in lfd. Nr. 11 dokumentiert); *StA bei dem KG,* Anklage v. 16.4.1991 – Az. 2 Js 245/90, S. 177ff. Das Ermittlungsverfahren gegen den ehemaligen ersten Stellvertreter des Generalstaatsanwalts der DDR Karl-Heinrich Borchert ist allerdings auch noch von der StA der DDR im August 1990 mangels hinreichenden Tatverdachts eingestellt worden. Die StA der DDR war der Ansicht, dass Borchert ein Rechtsbeugungsvorsatz nicht nachgewiesen werden könne. Das Ermittlungsverfahren gegen Borchert wurde – nach der Wiedervereinigung – von der StA bei dem KG im April 1991 wieder aufgenommen und weitere Beschuldigte wurden in das Verfahren einbezogen, vgl. dazu insgesamt *StA bei dem KG*, Anklage v. 8.4.1993 – 2 Js 66/91, S. 66ff. Zu diesem Verfahren vgl. lfd. Nr. 11 sowie *Hohoff*, Grenzen, S. 62f.

36 Siehe dazu *Müller*, Symbol 89, S. 175ff., sowie *Marxen/Werle* (Hg.), Strafjustiz, Bd. 1: Wahlfälschung.

erklären wie die Tatsache, dass in Sachsen-Anhalt, Thüringen und Mecklenburg-Vorpommern relativ wenige Anklagen erhoben wurden.[37]

Die Staatsanwaltschaften haben dabei zunächst auf die Kassations- und Rehabilitierungsverfahren, welche die Aufhebung der DDR-Justizentscheidungen zum Gegenstand hatten,[38] zurückgegriffen. Nachdem der Bundesgerichtshof in mehreren Grundsatzentscheidungen eine einheitliche Rechtsprechungslinie zur Rechtsbeugung von Richtern und Staatsanwälten der DDR entwickelt hatte, erfolgten in Umsetzung dieser Rechtsprechung insbesondere in Sachsen, Brandenburg und Berlin neue Anklageerhebungen.

Die 374 Anklagen wegen Rechtsbeugung richteten sich gegen insgesamt 618 Angeschuldigte. Hinter dieser Zahl verbergen sich 397 tatsächlich angeklagte Personen, weil gegen viele Richter und Staatsanwälte mehrfach Anklage erhoben wurde. Bei vorsichtiger Schätzung kann davon ausgegangen werden, dass maximal 5% aller Richter und Staatsanwälte der DDR wegen Rechtsbeugung angeklagt wurden.[39]

Die Anklagen betrafen häufig mehrere Fälle im Sinne von damaligen gerichtlichen oder staatsanwaltlichen Entscheidungen. Die Anzahl der Anklagen wegen Rechtsbeugung gibt also keinen Aufschluss über die Zahl der DDR-Verfahren, die Gegenstand der bundesdeutschen Strafverfolgung geworden sind.

Die Verfahren wegen Rechtsbeugung endeten lediglich für 301 (= 48,7%) der Angeschuldigten mit einem Urteil. Auffallend hoch sind die Anteile der Verfahrensbeendigung durch Anklagerücknahme sowie durch Nichteröffnung.[40] Auch die Verurteilungsquote fällt mit 24,0% gering aus.[41] Dies erklärt sich vor allem aus der höchstrichterlichen Rechtsprechung zur Strafbarkeit der Angehörigen der DDR-Justiz wegen Rechtsbeugung. Die vom Bundesgerichtshof entwickelten Bewertungskriterien hatten in vielen Fällen die Straflosigkeit der DDR-Juristen zur Folge.

Gegen die wegen Rechtsbeugung Verurteilten sind überwiegend Freiheitsstrafen mit Bewährung verhängt worden. Einschließlich der Verurteilungen auf Bewährung,[42] die zum Teil in Kombination mit einer Geldstrafe als Sanktion ausgesprochen wurden, betrifft dies 169 (= 96%) der Angeklagten. Des Weiteren wurden fünf Angeklagte

---

37 Siehe zu den Zahlen und Erklärungsansätzen *Hohoff,* Grenzen, S. 8ff., allerdings auf dem Stand vom 31.8.1999. Neuere Zahlen bei *Marxen/Werle/Schäfter*, Strafverfolgung, Tab. 13 auf S. 28 und Tab. 15 auf S. 32.

38 Grundlage für diese Rehabilitierungsverfahren ist das Strafrechtliche Rehabilitierungsgesetz vom 29.10.1992 (BGBl. I, S. 1814ff.).

39 Zu den dieser Schätzung zugrunde liegenden Zählen und den entsprechenden Hypothesen siehe *Hohoff,* Grenzen, S. 11f.

40 *Marxen/Werle/Schäfter*, Strafverfolgung, S. 37ff.

41 *Marxen/Werle/Schäfter*, aaO, Tab. 22 auf S. 41. Die Verurteilungsquote gibt hier die Relation von Verurteilten zu Angeschuldigten an. Im Gegensatz dazu wird in der allgemeinen Straffverfolgungsstatistik die Verurteilungsquote in Relation zu den Aburteilungen errechnet, vgl. *Statistisches Bundesamt,* Strafverfolgung 1997, Tabelle 1.3, S. 14f. (dabei fallen unter Aburteilungen Strafbefehle sowie alle Entscheidungen der Gerichte im Hauptverfahren, also auch Einstellungsbeschlüsse, vgl. *Statistisches Bundesamt,* aaO, S. 6).

42 Diese Strafart ergibt sich in Anwendung von DDR-Recht gem. §§ 33, 62 Abs. 1, 22 Abs. 4 S. 1 DDR-StGB.

(= 2,8%) zu Geldstrafen[43] und sieben Angeklagte (= 3,8%) zu vollstreckbaren Freiheitsstrafen verurteilt.

4. Zur strafrechtlichen Einordnung durch die Gerichte

Für eine Vielzahl der angeklagten Fälle haben die Gerichte entschieden, dass die DDR-Verfahren zwar rechtsstaatswidrig sind, eine Strafbarkeit wegen Rechtsbeugung aber nicht gegeben ist. Ein Grund dafür liegt in der durch den Einigungsvertrag[44] vorgesehenen Anwendung des DDR-Rechts.[45]

a) Strafanwendungsrecht

Für sämtliche vor In-Kraft-Treten des Einigungsvertrags in der DDR begangenen Delikte stellte sich den Gerichten zunächst die Frage nach dem anzuwendenden Strafrecht. Gemäß Artikel 8 Einigungsvertrag wurde im Beitrittsgebiet grundsätzlich das Strafrecht der Alt-Bundesrepublik gesamtdeutsch verbindlich und das Recht der DDR trat außer Kraft.[46] Eine ausschließliche Beurteilung der DDR-Alttaten nach dem bundesdeutschen Strafrecht wäre jedoch mit dem in Artikel 103 Abs. 2 Grundgesetz normierten Rückwirkungsverbot kaum vereinbar gewesen. Artikel 315 Absatz 1 EGStGB[47] ordnete deshalb die Anwendung von § 2 StGB auf DDR-Alttaten an. § 2 StGB wiederum regelt den zeitlichen Geltungsbereich der Strafgesetze, das so genannte intertemporale Strafrecht. § 2 Absatz 1 StGB erklärt grundsätzlich das zur Tatzeit geltende Recht für anwendbar. Absatz 3 schreibt für den Fall einer Gesetzesänderung zwischen Beendigung der Tat und einer gerichtlichen Entscheidung die Anwendung des mildesten Gesetzes vor.

Mit dieser Regelung hat der Gesetzgeber die weitgehende Ersetzung des DDR-Strafrechts durch das Strafrecht der Bundesrepublik einer nationalen Gesetzesänderung zwischen Tatbeendigung und Aburteilung gleichgestellt. Die Ahndung des DDR-Unrechts ist damit dem Meistbegünstigungsprinzip des intertemporalen Strafrechts unterworfen. Für die Gerichte ergibt sich daraus eine differenzierte Prüfungsfolge.

In einem ersten Schritt ist die Strafbarkeit nach dem Recht der DDR zu prüfen. Im Falle ihrer Verneinung bleibt es bei der Straflosigkeit als „mildester" Variante. In einem zweiten Schritt ist sodann das einschlägige Verhalten unter bundesdeutsches Strafrecht zu subsumieren. Ist auch hiernach die Strafbarkeit zu bejahen, stellt sich drittens die Frage nach der so genannten Unrechtskontinuität zwischen alter und neuer Norm. Es muss sichergestellt sein, dass die lex posterior, also der entsprechende StGB-Tatbestand, ein Unrecht beschreibt, das dem zur Tatzeit im DDR-Strafrecht vertypten Unrecht art- und wertgleich ist. Nur so lassen sich Kollisionen mit dem Verbot rückwir-

---

43 Die Strafart der Geldstrafe kam auf Grundlage des DDR-Rechts über §§ 62 Abs. 1, 22 Abs. 4 S. 1 DDR-StGB als mildere Sanktion im Sinne des Art. 315 Abs. 1 EGStGB, § 2 Abs. 3 StGB zur Anwendung.

44 BGBl. II 1990, S. 885ff.

45 Vgl. *Hohoff*, Grenzen, S. 205f., 213.

46 Für einige wenige Normen des DDR-Strafrechts wurde die Fortgeltung angeordnet. Diese sind jedoch für die Rechtsbeugungs-Verfahren ohne Bedeutung.

47 Vgl. BGBl. II 1990, S. 889, 954.

kender Bestrafung ausschließen.[48] Bei Individualrechtsgütern wie dem Recht auf Leben oder dem Recht auf körperliche Integrität ist dieser Prüfungsschritt unproblematisch. Er bereitet aber für Delikte mit Bezug auf staatlich-politische Einrichtungen und Institutionen erhebliche Schwierigkeiten.

b) Unrechtskontinuität

Die Frage der Unrechtskontinuität erörtert die Rechtsprechung im Hinblick auf das durch § 339 StGB geschützte Rechtsgut der Rechtspflege und die dort vorausgesetzte besondere Ausgestaltung des Richteramtes.

Bei der Rechtsbeugung handelt es sich um ein gegen Gemeinschaftsgüter, hier: die Rechtspflege, gerichtetes Delikt mit nationaler Tatbestandsbegrenzung.[49] Der Bundesgerichtshof hat das sich daraus ergebende Problem der räumlichen Begrenzung auf der Ebene des Strafanwendungsrechts für unbeachtlich erklärt.[50] Der einigungsvertraglichen Verweisung in Artikel 315 Abs. 1 EGStGB könne entnommen werden, dass die Tatsache unterschiedlicher räumlicher Geltungsbereiche bei der Anwendung von § 2 Abs. 3 StGB durch die Gleichsetzung von (zeitlicher) Gesetzesänderung und (räumlicher) Geltungserstreckung gerade außer Acht zu lassen sei.[51]

Nach Auffassung der Rechtsprechung stimmen die durch § 244 DDR-StGB und § 339 StGB geschützten Rechtsgüter im Unrechtskern überein.[52] Sie führt zwei Begründungen an. Zum einen stellt sie maßgeblich auf den von beiden Tatbeständen bezweckten Schutz des überindividuellen Rechtsguts der Rechtspflege ab. § 339 StGB diene dem Schutz einer unabhängigen und unparteiischen Rechtspflege.[53] Die kongruente Schutzrichtung des § 244 DDR-StGB begründet der Bundesgerichtshof wie folgt. Die

48 Zum Erfordernis der Unrechtskontinuität grundlegend *BGH* GS, Beschluss v. 10.7.1975 – Az. GSSt 1/75, BGHSt 26, 167, 172f.; im Kontext der Aufarbeitung von DDR-Unrecht *BGH*, Urteil v. 26.11.1992 – Az. 3 StR 319/92, BGHSt 39, 54, 67ff. = *Marxen/Werle*, Strafjustiz, Bd. 1: Wahlfälschung, lfd. Nr. 14-2, S. 217ff.

49 Zu der Bestimmung des durch den Tatbestand der Rechtsbeugung geschützten Rechtsguts siehe *Hohoff*, Grenzen, S. 111 m.w.N.

50 *BGH*, Urteil v. 26.11.1992 – Az. 3 StR 319/92, BGHSt 39, 54, 65f. = *Marxen/Werle*, Strafjustiz, Bd. 1: Wahlfälschung, lfd. Nr. 14-2, S. 224ff.

51 Eine Zusammenfassung der Gegenstimmen im Schrifttum findet sich in *Marxen/Werle*, Bilanz, S. 33.

52 *BGH*, Urteil v. 13.12.1993 – Az. 5 StR 76/93, UA S. 12ff., BGHSt 40, 30, 34ff. = lfd. Nr. 1-2, S. 23ff.; *ders.*, Urteil v. 9.5.1994 – Az. 5 StR 354/93, UA S. 14f., BGHSt 40, 169, 176; *ders.*, Urteil v. 6.10.1994 – Az. 4 StR 23/94, UA S. 7f., BGHSt 40, 272, 275f. = lfd. Nr. 3-2, S. 166; *ders.*, Urteil v. 5.7.1995 – Az. 3 StR 605/94, BGHSt 41, 157, 160; sowie beispielhaft *LG Berlin*, Urteil v. 30.3.1995 – Az. (527) 29/2 Js 25/92 Ks (9/94), UA S. 165ff.; *LG Berlin*, Urteil v. 17.6.1994 – Az. (528) 29/2 Js 283/92 (1/94), UA S. 287 = lfd. Nr. 6-1, S. 425; *LG Dresden*, Urteil v. 28.2.1994, – Az. 5 Kls 82 Js 13837/92, UA S. 268; *LG Dresden*, Urteil v. 28.6.1994 – Az. 4 KLs 82 Js 1627/92, UA S. 75; *LG Erfurt*, Urteil v. 15.9.1994 – Az. 550 Js 34223/93-2 KLs, UA S. 6f.; *LG Gera*, Urteil v. 13.3.1997 – Az. 530 Js 96545/95-4 Kls, UA S. 14; *LG Leipzig*, Urteil v. 6.11.1996 – Az. 6 Kls 835 Js, UA S. 81; *LG Leipzig*, Urteil v. 27.2.1997 – Az. 5 Kls 835 Js 1756/92, UA S. 153f.; *LG Magdeburg*, Urteil v. 9.5.1995 – Az. 23 Kls 41/91, UA S. 1316; *LG Neubrandenburg*, Urteil v. 21.10.1996 – Az. I Kls 26/95, UA S. 35 jeweils unter Verweis auf die Rechtsprechung des BGH.

53 *BGH*, Urteil v. 13.12.1993 – Az. 5 StR 76/93, UA S. 12f., BGHSt 40, 30, 34 = lfd. Nr. 1-2, S. 23.

Rechtspflege der DDR sei zwar de facto nicht unabhängig gewesen.[54] Maßgeblich für den – abstrakten – Vergleich der geschützten Rechtsgüter sei jedoch, dass die Rechtspflege in der DDR dazu gedient habe, ein geordnetes Zusammenleben der Menschen zu regeln.[55] Grundsätzlich sei es auch in der DDR Ziel der Rechtsprechung gewesen, Streit entscheidend, befriedend und ahndend zu wirken. Die Rechtsprechung sei von dem Bemühen getragen gewesen, neutral und gerecht zu entscheiden.[56] Den Einsatz des Strafrechts zu politischen Zwecken versteht der Bundesgerichtshof nicht als ein die DDR-Justiz allgemein kennzeichnendes Merkmal.[57] Menschenrechtsverletzungen durch gerichtliche Entscheidungen werden als Missbrauch richterlicher Entscheidungsmacht im Einzelfall gewertet. Vor dem Hintergrund dieser in wesentlichen Teilen – ungeachtet vieler Pressionen – einigermaßen neutralen Rechtsprechung sei eine Vergleichbarkeit der durch die Rechtsbeugungstatbestände geschützten Rechtsgüter zu bejahen.[58]

Zum anderen wird bei der Begründung der Unrechtskontinuität an die individuellen Interessen der Bürger angeknüpft. § 244 DDR-StGB und § 339 StGB entfalteten eine Reflexwirkung zum Schutz des rechtsunterworfenen Bürgers dergestalt, dass dieser vor einer Rechtsanwendung geschützt werden solle, die der nationalen Rechtsordnung widerspreche.[59] Beide Tatbestände beschrieben in diesem Teilbereich art- und wertgleiches Unrecht.

In der Literatur wird hinsichtlich beider Argumentationslinien Kritik geäußert. Zunächst wird die Vergleichbarkeit der durch § 244 DDR-StGB und § 339 StGB jeweils geschützten innerstaatlichen Rechtspflege in Frage gestellt. Die Einbindung der Justiz der DDR in ein auf die SED ausgerichtetes politisches System und die fehlende Unabhängigkeit der Richter werden dabei gegenüber dem historischen Befund des Bundesgerichtshofs stärker betont.[60] Weiter wird der Begründung der Unrechtskontinuität mit einer Reflexwirkung des jeweiligen Rechtsbeugungstatbestands zum Schutz des normunterworfenen Bürgers entgegengetreten. Geschütztes Rechtsgut des § 339 StGB sei ausschließlich das kollektive Rechtsgut der Rechtspflege, so dass etwaige Individualinteressen für die Frage der Unrechtskontinuität irrelevant seien.[61] In tatsächlicher Hinsicht sei zudem die Stellung des einzelnen Bürgers im Gesellschaftssystem der Bundesrepublik völlig verschieden von der des Bürgers der DDR: Hier dominiere die Individualität des Einzelnen, dort seine Einbindung in die Gesellschaft.[62]

---

54 AaO, UA S. 19, BGHSt 40, 30, 39 = lfd. Nr. 1-2, S. 26. Zu den Feststellungen der Gerichte zum Justizsystem der DDR siehe oben S. XXVII.

55 *BGH,* aaO.

56 AaO; *ders.*, Urteil v. 9.5.1994 – Az. 5 StR 354/93, UA S. 14f., BGHSt 40, 169, 176.

57 *Horstkotte*, Rechtsbeugung, S. 67. *Horstkotte* war bis April 1996 Mitglied des 5. Strafsenats des BGH. Der 5. Strafsenat des BGH hat die Rechtsprechung zur Strafbarkeit von Richtern und Staatsanwälten der DDR wegen Rechtsbeugung maßgeblich geprägt.

58 *BGH*, Urteil v. 13.12.1993 – Az. 5 StR 76/93, UA S. 18, BGHSt 40, 30, 39 = lfd. Nr. 1-2, S. 26.

59 BGH, Urteil v. 6.10.1994 – Az. 4 StR 23/94, UA S. 8, BGHSt 40, 272, 275 = lfd. Nr. 3-2, S. 166; *LG Berlin,* Urteil v. 31.10.1994 – Az. (520) 76 Js 631/92 KLs (24/93), UA S. 97 unter Hinweis auf die vorgenannte Entscheidung des BGH. So auch *Roggemann* JZ 1994, 769, 773; *Bemmann* JZ 1995, 123, 124.

60 *Roggemann* JZ 1994, 769, 773; zweifelnd bezüglich der Prämisse des BGH auch *Willnow* JR 1997, 265 Fn. 110.

61 *Vormbaum* NJ 1993, 212, 214.

62 *Hohmann* DtZ 1996, 230, 233.

Dogmatisch unabhängig von der Unrechtskontinuität, aber inhaltlich damit zusammenhängend stellt sich die Frage, ob die Gerichte der DDR im Einzelfall die für eine Anwendung des Rechtsbeugungstatbestands maßgeblichen Mindestanforderungen an Gerichte erfüllen. Die Rechtsprechung und ganz überwiegend auch die Literatur zur Strafbarkeit von Richtern und Staatsanwälten ist jedoch – ohne dies explizit festzustellen – von der Prämisse ausgegangen, dass die Rechtsprechungsorgane der DDR Gerichte gewesen sind. Nur vereinzelt ist die Frage nach der Gerichtsqualität der DDR-Gerichte, insbesondere in Bezug auf die Waldheimer Prozesse, angesprochen worden.[63]

c) Tatbestand des § 244 DDR-StGB

Da eine Strafbarkeit der DDR-Richter und -Staatsanwälte nach § 339 StGB – ausgehend von seiner Anwendbarkeit – regelmäßig zu bejahen ist, liegt der Schwerpunkt der rechtlichen Erörterungen der Gerichte auf der Frage der Strafbarkeit nach § 244 DDR-StGB. Gemäß § 244 DDR-StGB macht sich wegen Rechtsbeugung strafbar, wer wissentlich bei der Durchführung eines gerichtlichen Verfahrens oder eines Ermittlungsverfahrens als Richter, Staatsanwalt oder Mitarbeiter eines Untersuchungsorgans gesetzwidrig zu Gunsten oder zu Ungunsten eines Beteiligten entscheidet.[64]

aa) Auslegung des DDR-Rechts

Der Bundesgerichtshof hat hinsichtlich der Anwendung des Rechts der DDR den Grundsatz aufgestellt, dass es bei der Auslegung von Normen auf die Auslegungsmethoden der DDR ankomme.[65] Er hat zugleich klargestellt, dass die formale Auslegungsmethodik in der DDR sich nicht von der der Bundesrepublik unterscheide.[66] In inhaltlicher Hinsicht dürfe das Recht der DDR aber nicht nach einer am Grundgesetz orientierten Auslegung interpretiert werden.[67] Für die inhaltliche Ausfüllung der Rechtsbegriffe und für die wertende Subsumtion sei das DDR-Verständnis maßgeb-

63 So, allerdings mit dem Ergebnis, die Strafkammern in Waldheim hätten letztlich den Mindestanforderungen an Gerichte entsprochen, *LG Leipzig,* Urteil v. 1.9.1993 – Az. 1 Ks 04 Js 1807/91, NJ 1994, 111, 114; bestätigt durch Beschluss des *BGH* v. 10.8.1994 – Az. 3 StR 252/94, mitgeteilt in NJ 1994, 456. Anders *Wassermann* NJW 1992, 878, 879. Zu der grundsätzlichen Frage der Gerichtsqualität auch *Werkentin* DA 1998, 179, 194f. Eine umfassende Klärung der minima iuris richterlicher Tätigkeit unternimmt *Hohoff* in Grenzen, S. 111-179.

64 Dabei findet § 244 DDR-StGB auch auf zeitlich vor dem In-Kraft-Treten des Strafgesetzbuchs von 1968 begangene Handlungen Anwendung, weil § 244 DDR-StGB gegenüber dem bis dahin fortgeltenden § 336 RStGB das mildere Gesetz im Sinne des § 2 Abs. 3 StGB darstellt.

65 *BGH*, Urteil v. 13.12.1993 – Az. 5 StR 76/93, UA S. 21, BGHSt 40, 30, 41 = lfd. Nr. 1-2, S. 27; *ders.*, Urteil v. 9.5.1994 – Az. 5 StR 354/93, UA S. 19, BGHSt 40, 169, 179; *ders.*, Urteil v. 15.9.1995 – Az. 5 StR 713/94, UA S. 25, BGHSt 41, 247, 260 = lfd. Nr. 5-2, S. 330.

66 *BGH*, Urteil v. 6.10.1994 – Az. 4 StR 23/94, UA S. 13, *BGH*St 40, 272, 279 = lfd. Nr. 3-2, S. 168; *ders.,* Urteil v. 5.7.1995 – Az. 3 StR 605/94, UA S. 10, BGHSt 41, 157, 162.

67 *BGH*, Urteil v. 15.9.1995 – Az. 5 StR 713/94, UA S. 18, BGHSt 41, 247, 256 = lfd. Nr. 5-2, S. 328; *ders.*, Urteil v. 16.11.1995 – Az. 5 StR 747/94, UA S. 15, BGHSt 41, 317, 327 = lfd. Nr. 6-2, S. 461; *ders.,* Urteil v. 15.11.1995 – Az. 3 StR 527/94, DtZ 1996, 92, 93; *ders.*, Urteil v. 30.11.1995 – Az. 4 StR 714/94, NStZ-RR 1996, 69, 70.

lich.[68] Bei der Auslegung seien das Staats- und Verfassungsverständnis der DDR zur Tatzeit ebenso zu beachten wie das System der Einbindung und Anleitung der Justiz.[69]

bb) Gesetzwidrigkeit im Sinne von § 244 DDR-StGB

Das zentrale Problem der Verfahren wegen Rechtsbeugung besteht darin, wie der Begriff der gesetzwidrigen Entscheidung zu verstehen ist. Die Problemstellung beinhaltet zugleich die Frage nach dem Rechtsbegriff der DDR.

Der Bundesgerichtshof geht von einem positivistischen Grundansatz aus. Das geschriebene Recht der DDR wird bei der Prüfung der Gesetzwidrigkeit im Sinne des § 244 DDR-StGB grundsätzlich als wirksam angesehen.[70] An einer gesetzwidrigen Entscheidung soll es daher – wiederum grundsätzlich – fehlen, wenn die Handlung des Richters oder Staatsanwalts vom Gesetzeswortlaut gedeckt ist.[71] In der DDR habe es keine Doktrin gegeben, wonach der bloße Wille der Inhaber der staatlichen Macht Recht habe schaffen können.[72] Bestimmungen ohne Gesetzesqualität habe keine strafbarkeitsbegründende oder -einschränkende Wirkung zukommen können. Beschlüsse und Richtlinien des Obersten Gerichts seien nur im Rahmen des Gesetzeswortlauts zu berücksichtigen gewesen.[73] Elementare Gebote der Gerechtigkeit und des völkerrechtlich geschützten Menschenrechtsschutzes hätten auch in der DDR gegolten.[74] Überdies

---

68 *BGH*, Urteil v. 6.10.1994 – Az. 4 StR 23/94, UA S. 13f., BGHSt 40, 272, 279f. = lfd. Nr. 3-2, S. 168f.; *ders.*, Urteil v. 5.7.1995 – Az. 3 StR 605/94, UA S. 9f., BGHSt 41, 157, 162f.

69 *BGH*, Urteil v. 15.9.1995 – Az. 5 StR 713/94, UA S. 27, BGHSt 41, 247, 262 = lfd. Nr. 5-2, S. 331. Zu Gegenstimmen im Schrifttum *Hohoff*, Grenzen, S. 182 m.w.N.

70 *BGH*, Urteil v. 15.9.1995 – Az. 5 StR 713/94, UA S. 18, BGHSt 41, 247, 256 = lfd. Nr. 5-2, S. 328; *ders.*, Urteil v. 15.11.1995 – Az. 3 StR 527/94, DtZ 1996, 92, 93.

71 *BGH*, Urteil v. 13.12.1993 – Az. 5 StR 76/93, UA S. 21, BGHSt 40, 30, 41 = lfd. Nr. 1-2, S. 27; *ders.*, Urteil v. 15.9.1995 – Az. 5 StR 713/94, UA S. 24, BGHSt 41, 247, 260 = lfd. Nr. 5-2, S. 330. Dies gelte auch dann, wenn der Wortlaut des Gesetzes wegen seiner Unschärfe mehrdeutig gewesen sei. – Die Unschärfe von Gesetzen und das daraus resultierende Problem der Abgrenzung zulässiger Auslegung von verbotener Analogie sei ein in der Gesetzgebung totalitärer Staaten besonders häufiges Phänomen, vgl. *BGH*, Urteil v. 6.10.1994 – Az. 4 StR 23/94, UA S. 13, BGHSt 40, 272, 279 = lfd. Nr. 3-2, S. 169; *ders*, Urteil v. 15.9.1995 – Az. 5 StR 713/94, UA S. 24f., BGHSt 41, 247, 260 = lfd. Nr. 5-2, S. 330. Es sei aber keineswegs auf diese beschränkt, vgl. *ders.*, Urteil v. 15.9.1995 – Az. 5 StR 713/94, UA S. 25, BGHSt 41, 247, 260 = lfd. Nr. 5-2, S. 330.

72 *BGH*, Urteil v. 15.9.1995 – Az. 5 StR 713/94, UA S. 26, BGHSt 41, 247, 261 = lfd. Nr. 5-2, S. 331. So auch *Hirsch*, Strafrecht, S. 9ff. und *Lüderssen* JZ 1997, 525, 527f.

73 *BGH*, Urteil v. 5.7.1995 – Az. 3 StR 605/94, BGHSt 41, 157, 162; *ders.*, Urteil v. 15.9.1995 – Az. 5 StR 713/94, UA S. 26, BGHSt 41, 247, 261 = lfd. Nr. 5-2, S. 331; *ders.*, Urteil v. 15.11.1995 – Az. 3 StR 527/94, DtZ 1996, 92, 93.

74 *BGH*, Urteil v. 13.12.1993 – Az. 5 StR 76/93, UA S. 22, BGHSt 40, 30, 41f. = lfd. Nr. 1-2, S. 27f.; *ders.*, Urteil v. 6.10.1994 – Az. 4 StR 23/94, UA S. 10, BGHSt 40, 272, 276f. = lfd. Nr. 3-2, S. 167; *ders.*, Urteil v. 5.7.1995 – Az. 3 StR 605/94, BGHSt 41, 157, 164; *ders.*, Urteil v. 15.9.1995 – Az. 5 StR 713/94, UA S. 19f., BGHSt 41, 247, 257 = lfd. Nr. 5-2, S. 328; *ders.*, Urteil v. 15.11.1995 – Az. 3 StR 527/94, DtZ 1996, 92, 93. Zur Begründung wird teilweise auf den Beitritt der DDR zum Internationalen Pakt über bürgerliche und politische Rechte vom 19. Dezember 1966 (DDR-GBl. 1974 II, S. 58ff.; die DDR ist dem Pakt am 27.3.1973 beigetreten, vgl. DDR-GBl. II, S. 108) abgestellt, vgl. *BGH*, Urteil v. 13.12.1993 – Az. 5 StR 76/93, UA S. 22, BGHSt 40, 30, 41f. = lfd. Nr. 1-2, S. 27f. unter Hinweis auf *BGH*St 39, 1, 16ff. = *Marxen/Werle*, Strafjustiz, Bd. 2: Gewalttaten an der deutsch-deutschen Grenze, lfd. Nr. 2-2.

wird naturrechtlich argumentiert und auf die Radbruch'sche Formel Bezug genommen.[75] Diese Begründungsansätze werden in den Judikaten überwiegend kumulativ verwendet. Der Bundesgerichtshof hält es demzufolge grundsätzlich für möglich, die Gesetzeswidrigkeit einer Entscheidung damit zu begründen, dass sie gegen überpositives Recht verstößt.[76] Fälle, in denen DDR-Gesetze als solche wegen eines Verstoßes gegen den Kernbereich des Rechts unbeachtlich seien, müssten aber mit Rücksicht auf die Rechtssicherheit auf extreme Ausnahmen beschränkt bleiben.[77] Einen solchen Ausnahmefall hat die höchstrichterliche Rechtsprechung für den Bereich der Rechtsbeugung nicht festgestellt. So sieht der Bundesgerichtshof die Vorschriften des politischen Strafrechts der DDR nicht als unwirksam an. Die Unvereinbarkeit der Bestimmungen im politischen Strafrecht mit Menschenrechten gehe nicht so weit, dass sie jenes Maß an Unerträglichkeit erreiche, das im Sinne von Radbruchs Konzept zur Annahme der Unverbindlichkeit gesetzten Rechts führe. Im Einzelfall könne jedoch die Geltung der Menschenrechte auch in der DDR zu einer einschränkenden Anwendung der gesetzlichen Straftatbestände verpflichtet haben.[78] Das Handeln der DDR-Justiz sei auch dann gesetzwidrig im Sinne von § 244 DDR-StGB, wenn die Rechtsanwendung im Einzelfall in einem offensichtlichen und unerträglichen Widerspruch zu elementaren Geboten der Gerechtigkeit und zu völkerrechtlich geschützten Menschenrechten gestanden habe.[79] Das Recht der DDR habe mit den ihm eigentümlichen Auslegungsmethoden so ausgelegt werden können, dass Willkürakte im Sinne offensichtlicher, schwerer Menschenrechtsverletzungen vermeidbar gewesen seien.[80] Der DDR-Jurist habe die Möglichkeit gehabt, bei der Auslegung gesetzlicher Normen und bei der Bestimmung der Rechtsfolgen von grob unverhältnismäßigen Eingriffen in Menschenrechte abzusehen oder die Verletzung solcher Rechte zumindest in Grenzen zu halten.[81] Demnach sind nach An-

75 *BGH*, Urteil v. 6.10.1994 – Az. 4 StR 23/94, UA S. 10, BGHSt 40, 272, 277f. = lfd. Nr. 3-2, S. 167; *ders.*, Urteil v. 15.9.1995 – Az. 5 StR 713/94, UA S. 22, BGHSt 41, 247, 259 = lfd. Nr. 5-2, S. 329; *ders.*, Urteil v. 15.11.1995 – Az. 3 StR 527/94, DtZ 1996, 92, 93. – Zur später sog. Radbruchschen Formel siehe *Radbruch* SJZ 1946, 105, 107.

76 BGH, Urteil v. 6.10.1994 – Az. 4 StR 23/94, UA S. 9f., BGHSt 40, 272, 276f. = lfd. Nr. 3-2, S. 167; *ders.*, Urteil v. 15.9.1995 – Az. 5 StR 713/94, UA S. 19, BGHSt 41, 247, 256ff. = lfd. Nr. 5-2, S. 328; *ders.*, Urteil v. 15.11.1995 – Az. 3 StR 527/94, DtZ 1996, 92, 93; *ders.*, Urteil v. 30.11.1995 – Az. 4 StR 714/94, NStZ-RR 1996, 69, 70.

77 *BGH*, Urteil v. 15.9.1995 – Az. 5 StR 713/94, UA S. 19, BGHSt 41, 247, 257 = lfd. Nr. 5-2, S. 328. Bezogen auf die Anwendung von Normen des DDR-Rechts auch *ders.*, Urteil v. 5.7.1995 – Az. 3 StR 605/94, BGHSt 41, 157, 164f.; *ders.*, Urteil v. 15.11.1995 – Az. 3 StR 527/94, DtZ 1996, 92, 93.

78 *BGH*, Urteil v. 13.12.1993 – Az. 5 StR 76/93, UA S. 22, BGHSt 40, 30, 42 = lfd. Nr. 1-2, S. 28; *ders.*, Urteil v. 5.7.1995 – Az. 3 StR 605/94, BGHSt 41, 157, 163f.

79 *BGH*, Urteil v. 13.12.1993 – Az. 5 StR 76/93, UA S. 23, BGHSt 40, 30, 42 = lfd. Nr. 1-2, S. 28; *ders.*, Urteil v. 5.7.1995 – Az. 3 StR 605/94, BGHSt 41, 157, 163f.; *Horstkotte*, Rechtsbeugung, S. 76. Diesem Ansatz zustimmend auch *Roggemann* JZ 1994, 769, 777.

80 *BGH*, Urteil v. 13.12.1993 – Az. 5 StR 76/93, UA S. 23, BGHSt 40, 30, 42 = lfd. Nr. 1-2, S. 28 unter Hinweis auf BGHSt 39, 1, 23 = *Marxen/Werle*, Strafjustiz, Bd. 2: Gewalttaten an der deutsch-deutschen Grenze, lfd. Nr. 2-2.

81 *BGH*, Urteil v. 13.12.1993 – Az. 5 StR 76/93, UA S. 23, BGHSt 40, 30, 42 = lfd. Nr. 1-2, S. 28; *ders.*, Urteil v. 15.11.1995 – Az. 3 StR 527/94, DtZ 1996, 92, 93. Hinsichtlich der Pflicht zu einer einschränkenden Anwendung gesetzlicher Straftatbestände *BGH*, Urteil v. 30.11.1995 – Az. 4 StR 777/94, NStZ-RR 1996, 65, 68; *ders.*, Urteil v. 15.9.1995 – Az. 5 StR 642/94, UA S. 32 (insoweit nicht veröffentlicht).

sicht des Bundesgerichtshofs Entscheidungen, auch wenn sie sich im Rahmen der gesetzlichen Bestimmungen hielten, nach DDR-Recht gesetzwidrig, wenn sie grob unverhältnismäßige Eingriffe in Menschenrechte darstellen.

Der Umgang mit dem Merkmal der Gesetzwidrigkeit in der höchstrichterlichen Rechtsprechung wird in der Literatur mit der Begründung kritisiert, dass er die Dimension des Geltens in der Wirklichkeit außer Acht lasse.[82] Entscheidend sei die gelebte Rechtsordnung der DDR.[83] Diese habe gerade darin bestanden, dass die systembedingten Straftaten und damit auch die Entscheidungen der DDR-Justiz nicht verfolgt worden seien. Der Staat der DDR habe nicht nur das an sich richtige Recht in einem schlechten Geiste gehandhabt, sondern das Recht bereits so gestaltet.[84] Die nachträgliche Bestrafung von Richtern und Staatsanwälten der DDR verstößt nach dieser Auffassung gegen das Rückwirkungsverbot des Artikel 103 Absatz 2 GG.[85]

cc) Subjektive Tatseite des § 244 DDR-StGB

Die Entscheidungen des Bundesgerichtshofs enthalten nur wenige Ausführungen zur subjektiven Tatseite des § 244 DDR-StGB. Eine Definition des nach § 244 DDR-StGB erforderlichen direkten Vorsatzes erfolgt nicht. Vielmehr scheint der Bundesgerichtshof den Vorsatzbegriff der bundesrepublikanischen Dogmatik, also Wissen und Wollen der Tatbestandsverwirklichung,[86] zugrunde zu legen. Im Rahmen der tatsächlichen Feststellungen zum Vorsatz wird Wissentlichkeit des Täters dabei in der Regel mit dem Argument angenommen, dass der Gesetzesverstoß offensichtlich im Sinne einer krassen Menschenrechtsverletzung sei.[87] Ausnahmsweise könne aber selbst bei Vorliegen einer Menschenrechtsverletzung in objektiver Hinsicht wegen besonderer Umstände des Einzelfalls eine Strafbarkeit wegen Rechtsbeugung aus subjektiven Gründen verneint werden.[88] Der Bundesgerichtshof trägt damit den Bedenken einiger erstinstanzlicher Gerichte Rechnung, die den Rückschluss vom objektiven Tatbestand auf die subjektive

---

82 *Dencker* KritV 1990, 299, 303; *Schlink* NJ 1994, 433, 435.

83 *Buchholz* ZAP-Ost Fach 21, 87, 94f.; *Jakobs* GA 141 (1994), 1, 8; *Pawlik* Rechtstheorie 25 (1994), 101, 113ff.; *Schlink,* aaO mit unterschiedlichen Begründungen. Dagegen dezidiert *Hirsch,* Strafrecht, S. 9ff. und *Lüderssen* JZ 1997, 525, 527f. mit dem Argument, dass die Annahme, die Staatspraxis sei mit Rechtsgeltung gleichzusetzen, dem Selbstverständnis der DDR nicht entsprochen habe. *Lüderssen* befürwortet dagegen einen sog. restriktiven Positivismus, nach dem das gesamte positive Recht der DDR – und nur das – entscheidend sein soll, vgl. *Lüderssen* ZStW 104 (1992), 735, 740f. und JZ 1997, 525, 530; dem folgend *Kraut,* Rechtsbeugung, S. 139 und wohl auch *Hirsch*, aaO, S. 11ff.

84 *Jakobs* GA 1994, 1, 9.

85 *Buchholz* ZAP-Ost 1996, 219, 226f.; *Schlink* NJ 1994, 433, 435.

86 Sch/Sch/*Cramer* § 15 Rn. 9 m.w.N.

87 *BGH*, Urteil v. 15.9.1995 – Az. 5 StR 713/94, UA S. 56, BGHSt 41, 247, 276f. = lfd. Nr. 5-2, S. 343; *ders.*, Urteil v. 16.11.1995 – Az. 5 StR 747/94, UA S. 39, BGHSt 41, 317, 337 = lfd. Nr. 6-2, S. 471; *ders.*, Urteil v. 15.11.1995 – Az. 3 StR 527/94, DtZ 1996, 92, 94. Bestätigt durch *BVerfG*, Beschluss v. 7.4.1998 – Az. 2 BvR 2560/95, BA S. 18f. = lfd. Nr. 4-5, S. 270f.

88 *BGH,* Urteil v. 26.7.1999 – Az. 5 StR 94/99, UA S. 6 = lfd. Nr. 10-2, S. 985; *ders.*, Urteil v. 20.6.1996 – Az. 5 StR 54/96, NStZ-RR 1997, 36; *ders.*, Urteil v. 21.8.1997 – Az. 5 StR 403/96, BGHR StGB § 336 Rechtsbeugung 12, S. 1f.

Tatseite als besonders fragwürdig bezeichneten, wenn die Frage, ob objektiv eine Menschenrechtsverletzung vorgelegen habe, nur schwer zu beantworten sei.[89]

Die Frage, ob das Strafrecht der DDR einen Verbotsirrtum kannte und dieser gegebenenfalls zum Vorsatzausschluss führt, beantwortet der Bundesgerichtshof unterschiedlich. Der Ausgangspunkt der Rechtsprechung ist dabei einheitlich. Der Bundesgerichtshof hält es für möglich, dass ein Richter oder Staatsanwalt zwar die Gesetzwidrigkeit seiner Entscheidung erkannt hat, diese aber gleichwohl infolge seiner Einordnung in ein Unrechtssystem für „rechtens" hielt.[90]

In einem Urteil gelangt der Bundesgerichtshof zu dem Ergebnis, dass diese Bewertung nach DDR-Recht unbeachtlich sei.[91] In einer weiteren Entscheidung lässt es der Bundesgerichtshof, ohne auf das Recht der DDR einzugehen, dahinstehen, ob die Überzeugung, rechtmäßig zu handeln, als Verbotsirrtum anzusehen sei; in jedem Fall sei dieser Irrtum „weder unvermeidbar noch jemals zur Strafrahmenverschiebung geeignet".[92] An diesem Konzept wird kritisiert, dass das Strafrecht der DDR nicht ausreichend Berücksichtigung finde.[93] Nach der Strafrechtsdogmatik der DDR sei das – allerdings nur in der bundesdeutschen Dogmatik so bezeichnete – Unrechtsbewusstsein Bestandteil des Vorsatzes.[94] Sei das Unrechtsbewusstsein tatsächlich nicht feststellbar, scheide eine Bestrafung wegen eines vorsätzlichen Deliktes nach dem Strafrecht der DDR aus.

d) Grundsätze für die Strafbarkeit von Richtern und Staatsanwälten der DDR

Als Konsequenz aus den dargestellten Positionen zur Anwendung des DDR-Rechts hat der Bundesgerichtshof folgende Möglichkeiten für die Bestrafung von Richtern und Staatsanwälten der DDR aufgezeigt.

Die Bestrafung von Richtern und Staatsanwälten wegen Rechtsbeugung sei, von Einzelexzessen abgesehen, in den Fällen möglich,

> „in denen die Rechtswidrigkeit der Entscheidung so offensichtlich war und in denen Rechte anderer, hauptsächlich ihre Menschenrechte, derart schwerwiegend verletzt worden sind, dass sich die Entscheidung als Willkürakt darstellt".[95]

Hinsichtlich der rechtlichen Bewertung unterscheidet der Bundesgerichtshof Fälle, in denen Strafverfolgung stattgefunden hat, von Fällen, in denen von der Verfolgung von Straftätern zur Erreichung politisch erwünschter Ziele abgesehen worden ist.[96]

---

89 *LG Dresden,* Urteil v. 6.3.1998 – Az. 3 KLs 800 Js 41951/97, UA S. 52ff.; *LG Dresden,* Urteil v. 13.3.1998 – Az. 3 KLs 831 Js 42112/96, UA S. 68; *LG Dresden,* Urteil v. 25.9.1998 – Az. 3 KLs 833 Js 10629/97, UA S. 185f. = lfd. Nr. 10-1, S. 978f.

90 *BGH,* Urteil v. 16.11.1995 – Az. 5 StR 747/94, UA S. 43, BGHSt 41, 317, 339 = lfd. Nr. 6-2, S. 473.

91 *BGH,* Urteil v. 15.9.1995 – Az. 5 StR 713/94, UA S. 57, BGHSt 41, 247, 277 = lfd. Nr. 5-2, S. 344.

92 *BGH,* Urteil v. 16.11.1995 – Az. 5 StR 747/94, UA S. 46, BGHSt 41, 317, 340 = lfd. Nr. 6-2, S. 474.

93 *Hohoff* DtZ 1997, 308, 313.

94 Ausführlich dazu *Hohoff* aaO, 312; ebenso *Amelung* JuS 1993, 637, 643 und *Gropp* NJ 1996, 393, 397.

95 *BGH,* Urteil v. 13.12.1993 – Az. 5 StR 76/93, UA S. 22, BGHSt 40, 30, 41 = lfd. 1-2, S. 27; *ders.*, Urteil v. 15.9.1995 – Az. 5 StR 713/94, UA S. 14, BGHSt 41, 247, 253 = lfd. Nr. 5-2, S. 326.

96 Diese Differenzierung hat der *BGH* erst in einer Entscheidung zur Nichtverfolgung der Anzeigen wegen Fälschung der Kommunalwahlen vom 7.5.1989 explizit herausgestellt, vgl. *BGH,* Urteil v. 21.8.1997 – Az. 5 StR 652/96, UA S. 13, BGHSt 43, 183, 191 = lfd. Nr. 11-2, S. 1010f.

Für Strafverfolgungsmaßnahmen hat der Bundesgerichtshof drei Fallgruppen aufgezeigt, in denen eine Strafbarkeit von Richtern und Staatsanwälten der DDR entsprechend den genannten Grundsätzen in Betracht komme:

„Fälle, in denen Straftatbestände unter Überschreitung des Gesetzeswortlauts oder unter Ausnutzung ihrer Unbestimmtheit bei der Anwendung derart überdehnt worden sind, dass eine Bestrafung, zumal mit Freiheitsstrafe als offensichtliches Unrecht anzusehen ist; ferner Fälle, in denen die verhängte Strafe in einem unerträglichen Missverhältnis zu der abgeurteilten Handlung gestanden hat, so dass die Strafe, auch im Widerspruch zu den Vorschriften des DDR-Strafrechts, als grob ungerecht und schwerer Verstoß gegen die Menschenrechte erscheinen muss; des weiteren schwere Menschenrechtsverletzungen durch die Art und Weise der Durchführung von Verfahren, namentlich Strafverfahren, in denen die Strafverfolgung und die Bestrafung überhaupt nicht der Verwirklichung von Gerechtigkeit, sondern der Ausschaltung des politischen Gegners oder einer bestimmten sozialen Gruppe gedient haben.“[97]

Für Fälle der systembedingten Nichtverfolgung, die naturgemäß nicht zu einer unmittelbaren Menschenrechtsverletzung führen könnten, sei maßgeblich, ob die Rechtswidrigkeit der Entscheidung derart offensichtlich sei, dass sie sich ohne weiteres als Willkürakt darstelle.[98] Dies könne angenommen werden, wenn dieser Akt seinem Gewicht nach einer Menschenrechtsverletzung entspreche. Jenseits davon komme es zur Hauptsache auf das Maß der in der Tat liegenden Pflichtwidrigkeit an.[99]

Als Begründung für die Einschränkung der Strafbarkeit auf Willkürakte verweist der Bundesgerichtshof zum einen auf die Struktur des Rechtsbeugungstatbestandes.[100] Mit dem Straftatbestand der Rechtsbeugung solle nur der elementare Verstoß gegen die Rechtspflege unter Strafe gestellt sein.[101] Bereits für § 339 StGB sei anerkannt, dass nur der Amtsträger Rechtsbeugung begehe, der sich bewusst in schwer wiegender Weise von Gesetz und Recht entferne.[102] Zum anderen folge die Tatbestandseinschränkung für Richter und Staatsanwälte der DDR daraus, dass es um die strafrechtliche Beurteilung von Handlungen gehe, die in einem anderen Rechtssystem begangen worden seien.[103] Eine weiter gehende Bestrafung verstoße gegen Grundprinzipien des Schuldstrafrechts

97 *BGH*, Urteil v. 21.8.1997 – Az. 5 StR 652/96, UA S. 13, BGHSt 43, 183, 190f. = lfd. Nr. 11-2, S. 1010; vgl. auch *ders*, Urteil v. 13.12.1993 – Az. 5 StR 76/93, UA S. 23, BGHSt 40, 30, 42f. = lfd. Nr. 1-2, S. 28; *ders.*, Urteil v. 15.9.1995 – Az. 5 StR 713/94, UA S. 14, BGHSt 41, 247, 254 = lfd. Nr. 5-2, S. 325. Diese Fallgruppen sind nicht abschließend zu verstehen, vgl. *BGH*, Urteil v. 21.8.1997 – Az. 5 StR 652/96, UA S. 13, BGHSt 43, 183, 191 = lfd. Nr. 11-2, S. 1010.

98 *BGH*, Urteil v. 21.8.1997 – Az. 5 StR 652/96, UA S. 13, BGHSt 43, 183, 191, = lfd. Nr. 11-2, S. 1011 unter Berufung auf BGHSt 40, 169, 181.

99 *BGH*, aaO.

100 *BGH*, Urteil v. 15.9.1995 – Az. 5 StR 713/94, UA S. 14, BGHSt 41, 247, 253 = lfd. Nr. 5-2, S. 326.

101 AaO, UA S. 10, BGHSt 41, 247, 251 = lfd. Nr. 5-2, S. 324.

102 AaO; *BGH*, Urteil v. 15.5.1997, Az. 5 StR 39/97, UA S. 10, NJW 1995, 3324 = lfd. Nr. 4-2, S. 240; *ders.*, Urteil v. 6.10.1994 – Az. 4 StR 23/94, UA S. 19, BGHSt 40, 272, 283 = lfd. Nr. 3-2, S. 171; *ders.*, Urteil v. 21.8.1997 – Az. 5 StR 652/96, UA S. 12, BGHSt 43, 183, 190 = lfd. Nr. 11-2, S. 1010. Diese Grundsätze hat der *BGH* bereits für § 339 StGB unabhängig von der Frage der Strafbarkeit von Richtern und Staatsanwälten der DDR entwickelt, vgl. *BGH*St 32, 357, 363f.; 34, 146, 149; 38, 381, 383.

103 *BGH*, Urteil v. 15.9.1995 – Az. 5 StR 713/94, UA S. 14, BGHSt 41, 247, 253 = lfd. Nr. 5-2, S. 326.

sowie Grundsätze des Vertrauensschutzes, die sich aus dem Rechtsstaatsprinzip, speziell aus Artikel 103 Absatz 2 GG, ergäben.[104]

In der Literatur wird die vom Bundesgerichtshof entwickelte Beschränkung der Strafbarkeit von Richtern und Staatsanwälten der DDR teilweise abgelehnt. Dabei setzt die Kritik zum Teil bereits am dogmatischen Ausgangspunkt des Bundesgerichtshofs an, bei der Tatbestandseinschränkung des § 339 StGB auf bewusste und schwer wiegende Rechtsverstöße.[105] Eine derartige Restriktion des Tatbestands sei mit dem Wortlaut des § 339 StGB schwerlich in Einklang zu bringen.[106] Darüber hinaus wird die weiter gehende Einschränkung der Strafbarkeit für Richter und Staatsanwälte der DDR auf Willkürakte im Sinne offensichtlicher, schwerer Menschenrechtsverletzungen durch justizielle Entscheidungen kritisiert.[107] Weder § 244 DDR-StGB noch § 339 StGB setzten einen Nachteil von besonderer Schwere für den von der Entscheidung Betroffenen voraus.[108] Erforderlich sei entsprechend der Regelung im Einigungsvertrag vielmehr – neben der Erfüllung der anderen Tatbestandsmerkmale – lediglich eine gesetzwidrige Entscheidung im Sinne von § 244 DDR-StGB und eine Beugung des Rechts im Sinne von § 339 StGB.

Die Konzeption des Bundesgerichtshofs, die gesetzlichen Bestimmungen der DDR als wirksam zu behandeln und bei der Norminterpretation den Besonderheiten der Rechtspflege der DDR Rechnung zu tragen, sowie die grundsätzliche Beschränkung der Strafbarkeit von Richtern und Staatsanwälten der DDR auf Willkürakte, limitieren den Bereich des Strafbaren deutlich. Die Rechtsprechung des Bundesgerichtshofs verpflichtet die Gerichte zur Überprüfung jeder einzelnen DDR-Entscheidung anhand der vielfach unbestimmten Normen des DDR-Rechts, wobei die Grenzen, ab wann eine Entscheidung als Willkürakt zu qualifizieren ist, nicht leicht zu ziehen sind.[109]

Der Fallgruppe der Unverhältnismäßigkeit von Tat und Strafe kommt besondere Bedeutung zu. Eine Strafbarkeit wegen Rechtsbeugung wird vielfach nur wegen der Verhängung einer unverhältnismäßig hohen Freiheitsstrafe oder einer Todesstrafe angenommen.[110] Derartige Strafen sind nach Auffassung des Bundesgerichtshofs immer zugleich als eine schwere Menschenrechtsverletzung anzusehen.

Bezüglich der als Rechtsbeugung gewerteten Sachverhalte lässt sich resümieren: Je wirksamer und mutiger die Widerstandshandlungen waren, um so weniger gelangte die höchstrichterliche Rechtsprechung zu der Annahme, die Bekämpfung durch die Justiz der DDR sei gesetzwidrig im Sinne des Rechtsbeugungstatbestandes gewesen.[111] Als Rechtsbeugung gewertet wurden vor allem Bagatellfälle, auf die die DDR-Justiz mit besonders schwerwiegenden Rechtsfolgen reagiert hat.

Eine Rechtsbeugung durch die Art und Weise der Verfahrensgestaltung hat der Bundesgerichtshof in den Verfahren gegen den Regimegegner Robert Havemann sowie in

---

104 AaO.

105 *Kraut*, Rechtsbeugung, S. 133f.; *Seebode* JR 1994, 1, 3; *Schulz* StV 1995, 206, 209.

106 *Seebode,* aaO; *Schulz,* aaO.

107 *Hohmann* NJ 1995, 128, 131; *Hirsch*, Strafrecht, S. 24; *Kraut*, aaO; *Spendel* JZ 1995, 375, 378f.

108 *Hohmann* aaO; *Kraut* aaO; *Spendel* aaO.

109 Vgl. insoweit die detaillierte Zusammenstellung der *BGH*-Rechtsprechung bei *Willnow* JR 1997, 265, 266ff.

110 So auch die Analyse von *Willnow* aaO.

111 So der Befund von *Horstkotte,* Rechtsbeugung, S. 86f. und *Willnow* JR 1997, 265, 268.

den Waldheimer Verfahren gesehen.[112] Entscheidend stellt der Bundesgerichtshof insofern auf das Vorliegen eines – von ihm so genannten – Drehbuchs für den Verfahrensablauf ab.[113]

Das Bundesverfassungsgericht hat die Rechtsprechung des Bundesgerichtshofs zur Strafbarkeit von Richtern und Staatsanwälten der DDR bestätigt.[114] Es hat die Verfassungsbeschwerde einer DDR-Richterin gegen ihre rechtskräftige Verurteilung wegen Rechtsbeugung nicht zur Entscheidung angenommen. Das Bundesverfassungsgericht sieht in der Auslegung und Anwendung des § 244 DDR-StGB durch das erstinstanzliche Gericht und den Bundesgerichtshof keine Verletzung des Rückwirkungsverbotes gemäß Artikel 103 Absatz 2 GG. Dass die damaligen Entscheidungen der DDR-Richterin gegebenenfalls im Einklang mit der Staatspraxis der DDR erfolgt seien, sei für die Frage eines Verstoßes gegen Artikel 103 Absatz 2 GG unbeachtlich. Denn Artikel 103 Absatz 2 GG sei nicht anwendbar, wenn die der Rechtsanwendung zugrunde liegende Staatspraxis die in der Völkergemeinschaft allgemein anerkannten Menschenrechte in schwerwiegender Weise missachte.[115] Zu den in der Völkergemeinschaft allgemein anerkannten Menschenrechten zählt das Bundesverfassungsgericht neben Leib und Leben auch das Recht auf persönliche Freiheit und den Schutz vor grausamer und unmenschlicher Bestrafung.[116] Bei den vom Bundesgerichtshof entwickelten Fallgruppen der Verurteilung unter Überdehnung von Straftatbeständen und der Verhängung einer grob ungerechten Strafe handele es sich um unerträgliche Menschenrechtsverletzungen, für die sich ein daran beteiligter Richter der DDR nicht auf den Schutz des Vertrauens durch Artikel 103 Absatz 2 GG berufen könne.[117]

e) Beteiligungsformen

Die an den damaligen Entscheidungen beteiligten Richter werden durchweg als Täter einer Rechtsbeugung angesehen. Hinsichtlich der Staatsanwälte differiert die rechtliche Einordnung der Beteiligungsform in den Anklageschriften und den erstinstanzlichen Urteilen. Der Bundesgerichtshof nimmt eine täterschaftliche Rechtsbeugung durch Staatsanwälte nur im Ermittlungsverfahren an, etwa bei Haftbefehlsanträgen, Anklageerhebungen und Einstellungen.[118] Für den in der Hauptverhandlung als Sitzungsvertreter auftretenden Staatsanwalt komme im Hinblick auf den Übergang der Verfahrensherrschaft auf das Gericht lediglich eine Strafbarkeit wegen Beihilfe in Frage.[119]

---

112 *BGH,* Urteil v. 10.12.1998 – Az. 5 StR 322/98, UA S. 37ff., BGHSt 44, 275, 301ff. = lfd. Nr. 8-2, S. 735ff.; *ders.*, Beschluss v. 18.2.1999 – Az. 5 StR 236/98, BGHR StGB § 339 DDR-Richter 1.

113 *BGH,* Urteil v. 10.12.1998 – Az. 5 StR 322/98, UA S. 37, BGHSt 44, 275, 301 = lfd. Nr. 8-2, S. 735. – In anderen Fällen rechtsstaatlich bedenklicher Verfahrensweisen hat der *BGH* die Annahme von Rechtsbeugung abgelehnt, vgl. *ders.*, Urteil v. 16.11.1995 – Az. 5 StR 747/94, UA S. 58ff., BGHSt 41, 317, 346f. = lfd. Nr. 6-2, S. 479f.

114 *BVerfG*, Beschluss v. 7.4.1998 – Az. 2 BvR 2560/95, BA S. 12ff. = lfd. Nr. 4-5, S. 267ff.

115 AaO, BA S. 12 = lfd. Nr. 4-5, S. 267.

116 AaO, BA S. 13 = lfd. Nr. 4-5, S. 267.

117 AaO, BA S. 14 = lfd. Nr. 4-5, S. 268.

118 *BGH*, Urteil v. 15.9.1995 – Az. 5 StR 713/94, UA S. 8f., BGHSt 41, 247, 249f. = lfd. Nr. 5-2, S. 323f.

119 AaO, UA S. 9, BGHSt 41, 247, 250 = lfd. Nr. 5-2, S. 324. Eine Anstiftung wird deshalb nicht in Betracht kommen, weil regelmäßig nicht ausgeschlossen werden kann, dass die verurteilenden Richter

f) Verjährung

In den Rechtsbeugungsverfahren sind keine speziellen Verjährungsprobleme aufgetreten. Die Verjährung beginnt für die in der DDR begangenen Rechtsbeugungen am 3. Oktober 1990. Da es sich um Taten handelt, die im Sinne des ersten Verjährungsgesetzes vom 26. März 1993 entsprechend dem ausdrücklichen oder mutmaßlichen Willen der Staats- und Parteiführung aus politischen oder sonst mit wesentlichen Grundsätzen einer freiheitlichen rechtsstaatlichen Ordnung unvereinbaren Gründen nicht geahndet worden sind, hat die Verjährung vom 11. Oktober 1949 bis zum 2. Oktober 1990 geruht. Grundsätzlich wäre gemäß § 78 Absatz 3 Nr. 4 StGB die Verjährung nach fünf Jahren mit Ablauf des 2. Oktober 1995 eingetreten. Durch Artikel 315a Absatz 2 EGStGB in der Fassung des dritten Verjährungsgesetzes ist diese Frist bis zum 2. Oktober 2000 verlängert worden. Die absolute Verjährung trat für die Rechtsbeugung ebenfalls zu diesem Zeitpunkt ein.[120]

g) Strafzumessung

Für die Strafzumessung hat sich erst spät eine einheitliche Linie in der Rechtsprechung herausgebildet. Nach dem Grundsatz der strikten Alternativität sei eine Strafe sowohl nach bundesdeutschem Recht als auch nach dem DDR-StGB zu ermitteln und sodann die Strafe nach dem milderen Gesetz zu bestimmen. Zur Feststellung des milderen Strafgesetzes im Sinne von § 2 Abs. 3 StGB hat die Rechtsprechung zunächst einen abstrakten Vergleich der Tatbestände vorgenommen und § 244 DDR-StGB wegen des niedrigeren Strafrahmens und der engeren Tatbestandsvoraussetzungen im Bereich des Vorsatzes als milderes Gesetz angesehen.[121] Später hat der Bundesgerichtshof dann auf den konkreten Einzelfall abgestellt. Es gilt derjenige Tatbestand als milder, nach dem unter Berücksichtigung einer etwaigen Strafaussetzung zur Bewährung im Einzelfall eine geringere Strafe zu erwarten ist.[122] Dabei müsse beachtet werden, dass in § 244 DDR-StGB eine Verurteilung auf Bewährung nicht vorgesehen sei und die Anwendung des § 56 StGB auf eine nach DDR-Recht gebildete Freiheitsstrafe nicht in Betracht komme.[123] Eine dem strengeren Strafrahmen des § 339 StGB entnommene Strafe sei als mildere Sanktion gemäß Artikel 315 Absatz 1 Satz 1 EGStGB, § 2 Absatz 3 StGB zu verhängen, wenn sie zur Bewährung ausgesetzt werden könne.[124] Handele es sich um Rechtsbeugung in mehreren Verfahren, sei für die Strafzumessung nach DDR-Recht gemäß § 64 DDR-StGB eine Hauptstrafe, für das bundesdeutsche Recht eine Gesamtstrafe nach §§ 53 ff. StGB zu bilden.

---

bereits vor dem Schlussantrag des Staatsanwalts tatentschlossen waren, vgl. *Willnow* JR 1997, 265 Fn. 114.

120 Vgl. §§ 78c Abs. 3 S. 2, 78 Abs. 3 Nr. 4 StGB.

121 *BGH*, Urteil v. 9.5.1994 – Az. 5 StR 354/93, BGHSt 40, 169, 174.

122 *BGH*, Urteil v. 15.9.1995 – Az. 5 StR 713/94, UA S. 57, BGHSt 41, 247, 277 = lfd. Nr. 5-2, S. 344.

123 Vgl. *BGH*, Beschluss v. 15.5.1997 – Az. 5 StR 580/96, NStZ-RR 1997, 301. Hier wird der Ausschluss der Bewährung für die nach DDR-Recht zu bildende Freiheitsstrafe jedenfalls für Fälle mehrfacher Rechtsbeugung angenommen.

124 *BGH*, Urteil v. 15.9.1995 – Az. 5 StR 713/94, UA S. 57, BGHSt 41, 247, 277 = lfd. Nr. 5-2, S. 344.

Der Systembezug der von den Richtern und Staatsanwälten der DDR begangenen Taten wird in den Judikaten bei der Strafzumessung unter zwei Gesichtspunkten berücksichtigt. Zum einen wirkt bei der Strafzumessung strafmildernd, dass die Täter in das politische System der DDR eingebunden waren und starken Einflussnahmen unterlagen.[125] Für die Angehörigen der DDR-Justiz sei es viel schwerer gewesen, das Recht zu wahren, als es den massiven äußeren Einflüssen folgend zu beugen.[126] Zum anderen wird die – in den meisten Fällen erfolgende – Aussetzung einer Freiheitsstrafe zur Bewährung nach § 56 StGB mit einer günstigen Sozialprognose begründet.[127] Rechtsbeugungsdelikte schieden als mögliche Wiederholungstaten bereits deshalb aus, weil die Richter und Staatsanwälte nicht mehr in der Justiz tätig seien. Die Begehung anderer Delikte sei ebenfalls nicht zu erwarten.[128] Der Umstand, dass die bundesdeutsche Justiz die nationalsozialistischen Justizverbrechen nicht geahndet hat, wird ebenfalls strafmildernd berücksichtigt. Eine harte Bestrafung müsse von den Angeklagten vor diesem Hintergrund als ungerecht empfunden werden, zumal die Rechtsprechung ihre Haltung zu § 339 StGB erst in allerjüngster Zeit geändert und damit eine Bestrafung der Richter und Staatsanwälte der DDR ermöglicht habe.[129]

II. Auswahl und Präsentation der Dokumente

Im Folgenden wird zunächst die Auswahl der dokumentierten Materialien begründet (1.). Anschließend wird die Reihenfolge des Abdrucks erläutert (2.).

1. Auswahl der Materialien

Bei der Auswahl der Dokumente aus der Fülle des zur Verfügung stehenden Materials waren die folgenden Kriterien ausschlaggebend.

Die Dokumentationsreihe verfolgt das Ziel, einen möglichst vollständigen Überblick über die Strafverfolgungsaktivitäten zu bieten. Deshalb war in systematischer Hinsicht darauf zu achten, dass sich alle Arten von DDR-Verfahren wiederfinden, die Ausgangspunkt eines Rechtsbeugungsvorwurfs wurden. Daher wurden neben den Verfahren,

---

125 Insoweit nur beispielhaft *BGH*, Urteil v. 16.11.1995 – Az. 5 StR 747/94, UA S. 47f., BGHSt St 41, 317, 341f. = lfd. Nr. 6-2, S. 475; *LG Berlin*, Urteil v. 21.4.1994 – Az. (520) 76 Js 681/92 KLs (68/92), UA S. 129f. = lfd. Nr. 4-1, S. 232f.; *LG Dresden*, Urteil v. 28.2.1994 – Az. 5 Kls 82 Js 13837/92, UA S. 271f.; *LG Erfurt*, Urteil v. 5.7.1994 – Az. 510 Js 463/90 – 1 Ks, UA S. 181f.; *LG Magdeburg*, Urteil v. 15.2.1994 – Az. 23 KLs 11/91, UA S. 1060. Dies wirkt sich u.a. auch bei der Annahme eines minder schweren Falls eines – neben der Rechtsbeugung gegebenenfalls verwirklichten – Totschlags aus.

126 *BGH*, Urteil v. 16.11.1995 – Az. 5 StR 747/94, UA S. 48, BGHSt 41, 317, 341 = lfd. Nr. 6-2, S. 475.

127 *LG Berlin*, Urteil v. 21.4.1994 – Az. (520) 76 Js 681/92 KLs (68/92), UA S. 131 = lfd. Nr. 4-1, S. 233; *LG Dresden*, Urteil v. 28.2.1994 – Az. 5 Kls 82 Js 13837/92, UA S. 272f.; *LG Frankfurt/Oder*, Urteil v. 4.9.1996 – Az. 25 Ks 7/95, UA S. 119f.; *LG Erfurt*, Urteil v. 5.7.1994 – Az. 510 Js 463/90-1 Ks, UA S. 185f.

128 *LG Dresden*, Urteil v. 28.2.1994 – Az. 5 Kls 82 Js 13837/92, UA S. 273; *LG Frankfurt/Oder*, Urteil v. 4.9.1996 – Az. 25 Ks 7/95, UA S. 120.

129 *BGH*, Urteil v. 16.11.1995 – Az. 5 StR 747/94, UA S. 49f., BGHSt 41, 317, 343 = lfd. Nr. 6-2, S. 475f.; ebenso *LG Frankfurt/Oder*, Urteil v. 4.9.1996 – Az. 25 Ks 7/95, UA S. 118. Beide Entscheidungen haben Todesurteile zum Gegenstand.

welche die strafrechtliche Verfolgung in der DDR zum Gegenstand hatten, auch solche Verfahren ausgewählt, denen arbeitsrechtliche[130] oder zivilrechtliche[131] Entscheidungen zugrunde lagen. Ebenso wurde ein Verfahren aufgenommen, in dem der Rechtsbeugungsvorwurf aufgrund des Unterlassens von Strafverfolgungsmaßnahmen erhoben wurde.[132]

Entsprechend dem Schwerpunkt der durchgeführten Rechtsbeugungsverfahren betrifft die Mehrzahl der dokumentierten Verfahren indes solche, die an strafrechtlichen Verfahren anknüpfen. Eine umfassende Abbildung aller Bereiche der politischen Strafverfolgung in der DDR, wie sie durch die Anklagepraxis der Staatsanwaltschaften erreicht worden ist, erwies sich dabei in der Dokumentation als unmöglich. Die Auswahl berücksichtigt dabei die folgenden drei Gesichtspunkte, die sich – wie die ausgewählten Verfahren zeigen – oftmals überschneiden.

Einmal waren solche Verfahren aufzunehmen, die einen richtungsweisenden Einfluss auf die rechtliche Beurteilung als Rechtsbeugung hatten. Unverzichtbar waren daher die Verfahren, in denen der Bundesgerichtshof die Leitlinien zur Strafbarkeit von DDR-Richtern und Staatsanwälten wegen Rechtsbeugung entwickelt hat.[133] Diese Grundsatzurteile haben die Strafverfolgung in entscheidender Weise geprägt. Auch das Rechtsbeugungsverfahren gegen die an den Urteilen gegen den Regimegegner Robert Havemann beteiligten Richter und Staatsanwälte war hier zu berücksichtigen.[134] Der Tatvorwurf besteht in diesem Verfahren nicht – wie in allen anderen bundesdeutschen Anklagen – in dem Inhalt der damaligen Entscheidungen, sondern in der Verfahrensgestaltung.[135]

Daneben sollten die ausgewählten Verfahren eine gewisse Repräsentativität aufweisen, und zwar einerseits im Hinblick auf die bundesdeutschen Strafverfahren wegen Rechtsbeugung und andererseits im Hinblick auf die politische Strafverfolgung in der DDR. Die Repräsentativität für die bundesdeutschen Strafverfahren wegen Rechtsbeugung bemaß sich dabei nach der Quantität, in der bestimmte Arten von Strafverfahren der DDR-Justiz den Ausgangspunkt eines Rechtsbeugungsvorwurfs bildeten. Auch aus diesem Grund waren solche Verfahren in besonderem Maße zu berücksichtigen, die Strafverfolgungsmaßnahmen gegen Ausreisewillige in den siebziger und achtziger Jahren zum Gegenstand hatten.[136] Aufgenommen wurde daher zudem ein Verfahren, dass die Verurteilung von Anhängern der Zeugen Jehovas in der DDR zum Gegenstand hatte.[137] Insgesamt zwölf bundesdeutsche Strafverfahren und damit so viele wie bei keiner anderen Art von Verfahren der DDR in den fünfziger und sechziger Jahren betreffen diese Sachverhaltskonstellation.[138]

130 Vgl. lfd. Nr. 1.
131 Vgl. lfd. Nr. 2.
132 Vgl. lfd. Nr. 11.
133 *BGH*, Urteil v. 6.10.1994 – Az. 4 StR 23/94, BGHSt 40, 272 = lfd. Nr. 3-2; *ders.*, Urteil v. 15.9.1995 – Az. 5 StR 713/94, BGHSt 41, 247 = lfd. Nr. 5-2.
134 Vgl. lfd. Nr. 8.
135 Vgl. oben S. XLIII.
136 Vgl. lfd. Nr. 3-5.
137 Vgl. lfd. Nr. 10.
138 *StA II bei dem LG Berlin* – Az. 30 Js 1353/94; *StA Dresden* – Az. 830 Js 45635/97; Az. 830 Js 71942/96; Az. 831 Js 38996/97; Az. 833 Js 14523/91; Az. 833 Js 3052/96; Az. 833 Js 10629/97 (die-

Die Repräsentativität für die politische Strafverfolgung in der DDR beurteilte sich vor allem nach der zeitgeschichtlichen Relevanz der DDR-Ausgangsverfahren. Es durften solche Verfahren nicht fehlen, welche die westliche Wahrnehmung von der politischen Strafverfolgung in der DDR prägten. Das betrifft die Waldheimer Prozesse und die Verfahren im Rahmen der so genannten Aktion Rose ebenso wie die Prozesse gegen den Regimekritiker Robert Havemann.[139] Als repräsentatives Beispiel für das politische Strafrecht der DDR kann auch das Strafverfahren gegen den ehemaligen beisitzenden Richter am Obersten Gericht Prof. Dr. Hans Reinwarth genannt werden. Es illustriert die Strafverfahren, die in der DDR in den beiden ersten Jahrzehnten ihres Bestehens gegen angebliche Spione und Saboteure wegen Kriegs- und Boykotthetze geführt wurden.[140]

Zuletzt sollten auch solche Verfahren berücksichtigt werden, in denen die Gerichte besonders ausführliche tatsächliche Feststellungen zum Justizsystem der DDR trafen. Hier ist zunächst das erste Urteil des Bundesgerichtshofs zu Rechtsbeugungsvorwürfen gegen DDR-Richter zu nennen.[141] In diesem Urteil finden sich auch wichtige Rechtsausführungen zur Unrechtskontinuität. Das detailreichste Bild von der politischen Einbindung und Kontrolle der Justiz zeichnet aber sicherlich das Verfahren, dem die Prozesse gegen den Regimekritiker Robert Havemann zugrunde liegen.[142]

Auf die Aufnahme eines Rechtsbeugungsverfahrens, das an eine Verurteilung wegen einer Militärstraftat anknüpft, wurde verzichtet.[143] Die Verfahren weisen hinsichtlich ihrer rechtlichen Beurteilung durch die bundesdeutschen Gerichte keine Besonderheiten auf und sind auch hinsichtlich ihrer Sachgegenstände von zeitgeschichtlich geringerem Interesse.

2. *Reihenfolge des Abdrucks*

Die Reihenfolge des Abdrucks der Verfahrensdokumente orientiert sich einerseits an dem Gegenstand des DDR-Verfahrens, das den Anknüpfungspunkt für das bundesdeutsche Rechtsbeugungsverfahren bildet; andererseits wird die Entwicklung der bundesdeutschen Rechtsprechung zur Strafbarkeit von DDR-Richtern und Staatsanwälten wegen Rechtsbeugung in der Gliederung berücksichtigt.

---

ses Verfahren ist unter der lfd. Nr. 10 dokumentiert; Az. 833 Js 33337/97; Az. 833 Js 5725/97; Az. 833 Js 52908/97; Az. 833 Js 54968/97; Az. 834 Js 14160/92. – Verurteilungen der Zeugen Jehovas in der DDR waren auch schon Ende der fünfziger Jahre Gegenstand eines bundesdeutschen Rechtsbeugungsverfahrens gegen den aus der DDR in die Bundesrepublik geflohenen ehemaligen Richter Oehme. Vgl. *BGH* NJ 1997, 35. Zu diesem Verfahren siehe auch *Fricke*, Politik, S. 241 und *Schuller*, Geschichte, S. 36.

139 Vgl. lfd. Nr. 8.

140 Vgl. lfd. Nr. 6.

141 Vgl. lfd. Nr. 1-2.

142 Vgl. lfd. Nr. 8.

143 Vgl. dazu oben S. XXXV.

So erfolgt eine erste Einteilung nach den Rechtsgebieten, denen sich die Ausgangsverfahren zuordnen lassen. Dabei wird mit dem Verfahren begonnen, das eine arbeitsrechtliche Entscheidung zum Gegenstand hat.[144] Zu diesem Verfahren erging die erste BGH-Entscheidung.[145] Es folgt das einzige Verfahren, das an einen zivilrechtlichen Sachverhalt anknüpft[146], und schließlich die bei weitem umfangreichste und bedeutendste Gruppe der Verfahren, in denen aufgrund einer strafrechtlichen Entscheidung der Rechtsbeugungsvorwurf erhoben wurde.[147]

Innerhalb der Verfahren mit strafrechtlichem Bezug wird danach unterschieden, ob der Rechtsbeugungsvorwurf eine erfolgte Strafverfolgung[148] oder aber eine systembedingte Nichtverfolgung[149] betraf. Da Letzteres wesentlich seltener Gegenstand eines Rechtsbeugungsverfahrens wurde,[150] liegt der Mehrzahl der dokumentierten Verfahren eine strafrechtliche Verfolgung in der DDR zugrunde. Die in dieser Fallgruppe ausgewählten Verfahren wurden in chronologischer Reihenfolge der erstinstanzlichen Urteile geordnet, um die Entwicklung der Rechtsprechung zu verdeutlichen. Zugleich wurden die Verfahren mit zeitgeschichtlichen Schlagwörtern gekennzeichnet, welche die Sachverhaltskonstellation des zugrunde liegenden DDR-Strafverfahrens prägnant beschreiben. Dadurch kann ein Zugang zu den dokumentierten Verfahren sowohl über die bundesdeutsche Rechtsprechung wie über das politische Strafrecht der DDR erfolgen.

Literatur

Amelung, Knut: Strafbarkeit von „Mauerschützen“ – BGH, NJW 1993, 141, in: JuS 1993, 637 ff.

Bemmann, Günter: Zu aktuellen Problemen der Rechtsbeugung, in: JZ 1995, 123 ff.

Bottke, Wilfried: Die Verfolgung von Regierungskriminalität der DDR nach dem Beitritt der neuen Länder, in: Deutsche Wiedervereinigung, Die Rechtseinheit, Arbeitskreis Strafrecht, Band II, Die Verfolgung von Regierungskriminalität der DDR nach der Wiedervereinigung, hrsg. von Ernst-Joachim Lampe, Köln u.a. 1993, S. 203 ff.

Buchholz, Erich: Rechtsbeugung durch DDR-Richter und -Staatsanwälte, in: ZAP-Ost, Nr. 7 vom 17.4.1996, Fach 21, S. 219 ff.

Bundesministerium der Justiz (Hrsg.): Im Namen des Volkes? Über die Justiz im Staat der SED. Katalog zur Ausstellung des Bundesministeriums der Justiz, Leipzig 1994.

Dencker, Friedrich: Vergangenheitsbewältigung durch Strafrecht? Lehren aus der Justizgeschichte der Bundesrepublik, KritV 1990, S. 299 ff.

Eisenberg, Ulrich/*Sander,* Günther M.: „Politische Delikte“ in Wandelbarkeit und Wandel, in: JZ 1987, 111 ff.

144 Vgl. lfd. Nr. 1.
145 *BGH*St 40, 30ff. = lfd. Nr. 1-2.
146 Vgl. lfd. Nr. 2.
147 Vgl. lfd. Nrn. 3-11.
148 Vgl. lfd. Nrn. 3-10.
149 Vgl. lfd. Nr. 11.
150 Vgl. oben S. XXXIII.

Fricke, Karl-Wilhelm: Politik und Justiz in der DDR, 2. Auflage, Köln 1990.

Gropp, Walter: Naturrecht oder Rückwirkungsverbot? – Zur Strafbarkeit der Berliner „Mauerschützen“, in: NJ 1996, 393 ff.

Hirsch, Hans Joachim: Rechtsstaatliches Strafrecht und staatlich gesteuertes Unrecht, Opladen 1996.

Hohmann, Olaf: Zur Rechtsbeugung durch DDR-Staatsanwälte, in: NJ 1995, 128 ff.

ders.: Die strafrechtliche Bewältigung der Rechtsanwendung durch Richter und Staatsanwälte der DDR – Aktuelle Probleme der Rechtsbeugung, in: DtZ 1996, 230 ff.

Hohoff, Ute: Vorsatz und „Unrechtsbewusstsein“ im Strafrecht der DDR als Problem aktueller Rechtsanwendung, DtZ 1997, S. 308 ff.

dies.: An den Grenzen des Rechtsbeugungstatbestandes – Eine Studie zu den Strafverfahren gegen DDR-Juristen, Berlin 2001.

Horstkotte, Hartmuth: Rechtsbeugung durch Richter und Staatsanwälte in der DDR. Ein Bericht über die neuere Rechtsprechung, in: Drobnig, Ulrich (Hrsg.), Die Strafjustiz der DDR im Systemwechsel, Berlin 1998, S. 63 ff.

Jakobs, Günther: Untaten des Staates – Unrecht im Staat. Strafe für die Tötungen an der Grenze der ehemaligen DDR?, in: GA 1994, 1 ff.

Jescheck, Hans-Heinrich/Thomas *Weigend*: Lehrbuch des Strafrechts, Allgemeiner Teil, 5. Auflage, Berlin 1996.

Kirchheimer, Otto: Politische Justiz, Nachdruck der Erstausgabe von 1965, Hamburg 1993.

Kraut, Gerald Michael: Rechtsbeugung? Die Justiz der DDR auf dem Prüfstand des Rechtsstaates, München 1997.

Lochen, Hans-Hermann/Christian *Meyer-Seitz* (Hg.): Die geheimen Anweisungen zur Diskriminierung Ausreisewilliger. Dokumente der Stasi und des Ministerium des Inneren, Köln 1992.

Lüderssen, Klaus: Kontinuität und Grenzen des Gesetzlichkeitsprinzips bei grundsätzlichem Wandel der politischen Verhältnisse, in: ZStW 104 (1992), 735 ff.

ders.: Entkriminalisierung durch Politisierung?, in: JZ 1997, 525 ff.

Marxen, Klaus/Gerhard *Werle*: Die strafrechtliche Aufarbeitung von DDR-Unrecht. Eine Bilanz, Berlin 1999.

Marxen, Klaus/Gerhard *Werle* (Hg.): Strafjustiz und DDR-Unrecht. Dokumentation, Bd. 1: Wahlfälschung, Berlin 2000.

Marxen, Klaus/Gerhard *Werle*/Petra *Schäfter*: Die Strafverfolgung von DDR-Unrecht. Fakten und Zahlen, Berlin 2007.

Müller, Jan: Symbol ‘89. Die DDR-Wahlfälschungen und ihre strafrechtliche Aufarbeitung, Berlin 2001.

Pawlik, Michael: Das Recht im Unrechtsstaat, in: Rechtstheorie 25 (1994), 101 ff.

Radbruch, Gustav: Gesetzliches Unrecht und übergesetzliches Recht, SJZ 1946, S. 105 ff.

Roggemann, Herwig: Richterstrafbarkeit und Wechsel der Rechtsordnung, in: JZ 1994, 769 ff.

Rottleuthner, Hubert: Steuerung der Justiz in der DDR, KritV 1992, 237 ff.

Rottleuthner, Hubert (Hg.): Das Havemann-Verfahren. Das Urteil des Landgerichts Frankfurt (Oder) und die Gutachten der Sachverständigen Prof. H. Roggemann und Prof. H. Rottleuthner, Baden-Baden 1999.

Schlink, Bernhard: Rechtsstaat und revolutionäre Gerechtigkeit, in: NJ 1994, 433 ff.

Schönke, Adolf/Horst *Schröder*: Strafgesetzbuch. Kommentar, 26. Aufl., München 2001 (zit.: Schönke/Schröder-*Bearbeiter*).

Schuller, Wolfgang: Geschichte und Struktur des politischen Strafrechts der DDR bis 1968, Ebelsbach 1980.

Schulz, Lorenz: Rechtsbeugung und Missbrauch staatlicher Macht, in: StV 1995, 206 ff.

Seebode, Manfred: Rechtsbeugung und Rechtsbruch, in: JR 1994, 1 ff.

Spendel, Günter: Rechtsbeugung und Justiz, in: JZ 1995, 375 ff.

Statistisches Bundesamt (Hrsg.): Strafverfolgung 1997. Vollständiger Nachweis der einzelnen Straftaten, Wiesbaden 1999.

Vormbaum, Thomas: Zur strafrechtlichen Verantwortlichkeit von DDR-Richtern wegen Rechtsbeugung, in: NJ 1993, 212 ff.

Wassermann, Rudolf: Zur Anwendung der sogenannten Radbruchschen Formel auf Unrechtsurteile der DDR-Justiz, in: NJW 1992, 878 f.

Werkentin, Falco: „Souverän ist, wer über den Tod entscheidet“. Die SED-Führung als Richter und Gnadeninstanz bei Todesurteilen, DA 1998, S. 179 ff.

Willnow, Günter: Die Rechtsprechung des 5. (Berliner) Strafsenats des Bundesgerichtshofs zur strafrechtlichen Bewältigung der mit der deutschen Vereinigung verbundenen Probleme, in: JR 1997, 221 ff. und 265 ff.

Wünsche, Kurt u.a.: Grundlagen der Rechtspflege, Lehrbuch, 2. Aufl., Berlin 1986.

Dokumente

Teil 1:
Arbeits- und zivilrechtliche Entscheidungen

Lfd. Nr. 1

Abweisung einer Kündigungsschutzklage

Inhaltsverzeichnis
Erstinstanzliches Urteil des Landgerichts Berlin vom 17.8.1992,
Az. (515) 76 Js 1589/91 KLs (26/92)

Landgericht Berlin 17. August 1992
Az.: (515) 76 Js 1585/91 KLs (26/92)

URTEIL

Im Namen des Volkes

Strafsache gegen

1. die Diplomjuristin und frühere Richterin Kerstin T., geboren 1964,
2. den Diplomjuristen und früheren Oberrichter Dr. Klaus Rosenfeld, geboren 1929,

wegen Rechtsbeugung.

Die 15. große Strafkammer des Landgerichts Berlin hat aufgrund der Hauptverhandlung vom 21. Juli, 3. August, 4. August, 6. August, 10. August, 11. August sowie 17. August 1992, an der teilgenommen haben:

⊗ Es folgt die Nennung der Verfahrensbeteiligten. ⊗

in der Sitzung vom 17. August 1992

für Recht erkannt:

Die Angeklagten werden freigesprochen.
Die Kosten des Verfahrens und die notwendigen Auslagen der Angeklagten trägt die Landeskasse Berlin. {3}

Gründe

I. [Anklagevorwurf]

Die Staatsanwaltschaft bei dem Landgericht Berlin wirft den Angeklagten mit der Anklageschrift vom 16. März 1992 vor,

a) der Angeklagten T.: in Berlin im Jahre 1989 wissentlich bei der Durchführung eines gerichtlichen Verfahrens als Richterin gesetzwidrig zu Ungunsten eines Beteiligten entschieden zu haben,
b) dem Angeklagten Dr. Rosenfeld: vorsätzlich die Angeklagte T. zu dieser Rechtsbeugung bestimmt zu haben (§§ 244[1], 22 Abs. 1 und Abs. 2 Nr. 1, 81 StGB/DDR, §§ 2 Abs. 1 und 3 StGB, 315 Abs. 1 Satz 1 EGStGB i. d. F. von Anlage I Kapitel III Sachgebiet C Abschnitt II Ziffer 1 Buchstabe b des Einigungsvertrages).

Die Angeklagte T. soll als Vorsitzende Richterin einer Kammer für Arbeitsrecht am Stadtbezirksgericht Berlin-Mitte auf Veranlassung des Angeklagten Dr. Rosenfeld die Klage des Zeugen B. auf Feststellung der Unwirksamkeit der fristgemäßen Kündigung vom 1. Juni 1989 durch den Bundesvorstand des „Freien Deutschen Gewerkschaftsbundes“ (im folgenden: FDGB) durch Beschluß vom 10. Oktober 1989 als „offensichtlich unbegründet“ abgewiesen haben, obwohl sie gewußt habe, daß die Klage schlüssig begründet war und daher deren Abweisung im Beschlußwege gemäß § 28 Abs. 3 ZPO/DDR unvertretbar gewesen sei und eine klare Verletzung des § 54 Abs. 2 Arbeitsgesetzbuch der DDR (AGB) dargestellt habe. Der Angeklagte Dr. Rosenfeld soll die An{4}geklagte T. in mehreren Rücksprachen als Vorsitzender des übergeordneten Senats für Arbeitsrecht bei dem Stadt[bezirks]gericht Berlin-Mitte veranlaßt haben, die Klage schon im Beschlußwege gemäß § 28 Abs. 3 ZPO/DDR abzuweisen, da es sich um eine „politische Entscheidung“ gehandelt habe, wobei der Angeklagte gewußt habe, daß die gesetzlichen Voraussetzungen für eine solche Entscheidung weder materiell-rechtlich noch verfahrensrechtlich vorgelegen haben.

Diese Vorwürfe haben sich in der Hauptverhandlung nicht bestätigt. Die Angeklagten waren daher aus tatsächlichen und rechtlichen Gründen freizusprechen.

II. [Feststellungen]

Die Hauptverhandlung vor der Strafkammer hat zu folgenden Feststellungen geführt:

A. Zur Person der Angeklagten

1. Die Angeklagte T. studierte von 1982 bis 1986 an der Karl-Marx-Universität Leipzig Rechtswissenschaft und legte dort das juristische Staatsexamen ab. Von 1986 bis 1989 arbeitete sie als juristische Mitarbeiterin bei der Rechtsabteilung der Deutschen Außenhan-{5}delsbank, bei der ihr nach ihrem Schwangerschaftsurlaub auch die Bearbeitung von einfachen arbeitsrechtlichen Fragen übertragen worden war.

Ohne zuvor als Richterassistentin tätig gewesen zu sein, nahm sie am 29. Mai 1989 ihre Tätigkeit als Richterin am Stadtbezirksgericht Berlin-Mitte auf, bei dem sie bis zu ihrem Ausscheiden am 2. Oktober 1990 als Vorsitzende Richterin eine Kammer für Arbeitsrecht leitete.

2. Der Angeklagte Dr. Rosenfeld legte im Jahre 1954 das juristische Staatsexamen ab. Danach war er als politischer Mitarbeiter des „Zentralvorstandes der Gewerkschaft Wissenschaft“, Vorsitzender der Rechtskommission des Bezirksvorstandes Berlin des „FDGB“ und Sektorenleiter im Staatssekretariat der ehemaligen DDR für Arbeit und Löhne tätig. Im Jahre 1981 wurde der Angeklagte zum Vorsitzenden des Senats für Arbeitsrecht bei dem Stadtgericht Berlin gewählt. Den Vorsitz behielt er bis zum Ausscheiden aus dem Richterdienst im Jahre 1990.

B. Vorgeschichte

Der Zeuge B. ist Diplomingenieur für Schwachstromtechnik und „BMSR-Anlagen“. Seit dem Jahre 1982 war er beim Bundesvorstand des „FDGB“ beschäftigt. Ab dem Jahre 1988 {6} hatte er dort den Posten eines Fachbereichsleiters für Informationstechnik inne, mit dem die Verantwortlichkeit für ein „Kollektiv“ von zuletzt sechs Mitarbeitern verbunden war. Er war für die gesamte Kommunikationstechnik und auch für die elektronische Überwachung im neuen Haus des Bundesvorstands des „FDGB“ am Märkischen Ufer zuständig. Sein monatlicher Nettoverdienst lag bei ca. 1.400,-- Mark der DDR.

Die von seinen Vorgesetzten abgegebenen Beurteilungen über seine Leistungen vom 2. September 1988 und vom 29. Juni 1989 lauteten wie folgt: {7}

„FDGB Bundesvorstand
Aufbauleitung Gesamtkomplex Berlin, den 02.09.1988

Zwischenbeurteilung

Kollege B., Friedhelm
Mit der Bildung der Aufbauleitung des Bundesvorstandes des FDGB zur Errichtung und Modernisierung des Gesamtkomplexes ‚Am Märkischen Ufer' erfolgte 1985 die Umsetzung des Koll. B. in die Aufbauleitung des FDGB Bundesvorstandes als Koordinierungsingenieur für Informationstechnik.
Kollege B. hatte die Aufgabe, die Vorbereitung und Durchführung des Leistungsumfanges des VEB Funk- und Fernmeldeanlagenbau Berlin mit den anderen Bau- und Ausrüstungsbetrieben zu koordinieren, zu kontrollieren und abzunehmen. Die hohen Anforderungen die in dieser Zeit an alle Kollegen der Aufbauleitung gestellt wurden erfüllte Kollege B. vorbildlich. In Zusammenarbeit mit den Ausführungsbetrieben bemühte sich Kollege B. um eine kameradschaftliche Zusammenarbeit, wobei er gleichzeitig auf die konsequente Durchsetzung der Interessen der Gewerkschaftsorganisation achtete.
Kollege B. übernahm zusätzliche Bereitschaftsdienste und zusätzliche Projektierung und Realisierung von informationstechnischen Anlagen. Als Anerkennung seiner Leistungen wurde Kollege B. anläßlich der Inbetriebnahme des Hauses des Bundesvorstandes des FDGB mit der Medaille ‚Erbauer Berlin' in Silber ausgezeichnet.
In seiner Arbeit ist Kollege B. gewissenhaft und ehrgeizig. Er arbeitet sehr selbständig und legt daher gern selbst die Schwerpunkte seiner Arbeit fest. Zusätzliche Aufgaben übernimmt Kollege B. bereitwillig. Er verfügt über einen relativ stark ausgeprägten Gerechtigkeitssinn, wodurch es ihm manchmal schwerfällt, notwendige Kompromisse einzugehen.
In seiner Art ist er offen und ehrlich. Er ist zu seinen Kollegen immer um ein freundschaftliches Verhältnis bemüht, so daß er einen positiven Einfluß auf das Kollektiv ausgeübt hat. Trotz fundierter Fachkenntnisse nutzt Kollege B. alle Möglichkeiten zur Weiterbildung und gibt bereitwillig seine Kenntnisse weiter. {8}
Als Mitglied der SED vertrat Kollege B. einen klaren Klassenstandpunkt und er nahm zu allen politischen Problemen Stellung. Mit guten Kenntnissen im Marxismus-Leninismus ausgerüstet kam in Diskussionen seine parteiliche Haltung zum Ausdruck. Innerhalb der Partei hatte er in der Abteilung Bau die Funktionen des Parteigruppenorganisators und des stellvertretenden Parteisekretärs inne, er ist Mitglied der SED-Kreisleitung der Zentralen Gewerkschaftsorgane.
In seiner Freizeit betätigt sich Kollege B. intensiv im Deutschen Bogenschützenverband der DDR und leitet u.a. als Präsidiumsmitglied die Rechtskommission des Präsidiums.

gez. T.,
Bereichsleiter
Ausrüstung"

„Freier Deutscher Gewerkschaftsbund
Bundesvorstand – Finanz- und Wirtschaftsverwaltung – Allgemeine Verwaltung
FDGB – Märkisches Ufer – Berlin 1026

Beurteilung Kollege Friedhelm B.

Kollege Friedhelm B. ist seit dem 03. August 1989 beim Bundesvorstand des FDGB tätig.

Als Diplom-Ingenieur für Schwachstromtechnik und BMSR-Anlagen übernahm Kollege B. innerhalb der Abt. Bau des Bundesvorstandes des FDGB Aufgaben auf dem Gebiet der Investitionsvorbereitung und -realisierung von schwachstromtechnischen Anlagen, die Wartung und Instandhaltung sowie die Projektierung dieser Anlagen.
Diese Arbeit war mit operativer Tätigkeit verbunden. Hierbei zeigte Kollege B. Engagement und große Einsatzbereitschaft. Aufgrund seiner guten fachlichen Kenntnisse, seiner praktischen Fähigkeiten ist Kollege B. in der Lage, Reparaturen sowie kleinere Montageleistungen kurzfristig durchzuführen.
Mit der Bildung einer Aufbauleitung beim Bundesvorstand des FDGB übernahm Kollege B. die Aufgabe eines Koordinierungsingenieurs für Informationstechnik, der Bau- und Ausrüstungsleistungen des VEB Funk- und Fernmeldeanlagenbau Berlin mit anderen Bau- und Ausrüstungsbetrieben zu koordinieren, zu kontrollieren und abzurechnen hatte. Dieser verantwortungsvollen Tätigkeit kam Kollege B. mit guten Arbeitsergebnissen nach. In kameradschaftlicher Art und Weise gelang es Kollegen B., allen Anforderungen gerecht zu werden. Nach Auflösung der Auf-{9}bauleitung übernahm Kollege B. ab September 1988 den Fachbereich Informationstechnik. Als Leiter hatte Kollege B. die Problematik, ein neugebildetes Kollektiv einzuarbeiten. Mit Fleiß, Konsequenz und Hilfsbereitschaft gelang es Kollegen B., daß das ihm anvertraute Kollektiv sich immer besser in die vielfältigen Arbeitsanforderungen einarbeitete.
Im Kollektiv tritt Kollege B. kollegial und korrekt auf. Kollege B. ist stets bemüht, seine guten Fachkenntnisse weiter zu vervollkommnen.

gez. G.,
stellv. Abteilungsleiter

Berlin, den 29. Juni 1989"

Der Zeuge B. war im Jahre 1976 in die SED eingetreten. Dort war er zeitweilig stellvertretender Parteisekretär und zuletzt Mitglied der Kreisleitung der SED der Zentralen Organe der Gewerkschaft. Im Februar 1989 wurde er von seinem Parteisekretär aufgefordert, einen Antrag auf Aufnahme in die sogenannten Betriebs-Kampfgruppen zu stellen. Wie bereits in zurückliegender Zeit lehnte der Zeuge B. diese Aufforderung ab, obgleich sie nachdrücklich an ihn herangetragen worden war. Dieses ablehnende Verhalten und möglicherweise auch andere Gründe, die in der Hauptverhandlung nicht geklärt werden konnten, führten dazu, daß der Zeuge B. am 7. Mai 1989 aus der SED ausgeschlossen wurde. Gegen diesen Ausschluß legte der Zeuge das zulässige Rechtsmittel ein. Ob, wann und wie darüber rechtskräftig entschieden worden ist, hat die Hauptverhandlung nicht ergeben. {10}

Am 10. Mai 1989 teilte der damalige sogenannte Kaderleiter (Personalchef) des Bundesvorstandes C. dem Zeugen B. mit, daß er zwar fachlich qualifiziert, aber nunmehr aufgrund des Ausschlusses aus der SED und der damit einhergehenden mangelnden „Vorbildwirkung" für das Kollektiv als Fachbereichsleiter nicht mehr geeignet sei; er müsse daher mit sofortiger Wirkung mit einer anderen Arbeitsaufgabe betraut werden, die nicht mit Leitungsfunktionen ausgestattet sei. Dem Zeugen B. wurde ein Änderungsvertrag als „Mitarbeiter GAA" (Facharbeiter im durchgängigen Schichtdienst) angeboten, da er dort die geringsten finanziellen Verluste habe. Als Alternative bot ihm der „Kaderleiter" an, in seiner bisherigen Abteilung als Ingenieur weiter zu arbeiten, jedoch unter einem anderen Fachbereichsleiter. Letzterer Vorschlag wurde dem Zeugen B. konkret am 25. Mai 1989 unterbreitet. An diesem Tage war jedoch eine genaue Arbeitsplatzbeschreibung noch nicht ausgearbeitet, die Einzelheiten zum Gehalt und zu den Urlaubsmodalitäten sollten noch geklärt werden.

Am 29. Mai 1989 fand eine weitere kurze Besprechung in der Verwaltung statt, wobei mit dem Zeugen B. besprochen wurde, daß er zusammen mit seinem zuständigen Vorgesetzten eine genauere Arbeitsplatzbeschreibung ausarbeiten sollte. B. wurde am nächsten oder übernächsten Tage eine entsprechende Arbeitsplatzbeschreibung vorgelegt, {11} mit der er einverstanden war. Dabei wurde ihm die Gehaltsgruppe 8 in Aussicht gestellt.

Am 31. Mai 1989 wurde dem Zeugen B. ein schriftlicher Änderungsvertrag vorgelegt, der die Arbeitsplatzbeschreibung so enthielt, wie zuvor mit B. besprochen. Als Besoldung war darin jedoch nicht die Gehaltsgruppe 8, sondern die Gehaltsgruppe 7 vorgesehen, wobei zusätzlich 2 Tage personengebundenen Urlaubs entfielen. Die Herabstufung nach Gehaltsgruppe 7 hätten einen Mindesteinkommensverlust von 310,-- Mark bedeutet. Der Zeuge B. war mit diesem Vorschlag nicht einverstanden und nahm ihn deshalb nicht an; er lehnte ihn jedoch auch nicht ausdrücklich ab. Er erklärte vielmehr, er müsse sich das Angebot noch überlegen, zudem fahre er in Kürze in Urlaub. Eine Bedenkzeit wurde ihm von seiten des Bundesvorstandes nicht eingeräumt. Ein Hinweis darauf, daß für den Fall der Nichtunterzeichnung des Änderungsvertrages die fristgemäße Kündigung ausgesprochen werde, wurde dem Zeugen B. nicht erteilt.

Am Nachmittag des 1. Juni 1989 wurde dem Zeugen B., nach dem zuvor die Abteilungsgewerkschaftsleitung („AGL") zugestimmt hatte, ein Kündigungsschreiben übergeben. Dies lautete wie folgt. {12}

„Berlin, den 1.06.1989
Werter Kollege B.
Entsprechend § 54 Abs. 2 Buchstabe b des Arbeitsgesetzbuches wird dir zum 30.6.1989 die fristgemäße Kündigung ausgesprochen. Für die mit dir am 1.8.1988 vereinbarte Arbeitsaufgabe als Leiter in den Zentralen Organen der Gewerkschaften bist Du nicht geeignet. Deiner Vorbildrolle als Leiter eines Kollektivs wirst du nicht gerecht. Eine positive erzieherische Einflußnahme durch Dich auf Dein Kollektiv ist nicht mehr gegeben. Da Du die Dir angebotene Tätigkeiten als Mitarbeiter der GAA 5000 oder als Fachingenieur für Informationsanlage nicht bereit bist anzunehmen, wird Dir die fristgemäße Kündigung ausgesprochen. Die Zustimmung der AGL liegt vor.
C.,
Sektorenleiter".

Auf den entsprechenden Antrag des Zeugen B. verhandelte am 20. Juni 1989 die Konfliktkommission über die Rechtmäßigkeit der Kündigung, wobei sich deren Vorsitzender zuvor bei dem Vorsitzenden des Arbeitsrechtssenates des Obersten Gerichts der DDR, dem Zeugen Rudelt[2], Rechtsrat eingeholt hatte. In Übereinstimmung mit dem Rechtsrat des Zeugen Rudelt lautete die Entscheidung wie folgt: {13}

„Die ausgesprochene fristgemäße Kündigung wegen Nichteignung für die vereinbarte Arbeitsaufgabe gemäß § 54 Abs. 2 Buchstabe b AGB ist rechtmäßig erfolgt. Der Antrag des Kollegen B. war zurückzuweisen.
gez. M. G., Vorsitzender der KK".

Der Zeuge B. verlangte im Nachhinein eine Ergänzung zu seiner Beurteilung vom 29. Juni 1989 hinsichtlich seiner „gesellschaftlichen Tätigkeiten", die wie folgt lautete: {14}

„Nachtrag
zur Beurteilung vom 29. Juni 1989

Kollege F. B. ist gesellschaftlich tätig. Das kommt durch Übernahmen unterschiedlicher Funktionen und Aktivitäten zum Ausdruck, wie
- Gesprächsleiter – Schule der sozialistischen Arbeit
- Parteigruppenorganisator,
- stellvertretender Parteisekretär,
- Kandidat bzw. Mitglied der Kreisleitung der SED der zentralen Organe der Gewerkschaften.

Kollege B. hat mehrfach Prämierungen erhalten. Auch ist Kollege B. als Aktivist der sozialistischen Arbeit und mit der Medaille ‚Erbauer Berlins' ausgezeichnet worden.
Berlin, 11. September 1989

gez. W. G.,
stellv. Abteilungsleiter" {15}

Sein Ausschluß aus der SED blieb bei diesem Nachtrag erkennbar unerwähnt.

C. Tatgeschehen

Mit Schreiben vom 28. August 1989 reichte der Zeuge B. bei dem Stadtbezirksgericht Berlin-Mitte Klage gegen den Bundesvorstand des FDGB ein und beantragte, den Beschluß der Konfliktkommission vom 26. Juni 1989 sowie die fristgemäße Kündigung aufzuheben.

Die Angeklagte T., deren Kammer für diese Klage zuständig war, verfügte am 18. Juli 1989 die Zustellung der Klage an den „Verklagten" (FDGB) zur Stellungnahme und forderte den Kläger B. zur Begründung der Klage auf. Während die „Verklagte" keine Stellungnahme abgab, begründete der Prozeßvertreter des Zeugen B. – der Zeuge Rechtsanwalt S. – am 2. Juli 1989 die Klage. Zur Begründung führte er im wesentlichen aus, daß dem Werktätigen B. keine zumutbare andere Tätigkeit gemäß § 54 AGB angeboten worden sei. Im übrigen liege das Tatbestandsmerkmal des § 54 Abs. 2 Buchstabe b AGB (der DDR), nämlich die Nichteignung, nicht vor. Aus den Beurteilungen, die der Zeuge B. erhalten habe, ergebe sich vielmehr seine Eignung für die bisher innegehabte Tätigkeit.

Nachdem die Angeklagte T. Anfang September 1989 aus dem Urlaub zu-{16}rückgekehrt war, wurde ihr die Akte B. gegen FDGB (Az.: 01 A 197/89) vorgelegt. Auf dem Aktendeckel befand sich eine angeheftete Notiz, nach deren Inhalt der Angeklagte Dr. Rosenfeld sie um eine dringende Rücksprache bat. Dr. Rosenfeld, der wöchentlich eine Übersicht über die eingegangenen „Problemfälle" erhielt, wies die Angeklagte T. darauf hin, daß infolge des Ausschlusses des Klägers aus der SED dessen Nichteignung für die weitere Ausübung der Leiterfunktion und damit auch seine Nichteignung für diese Arbeitsaufgabe offensichtlich sei, und deshalb gemäß § 28 Abs. 3 ZPO der DDR die Klage nicht erst nach mündlicher Verhandlung, sondern schon durch Beschluß als offensichtlich unbegründet zurückzuweisen sei.

Die Angeklagte T., der die Ausnahmeregelung des § 28 Abs. 3 ZPO/DDR als Anfängerin in ihrem Beruf relativ wenig geläufig war, hatte zunächst Bedenken, den Ratschlag des Mitangeklagten Dr. Rosenfeld anzunehmen. Dr. Rosenfeld hingegen war aufgrund seiner jahrelangen Spruchpraxis von der Richtigkeit seines Ratschlages überzeugt. Die Angeklagte T. war jedoch dennoch der Auffassung, daß sie dem Zeugen B. gemäß

§ 28 Abs. 2 ZPO/DDR Gelegenheiten geben sollte, innerhalb einer Aussprache die Klage zu ergänzen, zu ändern oder zurückzunehmen. Mit diesem Vorschlag der Angeklagten T. war der Angeklagte Dr. Rosenfeld einverstanden. {17}

Mit Verfügung vom 26. September 1989 lud die Angeklagte infolgedessen den Zeugen B. und dessen Prozeßvertreter zu einer mündlichen Aussprache am 3. Oktober 1989, 10.00 Uhr. Bei der Aussprache lag auch die „Kaderakte" des Zeugen B. vor, die die Angeklagte T. erfordert hatte, und die wohl nicht mehr existiert, so daß in der Hauptverhandlung nicht hat festgestellt werden können, ob die oben aufgeführten Beurteilungen des damaligen Klägers darin enthalten waren, was auch die Angeklagte T. nicht mehr weiß. An dieser Aussprache nahm der Prozeßvertreter des Zeugen nicht teil. Aus welchen Gründen er dies nicht tat, konnte in der Hauptverhandlung nicht mit der erforderlichen Sicherheit geklärt werden. Anhaltspunkte dafür, daß die Angeklagte etwa für das Nichterscheinen des Prozeßbevollmächtigten gesorgt haben könnte, haben sich in der Hauptverhandlung nicht ergeben. Über die Aussprache vom 3. Oktober 1989 fertigte die Angeklagte folgenden Vermerk:

„Vorlage des Diploms des Klägers
Bei Vorlage des Änderungsvertrages keine Bedenkzeit vereinbart, Betrieb bestand auf unverzüglicher Reaktion.
Mit Vorlage des Änderungsvertrages am 31.05.1989 Information, daß Gehalt entsprechend Gehaltsgruppe 7 anstatt zuvor zugesagter Gehaltsgruppe 8 erfolgt, aber mit Betrag identisch, aber in GG 7 umfangreichere Steigerungsmöglichkeiten mehr.
Klarheit über Arbeitsaufgabe bestand ab 31.05.1989, Bedenkzeit wegen Gehalt und Urlaub.
Aussprache mit dem Kläger über Nichteignung für Leitertätigkeit, aber kein Hinweis auf Konsequenzen bei Ablehnung des Änderungsvertrages. {18}
Gehaltsdifferenz zwischen Gehalt für Altaufgabenbereich und Gehalt für Arbeitsaufgabe gemäß Änderungsvertrag knapp 300,-- Mark bei voller Mehrleistungsprämie."

Diesen Vermerk der Angeklagten T. unterschrieb der Zeuge B., nachdem er sich diesen durchgelesen hatte. Anschließend sprach die Angeklagte T. nochmals mit dem Mitangeklagten Dr. Rosenfeld, der ihr bei dieser Unterredung mitteilte, daß der FDGB-Vorstand dem Kläger B. am 31. Mai keine weitere Bedenkzeit mehr hätte einzuräumen brauchen. Die Arbeitsplatzbeschreibung für die neue Stellung sei ausreichend gewesen. Es könne nicht im Belieben des Klägers stehen, wann er einen solchen Änderungsvertrag annehme. Das Schweigen des Herrn B. auf das Angebot sei als Ablehnung zu werten. Die Angeklagte T. hielt diese Rechtsauffassungen des Dr. Rosenfeld nach einiger Überlegung für zutreffend. Dr. Rosenfeld war der Überzeugung, daß er der Angeklagten zutreffenden Rechtsrat gegeben hatte.

Nachdem sich die Angeklagte T. noch einige Beschlüsse für Entscheidungen nach § 28 Abs. 3 ZPO/DDR von anderen Kollegen als Muster ausgeliehen hatte, fertigte sie nach dem 3. Oktober 1989 einen Beschlußentwurf, den sie, wie es in der damaligen DDR üblich war, zunächst Dr. Rosenfeld zur Prüfung vorlegte. Dieser war mit dem Entwurf einverstanden, jedoch wurde im Einvernehmen beider Angeklagten {19} folgender Satz aus dem Beschlußentwurf gestrichen:

„Aufgrund dessen waren die unterbliebene mündliche Äußerung des Klägers bezüglich des Vertragsangebotes vom Verklagten als Ablehnung zu werten."

Im übrigen übernahm die Angeklagte T. ihren Entwurf in vollem Umfang für den am 10.10.[1989] fertiggestellten Beschluß, der wie folgt lautete: {20}

„Az.: 01 A 197/89

Beschluß

In der Arbeitsrechtssache des Herrn Friedhelm B.
gegen Bundesvorstand des FDGB,
Märkisches Ufer 54, Berlin 1026
wegen fristgemäßer Kündigung
hat die Kammer für Arbeitsrecht in ihrer Sitzung am 10.10.1989 beschlossen:

1. Die Klage wird als offensichtlich unbegründet abgewiesen.
2. In arbeitsrechtlichen Verfahren werden keine Gerichtskosten erhoben. Die außergerichtlichen Kosten tragen die Prozeßparteien jeweils selbst.

Zwischen den Prozeßparteien bestand ein Arbeitsrechtsverhältnis, wonach der Kläger als Fachbereichsleiter Elektronik tätig war.
Mit Schreiben vom 01.06.1989 kündigte der Verklagte mit vorheriger Zustimmung der AGL das Arbeitsrechtsverhältnis fristgemäß zum 30.6.89 wegen Nichteignung für die vereinbarte Arbeitsaufgabe.
Die dafür maßgeblichen Gründe wurden dem Kläger ausreichend in Aussprachen und im Schreiben der fristgemäßen Kündigung dargelegt. {21}
Das der Kündigung vorangegangene Angebot eines Änderungsvertrages als Fachingenieur für Informationstechnik hat der Kläger nicht wahrgenommen. Gegen die fristgemäße Kündigung erhob der Kläger Einspruch bei der betrieblichen Konfliktkommission, welcher mit Beschluß vom 26.6.89 abgewiesen wurde.
Dagegen erhob der Kläger rechtzeitig Einspruch (Klage). Den Einspruch begründete der Kläger mit der unzureichenden Gewährung einer Bedenkzeit seitens des Verklagten.
Mit seinem Einspruch strebt der Kläger die Aufhebung des KK-Beschlusses vom 26.6.89 an.
Dieser festgestellte Sachverhalt beruht auf dem schriftlichen Antrag. Außerdem wurde mit dem Kläger am 3.10.89 eine Aussprache gem. § 28 (2) ZPO geführt (Blatt 1 der Akte-Rücks.).
Die Unterlagen der KK sowie die Personalakte wurden beigezogen.
Die Klage war zulässig, aber offensichtlich unbegründet.
Der Kläger ist aufgrund der von ihm tatsächlich gezeigten Verhaltensweisen nicht mehr geeignet, mit der vereinbarten Arbeitsaufgabe beschäftigt zu werden.
Der Verklagte hat gem. § 54 (2) AGB die Voraussetzung einer fristgem. Kündigung beachtet, indem er dem Kläger am 29.5.89 einen zumutbaren Änderungsvertrag anbot.
Das Angebot nahm der Kläger bis zum 31.5.89 unbegründet nicht wahr. Zur Gewährung einer längeren Bedenkzeit war der Verklagte nicht verpflichtet.
Die fristgemäße Kündigung war sowohl inhaltlich begründet als auch unter den gesetzlichen Voraussetzungen gem. §§ 54 (2) b und (4), 57 AGB wirksam zustande gekommen.
Die Klage stellt sich somit als offensichtlich unbegründet dar und war gem. § 28 (3) ZPO durch Beschluß abzuweisen.
Die Kostenentscheidung beruht auf §§ 168 (1), 174 (4) ZPO.

1026 Berlin, den 10.10.89
Stadtbezirksgericht Berlin-Mitte
Kammer für Arbeitsrecht
gez. T.“ {22}

Gegen diesen ordnungsgemäß zugestellten Beschluß erhob der Zeuge B. Beschwerde, die am 9. November 1989 bei Gericht einging. Im Hinblick auf die an diesem Tag eingetretene politische Wende in der DDR sah der damals die Kammer leitende Richter, der Zeuge von O., die Voraussetzungen für eine wirksame Kündigung wegen des Ausschlusses aus der SED nicht mehr als gegeben an und hob am 27. November 1989 im Wege der Beschwerdeabhilfe den Beschluß vom 10. Oktober 1989 auf. Am 30. November 1989 schlossen der Zeuge B. und der FDGB einen Vergleich, in dem der Bundesvorstand die Kündigung zurücknahm, wodurch das Arbeitsverhältnis mit B. als Leiter des Fachbereichs Informationstechnik fortbestand. Der dem Zeugen B. entgangene Verdienst wurde nachgezahlt.

Zu einem nicht mehr genau feststellbaren Zeitpunkt zwischen dem 9. November 1989 und dem 27. November 1989 fertigte die Angeklagte T. unter dem Eindruck der politischen Wende in der DDR folgende auf den 10. Oktober 1989 zurückdatierte Stellungnahme: {23}

„Persönliche Stellungnahme zur Entscheidung in der Sache O 1 A 197/89, B. ./. FDGB Bundesvorstand

Die erste Verfügung in dieser Sache erließ ich am 3.7.1989. Nach meiner Rückkehr aus dem Urlaub erhielt ich die Akte 0 1 A 197/89 mit der schriftlichen Aufforderung durch den Senatsvorsitzenden des Stadtgerichts zur unverzüglichen Rücksprache.
Ich erklärte dem Vorsitzenden des Senats für Arbeitsrecht sofort meine Bedenken und Zweifel an der Rechtmäßigkeit derartiger Weisungen an einen unabhängigen Richter.
Dieser wies mich jedoch darauf hin, daß es sich in diesem Falle, um eine politische Entscheidung handeln würde, welche bei Nichtausführung (Verweigerung einer Entscheidung gemäß §§ 28 Abs. 3 ZPO) für mich entsprechende Konsequenzen haben würde.
Aus diesem Grunde sah ich mich gezwungen, die Entscheidung vom 10.10.1989 zu treffen, welche keineswegs mit meiner Rechtsauffassung konform geht.
Berlin, d. 10.10.1989

gez. Kerstin T.“ {24}

Die Angeklagte wußte, daß diese Stellungnahme nicht der Wahrheit entsprach, sondern der Geschehensablauf sich so abgespielt hatte, wie von der Kammer festgestellt.

Die Stellungnahme legte sie in einem verschlossenen Umschlag in die Akte B. gegen FDGB. Die Angeklagte T. tat dies, weil sie nach der politischen Wende in der DDR Bedenken gegen ihre Entscheidung bekam, die sie dann selbst als politische Entscheidung einstufte. Der Zeuge von O. fand am 27. November 1989 den verschlossenen Umschlag in der Akte vor.

Die Angeklagte T. wollte nach dem 3. Oktober 1990 in die Justiz des Landes Berlin als Richterin übernommen werden. Daher fand am 26. Juni 1991 ein Gespräch zwischen ihr und u.a. dem Zeugen R. von der Senatsverwaltung für Justiz statt. Dabei kamen auch die Vorgänge um die Klage des Zeugen B. und die Entscheidung über diese Klage zur Sprache. Die Angeklagte wiederholte darin im wesentlichen den Inhalt der persönlichen Stellungnahme, die sie zu den Akten gegeben hatte, weil sie meinte, dadurch „besser dazustehen“. {25}

III. [Einlassungen der Angeklagten und Beweiswürdigung]

Die Angeklagten bestreiten, eine Rechtsbeugung begangen bzw. dazu angestiftet zu haben.

Die Angeklagte T. hat sich dahin eingelassen, die persönliche Stellungnahme, die sie in die Akte gelegt habe, sei falsch. Sie habe sie zwar mit dem Datum vom 10. Oktober 1989 versehen, habe den Vermerk jedoch in Wahrheit erst nach dem 9. November 1989 zu den Akten gebracht und zwar auch mit unrichtigem Inhalt, um „später besser dazustehen". Tatsächlich sei sie im Zeitpunkt der Entscheidung von deren Richtigkeit überzeugt gewesen; diese Überzeugung habe sie aus Gesprächen mit Kollegen und den Erörterungen mit dem erfahrenen Dr. Rosenfeld gewonnen.

Der Angeklagte Dr. Rosenfeld hat eingeräumt, mit der Angeklagten T. die Klagesache B. mehrfach erörtert zu haben, so wie das zu dieser Zeit in der DDR üblich gewesen sei. In Ausübung seiner Anleitungsbefugnis und Verpflichtung zur Herbeiführung einheitlicher Rechtsprechung habe er wegen der Unerfahrenheit der jungen Kollegin dieser Hinweise auf die Rechtsprechung und die notwendigen Entscheidungen gegeben. Im übrigen hätten sich seine Ratschläge und die von ihm gebilligte Entscheidung vom 10. Oktober 1989 im Rahmen der damaligen Rechtsprechung, {26} der Gesetze und der Anweisungen des Obersten Gerichts der DDR gehalten.

Die tatsächlichen Feststellungen bezüglich der Arbeitsaufgaben des Zeugen B. und den Umständen seiner Kündigung beruhen auf der glaubhaften Bekundung des Zeugen B., der seinen beruflichen Werdegang und den Ablauf der Kündigung so geschildert hat, wie oben festgestellt, und auf dem Inhalt der Akte 01 A 197/89, soweit er in der Hauptverhandlung verlesen wurde.

Nach dem Ergebnis der Hauptverhandlung waren beide Angeklagte wegen der ihnen vorgeworfenen Tat sowohl aus tatsächlichen als auch aus rechtlichen Gründen freizusprechen.

Gemäß § 2 Abs. 1 und 3 i.V.m. Artikel 315 Abs. 1 Satz 1 EGStGB war § 244 des StGB der DDR als milderes Gesetz anzuwenden. Danach begeht eine Rechtsbeugung nur, wer *wissentlich* bei der Durchführung eines gerichtlichen Verfahrens als Richter gesetzwidrig zu Ungunsten eines Beteiligten entscheidet.

Nicht jede unrichtige oder ungerechte oder auch gesetzwidrige Entscheidung kommt durch Rechtsbeugung zustande; das ist vielmehr nur dann der Fall, wenn der Richter das Recht oder {27} nach dem positivistischen Strafgesetzbuch der DDR das Gesetz bewußt in einer Weise verletzt, die die Auffassung des Richters nicht einmal vertretbar erscheinen läßt, mit anderen Worten, wenn er das Recht verdreht und dadurch Willkür verübt. Solange das Handeln des Richters noch vom Streben nach Gesetzmäßigkeit bestimmt ist, solange er sich bei seiner Entscheidung also nicht von dem für ihn geltenden Gesetz löst, solange liegt keine Rechtsbeugung vor.

Es war also zunächst zu entscheiden, ob die Entscheidung, die die Angeklagte T. am 10. Oktober 1989 getroffen hatte, dem Gesetz der damaligen DDR widersprach und „unvertretbar" war.

Nach § 54 Abs. 2b AGB durfte der FDGB den Arbeitsvertrag kündigen, wenn der Zeuge B.

a) für die vereinbarte Arbeitsaufnahme nicht geeignet war,
b) und dem Zeugen B. zuvor ein Änderungsvertrag über eine zumutbare andere Arbeit angeboten worden war,
c) und der Zeuge B. dieses Angebot abgelehnt hätte.

Nichteignung hing von der Aufgabe und Stellung des Werktätigen in dem Betrieb ab, in dem er tätig war. Bei einer Leiterfunktion des Werktätigen waren nach damaliger Rechtspre-{28}chung „die Einstellung des Werktätigen zu dem von der Arbeiterklasse und ihren Moralnormen geforderten Denken und Handeln und die politisch-moralische Einstellung zur Arbeit für die Eignung bedeutsam“ (Peter Sander: Eignung und Nichteignung des Werktätigen als arbeitsrechtliche Bewertungsbegriffe in Festschrift für Schlegel 1984, Humboldt-Universität). Danach war aus damaliger Sicht die „moralisch-politische Vorbildrolle“ eine wesentliche Anforderung an den Leitungskader, also jeden Leiter eines Kollektives, für dessen Arbeitsaufgabe (vgl. Kirschner/Michas, Abschluß, Änderung und Auflösung des Arbeitsvertrages, Erläuterungen zum 3. Kapitel des Arbeitsgesetzbuches der DDR, Verlag Tribüne, Seite 80), also auch für die von dem Zeugen B. ausgeübte Tätigkeit von großer Bedeutung. Der Wegfall der Eignung als Folge des SED-Ausschlusses ergab sich zwar nicht expressis verbis aus irgendwelchen Aufsätzen, Entscheidungen oder Richtlinien, steht aber mit dem gesamten Inhalt der gesetzlichen Regeln und damaligen Anordnungen des Obersten Gerichtes der DDR in Übereinstimmung. So heißt es in einem Bericht des Präsidiums zum 27. Januar 1982 auf der ersten Plenarsitzung des Obersten Gerichts unter anderem:

„Den Gerichten ist zu der Verwirklichung des Beschlusses des 10. Parteitages der SED die Aufgabe gestellt, jede Entscheidung ... (auch) politisch durchdacht ... und damit gesellschaftlich wirksam zu treffen ...“ {29}

und

„Die Direktoren der Kreisgerichte unternehmen erhöhte Anstrengungen, um ... weitere Fortschritte bei der Hebung des politisch-fachlichen Niveaus der Rechtsprechung zu erreichen.“

Wie das alles zu verstehen ist, ergibt sich auch aus der Präambel zum Arbeitsgesetzbuch der DDR, in der ausgeführt wird, daß

„zum Wohle des Volkes das Recht als Ausdruck der Macht der Arbeiterklasse zur Verwirklichung des Sozialismus einzusetzen ist“.

Diese Hervorhebung[en] der politischen Aspekte der Rechtsprechung können nur die Bedeutung haben, daß bei der Auslegung der Gesetze und den zu treffenden Entscheidungen die politischen Gesichtspunkte vor allen Dingen dann den Vorrang haben, wenn Interessen der Bürger mit denen des Staates, der gesellschaftlichen Organe oder der SED als Staatspartei kollidierten. Wenn die Angeklagten rechtlich die Auffassung vertraten, mit dem Ausschluß des Zeugen B. aus der SED sei dessen Eignung als Leiter eines Kollektivs und damit als Fachbereichsleiter entfallen, dann hielt sich diese Auslegung des § 54 Abs. 2b AGB im Rahmen dieser Bestimmungen unter Berücksichtigung des damals in der DDR geltenden Rechtsverständnis-{30}ses. Dies umso mehr, als damals diese Rechtsansicht und Auslegung des § 54 Abs. 2b AGB auch vom Obersten Gericht der DDR geteilt wurde, wie der Zeuge Rudelt glaubhaft ausgesagt hat, und wie dies in seinem Rechtsrat zum Ausdruck kam, den er dem Vorsitzenden der Konfliktkommission auf dessen Anfrage erteilte, wie er ebenfalls glaubhaft bekundet hat.

Dem steht nicht entgegen, daß das Oberste Gericht der DDR im Jahre 1990 Entscheidungen fällte, in denen es den Ausschluß aus der SED als Grund für die Nichteignung und damit als Kündigungsgrund verwarf und gegenteilige Entscheidungen der Instanzgerichte aufhob (vgl. NJ 1990, Seite 260 und 261). Denn diese Entscheidungen des

Obersten Gerichts der DDR ergingen nach dem 1. Dezember 1989, dem Tage, an dem durch Verfassungsänderung die führende Rolle der SED als Verfassungsdogma gestrichen wurde.

Nach alledem war die Entscheidung der Angeklagten nicht unvertretbar, die Kündigungsvoraussetzung des § 54 Abs. 2b AGB, nämlich die fehlende Eignung, für die vereinbarte Arbeitsaufgabe als gegeben anzusehen. Die günstigen Beurteilungen, die der Zeuge B. erhalten hatte, waren nach Überzeugung der Kammer aus damaliger Sicht nach dem Ausschluß aus der SED ohne Bedeutung. {31}

Daß die Angeklagte T. der Auffassung war, der FDGB habe dem Zeugen B. einen zumutbaren anderen Arbeitsplatz vorgeschlagen und dieser habe den Vorschlag abgelehnt, war ebenfalls nicht unvertretbar. Nach dem Arbeitsrecht der DDR gehörte zum Abschluß eines Arbeitsvertrages nicht die Einigung über Entlohnung und Urlaub. Dies waren Nebenentscheidungen, die ohnehin durch entsprechende Rechtsverfügungen festgelegt waren. Das Angebot, das der Zeuge B. am 31. Mai 1989 erhielt, war für ihn auch nicht überraschend, da er zuvor an der Arbeitsplatzbeschreibung, wie er selbst bekundet hat, mitgearbeitet hatte. Die Rechtsauffassung, das Schweigen des Zeugen B. auf dieses Angebot der FDGB-Führung als Ablehnung zu werten, ist ebenfalls nicht unvertretbar. Denn wenn der Zeuge B., nachdem er sich zunächst mit dem ihm angebotenen Arbeitsplatz und dessen Beschreibung einverstanden erklärt hat, am 31. Mai 1989 den ihm nunmehr vorgelegten Änderungsvertrag nicht mehr unterschreiben wollte, dann ist das in der Tat nur als Ablehnung zu werten, auch wenn der Zeuge dieses Wort nicht benutzt hat. Angesichts des Umstandes, daß der Zeuge B. weiterhin als Ingenieur beschäftigt werden sollte, war die Arbeit auch zumutbar.

Da somit sämtliche Voraussetzungen für eine Kündigung gemäß § 54 Abs. 2b AGB der DDR vertretbar angenommen werden konnten, war es auch nicht unvertretbar, durch Beschluß nach {32} § 28 Abs. 3 ZPO der DDR zu entscheiden. Dabei ist es für die Frage, ob eine Rechtsbeugung vorliegt, ohne Bedeutung, daß die Entscheidungsgründe äußerst knapp waren und der eigentliche Kündigungsgrund – Ausschluß aus der SED – unerwähnt blieb. Dies war in der Rechtspraxis der DDR-Gerichte üblich, wie auch der Zeuge von O. glaubhaft bekundet hat.

Zwar heißt es in dem bereits erwähnten Bericht des Präsidiums an die 1. Plenartagung des Obersten Gerichts zum Januar 1982: „Abweisungen mangels Schlüssigkeit gemäß § 28 Abs. 3 ZPO sind demnach selten, weil die meisten Klagen schlüssig sind, also, das Klagevorbringen als wahr unterstellt, das Klageverlangen rechtfertigen“. Das hat aber offenbar nur für „normale“ Arbeitsrechtsstreitigkeiten gegolten, nicht aber für Kollisionsfälle, in denen – wie hier – das Verhältnis vom Werktätigen zum Staat oder dessen Betrieben, Organisationen und ähnliches eine Rolle spielt. Das ergibt sich aus der „Orientierung“ über die Behandlung arbeitsrechtlicher Probleme bei Ausreisewilligen, die das Oberste Gericht der DDR, der Generalstaatsanwalt der DDR und das Staatssekretariat in den Jahren 1976 bzw. 1978 und später noch einmal im April 1989 in modifizierter Form herausgaben. Diese „Orientierung“ war an alle Direktoren der Bezirksgerichte gerichtet, und in ihr kommt verbindlich zum Ausdruck, daß mündliche Verhandlungen in Fällen von Klagen Ausreisewilliger gegen Kündigungen wegen der Ausreisewilligkeit nur ausnahmsweise, {33} nämlich dann stattzufinden haben, wenn die Einhaltung von Wirksamkeitsvoraussetzungen auf andere Weise nicht zu klären sei.

(Gemäß dieser verbindlichen Anweisung wurde – wie der Angeklagte Dr. Rosenfeld aussagte und auch der Zeuge von O. bekundet hat – auch in anderen „problematischen" Kündigungsfällen verfahren.) Diese Klärung „auf andere Weise" hat die Angeklagte T. aber mit der Besprechung am 3. Oktober 1989 nach ihrer Ansicht herbeigeführt.

Die in Kollisionsfällen angeordnete Praxis zu § 28 Abs. 3 ZPO/DDR zeigt, daß sich die Angeklagten mit ihrer Auffassung, die Klage sei gemäß § 28 Abs. 3 ZPO/DDR durch Beschluß als offensichtlich unbegründet abzuweisen, im Rahmen der für sie geltenden Gesetze und Richtlinien gehalten haben.

Damit liegt objektiv keine gesetzwidrige Handlung (Entscheidung) der Angeklagten T. vor. Daß die Angeklagte T. überdies keine Willkür üben wollte, zeigt auch ihr Wunsch, die Wirksamkeitsvoraussetzungen der Kündigung noch in einer Aussprache mit dem Kläger zu klären, statt sofort gemäß § 28 Abs. 3 ZPO/DDR zu entscheiden, wie es ihr möglicherweise der Angeklagte Dr. Rosenfeld als richtig dargestellt hatte. Er selbst ließ sie gewähren, ohne sie daran zu hindern oder sie anzuweisen, von dieser mündlichen Aussprache abzulassen. {34}

Die persönliche Erklärung der Angeklagten T., die diese unter dem 10. Oktober 1989 abfaßte, und die den Eindruck des Geständnisses einer Rechtsbeugung erweckt, entsprach nach Überzeugung des erkennenden Gerichts nicht der Auffassung der Angeklagten bei Beschlußfassung. Die Kammer glaubt ihr, daß sie diese Stellungnahme erst später unter dem Eindruck der politischen Wende in der DDR abgefaßt hat. Dies stimmt überein mit der glaubhaften Aussage des Zeugen von O., der bekundet hat, er habe diese Stellungnahme am 27. November 1989 in den Akten vorgefunden. Er habe zudem bereits vor der fraglichen Entscheidung von der Angeklagten T. selbst gehört – zum Beispiel als sie sich Musterbeschlüsse holte –, sie habe sich von Dr. Rosenfeld überzeugen lassen und sei nunmehr selbst von der Richtigkeit der Entscheidung überzeugt. Daraus ergibt sich für das Gericht die Unrichtigkeit der gegenteiligen Behauptung in der Stellungnahme. Sie ergibt sich noch aus weiteren Gründen: Nach dem Persönlichkeitsbild der beiden Angeklagten, das das Gericht in der Hauptverhandlung gewonnen hat, ist es unglaubhaft, daß die sehr zurückhaltende Angeklagte T. „sofort" zu dem dominierenden Dr. Rosenfeld gegangen sei und ihn auf Bedenken gegen dessen Eingriffe in ihre richterliche Unabhängigkeit hingewiesen haben will. Das hätte sich diese Angeklagte nicht getraut und hätte sich dieser Angeklagte nicht bieten lassen. Davon ist die Kammer überzeugt. Auf Grund des von der Angeklagten gewonnenen Persönlichkeitsbildes hält es die Kammer ferner {35} für ausgeschlossen, daß die Angeklagte T. bereits am 10. Oktober 1989 den Mut gehabt haben könnte, eine solche, sie aus der damaligen Sicht der DDR belastende, Stellungnahme in die Akten zu geben. Dies tat sie nach der Überzeugung der Kammer mit Sicherheit erst nachträglich und unter dem Eindruck der politischen Veränderungen der DDR. Daß sie den Inhalt dieser Stellungnahme bei ihrem Vorstellungsgespräch beim Senator für Justiz noch als richtig dargestellt hat, ändert an der Überzeugung der Kammer nichts. Die Angeklagte wollte erkennbar durch diese falsche Stellungnahme und Schilderung sich für die erstrebte Übernahme als Richterin in den Justizdienst Berlins in einem besseren Licht erscheinen lassen.

Da die Angeklagte T. keine Rechtsbeugung begangen oder versucht hat, hat sich der Angeklagte Dr. Rosenfeld keiner Anstiftung dazu schuldig gemacht. Er hat dies auch weder versucht noch als mittelbarer Täter gehandelt, denn seine Ratschläge waren, wie oben dargestellt, nach den damals in der DDR geltenden Gesetzen und herrschenden Rechtsauffassung vertretbar.

Nach alledem waren beide Angeklagte freizusprechen. Denn auch die Verletzung von Völkerrechtsnormen oder Menschenrechten, die eine Strafbarkeit begründen könnte, ist nicht erkennbar. {36}

Anmerkungen

1 Vgl. Anhang S. 1046.

2 Der ehemalige Richter am Obersten Gericht Walter Rudelt wurde von der Staatsanwaltschaft II bei dem Landgericht Berlin gemeinsam mit seinem Kollegen Werner Strasberg sowie dem ehemaligen Vizepräsidenten bzw. Präsidenten des Obersten Gerichts der DDR Günter Sarge am 16.8.1995 unter dem Az. 28 Js 9/94 wegen der Mitwirkung an der Abweisung von Kündigungsschutzklagen angeklagt. Gegen Sarge wurde das Verfahren durch Beschluss des Landgerichts Berlin vom 26.9.1997 – Az. (534) 28 Js 9/94 (48/95) – gem. § 154 Abs. 2 StPO eingestellt, Rudelt und Strasberg wurden durch Urteil desselben Gerichts am 10.3.1999 – Az. (534) 28 Js 9/94 (48/95) – freigesprochen.

Inhaltsverzeichnis
Revisionsurteil des Bundesgerichtshofs vom 13.12.1993, Az. 5 StR 76/93

Bundesgerichtshof
Az.: 5 StR 76/93

13. Dezember 1993

URTEIL

Im Namen des Volkes

In der Strafsache gegen

1. Kerstin T.,
   geboren 1964,
2. Dr. Klaus Rosenfeld,
   geboren 1929,

wegen Rechtsbeugung {2}

Der 5. Strafsenat des Bundesgerichtshofs hat in den Sitzungen vom 30. November 1993 und 13. Dezember 1993, woran teilgenommen haben:

⊗ Es folgt die Nennung der Verfahrensbeteiligten. ⊗ {3}

für Recht erkannt:

Die Revision der Staatsanwaltschaft gegen das Urteil des Landgerichts Berlin vom 17. August 1992 wird verworfen.
Die Staatskasse trägt die Kosten der Revision und die dadurch entstandenen notwendigen Auslagen der Angeklagten.
– Von Rechts wegen –

Gründe

Das Landgericht hat die beiden Angeklagten vom Vorwurf der Rechtsbeugung freigesprochen. Dagegen richtet sich die Revision der Staatsanwaltschaft. Sie hat keinen Erfolg.

I. [Verfahrenshintergrund]

⊗ Es folgt eine Darstellung der erstinstanzlichen Sachverhaltsfeststellungen. ⊗

6. Die Revision der Staatsanwaltschaft wendet sich mit sachlichrechtlichen Angriffen gegen die Freisprüche: Die tatsächlichen Feststellungen ergäben, daß die Angeklagte T. mit dem Beschluß vom 10. Oktober 1989 gesetzwidrig entschieden habe. Denn der Kläger sei für seine Arbeit nicht ungeeignet gewesen (§ 54 Abs. 2 Satz 1 Buchst. b AGB); er habe eine zumutbare andere Arbeit (§ 54 Abs. 2 Satz 2 AGB) nicht abgelehnt; seine Klage sei nicht offensichtlich unbegründet gewesen und hätte deshalb nicht durch Beschluß abgewiesen werden dürfen. Zu ihrer gesetzwidrigen Entscheidung sei die Angeklagte T. von dem Angeklagten Dr. Rosenfeld angestiftet worden.

II. [Zu den Rügen]

Die Revision ist unbegründet. Der Freispruch der beiden Angeklagten hält der rechtlichen Nachprüfung stand. {10}

Zwar können Richter der DDR in der Bundesrepublik Deutschland wegen Rechtsbeugung verfolgt werden. Das Landgericht hat aber zutreffend eine Strafbarkeit der Angeklagten verneint.

1. Rechtsbeugung, die im Recht der Bundesrepublik Deutschland in § 336 StGB geregelt ist, war im Recht der DDR nach § 244 StGB-DDR[1] mit Strafe bedroht. An die Stelle der Vorschrift des § 244 StGB-DDR ist mit dem Inkrafttreten des Einigungsvertrages die Strafbestimmung des § 336 StGB getreten (Art. 8, 9 des Einigungsvertrages). Nach Art. 315 Abs. 1 EGStGB idF des Einigungsvertrages (Anl. I Kap. III Sachgebiet C Abschn. II Nr. 1 b) ist auf diese Rechtsänderung die Vorschrift des § 2 StGB anzuwenden.

Eine Strafbarkeit der Richter setzt danach zunächst voraus, daß diese sich nach § 244 StGB-DDR strafbar gemacht haben, und daß ihr Verhalten auch nach § 336 StGB strafbar ist. § 244 StGB-DDR verlangt, daß der Richter „gesetzwidrig zugunsten oder zuungunsten eines Beteiligten" entschieden hat. Prüfungsmaßstab für die Frage der Gesetzwidrigkeit ist das Recht der DDR.

a) Der Strafbarkeit steht nicht der Umstand entgegen, daß sich § 244 StGB-DDR einerseits und § 336 StGB andererseits vor dem Wirksamwerden des Beitritts auf Tathandlungen aus unterschiedlichen Rechtsgebieten bezogen haben (vgl. BGHSt 38, 1, 2), und daß § 336 StGB nur den Schutz der Rechtspflege der Bundesrepublik Deutschland erfaßt (§ 11 Abs. 1 Nr. 3 StGB). Aus dem Sinn und Zweck der Übergangsregelung des Art. 315 Abs. 1 EGStGB i.V.m. § 2 StGB ergibt sich, daß § 336 StGB auf Alttaten in der DDR anwendbar ist. Der in Art. 315 Abs. 1 EGStGB {11} enthaltene Gesetzesbefehl, auf unter Geltung des StGB-DDR begangene Taten § 2 StGB anzuwenden, soll sicherstellen, daß die Anwendbarkeit des § 2 StGB nicht daran scheitert, daß die Strafrechtsnormen der Deutschen Demokratischen Republik und der Bundesrepublik Deutschland vor der Herstellung der Einheit Deutschlands verschiedene Geltungsbereiche hatten. Bei dem Vergleich einander entsprechender Normen des StGB-DDR und des StGB muß daher außer acht gelassen werden, daß sie sich vor dem Wirksamwerden des Beitritts auf Tathandlungen aus unterschiedlichen Geltungsbereichen bezogen haben. Es ist vielmehr zu prüfen, ob, wenn das StGB schon zur Tatzeit in der ehemaligen DDR gegolten hätte, das nach dem StGB-DDR strafbare Verhalten auch nach einer der DDR-Norm entsprechenden Vorschrift des StGB strafbar gewesen wäre (BGHSt 39, 54, 66[2]; BVerfG-Kammer NStZ 1993, 432[3]).

Daß der Vergleich der Normen in dieser Weise vorgenommen werden muß, ergibt sich auch aus folgendem:

Der Gesetzgeber der nach den Volkskammerwahlen vom 18. März 1990 demokratisch verfaßten DDR hat mit dem 6. Strafrechtsänderungsgesetz vom 29. Juni 1990 (GBl. DDR I S. 526) zahlreiche Straftatbestände des Strafgesetzbuches der DDR geändert, § 244 StGB-DDR aber unverändert gelassen. Er brachte damit zum Ausdruck, daß nach dem 6. Strafrechtsänderungsgesetz Rechtsbeugung im bisherigen Umfang strafbar bleiben sollte. Von diesem Rechtszustand gingen die Parteien des Einigungsvertrages aus. Diesem kann entnommen werden, daß eine {12} bereits begründete Strafbarkeit wegen in der DDR begangener Straftaten nicht aufgehoben werden sollte, soweit diese Taten auch nach dem Strafgesetzbuch strafbar sind.

b) Dennoch käme eine Strafbarkeit der beiden Angeklagten nach § 244 StGB-DDR nicht in Betracht, wenn das Verhalten von Richtern der DDR-Justiz mit Rücksicht auf die Art des tatbestandlich umschriebenen Unrechts überhaupt nicht den Tatbestand des § 336 StGB erfüllen könnte (vgl. BGHSt 26, 167, 172 f; kritisch zu dieser Entscheidung: Sommer, Das mildeste Gesetz im Sinne des § 2 Abs. 3 StGB, 1979, S. 145 ff; Dannecker, Das Intertemporale Strafrecht, 1993, S. 503 ff). Dann wäre die Strafvorschrift des § 244 StGB-DDR mit dem Inkrafttreten des Einigungsvertrages ersatzlos entfallen und eine Bestrafung nach § 336 StGB mit Rücksicht auf Art. 103 Abs. 2 GG ausgeschlossen. Dies ist indessen nicht der Fall.

aa) Während § 336 StGB die Rechtsbeugung von unabhängigen, nur dem Gesetz unterworfenen Richtern (Art. 97 GG) unter Strafe stellt, sollte § 244 StGB-DDR nach dem vom Ministerium der Justiz und der Akademie für Staats- und Rechtswissenschaft der DDR herausgegebenen Kommentar zum StGB-DDR (Strafrecht der DDR, 5. Aufl. 1983, § 244 Anm. 1) „der Gewährleistung des Grundsatzes der Gleichheit vor dem Gesetz ... sowie der Sicherung einer in allen Fragen gerechten und gesetzlichen Rechtsprechung" dienen. In dem von der Sektion Rechtswissenschaft der Humboldt-Universität zu Berlin und von der genannten Akademie herausgegebenen Lehrbuch „Strafrecht, Besonderer Teil" (1981) heißt es dazu, die §§ 243, 244 StGB-DDR bezeichneten den hohen Rang der Gesetzlichkeit und Menschenwürde in der sozialistischen Gesellschaft (S. 232). Nach Art. 19 der Verfassung {13} der DDR vom 6. April 1968 idF vom 7. Oktober 1974 (GBl. I S. 432)[4] war die „sozialistische Gesetzlichkeit und Rechtssicherheit" garantiert. Die Rechtspflege diente nach Art. 90 Abs. 1 dieser Verfassung[5] u.a. „der Durchführung der sozialistischen Gesetzlichkeit" und dem Schutz von Freiheit, Rechten und Würde der Menschen. In Art. 96 der DDR-Verfassung[6] hieß es, die Richter seien „in ihrer Rechtsprechung unabhängig" und nur an die Verfassung, die Gesetze und die anderen Rechtsvorschriften der DDR gebunden. Dieser Regelung lag, wie der Senat in anderem Zusammenhang ausgeführt hat (BGHSt 39, 1, 24[7]), anders als im nationalsozialistischen Führerstaat, nicht die Doktrin zugrunde, daß der bloße Wille der Inhaber tatsächlicher Macht Recht schaffen könne.

Es ist aber allgemeinkundig, daß nach der Rechtslage und insbesondere nach den tatsächlichen Verhältnissen tiefgreifende Unterschiede zwischen der Justiz der Deutschen Demokratischen Republik und der Bundesrepublik Deutschland bestanden, die für die Stellung des Richters und seine Tätigkeit von großer Bedeutung waren (vgl. BVerfGE 87, 68, 86 f).

Dem bisher vorliegenden Material entnimmt der Senat folgendes:

In der DDR gab es keine Gewaltenteilung. Zu den Aufgaben der Rechtspflege gehörte nach Art. 90 der DDR-Verfassung die „Entwicklung der Deutschen Demokratischen Republik und ihrer Staats- und Gesellschaftsordnung". Die Gerichte hatten nach § 3 des Gerichtsverfassungsgesetzes (GVG) der DDR vom 27. September 1974 (GBl. DDR S. 457)[8] „zur Lösung der Aufgaben der sozialistischen Staatsmacht bei der Gestaltung der entwickelten sozia-{14}listischen Gesellschaft beizutragen". Sie wurden als „Organe" bezeichnet, die „mittels Rechtsprechung staatliche Macht der Arbeiterklasse ausüben" und „fest in das einheitliche System der Machtausübung eingegliedert" sind, „in dessen

Zentrum die Volksvertretungen stehen" (vgl. das im Staatsverlag der DDR erschienene Lehrbuch „Grundlagen der Rechtspflege", 2. Aufl. 1986, S. 24, 42). Zwar gehörte es zu den Aufgaben der Rechtsprechung, „die gesetzlich garantierten Rechte und Interessen der Bürger zu schützen, zu wahren und durchzusetzen" (§ 3 GVG-DDR). Indessen wurden die Rechte und Interessen des Einzelnen nicht als Gegensatz zu staatlichen Belangen gesehen. Vielmehr war Ausgangspunkt jeder auf den einzelnen Bürger bezogenen Staatstätigkeit, auch der Rechtsprechung, die Annahme, daß alles, was der Entwicklung und Festigung der sozialistischen Gesellschaft diene, zugleich dem Interesse des Einzelnen entspreche. Insofern war die „sozialistische Gesetzlichkeit" keine umfassende Garantie vor Rechtsbeeinträchtigungen durch den Staat; der Zusatz „sozialistisch" orientierte die Gesetzesanwendung auf das Staatsziel, die Verwirklichung eines sozialistischen Staates (Art. 1 Abs. 1 der DDR-Verfassung). Die DDR wurde in der Verfassung (Art. 1 Abs. 1 Satz 2) als „die politische Organisation der Werktätigen in Stadt und Land unter Führung der Arbeiterklasse und ihrer marxistisch-leninistischen Partei" bezeichnet. Die „Führung" durch die SED hatte demnach Verfassungsrang. Sie stand nach dem Befund des Verfassungstextes zumindest gleichgeordnet neben den Funktionen anderer Staatsorgane, darunter der Justiz. Tatsächlich war ihr die SED insofern übergeordnet, als sie die Inhalte des Sozialismus und damit auch die sozialistische Komponente der Gesetzlichkeit zu definieren hatte. Deswegen hieß es in {15} dem Lehrbuch „Grundlagen der Rechtspflege" (aaO S. 22 f), die Beschlüsse der SED bildeten für die Tätigkeit der Rechtspflegeorgane „die unabdingbare Grundlage" und die Parteiorganisationen nähmen auf die „strikte Wahrung der sozialistischen Gesetzlichkeit" durch die Rechtspflege-Organe „Einfluß", wenn sie auch selbst keine staatlichen Aufgaben übernähmen.

Unter diesen Umständen entspricht es dem Staats- und Verfassungssystem der ehemaligen DDR, daß der Richter, obwohl er nach der DDR-Verfassung (Art. 96 Abs. 1) bei seiner Rechtsprechung unabhängig und nur an die Verfassung, die Gesetze und die anderen Rechtsvorschriften gebunden war, tatsächlich mannigfachen äußeren Einflüssen unterlag, die letztlich sämtlich auf die SED zurückzuführen waren. Weil die Justiz „zur Lösung der Aufgaben der sozialistischen Staatsmacht bei der Gestaltung der entwickelten sozialistischen Gesellschaft beizutragen" hatte (§ 3 GVG-DDR), mußte sie sich auch an der inhaltlichen Bestimmung sozialistischer Grundsätze orientieren, die von der SED ausging. Diese Orientierung wurde durch den Grundsatz des demokratischen Zentralismus (vgl. „Grundlagen der Rechtspflege" aaO S. 24, 43) verstärkt: Einheitlichkeit der Rechtsprechung hatte einen weit höheren Stellenwert als in der Bundesrepublik Deutschland.

Vielfältige Formen der Einflußnahme auf die Tätigkeit des Richters dienten hiernach sowohl der Durchsetzung sozialistischer Prinzipien als auch einer weitestmöglichen Uniformität der Rechtsprechung (vgl. Herrmann/Schüsseler NJ 1963, 129, 132, 133). Zu diesem Zwecke sicherte das Oberste Gericht die einheitliche Anwendung der Gesetze und sonstigen Rechtsvorschriften {16} nicht nur durch seine eigenen Entscheidungen über Rechtsmittel, sondern auch durch Richtlinien und allgemeine Beschlüsse (§ 20 Abs. 2 GVG-DDR[9]). Entsprechend gehörte es zu den Aufgaben des Bezirksgerichtes (Stadtgerichtes), in seinem Bezirk die Tätigkeit der Kreisgerichte (Stadtbezirksgerichte) „zur Gewährleistung der einheitlichen und wirksamen Rechtsanwendung" zu „leiten" (§ 29 Abs. 2 GVG-DDR). Hierbei trug der Direktor des Bezirksgerichtes (Stadtgerichtes) die primäre Verantwortung (§ 34 GVG-DDR). Überdies „übte" das Ministerium der Justiz „die Anleitung der Bezirks- und Kreisgerichte aus"; es „kontrollierte" die Erfüllung der diesen Gerichten übertragenen Aufgaben (§ 21 Abs. 1 GVG-DDR). Plenartagungen des Obersten Gerichts und „Standpunkte", die zum Teil gemeinsam vom Obersten Gericht und der Generalstaatsanwaltschaft, auch unter Mitwirkung von Ministerien, formuliert wurden, sowie Schreiben und sonstige Verlautbarungen des Obersten Gerichtes, trugen, ebenso wie Revisionen durch das Ministerium der Justiz (§ 21 Abs. 2 GVG-[DDR]) und Inspektionen durch Mitglieder des Obersten Gerichtes, zur Einflußnahme auf die Tätigkeit der untergeordneten Richter bei (vgl. Markovits, Die Abwicklung, 1993 S. 45 ff sowie S. 108 ff unter Berufung auf einen Richter des Obersten Gerichtes). Jedenfalls zeitweise hat es Überprüfungen der Gerichtstätigkeit durch Arbeitsgruppen gegeben, in denen außer dem Obersten Gericht und anderen Justizorganen auch die zuständige Abteilung beim Zentralkomitee der SED vertreten war (vgl. Brachmann u.a. NJ 1990, 86, den Erfahrungsbericht in NJ 1990, 145 sowie Rottleuthner KritV 75, 1992, S. 237, 252 ff). Obwohl formell nur Richtlinien und Beschlüsse des Obersten Gerichtes als verbindlich für die nachgeordneten Gerichte galten (vgl. § 20 Abs. 2, § 39 Abs. 1 Satz 3 GVG-DDR[10]), wurden {17} auch die „Standpunkte" als verbindlich „in Anwendung des Prinzips des demokratischen Zentralismus" angesehen (Arnold in: E.-J. Lampe – Hrsg – „Die Verfolgung von Regierungskriminalität der DDR nach der Wiedervereinigung", 1993 S. 85, 94). Auf der gleichen Linie liegt die Übung, daß Richter der unteren Gerichte mit Richtern des Bezirksgerichtes oder des Obersten Gerichtes vor ihrer Entscheidung Kontakte aufnahmen, bei denen die höheren Richter ihre Beurteilung des konkreten Falles mitteilten; diese Praxis galt als zulässig (Markovits aaO S. 108 ff, 110, 120; zum Gesamtbild s. Rottleuthner, KritV 75, 1992, S. 237 ff; vgl. auch die vorläufigen Berichte über die Anhörungen durch die Enquetekommission „Aufarbeitung von Geschichte und Folgen der SED-Diktatur in Deutschland" in DRiZ 1993, 293, 407 und bei v. Renesse NJ 1993, 409).

Über Einflußnahmen der zuständigen Abteilung beim Zentralkomitee der SED auf Verlautbarungen des Obersten Gerichtes sowie auf die Entscheidung einzelner Strafsachen finden sich, zumal für die ersten beiden Jahrzehnte des Bestehens der DDR, zahlreiche Belege (vgl. z.B. Fricke, Recht und Politik 1993, 135; Werkentin NJ 1991, 479 und KritV 74, 1991, S. 333). Es gab zu bestimmten Fallgruppen „Orientierungen", die vom Obersten Gericht, dem Generalstaatsanwalt der DDR und Regierungsstellen gemeinsam erarbeitet und den Richtern, zum Teil nur mündlich, mitgeteilt wurden. Das Vorhandensein solcher Orientierungen hat der Angeklagte Dr. Rosenfeld in der Hauptverhandlung vor dem Senat bestätigt. Ein Beispiel ist die im Jahre 1989 vom Obersten Gericht, dem Generalstaatsanwalt der DDR und dem Staatssekretariat für Arbeit und Löhne gegebene Orientierung „zur einheitlichen Behandlung arbeitsrechtlicher Probleme, die sich bei Anträgen von Bürgern auf ständige Aus-{18}reise ergeben" (veröffentlicht in der von Lochen/Meyer-Seitz 1992 herausgegebenen Dokumentensammlung „Die geheimen Anweisungen zur Diskriminierung Ausreisewilliger", S. 244 ff); in dieser Orientierung, auf die das angefochtene Urteil des Landgerichts hinweist (UA S. 32), wurde u.a. „für die gerichtliche Tätigkeit" die „Orientierung" gegeben, daß der Ausreiseantrag nicht zum Gegenstand des Verfahrens zu machen sei, und daß „sich" Beschlüsse nach § 28 Abs. 3 ZPO-DDR „erforderlich machen" könnten (Abschnitt 15.2. und 15.3.).

Schließlich war das Maß der persönlichen Unabhängigkeit bei den Richtern der DDR gering: Richter des Obersten Gerichts konnten nach Maßgabe des § 53 Abs. 1 GVG-DDR jederzeit von der Volkskammer abberufen werden (Art. 50 der DDR-Verfassung); die Richter der Bezirks- und Kreisgerichte konnten auf Vorschlag des Justizministers wegen „gröblicher Verletzung der Grundpflichten" von der Volksvertretung, die sie gewählt hatte, abberufen werden (§ 53 Abs. 1, 3 GVG-DDR).

bb) Trotz dieser tiefgreifenden Unterschiede sind die mit dem Rechtsbeugungstatbestand geschützten Rechtsgüter in der Bundesrepublik Deutschland und in der Deutschen Demokratischen Republik nicht derart ungleich, daß eine Anwendung des § 336 StGB auszuscheiden hätte (so aber Vormbaum NJ 1993, 212 ff; Dannecker, Das Intertemporale Strafrecht, 1993, S. 503).

Bei dieser Beurteilung hat sich der Senat nicht von den mit der Rechtsprechung verfolgten Staatszwecken leiten lassen, sondern davon, daß die Rechtsprechung unabhängig von diesem politischen Bezug auch dazu diente, ein geordnetes Zusammenleben der Menschen zu regeln. Selbst wenn {19} Gerichte de facto nicht unabhängig sind, so können sie doch streitentscheidend, befriedend und ahndend wirken, wenn nur im Bezug auf den jeweiligen Konflikt Neutralität gegenüber den Beteiligten und das Bemühen, ihnen gerecht zu werden, vorausgesetzt werden kann. Dies gilt namentlich für Fälle ohne politischen Bezug. Es ist allgemeinkundig und dem Senat auch durch Einblicke in die Behandlung von Kapital-, Sexual- und Gewaltdelikten, auch von vielen Vermögensdelikten, bekannt, daß durch DDR-Gerichte, zumal während der letzten Jahre des Bestehens der DDR, vielfach so verfahren wurde (vgl. auch Höchst JR 1992, 360, 363). Vor diesem Hintergrund einer auf weiten Strecken ungeachtet vielfältiger Pressionen einigermaßen neutralen Rechtsprechung erscheinen Fälle, in denen elementare Menschenrechte materieller und prozessualer Art durch Justizentscheidungen verletzt worden sind, als ein Mißbrauch, der sei es unter Druck, sei es im Einverständnis des Richters mit der Unterdrückung solcher Menschenrechte durch die SED, sei es gar als individueller Exzeß des Richters, stattgefunden hat.

Diese Auffassung des Senats wird vom Regelungszweck und Inhalt des Einigungsvertrages bestätigt. Der Vertrag geht davon aus, daß in der DDR gesetzte richterliche Akte grundsätzlich wirksam bleiben (Art. 8 des Einigungsvertrages). Auch ist dem Umstand, daß Berufsrichter der ehemaligen DDR grundsätzlich in ein Richterverhältnis nach geltendem Recht berufen werden können (Einigungsvertrag Anl. II Kap. III Sachgebiet A Abschn. III Nr. 8 Buchst. a, b), zu entnehmen, daß die Vertragsparteien eine gewisse, wenn auch eingeschränkte Vergleichbarkeit des Richteramtes in der DDR und in der Bundesrepublik Deutschland angenommen haben. {20}

Beim Abschluß des Einigungsvertrages war im übrigen bekannt, daß die Gerichte der Bundesrepublik Deutschland im Rahmen der – insgesamt freilich fehlgeschlagenen – Verfolgung nationalsozialistischen Justizunrechts trotz der fundamentalen Unterschiede zwischen der nationalsozialistisch beherrschten Justiz und der Rechtspflege in der Bundesrepublik Deutschland durchweg von der Annahme ausgegangen sind, Rechtsbeugungshandlungen aus den Jahren 1933 bis 1945 fielen unter § 336 StGB. Es ist nichts dafür ersichtlich, daß der Gesetzgeber des Einigungsvertrages, hiervon abweichend, den Übergang zwischen verschiedenen Systemen der Justiz zum Anlaß nehmen wollte, Fälle der Rechtsbeugung, die vor dem Systemwechsel in der DDR vorgekommen sind, von der Strafbarkeit auszunehmen.

2. Steht hiernach das durch den Einigungsvertrag bestimmte Rechtsanwendungsrecht (Art. 315 Abs. 1 EGStGB idF des Einigungsvertrages i. V. mit § 2 Abs. 1, 3 StGB) der Anwendung des Rechtsbeugungstatbestandes nicht entgegen, so ist doch einschränkend das Folgende zu berücksichtigen:

a) Im Hinblick auf Handlungen, die in der Bundesrepublik Deutschland vorgenommen worden sind, hat der Bundesgerichtshof betont, daß § 336 StGB nicht schlechthin jede unrichtige Rechtsanwendung, sondern nur die Beugung des Rechts treffe (BGHSt 34, 146, 149; vgl. auch BGHSt 32, 357, 364). Bei der Prüfung, ob sich ein Richter der DDR-Justiz der Rechtsbeugung schuldig gemacht hat, ist – schon bei der Prüfung des objektiven Tatbestandes, im übrigen im Hinblick auf die innere Tatseite – zu berücksichtigen, daß es um die Beurteilung von Handlungen geht, die in einem anderen Rechtssystem vorgenommen worden sind. Die besonderen Züge dieses Rechtssystems sind bei der Prüfung der {21} Frage, ob die Handlung gesetzwidrig i. S. des § 244 StGB-DDR gewesen ist bzw. i. S. des § 336 StGB das Recht gebeugt hat, zu beachten. An einer Gesetzwidrigkeit i. S. des § 244 StGB-DDR hat es grundsätzlich gefehlt, wenn die Handlung des Richters vom Wortlaut des Rechts der DDR gedeckt war. Das gilt grundsätzlich auch, soweit der Wortlaut des Gesetzes wegen seiner Unschärfe mehrdeutig war; solche Mehrdeutigkeit war häufig. Das System der auf Vereinheitlichung und Durchsetzung der sozialistischen Zielsetzung gerichteten Einflußnahmen ist zu berücksichtigen; da diese Einflußnahmen im Einklang mit der Staatszielbestimmung der DDR-Verfassung standen, kann eine Gesetzesverletzung im Sinne des § 244 StGB-DDR nicht schon darin gefunden werden, daß sich der Richter von solchen Einflüssen bestimmen lassen hat. Zu diesen Einflüssen gehören wegen ihrer Verbindlichkeit Richtlinien und Beschlüsse des Obersten Gerichts (§ 20 Abs. 2 GVG-DDR; vgl. dazu „Strafrecht der DDR“, Lehrbuch, 1988, S. 143). Von Bedeutung können aber auch sonstige Verlautbarungen sein, namentlich die „gemeinsamen Standpunkte“ des Obersten Gerichts und anderer Staatsorgane, die „Standpunkte“ der Kollegien und einzelner Senate des Obersten Gerichts sowie die unter Beteiligung des Obersten Gerichts gegebenen „Orientierungen“. Auch ist zu bedenken, daß der Gesetzesbegriff der DDR, der dem Merkmal der Gesetzwidrigkeit im Sinne des § 244 StGB-DDR zugrunde liegt (vgl. Art. 49 der DDR-Verfassung), nach dem Befund von Literatur und Rechtsprechung wenig geklärt und durch Theorie und Praxis der „sozialistischen Gesetzlichkeit“ (Art. 19 Abs. 1 Satz 2 der DDR-Verfassung) nachhaltig verdunkelt worden ist. Bei der Auslegung von Normen kommt es auf die Auslegungsmethoden der DDR, nicht auf die der Bundesrepublik Deutschland an. {22}

b) Unter Beachtung dieser Gesichtspunkte wird, abgesehen von Einzelexzessen, eine Bestrafung von Richtern der DDR wegen Rechtsbeugung auf Fälle zu beschränken sein, in denen die Rechtswidrigkeit der Entscheidung so offensichtlich war und insbesondere die Rechte anderer, hauptsächlich ihre Menschenrechte, derart schwerwiegend verletzt worden sind, daß sich die Entscheidung als Willkürakt darstellt. Orientierungsmaßstab wird die offensichtliche Verletzung von Menschenrechten sein, wie sie in der DDR durch den Beitritt zum Internationalen Pakt über bürgerliche und politische Rechte (für die DDR in Kraft getreten am 23. März 1976 – GBl. DDR II S. 108 –) anerkannt waren (vgl. BGHSt 39, 1, 16 ff).

Nur bei Anlegung dieses strengen Maßstabes ist gewährleistet, daß eine Bestrafung nicht gegen das Rückwirkungsverbot (Art. 103 Abs. 2 GG) verstößt. Dafür ist die Erwägung maßgeblich, daß das Recht der DDR auch mit den Auslegungsmethoden, die ihm eigentümlich waren, so ausgelegt werden konnte, daß Willkürakte im Sinne offensichtlicher, schwerer Menschenrechtsverletzungen vermieden wurden (vgl. BGHSt 39, 1, 23). Eine solche menschenrechtsfreundliche Auslegung war dem Richter ungeachtet der auf ihn wirkenden Einflüsse möglich. Er konnte sich darauf berufen, daß die Verfassung der DDR der Rechtspflege auch die Aufgabe zuwies, die Freiheit, das friedliche Leben, die Rechte und die Würde des Menschen zu schützen (Art. 90 Abs. 1 Satz 2), und daß die Einschränkung von Rechten nur insoweit zulässig war, als das „unumgänglich" war (Art. 30 Abs. 2 Satz 2). Zwar war der Richter nicht befugt, die Übereinstimmung von Gesetzen mit der Verfassung zu prüfen (Art. 89 Abs. 3 Satz 2 der DDR-Verfassung[11]). Aber auch dann, wenn das anzuwendende Gesetz im Ganzen nicht mit der Verfassung der DDR oder den Menschenrechtspakten vereinbar {23} war, hatte der Richter doch bei der Auslegung des Gesetzes, auch bei der Bestimmung der Rechtsfolgen, durchweg die Möglichkeit, von grob unverhältnismäßigen Eingriffen in Menschenrechte abzusehen oder die Verletzung solcher Rechte zumindest in Grenzen zu halten; das gilt auch, soweit die in § 1 Abs. 1 Nr. 1 des Strafrechtlichen Rehabilitierungsgesetzes (Art. 1 des Ersten SED-Unrechtsbereinigungsgesetzes vom 29. Oktober 1992, BGBl. I S. 1814) genannten Strafvorschriften anzuwenden waren. Hat der Richter sich dementsprechend verhalten, so wird schon der äußere Tatbestand der Rechtsbeugung zu verneinen sein.

Als durch Willkür gekennzeichnete offensichtliche schwere Menschenrechtsverletzung, bei der auch unter Beachtung des Art. 103 Abs. 2 GG eine Bestrafung wegen Rechtsbeugung in Betracht kommt, werden hiernach Fälle zu bewerten sein, in denen Straftatbestände unter Überschreitung des Gesetzeswortlauts oder unter Ausnutzung ihrer Unbestimmtheit bei der Anwendung derart überdehnt worden sind, daß eine Bestrafung, zumal mit Freiheitsstrafe, als offensichtliches Unrecht anzusehen ist; dies gilt auch für die Auslegung des § 21 Abs. 2 StGB-DDR (Vorbereitungshandlungen). Ferner wird eine willkürliche Menschenrechtsverletzung in dem dargelegten Sinne anzunehmen sein, wenn die verhängte Strafe, etwa bei Anwendung des § 213 StGB-DDR[12], in einem unerträglichen Mißverhältnis zu der Handlung gestanden hat, so daß die Strafe, auch im Widerspruch zu Vorschriften des DDR-Strafrechts (Art. 4 Abs. 5[13], Art. 5 Satz 3, § 61 Abs. 1, 2 StGB-DDR), als grob ungerecht und als schwerer Verstoß gegen die Menschenrechte erscheinen muß. Des weiteren ist an schwere Menschenrechtsverletzungen im Hinblick auf die Art und Weise der Durchführung von Verfahren, insbesondere von Strafverfahren, sowie an Fälle zu denken, in denen die Strafverfolgung und die Bestrafung {24} überhaupt nicht der Verwirklichung von Gerechtigkeit (Art. 86 der DDR-Verfassung), sondern der Ausschaltung des politischen Gegners oder einer bestimmten sozialen Gruppe gedient haben.

3. Unter Berücksichtigung dieser Grundsätze erweisen sich die Revisionsangriffe gegen die Freisprüche als unbegründet.

a) Dem Senat ist zwar bewußt, daß arbeitsrechtliche Kündigungen zu politischen Zwecken, vor allem zur Isolierung und Abschreckung Ausreisewilliger, mißbraucht worden sind. Ob in solchen Fällen Rechtsbeugung in Betracht kommt, braucht der Senat hier nicht zu entscheiden. Die Auffassung, angesichts der politischen Bedeutung des Bundesvorstandes des FDGB könne jemand, den die SED ausgeschlossen hatte, keine Leitungsfunktion wahrnehmen, war jedenfalls nicht willkürlich. Das gilt auch dafür, wie die Angeklagten das Angebot einer zumutbaren Alternativbeschäftigung beurteilt haben. Immerhin hatte der Zeuge B. das Angebot eines anderen – für ihn freilich ungünstigeren – Arbeitsplatzes nicht abschließend beantwortet. Der Umstand, daß die Angeklagte auf Rat des Mitangeklagten Dr. Rosenfeld das Beschlußverfahren gewählt hat, war unter Berücksichtigung der Rahmenbedingungen der DDR ebenfalls nicht unvertretbar. {25}

b) Da sich die Angeklagte T. hiernach nicht der Rechtsbeugung im Sinne des § 244 Abs. 2 StGB-DDR schuldig gemacht hat, entfällt auch eine Anwendung der Vorschriften, die die Anstiftung zur Rechtsbeugung betreffen, auf den Mitangeklagten Dr. Rosenfeld.

Anmerkungen

1 Vgl. Anhang S. 1046.
2 Vgl. Dokumentationsband zur Wahlfälschung, lfd. Nr. 14-2.
3 Vgl. Dokumentationsband zur Wahlfälschung, lfd. Nr. 14-3.
4 Vgl. Anhang S. 1035. Art. 19 der DDR-Verfassung von 1974 blieb im Vergleich zur Verfassung von 1968 unverändert.
5 Vgl. Anhang S. 1036.
6 Vgl. Anhang S. 1036.
7 Vgl. Dokumentationsband zu den Gewalttaten an der deutsch-deutschen Grenze, lfd. Nr. 2-2.
8 Vgl. Anhang S. 1037.
9 Vgl. Anhang S. 1037.
10 Vgl. Anhang S. 1038.
11 Vgl. Anhang S. 1035.
12 Vgl. Anhang S. 1043.
13 Vgl. Anhang S. 1038.

Lfd. Nr. 2

Rechtliches Gehör in einem Zwangsadoptionsverfahren

Inhaltsverzeichnis
Anklage der Staatsanwaltschaft Magdeburg vom 30.9.1991, Az. 4 Js 5011/91

Staatsanwaltschaft Magdeburg
Az.: 4 Js 5011/91

30. September 1991

Bezirksgericht
– Strafkammer –
in Magdeburg

ANKLAGE

Der Diplomjurist und frühere Richter

Edwin M.
geb. 1931 in S.
Deutscher

wird angeklagt,

im Juli und August 1973 in Staßfurt

wissentlich bei der Durchführung eines gerichtlichen Verfahrens als Richter gesetzwidrig zuungunsten eines Beteiligten entschieden zu haben.

Ihm wird zur Last gelegt:

In dem Zivilgerichtsverfahren – 05006972 Kreisgericht Staßfurt – ersetzte der Angeschuldigte als Vorsitzender der Zivilkammer des Kreisgerichts Staßfurt die Einwilligung zur Annahme {2} an Kindes Statt gem. § 70 Abs. 1 Familiengesetzbuch DDR für das Kind Svetlana S. durch Urteil vom 10. August 1973, obwohl er wußte und im Termin zur mündlichen Verhandlung am 7. August 1973 vom Prozeßbevollmächtigten der Verklagten ausdrücklich darauf hingewiesen worden war, daß die Verklagten zu diesem Termin nicht ordnungsgemäß geladen worden waren und ihnen das Recht auf rechtliches Gehör nicht gewährt worden war.

Dem Angeschuldigten war vom aufsichtsführenden Richter des Amtsgerichts Celle durch Schreiben vom 27. Juli 1973 mitgeteilt worden, daß das Amtsgericht Celle die Zustellung der Klage des Rates des Kreises Staßfurt vom 14.2.1972 abgelehnt hatte.

Dieses Schreiben war beim Kreisgericht Staßfurt am 30. Juli 1973 eingegangen. Durch Beschluß vom gleichen Tage bestellte der Angeschuldigte Rechtsanwalt B. aus Staßfurt den Verklagten zur vorläufigen Wahrnehmung ihrer Rechte und setzte Termin auf den 7. August 1973 fest. Er wußte, daß er durch diese kurzfristige Terminierung den Verklagten das Recht auf rechtliches Gehör nahm.

Bei diesem Vorgehen ging es ihm darum, die durch ein Schreiben des Ministerrates der DDR, Ministerium für Volksbildung vom 27.9.1971 getroffene Festlegung zu verwirklichen, daß die Übersiedlung des Kindes Svetlana zu ihren Eltern nicht erfolgt, sondern das Kind bei seinen Pflegeeltern auf Dauer zu verbleiben hat.

Vergehen nach § 244 StGB/DDR[1].

Beweismittel

I. Angaben des Angeschuldigten
II. Beiakten
1. Akten 05006972 Kreisgericht Staßfurt
2. F 312/71 Kreisgericht Staßfurt
3. Ablichtungsband Adoptionsakte Svetlana S. Landratsamt Staßfurt {3}

Wesentliches Ergebnis der Ermittlungen

Der Angeschuldigte hat sich bis auf die Angaben zu seiner Identität weder zu seinem Lebenslauf noch zur Sache geäußert.

Der Rat des Kreises Staßfurt hat unter dem 14.2.1972 beim Kreisgericht Staßfurt gegen die Eheleute Dieter und Ilse S., wohnh. in der Bundesrepublik, ⊗ unkenntlich gemacht ⊗, Klage auf Ersetzung der Einwilligung zur Annahme an Kindes Statt für das Kind Svetlana S. mit folgender Begründung erhoben:

„Svetlana S. wurde nach der Inhaftierung der Eltern ab Juni 1968 zunächst zur Entlastung der Großmutter, Frau F., die Svetlana und deren 2 Schwestern in Pflege genommen hatte, und später ganz von der Familie W. aufgenommen.
Mit viel Sorgfalt und intensiver Pflege und Betreuung gelang es den Eheleuten W., Svetlana so zu fördern, daß Entwicklungsrückstände aufgeholt wurden. Svetlana ist durch die harmonische Gestaltung des Familienlebens und die Verwirklichung soz. Prinzipien des Zusammenlebens in der Familie zu einem lebensfrohen, geistig aufgewecktem, körperlich altersentsprechend entwickelten Kind herangewachsen.
Die Einbeziehung des Kindes in das familiäre Geschehen spiegelt sich im Gesamtverhalten wider. Svetlana tritt aufgeschlossen und ohne Hemmungen auf, ist hilfs- und einsatzbereit. Ihre Pflegeeltern sieht sie als richtige Eltern an. Die emotionellen Bindungen zwischen Pflegeeltern, dem 16jährigen Sohn Peter und Svetlana sind sehr stark. Eine Herausnahme des Kindes aus der Familie W. könnte für Svetlanas Entwicklung unüberschaubare Folgen haben. Das Kind kennt die leiblichen Eltern gar nicht. Sie sind fremde Leute für Svetlana. Die Eheleute W. sind in der Lage, Svetlana allseitig zu fördern. Sie verfügen über gute erzieherische Fähigkeiten. Zum Kindergarten Staßfurt, Hohenerxlebener Str., besteht eine ständige Verbindung, so daß die einheitliche Erziehung gesichert ist. {4}
Frau W. arbeitet im Konsum-Kaufhaus, Herr W. ist von Beruf Fleischer und ebenfalls in der Konsum-Genossenschaft tätig.
Beide Eheleute stehen gesellschaftlichen Problemen aufgeschlossen gegenüber. Sie genießen überall einen guten Ruf und werden geachtet und anerkannt. W. stellten im Mai 1971 Antrag auf Annahme des Kindes an Kindes Statt.
Zu dieser Zeit waren die Eheleute S. bereits aus dem Strafvollzug entlassen und wohnen seitdem in der Bundesrepublik.
Sie verweigern die Abgabe der Einwilligung zur Annahme an Kindes Statt und verlangen die Zuführung des Kindes. Vom Ministerium für Volksbildung wurde entschieden, daß Svetlana bei den Eheleuten W. bleiben kann.
Da die Annahme an Kindes Statt dem Wohle des Kindes entspricht, ist die Ersetzung der Einwilligung erforderlich."

Ein zunächst anberaumter Termin zur mündlichen Verhandlung am 22.2.1973 wurde mangels wirksamer Zustellung der Klage vertagt. Ein Rechtshilfeersuchen des Kreisgerichts Staßfurt vom 29.1.73 gerichtet an das Amtsgericht Celle auf Zustellung der Klageschrift und Terminsladung wurde nicht weitergeleitet, weil offensichtlich der Hinweis in der Klage auf die Festlegung des Ministeriums für Volksbildung nicht in die Bundesrepublik gelangen sollte. Auf ein erneutes Rechtshilfeersuchen erhielt das Kreisgericht Staßfurt durch Schreiben vom 27. Juli 1973, beim Kreisgericht Staßfurt eingegangen am 30. Juli 1973, die Mitteilung, daß das Amtsgericht Celle das Zustellungsersuchen nicht durchführen könne, weil die Mitwirkung an dem Verfahren der öffentlichen Ordnung der Bundesrepublik Deutschland widersprechen würde. {5}

Daraufhin erließ der Angeschuldigte als Vorsitzender der Zivilkammer unter dem 30.7.1973 folgenden Beschluß und prozeßleitende Verfügung:

„*Beschluß*
In pp wird den Parteien? Herr RA B., Staßfurt zur vorläufigen unentgeltlichen Wahrnehmung ihrer Rechte bestellt.
St. 30.7.73

Das Kreisgericht
Zivilkammer
M.
Vorsitzender

Vfg.

1. RA B. zum Termin laden
2. z. T.

St. 30.7.73

1) gel. u. ab am 30. Juli 1973
Unterschrift {6}

Ausweislich des Protokolls über die mündliche Verhandlung vom 7. August 1973 ist wie folgt verhandelt worden:

„Zum Fernbleiben der Verklagten wird festgestellt, daß das Amtsgericht Celle die Zustellung der Klageschrift und der Terminsladung mit dem Bemerken abgelehnt hat, das Zustellungsersuchen sei nicht durchführbar, weil die Mitwirkung an dem Verfahren der öffentlichen Ordnung der Bundesrepublik Deutschland widersprechen würde.
Es wird streitig verhandelt.
Der Klage stellt die Anträge aus der Klageschrift vom 14.2.1972. Der Prozeßbevollmächtigte der Verklagten beantragt Terminsaufhebung.
Zur Begründung seins Antrages trägt er vor:
Nach seiner erfolgten Beiordnung sei er sofort mit den Verklagten in Verbindung getreten. Diese hätten jedoch bis jetzt noch nicht reagiert. Offensichtlich liege das an der Dauer des Postweges. Den Verklagten müsse das Recht auf Einlassung zugebilligt werden.

lt. dikt. u. genehmigt

Das Gericht tritt in eine Beratungspause ein. Nach Wiederaufruf der Sache ergeht folgender

Beschluss

Der Antrag des Prozeßbevollmächtigten der Verklagten auf Terminsaufhebung wird abgelehnt, weil nicht solche erheblichen Gründe glaubhaft gemacht werden konnten, die eine Aufhebung der Sache rechtfertigen könnten.
Die Verklagten sind unter ausreichender Fristsetzung geladen worden. Das mit der Zustellung von Ladung und Klageschrift ersuchte Amtsgericht Celle verweigerte jedoch die Vornahme des Rechtshilfeersuchens. Bei dieser Sach- und Rechtslage widerspricht es den Interessen des Klägers, eine Terminsaufhebung zu beschließen, da diese Maßnahme lediglich eine Prozeßver-{7}-

schleppung bedeuten würde. Die notwendige Beweisaufnahme bleibt durch die Vernehmung der anwesenden Zeugen gewährleistet.
Der Prozeßbevollmächtigte der Verklagten beantragt nunmehr, die kostenpflichtige Abweisung der Klage.

laut diktiert u. genehmigt
b. u. v.

Zum Zwecke des Beweises sind die Bürger Jürgen und Lieselotte W. zeugenschaftlich zu ihren familiären Verhältnissen zu vernehmen."

Die Zeugen sind im Anschluß daran vernommen wurden. Termin zur Verkündung einer Entscheidung ist auf Freitag, den 10. August 1973 festgesetzt worden.

Am 10. August 1973 ist ein Urteil der Zivilkammer des Kreisgerichts Staßfurt mit folgendem Tenor auf die mündliche Verhandlung vom 7.8.1973 verkündet worden:

„für Recht erkannt:
1. Die Einwilligung der Verklagten zur Annahme des minderjährigen ehelichen Kindes
Svetlana S. geb. 1967
an Kindes Statt wird ersetzt.
2. Die Kosten des Rechtsstreits haben die Verklagten zu tragen." {8}

Bezeichnend dafür, wie das prozessuale Vorgehen des Angeschuldigten als Vorsitzender der Zivilkammer zu werten ist, sind die Ausführungen, die der vom Angeschuldigten für die Verklagten bestellte Vertreter in seiner Berufungsbegründung gemacht hat.

Er hat darauf hingewiesen, daß den Beklagten im erstinstanzlichen Verfahren kein rechtliches Gehör gewährt worden sei und es deshalb weder ihm noch den Beklagten möglich gewesen sei, sich zur Sache zu äußern.

Dies allein stelle einen so schwerwiegenden Verstoß gegen die sozialistische Gerechtigkeit dar, daß allein darauf die Aufhebung des erstinstanzlichen Urteils gestützt werden könne.

Dieser vom Angeschuldigten bestimmte Gang des Zivilverfahrens macht deutlich, daß der Angeschuldigte sich über das nach der Zivilprozeßordnung der DDR gegebene Recht auf rechtliches Gehör der Parteien zum Nachteil der Eheleute S. bewußt hinweggesetzt hat, um die gegenüber den Justizorganen offensichtlich bereits durch Schreiben der Referatsleiterin B. des Referats Jugendhilfe beim Kreis Staßfurt vom 5.3.1973 an den Direktor des Bezirksgerichts Magdeburg angemahnte Durchsetzung der Festlegung des Ministeriums für Volksbildung zu verwirklichen.

Es wird beantragt,

a) das Hauptverfahren vor dem Bezirksgericht – Strafkammer – zu eröffnen,
b) dem Angeschuldigten gem. § 140 Abs. 1 StPO einen Pflichtverteidiger zu bestellen.

Anmerkungen

1 Vgl. Anhang S. 1046.

Inhaltsverzeichnis

Beschluss (Nichteröffnungsbeschluss) des Bezirksgerichts Magdeburg vom 16.4.1992, Az. 5 KLs 17/91

Bezirksgericht Magdeburg 16. April 1992
Az.: 5 KLs 17/91
4 Js 5011/91 (StA Magdeburg)

BESCHLUSS

In der Strafsache *gegen*

den Diplomjuristen und früheren Richter
Edwin M.
geb. 1931
Deutscher,
Verteidiger: Rechtsanwalt Prof. Dr. H.-J. Lehmann,

wegen Rechtsbeugung

hat der 5. Strafsenat des Bezirksgerichts Magdeburg in der Sitzung vom 16. April 1992 *beschlossen*:

1. Die Eröffnung des Verfahrens wird wegen Eintritts eines Verfahrenshindernisses (Verfolgungsverjährung) *abgelehnt*.
2. Die Kosten des Verfahrens trägt die Landeskasse, einschließlich der dem Angeschuldigten insoweit entstandenen eigenen notwendigen Auslagen. {2}

Gründe

I. [Anklagevorwurf]

1. Mit Anklageschrift vom 30.9.1991 hat die Staatsanwaltschaft Magdeburg (StA) dem Angeschuldigten zur Last gelegt, im Juli und August 1973 in Staßfurt wissentlich bei der Durchführung eines gerichtlichen Verfahrens als Richter gesetzwidrig zuungunsten eines Beteiligten entschieden zu haben, indem er in dem Zivilgerichtsverfahren – 05006972 Kreisgericht Staßfurt – als Vorsitzender der Zivilkammer des Kreisgerichts Staßfurt die Einwilligung zur Annahme an Kindes Statt gem. § 70 Abs. 1 Familiengesetzbuch/DDR für das Kind Svetlana S. durch Urteil vom 10. August 1973 ersetzte,

> „obwohl er wußte und im Termin zur mündlichen Verhandlung am 7. August 1973 vom Prozeßbevollmächtigten der Verklagten ausdrücklich darauf hingewiesen worden war, daß die Verklagten zu diesem Termin nicht ordnungsgemäß geladen worden waren und ihnen das Recht auf rechtliches Gehör nicht gewährt worden war."

II. [Verjährung]

2. Diese Tat ist verjährt.

2.1. Der Komplex der sog. Amtsdelikte ist durch das „Einführungsgesetz zum StGB" vom 2.3.1974 grundlegend geändert worden. Der Tatbestand der Rechtsbeugung (§ 336 StGB) ist gegenüber der damals geltenden Rechtslage in zwei Punkten geändert worden. Durch die Formulierung „ein Richter" wurde klargestellt, daß sich auch ehrenamtliche Richter strafbar machen können. {3} Die zweite Änderung bestand darin, daß im Gegensatz zur früher herrschenden Meinung die Tat auch mit bedingtem Vorsatz begehbar wurde (vgl. KG NStZ 1988, 557; LK-Spendel Nr. 77 zu § 336; Dreher/Tröndle, StGB, 45. Auflage, Rand-Nr. 6 zu § 336). Der Tatbestand des § 244 StGB/DDR[1] forderte Wissentlichkeit, also direkten Vorsatz. Anders als § 336 StGB stellte § 244 StGB/DDR auch nicht auf die „Beugung des Rechts", sondern nur auf eine gesetzwidrige Entscheidung ab. Danach könnte eine Bindung an das positive Recht nicht tatbestandsmäßig sein (vgl. Breymann, Zur Auslegung der Verjährungsregelung in Art. 315a EGStGB, NStZ 1991, 465). Zumindest im Hinblick auf den engeren subjektiven Tatbestand ist § 244 StGB/DDR das mildere Gesetz im Sinne des § 2 Abs. 3 StGB.

2.2.1. Die Erfüllung des Tatbestands sieht die Anklage in dem prozessualen Vorgehen des Angeschuldigten. Er habe

„sich über das nach der Zivilprozeßordnung der DDR gegebene Recht auf rechtliches Gehör der Parteien zum Nachteil der Eheleute S. bewußt hinweggesetzt, … um die gegenüber den Justizorganen offensichtlich bereits durch Schreiben der Referatsleiterin B. des Referat Jugendhilfe beim Kreis Staßfurt vom 5.3.1973 an den Direktor des Bezirksgerichts Magdeburg angemahnte Durchsetzung der Festlegung des Ministeriums für Volksbildung zu verwirklichen" (S. 8 der Anklage).

2.2.1.1. Die Anklage zeigt leider nicht auf, welche Verfahrensvorschriften nach Ansicht der StA denn verletzt wurden. Zum Tatzeitpunkt galt noch die Zivilprozeßordnung von 1877 – mit Einschränkungen. Die Reform im Zivilprozeßrecht beseitigte übereinstimmende Vorschriften erst später. {4}

Im materiellen Recht ist am 19.6.1975 ein „sozialistisches" Zivilgesetzbuch (GBl. I, 465) verabschiedet worden. Im Mittelpunkt der Prozeßrechtsreform stand das Gesetz über das gerichtliche Verfahren in Zivil-, Familien- und Arbeitsrechtssachen – ZPO – vom 19.6.1975 (GBl. I, 533). Die Einschränkungen, mit denen die ZPO 1877 noch galt, ergaben sich im wesentlichen aus der Verordnung zur Angleichung von Verfahrensvorschriften auf dem Gebiet des Zivilrechts an das Gerichtsverfassungsgesetz (Angleichungsverordnung). Nach § 38 Abs. 1 Angleichungsverordnung galten für alle Verfahren in I. Instanz die Bestimmungen der §§ 495 ff ZPO. Sonderregelungen enthielt die Verordnung zur Anpassung der Bestimmungen über das gerichtliche Verfahren in Familiensachen an das Familiengesetzbuch der Deutschen Demokratischen Republik (FVerfO) vom 17. Februar 1966 (GBl. II, S. 171). Gemäß § 34 FVerfO war die Klage gegen die Eltern zu richten, deren Einwilligung nicht vorlag. Ihnen war die Klage des Rates des Kreises Staßfurt, Abt. Jugendhilfe, vom 14.2.1992 gem. § 496 Abs. 1 ZPO mit der Ladung zum Termin zuzustellen. Mit der Zustellung der Klage war zudem die Aufforderung zu verbinden (§ 498 Abs. 2 ZPO), etwaige gegen die Behauptungen des Klägers vorzubringende Einwendungen und Beweismittel unter genauer Bezeichnung der zu beweisenden Tatsachen unverzüglich dem Gericht mitzuteilen.

Die – nicht vom Angeschuldigten – stammende richterliche Verfügung vom 21.1.1973 (vgl. Bl. 3 R.d.BA) ordnete zwar die Zustellung von Klage und Terminladung (Termin zum 22.2.1973) an. Sie enthielt jedoch nicht die Anordnung zur Aufforderung gem. § 498 Abs. 2 ZPO. Die Zustellung wurde auch nicht bewirkt. Das entsprechende Rechtshilfeersuchen wurde vom Bezirksgericht Magdeburg nicht weitergeleitet, sondern an das Kreisgericht Staßfurt mit dem Bemerken zurückgesandt, {5} daß es nicht weitergeleitet werden könne, da der Termin zu kurzfristig anberaumt worden sei und daß vom Ministerium der Justiz darauf hingewiesen worden sei, daß der letzte Satz der Klageschrift der Klage nicht schlüssig sei. Der Angeschuldigt beraumte dann mit Verfügung vom 11. Mai 1973 Verhandlungstermin für den 7.8.1973, 8.15 Uhr, an und verfügte die Ladung der Parteien, und zwar bezüglich der in Celle wohnenden Eltern per Rechtshilfeersuchen (Bl. 2 R.d.BA). Das an das Amtsgericht Celle gerichtete Rechtshilfeersuchen vom 11. Mai 1973 hatte u.a. den Inhalt, die Klageschrift und die Terminladung zum 7. August 1973, 8.15 Uhr, den „Verklagten" zuzustellen, und war mit dem Hinweis versehen, daß sich diese durch einen in der DDR zugelassenen Rechtsanwalt vertreten lassen können (Bl. 14 R.d.BA). Mit Schreiben vom 27. Juli 1973 reichte der aufsichtführende Richter des Amtsgerichts Celle Klageschrift und Terminladung mit dem Bemerken zurück, das Zustellungsersuchen könne nicht durchgeführt werden, weil die Mitwirkung an dem Verfahren der öffentlichen Ordnung der Bundesrepublik Deutschland widersprechen würde. Danach war für den Angeschuldigten nach Aktenlage die Zustellung von Klage und Terminladung (erneut) mißglückt. Die Eheleute S. hatten aber nach dem von ihnen zu ihrer Falldokumentation genommenen Protokoll über eine Anhörung vor dem Amtsgericht Celle vom 26.7.1973 doch Kenntnis von der Klage und dem auf den 7.8.1973 anberaumten Termin und hatten Gelegenheit erhalten, sich dort zu äußern (vgl. Bl. 81 d.A.). Dem Angeschuldigten blieb dieser Vorgang jedoch verborgen.

Der Angeschuldigte verfügte die Beiordnung des Rechtsanwaltes B. am 30.7.1973. Dies ermöglichte von Gesetzes wegen die Vorgabe kürzester Termine. Gem. § 499 Abs. 1 ZPO betrug die Frist zur Einlassung auf die Klage nämlich mindestens 3 Tage, wenn die Zustellung an einen Ort erfolgte, der Sitz des Bezirksgerichtes war oder im Bezirk des Prozeßgerichtes lag oder zu einem Teil dieses Bezirks gehörte. Gemäß § 217 ZPO betrug die Ladungsfrist mindestens 1 Woche; die Ladung ging noch am 30.7.1973 ab (vgl. Bl. 16 d.A.). {6}

Die Wirksamkeit der prozessualen Handlungen des Rechtsanwaltes B. war allerdings von den Genehmigungen der Eheleute S. abhängig gewesen. Diese hatten aber Rechtsanwalt B. bereits am 3.8.1973, also 3 Tage vor der Verhandlung, schriftlich Prozeßvollmacht erteilt (Bl. 36 d.A.), so daß es einer Genehmigung gar nicht bedurfte. Nach Aktenlage war dem Angeschuldigten diese Bevollmächtigung aber am Termintag noch nicht bekannt. Das Gericht hätte deshalb konsequent nach § 89 ZPO verfahren und eine Frist zur Beibringung der Vollmacht bestimmen müssen und hätte das Urteil erst nach Beibringung der Genehmigungen erlassen dürfen. Fraglich erscheint allerdings, ob Rechtsanwalt B. neben der Terminladung die Klageschrift erhielt. Die Verfügung des Beschuldigten vom 30.7.1973 weist eine entsprechende Anordnung nicht aus. Danach könnte ein Gesetzesverstoß durch das Gericht auch darin liegen, daß es zu dem Urteil vom 10.8.1973 gekommen ist, obwohl wegen fehlender Zustellung der Klage diese gar nicht erhoben war (§ 498 Abs. 3 ZPO), zumal nach Aktenlage auch eine öffentliche Zustellung gem. § 203 Abs. 2 i.V.m. § 495 Abs. 1 ZPO nicht versucht worden war.

Eine weitere Verletzung des Gesetzes könnte in der Nichtgewährung rechtlichen Gehörs liegen. Das rechtliche Gehör ist bei notwendiger mündlicher Verhandlung aber nur mündlich und besteht in der Gelegenheit zur sachlichen Äußerung (vgl. Baumbach/Lauterbach, ZPO 28. Aufl. 1965, Anm. 4). Gelegenheit zur Äußerung hatte Rechtsanwalt B.

Zutreffend ist allerdings, daß er noch keine Gelegenheit hatte, persönliche Rücksprache mit den Verklagten zu halten. Daß dieser Umstand in jedem Fall eine Terminaufhebung (Vertagung) geboten hätte, erscheint nicht zweifelsfrei. Tritt ein vollmachtsloser Vertreter auf, folgt das Verfahren den Regeln des § 89 ZPO; nicht eine Vertagung wäre verpflichtend gewesen, sondern das Endurteil hätte erst nach Beibringung der Genehmigung erlassen werden dürfen. Das Gericht stellte auf § 89 ZPO jedoch nicht ab. Es wies den Aussetzungsantrag im wesentlichen mit der Begründung zu-{7}rück, es widerspreche den Interessen des Klägers, „eine Terminaufhebung zu beschließen, da diese Maßnahme lediglich eine Prozeßverschleppung bedeuten würde". Diese Begründung überzeugt nach Aktenlage nicht; sie könnte dafür sprechen, daß der Angeschuldigte eine Verfahrensbeschleunigung anstrebte und deshalb von der Möglichkeit, den Termin gem. § 227 Abs. 3 ZPO zu vertagen, keinen Gebrauch machte.

Für die Erfüllung des subjektiven Tatbestandes wäre erforderlich, daß der Angeschuldigte die – angelastete – Gesetzwidrigkeit der Entscheidung in seinen Vorsatz mit aufgenommen und von allen tatsächlichen und rechtlichen Voraussetzungen Kenntnis hatte. Die Einlassung des Angeschuldigten könnte dafür sprechen, daß er sich seinerzeit einer Gesetzesverletzung nicht bewußt war. Eine fehlerhafte Rechtsanwendung ist jedoch objektiv nur dann Rechtsbeugung, wenn die Auffassung des Richters nicht einmal vertretbar erscheint (vgl. KG NStZ 1988, 557). Die Einlassung des Angeschuldigten könnte jedoch ebenso eine unwahre Schutzbehauptung sein, wenn er im Sinne der Anklage parteilich (und damit auch nicht unparteiisch) die Entscheidung vom 10.8.1973 vorbereitet und beeinflußt hätte.

2.3. Die Strafverfolgung ist verjährt.

2.3.1. Nach § 69 Abs. 1 Satz 1 a.F. StGB und § 78b Abs. 1 S. 1 n.F. StGB ruht die Verjährung während der Zeit, in welcher „aufgrund gesetzlicher Vorschrift" bzw. „nach dem Gesetz" die Strafverfolgung nicht begonnen oder nicht fortgesetzt werden kann. Die Rechtsprechung hat die Voraussetzungen des § 69 Abs. 1 Satz 1 a.F. StGB als erfüllt angesehen, wenn im Einzelfalle feststand, daß während der nationalsozialistischen Gewaltherrschaft aus politischen, rassistischen oder religionsfeindlichen Gründen begangene Verbrechen und Vergehen nicht bestraft wurden, weil der als „Gesetz eingeschätzte Führerwille" der Strafverfolgung objektiv entgegenstand (BGHSt 23, 137, 139), wenn also Straftaten „unter völliger Mißachtung {8} rechtsstaatlicher Grundsätze nicht verfolgt wurden, weil sie von den damaligen Machthabern teils veranlaßt oder gefördert wurden" (BVerfGE 1, 418, 426).

Es wird die Auffassung vertreten, daß die vorgenannte Rechtsprechung des BGH für das NS-Unrecht auf das SED-Unrecht übertragen werden könne oder müsse (vgl. Lemke/Hettinger, Verjährung von der ehemaligen DDR begangenen Straftaten, NStZ 1992, 21 ff; Bundesminister der Justiz „Recht" Nr. 41/91 vom 8.8.1991 – 41/91).

Soweit ersichtlich, ist eine richterliche Entscheidung, die eine Anwendung der vorgenannten Grundsätze des BGH auf Straftaten, die in der ehemaligen DDR aus politischen Gründen nicht verfolgt wurden, aber sehr wohl unter die Strafgesetze der DDR fielen, bejahte, noch nicht ergangen.

Das OLG Frankfurt (NStZ 1991, 585) und das OLG Braunschweig (NStZ 1992, 183) haben in den von ihnen zu entschiedenen Fällen Verfolgungsverjährung für Straftaten angenommen, für die schon bisher westdeutsches Recht galt. Das OLG Braunschweig hat zudem angenommen, daß für Straftaten, für die vor der Wiedervereinigung eine Verfolgungskompetenz bundesdeutscher Behörden nicht bestand, die Rechtsprechung des BGH für das NS-Unrecht nicht übertragen werden kann (vgl. a.a.O. 185). Der Senat teilt diese Rechtsansicht.

2.3.2.1. Für Straftaten, die vor der Wiedervereinigung noch nicht bundesdeutschem Recht unterlagen und für die bis dahin allein das StGB/DDR maßgebend war, wurde durch den Einigungsvertrag hinsichtlich der Frage der Verjährung eine spezielle Übergangsregelung in Gestalt des Art. 315a in das EGStGB eingestellt.

Aus Art. 315a EGStGB folgt, daß in den Fällen, in denen die Verjährungsfrist des DDR-Rechts am 3.10.1990 bereits abgelaufen ist, es dabei verbleiben soll. {9}

Die Frage, ob für die hier in Rede stehende Tat bisher allein DDR/StGB oder auch bundesdeutsches Recht galt, beurteilt sich nach den Rechtsanwendungsnormen der §§ 3-9 StGB.

Nach Abschluß des Grundlagenvertrages vom 21.12.1972 zwischen der Bundesrepublik Deutschland und der DDR wurde die Anwendung des interlokalen Strafrechts im Verhältnis zur DDR durch die analoge Anwendung des internationalen Strafrechts ersetzt (vgl. BGHSt 30, 1, 5; 32, 294). Denn mit diesem Vertrag war zugleich eine „faktische Anerkennung besonderer Art" (BVerfGE 36, 23) zweier unabhängiger Staaten mit gegensätzlichen politischen und gesellschaftlichen Systemen verbunden (vgl. Dreher/Tröndle a.a.O. RdNr. 11g). Der Grundlagenvertrag trat am 21. Juni 1973 in Kraft.

2.3.2.2. Die hier angelastete Rechtsbeugung unterfiel nicht der bundesdeutschen Verfolgungskompetenz; denn mit der Ablösung des interlokalen Strafrechts konnten die Verfolgungsbehörden der Bundesrepublik nicht mehr das Strafrecht der DDR als Tatortrecht anwenden und wurde eine in der DDR begangene Rechtsbeugung durch das westdeutsche internationale Strafrecht nicht erfaßt, weil sich die Tat nicht gegen das Individualrecht eines Deutschen, sondern gegen das Gemeinschaftsgut eines anderen Staates richtete (vgl. OLG Braunschweig, a.a.O.). Mithin richtet sich die Verfolgungsverjährung nach den Vorschriften des StGB/DDR. Gemäß § 62 Abs. 1 Nr. 2 StGB/DDR verjährte die Verfolgung einer Straftat, wenn eine Freiheitsstrafe bis zu 5 Jahren angedroht war, in 8 Jahren. Die Strafdrohung für die Rechtsbeugung gem. § 244 StGB/DDR betrug Freiheitsstrafe bis zu 5 Jahren. Verfolgungsverjährung wäre mit Beendigung der Tat, spätestens mit Ablauf des 10.8.1981 eingetreten, wenn nicht die Verjährung geruht hätte. Nach § 83 Nr. 2 StGB/DDR ruhte die Verjährung, „solange ein Strafverfahren wegen schwerer Erkrankung des Täters oder aus einem anderen gesetzlichen Grunde nicht eingeleitet oder fort-{10}gesetzt werden kann". Diese Voraussetzungen liegen hier nicht vor. Es gab kein ausdrückliches Gesetz, welches die Strafverfolgung staatlichen Unrechtshandelns für unzulässig erklärte. Ein solches Gesetz hätte auch das Eingeständnis des Staates impliziert, rechtsstaatswidrig zu handeln (vgl. Lemke/Hettinger a.a.O., S. 22). Diese Überlegung hat bereits für entsprechende Taten während der nationalsozialistischen Gewaltherrschaft gegolten. Gleichwohl bleibt für eine Anwendung der vom BGH für das NS-Unrecht entwickelten Grundsätze kein Raum. Denn der Wegfall der Verfolgbarkeit beruhte nicht auf dem erörterten Fall des „gesetzlichen" Hinderungsgrundes, der dadurch gekennzeichnet war, daß die Strafverfolgung allein an einem entgegenstehenden rechtsstaatswidrigen Willen der Staats- und Parteiführung der DDR scheiterte, sondern er beruhte auf einem von der Bundesrepublik vorgenommenen

Vertragsschluß (OLG Braunschweig a.a.O., 185). König hat hiergegen insbesondere eingewandt, „... auch ein Gesetz, nach dem die Strafverfolgung nicht begonnen oder nicht fortgesetzt werden kann, geht letztlich auf einem tatsächlichen Ereignis,[2] nämlich insbesondere auf seine Verabschiedung. ...“ (Anmerkung desselben zur Entscheidung des OLG Braunschweig: NStZ 1992, 187). Nicht entscheidend war das tatsächliche Ereignis des Inkrafttretens des Grundlagenvertrages. Dieses bewirkt nur die zeitliche Zäsur für die Frage der Anwendbarkeit interlokalen oder internationalen Strafrechts. Entscheidend war vielmehr der mit dem Abschluß des Grundlagenvertrages auf Seiten der Bundesrepublik zum Ausdruck gekommene Wille eines freiwilligen Verzichts auf eine ursprünglich bestandene umfassende Verfolgungskompetenz bundesdeutscher Strafverfolgungsbehörden. Diese Rechtslage ist nicht vergleichbar mit der, die die Rechtsprechung in Bezug auf NS-Unrecht entwickelte, und erlaubt deshalb auch keine Anwendung der von der Rechtsprechung zum Ruhen der Verjährung wegen eines gesetzlichen Verfolgungshindernisses in totalitären Staaten entwickelten Grundsätze. {11}

2.3.2.3. Ein Ruhen der Verjährung gem. § 83 Nr. 1, 3 und 4 und nach § 84 StGB/DDR kommt mangels Vorliegen der Voraussetzungen ebenfalls nicht in Betracht.

Für eine Ausweitung der Anwendungsbreite der Vorschrift des § 84 StGB/DDR, die einen Ausschluß der Verjährung für Verbrechen gegen den Frieden, die Menschlichkeit und die Menschenrechte und Kriegsverbrechen vorsieht, sieht der Senat entgegen König (a.a.O.) keine Veranlassung. Anhaltspunkte dafür, daß die Vorschrift des § 87 StGB/DDR in der früheren DDR über ihren Wortlaut hinaus auf andere Delikte als die im 1. Kapitel des Besonderen Teils des StGB/DDR angewandt wurde, sind nicht ersichtlich.

Anmerkungen

1 Vgl. Anhang S. 1046.
2 Im Original.

Inhaltsverzeichnis
Beschluss (Verwerfung der Beschwerde) des Oberlandesgerichts Naumburg vom 11.5.1993, Az. Ws 85/92

Oberlandesgericht Naumburg 11. Mai 1993
Az.: Ws 85/92

BESCHLUSS

In der Strafsache gegen

Edwin M.
geboren 1931
deutscher [Staats]Angehöriger
Verteidiger: Rechtsanwalt Prof. Dr. H.-J. Lehmann,

wegen Rechtsbeugung

hat der 1. Strafsenat des Oberlandesgerichts Naumburg *am 11. Mai 1993* durch

⊗ Es folgt die Nennung der Verfahrensbeteiligten. ⊗

beschlossen: {2}

Die sofortige Beschwerde der Staatsanwaltschaft gegen den Beschluß des Bezirksgerichts Magdeburg – 5. Strafsenat – vom 16. April 1992 (5 KLs 17/91) wird als unbegründet verworfen.
Die Kosten des Rechtsmittels und die dem Angeschuldigten im Beschwerdeverfahren angefallenen notwendigen Auslagen hat die Staatskasse zu tragen.

Gründe

In ihrer Anklageschrift vom 30. September 1991[1] legt die Staatsanwaltschaft dem Angeschuldigten zur Last, sich im Juli und August 1973 als Vorsitzender der Zivilkammer des Kreisgerichts Staßfurt der Rechtsbeugung schuldig gemacht zu haben, indem er in dem Verfahren zur gerichtlichen Ersetzung der Einwilligung der Eltern des Kindes Svetlana S. zu dessen Annahme an Kindes Statt (§ 70 Abs. 1 FGB/DDR) in mehrfacher Weise bewußt gegen gesetzliche Verfahrensvorschriften verstieß, nämlich das Verfahren fortführte, obwohl er wußte, daß die Klageschrift den nach Verurteilung wegen „Republikflucht" und anschließender Inhaftierung in die Bundesrepublik abgeschobenen Kindeseltern nicht zugestellt worden war, den Kindeseltern ohne gesetzliche Grundlage einen Rechtsanwalt beiordnete und diesen zum Verhandlungstermin vom 7. August 1973 lud, sowie in der Hauptverhandlung den mit fehlendem rechtlichen Gehör der Kindeseltern begründeten Antrag des beigeordneten Rechtsanwaltes auf Terminaufhebung zurückwies und das Verfahren bis zum Urteil fort-{3}führte. Mit dem angefochtenen Beschluß hat das Bezirksgericht die Eröffnung des Hauptverfahrens wegen des Verfahrenshindernisses des Eintritts der Strafverfolgungsverjährung abgelehnt. Die hiergegen von der Staatsanwaltschaft in zulässiger Weise eingelegte sofortige Beschwerde hat in der Sache keinen Erfolg, denn die Auffassung des Bezirksgerichts trifft im Ergebnis zu.

1. [Strafanwendungsrecht]

Der dem Angeschuldigten zur Last gelegte Sachverhalt und die Frage des Eintritts der Strafverfolgungsverjährung bezüglich der ihm vorgeworfenen Tat beurteilen sich ausschließlich nach dem Strafrecht der früheren DDR. Im einzelnen:

a.) Welches Strafrecht auf Taten anzuwenden ist, die in der ehemaligen DDR vor deren am 3. Oktober 1990 erfolgten Beitritt zur BR Deutschland begangen wurden, richtet sich nach Art. 315 EGStGB i.V.m. § 2 StGB. Dies bedeutet, daß grundsätzlich das Strafrecht der DDR mit den in Art. 315 Abs. 1 bis Abs. 3 EGStGB geregelten Modifikationen Anwendung findet (§ 2 Abs. 1 StGB), wenn nicht für die jeweilige Tat das StGB der Bundesrepublik schon vor dem Wirksamwerden des Beitritts gegolten hat (Art. 315 Abs. 4 EGStGB) oder sich als mildestes Gesetz im Sinne des § 2 Abs. 3 StGB darstellt. {4}

aa.) Für die dem Angeschuldigten angelastete Tat galt das Strafrecht der Bundesrepublik vor dem Beitritt der DDR zur BR Deutschland nicht.

Da der Angeschuldigte die ihm vorgeworfene Tat im Juli/August 1973 und damit nach Abschluß (21. Dezember 1972) und Inkrafttreten (21. Juni 1973) des Grundlagenvertrages zwischen der BR Deutschland und der DDR begangen haben soll, beurteilt sich die Frage, ob auf sie das bundesdeutsche Strafrecht schon vor dem Beitritt der DDR anwendbar war, nach allgemeiner Ansicht nicht mehr nach den ungeschriebenen Regeln des interlokalen Strafrechts, sondern nach den – zumindest entsprechend anwendbaren – Vorschriften des internationalen Strafrechtes der §§ 3, 4 StGB a.F. bzw. der seit dem 1. Januar 1975 geltenden §§ 3-7 StGB n.F. (BGHSt 30, 4 ff.; 32, 293, 294 ff.; vgl. auch KG NStZ 1992, 542[2]). Die insoweit hier in Betracht kommenden §§ 3 Abs. 1, 4 Abs. 2 und Abs. 3 Nr. 1 StGB a.F. bzw. §§ 5 Nr. 12 und 13, 7 Abs. 1 und Abs. 2 StGB n.F. erstrecken die Geltung des bundesdeutschen Strafrechtes indessen nicht auf die dem Angeschuldigten vorgeworfene Rechtsbeugung.

(1) Die Voraussetzungen des § 3 Abs. 1 StGB a.F. lagen zur Tatzeit nicht vor, denn da jedenfalls seit Abschluß des Grundlagenvertrages der Begriff des deutschen Staatsangehörigen im Rahmen {5} des Strafrechts funktional dahingehend auszulegen war, daß hiermit nur Bürger der Bundesrepublik gemeint waren (vgl. BGH aaO), war der Angeschuldigte nicht deutscher Staatsangehöriger im Sinne dieser Vorschrift. Aus diesem Grunde kommt auch eine Anwendung des § 7 Abs. 2 Nr. 1 1. Alt. StGB n.F. nicht in Betracht (a.A. KreisG Dresden MDR 1991, 659).

Die §§ 4 Abs. 3 Nr. 1 StGB a.F. bzw. 5 Nr. 12 und 13 StGB n.F. sind ebenfalls nicht einschlägig. Zwar war die DDR zur Tatzeit im Rahmen des Strafrechtes funktional als Ausland im Sinne dieser Bestimmungen anzusehen, jedoch war der Angeschuldigte weder deutscher noch ausländischer Amtsträger. Auch hier hat eine funktionale Auslegung des Begriffes „Amtsträger" dahingehend stattzufinden, daß nur ein nach bundesdeutschem Recht ernannter Beamter oder Richter (vgl. § 11 Abs. 1 Nr. 2 Bst. a StGB) als Amtsträger nach den genannten Vorschriften angesehen werden kann.

(2) Die Voraussetzungen der §§ 4 Abs. 2 Nr. 2 StGB a.F. bzw. 7 Abs. 1 StGB n.F. liegen nicht vor. Zwar waren die Beklagten des vom Angeschuldigten geführten Zivilrechtsstreites zur Zeit der Tat bereits Bürger der Bundesrepublik und damit „deutsche Staatsangehörige" bzw. „Deutsche" im Sinne dieser Vorschriften. Gegen einen „deutschen Staatsangehörigen gerichtet" (§ 4 Abs. 2 Nr. 2 StGB a.F.) bzw. gegen einen

„Deutschen begangen" (§ 7 Abs. 1 StGB n.F.) ist eine Tat aber nur, wenn dieser durch die Tat verletzt ist, d.h. durch die Tat unmittelbar in seine {6} Rechtssphäre eingegriffen wird, seine Rechte oder rechtlich geschützten Güter unmittelbar widerrechtlich beeinträchtigt werden (Tröndle in LK, 10. Aufl., § 7 StGB Rdn. 10; Lackner, StGB, 19. Aufl., § 7 Rdn. 3). Dies trifft bei dem Delikt der Rechtsbeugung indessen nicht zu. Der Rechtsbeugungstatbestand schützt nicht das Individualrecht des an der Rechtssache beteiligten Deutschen, sondern die eigene Rechtspflege des jeweils rechtsetzenden Staates (OLG Braunschweig NStZ 1992, 183, 185; Rudolphi in SK-StGB, § 336 Rdn. 2; vgl. auch Vormbaum StV 1991, 176, 179; Samson NJW 1991, 335, 338).

(3) Das bundesdeutsche Strafrecht findet auch nicht über §§ 4 Abs. 2 Nr. 1 oder 3 StGB a.F. bzw. 7 Abs. 2 Nr. 1 2. Alt. oder Nr. 2 StGB n.F. auf die Tat des Angeschuldigten Anwendung. §§ 4 Abs. 2 Nr. 3 StGB a.F. bzw. 7 Abs. 2 Nr. 2 StGB n.F. kommen von vornherein nicht in Betracht (BGH NStZ 1993, 231[3]; a.A. KreisG Dresden MDR 1991, 659).

Dagegen ließe sich bei einer reinen Wortlautinterpretation der §§ 4 Abs. 2 Nr. 1 StGB a.F. bzw. 7 Abs. 2 Nr. 1 2. Alt. StGB n.F. die Auffassung vertreten, auf die von DDR-Bürgern vor dem Beitritt in der DDR begangenen Straftaten finde über die genannten Vorschriften das Strafrecht der Bundesrepublik Anwendung, denn DDR-Bürger hätten mit Wirksamwerden des Beitritts die deutsche Staatsangehörigkeit im Sinne des § 4 Abs. 2 Nr. 1 StGB a.F. erworben bzw. seien Deutsche im Sinne des § 7 Abs. 2 Nr. 1 2. Alt. StGB n.F. geworden (so etwa Liebig NStZ 1991, 372, 373). Einer derartigen Auslegung steht jedoch entgegen, {7} daß Art. 315 EGStGB als spezielle Kollisionsnorm die Geltungsbereiche des Strafrechtes der DDR und für Bundesrepublik für vor dem Wirksamwerden des Beitritts in der DDR begangene Straftaten gegeneinander abgrenzt und die Bestimmungen des Art. 315 Abs. 1 bis Abs. 3 EGStGB leerlaufen würden, wenn die Neubürgerregelung des § 7 Abs. 2 Nr. 1 2. Alt. StGB (n.F.; § 4 Abs. 2 Nr. 1 StGB a.F.) alle durch den Beitritt Bundesbürger gewordene ehemaligen DDR-Bürger erfassen würde (BGH NStZ 1993, 231 m. w. Nachw.).

bb.) Auf die dem Angeschuldigten angelastete Rechtsbeugung war daher zum Tatzeitpunkt und danach das StGB/DDR (§ 244[4]) anzuwenden. Hieran hat sich durch den Beitritt der DDR zur Bundesrepublik Deutschland und das Inkrafttreten der Regelung des Art. 315 Abs. 1 EGStGB i.V.m. § 2 StGB nichts geändert.

Zwar ist § 244 StGB/DDR mit dem Beitritt außer Kraft getreten. Dennoch bleibt er – wie dargelegt – auf vor dem Beitritt in der DDR begangene Taten anwendbar, wenn eine entsprechende Vorschrift des StGB besteht und diese nicht milder ist (§ 2 Abs. 3 StGB). Dies ist der Fall. In § 336 StGB liegt eine dem § 244 StGB/DDR entsprechende Vorschrift vor, die sich gegenüber § 244 StGB/DDR als die strengere Regelung darstellt. {8}

(1) Der weiteren Anwendbarkeit des § 244 StGB/DDR auf die vom Angeschuldigten vor dem Beitritt in der DDR laut Anklagevorwurf begangene Rechtsbeugung steht es zunächst nicht entgegen, daß der nunmehr allein geltende § 336 StGB ausschließlich den Schutz der Rechtspflege der BR Deutschland bezweckt, während § 244 StGB/DDR auf den Schutz der Rechtspflege der ehemaligen DDR abzielte (a.A. Vormbaum StV 1991, 176, 179). Zwar beziehen sich damit § 336 StGB einerseits und § 244 StGB/DDR andererseits grundsätzlich nicht auf art- und wertgleiche Rechtsgüter (vgl. BGH NStZ 1993, 231, 232). Dies bedeutet indessen nicht, daß die erforderliche Kontinuität des Un-

rechtstyps (vgl. BGH aaO; Höchst JR 1992, 360 und 433) durch den nunmehr auch auf dem Gebiet der früheren DDR geltenden § 336 StGB nicht gewahrt wäre, mit der Folge, daß eine vor dem Beitritt in der DDR begangene Rechtsbeugung nunmehr nicht mehr strafrechtlich geahndet werden könnte.

Auch wenn § 244 StGB/DDR unmittelbar auf den Schutz der Rechtspflege der DDR abzielte, bezweckte er mittelbar doch die Gewährleistung des Grundsatzes der Gleichheit vor dem Gesetz und der Sicherung einer gerechten Rechtsprechung (vgl. Kommentar zum StGB/DDR, 4. Aufl., § 244 Anm. 1) und diente damit indirekt auch dem Individualschutz des rechtsunterworfenen Bürgers. Letzteres trifft indessen auch auf § 336 StGB zu, der durch den Schutz der Rechtspflege in ihrer speziellen Aufgabe, richtiges Recht zu sprechen, jedenfalls „reflexartig" auch die Wahrung {9} der Interessen der an der Rechtssache beteiligten Individualparteien schützt (Lackner aaO, § 336 Rdn. 1). Dies bedeutet, daß beide Vorschriften jedenfalls insofern gleiches Unrecht erfassen und daher in ihrem Regelungsgehalt identisch sind, als sie mittelbar darauf abzielen, die rechtswidrige Benachteiligung des an einer Rechtssache beteiligten Rechtsunterworfenen zu unterbinden.

Da dem Angeschuldigten vorgeworfen wird, in dem von ihm geleiteten Verfahren bewußt zum Nachteil der verklagten Kindeseltern gegen formelles Recht verstoßen und diese somit benachteiligt zu haben, liegt danach hier eine Tat vor, die ihrem Unrechtstypus nach sowohl § 244 StGB/DDR als auch § 336 StGB unterfällt.

(2) Die dem Angeschuldigten vorgeworfene Tat läßt sich auch – was zusätzliche Voraussetzung für die weitere Anwendung des § 244 StGB/DDR ist (BGH aaO) – unter den Wortlaut des § 336 StGB subsumieren, da die enger gefaßten Tatbestandsvoraussetzungen des § 244 StGB/DDR in der weiteren Tatbestandsfassung des § 336 StGB enthalten sind. Der Umstand, daß § 244 StGB/DDR nur wissentliche Gesetzesverstöße pönalisiert, während § 336 StGB sich auch auf lediglich bedingt vorsätzliche Taten bezieht und über Gesetzesverstöße hinaus auch die Beugung sonstigen Rechts umfaßt, steht daher einer Anwendung des § 244 StGB/DDR nicht entgegen (a.A. Breymann NStZ 1991, 463, 465). {10}

(3) § 244 StGB/DDR stellt gegenüber § 336 StGB das mildere Gesetz im Sinne von Artikel 315 Abs. 1 S. 1 EGStGB i.V.m. § 2 Abs. 3 StGB dar. Dies ergibt sich neben der weiteren Tatbestandsfassung des § 336 StGB (s.o.) aus dessen höherem Strafrahmen. Während § 336 StGB Freiheitsstrafe von 1 Jahr bis zu 5 Jahren androht, sieht § 244 StGB/DDR einen Strafrahmen von 6 Monaten (§ 40 Abs. 1 S. 2 StGB/DDR) bis zu 5 Jahren vor.

2. *[Verjährung]*

Für die dem Angeschuldigten angelastete und nach § 244 StGB/DDR zu beurteilende Tat ist indessen Strafverfolgungsverjährung eingetreten. Die Verjährungsfrist für die dem Angeschuldigten vorgeworfene Rechtsbeugung betrug gemäß § 82 Abs. 1 Nr. 3 StGB/DDR 8 Jahre. Da die Tat spätestens mit Erlaß des Urteils vom 10.8.1973 beendet war, ist die Verjährungsfrist mit dem 10.8.1981 abgelaufen (§ 82 Abs. 3 S. 1 StGB/DDR).

a.) Die Verjährung hat nicht gemäß § 83 Nr. 2 2. Alt. StGB/DDR geruht. Zwar ist der Senat im Gegensatz zu der vom Bezirksgericht in dem angefochtenen Beschluß vertretenen Auffassung der Ansicht, daß die von der Rechtsprechung zu § 69 Abs. 1 S. 1 StGB a.F. bzw. § 78b Abs. 1 S. 1 StGB n.F. entwickelten Grundsätze über die Hemmung der Verfolgungsverjährung von Strafta-{11}ten, die während der Herrschaft des Nationalsozialismus aus politischen, rassischen oder religionsfeindlichen Gründen begangen und wegen des als Gesetz eingeschätzten „Führerwillens" aus eben diesen Gründen nicht verfolgt wurden (vgl. BGH NJW 1962, 2308, 2309; BGHSt 18, 367, 368 f.; 23, 137, 139 f.; s. auch BVerfGE 1, 418, 425), durchaus auf die Verhältnisse in der DDR unter Herrschaft der SED übertragbar sind. Das Kammergericht hat in seinem Beschluß vom 17. Dezember 1992[5] (NStZ 1993, 240 ff.) im einzelnen dargelegt, aus welchen Gründen die von politischer Motivation getragene Nichtverfolgung bestimmter Straftaten unter der SED-Diktatur mit den Verhältnissen unter dem Nationalsozialismus vergleichbar ist und daher in entsprechenden Fällen ein Ruhen der Verfolgungsverjährung gemäß § 83 Nr. 2 2. Alt. StGB/DDR anzunehmen sei, weil der als „gesetzlicher Grund" im Sinne dieser Vorschrift zu bewertende Wille der Staats- u. Parteiführung der Einleitung oder Fortsetzung eines Strafverfahrens entgegenstand. Der Senat schließt sich diesen Ausführungen des Kammergerichts vollinhaltlich an.

Indessen liegen hier die Voraussetzungen für ein Ruhen der Verjährung nach diesen Grundsätzen nicht vor. Da die dem Angeschuldigten angelastete Tat den Strafverfolgungsbehörden erst nach dem Ende der SED-Herrschaft bekannt wurde, könnte ein Ruhen der Verfolgungsverjährung nur dann angenommen werden, wenn der als „gesetzliche Grund" einzuschätzende „Wille der Staats- und Parteiführung" der Verfolgung der Tat *objektiv* entgegenstand. Dies setzt voraus, daß die dem Angeschuldigten vorgeworfene Tat aus der Motivierung der SED-Machthaber mit *Bestimmtheit* nicht geahndet worden wäre, falls {12} sie damals schon Gegenstand eines Strafverfahrens geworden wäre. Die bloße Möglichkeit oder Wahrscheinlichkeit, daß die Tat im Falle einer Anzeige von den zuständigen Strafverfolgungsorganen unverfolgt geblieben wäre, genügt ebensowenig wie der Umstand, daß Personen, die von der Tat Kenntnis hatten, damals eine Anzeige aus einem solchen Grunde unterlassen haben könnten. Daher scheidet in Grenzfällen, die erst nach Beendigung der SED-Herrschaft zur Kenntnis der Strafverfolgungsbehörden gelangten und in denen offen bleibt, ob eine Anzeige nicht doch zu einem Strafverfahren und zu einer Verurteilung hätte führen können, eine Anwendung des § 83 Nr. 2 2. Alt. StGB/DDR aus (vgl. BGHSt 23, 137, 140; StA beim KG NStZ 1992, 234 f. und 235, 236).

Ein derartiger Grenzfall liegt hier vor. Der Angeschuldigte soll die ihm vorgeworfene Rechtsbeugung durch bewußte Mißachtung von Verfahrensvorschriften begangen haben. Ein Wille der DDR-Staatsführung bzw. SED-Parteiführung dahingehend, daß die durch einen Richter bewußt vorgenommene Verletzung zivilprozessualer Verfahrensnormen nicht als Rechtsbeugung strafrechtlich geahndet werden soll, kann zweifelsfrei nicht angenommen werden. Zwar handelte es sich bei dem fraglichen Verfahren, das der Angeschuldigte leitete, um die sogenannte „Zwangsadoption" eines Kindes, dessen Eltern nach Verurteilung wegen Republikflucht in die Bundesrepublik abgeschoben worden waren, und richteten sich die vom Angeschuldigten begangenen Verfahrensverstöße gegen diese Eltern. Daher mag durchaus eine nicht geringe Wahrscheinlichkeit bestehen, daß im Hinblick auf den konkreten Verfahrensgegenstand im Falle des Angeschuldigten eine Strafverfolgung nach dem objektiven Willen der Staats- und Par-{13}teiführung aus politischen Gründen unterblieben wäre. Mit der nach den obigen Darlegungen erforderlichen Sicherheit läßt sich dies jedoch nicht feststellen. Denn gerade für den – auch im Verhältnis zur Bundesrepublik – politisch heiklen Bereich der „Zwangsadoptionen“ kann nicht von vornherein angenommen werden, daß nach dem Willen der SED-Machthaber die bewußte Mißachtung von Verfahrensvorschriften strafrechtlich ungeahndet bleiben sollte. Vielmehr erscheint es durchaus auch denkbar, daß gerade hier besonderer Wert auf eine formell korrekte Verfahrensabwicklung gelegt und dies durch eine Strafverfolgung des Angeschuldigten unterstrichen worden wäre. Die Voraussetzungen des § 83 Abs. 2 2. Alt. StGB/DDR liegen daher nicht vor.

b.) Die Strafverfolgungsverjährung der dem Angeschuldigten angelasteten Tat hat auch nicht gemäß Art. 1 des Gesetzes über das Ruhen der Verjährung der SED-Unrechtstaten vom 26. März 1993 (VerjährungsG; BGBl. I S. 392) bis zum 2.10.1990 geruht. Auch nach diesem Gesetz setzt das Ruhen der Verjährung nämlich voraus, daß die jeweilige, während der Herrschaft des SED-Unrechtsregimes begangene Tat entsprechend dem ausdrücklichen oder mutmaßlichen Willen der Staats- und Parteiführung der DDR aus politischen oder sonst mit wesentlichen Grundsätzen einer freiheitlichen rechtsstaatlichen Ordnung unvereinbaren Gründen nicht geahndet wurde. Bei Beachtung des allgemeinen verfassungsrechtlichen Rückwirkungsverbotes führt eine verfassungskonforme Auslegung dieser Regelung zu dem Ergebnis, daß an die Feststellung des mutmaßlichen Willens der Staats- und Partei-{14}führung der ehemaligen DDR keine geringeren Anforderungen gestellt werden können, als sie die Rechtsprechung zu §§ 69 Abs. 1 S. 1 StGB a.F., 78b Abs. 1 S. 1 StGB n.F. bzw. § 83 Nr. 2 2. Alt. StGB/DDR entwickelt hat. Ein der strafrechtlichen Ahndung einer Tat entgegenstehender mutmaßlicher Wille der Staats- und Parteiführung kann daher nur angenommen werden, wenn dieser Wille mit *Bestimmtheit* objektiv der Strafverfolgung entgegenstand (s.o. a.). Dies ist hier – wie ausgeführt – nicht feststellbar.

3. [Keine Unterbrechung der Verjährungsfrist]

Da somit die Tat des Angeschuldigten zum Zeitpunkt des Beitritts der DDR zur BR Deutschland bereits verjährt war, konnte eine Unterbrechung der Verjährungsfrist gemäß Art. 315a S. 3 EGStGB in der Fassung des Art. 2 VerjährungsG nicht mehr stattfinden. Vielmehr hatte es, wie sich aus dem Gegenschluß aus Art. 315a S. 1 und S. 2 EGStGB in der Fassung des Art. 2 des VerjährungsG ergibt, bei dem Eintritt der Strafverfolgungsverjährung nach dem StGB/DDR sein Bewenden.

Die sofortige Beschwerde der Staatsanwaltschaft konnte nach alledem keinen Erfolg haben.

Anmerkungen

1 Vgl. lfd. Nr. 2-1.
2 Vgl. Dokumentationsband zu den Gewalttaten an der deutsch-deutschen Grenze, lfd. Nr. 7-2.
3 Vgl. Dokumentationsband zur Wahlfälschung, lfd. Nr. 14-2.
4 Vgl. Anhang S. 1046.
5 Vgl. Dokumentationsband zu den Gewalttaten an der deutsch-deutschen Grenze, lfd. Nr. 13-2.

Teil 2:
Strafrechtliche Entscheidungen

Lfd. Nr. 3

Strafverfahren in den 70er und 80er Jahren gegen Ausreisewillige und Regimegegner

Inhaltsverzeichnis
Erstinstanzliches Urteil des Landgerichts Schwerin vom 14.6.1993, Az. 31 KLs 24/92

Landgericht Schwerin
Az.: 31 KLs 24/92
111 Js 248/92

14. Juni 1993

URTEIL

Im Namen des Volkes

In der Strafsache gegen

1. Manfred Eggert,
   geb. 1955
2. Dolores Korth,
   geb. 1952

wegen Rechtsbeugung und Freiheitsberaubung

hat das Landgericht Schwerin, Große Strafkammer 1, in der Sitzung vom 14.06.1993, an welcher teilgenommen haben:

⊗ Es folgt die Nennung der Verfahrensbeteiligten. ⊗ {2}

für Recht erkannt:

Die Angeklagten Manfred Eggert und Dolores Korth sind der Rechtsbeugung in Tateinheit mit Freiheitsberaubung schuldig.
Sie werden jeweils zu einer

Freiheitsstrafe von 9 Monaten

verurteilt, deren Vollstreckung zur Bewährung ausgesetzt wird. {3}
Die Angeklagten haben die Kosten des Verfahrens einschließlich ihrer eigenen notwendigen Auslagen zu tragen.

Angewendete Vorschriften:
§§ 244^1, 131 Abs. 1^2, 63, 45 Abs. 1 StGB/DDR, Art. 315 Abs. 1 EGStGB, § 2 Abs. 3 StGB.

Gründe

I. Feststellungen zur Person

Zur Person der Angeklagten hat die Kammer folgende Feststellungen getroffen:

1. [Manfred Eggert]

Der jetzt 37jährige Angeklagte Manfred Eggert wurde in F. geboren. Er ist mit 2 jüngeren Schwestern im Elternhaus aufgewachsen. Sein Vater war Betriebsleiter der Molkerei in Goldberg, seine Mutter war dort als Sachbearbeiterin tätig.

In der Zeit von 1962 bis 1970 besuchte der Angeklagte die Polytechnische Oberschule in Lübz, {4} anschließend von 1970 bis 1974 die Erweiterte Oberschule bis zum Abitur in der 12. Klasse.

Von November 1974 bis 1976 absolvierte er seinen Grundwehrdienst bei den Grenztruppen der DDR. Er wurde überwiegend im Küchen- und Sanitätsbereich sowie als Mannschaftstransportfahrer eingesetzt. Vom Dienstgrad war er Gefreiter 1978 und 1980 nahm er an Reservistenlehrgängen teil und wurde zunächst Unteroffizier der Reserve und sodann Leutnant der Reserve.

In der Zeit von 1976 bis 1980 absolvierte der Angeklagte ein Studium der Rechtswissenschaft an der Humboldt-Universität in Ost-Berlin, das er erfolgreich mit dem akademischen Grad „Diplomjurist" abschloß.

Von September 1980 bis April 1984 war der Angeklagte Eggert als Richterassistent und – ab 07.01.1981 – als Richter am Kreisgericht beim Kreisgericht Güstrow eingesetzt, wo er auf den Gebieten des Familien- und des Strafrechts tätig wurde.

Von Mai 1984 bis Juni 1986 war er dann beim Kreisgericht Schwerin-Stadt tätig. Dort bearbeitete er überwiegend Strafsachen, darunter solche des 8. Kapitels/2. Abschnitt des StGB/DDR (Straftaten gegen die staatliche und öffentliche Ordnung).

Im Mai 1986 wechselte der Angeklagte als Richter am Bezirksgericht zum 2. Strafsenat des {5} Bezirksgerichts Schwerin, wo er Strafsachen in der Rechtsmittelinstanz bearbeitete.

Der Angeklagte war gesellschaftlich organisiert in der FDJ von 1969 bis 1980, in der SED ab 1976, im FDGB ab 1980 – von 1986 bis 1989 Mitglied der Betriebsgewerkschaftsleitung – und ab 1982 in der VdJ – von 1982 bis 1984 Vorsitzender der Wirkungsgruppe Güstrow – sowie in der Urania – von 1986 bis 1989 Vorsitzender der Sektion „Staat und Recht" der Kreisgruppe Schwerin.

Im Rahmen seiner beruflichen Tätigkeit nahm der Angeklagte regelmäßig an den obligatorischen Fachrichtertagungen und -schulungen teil.

Der Richter Manfred Eggert wurde von seinen ehemaligen Vorgesetzten als befähigter, verantwortungsbewußter und geschätzter Kollege beurteilt. Er galt als „entwicklungsfähiger Kader" und war von der Betriebsparteiorganisation der SED beim Bezirksgericht Schwerin unter anderem aufgrund seiner guten und zuverlässigen Arbeitsweise in der Perspektive für eine Leitungsfunktion in der Partei sowie für eine leitende Tätigkeit als Richter vorgesehen.

Nach Maßgabe des Einigungsvertrages wurde das Richterverhältnis des Angeklagten Eggert über den 03.10.1990 hinaus fortgesetzt. Er blieb als Richter in einem Strafsenat beim Bezirksgericht Schwerin tätig. Im Zusammenhang mit der Prüfung seines Antrages auf Fortbestand des Richterverhältnisses durch den Minister für Justiz, {6} Bundes- und Europaangelegenheiten des Landes Mecklenburg-Vorpommern gab der Angeklagte eine schriftliche Versicherung dahingehend ab, daß er nicht als Inoffizieller Mitarbeiter für das Ministerium für Staatssicherheit der ehemaligen DDR (MfS) gearbeitet habe. Er erklärte sich unter anderem mit der Einsichtnahme in gegebenenfalls vorhandene personenbezogene Akten beim MfS einverstanden.

Entgegen seiner schriftlichen Versicherung war er laut Mitteilung des Sonderbeauftragten der Bundesregierung für die personenbezogenen Unterlagen des ehemaligen Staatssicherheitsdienstes als Inoffizieller Mitarbeiter für das MfS von September 1974 bis März 1976 tätig. Die handschriftliche Verpflichtungserklärung des Angeklagten datiert vom 17.09.1974. Unter dem Decknamen „August“ verfaßte der Angeklagte „Einschätzungen“ Gleichaltriger und gab auftragsgemäß Stimmungsberichte ab.

Feststellungen darüber, ob der Angeklagte auch nach März 1976 als Inoffizieller Mitarbeiter für das MfS tätig gewesen ist, sind in der Hauptverhandlung nicht getroffen worden.

Im Rahmen des Überprüfungsverfahrens ergab sich ferner, daß die Personalakte Eggert unvollständig war. Gegenüber dem Minister für Justiz, Bundes- und Europaangelegenheiten des Landes Mecklenburg-Vorpommern räumte der Angeklagte ein, daß er Unterlagen aus seiner Personalakte entfernt habe. Um welche Unterlagen es sich {7} hierbei im einzelnen gehandelt hat, konnte nicht festgestellt werden.

Auf eigenen Wunsch wurde der Angeklagte mit Wirkung zum 31.10.1991 aus dem Richterdienst entlassen. Der Angeklagte wurde anschließend als Geschäftsführer der Rechtsanwaltskammer Mecklenburg-Vorpommern in Schwerin angestellt. Im Zusammenhang mit dem vorliegenden Strafverfahren ist der Angeklagte etwa Ende 1992 von seiner Tätigkeit als Geschäftsführer entbunden worden. Er ist weiter als Mitarbeiter der Rechtsanwaltskammer beschäftigt und ⊗ es folgen Angaben zum Verdienst des Angeklagten. ⊗

Der Angeklagte Manfred Eggert ist seit 1975 verheiratet. Aus der Ehe sind 2 Töchter im Alter von jetzt 14 und 11 Jahren hervorgegangen.

Ausweislich des verlesenen Bundeszentralregisterauszuges vom 05.02.1993 ist der Angeklagte nicht vorbestraft.

2. [Dolores Korth]

Die jetzt 41jährige Angeklagte Dolores Korth wurde in S. geboren und ist zusammen mit 2 jüngeren Schwestern im Elternhaus aufgewachsen. Ihr Vater war Leiter der Bezirksverwaltung Schwerin beim Ministerium für Staatssicherheit.[3]

In der Zeit von 1958 bis 1968 besuchte die Angeklagte die Polytechnische Oberschule, die sie mit dem Abschluß der 10. Klasse beendete. {8}

Im September 1968 begann sie eine 2jährige Lehre als Stenophonotypistin bei der Bezirksstaatsanwaltschaft Schwerin, die sie 1970 erfolgreich abschloß. Anschließend arbeitete sie dort bis 1972 als Sachbearbeiterin. Sie verdiente 365,- M monatlich und wohnte weiterhin im Elternhaus.

In der Zeit von 1970 bis 1972 hat sie in Abendkursen neben ihrer Berufstätigkeit das Abitur nachgemacht.

Von 1972 bis 1976 studierte sie in Ost-Berlin an der Humboldt-Universität das Fach Rechtswissenschaften, das sie mit dem akademischen Grad „Diplomjuristin“ abschloß.

Wahrend des Studiums durchlief sie – neben der etwa 2jährigen politischen Ausbildung im Marxismus/Leninismus – die ganze übliche Fächerpalette: Rechtsgeschichte, Staatsrecht, Völkerrecht, Strafrecht, Zivilrecht, Arbeitsrecht etc. Dazwischen lagen Praktika bei Gerichten und der Staatsanwaltschaft. Nach Abschluß des Studiums begann die Angeklagte ihre berufliche Tätigkeit als Staatsanwältin bei der Staatsanwaltschaft des Kreises und der Stadt Schwerin. Sie nahm erneut Wohnung in ihrem Elternhaus. Die Angeklagte absolvierte bis 1977 ihre Probezeit als Assistentin und wurde anschließend zur Staatsanwältin ernannt. Von 1977 bis 1984 hat sie überwiegend Jugendstrafsachen bearbeitet. Ihr Verdienst betrug etwa 1.500,- M. {9}

1984/1985 besuchte die Angeklagte einen 9monatigen Lehrgang an der Bezirksparteischule der SED, deren aktives Mitglied sie seit 1971 gewesen war. Zuvor hatte sie bereits die Kreisparteischule durchlaufen. Die Angeklagte stand hinter den Zielen der Partei. Für sie waren Parteiarbeit und die Tätigkeit als Staatsanwältin nicht zu trennen. Sie war Mitglied der Parteileitung auf betrieblicher Ebene.

Im Jahre 1985 wurde die Angeklagte Staatsanwältin in der Abteilung I a beim Staatsanwalt des Bezirkes Schwerin. Sie bearbeitete unter anderem Verfahren nach dem 8. Kapitel/2. Abschnitt des StGB/DDR (Straftaten gegen die staatliche und öffentliche Ordnung). Staatliches Untersuchungsorgan in diesen Verfahren war regelmäßig die Bezirksverwaltung für Staatssicherheit – Untersuchungsabteilung – Schwerin.

Ihr ehemaliger Dienstvorgesetzter, der Zeuge Wolf – Leiter der Bezirksstaatsanwaltschaft Schwerin –, beurteilte die Angeklagte als juristisch überdurchschnittlich befähigt, fleißig und verantwortungsbewußt.

In der Abteilung I a beim Staatsanwalt des Bezirkes Schwerin war die Angeklagte durchgehend bis etwa November 1989 tätig. Sie wurde nach der Wende zunächst beurlaubt und zum 31.03.1990 endgültig aus dem Dienst abberufen.

Die Wendezeit hat die Angeklagte als Schock empfunden, ohne sich jedoch näher dazu einzulassen. {10}

Nach Abberufung aus dem Dienst war die Angeklagte, die nunmehr bei ihren Eltern in Rostock lebt, zunächst ohne Arbeit, absolvierte dann eine 9monatige Umschulung und arbeitete anschließend bis 1992 in einem Steuerbüro. Seit Sommer 1992 ist sie bei einer Anlagenbau-GmbH als Sachbearbeiterin tätig. ⊗ Es folgen Angaben zur Einkommenssituation der Angeklagten. ⊗

Die Angeklagte ist ledig und ohne Kinder.

Ausweislich des verlesenen Bundeszentralregisterauszuges vom 05.02.1993 ist sie nicht vorbestraft.

II. Feststellungen zur Sache

Die Hauptverhandlung hat folgenden Sachverhalt ergeben:

1. Der Einzelfall Jürgen P.

Der Zeuge Jürgen P. war in der Zeit von 1973 bis 1974 in der ehemaligen DDR bei der Deutschen Seereederei im Bereich der Handelsflotte tätig. Im Zusammenhang damit erlebte er mehrfach Aufenthalte in westlichen Ländern, was ihm als jungen DDR-Bürger – er war damals 19 bzw. 20 Jahre alt – einen bislang unbekannten {11} Eindruck von Freizügigkeit und persönlicher Freiheit vermittelte.

Ohne sich darüber in seinem Bekanntenkreis oder mit Arbeitskollegen austauschen zu können, spürte er in seinem Inneren einen Konflikt aufsteigen. Er empfand es als ungerecht, daß in der DDR nur „gesellschaftlich privilegierte Personen" ins westliche Ausland reisen durften, jedoch nicht die sogenannten „kleinen Leute". Bei ihm entstand nach und nach der Wunsch, die DDR zu verlassen und in die Bundesrepublik Deutschland überzusiedeln.

Hierüber konnte er nur mit seinen Eltern und seiner Freundin Edith, die er 1975 heiratete, offen sprechen. Seine Eltern verhielten sich ängstlich. Sie wollten, daß das Leben ihres Sohnes in geordneten und ruhigen Bahnen verläuft. Auch seine Partnerin stand seinem Ausreisewunsch zunächst strikt ablehnend gegenüber. Eine Flucht vom Schiff aus wollte der Zeuge P. seinen Eltern, unter anderem aus Furcht vor Repressalien gegen sie, nicht antun. Letztlich aus Zuneigung zu seiner Partnerin nahm er zunächst Abstand von seinen Überlegungen, die DDR zu verlassen.

Er gab die Seefahrerei auf und beschäftigte sich nach der Geburt seiner Tochter 1976 mit dem Bau eines eigenen Hauses in Perleberg, der sich aus verschiedenen Gründen – Geld- und Materialmangel, Eigenarbeit etc. – über mehrere Jahre hinzog und ihn von seinen Gedanken ablenkte. {12}

In der Zeit von November 1978 bis April 1980 leistete der Zeuge P. seinen Wehrdienst als Gefreiter bei der Nationalen Volksarmee ab und blieb anschließend bis August 1981 als Zivilangestellter dort weiterhin tätig. Danach arbeitete er als Schlosser in der Reparaturwerkstatt im VEB Nordfrucht „Elde" in Perleberg, wo er bis zuletzt tätig blieb.

In der ersten Hälfte der 80er Jahre änderte die Ehefrau des Zeugen P. ihre Einstellung zur Übersiedlung in die Bundesrepublik Deutschland. Sie und ihr Mann wurden sich einig, über den Weg einer formellen Antragstellung die Übersiedlung von der DDR in die Bundesrepublik Deutschland zu erreichen. Verwandte in der Bundesrepublik Deutschland hatte er nicht, so daß kein Grund zur Familienzusammenführung bestand. Bestärkt in ihrem Vorhaben wurde die Familie P. insbesondere durch den freundschaftlichen Kontakt zum Ehepaar M., das ebenfalls in die Bundesrepublik Deutschland ausreisen wollte.

Am 08.05.1984 stellten die Eheleute P. erstmals einen Antrag auf Übersiedlung in die Bundesrepublik Deutschland. Sie richteten diesbezüglich gleichlautende Schreiben an den Rat des Kreises Perleberg – Abteilung Innere Angelegenheiten – und an das Innenministerium der DDR. In einer daraufhin durchgeführten Aussprache am 28.05.1984 wurde dem Zeugen P. von einem Mitarbeiter der Abteilung Innere Angelegenheiten beim Rat des Kreises Perleberg mitge-{13}teilt, daß sein Antrag aufgrund „fehlender gesetzlicher Voraussetzungen" abzulehnen sei.

In der Folgezeit stellten die Eheleute am 03.06.1984 sowie am 16.01.1985 und am 18.03.1985 weitere Anträge auf Übersiedlung in die Bundesrepublik Deutschland an den Rat des Bezirkes Schwerin, das Innenministerium der DDR und den Rat des Kreises Perleberg.

Zu einem unbekannt gebliebenen Zeitpunkt wandte sich der Zeuge P. an den Zeugen Rechtsanwalt Vogel[4] in Ostberlin und bat um Rat hinsichtlich seines Übersiedlungsantrages. Die Familie P. hatte über westliche Medien von Abschiebungen und Freikäufen politischer Häftlinge aus der DDR durch die Bundesrepublik Deutschland und der Tätigkeit von Rechtsanwalt Vogel in diesem Zusammenhang erfahren.

Der Zeuge Rechtsanwalt Vogel antwortete schriftlich, daß die Berechtigung zur Stellung von Übersiedlungsanträgen in die Bundesrepublik Deutschland bestehe („... aus guten Gründen teile ich Ihnen mit, daß Sie sich in Ihrem Anliegen an die zuständigen staatlichen Organe wenden können ...“). Er machte der Familie P. Mut, ihr Übersiedlungsbegehren weiter zu verfolgen.

Desweiteren nahm der Zeuge P. in diesem Zusammenhang Kontakt zur Ständigen Vertretung der Bundesrepublik Deutschland in Ostberlin auf. Außerdem begehrte er vergeblich Rechtsauskunft zu seinem Übersiedlungsantrag in die Bun-{14}desrepublik Deutschland beim Kreisgericht Perleberg.

Von Mai 1984 bis April 1985 fanden mit dem Zeugen P. mehrfach Aussprachen in der Abteilung Innere Angelegenheiten des Rates des Kreises Perleberg und in seinem Betrieb statt, in denen jeweils mündlich die Ablehnung seines Übersiedlungsantrages bekräftigt wurde. Bei der Aussprache am 16.04.1985 in der Abteilung Innere Angelegenheiten des Rates des Kreises wurde dem Zeugen P. sodann erklärt, daß sein erneuter Antrag nunmehr geprüft werde, dies jedoch eine gewisse Zeit in Anspruch nehme. Der Zeuge P. hatte unter anderem schriftlich dargelegt, daß Rechtsanwalt Vogel ihm die Berechtigung seiner Antragstellung attestiert hatte. Er entschloß sich jetzt, einige Monate zu warten. Am 26.09.1985 fragte er in der Abteilung Innere Angelegenheiten des Rates des Kreises Perleberg nach dem Sachstand seines Übersiedlungsbegehrens. Ihm wurde jedoch lapidar mitgeteilt, daß sein Übersiedlungsantrag weiter geprüft werde.

In den Gesprächen mit den zuständigen Mitarbeitern der Abteilung Innere Angelegenheiten des Rates des Kreises Perleberg, den Zeugen S. und B., deren Inhalt nur zum Teil aktenkundig gemacht wurde, wurde dem Zeugen P. wiederholt deutlich gemacht, daß nur „Rentner, Invaliden und unbequeme Bürger“ aus der DDR in die Bundesrepublik Deutschland übersiedeln durften. Derjenige, der unbequem sei, habe größere Chancen zur Ausreise als jemand – was {15} P. auf sich bezog –, der unbescholten sei. Dieser Umstand wurde aus Sicht des Zeugen P. in den Gesprächen so betont, daß er den Eindruck gewann, man wolle ihm eine Art Gebrauchsanweisung zur erfolgreichen Übersiedlung in die Bundesrepublik Deutschland geben.

Der Zeuge P. fühlte sich insgesamt von den Mitarbeitern der Abteilung Innere Angelegenheiten des Rates des Kreises Perleberg nicht ernst genommen und empfand deren mündliche Ablehnungen und Vertröstungen „kaltschnäuzig“.

Wahrend des Zeitraumes der Antragstellungen erschienen im Betrieb der Ehefrau des Zeugen P. wiederholt Mitarbeiter des MfS, die diese – aus der Sicht des Zeugen P. als vermeintlich „schwächstes Mitglied der Familie“ – von ihrem Übersiedlungsvorhaben abbringen wollten. Zu einem nicht genau festgestellten Zeitpunkt wurden der Familie P. dann auch die regulären Ausweise abgenommen und Sonderausweise ausgehändigt. Daraus war erkennbar, daß die Familie P. die ständige Ausreise aus der DDR begehrte.

Etwa im September 1985 überlegte sich der Zeuge P., öffentlich auf sein Ausreisebegehren aufmerksam zu machen.

Zunächst brachte er an seinem Arbeitsplatz in dem VEB Nordfrucht „Elde“ ein Plakat mit einem Bild aus einem KZ an und schrieb darüber in Großbuchstaben: „Ich brauche Freiheit“. Dann entschloß er sich, mit einem selbstgefertigten {16} Plakat in der Öffentlichkeit aufzutreten. Er wollte seine persönliche Meinung über die Grenze der DDR kundtun und dadurch unbequem wirken. Gleichzeitig erhoffte er, für sich eine Möglichkeit zu schaffen, um in die Bundesrepublik Deutschland zu gelangen. Zwischenzeitlich war die Familie M. nach seiner Kenntnis über den Weg der Inhaftierung in die Bundesrepublik Deutschland gelangt. Auch er kalkulierte als schlimmste Folge seiner Aktion eine Inhaftierung ein. Er entschied sich für den Weg des öffentlichen Auftretens, ohne seine Familie konkret zu informieren. Die Familie wollte er bewußt heraushalten, um eine Bestrafung für sie zu vermeiden. Im übrigen hatte seine Ehefrau ihn schon einmal von einer öffentlichen Aktion am 07.10.1985, dem Nationalfeiertag der ehemaligen DDR, abgehalten.

Der Zeuge P. erfuhr davon, daß am 23.11.1985 vor dem Rat des Kreises Perleberg in der Berliner Straße die öffentliche Vereidigung von Angehörigen der Grenztruppen stattfinden sollte.

Am frühen Morgen dieses Tages stellte er in seiner Garage aus Tapetenresten ein Plakat von der Größe 60 x 80 cm her, befestigte es an zwei Holzstielen und schrieb mit Filzstift folgenden Text darauf: „DDR! Deine Grenzen sind für mich kein Friedensbeitrag!".

Außerdem verfaßte er einen Abschiedsbrief an seine Ehefrau und seine Tochter, da er mit einer eventuellen Inhaftierung rechnete: {17} „Meine Lieblinge! Verzeiht mir, aber Unrecht gehört an den Pranger. Ich liebe Euch! Euer Papi."

Den Brief hinterließ er im Haus und begab sich gegen 10.30 Uhr zur öffentlichen Vereidigung von Angehörigen der Grenztruppen vor dem Rat des Kreises Perleberg. Dort wählte er als Standort einen Platz gegenüber der Militärmusikkapelle.

Während des Abspielens der Nationalhymne der DDR entrollte der Zeuge P. das Plakat und hielt es ausgestreckt über seinen Kopf. Ca. 20 Sekunden später wurde ihm das Plakat von Sicherheitskräften entrissen. Der Zeuge P. wurde festgenommen und zur Polizeistation in Perleberg gebracht. Dort nahm die Bezirksverwaltung Schwerin des MfS – Untersuchungsabteilung – die Ermittlungstätigkeit gegen Jürgen P. auf.

Noch am 23.11.1985 wurde der Zeuge P. dem Haftrichter Sch. beim Kreisgericht Schwerin Stadt vorgeführt, der antragsgemäß Haftbefehl erließ wegen Beeinträchtigung staatlicher Tätigkeit gem. § 214 Abs. 1 StGB/DDR[5]. Die Anordnung der Untersuchungshaft sei gemäß § 122 Abs. 1 Ziff. 4 StPO/DDR[6] gesetzlich begründet, weil die Tat, die den Gegenstand des Verfahrens bilde, mit Haftstrafe bedroht sei und der Zeuge P. mit einer Bestrafung mit Freiheitsentzug rechnen müsse. {18}

Anschließend wurde der Zeuge P. in die Untersuchungshaftanstalt des MfS Schwerin eingeliefert. Dort verblieb er bis zum 06.03.1986. In dieser Zeit ist der Zeuge P. mindestens sechsmal von Mitarbeitern der Bezirksverwaltung des MfS – Untersuchungsabteilung – zum Tatvorwurf und zu seinen persönlichen Verhältnissen protokollarisch vernommen worden. Er gab bereitwillig Rede und Antwort und gestand Anbahnung, Umstände und Durchführung seiner Handlung ein. Anfang Dezember 1985 erteilte er dem Zeugen Rechtsanwalt Vogel Prozeßvollmacht als Verteidiger. Unabhängig davon hatte die Familie M. bereits am 27.11.1985 über den Westberliner Rechtsanwalt N. den Zeugen Rechtsanwalt Vogel zur Wahrnehmung der Interessen des Zeugen P. eingeschaltet.

Der Zeuge Rechtsanwalt Vogel erteilte Untervollmacht zur Vertretung P.'s an den Schweriner Rechtsanwalt S. Während der Zeit der Untersuchungshaft hatte Jürgen P. zwei Gespräche mit dem Zeugen S. Dieser trug sein SED-Parteiabzeichen offen am Revers und erschien dem Zeugen P. deswegen für seine Vertretung nicht besonders vertrauenswürdig. Der Zeuge S. fragte ihn unter anderem, ob er seinen Ausreiseantrag aufrechterhalten wolle, was P. bejahte.

Mit Anklageschrift des Staatsanwalts des Bezirkes Schwerin vom 23.01.1986 – gefertigt von der Angeklagten Korth –, eingegangen beim Kreisgericht Schwerin-Stadt am 27.01.1986, wurde der Zeuge P. angeklagt, {19}

„die staatliche Ordnung der Deutschen Demokratischen Republik durch Beeinträchtigung staatlicher Tätigkeit angegriffen zu haben.
Mit dem Ziel, staatlicher Organe der DDR zur Genehmigung seines Übersiedlungsantrages in die Bundesrepublik Deutschland zu veranlassen, bekundete er in einer die öffentliche Ordnung gefährdenden Weise die Mißachtung der Gesetze, indem er am 23.11.1985 gegen 10.30 Uhr während der öffentlichen Vereidigung von Angehörigen der Grenztruppen der DDR vor dem Rat des Kreises in Perleberg, Berliner Straße, ein selbstgefertigtes Plakat der Größe 60 x 80 cm mit der Aufschrift: ‚DDR! Deine Grenzen sind für mich kein Friedensbeitrag!‘, über seinen Kopf hielt.
Vergehen gemäß § 214 Abs. 1 StGB.“

Am 10.02.1986 wurden dem Zeugen P. die Anklageschrift und der Eröffnungsbeschluß gemäß Verfügung des angeklagten Richters Eggert zur Einsichtnahme gegeben, nicht jedoch ausgehändigt. Termin zur Hauptverhandlung der Strafkammer des Kreisgerichtes Schwerin-Stadt wurde anberaumt auf den 18.02.1986. {20}

Kurz vor dem Hauptverhandlungstermin erkrankte der Zeuge Rechtsanwalt S. Auf Nachfrage, ob die Hauptverhandlung deswegen verschoben werden solle, erklärte der Zeuge P. sich bereit, trotz Abwesenheit seines Rechtsanwaltes den anberaumten Termin wahrzunehmen.

Die Bedingungen der fast 3 Monate andauernden Untersuchungshaft in der Haftanstalt Schwerin des MfS hatten den Zeugen P. zermürbt. Unter anderem war der Haftraum nachts durchgängig erleuchtet. Außerdem bestand die Liegeordnung, das Gesicht zur Tür zugewendet zu halten. Hofgang wurde täglich eine 1/2 Stunde in einer 8 x 3 m großen Betonbox mit einem Drahtgeflecht darüber gewährt. Wie vorgesehen fand sodann am 18.02.1986 die Hauptverhandlung unter Vorsitz des Angeklagten Eggert gegen den ehemaligen Angeklagten und jetzigen Zeugen P. statt. Die Hauptverhandlung war nichtöffentlich. Termin zur Urteilsverkündung wurde anberaumt auf den 20.02.1986.

Am 20.02.1986 wurde der Zeuge P. – dem Antrag der Staatsanwältin Korth folgend – vom Kreisgericht Schwerin-Stadt wegen Beeinträchtigung staatlicher Tätigkeit gem. § 214 Abs. 1 StGB/DDR zu einer Freiheitsstrafe von 1 Jahr und 6 Monaten – ohne Bewährung – verurteilt.

Zur Urteilsverkündung war in Untervollmacht von Rechtsanwalt S. der Zeuge Rechtsanwalt L. erschienen. Nach der Urteilsverkündung erteilte der Zeuge Rechtsanwalt L. dem Zeugen P. den Rat, auf Rechtsmittel zu ver-{21}zichten, wobei er sinngemäß äußerte: „Sie wollen doch so schnell wie möglich die DDR verlassen.“ Noch in der Sitzung erklärte daraufhin der Zeuge P., daß er auf Rechtsmittel gegen das Urteil verzichte.

Das schriftliche Urteil des Kreisgerichts Schwerin-Stadt vom 20.02.1986 erhielt der Zeuge P. am 24.02.1986 zur Einsichtnahme, nicht jedoch ausgehändigt.

Am 06.03.1986 wurde der Zeuge P. von Schwerin über die Haftanstalt in Güstrow – dort verblieb er etwa 14 Tage – in die Strafvollzugseinrichtung nach Naumburg/Saale verschubt. Dort saß der Zeuge P. bis Ende Juni 1986 in Strafhaft ein. Er war zur Arbeit verpflichtet und stellte Produkte für die Möbelindustrie her. Wegen mangelnder Normerfüllung wurde er einmal mit einem 18tägigen Arrest belegt. Seine Ehefrau erhielt einmal monatlich eine Besuchserlaubnis für eine 1/2 Stunde. Sein Kind durfte der Zeuge

P. während seiner Inhaftierung nicht sehen. Insbesondere unter der Trennung von seiner Frau und seinem Kind hat der Zeuge P. als Erstverbüßer sehr gelitten.

Ende Juni 1986 wurde der Zeuge P. in die Strafvollzugseinrichtung des MfS nach Karl-Marx-Stadt – jetzt Chemnitz – verschubt. Von dort aus wurde er am 09.07.1986 in die Bundesrepublik Deutschland abgeschoben, nachdem die Restfreiheitsstrafe zuvor zur Bewährung ausgesetzt worden war. {22}

Die Bundesrepublik Deutschland hatte den Zeugen P. im Rahmen der damals existierenden Freikaufpraxis politischer Häftlinge aus der DDR für 96.000 DM freigekauft. Für die DDR trat Rechtsanwalt Vogel als Unterhändler auf. Ehefrau und Tochter des Zeugen P. durften etwa einen Monat nach ihm in die Bundesrepublik Deutschland übersiedeln, nachdem sie unter anderem ihr Haus in Perleberg für ca. 20.000 M an den Staat verkauft hatten. Für ihre Übersiedlung zahlte die Bundesrepublik Deutschland an die DDR jeweils 4.500 DM.

Zum Zeitpunkt der Festnahme des Zeugen P. am 23.11.1985 war dessen Übersiedlungsantrag bereits vom Innenministerium der DDR genehmigt worden. Die Namen der Familie P. waren auf einer genehmigten Ausreiseliste der DDR verzeichnet, die dem Zeugen Pl., Unterabteilungsleiter für humanitäre Fragen beim ehemaligen Bundesministerium für innerdeutsche Beziehungen, vom Zeugen Rechtsanwalt Vogel ausgehändigt worden war.

2. *Rolle der Angeklagten im Strafverfahren gegen Jürgen P.*

a) Ab etwa Mitte Dezember 1985 war die Angeklagte Dolores Korth in der Strafsache gegen Jürgen P. als Sachbearbeiterin der Staatsanwaltschaft des Bezirkes Schwerin – Abteilung I a – {23} tätig. Sie wurde von ihrem Abteilungsleiter zur Bearbeitung bestimmt. Nach Durchsicht der Akten votierte die Angeklagte Korth bei einer zeitlich nicht näher festgestellten internen Abstimmung innerhalb der Abteilung I a – vermutlich nach Vorliegen des Schlußberichts des MfS – Bezirksverwaltung Schwerin – vom 10.01.1986 – dahin, daß das Verfahren gegen Jürgen P. durch Anklageerhebung abzuschließen sei. Desweiteren wurde das Vorgehen in dieser Strafsache mit dem damaligen Behördenleiter der Bezirksstaatsanwaltschaft Schwerin, dem Zeugen Wolf, abgestimmt. Die ehemalige Staatsanwältin Korth erstellte sodann die Anklageschrift gegen Jürgen P., die wie folgt lautet:

„Staatsanwaltschaft des Bezirkes
Schwerin
221 – 3 – 86

2755 Schwerin, 23.1.1986
Ko./Li.

Kreisgericht Schwerin-Stadt
– Strafkammer –
2750 Schwerin
Wismarsche Str. 133

Haftsache!

Anklage

Den Betriebsschlosser {24}
P., *Jürgen*, Erwin, Erich,
geb. 1954 in P.,

wohnhaft in ⊗ unkenntlich gemacht ⊗,
verheiratet, 1 Kind,
Staatsbürger der DDR,
nicht vorbestraft,
seit dem 23.11.1985 in Untersuchungshaft in der Untersuchungshaftanstalt des Ministeriums für Staatssicherheit, Bezirksverwaltung Schwerin,

klage ich an,

die staatliche Ordnung der Deutschen Demokratischen Republik durch Beeinträchtigung staatlicher Tätigkeit angegriffen zu haben.
Mit dem Ziel, staatliche Organe der DDR zur Genehmigung seines Übersiedlungsantrages in die BRD zu veranlassen, bekundete er in einer die öffentliche Ordnung gefährdenden Weise die Mißachtung der Gesetze, indem er am 23.11.1985 gegen 10.35 Uhr während der öffentlichen Ver-{25}eidigung von Angehörigen der Grenztruppen der DDR vor dem Rat des Kreises in Perleberg, Berliner Straße, ein selbstgefertigtes Plakat der Größe 60 x 80 cm mit der Aufschrift: ‚DDR! Deine Grenzen sind für mich kein Friedensbeitrag!' über seinen Kopf hielt.
Vergehen gem. § 214 Abs. 1 StGB

Beweismittel:
1. Eigene Einlassung des Beschuldigten
2. Beschlagnahmeprotokolle
3. Fotografien des Tatortes und des Plakats auf der Arbeitsstelle
4. Fotografien des Plakats und der dazugehörigen Hilfsmittel
5. Abschiedsbrief {26}
6. Bericht der Grenztruppen
7. Beurteilung
8. Akte der Abt. Innere Angelegenheiten des Rates des Kreises Perleberg

Wesentliches Ermittlungsergebnis
Der 31jährige Beschuldigte ist nicht vorbestraft und erreichte 1970 den Abschluß der 10. Klasse der POS. 1972 beendete er eine Lehre als Maschinen- und Anlagenmonteur im VEB Hydraulik Schwerin. Von April 1973 bis Februar 1974 war er bei der Deutschen Seereederei im Bereich der Handelsflotte tätig. Während dieser Zeit fuhr er zur See. In den folgenden Jahren war er zunächst im VEB Zellstoff- und Zellwollewerke Wittenberge und im VEB Saatzucht und Zierpflanzen in Perleberg tätig, bis er am 14.11.1977 ein Arbeitsrechtsverhältnis mit dem VEB Nordfrucht ‚Elde' Parchim aufnahm. Zwischenzeitlich leistete er von November 1978 bis April 1980 seinen Ehrendienst bei der NVA und war danach noch bis August 1981 als Zivilangestellter bei der NVA tätig. Nachdem er die-{27}se Tätigkeit aufgegeben hatte, begann er wieder in seinem alten Betrieb, dem VEB Nordfrucht ‚Elde' zu arbeiten. Zu Beginn seiner Tätigkeit leistete er eine gute Arbeit und war einsatzbereit. In der Folgezeit gab es dann Probleme mit seiner Arbeitshaltung, die sich insbesondere ab Sommer 1984 verstärkten und soweit gehen, daß er erhebliche Probleme im Arbeitsprozeß bereitete. So erledigte er Arbeitsaufträge teilweise nur widerwillig bzw. arbeitete über längere Zeit gar nicht und war nur im Betrieb anwesend. An kollektiven Veranstaltungen nahm er nicht mehr teil und zog sich aus seinem Kollektiv zurück. Wegen seiner negativen Arbeitseinstellung mußten mehrfach Aussprachen mit ihm geführt werden.
Der Beschuldigte ist gesellschaftlich nicht organisiert und seit 1975 verheiratet. Mit seiner Ehefrau hat er gemeinsam ein Kind.
Die politisch-ideologischen Haltungen des Beschuldigten wurden wesentlich beeinflußt durch den Empfang von Massenmedien der BRD. Hier verfolgte der Beschuldigte zielgerichtet Nachrichtensendungen, die Sendungen ‚ZDF-Magazin' und ‚Kennzeichen D'. Hinzu kam, daß im

Elternhaus keine zielgerichtete politisch-ideologische Erziehung erfolgt ist. Beeinflußt durch den Empfang der westlichen Massenmedien und zum Teil auch durch die {28} Tätigkeit bei der Handelsflotte kam der Beschuldigte zu der Auffassung, daß seine persönliche Freiheit in der DDR eingeschränkt sei, insbesondere seine Reisefreiheit, und daß in der DDR eine widersprüchliche Entwicklung erfolgt, die nicht seinen Vorstellungen entsprach. Im Verlaufe der Jahre, beginnend bereits während der Berufsausbildung, bildete sich so beim Beschuldigten eine ablehnende Haltung zu den gesellschaftlichen Verhältnissen in der DDR heraus, so daß er sich bereits seit längerer Zeit mit dem Gedanken trug, die DDR zu verlassen und in die BRD überzusiedeln. Da aber seine Ehefrau zunächst nicht bereit war, mit ihm gemeinsam in die BRD überzusiedeln, unternahm er dahingehend keine weiteren Aktivitäten, ohne jedoch gedanklich sein Vorhaben aufzugeben. Er beeinflußte vielmehr seine Ehefrau dahingehend, daß sie sich im Sommer 1984 dann bereiterklärte, gemeinsam mit dem Beschuldigten einen Antrag auf Übersiedlung in die BRD zu stellen.

Am 8.5.1984 stellte der Beschuldigte erstmals für sich und seine Familie einen Antrag auf Übersiedlung in die BRD. Diesen Antrag richtete er an die Abteilung Innere Angelegenheiten des Rates des Kreises Perleberg und gleichzeitig an das Ministerium des Innern. In einer daraufhin durchgeführten Aussprache wurde ihm durch Mitarbeiter der {29} Abteilung Innere Angelegenheiten mitgeteilt, daß sein Antrag aufgrund fehlender gesetzlicher Voraussetzungen abgelehnt wurde. Der Beschuldigte stellte dann weitere Anträge, so am 3.6.1984 an den Rat des Bezirkes und das Ministerium des Innern, am 16.1. und 18.3.1985 an die Abteilung Innere Angelegenheiten des Rates des Kreises und unternahm weitere Aktivitäten zur Durchsetzung seiner Übersiedlungsabsichten. So nahm er Verbindung zur Ständigen Vertretung der BRD in der DDR und zu Rechtsanwalt Dr. *Vogel* auf. Gleichzeitig ließ der Beschuldigte verstärkt seit seiner Antragstellung am 8.5.1984 in seinen Arbeitsleistungen nach, um damit ebenfalls seinen Willen zur Übersiedlung in die BRD zu bekunden. Darüber hinaus brachte er an seinem Arbeitsplatz ein Plakat mit der Aufschrift: ‚Ich brauche Freiheit' an, das mit einem Bild aus einem Konzentrationslager versehen war. Mit diesen Aktivitäten wollte er ebenfalls seine Haltung dokumentieren, auf sich aufmerksam machen und letztlich auch die Genehmigung seines Übersiedlungsantrages beeinflussen.

Gleichzeitig sollte diese Aktivität dazu dienen, zu testen, wie weit er in der Konfrontation mit staatlichen Organen gehen kann. Als dem Beschuldigten Anfang April 1985 während einer Aussprache bei der Abteilung Innere Angele-{30}genheiten des Rates des Kreises Perleberg mitgeteilt wurde, daß sein Antrag bearbeitet wird, entschloß er sich, zunächst 6 Monate abzuwarten, ohne weitere Aktivitäten zu entwickeln. Im September 1985 suchte er nochmals die Abteilung Innere Angelegenheiten auf, um sich nach dem Stand der Bearbeitung seines Übersiedlungsantrages zu erkundigen. Hier erhielt er erneut die Auskunft, daß sein Antrag bearbeitet wird. Da bis zu diesem Zeitpunkt keine dem Beschuldigten genehme Entscheidung hinsichtlich seines Antrages getroffen worden war, entschloß er sich nunmehr, mit einer öffentlichkeitswirksamen Aktion seinen Unwillen über die Bearbeitung seines Antrages kundzutun und gleichzeitig eine positive Entscheidung hinsichtlich seines Übersiedlungsantrages herbeizuführen. Dabei kalkulierte er auch eine eventuelle Inhaftierung ein und ging davon aus, daß er gegebenenfalls aus dem Strafvollzug in die BRD übersiedeln kann.

Im September machte er sich dazu Gedanken, in welcher Form er öffentlichkeitswirksam auftreten kann. Er entschloß sich, mit einem selbstgefertigten Plakat und einem entsprechenden Text in der Öffentlichkeit aufzutreten. Bereits zu diesem Zeitpunkt hatte er sich folgenden Text überlegt: {31} ‚DDR! Deine Grenzen sind für mich kein Friedensbeitrag!'

Zur Durchsetzung dieser Aktion hatte er bereits Buchstaben gekauft, und als er seiner Frau gegenüber ihren Verwendungszweck erklärte, riet sie ihm von einem solchen Vorhaben ab. Daraufhin unternahm der Beschuldigte zunächst keine weiteren Aktivitäten. In der Folgezeit entschloß er sich dann erneut, mit einem solchen selbstgefertigten Transparent und dem entspre-

chenden Text in der Öffentlichkeit aufzutreten. Er hatte damit die Absicht, seinen Ausreisewillen zu dokumentieren, wollte staatliche Organe auf sich aufmerksam machen und damit seinen Unwillen über die bisherige Entscheidung der staatlichen Organe, bezogen auf seinen Übersiedlungsantrag kundtun und letztlich auch staatliche Organe zu veranlassen, seinen Übersiedlungsantrag stattzugeben. Um auch besonders öffentlichkeitswirksam aufzutreten, hatte er sich zunächst den Nationalfeiertag am 7.10.1985 als Tattag ausgesucht. Aus persönlichen Gründen kam er an diesem Tage nicht dazu, sein Vorhaben zu realisieren.
Er erhielt dann Kenntnis davon, daß am 23.11.1985 vor dem Rat des Kreises in Perleberg, Berliner Straße, die öffentliche Vereidigung der Angehörigen der Grenztruppen stattfindet. Er faßte nun-{32}mehr den Entschluß, an diesem Tage sein Vorhaben in die Tat umzusetzen. In den frühen Morgenstunden zwischen 8.00 Uhr und 9.00 Uhr des 23.11.1985 begab er sich in die Garage seines Eigenheimes und stellte hier aus Tapetenresten ein Plakat in der Größe 60 x 80 cm her. Dieses befestigte er an zwei Holzstielen und schrieb zunächst mit schwarzer Nitrofarbe und dann mit einem schwarzen bzw. grünen Filzstift den Text: ‚DDR! Deine Grenzen sind für mich kein Friedensbeitrag!‘ auf das Plakat. Gleichzeitig schrieb er einen Abschiedsbrief an seine Ehefrau, den er im Keller hinterließ, da er mit einer eventuellen Inhaftierung rechnete. Das Plakat rollte er zunächst zusammen und versteckte es unter seiner Bekleidung. Er begab sich dann zum Rat des Kreises, wo er gegen 10.30 Uhr eintraf. Er mischte sich hier unter das Publikum und als die Nationalhymne der DDR während der öffentlichen Vereidigung intoniert wurde, rollte er das Plakat aus und hielt es ca. 10 bis 30 cm über den Kopf hoch, so daß es von anderen Personen wahrgenommen werden konnte. Daraufhin wurde durch andere Personen das Plakat heruntergerissen und durch Angehörige der Grenztruppen die Personalien des Beschuldigten festgestellt und es erfolgte dann die Zuführung. {33}

Ich beantrage:
1. das Hauptverfahren vor der Strafkammer des Kreisgerichtes Schwerin-Stadt zu eröffnen,
2. Termin zur gerichtlichen Hauptverhandlung anzuberaumen,
3. den Haftbefehl aus den Gründen seiner Anordnung aufrechtzuerhalten,
4. gem. § 203 Abs. 3 StPO den Beschuldigten die Prozeßdokumente lediglich zur Kenntnis zu geben,
5. gem. § 211 Abs. 3 StPO die Verhandlung unter Ausschluß der Öffentlichkeit durchzuführen.

i. A.
– Korth –
Staatsanwalt“

b) Nach Eingang der Strafakten beim ehemaligen Direktor des Kreisgerichts Schwerin, dem Zeugen Schwichtenberg, bestimmte dieser den Angeklagten Manfred Eggert im Wege der persönlichen Zuteilung zum Richter in der Strafsache gegen Jürgen P. Neben dem Zeugen Schwichtenberg {34} selbst wurden Strafsachen nach dem 8. Kapitel/ 2. Abschnitt des StGB/DDR (Straftaten gegen die staatliche und öffentliche Ordnung) seinerzeit beim Kreisgericht Schwerin-Stadt von dem Angeklagten Eggert und einem weiteren Strafrichter bearbeitet. Für politische Strafsachen – I a-Sachen – wurden aus der Schöffenliste regelmäßig nur solche Personen herangezogen, die Mitglieder der SED waren, das sogenannte Schöffenpaar 1.

Unter Vorsitz des Angeklagten Eggert beschloß das Kreisgericht Schwerin-Stadt am 05.02.1986, daß in der Strafsache gegen Jürgen P. das Hauptverfahren im Sinne der Anklage eröffnet und der Haftbefehl aus den Gründen seiner Anordnung aufrechterhalten werde.

Der Angeklagte Eggert bestimmte am selben Tage den Termin zur Hauptverhandlung und verfügte weiter, daß Jürgen P. Anklageschrift und Eröffnungsbeschluß nicht auszuhändigen, sondern nur zur Einsichtnahme vorzulegen seien.

Möglicherweise auf Anfrage des Angeklagten Eggert erklärte sich Jürgen P. im folgenden zur Teilnahme an der Hauptverhandlung ohne seinen Rechtsanwalt, den Zeugen S., bereit.

Die Hauptverhandlung der Strafkammer des Kreisgerichts Schwerin-Stadt am 18. und 20.02.1986 fand unter Vorsitz des Angeklagten Eggert mit zwei Schöffen, den Zeugen R. und Sch., der Angeklagten Korth als Sitzungsvertreterin der Staatsanwaltschaft sowie der Zeugin R. {35} als Protokollführerin statt. Der ehemalige Angeklagte Jürgen P. wurde aus der Untersuchungshaftanstalt des MfS Schwerin vorgeführt.

Nach der Verlesung der Anklage und der Belehrung des ehemaligen Angeklagten Jürgen P. gem. §§ 15 und 61 StPO/DDR verkündete die Strafkammer des Kreisgerichts Schwerin-Stadt unter Vorsitz des Angeklagten Eggert den Beschluß, daß die Hauptverhandlung gem. § 211 Abs. 3 StPO/DDR unter Ausschluß der Öffentlichkeit durchgeführt werde.

In der Beweisaufnahme, die ohne Zeugenvernehmungen durchgeführt wurde, stand Jürgen P. – wie zuvor schon im Ermittlungsverfahren – sowohl zu seiner Person als auch zur Sache in umfassender Weise Rede und Antwort. Vorhalte aus der Strafakte wurden von ihm bestätigt. Durch Verlesung wurden zum Gegenstand der Beweisaufnahme gemacht der Strafregisterauszug des Zeugen Jürgen P., eine Beurteilung des VEB Nordfrucht „Elde“, verschiedene Teile aus den Beschuldigtenvernehmungen sowie ein Teil des Inhalts der beigezogenen Akte der Abteilung Innere Angelegenheiten des Rates des Kreises Perleberg.

Nach dem Schluß der Beweisaufnahme, die etwa 2 Stunden gedauert hatte, führte die Angeklagte Korth in ihrem Plädoyer aus, daß die Anklage sich bestätigt habe und Jürgen P. mit seiner Handlungsweise den Straftatbestand des § 214 Abs. 1 StGB/DDR objektiv und subjektiv erfüllt habe. Ihr Antrag lautete auf Freiheits-{36}strafe von 1 Jahr und 6 Monaten. Bewährung wurde von ihr nicht beantragt.

Das Strafmaß entsprach den eigenen Vorstellungen der Angeklagten Korth. Es wurde vorher in der Abteilung I a der Bezirksstaatsanwaltschaft und mit dem Leiter der Bezirksstaatsanwaltschaft, dem Zeugen Wolf, abgestimmt.

Nach dem Plädoyer der Angeklagten Korth erklärte Jürgen P. folgendes zu seiner Verteidigung:

„Zu meiner Verteidigung möchte ich sagen, daß Personen, die eine Botschaft besetzen, straffrei ausgehen. Ich habe ein Plakat gemalt und muß eine Freiheitsstrafe hinnehmen. Meine kleine Sache wird für mich ziemlich hart bestraft. Ich hatte meine Tat vorher angekündigt. Man hat mich bei den Behörden lächelnd behandelt. Das hat alles dazu beigetragen, und ich habe so meinen Unwillen darüber zum Ausdruck gebracht, daß ich damit in die Öffentlichkeit gegangen bin. Ich stehe zu meiner Tat, wie ich auch verurteilt werde. Das ändert nichts an meinem Wunsch, dieses Land zu verlassen. Das bestärkt ihn sogar noch.“

In der anschließenden Urteilsberatung erkannten der Angeklagte Eggert und die Schöffen R. und Sch. einstimmig auf die Verurteilung von {37} Jürgen P. in antragsgemäßer Höhe von 1 Jahr und 6 Monaten Freiheitsstrafe – ohne Bewährung – wegen Beeinträchtigung staatlicher Tätigkeit gem. § 214 Abs. 1 StGB/DDR.

Der Zeuge Sch. ist über 25 Jahre lang bis 1987 als Schöffe beim Kreisgericht Schwerin-Stadt tätig gewesen. Nach Abschluß dieses Strafverfahrens gegen Jürgen P. bekam er – unter anderem durch persönliche Erfahrungen in seinem Bekanntenkreis – große Probleme, die Behandlung Ausreisewilliger durch die DDR zu verstehen. Er zog für sich die Konsequenz („ich wählte den Weg des geringsten Widerstandes“) und ließ sich ab 1988 nicht mehr als Schöffe aufstellen, um nicht erneut in einem solchen Strafverfahren wie gegen Jürgen P. mitwirken zu müssen.

Der Zeuge Sch., SED-Mitglied, gehörte beim Kreisgericht Schwerin-Stadt zum Schöffenpaar 1. Der Zeuge R. gehörte als Mitglied einer Blockpartei nicht zum Schöffenpaar 1. Er ist kurzfristig in dem Strafverfahren gegen Jürgen P. anstelle des planmäßig vorgesehenen und verhinderten Schöffen eingesetzt worden.

Nach Abschluß der Urteilsberatung diktierte der Angeklagte Eggert der Zeugin R. das schriftliche Urteil einschließlich Begründung, das zur Urteilsverkündung vollständig vorzuliegen hatte. {38}

In der Hauptverhandlung am 20.02.1986, an der diesmal der Zeuge Rechtsanwalt L. in Untervollmacht von Rechtsanwalt S. zusätzlich teilnahm, verkündete der Angeklagte Eggert das Urteil durch Verlesung der Urteilsformel in öffentlicher Sitzung. Unter Ausschluß der Öffentlichkeit gab er sodann die schriftlichen Urteilsgründe bekannt, die wie folgt lauten:

„Der 31jährige nicht vorbestrafte Angeklagte nahm nach Abschluß der 10. Klasse der POS eine Lehre als Maschinen- und Anlagenmonteur im VEB Hydraulik Schwerin auf, die er im Jahre 1972 beendete. Von April 1973 bis Februar 1974 war er in der Deutschen Seereederei im Bereich Handelsflotte tätig, und nahm nach mehrfachem Wechsel der Arbeitsstellen am 14.11.1977 ein Arbeitsrechtsverhältnis im VEB Nordfrucht ‚Elde‘ Perleberg auf. Von November 1978 bis April 1980 leistete der Angeklagte seinen Ehrendienst bei der NVA und war danach noch bis August 1981 als Zivilangestellter der NVA tätig. Anschließend nahm er wieder eine Arbeit im VEB Nordfrucht auf, wo er anfangs eine gute Arbeit leistete und einsatzbereit in Erscheinung trat. Im Zusammenhang mit seinen Bemühungen zur Übersiedlung in die BRD kam es im Zeitraum Nov./Dez.1984 zu Arbeitspflichtverletzungen des Angeklagten, in deren Folge ein Verweis ausgesprochen wurde. In dieser Zeit lehnte der Angeklagte die Ausführung von Arbeitsaufträgen ab und auch danach {39} verrichtete er die Arbeit teilweise nur widerwillig. An kollektiven Veranstaltungen nahm er nicht teil. Der Angeklagte ist gesellschaftlich nicht organisiert. Der Angeklagte befaßte sich seit etwa 1972 verstärkt mit dem Gedanken in der BRD zu leben. Im Zusammenhang mit seiner Tätigkeit in der Handelsflotte kam er zu der Auffassung, daß seine persönliche Freiheit in der DDR eingeschränkt und seine Reisefreiheit nicht gewährleistet sei.

In dieser Auffassung wurde er durch Sendungen westlicher Massenmedien bestärkt. In den folgenden Jahren informierte er sich vor allem über westliche Massenmedien, über das Leben in der BRD und die Möglichkeiten einer Übersiedlung in dieses Land. Dadurch bildete sich eine immer stärkere ablehnende Haltung gegenüber den gesellschaftlichen Verhältnissen in der DDR heraus, so daß der Angeklagte sich im Jahre 1984 entschloß, einen Antrag auf Übersiedlung in die BRD zu stellen.

Der Angeklagte entschloß sich zu diesem Schritt, obwohl er in gesicherten sozialen und finanziellen Verhältnissen lebte und obwohl ihm mit Unterstützung des Betriebes der Bau eines Eigenheimes ermöglicht war.

Am 8.5.1984 stellte der Angeklagte erstmals für sich und seine Familie einen Antrag auf Übersiedlung in die BRD und reichte diesbezüglich gleichlautende Schreiben an den Rat des Kreises Perleberg, Abt. {40} Inneres, und das Ministerium des Innern. In einer daraufhin durchgeführ-

ten Aussprache am 28.05.1984 wurde dem Angeklagten mitgeteilt, daß sein Antrag aufgrund fehlender gesetzlicher Voraussetzungen abgelehnt wurde. Der Angeklagte stellte am 3.6., 17.7., 25.11.1984 sowie am 16.1. und 18.3.1985 weitere Anträge an den Rat des Bezirkes, das Ministerium des Innern sowie den Rat des Kreises Perleberg. Darüber hinaus ersuchte er den Rechtsanwalt Prof. Dr. Vogel um Hilfe in seiner Angelegenheit und nahm kurzen telefonischen Kontakt zur Ständigen Vertretung der BRD in der DDR auf. Nach der Aussprache am 3.06.1984 wurden sowohl im Betrieb des Angeklagten als auch bei der Abt. Inneres weitere Aussprachen geführt, in denen jeweils die Ablehnung des Antrages bekräftigt wurde. Am 16.04.1985 wurde ihm dann erklärt, daß sein erneuter Antrag geprüft werde und dies eine Zeit in Anspruch nehme. Der Angeklagte beschloß dann, zunächst abzuwarten und keine weiteren Aktivitäten zu entwickeln. Im September 1985 suchte er nochmals die Abt. Innere Angelegenheiten auf und da bis zu diesem Zeitpunkt keine ihm genehme Entscheidung getroffen worden war, entschloß er sich, mit einer öffentlichkeitswirksamen Aktion seinen Unwillen über die Bearbeitung seines Antrages zum Ausdruck zu bringen und durch eine solche Aktion eine positive Entscheidung zu erwirken. Gleichzeitig wollte er auch im Arbeitsbereich auf sich aufmerk-{41}sam machen und seine ablehnende Haltung gegenüber der DDR zum Ausdruck bringen. In diesem Zusammenhang kam es zu den bereits erwähnten mangelhaften Ausführungen der Arbeitsaufträge. Darüber hinaus brachte er an seinem Arbeitsplatz ein Plakat mit der Aufschrift ‚Ich brauche Freiheit‘ an, das mit einem Bild aus einem Konzentrationslager versehen war. Diese Aktivität sollte auch dazu dienen, zu testen, wieweit er in der Konfrontation mit staatlichen Organen gehen kann.
Im September 1985 entschloß sich der Angeklagte mit einem selbstgefertigten Plakat und einem entsprechenden Text in der Öffentlichkeit aufzutreten. Bereits zu diesem Zeitpunkt hatte er sich folgenden Text überlegt: ‚DDR! Deine Grenzen sind für mich kein Friedensbeitrag!‘ Zur Durchsetzung dieser Aktion hatte er bereits die entsprechenden Materialien besorgt und seine Frau in Kenntnis gesetzt. Da diese sich gegenüber einer derartigen Aktivität ablehnend verhielt, und der Angeklagte das Plakat nicht rechtzeitig fertigstellen konnte, konnte er zunächst auch nicht seine Absicht verwirklichen, das Plakat am Nationalfeiertag der DDR am 7.10.1985 in der Öffentlichkeit zu zeigen.
Er erhielt dann Kenntnis davon, daß am 23.11.1985 vor dem Rat des Kreises Perleberg in der Berliner Straße die öffentliche Vereidigung von Angehörigen der Grenztruppen stattfindet. In den frühen Morgenstunden zwischen 8.00 und 9.00 Uhr dieses Ta-{42}ges stellte er in der Garage seines Eigenheimes aus Tapetenresten ein Plakat von der Größe 60 x 80 cm her, befestigte es an zwei Holzstielen und schrieb mit schwarzer Nitrofarbe und dann mit einem schwarzen und grünen Filzstift den bereits vorher festgelegten Text darauf. Gleichzeitig schrieb er einen Abschiedsbrief an seine Ehefrau, da er mit einer eventuellen Inhaftierung rechnete. Der Angeklagte begab sich gegen 10.30 Uhr zum Rat des Kreises und wählte als Standort einen Platz gegenüber der Militärmusikkapelle. Während des Intonierens der Nationalhymne der DDR rollte er das Plakat aus und hielt es ausgestreckt über den Kopf, so daß es von anderen Personen wahrgenommen werden konnte. Die Aktion des Angeklagten wurde durch hinzukommende Personen dann unterbunden. Der Angeklagte hatte die Absicht, mit dieser Aktivität seinen Ausreisewillen zu dokumentieren und die Abt. Inneres unter Druck zu setzen und eine Genehmigung seines Antrages auf Übersiedlung in die BRD zu erzwingen. Der Angeklagte erklärte in der gerichtlichen Hauptverhandlung, daß er sein Handeln nicht als Straftat betrachte und nach wie vor an der Durchsetzung seines Zieles arbeiten werde.
Dieser Sachverhalt ergibt sich aus den Einlassungen des Angeklagten sowie den zum Gegenstand der Beweisaufnahme gemachten Schriftstücken. {43}
Indem der Angeklagte auf die beschriebene Art und Weise und somit in einer die öffentliche Ordnung gefährdenden Weise die Mißachtung der Gesetze der Deutschen Demokratischen Republik bekundete, erfüllte er den Straftatbestand der Beeinträchtigung staatlicher Tätigkeit gem. § 214 Abs. 1 StGB. Die Handlung des Angeklagten ist objektiv geeignet, die staatliche Tätigkeit

zu beeinträchtigen, zumal der Angeklagte durch unzulässige Einflußnahmen versuchte, den Entscheidungsspielraum des staatlichen Organs einzuengen und eine ihm genehme Entscheidung zu erzwingen.
Die Strafzumessung beruht auf § 61 StGB. Dabei war zu beachten, daß der Angeklagte nicht vorbestraft ist und in unserer Republik eine zunächst positive schulische, berufliche und familiäre Entwicklung vollzog. Beeinflußt durch westliche Massenmedien und Kontakte zu Bürgern aus dem kapitalistischen Ausland bildete sich jedoch bei ihm eine zunehmend ablehnende Haltung gegenüber den gesellschaftlichen Verhältnissen in der DDR heraus. Nachdem er zur Durchsetzung seines Übersiedlungswunsches zunächst die gesetzlichen Vorschriften einhielt, ging er aus Unzufriedenheit über die Ablehnung seiner Anträge und die Bearbeitungsweise dann dazu über, sowohl im Betrieb als auch gegenüber dem staatlichen Organ selbst die Konfrontation {44} zu suchen. Letztendlich entschloß er sich eine Straftat zu begehen, die durch eine hohe Tat- und Schuldschwere gekennzeichnet ist. Diese wird vor allem dadurch geprägt, daß der Angeklagte seine Aktivität langfristig plante, zielgerichtet vorbereitete und dann vor einer großen Öffentlichkeit ausführte. Zur Realisierung seines Vorhabens wählte der Angeklagte zunächst mit dem Nationalfeiertag der DDR einen gesellschaftlichen Höhepunkt aus. Da er an diesem Tage die Aktivitäten nicht ausführen konnte, entschloß er sich, mit der Vereidigung von Angehörigen der Grenztruppen einen weiteren gesellschaftlichen Höhepunkt zu nutzen und möglichst öffentlichkeitswirksam aufzutreten. Aus diesem Verhalten wird deutlich, daß der Angeklagte sein Ziel trotz vielfältiger staatlicher und gesellschaftlicher Einflußnahmen über einen längeren Zeitraum verfolgte und es sich keineswegs um eine spontane Entscheidung handelt. Die Straftat des Angeklagten ist dazu angetan, die gesellschaftlichen Verhältnisse in der DDR und die Tätigkeit der staatlichen Organe zu diffamieren. Der Schutz der staatlichen Ordnung und die Sicherung einer ordnungsgemäßen Arbeit der staatlichen Organe machte eine konsequente Reaktion auf diese Straftat erforderlich.
Unter Beachtung aller Umstände, insbesondere der hohen Tat- und Schuldschwere und der nach wie vor bei ihm vorhandenen Uneinsichtigkeit verurteilte das Gericht den Angeklagten daher in Übereinstim-{45}mung mit dem Antrag des Staatsanwaltes zu einer Freiheitsstrafe von einem Jahr und sechs Monaten.
Gemäß § 56 Abs. 1 StGB waren die im Zusammenhang mit der Straftat des Angeklagten beschlagnahmten Gegenstände zu Ziffer 1-10 aus dem Protokoll vom 4.12.1985 einzuziehen, da sie der Realisierung der Straftat dienten.
Die Auslagenentscheidung beruht auf § 362, 364 StPO.

Eggert Sch. R.“

Am 24.02.1986 wurde dem Zeugen Jürgen P. das schriftliche Urteil vom 20.02.1986 gem. §§ 184 Abs. 5, 203 Abs. 3 StPO/DDR zur Kenntnis gegeben.

Einige Monate später – am 03.07.1986 – beantragte die Angeklagte Korth für den Verurteilten Jürgen P. den Vollzug der restlichen Freiheitsstrafe gem. § 349 StPO/DDR zur Bewährung auszusetzen und die Bewährungszeit auf 1 Jahr und 6 Monate zu bemessen. Seine Entlassung aus der Strafvollzugseinrichtung sollte am 09.07.1986 erfolgen. Als Begründung für den Strafaussetzungsantrag wurde angegeben: „Der Strafzweck ist erreicht.“ Der an das Kreisgericht Schwerin-Stadt gerichtete Antrag vom 03.07.1986 war mit einem roten „Z“ gekennzeichnet. Mit dem „Z“ wurde die vorzeitige Entlassung des Verurteilten in die Bundesrepublik {46} Deutschland dokumentiert. Noch am gleichen Tage erließ das Kreisgericht Schwerin-Stadt durch den Zeugen Schwichtenberg den Bewährungsbeschluß, und zwar antragsgemäß.

Die Angeklagten Eggert und Korth wußten, daß politische Straftäter, wie der Zeuge P., nach rechtskräftiger Verurteilung und Teilverbüßung regelmäßig die Bundesrepublik Deutschland abgeschoben wurden.

3. Rechtsverletzungen der Angeklagten im Strafverfahren gegen Jürgen P.

Das Ermittlungs- und Strafverfahren gegen Jürgen P. war maßgeblich beeinflußt von bewußter und gewollter falscher Rechtsanwendung durch die Angeklagten Eggert und Korth.

a) Das Verhalten des Zeugen Jürgen P. bei der öffentlichen Vereidigung von Angehörigen der Grenztruppen der DDR vor dem Rat des Kreises in Perleberg am 23.11.1985 war nach dem Recht der DDR nicht strafbar.

aa) Die von den Angeklagten vorgenommene Anwendung von § 214 Abs. 1 StGB/ DDR ging über dessen Wortlaut hinaus. {47}

§ 214 StGB/DDR (Strafgesetzbuch der DDR – StGB – vom 12.01.1968 in der Neufassung vom 19.12.1974, GBl. I 1975 Nr. 3 S. 14, sowie in der Fassung des 2. Strafrechtsänderungsgesetzes vom 07.04.1977, GBl. I Nr. 10 S. 100, und des 3. Strafrechtsänderungsgesetzes vom 28.06.1979, GBl. I Nr. 17 S. 139) hat folgenden Wortlaut:

„§ 214
Beeinträchtigung staatlicher Tätigkeit und gesellschaftlicher Tätigkeit

(1) Wer die Tätigkeit staatlicher Organe durch Gewalt oder Drohungen beeinträchtigt oder in eine die öffentliche Ordnung gefährdenden Weise eine Mißachtung der Gesetze bekundet oder zur Mißachtung der Gesetze auffordert, wird mit Freiheitsstrafe bis zu 3 Jahren oder mit Verurteilung auf Bewährung, Haftstrafe, Geldstrafe oder mit öffentlichem Tadel bestraft.
(2) Ebenso wird bestraft, wer gegen Bürger wegen ihrer staatlichen oder gesellschaftlichen Tätigkeit oder wegen ihres Eintretens für die öffentliche Ordnung und Sicherheit mit Tätlichkeiten vorgeht oder solche androht.
(3) Wer zusammen mit anderen eine Tat nach den Absätzen 1 oder 2 begeht, wird mit Freiheitsstrafe bis zu 5 Jahren bestraft. {48}
(4) Ist die Tatbeteiligung von untergeordneter Bedeutung, kann der Täter mit Verurteilung auf Bewährung, Haftstrafe oder Geldstrafe bestraft werden.
(5) Der Versuch ist strafbar."

bb) Richtlinien im Sinne von § 39 Abs. 1 GVG/DDR, die verbindlich eine bestimmte Anwendung des § 214 Abs. 1 StGB/DDR regelten, oder zu Bestimmungen der StPO/ DDR, die verbindlich die Verhängung von Untersuchungshaft, die Öffentlichkeit/Nichtöffentlichkeit der Hauptverhandlung und die Aushändigung/Nichtaushändigung von Prozeßdokumenten vorschrieben, gab es nicht. § 39 Abs. 1 bis 3 GVG/DDR (Gesetz vom 27.09.1974 über die Verfassung der Gerichte der DDR – Gerichtsverfassungsgesetz –, GBl. 1974 I Nr. 48 S. 457) hat folgenden Wortlaut:

„§ 39
Stellung und Aufgaben des Plenums

(1) Das Plenum ist das höchste Organ des Obersten Gerichts. Ihm obliegt die Leitung der Rechtsprechung auf der Grundlage der Gesetze und anderer Rechtsvorschriften zur Sicherung ihrer einheitlichen und wirksamen Anwendung. Dazu kann das Plenum Richtlinien erlassen, die für alle Gerichte verbindlich sind. {49}

(2) Den Antrag auf Erlaß von Richtlinien können der Präsident des Obersten Gerichts, der Generalstaatsanwalt, der Minister der Justiz und der Bundesvorstand des FDGB stellen.
(3) Dem Plenum gehören der Präsident, die Vizepräsidenten, Oberrichter und die Richter des Obersten Gerichts, die Direktoren der Bezirksgerichte und die Leiter der Militärobergerichte an. Es wird vom Präsidium einberufen und vom Präsidenten geleitet. Für die kollektive Tätigkeit des Plenums, die Vorbereitung seiner Entscheidungen und deren Durchführung ist jedes Mitglied dem Plenum verantwortlich."

cc) Die Anwendung des § 214 Abs. 1 StGB/DDR durch die Angeklagten verstieß gegen Artikel 99 Abs. 1 der Verfassung der DDR und Artikel 4 StGB/DDR.

Artikel 99 der Verfassung der DDR (Verfassung der DDR vom 06.04.1968 in der Fassung des Gesetzes zur Ergänzung und Änderung der Verfassung der DDR vom 07.10.1974, GBl. 1974 I Nr. 47 S. 432 f.) lautet:

„Artikel 99 {50}
(1) Die strafrechtliche Verantwortlichkeit wird durch die Gesetze der Deutschen Demokratischen Republik bestimmt.
(2) Eine Tat zieht strafrechtliche Verantwortlichkeit nur nach sich, wenn diese zur Zeit der Begehung der Tat gesetzlich festgelegt ist, wenn der Täter schuldhaft gehandelt hat und die Schuld zweifelsfrei nachgewiesen ist. Strafgesetze haben keine rückwirkende Kraft.
(3) Eine strafrechtliche Verfolgung ist nur in Übereinstimmung mit den Strafgesetzen möglich.
(4) Die Rechte des Bürgers dürfen im Zusammenhang mit einem Strafverfahren nur insoweit eingeschränkt werden, wie dies gesetzlich zulässig und unumgänglich ist."

Artikel 4 Abs. 3[7] StGB/DDR hat folgenden Wortlaut:

„Eine Person darf nur in strikter Übereinstimmung mit den Gesetzen strafrechtlich verfolgt werden. Eine Handlung zieht strafrechtliche Verantwortlichkeit nur nach sich, wenn dies zur Zeit ihrer Begehung durch Gesetz vorgesehen ist, der Täter schuldhaft gehandelt hat und die Schuld zweifelsfrei nachgewiesen ist. Die Rückwirkung und die analoge An-{51}wendung von Strafgesetzen zuungunsten des Betroffenen ist unzulässig."

dd) Daneben stellte die Anwendung von § 214 Abs. 1 StGB/DDR auf das Verhalten des Zeugen Jürgen P. einen Verstoß gegen Artikel 4 in Verbindung mit Artikel 27 der Verfassung der DDR dar. Artikel 4 und 27 der Verfassung der DDR haben folgenden Wortlaut:

„Artikel 4
Alle Macht dient dem Wohle des Volkes. Sie sichert sein friedliches Leben, schützt die sozialistische Gesellschaft und gewährleistet die sozialistische Lebensweise der Bürger, die freie Entwicklung des Menschen, wahrt seine Würde und garantiert die in der Verfassung verbürgten Rechte.

Artikel 27
(1) Jeder Bürger der Deutschen Demokratischen Republik hat das Recht, den Grundsätzen dieser Verfassung gemäß seine Meinung frei und öffentlich zu äußern. Dieses Recht wird durch kein Dienst- oder Arbeitsverhältnis beschränkt. Niemand darf benachteiligt werden, wenn er von diesem Recht Gebrauch macht." {52}

b) Die falsche Anwendung des § 214 Abs. 1 StGB/DDR durch die Angeklagten hat das Strafverfahren gegen Jürgen P. in Ergebnis und Ablauf wie folgt beeinflußt:

aa) Die Angeklagte Dolores Korth erhob unter dem 23.01.1986 gegen den Zeugen Jürgen P. Anklage wegen Beeinträchtigung staatlicher Tätigkeit gem. § 214 Abs. 1

StGB/DDR und beantragte unter anderem, den Haftbefehl gegen Jürgen P. aufrechtzuerhalten, statt das Verfahren nach §§ 147 Nr. 1, 148 Abs. 1 StPO/DDR einzustellen und gem. § 133 StPO/DDR die Entlassung des Beschuldigten anzuordnen sowie die Aufhebung des Haftbefehls zu beantragen.

In diesen Bestimmungen der StPO/DDR (Strafprozeßordnung der DDR – StPO – vom 12. Januar 1968 in der Fassung vom 19.12.1974, GBl. 1975 I Nr. 4 S. 61, sowie in der Fassung des 2. Strafrechtsänderungsgesetzes vom 07.04.1977, GBl. 1977 I Nr. 10 S. 100, und des 3. Strafrechtsänderungsgesetzes vom 28.06.1979, GBl. 1979 I Nr. 17 S. 139) heißt es:

„§ 133
Aufhebung des Haftbefehls vor Anklageerhebung {53}
Ist die Anklage noch nicht erhoben, ist der Haftbefehl aufzuheben, wenn der Staatsanwalt es beantragt. Er kann die Entlassung des Beschuldigten schon vor der Entscheidung des Gerichts anordnen.

§ 147
Entscheidung des Staatsanwalts
Der Staatsanwalt kann folgende Entscheidungen treffen:
1. Einstellung des Ermittlungsverfahrens
...

§ 148
Einstellung durch den Staatsanwalt
(1) Der Staatsanwalt kann das Verfahren einstellen, wenn
1. sich die Beschuldigung oder der Verdacht einer Straftat nicht als begründet erwiesen hat;
..." {54}

bb) Der Angeklagte Manfred Eggert stimmte als Vorsitzender für die am 05.02.1986 beschlossene Eröffnung des Hauptverfahrens und die Fortdauer der Untersuchungshaft, statt nach § 192 Abs. 1 StPO/DDR die Eröffnung des Hauptverfahrens abzulehnen und gem. §§ 131 Abs. 1, 132 Abs. 1, 134 StPO/DDR den Haftbefehl aufzuheben.

In diesen Vorschriften der StPO/DDR ist bestimmt:

„§ 131
Haftprüfung
(1) Der Staatsanwalt und nach Einreichung der Anklageschrift auch das Gericht haben jederzeit zu prüfen, ob die Voraussetzungen der Untersuchungshaft noch vorliegen. Das Ergebnis ist zum Zwecke der Nachprüfung aktenkundig zu machen.
...

§ 132
Aufhebung des Haftbefehls
(1) Der Haftbefehl ist aufzuheben, wenn die Voraussetzungen der Untersuchungshaft nicht mehr {55} vorliegen. Er ist insbesondere aufzuheben, wenn der Angeklagte freigesprochen oder wenn das Verfahren nicht nur vorläufig eingestellt wird. Der Verhaftete ist sofort zu entlassen.

§ 134
Zuständiges Gericht
Entscheidungen, die sich auf die Untersuchungshaft beziehen, werden vom Kreisgericht oder vom Prozeßgericht erlassen.

§ 192
(1) Das Gericht hat die Eröffnung des Hauptverfahrens abzulehnen, wenn kein hinreichender Tatverdacht besteht oder wenn die gesetzlichen Voraussetzungen der Strafverfolgung fehlen.
…“

Jeweils auf der getroffenen Entscheidung des Angeklagten Eggert beruhte, daß dem Zeugen Jürgen P. die Anklageschrift, der Eröffnungsbeschluß und das schriftliche Urteil vom 20.02.1986 in Anwendung von §§ 184 Abs. 5, 203 Abs. 3 in Verbindung mit § 211 Abs. 3 StPO/DDR lediglich zur Einsichtnahme übergeben wurden und in der Hauptverhandlung vom 18.02.1986 sowie vor der Begründung des Urteils in der {56} Hauptverhandlung vom 20.02.1986 die Öffentlichkeit gem. § 211 Abs. 3 StPO/DDR ausgeschlossen war. Dies verstieß gegen. §§ 184 Abs. 3, 203 Abs. 2, 211 Abs. 1 StPO/DDR.

In diesen Bestimmungen der StPO/DDR heißt es:

„§ 184
Bekanntmachung der Entscheidungen
…
(3) Urteile sind zu verkünden und zuzustellen.
…
(5) Das Gericht kann anordnen, daß das Urteil dem Angeklagten oder der Beschluß dem Beschuldigten oder dem Angeklagten nicht zuzustellen, sondern zur Kenntnis zu bringen ist, wenn die Voraussetzungen für den Ausschluß der Öffentlichkeit gem. § 211 Abs. 3 vorliegen.

§ 203
Ladung des Angeklagten
…
(2) Die Anklageschrift und der Eröffnungsbeschluß müssen spätestens mit der Ladung zur Hauptverhandlung zugestellt werden. Die Abschrift eines Schadensersatzantrages kann auch nach der Ladung {57} zur Hauptverhandlung wirksam zugestellt werden, wenn hierbei die Ladungsfrist gewahrt wird.
(3) Dem Angeklagten sind die Anklageschrift und der Eröffnungsbeschluß lediglich zur Kenntnis zu bringen, wenn die Voraussetzungen für den Ausschluß der Öffentlichkeit gem. § 211 Abs. 3 vorliegen.

§ 211
Öffentlichkeit und Ausschluß der Öffentlichkeit
(1) Die Hauptverhandlung wird öffentlich durchgeführt
…
(3) Das Gericht kann weiterhin die Öffentlichkeit ausschließen, wenn die öffentliche Verhandlung die Sicherheit des Staates gefährden würde oder wenn es die Notwendigkeit der Geheimhaltung erfordert.“

Der Angeklagte Eggert stimmte als Vorsitzender in der Beratung zum Urteil vom 20.02.1986 für die Verurteilung von Jürgen P. wegen Beeinträchtigung staatlicher Tätigkeit gem. § 214 Abs. 1 StGB/DDR. {58}

c) Unabhängig von der falschen Anwendung des § 214 Abs. 1 StGB/DDR stimmte der Angeklagte Eggert bei der Urteilsberatung für eine nach § 61 StGB/DDR unangemessen hohe Strafe. § 61 StGB/DDR hat folgenden Wortlaut:

„(1) Bei der Strafzumessung hat das Gericht die Grundsätze der sozialistischen Gerechtigkeit zu verwirklichen.

(2) Art und Maß der Strafe sind innerhalb des gesetzlichen Strafrahmens und der Berücksichtigung der objektiven und subjektiven Umstände der Tat, die Art und Weise ihrer Begehung, ihrer Folgen, der Art und Schwere der Schuld des Täters, zu bestimmen. Dabei sind auch die Persönlichkeit des Täters, sein gesellschaftliches Verhalten vor und nach der Tat und die Ursachen und Bedingungen der Tat zu berücksichtigen, soweit diese über die Schwere der Tat und die Fähigkeit und Bereitschaft des Täters Aufschluß geben, künftig seiner Verantwortung gegenüber der sozialistischen Gesellschaft nachzukommen. Es ist insbesondere zu prüfen, inwieweit der Täter aus bereits erfolgten Bestrafungen richtige Lehren gezogen hat. Bei der Festsetzung der Strafe hat das Gericht sowohl die zugunsten als auch die zuungunsten des Täters vorliegenden Umständen allseitig zu würdigen. {59}

(3) Legt das verletzte Gesetz fest, daß bestimmte Umstände die strafrechtliche Verantwortung begründen, mindern oder erhöhen, darf das Vorliegen eines solchen Umstandes nicht noch strafmildernd oder straferschwerend berücksichtigt werden.

(4) Geht das Gesetz davon aus, daß bestimmte Umstände die strafrechtliche Verantwortlichkeit mindern, so ist dies bei der Strafzumessung innerhalb des Strafrahmens des verletzten Gesetzes zu berücksichtigen."

d) Beide Angeklagten besaßen bei ihrer Befassung mit dem Strafverfahren gegen Jürgen P. das sichere Wissen, daß sein Verhalten bei der Vereidigung von Angehörigen der Grenztruppen der DDR in Perleberg am 23.11.1985 nach dem Recht der DDR nicht strafbar war und die von ihnen vorgenommene Anwendung des § 214 Abs. 1 StGB/DDR sowohl gegen Artikel 99 der Verfassung der DDR und Artikel 4 Abs. 3 StGB/DDR wie gegen Artikel 4 in Verbindung mit Artikel 27 Abs. 1 der Verfassung der DDR verstieß. Trotz dieses Wissens und mit Willen entschieden sie sich dafür, § 214 Abs. 1 StGB/DDR anzuwenden und ihr Verhalten an Kriterien politischer Zweckmäßigkeit auszurichten.

Der Angeklagte Eggert wußte, daß die von ihm getroffenen verfahrensleitenden Entscheidungen – Nichtaushändigung der Prozeßdokumente/Ausschluß der Öffentlichkeit – gegen die StPO/DDR {60} verstießen, da der Zeuge Jürgen P. keinen Straftatbestand erfüllt hatte.

Der Angeklagte Eggert führte wissentlich und willentlich bei der Urteilsberatung eine unangemessene hohe Verurteilung des Jürgen P. herbei. Die Angeklagte Korth wirkte bewußt und gewollt durch die Stellung des Strafantrages in der Hauptverhandlung auf die Verurteilung hin.

Ob die Meinungsbildung des Angeklagten Eggert hinsichtlich der Strafhöhe durch den Antrag der Angeklagten Korth beeinflußt worden ist oder ob der Angeklagte Eggert sich bereits zuvor dazu entschieden hatte, für eine Freiheitsstrafe von 1 Jahr und 6 Monaten zu stimmen, konnte nicht mit letzter Sicherheit festgestellt werden. Ebenso konnte nicht mit letzter Sicherheit festgestellt werden, ob der Angeklagte Eggert schon vor Beginn des Strafverfahrens gegen Jürgen P. sich entschlossen hatte, an der strafrechtlichen Verfolgung von sogenannten politischen Straftätern nach § 214 Abs. 1 StGB/DDR in Fällen wie dem des Zeugen Jürgen P. wie geschehen auch dann mitzuwirken, wenn der Tatbestand dieser Norm nicht erfüllt und der betreffende Angeklagte sich auch sonst nicht strafbar gemacht hatte.

Beiden Angeklagten war bekannt, daß es keine Rechtsvorschriften der DDR gab, die die Frage der Übersiedlung aus der DDR in nichtsozialistische Staaten regelte. {61}

4. Reaktion staatlicher Instanzen auf Ausreisewillige

Die Behandlung von Ausreisewilligen in der ehemaligen DDR und das damit im Zusammenhang stehende Verhalten des Zeugen P. am 23.11.1985 in Perleberg entsprach der damals geübten Praxis in einer Vielzahl vergleichbarer Falle:

a) Auf der Ebene der Abteilungen Innere Angelegenheiten der Rate der Kreise bestand Mitte der 80er Jahre die Hauptaufgabe der zuständigen Mitarbeiter in der Befassung mit Ausreisewilligen. So lagen beispielsweise allein dem Zeugen S. – damals Stellvertreter des Vorsitzenden für Inneres beim Rat des Kreises Perleberg – im Jahre 1985 Anträge von über 200 Ausreisewilligen vor.

Mit der Antragstellung wurde in jedem Einzelfall ein sogenannter Prozeß der Zurückdrängung des Antrages auf allen Ebenen organisiert (MfS, Deutsche Volkspolizei, Kreispartei- und Gewerkschaftsleitung, Betrieb, Rat des Bezirkes). Einher ging damit auf der Ebene der Abteilung Innere Angelegenheiten des Rates des Kreises die jeweilige mündliche Ablehnung des Ausreiseantrages mit der Argumentation, eine Antragsberechtigung – Recht auf Ausreise – bestehe nicht. Auf Menschenrechte könne sich niemand berufen, da die DDR sich als souveräner Staat ihre eigenen Gesetze verbindlich für alle {62} Staatsbürger schaffe. Ein Recht auf „ständige Ausreise" sei für die DDR-Bürger nicht gegeben.

Gleichzeitig wurden die Antragsteller in den Aussprachen beim Rat des Kreises dahingehend belehrt, sich im Rahmen der Gesetzlichkeit zu verhalten, da demonstrative (= öffentliche) Handlungen eine strafrechtliche Verfolgung nach sich ziehen wurden.

Nach behördeninterner Weisung gab es keine schriftlichen Ablehnungen für Antragsteller.

Gesetzliche Kriterien für die Genehmigung der gestellten Anträge auf „ständige Ausreise" waren nicht fixiert. Weder ein Ausreisewilliger noch die Mitarbeiter der Abteilung Innere Angelegenheiten des Rates des Kreises selbst konnten den Erfolg der Ausreiseanträge, über die in jedem Einzelfall allein durch das Innenministerium der DDR entschieden wurde, vorhersehen. Die zentrale Entscheidungspraxis verlief offensichtlich je nach politischer Opportunität.

Auf Kreisebene befaßte sich eine sogenannte Koordinierungsgruppe mit jedem Einzelfall, die unter anderem nach außen wirksame Maßnahmen intern abstimmte und gegenüber dem Innenministerium der DDR über den Vorsitzenden des Rates des Bezirkes Empfehlungen bezüglich der Behandlung von Ausreisewilligen aussprach. {63}

Maßnahmen nach außen waren insbesondere Aussprachen in den Betrieben mit dem Ziel der Rücknahme der Ausreiseanträge, arbeitsrechtliche Maßnahmen (Kündigungen, Versetzungen, Exmatrikulationen an Universitäten etc.), gegebenenfalls Ausstellung von Sonderausweisen und eigene operative Maßnahmen durch das MfS.

Monatlich erfolgten Sicherheitsberatungen (Erfassung der „Quote der Rückdrängungen"). Soweit das Innenministerium der DDR einen positiven Entscheid gefällt hatte und die sogenannte Auflassung erteilte, setzte die Abteilung Innere Angelegenheiten beim Rat des Kreises diese unverzüglich um.

In den Aussprachen mit den Ausreisewilligen durften die Mitarbeiter der Abteilungen Innere Angelegenheiten nicht offenlegen, daß die alleinige Entscheidungsbefugnis in jedem Fall beim Innenministerium der DDR lag.

Spätestens Mitte der 80er Jahre war bei den Mitarbeitern der Abteilung Innere Angelegenheiten des Rates des Kreises der Freikauf politischer Häftlinge aus der DDR durch die Bundesrepublik Deutschland bzw. die Abschiebung politischer Häftlinge in die Bundesrepublik Deutschland kein Geheimnis mehr. Es wurde auch in den Aussprachen von den Ausreisewilligen thematisiert.

b) Wenn ein Ausreisewilliger in der Öffentlichkeit auf sein Begehren aufmerksam machte, erfolgte {64} regelmäßig seine Festnahme, Erlaß eines Haftbefehls und Vollzug der Untersuchungshaft. Die Ermittlungen wegen Verstoßes gegen § 214 Abs. 1 StGB/DDR wurden vom MfS als staatliches Untersuchungsorgan vorgenommen und führten regelmäßig zur Vorlage der Akten bei der Abteilung I a des Staatsanwaltes des Bezirkes. Dort wurde das System der Sofortmeldung in Gang gesetzt. Das Ministerium der Justiz der DDR erhielt über den Staatsanwalt des Bezirkes und den Generalstaatsanwalt der DDR von dem Strafverfahren gegen einen Ausreisewilligen Kenntnis.

Der Leiter der Abteilung I a der Bezirksstaatsanwaltschaft bestimmte für diese Fälle den zuständigen Sachbearbeiter im Einzelfall. Dieser Sachbearbeiter entwickelte Entscheidungsvorschläge, die in der Abteilung abgestimmt und dem Leiter der Bezirksstaatsanwaltschaft zur Genehmigung vorgelegt wurden.

Anklageerhebung erfolgte bei dem Gericht, in dessen Bezirk sich der Beschuldigte in Untersuchungshaft befand (§ 170 Abs. 3 StPO/DDR). Die begleitenden Anträge in der Anklageschrift lauteten regelmäßig auf Eröffnung des Hauptverfahrens, Aufrechterhaltung des Haftbefehls, dem Beschuldigten die Prozeßdokumente gem. § 203 Abs. 3 StPO/DDR lediglich zur Kenntnis zu geben, und die Verhandlung gem. § 211 Abs. 3 StPO/DDR unter Ausschluß der Öffentlichkeit durchzuführen.

In der Hauptverhandlung wurden regelmäßig Freiheitsstrafen ohne Bewährung beantragt, es sei {65} denn, der Angeklagte zog noch in der Hauptverhandlung seinen Ausreiseantrag zurück.

Nach Teilverbüßung erfolgten die sogenannten „Z-Entlassungen" in die Bundesrepublik Deutschland. Dabei teilte der Generalstaatsanwalt der DDR dem Staatsanwalt des Bezirkes [den] Namen des zu Entlassenden nebst Entlassungsdaten mit. Die entsprechenden Anträge auf Strafaussetzung zur Bewährung waren mit einem „Z" gekennzeichnet und enthielten als Begründung den Satz: „Der Strafzweck ist erreicht." Führungsberichte über die zu Entlassenden wurden nicht angefordert.

Der entsprechende Bewährungsbeschluß wurde jeweils antragsgemäß vom Kreisgericht erlassen und der Verurteilte danach in die Bundesrepublik Deutschland abgeschoben.

Anschließend erhielt der Staatsanwalt des Bezirkes eine Entlassungsmitteilung, auf der die jeweilige Abschiebung in die Bundesrepublik Deutschland vermerkt war.

Das System der „Z-Entlassungen", d.h. die Praxis, daß nach rechtskräftiger Verurteilung und Teilverbüßung politische Häftlinge regelmäßig unter Einschaltung des Zeugen Rechtsanwalt Vogel in die Bundesrepublik Deutschland abgeschoben wurden, war in der DDR allgemein bekannt. Der Zeuge Rechtsanwalt Vogel galt in Kreisen Ausreisewilliger als Hoffnungsträger. Inwieweit dabei auch die Kenntnis darüber – überwiegend über Westmedien – allgemein vorhanden war, daß die politischen Häftlinge von der {66} Bundesrepublik Deutschland freigekauft wurden, konnte abschließend nicht geklärt werden.

c) Der Direktor des Kreisgerichts hat die Anklagen der Bezirksstaatsanwaltschaft nach dem 8. Kapitel/2. Abschnitt des StGB/DDR (Straftaten gegen die staatliche und öffentliche Ordnung) außerhalb der regulären Geschäftsverteilung einem besonders ausgewählten Strafrichter direkt zur Bearbeitung zugeordnet. Der Umgang mit diesen Akten war streng reglementiert (Weitergabe von Hand zu Hand, Aufbewahrung im Panzerschrank oder im Richterzimmer, Akteneinsicht nur beim Richter oder in besonderen Räumen). Es wurde auch hier das System der Sofortmeldung in Gang gesetzt. Der Präsident des Obersten Gerichts erhielt über den Direktor des Kreisgerichts und den Direktor des Bezirksgerichts von der anhängigen Strafsache gegen einen Ausreisewilligen Kenntnis.

Entsprechend dem Antrag der Staatsanwaltschaft wurde die Anklage dem Angeklagten nicht ausgehändigt, sondern lediglich zur Kenntnisnahme vorgelegt.

Nach dem Beschluß über die Eröffnung des Hauptverfahrens und der Aufrechterhaltung des Haftbefehls erfolgte in den Verfahren nach dem 8. Kapitel/2. Abschnitt des StGB/DDR eine Schöffenauswahl dahingehend, daß regelmäßig nur das sogenannte Schöffenpaar 1, ausgewählt aus SED-Mitgliedern, eingesetzt wurde. {67}

Die Hauptverhandlung wurde nichtöffentlich durchgeführt.

Die Urteile gegen Ausreisewillige wurden durch die Strafkammern der Kreisgerichte entsprechend den Anträgen der Staatsanwaltschaft gefällt und lauteten regelmäßig auf Freiheitsstrafen ohne Bewährung, und zwar von 6 Monaten bis zu 2 Jahren. Bei Rücknahme des Ausreiseantrages durch den Angeklagten wurde regelmäßig – bei entsprechendem Antrag der Staatsanwaltschaft – eine Freiheitsstrafe mit Bewährung verhängt.

Diese Strafpraxis entsprach der Rechtsprechung der Rechtsmittelsenate der Bezirksgerichte und des Obersten Gerichts der DDR zu § 214 Abs. 1 StGB/DDR.

Das schriftliche Urteil wurde dem Verurteilten sodann nicht ausgehändigt, sondern lediglich zur Einsichtnahme übermittelt.

Nach Teilverbüßung der Strafen erließ das Kreisgericht antragsgemäß die von der Bezirksstaatsanwaltschaft beantragten Bewährungsbeschlüsse zur Durchführung der „Z-Entlassungen“, ohne einen Führungsbericht einzuholen.

d) Wie erwähnt war unter Ausreisewilligen und über westliche Massenmedien bekannt, daß nach Teilverbüßungen die Abschiebung politischer Häftlinge in die Bundesrepublik Deutschland er-{68}folgte. Diese Handhabung von Abschiebungen war den Direktoren der mit politischen Strafverfahren befaßten Gerichte und den Leitern der Staatsanwaltschaften ebenso bekannt wie auch den mit politischen Strafsachen betrauten Richtern und Staatsanwälten, wozu auch die Angeklagten zählten.

Die Rechtsanwälte, die in Untervollmacht für den Zeugen Rechtsanwalt Vogel vor Ort auftraten, haben den verurteilten Ausreisewilligen regelmäßig nach Urteilsverkündung zum Rechtsmittelverzicht geraten, um ihre Ausreise in die Bundesrepublik Deutschland zu beschleunigen.

Auf politischer Ebene hatte sich zwischen den Regierungen der ehemaligen DDR und der Bundesrepublik Deutschland etwa seit Anfang der 60er Jahre eine ständige Übung dahingehend eingespielt, daß rechtskräftig verurteilte politische Häftlinge unter Einschaltung des Zeugen Rechtsanwalt Vogel gegen Devisen oder geldwerte Leistungen aus der DDR in die Bundesrepublik Deutschland abgeschoben wurden (sogenannte Freikaufpraxis). Einschließlich Agentenaustausch und in Fällen der Familienzusammenführung (Übersiedlungen) wurden bis zum Jahre 1990 von der Bundesrepublik Deutschland insgesamt rund 3,4 Milliarden DM für ca. 300.000 Menschen, die ausreisen durften, an die DDR gezahlt. {69}

e) Für die staatlichen Entscheidungsträger der ehemaligen DDR nahmen Mitte der 80er Jahre die Probleme mit Ausreisewilligen sowohl hinsichtlich der Anzahl als auch ihres öffentlichkeitswirksamen Auftretens immer mehr zu. Als Reaktion darauf wurde das unter II.4.a) bis c) dargestellte repressive System noch perfektioniert. Die Sicherheitsdoktrin der SED, die sich in diesen Maßnahmen widerspiegelte, wurde konsequent durchgesetzt durch das MfS. Das MfS führte in jedem Einzelfall bei der repressiven Behandlung von Ausreisewilligen die Regie.

5. *Ideologische Ausrichtung der Justiz*

Die Entscheidungen in politischen Strafsachen in der DDR wurden von der SED gelenkt. Die Justiz – Gerichte und Staatsanwaltschaften – hat den geäußerten politisch-ideologischen Willen der SED mitgetragen und willfährig umgesetzt. Letztlich bestimmte die SED damit die Rechtsprechung in politischen Strafsachen.

a) Nur dem Wortlaut nach gewährte Art. 96 der Verfassung der DDR[8] den Richtern die Unabhängigkeit in der Rechtsprechung.

Ein Prüfungsrecht der Richter hinsichtlich verfassungsgemäß verkündeter Gesetze war nicht vorgesehen. Art. 89 Abs. 3 Satz 2 der Verfas-{70}sung der DDR[9] bestimmte, daß über Zweifel an der Verfassungsgemäßheit von Gesetzen die Volkskammer zu entscheiden hatte.

Nach § 20 GVG/DDR[10] wurde die Rechtsprechung vom Obersten Gericht der DDR zentralistisch geleitet, das seinerseits der Volkskammer bzw. dem Staatsrat verantwortlich und rechenschaftspflichtig war (§ 36 Abs. 2 GVG/DDR).

Die Richter wurden von den örtlichen Volksvertretungen gewählt, sie konnten von ihnen abberufen werden und waren ihnen gegenüber verpflichtet, „Bericht über die Erfüllung ihrer Pflichten zur Durchsetzung der sozialistischen Gesetzlichkeit zu erstatten" (§§ 17 Abs. 2, 53 GVG/DDR). Den Direktoren der Gerichte war die Zusammenarbeit mit den Staatsorganen, insbesondere mit den Sicherheitsorganen – unter anderem mit dem MfS – auferlegt (§§ 26, 34 GVG/DDR).

b) In Artikel 98 der Verfassung der DDR wird geregelt, daß die Staatsanwaltschaft vom Generalstaatsanwalt geleitet wird, welchem unter anderem die Staatsanwälte der Bezirke und Kreise unterstehen.

Die Staatsanwälte werden vom Generalstaatsanwalt berufen und abberufen, sie sind ihm verantwortlich und an seine Weisungen gebunden. Der Generalstaatsanwalt ist der Volkskammer und zwischen ihren Tagungen dem Staatsrat verantwortlich. {71}

Die Tätigkeit der Staatsanwaltschaft erfährt im Staatsanwaltschaftsgesetz (StAG) eine eingehende Regelung.

Nach § 1 Abs. 1 StAG/DDR war die Staatsanwaltschaft ein zentrales Organ der einheitlichen sozialistischen Staatsmacht und auf die Verwirklichung der Beschlüsse der SED als Partei- und Arbeiterklasse festgelegt. Staatsanwalt konnte nur sein, wer der Arbeiterklasse und dem sozialistischen Staat treu ergeben war (§ 35 Abs. 1 StAG/DDR).

Der Staatsanwalt war in seiner Tätigkeit an die Verfassung, die Gesetze und anderen Rechtsvorschriften der DDR gebunden (§ 36 Abs. 1 StAG/DDR). Er war verpflichtet, in seiner Tätigkeit die sozialistische Gesetzlichkeit zu verwirklichen sowie Gerechtigkeit und Unvoreingenommenheit gegenüber jedermann zu wahren (§ 36 Abs. 2 StAG/DDR).

Die Staatsanwaltschaft in der DDR war zum einen weisungsgebundene Behörde, zum anderen aber auch „Herrin" des Ermittlungsverfahrens.

Dementsprechend wird in § 13 Abs. 1 StPO/DDR ausgeführt, daß die Staatsanwälte die Aufsicht über die Ermittlungen der Untersuchungsorgane – unter anderem des MfS – und den Vollzug der Untersuchungshaft auszuüben haben.

c) In dem Ermittlungs- und Strafverfahren gegen Jürgen P. sind direkte Eingriffe – sei es {72} von Seiten der SED, sei es von Seiten des MfS – auf die handelnden Staatsanwälte und Richter nicht erfolgt.

Solche direkten Eingriffe bei der strafrechtlichen Behandlung Ausreisewilliger bedurfte es Mitte der 80er Jahre auch nicht. Denn durch das vorhandene System von Auswahl und Kontrolle der Richter und Staatsanwälte war bereits sichergestellt, daß nur der Linie der SED entsprechende Entscheidungen gefällt wurden. So wurde beispielsweise zu Wahlvorschlägen von Richtern und Einstellungen von Staatsanwälten die Zustimmung der SED eingeholt und deren politische Zuverlässigkeit im weiteren über die Betriebsparteiorganisation der SED sichergestellt.

Jedem Richter in der DDR war klar, daß er – insbesondere in politischen Strafsachen – nicht von den Anträgen der Staatsanwaltschaft abweichen konnte, ohne sich der Maßregelung bis hin zu beruflichen Konsequenzen auszusetzen, und er fällte daher regelmäßig antragsgemäße Urteile.

Eine Unabhängigkeit der Richter, wie sie in der Verfassung der DDR garantiert wurde, bestand in der Rechtswirklichkeit nicht. Auch die Staatsanwälte waren ebenso wie die Richter politisch-ideologisch ausgerichtet. Sie bewegten sich in einem engmaschigen Geflecht von Weisungen, Verordnungen und Direktiven. Bereits darin liegt die Grundlage, daß ein faires Verfahren gar nicht stattfinden konnte. {73}

III. Beweiswürdigung

1. Feststellungen zur Person

a) Der Angeklagte Eggert hat seine Angaben zur Person gemäß § 111 OWiG beschränkt. Die weiteren Feststellungen zu seinen persönlichen Verhältnissen beruhen auf folgenden Beweismitteln:

Hinsichtlich seiner persönlichen Lebensdaten stützt sich die Kammer auf den Inhalt des verlesenen handschriftlichen Lebenslaufes vom 15.05.1990, des ausgefüllten Personalbogens vom 25.10.1983 und des Schreibens des Angeklagten vom 06.09.1991 an den Minister für Justiz, Bundes- und Europaangelegenheiten des Landes Mecklenburg-Vorpommerns.

Jeweils teilweise bestätigt bzw. ergänzt zur Einschätzung seiner beruflichen Qualifikation werden diese Daten durch die Bekundungen der Zeugen R., Schwichtenberg, Dr. H., I. und M., an deren Glaubwürdigkeit insoweit keine Bedenken bestehen. {74}

Die Feststellungen zur beruflichen Perspektive des Angeklagten beruhen auf den Bekundungen der Zeugin F., an deren Glaubwürdigkeit Zweifel ebenfalls nicht bestehen.

Die Feststellungen zur Tätigkeit als Inoffizieller Mitarbeiter stützt die Kammer auf den Inhalt der verlesenen handschriftlichen Verpflichtungserklärung vom 17.09.1974, des handschriftlichen Lebenslaufes und der handschriftlichen „Einschätzungen". Hinsichtlich der Dauer dieser Tätigkeit von September 1974 bis März 1976 und deren allgemeine Umschreibung stützt sich die Kammer auf den Inhalt der Auskunft des Sonderbeauftragten der Bundesregierung für die personenbezogenen Unterlagen des ehemaligen Staatssicherheitsdienstes vom 21.02.1991, die auf Vorhalt durch die glaubwürdige Zeugin S. bestätigt worden ist.

Die Feststellungen zum Verhalten des Angeklagten während und nach der Wendezeit gegenüber dem Minister für Justiz, Bundes- und Europaangelegenheiten des Landes Mecklenburg-Vorpommern beruhen auf dem Inhalt seines verlesenen Schreibens an den Justizminister vom 06.09.1991 sowie der ebenfalls verlesenen Erklärung vom 11.10.1990 und des verlesenen Schreibens an den Minister für Justiz, Bundes- und Europaangelegenheiten des Landes {75} Mecklenburg-Vorpommern vom 29.10.1991.

Die Feststellungen zum Werdegang des Angeklagten nach seinem Ausscheiden aus dem richterlichen Dienst und die familiären Verhältnisse beruhen auf den Bekundungen des Zeugen S., an dessen Glaubwürdigkeit keinerlei Zweifel bestehen.

b) Die Feststellungen zur Person der Angeklagten Korth beruhen auf ihren eigenen glaubhaften Angaben sowie – hinsichtlich ihrer beruflichen Qualifikation – auf den insoweit glaubhaften Bekundungen des Zeugen Dr. Wolf.

2. *Einlassung der Angeklagten Korth*

a) Während der Angeklagte Eggert sich nicht zur Sache eingelassen hat, beruft sich die Angeklagte Korth im wesentlichen darauf, daß sie sich bei ihrer Tätigkeit als Staatsanwältin an die in der ehemaligen DDR geltende Gesetzeslage gehalten habe. Sie habe das Recht immer so angewandt, wie sie nach ihrer Überzeugung dazu verpflichtet gewesen sei, das damalige Recht anzuwenden. {76}

Im einzelnen hat sie sich dazu wie folgt eingelassen:

Sie sei etwa Mitte Dezember 1985 von ihrem Abteilungsleiter bei der Bezirksstaatsanwaltschaft Schwerin zu der Bearbeitung der Strafsache gegen P. bestimmt worden, habe den Ermittlungsvorgang sodann durchgearbeitet und in diesem Zusammenhang den Straftatbestand des § 214 Abs. 1 StGB/DDR geprüft.

Bei Rechtsprüfungen habe sie regelmäßig die Kommentierung, Rechtsprechung sowie Orientierungen zur Strafverfolgung bestimmter Straftaten sowie Gemeinsame Standpunkte des Obersten Gerichts und der Generalstaatsanwaltschaft der DDR herangezogen.

Die rechtliche Bewertung des Verhaltens von Jürgen P. basiere auf den „Gemeinsamen Standpunkten zu einigen Problemen der rechtlichen Beurteilung … von Straftaten gegen die staatliche und öffentliche Ordnung" vom 17.10.1980 und der „Orientierung zur Strafverfolgung bestimmter Straftaten gegen die staatliche und öffentliche Ordnung" aus dem Januar 1985.

Sie war damals von der Strafbarkeit des ehemaligen Angeklagten und jetzigen Zeugen P. überzeugt gewesen. Dieser sei nicht wegen seiner Meinungsäußerung: „DDR! Deine Grenzen sind für mich kein Friedensbeitrag!" angeklagt worden, sondern er habe versucht, staatliche Organe zu veranlassen, eine ihm genehme Übersied-{77}lungsentscheidung zu fällen. Er habe auf die Abteilung für Innere Angelegenheiten des Rates des Kreises Perleberg Druck ausüben wollen, was nach den Gesetzen der DDR widerrechtlich gewesen sei.

Eine Mißachtung der Gesetze liege vor, weil er sich mit den Entscheidungen der staatlichen Organe zu seinen Übersiedlungsanträgen nicht zufriedengegeben habe. Schutzgut der Norm sei gewesen, daß der Staat nicht erpreßbar sei.

Gesetze und Regelungen zur ständigen Ausreise aus der DDR hätten vorgelegen, so auch das „Gesetz über die Staatsbürgerschaft der DDR – Staatsbürgerschaftsgesetz – vom 20.02.1967“ (GBl. Teil I. Nr. 2 Seite 3 ff.). Diese gesetzlichen Bestimmungen habe der Zeuge P. zu akzeptieren gehabt.

Außerdem sei sie von der beantragten Strafhöhe – 1 Jahr [und] 6 Monate Freiheitsstrafe ohne Bewährung – überzeugt gewesen. Der Strafantrag habe der „Einheitlichkeit der Rechtsprechung“ und der Durchsetzung der Strafpolitik der ehemaligen DDR entsprochen.

Sie habe bei allem auftragsgemäß gehandelt und die Rechtsauffassungen des Staatsanwaltes des Bezirkes vertreten. Abstimmungen, ob Anklage zu erheben bzw. welche Strafe im Verfahren zu beantragen sei, seien vorher erfolgt. Entscheidungsvorschläge aus der Abteilung I a seien mit dem Leiter der Bezirksstaatsanwaltschaft abge-{78}-stimmt worden. Widersprüche zu ihrer eigenen Auffassung seien nicht vorhanden gewesen.

Nach behördlicher Abstimmung habe sie den Auftrag erhalten, die Anklage gegen Jürgen P. zu fertigen und diese im Strafverfahren zu vertreten. Die Anträge in der Anklageschrift – Eröffnung des Hauptverfahrens, Aufrechterhaltung des Haftbefehls, Ausschluß der Öffentlichkeit, Bekanntgabe von Prozeßdokumenten – seien nach der damaligen Gesetzeslage gerechtfertigt gewesen und hatten dem Sicherheitsbedürfnis der DDR entsprochen.

Von Abschiebungen bzw. Freikäufen politischer Häftlinge durch die Bundesrepublik Deutschland habe sie damals keine Kenntnis gehabt. Sie habe auch nicht gewußt, daß bei Verurteilungen gemäß § 214 Abs. 1 StGB/DDR regelmäßig nach Teilverbüßung die Abschiebung in die Bundesrepublik Deutschland bzw. der Freikauf erfolgt sei.

Den Antrag auf Strafaussetzung auf Bewährung vom 03.07.1986 bezüglich P. habe sie auf Anweisung des Generalstaatsanwaltes der DDR gestellt. Der Zeitpunkt der vorgesehenen Entlassung – 09.07.1986 – sei in der Anweisung enthalten gewesen. Das „Z“ auf dem Strafaussetzungsantrag stamme von ihr. Es bedeute, daß eine „Zentrale Entlassung“ des Verurteilten durch den Generalstaatsanwalt der DDR erfolge. Bei „Z-Entlassungen“ seien Führungsberichte nicht üblich gewesen. Nach antragsgemäßem Erlaß des Bewährungsbeschlusses des Kreisgerichts Schwerin-Stadt sei die Sache durch den General-{79}staatsanwalt der DDR weiterbearbeitet worden. Näheres dazu sei ihr nicht bekannt.

Auch die Mandatsübernahme von Rechtsanwalt Vogel bei Ausreisewilligen in Strafverfahren sei für sie ein „normaler Vorgang“ gewesen. Sie habe dem keine besondere Bedeutung beigemessen. Von Abschiebungen bzw. Freikäufen der Verurteilten nach Teilverbüßung in die Bundesrepublik Deutschland habe sie – wie gesagt – Kenntnis nicht gehabt.

b) Soweit die Kammer von der Einlassung der Angeklagten abweichende Feststellungen getroffen hat, beruht dies im Einzelfall auf den nachstehenden Erwägungen, die sowohl die Angeklagte Korth als auch den Angeklagten Eggert der festgestellten Taten überführen.

3. Feststellungen zur Sache

a) [Aussage des Zeugen P.]

Die Feststellungen zu Ziffer II.1. – Einzelfall Jürgen P. – beruhen im wesentlichen auf den glaubhaften Bekundungen des ehemaligen Angeklagten und jetzigen Zeugen Jürgen P.

Der Zeuge P. hat an zwei Verhandlungstagen in ruhiger und sachlicher Art seinen Lebensweg geschildert und dabei an keiner Stelle erkennen lassen, daß er gegen die Angeklagten Eggert und Korth in irgendeiner Weise Rachegefühle habe. Er hat lediglich darauf hingewiesen, daß ihm {80} das Plädoyer nebst der Höhe der beantragten Freiheitsstrafe von einem Jahr und sechs Monaten ohne Bewährung der damaligen Staatsanwältin und jetzigen Angeklagten Korth emotional sehr betroffen gemacht habe. Das habe er „von einer Frau, die doch Gefühle habe" nicht erwartet.

Die Erinnerung an das Strafverfahren und die damit verbundene Inhaftierung ist dem Zeugen P. sichtlich nicht leicht gefallen. Um so beeindruckender hat es auf die Kammer gewirkt, wie sich dennoch unter Vorhalt konkreter Daten und Urkunden – beispielsweise des von ihm formulierten Abschiedsbriefes – seine Schilderungen nach und nach immer dichter gestalteten. Er hat auf abschnittsweisen Vorhalt des Hauptverhandlungsprotokolls vom 18.02.1986 bestätigt, daß sinngemäß richtig protokolliert worden sei, wobei die Kammer nicht verkannt hat, daß die Ereignisse sieben Jahre zurückliegen.

Der Zeuge P. hat seine Aussage insgesamt ohne Pathos gemacht und damit für die Kammer um so eindrucksvoller gezeigt, welchen Leidensweg er durch die Verfolgung, Verurteilung und Inhaftierung in der DDR durchlaufen hat. Er hat in diesem Zusammenhang wörtlich bekundet, daß er in diesem Lebensabschnitt „ganz schön Nerven gelassen und es lange gedauert habe, damit einigermaßen umzugehen; durch das jetzige Strafverfahren sei alles wieder aufgewühlt worden". Aus diesem Grunde habe er auch bisher davon abgesehen, einen Antrag auf Aufhebung des Urteils vom 20.02.1986 nach dem strafrechtlichen Rehabilitierungsgesetz zu stellen. {81}

Die Kammer zieht daraus die Schlußfolgerung, daß insoweit die Vergangenheitsbewältigung bei dem Zeugen P. noch lange nicht abgeschlossen ist. Dieser Lebensabschnitt hat vielmehr bei ihm traumatische Spuren hinterlassen.

Die Kammer ist auch nach dem persönlichen Eindruck von Jürgen P. in der Hauptverhandlung überzeugt, daß den Angeklagten Eggert und Korth in der Hauptverhandlung vom 18. und 20.02.1986 die überzeugende Persönlichkeit Jürgen P.'s nicht verborgen geblieben sein kann. Die wider besseres Wissen erfolgte Verurteilung des in der DDR integriert und unbescholten lebenden Jürgen P., nur weil er es gewagt hatte, öffentlich auf sein Ausreisebegehren aufmerksam zu machen, muß bei den Angeklagten Eggert und Korth nach Auffassung der Kammer Gewissensbisse hinterlassen haben. Denn die Kammer hat von beiden Angeklagten in der Hauptverhandlung nicht den Eindruck gewonnen, als seien sie seelen- bzw. gewissenlose Menschen. Die Angeklagten Eggert und Korth haben lediglich willfährig die Sicherheitsdoktrin der SED umgesetzt, die sich insbesondere in der Orientierung zur Strafverfolgung bestimmter Straftaten gegen die staatliche und öffentliche Ordnung aus dem Januar 1985 – auf die noch einzugehen sein wird – widerspiegelt.

Die Kammer hält den Zeugen P. nach dem überzeugenden persönlichen Eindruck in der Hauptverhandlung insgesamt für uneingeschränkt glaubwürdig, wobei sie bei der Würdigung be-{82}dacht hat, daß gemäß § 61 Ziffer 2 StPO von seiner Vereidigung abgesehen worden ist.

b) [Aussage der Zeugen S. und B. zur Behandlung Ausreisewilliger]

Seine Aussagen zum damaligen Geschehensablauf werden darüber hinaus durch zahlreiche andere Beweismittel gestützt.

Der Eindruck, daß ihm von Mitarbeitern der Abteilung Innere Angelegenheiten des Rates des Kreises Perleberg, den Zeugen S. und B., in den Aussprachen eine Art Handlungsanweisung zur Übersiedlung („unbequem sein“) erteilt worden sei, wird durch deren Bekundungen gestützt.

Der Zeuge S., der von 1969 bis November 1986 Stellvertreter für Inneres beim Rat des Kreises Perleberg gewesen ist, hatte zum vorliegenden Fall zwar keine konkrete Erinnerung mehr, ob er Jürgen P. in den Aussprachen einen Ratschlag dahingehend erteilt habe, wie er seine Übersiedlung in die BRD beschleunigen könne. Ratschläge des Inhalts „Ausweisungen über den Weg der Inhaftierung gehen schneller“ habe er jedoch gelegentlich gegenüber Antragstellern abgegeben. Die Äußerung, daß nur „Rentner, Invaliden und unbequeme Bürger“ in die Bundesrepublik Deutschland übersiedeln dürfen, könne durchaus von ihm stammen. Sie sei ihm nicht fremd.

Sowohl der Zeuge S. als auch der Zeuge B. – ab Sommer 1985 Leiter der Abteilung In-{83}nere Angelegenheiten beim Rat des Kreises Perleberg – haben bekundet, daß nicht sämtliche Gesprächsinhalte protokolliert worden seien.

Der Zeuge B. hat die Antwort auf die Frage, ob es vorgekommen sei, daß er Antragstellern zur Durchsetzung ihres Ausreisebegehrens eine Art Gebrauchsanweisung gegeben habe, zunächst verweigert. Auf konkrete Nachfrage zum Fall P. hat er sodann bekundet, daß er sich mehrfach mit Jürgen P. sehr sachlich habe unterhalten können. Derartige Gespräche hätten vielfach einen offiziellen und einen inoffiziellen Teil gehabt. Es sei möglich, daß der Zeuge P. aus seinen inoffiziellen Äußerungen den Eindruck gewonnen habe, als wolle er ihm eine Art Gebrauchsanweisung zur Übersiedlung geben.

Er habe sich an der Basis vielfach mit berechtigten Übersiedlungsanträgen beschäftigen und diese weisungsgemäß mündlich ablehnen müssen. Eine Entscheidungskompetenz habe ihm nicht zugestanden. Er habe den Antragstellern noch nicht einmal Mitteilung darüber machen dürfen, daß sich das Innenministerium der DDR vorbehalten habe, in jedem Einzelfall die ständige Ausreise zu genehmigen.

Aus den insgesamt von den Zeugen S. und B. – wenn auch zurückhaltend – gemachten Aussagen zieht die Kammer die Überzeugung, daß der Zeuge P. deren Äußerungen als eine Handlungsanweisung zur Übersiedlung verstehen konnte. {84}

Die allgemeinen Feststellungen zu der Praxis der Behandlung von ausreisewilligen Antragstellern – Ziffer II.4.a) – beruhen zum einen auf den Bekundungen der Zeugen S.

und B., und zum anderen auf „Hinweise zur Erläuterung der Verfügung des Vorsitzenden des Ministerrates zur Gewährleistung des einheitlichen, abgestimmten Vorgehens der staatlichen Organe, Kombinate, Betriebe, Einrichtungen und Genossenschaften zur Unterbindung und Zurückdrängung von Versuchen von Bürgern der DDR, die Übersiedlung nach nichtsozialistischen Staaten und Westberlin zu erreichen vom 11.07.1984" sowie auf der „Verfügung Nr. 143/83 des Vorsitzenden des Ministerrates zur Gewährleistung des einheitlichen, abgestimmten Vorgehens der staatlichen Organe, Kombinate, Betriebe, Einrichtungen und Genossenschaften in Zusammenarbeit mit gesellschaftlichen Organisationen zur Unterbindung und Zurückdrängung von Versuchen von Bürgern der DDR, die Übersiedlung nach nichtsozialistischen Staaten und Westberlin zu erreichen vom 27.09.1983". Die Hinweise vom 11.07.1984 und die Verfügung vom 27.09.1983 wurden verlesen.

Die Zeugen haben in diesem Zusammenhang bekundet, daß es für die Behandlung von Anträgen auf ständige Ausreise keine gesetzliche Grundlage gegeben habe. Dieser Bereich sei über – der Öffentlichkeit nicht zugängliche – innerdienstliche geheime Anweisungen geregelt worden. Diese internen Anweisungen seien „alleinige Arbeitsgrundlage" gewesen. {85}

Schließlich haben die Zeugen S. und B. unmißverständlich bekundet, daß ihnen spätestens seit Mitte der achtziger Jahre der Freikauf politischer Häftlinge aus der DDR durch die Bundesrepublik Deutschland bzw. die Abschiebung politischer Häftlinge in die Bundesrepublik Deutschland bekannt gewesen sei, wenngleich diese Verfahrensweise in der DDR offiziell natürlich bestritten worden sei. Diese Thematik sei auch in Anhörungen von Ausreisewilligen regelmäßig angesprochen worden.

Die Kammer zieht unter anderem aus den Bekundungen der Zeugen S. und B. den sicheren Schluß, daß die Angeklagten Eggert und Korth – ebenso wie andere staatliche Organe – zumindest von der Abschiebung rechtskräftig verurteilter politischer Straftäter in die Bundesrepublik Deutschland wußten. Möglicherweise wußten sie sogar, daß dieser Personenkreis freigekauft wurde.

An der Glaubwürdigkeit der Zeugen S. und B., deren Aussagen sich decken, und die in Einklang mit dem Inhalt der verlesenen innerdienstlichen Anweisungen stehen, hat die Kammer keine Zweifel.

c) [Verfahrensdokumente]

Die Bekundungen des Zeugen P. zur Inhaftierung bis hin zur Verurteilung werden gedeckt durch den Inhalt der verlesenen Anklage {86} und des verlesenen Urteils.

Der Protokollinhalt ist nach abschnittsweisen Vorhalten von der damaligen Protokollführerin, der Zeugin R., bestätigt worden, deren Aussage an anderer Stelle gewürdigt wird. Auch insoweit wird die Bekundung des Zeugen P., er könne sich zumindest daran erinnern, daß sinngemäß richtig protokolliert worden sei, gestützt.

Die Sachfeststellungen beruhen weiter auf dem Inhalt des verlesenen Eröffnungsbeschlusses vom 05.02.1986, der verlesenen Terminsverfügung vom 05.02.1986, des verlesenen Antrages auf Strafaussetzung auf Bewährung vom 03.07.1986 sowie der Mitteilung über die Entlassung des Zeugen P. in die Bundesrepublik Deutschland, deren Inhalt die Angeklagte Korth auf Vorhalt bestätigte.

d) [Aussage der Zeugen Rechtsanwälte S. und L.]

Ferner hat der Zeuge Rechtsanwalt S. bestätigt, daß er zwei Gespräche mit seinem ehemaligen Mandanten Jürgen P. in der Untersuchungshaftanstalt des MfS Schwerin geführt habe, wobei er bei Gesprächen dieser Art generell einkalkuliert habe, daß er durch den Staatssicherheitsdienst abgehört werde. {87}

Die Kammer hat insgesamt keine Zweifel an der Glaubwürdigkeit des Zeugen Rechtsanwalt S., wenngleich dieser zunächst bekundet hat, Rechtsanwalt L. habe vor der hier anstehenden Zeugenvernehmung ihm gegenüber geäußert, daß er sich an die Urteilsverkündung in der Strafsache gegen P. genau erinnern könne, dies jedoch bei seiner erneuten Vernehmung dahin relativiert hat, daß er sich insoweit auch geirrt haben könne.

Für Rechtsanwalt S., der den Hauptverhandlungstermin in der Strafsache gegen Jürgen P. nicht wahrnehmen konnte, erschien Rechtsanwalt L. in Untervollmacht von Rechtsanwalt S. zur Urteilsverkündung.

Die Kammer hat überhaupt keine Bedenken, der Bekundung von Jürgen P. in diesem Zusammenhang zu folgen, daß der Zeuge Rechtsanwalt L. ihm nach der Urteilsverkündung den Rat gegeben habe, auf Rechtsmittel zu verzichten, um so schnell wie möglich die DDR verlassen zu können.

Soweit der Zeuge L. eine Äußerung diesen Inhalts in Abrede gestellt hat, ist er nach dem Ergebnis der Beweisaufnahme widerlegt.

Der Zeuge L. hat in der Hauptverhandlung bekundet, sich an das Strafverfahren gegen Jürgen P. nicht mehr genau erinnern zu können. Er könne jedoch ausschließen, daß er dem damaligen Angeklagten P. empfohlen habe, auf Rechtsmittel zu verzichten. Denn das sei nicht {88} sein Stil; so etwas mache er nie. An der Urteilsverkündung habe er aus „Kollegialität" teilgenommen, weil Rechtsanwalt S. dies so gewünscht habe, nicht jedoch, um bei dem damaligen Angeklagten P. einen Rechtsmittelverzicht zu erwirken. Im übrigen habe er mit der Verteidigung von politischen Straftätern keine Erfahrung gehabt; er habe keine Mandate von ausreisewilligen Straftätern übernommen. Er habe doch nicht der „Vogel (gemeint ist Rechtsanwalt Vogel) von Schwerin" werden wollen.

Die Kammer stützt ihre Feststellungen zur Sache insoweit neben der Bekundung des Zeugen P. auf die Aussage des Zeugen Rechtsanwalt S. Der Zeuge hat bekundet, daß gerade die Frage des Rechtsmittelverzichts in politischen Strafsachen ein wesentlicher Grund zur Teilnahme an der Urteilsverkündung gewesen sei. Denn es sei den Verurteilten letztlich um eine schnelle Übersiedlung in die Bundesrepublik Deutschland gegangen. Aus diesem Grunde habe er auch Rechtsanwalt L. gebeten, ihn bei der Urteilsverkündung zu vertreten.

Der Zeuge Rechtsanwalt L. hat auf die Kammer einen mehr als zweifelhaften Eindruck gemacht. Er hat zunächst verschwiegen, vor dem Strafverfahren mit dem Angeklagten Eggert in Kontakt getreten zu sein. Erst nach der Aussage des Zeugen Rechtsanwalt S. in der Hauptverhandlung hat er sich dazu bekannt, mit dem Angeklagten Eggert nach seiner Zeugenladung mehrfach – auch über das Strafverfahren – gesprochen zu haben. Außerdem widerspricht sein vor-{89}gegebenes Verhalten, Mandanten generell nicht zum Rechtsmittelverzicht zu raten, der Praxis von Rechtsanwalt S., nach Urteilsverkündung die Frage des Rechtsmittelverzichts mit den verurteilten Ausreisewilligen zu erörtern. Die Kammer folgt dem Zeugen Rechtsanwalt S. in diesem Zusammenhang auch in seiner Bekundung, er habe Rechtsanwalt L. gerade deshalb gebeten, für ihn an der Urteilsverkündung teilzunehmen. Zudem hält die Kammer die Bekundung des Zeugen Rechtsanwalt L. für kaum nachvollziehbar, soweit er für sich generell ausschließt, Mandanten dahingehend zu beraten, auf Rechtsmittel zu verzichten.

e) [Aussagen der Zeugen Rechtsanwalt Vogel, Pl. und S. zum Häftlingsfreikauf]

Die Bekundungen des Zeugen P. werden weiter bestätigt durch den sachverständigen Zeugen Rechtsanwalt Vogel.

Rechtsanwalt Vogel, der von dem Zeugen P. mit der Verteidigung beauftragt worden ist, hat seine anwaltliche Tätigkeit in dem Strafverfahren – wie unter Ziff. II.1. festgestellt – in der Hauptverhandlung glaubhaft geschildert. Er hat darüber hinaus bekundet, als Unterhändler der DDR im Rahmen der damals existierenden Freikaufpraxis mit der Bundesrepublik Deutschland erfahren zu haben, daß der Übersiedlungsantrag seines Mandanten Jürgen P. zum Zeitpunkt seiner Festnahme am 23.11.1985 vom Innenministerium der DDR bereits positiv beschieden worden sei. Während des Ermittlungsverfahrens {90} sei der Zeuge P. auf einer von der DDR genehmigten Übersiedlungsliste erschienen.

Dieser Sachverhalt ist auch von dem Zeugen Pl. – Unterabteilungsleiter beim ehemaligen Bundesministerium für innerdeutsche Beziehungen – bestätigt worden. Die Familie P. habe – so der Zeuge Pl. – „als zum Freikauf vorgesehen“ auf der Übersiedlungsliste vom 25.11.1985 gestanden, sei aufgrund des anhängigen Strafverfahrens gegen Jürgen P. jedoch wieder gestrichen worden.

Darüber hinaus stützt die Kammer ihre Feststellungen zum Freikauf im Einzelfall P. und allgemein zur Freikaufpraxis politischer Häftlinge aus der DDR auf die sachkundigen, sich deckenden Bekundungen der Zeugen Vogel und Pl.

Der Zeuge Pl. hatte ausgesagt, der Fall P. habe einerseits eine tragische Komponente gehabt, da Jürgen P. bereits kurz nach seiner Festnahme am 23.11.1985 auf einer genehmigten Freikaufliste gestanden habe, andererseits sei es aber auch ein sogenannter problemloser Durchschnittsfall gewesen. Der Zeuge P. sei nach der Verbüßung einer Teilstrafe eines Tages auf einer von der DDR mit der Bundesrepublik Deutschland ausgehandelten Freikaufliste erschienen und sei schließlich freigekauft worden.

Ab 1977 habe die Bundesrepublik Deutschland einen einheitlichen Grundpreis von ca. {91} 96.000 DM pro abgeschobenen Häftling an die DDR zahlen müssen. Dieser Preis sei zwischen der DDR und der Bundesrepublik Deutschland ausgehandelt worden, wobei die Höhe der verhängten Freiheitsstrafe im Regelfall keine Bedeutung gehabt habe.

Der in jeder Hinsicht glaubwürdige Zeuge Pl. hat der Kammer seine Tätigkeit im Rahmen der Freikaufabwicklung sehr sachlich und auch menschlich einfühlsam dargelegt. Es habe ihn schon sehr berührt, daß politische Häftlinge nur gegen Devisen oder geldwerte Leistungen aus der DDR in die Bundesrepublik Deutschland gelangen konnten. Dies habe jedoch der Vereinbarung zwischen der ehemaligen DDR und der Bundesrepublik Deutschland entsprochen. Eine Alternative zu der Freikaufpraxis habe aus seiner Sicht zur damaligen Zeit nicht bestanden. Man hätte anderenfalls ausreisewillige

Personen ihrem Schicksal in der ehemaligen DDR überlassen müssen. Das sei aus humanitären Gesichtspunkten nicht zu verantworten gewesen.

Sowohl der Zeuge Pl. als auch der Zeuge Rechtsanwalt Vogel haben bekundet, daß die Abwicklung des Freikaufs der Geheimhaltung unterlegen hätte. Die Tatsache des Freikaufs an sich sei jedoch spätestens in den 80er Jahren – insbesondere durch westliche Medien – allgemein verbreitet worden.

Der Zeuge Rechtsanwalt Vogel hat ferner dargelegt, daß er durch seine Verteidigungen von politischen Straftätern in der DDR über einen {92} „tiefen Einblick" in die Justiz der DDR verfügt habe. Natürlich – so der Zeuge Vogel – sei jedem Richter und Staatsanwalt in der DDR bekannt gewesen, daß politische Häftlinge nach Teilverbüßung regelmäßig in die Bundesrepublik Deutschland abgeschoben worden seien. Aufgrund seiner vielfachen Gespräche mit Richtern und Staatsanwälten der ehemaligen DDR sei er weiter der Überzeugung, daß diesen auch die Freikaufpraxis bekannt gewesen sei.

Die Kammer hat jedoch allerletzte Zweifel, das Wissen um den Freikauf von Häftlingen zur Grundlage ihrer Feststellungen zu machen. Sie ist aber – wie bereits dargelegt – sicher davon überzeugt, daß die Angeklagten Eggert und Korth zumindest von der Abschiebepraxis rechtskräftig verurteilter politischer Straftäter nach Teilverbüßung wußten.

Insoweit ist die Einlassung der Angeklagten Korth widerlegt, die angegeben hat, nicht gewußt zu haben, daß politische Häftlinge nach Teilverbüßung regelmäßig in die Bundesrepublik Deutschland abgeschoben bzw. von dieser freigekauft worden seien.

Das Wissen der Angeklagten Korth über die regelmäßige Abschiebung politischer Häftlinge laßt sich auch schlüssig aus der Mitteilung über die Entlassung von Jürgen P., die sich in der Handakte der Bezirksstaatsanwaltschaft Schwerin befindet, herleiten. In der Mitteilung steht wörtlich: „... Entlassung am 09.07.1986 ... nach BRD". {93}

Zudem hat die Angeklagte Korth den Antrag auf Strafaussetzung auf Bewährung bezüglich P. auf Anweisung des Generalstaatsanwaltes der DDR gefertigt, mit einem „Z" versehen und einen Führungsbericht – wie sonst bei Strafaussetzungsanträgen üblich – nicht angefordert.

Auch aus dieser Handlungsweise zieht die Kammer den Schluß, daß der Angeklagten Korth die Abschiebung des Zeugen P. in die Bundesrepublik Deutschland bekannt war. Sie hat sich in diesem Zusammenhang lediglich dahin eingelassen, durch das „Z" habe dokumentiert werden sollen, daß der Verurteilte durch den Generalstaatsanwalt der DDR zu entlassen sei. Näheres könne sie dazu nicht sagen. Die Kammer schenkt dieser Einlassung der Angeklagten Korth, die immerhin ca. 5 Jahre politische Strafsachen in der Abteilung I a beim Staatsanwalt des Bezirkes Schwerin bearbeitet hat, keinen Glauben. Auch die diesbezügliche Bekundung des Zeugen Wolf, von 1960-1990 Leiter der Bezirksstaatsanwaltschaft Schwerin, nichts von Abschiebungen politischer Häftlinge in die Bundesrepublik Deutschland gewußt zu haben, hält die Kammer für schlichtweg abwegig. Sie ist der Überzeugung, daß der Angeklagten mindestens die Abschiebepraxis von politischen Häftlingen geläufig gewesen ist.

Daß politische Straftäter nach Teilverbüßung in die Bundesrepublik Deutschland abgeschoben worden sind, haben desweiteren auch die Zeugen S., S. und R. bestätigt. {94}

Der Zeuge S., der ca. 15 Jahre als Richter in der ehemaligen DDR tätig war und regelmäßig Strafsachen bearbeitet hat, hat auf die Frage der Kammer, welche Bedeutung das „Z" auf Strafaussetzungsanträgen gehabt habe, bekundet, daß damit für jedermann erkennbar die „Abschiebung eines mißliebigen Bürgers aus der DDR in die Bundesrepublik Deutschland" gekennzeichnet worden sei.

Ferner hat auch die Zeugin R. – zur damaligen Zeit Sekretärin des Direktors Schwichtenberg beim Kreisgericht Schwerin-Stadt –, die zur Bearbeitung politischer Strafsachen besonders verpflichtet worden ist, ausgesagt, daß mit einem „Z" gekennzeichnete Ausreiseanträge vom Kreisgericht Schwerin-Stadt nie umfangreich begründet – wie sonst regelmäßig üblich – und nie abgelehnt worden seien. Für sie war klar, daß es dabei „um Abschiebefälle in die Bundesrepublik Deutschland" gegangen sei.

Die Kammer ist aufgrund der Gesamtschau der aufgeführten Beweismittel der sicheren Überzeugung, daß auch der Angeklagte Eggert von der regelmäßigen Abschiebung rechtskräftig verurteilter politischer Straftäter Kenntnis hatte. Der Angeklagte Eggert, der über zwei Jahre politische Strafsachen beim Kreisgericht Schwerin-Stadt bearbeitet hat, hat über sicheres Wissen zum Ablauf und zu den Hintergründen dieser Strafsachen verfügt. Mit der Bearbeitung von politischen Strafsachen sind im übrigen auch nur Richter betraut worden, deren {95} politisch-ideologischer Standpunkt über jeden Zweifel erhaben war.

Schließlich stützt die Kammer ihre allgemeinen Feststellungen zur Strafpraxis in der DDR gegenüber Ausreisewilligen auf die Aussagen der Zeugen S. und Vogel.

Der Zeuge S. hat bekundet, daß in Strafverfahren gegen Ausreisewillige die vom Gericht verhängte Strafe fast immer dem Antrag der Staatsanwaltschaft entsprochen habe. Es seien regelmäßig Freiheitsstrafen zwischen 6 Monaten und 2 Jahren ohne Bewährung verhängt worden. Lediglich bei Rücknahme von Ausreiseanträgen sei – bei entsprechendem Antrag der Staatsanwaltschaft – eine Freiheitsstrafe mit Bewährung ausgesprochen worden.

Die Kammer folgt der Schilderung des Zeugen S. Der Zeuge S. war seit Mitte der 70er Jahre bis zur Wende Rechtsanwalt in Schwerin und hat sehr oft politische Straftäter – oftmals in Untervollmacht für Rechtsanwalt Vogel – verteidigt.

Diese Praxis der DDR-Justiz im Umgang mit Ausreisewilligen ist auch von dem sachverständigen Zeugen Rechtsanwalt Vogel bestätigt worden.

Die Kammer hält den sachverständigen Zeugen Rechtsanwalt Vogel nach eigener Meinungsbildung insgesamt für glaubwürdig, wenngleich ein Verdacht seiner Beteiligung im weitesten Sinne an der vorliegenden abgeurteilten Freiheitsberau-{96}bung zum Nachteil P.'s nicht auszuschließen war und seine eidliche Aussage daher als uneidliche gewertet worden ist. Andererseits deckt sich die Aussage des Zeugen Rechtsanwalt Vogel mit den Bekundungen der Zeugen P., Pl., S., S., S. und B. und wird darüber hinaus durch objektive Daten belegt.

Schließlich wird die dargelegte Praxis der DDR-Justiz im Umgang mit Ausreisewilligen durch eine Untersuchung der Strafrechtspraxis zu § 214 Abs. 1 StGB/DDR durch das Bezirksgericht Schwerin – Abteilung Inspektion – vom 21. Juli 1989 bestätigt.

Aus der von dem damaligen Inspekteur, dem Zeugen S., und von der damaligen Leiterin der Abteilung Inspektion, der Zeugin T., für den Zeitraum vom 01.07.1988 bis zum 30.06.1989 erstellten Untersuchung lassen sich folgende Fakten entnehmen, die auf Vorhalt von den zuvor genannten glaubhaften Zeugen bestätigt worden sind:

„... Die Delikte, die den Tatbestand von § 214 Abs. 1 StGB erfüllen und die durch die Beeinträchtigung der *Tätigkeit staatlicher Organe* gekennzeichnet sind, wurden ausschließlich von Antragstellern auf ständige Ausreise aus der DDR begangen.
Es handelt sich um acht Täter, die in provokativer und einer die öffentliche Ordnung gefährden-{97}den Weise durch aktive Teilnahme an entsprechenden Demonstrationen (Schweriner Dom), öffentliches Anbringen von Losungen und in einem Fall durch rechtswidriges Auftreten an der GüST Friedrichstraße in Berlin die Mißachtung der Gesetze der DDR bekundeten und die sofortige Durchsetzung ihres Ausreisebegehrens erzwingen wollten.
... Die Täter erlangten ihre Vorstellungen vom Leben in der BRD überwiegend durch westliche Fernsehsendungen (‚Kennzeichen D', ZDF-Magazin). Behauptete Gründe für ihr demonstratives Auftreten zur Durchsetzung ihres Antrages auf ständige Ausreise waren
- zu wenig Freizügigkeit und Demokratie in der DDR,
- schlechte Wohnverhältnisse und wenig Aussicht auf Besserung,
- ‚Familienzusammenführung',
- zu geringe berufliche Entwicklungsmöglichkeiten.

... Die Verurteilten nach § 214 Abs. 1 StGB hatten überwiegend die POS bis zur 10. Klasse besucht und sämtlich eine abgeschlossene Berufsausbildung. Ihr Verhalten im Betrieb und in der Öffentlichkeit war eher unauffällig und ihr gesell-{98}schaftliches Engagement äußerst gering oder nur vorgetäuscht.
... Von den acht Verurteilten nach § 214 Abs. 1 StGB war lediglich einer wegen Herbeiführung eines schweren Verkehrsunfalles gerichtlich zur Verantwortung gezogen worden.
... Zu Recht wird bei den Verfahren nach § 214 Abs. 1 StGB der Aufklärung der politisch-ideologischen Haltung und deren Bedeutung für die Straftat besondere Aufmerksamkeit gewidmet.
... Sämtliche Straftaten nach § 214 Abs. 1 StGB wurden richtig in der Alternative ‚Bekundung der Mißachtung der Gesetze' gewürdigt.
... Die Strafpraxis ist stabil.
... Strafen mit Freiheitsentzug wurden bei den Verurteilungen nach § 214 Abs. 1 StGB ausschließlich ausgesprochen. Diese Strafart war bei diesen Delikten durchgängig begründet."

f) [Strafverfahren gegen Ausreisewillige]

Die Kammer hat ferner durch die Beweisaufnahme die Überzeugung gewonnen, daß die politische Strafjustiz in der DDR ein Eigenleben innerhalb des Justizapparates geführt hat. So hat es auch {99} in der Behandlung von Ausreisewilligen, die in der Öffentlichkeit auf ihr Begehren aufmerksam gemacht haben, besonders schematisierte Verfahrens- und Handlungsabläufe bei der Staatsanwaltschaft und den Gerichten gegeben, von denen die Angeklagten spätestens im Rahmen ihrer Tätigkeit Kenntnis erhielten. Dazu gehörte unter anderem das Institut der „Z-Entlassung" von politischen Straftätern in die Bundesrepublik Deutschland (vgl. dazu u.a. Ziff. III.3.e)). Die Angeklagten haben Vorgaben formeller und materieller Art weisungsgemäß umgesetzt (vgl. Ziff. II.4.).

aa) Ferner gab es auf der Ebene der Staatsanwaltschaft folgende Besonderheiten im Umgang mit politischen Strafsachen:

Die Bearbeitung erfolgte in der Abteilung I a, der sogenannten politischen Abteilung. Die Ermittlungsakte wurde von Mitarbeitern der Untersuchungsabteilung des MfS persönlich überbracht und in der Abteilung I a besonders registriert sowie sicher verwahrt. Anschließend erhielt das Ministerium der Justiz der DDR über den Generalstaatsanwalt vom politischen Strafverfahren Kenntnis (System der Sofortmeldung). Nachdem der Abteilungsleiter den zuständigen Sachbearbeiter im Einzelfall bestimmt hatte, entwickelte dieser Entscheidungsvorschläge (z.B. Anklageerhebung ja/nein, Höhe des Strafantrages). Die Vorschläge wurden in der Abteilung I a abgestimmt und dem Leiter der Bezirksstaatsanwaltschaft zur Genehmigung vor-{100}gelegt. Die begleitenden Anträge bei Strafverfahren gegen Ausreisewillige in der Anklageschrift lauteten regelmäßig auf Eröffnung des Hauptverfahrens, Aufrechterhaltung des Haftbefehls, dem Beschuldigten die Prozeßdokumente gem. § 203 Abs. 3 StPO/DDR lediglich zur Kenntnis zu geben und die Verhandlung gem. § 211 Abs. 3 StPO/DDR unter Ausschluß der Öffentlichkeit durchzuführen.

Diese Feststellungen zur Behandlung politischer Strafsachen beruhen im wesentlichen auf der Einlassung der Angeklagten Korth. Die Bekundungen des ehemaligen Leiters der Bezirksstaatsanwaltschaft Schwerin, des Zeugen Wolf, hat die Kammer nur insoweit ihren Feststellungen zugrundegelegt, als er dadurch die Angeklagte Korth nicht belastet hat. Dies gilt insbesondere für seine Aussage zur fachlichen Qualifikation der Angeklagten Korth (vgl. Ziff. III.1.b)).

Die Kammer hat von dem Zeugen Wolf einen denkbar ungünstigen Eindruck gewonnen. Sie ist davon überzeugt, daß er aufgrund seiner langjährigen Leiterfunktion bei der Bezirksstaatsanwaltschaft Schwerin über absolutes Insiderwissen im Umgang mit politischen Strafsachen verfügt. Der Zeuge Wolf hat der Kammer aber so gut wie jede Information vorenthalten. Außerdem war seine Aussage davon geprägt, die Verantwortung auf ihn untergeordnete Staatsanwälte abzuschieben, hier auf die Angeklagte Korth. Er hat sich wörtlich wie folgt dazu geäußert: „Nicht die Weisung, sondern die Eigenverantwortlichkeit {101} habe Primat gehabt.“ Das mag zwar theoretisch zutreffend sein, entsprach jedoch nicht der Realität in der Behandlung politischer Strafsachen. Der Umgang mit Strafsachen dieser Art unterlag strengster Vertraulichkeit und hatte für die DDR nicht nur innen-, sondern auch außenpolitisch erhebliche Relevanz. Schon aus diesem Grunde hatte der Leiter der Bezirksstaatsanwaltschaft die ausschließliche Verantwortung, daß die Entscheidungen in politischen Strafsachen mit der Sicherheitsdoktrin in Einklang standen. Dazu hat er sich nach Überzeugung der Kammer eines Kontrollsystems bedient. Zudem ergibt sich die Verantwortung des Zeugen Wolf aus § 8 Abs. 3 StAG/DDR:

> „Alle Staatsanwälte sind dem Generalstaatsanwalt sowie anderen ihnen übergeordneten Staatsanwälten verantwortlich und rechenschaftspflichtig.“

Die Kammer folgt in diesem Zusammenhang der Angeklagten Korth, die, entgegen der Bekundung des Zeugen Wolf, nur ausnahmsweise in politischen Strafsachen konsultiert worden zu sein, angegeben hat, daß ihr jeweiliger Entscheidungsvorschlag in der Abteilung I a abgestimmt und sodann dem Leiter der Bezirksstaatsanwaltschaft zur Genehmigung vorgelegt werden mußte.

Außerdem ist der Zeuge Wolf – wie dargelegt – insofern der Falschaussage überführt, als er nicht von Entlassungen politischer Straftäter in die Bundesrepublik Deutschland gewußt haben will. Ein solches Wissen gehörte zum Allgemeingut von Entscheidungsträgern in der DDR-Justiz. {102}

Die Kammer hat darüber hinaus bei der Würdigung der Aussage des Zeugen Wolf berücksichtigt, daß bei ihm der Verdacht der Beteiligung an der abgeurteilten Straftat im weitesten Sinne besteht, da er als Leiter der Bezirksstaatsanwaltschaft gegenüber der Angeklagten Korth weisungsbefugt war und diese Befugnis nach eigenem Bekunden in Einzelfällen ausgeübt hat. Sie hat deshalb seine eidliche als uneidliche Aussage gewertet.

Andererseits hat die Kammer auch nicht übersehen, daß die Angeklagte Korth ihr Wissen über die reale Situation der Justiz – insbesondere der Staatsanwaltschaft – im Umgang mit politischen Straftätern nur in Bruchstücken offenbart hat.

Sie hat wiederholt auf Fragen, beispielsweise nach der Bedeutung von „Z-Entlassungen", lapidar geantwortet: „Dazu sage ich nichts mehr."

Außerdem will der Angeklagten Korth nicht aufgefallen sein, daß der Zeuge Rechtsanwalt Vogel vielfach als Wahlverteidiger von Ausreisewilligen aufgetreten ist und als deren Hoffnungsträger galt. Ihre Bekundung in diesem Zusammenhang, daß Rechtsanwalt Vogel in der DDR ein Verteidiger wie jeder andere gewesen sei und es in Strafverfahren mit ihm keinerlei Besonderheiten gegeben habe, ist durch das Ergebnis der Beweisaufnahme widerlegt. So hat Rechtsanwalt L. unter anderem bekundet, er „habe nicht der Vogel Schwerins" werden wollen {103} und aus diesem Grunde Mandate von Ausreisewilligen auch nicht übernommen.

Schließlich läßt auch die hervorgehobene Schreibweise von Rechtsanwalt Vogel in der Anklageschrift gegen P. vom 23.01.1986 den Schluß zu, daß die Angeklagte Korth sehr wohl um die Funktion des Zeugen Rechtsanwalt Vogel bei der Übersiedlung von ausreisewilligen Straftätern in die Bundesrepublik Deutschland wußte. Dies ist auch dem Angeklagten Eggert nicht verborgen geblieben.

bb) Auf der gerichtlichen Ebene wurde die Bearbeitung politischer Strafsachen wie folgt gehandhabt:

Die Ermittlungsakte wurde dem Kreisgericht von Mitarbeitern der Abteilung I a der Bezirksstaatsanwaltschaft persönlich überbracht, in der Informationsstelle registriert und dem Direktor des Kreisgerichts vorgelegt. Anschließend wurde per Sofortmeldung der Präsident des Obersten Gerichts über den Direktor des Bezirksgerichts von dem Eingang des politischen Strafverfahrens informiert. Sodann bestimmte der Direktor des Kreisgerichts außerhalb der regulären Geschäftsverteilung einen besonders ausgewählten Strafrichter mit der Bearbeitung der Strafsache. Die Akten in politischen Strafsachen wurden von Hand zu Hand weitergegeben und mußten vom Richter persönlich oder in einem Panzerschrank verwahrt werden. Gemäß Antrag der {104} Staatsanwaltschaft wurde in Verfahren dieser Art dem Angeklagten die Anklageschrift nicht ausgehändigt, sondern lediglich zur Einsichtnahme vorgelegt. Nach Eröffnung des Hauptverfahrens, der Aufrechterhaltung des Haftbefehls und der Terminierung wurde regelmäßig ein sogenanntes Schöffenpaar 1 – bestehend aus SED-Mitgliedern – zur Teilnahme an der Hauptverhandlung bestimmt. Die Hauptverhandlung fand in nichtöffentlicher Sitzung statt. Nach der Urteilsverkündung – die Strafpraxis ist unter Ziff. III.3.e) bereits dargestellt worden – erhielt der Verurteilte das schriftliche Urteil lediglich zur Kenntnis, nicht jedoch ausgehändigt.

Diese Feststellungen beruhen im wesentlichen auf der in der Hauptverhandlung verlesenen Leitungsinformation Nr. 36/86 „Umgang mit Strafverfahrensakten, die von den

U-Organen des MfS ermittelt wurden“ vom 13.11.1978 sowie den glaubhaften Bekundungen der Zeugen R., S., T. und R.

Die in der Leitungsinformation Nr. 36/86 aufgeführte Verfahrensweise im Umgang mit politischen Strafakten deckt sich mit der zuvor geschilderten Handhabung. Zudem hat die Zeugin R., die „rechte Hand“ des damaligen Kreisgerichtsdirektors Schwichtenberg, diesen Verfahrensablauf bestätigt.

Auf den Zeugen Schwichtenberg hat die Kammer lediglich gestützt, daß er als Kreisgerichtsdirektor einen besonders ausgewählten Richter {105} außerhalb der Geschäftsverteilung zur Bearbeitung der politischen Strafsache bestimmt und die sogenannte Sofortmeldung herausgegeben hat. Im übrigen ist die Aussage des Zeugen Schwichtenberg bei den Feststellungen zur Person des Angeklagten Eggert ergänzend zu dessen Gunsten berücksichtigt worden.

Die Kammer hält den Zeugen Schwichtenberg insgesamt nur für sehr eingeschränkt glaubwürdig. Sie hat bei der Würdigung der Aussage berücksichtigt, daß auch bei ihm der Verdacht einer Beteiligung im weitesten Sinne an der vorliegend abgeurteilten Tat besteht, da er gegenüber dem Angeklagten Eggert auf Leiterebene weisungsbefugt war, und folglich seine eidliche Aussage als uneidliche gewertet.

Dem Zeugen Schwichtenberg kam es ersichtlich darauf an, die politische Strafjustiz der DDR als ein System darzustellen, das keine Besonderheiten im Verfahrensablauf aufwies und keiner besonderen Vertraulichkeit bzw. Geheimhaltung unterlag.

Die Kammer ist ferner davon überzeugt, daß er sein Wissen zur politischen Strafjustiz in der DDR, über das er als ehemaliger Kreisgerichtsdirektor zweifelsohne verfügt, nicht einmal in Ansätzen preisgegeben und darüber hinaus zum Teil auch die Unwahrheit gesagt hat.

Der Zeuge Schwichtenberg hat bekundet, daß in politischen Strafsachen kein besonderes Schöffenpaar zum Einsatz gekommen sei. Es treffe {106} zwar zu, daß die Schöffenpaare durchnumeriert worden seien. Beim Schöffenpaar 1 habe es jedoch keine Besonderheiten gegeben. Dies sei ein Schöffenpaar wie jedes andere gewesen. Er habe keine Kenntnis davon gehabt, daß das Schöffenpaar 1 ausschließlich aus SED-Mitgliedern gebildet und in politischen Strafsachen zum Einsatz gekommen sei.

Diese Aussage des Zeugen Schwichtenberg ist durch das Ergebnis der Beweisaufnahme eindeutig widerlegt.

Die Kammer stützt sich zum einen auf die glaubhafte Aussage des Zeugen R. Der Zeuge hat bekundet, daß es unter den Schöffen beim Kreisgericht Schwerin-Stadt ein „offenes Geheimnis“ gewesen sei, daß zu politischen Strafverfahren regelmäßig das Schöffenpaar 1 – ausschließlich bestehend aus SED-Mitgliedern – herangezogen worden sei.

Auch die langjährige Sekretärin des Zeugen Schwichtenberg, die Zeugin R., hatte profundes Wissen über den Einsatz des Schöffenpaares 1 in politischen Strafsachen. Sie könne sich auch nicht vorstellen – so die Zeugin R. –, weshalb der Zeuge Schwichtenberg davon nicht gewußt haben will.

Genauso deutlich hat die Zeugin S. die Existenz des Schöffenpaares 1 und den Einsatz dieses Schöffenpaares in sogenannten I a-Verfahren bekundet. Auf [die] Frage, ob sie sich vorstellen könne, daß der ehemalige Kreisgerichtsdirektor {107} Schwichtenberg davon nichts gewußt habe, hat sie sich unmißverständlich wie folgt ausgedrückt: „Das sei allgemein und auch Herrn Schwichtenberg bekannt gewesen.“

Schließlich hat auch die ehemalige Leiterin der Abteilung Inspektion beim Bezirksgericht Schwerin, die Zeugin T., bekundet, daß sie Kenntnis vom Schöffenpaar 1 und dessen Einsatz in politischen Strafsachen gehabt habe.

Die Kammer folgt den Bekundungen der Zeugen R., R., S. und T. uneingeschränkt.

Die Glaubwürdigkeit der Zeuginnen R. und S., ehemalige Mitarbeiterinnen beim Kreisgericht Schwerin-Stadt, steht völlig außer Zweifel. Insbesondere der Zeugin R. fiel es ersichtlich nicht leicht, der Kammer ihr Wissen über die Behandlung politischer Strafsachen in der ehemaligen DDR mitzuteilen und damit möglicherweise den ihr aus der gemeinsamen Tätigkeit beim Kreisgericht Schwerin-Stadt bekannten Angeklagten Eggert zu belasten. Sie hat der Kammer durch ihre Aussage dennoch mehr Einblick in die realen Verhältnisse der politischen Strafjustiz vermittelt als ehemalige Richter, die als Zeugen gehört worden sind. Denen kam es nach Überzeugung der Kammer erkennbar darauf an, die Angeklagten unter keinen Umständen zu belasten.

Aus diesen Gründen hat die Kammer die Feststellungen zur Sache auch nicht auf die Bekundungen {108} der ehemaligen Bezirksgerichtsdirektoren, der Zeugen Heuckendorf und Ibendorf, gestützt, zumal beide vorgaben, in die Praxis der politischen Strafjustiz keinen Einblick gehabt zu haben, was die Kammer ihnen nicht abgenommen hat. Im übrigen bezogen sie regelmäßig formale Positionen, wenn es der Kammer erkennbar darum ging, Hintergrundwissen zum realen Verfahrensablauf in politischen Strafsachen zu erhalten. Sie hat demzufolge deren Aussagen lediglich bei den Feststellungen der persönlichen Verhältnisse des Angeklagten Eggert ergänzend zu dessen Gunsten berücksichtigt.

g) [Unabhängigkeit von Richtern in der DDR]

Die Kammer hat zu der Frage der Unabhängigkeit von Richtern in der ehemaligen DDR den ehemaligen Präsidenten des Obersten Gerichts, den sachverständigen Zeugen Sarge,[11] gehört.

Der Zeuge Sarge hat zunächst mit folgender Begründung auf die Geltendmachung des Auskunftsverweigerungsrechts nach § 55 StPO verzichtet:

> „Er sei hier bereit als Zeuge auszusagen, um der Kammer ein objektives Bild über die DDR-Justiz zu vermitteln. Er wolle dazu beitragen, daß den ehemaligen Richtern in der DDR Recht widerfahre.“

Nach Auffassung des Zeugen Sarge sei die Unabhängigkeit der Richter in der DDR – wie in Artikel 96 der Verfassung niedergelegt – verwirklicht gewesen. Auch in politischen Strafsachen {109} sei der Richter nur dem Gesetz unterworfen und in seinen Entscheidungen völlig frei gewesen. Bei nicht der Staatspraxis entsprechenden Entscheidungen habe der Richter weder berufliche noch disziplinarische Maßnahmen zu fürchten gehabt.

Dem Zeugen Sarge ist in diesem Zusammenhang sein Referat vor Leitungskräften der Gerichte in Wustrau vom 02.09.1986 teilweise vorgehalten worden; er hat den Inhalt des Referats, das nachfolgend auszugsweise zitiert wird, als richtig bestätigt:

„Wie sehen wir das Verhältnis des Wirkens des demokratischen Zentralismus zur Unabhängigkeit der Richter?
Die Frage der Unabhängigkeit der Richter ist keine Angelegenheit, über die man heute vor vorgehaltener Hand spricht, sondern Verfassungsgebot.
Die Durchsetzung des Prinzips des demokratischen Zentralismus widerspricht nicht dem Verfassungsgebot der Unabhängigkeit der Richter. Die Eigenverantwortung der Richter ist in der sozialistischen Gesellschaft außerordentlich hoch.
In der Behandlung des Einzelfalles haben unsere Richter – auch die Schöffen – auf der Grundlage der Gesetze einen weiten Ermessensraum; in der generel-{110}len Linie der Rechtsprechung haben sie den auf der Grundlage der Gesetze erlassenen zentralen Richtlinien, Beschlüssen und Orientierungen zu folgen.
Ich brauche in diesem Kreis nicht besonders zu betonen, daß wir im Verhältnis zur bürgerlichen Staats- und Rechtsauffassung eine Unabhängigkeit der Richter anderer Art haben, die von der hohen Verantwortung des Richters für die Belange der sozialistischen Gesellschaft ausgeht. Bei uns gilt auch in der Rechtsverwirklichung das Primat der Politik. Und das setzen wir durch. Im tagtäglichen praktischen Gerichtsleben geht es uns darum, der Unabhängigkeit der Richter dadurch Ausdruck zu verleihen, daß in jeder Sache das politische Engagement, das juristische Können, eine hohe Berufsethik sowie die Eigenverantwortung und Entscheidungsfreudigkeit des Richters sichtbar werden. Entscheidungen des Richters, die den gesetzlichen Rahmen nicht verlassen, uns aber nicht gefallen, sind keine Disziplinarangelegenheiten oder Gegenstand von Auseinandersetzungen in Leiterberatungen im Territorium, sondern werden im Rechtsmittel- oder Kassationswege bereinigt."

Im weiteren hat der Zeuge Sarge seine Aussage, dass Richter in Einzelfallentscheidungen auf der Grundlage der Gesetze einen weiten Ermessensspielraum hatten, sodann wie folgt relativiert: {111}

„... Bemerkung zur Kontrolle und Anleitung anhängiger Verfahren.
...
Dem jeweils höheren Gericht muß das Recht zugestanden werden, anhängige Verfahren unter Kontrolle zu nehmen. Das bedingt die Dynamik der Klassenauseinandersetzung, die Kompliziertheit einer Reihe von Verfahren sowie die Notwendigkeit der Einordnung bestimmter Verfahren in politische Entscheidungsprozesse.
Es geht hier nicht um eine Einmischung in die Unabhängigkeit der Richter, um Mißtrauen in die Fähigkeit bestimmter Richter oder gar um die Schaffung eines zum Weisungsrecht der Staatsanwaltschaft analogen Rechts.
Wir halten die Kontrolle und Anleitung auch anhängiger Verfahren durch die gewählten Richter der übergeordneten Gerichte für legitimes, aus dem Verfassungsauftrag zur Leitung der Rechtsprechung sich ergebendes Recht.
Verständigen müssen wir uns über den Inhalt und die Grenzen einer solchen Praxis.
Es geht uns dabei {112}

- um die Ausübung einer Anleitung, die dem befaßten Richter zu einer gesetzlichen, gerechten und überzeugenden Entscheidung verhilft;
- um eine Anleitung, die sichert, daß der befaßte Richter die gesellschaftlichen Zusammenhänge des Verfahrens besser erkennt;
- um Empfehlungen, wie das konkrete Verfahren zu einer hohen Wirksamkeit geführt werden kann.

Die Eigenverantwortung der Gerichte zur Entscheidung wird nicht angetastet. Wir üben diese unsere Leitungsfunktion nicht im Verborgenen aus, nicht ‚halbillegal', sondern betrachten sie als Bestandteil unseres Verfassungsauftrages. Es gibt daher auch keine Gründe, den in der Sache anleitenden Richter von einer Verhandlung in der 2. Instanz oder im Kassationsverfahren auszuschließen.“

Aus den von dem sachverständigen Zeugen Sarge bestätigten Ausführungen zieht die Kammer den Schluß, daß zwischen dem Verfassungsgebot in Artikel 96 der Verfassung der DDR und der Rechtswirklichkeit ein offenkundiger Gegensatz bestand. Bei unvoreingenommener Betrachtungsweise kann aus allem nur der Schluß gezogen werden, daß eine Unabhängigkeit der Richter in Wahrheit nicht existiert hat. {113}

Durch das Auswahlsystem der Richter – es bedurfte der Zustimmung der SED zu Wahlvorschlägen für Richter – zeigt sich bereits, daß staatliche Entscheidungsträger die politische Zuverlässigkeit der Richterschaft bis zur Einzelfallentscheidung kontrollierten.

In der justitiellen Praxis hat die SED über die Betriebsparteiorganisation der SED die ständige Kontrolle der politischen Zuverlässigkeit der Richter sichergestellt. So hat sie beispielsweise durch im Kern politische Beurteilungen den beruflichen Werdegang von Richtern gesteuert. Die glaubwürdige Zeugin F. hat in diesem Zusammenhang die folgende Beurteilung über den Angeklagten Eggert auf Vorhalt inhaltlich bestätigt:

„Bezirksgericht Schwerin Schwerin, den 26.09.988
– BPO der SED –
Beurteilung
Der Genosse Manfred Eggert, 32 Jahre alt, Diplomjurist, arbeitet seit 1980 in den Justizorganen als Richter, seit 1986 im Rechtsmittelstrafsenat des Bezirksgerichts Schwerin.
1976 wurde er Mitglied unserer Partei. Funktionen hatte er bisher nicht. Ansonsten leistet er eine aktive gesellschaftliche Arbeit. Seit 1986 ist er Sektionsvorsitzender Staat und Recht im Kreisvorstand der Urania Schwerin-Stadt. Er ist Mitglied des Kreisvorstandes Schwerin der Vereinigung der Juristen der DDR. {114}
In der Dienststelle arbeitet er als Mitglied der Betriebsgewerkschaftsleitung. In seiner beruflichen Arbeit und in seinen gesellschaftlichen Funktionen leistet er eine sehr gute Arbeit, ist fleißig und initiativreich. Er steht fest auf dem Boden unserer Arbeiter- und Bauern-Macht und wirkt aktiv an der Umsetzung der Beschlüsse unserer Partei. In seiner Persönlichkeit zeichnet er sich durch ein hohes Maß an Disziplin und Einsatzbereitschaft aus. In den Mitgliederversammlungen unserer Partei wirkt er aktiv mit.
Genosse Eggert ist ein entwicklungsfähiger Kader, der für eine Leitungsfunktion in unserer Parteileitung sowie für eine leitende Tätigkeit in der Richterfunktion vorgesehen ist.
Genosse Eggert lebt in geordneten Verhältnissen. Seine Ehefrau ist Angehörige der bewaffneten Organe, seine beiden Kinder sind Schüler.
F., stellv. Parteisekretär“

Auch die Abteilung Inspektion beim Bezirksgericht, deren Tätigkeit die Zeugin T. dargestellt hat, übte eine klassische Kontrollfunktion der Richter aus mit dem Ziel, die „Ein-{115}heitlichkeit der Rechtsprechung“ unter dem Primat der sozialistischen Parteilichkeit (= Staatspraxis) sicherzustellen. Die den politischen Entscheidungsträgern nicht genehmen Entscheidungen konnten im Wege der Kassation (§ 312 StPO/DDR) „bereinigt“ werden.

Von einer Unabhängigkeit der Richter in der Rechtswirklichkeit der DDR kann in der Tat keine Rede sein.

Soweit der Zeuge Sarge bekundet hat, daß es bei nicht der Staatspraxis entsprechenden Entscheidungen von Richtern keine beruflichen oder disziplinarischen Maßnahmen gegen sie gegeben hätte, folgen wir dessen Aussage nicht.

Der Zeuge S., langjähriger Richter in der ehemaligen DDR, an dessen Glaubwürdigkeit überhaupt keine Zweifel bestehen, hat in diesem Zusammenhang unmißverständlich bekundet, daß es natürlich bei von der politischen Linie abweichenden Entscheidungen Disziplinierungen gegeben habe. Dies habe er selbst zweimal erleben müssen, als er von „seinem Direktor" und dem Vorsitzenden des Rechtsmittelsenats beim Bezirksgericht in „fachlich verbrämter Art und Weise" gemaßregelt worden sei. Er habe damals als junger Richter „noch nicht das richtige Strafmaß bei Grenzverletzern gefunden gehabt". Jedenfalls habe diese Maßregelung zur Folge gehabt, daß er sich an der sogenannten herrschenden Meinung (= Staatspraxis) orientiert habe. {116}

Insbesondere in politischen Strafsachen – so der Zeuge S. – sei nicht jede Art von Entscheidungen möglich gewesen. Das habe jeder Richter in der DDR gewußt.

Die Kammer hat die Aussagen des sachverständigen Zeugen Sarge mit der gebotenen Vorsicht gewürdigt. Er hat nach Auffassung der Kammer die real existierenden Verhältnisse im Justizapparat nicht richtig wiedergegeben, indem er beispielsweise bekundete, daß Standpunkte und Orientierungen völlig unverbindlich gewesen seien, der Richter lediglich an das Gesetz gebunden [gewesen] sei.

Die Kammer hat demgegenüber in der Hauptverhandlung die Überzeugung gewonnen, daß die in den Standpunkten und Orientierungen zu politischen Strafsachen vom Obersten Gericht bzw. der Generalstaatsanwaltschaft vorgegebenen Auslegungsrichtlinien in der Rechtswirklichkeit alleiniger Maßstab zur Entscheidungsfindung waren, egal ob sie mit dem Strafgesetz zu vereinbaren waren oder nicht.

Die Kammer hat auf die Aussage des sachverständigen Zeugen Sarge keine den Angeklagten nachteiligen Feststellungen getroffen. Sie hat bei Würdigung seiner Aussage im übrigen bedacht, daß bei ihm der Verdacht der Anstiftung im weitesten Sinne an der vorliegend abgeurteilten Rechtsbeugung und Freiheitsberaubung besteht und hat seine eidliche Aussage als uneidliche gewertet. {117}

h) [Einfluss der SED auf die politische Strafjustiz]

Die Kammer hat durch die Beweisaufnahme die feste Überzeugung gewonnen, daß das Handeln der Justiz von der Sicherheitsdoktrin der SED bestimmt wurde, und daß es dabei mehr und mehr zu einer Entartung der Strafverfolgung im Bereich politischer Straftaten kam. Die Kammer hat dazu den sachverständigen Zeugen Prof. Dr. Luther gehört. Der Zeuge Luther ist nach seiner Bekundung seit 1952 an der Humboldt-Universität in Berlin auf dem Gebiet des Strafrechts und insbesondere des Strafverfahrensrechts tätig, 1970 sei er zum ordentlichen Professor berufen worden. Er sei einer der Verfasser eines Anfang November 1989 von Wissenschaftlern des Bereiches Strafrecht/Kriminologie der Sektion Rechtswissenschaft der Humboldt-Universität an die Volkskammer der DDR gerichteten Memorandums.

Das Memorandum habe sich kritisch mit der politischen Entwicklung in den 80er Jahren in der DDR und insbesondere mit der Entwicklung der Strafjustiz befaßt. Aus dem Memorandum ist dem Zeugen Prof. Dr. Luther u.a. vorgehalten worden, daß dort zunächst Maßnahmen und Analysen von der Volkskammer u.a. wie folgt gefordert wurden (Memorandum Ziffer 1.):

„Diese müssen zugleich öffentliche Rechenschaftslegung der Volkskammer der DDR vor unserem Volke sein und in ihrer Konsequenz bis zur Feststellung der politischen Verantwortlichkeit derer reichen, die {118} diese für Humanismus, Demokratie und Sozialismus gefährliche politische Situation durch ihre Tätigkeit in den bisherigen Kommandopositionen des Staates bewußt oder unbewußt geschaffen und das Antlitz unseres sozialistischen Staates durch bürokratisch-administrativ obrigkeitsstaatliches Machtgehabe entstellt haben, so daß das Volk die sozialistisch-humanistischen, sozialistisch-demokratischen Wesenszüge des Staates mehr und mehr schwinden sah oder real nicht mehr zu finden wußte.“

Diese damalige Einschätzung wurde von dem sachverständigen Zeugen Luther bei seiner Vernehmung ebenso bestätigt wie die nachfolgende, dem Zeugen Luther vorgehaltene, in dem Memorandum an die Volkskammer der DDR enthaltene Analyse der Reaktion des Staates auf die Wünsche der Bevölkerung der DDR u.a. nach demokratischer Teilhabe und freier Meinungsäußerung (Memorandum Ziffer 2.):

„Vielmehr wurden sie pauschal in verbrecherische Umtriebe des imperialistischen Klassengegners umgedeutet. Statt nach demokratischen und politischen Lösungen zu suchen, wurde allein auf administrative Zwangsmaßnahmen gesetzt und die Sicherheits- und Justizorgane in diese Richtung orientiert. Im Gefolge dessen stand zwangsläufig die Entartung der Strafverfolgung im politischen Bereich bis hin zu einer für den Sozialismus als unannehmbar angesehenen Verfolgung schon wegen nur vermuteter {119} staatsfeindlicher Gesinnung. Diese Organe – angefangen bei den Ermittlungsorganen über spezielle Sicherheitsorgane bis hin zur Staatsanwaltschaft und den Gerichten – gerieten damit in einen unheilvollen Sog, in dem es notwendig zur Mißachtung von Gesetz und Recht durch die Rechtsschutzorgane selbst kam.“

Diese Beurteilung, so der Zeuge Luther, sei auch aus heutiger Sicht noch zutreffend. Dabei sei zu berücksichtigen, daß die Strafrechtsnormen im politischen Bereich außerordentlich weit gefaßt gewesen seien. Sie seien praktisch auf alles anwendbar gewesen, was man darunter habe fassen wollen. Dieser Umstand habe es auch der politischen Führung erleichtert, die Justiz in ihrem, ganz auf Repression gerichteten, Sinne zu lenken.

Deshalb habe man in dem Memorandum der Volkskammer der DDR auch empfohlen, alle Strafverfahren aus dem Bereich des politischen Strafrechts, die seit dem Jahre 1986 stattgefunden hatten, im Wege der Kassation durch das Oberste Gericht überprüfen zu lassen, um die Einhaltung der Strafgesetze festzustellen und ungerechte oder ungesetzliche Entscheidungen über den Weg der Kassation aus der Welt zu schaffen.

Die Überlegungen und Feststellungen, die in das Memorandum eingeflossen seien, seien nicht gleichsam über Nacht entstanden. Vielmehr habe man sich im Bereich der Lehre sehr wohl schon früher Gedanken über die außerordentliche Weite {120} der Straftatbestände im politischen Bereich gemacht und diese Frage diskutiert. Über die Neufassung von Straftatbeständen im Bereich des politischen Strafrechts – u.a. des § 214 StGB/DDR – durch das 3. Strafrechtsänderungsgesetz vom 28.06.1979 sei man keineswegs glücklich gewesen; das Instrumentarium des politischen Strafrechts sei damals erheblich erweitert worden. Die Wissenschaft sei bei dieser Neufassung aber nicht gefragt oder gar beteiligt worden. Allerdings sei man mit solchen Gedanken nicht an die Öffentlichkeit getreten. Die Folgen der Neufassung des politischen Strafrechts in Verbindung mit den Sicherheitsvorstellungen des Staates, die nach immer mehr Repression verlangt hatten, seien in dem Memorandum an die Volkskammer der DDR korrekt wiedergegeben.

Dem Zeugen Luther wurde der nachfolgende Abschnitt aus dem Memorandum an die Volkskammer der DDR vorgehalten und von ihm sodann als auch seine heutige Auffassung bestätigt (Memorandum Ziffer 3.):

„Begleitet wurde diese Entwicklung durch eine sich zunächst unmerklich vollziehende Entstellung und mißbräuchliche Anwendung jener Bestimmungen des Strafrechts, die dem Schutz und der Sicherung des inneren politischen Friedens dienen sollten, was schließlich zu einer zunehmenden Perversion der ‚politischen Strafjustiz', die sich am Ende gegen die politischen und Grundrechte des Volkes wie des {121} einzelnen kehrte, und zur Verletzung der allgemein anerkannten Menschenrechte führte."

Bei dieser Entwicklung habe es eine erhebliche Bedeutung gehabt, daß das Ministerium für Staatssicherheit, das Ministerium des Inneren und das Ministerium für Nationale Verteidigung eng zusammengehangen hätten, während das Ministerium der Justiz praktisch keinen bestimmenden Einfluß gehabt hätte. Die bei den zuerst genannten Stellen herrschende repressive Sicherheitsideologie habe man auf die Justiz übertragen und die Gerichte genauso wie die Staatsanwaltschaft hätten dies mitgemacht. Letztlich sei das Strafrecht zur Bekämpfung Andersdenkender verwandt worden.

Die Wissenschaft habe auf diese Entwicklung aber keinen Einfluß gehabt, obwohl man, wenn auch nicht in der Öffentlichkeit, darüber diskutiert und sich seine Gedanken gemacht habe.

Die Kammer hat keine Bedenken, den Ausführungen des sachverständigen Zeugen Luther zu folgen, sie treffen nach eigener Meinungsbildung der Kammer zu. Sie sind in sich schlüssig und plausibel. Insbesondere korrespondieren sie mit den Feststellungen der Kammer zur ideologischen Ausrichtung der Justiz.

Die Kammer ist zudem der Überzeugung, daß den Angeklagten die von dem Zeugen Luther beschriebene Entwicklung der Strafjustiz in der DDR bis hin zu ihrer Entartung, wie der Zeuge Luther {122} den Endzustand bezeichnet hat, nicht verborgen geblieben sein kann.

i) Rechtsverletzungen der Angeklagten im Strafverfahren gegen Jürgen P.

Zur Überzeugung der Kammer steht fest, daß die Angeklagten Eggert und Korth bewußt und gewollt das Recht falsch angewandt haben. Die Kammer hat sich dabei von folgenden Überlegungen leiten lassen:

aa) (1) Die Anwendung des § 214 Abs. 1 StGB/DDR durch die Angeklagten war nach dem Recht der DDR objektiv falsch und rechtlich nicht zulässig.

(a) Das Verhalten des Zeugen P. bei der öffentlichen Vereidigung von Angehörigen der Grenztruppen der DDR in Perleberg erfüllte den Tatbestand des § 214 Abs. 1 StGB/DDR in keiner von dessen Alternativen.

(aa) Die erste Alternative von § 214 Abs. 1 StGB/DDR erfordert, daß der Täter die Tätigkeit staatlicher Organe durch Gewalt oder Drohungen beeinträchtigt. Die Anwendung von Gewalt oder der Einsatz einer Drohung sind in dem Verhalten {123} von Jürgen P. noch nicht einmal in Ansätzen erkennbar. Hierauf ist – insoweit zutreffend – in dem gegen ihn geführten Ermittlungs- und Strafverfahren von den Angeklagten auch nichts gestützt worden.

(bb) Die zweite Alternative von § 214 Abs. 1 StGB/DDR erfaßt Handlungen, mit denen in einer die öffentliche Ordnung gefährdenden Weise die *Mißachtung der Gesetze bekundet* oder dazu aufgefordert wird. Im Falle des Zeugen P. fehlt es schon an der Tathandlung, wobei die Begehungsform des Aufforderns von vornherein ausscheidet und auch von den Angeklagten nicht angenommen worden ist.

Unter dem Begriff „die Gesetze" können sprachlich alle allgemeinverbindlichen Rechtsvorschriften – hier bezogen auf Vorschriften der DDR – verstanden werden.

Der Begriff „Mißachtung" bedeutet von seinem äußersten Wortsinn in der Anknüpfung an „die Gesetze", daß diesen insgesamt oder teilweise die Gültigkeit für jedermann abgesprochen wird, der Täter des § 214 Abs. 1 2. Alt. StGB/DDR also alle oder zumindest einzelne Rechtsvorschriften der DDR für alle ihre Bürger, für bestimmte Personengruppen, für einzelne Personen oder wenigstens für sich selbst als unverbindlich erachtet.

„Bekunden" meint schließlich von seiner sprachlichen Bedeutung her, daß die Mißachtung durch Sprache, durch Symbole oder durch schlüssiges {124} Verhalten mit entsprechendem Erklärungswert für Dritte ausgedrückt wird.

Das Verhalten des Zeugen Jürgen P. bei der Vereidigung von Angehörigen der Grenztruppen der DDR in Perleberg am 23.11.1985 erfüllte diese Voraussetzungen offenkundig nicht. Weder sein Verhalten bei der Vereidigung von Grenztruppen in Perleberg als solches noch der Text des von ihm hochgehaltenen Plakats enthalten irgendeine Aussage zur Gültigkeit allgemeinverbindlicher Rechtsvorschriften der DDR. Der Plakattext selbst bewertet lediglich die Grenze der DDR, wobei die Bewertung durch die Worte „... für mich ..." ausdrücklich und unmißverständlich als persönliche Meinungsäußerung gekennzeichnet ist, die keinen Anspruch auf Allgemeinverbindlichkeit erhebt.

Sein Verhalten als solches, die Äußerung einer persönlichen Meinung in der konkreten Situation, konnte nach der in der DDR – jedenfalls bei den politischen Entscheidungsträgern – herrschenden Anschauung als Provokation beurteilt werden. Einen irgendwie gearteten Erklärungswert in Bezug auf die Gültigkeit von Rechtsvorschriften der DDR erwuchs ihm hieraus jedoch nicht.

Dies gilt unbeschadet des Umstandes, daß für Bürger der DDR das Verhalten des Zeugen Jürgen P. den Gedanken nahelegen konnte, es handele sich um das Auftreten eines ausreisewilligen Bürgers, der seinem Ausreisebegehren Nachdruck verleihen wollte. Denn zum einen ließ sein Ver-{125}halten mehr als eine bloße Vermutung in diese Richtung nicht zu. Genauso gut konnte es sich nämlich um einen Bürger handeln, der lediglich von seinem in Artikel 27 Abs. 1 der Verfassung der DDR garantierten Grundrecht auf freie Meinungsäußerung Gebrauch machte.

Der Umstand, daß ein bestimmtes Verhalten Vermutungen hinsichtlich des dahintersteckenden Beweggrundes ermöglicht, schafft keinen Erklärungswert des betreffenden Verhaltens; und dies auch dann nicht, wenn die Vermutung zutrifft. Außerdem würde selbst dann, wenn unzweifelhaft gewesen wäre, daß der Zeuge Jürgen P. auf sein Ausreisebegehren aufmerksam machen wollte, seinem Verhalten kein Erklärungswert zuwachsen, der in irgendeiner Form Gültigkeit von Rechtsvorschriften in Zweifel ziehen würde.

Bei den „Gesetzen", deren Mißachtung der Zeuge Jürgen P. bekundet haben soll, kann man allenfalls – wenn überhaupt ernsthaft – im Hinblick auf den Plakattext das Grenzgesetz der DDR vom 25.03.1982 (Gesetz über die Staatsgrenze der DDR –

Grenzgesetz – GBl. I Seite 197) sowie im Hinblick auf seinen Übersiedlungswunsch Rechtsvorschriften zu dieser Frage in Betracht ziehen. Allerdings ist nicht erkennbar, was der Plakattext über Bestimmungen des Grenzgesetzes aussagen sollte. Dementsprechend haben Rechtsvorschriften der DDR in Bezug auf ihre Grenze bei der Rechtsanwendung durch die Angeklagten im Strafverfahren gegen Jürgen P. auch keine Rolle gespielt. {126}

Die letztere Feststellung ergibt sich zur Überzeugung der Kammer auch aus der Einlassung der Angeklagten Korth, die auf Vorhalt des Grenzgesetzes bestätigt hat, daß sie dieses natürlich kenne, jedoch angegeben hat, daß grenzrechtliche Rechtsvorschriften bei der damaligen Rechtsanwendung im Verfahren gegen Jürgen P. überhaupt keine Bedeutung gehabt hätten. Hieraus folgt zur Überzeugung der Kammer auch, daß es sich bei dem Angeklagten Eggert genauso verhielt.

Die Gültigkeit von Rechtsvorschriften zur Frage seiner Übersiedlung in Zweifel zu ziehen, war dem Zeugen Jürgen P. unmöglich, selbst wenn er dies gewollt hatte. Denn solche Rechtsvorschriften gab es nicht. Die gegenteilige Einlassung der Angeklagten Korth ist widerlegt.

Lediglich zu Einzelfragen der Aussiedlung gab es rechtliche Bestimmungen, die den Zeugen P., der keine Familienangehörigen außerhalb der DDR besaß, jedoch nicht betrafen. Zwar hatte die DDR Veranlassung, eine allgemeine Regelung der Frage der Übersiedlung, die auch für den Zeugen Jürgen P. gegolten hätte, zu schaffen, tatsächlich war dies jedoch nicht geschehen. Hierzu ergibt sich folgendes Bild:

Die DDR war dem Internationalen Pakt über Bürgerrechte und politische Rechte – IPbürgR – (GBl. 1974 II Nr. 6 Seite 58 = BGBl. II 1973 Seite 1534) ausweislich der Bekanntmachung vom 14.01.1974 über die Ratifikation der Internationalen Konvention vom 16.12.1966 über zivile {127} und politische Rechte (GBl. 1974 I. Nr. 6 Seite 57) beigetreten und hat das Inkrafttreten des IPbürgR nach Hinterlegung der erforderlichen Anzahl von Ratifikationsurkunden zum 23.03.1976 bekanntgemacht (GBl. 1976 II Nr. 4 Seite 108). Nach Artikel 12 Abs. 2 IPbürgR steht es jedermann frei, jedes Land, einschließlich seines eigenen, zu verlassen. Nach Artikel 12 Abs. 3 IPbürgR darf dieses Recht nur eingeschränkt werden, wenn dies gesetzlich vorgesehen und zum Schutz der nationalen Sicherheit, der öffentlichen Ordnung, der Volksgesundheit, der öffentlichen Sittlichkeit oder Rechte und Freiheiten anderer notwendig ist und die Einschränkungen mit den übrigen in dem Pakt anerkannten Rechten vereinbar sind.

Eine Transformation des IPbürgR vom 16.12.1966 in innerstaatliches Recht der DDR ist nicht erfolgt. Seine unmittelbare Geltung als innerstaatliches Recht ergibt sich auch nicht aus Artikel 8 der Verfassung der DDR, da es sich insoweit nicht um anerkannte Regeln des Völkerrechts handelt. Aus dem Beitritt folgt indes, daß die DDR – soweit es um den vorliegenden wesentlichen Fragenbereich ging – gehalten war, das in Artikel 12 Abs. 2 IPbürgR statuierte Recht auf Ausreise unter Beachtung der in Artikel 12 Abs. 3 IPbürgR aufgeführten Kriterien durch Gesetz auszugestalten (vgl. zu dieser Problematik: Urteil des BGH vom 03.11.1992[12], StV 1993 Seite 9, 12).

Weder das Staatsbürgerschaftsgesetz der DDR – (Gesetz über die Staatsbürgerschaft der DDR – {128} Staatsbürgerschaftsgesetz – vom 20.02.1967, GBl. 1967 I. Nr. 2 Seite 3) nebst zugehöriger Durchführungsverordnung (Durchführungsverordnung zum Gesetz über die Staatsbürgerschaft der DDR vom 03.08.1967, GBl. 1967 II Nr. 92 Seite 681 f.)

noch die Verordnung über die Familienzusammenführung (Verordnung zur Regelung von Fragen der Familienzusammenführung und Eheschließung zwischen Bürgern der DDR und Ausländern vom 15.09.1983, GBl. 1983 I. Nr. 26 Seite 254 f.) nebst zugehöriger Durchführungsverordnung (Erste Durchführungsbestimmung zur Verordnung zur Regelung von Fragen der Familienzusammenführung und der Eheschließung zwischen Bürgern der DDR und Ausländern vom 15.09.1983, GBl. Teil I. Nr. 26 Seite 255 f.) enthielten eine allgemeine Regelung der Frage einer Übersiedlung aus der DDR in die Bundesrepublik Deutschland.

Die Verordnung über die Familienzusammenführung vom 15.09.1983 nebst ihrer Durchführungsbestimmung befaßt sich allein mit Fragen der Familienzusammenführung, wie schon durch die Einleitungsformel klargestellt ist:

„Zur Regelung von Fragen der Familienzusammenführung wird … verordnet: …“.

Im § 1 Abs. 2 der Verordnung ist dies nochmals wie folgt umschrieben:

„(2) Diese Verordnung regelt die Verfahren und die Voraussetzungen für die Genehmigung der Wohnsitz-{129}nahme in der Deutschen Demokratischen Republik und der Wohnsitzänderung nach dem Ausland, zur Familienzusammenführung sowie die Zustimmung zur Eheschließung zwischen Bürgern der Deutschen Demokratischen Republik und Ausländern.“

Dementsprechend betrifft die in § 5 der Verordnung wie folgt statuierte Genehmigungspflicht:

„§ 5
Die Wohnsitzänderung von Bürgern der Deutschen Demokratischen Republik nach dem Ausland bedarf der Genehmigung der dafür zuständigen Organe der Deutschen Demokratischen Republik“

auch nur Fälle, in denen es um Familienzusammenführung ging.

Dagegen ist eine über diesen Bereich hinausgehende Bestimmung etwa dergestalt, daß in anderen Fällen ein Antrag auf Wohnsitzänderung nach dem Ausland generell unzulässig sei, dieser Verordnung nicht zu entnehmen.

Genausowenig enthält das Staatsbürgerschaftsgesetz der DDR eine allgemeine Regelung der Frage von Übersiedlungen. § 10 Abs. 1 Staatsbürgerschaftsgesetz der DDR besagt nur, daß ein

„… Staatsbürger der Deutschen Demokratischen Republik … auf seinen Antrag aus der Staatsbürgerschaft entlassen werden“ kann, „wenn er seinen {130} Wohnsitz mit Genehmigung der zuständigen staatlichen Organe der Deutschen Demokratischen Republik außerhalb der Deutschen Demokratischen Republik hat oder nehmen will …“.

Mithin ist lediglich einerseits vorausgesetzt, daß es Fälle gab, in denen Bürger der DDR mit Genehmigung der dafür zuständigen Stelle ihren Wohnsitz im Ausland hatten oder nehmen wollten. Andererseits wird das *Vorliegen einer Genehmigung zur Wohnsitznahme im Ausland* zur Bedingung für die Entlassung aus der Staatsbürgerschaft gemacht, ohne daß eine Regelung dieser Frage selbst getroffen würde.

Schließlich kann auch in den Paßbestimmungen der DDR (Paßgesetz der DDR vom 28.06.1979, GBl. I 1979 S. 148; Anordnung über Paß- und Visaangelegenheiten – Paß- und Visaanordnung – (PVAO) vom 28.06.1979, GBl. I 1979 S. 151; Anordnung über den Verkauf von Beförderungsdokumenten im Internationalen Verkehr an Ausländer vom 05.02.1980, GBl. I 1980 S. 80; Anordnung über Regelungen zum Reiseverkehr von Bürgern der DDR vom 25.02.1982, GBl. I 1982 S. 187) keine allgemeine Regelung der Frage einer Übersiedlung gefunden werden. In § 1 des Paßgesetzes der DDR ist nur bestimmt, daß sich Bürger der DDR beim Überschreiten der Grenze durch einen Paß zu legitimieren haben. Aus §§ 13, 17 PVAO kann man zwar entnehmen, daß DDR-Bürger für das Passieren der Grenze einer Genehmigung bedurften, und daß darüber ohne Angabe von Gründen entschieden werden konnte. Diese Bestimmungen betreffen mithin nur das Verfahren in Bezug auf das Pas-{131}sieren der Grenze. Wann und unter welchen Bedingungen einem Bürger der DDR gestattet war, zum Zwecke der Übersiedlung die DDR endgültig zu verlassen, erschließt sich aus den Paß- und Visabestimmungen der DDR nicht. Dementsprechend haben Bestimmungen aus diesem Bereich in dem Verfahren gegen Jürgen P. auch überhaupt keine Rolle gespielt bzw. sind nicht in Betracht gezogen worden. Diese Feststellung – und zwar auch in Bezug auf den Angeklagten Eggert – steht zur Überzeugung der Kammer fest, weil die Angeklagte Korth, zur Frage der Verwirklichung des Tatbestandes des § 214 Abs. 1 StGB/DDR durch den Zeugen P. befragt, auf Vorhalt bestätigt hat, daß derartige Bestimmungen – Paß- und Grenzgesetz – keine Bedeutung gehabt hätten, sondern ausschließlich das Staatsbürgerschaftsgesetz. Für die Annahme, daß dies bei dem Angeklagten Eggert anders gewesen sein könnte, besteht keinerlei Veranlassung.

Diese Sachlage, das Fehlen einer allgemeinen Regelung zur Übersiedlungsfrage, ergibt sich im übrigen auch aus der durch Verlesung festgestellten

„Verfügung Nr. 143/83 des Vorsitzenden des Ministerrates zur Gewährleistung des einheitlichen, abgestimmten Vorgehens der staatlichen Organe, Kombinate, Betriebe, Einrichtungen, Genossenschaften in Zusammenarbeit mit gesellschaftlichen Organisationen zur Unterbindung und Zurückdrängung von Versuchen von Bürgern der DDR, die Übersiedlung nach nichtsozialistischen Staaten und Westberlin zu erreichen“

vom 27.09.1983 sowie der Schrift

„Hinweise zur Erläuterung der Verfügung des Vorsitzenden des {132} Ministerrates zur Gewährleistung des einheitlichen, abgestimmten Vorgehens der staatlichen Organe, Kombinate, Betriebe, Einrichtungen und Genossenschaften zur Unterbindung und Zurückdrängung von Versuchen von Bürgern der DDR, die Übersiedlung nach nichtsozialistischen Staaten und Westberlin zu erreichen“

vom 11.07.1984, deren Inhalt nebst Verteiler und Anschreiben ebenfalls durch Verlesung festgestellt worden ist.

In der Verfügung Nr. 143/83 des Vorsitzenden des Ministerrates vom 27.09.1983 wird das Fehlen einer allgemeinen Regelung der Übersiedlungsfrage unter anderem wie folgt umschrieben:

„1. (1) Versuche von Bürgern der DDR, die Übersiedlung nach nichtsozialistischen Staaten und Westberlin zu erreichen (Bürger der DDR, bei denen keine Antragsberechtigung gemäß § 6 Abs. 2 i.V.m. § 7 der Verordnung zur Regelung von Fragen der Familienzusammenführung und der Eheschließung zwischen Bürgern der DDR und Ausländern vorliegt) sind im Rahmen einer differenzierten und offensiven politisch-ideologischen Einflußnahme durch die zuständigen staatlichen Organe der DDR zurückzuweisen, soweit eine Abstandnahme nicht erreicht wird.
(2) Die Zurückweisung von Versuchen von Bürgern der DDR, die Übersiedlung nach nichtsozialistischen Staaten und Westberlin zur erreichen, (nachfolgend Versuche zur Erreichung der

Übersiedlung genannt) {133} hat mit der Begründung zur erfolgen, daß entsprechend [den] Bestimmungen der in Abs. 1 genannten Verordnung die Voraussetzungen für eine Antragsentgegennahme und -genehmigung nicht erfüllt sind und darüber hinaus in den Rechtsvorschriften der DDR keine Grundlage gegeben ist.
2. Versuchen Bürger der DDR durch Beantragung der Entlassung aus der Staatsbürgerschaft der DDR die Übersiedlung zu erreichen, ist ihnen auf der Grundlage des § 10 Abs. 1 des Staatsbürgerschaftsgesetzes der DDR i.V.m. § 8 der Durchführungsverordnung zum Staatsbürgerschaftsgesetz der DDR zu erläutern, daß das Vorliegen der Genehmigung zur Wohnsitzänderung nach dem Ausland gemäß der in Ziffer 1 Abs. 1 genannten Verordnung Voraussetzung für eine Antragstellung auf Entlassung aus der Staatsbürgerschaft der DDR ist."

Beide Dokumente waren der Angeklagten Korth nach ihrer Einlassung im Zeitpunkt ihrer Befassung mit dem Strafverfahren gegen Jürgen P. bekannt. Die Kammer hat keinen Anlaß, ihrer Einlassung nicht zu folgen. Zur Überzeugung der Kammer steht deswegen zudem fest, daß der Angeklagte Eggert beide Dokumente ebenfalls kannte. Denn es ist kein Grund ersichtlich, warum dem Angeklagten Eggert als Richter, der für politische Strafsachen eingesetzt wurde, diese Unterlagen im Gegensatz zu der Angeklagten Korth als Staatsanwältin nicht zugänglich gemacht worden sein könnten. Dabei hat die Kammer auch be-{134}dacht, daß nach der Einleitung der Verfügung Nr. 143/83 des Vorsitzenden des Ministerrats vom 27.09.1983 und den Hinweisen zur Erläuterung der Verfügung des Vorsitzenden des Ministerrats vom 11.07.1984 diese der Gewährleistung eines einheitlichen Vorgehens von staatlichen Organen und gesellschaftlichen Stellen dienen sollte. Mit dieser Zweckrichtung, die auch aus dem Inhalt von Verfügung und Hinweisen folgt, wäre es unvereinbar, beide Dokumente nicht den mit politischen Strafverfahren betrauten Richtern und Staatsanwälten gleicherweise für ihre Arbeit an die Hand zu geben.

Aus dem Umstand, daß beiden Angeklagten die Verfügung Nr. 143/83 des Vorsitzenden des Ministerrates vom 27.09.1983 und die Hinweise zur Erläuterung der Verfügung des Vorsitzenden des Ministerrates vom 11.07.1984 bekannt waren, folgt zur Überzeugung der Kammer auch die Feststellung, daß beiden Angeklagten die Regelungen des Staatsbürgerschaftsgesetzes und der Verordnung über die Familienzusammenführung bekannt waren wie der Umstand, daß es gerade *keine allgemeine rechtliche Regelung der Frage der Übersiedlung gab*. Die Angeklagte Korth hat zudem auf Nachfrage bestätigt, daß ihr das Staatsbürgerschaftsgesetz der DDR und die Verordnung über die Familienzusammenführung vom 15.09.1983 bekannt waren.

Die Verfügung Nr. 143/83 des Vorsitzenden des Ministerrates vom 27.09.1983 hat auszugsweise folgenden Wortlaut: {135}

„Verfügung Nr. 143/83 des Vorsitzenden des Ministerrates zur Gewährleistung des einheitlichen, abgestimmten Vorgehens der staatlichen Organe, Kombinate, Betriebe, Einrichtungen und Genossenschaften in Zusammenarbeit mit gesellschaftlichen Organisationen zur Unterbindung und Zurückdrängung von Versuchen von Bürgern der DDR, die Übersiedlung nach nichtsozialistischen Staaten und Westberlin zu erreichen vom 27. September 1983.

Durch die zuständigen staatlichen Organe der DDR werden in Übereinstimmung mit völkerrechtlichen Dokumenten und Praktiken Wohnsitzänderungen nach nichtsozialistischen Staaten und Westberlin genehmigt. Entspannungsfeindliche, revanchistische Kräfte, besonders in der BRD und in Westberlin, versuchen im Rahmen ihrer Konfrontationspolitik gegen die sozialistischen Staaten in den Massenmedien und unter Einbeziehung staatlicher Stellen, insbesondere der Ständigen Vertretung der BRD in der DDR, und einer Vielzahl feindlicher Organisationen und Kräfte,

- Bürger der DDR im feindlichen Sinne zu beeinflussen und zur Übersiedlung nach nichtsozialistischen Staaten und Westberlin zu inspirieren, {136}
- Bürger der DDR, deren Versuche zur Übersiedlung nach nichtsozialistischen Staaten und Westberlin von den zuständigen staatlichen Organen der DDR zurückgewiesen wurden, zu veranlassen, die Rechtsvorschriften der DDR zu mißachten, sich zur Durchsetzung ihrer Vorhaben zusammenzuschließen und mit Straftaten und anderen Rechtsverletzungen sowie mit Provokationen und anderen demonstrativen Handlungen gegen die Staats- und Gesellschaftsordnung der DDR aufzutreten,
- sich in Durchsetzung dieser subversiven Ziele in die inneren Angelegenheiten der DDR einzumischen, Verbindungen zu Bürgern der DDR, deren Versuche zur Übersiedlung nach nichtsozialistischen Staaten und Westberlin von den zuständigen staatlichen Organen der DDR zurückgewiesen wurden, aufzunehmen und sie zu ‚beraten', zu ‚unterstützen' und in die feindliche Tätigkeit gegen die DDR einzubeziehen. Dabei ist zu erwarten, daß die Bürger der DDR zur Verschleierung ihrer tatsächlichen Gründe inspiriert werden, sich bei ihren Versuchen, die Übersiedlung nach nichtsozialistischen Staaten und Westberlin zu erreichen, gegenüber den staatlichen Organen der DDR auf die Verordnung zur Regelung von Fragen der Familienzusammenführung und der Ehe-{137}schließung zwischen Bürgern der DDR und Ausländern zu berufen.

Diesen entspannungsfeindlichen, revanchistischen Kräften und den von ihnen inspirierten Bürgern der DDR ist eine entschiedene Abfuhr zu erteilen. Deshalb ist zur strikten Durchsetzung der Rechtsordnung der DDR, insbesondere zur Unterbindung und Zurückdrängung von Versuchen von Bürgern der DDR, die Übersiedlung nach nichtsozialistischen Staaten und Westberlin zu erreichen, und zur zielgerichteten Vorbeugung gegen das Wirksamwerden entspannungsfeindlicher, revanchistischer Kräfte und ihrer Versuche zur Einmischung in die inneren Angelegenheiten der DDR, ein einheitliches und abgestimmtes Vorgehen der staatlichen Organe, Kombinate, Betriebe, Einrichtungen und Genossenschaften in Zusammenarbeit mit gesellschaftlichen Organisationen der DDR zu gewährleisten.

I
Grundsätze
für das einheitliche und abgestimmte Vorgehen bei Versuchen von Bürgern der DDR, die Übersiedlung nach nichtsozialistischen Staaten und Westberlin zu erreichen {138}

1. (1) Versuche von Bürgern der DDR, die Übersiedlung nach nichtsozialistischen Staaten und Westberlin zu erreichen, (Bürger der DDR, bei denen keine Antragsberechtigung gemäß § 6 Absatz 2 in Verbindung mit § 7 der Verordnung zur Regelung von Fragen der Familienzusammenführung und der Eheschließung zwischen Bürgern der DDR und Ausländern vorliegt) sind im Rahmen einer differenzierten und offensiven politisch-ideologischen Einflußnahme durch die zuständigen staatlichen Organe der DDR zurückzuweisen, soweit eine Abstandnahme von ihrem Versuch nicht erreicht wird.

(2) Die Zurückweisung von Versuchen von Bürgern der DDR, die Übersiedlung nach nichtsozialistischen Staaten und Westberlin zu erreichen, (nachfolgend Versuche zur Erreichung der Übersiedlung genannt) hat mit der Begründung zu erfolgen, daß entsprechend den Bestimmungen der in Absatz 1 genannten Verordnung die Voraussetzungen für eine Antragsentgegennahme und -genehmigung nicht erfüllt sind und darüber hinaus in den Rechtsvorschriften der DDR keine Grundlage gegeben ist.

2. Versuchen Bürger der DDR, durch Beantragung der Entlassung aus der Staatsbürgerschaft der DDR die Übersiedlung zu erreichen, ist ihnen auf der Grundlage des § 10 Absatz 1 des

Staatsbürgerschaftsgesetzes der DDR in Verbindung mit § 8 der Durchführungsverord-{139}-nung zum Staatsbürgerschaftsgesetz der DDR zu erläutern, daß das Vorliegen der Genehmigung zur Wohnsitzänderung nach dem Ausland gemäß der in Ziffer 1 Absatz 1 genannten Verordnung Voraussetzung für eine Antragstellung auf Entlassung aus der Staatsbürgerschaft der DDR ist. Ihre Versuche, die Entlassung aus der Staatsbürgerschaft der DDR zu erreichen, sind aufgrund des Fehlens dieser Voraussetzungen durch die zuständigen staatlichen Organe der DDR zurückzuweisen.

3. Werden im Zusammenhang mit der Prüfung von Anträgen auf Zustimmung zur Eheschließung von Bürgern der DDR mit Ausländern aus nichtsozialistischen Staaten und Westberlin Hinweise bekannt, die vermuten lassen, daß zur Erreichung der Übersiedlung die Absicht besteht, eine Scheinehe einzugehen, ist die Zustimmung zur Eheschließung gemäß § 18 des Rechtsanwendungsgesetzes durch die zuständigen staatlichen Organe der DDR zu versagen.

4. Die zuständigen staatlichen Organe der DDR haben unverzüglich die Leiter der Kombinate, Betriebe und Einrichtungen sowie Vorsitzenden der Genossenschaften über Beschäftigte, deren Versuche zur Erreichung der Übersiedlung zurückgewiesen wurden, sowie die von diesen vorgebrachten Gründe zu informieren. Erforderliche Maßnahmen des weiteren differenzierten Vorgehens sind ent-{140}sprechend den gegebenen Möglichkeiten abzustimmen und konkret und abrechenbar festzulegen. Über Versuche zur Erreichung der Übersiedlung von Wehrpflichtigen sind die zuständigen Wehrkreiskommandos zu informieren.

5. Mit Bürgern der DDR, deren Versuche zur Erreichung der Übersiedlung zurückgewiesen wurden, ist durch die staatlichen Organe, Kombinate, Betriebe, Einrichtungen und Genossenschaften, in deren Verantwortungsbereichen diese Bürger beschäftigt sind, unter Einbeziehung gesellschaftlicher Kräfte eine kontinuierliche, differenzierte, individuelle und überzeugende politisch-ideologische Arbeit zu leisten mit dem Ziel, die Abstandnahme von ihrem Vorhaben zu erreichen.

6. Bürger der DDR, die unter Berufung auf die Schlußakte der KSZE, Dokumente der Nachfolgekonferenzen, andere völkerrechtliche Dokumente oder innerstaatliche Rechtsvorschriften versuchen, die DDR der Nichteinhaltung völkerrechtlicher Verpflichtungen oder innerstaatlicher Rechtsvorschriften zu bezichtigen oder Straftaten oder andere Rechtsverletzungen androhen, sind auf mögliche strafrechtliche oder andere rechtliche Konsequenzen ihres Handelns mit Nachdruck hinzuweisen. {141}

7. Bei der Androhung von Straftaten und anderen Rechtsverletzungen zur Erreichung der Übersiedlung, insbesondere bei Hinweisen auf mögliche Zusammenschlüsse von Bürgern oder beabsichtigte öffentlichkeitswirksame provokatorische Handlungen sowie auf Verbindungsaufnahme zu Vertretungen nichtsozialistischer Staaten oder zu anderen staatlichen Organen, Organisationen und Vereinigungen sowie Persönlichkeiten solcher Staaten und Westberlins oder internationaler Institutionen, sind unverzüglich die Sicherheitsorgane zu informieren.

8. Bürger der DDR, die beabsichtigen, sich im Zusammenhang mit ihren Versuchen zur Erreichung der Übersiedlung an Vertretungen nichtsozialistischer Staaten oder an andere staatliche Organe, Organisationen und Vereinigungen sowie Persönlichkeiten solcher Staaten und Westberlins oder internationale Institutionen zu wenden, sind nachdrücklich darauf hinzuweisen, dieses zu unterlassen, da Entscheidungen zu diesen Fragen entsprechend den international anerkannten Prinzipien des Völkerrechts ausschließlich innerstaatliche Angelegenheiten sind.

9. Gegen Bürger der DDR, die im Zusammenhang mit ihren Versuchen zur Erreichung der Übersiedlung Straftaten oder andere Rechtsverletzungen begehen, sind differen-{142}ziert strafrechtliche, arbeitsrechtliche und andere Mittel des sozialistischen Rechts anzuwenden.

10. (1) Die Leiter der Kombinate, Betriebe und Einrichtungen sowie die Vorsitzenden der Genossenschaften sind in ihrem Verantwortungsbereich für die konsequente, offensive und differenzierte Durchsetzung der erforderlichen Maßnahmen zum einheitlichen und abgestimmten

Vorgehen zur Unterbindung und Zurückdrängung von Versuchen von Beschäftigten, die Übersiedlung zu erreichen, verantwortlich. Dazu gehören

- die Durchführung einer gezielten Vorbeugung, insbesondere bei der Verwirklichung der Prinzipien sozialistischer Kaderpolitik, die Vermeidung bzw. rechtzeitige Klärung von Konfliktsituationen sowie das Aufdecken und die Beseitigung begünstigender Bedingungen, die Anlaß für das Entstehen von Absichten zur Übersiedlung sein können,
- die unverzügliche schriftliche Information der zuständigen staatlichen Organe der DDR bei Bekanntwerden von Absichten zur Übersiedlung,
- die Sicherung einer kontinuierlichen, differenzierten, individuellen und überzeugenden politisch-ideologischen Einflußnahme bei Bekanntwerden {143} von Absichten zur Übersiedlung oder nach Vorliegen der von den zuständigen staatlichen Organen der DDR übermittelten Informationen über Bürger der DDR, deren Versuche auf Übersiedlung zurückgewiesen wurden, mit dem Ziel, daß diese von ihrem Vorhaben Abstand nehmen,
- die Gewährleistung einer hohen Wachsamkeit gegenüber Beschäftigten, die trotz mehrfacher Aussprachen bei den zuständigen staatlichen Organen der DDR und gesellschaftlicher Einflußnahme hartnäckig versuchen, die Übersiedlung zu erreichen, sowie die kontinuierliche Information der zuständigen staatlichen Organe der DDR über die in jedem Einzelfall erreichten Ergebnisse,
- die differenzierte Anwendung arbeitsrechtlicher Maßnahmen gegenüber Beschäftigten, deren Versuche zur Erreichung der Übersiedlung zurückgewiesen wurden, entsprechend den Grundsätzen dieser Verfügung.

(2) Bei der Durchsetzung aller erforderlichen Maßnahmen ist eng mit den Parteiorganisationen der SED, den Gewerkschaftsleitungen und anderen gesellschaftlichen Organisationen und Kräften zusammenzuarbeiten. Sofern die Voraussetzungen dafür vorliegen, ist zu erreichen, daß diese Maßnahmen durch die jeweiligen Arbeitskollektive unterstützt werden. {144}

11. (1) Die Leiter der staatlichen Organe, Kombinate, Betriebe und Einrichtungen sowie die Vorsitzenden der Genossenschaften haben zur Sicherung staatlicher und gesellschaftlicher Interessen und unter Berücksichtigung der Motive der Beschäftigten, deren Versuche zur Erreichung der Übersiedlung zurückgewiesen wurden, – soweit das nach Ausschöpfung aller Möglichkeiten der politisch-ideologischen Einflußnahme zur Erreichung der Abstandnahme erforderlich ist – differenzierte arbeitsrechtliche Maßnahmen durchzusetzen. Dabei sind Überspitzungen nicht zuzulassen.

(2) Eine Änderung oder Beendigung der Arbeitsrechtsverhältnisse ist insbesondere zu prüfen, wenn diese Beschäftigten

- Leitungsaufgaben zu erfüllen haben;
- politische Mitarbeiter oder andere Mitarbeiter staatlicher Organe sind, die eine Vertrauensstellung innehaben;
- in ihrer Tätigkeit Kenntnis von gegenwärtig noch aktuellen Staats- und Dienstgeheimnissen haben oder bei Fortsetzung ihrer Tätigkeit erlangen würden; {145}
- in ihrer Tätigkeit Verantwortung für die Ausbildung und Erziehung tragen (insbesondere von Studenten, Jugendlichen, Kindern);
- an wichtigen bzw. wertvollen Produktionsanlagen arbeiten, deren Ausfall schwerwiegende Störungen der Volkswirtschaft zur Folge haben würde.

(3) Mit den Beschäftigten sind vorrangig Änderungsverträge zu vereinbaren. Ist die Weiterbeschäftigung im Betrieb nicht möglich, sind in den zu führenden Gesprächen Aufhebungsverträge anzustreben. Soweit nach gründlicher Prüfung eine Beendigung des Arbeitsrechtsverhältnisses entsprechend den Bestimmungen des Arbeitsgesetzbuches gegen den Willen des Beschäftigten erforderlich ist, ist das nicht unter Bezugnahme auf Versuche des Beschäftigten zur Erreichung der Übersiedlung vorzunehmen. Die Entscheidung ist mit Nichteignung für diese Tätigkeit bzw. mit Pflicht- und Disziplinverletzungen zu begründen.

(4) Bei Beendigung von Arbeitsrechtsverhältnissen ist mit den zuständigen staatlichen Organen der DDR eng zusammenzuarbeiten. Den betreffenden Bürgern sind in Zusammenarbeit mit den Ämtern für Arbeit der Räte der Kreise geeignete Arbeitsstellen nachzuweisen. Unter Beachtung der Rechtsvorschriften ist nicht zuzulassen, daß diese Bürger zeitweilig ohne Arbeitsrechtsverhältnisse sind. Das Zustandekommen eines neuen Arbeitsrechtsver-{146}hältnisses ist – wenn erforderlich – durch Auflage an den betreffenden Betrieb zu sichern. Eine wirksame politisch-ideologische Einflußnahme ist weiterhin zu gewährleisten.

12. Bei Studierenden am Hoch- und Fachschulen, deren Versuche zur Erreichung der Übersiedlung zurückgewiesen wurden, ist die Exmatrikulation zu veranlassen, wenn, ausgehend von den Gesamtumständen, einzuschätzen ist, daß eine weitere Ausbildung bzw. ein Abschluß des Studiums staatlichen und gesellschaftlichen Interessen widerspricht. Die Exmatrikulation ist mit der Verletzung der im Zusammenhang mit der Aufnahme des Studiums übernommenen Pflichten zu begründen. Im übrigen ist entsprechend Ziffer 11 Absatz 4 zu verfahren.

13. (1) Soweit die Durchführung der in dieser Verfügung getroffenen Festlegungen durch die Leiter der Kombinate, Betriebe und Einrichtungen sowie Vorsitzenden der Genossenschaften nicht selbst erfolgen kann, sind erfahrene und politisch zuverlässige leitende Kader (nachfolgend Beauftragte genannt) einzusetzen und mit entsprechenden Befugnissen auszustatten. Diese müssen in der Lage sein, die Unterbindung und Zurückdrängung von Versuchen, die Übersiedlung zu erreichen, wirksam {147} zu organisieren und die erforderliche Autorität und Fähigkeit besitzen, sachlich und überzeugend auf die betreffenden Beschäftigten einzuwirken.

(2) Die Beauftragten haben mit den zuständigen staatlichen Organen der DDR eng zusammenzuarbeiten, die gesellschaftlichen Organisationen und Kräfte einzubeziehen und eine ständige Übersicht über die Realisierung der festgelegten Maßnahmen sowie die erreichten Ergebnisse zu gewährleisten.

(3) Die Tätigkeit der Beauftragten ist von den Leitern ständig zu kontrollieren. Die in jedem Einzelfall erreichten Ergebnisse und die Wirksamkeit der Tätigkeit insgesamt sind einzuschätzen und die erforderlichen Schlußfolgerungen festzulegen.

14. Schreiben und Vorsprachen, die Versuche zur Erreichung der Übersiedlung beinhalten, sind keine Eingaben im Sinne des Eingabengesetzes der DDR. Nach Auswertung sind die zuständigen staatlichen Organe der DDR in Kenntnis zu setzen. Eine Abgabenachricht ist nicht zu erteilen. {148}

II
Grundsätze
für das einheitliche und abgestimmte Vorgehen bei der Antragstellung auf Wohnsitzänderung nach nichtsozialistischen Staaten und Westberlin

1. Gegenüber Bürgern der DDR, bei denen die Voraussetzungen zur Antragsberechtigung gemäß § 6 Absatz 2 in Verbindung mit § 7 der Verordnung zur Regelung von Fragen der Familienzusammenführung und der Eheschließung zwischen Bürgern der DDR und Ausländern vorliegen, ist – soweit das als erforderlich eingeschätzt wird – im Rahmen einer differenzierten politisch-ideologischen Einflußnahme unter Berücksichtigung der vorgebrachten Gründe eine Abstandnahme von der Antragstellung anzustreben.

2. Wurden die zur Prüfung der Genehmigung der Wohnsitzänderung nach nichtsozialistischen Staaten und Westberlin (nachfolgend Wohnsitzänderung genannt) erforderlichen Antragsunterlagen entgegengenommen, haben die zuständigen staatlichen Organe der DDR unverzüglich die Leiter der Kombinate, Betriebe und Einrichtungen sowie Vorsitzenden der Genossenschaften über die Antragstellung und die dabei vorgebrachten Gründe zu informieren sowie Empfehlungen zu den Erfordernissen der weiteren {149} politisch-ideologischen Einflußnahme zu geben. Soweit es sich um Wehrpflichtige handelt, sind die zuständigen Wehrkreiskommandos zu informieren.

3. Die Leiter der Kombinate, Betriebe und Einrichtungen sowie Vorsitzenden der Genossenschaften sind in ihrem Verantwortungsbereich verantwortlich, daß
- bei Beschäftigten, von denen Anträge auf Wohnsitzänderung entgegengenommen wurden, unter Berücksichtigung der von ihnen vorgebrachten Gründe und der von den zuständigen staatlichen Organen der DDR gegebenen Empfehlungen eine differenzierte und überzeugende politisch-ideologische Einflußnahme mit dem Ziel der Rücknahme der Anträge erfolgt;
- auf Anforderung der zuständigen staatlichen Organe der DDR im Zusammenhang mit der Prüfung von Anträgen auf Wohnsitzänderung Stellungnahmen erarbeitet und diesen übersandt werden. Die Stellungnahmen haben – unter Berücksichtigung einer möglichen Genehmigung des Antrages – zu beinhalten:

  Hinweise auf mögliche Verletzungen von Interessen der DDR und ihrer Bürger (z.B. Geheimnisträger, besonders enge Beziehungen zu Geheimnisträgern, Verbindlichkeiten u. dgl.), {150}

  Informationen über die Persönlichkeit der Antragsteller und deren Verhalten,

  andere bedeutsame Angaben zur Person (z.B. mögliche Auswirkungen auf ihren Umgangskreis), die bei der Bearbeitung des Antrages zu beachten sind,

  eine eindeutige Aussage, ob aus den vorgenannten Erwägungen eine Genehmigung oder Ablehnung des Antrages auf Wohnsitzänderung vorzuschlagen ist;
- bei Beschäftigten, deren Anträge auf Wohnsitzänderung geprüft werden, arbeitsrechtliche Maßnahmen nur im Ausnahmefall angewandt werden.

4. Werden Anträge auf Wohnsitzänderung abgelehnt, ist im weiteren Vorgehen gegenüber diesen Bürgern der DDR entsprechend den Festlegungen im Abschnitt I. zu verfahren und zu gewährleisten, daß über die Ablehnung der Anträge die Leiter der Kombinate, Betriebe und Einrichtungen sowie Vorsitzenden der Genossenschaften unverzüglich informiert werden.

5. Schreiben und Vorsprachen von Bürgern der DDR, deren Anträge auf Wohnsitzänderung entgegengenommen und entschieden wurden, sind als Eingaben zu behandeln, soweit das Rechtsmittel genutzt und über die Beschwerde {151} endgültig entschieden wurde oder die Frist zur Einlegung des Rechtsmittels verstrichen ist.

III
Sicherstellende Maßnahmen

1. (1) Die Minister und Leiter der anderen zentralen staatlichen Organe sowie die Vorsitzenden der Räte der Bezirke, Kreise, Stadtkreise und Stadtbezirke sind verantwortlich, daß in ihrem Verantwortungsbereich ein einheitliches und abgestimmtes Vorgehen aller staatlichen Organe, Kombinate, Betriebe, Einrichtungen und Genossenschaften gemäß den vorgenannten Festlegungen erfolgt.

(2) Sie haben die kontinuierliche Anleitung und Kontrolle der nachgeordneten staatlichen Organe, Kombinate, Betriebe, Einrichtungen und Genossenschaften zu gewährleisten.

(3) Sie haben zu sichern, daß die Leiter der Kombinate, Betriebe und Einrichtungen sowie Vorsitzenden der Genossenschaften unter Beachtung der Wachsamkeit und Geheimhaltung periodisch mündlich in die sich aus dieser Verfügung für sie ergebenden Aufgaben eingewiesen, die {152} Wirksamkeit der Arbeit kritisch eingeschätzt und erforderliche Schlußfolgerungen gezogen werden.

2. Die Vorsitzenden der Räte der Bezirke, Kreise, Stadtkreise und Stadtbezirke haben zu sichern, daß zur qualifizierten Erfüllung der in dieser Verfügung festgelegten Aufgaben
- eine stabile kadermäßige Besetzung der Abteilungen Innere Angelegenheiten gewährleistet ist,
- die anderen Fachorgane des Rates eine wirksame Durchsetzung der in dieser Verfügung festgelegten Aufgaben in den ihnen nachgeordneten Kombinaten, Betrieben, Einrichtungen und Genossenschaften gewährleistet.

IV
Schlußbestimmungen

Diese Verfügung tritt am 15. Oktober 1983 in Kraft. Gleichzeitig tritt die Verfügung Nr. 34/77 vom 08. März 1977 (VVS B 2 – I – 044 128) außer Kraft.

W. Stoph

... {153}

Verteiler:
Mitglieder des Ministerrates
Leiter anderer zentraler Staatsorgane
Vorsitzende der Räte der Bezirke
Stellvertreter der Vorsitzenden der Räte der Bezirke für Inneres
Vorsitzende der Räte der Kreise
Stellvertreter der Vorsitzenden der Kreise für Inneres
Bürgermeister der Stadtbezirke
Stellvertreter der Bürgermeister der Stadtbezirke für Inneres
Chefs der BDVP
Leiter der VPKA
Generaldirektoren der zentralgeleiteten Kombinate
Direktoren der bezirksgeleiteten Kombinate
Präsident des Obersten Gerichts der DDR
Generalstaatsanwalt der DDR
Leiter des Sekretariats des Ministerrates
Leiter der Arbeitsgruppe für Organisation und Inspektion beim Ministerrat
Archiv für Staatsdokumente"

Die Hinweise zur Erläuterung der Verfügung des Vorsitzenden des Ministerrates vom 11.07.1984 haben einschließlich des Verteilers und des Anschreibens folgenden Wortlaut: {154}

„1020 Berlin, den 11. Juli 1984
Klosterstraße 47

Deutsche Demokratische Republik
Sekretariat des Ministerrates
– Der Leiter –

VVS

Leiter anderer zentraler Staatsorgane
Stellvertreter der Vorsitzenden der Räte der Bezirke für Inneres
Vorsitzende der Räte der Kreise
Stellvertreter der Vorsitzenden der Räte der Kreise für Inneres
Bürgermeister der Stadtbezirke
Stellvertreter der Bürgermeister der Stadtbezirke für Inneres
Chefs der BDVP
Leiter der VPKA
Generaldirektoren der zentralgeleiteten Kombinate
Direktoren der bezirksgeleiteten Kombinate

Werter Genosse!

Zur weiteren konsequenten Durchführung der

‚Verfügung des Vorsitzenden des Ministerrates zur Gewährleistung des einheitlichen, abgestimmten Vorgehens der staatlichen Organe, Kombinate, Betrie-{155}be, Einrichtungen und Genossenschaften zur Unterbindung und Zurückdrängung von Versuchen von Bürgern der DDR, die Übersiedlung nach nichtsozialistischen Staaten und Westberlin zu erreichen'
übersende ich Ihnen Hinweise und eine entsprechende Argumentation. Auf der Grundlage dieser Materialien sind die zuständigen Mitarbeiter zu befähigen, die Verfügung Nr. 143/83 des Vorsitzenden des Ministerrates ohne Abstriche durchzusetzen.

Mit sozialistischem Gruß

Anlage

Dr. Kleinert
Staatssekretär

VVS

Hinweise

zur Erläuterung der ‚Verfügung des Vorsitzenden des Ministerrates zur Gewährleistung des einheitlichen, abgestimmten Vorgehens der staatlichen Organe, Kom-{156}binate, Betriebe, Einrichtungen und Genossenschaften zur Unterbindung und Zurückdrängung von Versuchen von Bürgern der DDR, die Übersiedlung nach nichtsozialistischen Staaten und Westberlin zu erreichen'

Seit der Annahme des Abschließenden Dokumentes der KSZE-Nachfolgekonferenz in Madrid haben entspannungsfeindliche, revanchistische Kräfte, besonders mit Hilfe von Presse, Rundfunk und Fernsehen der BRD und Westberlins, die gegen die DDR und die sozialistischen Bruderstaaten gerichtete Kampagne über angebliche Menschenrechtsverletzungen weiter verstärkt.
Mit ihren demagogischen Losungen und Interpretationen der Menschenrechte im sogenannten freiheitlich-demokratischen Rechtsstaat beabsichtigen sie, Bürger aller Klassen und Schichten, insbesondere politisch labile und schwankende, für die feindliche Ideologie zugängliche Personen anzusprechen und in ihrem Sinne zu manipulieren.
Nicht zu übersehen sind dabei ständige, zum Teil gut getarnte Einmischungsversuche in die inneren Angelegenheiten der DDR sowie ein ganzes System von sogenannten Menschenrechtsorganisationen, die für {157} sich in Anspruch nehmen, berufen zu sein, die Angelegenheiten der Bürger der DDR wahrzunehmen. Im breiten Maße versuchen unter Berufung auf das Abschließende Dokument von Madrid diese entspannungsfeindlichen, revanchistischen Kräfte, besonders in der BRD und in Westberlin, im Rahmen ihrer Konfrontationspolitik gegen die sozialistischen Staaten in den Massenmedien und unter Einbeziehung staatlicher Stellen und einer Vielzahl feindlicher Organisationen und Kräfte

- Bürger der DDR im feindlichen Sinne zu beeinflussen und zur Übersiedlung nach nichtsozialistischen Staaten und Westberlin zu inspirieren;
- sich in Durchsetzung ihrer subversiven Ziele in die inneren Angelegenheiten der DDR einzumischen, Verbindungen zu Bürgern der DDR, deren Versuche zur Übersiedlung nach nichtsozialistischen Staaten und Westberlin von den zuständigen staatlichen Organen der DDR zurückgewiesen wurden, aufzunehmen und sie zu ‚beraten', zu ‚unterstützen' und in die feindliche Tätigkeit gegen die DDR einzubeziehen;
- Bürger der DDR, deren Versuche zur Übersiedlung nach nichtsozialistischen Staaten und Westberlin von den zuständigen staatlichen Organen der DDR zurückgewiesen wurden, zu veranlassen, {158} die Rechtsvorschriften der DDR zu mißachten, sich zur Durchsetzung ihrer Vorhaben zusammenzuschließen und mit Straftaten und anderen demonstrativen Handlungen gegen die Staats- und Gesellschaftsordnung der DDR aufzutreten.

Die Durchsetzung der Friedensstrategie des Sozialismus gegen den Konfrontationskurs des Gegners unter den aktuellen Lagebedingungen erfordert, diesen entspannungsfeindlichen, revanchistischen Kräften und den von ihnen inspirierten Bürgern der DDR eine noch entschiede-

nere Abfuhr zur erteilen und Versuche von Bürgern der DDR, ihre Übersiedlung nach nichtsozialistischen Staaten und Westberlin zu erreichen, vorbeugend zu verhindern bzw. nachhaltig zurückzudrängen. Jetzt kommt es um so mehr darauf an, dieses gesamtgesellschaftliche Anliegen durch konsequente Einbeziehung aller Verantwortlichen und Nutzung aller geeigneten Möglichkeiten noch offensiver zu gestalten und die Wirksamkeit aller am Prozeß der Unterbindung und Zurückdrängung von Übersiedlungsversuchen Beteiligten weiter zu erhöhen.
Unter Führung der Partei und entsprechend ihrer grundsätzlichen Orientierung gilt es, alle geeigneten gesellschaftlichen Kräfte gezielt zu mobilisieren und einzubeziehen und von einer festen Position aus gegen die Bestrebungen zur Übersiedlung vorzugehen. Vor allem geht es darum, durch {159}

- eine breite, sachbezogene und verständliche politisch-ideologische Arbeit sowie durch das Ausräumen von begünstigenden Bedingungen vorbeugend das Entstehen von Übersiedlungsabsichten zu verhindern;
- eine offensive, kontinuierliche und individuelle politisch-ideologische Einflußnahme eine endgültige Abstandnahme von den Übersiedlungsabsichten zu erreichen und eine feste Integration in die sozialistische Gesellschaft zu bewirken.

Daran ändert auch die Tatsache nichts, daß in letzter Zeit die staatlichen Organe stärker als früher Elementen, die Feinde des Sozialismus sind, die die DDR nicht als ihre Heimat betrachteten und auch nicht bereit waren, für ihr Vaterland eine ordentliche Arbeit zu leisten, die Übersiedlung nach der BRD bzw. nach Westberlin gestatteten.
Zur offensiven Unterbindung und Zurückdrängung von Versuchen zur Erreichung der Übersiedlung ist es erforderlich, alle Maßnahmen entsprechend der Verfügung Nr. 143/83 des Vorsitzenden des Ministerrates der DDR vom 27. September 1983 und der weiteren dazugehörigen Dokumente straff zu führen, konsequent auf deren Zielstellung auszurichten sowie deren Wirksamkeit ständig zu analysieren und abzu-{160}rechnen. Das schließt die schnelle Verallgemeinerung positiver Erfahrungen hinsichtlich der erreichten Ergebnisse und der dabei angewandten Mittel und Methoden ein.
Die Leiter der staatlichen Organe, der Kombinate, Betriebe und Einrichtungen und die Vorsitzenden der Genossenschaften (im weiteren Leiter der Betriebe genannt) bzw. deren Beauftragte haben zu sichern, daß zur Gewährleistung eines einheitlichen, wirksamen Vorgehens in jedem Einzelfall rechtzeitig die erforderliche gegenseitige Information und Abstimmung über notwendige und geeignete Maßnahmen erfolgen. Die Leiter der staatlichen Organe und Betriebe haben unverzüglich nach Bekanntwerden von Versuchen zur Erreichung der Übersiedlung in Abstimmung mit den zuständigen Abteilungen Innere Angelegenheiten die erforderlichen Maßnahmen zur Erreichung der Abstandnahme von derartigen Versuchen einzuleiten. Die individuellen Aussprachen mit den Beschäftigten sind gründlich vorzubereiten und durchzuführen.
Stärker ist vor allem damit zu argumentieren, daß bei diesen Personen keine Voraussetzungen vorliegen, entsprechend den Rechtsvorschriften der DDR Anträge auf Wohnsitzänderung gemäß der Verordnung vom 15. September 1983 zur Regelung von Fragen der Familienzusammenführung und der Eheschließung zwi-{161}schen Bürgern der DDR und Ausländern stellen zu können.
Zur Gewährleistung eines differenzierten Vorgehens sind die mit diesem Personenkreis zu führenden Aussprachen verstärkt zu nutzen, um ein Maximum an Informationen zur Persönlichkeit, zu den Beweggründen, Anlässen und Motiven, zum Verwandten- und Umgangskreis, über mögliche Inspiratoren sowie über Erwartungshaltungen bei einer Übersiedlung zu erarbeiten.
Diese Erkenntnisse sind zu nutzen, um von vornherein ein differenziertes Vorgehen gegenüber den Übersiedlungsersuchenden zu gewährleisten und um in weiteren notwendigen Aussprachen die geeignetsten Kräfte, Mittel und Methoden im abgestimmten Handeln aller beteiligten Organe und gesellschaftlichen Organisationen und Kräfte einsetzen zu können. Im praktischen Vorgehen ist dabei alles zu unterlassen, was bei den betreffenden Bürgern den Eindruck erweckt,

daß die o.g. Angaben erforderlich sind, damit die zuständigen staatlichen Organe eine Prüfung ihres Anliegens vornehmen können. Deshalb sind auch grundsätzlich Versuche zur Erreichung der Übersiedlung in jeder Aussprache zurückzuweisen, soweit eine Abstandnahme nicht erreicht wurde. {162}
Darüber hinaus sind mögliche begünstigende Bedingungen für die Haltung der Bürger herauszuarbeiten und Maßnahmen zu ihrer Überwindung in Abstimmung mit den zuständigen Organen einzuleiten.
Solche Erscheinungen wie

- die ungenügende Beachtung berechtigter Probleme von Bürgern bzw. die schleppende Bearbeitung von Bürgeranliegen,
- bürokratisches und herzloses Verhalten, Mißachtung berechtigter Kritiken über Mängel und Unzulänglichkeiten im sozialen Bereich

sind entschieden durch die verantwortlichen Leiter zu unterbinden bzw. konsequent zu beseitigen. Andererseits ist aber nicht zu dulden, daß übersiedlungsersuchenden Personen mit ungerechtfertigten bzw. erpresserischen Forderungen versuchen, die staatlichen Organe, die Leiter der Betriebe oder deren Beauftragte unter Druck zu setzen.
Die Maßnahmen zur Erreichung einer endgültigen Abstandnahme vom Übersiedlungsversuch und zur Integrierung in die sozialistische Gesellschaft sind in Abstimmung mit den zuständigen staatlichen Organen auf solche Bürger zu konzentrieren, an deren Verbleib in der DDR aus politischen, sicherheitspolitischen, öko-{163}nomischen oder anderen Erwägungen ein begründetes Interesse besteht. Auf Bürger, von denen durch die zuständigen Organe Anträge auf Wohnsitzänderungen entgegengenommen wurden, ist unter Beachtung der Empfehlungen dieser Organe und der vorgebrachten Gründe vor allem dann differenziert politisch-ideologisch Einfluß zur Rücknahme der Anträge zu nehmen, wenn begründete staatliche bzw. gesellschaftliche Interessen an einem Verbleiben in der DDR vorliegen.
Im Rahmen der politisch-ideologischen Einflußnahme zur konsequenten Unterbindung und Zurückdrängung von Versuchen, die Übersiedlung zu erreichen, sind von den beteiligten Kräften auf der Grundlage der Dokumente der Partei, der Verordnung vom 15. September 1983 und anderer Rechtsvorschriften der DDR sowie unter Verwendung der

> Argumentation zur Auseinandersetzung mit Motiven und Auffassungen, die von Bürgern der DDR im Zusammenhang mit Versuchen zur Erreichung der Übersiedlung nach nichtsozialistischen Staaten und Westberlin vorgetragen werden, (siehe Anlage)

offensiv alle vorgebrachten Gründe, Auffassungen und Äußerungen, die eine Übersiedlung rechtfertigen sollen, überzeugend und nachhaltig zu widerlegen. {164}
Durch die Leiter der Betriebe bzw. deren Beauftragte ist in jedem Einzelfall konkret zu prüfen und festzulegen, welche weiteren Formen und Methoden der politisch-ideologischen Einflußnahme unter Beachtung der konkret vorhandenen Bedingungen weiter anzuwenden sind.
Stärker als bisher sind dabei die Möglichkeiten der Arbeitskollektive zur unmittelbaren und wirksamen Einflußnahme auf die Zurückdrängung von ersten Anzeichen auf eine beabsichtigte Übersiedlung sowie zur offensiven Zerschlagung bereits bestehender Übersiedlungsabsichten einzusetzen.
Dort, wo Übersiedlungsersuchende arbeiten, wo man sie am besten kennt, sind alle aufrichtigen und klassenbewußten Bürger, der ‚Kollege nebenan', in die offensive Auseinandersetzung mit solchen Personen einzubeziehen.
Diese offenen und ehrlichen, konkreten und prinzipiellen Auseinandersetzungen mit den Argumenten und Rechtfertigungen sind in erster Linie mit dem Ziel zu führen, diese Personen nicht in die Isolation zu drängen, sondern sie wirklich in unsere Gesellschaft zu integrieren. Ihnen muß von den Arbeitskollegen verständlich und überzeugend demonstriert werden, wie sehr sie eine solche Absicht verurteilen. {165}

Diese Auseinandersetzungen in den Arbeitskollektiven müssen frühzeitig beginnen, bereits bei ersten Anzeichen, ohne auf eine offizielle Aufforderung zu warten.
Bei Versuchen solcher Personen, sich gegen die Kollektive zu stellen und diese bzw. unseren Staat verächtlich zu machen, müssen sie, ausgehend von einem klaren Standpunkt der Arbeiterklasse, konsequent in die Schranken verwiesen werden.
Variabler sind die Möglichkeiten der Einbeziehung geeigneter Funktionäre der verschiedensten gesellschaftlichen Organisationen und des Einsatzes von Paten oder Betreuern zu erschließen, um den übersiedlungswilligen Bürgern eine klare Haltung bei der Ablehnung ihrer Absichten deutlich zu machen und ihnen die politisch-moralische Verwerflichkeit ihrer Übersiedlungsversuche überzeugend aufzuzeigen.
Stärker sind Möglichkeiten der Schaffung von Bindungen an den Betrieb und an den sozialistischen Staat zu nutzen.
Sowohl in Aussprachen als auch bei der Einleitung von Maßnahmen sollte alles vermieden werden, was zur Verhärtung der Absicht zur Übersiedlung bei den betreffenden Beschäftigten führt und eine Integration in unsere sozialistische Staats- und Gesellschaftsordnung erschwert. {166}
Das Vorgehen gegenüber Beschäftigten, die einen Versuch zur Erreichung der Übersiedlung unternommen haben bzw. deren Antrag auf Wohnsitzänderung nach nichtsozialistischen Staaten und Westberlin abgelehnt wurde, ist grundsätzlich mit den für die Hauptwohnung des Beschäftigten zuständigen staatlichen Organen abzustimmen.
Lassen es die örtlichen Bedingungen und Umstände zu, sollte im Interesse der Sicherung eines einheitlichen und abgestimmten Vorgehens ein Vertreter des Betriebes an der Aussprache, die durch die zuständigen staatlichen Organe mit den Beschäftigten geführt wird, teilnehmen. Erfolgt dies nicht, sichern diese die Information der Leiter und Betriebe (Informationsbeziehungen insgesamt siehe Anlage zur Verfügung).
Besondere Aufmerksamkeit ist dem Vorgehen bei Androhung von Straftaten und anderen Rechtsverletzungen sowie provokatorisch-demonstrativen und anderen Handlungen, wie z.B. Verbindungsaufnahmen zu Organen, Organisationen, Vereinigungen sowie Personen nichtsozialistischer Staaten und Westberlins, angedrohten Angriffen auf die Staatsgrenze der DDR u.a., und der dazu erforderlichen Zusammenarbeit mit den Sicherheitsorganen zu widmen. {167}
Soweit nach Ausschöpfung aller Möglichkeiten der politisch-ideologischen Einflußnahme eine Abstandnahme vom Versuch, die Übersiedlung zu erreichen, nicht bewirkt werden konnte, sind differenzierte arbeitsrechtliche Maßnahmen zu prüfen und – soweit notwendig – entsprechend den Prinzipien der Verfügung Nr. 143/83 durchzusetzen. Es sollte in jedem Fall geprüft werden, inwieweit Übersiedlungsersuchende z.B. Leitungsaufgaben erfüllen, eine Vertrauensstellung innehaben, Kenntnisse von Staats- und Dienstgeheimnissen besitzen oder Verantwortung für die Ausbildung bzw. Erziehung tragen. Bei notwendigen arbeitsrechtlichen Maßnahmen ist konsequent, überlegt und vor allem in Übereinstimmung mit den Rechtsvorschriften der DDR zu reagieren.
Diese arbeitsrechtlichen Maßnahmen sind nicht mit Aktivitäten zur Erreichung der Übersiedlung, sondern mit Nichteignung für die vereinbarte Tätigkeit oder gegebenenfalls mit Pflicht- und Disziplinverletzungen zu begründen. Es ist in jedem Fall gründlich und differenziert zu prüfen, welche arbeitsrechtlichen Maßnahmen erforderlich sind (Änderungsvertrag zur Weiterbeschäftigung im Betrieb, Beendigung des Arbeitsrechtsverhältnisses vorrangig durch Aufhebungsvertrag). Die Mitwirkungsrechte der Gewerkschaften sind zu sichern.
Es ist sicherzustellen, daß keine Entlassungen bzw. Kündigungen vorgenommen werden, ohne daß dies mit {168} den zuständigen Organen abgestimmt, entsprechende Aktivitäten zur Erreichung der Abstandnahme durchgeführt und andere arbeitsrechtliche Maßnahmen, wie Änderungs- bzw. Überleitungs- und Aufhebungsvertrag, geprüft wurden.
Erscheinungen einer schematischen oder überspitzten Anwendung arbeitsrechtlicher Maßnahmen ist konsequent entgegenzuwirken.

Grundsätzlich ist zu gewährleisten, daß
- Werktätige nicht zeitweilig ohne Arbeitsrechtsverhältnis sind,
- durch die Betriebe, Einrichtungen und Genossenschaften kein Vorschub dafür geleistet wird, daß sich diese Bürger, insbesondere durch Kündigung bzw. Aufhebungsvertrag, einer zielgerichteten politisch-ideologischen Einflußnahme, vor allem durch die ihrer unmittelbaren Arbeitskollektive, entziehen wollen, um ihre Übersiedlungsabsichten in für sie neuen Bedingungen und Umgebungen unkontrolliert, ungestört und evtl. verstärkt betreiben zu können. Dabei ist durch die Leiter der Betriebe, in denen diese Werktätigen beschäftigt sind, eng mit den Ämtern für Arbeit zusammenzuarbeiten. {169}

Bei der Anwendung arbeitsrechtlicher Maßnahmen, wie im gesamten Zurückdrängungsprozeß überhaupt, ist zu differenzieren zwischen Bürgern, die einen Antrag auf Wohnsitzänderung gemäß der Verordnung vom 15. September 1983 stellen, und Bürgern, die ohne Rechtsgrundlage Versuche unternehmen, die Übersiedlung zu erreichen.

Bei Bürgern der DDR, deren Anträge auf Wohnsitzänderung nach nichtsozialistischen Staaten und Westberlin geprüft werden, sind arbeitsrechtliche Maßnahmen nur im Ausnahmefall anzuwenden. Dieser Ausnahmefall liegt vor, wenn der betreffende Werktätige in seiner Tätigkeit Kenntnis von gegenwärtig noch aktuellen Staats- und Dienstgeheimnissen hat oder bei der Fortsetzung seiner Tätigkeit erlangen würde. In diesen und anderen begründeten, die Sicherheit gefährdenden Fällen (vgl. Verfügung) ist ein Änderungsvertrag oder die Beendigung des Arbeitsrechtsverhältnisses vorzusehen.

Auf Bürger der DDR, die einen Antrag auf Wohnsitzänderung gestellt oder die Versuche unternommen haben, die Übersiedlung zu erreichen, und deren Tätigkeit nicht auf einem Arbeitsrechtsverhältnis entsprechend den Bestimmungen des Arbeitsgesetzbuches oder anderer arbeitsrechtlicher Regelungen beruht (z.B. Studenten, Mitglieder von Genossenschaften) sind die Grundsätze der Verfügung entsprechend anzuwenden. {170}

Bei Studenten ist vor der Exmatrikulation durch die zuständige Hoch- bzw. Fachschule in Zusammenarbeit mit den Ämtern für Arbeit zu sichern, daß diese nach ihrer Exmatrikulation unverzüglich ein Arbeitsrechtsverhältnis begründen.

Der Einsatz der Beauftragten der Leiter der Betriebe entsprechend der Verfügung hat unter Berücksichtigung der Konzentration von Beschäftigten, die Versuche zur Erreichung der Übersiedlung unternehmen, zu erfolgen. Ihr Einsatz ist vordergründig unter dem Gesichtspunkt vorzunehmen, daß diese den gesamten Prozeß der Unterbindung und Zurückdrängung von Versuchen zur Erreichung der Übersiedlung im Betrieb verantwortlich organisieren.

Hierzu zählen solche Aufgaben, wie z.B.:
- differenzierte Festlegung von Maßnahmen zur Sicherung der politisch-ideologischen Einflußnahme für jeden einzelnen Beschäftigten, der einen Versuch zur Erreichung der Übersiedlung unternommen hat, einschließlich solcher Personen, die im Zusammenhang mit Eingaben, in Aussprachen oder auf andere Weise bei den staatlichen Organen oder im Betrieb eine Absicht zur Übersiedlung zum Ausdruck brachten; {171}
- Kontrolle der Realisierung der festgelegten Maßnahmen, vor allem die Einschätzung der Wirksamkeit der Einflußnahme auf den Beschäftigten;
- Erarbeitung von überzeugenden Argumentationen;
- Anleitung und Unterstützung der verantwortlichen Leiter bei der Vorbereitung und Durchführung von Aussprachen mit den Beschäftigten;
- Einleitung von Maßnahmen zur Beseitigung von Bedingungen im Betrieb, die Absichten auf Übersiedlung begünstigen;
- Einbeziehung gesellschaftlicher Organisationen und Kräfte;
- Gestaltung einer engen Zusammenarbeit mit den zuständigen staatlichen Organen;
- Verallgemeinerung der besten Erfahrungen im Prozeß der Unterbindung und Zurückdrängung, insbesondere bei der Einflußnahme auf Beschäftigte.

Die Durchsetzung der Verfügung des Vorsitzenden des Ministerrates erfordert, die im Abschnitt III Ziffer 1 festgelegte Verantwortlichkeit der Minister und Leiter der anderen zentralen staatlichen Organe stän-{172}dig und umfassend wahrzunehmen und in Abstimmung mit dem Ministerium des Innern die konkrete Verfahrensweise für ihre Bereiche entsprechend den konkreten Bedingungen zu präzisieren und die notwendige Wachsamkeit und Geheimhaltung zu garantieren.

Anlage

Argumentation

zur Auseinandersetzung mit Motiven und Auffassungen, die von Bürgern der DDR im Zusammenhang mit Versuchen zur Erreichung der Übersiedlung nach nichtsozialistischen Staaten und Westberlin vorgetragen werden

1. Die Gestaltung des Ausreise- und Einreiseregimes und die Festlegung von Bedingungen für die Wohnsitzänderung von Bürgern der DDR ist souveränes Recht unseres Staates.

Regelungen, die Bürger eines Staates betreffen, liegen im Souveränitätsbereich jedes Staates und gehören grundsätzlich zu dessen inneren Angelegenheiten, in die sich kein anderer Staat einmischen darf. In diesem Zusammenhang ist auf die anerkannten und in der Prinzipiendeklaration der UNO vom 24. Oktober 1970 für alle Staaten verbindlich fixierten und in der Schlußakte der KSZE von Helsinki ausdrücklich be-{173}kräftigten völkerrechtlichen Prinzipien zu verweisen, die das Prinzip der staatlichen Souveränität umfassen.

In Verwirklichung dieses souveränen Rechts hat die DDR innerstaatliche Rechtsvorschriften zu Fragen der Familienzusammenführung und der Eheschließung zwischen Bürgern der DDR und Ausländern erlassen, auf deren Grundlage Wohnsitzänderungen nach nichtsozialistischen Staaten und Westberlin genehmigt werden können.

2. Die DDR hat hinsichtlich der Familienzusammenführung, der Eheschließungen mit Ausländern und der Gewährung familiärer Kontakte durch Besuchsreisen gemäß der Schlußakte der KSZE von Helsinki durchaus keinen Nachholbedarf.

Zu Reisen in dringenden Familienangelegenheiten in nichtsozialistische Staaten bzw. nach Westberlin gibt es seit längerer Zeit entsprechende Regelungen, wie z.B. die Anordnung über Regelungen zum Reiseverkehr von Bürgern der DDR vom 15. Februar 1982 (GBl. I Nr. 9 S. 187), die auch veröffentlicht wurden.

Die ‚Verordnung zur Regelung von Fragen der Familienzusammenführung und der Eheschließung zwischen Bürgern der DDR und Ausländern' vom 15. September 1983 und die 1. Durchführungsbestimmung zu dieser Verordnung stehen in voller Übereinstimmung {174} mit den Empfehlungen, die in dem abschließenden Dokument des Madrider Treffens der Vertreter der Teilnehmerstaaten der KSZE vom 9. September 1983 enthalten sind. Diese Regelungen entsprechen den Vereinbarungen in den völkerrechtlichen Verträgen, die die DDR mit anderen Staaten abgeschlossen hat. Von der Menschenrechtsdeklaration bis zur Schlußakte der KSZE von Helsinki gehen alle zwischenstaatlichen Vereinbarungen davon aus, daß die Regelung der Ein- und Ausreise der souveränen staatlichen Entscheidung unterliegt. Das betrifft auch die Internationale Konvention über zivile und politische Rechte vom 16. Dezember 1966, deren Artikel 12 in seinem Inhalt verfälscht und bewußt fehlinterpretiert wird, indem einzelne Absätze aus ihrem Zusammenhang gerissen werden.

Artikel 12 der genannten Konvention enthält die Feststellungen, daß es jedem frei steht, jedes Land, auch sein eigenes, zu verlassen. Der darauffolgende Absatz (Ziffer 3) lautet jedoch:

‚3. Die oben genannten Rechte dürfen keinen anderen Beschränkungen unterworfen werden als solchen, die durch das Gesetz vorgesehen sind, die zum Schutz der öffentlichen Ordnung, Gesundheit oder Moral oder der Rechte und Freiheiten anderer notwendig sind und mit den anderen in dieser Konvention anerkannten Rechten zu vereinbaren sind.' {175}

Das entspricht auch der Staatenpraxis. So kann gemäß § 7 des Paßgesetzes der BRD beispielsweise die Erteilung eines Passes versagt werden, wenn ‚die innere oder äußere Sicherheit oder sonstige erhebliche Belange der Bundesrepublik Deutschland' gefährdet ist.
Es ist deshalb davon auszugehen, daß ein Antrag auf Wohnsitzänderung nur in den durch Rechtsvorschrift geregelten Fällen und unter den dort genannten Voraussetzungen gestellt werden kann und es ein generelles Recht auf Übersiedlung nicht gibt.
Diese Staatenposition hebt das abschließende Dokument von Madrid erneut hervor, indem es die besondere Bedeutung der Internationalen Konvention über Menschenrechte bekräftigt.
3. Bezogen auf Forderungen von Bürgern nach unbeschränkter Freizügigkeit und Ausreise ins Ausland ist darauf zu verweisen, daß das Völkerrecht das Institut der Freizügigkeit überhaupt nicht kennt. Die Freizügigkeit ist als Rechtsprinzip vielmehr dem Staatsrecht zuzuordnen.
Das ergibt sich daraus, daß kein Staat aufgrund des völkerrechtlichen Prinzips der souveränen Gleichheit, wie es z.B. im Artikel 2 Ziffer 1 der UNO-Charta {176} und im Teil 1 Ziffer II der Schlußakte von Helsinki festgelegt ist, darüber entscheiden kann, ob ein Bürger, der aus seinem Staatsgebiet ausreist, in das Staatsgebiet eines anderen Staates einreisen darf. Das legt vielmehr der betreffende Staat fest (Einreisevisum). Das heißt, daß ein Staat die Freizügigkeit nur auf seinem Staatsgebiet garantieren kann.
Diese Feststellung steht in völliger Übereinstimmung mit Deklarationen der Vereinten Nationen und völkerrechtlichen Verträgen. So heißt es z.B. in der Allgemeinen Erklärung der Menschenrechte vom 10. Dezember 1948 (vgl. Völkerrecht, Dokumente Teil 1, Berlin 1980, S. 224) – die allerdings kein verbindliches Völkerrecht ist, da es sich um eine Resolution der Vollversammlung mit ausschließlich empfehlenden Charakter nach Artikel 10 der Charta der Vereinten Nationen handelt –: ‚Jeder Mensch hat das Recht auf Freizügigkeit und freie Wahl seines Wohnsitzes *innerhalb seines Staates*.' *Der Begriff* der Freizügigkeit ist im übrigen – weil er ohne völkerrechtliche Relevanz ist – auch nicht in die Konventionen der Vereinten Nationen über ‚zivile und politische Rechte' und über ‚wirtschaftliche, soziale und kulturelle Rechte' vom 16. Dezember 1966 aufgenommen worden.
In der Konvention über zivile und politische Rechte wird im Artikel 12 Ziffer 1 festgestellt: {177} ‚Jeder, der sich rechtmäßig auf dem Territorium eines Staates aufhält, hat auf diesem Territorium das Recht, sich frei zu bewegen und seinen Aufenthaltsort frei zu wählen.'
Die Konvention ist für die DDR am 23. März 1976 in Kraft getreten (GBl. II Nr. 4 S. 108).
Dieser völkerrechtlichen Vereinbarung entspricht Artikel 32 der Verfassung der DDR, in dem es heißt:
‚Jeder Bürger der Deutschen Demokratischen Republik hat im Rahmen der Gesetze das Recht auf Freizügigkeit innerhalb des Staatsgebietes der Deutschen Demokratischen Republik.'
Die einschränkende Festlegung ‚... im Rahmen der Gesetze' steht in Übereinstimmung mit Ziffer 3 des Artikels 12 der Konvention über zivile und politische Rechte, wonach die Freizügigkeit auf dem Territorium eines Staates durch Gesetz eingeschränkt werden darf, wenn es z.B. zum Schutz der Sicherheit und der öffentlichen Ordnung erforderlich ist. So ist in der DDR im Interesse der Sicherheit unseres sozialistischen Staates die Freizügigkeit hinsichtlich bestimmter Grenzgebiete beschränkt. Das ergibt sich u.a. aus der Gesetzgebung der DDR, z.B. der ‚Anordnung über die Ordnung in den Grenzgebieten und den Seegewässern der DDR – Grenzordnung –' vom 25. März 1982 (GBl. I Nr. 11 S. 208), der ‚Verordnung über Sperrgebiete für die Landesverteidigung – {178} Sperrgebietsverordnung –' vom 26. Juli 1979 (GBl. I Nr. 29 S. 269).[13]
Alle im Interesse der Sicherheit unseres Staates erforderlichen Beschränkungen der Freizügigkeit sind im Gesetzblatt der DDR veröffentlicht. Damit wird auch Ziffer 3 des Artikels 12 der genannten Konvention in vollem Umfang durch die DDR erfüllt.
Das staatsrechtliche Institut der Freizügigkeit steht daher in keinem Zusammenhang mit Ziffer 2 des Artikels 12 der Konvention über zivile und politische Rechte, in dem es heißt: ‚Es steht jedem frei, jedes Land, auch sein eigenes, zu verlassen.'

4. Trotz des Abschlusses des Grundlagenvertrages DDR-BRD weigert sich die BRD weiterhin, die DDR völkerrechtlich anzuerkennen. Im Gefolge dieser Politik respektiert sie z.B. die DDR-Staatsbürgerschaft nicht. Sie läßt Bürger der DDR, die sich in der DDR nicht nach den Regelungen der BRD-Verfassung hinsichtlich ihres politischen Verhaltens richten, in der Zentralen Erfassungsstelle der Landesjustizverwaltungen in Salzgitter zwecks Strafverfolgung in der BRD registrieren, betreibt auf vielfältige Weise die Abwerbung von Arbeitskräften aus der DDR, um die Verwirklichung der Hauptaufgabe in der DDR zu stören, un-{179}terwirft Reisende aus der DDR schikanöser Behandlung bei der Grenzpassage, forscht sie geheimdienstlich aus und mißbraucht den Reiseverkehr insgesamt zur Störung gutnachbarlicher Beziehungen.
Die BRD bekennt sich offen zu dem Ziel ihrer Politik, den Sozialismus auf deutschem Boden zu liquidieren und in der DDR wieder imperialistische Machtverhältnisse zu errichten (ständige Berufung auf die Präambel der BRD-Verfassung, auf Artikel 7 Abs. 2 sog. Deutschlandvertrag).
Aufgabe des KSZE-Prozesses ist es, einen Beitrag zur friedlichen Koexistenz von Staaten unterschiedlicher Gesellschaftsordnung zu leisten, nicht zur Beseitigung der sozialistischen Gesellschaftsordnung in der DDR.
5. Die in der ‚Verordnung zur Regelung von Fragen der Familienzusammenführung und der Eheschließung zwischen Bürgern der DDR und Ausländern‘ vom 15. September 1983 getroffenen Festlegungen in bezug auf Wohnsitzänderungen nach dem nichtsozialistischen Ausland oder Westberlin bilden *keine Grundlage* für eine Entlassung aus der Staatsbürgerschaft der DDR. Weder eine genehmigte Wohnsitzänderung noch eine genehmigte Eheschließung eines DDR-Bürgers mit einem Ausländer bewirkt den automatischen Verlust der {180} Staatsbürgerschaft der DDR oder speziell die Entlassung aus der Staatsbürgerschaft der DDR. Es zählt zu den souveränen Rechten eines jeden Staates, seine Staatsbürgerschaft einschließlich der Bedingungen für den Erwerb bzw. den Verlust dieser Staatsbürgerschaft zu regeln. Die diesbezüglichen Rechtsvorschriften der DDR stehen in Übereinstimmung mit den Regeln des Völkerrechts und mit der Völkerrechtspraxis. Der Verlust der Staatsbürgerschaft der DDR bedeutet das Ausscheiden aus der sozialistischen Staats- und Gesellschaftsordnung der DDR. Er kann deshalb in unserer sozialistischen Ordnung, in der es eine wechselseitige Verantwortung von Bürger und Gesellschaft gibt (Treue- bzw. Schutzpflicht) weder ein automatischer Vorgang sein noch der einseitigen Entscheidung eines Bürgers unterliegen. Der Verlust der DDR-Staatsbürgerschaft ist stets von der rechtlich entscheidenden Mitwirkung eines bevollmächtigten Staatsorgans abhängig. Die konkreten Festlegungen über den Verlust der Staatsbürgerschaft der DDR sind im Gesetz vom 20. Februar 1967 über die Staatsbürgerschaft der DDR geregelt (GBl. I Nr. 2 S. 3). § 9 des Staatsbürgerschaftsgesetzes kennt drei Gründe, die zum Verlust der Staatsbürgerschaft der DDR führen *können*: Entlassung, Widerruf der Verleihung, Aberkennung.
Bei der Entscheidung über die Entlassung aus der Staatsbürgerschaft der DDR nennt § 10 Staatsbürger-{181}schaftsgesetz drei Voraussetzungen, die *insgesamt* erfüllt sein müssen:
1. Der Bürger muß seinen Wohnsitz *mit Genehmigung der zuständigen staatlichen Organe* außerhalb der DDR haben oder nehmen wollen. Die staatliche Genehmigung der Wohnsitzänderung ist folglich eine *unabdingbare Voraussetzung*, um das Recht der Antragstellung zur Entlassung aus der Staatsbürgerschaft der DDR in Anspruch nehmen zu können.
2. Der Bürger muß eine andere Staatsbürgerschaft besitzen oder zu erwerben beabsichtigen.
Der durch die BRD völkerrechtswidrig geltend gemachte Anspruch, daß die Bürger der DDR die deutsche Staatsangehörigkeit besäßen und somit nicht staatenlos werden, wird von der DDR entschieden zurückgewiesen. Deshalb kann auch die Argumentation nicht anerkannt werden, daß Bürger der DDR außer der Staatsbürgerschaft der DDR noch die deutsche Staatsangehörigkeit besäßen und damit Doppelstaatler wären.
Staatsbürger der DDR, die außer der Staatsbürgerschaft der DDR die Staatsbürgerschaft eines anderen Staates besitzen, können sich, wie international {182} üblich, gegenüber ihrem Aufenthaltsstaat DDR nicht auf ihre andere Staatsangehörigkeit berufen (vgl. § 3 Abs. 1 StBG[14]). Sie

können daraus auch gegenüber der DDR keine Rechte bzw. Forderungen, wie z.B. hinsichtlich des Reiseverkehrs oder der Ausreise, geltend machen. Der Erwerb einer anderen Staatsbürgerschaft durch einen Staatsbürger der DDR ist nach § 3 Abs. 2 StBG genehmigungspflichtig. Diesbezügliche Anträge können – ausgehend von § 4 der Durchführungsverordnung zum Staatsbürgerschaftsgesetz – von Bürgern der DDR nur gestellt werden, wenn

- diese ihren Wohnsitz oder ständigen Aufenthalt außerhalb der DDR haben oder
- für sie die Genehmigung der zuständigen staatlichen Organe vorliegt, den Wohnsitz oder ständigen Aufenthalt außerhalb der DDR zu nehmen.

3. Der Entlassung aus der Staatsbürgerschaft der DDR dürfen keine zwingenden Gründe entgegenstehen. Die rechtliche *Möglichkeit* der Entlassung aus der Staatsbürgerschaft der DDR bedeutet für den Bürger nicht, daß er freiwillig einen Verzicht aussprechen kann, sondern diese ist an eine staatliche Entscheidung gebunden, für die alle drei genannten Voraussetzungen vorliegen müssen. {183}

Einem Antrag kann, muß aber nicht zwingend gefolgt werden. Die Reihenfolge ist also Genehmigung der Wohnsitzänderung – Antrag auf Entlassung aus der Staatsbürgerschaft bei Vorliegen aller Voraussetzungen – staatliche Entscheidung und nicht umkehrt. Dementsprechend legt § 4 Absatz 3 der Durchführungsverordnung zum StBG fest:

‚Bürger der DDR, die ihren Wohnsitz in der DDR haben, können den Antrag gemäß § 3 Absatz 2 des Gesetzes (über die Staatsbürgerschaft) bei dem für ihren Wohnsitz zuständigen Rat des Kreises, Abt. Innere Angelegenheiten, stellen, wenn die Genehmigung der dafür zuständigen staatlichen Organe vorliegt, den Wohnsitz oder ständigen Aufenthalt außerhalb der DDR zu nehmen.‘

Aberkennung der Staatsbürgerschaft und *Widerruf der Verleihung* der Staatsbürgerschaft können von Bürgern nicht beantragt werden. Die Aberkennung der Staatsbürgerschaft wird vom Ministerrat unter den dort genannten Voraussetzungen gegenüber Bürgern der DDR ausgesprochen, die sich außerhalb der DDR befinden. In der Rechtspraxis der DDR stellt die Aberkennung ausgehend von der engen Beziehung sozialistischer Staat – Bürger eine Ausnahme dar. {184}

Der Widerruf der Verleihung der Staatsbürgerschaft der DDR (§ 12 StBG) kann innerhalb von 5 Jahren nach Verleihung unter den in § 12 StBG genannten Voraussetzungen erfolgen. Es stellt ebenfalls eine Ausnahme in der Rechtspraxis der DDR dar und *betrifft nicht Bürger der DDR, die die DDR-Staatsbürgerschaft durch Abstammung oder Geburt auf dem Territorium der DDR erworben haben.*

6. Wie bereits ausgeführt, führt eine *Eheschließung* eines DDR-Bürgers mit einem Ausländer nicht automatisch zum Verlust der Staatsbürgerschaft der DDR (da im StBG nicht als Verlustgrund geregelt) und muß nicht zwangsläufig zu einem Antrag auf Entlassung aus der Staatsbürgerschaft der DDR führen, selbst dann nicht, wenn der gemeinsame Wohnsitz im Ausland genommen werden soll.

Auch hier gilt die Reihenfolge: genehmigte Wohnsitzänderung des DDR-Bürgers bei vorgesehenem gemeinsamen Wohnsitz der künftigen Ehepartner im Ausland – Antrag auf Entlassung aus der Staatsbürgerschaft bei Vorliegen aller Voraussetzungen nach § 10 StBG – Entscheidung durch staatliches Organ. Gemäß § 4 der 1. Durchführungsbestimmung zur Verordnung zur Regelung von Fragen der Familienzusammenführung und der Eheschließung zwischen Bürgern der DDR und Ausländern vom 15. September 1983 ist dem Antrag auf Zustimmung zur Eheschließung eine ge-{185}meinsame schriftliche Erklärung der künftigen Ehepartner über den vorgesehenen gemeinsamen Wohnsitz nach der Eheschließung *und* ein Antrag nach § 2 Absatz 1 der 1. Durchführungsbestimmung (formgebundener Antrag auf Wohnsitzänderung nach dem Ausland) beizufügen. Wurde diesem Antrag zugestimmt und die Zustimmung zur Eheschließung gemäß § 9 der Verordnung … erteilt, *kann* nach erfolgter Eheschließung durch den DDR-Bürger ein Antrag auf Entlassung aus der Staatsbürgerschaft der DDR gestellt werden,

wenn auch die anderen Voraussetzungen nach § 10 StBG vorliegen. Es ist außerdem darauf hinzuweisen, daß die Zustimmung zur Eheschließung versagt werden kann, wenn die Angaben in den Antragsunterlagen nicht der Wahrheit entsprechen. Aus den gleichen Gründen kann ein Widerruf der Zustimmung zur Eheschließung erfolgen (§ 11 der Verordnung …).
7. Die Entscheidung über Anträge auf Wohnsitzänderung sowie über Anträge auf Entlassung aus der Staatsbürgerschaft der DDR obliegt allein den zuständigen Staatsorganen der DDR. Eine ‚Beratertätigkeit' durch Auslandsvertretungen anderer Staaten (wie z.B. der Ständigen Vertretung der BRD in der DDR) verletzt die Souveränität der DDR und stellt eine Einmischung in ihre inneren Angelegenheiten dar. Sie ist völkerrechtswidrig und verletzt verbindliche Festle-{186}gungen in der Charta der Vereinten Nationen sowie der Prinzipiendeklaration der Vereinten Nationen vom 24. Oktober 1970.
Die Aufnahme von Bürgern der DDR in den Räumen von Auslandsvertretungen zur Unterstützung ihres Versuchs, eine Übersiedlung zu erzwingen, widerspricht ebenfalls dem Völkerrecht. Artikel 41 Absatz 3 der Wiener Konvention über Diplomatische Beziehungen vom 18. April 1961 (GBl. II 1973 Nr. 6 S. 56 ff) legt ausdrücklich fest, daß die Räumlichkeiten der Mission nicht in einer Weise benutzt werden dürfen, die unvereinbar mit den Aufgaben der Mission ist, wie sie in der Konvention selbst oder in anderen Regeln des Völkerrechts niedergelegt sind. Nach Absatz 1 des gleichen Artikels werden alle Personen, die Vorrechte und Immunitäten genießen, unbeschadet derselben verpflichtet, die Gesetze und andere Rechtsvorschriften des Empfangsstaates zu beachten und sich nicht in dessen innere Angelegenheiten einzumischen.
Die Beratung und andere Formen der Unterstützung von Bürgern der DDR, die Übersiedlung zu erreichen, widersprechen auch den in Artikel 3 der WDK geregelten Funktionen einer Auslandsvertretung, in dem eine Interessenvertretung ausschließlich für Staatsbürger des Entsendestaates vorgesehen ist.
Zurückzuweisen ist ebenfalls die Berufung auf ein sogenanntes Asylrecht. Asyl darf nur auf dem Territo-{187}rium eines Staates, nicht aber in dessen Auslandsvertretungen (Botschaften, Gesandtschaften, Konsulate usw.) gewährt werden. Eine solche ‚Asylgewährung' stellt eine völkerrechtswidrige Einmischung in die inneren Angelegenheiten des Empfangsstaates dar, verletzt gröblich Aufgaben und Funktionen einer Auslandsvertretung und damit verbindliche Regeln des Völkerrechts.
Solche Einmischungshandlungen können auch nicht unter Berufung auf die im abschließenden Dokument des Madrider Treffens der Vertreter der Teilnehmerstaaten der KSZE enthaltene Formulierung gerechtfertigt werden, daß der ‚Zugang von Besuchern zu … Missionen' zu gewährleisten ist. Diese Zugangsmöglichkeit berechtigt die Auslandsvertretung nicht, sich Personalhoheitsrechte über Besucher anzumaßen und in bezug auf diese Personen amtliche Handlungen vorzunehmen. Das wird besonders deutlich durch Artikel 27 der Wiener Konvention über Diplomatische Beziehungen, der den freien Verkehr für alle amtlichen Zwecke der Auslandsvertretung vorsieht und in Artikel 41 Absatz 2 ergänzt wird durch die Festlegung, daß alle Amtsgeschäfte mit dem Außenministerium des Empfangsstaates zu führen oder über diese zu leiten sind.
Der souveräne sozialistische Staat DDR wird jederzeit auf der Grundlage seiner Gesetze handeln und somit {188} alles tun, daß der Frieden erhalten bleibt und die Menschenrechte seiner Bürger geachtet werden."

Da es somit – wie beiden Angeklagten bekannt war – keine allgemeine rechtliche Regelung der Frage der Übersiedlung gab, konnte der Zeuge Jürgen P. sie auch nicht mißachten.

Insgesamt ist deshalb festzustellen, daß die Anwendung des § 214 Abs. 1 StGB/DDR auf P.'s Verhalten von dessen Wortlaut in seiner äußersten sprachlichen Bedeutung nicht gedeckt war.

(b) Bei der Feststellung, daß die Anwendung von § 214 Abs. 1 StGB/DDR durch die Angeklagten rechtlich nicht zulässig war, hat die Kammer folgendes bedacht:

Die von den Angeklagten im Verfahren gegen den Zeugen Jürgen P. vorgenommene Anwendung von § 214 Abs. 1 StGB/DDR verstieß zunächst gegen die Verfassung und das Strafgesetzbuch der DDR, da sie über die von dessen Wortlaut gezogene Grenze seines Geltungsbereiches hinausging. Dies ergibt sich unmittelbar aus Artikel 99 der Verfassung und Artikel 4 Abs. 3 des StGB/DDR. Insbesondere erklärt Artikel 4 Abs. 3 StGB/DDR eine analoge Anwendung von Strafvorschriften, also eine die [durch] den Wortlaut gezogene Grenze überschreitende Anwendung, ausdrücklich für unzulässig. {189}

Hieran ändert sich auch nichts dadurch, daß für das in der DDR herrschende Rechtsverständnis neben dem Begriff des Gesetzes auch der Begriff der sozialistischen Gesetzlichkeit und das Postulat der sozialistischen Parteilichkeit der Rechtsprechung Bedeutung hatten. Zu dem ersteren Begriff heißt es in dem vorliegend wesentlichen Verhältnissen zur Gesetzesbindung bei der Anwendung von Strafrechtsnormen im Lehrbuch Strafrecht, Allgemeiner Teil, Staatsverlag der DDR, Berlin 1976, Seite 21:[15]

„Es ist eine Konsequenz aus dem Prinzip der sozialistischen Gesetzlichkeit, daß ausschließlich solche Handlungen als Straftat verfolgt werden und persönliche strafrechtliche Verantwortlichkeit nach sich ziehen können, die im Zeitpunkt ihrer Begehung als bestimmtes Vergehen oder Verbrechen gesetzlich unter strafrechtliche Verantwortlichkeit gestellt sind, und daß nur die für ihre bestimmte Tat gesetzlich vorgesehenen Maßnahmen der strafrechtlichen Verantwortlichkeit gegenüber Schuldigen angewandt werden dürfen – Artikel 99 Abs. 1-3 Verfassung, Artikel 4 Abs. 3 StGB und § 81 StGB.“

Auch das Postulat der Parteilichkeit von Justiz und Rechtsprechung steht nicht im Widerspruch zu den in Artikel 99 der Verfassung und Artikel 4 Abs. 3 StGB/DDR bestimmten Grundsätzen. Der sachverständige Zeuge Professor Dr. Buchholz hat insofern aufgrund seiner Sachkunde dargelegt, daß die Parteilichkeit gerade in den Gesetzen Ausdruck finden würde bzw. – umgekehrt {190} formuliert – die Gesetze Ergebnis der Parteilichkeit seien, weshalb die Begriffe Gesetzlichkeit und Parteilichkeit kein Widerspruch seien und man im Rechtsverständnis der DDR hierin deswegen auch keinen Widerspruch gesehen habe. Im Gegenteil, so hat der sachverständige Zeuge Professor Dr. Buchholz zur Überzeugung der Kammer zutreffend weiter ausgeführt, sei dem Prinzip strikter Gesetzesbindung in Lehre und Rechtsprechung der DDR ein hoher Stellenwert zugekommen.

Daneben führt ein weiterer Gesichtspunkt zu der Feststellung der Verletzung von Artikel 99 der Verfassung der DDR und Artikel 4 StGB/DDR. Zu beachten ist nämlich, daß Artikel 27 Abs. 1 der Verfassung der DDR das Grundrecht der freien Meinungsäußerung gewährt, [so] daß durch die strafrechtliche Ahndung des Verhaltens des Zeugen Jürgen P. ein ihm durch die Verfassung verbürgtes Recht berührt wurde. Zwar stellen die Grundrechte nach der in der DDR herrschend gewesenen Rechtsauffassung keine Abwehrrechte des Bürgers gegen den Staat dar (vgl. Staatsrecht der DDR, Lehrbuch, Staatsverlag der DDR 1978, S. 185 m.w.N.), weil der sozialistische Staat ohnehin die Voraussetzung der Grundrechtsausübung schaffe, so daß es der Existenz von Abwehrrechten seiner Bürger gegen ihn nicht bedürfe. Jedoch bedeutet dies nicht, daß der sozialistische Staat Grundrechte seiner Bürger außer Betracht lassen durfte. Im Gegenteil hatte der Staat dafür Sorge zu tragen, daß die Grundrechte der Bürger gewährleistet waren. {191}

Diese Verpflichtung ist in Artikel 4 der Verfassung der DDR ausdrücklich wie folgt geregelt:

„Alle Macht dient dem Wohl des Volkes. Sie sichert ein friedliches Leben, schützt die sozialistische Lebensweise der Bürger, die freie Entwicklung des Menschen, wahrt seine Würde und garantiert die in dieser Verfassung verbürgten Rechte."

Da das Verhalten des Zeugen Jürgen P. anläßlich der Vereidigung von Angehörigen der Grenztruppen der DDR in Perleberg eine – wenn auch nach herrschender Anschauung in provokanter Form vorgebrachte – Meinungsäußerung darstellte, hatte der Staat aus Artikel 4 der Verfassung der DDR die Verpflichtung, diesen Gesichtspunkt zu berücksichtigen. Dies bedeutet zumindest, daß auf die Meinungsäußerung nicht mit einer den Wortlaut überdehnenden Anwendung von Strafgesetzen reagiert werden durfte, wenn nicht gegen das Gebot der Grundrechtswahrung aus Artikel 4 der Verfassung der DDR verstoßen werden sollte. Auch aus diesem Grund war die Anwendung von § 214 Abs. 1 StGB/DDR durch die Angeklagten Eggert und Korth zu Lasten des Zeugen P. rechtlich nicht zulässig.

Der DDR stand es dabei auch keineswegs frei, völlig willkürlich zu bestimmen, was unter einer Meinungsäußerung zu verstehen ist und auf diese Weise willkürlich über den Geltungsbereich des Grundrechts auf freie Meinungsäuße-{192}rung nach Artikel 27 Abs. 1 ihrer Verfassung zu disponieren. Zwar läßt sich aus Artikel 1 Abs. 1 der Verfassung der DDR möglicherweise ableiten, daß der SED ein weites Vorrecht zur Gestaltung des Staates und der Umsetzung der Verfassung in Verfassungswirklichkeit zustand.

Artikel 1 Abs. 1 der Verfassung der DDR hat folgenden Wortlaut:

„Artikel 1
(1) Die Deutsche Demokratische Republik ist ein sozialistischer Staat der Arbeiter und Bauern. Sie ist die politische Organisation der Werktätigen in Stadt und Land unter Führung der Arbeiterklasse und ihrer marxistisch-leninistischen Partei."

Allerdings gab die Verfassung der DDR auch Kriterien dafür vor, mit welchen Zielen dieses Vorrecht auszuüben war. Insbesondere aus dem Artikel 4 der Verfassung der DDR enthaltenen strikten Gebot, alle Macht habe die in der Verfassung verbürgten Rechte zu garantieren, folgt zwingend, daß der Staat – oder auch die SED – gerade eben nicht berechtigt sein sollte, willkürlich über den Anwendungsbereich der Grundrechte zu disponieren. Danach gibt es auch nach der Verfassung der DDR zumindest einen Minimalbereich des Grundrechtsschutzes, den keine Macht – sei es staatliche, sei es die der SED – anzutasten berechtigt war. Hieran ändert es nichts, daß die Verfassung der DDR in ihrer Rechtswirk-{193}lichkeit nur eine untergeordnete Rolle gespielt hat, wie der sachverständige Zeuge Prof. Dr. Buchholz zur Überzeugung der Kammer nach eigener Meinungsbildung zutreffend ausgeführt hat.

Zum anderen ist zu beachten, daß der Beitritt der DDR zu dem Internationalen Pakt über bürgerliche und politische Rechte nicht ohne rechtliche Folgen geblieben war. Durch Artikel 2 Abs. 1 IPbürgR verpflichtete sich nämlich jeder Vertragsstaat, die in dem Pakt anerkannten Rechte zu achten und sie allen in seinem Gebiet befindlichen und seiner Herrschaftsgewalt unterstehenden Personen ohne Unterschied, unter anderem der politischen oder sonstigen Anschauungen, zu gewährleisten. In Artikel 19 IPbürgR ist zur Frage der Meinungsfreiheit bestimmt, daß jedermann das Recht auf unbehinderte Meinungsfreiheit und auf freie Meinungsäußerung hat, wobei allerdings die Ausübung dieser Rechte bestimmten gesetzlich vorgesehenen Einschränkungen unterworfen werden kann, soweit diese erforderlich sind. Daß die DDR den IPbürgR nicht insgesamt in innerstaatliches Recht transformiert hat, ändert nichts an der eingegangenen Verpflichtung. Dies entsprach auch der Rechtslehre der DDR. Im Lehrbuch Völkerrecht, Berlin 1981, S. 59, ist dazu ausgeführt, ein Staat könne sich nicht dergestalt auf sein innerstaatliches Recht berufen, daß er sich dadurch seiner völkerrechtlichen Bindung entzieht.

Auch durch diese Sachlage war die DDR daran gehindert, durch willkürliche Definition des-{194}sen, was eine verfassungsrechtlich geschützte Meinungsäußerung darstellt, den Geltungsanspruch dieses Grundrechts außer Kraft zu setzen. Vielmehr war sie durch Artikel 12 Abs. 2 und 3 IPbürgR gehalten, Meinungsäußerungen ihrer Bürger, sofern diese nicht durch Gesetz untersagt waren, die den Anforderungen von Artikel 12 Abs. 3 IPbürgR genügten, hinzunehmen.

Die mindeste Schlußfolgerung für den vorliegenden Sachverhalt, die aus dem vorstehenden Befund zu ziehen ist, ist folgende:

Die Einschränkung des Rechts auf freie Meinungsäußerung erfordert nach Artikel 12 Abs. 2 und 3 IPbürgR ein Gesetz, das bestimmten Kriterien genügt. Das einzige Gesetz, an das in diesem Zusammenhang – wenn überhaupt – gedacht werden kann, ist § 214 Abs. 1 StGB/DDR. Die 2. Alternative dieses Strafgesetzes ist bereits von seiner sprachlichen Fassung her außerordentlich weit. Wird die vom Wortlaut gezogene weit gefaßte Grenze seines Anwendungsbereiches auch noch überschritten, steht dies im offenkundigen Widerspruch zu der mit dem IPbürgR eingegangenen Verpflichtung. Dies wiederum hat Rückwirkung auf den Regelungsgehalt von Artikel 4 in Verbindung mit Artikel 27 Abs. 1 der Verfassung der DDR für den vorliegenden Sachverhalt dahin, daß die Wahrnehmung des Rechts auf freie Meinungsäußerung durch den Zeugen Jürgen P. vom Staat DDR zu respektieren war und nicht zur Disposition stand. Auf die Frage des Umfanges des Rechts auf freie Meinungsäußerung {195} kommt es für diese Feststellung noch nicht einmal an.

(c) Die Feststellung, daß es allgemeine Anweisungen, die den Angeklagten Eggert und Korth verbindlich eine bestimmte Rechtsanwendung hinsichtlich des § 214 Abs. 1 StGB/DDR vorgeschrieben hatten, nicht gab, ergibt sich zur Überzeugung der Kammer aus folgendem:

(aa) Die Angeklagte Korth hat angegeben, für die Bearbeitung des Falles P. seien – neben dem Gesetz und dem Kommentar zum StGB/DDR – Orientierungen des Obersten Gerichts der DDR, dessen Rechtsprechung, Gemeinsame Standpunkte des Obersten Gerichts und der Generalstaatsanwaltschaft der DDR sowie Leitungsinformationen Grundlage gewesen. Hierbei handelte es sich im einzelnen um folgendes, wie von der Angeklagten Korth jeweils auf Nachfrage hin bestätigt worden ist:

- Gemeinsame Standpunkte zu einigen Problemen der rechtlichen Beurteilung von Verbrechen gegen die DDR und von Straftaten gegen die staatliche und öffentliche Ordnung vom 17.10.1980,

– Orientierung zur Strafverfolgung bestimmter Straftaten gegen die staatliche und öffentliche Ordnung vom Januar 1985, herausgegeben vom Obersten Gericht der DDR, {196}
– Beschluß des Präsidiums des Obersten Gerichts der DDR zu Fragen der Untersuchungshaft vom 20.10.1977,[16]
– Standpunkte des Obersten Gerichts der DDR – Kollegium für Strafrecht – vom 20.05.1985 (Leitungsinformation 13/85) zur Bekanntgabe von Prozeßdokumenten gegenüber dem Angeklagten.

Zur Überzeugung der Kammer steht deshalb fest, daß die o.g. Dokumente der Angeklagten Korth bei der Bearbeitung des Verfahrens gegen Jürgen P. vorlagen und von ihr verwandt wurden.

Zur Überzeugung der Kammer steht weiter fest, daß es sich bei dem Angeklagten Eggert genauso verhielt, da es keinen vernünftigen Grund zu der Annahme gibt, daß dem Angeklagten Eggert diese Unterlagen nicht zur Verfügung standen.

Bei der Kommentierung handelt es sich um den Kommentar zum Strafgesetzbuch, herausgegeben vom Ministerium der Justiz der DDR, Berlin 1984. Die dortigen Kommentierungen gaben nach der Bekundung des sachverständigen Zeugen Prof. Dr. Buchholz, dessen Aussage die Kammer folgt, die Rechtsprechung des Obersten Gerichts wieder und stammten von Mitgliedern des Obersten Gerichts, ohne daß eine Zuordnung der einzelnen Kommentierung auf einzelne der im Eingang des Kommentars genannten Autoren möglich gewesen wäre. {197}

In den insoweit verlesenen Gemeinsamen Standpunkten zu einigen Problemen der strafrechtlichen Beurteilung von Verbrechen gegen die DDR und von Straftaten gegen die staatliche und öffentliche Ordnung vom 17.10.1980 heißt es:

„*5. Zur Beeinträchtigung staatlicher oder gesellschaftlicher Tätigkeit (§ 214 StGB)*
5.1. *Zu § 214 Abs. 1 St*GB

– Die Strafbarkeit der Beeinträchtigung der Tätigkeit staatlicher Organe durch Gewaltanwendung oder Drohung nach Abs. 1 des § 214 StGB setzt voraus, daß die Tat den ordnungsgemäßen Tätigkeitsablauf eines staatlichen Organs beeinträchtigt. Eine derartige Beeinträchtigung liegt bereits dann vor, wenn der Täter Gewalt oder Drohungen anwendet, um staatliche Organe zu zwingen, pflichtwidrige Entscheidungen zu treffen oder Maßnahmen einzuleiten bzw. Entscheidungen oder Maßnahmen zu unterlassen. In solchen Fällen wird die ordnungsgemäße Tätigkeit der staatlichen Organe dadurch beeinträchtigt, daß ihr Entscheidungsspielraum eingeengt wird (vgl. OG-Urteil vom 2.05.1980 – 1 OSB 12/80 –). Das trifft auch auf provokatorische Forderungen gegenüber staatlichen Organen zu, die Ausreise zu genehmigen, wenn sie mit der Androhung der Verbindungsaufnahme z.B. zu einer staatsfeindlichen {198} Organisation oder mit der Drohung verbunden sind, internationale Organisationen durch irreführende Informationen zu veranlassen, gegen die DDR vorzugehen.
– Die Bekundung der Mißachtung der Gesetze bzw. die Aufforderung dazu (§ 214 Abs. 1 StGB, 2. Alternative) muß in einer Weise erfolgen, die geeignet ist, die öffentliche Ordnung zu gefährden. Eine tatsächliche Störung der öffentlichen Ordnung ist dagegen nicht erforderlich. Eine Bekundung der Mißachtung der Gesetze in einer die öffentliche Ordnung gefährdenden Weise liegt z.B. vor, wenn der Täter in der Öffentlichkeit oder gegenüber staatlichen Organen und deren Vertretern in demonstrativer oder provokatorischer Weise die Gesamtheit oder einzelne Gesetze der DDR herabwürdigt und z.B. ankündigt, sie als ungültig oder für ihn nicht verbindlich zu betrachten. Eine solche Erklärung kann auch in demonstrativen Handlungen zum Ausdruck kommen. Dagegen verwirklicht die Verletzung gesetzlicher Be-

stimmungen, z.B. die ungesetzliche Einreise in das bzw. der Aufenthalt im Grenzgebiet, allein noch nicht diese Tatbestandsalternative des § 214 Abs. 1 StGB." {199}

Dieser Text stimmt überein mit der Kommentierung zu § 214 Abs. 1 StGB/DDR in: Strafrecht der DDR, Berlin 1984.

Folgender Inhalt der Orientierung zur Strafverfolgung bestimmter Straftaten gegen die staatliche und öffentliche Ordnung des Obersten Gerichts vom Januar 1985 ist durch Verlesung festgestellt worden:

„Grundsätze zur Strafverfolgung

Das Vorgehen des Imperialismus beim Kampf gegen den Sozialismus ist von verstärkten Bestrebungen gekennzeichnet, in den sozialistischen Ländern eine innere Opposition zu schaffen und eine breit gefächerte politische Untergrundtätigkeit zu inspirieren und zu organisieren.

Der Gegner geht dazu auf den verschiedensten Wegen vor – auf Gegenmaßnahmen sozialistischer Staaten stellt er sich schnell ein; ständig sucht er neue Ansatzpunkte, sein Ziel zu erreichen.

Gegenwärtig konzentriert er sich auch darauf, die 1984 getroffenen zentralen Entscheidungen zur Übersiedlung dazu zu mißbrauchen,

– Bürger der DDR massiv im feindlichen Sinne {200} zu beeinflussen und außerhalb der Regelungen der Verordnung vom 15.09.1983 zur Übersiedlung in die BRD und nach Westberlin zu inspirieren,
– Bürger der DDR, deren Versuche zur Erreichung der Übersiedlung von den alleine zuständigen staatlichen Organen der DDR zurückgewiesen wurden, zu veranlassen, Rechtsvorschriften der DDR zu mißachten, sich zur Durchsetzung ihrer Vorhaben zusammenzuschließen und mit Straftaten und anderen Rechtsverletzungen sowie mit Provokationen und demonstrativen Handlungen gegen die Staats- und Gesellschaftsordnung der DDR aufzutreten. In Durchsetzung der subversiven Ziele der BRD der DDR gegenüber bemühen sich insbesondere ihre Ständige Vertretung in der DDR und Botschaften der BRD im sozialistischen Ausland in Anmaßung von Personalhoheitsrechten gegenüber DDR-Bürgern als deren Interessenvertreter zu fungieren.

Für die DDR ist es wichtig, Übersiedlungsbestrebungen zurückzudrängen, Irregeleitete und Personen, die feindlicher Ideologie zeitweilig erlegen sind, dauerhaft zurückzugewinnen.

Die Rückgewinnungsbemühungen sind auf die Personen auszurichten, die ihrer Verantwortung als Bürger der Deutschen Demokratischen Republik in der {201} Vergangenheit im wesentlichen gerecht geworden sind und von denen das künftig wieder erwartet werden kann.

Das ist eine gesamtgesellschaftliche Aufgabe, zu deren Lösung das Strafrecht einen Beitrag zu leisten hat.

Solange Möglichkeiten der Rückgewinnung bestehen, müssen sie folglich mit großem Engagement von den dafür verantwortlichen staatlichen Organen und gesellschaftlichen Kräften genutzt werden.

Diese Zusammenhänge sind vor allem für die Einleitung der Strafverfolgung von besonderem Gewicht. Solange oder sobald wieder Möglichkeiten bestehen, die Haltung der betreffenden Personen zu ändern, ist für strafrechtliche Maßnahmen in der Regel kein Raum bzw. kein Raum mehr. Für die Ahndung von Rechtsverletzungen kann insoweit § 4 OWVO Bedeutung haben.

Strafrechtliche Mittel gegen subversive Aktivitäten sind insbesondere dann anzuwenden, wenn andere Möglichkeiten der Disziplinierung und Erziehung ausgeschöpft sind und die betreffenden Personen trotz gesellschaftlicher Einflußnahme ihr Vorhaben hartnäckig in strafrechtlich relevanter Weise verfolgen oder die Schwere der Handlung bzw. die Wie-{202}derholungsgefahr eine sofortige Strafverfolgung erfordern.

Strafrechtlicher Zwang ist unter Beachtung dieses Zusammenhanges vor allem gegen Personen anzuwenden,

- die Verbindungen zu Stellen oder feindlichen Personen in der BRD, anderen nichtsozialistischen Staaten oder Westberlin aufnehmen, die konspirativ mit ausländischen Stellen oder feindlichen Personen zusammenwirken,
- die sich in die gegnerische Kampagne staatlicher Druckausübung oder der politischen Diskriminierung der DDR eingliedern, die sozialistische Staats- und Gesellschaftsordnung oder die Tätigkeit staatlicher Organe verunglimpfen und demonstrative Aktionen und Provokationen in der Öffentlichkeit durchführen oder androhen,
- die Handlungen begehen, um andere Personen für ihr strafbares Tun zu gewinnen und ein organisiertes Vorgehen entwickeln,
- die in anderer strafrechtlich relevanter Weise von gleichartiger Schwere versuchen, ihre Übersiedlung zu erreichen. {203}

Entscheidungen über die Anwendung strafrechtlicher Mittel haben unter Vermeidung von jeglichem Schematismus individuell differenziert auf der Grundlage der genauen Einschätzung des Einzelfalles zu erfolgen.

Sie müssen stets dem Ziel dienen, unter den gegebenen Umständen optimal zur Lösung der Aufgaben beim weiteren Vorwärtsschreiten des Sozialismus beizutragen.

Mit einer offensiven, konsequenten und zugleich differenzierten Rechtsanwendung ist wirksam und überzeugend zu dokumentieren, daß die Entscheidung zur Wohnsitzänderung ins Ausland in die Kompetenz der allein dafür zuständigen Organe der DDR fällt. Jegliche Bestrebungen zur Praktizierung von Zuständigkeiten des Auslands sind zurückzuweisen.

Alle Handlungen, eine Übersiedlung zu erzwingen, sind frühzeitig und vorbeugend unter Ausschöpfung *aller* Potenzen des sozialistischen Rechts konsequent zu unterbinden.

Auf jede demonstrative Mißachtung der Rechtsordnung oder der staatlichen Organe ist unverzüglich zu reagieren und eindeutig klarzustellen, daß Hand-{204}lungen, die auf die Erzwingung der Übersiedlung gerichtet sind, keine Aussicht auf Erfolg haben.

Es muß zur nachhaltigen Erfahrung von Personen, die ihre Übersiedlung zu erzwingen versuchen, sowie weiterer feindlich-negativer Kräfte werden, daß auf ein derartiges Ziel gerichtete Handlungen unabwendbar strafrechtliche Konsequenzen zur Folge haben.

Aktivitäten zur Erzwingung von Übersiedlungen im Zusammenwirken mit Geheimdiensten und feindlichen Stellen oder Personen im Ausland, wie der ‚Internationalen Gesellschaft für Menschenrechte', dem Verein ‚Hilferufe von drüben', der ‚Arbeitsgemeinschaft 13. August' und deren Helfer sowie anderen Feindorganisationen sind als Staatsverbrechen zu verfolgen.

Es sind international überzeugende Beweise für die inspirierende und organisierende Rolle feindlicher Zentren und anderer ausländischer Stellen zu erarbeiten.

Die Einschaltung von UNO-Organen und der Westberliner Rechtsanwälte Jäger und von der Schulenburg wird strafrechtlich verfolgt. Werden dritte Personen im Ausland zu diesem Zweck einbezogen, so ist diese Einbeziehung strafrechtlich relevant. {205}

Bei Prüfungen und Entscheidungen zu Handlungen der Einbeziehung der Ständigen Vertretung der BRD in der DDR, Botschaften der BRD in anderen sozialistischen Staaten und weiterer diplomatischer Vertretungen zur Erzwingung der Übersiedlung tragen alle beteiligten Organe eine hohe Verantwortung.

Dem Gegner dürfen keine Ansatzpunkte für seine wahrheitswidrigen Behauptungen gegeben werden, die DDR würde Besuchern keinen freien Zugang zu ausländischen Vertretungen gewährleisten und würde DDR-Bürger wegen des Aufsuchens ausländische Vertretungen strafrechtlich verfolgen.

In Strafverfahren sind alle Möglichkeiten zu nutzen, den Nachweis zu führen, daß sich diplomatische Vertretungen der BRD Zuständigkeiten in inneren Angelegenheiten der DDR anmaßen, indem sie insbesondere Personen registrieren, beraten und eine umfassende Informationssammlung durchführen sowie Unterstützung durch staatliche Organe der BRD zusichern.

1. Beeinträchtigung staatlicher Tätigkeit

1.1. Zum § 214 (1) StGB {206}

Diese Bestimmung dient dem Schutz der Tätigkeit staatlicher Organe, der sozialistischen Rechtsordnung und der Durchsetzung der sozialistischen Gesetzlichkeit vor den im Tatbestand genannten Angriffen. Hinsichtlich der Tätigkeit staatlicher Organe werden Handlungen, die deren Tätigkeit rechtlich unzulässig beeinflussen sollen, unter Strafe gestellt.

Staatliche Organe im Sinne des Tatbestandes sind insbesondere Einrichtungen des Staates, die auf der Grundlage der Verfassung und anderer Bestimmungen der Rechtsordnung innerhalb des jeweils sachlich und territorial festgelegten Rahmens die zur Verwirklichung der Aufgaben des Staates erforderliche vollziehend-verfügende Tätigkeit ausüben.

Die objektive Seite des Tatbestandes besteht in vier Begehungsweisen der Beeinträchtigung der Tätigkeit staatlicher Organe durch

- Gewalt
- Drohung
- Bekunden der Mißachtung der Gesetze
- Auffordern zur Mißachtung der Gesetze.

Die Strafbarkeit der Beeinträchtigung der Tätigkeit staatlicher Organe durch Gewalt oder Drohungen setzt auf der objektiven Seite voraus, daß die Tat {207} den ordnungsgemäßen Tätigkeitsablauf eines staatlichen Organs beeinträchtigt. Eine derartige Beeinträchtigung liegt vor, wenn der Täter Gewalt oder Drohungen anwendet, um staatliche Organe zu zwingen, pflichtwidrige Entscheidungen zu treffen oder Maßnahmen einzuleiten bzw. Entscheidungen oder Maßnahmen zu unterlassen. In solchen Fällen wird die ordnungsgemäße Tätigkeit der staatlichen Organe dadurch beeinträchtigt, daß ihr Entscheidungsspielraum eingeengt wird (vgl. OG-Urteil vom 2.05.1980 – 1 OSB 12/80 oder OG-Informationen, Sonderdruck 1980, Seite 16/17). Es ist nicht erforderlich, daß tatsächlich eine Änderung staatlicher Entscheidungen bewirkt wird.

Gewalt ist jede Einwirkung, bei der körperliche Kraft angewendet wird, oder die mit Hilfe mechanischer Vorrichtungen oder durch Auslösung bzw. unter Ausnutzung chemischer oder physikalischer Vorgänge erreicht wird, unabhängig davon, ob sie gegen Personen oder Sachen gerichtet ist.

Es ist tatbestandsmäßig nicht erforderlich, daß die Gewaltanwendung zu einer Körperverletzung oder zu einer Sachbeschädigung führt. Werden durch die Gewaltanwendung zugleich andere Straftatbestände verletzt (z.B. §§ 115, 163, 185 StGB), sind sie tateinheitlich anzuwenden. Mißhandlungen im Sinne {208} des § 115 StGB begründen dagegen keine Tateinheit, sie werden vom Tatbestandsmerkmal der Gewaltanwendung konsumiert (vgl. OG-Urteil vom 7.9.1979 – 1 OSK 9/79, OG-Informationen Heft 7/1979, Seite 13).

Nicht vom § 214 (1) StGB, sondern vom § 212 StGB erfaßt wird die Gewaltanwendung zu dem Zweck, Angehörige eines staatlichen Organs an der pflichtgemäßen Durchführung ihnen übertragener Aufgaben zur Aufrechterhaltung von Ordnung und Sicherheit zu hindern.

Drohungen sind Ankündigungen von Nachteilen aller Art, die sowohl persönlicher Natur für den Empfänger als auch Nachteile für die staatliche Tätigkeit sein können. Auch Nachteile für den sozialistischen Staat, die Gesellschaft und die sozialistische Entwicklung zählen hierzu. Es kann sich demnach um Nachteile aller Art handeln, die geeignet sind, die geordnete staatliche Tätigkeit – auch die eines einzelnen Mitarbeiters des Staatsapparates – zu beeinträchtigen. Die jeweilige Drohung muß ernstzunehmen sein, d.h. objektiv den Eindruck der Ernsthaftigkeit erwecken und realisierbar sein.

Der Begriff ‚Drohungen' bedeutet nicht, daß mehrere Drohungen vorliegen müssen; tatbestandsmäßig genügt eine Drohung. {209}

Eine Beeinträchtigung staatlicher Tätigkeit durch Drohungen liegt z.B. vor, wenn der Täter in ernstzunehmender Weise mit dem Ziel unzulässiger Einflußnahme auf die Tätigkeit staatlicher Organe ankündigt,

- sich an ausländische Einrichtungen oder Organisationen zu wenden,
- mit seinen rechtswidrigen Forderungen öffentlichkeitswirksam in der DDR aufzutreten,
- einen ungesetzlichen Grenzübertritt zu begehen,
- Selbstmord zu verüben,
- bei Nichtgenehmigung seines Übersiedlungsersuchens jegliche berufliche Tätigkeit zu verweigern.

Die Anwendung von Gewalt oder Drohungen muß nicht unmittelbar gegenüber dem staatlichen Organ erfolgen, in dessen Tätigkeit der Täter eingreifen will. Es muß aber den objektiven Umständen der Handlung nach die reale Möglichkeit bestehen, daß staatliche Organe von der Drohung Kenntnis erlangen (siehe dazu Ausführungen zu § 214 (5) StGB). {210}

Androhungen von Gewaltakten im Sinne des § 217a StGB verletzen in der Regel nicht zugleich § 214 (1) StGB in der Alternative Drohung, da solche Handlungen überwiegend nicht darauf gerichtet sind, in Entscheidungen staatlicher Organe einzugreifen.

Eine tateinheitliche Verletzung beider Tatbestände liegt vor, wenn mit der Androhung von Gewaltakten erkennbar auch andere staatliche Entscheidungen erzwungen werden sollen als Festlegungen und Aktivitäten zur Abwehr des angedrohten Gewaltaktes.

Das *Bekunden der Mißachtung der Gesetze* in einer die öffentliche Ordnung gefährdenden Weise ist die dritte Begehungsweise der Beeinträchtigung staatlicher Tätigkeit.

Der Begriff ‚Gesetz' erfaßt alle allgemeinverbindlichen Rechtsvorschriften.

Das Tatbestandsmerkmal ‚in einer die öffentliche Ordnung gefährdenden Weise' erfordert ein solches Bekunden der Mißachtung der Gesetze, das – im Unterschied zu Ordnungswidrigkeiten – geeignet ist, staatliche Tätigkeit zu beeinträchtigen. Nicht jedes Hinwegsetzen über rechtliche Regelungen soll strafrechtlich verfolgt werden. Unter konsequenter Beachtung dieser strafpolitischen Zielstellung wurde im § 4 (1) OWVO die Bekundung der Mißachtung {211} von Gesetzen für die Fälle als Ordnungswidrigkeit geregelt, durch die *das sozialistische Zusammenleben der Bürger gestört wird.*

Bekunden liegt vor, wenn der Täter seine subjektive, durch Mißachtung der Gesetze gekennzeichnete Haltung in von anderen Personen wahrnehmbaren Handlungen objektiviert.

Derartige Handlungen werden gewöhnlich dadurch begangen, daß Täter insbesondere in demonstrativer Weise, kategorisch oder provokatorisch die Rechtsordnung oder einzelne Gesetze der DDR als ungültig oder für sich nicht verbindlich bezeichnen bzw. das durch demonstrative Handlungen bekunden. Das gilt auch, wenn für Außenstehende nicht immer erkennbar ist, daß ein bestimmtes Handeln eine Bekundung der Mißachtung der Gesetze im Sinne des Tatbestandes darstellt.

Eine Bekundung der Mißachtung der Gesetze erfolgt z.B. beim gemeinsamen auf Druckausübung gerichteten Auftreten von Übersiedlungsersuchenden, bei dem durch das konzentrierte Auftreten von Übersiedlungsersuchenden staatliche Entscheidungen erzwungen werden sollen, ohne daß Nichteingeweihte stets erkennen können, daß es sich um eine Ansammlung von Übersiedlungsersuchenden handelt. {212}

Die Wiederholung von Übersiedlungsersuchen gegenüber DDR-Organen trotz Belehrung über fehlende Genehmigungsvoraussetzungen ist dagegen keine strafbare Handlung.

Adressat der Bekundungen können sowohl ein bestimmter als auch ein unbestimmter Personenkreis in der DDR sein.

Fordert ein DDR-Bürger an einer Grenzübergangsstelle die Gestattung der Ausreise, ohne im Besitz von Grenzübertrittsdokumenten zu sein, liegt eine Bekundung der Mißachtung der Gesetze in einer die öffentliche Ordnung gefährdenden Weise vor. (Der 1. Strafsenat des Obersten Gerichts gibt seinen im Urteil Hamel 1 OSB 63/82 vom 7.1.1983 darüber hinausgehenden Rechtsstandpunkt auf.) Eine Straftat liegt nicht vor, wenn die Handlung nicht geeignet ist, staatliche Tätigkeit zu beeinträchtigen.

Das *Auffordern zur Mißachtung der Gesetze* ist eine selbständige Begehungsweise des § 214 (1) StGB. Mit dem Auffordern wird die Anstiftung als Täterschaft erfaßt. {213}
Das Auffordern zur Mißachtung der Gesetze selbst muß nicht in einer die öffentliche Ordnung gefährdenden Weise geschehen.
Das Auffordern muß darauf gerichtet sein, andere Personen zu einem auf die Mißachtung der Gesetze in einer die öffentliche Ordnung gefährdenden Weise gerichteten Tun oder Unterlassen zu veranlassen, bzw. sie in einem derartigen Vorhaben oder Handeln zu bestärken.
Das Auffordern kann sich – wie beim Bekunden – auf alle allgemeinverbindlichen Rechtsvorschriften beziehen.
Ein Auffordern zur Mißachtung der Gesetze liegt z.B. vor, wenn eine andere Person veranlaßt werden soll, außerhalb rechtlicher Regelungen gegen die Tätigkeit staatlicher Organe alleine oder gemeinsam mit anderen vorzugehen, um staatliche Entscheidungen gegen die für solche Entscheidungen maßgeblichen Regelungen zu erzwingen. Es liegt auch vor, wenn andere Personen zu gegen die DDR gerichteten demonstrativen Handlungen an der Staatsgrenze bewegt werden sollen.
Auf die Durchführung von Personenansammlungen zur Druckausübung gerichtete Handlungen stellen ebenfalls Aufforderungen zur Mißachtung der Gesetze dar. {214}
Eine Straftat nach § 214 (1) StGB setzt auf der subjektiven Seite das Vorliegen von *Vorsatz* voraus, der sich mit auf die Beeinträchtigung der Tätigkeit staatlicher Organe erstrecken muß. Soweit der Täter mit Drohungen vorgeht, muß er den Eindruck ihrer Ernsthaftigkeit hervorrufen wollen. Unerheblich ist, ob er sie auch verwirklichen will."

Aus dem Beschluß des Präsidiums des Obersten Gerichts der DDR zu Fragen der Untersuchungshaft vom 20.10.1977 ist durch Verlesung insoweit folgender Text festgestellt worden:

„4. Zum Haftgrund angedrohter Haftstrafe und zu erwartender Strafe mit Freiheitsentzug (§ 122 Abs. 1 Ziff. 4 StPO)

Die Anwendung dieses Haftgrundes setzt voraus, daß neben dringendem Verdacht des Vorliegens einer Straftat, für die Haftstrafe angedroht ist, die auf konkrete Strafzumessungstatsachen gestützte Erwartung begründet ist, daß der Ausspruch einer Strafe mit Freiheitsentzug (§§ 38, 74, 76 StGB) zu erwarten ist.
Das rechtspolitische Anliegen dieses Haftgrundes ergibt sich aus seiner Verbindung mit dem in § 41 StGB geregelten Zweck der Haftstrafe, eine erfor-{215}derliche unverzügliche und nachdrückliche Disziplinierung des Täters zu erreichen. Demzufolge muß die Prüfung, ob dieser Haftgrund vorliegt, diesen Strafzweck einschließen, unabhängig davon, ob Haftstrafe oder eine andere Strafe mit Freiheitsentzug zu erwarten ist. Dabei ist in der Regel davon auszugehen, daß Charakter und Begehungsweisen von Straftaten gemäß §§ 212, 214, 215, 216, 217, 217a und 249 StGB[17] bei erheblicher Tatschwere eine unverzügliche und nachdrückliche Disziplinierung des Täter gebieten, folglich die Untersuchungshaft in diesen Fällen unumgänglich ist. Soweit in anderen Straftatbeständen Haftstrafe angedroht ist, erfordert die Anwendung dieses Haftgrundes die spezielle Prüfung, ob auch hier im konkreten Einzelfall Charakter, Motive, Begehungsweise und gesellschaftliche Auswirkungen der dem Beschuldigten zur Last gelegten Tat eine unverzügliche und nachdrückliche Disziplinierung des Täters durch eine Strafe mit Freiheitsentzug erfordern. Ist das zu bejahen, wie z.B. bei einer durch rowdyhafte Züge geprägten Straftat, dann ist dieser Haftgrund grundsätzlich gegeben. Die Untersuchungshaft ist aber in der Regel dann nicht unumgänglich, wenn z.B. aus Einsicht und Reue Wiedergutmachung erfolgte oder andere ernsthafte Anstrengungen unternommen wurden, um die Auswirkungen der Tat zu beseitigen oder zu vermindern." {216}

Die Standpunkte des Obersten Gerichts der DDR – Kollegium für Strafrecht – vom 20.05.1985 (Leitungsinformation 13/85) zur Bekanntmachung von Prozeßdokumenten gegenüber dem Angeklagten sind durch Verlesung wie folgt festgestellt worden:

„*Zur Bekanntgabe von Prozeßdokumenten gegenüber dem Angeklagten*

Die Zustellung von Anklageschrift, Eröffnungsbeschluß, Urteil, Protest, Kassationsantrag und anderen Prozeßdokumenten kann gemäß §§ 184 Abs. 5, 203 Abs. 3, 288 Abs. 7, 317 Abs. 2 StPO durch deren Bekanntgabe ersetzt werden, wenn dies wegen Gefährdung der Sicherheit des Staates oder der Notwendigkeit der Geheimhaltung bestimmter Tatsachen geboten ist.
Mit der Entscheidung darüber, ob diese Prozeßdokumente zuzustellen oder zur Kenntnis zu geben sind, ist zu sichern, daß es dem Gegner unseres Staates nicht gelingen darf,

- staatliche Dokumente über die Verfolgung von Straftaten gegen die sozialistische Staats- und Gesellschaftsordnung der DDR und anderen Straftaten in seinen Besitz zu bringen, um diese gegen die innerstaatliche Ordnung und das internationale Anse-{217}hen der DDR zu mißbrauchen,
- sich Einblick in geheimzuhaltende Vorgänge zu verschaffen,
- Material für Hetze zu erlangen.

Die Bekanntgabe von Prozeßdokumenten hat so zu erfolgen, daß das Recht des Angeklagten auf Verteidigung (§ 61 StPO) gewährleistet wird. Im Einvernehmen mit den anderen zentralen Justizorganen wird daher zur Bekanntgabe von Prozeßdokumenten wie folgt orientiert:

I.

1. Dem Angeklagten können Anklageschrift, Eröffnungsbeschluß, Urteil, Protest, Kassationsantrag sowie andere Prozeßdokumente dann zur Kenntnis gebracht werden, wenn die Voraussetzungen für den Ausschluß der Öffentlichkeit gemäß § 211 Abs. 3 StPO vorliegen. Dabei ist nicht erforderlich, daß die Öffentlichkeit tatsächlich ausgeschlossen wird oder wurde. {218}
Bei der Prüfung, ob die Nichtzustellung der Prozeßdokumente im Interesse der Sicherheit des Staates oder der Geheimhaltung bestimmter Tatsachen notwendig ist, ist – ebenso wie bei der Entscheidung über den Ausschluß der Öffentlichkeit – zu beachten, daß

- sich diese Kriterien nicht von vornherein nur auf bestimmte Deliktsgruppen beziehen,
- Tatsachen oder Vorgänge aus gesellschaftlichen Bereichen (z.B. der Volkswirtschaft, Forschung und Technik, Sicherung von Objekten, Landesverteidigung) im umfassenden Sinne der Geheimhaltung unterliegen,
- sich diese Notwendigkeit sowohl aus dem den Gegenstand des Verfahrens bildenden Sachverhalt oder den mit diesem im Zusammenhang stehenden Gesichtspunkten als auch aus der Person des Angeklagten oder anderer Beteiligter ergeben kann.

2. Ausgehend von diesen Grundsätzen sind daher die Prozeßdokumente in der Regel nicht zuzustellen bei

- Verbrechen gemäß dem 1. und 2. Kapitel {219} des Besonderen Teils des StGB,
- Militärstraftaten, deren Geheimhaltung im Interesse der militärischen Sicherheit erforderlich ist (insbesondere §§ 254, 272 StGB),
- Straftaten gemäß § 213 StGB[18],
- Straftaten gegen die staatliche Ordnung (einschließlich § 139 Abs. 3 StGB), wenn die Täter die Entlassung aus der Staatsbürgerschaft der DDR beantragt haben oder durch ihr Verhalten erzwingen wollen; bei Straftaten nach § 249 StGB auch, soweit das kriminelle asoziale Verhalten mit einer gegen den sozialistischen Staat gerichteten Einstellung motiviert ist,
- schweren Straftaten des unbefugten Besitzes und Verlustes von Waffen und Sprengmitteln (§§ 206 Abs. 2, 208 Abs. 2 StGB),
- Geheimnisverrat (§§ 245, 246 StGB) sowie unbefugter Offenbarung und Erlangung wirtschaftlicher Geheimnisse (§ 172 StGB),

- Straftaten, wenn der Zustellung außen-{220}wirtschaftliche Interessen der DDR entgegenstehen,
- Unterlassen der Anzeige (§ 225 Abs. 1 und 2 StGB), soweit es bei den vorgenannten Straftaten strafbar ist.

Bei weiteren Straftaten sind die Prozeßdokumente nicht zuzustellen, wenn

- Umstände vorliegen, die einen Einblick in geheimzuhaltende Tatsachen der ökonomischen Entwicklung, der Sicherung von Objekten, der Forschung oder der Landesverteidigung ermöglichen,
- bei Widerstand gegen staatliche Maßnahmen (§ 212 StGB), Rowdytum (§§ 215, 216 StGB), Zusammenschluß zur Verfolgung gesetzwidriger Ziele (§ 218 StGB), ungesetzlicher Verbindungsaufnahme (§ 219 StGB[19]) und öffentlicher Herabwürdigung (§ 220 StGB[20]) die Wirkung der ideologischen Diversion des Gegners offenbar wird oder solche Handlungen bei Zusammenrottung größeren Umfangs begangen wurden,
- die Straftat im Zusammenhang mit Wahlen, {221} Großkundgebungen oder anderen politischen Höhepunkten begangen wurde,
- in den Prozeßdokumenten erhebliche Mängel in Bezug auf geheimzuhaltene Fragen der Ordnung und Sicherheit, die im betreffenden Bereich die Tatdurchführung begünstigt haben, dargelegt wurden.

3. Die Entscheidung über die Bekanntgabe der Prozeßdokumente trifft das Gericht außerhalb der Hauptverhandlung durch prozeßleitende Verfügung des Vorsitzenden, während der Hauptverhandlung durch Beschluß unter Mitwirkung von Schöffen (§§ 25 Abs. 2, 33 Abs. 2 GVG, § 200 StPO). Gegen diese Entscheidung ist kein Rechtsmittel zulässig.

Werden die Prozeßdokumente gemäß §§ 184 Abs. 5, 203 Abs. 3, 288 Abs. 7, 317 Abs. 2 StPO zur Kenntnis gegeben, ist zu sichern, daß der Angeklagte sein Recht auf Verteidigung und auf Einlegung eines Rechtsmittels uneingeschränkt wahrnehmen kann. Deshalb sind dem Angeklagten, bei Jugendlichen auch dessen gesetzlichem Vertreter, sämtliche Prozeßdokumente rechtzeitig zur Kenntnis zu bringen. Ihm ist ausreichend – auf sein Ersuchen auch mehrfach – Gelegenheit zu geben, sich mit deren Inhalt vollständig vertraut zu machen. {222}

Dem auf freien Fuß befindlichen Angeklagten ist eine angemessene Frist zur Einsichtnahme in die Prozeßdokumente bei Gericht zu setzen.

Für die Dauer der Hauptverhandlung sind ihm die Prozeßdokumente zur Verfügung zu stellen.

Die schriftliche Bestätigung des Angeklagten, daß er rechtzeitig und ausreichend Gelegenheit zur Kenntnisnahme von den Prozeßdokumenten hatte, sowie die betreffenden Prozeßdokumente selbst sind zu den Akten zu nehmen.

II.

Mit diesem Standpunkt wird der zur Anwendung der §§ 184 Abs. 5, 203 Abs. 3, 317 Abs. 1 StPO veröffentlichte Standpunkt vom 27. Januar 1978, (VD III/4/78) veröffentlicht in DuI A 6 – 2/78 VD, gegenstandslos."

(bb) Die vorstehend aufgeführten Dokumente gaben dem Angeklagten die von ihnen vorgenommene Anwendung des § 214 Abs. 1 StGB/DDR auf den Fall des Zeugen Jürgen P. nicht verbindlich vor.

(aaa) Nach § 39 GVG/DDR oblag dem Obersten Gericht der DDR die Aufgabe der Leitung der Rechtsprechung und die Sicherung ihrer einheitlichen Anwendung. Dazu besaß das Oberste Ge-{223}richt verschiedene Möglichkeiten der Lenkung der Rechtsprechung in allgemeiner Art, zum Beispiel – wie unter anderem für § 214 StGB/DDR geschehen – durch die Herausgabe von sogenannten Standpunkten, Gemeinsamen Standpunkten zusammen mit dem Generalstaatsanwalt oder sogenannten Orientierungen.

Ferner bestand für das Oberste Gericht der DDR nach § 39 Abs. 2 GVG/DDR die Möglichkeit, Richtlinien bzw. Richtlinien gleichstehende Beschlüsse nach § 40 Abs. 1 GVG/DDR zu fassen, was indes zum Bereich des politischen Strafrechts nicht geschehen ist. Nur solche Richtlinien wurden von § 39 Abs. 2 GVG/DDR für alle Gerichte verbindlich erklärt. Um solche rechtlich verbindlichen Richtlinien oder Beschlüsse handelte es sich bei den vorliegend in Betracht kommenden Dokumenten ersichtlich nicht, abgesehen von dem Beschluß vom 20.10.1977, der jedoch nur dann eine Bedeutung hätte haben können, wenn eine Straftat vorgelegen hätte.

(bbb) Unbeschadet des Umstandes, daß ihnen rechtliche Verbindlichkeit nicht zukam, zwangen weder die Gemeinsamen Standpunkte vom 17.10.1980 noch die Orientierungen zur Strafverfolgung bestimmter Straftaten gegen die staatliche und öffentliche Ordnung vom Januar 1985, soweit sie in Ziff. 1.1.1. Erläuterungen zum Tatbestand von § 214 Abs. 1 StGB/DDR enthalten, dazu, im Falle des Zeugen P. diese Bestimmungen anzuwenden. Dabei verkennt die Kammer nicht, daß bei den Erläuterungen zum Tatbestand des § 214 Abs. 1 StGB/DDR in den {224} Gemeinsamen Standpunkten und Orientierungen nicht zu übersehen ist, daß die gegebenen Beispielsfälle geeignet sind, den Benutzer zu einer den Wortlaut des Gesetzes überdehnenden Anwendung zu verleiten.

Die Beurteilung des Einzelfalles Jürgen P. anhand der Gemeinsamen Standpunkte vom 17.10.1980 und des Kommentars zum StGB/DDR ergibt:

Die Tathandlung des § 214 Abs. 1 2. Alt. StGB/DDR besteht nach den Gemeinsamen Standpunkten vom 17.10.1980 und der inhaltsgleichen Kommentierung zu § 214 StGB/DDR darin, daß der Täter

„die Gesamtheit oder einzelne Gesetze der DDR herabwürdigt und zum Beispiel ankündigt, sie als ungültig oder für ihn nicht verbindlich zu betrachten".

Daß der Zeuge Jürgen P. bei seinem Auftreten am 23.11.1985 die Gültigkeit von Gesetzen nicht in Zweifel gezogen hat, ist zuvor bereits ausgeführt (vgl. Ziff. i)aa)(1)(a)).

Der weiterverwandte Begriff „herabwürdigen" bedeutet sprachlich, jemanden nicht mit dem nötigen Respekt auf verletzende Weise zu behandeln. Selbst wenn man dies auf Rechtsvorschriften bezieht – was [un]zutreffend ist, da Würde grundsätzlich nur Personen zukommt –, ist in keiner Weise erkennbar, welches Gesetz der Zeuge P. auf welche Weise bei seinem Auftreten {225} anläßlich der Vereidigung von Angehörigen der Grenztruppen der DDR in Perleberg am 23.11.1985 herabgewürdigt haben soll. Denn – wie oben bereits ausgeführt ist – hatte sein Verhalten keinen Erklärungswert in Bezug auf irgendein Gesetz. Selbst wenn man den Plakattext – was allerdings bereits weit hergeholt ist – mit dem Grenzgesetz der DDR vom 25.03.1982 in Verbindung bringen könnte, hätte er dieses jedenfalls nicht auf verletzende Weise behandelt, da er lediglich eine persönliche Meinung zu der Frage bekundet hat, ob die Grenze der DDR einen Beitrag zum Frieden darstellt. Unterstellt man diese Meinung des Zeugen P. als richtig, ist damit nur ausgesagt, daß die Grenze der DDR keinen Beitrag zum Frieden leistet und nicht etwa, daß sie – um ein extremes Beispiel zu bilden – der Kriegsvorbereitung dient o.ä.

Der Erläuterung von § 214 Abs. 1 2. Alt. StGB/DDR in den Gemeinsamen Standpunkten vom 17.10.1980 läßt sich mithin nicht entnehmen, daß das Verhalten des Zeugen P. dessen Tatbestand erfüllt.

Auch aus den Ausführungen in der Orientierung des Obersten Gerichts vom Januar 1985 zum Tatbestand des § 214 Abs. 1 2. Alt. StGB/DDR folgt im Ergebnis nichts anderes, auch wenn die dort gegebenen Beispiele zu einer überdehnten Anwendung verleiten.

Zu den Ausführungen der Orientierung des Obersten Gerichts vom Januar 1985 gilt: {226}

Nach der Erläuterung des Tatbestandes des § 214 Abs. 1 StGB/DDR in abstrakter Form knüpft die Strafbarkeit nach § 214 Abs. 1 StGB/DDR an folgende Merkmale an:

- das Bekunden der Mißachtung der Gesetze,
- in einer die öffentliche Ordnung gefährdenden Weise, die geeignet ist, die staatliche Tätigkeit zu beeinträchtigen und
- das Vorliegen von Vorsatz, der sich auch auf die Beeinträchtigung staatlicher Tätigkeit beziehen muß.

Hinsichtlich der Tathandlung ergibt sich kein Unterschied zu der Darstellung in den Gemeinsamen Standpunkten bzw. der Kommentierung, abgesehen davon, daß die Vokabel „herabwürdigen“ nicht verwandt wird. Insoweit kann deshalb auf die obigen Ausführungen Bezug genommen werden.

Im Unterschied zu den Gemeinsamen Standpunkten vom 17.10.1980 wird sodann eine Einschränkung für die Erfüllung des Merkmals „in einer die öffentliche Ordnung gefährdenden Weise“ dahin genannt, daß dieses Tatbestandsmerkmal eine Eignung zur Beeinträchtigung staatlicher Tätigkeit erfordere. Dies soll, wie im Zusammenhang mit der Begehungsweise des Drohens ausgeführt wird, bereits dann der Fall sein, wenn der Beurteilungsspielraum eines staatlichen Organs {227} eingeengt wird. Allerdings wird dabei angeknüpft an die zuvor als notwendig genannte Zweckrichtung der Handlung, nämlich die Herbeiführung einer pflichtwidrigen Entscheidung eines staatlichen Organs. Dieser Zusammenhang zwingt zu der Schlußfolgerung, daß nicht jede Einengung des Entscheidungsspielraums eines staatlichen Organs ausreichend ist, sondern die Einengung des Entscheidungsspielraums wenigstens geeignet sein muß, zu einer pflichtwidrigen Entscheidung zu führen. Was unter einer „pflichtwidrigen“ Entscheidung zu verstehen sein soll, wird nicht gesagt.

Bei unbefangener Betrachtungsweise ist dies zunächst eine Entscheidung, die gegen eine Rechtsvorschrift verstößt. Eine solche Rechtsvorschrift in Bezug auf den Ausreiseantrag des Zeugen Jürgen P. gab es jedoch nicht, so daß insofern eine pflichtwidrige Entscheidung des „staatlichen Organs“ zu dem Übersiedlungsbegehren des Zeugen Jürgen P. von vornherein nicht in Betracht kommt.

Daneben kann, da es sich bei dem nicht näher bestimmten staatlichen Organ um eine Verwaltungsbehörde handeln kann, auch ein Verstoß gegen verwaltungsinterne Richtlinien und Anweisungen in Betracht kommen. Als solche verwaltungsinternen Richtlinien oder Anweisungen kann man vorliegend die Verfügung Nr. 143/83 des Vorsitzenden des Ministerrates vom 27.09.1983 ansehen, bei einer auf Förmlichkeiten verzichtenden Betrachtungsweise auch noch die Hinweise {228} zur Erläuterung der Verfügung des Vorsitzenden des Ministerrates vom 11.07.1984.

Nach den dort insbesondere zu Ziff. II.1.-2. gegebenen Anweisungen zur Behandlung von Ausreiseanträgen ist allerdings klar, daß es für das staatliche Organ, an das sich die Anweisungen richteten, keinerlei Entscheidungsspielraum gab, weshalb ein solcher auch nicht eingeengt werden konnte. Deshalb war es für Übersiedlungsersuchende, die nicht unter die Verordnung über die Familienzusammenführung vom 15.09.1983 fielen, ebenfalls unmöglich, die Gefahr pflichtwidriger Entscheidungen durch Einengung eines Entscheidungsspielraums herbeizuführen. Die geforderte Eignung, staatliche Tätigkeit zu beeinträchtigen, bestand deshalb auch im Falle des Zeugen Jürgen P. nicht.

Zu einer anderen Beurteilung kann man nur kommen, wenn man berücksichtigt, daß rein tatsächlich Bürger der DDR in die Bundesrepublik Deutschland entlassen wurden und dies naturgemäß jeweils auf einer Entscheidung eines „staatlichen Organs" der DDR beruhte. Derartige Entscheidungen waren jedoch völlig anders gelagert als solche, die in einem regulären Verwaltungsverfahren bzw. in einer einem regulären Verwaltungsverfahren ähnlichen Form getroffen wurden.

Dies betrifft einmal die Entscheidung, einen DDR-Bürger aus der Strafhaft im Wege des Freikaufs in die Bundesrepublik Deutschland zu entlassen. Eine solche „Entscheidung" als mögli-{229}chen Anknüpfungspunkt für die Tathandlung des § 214 Abs. 1 StGB/DDR zu nehmen, hieße allerdings den Gedanken der Rechtsanwendung ad absurdum zu führen.

Dies betrifft zum anderen Fälle, in denen durch Entscheidung des Ministeriums des Innern der DDR auch ohne das Vorliegen der Voraussetzung der Verordnung über die Familienzusammenführung vom 15.09.1983 die Ausreise gestattet wurde.

Nur derartige Entscheidungen des Ministeriums des Innern der DDR bleiben folglich als einziger möglicher Anknüpfungspunkt für die nach der Orientierung des Obersten Gerichts vom Januar 1985 erforderliche Einengung des Entscheidungsspielraums eines staatlichen Organs in Richtung auf eine pflichtwidrige Entscheidung nach.

Das Verhalten des Zeugen Jürgen P. bei der Vereidigung von Angehörigen der Grenztruppen der DDR in Perleberg am 23.11.1985 kann nun zwar tatsächlich geeignet gewesen sein, eine derartige Entscheidung über sein Übersiedlungsbegehren in die Bundesrepublik Deutschland zu beeinflussen, jedoch nicht in dem Sinne, daß die Gefahr einer pflichtwidrigen Entscheidung hätte herbeigeführt werden können. Denn zum einen war er Übersiedlungsersuchender, und zum anderen war er in der Öffentlichkeit in einer Weise aufgetreten, die im Widerspruch zu der herrschenden Sicherheitsdoktrin stand, auch wenn es sich lediglich um eine Meinungsäußerung handelte. {230}

Insofern – und nur insofern – war sein von den Angeklagten als strafbar behandeltes Verhalten geeignet, den „Entscheidungsspielraum eines staatlichen Organs" einzuengen.

Trotz der vorstehenden, den Gedanken der Rechtsanwendung im Sinne der Einlassung der Angeklagten Korth nahezu ad absurdum führenden Überlegungen ist die in der Orientierung des Obersten Gerichts vom Januar 1985 geforderte Eignung der den Tatbestand des § 214 Abs. 1 StGB/DDR erfüllenden Handlung, den Entscheidungsspielraum eines staatlichen Organs verbunden mit der Gefahr einer pflichtwidrigen Entscheidung einzuengen, im Falle von Jürgen P. nicht gegeben. Denn es ist nicht im mindesten ersichtlich, worin – gemessen an den Maßstäben der DDR – die „Pflichtwidrigkeit" der Entscheidung des staatlichen Organs stecken soll. Vielmehr ist – wiederum nach insoweit allein vorstellbaren Maßstäben der DDR – davon auszugehen, daß das Ministerium des Innern der DDR solche Fälle jeweils nach „pflichtgemäßem Ermessen" behandelte.

Dementsprechend fehlte dem Zeugen P. als Folge hieraus bei seinem Auftreten in Perleberg auch der nach den Orientierungen nötige Vorsatz.

Zu den Einzelbeispielen der Orientierung des Obersten Gerichts vom Januar 1985 gilt:

Alle in der Orientierung vom Januar 1985 genannten Fallbeispiele legen eine außerordent-{231}lich weite Auslegung des § 214 Abs. 1 StGB/DDR nahe. In bezug auf welche Rechtsvorschrift eine Mißachtung jeweils bekundet worden sein soll, wird bei keinem der Fallbeispiele gesagt und erschließt sich auch nicht ohne weiteres bzw. gar nicht. Allerdings ist keinem der Beispiele ausdrücklich zu entnehmen, daß auf das Vorliegen der einige Absätze zuvor allgemein erläuterten Tathandlung des Mißachtens verzichtet und die Bestimmung auch noch über ihren ohnehin weiten Wortlaut hinaus angewendet werden soll.

Auch ein Hinweis dahin, daß auf einer Einzelfallprüfung in bezug auf die Tatbestandsverwirklichung verzichtet werden soll, findet sich nicht. Genausowenig findet sich ein Hinweis darauf, daß die Tatbestandsverwirklichung schon dann anzunehmen sei, wenn eine Analogiebildung zu einem der gegebenen Fallbeispiele möglich scheint.

Deswegen ist festzustellen, daß die Einzelfallbeispiele zwar geeignet sind, einen Benutzer der Orientierung dazu zu verleiten, die Bestimmung des § 214 Abs. 1 2. Alt. StGB/DDR über den Wortlaut hinaus anzuwenden, sie zwingen dazu aber keineswegs. Andererseits sind sie gerade wegen ihrer Vagheit auch dazu angetan, den Staatsanwalt oder Richter der DDR, der eine Anklageschrift zu fertigen bzw. ein Urteil zu fällen hatte, dazu zu „verleiten“, darüber nachzudenken, worin die Tatbestandsverwirklichung gerade in dem von ihm zu bearbeitenden Fall zu finden ist. {232}

(2) Die zu II.3.b) getroffenen Feststellungen zu den Auswirkungen der Anwendung des § 214 Abs. 1 StGB/DDR auf das Verhalten des Zeugen Jürgen P. in dem gegen ihn geführten Strafverfahren beruhen auf folgendem:

(a) Daß die Anklageerhebung durch die Angeklagte Korth unmittelbar auf der Anwendung des § 214 Abs. 1 StGB/DDR beruht, ergibt sich aus der Anklageschrift selbst. Daß demgegenüber das Verfahren einzustellen und die Entlassung des Zeugen P. sowie die Aufhebung des Haftbefehls zu veranlassen war, unmittelbar aus den zu II.3.b)aa) genannten Bestimmungen der StPO/DDR.

(b) Daß der Angeklagte Eggert für die Eröffnung des Hauptverfahrens und die Fortdauer der Untersuchungshaft stimmte, weil angeblich der Straftatbestand des § 214 Abs. 1 StGB/DDR erfüllt war, folgt aus dem Eröffnungsbeschluß vom 05.02.1986.

Die Begründung des Beschlusses vom 05.02.1986 ist durch Verlesung wie folgt festgestellt worden:

> „Das Hauptverfahren wird im Sinne der Anklage vor der Strafkammer des Kreisgerichts eröffnet. Der Haftbefehl wird aus den Gründen seiner Anordnung aufrechterhalten.“ {233}

Daß die prozeßleitenden Verfügungen des Angeklagten Eggert auf der fehlerhaften Annahme beruhten, § 214 Abs. 1 StGB/DDR sei erfüllt, ergibt sich aus folgendem:

Maßgeblich für den Ausschluß der Öffentlichkeit war § 211 Abs. 3 StPO/DDR, auf den auch die §§ 203 Abs. 3 und 184 Abs. 5 StPO/DDR bezüglich der Frage der Aushändigung der Prozeßdokumente verweisen. § 211 Abs. 3 StPO/DDR setzte entweder eine Gefährdung des Staates oder die Notwendigkeit der Geheimhaltung bestimmter Tatsachen voraus. Daß nun bei politischen Strafverfahren – wie im Falle P. – § 211

Abs. 3 StPO/DDR als erfüllt anzusehen war, war durch die Standpunkte des Obersten Gerichts vom 20.05.1985 zur Bekanntgabe von Prozeßdokumenten vorgegeben.

Daß die Stimmabgabe des Angeklagten Manfred Eggert bei der Abstimmung zum Urteil vom 20.02.1986 auf § 214 Abs. 1 StGB/DDR gestützt war, erschließt sich unmittelbar aus der Begründung des schriftlichen Urteils.

Zur Überzeugung der Kammer steht dabei fest, daß der Angeklagte Eggert das Urteil gegen Jürgen P. einvernehmlich mit den Schöffen gefällt hat. Es hat sowohl zur Schuldfrage als auch zur Strafhöhe eine einstimmige Abstimmung gegeben.

Die Kammer stützt sich dabei auf die Angaben der Zeugen R. und Sch., die als Schöffen an der Hauptverhandlung in der Strafsache gegen {234} Jürgen P. am 18. und 20.02.1986 mitgewirkt haben.

Der Zeuge R., der von 1966 bis zur Wende regelmäßig zusammenhängend zwei Wochen in einem Jahr (vgl. § 50 GVG/DDR) als Schöffe beim Kreisgericht Schwerin-Stadt eingesetzt wurde, konnte sich an die Hauptverhandlung gegen Jürgen P. trotz des Zeitablaufs von 7 Jahren noch gut erinnern, da er in dieser politischen Strafsache als Schöffe „in letzter Sekunde“ habe einspringen müssen. Er sei weder zuvor noch danach als Schöffe zu Strafverfahren dieser Art zugeteilt worden. Dies habe daran gelegen, daß er nicht Mitglied der SED gewesen sei, sondern lediglich einer Blockpartei angehört habe. Zu politischen Strafverfahren beim Kreisgericht Schwerin-Stadt sei regelmäßig das Schöffenpaar 1 – ausschließlich bestehend aus SED-Mitgliedern – herangezogen worden. Das sei unter Schöffen des Kreisgerichts Schwerin-Stadt ein „offenes Geheimnis“ gewesen. Mit dem Schöffen Sch. habe er auch nur in dieser Hauptverhandlung ein Schöffenpaar gebildet; er habe ihn weiter nicht gekannt.

Auf die Frage nach dem Abstimmungsergebnis hat der Zeuge R. sich insoweit zunächst auf sein Auskunftsverweigerungsrecht gem. § 55 StPO berufen, dann jedoch unmißverständlich bekundet, daß es wahrend seiner Schöffentätigkeit keinen Fall gegeben habe, in dem der Berufsrichter auf Freispruch, Schöffen jedoch auf Verurteilung plädiert hatten. Man habe in den Beratungen die Schuld- und Straffrage ausdisku-{235}tiert und sei dann jeweils zu einer einverständlichen Entscheidung gekommen. Auch in der vorliegenden Strafsache gegen P. sei „er nicht so kühn gewesen, gegen eine Verurteilung zu stimmen“.

Die Kammer hält den Zeugen R. nach dem Eindruck in der Hauptverhandlung für glaubwürdig. Sie hat bei der Würdigung seiner Aussage in besonderer Weise berücksichtigt, daß von seiner Vereidigung wegen des Verdachts der Beteiligung an der vorliegend abgeurteilten Straftat – Rechtsbeugung und Freiheitsberaubung – gem. § 60 Ziff. 2 StPO abzusehen war.

Trotz der insoweit gebotenen Vorsicht stützt die Kammer ihre Feststellungen auf die glaubhaften Angaben des Zeugen R. Aus seiner Aussage in der Hauptverhandlung ergeben sich keinerlei Anhaltspunkte für gezielte Belastungstendenzen zum Nachteil des Angeklagten Eggert. Der Zeuge R. war vielmehr bestrebt, der Kammer die Abhängigkeit von Richtern und Schöffen in dem damaligen Strafrechtssystem der DDR durch politische Vorgaben von staatlichen Entscheidungsträgern deutlich zu machen. Er hat zu seiner Schöffentätigkeit insgesamt und zu seinem Abstimmungsverhalten in der Strafsache gegen Jürgen P. gestanden.

Im übrigen deckt sich seine Bekundung zum Abstimmungsverhalten des Angeklagten Eggert mit der im folgenden gewürdigten Aussage des Zeugen Sch. Schließlich wird auch seine Bekundung zur regelmäßigen Mitwirkung des Schöffenpaares {236} 1 in politischen Strafverfahren – wie erwähnt – durch vielfältige glaubhafte Zeugenaussagen bestätigt.

Auch der Zeuge Sch. hat in der Hauptverhandlung glaubhaft bekundet, daß es in der Strafsache gegen Jürgen P. eine einvernehmliche Entscheidung des Gerichts zur Schuldfrage und Strafhöhe gegeben habe.

Der Zeuge Sch., der über 25 Jahre lang bis 1987 als Schöffe beim Kreisgericht Schwerin-Stadt tätig war, hat sich zunächst in der Hauptverhandlung am 16.02.1993 nach Belehrung dahingehend, daß bei ihm der Verdacht der Beteiligung an der vorliegend abgeurteilten Straftat – Rechtsbeugung und Freiheitsberaubung – bestehe, umfassend auf sein Auskunftsverweigerungsrecht gem. § 55 StPO berufen.

Nach erneuter Ladung und dem Hinweis, daß er sich auch der Möglichkeit einer anwaltlichen Beratung bedienen könne, hat sich der Zeuge Sch. sodann zur Aussage entschlossen.

Er hat bekundet, daß er sich noch sehr genau an das Strafverfahren gegen den Ausreisewilligen Jürgen P. erinnern könne. Denn nach dem Abschluß dieses Strafverfahrens habe er – unter anderem durch persönliche Erfahrungen in seinem Bekanntenkreis – erhebliche Probleme gehabt, die Behandlung ausreisewilliger Personen durch die DDR zu verstehen. Er habe für sich die Konsequenz gezogen – „ich wählte den Weg des geringsten Widerstandes“ – und habe sich ab 1988 {237} nicht mehr als Schöffe aufstellen lassen, um nicht erneut in einem Strafverfahren wie gegen Jürgen P. mitwirken zu müssen.

Er sei damals regulär als Schöffe in dem Strafverfahren gegen P. eingesetzt worden. Der Mitschöffe R. sei ihm zuvor nicht bekannt gewesen. Es habe sich um ein sogenanntes politisches Verfahren gehandelt. Er habe die Strafakten entgegen der Übung lediglich im Richterzimmer einsehen dürfen. Außerdem sei die Hauptverhandlung unter Ausschluß der Öffentlichkeit durchgeführt worden.

Er habe in der Strafsache gegen P. zum damaligen Zeitpunkt keine Bedenken gehabt, dessen Verurteilung und Bestrafung mitzutragen. Er wisse nicht mehr, wie sich der Angeklagte Eggert im einzelnen in der Beratung geäußert habe. Man sei sich aber bezüglich der Schuld- und Straffrage in der Beratung insgesamt einig geworden. Über eine genauere Erinnerung verfüge er jedoch nicht mehr. Dazu liege das Strafverfahren zu lange zurück.

Die Hauptverhandlung hat keinerlei Anhaltspunkte dafür ergeben, daß der Zeuge Sch. den Angeklagten Eggert zu Unrecht belastet hat.

Der Zeuge Sch. hat den Angeklagten Eggert, den er auch aus anderen Strafverfahren kannte, vielmehr als „jungen und tüchtigen Richter“ bezeichnet. Er hat ebenso wie der Zeuge R. darauf hingewiesen, daß er – „in der DDR aufgewachsen und für die DDR gelebt“ – ab der {238} Nachkriegszeit aktiv an dem wirtschaftlichen und politischen Aufbau der DDR mitgewirkt, seine Schöffentätigkeit ernst genommen und sich in diesem Zusammenhang nichts vorzuwerfen habe.

Damals habe das Urteil gegen Jürgen P. seiner Überzeugung entsprochen.

Die Kammer hat an der Glaubwürdigkeit des Zeugen Sch. auch unter Berücksichtigung der Tatsache, daß er auf Frage der Kammer, ob er an weiteren politischen Strafverfahren mitgewirkt habe, von seinem Auskunftsverweigerungsrecht gemäß § 55 StPO Gebrauch gemacht hat, und daß aus den gleichen Gründen wie bei dem Zeugen R. von der Vereidigung gem. § 60 Ziffer 2 StPO abzusehen war, keinerlei Zweifel.

Sie hat zudem aus seiner Bekundung, er – als SED-Mitglied – sei für das politische Strafverfahren gegen P. regulär eingeteilt worden, den Schluß gezogen, daß er zum sogenannten Schöffenpaar 1 gehörte.

Die Kammer zieht aus den Aussagen der Zeugen R. und Sch. den sicheren Schluß, daß der Angeklagte Eggert für die Verurteilung von Jürgen P. gem. § 214 Abs. 1 StGB/DDR und für die Festlegung der Strafhöhe auf 1 Jahr und 6 Monaten Freiheitsstrafe – ohne Bewährung – gestimmt hat.

Diese Feststellung wird zudem untermauert durch die damalige Praxis in Strafverfahren gegen Ausreisewillige. Personen, die ihren Ausreiseantrag noch in der Hauptverhandlung auf-{239}rechterhielten, wurden entsprechend dem Antrag der Staatsanwaltschaft nach Überzeugung der Kammer regelmäßig zu einer Freiheitsstrafe ohne Bewährung zwischen 6 Monaten und 2 Jahren verurteilt.

Schließlich befand sich in der Strafakte P. auch kein abweichendes Votum des Angeklagten Eggert. Nach § 180 Abs. 2 StPO/DDR hatte jeder Richter das Recht, eine abweichende Meinung schriftlich niederzulegen und verschlossen zur Akte zu bringen.

Aus dem Umstand, daß der Angeklagte Eggert für die Verurteilung des Zeugen P. stimmte, folgt zur Überzeugung der Kammer auch, daß er bei der Abstimmung zum Beschluß vom 05.02.1986 für die Eröffnung des Hauptverfahrens und die Anordnung der Fortdauer der Untersuchungshaft stimmte. Denn es wäre lebensfremd anzunehmen, daß er zum Eröffnungsbeschluß und zum Urteil in unterschiedlichem Sinne votiert haben könnte.

(3) Die gegen § 61 StPO/DDR verstoßende Unangemessenheit des Strafausspruches im Urteil vom 20.02.1986 gegen den Zeugen Jürgen P. ergibt sich aus folgendem:

Die Strafzumessung im Urteil des Kreisgerichts Schwerin-Stadt vom 20.02.1986 richtete sich nach § 61 StGB/DDR. Der Strafrahmen des zur Aburteilung herangezogenen § 214 Abs. 1 StGB/DDR reichte bis zu einer Freiheitsstrafe {240} von 3 Jahren, wobei allerdings die Verurteilung zur Bewährung, die Anordnung einer Geldstrafe oder der Ausspruch eines öffentlichen Tadels ausdrücklich als mögliche Rechtsfolgen genannt sind. Berücksichtigt man alle möglichen Rechtsfolgen, liegt eine Verurteilung zu einer Freiheitsstrafe von 1 Jahr und 6 Monaten im oberen Bereich der zulässigen Sanktionsmöglichkeiten.

Diese Strafe wurde ausgesprochen, obwohl es bei der Person des Zeugen Jürgen P. nach damaliger Betrachtungsweise günstige Umstände gab. So ist im Urteil vom 20.02.1986 hervorgehoben,

> „... daß der Angeklagte nicht vorbestraft ist und in unserer Republik eine zunächst positive schulische, berufliche und familiäre Entwicklung vollzog."

Begründet wird die Strafhöhe im schriftlichen Urteil sodann lediglich mit einer hohen „Tat- und Schuldschwere", die auf langfristiger Planung des damaligen Angeklagten Jürgen P., der Ausführung seiner Tat vor einer großen Öffentlichkeit bei einem gesellschaftlichen Höhepunkt, der Unbelehrbarkeit und der Eignung seiner Tat, die „gesellschaftlichen Verhältnisse in der DDR und die Tätigkeit der staatlichen Organe zu diffamieren“, beruhe, weshalb „eine konsequente Reaktion“ zum Schutz von staatlicher Ordnung und ordnungsgemäßer Arbeit staatlicher Organe erforderlich sei.

Völlig ausgeklammert geblieben bei der Bestimmung der „Tat- und Schuldschwere“ ist der Umstand, daß das Verhalten von Jürgen P. an-{241}läßlich der Vereidigung von Angehörigen der Grenztruppen der DDR in Perleberg praktisch folgenlos geblieben ist. Bereits nach weniger als einer Minute hatten ihm Sicherheitskräfte das Plakat entwunden und seine Aktion beendet. Die nach § 61 Abs. 2 Satz 1 StGB/DDR als objektiver Tatumstand wesentliche geringe äußere Unrechtsverwirklichung hat mithin in der Strafzumessung keinen Eingang gefunden.

Berücksichtigt man dies, war die Strafzumessung bei der Verurteilung des nicht vorbestraften Jürgen P. völlig unangemessen. Verallgemeinert man die im Urteil vom 20.02.1986 aufgeführten Strafzumessungsgesichtspunkte, ist schwerlich vorstellbar, wie eine unter § 214 Abs. 1 2. Alt. StGB/DDR fallende Straftat gestaltet sein müßte, um eine Freiheitsstrafe im unteren Bereich des Strafrahmens oder gar lediglich den als Rechtsfolge ebenfalls vorgesehenen Ausspruch eines öffentlichen Tadels nach sich zu ziehen.

(bb) Entgegen der Einlassung der Angeklagten Korth steht zur Überzeugung der Kammer fest, daß beide Angeklagten bewußt und gewollt Recht zuungunsten des Zeugen Jürgen P. angewendet haben (vgl. II.3.c)).

(1) Beide Angeklagten haben ihre Rechtsanwendung in bezug auf § 214 Abs. 1 StGB/DDR ausschließlich {242} an der ihnen bekannten Strafpraxis der DDR im Umgang mit auffällig gewordenen Ausreisewilligen und an den Kriterien, die dafür der Justiz vorgegeben waren, ausgerichtet. Dies steht zur Überzeugung der Kammer fest, weil die tatsächliche justizmäßige Behandlung des Falles von Jürgen P. genau dieser Staatspraxis entsprach und beide Angeklagten im Fall von Jürgen P. exakt die in der Orientierung des Obersten Gerichts vom Januar 1985 als Einleitung enthaltenen „Grundsätze der Strafverfolgung“ angewandt und umgesetzt haben, die – auch für die Angeklagten – nicht den geringsten Zweifel daran aufkommen ließen, daß die Frage der strafrechtlichen Verfolgung von auffällig gewordenen Übersiedlungsersuchenden allein nach Kriterien politischer Zweckmäßigkeit auszurichten war.

Daß den Angeklagten dabei klar war, daß sie einen Straftatbestand anwandten, der seinem Wortlaut nach nicht erfüllt war, steht zur Überzeugung der Kammer bereits deshalb fest, weil dieser Sachverhalt einerseits offenkundig ist, und es sich andererseits bei den Angeklagten um befähigte Juristen handelt, die dies unmöglich übersehen haben können.

Unabhängig hiervon belegt die Art und Weise ihrer Rechtsanwendung, daß sie sich sehr wohl des Umstandes bewußt waren, daß sich der Zeuge Jürgen P. nicht der Beeinträchtigung staatlicher Tätigkeit gemäß § 214 Abs. 1 StGB/DDR strafbar gemacht hatte. {243}

(a) (aa) Die die Orientierung vom Januar 1985 einleitenden „Grundsätze der Strafverfolgung“ stellen unmißverständlich klar, daß die Frage der strafrechtlichen Verfolgung von Ausreisewilligen ausschließlich an bestimmten Kriterien politischer Zweckmäßigkeitserwägungen ausgerichtet werden sollte und die Frage, ob ein Verhalten einen Straftatbestand verwirklichte, dem unterzuordnen war. Dies wird in den „Grundsätzen der Strafverfolgung“ ausdrücklich wie folgt klar gestellt:

„Strafrechtliche Mittel gegen subversive Aktivitäten sind insbesondere dann anzuwenden, wenn andere Möglichkeiten der Disziplinierung und Erziehung ausgeschöpft sind und die betreffenden Personen trotz gesellschaftlicher Einflußnahme ihr Vorhaben hartnäckig in strafrechtlich relevanter Weise verfolgen, oder die Schwere der Handlung bzw. die Wiederholungsgefahr eine sofortige Strafverfolgung erfordern."

Die Handlung bzw. die Wiederholungsgefahr bezieht sich nach der sprachlichen Anknüpfung nicht etwa auf eine strafrechtlich relevante, sondern auf die im Satzeingang so bezeichneten „subversiven Aktivitäten". Mithin kam es auf die strafrechtliche Relevanz danach nicht an, {244} sofern die betreffende Handlung nur ein genügendes Maß an Subversivität aufwies. Dieser Satz mag eine versehentliche Fehlleistung des Verfassers der Orientierung vom Januar 1985 sein, da ansonsten das Bemühen erkennbar ist, wenigstens ein Minimum an zumindest oberflächlicher juristischer Umschreibung zu wahren.

Der Sinn der „Grundsätze der Strafverfolgung" bleibt aber stets außer Zweifel. Ob strafrechtliche Verfolgung von Ausreisewilligen stattzufinden hatte oder nicht, war allein daran auszurichten, ob dies zweckmäßig war, die danach gefundene Entscheidung war anschließend so gut es eben ging juristisch zu fassen.

Hilfsmittel hierfür gaben die ohnehin außerordentlich weite Fassung des § 214 Abs. 1 StGB/DDR und die im 2. Teil der Orientierung vom Januar 1985 folgenden Erläuterungen. Von daher erklärt sich auch zwanglos deren Vagheit. Die zu § 214 Abs. 1 2. Alt. StGB/DDR gegebenen Beispielsfälle sind deshalb sehr viel mehr Beispiele dafür, was unter „Subversivität" verstanden werden sollte, denn Beispiele für die Erfüllung des Tatbestandes. In abstrakter Form wurde die unter strafrechtliche Verfolgung gestellte „Subversivität" in den „Grundsätzen der Strafverfolgung" der Orientierung vom Januar 1985 erläutert und klargestellt, worum es ging (S. 2):

„Für die DDR ist es wichtig, Übersiedlungsbestrebungen zurückzudrängen ..." {245}

Hieraus wurde einerseits die Schlußfolgerung gezogen:

„Die Rückgewinnungsbemühungen sind auf die Personen auszurichten, die ihrer Verantwortung als DDR-Bürger der Deutschen Demokratischen Republik in Vergangenheit im wesentlichen gerecht geworden sind und von denen das künftig wieder erwartet werden kann.

...

Solange oder sobald wieder Möglichkeiten bestehen, die Haltung der betreffenden Personen zu ändern, ist für strafrechtliche Maßnahmen in der Regel kein Raum bzw. kein Raum mehr. Für die Ahndung von Rechtsverletzungen kann insoweit § 4 OWVO Bedeutung haben."

Für andere Fälle galt dagegen:

„Mit einer offensiven, konsequenten und zugleich differenzierten Rechtsanwendung ist wirksam und sogleich überzeugend zu demonstrieren, daß die Entscheidung zur Wohnsitzänderung ins Ausland in die Kompetenz der allein dafür zuständigen Organe der DDR fällt.

...

Alle Handlungen, eine Übersiedlung zu erzwingen, sind frühzeitig und vorbeugend unter Ausschöpfung *aller* Potenzen des sozialistischen Rechts konsequent zu unterbinden." {246}

Nach diesen „Grundsätzen" waren mithin nur zwei Fragen wesentlich, die über die strafrechtliche Verfolgung entschieden:

- Handelte es sich um einen Bürger, der für die DDR zurückzugewinnen war und den zurückzugewinnen sich lohnte?
- Gab es subversive Handlungen bzw. versuchte der betreffende Bürger seine Übersiedlung zu erzwingen, sprich: Trat dieser Bürger mit seinem Ausreisebegehren an die Öffentlichkeit?

Für jeden Benutzer der „Grundsätze der Strafverfolgung", nämlich Richter und Staatsanwälte, war die in ihnen enthaltene Handlungsanweisung unmißverständlich. Es konnte keinen Zweifel daran geben, daß es bei der Anwendung der Straftatbestände, die sodann im 2. Teil der Orientierung vom Januar 1985 im einzelnen erläutert wurden, lediglich um die Umsetzung politischer Zweckmäßigkeitserwägungen in juristischer Form ging. Dabei darf auch nicht übersehen werden, daß es sich bei den Adressaten der Orientierung vom Januar 1985 um Personen handelte, die mit den Verhältnissen bestens vertraut waren. Im Eingang der Orientierung wird dies deutlich gemacht. So wird dort verwiesen auf eine „Verordnung vom 15.09.1983" – offenbar die Verordnung über die Familienzusammenführung, die kurzerhand als bekannt unterstellt wird –, und „die 1984 getroffenen zentralen Entschei-{247}dungen zur Übersiedlung" [werden] ebenfalls als bekannt vorausgesetzt. Dabei ging es darum, daß 1984 einer größeren Zahl von Übersiedlungsersuchenden die Ausreise gestattet worden war in der Vorstellung, damit den Ausreisedruck zu entschärfen, wie der Zeuge Rechtsanwalt Vogel zur Überzeugung der Kammer bei seiner Vernehmung bekundet hat.

Unterstrichen werden Sinn und Zweck der „Grundsätze der Strafverfolgung" in der Orientierung vom Januar 1985, wenn man die Praxis in Betracht zieht, daß strafrechtlich verfolgte Ausreisewillige nach teilweise verbüßter Freiheitsstrafe im Wege des Freikaufs abgeschoben wurden. Bei den Angeklagten war die Kenntnis von der regelmäßig erfolgenden Abschiebung vorhanden, wenn auch letztlich nicht festgestellt worden ist, daß sie von Freikäufen wußten. Deshalb war für sie überdeutlich, daß es bei der Frage der strafrechtlichen Verfolgung nicht etwa um Rechtsanwendung im eigentlichen Sinne, sondern lediglich um die juristische Ummantelung politischer Zweckmäßigkeitsentscheidungen ging. Daraus leitet sich auch ab, daß es überhaupt keinem Zweifel unterliegen konnte, wie von Staatsanwälten und Richtern zu verfahren war, falls ein nicht zurückzugewinnender Ausreisewilliger einerseits zwar durch „subversive Aktivitäten" auffällig geworden war, andererseits aber mit seinem Verhalten noch nicht einmal den ohnehin schon äußerst weit gefaßten Tatbestand des § 214 Abs. 1 2. Alt. StGB/DDR erfüllt hatte. In solchen Fällen war anzuklagen {248} und abzuurteilen und dies, so gut es eben ging, juristisch zu begründen.

Diese Zusammenhänge können den Angeklagten Eggert und Korth unmöglich verborgen geblieben sein. Dies anzunehmen hieße ihnen jeden Intellekt abzusprechen. Hierzu besteht kein Anlaß.

(bb) Die Art und Weise der Rechtsanwendung und Subsumtion des Verhaltens des Jürgen P. unter den Straftatbestand des § 214 Abs. 1 2. Alt. StGB/DDR durch die Angeklagten Eggert und Korth zeigt, daß sie die „Grundsätze der Strafverfolgung" der Orientierung vom Januar 1985 völlig zutreffend umgesetzt haben. Nach Maßgabe der „Grundsätze der Strafverfolgung" in der Orientierung vom Januar 1985 war ihre „Rechtsanwendung" fehlerfrei.

Dies gilt zunächst in sachlicher Hinsicht. Der Zeuge Jürgen P. war für die DDR nicht mehr zurückzugewinnen. Er war an sich ein Bürger, der seinen gesellschaftlichen Verpflichtungen nachgekommen war und sich ordnungsgemäß geführt hatte, so daß es sich eigentlich lohnte zu versuchen, ihn für die DDR zurückzugewinnen. Jedoch war sein Ausreisewunsch im Laufe der Jahre hindurch gewachsen und im Zeitpunkt des gegen ihn geführten Strafverfahrens kaum abänderbar. Ein DDR-Bürger, der sich mit seinem Staat wenigstens in Ansätzen identifizierte, konnte aus ihm schwerlich wieder werden.

Zudem war er auffällig geworden insofern, als er seine Nichtidentifikation mit der DDR in {249} einer für diese äußerst wichtigen Frage, nämlich der Grenzfrage, in der Öffentlichkeit gezeigt hatte. Dies war im Sinne der „Grundsätze der Strafverfolgung" eine „subversive Aktivität", und zudem bestand ernsthafte „Wiederholungsgefahr". Die Entscheidung für eine strafrechtliche Verfolgung konnte damit nicht zweifelhaft sein.

In juristisch-handwerklicher Sicht fällt auf, daß sowohl die Anklageschrift wie auch das Urteil darauf ausgerichtet sind, den für die Entscheidung nach Maßgabe der „Grundsätze der Strafverfolgung" nötigen Sachverhalt vorzutragen – in der Anklageschrift – bzw. festzustellen – im Urteil –. Die dafür erforderliche Schilderung des Lebensweges von Jürgen P., seiner inneren Einstellung zur DDR und zur Frage der Übersiedlung sowie die näheren Umstände seiner „subversiven Aktivitäten" wurden in der Anklageschrift wie im Urteil detailliert und zutreffend wiedergegeben. Durch die Schilderungen in der Anklageschrift wurde das Gericht in die Lage versetzt, den Fall des Zeugen Jürgen P. anhand der „Grundsätze der Strafverfolgung" zu beurteilen, während dieselbe Schilderung im Urteil einer eventuellen Nachprüfung durch das Rechtsmittelgericht die Grundlage bot.

Genauso sorgfältig wie sich die Schilderung der nach den „Grundsätzen der Strafverfolgung" nötigen Umstände des Falles von Jürgen P. in der Anklageschrift und in dem Urteil darstellt, genauso oberflächlich und unsorgfältig zeigt {250} sich die Subsumtion des Verhaltens des Jürgen P. unter den Tatbestand des § 214 Abs. 1 2. Alt. StGB/DDR. Die Subsumtion im Urteil besteht lediglich in dem Satz:

> „Indem der Angeklagte auf die beschriebene Art und Weise und somit in einer die öffentliche Ordnung gefährdenden Weise die Mißachtung der Gesetze der Deutschen Demokratischen Republik bekundete, erfüllte er den Straftatbestand der Beeinträchtigung staatlicher Tätigkeit gemäß § 214 Abs. 1 StGB. Die Handlung des Angeklagten ist objektiv geeignet, die staatliche Tätigkeit zu beeinträchtigen, zumal der Angeklagte durch unzulässige Einflußnahmen versuchte, den Entscheidungsspielraum des staatlichen Organs einzuengen und eine ihm genehme Entscheidung zu erzwingen."

Die Art und Weise dieser Subsumtion ist schlechterdings abwegig. So fehlt zunächst die Angabe, gegenüber welchem Gesetz bzw. gegenüber welchen Gesetzen Mißachtung bekundet sein soll. Daß es ein Gesetz, das die Ausreise allgemein regelte, nicht gab, ist bereits ausgeführt, so daß der Zeuge Jürgen P. ein solches Gesetz auch nicht mißachten konnte. Dem Angeklagten Eggert war dabei bekannt, daß es ein die Ausreise allgemein regelndes Gesetz bzw. eine sonstige Rechtsvorschrift nicht gab.

Weiter fehlt jede Angabe dazu, worin denn die Bekundung stecken soll, daß dem nicht existierenden Ausreisegesetz – oder irgendeiner ande-{251}ren existierenden Rechtsvorschrift – die Gültigkeit abgesprochen werden soll. Genausowenig wird die Behauptung, die Handlung des Jürgen P. sei geeignet gewesen, den „Entscheidungsspielraum des staatlichen Organs einzuengen und eine ihm genehme Entscheidung zu erzwingen“, mit einer Begründung unterlegt. Auch hierbei war dem Angeklagten Eggert bekannt, daß es einen Entscheidungsspielraum des staatlichen Organs – das im Urteil nicht näher bezeichnet ist – jedenfalls nach Maßgabe der Verfügung des Vorsitzenden des Ministerrates Nr. 143/83 vom 27.09.1983 überhaupt nicht gab, sofern mit dem „staatlichen Organ“ Stellen unterhalb der Regierungsebene gemeint waren.

Daß eine sorgfältige Begründung der Tatbestandserfüllung im Urteil fehlt, erscheint zunächst erstaunlich angesichts des Umstandes, daß das Urteil bereits bei Verkündung vorlag und mithin bei seiner Abfassung die Einlegung einer Berufung nicht auszuschließen war. Verständlich wird dies nur dadurch, daß der Angeklagte Eggert davon ausgehen konnte, daß sich auch das Rechtsmittelgericht bei der Entscheidungsfindung an den „Grundsätzen der Strafverfolgung“ orientieren würde, und weiter dadurch, daß es schlicht keine juristische Begründung für das Urteil gab.

Die vorstehenden Überlegungen gelten entsprechend für die Anklageschrift der Angeklagten Korth, in der lediglich die Tatbestandserfüllung behauptet, im übrigen aber von jeglicher Begründung abgesehen wird. {252}

Das Ergebnis stellt sich mithin so dar, daß einerseits die „Grundsätze der Strafverfolgung“ der Orientierung des Obersten Gerichts vom Januar 1985 völlig zutreffend und gleichsam juristisch-handwerklich sauber umgesetzt worden sind, während auf der anderen Seite die Rechtsanwendung gleichermaßen oberflächlich wie falsch war.

Der vorstehende Befund, also der Kontrast zwischen der genauen Umsetzung der „Grundsätze der Strafverfolgung“ der Orientierung des Obersten Gerichts vom Januar 1985 und der Dürftigkeit der Subsumtion bzw. Rechtsanwendung, erweist zur Überzeugung der Kammer, daß sich die Angeklagten *allein* an den Gesichtspunkten orientiert haben, die in den „Grundsätzen der Strafverfolgung“ niedergelegt sind, und sich im übrigen – und auch dies nicht sonderlich intensiv – um juristische Begründungen bemüht haben. Dies gilt zumal deshalb, weil der Ablauf des Strafverfahrens gegen Jürgen P. von der Verhaftung bis hin zu seiner Abschiebung exakt der Praxis im Umgang mit auffällig gewordenen Ausreisewilligen entsprach.

Der Kontrast zwischen der Qualität der Umsetzung der „Grundsätze der Strafverfolgung“ und der Rechtsanwendung durch die Angeklagten im Verfahren gegen Jürgen P. erweist zur Überzeugung der Kammer auch, daß die Angeklagten genau wußten, daß der Zeuge P. sich nicht strafbar gemacht hatte. Denn es wäre schlechterdings nicht erklärlich, daß beide Angeklag-{253}ten übereinstimmend bei der Bearbeitung desselben Verfahrens dieselben „guten“ beruflichen Leistungen – nämlich die Umsetzung der „Grundsätze der Strafverfolgung“ – zeigen und gleichzeitig dieselben groben Fehler machen – nämlich die Anwendung von § 214 Abs. 1 StGB/DDR. Die Kammer schließt dies aus. Dies gilt zumal deshalb, weil beiden Angeklagten der für die damalige rechtliche Beurteilung wesentliche Umstand bekannt war, daß es weder die Ausreisefrage allgemein regelnde Rechtsvorschriften noch einen Entscheidungsspielraum für ein „staatliches Organ“ unterhalb der Regierungsebene gab.

(b) Daß die von den Angeklagten Korth und Eggert vorgenommene Subsumtion des Verhaltens des Zeugen P. bei der Vereidigung von Angehörigen der Grenztruppen in Perleberg am 23.11.1985 unter den Tatbestand des § 214 Abs. 1 StGB/DDR über dessen Wortlaut hinausging, ist offenkundig.

Die Kammer schließt aus, daß dies den Angeklagten Korth und Eggert unbemerkt geblieben ist. Beide Angeklagte haben erfolgreich ein juristisches Studium absolviert. Beide Angeklagte waren in ihrem jeweiligen Berufsfeld befähigte Juristen; beide erhielten gute Beurteilungen. Daß es in der ehemaligen DDR ausgebildeten Juristen nach ihrer Befähigung ohne weiteres möglich ist zu erkennen, daß das Verhalten des Jürgen P. nicht unter den Tatbestand des § 214 Abs. 1 StGB/DDR fiel, erweist der Kassationsantrag des Bezirksgerichts Schwerin an das Oberste Gericht der DDR vom 29.06.1990, dessen {254} Inhalt durch Verlesung wie folgt festgestellt worden ist:

„*Bezirksgericht Schwerin*
– Der Direktor –

2751 Schwerin, 29.06.1990
Telefon 790
90 551 352
Demmlerplatz 1-2

Oberstes Gericht
der Deutschen Demokratischen
Republik
Littenstr. 13
Berlin
1026

Werter Herr Präsident!
In der Strafsache
gegen Hans-Jürgen W. und Frank R.
wegen mehrfacher gemeinschaftlich begangener Beeinträchtigung staatlicher Tätigkeit
wird nach Überprüfung des Verfahrens und Beratung im Präsidium des Bezirksgerichts die Kassation des Urteils des Kreisgerichtes Schwerin-Stadt vom 7. No-{255}vember 1988 – Az. 31 S 431/88 – für notwendig erachtet.
Zur Entscheidung gemäß § 313 Abs. 3 StPO übersende ich deshalb die Strafverfahrensakten in dieser Sache an das Präsidium des Obersten Gerichts.

Begründung der Kassationsbedürftigkeit:
Mit Urteil des Kreisgerichts Schwerin-Stadt vom 7. November 1988, rechtskräftig am 15. November 1988, wurden die Angeklagten Hans-Jürgen W. und Frank R. wegen mehrfacher gemeinschaftlich begangener Beeinträchtigung staatlicher Tätigkeit – Vergehen gemäß § 214 Abs. 1 und 3 StGB – und der Angeklagte Frank R. darüber hinaus wegen versuchter Beeinträchtigung staatlicher Tätigkeit gemäß § 214 Abs. 5 StGB zu je 1 Jahr und 6 Monaten Freiheitsstrafe und gesamtschuldnerisch zum Schadenersatz in Höhe von 1.588, 93 Mark verurteilt.
Diese Entscheidung lag folgender wesentlicher Sachverhalt zugrunde:
Beide Angeklagten hatte im Jahre 1985 einen Antrag auf Übersiedlung in die BRD gestellt, über den bis zur o.g. Verurteilung nicht bzw. nicht zustimmend entschieden wurde. Ihre wiederholten Rücksprachen bei der Abt. Inneres des Rates der Stadt Schwerin blieben erfolglos. Sie entschlossen sich deshalb, ihren Ausreisewillen nunmehr öffentlich zu demonstrieren, {256} um die zuständigen staatlichen Organe zur Genehmigung ihrer Ausreise zu veranlassen.
Am 3. August 1988 trafen sich die Angeklagten W. und R. gemeinsam mit weiteren 30 bis 40 Ausreisewilligen in den Mittagsstunden auf dem Marktplatz in Schwerin und formierten sich zum Buchstaben ‚A‘ als Symbol der Antragstellung. Diese Demonstration dauerte ca. 5 bis 10 Minuten. Danach stellten sie sich für ca. 5 bis 10 Minuten mit brennenden Kerzen auf. Diese Handlung wiederholten sie am 10. August 1988 am gleichen Ort. Am 12. August 1988 begab sich der Angeklagte R. mit der Bahn nach Berlin, um sich am folgenden Tag mit einer brennenden Kerze an die Staatsgrenze zu stellen und so seine Ausreiseabsicht zu bekunden. Er wurde

auf der Fahrt festgenommen. In der Nacht vom 8. zum 9. August 1988 brachten die Angeklagten W. und R. an dem Panzermonument in Schwerin-Schelfwerder die Texte ‚Befreit uns noch mal', ‚Perestroika' und ‚Frei' an. An die Wand des Hauses Werderstraße 66, in dem sich die Diensträume der Abt. Inneres des Rates der Stadt Schwerin befanden, schreiben sie: ‚Laßt uns raus'.
Die Verurteilung der Angeklagten auf der Grundlage dieses Sachverhalts wegen Beeinträchtigung staatlicher Tätigkeit gemäß § 214 Abs. 1 StGB verletzt nach Auffassung des Präsidiums des Bezirksgerichtes das Gesetz. Sie stellten eine extensive Auslegung des {257} Strafgesetzes dar, ungeachtet, ob sie den zentralen Orientierungen entsprach.
Der Tatbestand des § 214 Abs. 1 StGB verlangt eine Handlung des Täters, die geeignet ist, die Tätigkeit staatlicher Organe zu beeinträchtigen. Das Kreisgericht hat richtig die Anwendung von Gewalt oder Drohungen sowie eine Aufforderung zur Mißachtung der Gesetze durch die Angeklagten verneint. Aber auch eine Bekundung der Mißachtung der Gesetze liegt, entgegen der Auffassung des Kreisgerichts, nicht vor. Die Angeklagten wollten legal, mit Genehmigung der zuständigen staatlichen Organe, ausreisen. Die Verfolgung dieses Zieles stand nicht im Widerspruch zu den Gesetzen der DDR und zum Völkerrecht. Ein Gesetz, das offiziell die Möglichkeiten der Ausreise aus der DDR regelt, gab es zum Zeitpunkt der Antragstellung der Angeklagten und ihrer damit im Zusammenhang stehenden Handlungen nicht. Auch an allgemeinverbindlichen Bestimmungen für die Bearbeitung von Ausreiseanträgen fehlte es.
Im konkreten Fall wurde zu den Anträgen der Angeklagte keine definitive Entscheidung mit gesetzlicher Begründung getroffen. Somit liegt schon aus objektiver Sicht keine Mißachtung eines Gesetzes im Sinne des § 214 StGB vor.
Selbst wenn vor einer Bekundung der Mißachtung der Gesetze auszugehen wäre, ist nicht jede derartige Handlung strafrechtlich relevant im Sinne des § 214 StGB. Das wäre eine unzulässige Einschränkung des {258} verfassungsmäßigen Rechts auf freie Meinungsäußerung (Artikel 27 der Verfassung). Erst wenn die öffentliche Ordnung dadurch gefährdet wird, können strafrechtliche Maßnahmen Platz greifen. Eine solche Gefährdung wird im vorliegenden Fall jedoch formal unterstellt. Bei dieser Auslegung wäre jede friedliche Demonstration von Bürgern mit kritischen, in den Grenzen der Sachlichkeit bleibenden Erklärungen und Forderungen an staatliche Organe kriminell. Das geht über das eigentliche Anliegen des Gesetzes zum notwendigen Schutz der öffentlichen Ordnung hinaus. Der Vorsatz der Angeklagten erstreckte sich nicht auf eine Beeinträchtigung staatlicher Tätigkeit. Sie gingen bei ihren Aktivitäten von der Vorstellung aus, daß ihr Anliegen durch das Recht der DDR und durch Völkerrecht gestützt würde.
Hinsichtlich der von den Angeklagten an ein Panzermonument bzw. Gebäude angebrachten Texte liegt nach Ansicht des Präsidiums des Bezirksgerichtes ebenfalls eine fehlerhaft Anwendung des § 214 Abs. 1 StGB vor.
Es wäre gegebenenfalls die Erfüllung des Straftatbestandes des § 163 Abs. 1 StGB zu prüfen, der jedoch unter dem Gesichtspunkt des § 3 StGB nicht anzuwenden ist.
Mithin erfüllen die Angeklagten weder objektiv noch {259} subjektiv mit ihren Handlungen den erhobenen Schuldvorwurf, so daß sie im Ergebnis eines Kassationsverfahrens freizusprechen wären.

Hochachtungsvoll
Ibendorf
amt. Direktor d. Bezirksgerichtes"

Die Kammer verkennt nicht, daß dieser Kassationsantrag im Zusammenhang mit der politischen Wende in der DDR steht; darum geht es in dem vorliegenden Zusammenhang aber auch nicht. Entscheidend ist vielmehr, daß sein Inhalt zeigt, daß in der DDR ausgebildete Juristen ohne weiteres in der Lage sind, sachgerecht zu subsumieren. Es besteht keinerlei Veranlassung zu der Annahme, daß dies gerade im Fall der Angeklagten anders sein soll.

Beide Angeklagte beherrschen zudem die deutsche Sprache überdurchschnittlich. Hinsichtlich der Angeklagten Korth hat sich die Kammer hiervon in der Hauptverhandlung ein eigenes Bild machen können. Zu der Sprachfertigkeit des Angeklagten Eggert hat der Zeuge M., der Vorsitzender des Rechtsmittelsenats des Bezirksgerichts Schwerin war, bekundet, daß den Angeklagten Eggert gerade eine besonders ausgeprägte Sprachfertigkeit ausgezeichnet habe. Die Kammer hat keinen Anlaß, an der Richtigkeit dieser Bekundung des Zeugen M. zu zweifeln. {260} Denn der Angeklagte Eggert befand sich ab 1986 als Richter im Rechtsmittelsenat des Bezirksgerichts Schwerin.

Es wäre deshalb lebensfremd anzunehmen, daß die Angeklagten Korth und Eggert lediglich versehentlich – und auch noch beide gleichzeitig – den Tatbestand des § 214 Abs. 1 StGB/DDR als erfüllt angesehen haben könnten. Die Kammer schließt dies aus.

Wegen der juristischen Befähigung beider Angeklagten steht zur Überzeugung der Kammer auch fest, daß beide Angeklagte wußten, daß die Anwendung eines Straftatbestandes über den Wortlaut hinaus gegen Artikel 99 der Verfassung der DDR und Artikel 4 StGB/DDR verstieß. Weder gibt es Grund zu der Annahme, den Angeklagten seien das Strafgesetzbuch und die Verfassung der DDR unbekannt, noch besteht irgendein Anhalt dafür, daß sie die Bedeutung dieser Bestimmungen nicht erfaßt hätten. Dies gilt zumal deshalb, weil der Grundsatz „keine Strafe ohne Gesetz" in der Strafrechtslehre der DDR ebenso herausgestellt wurde wie in der Bundesrepublik Deutschland. Im Lehrbuch Strafrecht, Allgemeiner Teil, 1976, Seite 21 heißt es dazu:

> „Mit diesem Grundsatz führt das Strafrecht der DDR – wie auch das der Sowjetunion und anderer sozialistischer Bruderländer – das Prinzip ‚nullum crimen, nulla poena sine lege' (kein Verbrechen, keine Strafe ohne Gesetz) auf neuer politisch-sozialer Grundlage fort, das als geschichtliche zivilisatorische Errungen-{261}schaft einst von der aufsteigenden Bourgeoisie gegen die feudale Willkür- und Gesinnungsjustiz erkämpft wurde, vom Imperialismus jedoch als lästige Fessel mehr und mehr preisgegeben wird."

(2) Zur Überzeugung der Kammer steht fest, daß der Angeklagte Eggert bewußt und gewollt für eine unangemessene hohe Strafe gestimmt und die Angeklagte Korth bewußt und gewollt durch ihre Antragstellung zum Schluß der Verhandlung hierauf hingewirkt hat. Dies folgt aus dem Umstand, daß sie sich insgesamt dazu entschlossen hatten, an der strafrechtlichen Verfolgung des Jürgen P. aktiv mitzuwirken, obwohl sie genau wußten, daß er tatsächlich keine strafbare Handlung begangen hatte. Die Erhöhung des Strafausspruches ist zudem offenkundig, selbst wenn das Verhalten von Jürgen P. bei der Vereidigung von Angehörigen der Grenztruppen der DDR in Perleberg am 23.11.1985 den Tatbestand des § 214 Abs. 1 StGB/DDR erfüllt hätte. Deshalb ist allein der Schluß möglich, daß die Angeklagten auch insoweit bewußt und gewollt gehandelt haben.

(3) Der Ausschluß der Öffentlichkeit und die Nichtaushändigung von Prozeßdokumenten hätte lediglich dann nach § 211 Abs. 3 StGB/DDR gerechtfertigt sein können, wenn Jürgen P. sich nach § 214 Abs. 1 StGB/DDR strafbar ge-{262}macht hätte. Die Kammer ist davon überzeugt, daß dem Angeklagten Eggert dies bewußt war. Da er sich jedoch insgesamt entschlossen hatte, maßgeblich an der strafrechtlichen Verurteilung von Jürgen P. mitzuwirken, traf er dennoch die entsprechenden Anordnungen.

IV. Rechtliche Würdigung

Die Angeklagten Manfred Eggert und Dolores Korth haben sich jeweils einer Rechtsbeugung gemäß § 244 StGB/DDR in Tateinheit mit einer in mittelbarer Täterschaft begangenen Freiheitsberaubung gemäß §§ 131 Abs. 1, 22 Abs. 1 StGB/DDR strafbar gemacht (§ 63 Abs. 1 StGB/DDR).

Diese Vorschriften des StGB/DDR bestimmen gemäß § 2 Abs. 1 StGB die Strafbarkeit der Angeklagten als das fortgeltende Recht des Tatzeitpunktes, ohne daß an ihre Stelle mit dem jetzigen StGB ein milderes Gesetz i.S.v. § 2 Abs. 3 StGB getreten wäre.

1. Die Angeklagten hatten ihre Lebensgrundlage in der ehemaligen DDR, in der sie auch die vorliegend abgeurteilten Taten begingen. Welches Recht auf sie anzuwenden ist, richtet sich nach § 2 StGB. Die Anwendung von § 2 StGB auf Taten, die vor dem 3.10.1990 in der früheren DDR begangen worden sind, ist in Art. 315 Abs. 1 EGStGB ausdrücklich angeordnet. Nach § 2 Abs. 1 {263} StGB bestimmen sich die Strafe und ihre Nebenfolgen im Grundsatz nach dem Gesetz, das zum Zeitpunkt der Tat galt. Dies ist das StGB der DDR.

Allerdings wäre dies gemäß Art. 315 Abs. 4 EGStGB dann nicht der Fall, wenn für die Taten der Angeklagten das Recht der Bundesrepublik Deutschland bereits vor dem Wirksamwerden des Beitritts gegolten hätte. Dies ist jedoch nicht der Fall, wobei vorliegend lediglich § 7 Abs. 1 und 2 StGB in Betracht zu ziehen sind.

§ 7 Abs. 1 StGB ordnet die Anwendung des deutschen Strafrechts an, wenn eine Tat im Ausland gegen einen Deutschen begangen worden ist und am Tatort mit Strafe bedroht ist oder der Tatort keiner Strafgewalt unterliegt. Zwar war nun mit dem Zeugen Jürgen P. von den vorliegend abgeurteilten Straftaten ein Deutscher betroffen. Jedoch führt § 7 StGB nicht dazu, allgemein das Strafrecht der Bundesrepublik Deutschland auf Taten dahin auszuweiten, daß von ihm Bürger der DDR vor an ihnen in der DDR begangenen Straftaten geschützt werden. Denn eine solche Annahme hätte das Ergebnis, daß auf nahezu alle in der DDR begangenen Straftaten das Recht der Bundesrepublik Deutschland anzuwenden wäre (vgl. dazu BGHSt 32, 293, 297). Dies wäre mit § 3 StGB unvereinbar, der den Geltungsbereich des deutschen Strafrechts dem Grundsatz nach auf im Inland begangene Taten beschränkt, wozu die DDR jedenfalls schon deshalb nicht gehörte, da Inland i.S.v. § 3 StGB den räumlichen Geltungsbereich des Strafgesetzbuches bezeichnet (BGHSt {264} 30, 1, 4, 5). Dies gilt zumal deshalb, weil die vorliegend abgeurteilten Straftaten ihrer Art nach nicht derart nah neben solchen stehen, die von § 5 StGB erfaßt werden, daß sich von daher der Wille des Gesetzgebers erschließen könnte, den Geltungsanspruch des StGB über § 7 StGB auf sie zu erstrecken. In Betracht kommt aus dem Katalog des § 5 StGB allenfalls ein Vergleich mit den in § 5 Nr. 6 StGB genannten Straftaten der politischen Verdächtigung gemäß § 241a StGB oder der Verschleppung gemäß § 234a StGB. Eine wertungsmäßige Gleichsetzung der vorliegend abgeurteilten Straftaten mit den in § 5 Nr. 6 StGB/DDR genannten mit der Folge der Anwendung von § 7 Abs. 1 StGB wäre jedoch verfehlt, da der Zeuge Jürgen P. tatsächlich nicht in erster Linie wegen seiner politischen Meinung strafrechtlicher Verfolgung ausgesetzt war, sondern ob seines Wunsches, die DDR zu verlassen.

Die Geltung des deutschen Strafrechts nach § 7 Abs. 2 StGB setzt u.a. voraus, daß der Täter Deutscher war oder es nach der Tat geworden ist. Der Annahme der 1. Alt. stehen dieselben Erwägungen entgegen wie der Annahme des § 7 Abs. 1 StGB. Jedenfalls die 2. Alt. trifft auf beide Angeklagte allerdings seit dem Beitritt unmittelbar zu. Jedoch würde die Anwendung von § 7 Abs. 2 Nr. 2 StGB dazu führen, daß für Taten von DDR-Bürgern in der DDR stets das Strafrecht der Bundesrepublik Deutschland maßgeblich wäre. Dies wiederum ist mit Artikel 315 EGStGB nicht vereinbar, der ersichtlich einen fortbestehenden Geltungsbereich des Strafrechts der {265} DDR voraussetzt und diesen als besondere Kollisionsnorm gegen den Geltungsbereich des Strafrechts der Bundesrepublik Deutschland abgrenzt. § 7 Abs. 2 StGB kann deshalb für Fälle wie den vorliegenden keine Bedeutung haben.

2. Nach § 244 StGB/DDR ist wegen *Rechtsbeugung* strafbar, wer wissentlich bei der Durchführung eines gerichtlichen Verfahrens oder eines Ermittlungsverfahrens als Richter, Staatsanwalt oder Mitarbeiter eines Untersuchungsorgans gesetzwidrig zugunsten oder zuungunsten eines Beteiligten entscheidet.

Einer *Freiheitsberaubung* gemäß § 131 Abs. 1 StGB/DDR macht sich schuldig, wer einen Menschen einsperrt oder auf andere Weise rechtswidrig der persönlichen Freiheit beraubt.

In mittelbarer Täterschaft handelt gemäß § 22 Abs. 1 StGB/DDR, wer eine Straftat durch einen anderen ausführen läßt, der für diese Tat selbst nicht verantwortlich ist.

a) Der Angeklagte Manfred Eggert hat den Tatbestand des § 244 StGB und in Tateinheit hiermit den Tatbestand von §§ 131, 22 Abs. 1 StGB/DDR dadurch erfüllt, daß er bei der Abstimmung zum Eröffnungsbeschluß vom 5.02.1986 für die Eröffnung des Hauptverfahrens und die Fortdauer der Untersuchungshaft und bei der Abstimmung zum Urteil vom 20.02.1986 für die Verurteilung des Zeugen Jürgen P. und die Freiheitsstrafe in {266} Höhe von 1 Jahr und 6 Monaten ohne Bewährung stimmte.

Rechtsbeugungen stellen auch seine prozeßleitenden Verfügungen – Ausschluß der Öffentlichkeit/Nichtaushändigung von Prozeßdokumenten – dar; diese treten jedoch als notwendige Begleittaten zurück. Im einzelnen:

aa) Der Angeklagte Eggert war als Richter in dem Verfahren gegen den Zeugen P. tätig. Er war deshalb tauglicher Täter einer Rechtsbeugung i.S.v. § 244 StGB/DDR.

Als Richter hat er bei der Durchführung eines gerichtlichen Verfahrens entschieden. Was unter einer Entscheidung im Sinne von § 244 StGB/DDR verstanden worden ist, wird in der Kommentierung zu § 244 StGB/DDR in: Strafrecht der DDR, a.a.O., nicht ausgeführt. Seine Mitwirkung an dem Eröffnungsbeschluß vom 5.02.1986 und dem Urteil vom 20.02.1986 stellen aber jedenfalls Entscheidungen i.S.v. § 244 StGB/DDR dar. Beide Entscheidungen sind zudem bei der Durchführung eines gerichtlichen Verfahrens getroffen worden. Durch den Eröffnungsbeschluß ist zwar das gerichtliche Hauptverfahren erst eingeleitet worden. Dies bedeutet jedoch nicht, daß er einem gerichtlichen Verfahren überhaupt vorgeschaltet gewesen wäre. Denn ein gerichtliches Verfahren war bereits durch die Einreichung der Anklageschrift vom 23.01.1986 ausgelöst, da auch nach der StPO der DDR dem Beginn des Hauptverfahrens ein Zwischenverfahren vorgeschaltet war {267} (vgl. §§ 187 ff StPO/DDR). § 187 Abs. 1 StPO/DDR bestimmt ausdrücklich, daß mit Einreichung der Anklageschrift das Verfahren bei Gericht anhängig wird; aus § 193 StGB/DDR folgt, daß es erst mit dem Beschluß über die Eröffnung des Hauptverfahrens abgeschlossen wird.

Der Beschluß über die Eröffnung des Hauptverfahrens und das Urteil waren gesetzwidrig. Eine nähere Bestimmung dessen, was unter gesetzwidrig zu verstehen ist, ist der

Kommentierung zu § 244 StGB/DDR in: Strafrecht der DDR, a.a.O., nicht zu entnehmen. Gesetzwidrig ist eine Entscheidung aber jedenfalls dann, wenn sie objektiv im Widerspruch zu einem Gesetz steht und eine Rechtsanwendung darstellt, die auch bei weitester Auslegung des Gesetzes nicht mehr vertretbar erscheint (vgl. Beschluß des KG v. 25.08.1988, NStZ 1988 S. 557). Dies ist vorliegend der Fall. Sowohl die auf die Annahme, der Zeuge P. habe den Tatbestand des § 214 Abs. 1 StGB/DDR erfüllt, gestützte Eröffnung des Hauptverfahrens wie seine ebenfalls auf § 214 Abs. 1 2. Alt. StGB/DDR gestützte Verurteilung verstießen – wie ausgeführt – gegen Artikel 4 StGB/DDR und Artikel 99 der Verfassung der DDR und waren deshalb unter keinem rechtlichen Gesichtspunkt vertretbar.

Neben der Verurteilung als solcher stellt die Verurteilung zu einer unangemessen hohen Strafe eine selbständige Verwirklichung des Unrechts der Rechtsbeugung dar. {268}

Mangels Strafbarkeit des Zeugen Jürgen P. stellten auch die prozeßleitenden Entscheidungen des Angeklagten Eggert über die Nichtaushändigung der Prozeßdokumente und den Ausschluß der Öffentlichkeit bei der Hauptverhandlung gesetzwidrige Entscheidungen dar. Denn für den für alle diese Entscheidungen maßgeblichen § 211 Abs. 3 StPO/DDR war natürlich Voraussetzung, daß überhaupt strafbares Verhalten vorlag. Gab es kein strafbares Verhalten, war das Verfahren nicht durchzuführen und erst recht durften nicht die prozessualen Rechte des Angeklagten eingeschränkt werden, da die Ausübung bzw. Gewährung prozessualer Rechte nicht i.S.v. § 211 Abs. 3 StPO/DDR die Sicherheit des Staates gefährden oder ein Geheimhaltungsinteresse begründen konnte.

Die von dem Angeklagten Eggert getroffenen Entscheidungen führten zur Eröffnung des Hauptverfahrens gegen den Zeugen Jürgen P. bzw. zu seiner Verurteilung. Beides wirkte sich unmittelbar zu seinen Ungunsten aus.

Wie das Tatbestandsmerkmal „zuungunsten" zu verstehen ist, ist der Kommentierung zu § 214 StGB/DDR in: Strafrecht der DDR, a.a.O., im Ergebnis nicht zu entnehmen. Angemerkt ist dort lediglich, daß es nicht darauf ankomme, daß der Vor- oder Nachteil für den Beteiligten als Konsequenz aus der Entscheidung tatsächlich auch eingetreten sei, maßgeblich sei vielmehr der Charakter der Entscheidung, die gesetzwidrig getroffen sei. Das erscheint zu weitgehend. Richtig ist vielmehr, dieses Merkmal wie das {269} sachlich entsprechende Tatbestandsmerkmal „zum Nachteil" in § 336 StGB dahin zu verstehen, daß mit ihm der zur Tatbestandserfüllung notwendige Erfolg der rechtsbeugenden Handlung bezeichnet wird. Dieser Erfolg ist eingetreten, wenn der betroffene Beteiligte des Verfahrens zu Unrecht eine Schlechterstellung erfährt. Eine solche Schlechterstellung des Zeugen P. steckt vorliegend in der fehlerhaften Eröffnung des Hauptverfahrens ebenso wie in der Verurteilung; durch die Nichtaushändigung der Prozeßdokumente und den Ausschluß der Öffentlichkeit wurden unmittelbar seine prozessualen Rechte verkürzt. Da somit der Taterfolg eingetreten ist, ist es unerheblich, daß der Zeuge Jürgen P. im Endergebnis nach erfolgter Verurteilung – seinem Wunsch entsprechend – in die Bundesrepublik Deutschland gelangte. Hierin liegt keine Bevorteilung, die der Annahme des Tatbestandsmerkmals „zuungunsten" entgegenstehen würde.

In subjektiver Hinsicht erfordert der Tatbestand des § 244 StGB/DDR wissentliches Handeln. Eine Erläuterung dieses Begriffes findet sich weder in der Kommentierung zu

§ 214 StGB/DDR noch zu § 6 StGB/DDR in: Strafrecht der DDR, a.a.O. Da auch im Strafgesetzbuch der DDR zwischen direktem (§ 6 Abs. 1 StGB/DDR) und bedingtem Vorsatz (§ 6 Abs. 2 StGB/DDR) unterschieden wurde, kann mit „wissentlich" nur direkter Vorsatz gemeint sein, bei dem das Gewicht auf der kognitiven Seite des Vorsatzes liegt. Wissentlich bezeichnet mithin dolus directus 2. Grades, also das sichere Wissen des {270} Täters um die Verwirklichung des Tatbestandes (Dreher-Tröndle, Kommentar zum StGB, 46. Auflage, München 1993, § 15 Rz. 7) zusammen mit dem Willen zu der den Tatbestand erfüllenden Handlung.

Diese Voraussetzungen sind vorliegend gegeben. Der Angeklagte Eggert hatte sicheres Wissen von allen die Tatbestandsverwirklichung ausmachenden Umständen einschließlich des sicheren Wissens, das Recht gesetzwidrig in nicht vertretbarer Weise anzuwenden. Er wußte, daß der Tatbestand des § 214 StGB/DDR im Falle des Zeugen Jürgen P. nicht erfüllt war, wandte ihn aber dennoch an in dem sicheren Wissen, damit gegen Art. 99 der Verfassung der DDR und gegen Artikel 4 StGB/DDR zu verstoßen. Zudem hatte er auch den Willen, § 214 Abs. 1 StGB/DDR falsch anzuwenden; er hatte sich entschlossen, die Sachbearbeitung allein auszurichten an der in den „Grundsätzen der Strafverfolgung" festgehaltenen politischen Zweckmäßigkeitskriterien, und diesen Entschluß umgesetzt, obwohl er um die Schuldlosigkeit des Zeugen Jürgen P. wußte.

bb) Aufgrund der im Beschluß vom 5.02.1986 angeordneten Haftfortdauer blieb der Zeuge Jürgen P. in Untersuchungshaft; aufgrund der Verurteilung vom 20.02.1986 zu einer Freiheitsstrafe von 1 Jahr und 6 Monaten kam er in Strafhaft. Durch beide Handlungen des Angeklagten Eggert wurde Jürgen P. rechtswidrig seiner persönlichen Freiheit i.S.v. § 131 StGB/DDR beraubt, wobei die Rechtswidrigkeit der Freiheitsberau-{271}bung dadurch begründet wird, daß sowohl der Beschluß vom 5.02.1986 wie die Verurteilung vom 20.02.1986 eine Rechtsbeugung gemäß § 244 StGB/DDR und damit eine Straftat darstellen.

Hinsichtlich des Freiheitsentzuges handelte der Angeklagte Eggert in mittelbarer Täterschaft gemäß § 22 Abs. 1 StGB/DDR, da die die Haft unmittelbar durchführenden Vollzugsbediensteten aufgrund des Beschlusses vom 5.02.1986 und des Urteils vom 20.02.1986 ihrerseits rechtmäßig handelten und damit selbst für die Freiheitsentziehung nicht verantwortlich waren i.S.v. § 22 Abs. 1 StGB/DDR.

Ein besonders schwerer Fall i.S.v. § 131 Abs. 2 StGB/DDR liegt dagegen nicht vor, wobei allein die 2. Alt. in Betracht kommt. In der Kommentierung zu § 131 Abs. 1 StGB/DDR in: Strafrecht der DDR, a.a.O., ist dazu erläutert, daß der Erschwerungsgrund des § 131 Abs. 2 StGB/DDR vorliege, wenn ein hinsichtlich der Schwere der ersten Alternative von § 131 Abs. 1 StGB/DDR vergleichbarer Fall gegeben sei. Damit ist derjenige Freiheitsentzug, der mit einer Straf- oder Untersuchungshaft nach Maßgabe der tatsächlichen Verhältnisse in der DDR notwendigerweise verbunden war, ersichtlich nicht gemeint. Daß im Falle von Jürgen P. darüber hinausgehende Beeinträchtigungen stattgefunden haben, konnte nicht festgestellt werden.

cc) Nach § 63 Abs. 2 StGB/DDR liegt Tateinheit vor, wenn der Täter durch eine Tat mehrere Straf-{272}rechtsnormen verletzt. Diese Regelung entspricht sachlich § 52 Abs. 1 StGB.

Danach besteht zwischen allen von dem Angeklagten Manfred Eggert verwirklichten Gesetzesverletzungen Tateinheit. Die durch die Verurteilung als solche verwirklichte

Rechtsbeugung ist mit der durch den Ausspruch einer unangemessen hohen Strafe begangenen und der hierdurch ebenfalls erfolgten Freiheitsberaubung durch natürliche Handlungseinheit verknüpft. Genauso durch natürliche Handlungseinheit verknüpft sind die durch den Beschluß vom 5.02.1986 verwirklichten Straftaten der Freiheitsberaubung und der Rechtsbeugung. Zwischen beiden Handlungen besteht Fortsetzungszusammenhang, da jeweils dieselben Straftatbestände auf gleichartige Weise in einem engen zeitlichen und räumlichen Zusammenhang verwirklicht sind und der Angeklagte Eggert mit Fortsetzungsvorsatz handelte, da der weitere Ablauf des Strafverfahrens vorauszusehen war, von ihm vorausgesehen wurde und er sich von Anfang an entschlossen hatte, das Verhalten von Jürgen P. entsprechend den Grundsätzen der Orientierung zur Strafverfolgung bestimmter Straftaten gegen die staatliche und öffentliche Ordnung vom Januar 1985 als nach § 214 Abs. 1 StGB/DDR strafbar zu behandeln und entsprechend abzuurteilen. Ausgenommen von dem Vorstehenden sind die Entscheidungen des Angeklagten Eggert in Bezug auf die Nichtaushändigung von Prozeßdokumenten und den Ausschluß der Öffentlichkeit. Diese Entscheidungen entsprachen der vorgegebenen Praxis in Strafverfahren dieser Art. Sie treten deshalb {273} als notwendige Begleittaten im Wege der Gesetzeskonkurrenz zurück.

b) Die Angeklagte Dolores Korth hat den Tatbestand des § 244 StGB/DDR und in Tateinheit hiermit in mittelbarer Täterschaft den Tatbestand der Freiheitsberaubung gemäß §§ 131 Abs. 1, 22 Abs. 1 StGB/DDR durch Unterlassen i.S.v. § 1 Abs. 1 StGB/DDR verwirklicht.

aa) Die Angeklagte Korth war als Staatsanwältin ebenfalls taugliche Täterin einer Rechtsbeugung. Sowohl die Anklageerhebung wie der Antrag, die Fortdauer der Untersuchungshaft zu beschließen, beruhte auf der falschen und unvertretbaren Anwendung des § 214 Abs. 1 StGB/DDR. Beides stellt ein Entscheiden i.S.v. § 244 StGB/DDR dar. Zwar bedarf dieses Tatbestandsmerkmal nach Auffassung der Kammer, soweit es um Handlungen eines Staatsanwaltes und nicht eines Richters geht, einer einschränkenden Auslegung insofern, als es sich um eine Entscheidung handeln muß, bei der der Staatsanwalt wie ein Richter Entscheidungen zu treffen hat (vgl. BGHSt 24, 326 zu § 336 StGB). Dieses Erfordernis folgt aus dem Umstand, daß die Rechtsbeugung durch einen Staatsanwalt in derselben Bestimmung geregelt und mit derselben Rechtsfolgenandrohung versehen ist wie die eines Richters. Deshalb muß zwischen der Entscheidung des Staatsanwalts und der des Richters Vergleichbarkeit gegeben sein. Maßgeblich für die Vergleichbarkeit ist, daß es sich um {274} eine Tätigkeit handelt, in der unparteiisch zwischen verschiedenen Interessen zu entscheiden ist mit dem Ziel der Verwirklichung des Rechts. Auf ein richtergleiches Maß an Unabhängigkeit kann es dagegen nicht ankommen, da ansonsten eine Tatbestandsverwirklichung durch einen stets Weisungen unterliegenden Staatsanwalt überhaupt nicht möglich wäre, dies aber gerade von § 244 StGB/DDR vorausgesetzt wird.

Eine solche der richterlichen vergleichbare Funktion übt der Staatsanwalt nach der StPO/DDR bei Abschluß des Ermittlungsverfahrens aus. In diesem Stadium des Verfahrens hat er zu entscheiden, ob entweder das Verfahren mangels Tatverdachts oder gar feststehender Unschuld eingestellt oder Anklage erhoben wird, wobei diese Entscheidung allein nach dem Gesetz zu treffen ist. Er befindet sich insofern in derselben Situation wie der Richter, der am Schluß der Hauptverhandlung über die Frage einer Verurteilung zu befinden hat. Zu der Entscheidung im Rahmen des Abschlusses des Ermittlungsverfahrens gehört aber auch die Entscheidung über die Fortdauer der Untersuchungshaft. Dem Staatsanwalt obliegt nämlich zugleich mit der Entscheidung über die Anklageerhebung bzw. die Einstellung des Verfahrens auch die Entscheidung darüber, ob er entweder die Fortdauer der Untersuchungshaft beantragt oder nach § 133 S. 2 StPO/DDR die Entlassung aus der Untersuchungshaft bewirkt.

Dagegen stellt der von der Angeklagten Korth gestellte Antrag, den damaligen Angeklagten {275} P. zu verurteilen, keine Rechtsbeugung dar. Denn das Stellen des Antrages am Schluß der Hauptverhandlung scheidet als rechtsbeugende Handlung eines Staatsanwaltes aus. Zwar hat der Staatsanwalt seinen Antrag ebenfalls nach dem Gesetz auszurichten. Insofern trifft er jedoch keine Entscheidung i.S.v. § 244 StGB, sondern wirkt lediglich auf die Entscheidung des Richters hin.

bb) Auch die Angeklagte Korth hat den Tatbestand der Freiheitsberaubung in mittelbarer Täterschaft gemäß §§ 131 Abs. 1, 22 Abs. 1 StGB/DDR erfüllt, im Gegensatz zu dem Angeklagten Eggert jedoch durch Unterlassen. Der Zeuge P. befand sich im Zeitpunkt ihrer Entscheidung über die Frage der Anklageerhebung bereits aufgrund des Haftbefehls des Kreisgerichts Schwerin-Stadt vom 23.11.1985 in Untersuchungshaft. Sie konnte weder den Entzug der Freiheit des Zeugen P. herbeiführen noch durch eigene Entscheidung für die Fortdauer der Untersuchungshaft eine neue eigenständige Rechtsgrundlage schaffen. Dagegen bestand für sie als zuständige Staatsanwältin die Verpflichtung, die Entlassung des Zeugen P. gemäß § 133 S. 2 StPO/DDR anzuordnen und so dessen Freiheitsentzug infolge der Untersuchungshaft zu beenden. Als die zuständige Staatsanwältin war sie zudem von Gesetzes wegen (§ 131 Abs. 1 StPO/DDR) gehalten, die Voraussetzungen für den Fortbestand der Untersuchungshaft zu überprüfen. Hieraus {276} folgt ihre für die Tatbestandsverwirklichung durch Unterlassen nötige Garantenstellung. Da die Freiheitsberaubung gemäß § 131 Abs. 1 StGB/DDR auf einer nach § 244 StGB/DDR strafbaren Rechtsbeugung der Angeklagten Korth beruht, war sie rechtswidrig. Die Voraussetzungen der mittelbaren Täterschaft gemäß § 22 Abs. 1 StGB/DDR sind aus denselben Gründen wie bei dem Angeklagten Eggert erfüllt.

Ein besonders schwerer Fall i.S.v. § 131 Abs. 2 StGB/DDR liegt auch bei der Angeklagten Korth nicht vor.

cc) Eine Anstiftung zur Rechtsbeugung des Angeklagten Eggert durch die Angeklagte Korth ist nicht gegeben. Gemäß § 22 Abs. 2 Nr. 1 StGB/DDR ist wegen Anstiftung zu bestrafen, wer vorsätzlich einen anderen zu einer begangenen Straftat bestimmt. Dies scheidet aus, wenn der Angestiftete – vorliegend der Angeklagte Eggert – von Anfang an den Willen hatte, die betreffende Tat zu begehen.

Ob der Angeklagte Eggert von vornherein entschlossen war, sog. politische Straftäter wie den Zeugen P. ggf. auch dann wegen Beeinträchtigung staatlicher Tätigkeit gemäß § 214 Abs. 1 StGB/DDR zu verurteilen, wenn kein Straftatbestand erfüllt war, oder ob eine solche Willensrichtung erst anläßlich des Verfahrens gegen Jürgen P. mit einer Einflußnahme auf seine Willensbildung durch die Angeklagte Korth entstanden ist, konnte jedoch nicht fest-{277}gestellt werden. Genauso steht der Ablauf der Willensbildung des Angeklagten Eggert zur Strafhöhe nicht mit letzter Sicherheit fest.

dd) Zwischen beiden Gesetzesverletzungen der Angeklagten Korth besteht Tateinheit i.S.v. § 63 Abs. 1 StGB/DDR, da sie eine natürliche Handlungseinheit darstellen.

c) Beide Angeklagten handelten rechtswidrig und schuldhaft.

aa) Dabei verkennt die Kammer nicht, daß auch insoweit, als das Unrecht der Rechtsbeugung gemäß § 244 StGB/DDR in Rede steht, deren Ausschluß durch einen Rechtfertigungsgrund in Betracht kommen kann (vgl. BGHSt 14, 147, 148). Jedoch ist im Ergebnis kein Rechtfertigungsgrund zugunsten der Angeklagten vorhanden. Maßgeblich ist dabei die Rechtsordnung der DDR (vgl. Urteil des BGH vom 3.11.1992, StV [1993] S. 10, 11 ff.).

(1) In Betracht kommt mit Rücksicht auf die Staatspraxis der DDR im Umgang mit auffällig gewordenen Ausreisewilligen der Rechtfertigungsgrund des § 20 Abs. 1 StGB/DDR. Danach begeht keine Straftat, wer in Ausübung ihm obliegender Pflichten sich nach verantwortungs-{278}bewußter Prüfung der Sachlage zur Begehung einer Pflichtverletzung entscheidet, um durch die Erfüllung anderer Pflichten den Eintritt eines größeren, anders nicht abwendbaren Schadens für andere Personen oder die Gesellschaft zu verhindern.

Daß sich die Angeklagten auf diesen Rechtfertigungsgrund berufen könnten, ist der Kommentierung zu § 20 StGB/DDR in: Strafrecht der DDR, a.a.O., nicht zu entnehmen. Allerdings ist darüber hinausgehend die Staatspraxis der DDR im Umgang mit auffällig gewordenen Ausreisewilligen zu bedenken. In dieser Staatspraxis drückt sich die Beurteilung der politischen Entscheidungsträger der DDR aus, daß Verhaltensweisen von Ausreisewilligen – wie diejenigen des Zeugen Jürgen P. in Perleberg – für den inneren Bestand der DDR eine ernstzunehmende Gefahr darstellten, der nicht anders als auf die eben im Falle Jürgen P. geschehene Weise entgegengewirkt werden konnte. Dabei ist in diesem Zusammenhang unerheblich, wie die Beweggründe der politischen Entscheidungsträger der DDR, die zu der bezeichneten Staatspraxis geführt haben, zu bewerten sind. Nimmt man hinzu, daß beide Angeklagte als Bürger und Staatsbedienstete der DDR dieser verpflichtet waren und von ihnen linientreues Verhalten erwartet wurde, konnte man den Schluß ziehen, daß nach damaliger Anschauung in der DDR – jedenfalls nach der Anschauung der politischen Entscheidungsträger – die Angeklagten bei der strafrechtlichen Verfolgung des Zeugen Jürgen P. gleichsam zwecks Erfüllung anderer Pflichten zur Vermei-{279}dung eines nicht anders abwendbaren Nachteils für die DDR, also die Gesellschaft i.S.v. § 20 Abs. 1 StGB, gehandelt haben.

Allerdings kann dieser Ansatz auch nach den Maßstäben der Rechtsordnung der DDR nicht zur Rechtfertigung der Angeklagten führen. Denn auch nach § 20 Abs. 1 StGB/DDR ist erforderlich, daß zwischen der Gefahr, der es zu wehren gilt, und [der] Pflichtverletzung ein angemessenes Verhältnis besteht. Dies kann ersichtlich nicht der Fall sein.

Dazu ist zunächst festzustellen, daß das Ausmaß der von Jürgen P. ausgehenden – beurteilt anhand der Kriterien der Staatspraxis – „Gefahr“ für die DDR nur gering war. Denn die „Gefährdung“ der DDR steckte natürlich nicht in einem nur vereinzelten Auftreten von Übersiedlungsersuchenden in der Öffentlichkeit, sondern in dem Umstand, daß es sich eben keineswegs nur um vereinzelte Fälle handelte. Der Einzelfall Jürgen P. trug zu dieser „Gefährdung“ mithin nur in äußerst geringem Umfange bei. Mithin wäre die innere Sicherheit der DDR durch einen Freispruch von Jürgen P. nicht in merkbarer Weise berührt worden.

Dem stand der hohe Stellenwert gegenüber, den die Anbindung der Strafbarkeit eines Verhaltens an eine gesetzliche Grundlage nach Artikel 99 der Verfassung der DDR und nach Artikel 4 StGB/DDR ebenso genoß wie das Freiheitsrecht nach Artikel 30 der Verfassung der DDR. Daß die danach zu treffende Güterabwägung auch nach den {280} rechtlichen Maßstäben der DDR nicht zu der Annahme geführt haben könnte, das strafbare Verhalten der Angeklagten sei angemessen gewesen im Sinne von § 20 Abs. 1 StGB/DDR, liegt auf der Hand. Eines Rückgriffes auf die auch für Rechtfertigungsgründe der Rechtsordnung der DDR gebotene menschenrechtsfreundlichste Auslegung von Rechtfertigungstatbeständen bedarf es für diese Feststellung nicht.

Hieran ändert auch der Umstand nichts, daß die Angeklagten bei Fortbestand der DDR in politisch unveränderter Struktur natürlich nicht wegen ihres Mitwirkens bei der strafrechtlichen Verfolgung des Zeugen Jürgen P. strafrechtlich zur Verantwortung gezogen worden wären. Dies ist aber keine Frage des Rechts, sondern allein eine Frage der Machtverhältnisse.

(2) Das Verhalten der Angeklagten war auch nicht etwa durch Notwehr gerechtfertigt. Nach § 17 Abs. 1 StGB/DDR handelt gerechtfertigt, wer einen gegenwärtigen rechtswidrigen Angriff gegen sich oder einen anderen oder gegen die sozialistische Staats- oder Gesellschaftsordnung in einer der Gefährlichkeit des Angriffs angemessenen Weise abwehrt.

Soweit sich die Frage nach einer Verteidigung der sozialistischen Staats- und Gesellschaftsordnung stellt, scheidet der Rechtfertigungsgrund der Notwehr aus denselben Gründen aus wie {281} der Rechtfertigungsgrund des § 20 Abs. 1 StGB/DDR.

Soweit es um die Abwehr von Gefahren für die Angeklagten selbst geht, sind die Voraussetzungen von § 17 StGB/DDR ebenfalls nicht erfüllt. Zwar hatten beide Angeklagten Nachteile für sich selbst zu erwarten für den Fall, daß sie im Rahmen des Strafverfahrens gegen Jürgen P. nicht die in den Grundsätzen der Strafverfolgung in der Orientierung zur Strafverfolgung bestimmter Straftaten gegen die staatliche und öffentliche Ordnung vom Januar 1985 im einzelnen aufgeführten Kriterien beachteten und umsetzten, nach denen auf das Verhalten des Zeugen Jürgen P. am 23.11.1986 mit strafrechtlichen Sanktionen zu reagieren war. Jedoch bestanden die möglichen Nachteile lediglich in beruflichen Konsequenzen, im schlimmsten Fall also in der Entfernung aus dem Dienst als Staatsanwältin im Falle der Angeklagten Korth bzw. als Richter im Falle des Angeklagten Eggert. Denn dem Interesse an der Vermeidung persönlicher Nachteile auf Seiten der Angeklagten stand auf der anderen Seite die Beeinträchtigung des Schutzgutes des § 244 StGB/DDR, nämlich der Gewährleistung des Grundsatzes der Gleichheit vor dem Gesetz und die Sicherung einer in allen Fragen gerechten und gesetzlichen Rechtsprechung, gegenüber, die bei der nach § 18 StGB/DDR vorzunehmenden Güterabwägung als höherrangig zu bewerten sind. Hinzu trat das Recht des Zeugen Jürgen P. auf Freiheit. {282}

(3) Eine Rechtfertigung der Angeklagten aus dem Gesichtspunkt der Einwilligung scheidet ebenfalls aus. Eine rechtfertigende Einwilligung war schon nicht möglich, weil das von § 244 StGB/DDR geschützte Rechtsgut nicht zur Disposition des von der Rechtsbeugung Betroffenen, also des Zeugen P., stand (vgl. Spendel in Leipziger Kommentar zum Strafgesetzbuch, 10. Aufl., Berlin 1988, § 336 Rz. 73 zur entsprechenden Problematik bei § 336 StGB). Im übrigen hatte der Zeuge Jürgen P. mit seinem

Schlußwort in der Hauptverhandlung keineswegs eine Einwilligung in seine Verurteilung und die damit verbundene Freiheitsentziehung erklärt.

cc) Die Angeklagten können sich auch nicht auf einen Entschuldigungsgrund berufen.

(1) Der Entschuldigungsgrund des § 18 Abs. 2 StGB/DDR scheidet aus, weil zu keinem Zeitpunkt die von § 18 Abs. 2 StGB/DDR geforderte Notwehr- bzw. Nothilfelage bestanden hat.

(2) Eine Schuldminderung nach § 18 Abs. 2 StGB/DDR kommt ebenfalls nicht in Betracht, weil für die Angeklagten keine Gefahr für Leben oder Gesundheit bestand.

(3) Ein dem Rechtfertigungsgrund des § 20 StGB/DDR entsprechender Schuldausschließungsgrund im {283} Sinne eines allgemeinen Entschuldigungsgrundes ob bestehender Pflichtenkollision ist im StGB/DDR nicht geregelt. Allerdings käme selbst dann, wenn man insofern eine entsprechende Anwendung von § 20 Abs. 1 StGB/DDR in Betracht ziehen würde, ein Ausschluß oder eine Minderung der Schuld der Angeklagten nicht in Betracht. Denn auch dann mußte es darauf ankommen, daß Rechtsverletzung und verteidigtes Rechtsgut, also eigene Belange der Angeklagten oder Belange der DDR nach ihrem eigenen Verständnis, wenigstens nicht völlig außer Verhältnis stehen. Dies ist aber aus den oben zu (2) genannten Gründen vorliegend der Fall.

(4) Da die Angeklagten das Bewußtsein hatten, bei ihrer Behandlung des Falles von Jürgen P. Unrecht zu tun und sich nicht etwa vorgestellt hatten, gerechtfertigt zu handeln, ist schließlich auch kein Raum für einen Ausschluß der strafrechtlichen Verantwortlichkeit nach § 13 Abs. 1 StGB/DDR.

c) Die Angeklagten haben sich damit nach dem Recht der DDR der Rechtsbeugung und der Freiheitsberaubung strafbar gemacht. Ihre Strafbarkeit nach §§ 244, 131 Abs. 1 StGB/DDR entfällt auch nicht etwa deshalb gemäß Art. 315 Abs. 1 EGStGB i.V.m. § 2 Abs. 3 StGB, weil infolge des Beitritts das Recht der DDR durch ein milderes Gesetz ersetzt worden wäre. Sowohl die Rechtsbeugung wie die Freiheitsberaubung sind nach dem StGB ebenfalls unter Strafe gestellt, näm-{284}lich durch §§ 336 und 239 Abs. 1 StGB, wobei jeweils derselbe Rechtsgüterschutz betroffen ist. Im Vergleich beider Rechte stellt sich das Recht der DDR als das mildere dar.

Bei der Rechtsbeugung folgt dies bereits aus der Fassung des Tatbestandes. Der Tatbestand des § 336 Abs. 1 StGB erfaßt nämlich als Tatsituation nicht nur wie § 244 StGB/DDR das Entscheiden, sondern auch die Leitung einer Rechtssache, was eine weiterreichende Auslegung zumindest ermöglicht. Wesentlich ist weiter, daß § 336 StGB keine besonderen Anforderungen an die Vorsatzform stellt, weshalb bereits bedingter Vorsatz ausreicht, während § 244 StGB/DDR ausdrücklich wissentliches Handeln erfordert. Weitergehende Rechtfertigungs- oder Entschuldigungsgründe, als sie im Falle der Angeklagten nach dem Recht der DDR in Betracht kommen, sind auch nach dem StGB nicht vorhanden.

d) Verfolgungsverjährung ist nicht eingetreten.

Die vorliegend abgeurteilten Straftaten unterlagen vor dem Beitritt allein dem Strafrecht der DDR. Vor dem Beitritt am 3.10.1990 war die Verjährungsfrist nach § 82 Abs. 1 StGB/DDR noch nicht abgelaufen, vielmehr ruhte die Verjährung nach § 83 Nr. 2 2. Alt. StGB/DDR, obwohl es naturgemäß kein Gesetz gab, das ausdrücklich die Verfolgung von durch den Staat oder im Auftrage des Staates begangenen Unrechts angeordnet hätte. Die vorliegende Konstellation entspricht aber hinsichtlich der Frage der strafrechtli-{285}chen Verfolgung derjenigen, die in Bezug auf nationalsozialistisches Unrecht gegeben war, ebenso wie § 69a StGB/DDR a. F.[21] dem § 83 Abs. 1 2. Alt. StGB in Bezug auf die Frage einer Nichtverfolgung aus gesetzlichen Gründen. Deshalb sind die in BGHSt 23, 137; 18, 367 entwickelten Grundsätze bei § 83 Nr. 2 2. Alt. StGB/DDR entsprechend heranzuziehen. Danach ruhte vorliegend der Lauf der Verjährung, weil die Vorgaben der politischen Führung der DDR von den Gerichten als verbindlich behandelt wurden und ob der gegebenen Machtverhältnisse eine Strafverfolgung von Straftaten wie den vorliegenden ausgeschlossen war.

Nach § 315a EGStGB bleibt es dabei, wenn im Zeitpunkt des Beitritts die Verjährung der Verfolgung nach dem Recht der DDR noch nicht eingetreten war, und die Verfolgungsverjährung gilt als im Zeitpunkt des Beitritts unterbrochen. Die sodann vorliegend erneut laufende Verjährungsfrist nach §§ 78 Abs. 3 Nr. 5, 78c Abs. 3 StGB ist nicht verstrichen.

V. Strafzumessung

1. Bei der Strafzumessung war zunächst gemäß den Anforderungen des Art. 315 EGStGB unter Berücksichtigung der Regelungen des § 2 StGB festzustellen, welcher konkrete Strafrahmen zur Anwendung kommen muß. Die Kammer ist dabei zu {286} dem Ergebnis gelangt, daß die Bestrafung aus § 244 StGB/DDR zu erfolgen hat, weil diese Vorschrift für die Angeklagten Eggert und Korth im Vergleich mit § 336 StGB die mildere Strafnorm darstellt. Während der Rechtsbeugungstatbestand des StGB/DDR einen Strafrahmen von 6 Monaten bis zu 5 Jahren Freiheitsstrafe vorsieht, beträgt der Strafrahmen nach der nunmehr geltenden Strafrechtsvorschrift des § 336 StGB Freiheitsstrafe von 1 Jahr bis zu 5 Jahren.

2. Die Kammer hat folglich innerhalb des Strafrahmens des § 244 StGB/DDR, der Freiheitsstrafe von 6 Monaten bis zu 5 Jahren vorsieht, für die Angeklagten Eggert und Korth eine Strafe festzusetzen.

Sie hat dabei die nachstehend zugunsten und zulasten der Angeklagten sprechenden Umstände berücksichtigt.

a) Bei der Bemessung der Strafe für den Angeklagten Eggert sprach zu seinen Gunsten, daß er nicht vorbestraft ist.

Die Entwicklung des Angeklagten ist maßgeblich geprägt worden durch seine politisch-ideologische Erziehung unter den Bedingungen des realen Sozialismus in der ehemaligen DDR. Er hatte die vom sogenannten „Freund-Feind-Denken" geprägten Staatsziele verinnerlicht und {287} diese mitgetragen. Somit hat sich der Sozialisationsaspekt zu seinen Gunsten ausgewirkt.

Ebenso ist strafmildernd berücksichtigt worden, daß er als DDR-Richter in einem Justizsystem eingebunden war, in dem es eine Unabhängigkeit, wie sie in der Verfassung garantiert war, in der Rechtswirklichkeit nicht gab. Er hat sich in seinem Entscheidungsverhalten als Strafrichter von – im Sinne des § 39 Abs. 1 GVG/DDR nicht verbindlichen – Standpunkten und Orientierungen des Obersten Gerichts bzw. der Generalstaatsanwaltschaft leiten lassen, was der damaligen Staatspraxis entsprach.

Zudem war er innerhalb des Gerichtsapparates einem System der Überprüfung und Kontrolle durch die Betriebsparteiorganisation und die Abteilung Inspektion beim Bezirksgericht unterworfen, der er sich nicht entziehen konnte. Das betraf sowohl seine sogenannte politisch-gesellschaftliche Tätigkeit als auch sein Entscheidungsverhalten, das der Maxime sozialistischer Gesetzlichkeit und Parteilichkeit (= Staatspraxis) entsprechen mußte.

Außerdem ist nach der Wende ein hoher Verlust an sozialem Ansehen, insbesondere für Angehörige der politischen Strafjustiz innerhalb des Justizapparates der ehemaligen DDR eingetreten, der den Angeklagten auch in Zukunft weiter belasten wird. {288}

Schließlich hat die Kammer zugunsten des Angeklagten die Dauer der Hauptverhandlung berücksichtigt.

Straferschwerend hat die Kammer gewertet, daß der Angeklagte neben der Rechtsbeugung zugleich den Tatbestand der Freiheitsberaubung erfüllt hat. Die Hauptverhandlung hat insoweit deutlich gezeigt, wie sehr der – nicht vorbestrafte – Zeuge P. unter seiner Inhaftierung gelitten hat.

Unter Berücksichtigung aller für und gegen den Angeklagten Eggert sprechenden Strafzumessungsgesichtspunkte hat die Kammer eine geringfügig über die Mindeststrafe von 6 Monaten hinausgehende

Freiheitsstrafe von 9 Monaten

für tat- und schuldangemessen gehalten.

b) Bei der konkreten Strafbemessung für die Angeklagte Korth hat sich die Kammer von folgendem leiten lassen:

Die Angeklagte ist unbestraft. Die ihren Taten zugrundeliegenden Handlungen erfolgten unter Beteiligung und Billigung der Dienstvorgesetzten der Angeklagten. Die Anklageerhebung gegen Jürgen P. mit dem Vorwurf, sich gemäß § 214 Abs. 1 StGB/ DDR strafbar gemacht zu haben, und {289} der Strafantrag entsprachen zwar den Vorstellungen der Angeklagten, wurden aber zuvor in der Abteilung I a und mit dem Leiter der Bezirksstaatsanwaltschaft, dem Zeugen Wolf, abgestimmt. Ihre Handlungsweise, die Entscheidungen nach – nicht verbindlichen – Orientierungen und Standpunkten des Obersten Gerichts bzw. der Generalstaatsanwaltschaft auszurichten, entsprach der damaligen Praxis innerhalb des Justizapparates der DDR. Die in den Standpunkten und Orientierungen zum Bereich der politischen Strafjustiz enthaltenen politischen Zweckmäßigkeitserwägungen entsprachen der Sicherheitsdoktrin der SED. Die Angeklagte war innerhalb des Justizapparates austauschbar, ein sogenanntes „kleines Rad im Getriebe", wenn auch ein notwendiges. Ihre eher untergeordnete Stellung spricht letztlich – wenn auch nur sehr gering – für sie.

Die Angeklagte Korth ist in einem Elternhaus und politischen System aufgewachsen, in dem die politisch-ideologischen Staatsziele Sozialisierungsmaßstab waren. Sie hatte sich dem Gesellschaftssystem der DDR verschrieben und war von der Richtigkeit der Ziele im Sozialismus überzeugt. Diesen persönlichen Aspekt hat die Kammer im Rahmen der Tatgewichtung strafmildernd berücksichtigt.

Zudem ist zu bewerten, daß die Angeklagte nach dem Zusammenbruch des SED-Regimes als sogenannte politische Staatsanwältin einen hohen Akzeptanzverlust zu verkraften hat, der sie möglicherweise auch zukünftig belasten wird. {290}

Schließlich ist sie auch durch die lange Hauptverhandlung erheblich belastet worden.

Auf der anderen Seite ist straferschwerend zu berücksichtigen, daß sie sich neben der Rechtsbeugung auch der Freiheitsberaubung schuldig gemacht hat. Durch die Inhaftierung ist der Zeuge P. – als Erstverbüßer – erheblich beeinträchtigt worden.

Unter Abwägung der gesamten Strafzumessungsaspekte ist die Kammer zu der Auffassung gelangt, daß hier eine – im unteren Bereich des Strafrahmens – liegende

Freiheitsstrafe von 9 Monaten

tat- und schuldangemessen ist.

c) Die Freiheitsstrafe konnte bei beiden Angeklagten gemäß § 45 Abs. 1 StGB/DDR unter Berücksichtigung der Tatumstände sowie ihrer Persönlichkeit und ihrer jetzigen Entwicklung zur Bewährung ausgesetzt werden, wobei die Kammer die Bewährungszeit jeweils auf 2 Jahre bemessen hat. {291}

Anmerkungen

1 Vgl. Anhang S. 1046.

2 Vgl. Anhang S. 1042.

3 Vgl. zu Werner Korth den Dokumentationsband zu Amtsmissbrauch und Korruption, lfd. Nr. 4.

4 Die Staatsanwaltschaft bei dem Kammergericht Berlin klagte den Rechtsanwalt Wolfgang Vogel gemeinsam mit Generalmajor Gerhard Niebling, dem Leiter der „Zentralen Koordinierungsgruppe“ des MfS, am 2.7.1993 unter dem Az. 2 Js 353/91 u.a. wegen Erpressung an. Ihnen wurde vorgeworfen, ihren Einfluss auf die Durchführung von Übersiedlungsverfahren in die Bundesrepublik Deutschland dadurch gezielt zur Erlangung wirtschaftlicher Vorteile für sich oder Dritte ausgenutzt zu haben, dass sie die Aufnahme von Ausreisewilligen in das Verfahren von der Übertragung von Grundeigentum bzw. von der Zahlung erheblicher Geldsummen abhängig gemacht hätten.

Hinsichtlich der Anklage der Staatsanwaltschaft vom 2.7.1993 wurde das Hauptverfahren durch Beschluss des LG Berlin vom 23.8.1994 zunächst nur für 21 der dem Angeklagten Vogel vorgeworfenen 53 Erpressungsfälle und hinsichtlich des Angeklagten Niebling gar nicht eröffnet. Zwei Fälle wurden durch den Beschluss gemäß § 154 Abs. 2 StPO hinsichtlich des Angeklagten Vogel vorläufig eingestellt. Nachdem die Hauptverhandlung in diesem beschränkten Umfang begonnen hatte, eröffnete das Kammergericht Berlin auf die sofortige Beschwerde der Staatsanwaltschaft durch Beschluss vom 1.2.1995 – 2 AR 130/94 - 5 Ws 425/94 – die Anklage mit einer Ausnahme auch in den übrigen Fällen. Vogel wurde durch Urteil des Landgerichts Berlin vom 9.1.1996 – Az. 506-53/93 – wegen Meineides, wegen Erpressung in vier Fällen und wegen Beihilfe zur Erpressung zu einer Gesamtfreiheitsstrafe von zwei Jahren verurteilt, deren Vollstreckung zur Bewährung ausgesetzt wurde. Zudem verhängte das Gericht gegen ihn wegen Falschbeurkundung im Amt in fünf Fällen eine Gesamtgeldstrafe von 230 Tagessätzen zu je 400,– DM. Auf die Revision des Angeklagten und der Staatsanwaltschaft hob der Bundesgerichtshof am 5.8.1998 – Az. 5 StR 503/96 – das erstgenannte Urteil des LG Berlin auf bzw. stellte das Verfahren nach § 154 Abs. 2 StPO ein, insoweit Vogel wegen Erpressung verurteilt worden war. Bestehen blieb die Verurteilung Vogels wegen Meineides zu einer Freiheitsstrafe von einem Jahr und zwei Monaten, deren Vollstreckung zur Bewährung ausgesetzt wurde, und wegen Falschbeurkundung im Amt in fünf Fällen zu einer Gesamtstrafe von 230 Tagessätzen zu je 400 DM.

Die vom Kammergericht eröffneten Fälle sowie zehn weitere, die in der oben genannten Hauptverhandlung zum Zweck ihrer neuerlichen Verhandlung abgetrennt wurden, waren Gegenstand einer weiteren Hauptverhandlung. Hinsichtlich acht Fällen wurde das Verfahren in der Hauptverhandlung bezüglich des Angeklagten Vogel gemäß § 154 Abs. 2 StPO vorläufig eingestellt. Dies gilt auch für einen weiteren mit keinem der Ausreisefälle in Zusammenhang stehenden Fall, in dem dem Angeklagten Vogel durch die Anklage der Staatsanwaltschaft vom 28.9.1993 Untreue vorgeworfen worden war. Bezüglich dieser insgesamt 47 Fälle, von denen den Angeklagten Vogel 31 und den Ange-

klagten Niebling 42 betrafen, sprach das LG Berlin die Angeklagten durch Urteil vom 29.11.1996 – Az. 506 Kls 3/95 – frei.
Ein weiteres Verfahren (Anklage der Staatsanwaltschaft bei dem Kammergerich Berlin v. 9.3.1994 – Az. 21 Js 1012/93) gegen Erika D., eine Mitarbeiterin der Kanzlei Vogel, war zunächst zu dem genannten Verfahren gegen Vogel und Niebling hinzuverbunden, später jedoch wieder abgetrennt worden. Erika D. wurde vom Landgericht Berlin am 17.4.1996 – Az. 506 KLs 15/95 – wegen Meineids in Tateinheit mit Beihilfe zum Betrug sowie wegen Beihilfe zur Falschbeurkundung im Amt zu einer Freiheitsstrafe von einem Jahr und vier Monaten sowie einer Geldstrafe von 140 Tagessätzen zu je 100 DM verurteilt.
Zur Rolle der Kanzlei Vogel vgl. auch das Verfahren gegen den Mitarbeiter Klaus H. im Dokumentationsband zu den MfS-Straftaten, lfd. Nr. 12.

5 Vgl. Anhang S. 1044.

6 Vgl. Anhang S. 1048.

7 Im Original. Gemeint ist wohl Artikel 4 Satz 3, vgl. auch Anhang S. 1038f.

8 Vgl. Anhang S. 1036.

9 Vgl. Anhang S. 1035.

10 Vgl. Anhang S. 1037.

11 Gegen den ehemaligen Präsidenten des Obersten Gerichts der DDR, Günter Sarge, wurden insgesamt drei Strafverfahren wegen Rechtsbeugung angestrengt. Zum einen klagte ihn die Staatsanwaltschaft II bei dem Landgericht Berlin am 16.4.1997 unter dem Az. 29 Js 162/94 gemeinsam mit zwei weiteren ehemaligen Richtern eines Ia-Militärstrafsenats, Lothar Baier und Karl-Heinz Knoche, sowie dem Militärstaatsanwalt Ernst Girke wegen Rechtsbeugung an. Das Landgericht Berlin sprach Girke am 30.8.2000 – Az. (520) 29 Js 162/94 KLs (16/97) – aus tatsächlichen Gründen frei. Die Verfahren gegen die anderen drei Angeklagten wurden vom Landgericht Berlin sämtlich eingestellt, so das Verfahren gegen Sarge wegen Verhandlungsunfähigkeit (Beschluss vom 5.7.2000 – Az. 520 - 16/97) und gegen Baier wegen Eintritts der Verfolgungsverjährung (Beschluss vom 18.10.2000 – Az. (520) 29 Js 162/94 KLs (27/00)) jeweils gem. § 206a StPO sowie gegen Knoche gem. § 154 Abs. 2 StPO, weil die zu erwartende Strafe angesichts seiner rechtskräftigen Verurteilung zu vier Jahren Freiheitsstrafe durch das Landgericht Berlin (Urteil vom 2.7.1998 – Az. (523) 29/2 Js 291/91 Ks (3/96)) nicht beträchtlich ins Gewicht fiele.
In einem weiteren Verfahren war Sarge von der Staatsanwaltschaft II bei dem Landgericht Berlin am 16.8.1995 unter dem Az. 28 Js 9/94 in seiner Funktion als Vizepräsident bzw. Präsident des Obersten Gerichts der DDR gemeinsam mit zwei weiteren Richtern am OG wegen der Mitwirkung an der Abweisung von Kündigungsschutzklagen angeklagt. Gegen Sarge wurde das Verfahren durch Beschluss des Landgerichts Berlin vom 26.9.1997 – Az. (534) 28 Js 9/94 (48/95) – gem. § 154 Abs. 2 StPO eingestellt, die anderen Angeklagten wurden durch Urteil desselben Gerichts am 10.3.1999 – Az. (534) 28 Js 9/94 (48/95) – freigesprochen.
Eine weitere Anklage der Staatsanwaltschaft bei dem Kammergericht Berlin vom 16.12.1996 – Az. 28 Js 10/94 – richtete sich ebenfalls gegen Sarge und drei weitere Angeklagte und hatte deren Beteiligung an der Strafverfolgung von ausreisewilligen DDR-Bürgern zum Gegenstand. Das Verfahren gegen Sarge und den Mitangeklagten Ermisch wurde durch Beschluss des Landgerichts Berlin vom 3.11.1997 – Az. (511) 28 Js 10/94 Kls (3/97) – abgetrennt und gem. § 205 StPO zunächst vorläufig, am 29.5.1991 – Az. (511) 28 Js 10/94 Kls (38/97) – schließlich gem. § 206a StPO wegen Verjährung endgültig eingestellt. Auch das Verfahren gegen den Mitangeklagen Borchert wurde am 24.6.2002 – Az. (511) 28 Js 10/94 Kls (30/99) – gem. § 206a StPO wegen Verjährung eingestellt (zu Borchert vgl. auch lfd. Nr. 11). Lediglich gegen die vierte Angeklagte, Eleonore Heyer, erkannte das Landgericht Berlin am 10.11.1999 – Az. (511) 28 Js 10/94 Kls (3/97) – auf eine Freiheitsstrafe von einem Jahr und zehn Monaten, deren Vollstreckung zur Bewährung ausgesetzt wurde. Die gegen diese Verurteilung eingelegten Revisionen der Staatsanwaltschaft und der Verteidigung wurden später zurückgenommen, so dass das Urteil rechtskräftig wurde (zu Heyer vgl. auch lfd. Nrn. 8 und 11-3).

12 Vgl. Dokumentationsband zu den Gewalttaten an der deutsch-deutschen Grenze, lfd. Nr. 2-2.

13 Im Original wurde als Datum des Erlasses der Grenzordnung fälschlicherweise der 25. März 1983 genannt. Außerdem stand im Origial „Sperrgebietsordnung“ statt korrekt „Sperrgebietsverordnung“.

14 Im Original stand für das Gesetz über die Staatsbürgerschaft der DDR – Staatsbürgerschaftsgesetz – v. 20.2.1967 (DDR-GBl. I, S. 3), das StBG abgekürzt wurde, durchgängig fälschlicherweise die Abkürzung StGB.
15 Satzbau im Original.
16 Der genannte Beschluss ist abgedruckt bei Birte E. Keppler: Die Leitungsinstrumente des Obersten Gerichts der DDR. Unter besonderer Berücksichtigung von Richtlinien und Beschlüssen zum Recht der Untersuchungshaft, Freiburg i. Br. 1998, S. 484ff.
17 Die genannten Normen sind teilweise abgedruckt im Anhang S. 1038ff.
18 Vgl. Anhang S. 1043.
19 Vgl. Anhang S. 1045.
20 Vgl. Anhang S. 1045.
21 Im Original. Gemeint ist hier vermutlich § 69 RStGB, da das RStGB in der DDR mit kleinen Änderungen bis zum Erlass des Strafgesetzbuchs vom 12.1.1968 (DDR-GBl. I, S. 1) fortgalt.

Inhaltsverzeichnis
Revisionsurteil des Bundesgerichtshofs vom 6.10.1994, Az. 4 StR 23/94

Bundesgerichtshof
Az.: 4 StR 23/94

6. Oktober 1994

URTEIL

Im Namen des Volkes

In der Strafsache gegen

1. Manfred Eggert,
   geboren 1955,
2. Dolores Korth,
   geboren 1952,

wegen Rechtsbeugung und Freiheitsberaubung {2}

Der 4. Strafsenat des Bundesgerichtshofs hat in der Sitzung vom 6. Oktober 1994, an der teilgenommen haben:

⊗ Es folgt die Nennung der Verfahrensbeteiligten. ⊗

für Recht erkannt: {3}

Auf die Revisionen der Angeklagten wird das Urteil des Landgerichts Schwerin vom 14. Juni 1993 aufgehoben.
Die Angeklagten werden freigesprochen.
Die Kosten des Verfahrens und die notwendigen Auslagen der Angeklagten fallen der Staatskasse zur Last.

Von Rechts wegen

Gründe

Das Landgericht hat die Angeklagten jeweils wegen Rechtsbeugung in Tateinheit mit Freiheitsberaubung zu einer Freiheitsstrafe von neun Monaten verurteilt, deren Vollstreckung zur Bewährung ausgesetzt worden ist. Mit ihren Revisionen rügen die Angeklagten die Verletzung materiellen Rechts.

Die Rechtsmittel haben Erfolg.

A. [Verfahrenshintergrund]

⊗ Es folgt eine Darstellung der Sachverhaltsfeststellungen sowie der rechtlichen Bewertung durch die erste Instanz. ⊗ {7}

B. [Zu den Rügen]

Die Verurteilung der Angeklagten hält rechtlicher Nachprüfung nicht stand. Zwar können Richter und Staatsanwälte der ehemaligen DDR in der Bundesrepublik Deutschland grundsätzlich wegen Rechtsbeugung und damit tateinheitlich verwirklichter Delikte verfolgt werden (vgl. BGHSt 40, 30[1]; BGH NStZ 1994, 437[2]). Die Tatbestandsvoraussetzungen der Rechtsbeugung sind hier jedoch nicht erfüllt.

I. [Unrechtskontinuität]

Die Ahndung von Straftaten, die, wie das den Angeklagten angelastete Verhalten, vor dem Beitritt der DDR zur Bundesrepublik Deutschland von Bürgern der ehemaligen DDR auf deren Territorium begangen worden sind, richtet sich nach Art. 315 Abs. 1 EGStGB in der Fassung des Einigungsvertrages (Anl. I Kap. III Sachgebiet C Abschn. II Nr. 1b) in Verbindung mit § 2 StGB. Danach kommt eine Verurteilung nur dann in Betracht, wenn die Tat nicht nur nach dem Recht der DDR, sondern auch nach dem der Bundesrepublik Deutschland {8} mit Strafe bedroht ist. Dies trifft für die Rechtsbeugung zu, obwohl sich die Schutzgüter der zu vergleichenden Normen nicht in vollem Umfang entsprechen.

Geschütztes überindividuelles Rechtsgut des § 244 StGB-DDR[3] und des § 336 StGB ist jeweils die innerstaatliche Rechtspflege. Deren Ausgestaltung in der DDR und der Bundesrepublik Deutschland wies entsprechend der jeweiligen Struktur beider Staaten gerade in dem hier in Frage stehenden Bereich politischer Strafjustiz tiefgreifende Unterschiede auf (vgl. dazu eingehend BGHSt 40, 30, 34 ff.). Gleichwohl besteht zwischen den Tatbeständen der Rechtsbeugung in den Strafgesetzen der DDR und der Bundesrepublik Deutschland in einem wesentlichen Teilbereich die in § 2 StGB vorausgesetzte Unrechtskontinuität. Wie bereits der Wortlaut deutlich macht (§ 244 StGB-DDR: „gesetzwidrig zugunsten oder zuungunsten eines Beteiligten"; § 336 StGB: „zugunsten oder zum Nachteil einer Partei") entfalten beide Normen eine Reflexwirkung zum Schutz des rechtsunterworfenen Bürgers. Dieser soll vor einer Rechtsanwendung bewahrt werden, die der nationalen Rechtsordnung widerspricht. Zumindest in dieser für den hier zu entscheidenden Fall bedeutsamen Komponente beschreiben die Tatbestände beider Strafrechtsordnungen art- und wertgleiches Unrecht (vgl. auch BGHSt 39, 54, 68 ff. für den Tatbestand der Wahlfälschung[4]; ebenso Roggemann JZ 1994, 769, 773; Scholderer, Rechtsbeugung im demokratischen Rechtsstaat, 1993, S. 503; im Ergebnis ebenso Maiwald NJW 1993, 1881, 1884; a.A. Dannecker, Das intertemporale Strafrecht, 1993, S. 516 ff.; Vormbaum NJ 1993, 212, 213). {9}

II. [Strafanwendungsrecht]

Ist somit von einer fortbestehenden Verfolgbarkeit in der DDR begangenen Justizunrechts auszugehen, so richtet sich dessen Beurteilung nach § 244 StGB-DDR als dem gegenüber § 336 StGB milderen Tatzeitrecht. Dies folgt nicht nur aus der im Verhältnis zu § 336 StGB niedrigeren Mindeststrafe, sondern auch aus einer engeren Fassung des subjektiven Tatbestandes. So setzt § 244 StGB-DDR direkten Vorsatz voraus, während § 336 StGB nach seiner Neufassung durch das EGStGB vom 2. März 1974 (BGBl. I 469 ff.) bedingten Vorsatz ausreichen läßt (h.M.; vgl. Spendel in LK 10. Aufl. § 336 Rdn. 77 ff.).

Hingegen bedeutet es – jedenfalls für den Bereich des Strafrechts, in dem ungeschriebenes Gewohnheitsrecht praktisch keine Rolle spielt – nur eine scheinbare Einschränkung des objektiven Tatbestandes, wenn § 244 StGB-DDR eine „gesetzwidrige" Entscheidung verlangt, § 336 StGB dagegen den weiteren Begriff einer Beugung des „Rechts" verwendet (Letzgus in Festschrift für Helmrich, 1994 S. 73, 81, 82; a.A. Buchholz ZAP-Ost 1994, 187, 189; Roggemann aaO S. 776). § 244 StGB-DDR enthält keine Freistellung eines Richters oder Staatsanwalts von der Beachtung allgemeiner, auch in der DDR anerkannter Rechtsgrundsätze, wie zum Beispiel des Gebots der Verhältnismäßigkeit. Vielmehr gilt das geschriebene Recht (nur) im Rahmen der für seine Anwendung und Auslegung entwickelten allgemeinen Rechtsgrundsätze. Ein Verstoß gegen diese Grundsätze stellt somit eine gesetzwidrige Entscheidung dar.

Auch die Anwendung geschriebenen Rechts, das nach seinem zwingenden Gesetzeswortlaut oder in einer bestimmten {10} menschenrechtswidrigen Auslegung gegen überpositives Recht verstößt, wird vom Normbereich des § 244 StGB-DDR erfaßt; gesetzliche Bestimmungen, die den „Kernbereich des Rechts" verletzen, der bestimmte als unantastbar anzusehende Grundsätze menschlichen Verhaltens umfaßt, die sich bei allen Kulturvölkern im Laufe der Zeit herausgebildet (BGHSt 2, 234, 237) und in neuerer Zeit in völkerrechtlichen Konventionen und Abkommen, wie der Allgemeinen Erklärung der Menschenrechte vom 10. Dezember 1948 und dem Internationalen Pakt über bürgerliche und politische Rechte vom 19. Dezember 1966 (IPBPR), ihren Niederschlag gefunden haben, können von vornherein keine rechtliche Wirkungskraft entfalten. Einer darauf gestützten Entscheidung fehlt die Rechtsgrundlage; sie ist gesetzwidrig (Letzgus aaO; Rautenberg DtZ 1993, 71, 73; a.A. Buchholz aaO; einschränkend auch Bottke, Deutsche Wiedervereinigung, 1992 Bd. II S. 203, 227).

III. [Zu den Sachrügen]

Die Rechtsanwendung durch die Angeklagten in dem Strafverfahren gegen Jürgen P. hält zwar rechtsstaatlichen Anforderungen nicht stand; sie verstieß aber weder gegen überpositives Recht noch gegen – materielles oder formelles – Recht der DDR.

1. Dies gilt zunächst für die generelle Anwendung von § 214 StGB-DDR[5] auf Kritik an der Ausreisegesetzgebung der DDR.

§ 214 StGB-DDR bewirkt in seiner zweiten Alternative „wer in einer die öffentliche Ordnung gefährdenden Weise eine Mißachtung der Gesetze bekundet" eine Einschränkung der Meinungsfreiheit. Die Meinungsfreiheit stellt ein völker-{11}rechtlich anerkanntes, in Art. 10 der Konvention zum Schutze der Menschenrechte und Grundfreiheiten vom 4. November 1950 (MRK) und Art. 19 IPBPR unter Schutz gestelltes, auch von der Verfassung der DDR in Art. 27 garantiertes Menschenrecht dar. Sie gilt jedoch nicht schrankenlos, sondern steht auch nach den genannten völkerrechtlichen Übereinkünften unter einem weitreichenden Gesetzesvorbehalt. Zum Schutze anderer anerkannter Rechtsgüter, mit denen die Meinungsfreiheit in Konflikt geraten kann, sind daher Einschränkungen möglich, deren Ausmaß sich nach dem Wert des durch die Meinungsfreiheit beeinträchtigten Rechtsguts richtet. Die Achtung der nationalen Rechtsordnung stellt in der Regel ein schützenswertes Rechtsgut dar, so daß es grundsätzlich als zulässig erachtet werden muß, wenn ein Staat öffentliche provokative Kritik an seiner Gesetzgebung unter Strafe stellt. Ausnahmen müssen allerdings für solche Gesetze gelten, die offensichtlich in schwerwiegender Weise gegen Menschenrechte verstoßen, etwa Völkermord oder Folter für zulässig erklären. Da solche „Rechtsvorschriften“ keinerlei Anerkennung verlangen können, dürfen hiergegen gerichtete Meinungsäußerungen, in welcher Form auch immer sie erfolgen, nicht unter Strafe gestellt werden.

Hauptanwendungsfall des § 214 StGB-DDR waren – wie auch im Verfahren gegen Jürgen P. – Meinungsäußerungen, die sich auf die gesetzliche Regelung der Ausreise in der DDR bezogen. Die Ausreisefreiheit ist in völkerrechtlichen Konventionen und Abkommen, etwa in Art. 13 der Allgemeinen Erklärung der Menschenrechte vom 10. Dezember 1948 und in Art. 12 IPBPR, als Menschenrecht anerkannt, das zwar gesetzlichen Einschränkungen unterliegen kann, im Kern aber nicht {12} angetastet werden darf. Die einengende Handhabung dieses Rechts durch die Gesetze und die Behörden der DDR, die einen Ausreiseanspruch nur in eng begrenzten Ausnahmefällen anerkannten, entsprach nicht dem Geist jener auch von der DDR anerkannten völkerrechtlichen Abkommen (vgl. hierzu eingehend BGHSt 39, 1, 16 ff.[6]). Eine – auch provokative – Kritik an einer solchen Gesetzesregelung war deshalb nach rechtsstaatlichen Grundsätzen zulässig. Diesem Verständnis wird § 214 StGB-DDR nicht gerecht, wenn er auch auf diesen Bereich kritikwürdiger Gesetzgebung erstreckt wird.

Allein dieser Umstand vermag jedoch eine Strafbarkeit der Angeklagten wegen Rechtsbeugung nicht zu begründen. Wollte man die Geltungskraft und Reichweite von Strafvorschriften der DDR, aus denen sich für Richter und Staatsanwälte die Rechtfertigung für Eingriffe in Rechte, insbesondere Freiheitsrechte, der Bürger herleiten, an Maßstäbe eines freiheitlich-demokratischen Rechtsstaats anknüpfen, so würde einer Vielzahl nach dem Recht der DDR gesetzmäßiger Entscheidungen nachträglich die rechtliche Grundlage entzogen. Derartige Entscheidungen als Rechtsbeugung zu werten, widerspräche dem Rückwirkungsverbot des Art. 103 Abs. 2 GG.

Eine offensichtliche schwere Menschenrechtsverletzung, die eine andere Beurteilung rechtfertigen könnte, ist – anders als in den genannten Beispielen einer Legalisierung von Folter oder Völkermord – weder in der Ausreisegesetzgebung der DDR als solcher noch in einer Pönalisierung öffentlicher Kritik an jener Gesetzgebung zu erblicken (vgl. zu einer ähnlichen Problematik für § 213 StGB-DDR[7] BGH NStZ 1994, 437). {13}

2. Etwas anderes kann freilich im Einzelfall gelten, wenn bei der Anwendung von § 214 StGB-DDR auf Meinungsäußerungen mit Bezug auf die Ausreisefreiheit die Grenzen zulässiger Auslegung augenfällig überschritten werden oder die verhängte Strafe in unerträglichem Mißverhältnis zu der Tat steht. Beides trifft hier indessen nicht zu:

a) Die Maßstäbe für die Grenzen zulässiger Auslegung von Strafgesetzen unterscheiden sich für die Rechtsanwendung in der DDR nicht grundsätzlich von denen der Bundesrepublik Deutschland. Danach richtet sich die Auslegung nach dem Sinn und Zweck der Norm, begrenzt durch den Wortlaut. Die Grenzen möglicher Wortbedeutung dürfen nicht überschritten werden (vgl. BGHSt 3, 300, 303; 28, 147, 148; Eser in Schönke/Schröder StGB 24. Aufl. § 1 Rdn. 37). Zu beachten ist dabei freilich, daß die Grenzen zwischen zulässiger Auslegung und verbotener Ausdehnung einer Strafrechtsnorm flüssig sind, da die Wortlautschranke wegen der Manipulierbarkeit des Sprachgebrauchs nur beschränkt leistungsfähig ist (vgl. dazu Maurach/Zipf, Strafrecht AT Teilband 1, 8. Aufl. § 9 II Rdn. 22, 24, sowie Roxin, Strafrecht AT Bd. I 2. Aufl. § 5 Rdn. 33, jeweils mit zahlr. Beispielen aus der Rechtsprechung). Dies gilt insbesondere für die gerade in der Gesetzgebung totalitärer Staaten wie der DDR besonders häufig verwendeten „offenen“ Rechtsbegriffe (vgl. zur Funktion der Generalklauseln in der Gerichtspraxis des Nationalsozialismus Rüthers, Die unbegrenzte Auslegung 3. Aufl. 1988 S. 216 ff.; Gribbohm NJW 1988, 2842, 2843). Um auch in diesem Bereich eine unzulässige Überdehnung des Strafrechts, zumal zum Zwecke politischer Verfolgung, zu verhindern, ist für die Bestimmung der möglichen Wortbedeutung – auch unter Berück-{14}sichtigung des Bestimmtheitsgebots – in besonderem Maße auf die Erkennbarkeit und Verstehbarkeit für den Normadressaten abzuheben (vgl. BGHSt 28, 312, 313; Eser aaO).

Sind somit für die Auslegungsmethoden als solche keine Besonderheiten für die DDR anzuerkennen, so ist aber bei der wertenden Subsumtion des Sachverhalts unter einen Straftatbestand zu berücksichtigen, daß Richter und Staatsanwälte der DDR in ein anderes Rechtssystem eingegliedert waren, dessen Wertvorstellungen sie verhaftet waren. Solche Wertvorstellungen, wie sie insbesondere in den vom Obersten Gericht der DDR in Form von Richtlinien, „gemeinsamen Standpunkten“ und „Orientierungen“ herausgegebenen Verlautbarungen zum Ausdruck kommen, dürfen nicht außer acht gelassen werden, sofern sie überpositivem Recht nicht widersprechen.

b) Die so bestimmten Grenzen zulässiger Auslegung haben die Angeklagten nicht überschritten.

aa) Sinn und Zweck des § 214 StGB-DDR war nach der Rechtsvorstellung der DDR der Schutz der „Tätigkeit staatlicher Organe, der sozialistischen Rechtsordnung und der Durchsetzung der sozialistischen Gesetzlichkeit vor bestimmten, im Tatbestand aufgeführten Angriffen“ (Kommentar zum Strafgesetzbuch, herausgegeben vom Ministerium der Justiz der DDR, 1984, 4. Aufl. § 214 Rdn. 1). Eine Mißachtung der Gesetze in einer die öffentliche Ordnung gefährdenden Weise wurde angenommen für Fälle, in denen „der Täter in der Öffentlichkeit … in demonstrativer Weise, kategorisch und provokatorisch die Gesamtheit oder einzelne Gesetze der DDR herabwürdigt und zum Beispiel ankündigt, sie als ungültig {15} oder für sich als nicht verbindlich zu betrachten“. Eine solche Erklärung könne auch in demonstrativen Handlungen zum Ausdruck kommen (DDR-Kommentar aaO Rdn. 4). Diese Definition entspricht wörtlich den vom Obersten Gericht der DDR im Oktober 1980 veröffentlichten „Gemeinsamen Standpunkten zur Anwendung des § 214 StGB-DDR“. Ergänzt werden diese Auslegungsregeln durch die „Orientierung zur Verfolgung bestimmter Straftaten gegen die staatliche und öffentliche Ordnung“ des Obersten Gerichts vom Januar 1985, in der darauf hingewiesen wird, daß die oben dargestellten Grundsätze auch dann gelten sollen, wenn für Außenstehende nicht erkennbar ist, daß ein bestimmtes Handeln eine Mißachtung der Gesetze im Sinne des Tatbestandes darstellt.

bb) Auch wenn Anklage und Urteil gegen Jürgen P. keine ins einzelne gehende Subsumtion enthalten, so wird doch aus ihrem Gesamtzusammenhang deutlich, daß die Angeklagten sich an den vom Obersten Gericht vorgegebenen Auslegungsrichtlinien orientiert haben:

Mit seiner Äußerung, die Grenzen der DDR stellten für ihn keinen Friedensbeitrag dar, benennt Jürgen P. zwar nicht ausdrücklich Gesetze, die von ihm nicht anerkannt werden. Aus dem Plakattext in Verbindung mit der objektiven Situation, in der er diesen zur Schau stellte, nämlich anläßlich der Vereidigung der Grenztruppen, und seinem subjektiven Anliegen, seine Ausreise zu erzwingen, konnten die Angeklagten jedoch den Schluß ziehen, daß er die gesamte, mit der Grenzregelung in Zusammenhang stehende Gesetzgebung in Frage stellen wollte. Der Namhaftmachung eines bestimmten Gesetzes bedurfte es nicht. {16}

Der von den Angeklagten in diesem Sinne gezogene Schluß ist zwar keineswegs zwingend, aber bei einer nicht an dem buchstäblichen Sinn des Ausdrucks haftenden, sondern den wirklichen Willen erforschenden Auslegung der Erklärung nicht unvertretbar. Die Annahme des Landgerichts, das Verhalten des Jürgen P. habe „keinen Erklärungswert in bezug auf irgendein Gesetz“ und sei deshalb auch nach den Rechtsprechungsrichtlinien des Obersten Gerichts der DDR nicht von der Norm gedeckt, wird den anerkannten Auslegungsregeln nicht gerecht. Auf den Umstand, daß es in keinem Gesetz der DDR eine umfassende Ausreiseregelung gab, kann ein mangelnder Erklärungswert des Plakattextes in bezug auf Gesetze jedenfalls nicht gestützt werden. Gerade das Fehlen einer solchen Regelung kennzeichnet die nach der Überzeugung der Angeklagten von Jürgen P. „mißachtete“ Gesetzeslage.

Ebensowenig kann der Auffassung des Landgerichts gefolgt werden, Jürgen P. habe nicht – wie vom Obersten Gericht in einschränkender Auslegung auch der 2. Tatbestandsalternative des § 214 Abs. 1 StGB-DDR vorausgesetzt – den Entscheidungsspielraum der Behörden einschränken können; einen solchen Spielraum habe es bei Ausreiseanträgen, die nicht auf familiäre Gründe gestützt worden seien, gar nicht gegeben. Dies trifft nicht zu. Zwar bestand für DDR-Bürger, wie Jürgen P., kein Rechtsanspruch auf Ausreise; daß diese aber gleichwohl von den Behörden der DDR nach Gutdünken genehmigt werden konnte, zeigt schon die vom Landgericht getroffene Feststellung, wonach zum Zeitpunkt seiner Festnahme die Ausreise des Jürgen P. sowie die seiner Frau und Tochter bereits genehmigt war. {17}

cc) Das zweifellos provokatorische Verhalten des Jürgen P. als eine die öffentliche Ordnung gefährdende Mißachtung von Gesetzen zu werten, setzt freilich eine weite Auslegung der Begriffe „Gefährdung der öffentlichen Ordnung“ und „Mißachtung der Gesetze“ bis an die Grenze des möglichen Wortsinns voraus. Anders als in Fällen, in denen Personen verurteilt worden sind, die ohne jegliche Provokation lediglich ihren Wunsch nach Ausreise öffentlich bekundet haben, ist die Wortlautschranke jedoch unter Zugrundelegung der Wertmaßstäbe der DDR, wie sie in den Auslegungsrichtlinien des Obersten Gerichts der DDR Ausdruck gefunden haben, hier nicht überschritten. Unter Berücksichtigung der in § 214 StGB-DDR geschützten Rechtsgüter „sozialistische Rechtsordnung“ und „Durchsetzung der sozialistischen Gesetzlichkeit“ bleiben die Mindestvoraussetzungen an die Vorhersehbarkeit strafrechtlicher Reaktionen auf ein bestimmtes Verhalten noch gewahrt. Dies belegen auch der Abschiedsbrief des Jürgen P. an seine Familie und das von ihm verfolgte Ziel, aufgrund seines Verhaltens eine Inhaftierung mit anschließendem Freikauf zu erreichen. Den Bürgern der DDR war bekannt, daß ihr Staat in seinem Streben nach internationaler Anerkennung und in seiner Sorge um eine massenhafte Abwanderung der arbeitsfähigen Bevölkerung auf öffentliche provokante Kritik an der Ausreisegesetzgebung und deren praktischer Handhabung mit strafrechtlichen Sanktionen reagierte; daß dies insbesondere dann zu erwarten war, wenn – entgegen ständigen offiziellen Verlautbarungen – der Beitrag der DDR zur Aufrechterhaltung des Friedens in Frage gestellt wurde, war ebenfalls vorhersehbar. {18}

c) Auch die Strafzumessung erfüllt hier nicht den Tatbestand der Rechtsbeugung.

Die Strafzumessung entsprechend der „sozialistischen Gerechtigkeit“ hatte sich an den in § 61 Abs. 2 StGB-DDR festgelegten Grundsätzen auszurichten. Danach waren bei der Bewertung von Tat und Täterpersönlichkeit neben der Art und Weise der Begehung und den Folgen der Tat auch das gesellschaftliche Verhalten des Täters sowie die Ursachen und Bedingungen der Tat zu berücksichtigen, soweit sie über die Schwere der Tat und die Fähigkeit und Bereitschaft des Täters Aufschluß gaben, künftig „seiner Verantwortung gegenüber der sozialistischen Gesellschaft“ nachzukommen.

Entsprechend diesen Grundsätzen führt das Urteil zugunsten des damaligen Angeklagten P. auf, daß er nicht vorbestraft war und zunächst eine positive schulische und berufliche Entwicklung genommen hat. Strafschärfend wertet es dagegen, daß er zur Durchsetzung seines Ausreisewunsches nicht nur die Konfrontation im Betrieb gesucht, sondern seine Plakataktion langfristig geplant, hierfür zunächst den Nationalfeiertag und schließlich die Vereidigung der Grenztruppen, mithin einen „weiteren gesellschaftlichen Höhepunkt“ genutzt habe, um möglichst öffentlichkeitswirksam aufzutreten.

Mit der „unter Beachtung aller Umstände, insbesondere der hohen Tat- und Schuldschwere und der nach wie vor bei ihm vorhandenen Uneinsichtigkeit“ verhängten Strafe von einem Jahr und sechs Monaten ohne Strafaussetzung zur Bewährung bewegt sich das Kreisgericht im oberen Bereich des {19} Strafrahmens von § 214 StGB-DDR. Diese Strafe erscheint auch unter Berücksichtigung der Wertvorstellungen der DDR und deren gegenüber der Bundesrepublik insgesamt höheren Strafniveaus überhöht.

Nicht jede unrichtige Rechtsanwendung stellt indes eine Beugung des Rechts dar (vgl. BGHSt 32, 357, 364; 34, 146, 149; BGH NStZ 1994, 240, 241[8]; NStZ 1994, 437, jeweils m.w.N.). Vielmehr soll nur der Rechtsbruch als elementarer Verstoß gegen die Rechtspflege unter Strafe gestellt sein. Rechtsbeugung begeht daher nur der Amtsträger, der sich bewußt in schwerwiegender Weise von Recht und Gesetz entfernt (BGH NStZ 1994, 818, 819). Dies ist bereits im Rahmen der Prüfung des objektiven Tatbestandes zu berücksichtigen. Nicht jeder Richter hat daher zwangsläufig Rechtsbeugung begangen, dessen Urteil vom Revisionsgericht im Strafmaß aufgehoben wird, weil sich die Strafe nach oben oder unten „vom Zweck gerechten Strafens entfernt“. Maßstab kann vielmehr nur sein, ob sich eine Entscheidung offensichtlich als Willkürakt darstellt, weil sie entweder von einer gängigen Rechtspraxis in extremem Maße abweicht oder weil die Rechtspraxis, an der sie sich orientiert, in krassem Widerspruch zum Verhältnismäßigkeitsprinzip steht, das insbesondere Eingriffe in die Freiheit eines Menschen auch bei strafrechtlichen Verfehlungen begrenzt.

Ersteres kommt hier schon deshalb nicht in Betracht, weil eine Strafe, wie sie von den Angeklagten beantragt beziehungsweise verhängt wurde, in der Rechtswirklichkeit der DDR keineswegs ungewöhnlich war; sie entsprach vielmehr nach den Feststellungen des Landgerichts (UA S. 67) der ständigen {20} Rechtsprechung der Rechtsmittelsenate der Bezirksgerichte und des Obersten Gerichts der DDR.

Diese Praxis verstieß zweifellos gegen den Grundsatz der Verhältnismäßigkeit. Als grob ungerecht und schwerer Verstoß gegen die Menschenrechte im Sinne willkürlicher Rechtsanwendung erscheint sie jedoch nicht. Dies gilt hier um so mehr, als beide Angeklagten, wie auch Jürgen P. selbst, davon ausgingen, daß dieser als politischer Häftling von der Bundesrepublik Deutschland „freigekauft“ werden, die Strafe mithin nicht voll verbüßen würde.

3. Auch die Art und Weise der Durchführung des gegen Jürgen P. gerichteten Verfahrens, insbesondere die Anordnung und Aufrechterhaltung von Untersuchungshaft, der Ausschluß der Öffentlichkeit und die nur eingeschränkte Überlassung von Anklageschrift, Eröffnungsbeschluß und schriftlichem Urteil, war rechtsstaatswidrig, entsprach aber den Verfahrensvorschriften der DDR und stellte – zumindest aus der Sicht der Angeklagten – keine schwere Menschenrechtsverletzung dar.

a) Die Anordnung der Untersuchungshaft und der Beschluß über deren Fortdauer stützten sich auf § 122 Abs. 1 Ziff. 4 StPO-DDR[9], wonach ein Haftgrund dann vorlag, wenn die Tat, die den Gegenstand des Verfahrens bildet, mit Haftstrafe bedroht und eine Strafe mit Freiheitsentziehung zu erwarten war. Beide Voraussetzungen lagen – ausgehend von der Strafpraxis der DDR – hier vor. Die von den Angeklagten eingeschlagene Verfahrensweise stand zudem in Übereinstimmung mit {21} einem Beschluß des Obersten Gerichts der DDR zu Fragen der Untersuchungshaft vom 20. Oktober 1977.

b) Der Ausschluß der Öffentlichkeit war in § 211 Abs. 3 StPO-DDR[10], die Bekanntgabe von Prozeßdokumenten anstelle von deren Zustellung zum Verbleib beim Beschuldigten in § 184 Abs. 5 in Verbindung mit § 211 Abs. 3 StPO-DDR geregelt. Voraussetzung war danach jeweils eine „Gefahr für die Sicherheit des Staates“ oder die „Notwendigkeit der Geheimhaltung bestimmter Tatsachen“. Gemäß der Erläuterung in den „Standpunkten“ des Obersten Gerichts vom 20. Mai 1985 (Leitungsinformation 13/85) sollte mit den oben genannten Einschränkungen sichergestellt werden,

> „daß es dem Gegner unseres Staates nicht gelingen darf, staatliche Dokumente über die Verfolgung von Straftaten gegen die sozialistische Staats- und Gesellschaftsordnung der DDR … in seinen Besitz zu bringen, um diese gegen die innerstaatliche Ordnung und das internationale Ansehen der DDR zu mißbrauchen“.

Prozeßdokumente waren danach in der Regel nicht zuzustellen „bei Straftaten gegen die staatliche Ordnung …, wenn die Täter Entlassung aus der Staatsbürgerschaft der DDR beantragt haben oder durch ihr Verhalten erzwingen wollten“, ferner, wenn die Straftaten im Zusammenhang mit „politischen Höhepunkten“ begangen wurden (OG-Standpunkte aaO). Beides traf auf das Verhalten des Jürgen P. zu.

Indem der Angeklagte Eggert mit seinen prozeßleitenden Entscheidungen den Auslegungsrichtlinien des Obersten Gerichts gefolgt ist, hat er eine Kontrolle der Rechtsstaatlichkeit des Verfahrens und des Urteilsspruchs durch die Öffentlichkeit verhindert. Eine Rechtsbeugung könnte darin je-{22}doch nur dann gesehen werden, wenn dies in der Absicht geschehen wäre, ein offensichtlich rechtsstaatswidriges Verfahren vor der Öffentlichkeit zu verschleiern. Dafür bestehen bei dem Angeklagten keine Anhaltspunkte. Vielmehr ist davon auszugehen, daß er aufgrund der politischen Indoktrination, der gerade Juristen im Verlauf ihrer Ausbildung in der DDR ausgesetzt waren, von der „Notwendigkeit der Geheimhaltung“ aus den vom Obersten Gericht angeführten Gründen überzeugt war.

Zusammenfassend ergibt sich, daß das gegen Jürgen P. gerichtete Strafverfahren weder von der Verfahrensgestaltung noch von seinem Ergebnis her den Grundsätzen eines fairen rechtsstaatlichen Verfahrens entsprach. Vielmehr war es Bestandteil eines von der politischen Führung der DDR entwickelten weitgefächerten Systems

„zur Unterbindung und Zurückdrängung von Versuchen von Bürgern der DDR, die Übersiedlung nach nichtsozialistischen Staaten und Westberlin zu erreichen, sowie für vorbeugende Verhinderung, Aufklärung und wirksame Bekämpfung damit im Zusammenhang stehender feindlich-negativer Handlungen" (vgl. hierzu die MfS-Dienstanweisung Nr. 2/83 vom 13. Oktober 1983, abgedruckt in „Die geheimen Anweisungen zur Diskriminierung Ausreisewilliger", herausgegeben von Lochen und Meyer-Seitz, 1992 S. 87 ff. sowie die nahezu wortgleiche „Orientierung zur Strafverfolgung bestimmter Straftaten gegen die öffentliche Ordnung" des Obersten Gerichts vom Januar 1985).

Danach waren strafrechtliche Mittel gegen Ausreisewillige dann anzuwenden,

„wenn andere Möglichkeiten der Disziplinierung und Erziehung aus-{23}geschöpft sind und die betreffenden Personen trotz gesellschaftlicher Einflußnahme ihr Vorhaben hartnäckig verfolgen oder die Schwere der Handlung ein Absehen von strafrechtlicher Verfolgung ausschließt" (MfS-Informationen aaO Anlage 6 S. 191[11]).

In dieses System haben sich die Angeklagten einbinden lassen. Dies allein begründet jedoch noch keine strafrechtlich relevante Schuld (vgl. auch Limbach in Deutsche Wiedervereinigung aaO S. 99, 103). Diese setzt vielmehr erst dann ein, wenn Strafvorschriften *ausschließlich* als Vorwand für Zwangsmaßnahmen zur Unterdrückung des – auch nach dem Recht der DDR nicht strafbaren – Begehrens nach Ausreise benutzt wurden. Dies ist – wie vorstehend ausgeführt – angesichts der bewußt provokanten Handlungsweise des Jürgen P., der Opfer des Systemunrechts geworden ist (vgl. Roggemann JZ 1994, 769, 777), hier nicht ersichtlich.

Der Schuldspruch wegen Rechtsbeugung und damit auch wegen Freiheitsberaubung kann danach nicht bestehenbleiben. Da die Aufhebung des Urteils nur aufgrund einer anderen rechtlichen Beurteilung der vom Landgericht vollständig und feh-{24}lerfrei getroffenen Feststellungen erfolgt, hat der Senat gemäß § 354 Abs. 1 StPO in der Sache selbst zu entscheiden. Die Angeklagten werden freigesprochen.

Anmerkungen

1 Vgl. lfd. Nr. 1-1.
2 Mittlerweile veröffentlicht in BGHSt 40, 169.
3 Vgl. Anhang S. 1046.
4 Vgl. Dokumentationsband zur Wahlfälschung, lfd. Nr. 14-2.
5 Vgl. Anhang S. 1044.
6 Vgl. Dokumentationsband zu den Gewalttaten an der deutsch-deutschen Grenze, lfd. Nr. 2-2.
7 Vgl. Anhang S. 1043.
8 Vgl. lfd. Nr. 1-2.
9 Vgl. Anhang S. 1048.
10 Vgl. Anhang S. 1049.
11 Die Anlage 6 zur Dienstanweisung Nr. 2/83 („Grundsätze für die Anwendung strafrechtlicher Mittel durch die Sicherheits- und Justizorgane") ist abgedruckt im Anhang auf S. 1049f.

Lfd. Nr. 4

Strafverfahren in den 70er und 80er Jahren gegen Ausreisewillige und Regimegegner

Inhaltsverzeichnis
Erstinstanzliches Urteil des Landgerichts Berlin vom 21.4.1994,
Az. (520) 76 Js 681/92 KLs (68/92)

Landgericht Berlin
Az.: (520) 76 Js 681/92 KLs (68/92)

21. April 1994

URTEIL

Im Namen des Volkes

Strafsache *gegen*

die Diplom-Juristin und frühere Oberrichterin im Ruhestand
Gerda Margot Klabuhn
geborene Maldaque,
geboren 1926,

wegen Rechtsbeugung

Die 20. große Strafkammer des Landgerichts Berlin hat aufgrund der Hauptverhandlung vom 11., 18. und 25. November, 2., 6., 13., 20. und 23. Dezember 1993, 3., 10., 20. und 31. Januar, 7., 17. und 28. Februar, 10., 17., 22. und 24. März, 5., 11., 12., 14. und 21. April 1994, an der teil-{2}genommen haben:

⊗ Es folgt die Nennung der Verfahrensbeteiligten. ⊗

in der Sitzung vom 21. April 1994

für *Recht* erkannt:

Die Angeklagte wird wegen Rechtsbeugung in acht Fällen zu einer Freiheitsstrafe von

zwei Jahren,

deren Vollstreckung zur Bewährung ausgesetzt wird, verurteilt.
Die Kosten des Verfahrens hat die Angeklagte zu tragen.
Angewendete Vorschriften:
§§ 244^{1}, 63, 81 StGB/DDR,
§§ 2 Abs. 1 und 2; 336, 53 StGB.
Art. 315 Abs. 1 S. 1 EGStGB in der Fassung von Anlage I Kap. III Sachgebiet C Abschnitt II Ziff. 1 Buchstabe b des Einigungsvertrages. {3}

Gründe

I. [Feststellungen zur Person]

Die jetzt 67 Jahre alte Angeklagte ist bei ihren Eltern – der Vater war kaufmännischer Angestellter – in geordneten Verhältnissen in Berlin aufgewachsen. Im Jahre 1943 beendete sie ihre Schulausbildung, ohne das Abitur abgelegt zu haben. Anschließend absolvierte sie bis 1945 eine Berufsausbildung zur Chemotechnikerin an der Chemotechnikerschule in Berlin. In den Jahren 1950 bis 1953 erwarb sie an der Arbeiter- und Bauernfakultät das Abitur und studierte im Anschluß daran ein Jahr Chemie. Dieses

Studium gab sie 1954 auf und begann an der Humboldt-Universität Berlin ein juristisches Studium, das sie 1958 erfolgreich mit der Diplomprüfung abschloß. Nach dem Studium war sie einige Zeit als wissenschaftliche Mitarbeiterin am Institut für Gesellschaftswissenschaften in Berlin tätig.

Am 1. Oktober 1959 trat sie am Stadtbezirksgericht Friedrichshain in den richterlichen Dienst ein. 1962 wechselte sie an das Stadtgericht Berlin.

Ihre Ernennung zur Oberrichterin durch den damaligen Minister {4} der Justiz erfolgte 1966. Nachdem sie ihre richterliche Tätigkeit am 24. Juni 1986 beendet hatte, war sie bis zum 31. Oktober 1986 juristische Mitarbeiterin am Stadtgericht Berlin. Danach bezog sie Altersrente, die ⊗ es folgen Angaben zum Einkommen ⊗ beträgt.

Die Angeklagte hat aus zwei geschiedenen Ehen drei erwachsene Kinder.

Bereits in ihrer Jugend war sie politisch engagiert. Sie wurde 1945 Mitglied der KPD (später SED) und des FDGB. Nach ihrem Eintritt in die FDJ 1948 gehörte sie dem Zentralrat dieser Institution an und war Kreisvorsitzende für den Kreis Friedrichshain. In der Zeit von 1963 bis 1964 war sie Parteisekretär der SED. 1962 bis 1963 übte sie die Stelle einer Kaderleiterin der Berliner Justiz aus.

Wegen ihres parteipolitischen Engagements und ihrer besonderen Verdienste um die Belange des SED-Staates erhielt sie zahlreiche Auszeichnungen. Im einzelnen: {5}

1967 Ehrennadel des Ministerium für Volksbildung
1969 und 1976 Medaillen für ausgezeichnete Leistungen
1970, 1974 und 1976 die Auszeichnung Aktivist der sozialistischen Arbeit
1971 Ehrennadel der Organe der Rechtspflege
1971 Ehrennadel der DSSV in Bronze
1974 Verdienstmedaille der NVA in Silber
1976 Verdienstmedaille der DDR
1979 Medaille zum 30. Jahrestag der DDR
1979 Ehrennadel der Organe der Rechtspflege in Gold
1980 Vaterländischer Verdienstorden in Bronze
1986 Medaille für Verdienste in der Rechtspflege in Silber

II. [Feststellungen zur Sache]

Nach ihrer Ernennung zur Oberrichterin im Jahre 1966 wurde die Angeklagte Vorsitzende Richterin des 1a-Strafsenats beim Stadtgericht Berlin. Dieser Senat war erstinstanzlich zuständig für die vom Ministerium für Staatssicherheit als Untersuchungs-{6}organ ermittelten politischen Strafsachen.

Im Laufe ihrer Tätigkeit als Oberrichterin wirkte sie als Vorsitzende und einzige Berufsrichterin an den nachfolgend näher bezeichneten Strafverfahren entscheidend daran mit, daß die damaligen Angeklagten jeweils zu Freiheitsstrafen verurteilt worden sind.

Im einzelnen waren dies:

1. Strafverfahren: Aktenzeichen 101a Bs 24.78 = 211-28-78

gegen Harald K., Urteil des Stadtgerichts Berlin vom 24. April 1978, in dem wie folgt erkannt wurde:

„Der Angeklagte wird wegen mehrfacher staatsfeindlicher Hetze – Verbrechen gem. §§ 106 Abs. 1 Ziff. 3², 108, 63, 64 StGB – zu einer Freiheitsstrafe von 2 – zwei – Jahren und 8 – acht – Monaten verurteilt."

Die Gründe des Urteils lauten wie folgt: {7}

„Der 51jährige Angeklagte hatte nach achtjährigem Schulbesuch den Beruf eines Drehers erlernt und 1948 eine Tätigkeit bei der Feuerwehr aufgenommen, aus deren Reihen er 1953 entlassen wurde. Danach war er in verschiedenen Betrieben als Sicherheitsinspektor tätig, qualifizierte sich an der Volkshochschule und absolvierte schließlich eine Ausbildung an der Ingenieurschule für Schwermaschinenbau in der Fachrichtung luft- und kältetechnische Anlagen. Seit 1965 arbeitete er im Kombinat für Kraftwerksanlagenbau Berlin als Projektierungsingenieur. In den letzten beiden Jahren war er als Gruppenleiter eingesetzt, wobei ihm bis zu 11 Mitarbeiter unterstellt waren.

Der Angeklagte war bereits als 17jähriger zur faschistischen Wehrmacht eingezogen worden. Weder der Umstand, daß er auf Grund seines jugendlichen Alters bereits nach kurzzeitiger sowjetischer Kriegsgefangenschaft noch 1945 entlassen wurde noch die in dieser Zeit mit aller Konsequenz geführten Auseinandersetzungen mit den Verbrechen den deutschen Imperialismus waren für ihn Anlaß, sich tiefgründig mit diesen Problemen zu beschäftigen. Seine Bereitschaft zu gesellschaftlicher Mitgestaltung, die ihn 1946 für kurze Zeit Mitglied der LDPD und 1950 bis 1964 Mitglied der SED werden ließ, reduzierte sich im wesentlichen darauf, für die Wiederherstellung eines Gesamtdeutschland einzutreten. Deshalb widersetzte er sich einer den Aufgaben der Deutschen Volkspolizei – in die die Feuerwehr 1952 eingegliedert worden war – gemäßen Ausbildung.

1953 offenbarte sich, daß er die Rolle der Sowjetunion weder bei der Befreiung des deutschen Volkes vom Faschismus noch bei der Errichtung einer neuen Gesellschaft begreifen wollte. Er trat gegen das Eingreifen sowjetischer Einheiten zur Niederwerfung des konterrevolutionären Putschversuches von 17. Juni 1953 auf. Auch die mit ihm geführten Auseinandersetzungen waren für ihn kein Grund, sich mit gesellschaftlichen Grundfragen tiefgründig zu befassen, den Grundwiderspruch zwischen den Ge-{8}sellschaftsordnungen zu begreifen, die sich in beiden deutschen Staaten herausgebildet bzw. konsolidiert hatten, um davon ausgehend die Politik der SED zu verstehen. Er stimmte all den Vorschlägen zu, die die Regierung der Deutschen Demokratischen Republik der Regierung der BRD unterbreitete, um die im Potsdamer Abkommen zugesicherte Entwicklung zu erreichen, ohne die ablehnende Haltung seitens der BRD zu registrieren und in deren Regierungspolitik einzuordnen. Deshalb machte er sich schließlich die Argumentation revanchistischer Kräfte zueigen, nach denen die Maßnahmen der Regierung der DDR vom 13. August 1961 die Spaltung herbeigeführt hätten und auf deren Zementierung gerichtet gewesen wären. Aus dieser Haltung lehnte er die Verfassungsänderung von 1974 ab und forderte er 1977 vom Ministerium den Innern der DDR, ihm die ‚deutsche Staatsbürgerschaft' zu bestätigen. Dabei bestritt er die Herausbildung einer sozialistischen Nation in der DDR und behauptete das Existieren einer gesamtdeutschen Nation. Er vertrat weiter die Auffassung, eine Annäherung zwischen der DDR und der BRD könne im Zuge einer ‚nationaldemokratischen Erneuerung in beiden Staaten' erreicht werden, wozu es notwendig sei, in der DDR die führende Rolle der SED abzubauen zu Gunsten eines ‚freien Spieles' politischer Kräfte. Es sei erforderlich eine ‚unabhängige' Zeitung zu schaffen, in der auch gegen die bestehende Ordnung gerichtete Auffassungen publiziert werden sollten. Die von ihm angestrebten und als notwendig deklarierten Änderungen der gesellschaftlichen Verhältnisse in der DDR sollten nicht durch einen Aufstand, sondern ‚evolutionär' herbeigeführt werden, indem über derartige Auffassungen öffentlich diskutiert und durch Eingaben von Bürgern Druck auf die Regierung ausgeübt werden müßte, die dann gezwungen wäre, bisherige Positionen Stück für Stück selbst abzubauen.

Vor allen sei es notwendig, sich aus einer ‚politischen Beeinflussung durch die UdSSR‘ zu lösen, die angeblich innerhalb der ‚Deutschlandpolitik‘ diktiere, wie er das einem Tass-Artikel über die völkerrechtliche Situation der DDR, der BRD und Westberlins unterstellte. {9}
In den Grenzsicherungen sah er keine Einrichtungen zum Schutze der Souveränität der DDR sondern er bezeichnete sie als ‚Ghetto-Mauer‘.
Er forderte die partielle Einführung der ‚freien Marktwirtschaft‘ durch Zulassung genossenschaftlicher und privatwirtschaftlicher Betriebe sowie politischen Pluralismus.
Diese Auffassungen verbreitete er unter seinen Mitarbeitern während der Pausen, insbesondere ab Oktober 1977.
Nachdem der Angeklagte Anfang Januar 1978 durch Sendungen des SFB Kenntnis genommen hatte von wesentlichen Teilen der aus geheimdienstlicher Quelle stammenden, im BRD-Magazin ‚Der Spiegel‘ veröffentlichten Schmähschrift gegen den real existierenden Sozialismus in der DDR nutzte er die Pausengespräche, um gegenüber seinen Mitarbeitern die Forderung zu erheben, dieses Machwerk müsse – um Veränderungen herbeizuführen, in der DDR publiziert und öffentlich zur Diskussion gestellt werden. Er identifizierte sich mit dem ihm zur Kenntnis gelangten Inhalt des sogenannten Manifestes. Die Autorenschaft daran schrieb er ausweislich der mit seinem Geständnis übereinstimmenden Zeugenaussagen und im Widerspruch zu in der Presse der DDR erfolgen Veröffentlichung einer nach seiner Auffassung tatsächlich in der DDR bestehenden Opposition zu. Dies begründete er damit, das ‚Manifest‘ widerspiegele eine Sachkunde, die nur in der DDR lebende Bürger haben könnten.
In seinen Erörterungen stellte er sich vor allem hinter die darin beschriebene ‚Deutschlandpolitik‘ und der mit ihr verbundenen Aufkündigung der brüderlichen Verbundenheit mit der UdSSR. Unter Außerachtlassung der gegensätzlichen Gesellschaftsordnungen in der Deutschen Demokratischen Republik und der BRD behauptete er, es bedürfe nur bestimmter Schritte der Regierungen beider Staaten, um zu einem ‚wiedervereinten Deutschland‘ zu gelangen. Zur Bestärkung seiner Darlegungen bezog er sich jeweils auf Zeitungsveröffentlichungen und andere Materialien, {10} die er entsprechend seinem Anliegen interpretierte, wodurch er auf seine Kollegen Eindruck machte, wie die Zeugen übereinstimmend bestätigten.
Unter Diskriminierung der Grenzsicherungsmaßnahmen als ‚Ghettoanlagen‘ forderte er in Übereinstimmung mit dem sogenannten Manifest die Herabsetzung den Reisealters sowie die Beseitigung der ‚Parteidiktatur‘.
Als er am 12. Januar 1978 beauftragt war, seine Kollegen zur Teilnahme an der Demonstration zu Ehren von Karl Liebknecht und Rosa Luxemburg aufzurufen, erklärte er an die Zeuginnen R. und H. gewandt, sie sollten in diesem Jahr ‚für das Manifest demonstrieren‘.
Dieser Sachverhalt ist das Ergebnis der Beweisaufnahme und beruht auf dem Geständnis des Angeklagten sowie den Aussagen der Zeugen W., K., R. und H.
Danach ist erwiesen, daß der Angeklagte seit Oktober 1977 mehrfach die staatlichen und politischen Verhältnisse als undemokratisch sowie die Tätigkeit der Regierung der DDR diskriminierte.
Dies verwirklicht objektiv den Tatbestand von § 106 Abs. 1 Ziff. 3 StGB und soweit der Angeklagte die Haltung der UdSSR gegenüber der DDR entstellte, den Tatbestand von § 108 StGB.
Dabei handelte er mit der vom Gesetz geforderten Zielsetzung. Auf der Grundlage seiner feindlichen Haltung zu den gesellschaftlichen Verhältnissen wirkte er auf seine Kollegen ein, indem er an ihr ungefestigtes Bewußtsein anknüpfte und seine Autorität als Vorgesetzter ausspielte, löste er Zweifel an der Richtigkeit der von der DDR betriebenen Politik aus und zersetzte deren staatsbürgerliche Haltung. Er wiegelte sie damit auf und schädigte die Staats- und Ge-{11}sellschaftsordnung der DDR. Er verwirklichte die genannten Tatbestände also auch in subjektiver Hinsicht.
Der Angeklagte hatte in der Deutschen Demokratischen Republik nicht nur die Möglichkeit sich zu einem anerkannten Fachmann zu entwickeln, sondern er gehörte auch zu der Generation, die

in ganz besonderem Maß, Veranlassung und Möglichkeit hatte, sich mit Krieg und Faschismus auseinanderzusetzen. Anstatt sich um echte Kenntnisse auf gesellschaftswissenschaftlichem Gebiet zu bemühen, konservierte er nationalsozialistisches Gedankengut und war allem in Aussprachen mit ihm geäußertem geduldigen Bemühen zum Trotz nicht bereit, politische Maßnahmen der Regierung der DDR wenigstens unvoreingenommen zu betrachten. Er ignorierte die geschichtliche Erfahrung, daß es imperialistische Kräfte seit Bestehen kommunistischer Organisationen der Arbeiterklasse nicht an Versuchen hatten fehlen lassen, durch Veröffentlichung von Fälschungen deren wahren Ziele zu entstellen um damit ihren Einfluß unter den Werktätigen zu hemmen. In einer Situation verschärfter Klassenauseinandersetzungen, forcierten antikommunistischen Hetze und Belebung faschistischer Tendenzen in der BRD machte er sich zu Handlangern dieser dem Humanismus feindlichen Kräfte. Er mißbrauchte das Ansehen, das er bei den ihm und seiner Führung anvertrauten Kollegen besaß, indem er in der dargelegten Weise vorging.
Diese Umstände charakterisieren seine Schuld. Daran ändern die durch zweimalige Auszeichnungen als Aktivist bekundeten Anerkennungen seiner fachlichen Leistungen – auf die die Verteidigung besonders hinwies – ebensowenig wie die Tatsache, daß die von ihm propagierten Veränderungen den Kapitalismus auf dem Wege von Reformen unreal sind. Vielmehr befand er sich mit den von ihm verbreiteten Auffassungen in völliger Übereinstimmung mit jener antikommunistischen Taktik, den Sozialismus von innen her auszuhöhlen und durch einen gewaltlosen Aufstand zu beseitigen. {12}
Unter Berücksichtigung dieser Umstände entsprach die von der Anklagevertretung beantragte Freiheitsstrafe der Schwere und Gefährlichkeit seiner Straftaten. Der Senat erkannte deshalb auf eine Freiheitsstrafe von zwei Jahren und acht Monaten."

Die Angeklagte wußte aufgrund ihrer langjährigen Tätigkeit als Vorsitzende eines politischen Strafsenats, daß eine Strafbarkeit nach § 106 StGB/DDR eine feindliche Handlung, einen Angriff gegen die DDR des zu Verurteilenden voraussetzte und nicht lediglich eine andere, wenn auch gesellschaftskritische Meinungsäußerung. Ihr war auch bewußt, daß die freie und damit auch kritische Meinungsäußerung in Artikel 27 der Verfassung der DDR verbrieft war und sie als Richterin gemäß Artikel 96 Abs. 1 Satz 2 der Verfassung der DDR[3] an die Verfassung, also auch an Artikel 27 der Verfassung der DDR gebunden war.

2. *Strafverfahren: Aktenzeichen 101a Bs 41.78 = 211-67-78*

gegen Klaus H. und Manfred F., Urteil vom 13. Juli 1978, in dem wie folgt erkannt wurde: {13}

„Der Angeklagte H. wird wegen mehrfacher staatsfeindlicher Hetze in teilweiser Tateinheit mit Nachrichtenübermittlung, wegen versuchter Nachrichtenübermittlung und versuchter Beeinträchtigung staatlicher Tätigkeit – Verbrechen gemäß §§ 106 Absatz 1 Ziffer 1 und 3, Absatz 2, 98 Absatz 1 und 2[4], 214 Absatz 1 und 5[5], 63, 64 StGB – unter Freispruch im übrigen zu einer Freiheitsstrafe von 3 – drei – Jahren und 6 – sechs – Monaten verurteilt.
Der Angeklagte F. wird wegen mehrfacher staatsfeindlicher Hetze, wegen versuchter Nachrichtenübermittlung und versuchter Beeinträchtigung staatlicher Tätigkeit – Verbrechen gemäß §§ 106 Absatz 1 Ziffer 1 und 3, 98 Absatz 2, 214 Absatz 1 und 5, 63, 64 StGB – zu einer Freiheitsstrafe von 3 – drei – Jahren und 6 – sechs – Monaten verurteilt.
Gemäß § 56 Absatz 1 StGB werden die aus der Anlage zum Urteilstenor ersichtlichen Schriften eingezogen. {14}

Anlage:
- 2 Schreiben des Angeklagten H. an das ‚Europäische Parlament' vom 14.11.1977
- Schreiben des Angeklagten H. an die ‚GfM' vom 20.11.1977
- Schreiben des Angeklagten H. an die ‚GfM' vom 03.01.1978
- Schreiben der UNO an den Angeklagten H. vom 01.01.1977
- Schreiben der ‚GfM' an den Angeklagten H. vom 08.12.1977
- Schreiben des ‚Europäischen Parlaments' an den Angeklagten H. vom 09.12.1977
- Schreiben von Horst und Edith R. an den Angeklagten H. vom 07.12.1977
- 2 Schreiben des Angeklagten H. an staatliche Organe der DDR
- 2 Entwürfe von Schreiben des Angeklagten F. an die UNO und die ‚GfM'
- Schreiben des Angeklagten F. vom 10.11.1977 an das ‚Europäische Parlament'
- Schreiben der UNO an den Angeklagten F. vom 01.01.1078
- Schreiben des ‚Europäischen Parlaments' an den Angeklagten F. vom 30.11.1977
- 4 handbeschriebene Zettel
- 3 Schreiben des Angeklagten F. an staatliche Organe der DDR" {15}

Die Urteilsgründe lauten wie folgt:

„Der jetzt 37-jährige Angeklagte H. erlernte den Beruf eines Drogisten, arbeitete dann als Hilfslaborant, konnte sich zum Laboranten qualifizieren und war von 1967 bis 1974 als Schichtleiter im Stahl- und Walzwerk Brandenburg tätig. Zu diesem Zeitpunkt verzog er in die Hauptstadt der DDR, wo er an der Sektion Chemie der Humboldt-Universität zuerst als Laborant, später als Verantwortlicher für die Ausgabe von Elektrogeräten eingesetzt war.
Der jetzt 32-jährige Angeklagte F. besuchte die Erweiterte Oberschule, an der er 1964 das Abitur erwarb. Nach einem unabgeschlossenen Sprachlehrerstudium absolvierte er ab 1968 eine Ausbildung als Pianist und Musikpädagoge an der Musikhochschule ‚Hans Eisler'. Nach deren Beendigung arbeitete er an den Musikschulen Fürstenwalde und Oranienburg. Von 1976 bis zu seiner Inhaftierung war er als Telefonist im ‚Königin-Elisabeth-Hospital' in Berlin tätig.
Die miteinander eng befreundeten Angeklagten lernten sich 1968 kennen. Sie stimmten in ihrer die staatlichen und gesellschaftlichen Verhältnisse in der DDR ablehnenden Haltung überein und entschlossen sich im Jahre 1976, ihre Übersiedlung in die BRD zu betreiben. Sie stellten jeder für sich zu Beginn des Jahres 1976 einen Antrag auf Entlassung aus der Staatsbürgerschaft der DDR bei dem Rat des Stadtbezirks Friedrichshain. Da sie sich – durch den Empfang bestimmter Sendungen, insbesondere des BRD-Fernsehens verhetzt – hatten suggerieren lassen, auf der Grundlage von der DDR unterzeichneter UNO-Konventionen bzw. internationaler Abkommen einen Rechtsanspruch auf die Genehmigung ihrer Absichten zu besitzen, waren beide nicht bereit, die im Falle des Angeklagten H. im Novem-{16}ber 1976 und im Falle des Angeklagten F. im März 1976 getroffenen Entscheidungen des zuständigen staatlichen Organs zu akzeptieren. Bis Ende 1977 richtete der Angeklagte H. ca. 27 und der Angeklagte F. ca. 42 als Anträge deklarierte Schreiben an den Rat des Stadtbezirkes, den Magistrat von Berlin, das Ministerium des Innern der DDR und an den Ministerrat. Sie motivierten ihr Vorhaben darin mit ihrer Feindschaft zur DDR und der in ihr herrschenden Gesellschaftsordnung.
Ohne noch eine endgültige Entscheidung des Rates des Stadtbezirks abgewartet zu haben, entschlossen sich die Angeklagten, zur Durchsetzung ihres Vorhabens internationale Organisationen einzuschalten.
Der Angeklagte F. verfaßte am 9. August 1976 ein an das Sekretariat der UNO in Genf gerichtetes und diesem über einen in der BRD wohnhaften Bekannten zugeleitetes Schreiben. Darin behauptete er, seit 30 Jahren zu einem Leben in der DDR gezwungen und durch eine ‚unmenschliche ... Grenze' von der ‚freien westlichen Welt' getrennt zu sein. Dieses Leben komme einem Gefängnisaufenthalt gleich, nur daß ihm ein diesen ‚rechtfertigender Urteilsspruch nicht ver-

kündet‘ worden sei. Weiter behauptete er, jeder Bürger der DDR besitze ein verfassungsmäßiges Recht auf Entlassung aus der Staatsbürgerschaft. Er gab eine Darstellung seiner beruflichen Entwicklung, behauptete, mit der ‚Bemerkung Ausreiseantrag in den Kaderakten‘ sei ‚man ein Geächteter und staatsfeindlicher Bürger‘, forderte, ihn bei seiner ‚Ausreise aus der DDR aus politischen Gründen‘ zu unterstützen und erteilte die Genehmigung, diese Schrift ganz oder auszugsweise zu veröffentlichen, damit ‚in der westlichen Welt klar wird, in welchem Unrechtsstaat‘ ein DDR-Bürger, stellvertretend er als ‚noch DDR-Bürger‘, leben müsse. {17}
Mit Datum vom 10. August 1976 verfaßte auch der Angeklagte H. ein Schreiben an die gleiche Einrichtung, das er dieser über seinen in der BRD lebenden Bruder zuleitete.
Der Empfang beider Schreiben wurde durch Antwortschreiben der UNO vom 1.1.1977 bestätigt.
Nachdem die Angeklagten im September 1977 aus Sendungen des BRD-Fernsehens die indirekte Aufforderung an DDR-Bürger, denen die Ausreise nicht gestattet worden war, zur Kenntnis erhalten hatten, sich deswegen an das ‚Europäische Parlament‘ mit Sitz in Strasbourg zu wenden, und daß diese Informationen bei der Belgrader Nachfolgekonferenz von Helsinki dazu benutzt werden sollte, die DDR der Verletzung von Menschenrechten zu beschuldigen, entschlossen sie sich, dieser Aufforderung zu folgen.
Am 10. November 1977 verfaßte der Angeklagte F. ein Schreiben, in dem er beginnend mit einer Kurzbiographie eine Aufstellung über Anzahl und Empfänger seiner als Anträge deklarierten Schriften und somit eine ausführliche Darlegung seiner bisherigen Aktivitäten gab. Im weiteren Wortlaut diskriminierte er Maßnahmen staatlicher Organe als ‚kriminalpolizeiliche Bespitzelung‘, behauptete, der Aufenthalt in der DDR, in der er ‚nie die kleinste Möglichkeit der freien Willensentscheidung, der freien Willensbekundung‘ gehabt hätte, sei ihm aufgezwungen worden.
Am 14. November 1977 verfaßte der Angeklagte H. ebenfalls ein als ‚Hilferuf‘ bezeichnetes Schreiben an das ‚Europa-Parlament‘. Darin bezichtigte er die DDR, ein Staatssystem mit einer ‚jede Individualität, Menschenrechte und Menschenfreiheiten verachtenden sogenannten Demokratie‘ zu besitzen. Die Sicherung der Staatsgrenzen der Deutschen {18} Demokratischen Republik diskriminierte er als ‚unmenschlich‘ und behauptete, ‚Einschüchterungsversuchen durch menschliche und berufliche Diskriminierung‘ sowie ‚Polizeiverhören unter erfundenen fadenscheinigen Vorwänden‘ ausgesetzt gewesen zu sein. Des weiteren gab er eine kurze Darstellung seines beruflichen Werdeganges sowie der von ihm zur Durchsetzung seines Vorhabens, in die BRD überzusiedeln, entwickelten Aktivitäten. Seine Staatsbürgerschaft bezeichnete er als ihm ‚unter Strafandrohung aufgezwungen‘. Schließlich bezichtigte er die DDR, als deren Bürger er sich nicht fühle, die ‚fundamentale Menschenfreiheit … kategorisch und entgegen aller Menschlichkeit, aller Verträge und Vereinbarungen‘ den Bürgern vorzuenthalten.
Beiden Angeklagten wurde durch Schreiben des ‚Europa-Parlaments‘ vom 30.11.1977 bzw. 9.12.1977 der Eingang ihrer Schriften bestätigt.
Durch den mehr oder weniger regelmäßigen Empfang der im II. BRD-Fernsehen ausgestrahlten Sendereihe ‚ZDF-Magazin‘ wurden die Angeklagten über die Existenz, Tätigkeit und den Sitz der ‚Gesellschaft für Menschenrechte e.V.‘ Frankfurt/Main informiert. Sie erkannten, daß die ‚GfM‘ Zuschriften solcher DDR-Bürge, deren Verlangen, ihr Land zu verlassen, von den staatlichen Organen der DDR abgewiesen worden war, publizistisch aufgemacht und zur Hetze gegen die Deutsche Demokratische Republik mißbraucht. Diesen Umstand wollten sie ausnutzen, um mit Hilfe der ‚GfM‘ ihre Ausreise zu erzwingen. Die weiteren Umstände, die die Feindtätigkeit dieser Einrichtung umfassend charakterisieren, waren ihnen nicht bekannt.
Sie bestehen darin, daß die 1972 in Frankfurt/Main gegründete, sich als parteipolitische und konfessionell nicht gebunden bezeichnende und in der BRD als gemeinnützige Körperschaft anerkannte ‚Gesellschaft für Menschenrechte e.V.‘ {19} eine geheimdienstlich gesteuerte, mit anderen gegen die DDR kämpfende Einrichtung verbündete Feindzentrale und ein Sammelbecken

für Verräter an ihrem sozialistischen Vaterland ist. Ihre Bildung und Tätigkeit steht in engem Zusammenhang mit dem Wirken der antisowjetischen Emigranten- und Diversionsorganisationen Narodno Trudowoi Sojus (NTS), der mit dem amerikanischen Geheimdienst CIA u.a. personell verbunden ist. Der unter dem Deckmantel des Eintretens für Menschenrechte durch die ‚GfM' geführte Kampf richtet sich einerseits gegen die Staats- und Rechtsordnung in den Ländern des real existierenden Sozialismus, denen sich die Verletzung von Menschenrechten als systemimmanente Erscheinungen unterstellt. Dabei bedient sie sich im wesentlichen folgender Methoden:

- Öffentliche Verbreitung von Meldungen über angebliche Verletzungen von Normen des Völkerrechts, Festlegungen der Schlußakte von Helsinki und angebliche Ungesetzlichkeiten in der Tätigkeit staatlicher Organe der DDR,
- Die dazu vorgenommene völlige Entstellung und Verdrehung der auf dem Gebiet des Schutzes der Menschenrechte gültigen Grundsätze und Normen des allgemein-demokratischen Völkerrechts der Gegenwart sowie eine demagogische, scheinjuristische Bezugnahme auf angebliche völkerrechtliche Regelungen,
- In gleicher Weise vorgenommene Verfälschung des innerstaatlichen Rechtes der DDR,
- Organisierung und Briefaktionen, ‚Petitionen' und Proteste an führenden Repräsentanten und staatlichen Organe der DDR, Organisierung von Zusammenrottungen z.B. vor der Ständigen Vertretung der Deutschen Demokratischen Republik in de BRD mit dem Ziel, öffentliches Aufsehen zu erregen, das internationale Ansehen der DDR zu dis-{20}kriminieren und die DDR zum Nachgeben gegenüber ihren Forderungen zu nötigen,
- Erteilung von konkreten Aufträgen an in der DDR lebende Personen, mit welchen Mitteln sie selbst auf die staatlichen Organe Druck ausüben sollen und die Aufforderung, ihr Nachrichten über alle unternommenen Schritte sowie insbesondere über die darauf erfolgte Reaktion staatlicher Organe zu übermitteln,
- Ausnutzung dieser Nachrichten zur weiteren Forcierung der Hetze gegen die DDR mit dem Ziel, die feindliche Haltung von Personen gegen sie zu festigen und sie zu weiteren Handlungen einschließlich der Begehung vor Straftaten zu ermuntern.

Der Angeklagte F. verfaßte im Oktober in zwei Exemplaren ein Schreiben an die ‚GfM' in Frankfurt/Main, das er wie zuvor an Bekannte in der BRD zur Weiterleitung verschickte.

Verbunden mit der Aufforderung zur ‚Hilfeleistung' gab er sowohl eine Darstellung seiner bisherigen beruflichen Ausbildung und Entwicklung als auch eine solche seiner bis dahin entwickelten Aktivitäten zur Erzwingung einer Genehmigung seines Ausreisebegehrens. Unter konkreter Angabe der Anzahl seiner sogenannten Anträge und deren jeweiliger Empfänger schilderte er ihre Bearbeitung durch die staatlichen Organe, machte die Organe der Volkspolizei diskriminierende Ausführungen über gegen ihn geführte Ermittlungen sowie Angaben über seine demonstrative Abgabe des Personalausweises, die Zeitdauer des Nichtbesitzes, die darauf erfolgte Reaktion der Volkspolizei sowie die Höhe der ihm auferlegten Ordnungsstrafe. Schließlich behauptete er, ein ‚weiteres Ausharren in der DDR', deren Staatsbürgerschaft ihm aufgezwungen sei, würde ihn ‚persönlich zum Untergang zwingen'.

Er forderte die ‚GfM' auf, ihn in seinem Vorhaben zu unterstützen. {21}

Der Angeklagte H. verfaßte unter dem Datum vom 20. November 1977 ebenfalls ein Schreiben an die ‚Gesellschaft für Menschenrechte e.V.' Frankfurt/Main in drei Exemplaren.

Er bezeichnete dies als ‚Hilferuf' und forderte Unterstützung bei seinem Vorgehen. Dazu beschrieb er seinen Lebenslauf in Kurzform, nicht ohne darin Entstellungen und Diskriminierungen der staatlichen und politischen Verhältnisse in der DDR vorzunehmen. Wieder behauptete er, ‚Einschüchterungsversuchen', ‚Polizeiverhören unter erfundenen und fadenscheinigen Vorwänden' sowie ‚menschlicher und beruflicher Diskriminierung' und einem ‚Berufsverbot' ausgesetzt gewesen zu sein. Hinsichtlich des letzteren sei er jedoch kein Einzelfall.

Er führte die jeweils an bestimmte staatliche Dienststellen der DDR gerichtete Anzahl sogenannter Anträge auf und verwies auf die provokatorische Abgabe seines Personalausweises, die er als ‚Dokumentation‘ seiner ‚Ablehnung dieser Staatsbürgerschaft‘ bezeichnete. Unter Angabe des Zeitraumes, in dem er ohne gültigen Personaldokument war, nannte er die Höhe der ihm daraufhin auferlegten Ordnungsstrafe sowie die Ungeheuerlichkeit, den DPA zurückzunehmen.
Schließlich machte er Mitteilung über sein an die UNO gerichtetes Schreiben und seine Annahme, daß dessen Zuleitung an die Regierung der DDR ohne Erfolg bleiben werde, weshalb er die ‚GfM‘ um Hilfe ersuche. Er forderte eine Eingangsbestätigung, um bei Nichterhalt ein weiteres Exemplar dieser Schrift nachsenden zu können.
Unter dem Deckabsender Angelika G., Frankfurt/Main, Kaiserstraße und dem Datum vom 8.12.1977 erhielt der Angeklagte H. das geforderte Antwortschreiben der ‚GfM‘. Darin wurde er aufgefordert, ein Schwarz-Weiß-Foto zu übersenden, auf dem er und die mit ihm lebenden ‚Anverwandten mit dem gleichen Anliegen gut erkennbar‘ sein sollten. {22}
Mit dem Hinweis darauf, daß er keine Angehörigen mit dem gleichen Anliegen besäße, übersandte er am 3. Januar 1978 ein Foto von sich. Gleichzeitig erbot er sich, weitere, die ‚GfM‘ interessierende Informationen zu liefern. Dies verband er mit der Ermächtigung, darüber ebenso wie über das Foto beliebig zu verfügen.
Dieses Schreiben übersandte er wiederum seinem Bruder in der BRD. Eine Bestätigung, daß die Weiterleitung durch ihn erfolgte, ging nicht mehr ein.
Nachdem der Angeklagte F. am 11. August und am 2. September 1977 je ein Schreiben an den Minister des Innern der DDR gerichtet und darin in provozierender Weise angekündigt hatte, er werde sich auch weiterhin durch nichts daran hindern lassen, die DDR zu verlassen, sondern er werde sich ‚wiederholt ... an internationale Organisationen wenden‘, richtete auch der Angeklagte H. am 14. September 1977 zwei gleichlautenden Schreiben an den Minister des Innern und den Vorsitzenden des Staatsrates der DDR. Darin drohte er im Falle der weiteren Verweigerung einer Ausreisegenehmigung die ‚Einleitung internationaler Schritte‘ und ‚Selbsthilfe‘ an.
Dieser Sachverhalt ist das Ergebnis de Beweisaufnahme und beruht auf den Geständnissen der Angeklagten, den verlesenen Schriften sowie auf dem Auskunftsbericht des Ministeriums für Staatssicherheit über den Charakter der ‚GfM‘.
Danach ist erwiesen:

1. Die Schreiben der Angeklagten an das ‚Europa-Parlament‘, das Schreiben des Angeklagten F. an das Sekretariat der UNO sowie das Schreiben des Angeklagten H. vom 20.11.1977 an die ‚GfM‘ sind objektiv geeignet, die staatlichen und politischen Verhältnisse in der Deutschen Demokratischen Republik sowie die Tätigkeit deren staatlicher {23} Organe zu diskriminieren. Sie sind somit Schriften im Sinne von § 106 Absatz 1 Ziffer 1 StGB und erfüllen auch den Tatbestand von § 106 Absatz 1 Ziffer 3 StGB.
   Sie waren nach dem erklärten Ziel der Angeklagten dazu bestimmt, die Handhabung der allein in der Kompetenz der DDR liegenden Staatsbürgerschaftsfragen als angeblich unrechtmäßig zu charakterisieren, und die hierdurch verursachte Schädigung des Internationalen Ansehens der Deutschen Demokratischen Republik auszunutzen, auf deren Regierung Druck auszuüben, sie zum Nachgeben zu nötigen. Daß sich darin in Übereinstimmung mit der von entsprechenden feindlichen Kräften betriebenen feindlichen Hetze gegen die DDR befanden, war ihnen bewußt.
   Sie verwirklichten daher den obengenannten Tatbestand auch in subjektiver Hinsicht und zwar in den Alternative der Herstellung und Verbreitung.
   Der Angeklagte H. leitete seine Hetzschrift vom 10.11.1977 der ‚GfM‘ zu, um seine Zielsetzung mit deren Hilfe zu realisieren. Er wirkte also zur Durchsetzung seines Verbrechens mit dieser Feindzentrale zusammen und erfüllte damit auch den Tatbestand von § 106 Absatz 2 StGB. Entgegen der Auffassung der Verteidigung ist dieser Tatbestand vollendet, wenn die Schrift bei einer in § 106 Absatz 2 StGB genannten Organisation, Einrichtungen usw. einge-

gangen ist. Des Nachweises, daß das ihnen zugeleitete Material in irgendeiner Weise bereits verwertet, z.B. veröffentlicht wurde, bedarf es angesichts der Vielschichtigkeit einer Verwendung durch Feindzentralen nicht.

Mit Anklage und Eröffnungsbeschluß war dem Angeklagten H. vorgeworfen worden, mit der Herstellung und Verbreitung seines Schreibens an das Sekretariat der UNO vom 10.8.1976 ebenfalls den Tatbestand der staatsfeindlichen Hetze erfüllt zu haben. Dieser Vorwurf hat sich nach dem {24} Beweisergebnis nicht bestätigt. Eine Durchschrift dieses Schreibens oder ein Entwurf hierzu liegen nicht vor. Der Angeklagte hatte im Ermittlungsverfahren zu dessen Inhalt aus dem Gedächtnis Angaben gemacht, war aber weder in diesem Verfahrensabschnitt noch in der Hauptverhandlung in der Lage, den Wortlaut mit der für die Beurteilung dessen strafrechtlicher Relevanz im Sinne von § 106 StGB hinreichenden Sicherheit wiederzugeben. Da eine zweifelsfreie Feststellung des objektiven Hergangs nicht erfolgen konnte – worauf auch die Verteidigung berechtigt hinwies – war der Angeklagte in Bezug auf diesen Tatkomplex gemäß § 244 Absatz 1 StPO freizusprechen.

Von der Verteidigung der Angeklagten wurden die Fragen nach den Charakter einer Schrift im Sinne von § 106 StGB, dem zu ihrer Darstellung notwendigen Inhalt des Anklagetenors und der Wertung mangelnder Übereinstimmung in den die Schrift charakterisierenden Fakten des Anklagetenors und des Eröffnungsbeschlusses aufgeworfen.

Die Spanne schriftlicher Äußerungen hetzerischen Inhalts im Sinne von § 106 Absatz 1 Ziff. 1 StGB reicht von Satzteilen bis zu umfangreichen Texten. Bei letzteren kann deren strafrechtlich bedeutsamer Inhalt in einzelnen im Text enthaltenen Aussagen oder in der Gesamtaussage des Textes bzw. eines Teiles von ihm bestehen.

Die Forderung der Verteidigung, generell alle den Charakter einer umfangreichen Schrift bestimmenden Formulierungen im Anklagetenor zu zitieren, bedeutete, ggf. den *vollen Wortlaut* einer Schrift wiederzugeben. Dies widerspricht jedoch der Bestimmung des Anklagetenors.

Aufgabe der Anklage ist es, eine Handlung entsprechend den durch sie berührten gesetzlichen Tatbestandsmerkmalen zu beschreiben. {25}

Im vorliegenden Fall wird sie dieser Aufgabe gerecht, wenn sie z.B. die Herstellung und Verbreitung eines für die ‚GfM' bestimmten Schreibens durch den Angeklagten H. mit dessen Äußerung feststellt, von der DDR würden internationale Verträge nicht eingehalten. Diese Feststellung erfährt ihre Konkretisierung im wesentlichen Ermittlungsergebnis (Bl. 7 d. Anklage) durch den Hinweis auf die weiter in diesem Schreiben enthaltene Behauptung des Angeklagten, die DDR verletze die Menschenrechte. Dieser Teil der Anklageschrift ist zulässigerweise heranzuziehen, wenn der volle Handlungsumfang allein aus dem Tenor nicht ersichtlich ist. Die weiter im Eröffnungsbeschluß aufgeführten Äußerungen sind nicht nur ebenfalls Bestandteil seiner Schrift, sondern von ihm als untrennbarer Bestandteil seiner Behauptung und zum Nachweis angeblicher Menschenrechtsverletzungen durch die DDR gebraucht.

In ähnlicher Weise sind die weiteren von der Verteidigung beanstandeten Divergenzen zwischen Anklagetenor und Eröffnungsbeschluß zu verstehen. Die vom Senat formulierten Äußerungen stellen keine andere als die angeklagte Handlung fest. Sie sind mit den in der Anklageschrift genannten Handlungen untrennbar verbunden, dienen der von den Angeklagten gewollten Bekräftigung ihrer Grundaussage und sind deshalb – wie die Verteidigung anerkannte – besser geeignet, diese deutlich zu machen.

2. Die von den Angeklagten F. und H. verfaßten und für die ‚GfM' bestimmten Schriften enthalten Informationen über
   - ihren beruflichen Werdegang einschließlich der Umfunktionierung von Fakten ihrer Berufstätigkeit und ein ‚Berufsverbot', {26}
   - Beginn ihrer Ersuchen um Entlassung aus der Staatsbürgerschaft der DDR, konkrete Anzahl von sogenannten Anträgen und deren Empfänger sowie

– Reaktionen staatlicher Organe einschließlich der Erteilung von Ordnungsstrafen.
Diese Informationen entsprechen exakt jenen Aufforderungen der ‚GfM', die sie zur Erlangung von Nachrichten erhebt. Daraus ergibt sich auch deren Eignung für die Unterstützung des gegen die DDR gerichteten Kampfes der ‚GfM'.
Die Angeklagten wußten – wie die Verteidigung auch einräumte –, daß die ‚GfM' die ihr übermittelten Nachrichten unter dem Deckmantel des Eintretens für Menschenrechte zur Schädigung des internationalen Ansehens der DDR und damit zur Hetze gegen die benutzt, indem sie sich zum Fürsprecher derjenigen macht, deren Ersuchen von den staatlichen Organen der DDR abgelehnt werden mußten.
Somit entschlossen sie sich auch bewußt zur Übermittlung der genannten Nachrichten und verwirklichten den Tatbestand des § 98 StGB objektiv und subjektiv.
Im Falle des Schreibens des Angeklagten H. vom 20.11.1977 ist die Übermittlung ausweislich des vorliegenden Antwortschreibens vollendet – § 98 Absatz 1 StGB, und zwar tateinheitlich mit § 106 Absatz 1 und 2 StGB. Im Falle seines weiteren Schreibens vom 3.1.1978 sowie desjenigen vom Angeklagten F. ist sie nicht vollendet und als Versuch gemäß § 98 Absatz 2 StGB strafbar.
Entgegen der Auffassung der Anklagevertretung und in Übereinstimmung mit dem Verteidigervorbringen ist die Übermittlung nicht dann erfolgt, wenn das die Nachrichten enthaltende Schriftstück bei dessen Mittler eingetroffen ist, weil der Tatbestand des § 98 StGB fordert, daß die Übermittlung an die in ihm aufgeführten Organisationen, Einrichtungen usw. erfolgt ist. {27}
Der Verteidigung war jedoch nicht zu folgen, wenn sie die Möglichkeit einer Verurteilung des Angeklagten H. wegen versuchter Nachrichtenübermittlung im Falle seines Schreibens an die ‚GfM' vom 3.1.1978 verneint, weil er auf die Beurteilung dieser Handlung nach § 98 Absatz 2 StGB nicht ausdrücklich, sondern nur auf eine solche nach § 98 Absatz 1 StGB hingewiesen wurde und weil die Übersendung eines Fotos nicht als Nachricht im Sinne des Gesetzes zu werten sei.
Zunächst ist festzustellen, daß die ‚GfM' den Angeklagten in Übereinstimmung mit ihren generellen Praktiken zur Übersendung einer Fotografie nach vorgegebenen Merkmalen aufforderte. Somit benötigt sie sie für ihre gegen die DDR gerichtete Tätigkeit. In der Tat werden derartige Abbildungen bei entsprechenden Publikationen durch sie verwandt, um deren emotionale Wirksamkeit in der Öffentlichkeit zu verstärken.
Auch das war dem Angeklagten bewußt. Damit ist ihre Übersendung tatbestandsmäßig.
Weiter handelt es sich nicht um eine Änderung des angeklagten Tatgeschehens, sondern nur um dessen zu Gunsten des Angeklagten vorgenommene rechtliche Bewertung, durch die er auch nicht in seinen Verteidigungsrechten beeinträchtigt wurde, so daß eine Belehrung nicht zwingend zu erfolgen hatte.

3. Die weiteren an den Minister des Innern bzw. den Vorsitzenden des Staatsrates der DDR gerichteten Schreiben beider Angeklagter enthalten von ihnen beabsichtigte Drohungen, die darauf gerichtet waren, die angesprochenen Staatsfunktionäre zum Nachgeben gegenüber ihren Forderungen zu nötigen. Entgegen der Auffassung der Verteidigung ist die Ankündigung ‚internationaler Schritte', also die Auslösung internationaler Diskriminierung der DDR bzw. eine Hilfeleistung hierzu objektiv geeignet, eine Drohung darzustellen. Die Angeklagten {28} machten sich also des mehrfachen Versuchs, die staatliche Tätigkeit zu beeinträchtigen, schuldig – § 214 Absatz 1 und 5 StGB.
Entgegen der von der Anklagevertretung vorgenommenen rechtlichen Bewertung dieser Handlung ist der Tatbestand von § 214 Absatz 1 StGB nicht dadurch erfüllt, daß die Drohung vollendet worden ist, wie das hier der Fall war. Sie muß bei einer vollendeten Handlung auch dazu geführt haben, daß Mitarbeiter eines staatlichen Organs tatsächlich an der pflichtgemäßen Ausübung ihrer Tätigkeit gehindert wurden, was hier nicht zutrifft.

Die Angeklagten hatten in der Deutschen Demokratischen Republik alle Möglichkeiten, sich entsprechend ihren Anlagen und Fähigkeiten ausbilden zu lassen, berufliche Tätigkeiten entsprechend ihren Neigungen auszuüben und ihre Persönlichkeiten zu entwickeln. Entgegen ihren Möglichkeiten, ein Leben in Übereinstimmung mit den gesellschaftlichen Erfordernissen zu führen, entschieden sie sich nicht nur gegen die von den Werktätigen der DDR geschaffenen gesellschaftlichen Verhältnissen, sondern auch zur Begehung ihrer Verbrechen.
Sie unternahmen keinerlei Bemühungen, Gesetzmäßigkeiten und Probleme bei der Gestaltung des real existierenden Sozialismus sowie die forcierten Angriffe entspannungsfeindlicher Kräfte auf die Erfolge der Politik der friedlichen Koexistenz zu begreifen, sondern sie solidarisierten sich mit diesen Kräften, machten sich zu deren Handlangern. Völlig verhetzt im Sinne primitivstem Antikommunismus lieferten sie diesen Material, mit dem der von ihnen unter dem Deckmantel des Eintretens für Menschenrechte gegen die sozialistischen Staaten geführte Kampf den Anschein von Rechtmäßigkeit erhalten sollte. Sie entwickelten dabei eine erhebliche Intensität, die sich nicht vorrangig in der Anzahl ihrer Schreiben, sondern auch in der bewußt vorgenommenen Auswahl deren Adressaten und der {29} Aggressivität ihrer Diskriminierung äußert. Sie verfaßten ihre Schriften zwar selbständig, verständigen sich jedoch zuvor ausweislich ihres Eingeständnisses in der Hauptverhandlung über ihr Vorgehen. Dabei ergibt sich aus der Chronologie der hergestellten Schriften, daß der Angeklagte F. stets als erster die im Sachverhalt aufgeführten Schreiben fertigte. Er unterscheidet sich vom Mitangeklagten auch nicht durch gemäßigtere Formulierungen. Selbst die Tatsache, daß der Eingang seiner für die ‚GfM‘ bestimmten und Nachrichten enthaltenen Schrift nicht nachzuweisen und somit diese nicht als vollendetes Verbrechen zu bewerten war, ist nicht geeignet, seine Schuld geringer als die des Mitangeklagten zu beurteilen. Vielmehr war er diesem durch seinen Bildungsgrad überlegen, so daß gerade bei ihm höhere Einsichten vorauszusetzen gewesen wären. Aus diesen Gründen konnte der Auffassung der Anklagevertretung von der Notwendigkeit einer Differenzierung in den auszusprechenden Freiheitsstrafen nicht gefolgt werden.
Nicht zu folgen war auch ihrem Antrag hinsichtlich deren Höhe. Eine Freiheitsstrafe von 4 Jahren und 6 Monaten für den Angeklagten H. wäre selbst dann überhöht, wenn der Senat wie die Anklagevertretung die von ihm an die UNO gerichtete Schrift als strafrechtlich relevant gewertet hätte.
Aus den angeführten Gründen erkannte er auf Freiheitsstrafen von je 3 Jahren und 6 Monaten.
Die zur Begehung der Straftaten hergestellten Schriften waren gemäß § 56 Abs. 1 StGB einzuziehen.“ {30}

Auch hier wußte die Angeklagte, daß die Verfassung der DDR kritische Meinungsäußerungen gestattete, so daß diese nach DDR-Strafrecht nicht strafbar waren. Ebenso war ihr bewußt, daß jeder Bürger der DDR nach Artikel 103 der Verfassung der DDR ein Eingaberecht hatte. Schließlich war ihr auch der Inhalt der Internationalen Konvention der Vereinten Nationen vom 16. Dezember 1966 über zivile und politische Rechte, die am 23. März 1976 in der DDR in Kraft getreten war, bekannt. In Artikel 12 Abs. 2 dieser Konvention heißt es: „Es steht jedem frei, das Land, auch sein eigenes, zu verlassen“. Als erfahrene Richterin war ihr deshalb klar, daß die Bürger der DDR, die lediglich Organisationen außerhalb der DDR, wenn auch unter Zuhilfenahme von Unmutsbekundungen, ihr Ausreisebegehren und dessen Ablehnung mitteilten, nicht die Straftatbestände erfüllten konnten, die zur Verurteilung herangezogen worden waren. {31}

3. *Strafverfahren: Aktenzeichen 101a Bs 29.82 = 211-40-82*

gegen Andreas B., Urteil vom 8. Juli 1982

Dieses Urteil hat folgenden Tenor:

„Der Angeklagte wird wegen mehrfacher, teils gemeinschaftlich begangener staatsfeindlicher Hetze – Verbrechen gemäß §§ 106 Abs. 1 Ziff. 1, 2 und 3 StGB in der Fassung von 1968, 106 Abs. 1 Ziff. 2, 3 und 4, 22 Abs. 2 Ziff. 2, 63, 64 StGB – zu einer Freiheitsstrafe von 8 – acht – Jahren verurteilt."

Die Urteilsgründe lauten wie folgt: {32}

„*Gründe*:
Der jetzt 29jährige Angeklagte Andreas Bo. wuchs zusammen mit seinem drei Jahre jüngeren Bruder Robert in harmonischen, materiell gesicherten Familienverhältnissen auf, wurde auf Grund seiner Leistungen zur Erweiterten Oberschule delegiert und legte dort 1971 seine Abiturprüfung mit dem Prädikat ‚ausgezeichnet' ab. Im gleichen Jahr konnte er seinem Wunsch gemäß ein Studium an der Humboldt-Universität zu Berlin, Fachrichtung Mathematik aufnehmen, welches er bei einer gesundheitlichen Unterbrechung von einem Jahr als Diplommathematiker abschloß. Danach arbeitete er von März 1977 bis Dezember 1980 als Organisator im VEB Kraftwerksanlagenbau. Weil er sich dort nicht gemäß seiner Ausbildung gefordert fühlte, wechselte er zum Institut für Wasserwirtschaft, an dem er als wissenschaftlicher Mitarbeiter bis zu seiner Inhaftierung tätig war.
Der Angeklagte ist seit 1972 verheiratet und Vater von zwei Kindern.
Zur Aufgeschlossenheit gegenüber dem Sozialismus im Elternhaus erzogen, hatte er sich innerhalb der FDJ aktiv gesellschaftlich betätigt. Die Unkompliziertheit seines Entwicklungsweges, die Sorglosigkeit, in welcher er aufwachsen konnte, hatten jedoch eine gewisse Weltfremdheit bei ihm entstehen lassen, die dazu führte, daß er sich illusionäre Vorstellungen vom Stand, der Beschaffenheit und den Möglichkeiten der ihn umgebenden sozialistischen Gesellschaft machte und in Panik geriet, als er sich der Widersprüche in deren Leben bewußt zu werden begann. Sein Zorn darüber, daß sich die gesellschaftliche Realität nicht mit seinen Wunschvorstellungen vereinbaren ließ, wandelte sich in dem Maße in Haß auf den realen Sozialismus, in dem er durch persönliche Kontakte bzw. durch entsprechende Literatur mit den nichtsozialistischen Auffassungen und Zielstellungen der KPD/ML vertraut gemacht wurde. {33}
Diese in der BRD und in Berlin (West) etablierte, unter dem Deckmantel des Eintretens für den ‚wahren', ‚reinen' Marxismus-Leninismus agierende Partei stellt in Wahrheit eine antikommunistische Organisation dar, die seit einiger Zeit den Eindruck erwecken will, in der Deutschen Demokratischen Republik eine tragfähige Agentur zu besitzen.
Zu diesem Zweck gibt sie in der BRD hergestellte, teilweise mit dem Aufdruck ‚Sektion DDR' versehene, unter Mißbrauch des Transitabkommens und Verletzung weiterer gesetzlicher Bestimmungen in die DDR eingeführte Schriften heraus, deren Beiträge aus einer Mischung von Lügen, Halbwahrheiten und tendenziös entstellten Darstellungen bestehen, welche in völliger Übereinstimmung mit den Zielen der ideologischen Diversion und dem Sprachgebrauch der imperialistischen Konfrontationspolitiker auf die Unterminierung der führenden Rolle der Arbeiterklasse und ihrer Partei, der sozialistischen Staatsmacht und des unverbrüchlichen Bündnisses der DDR und aller anderen sozialistischen Staaten mit der Sowjetunion gerichtet sind.
Die von ihr als ‚Zentralorgan der KPD/Marxisten-Leninisten' bezeichnete, mit der Aufforderung ‚Lesen – weitergeben' versehene Druckschrift ‚Roter Morgen' ist eine gegen den realen Sozialismus gerichtete Hetzschrift. Ihr Inhalt zielt generell darauf ab, die gesellschaftlichen Verhältnisse in der DDR, deren Bündnisbeziehungen, Repräsentanten der Partei- und Staatsführung sowie Funktionäre der SED, des FDGB und anderer Massenorganisationen zu diskriminieren,

gegen sie aufzuwiegeln und zum Widerstand gegen die als ‚sozialfaschistisch' entstellte, dem Hitlerfaschismus gleichgesetzte sozialistische Staats- und Gesellschaftsordnung aufzufordern.
Im Ergebnis seiner Beschäftigung mit diesen Machwerken und sogenannten theoretischen Schriften identifizierte sich der Angeklagte mit der darin enthaltenen Zielstellung. Ohne sich jemals ernsthaft, unvoreingenommen und gründlich mit der marxistischen Theorie in *allen* ihren Bestandteilen befaßt {34} zu haben und folglich ohne die Fähigkeit, gesellschaftliche Prozesse und Erscheinungen richtig zu analysieren, schloß er sich der Behauptung an, in der DDR und den anderen Ländern der Staatengemeinschaft sei der Sozialismus aufgehoben worden, habe sich dort in Gestalt der Funktionäre eine neue Bourgeoisie herausgebildet, sei die SED eine Partei der Revisionisten, weshalb die Arbeiterklasse keine führende Rolle innehabe, vielmehr ausgebeutet werde und eine grundlegende Veränderung der staatlichen und politischen Verhältnisse herbeiführen müsse.
Ende 1975/Anfang 1976 entschloß sich der Angeklagte, Hetzschriften zu verbreiten, um möglichst breite Kreise der Bevölkerung der DDR zu erreichen und im Sinne der charakterisierten Zielstellung zu überzeugen.
Bis 1977 übernahm er in drei Fällen von einer ausländischen Person, in einem Fall von seinem Bekannten L. und ab 1978 von Wolf-Peter H. sowie von Manfred W. je 200 Exemplare ‚Roter Morgen' in insgesamt 18 Ausgaben, deren Gesamtzahl er selbst mit mindestens 7.450 Stück berechnete. Diese verbreitete er durch Übergabe an andere Personen bzw. dadurch, daß er sie eigenhändig in Hausbriefkästen einwarf.
Er verbreitete mindestens 100 Exemplare der gleichfalls in der BRD gedruckten, als Edition der BRD getarnten und unter seiner Beteiligung gestalteten Hetzbroschüre ‚Aufgebot DDR 30'. Weiter war er an der Verbreitung unter seiner Mitwirkung erarbeiteter bzw. vervielfältigter Hetzschriften mit 350 Stück ‚Roter Morgen Nr. 1' vom Januar 1980, 3370 Stück ‚Der Rote Stachel' in 10 verschiedenen Ausgaben sowie 1.820 Flugblätter beteiligt.
Diese vom Angeklagten bereits im Ermittlungsverfahren anhand vorgelegter Unterlagen über Fundstellen usw. mit mindestens 12.900 berechnete Hetzschriften wurden von ihm verbreitet, indem er in 30 Fällen sogenannte Steckaktionen in vorher festgelegten Wohngebieten der Stadtbezirke Berlin-Prenzlauer Berg, Treptow, Lichtenberg, Köpenick und Friedrichshain {35} durchführte, einige Exemplare von Hetzschriften auf Parkbänken und in Telefonzellen ablegte und sich dabei konspirativer Methoden bediente.
In mindestens 3 Fällen verbreitete er jeweils 30 Exemplare von Hetzschriften im Stadtgebiet von Potsdam.
Im Zeitraum 1978/79 versandte der Angeklagte in ca. 10 Fällen insgesamt 120 Hetzschriften an ihm unbekannte Bürger, deren Adressen er Zeitungsinseraten entnommen hatte.
Pro Lieferung übergab er jeweils bis zu 200 Hetzschriften an seine Bekannten S., H., W., L., K., Bl., N., Br. und an seinen Bruder Robert zur weiteren Verteilung.
Im August 1980 übergab er Bl. eine nicht von ihm verfaßte, später in der Beilage zu ‚Roter Morgen' Januar 1981 abgedruckte, als ‚Grußadresse' deklarierte Hetzschrift, in der die konterrevolutionären Vorgänge in der Volksrepublik Polen als ‚opferbereiter Kampf der polnischen Arbeiter' und als ‚Ermutigung' für die Arbeiter der DDR verherrlicht sowie die Bündnisbeziehungen der DDR mit der UdSSR als ‚Joch und … Diktat des sowjetischen Sozialimperialismus' diskriminiert wurden sowie Zettel mit Verhaltensstrukturen und einer Tarnadresse sowie 500,-- M zur Übergabe an ein sogenanntes Streikkomitee in Gdansk.
Anfang Oktober 1980 übernahm er 7 Plakate in der Größe A 2 mit der Aufschrift:
‚Kollegen! Freie Gewerkschaften in Polen. Wann werden wir zum Schlag ausholen?

KPD Sektion DDR'

Sie waren dazu bestimmt, unmittelbar im Zusammenhang mit dem Nationalfeiertag während einer größeren Aktion über das Stadtgebiet in Großbetrieben angebracht {36} zu werden., um die Arbeiter gegen die politischen Verhältnisse in der DDR aufzuwiegeln und zum Widerstand gegen die Gewerkschaftsorganisationen aufzurufen. Drei dieser Plakate übergab der Angeklagte seinem Bruder Robert, vier seinem Bekannten L. und zwei befestigte er am 8.10. selbst auf einer Baustelle in Berlin-Grünau.

Seit Ende 1977 verfaßte der Angeklagte selber Texte, die in ‚Roter Morgen' abgedruckt wurden bzw. dazu bestimmt waren, in ‚Der rote Stachel' oder als Flugblatt veröffentlicht und verbreitet zu werden.

Auf der Grundlage seiner feindseligen Haltung zur DDR suchte er mit gehässiger Akribie Erscheinungen, die seinen jeglichen realistischen Bezug entbehrenden Vorstellungen von der sozialistischen Gesellschaft widersprachen, leitete daraus unzulässige Verallgemeinerungen ab oder entstellte sie tendenziös mit dem Ziel nachzuweisen, daß alle Probleme, Schwierigkeiten und ‚Mißstände' Ausdruck und Ergebnis der ‚revisionistischen' Politik der SED seien und den Interessen der ‚neuen Ausbeuter' entsprächen. Er verfaßte Niederschriften auf der Grundlage ihm mündlich überlieferter Mitteilungen oder bearbeitete ihm nur skizzenhaft übermittelte Notizen.

Im einzelnen stellte er folgende Artikel her:

– ‚Arbeiterkorrespondenz'	‚Roter Morgen'	April 1978 S. 3
– ‚Arbeiterkorrespondenz'	‚Roter Morgen'	Oktober 1978 S. 3
– ‚Alexlied'	‚Roter Morgen'	Oktober 1978 S. 5 {37}
– ‚Korrespondenzen'	‚Roter Morgen'	Februar 1978 S. 3
– ‚(Nichts) neues in punkto Wohnungen!'	‚Roter Morgen'	Mai 1979 S. 1 u. 2
– ‚Neues von der Versorgungsfront'	‚Roter Morgen'	März 1980 S. 4
– ‚Personalverkauf – Keine Lösung'	‚Roter Morgen'	Mai 1980 S. 3
– ‚Begeisterung in Brandenburg'	‚Roter Morgen'	Mai 1980 S. 3
– ‚Planrückstände WBK'	‚Roter Morgen'	Mai 1980 S. 4
– ‚Gift für die Spree'	‚Roter Morgen'	Mai 1980 S. 6
– ‚Die Lage in Polen und bei uns' bis zur Teilüberschrift ‚Keine Überheblichkeit gegenüber Polen'	‚Roter Morgen'	Januar 1981 S. 4
– ‚Realität in unserer Stadt'	‚Roter Morgen'	Juni 1981 S. 3

An der Herstellung weiterer Artikel für ‚Roter Morgen', für deren Weiterleitung er zum großen Teil verantwortlich war, war er dadurch beteiligt, daß er ihm von anderen gegebene Informationen zusammenstellte, formulierte, überarbeitete oder die zur Veröffentlichung bestimmten ‚Endfassungen' fertigte. Es handelt sich dabei um folgende Veröffentlichungen:

– ‚Der Wohnungsbau dient der Ausbeutung der Werktätigen'	‚Roter Morgen'	Januar 1979 S. 1/2
– ‚Versorgungslage katastrophal'	‚Roter Morgen'	Sept. 1979 S. 1
– ‚Teuerungswelle abgewehrt'	‚Roter Morgen'	Dez. 1979 S. 1/2
– ‚Versorgungslage wird chaotisch'	‚Roter Morgen'	Mai 1980 S. 1

Die von anderen Personen verfaßten Artikel

– ‚DDR – ein Paradies für Kinder?'	‚Roter Morgen'	Mai 1979 S. 1, 4
– ‚Reserveoffiziersbewerber gesucht'	‚Roter Morgen'	Mai 1979 S. 3 {38}
– ‚Versprechungen und nichts dahinter'		
– ‚Sparmaßnahmen trotz Bettenmangels'	‚Roter Morgen'	Oktober 1980 Seite 5
– ‚Korrespondenz eines Technikers …'		

wurden von ihm der Redaktion zugeleitet und daraufhin abgedruckt.

In der Absicht, den Effekt von ‚Roter Morgen' zu erhöhen, wirkte der Angeklagte dadurch auf die inhaltliche Gestaltung dieser Machwerke ein, daß er den für den Druck in der BRD Verantwortlichen Hinweise zur Gestaltung der Hetzschrift gab. Gemeinsam mit Manfred W. fertigte er eine Schrift ‚Zur Verbesserung des Roten Morgen' und unterbreitete Vorschläge zur Zusammenstellung von Artikeln, zur Aufnahme von Artikelserien usw.

Diese Vorschläge wurden akzeptiert, erstmalig bei der Ausgabe ‚Roter Morgen' Mai 1979 und danach in 8 weiteren berücksichtigt.
Unter den Überschriften:
- ‚Kohleversorgung'
- ‚Duschen – überflüssig'
- ‚Sport im Osten wie im Westen'
- ‚Einkaufsbummel am Sonnabend'
- ‚Studienplatz? Anruf genügt'
- ‚Nichts neues aus dem Gesundheitswesen'
- ‚Sind wir schon wieder so weit?'
- ‚7. Baukonferenz in Aktion'

verfaßte der Angeklagte weitere Texte, die zur Veröffentlichung in ‚Roter Morgen' bestimmt, anderen Personen bereits übergeben aber noch auf dem Gebiet der DDR verblieben waren und durch die Sicherheitsorgane beschlagnahmt wurden. {39}
Ebenfalls beschlagnahmt wurde der vom Angeklagten stammende, für die Veröffentlichung als Beilage zu ‚Roter Morgen' bestimmte ‚Friedensplan'. Dieser diskriminierte nicht nur die auf die Erhaltung des Friedens gerichtete Politik der DDR und der Staaten des Warschauer Vertrages, sondern setzte sie mit der imperialistischen Rüstungs- und Aggressionspolitik der USA gleich, verleumdete die UdSSR als imperialistische ‚Supermacht' und forderte den Leser auf, eine ‚Massenbewegung' gegen die Schutzinteressen der sozialistischen Staaten zu entfachen.
Der Angeklagte ist Autor weiterer beschlagnahmter Schriften wie:
- Schreiben vom 17.5.1980, mit dem er nicht benannte Personen aufforderte, an der Erarbeitung von ‚Roter Morgen' mitzuwirken, um ‚die kapitalistischen Mißstände in allen Bereichen der Gesellschaft zu beleuchten und vor allem über den Widerstand der Werktätigen zu berichten …'
- Zusammenstellung von Texten mit der Überschrift: ‚Artikel für maerzausgabe rm ddr' und Angabe der Zeilenbreite
- zwei weitere Zusammenstellungen von Beiträgen für verschiedene Ausgaben von ‚Roter Morgen'
- Text zum Flugblatt aus Rostock ‚Realität in unserer Stadt …'
  beides abgedruckt in ‚Roter Morgen' Juni 1981.

Mit dem Ziel, insbesondere junge Bürger der DDR gegen ihren Staat und dessen Jugendpolitik aufzuwiegeln, gab die KPD/ML 1979 eine in der BRD hergestellte, mit dem Titel ‚Aufgebot DDR 30 – Mit revolutionären Taten für eine bessere Zukunft' und dem FDJ-Emblem versehene Broschüre heraus, zu der der Angeklagte Beiträge mit den Überschriften {40}
- ‚Lehre' (mit den Untertiteln ‚Schmalspurausbildung', ‚Ausbeutung als billige Arbeitskraft')
- ‚Gib der Freizeit einen Sinn' und
- ‚Laßt Euch die Butter nicht vom Brot nehmen'

lieferte.
Außerdem wurde darin das von ihm verfaßte, die schweren Rowdyausschreitungen vom 7. Oktober 1977 als Ausdruck eines angeblichen Freiheitsstrebens verherrlichende ‚Alexlied' abgedruckt.
Weitere Beiträge anderer Verfasser wie: ‚Die Lage der Jugend in der DDR, Schule: sinnlose Paukerei, militärischer Rummel an der Schule',
‚Polizeistaat – Peitsche für die Jugend',
‚NVA, Drill und Schikane'
‚Washington und Moskau reden vom Frieden und planen den Krieg'
‚Gewalt gegen den Honecker-Staat – ein Verbrechen?'

charakterisieren bereits mit ihren Überschriften Anlage und Zielstellung dieses Pamphletes, in welches sich die vom Angeklagten gelieferten Beiträge nahtlos einfügten.
Des weiteren verfaßte der Angeklagte 17 Texte, die zum Teil auf Hinweisen anderer Personen beruhten bzw. von jenen entworfen und von ihm überarbeitet bzw. ausformuliert wurden. Sie fanden Eingang in Flugblätter oder in die Hetzschrift ‚Der rote Stachel'.
Im einzelnen handelt es sich um folgende:
- ‚Honeckers Wohnungspolitik – zum ‚Wohl' des Volkes?'
- ‚Stabile Versorgung – ein schlechter Witz?'
- ‚Widerliche Heuchler' (bezogen auf den geplanten Schah-Besuch und als Beilage zum ‚Ohnesorg-Plakat' verwendet)
- ‚Jugendfestival – wir zahlen die Spesen'
- ‚Was nachträglich herauskam – iranischer Schah sollte Ehrendoktor der Humboldt-Universität werden'
- ‚Student, hör zu!'
- ‚Nie wieder Krieg'
- ‚Honeckers Äußerungen zum Thema Preiserhöhungen' {41}
- ‚J. W. Stalin – ein unbeugsamer Kämpfer …'
- ‚Arbeiter Berlin! Kollegen!'
- ‚Ein unverschämter Angriff auf den Lebensstandard der Werktätigen'
- ‚Die Jugend haßt diesen Polizeistaat'
- ‚Ein typischer Fall'
- ‚Für den faschistischen Schah einen Staatsempfang …'
- ‚Wem nutzen die Intershops?'
- ‚Jahresendprämie – Druckmittel der neuen Kapitalisten'
- ‚Rosa Luxemburg und Karl Liebknecht'

Schließlich war der Angeklagte an der Herstellung von Hetzschriften auch dadurch beteiligt, daß er auf unterschiedliche Weise Vervielfältigungen von insgesamt 13 Texten im Gesamtumfang von 1.280 Stück anfertigte.
Auf seiner Schreibmaschine stellte er je 30 Exemplare von
- ‚Nieder mit den volksfeindlichen Gerichten'
- ‚Die Jugend haßt diesen Polizeistaat'
- ‚Rosa Luxemburg und Karl Liebknecht' und
- ‚Nieder mit dem Bonzenmai'

also 120 Stück her.
Mit Hilfe eines aus der BRD überbrachten Handdruckrahmens fertigte er 1977 und 1978 insgesamt mindestens 350 Exemplare der Hetzschriften
- ‚Soldat hör zu!'
- ‚Wem nutzen die Intershops?'
- ‚Für den faschistischen Schah …'
- ‚Jahresendprämie – Druckmittel …'
- ‚Volvo und Golf …'

In gleicher Weise aber in Gemeinschaft mit seinem Bruder stellte er im Sommer 1980 60 Exemplare von
‚Ein typischer Fall' und 200 Exemplare von
‚Jugend der DDR – eine Lektion …'
her. {42}

An der Vervielfältigung und Komplettierung der Hetzschriften

– ‚Die chinesische Führung …‘ (Wiedergabe eines in einer Rundfunksendung verlesenen Zeitungsartikels, worin die UdSSR bezichtigt wird, in gleicher Weise wie die USA Verbrechen gegen Völker zu begehen) = 400 Exemplare,
– ‚Student hör zu!‘ = 150 Stück

wirkte der Angeklagte dadurch mit, daß er die einzelnen Seiten sortierte, zusammenstellte und mit Stempeln versah.

In Übereinkunft mit seinem Bruder Robert entschloß sich der Angeklagte, eine Losung mit dem Wortlaut: ‚Russen raus! KPD/ML‘ in der Greifswalder Straße anzubringen. Beide begaben sich am 9. März 1979 zum ausgewählten Ort, wo Robert Bo. mit einer Lacksprayflasche die Parole ansprühte, während der Angeklagte die Aktion absicherte.

Am 26.4.1979 fuhren beide nach Baumschulenweg, um zwischen den S-Bahnhöfen Baumschulenweg und Plänterwald eine andere Losung anzubringen. Ebenfalls mit Farbspray und arbeitsteilig handelnd, brachten sie die 12,90 m lange Hetzparole ‚Nieder mit den Bonzen KPD/ML‘ an.

Am 28. September 1980 schließlich fuhren die Genannten in den frühen Abendstunden nach Köpenick, wo sie an der Wand des Kesselhauses des VEB *Rewatex* am Flämingpark mittels einer Sprayflasche mit rotem Autoreparaturlack die 10 m lange Hetzlosung ‚Hoch Polens Arbeiter!‘ anbrachten.

Auch hier übernahm der Angeklagte die Absicherung der gemeinschaftlich hinsichtlich textlicher Gestaltung und Tatort festgelegten und vorbereiteten Aktionen. In allen Fällen waren solche Orte ausgewählt, die einem großen Personenkreis zugänglich sind. {43}

Dieser Sachverhalt ist das Ergebnis der Beweisaufnahme und beruht auf dem Geständnis des Angeklagten sowie den vorliegenden Beweisdokumenten.

Danach steht fest:

1. Die Schriften ‚Roter Morgen‘, ‚Der rote Stachel‘, die Broschüren ‚Aufgebot DDR 30‘ sowie die Einzel- und Sammelflugblätter sind Schriften im Sinne des § 106 Abs. 1 Ziff. 2 StGB bzw. § 106 Abs. 1 Ziff. 1 und 3 des Strafgesetzbuches in der Fassung von 1968, mit denen die gesellschaftlichen Verhältnisse der DDR insgesamt, ihre Repräsentanten und die Mitglieder der SED sowie anderer Organisationen diskriminiert werden.
   Hinsichtlich dieser Schriften verwirklichte der Angeklagte objektiv die Alternative der Verbreitung.
2. Die im Zeitraum bis August 1979 gefertigten Schriften
   3 für ‚Aufgebot DDR 30‘,
   6 für ‚Roter Morgen‘, davon eine arbeitsteilig,
   die weiteren ab August 1979
   7 allein,
   3 arbeitsteilig für ‚Roter Morgen‘
   in Artikelform hergestellten und abgedruckten
   sowie
   8 für ‚Roter Morgen‘ bestimmte, an andere Personen weitergegebene aber in der DDR verbliebene Texte,
   1 Ausarbeitung ‚Friedensplan‘
   2 Artikelzusammenstellungen (mehrseitig)
   1 Ausarbeitung zur Gewinnung von Autoren für ‚RM‘
   und 18 Beiträge für Flugblätter etc.
   erfüllen objektiv den gleichen Tatbestand.
   Sie wurden vom Angeklagten hergestellt und durch Weitergabe an andere Personen sowie im festgestellten Umfang durch Abdruck in ‚Roter Morgen‘ nach seinem Willen verbreitet. {44}

In gleicher Weise ist die gemeinsam mit anderen vorgenommene Vervielfältigung von 13 Texten zu beurteilen, welche er auf der Grundlage eigener Berechnungen mit 1.280 Stück bezifferte (§ 22 Abs. 2 Ziff. 2 StGB).

3. Die in den von ihm verbreiteten Schriften enthaltenen Aufforderungen, sich der im Rahmen der sozialistischen Demokratie entwickelten Formen der Mitgestaltung (z.B. hinsichtlich der FDJ, des FDGB, der Elternvertretungen) aber auch der Methoden antifaschistischer Widerstandskämpfer aus der Zeit des Hitlerfaschismus für den Kampf gegen die DDR zu bedienen, stellen sich rechtlich als Aufforderung zur Widerstandsleistung gegen die sozialistische Staats- und Gesellschaftsordnung im Sinne von §§ 106 Abs. 1 Ziff. 4 StGB und 106 Abs. 1 Ziff. 2 des StGB in der Fassung von 1968 dar.
4. Die seit August 1979 publizierten Ausfälle gegen die Beziehungen der Deutschen Demokratischen Republik zur UdSSR und zur Volksrepublik Polen verwirklichen den Tatbestand von § 106 Abs. 1 Ziff. 3 StGB.
5. Die im März 1978 und im April 1979 geschmierten Hetzlosungen waren darauf gerichtet, die politischen und staatlichen Verhältnisse der DDR zu diskriminieren und erfüllen somit den Tatbestand von § 106 Abs. 1 Ziff. 1 StGB in der Fassung von 1968, die weitere Losung vom Oktober 1980 richtete sich gegen die Bündnisbeziehungen der DDR zu den aufopferungsvoll um die Konsolidierung der sozialistischen Gesellschaft in diesem Nachbarland ringenden Kräfte und verwirklicht § 106 Abs. 1 Ziff. 2 und 3 StGB in der Alternative des Anbringens. Dabei handelte der Angeklagte gemeinschaftlich mit seinem Bruder – § 22 Abs. 2 Ziff. 2 StGB. {45}
6. Schließlich sind auch die Plakate Schriften im Sinne der genannten Bestimmungen. Ihr Text diskriminiert die gesellschaftlichen Verhältnisse der DDR, zu deren Entfaltung und Festigung die einheitlichen Gewerkschaften einen bedeutenden Beitrag leisten. Die mit dem Hinweis auf die damaligen Geschehnisse in Polen verbundenen Fragen: ‚Wann werden wir zum Schlag ausholen?‘ und das unmißverständlich auf die Beseitigung des FDGB orientierende Symbol stellen eine Aufforderung zur Widerstandsleistung gegen die Gesellschaftsordnung dar – § 106 Abs. 1 Ziff. 2 und 4 StGB.
7. Die mit Anklage und Eröffnungsbeschluß dem Angeklagten zur Last gelegte Autorenschaft an dem in ‚Roter Morgen‘ August 1980 veröffentlichten Aufsatz ‚Sparpolitik in Aktion‘ sowie der Mitautorenschaft an ‚DDR – ein Paradies für Kinder‘, ‚Reserveoffiziersbewerber gesucht‘, ‚Versprechungen und nichts dahinter‘, ‚Sparmaßnahmen trotz Bettenmangels‘, Korrespondenz eines Technikers ...‘, ‚Beispielhaft ...‘, ‚Einzug in Marzahn‘, ‚Soldat, hör zu!‘ und ‚Nieder mit dem Bonzenmai‘ hat sich angesichts der in den Verfahren 101 a BS 24.82 und 101 a BS 35.82 durch den Senat getroffenen Feststellungen und der Tatsache, daß der Angeklagte Andreas Bo. weder einen exakten Tatbeitrag bezeichnen noch angeben konnte, ob seine Korrekturen Einfluß auf die inhaltliche Gestaltung dieser Beiträge hatte, nicht bestätigt, so daß er insoweit nicht der Herstellung, sondern nur der Verbreitung schuldig ist.
   Weiter bestätigte die Beweisaufnahme nicht, daß der Angeklagte die Texte ‚Weg mit der Mauer‘, ‚Intensivierung, was bedeutet das?‘ und ‚Ein unverschämter Angriff ...‘ mit seiner Schreibmaschine vervielfältigte. Sie gingen jedoch ein in von ihm verbreitete Materialien. {46}

Der Angeklagte erfüllte die angeführten Tatbestände nicht nur objektiv, sondern auch in subjektiver Hinsicht.

Die Herstellung und Verbreitung der seine antisozialistische Haltung widerspiegelnden Schriften sind vorsätzliche Angriffe auf die politischen und ökonomischen verfassungsmäßigen Grundlagen, wie sie insbesondere in den Artikeln 1 bis 18 und 35 enthalten sind. Daß dies seinem Vorsatz entsprach, ergibt sich sowohl aus dem Wortlaut der von ihm verfaßten bzw. inhaltlich gebilligten Machwerke sowie der eigenen Charakterisierung seines Tatzieles, wonach er andere Bürger aufrütteln und zu eigenen Aktivitäten führen wollte.

Der Angeklagte hatte in der Deutschen Demokratischen Republik alle Möglichkeiten, sich als Persönlichkeit zu entwickeln, eine geachtete berufliche Stellung einzunehmen und sein Recht auf Mitgestaltung der sozialistischen Gesellschaft wahrzunehmen. Er hatte die Möglichkeit, sich umfassend und gründlich mit der Wissenschaft des Marxismus-Leninismus vertraut zu machen. Dementgegen machte er sich weder die Mühe, in die tatsächlichen Grundprobleme der Gegenwart einzudringen noch war er gewillt, sich vorbehaltlos für seine Heimat einzusetzen. Auf der ständigen Suche nach sogenannten Fehlern und Mißständen nahm er sich selbst jede Fähigkeit zu objektiver Betrachtung und Erkenntnis. Er entschied sich gegen den realen Sozialismus und schließlich zur Begehung der dargelegten Verbrechen, deren Gefährlichkeit sich durch sein Zusammenwirken mit weiteren Tätern erhöhte.
Über einen Zeitraum von fünf Jahren betrieb er mit sich steigernder Aktivität seine Straftaten, deren besondere Gesellschaftsgefährlichkeit darin besteht, daß sie teilweise unter Mißbrauch völkerrechtlicher Verträge begangen wurden, über die Landesgrenzen wirkten und den Entspannungsfeinden und Konfrontationspolitikern in die Hand arbeiteten. Gerade darin liegen auch die Folgen derartiger Verbrechen. Sie schaden nicht nur dem internationalen Ansehen der DDR, sondern sind – im Ausland organisiert – Bestandteil der stabsmäßig geführten, {47} koordinierten Hetze gegen die sozialistische DDR mit dem Ziel, sie im Ergebnis zu beseitigen.
Wie von der Anklagevertretung zutreffend begründet wurde, sind die vom Angeklagten begangenen mehrfachen Gesetzesverletzungen von solcher Schwere, für die § 64 StGB den Strafrahmen erweitert: Wenn der Senat von dieser Möglichkeit keinen Gebrauch macht, erfolgt dies in Übereinstimmung mit der Auffassung der Anklagevertretung mit Rücksicht auf das umfassende Geständnis des Angeklagten zu seinen und den Handlungen von Mittätern sowie den Zusammenhängen der Verbrechen, welches es ermöglichte, auch andere Straftäter gerecht zur Verantwortung zu ziehen.
Der Senat erkannte also auf die beantragte Freiheitsstrafe von 8 Jahren.
Für die von der Verteidigung angestrebte geringere Freiheitsstrafe ist angesichts obiger Feststellungen auch dann kein Raum, wenn sich die Zahl der vom Angeklagten stammenden Hetzschriften geringfügig reduzierte."

Die Angeklagte wollte durch die Verurteilung des Zeugen zu der sich aus § 106 StGB-DDR ergebenden Höchststrafe ausschließlich einen politischen Gegner ausschalten.

Neun der von dem Zeugen verfaßten Beiträge – einer unvollständig – sind erhalten und haben folgenden Wortlaut: {48}

„*Personalverkauf – keine Lösung*
Seit einiger Zeit gibt es in Berlin für die Belegschaften von Großbetrieben die Möglichkeit, einmalig an einem Vormittag vor den anderen Kunden im Centrum-Warenhaus einzukaufen. Auf den ersten Blick eine positive Maßnahme. Sie erwies sich nach bisheriger Erfahrung jedoch als Enttäuschung. Das Angebot beim Personalverkauf war nur wenig besser als das derzeit übliche. Von vornherein erklärten die Zuständigen vom Centrum, daß zum Beispiel an Waschmaschinen oder Tiefkühltruhen in größerer Menge gar nicht zu denken sei. Kleinstkontingente, zum Beispiel zwei Halbautomaten für tausend Beschäftigte, sollten vorher im Betrieb aufgeteilt werden. Obendrein gab es dabei noch Schmuh. Im EAW verteilten einige Herren Leiter die zugesicherten Raritäten ohne Wissen der Kollegen. Wobei sie zuerst an sich, dann an als besonders würdig befundene Kollegen dachten. Das Angebot zum Kauf einer Waschmaschine als ‚Auszeichnung' – ein toller Korken. Natürlich legten Kollegen hinterher handfest Protest ein. Alles in allem: Mit dem Personalverkauf ist den Berliner Werktätigen wenig geholfen. Viele überlegen sich, ob sie überhaupt hingehen." {49}

„*Begeisterung in Brandenburg*
Die ganze Republik macht mürrische Gesichter.

Aber Jubel in Brandenburg. Denn Erich kommt.
Am 8. Mai will er eine Stippvisite machen. Schon jetzt rüsten Brandenburgs Bürger zum Empfang. Einer von ihnen, der schon in den Genuß der Vorbereitungen kam: ‚Wenn das so ist, kann Erich öfter kommen. Von mir aus alle halbe Jahre‘.
Was macht Erich in Brandenburg so beliebt?
In bestimmten Straßen der Stadt werden eiligst verkommene Fassaden neuverputzt. Die Straßen selbst, seit Jahren stark vernachlässigt, bekommen eine neue Bitumendecke bester Qualität.
Nicht wundern! Dies sind die ‚Protokollstraßen‘, denen unser Staatsoberhaupt bei seinem Besuch die Ehre geben wird.
Auch das Warenangebot ist plötzlich stark verbessert. Es gibt sogar einige Kühltruhen. Und alle Tage Fleisch. Was sonst nur in Leipzig zur Messezeit oder in Berlin erhältlich – nun findet man es in Brandenburg.
Und das sorgt natürlich für Stimmung. Wir freuen uns mit.
Und doch soll es in Brandenburg Meckerköppe geben, die fragen:
Und was kommt nach Erich?“ {50}

„Am 7. Oktober 1977 kam es auf dem Ostberliner Alexanderplatz zu einem militanten Aufbegehren der Jugend gegen die provokativen Polizeimethoden der ‚Volks‘polizei. Diesem Zeichen des wachsenden Widerstands gegen das sozialfaschistische Honecker-Regime ist das in der DDR entstandene ‚Alexlied‘ (Melodie: ‚Die freie Republik‘) gewidmet. Die Autoren sind unbekannt geblieben.

Alexlied

1
In dem Knast, da saßen
Bei Keibels[6] in Berlin,
Schon seit vielen Wochen
Jugendliche drin.
Die auf dem Alex putschten,
In der heißen Nacht,
Oktober ’77 –
Da hat es gekracht.

2
Nieder mit den Bullen!
Hört man hier und dort.
Russen raus aus Deutschland!
Und die Bonzen fort!
Was viele hier schon denken,
Sie riefen’s ungeniert.
Gefährlich für die Herren,
Das hab’n die schnell kapiert.

3
Sie schickten ihre Bullen,
Armee war auch dabei.
Für alle war befohlen
Heute Knüppel frei!
Auch die so heimlich tuen,
Man sah sie schon von fern,
Die Spitzel von der Staasi
Notierten für die Herrn.

4
Dann in der Keibelstraße[7],
Da sah erst mancher ein,
Der Terror hat Methode,
Das muß System hier sein!
Und Knast bis zu vier Jahren
für eine Prügelei,
Das macht sogar Naive
Von Illusionen frei.

5
Das sei hier Sozialismus –
Was für ein Betrug!
Von Erichs faulen Phrasen
Haben wir genug.
Sie protzen und sie prassen,
Nenn' sich noch rot dabei.
Erst wenn wir sie verjagen,
Die Macht hier wieder haben,
Dann sind wir wieder frei!"{51}

„*Planrückstände abgewälzt*
Im letzten Monat des alten Jahres verlief die Produktion bei uns sehr hektisch, und die Zeitvorlagen wurden immer geringer. Das war nichts Neues. Am Jahresende muß nochmal die letzte Kraft aufgeboten werden, um vom Plan zu retten, was zu retten ist. Von oben wird gedrückt, gefleht und um ‚Verständnis' gebeten. In meinem Betrieb sah das so aus, daß einzelne Abteilungen der Endmontage den ganzen Dezember hindurch mehr als zehn Stunden arbeiten mußten. In anderen Abteilungen wurden die Pausenzeiten so verschoben, daß kontinuierlich gearbeitet wurde. In fieberhafter Eile wurde die Produktion umgestellt. Im Betrieb munkelte man, daß die diesjährigen Planrückstände alles Bisherige übertrafen. Die Betriebsleitung beschloß, im Plan vorgesehene aber wenig gewinnbringende Aufträge fallenzulassen. Dagegen wurden Erzeugnisse, die im Plan '79 nicht vorgesehen waren, vorgezogen. Sehr einträgliche Finalprodukte waren eher geeignet, den Betrieb aus den ‚roten Zahlen' zu bringen als billige Verpflichtungen den Kooperationspartnern gegenüber. Man wälzte also die Planrückstände, die in meinem Betrieb durch diese Produktionsverschiebungen zum Teil überwunden werden konnten, auf die Kooperationspartner ab. Dieses Verhalten und unsere eigenen Schwierigkeiten bei der Planerfüllung wurden dagegen mit nicht termingerechten Zulieferungen anderer Kooperationspartner ‚gerechtfertigt'. Welch ein Glück für alle, die Prämie ist gesichert – hieß es dann den Kollegen gegenüber. Um die Jahresprämie geht es den Chefs, nicht etwa um die Planerfüllung, schon gar nicht um sortimentsgerechte. Für uns ist die JEP mit den Jahren immer geringer geworden, obwohl wir heute mehr leisten müssen. Die Leiter, vor allem die Herrn von der Betriebsleitung bekommen einen ganzen Batzen mehr als wir. Eben deshalb müssen wir produzieren, was dem Betrieb die ‚wertmäßige Planerfüllung' bringt, nicht das, was die Wirtschaft und die Werktätigen benötigen. (Ein Kollege aus einem elektrotechnischen Betrieb, Berlin.)" {52}

„*(Nichts) neues in puncto Wohnungen!*
Gerade vor den Kommunal‚wahlen' am 20. Mai klopften sich unsere Herren mal wieder verstärkt auf die Schulter, wie sozial in diesem Staat angeblich Politik gemacht wird. Da werden wieder die ausgeleierten Phrasen vom ‚Wohnungsbauprogramm als Kernstück des Sozialprogramms', von der ‚auf das Wohl der Werktätigen gerichtete Wohnungspolitik' gedroschen. Daß diese Parolen ein einziger Betrug sind, weiß heutzutage jeder. Nehmen wir nur vier Beispiele, längst nicht die krassesten.

Gegenwärtig wohnen allein im Berliner Stadtbezirk Friedrichshain nach Auskunft des dortigen Wohnungsamtes über 100 Familien mit vier Personen und mehr als tausend Familien mit drei Personen in Einzimmerwohnungen. Dabei ist die Situation in anderen Berliner Stadtbezirken wie Prenzlauer Berg oder Mitte noch schlechter. Und in anderen Großstädten wie zum Beispiel Leipzig sieht es nicht anders aus.

Besonders schlecht dran sind auch Absolventen der Hoch- oder Fachschulen, die vielfach mit Familie nach dem Studium ohne Wohnung dastehen. In Berlin ist es verbreitete Praxis, daß Absolventen möblierte Zimmer mieten und für ein Zimmer gezwungenermaßen Mieten von 90 bis 120 Mark monatlich zahlen. Skrupellose Leute schlagen heutzutage aus der Vermietung von Zimmern oder sogar Zweitwohnungen monatlich Hunderte, teilweise über tausend Mark heraus. Der Arbeiter- und Bauernstaat unternimmt dagegen nichts Im Gegenteil. Er öffnet diesen widerlichen Geschäftemachern, die aus der Notlage der Absolventen Profit herausschinden, Tür und Tor. 15 Mark pro Bett und Nacht sind gesetzlich zulässig. Auch hier zeigt sich: wir leben wieder in einem kapitalistischen Staat. Wo die Höhe der Mieten zunehmend durch das Verhältnis von Angebot und Nachfrage bestimmt wird, wo skrupellose Geschäftemacherei blüht, da kann vom Sozialismus keine Rede mehr sein.

Obendrein sind die Wohnbedingungen für die betroffenen Absolventen oft ein Skandal. Sie müssen wie in der Studentenzeit mit mehreren anderen auf einem Zimmer hausen. Junge Frauen sind der Belästigung durch den Vermieter ausgesetzt, weil sie in Durchgangszimmern wohnen müssen oder weil diese sauberen Typen Zweitschlüssel zur Wohnung einbehalten. Welch ein Trost für uns, daß wenigstens nicht alle Mitglieder unserer ‚Menschengemeinschaft' diese Sorge kennen. Für die Bonzen, für die Neureichen und Privilegierten gibt es in der Tat keine Wohnungsprobleme.

Nicht nur, daß die hohen Tiere ihre Villen und Datschen haben. Auch die Kinderschar will gut versorgt sein. Da bekommen Tochter und Schwiegersohn vom Minister-Papa zur Hochzeit die Wohnungsschlüssel für die Vollkomfortwohnung. (‚Kleines Präsent von mir, nicht der Rede wert …'). Da bewohnt der Sohnemann des Herrn General ein Luxusappartment in der Leipziger Straße in Berlin. – Längst keine Ausnahme mehr.

Daß die Herren, die in diesem Staat über Macht und Einfluß verfügen, ihre Kinder mit Wohnungen ‚versorgen' und sich einen Dreck darum scheren, ob die Kinder ‚an der Reihe' sind, ist heute Durchschnitt. Denn nicht wir Werktätigen, sondern die haben eben in diesem Staat die Macht – und da sind sie immer ‚an der Reihe' …

Doch auch andere wertvolle Mitglieder unserer Gesellschaft können ihr Glück machen. Man muß zum Beispiel nur ehemaliger Eislaufstar wie Gaby Seyfert sein. Dann kann man wie sie ein Sechzimmerhaus in Berlin-Carow bewohnen. Auch ohne Kinder. Wobei das Häuschen, ursprünglich für Diplomaten vorgesehen, von einer dänischen Firma gebaut wurde, die nicht so frei war, dafür Mark Ost zu nehmen. Und da dieser Staat schließlich sozial denkt, überließ man den Seyferts das Haus ohne Barzahlung.

In der Wohnungsfrage offenbart sich wie in unserem gesamten Alltag: Durch unsere angeblich sozialistische Gesellschaft geht ein tiefer Riß, ein Graben, der sich ständig mehr verbreitert. Auf der einen Seite die Mächtigen in diesem Staat, die neuen Herren, denen so gut wie nichts unmöglich ist. Und eine ganze Schicht von Privilegierten, die, wie die höchsten Spitzen in Partei und Staat, auf dem Rücken der Werktätigen, von ihrer Arbeit leben. Auf der anderen Seite wir, die einfachen Leute, die hier auf keinen grünen Zweig kommen. Und speziell in der Wohnungsfrage zeigt sich, was von der ‚sozialistischen Demokratie' zu halten ist. Glaubt denn irgendjemand im Ernst, daß einer von den ‚Volksvertretern', die wir am 20. Mai bestätigen sollen, gegen einen General oder Minister ankommen kann, der seinem Sohn durch Schiebung eine Wohnung verschafft. Wo die Interessen der hohen Tiere anfangen, da hört die ‚Macht' der ‚Volksvertreter' auf.

Trotzdem möchten wir allen Werktätigen raten, die Zeit der Wahlen auszunutzen, verstärkt Druck auf unsere Herren auszuüben. Wenn wir breit unserer Unzufriedenheit Ausdruck geben, zum Beispiel auf Wahlversammlungen die unmögliche Situation bei Versorgung, Wohnungen und Kinderkrippen zur Sprache bringen, dann kommen vielleicht wenigstens einige kleinere Verbesserungen für uns heraus. Die Erfahrung hat gezeigt: Ohne Druck von unten läuft für uns in diesem Staat überhaupt nichts.“ {53}

„*Neues von der Versorgungsfront*
Das Anstehen ist wieder groß in Mode gekommen. Vor einigen Wochen reisten in der Idunastraße in Berlin Pankow die Cleversten schon drei Tage vorher an – mit Wohnwagen –, um in die Bestellisten für Fliesen zu gelangen. Freitagabend waren die Ersten da, am Sonnabend waren es schon Hunderte, die sich ‚eingereiht‘ hatten. Erst am Montagfrüh sollte wie üblich aufgemacht werden. Doch um dem Ansturm begegnen zu können, öffnete die Baustoffversorgung in der Idunastraße bereits am Sonntagnachmittag.
Eine ähnliche Überraschung erlebten die Bürger, die sich anstellten, um den Bestelltermin für Sanitärkeramik in der Baustoffverarbeitung Wuhlheide, ebenfalls an einem Montag vor einigen Wochen, wahrnehmen zu können. Schon an Freitag zuvor wurde frei in den verschiedenen Farben gekauft.
Gut beraten, wer täglich Buschfunk hört. Ob es auch bei uns noch so weit kommt, daß wie im jugoslawischen Belgrad ein Sender eingerichtet wird, der seine ureigenste Aufgabe darin sieht, die Hörer zu informieren, was es gerade in welchem Stadtteil der Hauptstadt zu kaufen gibt? Jedenfalls, was Schiebereien, Wucherverkäufe von knappen und begehrten Artikeln wie eben zum Beispiel Fliesen, Sanitärkeramik gibt, können wir mit Jugoslawien sicher schon konkurrieren. Eine etwas abnorm ‚entwickelte sozialistische Gesellschaft‘.“ {54}

„Die Preise ziehen an
Die Versorgungslage wird chaotisch

Die kritische Versorgungslage hält an und verschlechtert sich noch. Extrem unkontinuierliches Angebot sowohl bei den ‚1000 kleinen Dingen‘ wie bei vielen hochwertigen Konsumgütern – das ist bereits seit einigen Jahren Alltag. Neu ist, daß Engpässe zunehmend auf Artikel übergreifen, die ganz einfach lebensnotwendig sind.
Das Grundnahrungsmittel Fleisch ist derzeit in der ganzen Republik Mangelware. In vielen Gegenden wird nur noch ein bis zwei Tage in der Woche Fleisch verkauft. In Altenburg zum Beispiel gab es wochenlang gar keins, in Hennigsdorf wurde es rationiert. Rindfleisch ist zur Rarität geworden.
Konnte man noch voriges Jahr die Waschmaschine seiner Wahl kaufen, wird man heute von seinen Kollegen zu einem Vollautomaten wie zu einem Fünfer im Lotto beglückwünscht. Der Gipfel: Im April waren im Centrum-Warenhaus Berlin sogar WM 66 knapp.
Gekörntes Spee ist ja schon lange rar. Aber mancherorts gab es jetzt zeitweise gar keine Waschmittel mehr. In Dörfern und Kleinstädten Thüringens wurden sie faktisch rationiert. In einem Ort im Bezirk Gera zum Beispiel mußte ein kleines Päckchen Spee für eine vierköpfige Familie mit Baby zwei Wochen reichen.
Offensichtlich, daß diese Mißstände nicht auf Schlamperei und Unfähigkeit des örtlichen Handels zurückzuführen sind. Lächerlich auch die Parolen, die Misere sei großenteils Ergebnis von Hamsterkäufen. Klar legt sich jetzt mancher ein Paket Waschmittel zurück. Doch das kann höchstens eine geringfügige Verschärfung bringen.

Die Zange Moskaus
In Presse und Medien wird die schlimme Lage absichtlich verschwiegen oder verharmlost. Da ist die Rede von der Notwendig-{55}keit verstärkten Exports angesichts weltweiter Preisexplosion bei Rohstoffen. Vertuscht wird dabei, daß ja vor allem der ‚große Bruder‘ das von westli-

chen Multis geschaffene Preisniveau ausnutzt, um der völlig abhängigen DDR überhöhte Preise für Erdöl und andere Rohstoffe zu diktieren. Von Moskau in die Zange zwischen hohen Rohstoffpreisen und gedrückten Preisen für Finalerzeugnisse genommen, muß die DDR immer mehr ..." {56}

„*Der Wohnungsbau dient der Ausbeutung der Werktätigen*
Er ist hochqualifizierter Dreischichtarbeiter, Wartungsmechaniker, sie ist Verkäuferin. Das zweite Kind ist 1/4 Jahr alt. Sie wohnen seit vier Jahren mit den Eltern in einer Zweieinhalb-Zimmer-Wohnung. Sie gehen jeden Dienstag zum Wohnungsamt und bekommen dort zu hören: ‚Ja, Sie sind ein Dringlichkeitsfall, aber davon haben wir viele. Wir versuchen, Sie nächstes Jahr zu versorgen – zwei Zimmer eventuell mit Außentoilette.' Sicher ein Härtefall, aber eine Ausnahme? Nach offiziellen Angaben leben 34 Prozent der DDR-Bevölkerung in schlechten bzw. unzumutbaren Wohnverhältnissen. Allein in Berlin gibt es 80.000 Wohnungsanträge. In anderen Großstädten bewegen sich die Zahlen in ähnlichen Größenordnungen. Wenn Wohnungsanträge reden könnten, sie würden viel erzählen von der Wohnungsnot hier und heute – in der DDR 1978.

Die Situation auf den Wohnungsämtern wird immer kritischer, die Stimmung unter den Werktätigen immer unzufriedener. Bisher sahen sich die Bonzen gezwungen, den seit Jahren vernachlässigten Wohnungsbau zu forcieren. Sie verkündeten stolz: Seit 1971 sind 750.000 Wohnungen gebaut worden. Aber das ist doch nur ein Tropfen auf den heißen Stein und kann die allgemeine Wohnungsnot nicht mal lindern. Immer mehr Leute ziehen in die Großstädte, weil der Unterschied zwischen Stadt und Land ständig wächst. Die Zahl der Kinder nimmt, wie vom Staat gewünscht, kontinuierlich zu.

Während noch vor ein paar Jahren eine vierköpfige Familie mindestens eine Dreiraumwohnung, im allgemeinen mit Bad, zugewiesen bekam, so muß sie sich heute nach fünf bis acht Jahren Wartezeit wie oben mit zwei Zimmern, oft sogar mit Außentoilette begnügen. Glück haben da die Räumungsmieter, sie sind nahezu die einzigen, die auf dem Wohnungsamt Forderungen stellen können. Aber nur nahezu die einzigen – die Oberschicht, falls sie überhaupt das Wohnungsamt in Anspruch nehmen muß, darf selbstverständlich ihre Ansprüche geltend machen. Müssen doch die Ministerkinder, wenn sie heiraten, wissen, wohin; und ein bißchen Komfort möchte auch dabei sein. Und wer einen Minister oder eine Tante eines Ministers kennt, kann das ebenfalls ausnutzen. Vitamin B ist auch auf dem Wohnungsamt das Allheilmittel. Daß es dabei nicht geblieben ist, kann man an den zahlreichen Personalumbesetzungen auf den Wohnungsämtern erkennen.

Hat man schon all die Jahre dem Wohnungsneubau zu wenig Aufmerksamkeit geschenkt, so wurde die Erhaltung und Verbesserung der Altbauten erst recht vernachlässigt. Darüber können auch die Rekonstruktionen am Berliner Antonplatz und der Fassadenputz an der Schönhauser Allee nicht hinwegtäuschen.

So wohnen die meisten Werktätigen heute noch in den Mietskasernen der ‚Blütezeit' des Kapitalismus, nur daß die Häuser inzwischen stark gelitten haben. Kann man einer Familie, in der Mann und Frau im Durchschnitt zehneinhalb Stunden außer Haus sind, in zunehmendem Maße Dreischicht arbeiten, überhaupt noch eine solche Wohnung zumuten? Wann soll man die Kachelöfen heizen, die die Stube erst nach 2 Stunden warm machen? Wie soll man eine vollautomatische Waschmaschine anschließen, wenn die Elektroanlage total veraltet ist? Wo soll sich in der kurzen Zeit, die dafür zur Verfügung steht, die ganze Familie waschen, wenn kein Bad vorhanden ist? Dabei sind das noch nicht die schlimmsten Probleme. Ehescheidungen, psychische Schäden als Folgeerscheinung zeigen, daß solche Lebensverhältnisse nicht mehr zur Reproduktion der Arbeitskraft ausreichen.

Was den Komfort betrifft, sind die Neubauten den heutigen Bedürfnissen natürlich besser angepaßt. Aber sehen wir uns doch mal so eine Wohnung im vielgepriesenen neunten Stadtbezirk von Berlin an. Nach einer Tafel in Springpfuhl hat eine Zweieinhalb-Zimmer-Wohnung, die im

günstigsten Falle von drei Personen bezogen wird, 60 Quadratmeter. Davon sind 45 Quadratmeter reine Wohnfläche, also 15 Quadratmeter pro Person. Selbst die Kapitalisten im Westen billigen ihren Arbeitern 20 Quadratmeter als optimal zu. Das heißt in unseren besten Neubauten für Werktätige betrügt man je Person um 5 Quadratmeter. Vergleicht man größere Wohnungen mit Zweiraumwohnungen, so stellt man fest, daß sich die Quadratmeterzahl nur geringfügig erhöht, dafür sind die Zimmer kleiner ⊗ unleserlich ⊗ {57} im Kinderzimmer Bett und Schrank, kann man sich kaum noch umdrehen.
So spart der Staat wie jeder Kapitalist an den Wohnungen seiner Arbeiter so gut er kann. Was dabei herauskommt, sind moderne Mietskasernen mit eintönigen Fassaden, Satellitenstädte westlichen Musters mit geringen Einkaufs- und Erholungsmöglichkeiten. Und das Niveau der Wohnungen sinkt ständig, obwohl die Miete gleichbleibt. So werden Lichtleitungen nicht mehr unter Putz verlegt, wo man doch in jeder Altbauwohnung versucht, die häßlichen Kabel in der Wand verschwinden zu lassen. In den Badzellen spart man das Ausfliesen. Auf Gasherde und -boiler verzichtet man ganz, dadurch spart man auch die Gasleitung. Sollen die Arbeiter doch nachts baden, wenn am Tag nicht genug heißes Wasser vorhanden ist. Nur schnell fertig werden, so lautet die Devise. Da wird gepfuscht und geschludert, Auf Kosten der Qualität und der Sicherheit. Zwei schiefe Gleitkerne standen in der Lenin-Allee lange herum, schließlich hat man doch ein Haus daraus gebaut … Es wird schon nichts passieren.
Die beste Sparquelle stellen für den Staat jedoch die AWG[8] dar. Da wird in der Zeitung die ‚Erfolgsmeldung' gebracht, daß in diesem Jahr 44 Prozent der Neubauwohnungen AWG-Wohnungen sind. Die Bonzen nutzen dabei demagogisch aus, daß die meisten von uns die AWG positiv bewerten, weil sie oft den letzten Rettungsanker darstellen. Trotzdem wissen wir ganz genau, wie wir dabei übers Ohr gehauen werden. Bevor man eine AWG-Wohnung erhält, muß man rund 4.100 Mark auf den Tisch blättern, einschließlich der Eigenleistungen. Die Miete ist später nur wenig geringer als die KWV-Miete. Ein Kollege zahlt zum Beispiel für eine Drei-Zimmer-Wohnung 112 Mark. Sein Bruder zahlt für die gleiche Wohnung bei der KWV 128 Mark (beide verdienen etwa das Gleiche und haben beide zwei Kinder). So wird man also über die AWG gezwungen, dem Staat für den Wohnungsbau einen langfristigen Kredit zu geben und außerdem seine kostbare Freizeit zur Verfügung stellen. Das kann so leicht kein Kapitalist verlangen.
Bereits 1963 wurde uns auf dem VI. Parteitag versprochen: ‚Die Partei widmet ihre Kraft der Aufgabe, alle Werktätigen ausreichend mit Wohnraum zu versorgen …'. Ja, versprechen und uns über Jahrzehnte vertrösten, das können die Bonzen gut. Wahr geworden ist nichts davon. Im Gegenteil, die Wohnungssituation hat sich verschlechtert, man muß heute im Durchschnitt zwei Jahre länger warten als 1965. Auf dem VIII. Parteitag wurde die ‚spürbare Verbesserung der Wohnverhältnisse' auf das Jahr 1980 verschoben. Da müssen sich die Bonzen aber beeilen, wenn sie es noch schaf-{58}fen wollen. Man könnte laut lachen, wenn es nicht so traurig wäre.
Sie bauen Protzpaläste, bei denen an nichts gespart wird. Milliarden geben sie aus, um Berlin in ein schillerndes Repräsentationszentrum zu verwandeln, mit dem sie für sich Reklame machen können. Sie richten sich Luxusvillen ein wie Onassis und nehmen obendrein noch sogenannte Arbeitswohnungen in Anspruch. So verschwenden sie die von uns erarbeiteten Gelder.
Wie lange sollen wir noch im Dreck leben? Schon jetzt schätzen viele Fachleute ein, daß auch bis 1990 das Wohnungsproblem nicht gelöst wird, wie im ‚Wohnungsbauprogramm' versprochen. Und selbst wenn es geschafft würde, ist dann tatsächlich ‚das alte Ziel der Arbeiterbewegung' Wirklichkeit geworden? Wie werden wir dann leben? Eingepfercht in Wohnsilos, die gerade noch das Fernsehen ermöglichen (vorausgesetzt, der Nachbar will nicht schlafen), Betonwüsten, in denen man sich nicht wohlfühlen kann.
Wurde 1963 im damaligen Programm der SED noch versprochen: Städte und Wohnsiedlungen … sind … als rationelle komplexe Einheit von Betrieben, Wohnvierteln, sozialen und kulturellen Einrichtungen, Versorgungs- und Dienstleistungsbetrieben usw. zu projektieren, die günstige Bedingungen für die Arbeit, für das gesellschaftliche Leben und die Erholung gewährleis-

ten', so sollen wir uns heute begnügen, wenn ,durch den Wohnungsbau in wachsendem Maße Einfluß genommen wird auf eine hohe Wohnkultur, eine sinnvolle Freizeitgestaltung und die Gemeinschaftsbeziehungen', wenn ,der Wohnungsbau verbunden wird mit der Schaffung rationeller Verkehrs-, Versorgungs- und Betreuungseinrichtungen' (aus dem Programm der SED von 1976). Diese Gummiformel wird durchaus erfüllt, wenn sie uns eine Kinderkrippe, eine Kaufhalle und eine Gaststätte ins Wohngebiet setzen.
Sollen wir der Honecker-Clique nun danken, weil sie uns ein paar Wohnungen mehr baut, die dafür noch weit unter Niveau liegen, das selbst die westlichen Kapitalisten ihren Werktätigen bieten? Ob Ulbricht oder Honecker, die sind doch alle von einem Schlage. Sie können sich drehen und wenden wie sie wollen, ihre kapitalistische Wirtschaft beutet selbst die einfachsten Bedürfnisse der Werktätigen aus, damit sie um so luxuriöser leben können. Die Wohnungsfrage ist bei uns heute wie im Westen eine Klassenfrage, die nur durch den Sturz der Ausbeuter gelöst werden kann.
(Aus ,Roter Morgen', Ausgabe der Sektion DDR, Januar 1979)." {59}

„Ein Flugblatt aus Rostock
,Realität in unserer Stadt'
Nachstehend veröffentlichen wir ein Flugblatt, das von Genossen der Sektion DDR unserer Partei in Rostock verbreitet wurde. Die Genossen greifen in ihrem Flugblatt nicht nur eine Reihe von Problemen auf, die sich für die Werktätigen in der Ostseestadt stellen. Sie zeigen auch die Notwendigkeit und die Wege des Kampfes gegen die Ursachen dieser Probleme.
Welche werktätige Familie in Rostock kennt nicht die gegenwärtigen Alltagsprobleme, die unser Leben immer mehr belasten?

Haushaltstag für frisches Obst und Gemüse nehmen?
Um frisches Obst und Gemüse zu bekommen, wenn es was gibt, muß man quasi einen Haushalts- oder Urlaubstag nehmen, da es meist nur vormittags verkauft wird. Und wenn man nachmittags Glück haben sollte, dann muß man nach der Arbeit noch eine halbe Stunde Anstehen in Kauf nehmen. Allgemein ist das Warenangebot schlechter geworden, sind viele Dinge, die wir zum Leben brauchen, Mangelware. Ob Waschmaschine, Handtücher, Trabiersatzteile oder die berühmten ,1000 kleinen Dinge' – überall Engpässe.

Vorbildliches Gesundheitswesen?
Eine Geschichte, die sich vor einiger Zeit zugetragen hat: Ein Kollege bekam einen Arzttermin für einen Verbandswechsel. Als er in der betreffenden Abteilung der Poliklinik erschien, wurde ihm gesagt, es sei ,kein Verbandszeug in der Abteilung'. Er mußte gehen.
Die ärztliche Betreuung in den Betrieben? Kommt man nicht mit dem Kopf unterm Arm zum Betriebsarzt, dann ist nichts drin mit Krankenschein. Das geht so weit, daß man bei einem gebrochenen Zeh oder Arm lediglich einen Schonplatz bekommt. {60}

Überstunden noch und noch
In der Neptunwerft gibt es dieses Jahr schon über 100000 Fehlstunden. Um diese wettzumachen, werden die Kollegen angehalten, Überstunden zu schrubben. Sogar alte Genossen der SED sagen dazu: ,Ohne Überstunden wird nirgendwo mehr der Plan erfüllt. Verweigerst du die Bereitschaft, Überstunden zu machen, dann bist du kein ,bewußter Staatsbürger'. Und dann stimmt auch dein Geld nicht!' Offen kann das natürlich niemand sagen. Müßte es denn nicht so sein, daß die Arbeit in der normalen Arbeitszeit geschafft wird?

Was zeigt das Kuba-,Freundschaftstreffen'?
Jetzt soll Ende August ein ,Freundschaftstreffen' mit kubanischen Jugendlichen stattfinden. Wie üblich bei solchen organisierten ,Volksfesten' geschieht nun binnen kürzester Frist, was jahrelang versäumt wurde. Plötzlich gewaltige Aktivität, wo sonst völlig Ebbe herrscht.

Da werden z.B. die Fassaden am Thälmann-Platz neu verputzt. Am Boulevard wurde eine Mauer mit Schauvitrinen hochgezogen. Die vielbesuchte Currywurstbude wurden wegen ‚Verunstaltung des Boulevards' weggerissen. Ebenso wurde das Blücherdenkmal und eine Toilette abgerissen usw. Es wird zu den Festivaltagen sicherlich auch mehr Waren, speziell ein besseres Fleischangebot geben – die Kühlhäuser sind übrigens voll. Während es in der letzten Zeit nicht mal in den Verkaufsstellen auf den Werften Fleisch gab. Da fragt man sich:

* Warum geschieht nichts, wenn wir mal den Mund aufmachen, während ein Wink von ganz oben genügt, um alles in Bewegung zu bringen?
* Warum geschieht immer nur denn etwas, wann wieder einmal bei einem ‚Jubelfest' – speziell für den Westen – der ‚reale Sozialismus' erfolgreich demonstriert werden soll?
* Ist denn die Verbesserung des Lebens der Werktätigen nicht Grund genug, um den Mißständen zu Leibe zu rücken, Gelder oder Kapazität zu bewilligen? {61}

Der Sozialismus müßte doch für die Werktätigen da sein. Er müßte sich also doch vor allem im Alltag, im normalen Leben bewähren, und nicht bei der Organisation von ‚Jubelfeiern'! Doch darüber können wir mit den Bürokraten und Bonzen von SED und Staat nicht offen reden. Wer es dennoch tut, wird sofort als ‚Staatsverleumder' verfolgt. Vor allem aber: das hätte gar keinen Zweck!

Denn die Spitzen der SED haben den Sozialismus längst verraten und ihre eigene Herrschaft über das Volk aufgerichtet. Sie haben unsere Probleme nicht, leben wie die Kapitalisten im Westen in Saus und Braus.

Worauf es für uns heute ankommt, ist, daß wir uns gegen die zunehmenden Angriffe der Bonzen auf unser Lebensniveau wehren. Wo es möglich ist, sollte z.B. die zunehmende Überstundenarbeit verweigert werden. Alle gesetzlichen Möglichkeiten (Eingaben, Beschwerden, Betriebsversammlungen) sollten genutzt werden, um den Bonzen klarzumachen, daß sich die Werktätigen nicht alles bieten lassen!

Rostocker Genossen der KPD, Sektion DDR'"

Die übrigen, von dem Zeugen Bo. verfaßten Artikel, Schriften und Flugblätter, die Gegenstand des Urteils waren, hatten einen ähnlichen Inhalt. {62}

4. *Strafverfahren: Aktenzeichen 101a Bs 2/83 = 211-158-82*

gegen die Eheleute Detlef und Rotraut von D., Urteil vom 9. März 1983, in dem wie folgt erkannt wurde:

„Die Angeklagten werden wegen gemeinschaftlicher landesverräterischer Nachrichtenübermittlung – Verbrechen gemäß §§ 99 Abs. 1[9], 22 Abs. 2 Ziff. 2 StGB wie folgt verurteilt:

– Der Angeklagte Detlef von D. zu einer Freiheitsstrafe von 2 – zwei – Jahren und 10 – zehn-Monaten,
– die Angeklagte Rotraud von D. zu einer Freiheitsstrafe von 2 – zwei – Jahren und 4 – vier – Monaten."

Die Gründe des Urteils lauten wie folgt: {63}

„Der zur Tatzeit 38jährige Angeklagte Detlef von D. entstammt einer Arbeiterfamilie. Nach dem Besuch der Oberschule legte er 1962 sein Abitur ab und erwarb gleichzeitig den Facharbeiterbrief als Landwirt. Anschließend absolvierte er noch eine Lehre als Maurer, ehe er 1963 ein Studium an der Technischen Hochschule Magdeburg aufnahm. Obwohl er 1965 versucht hatte, das Staatsgebiet der DDR auf ungesetzliche Weise zu verlassen, konnte er nicht nur 1968, zwei Jahre nach seiner Haftentlassung, ein anderes Studium an der Ingenieurschule für Bauwesen beginnen und dann fristgerecht abschließen, sondern an der Hochschule für Architektur und Bau-

wesen Weimar in der Fachrichtung Tiefbau ein Fernstudium absolvieren, wodurch er den akademischen Grad eines Diplom-Ingenieurs erwarb. Er arbeitete als wissenschaftlicher Mitarbeiter und Projektierungsingenieur bei der Bauakademie der DDR, im Rundfunktechnischen Zentralamt und seit 1981 im Werk für Fernsehelektronik Berlin.
Die 35jährige Mitangeklagte und Ehefrau des Obengenannten erlangte ihre Hochschulreife 1967 gleichzeitig mit dem Erwerb des Facharbeiterbriefes als Maurer. Noch im gleichen Jahr nahm sie ein Studium an der Ingenieurschule für Bauwesen, Fachrichtung Hochbau in Berlin auf, welches sie 1970 erfolgreich beendete. Sie war danach als bautechnischer Oberrevisor in der Zentrale der Bank für Landwirtschaft, als Leiter für Investition und Werterhaltung im Maxim-Gorki-Theater und seit 1977 als Bauleiter in der KWV Berlin-Treptow beschäftigt.
Der Angeklagte Detlef von D. ist seit langem mit dem BRD-Bürger Holmer H. gut bekannt. Von ihm ließen er und die Mitangeklagte sich Hinweise geben über von ihnen zu entwickelnde Aktivitäten, um aus der DDR-Staatsbürgerschaft entlassen zu werden.
Unter dem Datum vom 25.5.1982 verfaßte der Angeklagte ein inhaltlich von der Mitangeklagten gebilligtes und von ihr in Reinschrift mit Durchschlägen hergestelltes Schreiben an {64} den Rat des Stadtbezirkes Treptow. Darin formulierten sie ihren Anspruch auf Entlassung aus der Staatsbürgerschaft und begründeten diesen mit sich angeblich aus dem Völkerrecht herleitenden Pflichten des Staates. In Übereinstimmung mit den Entstellungen des Völkerrechts durch die Drahtzieher der Menschenrechtsdemagogie beriefen sie sich auf Artikel 12 Abs. 2 der Internationalen Konvention über die zivilen und politischen Rechte, konstatierten im Gegensatz zur Verfassung der DDR und ihrer Praxis einen unüberbrückbaren Gegensatz zwischen der sozialistischen Gesellschaftsordnung und Bürgern christlicher Bindungen, behaupteten, einer ‚ständigen seelischen Qual‘ ausgesetzt zu sein und anderes mehr. Dieses Schriftstück versahen sie mit ihrer beider Unterschriften und sandten es dem Adressaten zu. In der daraufhin am 29.6.1982 mit ihnen beim Rat des Stadtbezirkes durchgeführten Aussprache wurde ihnen unmißverständlich die Ablehnung ihres Begehrens mitgeteilt.
Anstatt diese staatliche Entscheidung zu respektieren, verfaßte der Angeklagte im Einvernehmen mit seiner Ehefrau unter dem Datum vom 15.7.1982 ein weiteres Schreiben an den Rat des Stadtbezirkes, in welchem sie ihr Ansinnen nicht nur wiederholten, sondern einen Gegensatz zwischen der von der DDR ratifizierten UNO-Konvention vom 16.12.1966 und der Realität in der DDR konstruierten und verbrämt die Verletzung völkerrechtlicher Bestimmungen durch die DDR behaupteten.
Einem Rat des H. folgend suchten die Angeklagten gemeinsam am 28. September 1982 die Ständige Vertretung der BRD in der Deutschen Demokratischen Republik auf, um dort Unterstützung für ihr Vorhaben zu gewinnen. Von einem verantwortlichen Mitarbeiter dieser Einrichtung wurden sie darauf orientiert, über Verwandte Verbindung zum sogenannten Bundeshaus in Berlin (West) oder dem Bundesministerium der BRD für ‚innerdeutsche Fragen‘ herzustellen. Einer Aufforderung durch ihn folgend entnahm der Angeklagte seinem mitgeführten Hefter mit Unterlagen und Ausarbeitungen zu dieser Problematik je einen Durchschlag der Schreiben vom 25. Mai und vom 15. Juli {65} 1982 und händigte diese aus. Sie sollten über die Ständige Vertretung dem genannten Ministerium zugeleitet werden.
Für den 23. Oktober 1982 erwarteten die Angeklagten den Besuch von der BRD-Bürgerin Gerda S., Tante der Angeklagten Rotraut von D. Sie beabsichtigte der Angeklagte, mit der Weiterleitung von Informationen an das Bundesministerium zu beauftragen.
Am Vorabend des Besuches formulierte der Angeklagte einen Schriftsatz und sprach dessen Inhalt mit der Mitangeklagten ab. Sie waren sich darin einig, die fixierten Angaben über die BRD-Bürgerin weiterleiten zu lassen. Als der Angeklagte mit Gerda S. darüber sprach, erklärte sie sich einverstanden, forderte jedoch die Aushändigung eines Schriftstückes, weil sie sich nicht auf die mündlich gemachten Angaben verlassen wollte.

Nach dem Entwurf vom Vorabend stellte er handschriftlich ein knapp der A 4 Seiten umfassendes Schriftstück her, in welchem er behauptete, er und seine Familie würden auf Grund ihrer christlichen Gebundenheit in ihrer persönlichen und beruflichen Entwicklung beeinträchtigt, hätten deshalb am 25.5.1982 ihre Ausreise aus der DDR beantragt, sich dabei auf das Staatsbürgerschaftsgesetz berufen sowie auf Artikel 12 der UNO-Konvention vom 16.12.1966, jedoch keinen Erfolg gehabt. Er machte Mitteilungen über die mit ihnen beim Rat geführte Aussprache nebst deren Teilnehmern und nannte die Daten weiterer sogenannter Anträge. Er ersuchte um ‚Hilfe und Unterstützung' und nannte die Familie S. als Kontaktpersonen, und machte schließlich detaillierte Angaben zur Ausbildung und beruflichen Tätigkeit von sich und der Mitangeklagten.
Dieses Schreiben wurde bei einer Zollkontrolle am Grenzübergang bei der BRD-Bürgerin S. aufgefunden und zurückbehalten.
Dieser Sachverhalt ist das Ergebnis der Beweisaufnahme und beruht auf den Geständnissen der Angeklagten sowie den vorliegenden Schriftstücken. {66}
Danach steht fest:
Die Angeklagten machten sich der gemeinschaftlich begangenen landesverräterischen Nachrichtenübermittlung schuldig, indem sie

- am 28. September 1982 die in den Schreiben vom 25.5. und 15.7.1982 enthaltenen, nicht der Geheimhaltung unterliegenden Informationen an die Ständige Vertretung der BRD in der Deutschen Demokratischen Republik auslieferten und
- am 22./23. Oktober 1982 gleichgeartete Nachrichten für das BRD-Bundesministerium für ‚innerdeutsche Fragen' sammelten.

In beiden Fällen handelt es sich bei den Adressaten um Einrichtungen einer fremden Macht im Sinne des § 97 StGB[10].
Informationen über den Schriftverkehr mit Staatsorganen der DDR einschließlich der darin enthaltenen Diffamierungen und Entstellungen der Lebensverhältnisse in der DDR sowie Hinweisen auf die Arbeitsweise der Behörde bei der Entscheidung in Staatsbürgerschaftsfragen sind Nachrichten im Sinne des § 99 StGB, deren Übergabe einen Nachteil für die Interessen der Deutschen Demokratischen Republik darstellt.
Somit verwirklichten die Angeklagten objektiv den Tatbestand von § 99 Abs. 1 StGB, und zwar im zweiten Fall in der Alternative des Sammelns. Die Angeklagten hatten die ihnen zur Erreichung ihres Zieles wichtig erscheinenden Nachrichten zusammengestellt zur Übermittlung an das BRD-Ministerium. Damit ist der genannte Tatbestand vollendet, auch dann, wenn das Schreiben nicht aus dem Staatsgebiet der DDR herausbefördert wurde.
Die Angeklagten handelten auch mit dem vom Gesetz geforderten Vorsatz.
Sie wußten eingestandermaßen, daß die Entscheidung über Staatsbürgerschaftsfragen in die alleinige Kompetenz desjenigen Staates fällt, dessen Bürger davon betroffen sind. Das heißt, sie wußten: In Fragen ihrer Staatsbürgerschaft konnten allein staatliche Organe der DDR tätig werden. Deren Ent-{67}scheidung – Ablehnung ihrer Ersuchen – erkannten sie jedoch nicht an, was sie sowohl mit der Wiederholung sogenannter Anträge und deren Wortlaut als auch mit ihrer Hinwendung zu ausländischen Einrichtungen zum Ausdruck brachten. Von ihnen erwarteten sie, daß sie Initiativen entwickelten, um eine Korrektur der getroffenen Entscheidungen herbeizuführen, sich also in die inneren Angelegenheiten der DDR einzumischen. Jede Unterstützung derartiger dem Wortlaut und Inhalt des Grundlagenvertrages zwischen der Regierung der DDR und der BRD sowie der Schlußakte von Helsinki und damit dem Völkerrecht widersprechender Einmischungsversuche beeinträchtigt die staatliche Souveränität der DDR und schädigt damit ihre Interessen.
Dessen waren sich die Angeklagten nicht nur bewußt, sondern sie wollten gerade dieses Verhalten bestimmter Einrichtungen der BRD ausnutzen, um auf diese Weise eine ihnen gemäße Regelung zu erzwingen.

In der Hauptverhandlung erklärten beide Angeklagte, sie hätten keinerlei Strafbarkeit bei ihrem Vorgehen vermutet, eine solche auch vermeiden wollen. Sie hätten gehandelt wie andere, denen erst auf diese Weise Erfolg beschieden gewesen sei.
Diese Motivation steht dargelegten rechtlichen Beurteilungen nicht entgegen. Fest steht, daß sich die Angeklagten gegenüber Vertretern einer fremden Macht als Gegner der sozialistischen Gesellschaftsordnung in der DDR präsentierten und dies mit gezielter Benachteiligung aus Glaubensgründen zu rechtfertigen suchten. Ein solches Vorgehen ist aber eine Interessenschädigung der DDR.
Von der Verteidigung wurde infrage gestellt, daß sich die Angeklagte Rotraut von D. im Zusammenhang mit ihrem Aufenthalt in der Ständigen Vertretung der BRD ebenfalls nach § 99 StGB strafbar gemacht habe, weil die von ihrem Mann vorgenommene Aushändigung der Schreiben auf einer Absprache beruhte. {68}
Fest steht, daß die Angeklagte ihrem Ehemann solche Aktivitäten überließ, die nach außen hin sichtbar wurden. Entgegen der Auffassung der Verteidigung war sie jedoch nicht nur Mitläufer, sondern sah in ihrer Anwesenheit sowohl bei den DDR-Behörden als auch im Verkehr mit ausländischen Einrichtungen die Wahrnehmung ihrer eigenen Angelegenheiten. Sie war vom Inhalt der genannten Schreiben nicht nur oberflächlich informiert, sondern kannte ihn genau aus der Herstellung der Schriftstücke auf der Schreibmaschine. Die darin enthaltenen Entstellungen und Diffamierungen entsprachen ausweislich ihrer Aussagen in der Hauptverhandlung ihrer Zielstellung. Ebenso entsprach es ihrem Entschluß, die Ständige Vertretung aufzusuchen, um ihr Ausreisebegehren durchzusetzen. Hätte sie Einwände gegen die Auslieferung der im übrigen mit ihrer Billigung bereits mündlich übergebenen Nachrichten in Schriftform gehabt, hätte sie dies verhindern können. Daß ihr auch nur Zweifel am Handeln ihres Ehemannes gekommen wären, dafür gab auch ihr Nachverhalten keinerlei Hinweis. Bei dieser Sachlage ist es für die rechtliche Beurteilung unerheblich, wer die Nachrichten enthaltenden Schreiben übergab. Dieses Handeln entsprach zum damaligen Zeitpunkt durchaus dem Wollen der Angeklagten Rotraut von D. Sie ist damit Mittäter – § 22 Abs. 2 Ziff. 2 StGB –.
Die Angeklagten hatten in der Deutschen Demokratischen Republik alle Möglichkeiten, ein Leben in sozialer Sicherheit zu führen und sich gemäß ihren Fähigkeiten und Interessen persönlich und beruflich zu entfalten. Ihnen standen alle Bildungsmöglichkeiten offen und sie machten von ihnen Gebrauch. Anstatt nunmehr ihre Kraft und ihr schöpferisches Vermögen in den Dienst der Gesellschaft zu stellen, die ihnen alles ermöglichte, entschlossen sie sich zum Verrat an ihr. Dabei liierten sie sich mit jenen Kräften, die mit unterschiedlichen Methoden die staatliche Souveränität der DDR bestreiten und das Rad der Geschichte zurückdrehen wollen.
Diese Umstände charakterisieren die Schwere ihrer Verbrechen {69} und das Ausmaß ihrer Schuld.
Zutreffend jedoch ist der Hinweis der Verteidigung, daß im zweiten Fall der Erfolg ihrer Straftat nicht eingetreten ist, weil dies durch die Wachsamkeit der Sicherheitsorgane der DDR verhindert wurde. Diesem Umstand werden die Strafanträge der Anklagevertretung, die für den Angeklagten Detlef von D. eine Freiheitsstrafe von 3 Jahren und 6 Monaten und für die Angeklagte Rotraut von D. eine solche von 2 Jahren und 6 Monaten forderte, nicht gerecht.
Der Senat erkannte deshalb auf eine Freiheitsstrafe von 2 Jahren und 10 Monaten für ersteren und auf eine solche von 2 Jahren und 4 Monaten für die Mitangeklagte.
Einer Einziehung der Schriftstücke durch den Senat gemäß § 56 StGB bedurfte es nicht, da dies nach anderen Rechtsvorschriften erfolgt."

Die Angeklagte wußte, daß die Angeklagten von D. lediglich aufgrund ihres christlichen Glaubens den Wunsch hatten, aus der DDR auszureisen und ausschließlich deswegen von ihren Rechten auf Meinungsäußerung und Eingabe, unter Berufung auf Artikel 12 der UNO-Konvention von 16. Dezember 1966 und der Entlassungsmöglichkeit aus der Staatsbürgerschaft nach dem Staatsbürgerschaftsgesetz der DDR, Gebrauch machten. Ihr war weiterhin bewußt, daß eine Mitteilung von der hier erfolgten Art, über die Wahrnehmung der vorgenannten {70} Rechte und der Ablehnung der Ausreiseanträge, keine Nachricht zum Nachteil der Interessen der DDR sein konnten, da sie nicht geeignet waren, zu Ungunsten der DDR verwertet werden zu können.

5. *Strafverfahren: [Aktenzeichen] 101a Bs 19/83 = 211-49-83*

gegen Helmut St., Urteil vom 19. Mai 1983, in dem wie folgt erkannt wurde:

„Der Angeklagte wird wegen landesverräterischer Agententätigkeit – Verbrechen gem. § 100 Abs. 1 StGB[11] – zu einer Freiheitsstrafe von 2 – zwei – Jahren verurteilt."

In den Gründen wurde zur Verurteilung ausgeführt: {71}

„Der zur Tatzeit 37jährige Angeklagte wurde durch seine Mutter erzogen, weil sein Vater in den 50er Jahren die DDR verlassen hatte. Trotzdem bestand zu ihm ein enger Kontakt, der sich auch auf die Lebensgepflogenheiten des Angeklagten auswirkte. Nach Entlassung aus der 8. Klasse nahm er in Berlin (West) am Sternschen Konservatorium eine musikalische Ausbildung auf, die er im Ergebnis der am 13.8.1961 durchgeführten Grenzsicherung abbrechen mußte. Danach verrichtete er ungelernte Arbeiten, begann nach Aufnahme einer Tätigkeit bei einer GHG eine Ausbildung zum Berufskraftfahrer und war als solcher bis Anfang 1981 tätig.
Der Angeklagte ist geschieden und einem Kinde unterhaltspflichtig.
Nachdem seine Ehe zum zweiten Mal gescheitert war und geschieden werden mußte, und nachdem ihm die Erteilung einer Gewerbegenehmigung als Taxi-Fahrer endgültig versagt worden war, entschloß er sich, die DDR zu verlassen.
Am 15. Dezember 1981 suchte er die Ständige Vertretung der BRD in der Deutschen Demokratischen Republik auf. Dort wurde er einem verantwortlichen Mitarbeiter zugeleitet. dem er seine Absicht mitteilte, in die BRD zu gelangen, um dort ein Taxi-Unternehmen zu betreiben. Er erkundigte sich in diesem Zusammenhang nach den Bedingungen und der Aussicht für den Erhalt einer solchen Konzession. Daraufhin wurde ihm angeraten, zunächst einen Antrag auf Entlassung aus der Staatsbürgerschaft beim zuständigen Rat des Stadtbezirkes zu stellen und diesen mit ‚Familienzusammenführung' zu begründen. Diese Mitteilungen bestätigten ihn in seinen bereits vorhandenen Vorstellungen. {72}
Am 17.12.1981 richtete er ein Schreiben an den Magistrat von Berlin, Abteilung Innere Angelegenheiten, in welchem er ‚einen Antrag auf Ausreise nach Westberlin' stellte und mit dem Bescheid vom 5.10.1981 betreffs Ablehnung einer Gewerbegenehmigung begründete.
Im Mai 1982 wurde mit ihm beim Rat des Stadtbezirks Berlin-Mitte ein Gespräch geführt, bei welchem ihm nicht nur die Ablehnung seines Gesuches mitgeteilt, sondern auch die Rechtslage erläutert wurde. Er unterschrieb eine Belehrung vom 2.5.1982 über die strafrechtlichen Konsequenzen von Gesetzesverletzungen im Zusammenhang mit seinem Vorhaben.
Da er sich dieser staatlichen Entscheidung nicht beugen wollte und er die ihm genannte Gesetzessituation nicht anerkannte, wandte er sich im Juni des gleichen Jahres an das Büro der BRD-Fernsehanstalt ZDF in der Hauptstadt der DDR. Von einer Hetzsendung ausgehend, in der diese Einrichtung ehemalige DDR-Bürger hatte auftreten lassen, verlangte er die Benennung von Gesetzen, auf die er seine Forderung nach Entlassung aus der DDR-Staatsbürgerschaft stützen könne. Daraufhin wurden ihm das Staatsbürgerschaftsgesetz der DDR sowie die UNO-Konvention über zivile und politische Rechte genannt.
Unter dem 5. Juli 1962 verfaßte er nunmehr ein an das Ministerium des Innern der DDR gerichtetes Schreiben, in welchem er seine Entlassung aus der Staatsbürgerschaft forderte und sich auf sogenannte Menschenrechte berief.

Im gleichen Monat wandte er sich telefonisch und schriftlich an die Verwaltung der Stadt Dortmund, um sich zunächst nach den Bedingungen für den Erhalt einer Konzession als Taxi-Unternehmer zu erkundigen und sich danach als Anwärter darauf registrieren zu lassen. An seine Adresse in der Hauptstadt der DDR wurde ihm ein Antwortschreiben geschickt und darin mitgeteilt, daß er unter der Nummer 446 in die Dortmunder Bewerberliste aufgenommen worden sei. {73}
Im Oktober 1962 suchte er erneut die Ständige Vertretung auf. Bei dieser Gelegenheit konnte er sich davon überzeugen, daß im Ergebnis seines ersten Besuches eine Akte über ihn angelegt war, die ein Blatt mit Notizen über sein Anliegen enthielt. Diese forderte der jetzt anwesende Mitarbeiter – dem Angeklagten unter dem Namen C. in Erinnerung – telefonisch an. Ihn informierte der Angeklagte über seine Verhandlungen mit der Stadtverwaltung Dortmund und der erfolgten Registrierung. Er füllte einen zweiseitigen Fragebogen mit Angaben zu seiner Person und den in der BRD bzw. in Berlin (West) lebenden Angehörigen aus, aus dessen Kopfaufdruck er entnehmen konnte, daß er vom Bundesministerium für innerdeutsche Beziehungen herausgegeben und für dieses bestimmt war. Die geforderte Begründung stützte er auf ‚Familienzusammenführung'.
Am 3. November 1982 wurde er durch Angehörige der Kriminalpolizei einer Befragung unterzogen, weil er verdächtig war, einen ungesetzlichen Grenzübertritt über die CSSR vorbereitet zu haben. Im Ergebnis dessen wurde sein Personalausweis einbehalten und ihm eine Identitätsbescheinigung ausgestellt.
Über diese Befragung und ihren Inhalt informierte er seinen in Berlin (West) lebenden Bruder telefonisch am 7.11.1962.
Am 8.11.1982 suchte er neuerlich die Ständige Vertretung der BRD auf. Dabei wies er seine Identitätsbescheinigung vor und gab dem Mitarbeiter C. wahrheitswidrig an, die Erläuterung sei ihm nicht im Zusammenhang mit einer Straftat ausgehändigt worden. Er verschwieg, daß der ihm gegenüber geäußerte Tatverdacht noch nicht beseitigt war.
Ein Ende November unternommener Versuch zur Kontaktaufnahme mit dem genannten Mitarbeiter der BRD-Vertretung scheiterte an dessen Abwesenheit.
Dieser Sachverhalt ist das Ergebnis der Beweisaufnahme und beruht auf dem Geständnis des Angeklagten sowie den vorliegenden Schriftstücken. {74}
Danach steht fest, daß der Angeklagte am 15. Dezember 1981 Verbindung zur Ständigen Vertretung der BRD – der Einrichtung einer fremden Macht – aufnahm und bis zu seiner Inhaftierung am 16. Dezember 1982 aufrecht erhielt – § 100 Abs. 1 StGB –. Er nahm diese Verbindung auf, um sie über seine Absicht, die DDR zu verlassen zu informieren, sich beraten zu lassen und endlich eine seinem Willen entsprechende Entscheidung der DDR-Behörden herbeizuführen.
Der Angeklagte bestritt, eine solche Zielstellung verfolgt zu haben und behauptete, es sei ihm lediglich um den Erhalt authentischer Informationen über die Aufnahmebedingungen für DDR-Bürger und ihre Behandlung angesichts offenkundiger Ausländerfeindlichkeit in der BRD sowie über die Möglichkeiten der Unternehmensgründung gegangen.
Dem steht entgegen, daß der Angeklagte erklärtermaßen wußte, daß die Entscheidung über seine Staatsbürgerschaft allein in die Kompetenz der DDR fällt und Fragen einer künftigen Berufstätigkeit im Ausland für ihn als Bürger der DDR uninteressant waren.
Zur Einholung von Auskünften genereller Art, also nicht seine Person betreffend, benötigte er nicht die Auslandsvertretung der BRD. Diese konnte er bei seinen Brüdern erhalten. Die Art der erwarteten Auskünfte waren für ihn auch nicht von einer solchen Bedeutung, daß er von ihr die Stellung eines Antrages auf Entlassung aus der DDR-Staatsbürgerschaft hätte abhängig machen wollen oder machte. Dies beweist sein bereits seit 1980 bestehender Entschluß zum Verlassen der DDR ebenso wie die Tatsache, daß er einen Tag nach seinem Aufenthalt in der Ständigen Vertretung den genannten Antrag an den Magistrat versandte, obwohl ihm der Mitarbeiter der

Ständigen Vertretung keinerlei sachkundige Aufklärung über seine unternehmerische Perspektive hatte zuteil werden lassen können.
Ihm kam es also darauf an, über diese Anfrage seine Absicht an die Einrichtung der BRD heranzutragen. Daß jene Absicht dort auch erkannt und im dargestellten Sinn interpretiert wurde, beweist die Anlage der Akte. {75}
Entgegen der Auffassung der Verteidigung ist also auch diese erste Handlung im Dezember 1981 tatbestandsmäßig im Sinne des § 100 Abs. 1 StGB, und zwar nicht nur objektiv, sondern auch in subjektiver Hinsicht. Wie seine Hinwendung an eine weitere offizielle Einrichtung der BRD, die Stadtverwaltung Dortmund, beweist, kam es ihm darauf an, seine Anfragen und Bewerbungen bezüglich des Taxiunternehmens zu benutzen, seinen Willen zum Verlassen der DDR publik zu machen und die Anmaßung der Personalhoheit durch Einrichtungen der BRD über DDR-Bürger auszunutzen, um die Entscheidung staatlicher Organe der DDR zu korrigieren. Er setzte auf die völkerrechtswidrige Einmischung der BRD in die inneren Angelegenheiten der DDR, welche immer die Interessen der Deutschen Demokratischen Republik schädigt.
Der Angeklagte hatte in der Deutschen Demokratischen Republik alle Möglichkeiten, sich beruflich und persönlich zu entwickeln, ein Leben in sozialer Sicherheit zu führen und sich ein reales Weltbild zu erwerben. Dem entgegen entschloß er sich zur Begehung des dargestellten Verbrechens. Dabei ging er zielstrebig und auch raffiniert vor. Er handelte über den Zeitraum von mehr als einem Jahr, jedoch nicht mit einer solchen Schwere, die die von der Anklage beantragte Freiheitsstrafe von 2 Jahren und 6 Monaten erfordert. Wie die Verteidigung zutreffend darlegte, ist es Ende November 1982 zu keinem Kontakt mit einem verantwortlichen Mitarbeiter gekommen und die übrigen Zusammentreffen lagen auch recht weit auseinander.
Der Senat erkannte somit unter Berücksichtigung aller Umstände auf eine Freiheitsstrafe von 2 Jahren.“ {76}

Die Angeklagte wußte, daß das Verhalten von Helmut St. lediglich darin bestand, Auskunft über Ausreisemöglichkeit und eine spätere Berufstätigkeit einzuholen und deshalb nicht die Interessen der DDR schädigten konnte.

6. *Strafverfahren: Aktenzeichen 101a Bs 10/84 = 211-65-84*

gegen Dr. Michael Br. Urteil vom 19. April 1984, in dem wie folgt erkannt wurde:

„Der Angeklagte wird wegen landesverräterischer Agententätigkeit in Tateinheit mit Vorbereitung zum ungesetzlichen Grenzübertritt im schweren Fall – Verbrechen gemäß §§ 100 Abs. 1, 213 Abs. 2 und 3 Ziff. 4[12], Abs. 4, 63, 64 StGB – zu einer Freiheitsstrafe von 2 – zwei – Jahren und 6 – sechs – Monaten verurteilt.“

Zur Verurteilung wurde ausgeführt: {77}

„Der 38jährige Angeklagte ist von Beruf Zahnarzt und leitete seit 1978 als Oberarzt die Stomatologische Abteilung im Stadtambulatorium Berlin-Hohenschönhausen. In seiner direkten Betreuung befanden sich ca. 2.500 Patienten.
Aus persönlichen Gründen, die darin bestanden, daß seine Bekannte Sabine H. sich nicht zu einer Heirat mit ihm und zur Abgrenzung von ihrem früheren Ehemann entscheiden konnte, entschloß sich der Angeklagte Ende 1983, die DDR auf ungesetzliche Weise zu verlassen. Dabei hoffte er darauf, daß sich Sabine H. mit ihrer achtjährigen Tochter diesem Unternehmen anschließen würde, anderenfalls er sich auf diese Weise von ihr trennen könnte. In Vorbereitung auf sein Vorhaben fuhr er am 2. Dezember 1983 in seinem PKW ‚Dacia‘, polizeiliches Kennzeichen IKA 0 – 24 nach Prag, um die dortige Botschaft der BRD aufzusuchen und sich hinsichtlich möglicher Methoden der Tatausführung beraten zu lassen. Dort angekommen, gab er

sich zunächst als Bürger der BRD aus und erklärte erst dann den Zweck seines Erscheinens. Den ihm erteilten Rat, einen Antrag bei den zuständigen Stellen in der DDR zu stellen, wies er zurück, da er seine Absichten aus karrieristischen Gründen in seiner Heimat verheimlichen wollte. Im Ergebnis des Gesprächs wurde ihm die Ausstellung von Reisepässen der BRD für sich, Sabine H. und das Kind in Aussicht gestellt. Er füllte darauf gerichtete Anträge aus. {78}
Noch im Dezember 1983 ließ der Angeklagte seine Approbationsurkunde, sein Diplom, seine Urkunden über die Anerkennung als Fachzahnarzt und seine Promotion zum Dr. med. fotokopieren, um diese als Nachweis seiner beruflichen Qualifikation ins Ausland zu verbringen.
Wiederum unter Benutzung seines PKW reiste der Angeklagte am 9. Januar 1984 nach Prag, um absprachegemäß die dortige BRD-Botschaft aufzusuchen. Von dem ihn empfangenden Botschaftsangehörigen wurde ihm das Vorhandensein der Pässe bestätigt. In den für ihn bestimmten befand sich sein Paßbild, als er ihn mit seiner Unterschrift versah. Als Wohnort hatte er Nürnberg angegeben. Danach ließ er die Dokumente in der Diplomatischen Vertretung zur Aufbewahrung für einen noch unbestimmten Zeitraum. Seine Vorstellung war darauf gerichtet, gemeinsam mit seiner Freundin und deren Kind eine Urlaubsreise vorzutäuschen, nach Abholung der Pässe in die UVR zu reisen und deren Staatsgrenze zu Jugoslawien widerrechtlich zu passieren und sich mit den genannten Dokumenten in der SFRJ als BRD-Bürger zu legitimieren. Sollte sich Sabine H. anders entscheiden, wollte er die Tat auch allein ausführen.
Vorstehender Sachverhalt konnte im Ergebnis der Beweisaufnahme festgestellt werden.
Mit seinen Handlungen machte sich der Angeklagte gemäß § 100 Abs. 1 StGB schuldig, indem er als Bürger der DDR Verbindung zur BRD-Botschaft in der CSSR – der Einrichtung einer fremden Macht im Sinne den § 97 StGB – aufnahm, um von dieser Unterstützung bei der Verletzung von Rechtsnormen der Deutschen Demokratischen Republik zu erhalten und dadurch die Interessen der DDR zu schädigen. Gleichzeitig stellt sich dies als Vorbereitung eines ungesetzlichen Grenzübertritts im schweren Fall in der Alternative der Tatbegehung durch – Urkundenfälschung – § 213 Abs. 2 und 3 Ziff. 4, Abs. 4 StGB dar. {79}
Der Angeklagte schuf unter grober Verletzung seiner staatsbürgerlichen Verantwortung mit den von ihm begangenen Straftaten Voraussetzungen dafür, dem Ansehen der DDR im Ausland Schaden zuzufügen. Zum anderen erweist sich sein Verhalten als grober Vertrauensbruch gegenüber seinen Kollegen und der großen Zahl von Bürgern, deren gesundheitliche Betreuung in seine Hände gelegt war.
Angesichts dieser Umstände ist die beantragte Freiheitsstrafe von 2 Jahren und 6 Monaten die gebotene Maßnahme strafrechtlicher Verantwortlichkeit. Für die von der Verteidigung angestrebte mildere Beurteilung ist somit kein Raum."

Die Angeklagte wußte, daß für einen schweren Fall der Vorbereitung eines ungesetzlichen Grenzübertritts in der Variante der Tatbegehung durch Urkundenfälschung (§ 240 StGB/DDR) nach § 213 Abs. 2 und 3 Ziff. 4, Abs. 4 StGB/DDR Voraussetzung war, daß eine unechte Urkunde hergestellt, eine echte verfälscht oder von einer unechten oder verfälschten Urkunde Gebrauch gemacht worden ist und dies nicht der Fall ist, wenn der Aussteller bewußt eine inhaltliche Lüge in die Urkunde aufnimmt. {80}

7. *Strafverfahren: Aktenzeichen 101a Bs 41/85 = 211-251-85*

gegen Thomas R. und Jens Bo., Urteil vom 17. Januar 1986, in dem wie folgt erkannt wurde:

„Der Angeklagte R. wird wegen mehrfachen vollendeten, versuchten und vorbereiteten staatsfeindlichen Menschenhandels – Verbrechen gem. § 105 Abs. 1 Ziff. 2[13], Abs. 2, 44 Abs. 2 StGB – und wegen Vorbereitung zum ungesetzlichen Grenzübertritt im schweren Fall – § 213 Abs. 1

und 3 Ziff. 4 und 6, Abs. 4, 63, 64 StGB – unter Freispruch im übrigen – zu einer Freiheitsstrafe von 9 – neun – Jahren verurteilt.
Die mit Beschluß des Bezirksgerichts Schwerin vom 21. September 1984 angeordnete Strafaussetzung auf Bewährung wird widerrufen und der weitere Vollzug der Freiheitsstrafe aus dem Urteil des Bezirksgerichts Schwerin vom 16. März 1984 – Az.: 1 Bs 6/84 – angeordnet.
Der Angeklagte Bor. wird wegen mehrfach versuchten und vorbereiteten staatsfeindlichen Menschenhandels – Verbrechen gem. § 105 Abs. 1 Ziff. 2, Abs. 2 StGB – und wegen {81} Beihilfe zum ungesetzlichen Grenzübertritt im schweren Fall – § 213 Abs. 1 und 3 Ziff. 4 und 6, Abs. 4 StGB – zu einer Freiheitsstrafe von 5 – fünf – Jahren und 10 – zehn – Monaten verurteilt.
Gem. § 59 Abs. 1 StGB wird für beide auf Ausweisung erkannt."

Die Urteilsgründe lauten wie folgt:

„Der 21jährige Angeklagte Thomas R. war in der DDR aufgewachsen und hatte dort nach 10klassigem Schulbesuch im VEB Baukombinat Modernisierung den Beruf eines Zimmermannes erlernt.
Zu seinem Freundeskreis gehörten die Brüder Jörg und Donald W., die nacheinander im Jahre 1983 die DDR auf ungesetzliche Weise verlassen hatten, nicht ohne eine Verabredung zwischen Donald W. und dem Angeklagten zu treffen, auch dessen Ausschleusung in Auftrag zu geben.
Dieses Versprechen wurde eingehalten. Bei dem Versuch, sich im Pkw versteckt durch einen Angehörigen der ihm damals namentlich nicht bekannten Menschenhändlerbande ausschleusen zu lassen, erfolgte am 2. Dezember 1983 seine Festnahme.
Der Angeklagte wurde am 16. März 1984 durch das Bezirksgericht Schwerin wegen landesverräterischer Agententätigkeit in Tateinheit mit versuchtem ungesetzlichen Grenzübertritt im schweren Fall zu einer Freiheitsstrafe von 3 Jahren verurteilt. {82}
Deren Vollzug wurde durch Beschluß des gleichen Gerichtes vom 21. September 1984 unter Festlegung einer Bewährungszeit von drei Jahren mit Wirkung vom 26. September 1984 ausgesetzt und der Angeklagte am gleichen Tag aus der Staatsbürgschaft der DDR entlassen. Er nahm Wohnsitz in Berlin (West) bei seinem Freund Donald W., der sich die Wohnung zum damaligen Zeitpunkt mit Karsten Be. teilte, welcher im August 1984 die DDR über das sozialistische Ausland ungesetzlich verlassen hatte und dem Angeklagten ebenfalls aus seinem bisherigen Lebenskreis bekannt war.
In Berlin (West) suchte der Angeklagte einen Dr. L. auf, der ihm, wie zuvor Donald W. und Karsten Be. eine ‚Arbeitsunfähigkeit' bescheinigte, woraufhin ihm monatelang ein Krankengeld von ca. 1,500,-- DM gezahlt wurde.
Von Donald W. erfuhr R., daß dessen Ausschleusung von Jürgen F. und seiner Bande organisiert und realisiert worden war und, daß er bei diesem sofort nach seiner Ankunft die Schleusung des Angeklagten in Auftrag gegeben hatte. Jürgen F. wollte ihn nunmehr selbst kennenlernen, um vor allem Aufklärung über jene Umstände zu erhalten, deretwegen die Schleusungsaktion vom 2.12.1983 verhindert worden war. Zu einem solchen Treffen erklärte sich der Angeklagte bereit, zumal er selbst daran interessiert war, ‚jenen großen Fluchthelfer' persönlich zu begegnen.
Ca. 8 Tage nach seinem Eintreffen in Berlin (West) kam es zu dieser Zusammenkunft, bei der sich F. vor allem für das Verhalten von Zubringer und Schleusungsfahrer, etwaigen Beobachtungen, Verhalten von Sicherungskräften der DDR usw. interessierte. Alle Fragen beantwortete er genau und gab weiter an, daß er durch die Besatzung einen Funkwagens {83} kurz vor dem Grenzübergang Staaken einer Personenkontrolle unterzogen worden war und daß Parkplatz sowie Zugang zum Intershop dort von einer Kamera überwacht würden. Weiter machte er Angaben zum Verbleib des Schleusungsfahrers nach ihrer vorläufigen Festnahme und das Verhalten des Zubringers während ihres Zusammenseins.
Als ihn F. aufforderte, Personen namhaft zu machen, die ebenfalls ‚nach dem Westen' wollten und die er ausschleusen könne, löste der Angeklagte das seinem Freund Bruno T. gegebene

Versprechen ein und gab dessen Schleusung in Auftrag. F. nahm diesen an, weigerte sich jedoch, auf eine Anzahlung in Höhe von 3000,-- DM zu verzichten, weil er angeblich durch die verhinderte Schleusung des Angeklagten große Einbußen erlitten hätte. In diesem Fall hatte er Donald W. zuliebe auf der Anzahlung nicht bestanden. Weiterhin wollte F. wissen, ob auch sein Zwillingsbruder Olaf R. zu schleusen wäre, was der Angeklagte jedoch ablehnte. Seit dieser Zeit riß die Verbindung zwischen F. und dem Angeklagten bis zu dessen Inhaftierung nicht ab. Sie besuchten sich gegenseitig in den Wohnungen, was vor allem dadurch bedingt war, daß sich Donald W. völlig in die von F. geleitete Bande integriert hatte und – wie in einer Vielzahl gerichtlicher Entscheidungen der DDR nachgewiesen – zu seinem Agenturleiter avanciert war.

Um die Organisierung der Schleusung von T. zu gewährleisten, hatte sich der Angeklagte sofort bereit erklärt, mit jenem alle noch offenen Fragen abzusprechen, insbesondere solche zur Finanzierung. {84}

Am 25.11.1984 reiste der Angeklagte im Transit im Pkw B – AJ 27 über die Grenzübergangsstelle Hirschberg weiter in die CSSR, wo er sich in Prag mit seinem Bruder Olaf, mit Bruno T. und Roland V. traf.

Allen dreien berichtete er haarklein über die Organisierung und den Verlauf seiner Schleusung bis zu seiner Inhaftierung und nannte auch als deren Organisatoren die F.-Bande.

Unter vier Augen informierte er T. über alle zu dessen Schleusung von ihm unternommene Aktivitäten, vergewisserte sich erneut dessen Schleusungsbereitschaft und erörterte mit ihm alle die Finanzierung betreffenden Fragen. Da T. zur Vorschußleistung nicht im Stande war, stellte der Angeklagte die Übernahme dieser Verpflichtung durch sich und W. in Aussicht. Er verlangte aber von ihm, niemals – auch nicht im Falle seiner Festnahme – die Beteiligung R.'s zu offenbaren, da die Bewährungszeit für ihn noch laufe und er weiterhin im Transit reisen wollte. Zur Aufrechterhaltung der Verbindung wies er T. an, Telefonanrufe nur von öffentlichen Zellen vorzunehmen. Sie vereinbarten Tarnworte, die für den Fall, daß sich T. beobachtet glaubte, lauten sollten, ‚meine Schlangen beißen sich'.

Gemäß diesen Absprachen verhielt sich der Angeklagte in Berlin (West), wo sein Sinnen nicht darauf gerichtet war, die in ihn mit der Entlassung aus dem Strafvollzug gesetzten Erwartungen zu rechtfertigen, sondern im Hintergrund stehend seinen Beitrag zu Verbrechen gegen seine ehemalige Heimat zu leisten.

Mit Donald W. kam er überein, daß jener mit F. {85} allein einen Schleusungsvertrag schloß, so daß auch die finanzielle Beteiligung des Angeklagten unerkannt blieb. Allerdings übersah der auf Sicherheit bedachte W., daß der Bandenchef zwar das übliche Vertragsformular benutzte, jedoch ‚vergaß', auch seine Unterschrift darunter zu setzen.

Trotz der von beiden Auftraggebern je zur Hälfte geleisteten Anzahlung ließ F. viel Zeit verstreichen, ehe er etwas Sichtbares zur Realisierung seines Auftrages unternahm.

Er wurde deshalb von beiden mehrfach gemahnt.

Im Februar 1985 beauftragte F. Donald W., bestimmte Schleusungsinformationen an T. zu übermitteln, was der im Beisein des Angeklagten tat. Daraus wußte er, daß letzterer in der zweiten Februarhälfte nach Berlin(West) verbracht werden sollte. Dieser Termin wurde jedoch nicht eingehalten und der Angeklagte erfuhr von einem Anruf, bei dem T. etwas von Schlangen gesagt haben sollte. Da außer ihm niemand damit etwas anzufangen wußte, setzte er sich sofort mit T. telefonisch in Verbindung und erhielt so die Bestätigung, daß jener meinte, die Aufmerksamkeit der Sicherheitsorgane der DDR erregt zu haben. Hiervon unterrichtete R. in der Wohnung F. und W.

Später bezeichnete T. alles als Irrtum und den Schleusungsvorbereitungen wurde Fortgang gegeben.

Anfang März 1985 erhielt W. von F. die Weisung, T. nunmehr den neuen Schleusungstermin, den Treffort und die Schleusungsmethode mitzuteilen. Es folgten dann noch weitere Weisungen zur Informationsübermittlung, die Korrekturen hinsichtlich des Aufnahmeortes und der zu tra-

genden Bekleidung betrafen. Am 3. März 1985 wurde Bruno T. bei dem Versuch, im Kofferraum einen Pkw versteckt die Staatsgrenze zu passieren, festgenommen.
Im Oktober 1984 wurde dem Angeklagten bekannt, daß sich sein Freund Donald W. mit der Absicht trug, Personenschleusungen aus der DDR in eigener Regie durchzuführen, um sich den Gewinn allein anzueignen. Karsten Be. war bereit, sich daran zu beteiligen und auch der Angeklagte wollte dies, aber unter der Bedingung, daß er im Hintergrund bleiben konnte. {86}
Unter Ausnutzung eigener und ihnen von F. übermittelter Erfahrungen organisierten beide im Oktober 1984 die Ausschleusung des DDR-Bürgers Marco A., eines Bekannten von Karsten Be. An Beratungen über den Schleusungsablauf nahm der Angeklagte teil. Er lehnte den von ihnen ausgewählten Aufnahmeort an der Transitstrecke ab und orientierte auf einen anderen, der wegen der Waldnähe nur schwer eingesehen werden konnte und den er deshalb für besonders sicher hielt. Am 26. Oktober 1984 wurde die Ausschleusung von Marco A. am Grenzübergang Zarrentin verhindert.
Auf der Suche nach weiteren Schleusungswilligen erinnerte sich W. an die in der DDR lebende Freundin des Einwohners von Berlin(West) Christoph Z. Der Angeklagte nahm zu ihm telefonisch Kontakt auf, um ihm die Schleusung seiner Freundin anzubieten. Dieser lehnte jedoch ab, weil er sie inzwischen geheiratet hatte und täglich mit dem Eintreffen seiner Frau rechnete.
W. und Be. hatten in Westberliner Zeitungen inseriert, um Schleusungsfahrer anzuwerben. In zwei Fällen nahm der Angeklagte sich darauf beziehende Telefonanrufe entgegen und nannte Termine, zu denen W. erreichbar war.
Durch Christoph Z. erhielten sie Kenntnis davon, daß der Einwohner von Berlin(West), Paul K., die Schleusung seiner Neffen Horst Sch. und Bernd L. in Auftrag gegeben hatte, offensichtlich jedoch an einen Betrüger geraten war. Diese Schleusung wollten W., Be. und der Angeklagte übernehmen. Unter Berücksichtigung der Erfahrungen, die K. gemacht hatte, hielten sie es für notwendig, die Organisierung durch den bekannten Menschenhändler F. vorzugeben und K. einen Vertragspartner vorzuführen, der von Alter und Auftreten seriös wirken sollte. Der Angeklagte erinnerte sich des ihm aus dem Strafvollzug der DDR bekannten und nunmehr ebenfalls in Berlin(West) lebenden Klaus H. und schlug vor, ihn die Rolle den Jürgen F. spielen zu lassen. Nach Billigung dieses Planes nahm er telefonischen Kontakt auf zu H. und vereinbarte mit ihm ein Treff an für Ende März 1985. Dabei wurde H. gegen ein Zahlungsversprechen von 2000,-- DM angeworben. {87}
H. und Be. schlossen dann mit K. einen Schleusungsvertrag, der bei einer Anzahlung von 20.000.- DM einen Gesamtschleusungspreis von 50.000,-- DM festlegte. Weiter bestimmten W. und Be. als Schleusungstermin den 12. April 1985 sowie den Einsatz von zwei Schleusungs- und einem Ablenkungsfahrzeug. Um einen geeigneten Aufnahmeort festlegen zu können, unternahm der Angeklagte R. am 6. April 1985 mit dem Pkw ‚Ford Taunus', amtliches Kennzeichen B AP 9123 eine Testfahrt auf der Transitstrecke nach Marienborn, kontrollierte die ihm vorgegebenen Zeiten und bezeichnete danach die Abfahrt Saarmund als am geeignetsten. Daraufhin wurde bestimmt, daß der Ablenkungsfahrer eine Abfahrt zuvor einen Defekt vortäuschen und damit Angehörige von Sicherheitsorganen der DDR von den nachfolgenden Schleusungsfahrzeugen ablenken sollte.
Die Überbringung von Schleusungsinstruktionen wurde Lars Bn. übertragen, der am 11. April 1985 in die DDR-Hauptstadt einreiste und seinen Kurierauftrag erfüllte.
Als Schleusungsfahrer wurde Marian R. eingesetzt, der von Be. zum Flughafen Tegel gebracht wurde, von wo aus er nach Hannover flog, um von dort die Transitfahrt anzutreten. Anschließend fand in der Gaststätte ‚Loretta' in Wannsee eine Zusammenkunft statt, bei der der Einsatz der Schleusungsfahrer geregelt werden sollte. Da einer von ihnen nicht erschien, schlug der Angeklagte vor, sich an Volker Sch. und Hans-Dieter D. zu wenden, was W. dann telefonisch auch tat. W. brachte sie bis zum Grenzübergang, wo ihn der Angeklagte abholte, wie er auch die übrigen Fahrten an diesem Tage mit dem Pkw ausführte.

Während R. den DDR-Bürger Horst Sch. am 12.4.1985 in die BRD ausschleuste, verfehlten Sch. und D. Bernd L. Sch. traf am 13.4.1985 auf dem Flugplatz Tegel ein, wo sich der Angeklagte mit W. eingefunden hatte, um sich von der Ankunft, die sie dem Auftraggeber K. avisiert hatten, zu überzeugen.
Als neuer Schleusungstermin für L. wurde der 19.4.1985 festgelegt und K. mit dessen Benachrichtigung beauftragt.
Zur Vorbereitung des Einsatzes von Marian R. fuhr der {88} Angeklagte Donald W. und Karsten Be. zu dessen Wohnung.
Am gleichen Tage wurde die Schleusung realisiert. Der Angeklagte erhielt 8.000,-- DM.
In Absprache mit W. und dem Angeklagten R. führte Be. mit L. ein Gespräch, um weitere Schleusungsanwärter zu erkunden. Hierbei wurde ihm der Name der Freundin von L. Jacqueline M. genannt. W., R. und Be. kamen überein, deren Schleusung zu organisieren.
Der 20jährige Angeklagte Jens Bor. war ebenfalls in der DDR aufgewachsen, hatte nach 10klassigem Schulbesuch den Beruf eines Kfz-Schlossers erlernen können und diesen bis zu seiner wegen Eheschließung mit einer BRD-Bürgerin erfolgten Entlassung aus der Staatsbürgerschaft am 16.5.1985 im VEB Kombinat Tiefbau Berlin ausgeübt. Der Angeklagte nahm Wohnsitz in Hamburg, mußte jedoch schon nach kurzer Zeit feststellen, daß keine Voraussetzungen für die Führung einer soliden Ehe bestanden und, daß er sich eigenen Wohnraum suchen mußte. Er bekam weder in dem von ihm erlernten, noch in einem anderen Beruf Arbeit, fiel auf einen Unternehmer herein, der vorgegeben hatte, seine Tätigkeit beim Arbeitsamt zu melden und büßte wegen den Verdachtes, sich Arbeitslosenunterstützung erschlichen zu haben, auch diese noch ein, so daß er im wesentlichen mittellos dastand. Dagegen sah er sich erheblichen finanziellen Forderungen gegenüber, z.B. wegen der Lagerung seines Umzugsgutes in Berlin (West), welche ihn auch noch zu zusätzlichen Fahrten dorthin zwangen. Dort traf er mit Karsten Be. zusammen, der ihn davon unterrichtete, daß er, W. und der Angeklagte R. auf der Suche nach solchen DDR-Bürgern seien, durch deren Ausschleusung sie leicht hohe Gewinne erzielen konnten. Der Angeklagte Bor. war schon vor seiner Eheschließung mit der DDR-Bürgerin Sylvia K. eng befreundet und hielt diese Verbindung auch danach aufrecht. Während seines besuchsweisen Aufenthaltes in der DDR-Hauptstadt am 21. Juli 1985 traf er mit ihr und deren Schwester Birgit W. zusammen. Beiden unterbreitete er das Angebot, ihre und die Aus-{89}-schleusung ihrer Kinder zu organisieren. Sie lehnten ab. Daraufhin forderte der Angeklagte, ihm andere Bürger zu benennen, von denen sie annähmen, daß sie ein solches Angebot akzeptierten. Sylvia K. vermittelte ihm daraufhin den Bürger Detlef K., mit dem er sich später traf.
Von Karsten Be. hatte der Angeklagte erfahren, daß vorgesehen war, Handzettel herzustellen und zu verbreiten, um über diesen Weg solche DDR-Bürger aufzuspüren, die bereit waren, ihr Land zu verlassen und eine Schleusung in Auftrag zu geben.
In der Erwartung, aus seiner finanziellen Misere durch Beteiligung an derartigen Verbrechen herauszukommen, entschloß sich D., den Text eines sogenannten Informationsblattes zu entwerfen, ihn zu vervielfältigen und zu verbreiten. Er dachte an eine Anzahl von mehreren hundert Exemplaren, mußte diese Vorstellung dann aber aus objektiven Gründen korrigieren.
Auf seiner Arbeitsstelle, einem Büro, in dem er für monatlich 100,-- DM Reinigungsarbeiten durchführte, schrieb er auf einer Schreibmaschine ein ‚Informationsblatt' in dem er sich an Familien mit Verwandten oder Bekannten in der DDR wandte, ‚denen der Weg in die Freiheit bisher verwehrt blieb'.
Mit den Worten ‚Unsere Organisation bietet ihnen auf diesem Wege ihre Dienste an. Wir befassen uns ausschließlich mit der Vorbereitung und Durchführung von Fluchthilfe für DDR-Bürger' charakterisierte er die Zielstellung und forderte zur Verbindungsaufnahme auf. Wie ursprünglich beabsichtigt, das im Büro vorhandene Kopiergerät zu benutzen, getraute er sich wegen den daran befindlichen Zählwerkes dann aber nicht.

Er fürchtete, wegen mißbräuchlicher Benutzung des Apparates seine Arbeit und damit auch noch sein Miniatureinkommen zu verlieren. Er suchte daraufhin ein Postamt auf, in dem sich ein Kopiergerät zur entgeltlichen Benutzung befand. Wegen seiner Geldknappheit fertigte er nur 20 Vervielfältigungen an.

Da auch die Einrichtung des geplant gewesenen Postschließfaches nicht zu realisieren war, forderte er unter Benutzung des Decknamens Kaiser auf, Zuschriften postlagernd zu versenden. {90}

Gemeinsam mit Karsten Be. verteilte er am 7. bzw. 8. August 1985 diese Werbeschriften in Hamburg. Jener hatte ihm zugesichert, ihn finanziell an Schleusungen zu beteiligen, die auf Grund von Zuschriften darauf realisiert würden.

Noch am 8. August 1985 fuhr er mit Karsten Be. in dessen Pkw mit dem amtlichen Kennzeichen B – U 47, der aus Gründen von Steuervorteilen auf den Namen des Angeklagten R. zugelassen war, im Transit nach Berlin(West).

Am 10. August 1985 reiste er in die DDR-Hauptstadt ein, um sich mit Detlef K. in der Gaststätte ‚Bärenschaufenster' zu treffen und ihm das Schleusungsangebot zu unterbreiten.

Entgegen seiner Erwartung lehnte jener jedoch ab, wies aber gleichzeitig auf einen Bekannten hin, der bestimmt bereit sei, die DDR auf diese Weise zu verlassen. Der Angeklagte forderte seinen Gesprächspartner deshalb auf, jenem Bekannten auszurichten, daß er gegen Zahlung von 20.000,-- DM bei einer Anzahlung von 4.000,-- DM im Pkw versteckt über die Transitstrecke geschleust würde, für die Verbindungsaufnahme zu der Menschenhändlerbande aber ein Paßbild übergeben und eine Kontaktadresse angeben müsse. Beides wollte er am 17. bzw. 18. August 1985 abholen, was er aber nicht mehr verwirklichen konnte.

Am 12. August 1985 traf der Angeklagte Bor. in der Wohnung von Karsten Be. mit dem Bandenchef Jürgen F. zusammen, der ihm den Auftrag erteilte, noch am gleichen Tage in der DDR-Hauptstadt den Bürger Ronald-Volker H. aufzusuchen, von ihm 2,000,-- DM Anzahlung auf den Schleusungspreis entgegenzunehmen und ihn anzuweisen, sich am 15. August 1985 um 17.00 Uhr in seiner Wohnung aufzuhalten sowie persönliche Dokumente und Wertsachen verfügbar zu haben.

Für die Erfüllung des Auftrages sollte er 100,-- DM erhalten. Mit dem bereits genannten Pkw ‚Fiat' von Karsten Be. reiste der Angeklagte in die Hauptstadt ein, erledigte seinen Kurierauftrag, ohne jedoch das Geld zu bekommen, und erstat-{91}tete am 13. August 1985 hierüber dem Jürgen F. Bericht.

Mit dem Angeklagten R. war Bor. am 7. August 1985 durch Karsten Be. bekannt geworden. Weil Bor. nach Hamburg zurück mußte, aber kein Geld hatte, gewann er Karsten Be. für eine Fahrt mit dessen Pkw wozu letzterer auch den Angeklagten R. überredete. Be. orientierte letzteren darauf, sich in Hamburg bei dem Mitangeklagten polizeilich anzumelden und dann die Ausstellung eines BRD-Reisepasses zu erwirken, dessen Verwendung ihm die Umgehung seiner Einreisesperre ermöglichen sollte.

In Hamburg meldete der Angeklagte R. seinen zweiten Wohnsitz unter der Adresse des Mitangeklagten an. In dem vom Bezirksamt Wandsbek abgestempelten Formular ist sein richtiges Geburtsdatum mit 19. Juli 1964 enthalten.

Unter Vorlage dieses Scheines beantragte der Angeklagte R. bei der gleichen Dienststelle die Ausstellung eines BRD-Reisepasses. Das dazu notwendige Formular füllte der Angeklagte Bor. aus, um das auf Anweisung von Karsten Be. nunmehr um einen Monat differierende Geburtsdatum – 19. August – im Falle der Entdeckung als Irrtum des Helfers bei der Erledigung von Schreibarbeiten ausgeben zu können. Noch am gleichen Tag konnte R. den BRD-Reisepaß Nr. G 7598, entgegennehmen.

Vor ihrer Rückfahrt nach Berlin(West) suchte der Angeklagte Bor. am 15. August 1985 das für postlagernde Antwortbriefe auf das ‚Informationsblatt' angegebene Postamt auf, wo er feststellte, daß noch keine Reaktionen erfolgt waren.

Gemeinsam traten alle drei die Rückreise nach Berlin(West) an und reisten über Zarrentin in die DDR ein. Der Angeklagte R. benutzte die Transitfahrt, um für die Aufnahme von zu Schleusenden geeignete Orte zu erkunden. Dabei kam er zu dem Ergebnis, daß die Abfahrt Putlitz noch immer gut geeignet war. {92}
Der Angeklagte Bor. führte seine Kamera ‚Minox 35 GT‘ bei sich, in deren Futteral er ein Blatt ‚Tip-EX‘ mit der darauf notierten Anschrift des Schleusungsfahrers Marian R. versteckt hatte. Beim Versuch ihrer Ausreise erfolgte ihre vorläufige Festnahme.
Dieser Sachverhalt ist das Ergebnis der Beweisaufnahme und beruht auf den Geständnissen der Angeklagten, der verlesenen früheren Aussage des Angeklagten R. sowie einer schriftlichen Erklärung von ihm und den Auskünften des Ministeriums für Staatssicherheit über Ein-, Aus- und Transitreisen der Angeklagten.
Danach steht fest:

1. Der Angelegte R. machte sich des mehrfachen vollendeten, versuchten und vorbereiteten staatsfeindlichen Menschenhandels – Verbrechen gem. § 105 Abs. 1 Ziff. 2 und Abs. 2 StGB – schuldig, indem er nach Eingliederung in die von F. geleitete Menschenhändlerbande als Auftraggeber, Mitfinanzierer, Kurier, Testfahrer, Anwerber und Mitorganisator, also in sonstiger Weise an
   - der Ausschleusung von 2 DDR-Bürgern (Sch. und L.),
   - der versuchten Ausschleusung von 2 DDR-Bürgern (T. und A.),
   - an der Vorbereitung der Ausschleusung zweier DDR-Bürgerinnen (M.) sowie der Freundin von Z. und
   - an der Vorbereitung einer unbestimmten Anzahl von Schleusungen durch Beteiligung an der Gewinnung neuer Bandenmitglieder, Beratung von Schleusungsmethoden und der Gewinnung von Schleusungsanwärtern

   mitwirkte.
   Soweit ihm mit Anklage und Eröffnungsbeschluß vorgeworfen worden war, die Abwerbung von Ronald V. versucht zu haben, hat sich dies nach dem Beweisergebnis nicht bestätigt. Den insoweit bereits im Ermittlungsverfahren bekundeten Unsicherheiten im Erinnerungsvermögen stehen keine anderen {93} Beweismittel gegenüber, die eine zweifelsfreie Feststellung eines diesbezüglichen Sachverhaltes zuließen. Damit ist die Schuld des Angeklagten nicht erwiesen und er war gem. § 244 StPO freizusprechen.
2. Machte sich der Angeklagte R. der Vorbereitung eines ungesetzlichen Grenzübertrittes im schweren Fall schuldig, indem er sich in Hamburg als einschlägig Vorbestrafter einen BRD-Reisepaß besorgte, der ein falsches Geburtsdatum auswies und benutzt werden sollte, um sich unter Täuschung der Paßkontrolle die Einreisegenehmigung für die DDR zu erschleichen.
   – § 213 Abs. 1 und 3 Ziff. 4 und 6, Abs. 4 StGB. –
3. Der Angeklagte Bor. ebenfalls als integriertes Mitglied der Menschenhändlerbande F. staatsfeindlichen Menschenhandel mehrfach versucht und vorbereitet zu haben, indem er
   - die Abwerbung von 4 DDR-Bürgern dadurch versuchte, daß er ihnen ihre Ausschleusung aus der DDR durch die Bande anbot,
   - die Ausschleusung eines Bürgers (H.) durch Ausführung eines Kurierauftrages mit vorbereitete und
   - die Ausschleusung einer unbestimmten Anzahl von DDR-Bürgern vorbereitete, indem er einen Werbetext erdachte, formulierte, vervielfältigte und gemeinschaftlich verbreitete und sich insgesamt bereiterklärte, die Menschenhändlerbande durch Beschaffung von Schleusungsaufträgen zu unterstützen.

   – § 105 Abs. 1 Ziff. 2, Abs. 2 StGB –
4. Der Angeklagte Bor. weiter Beihilfe zur Vorbereitung eines ungesetzlichen Grenzübertrittes im schweren Fall durch den rückfälligen Mitangeklagten geleistet zu haben, indem er diesen

an seinem Wohnort polizeilich anmeldete und das Antragsformular für einen BRD-Reisepaß mit einem falschen Geburtsdatum versah.

– § 213 Abs. 1 und 3 Ziff. 4 und 6, Abs. 4, 22 Abs. 2 Ziff. 3 StGB – {94}

Von den Angeklagten war übereinstimmend ausgesagt worden, Ronald W. und Karsten Be. seien bestrebt gewesen, sich als Organisatoren des staatsfeindlichen Menschenhandels selbständig zu machen. Solche Bestrebungen, den Bandenchef vom kriminellen Gelderwerb auszuschalten, stellen ein durchaus übliches Gebaren innerhalb krimineller Vereinigungen dar und heben nicht obligatorisch den Zusammenhang mit ihm auf. Vielmehr handelten die Genannten unter konkreter Anleitung von F. z.B. hinsichtlich der von ihm erprobten Methoden der Organisierung und Durchführung von Schleusungen und – wie die Aussagen des Angeklagten Bor. zum DDR-Bürger H. eindeutig beweisen auch bis zum Schluß in seinem direkten Auftrag.

Die Angeklagten hatten in ihrem bisherigen Leben hinreichende Möglichkeiten, sich über die Gefährlichkeit des Wirkens von Menschenhändlerbanden zu informieren und die Belastungen zu erkennen, die sie für die Gestaltung zwischenstaatlicher Beziehungen darstellen. Anstatt sich an die Gesetze der DDR bzw., wie im Falle des Angeklagten R., an die ihm auferlegten Pflichten zu halten, begannen sie unmittelbar nach ihrer Übersiedlung nach Berlin(West) oder der BRD, sich an derartig schwerwiegenden Verbrechen zu beteiligen. Dabei handelten sie über unterschiedliche Zeiträume und mit unterschiedlicher Intensität.

Der Angeklagte R. offenbarte rückhaltlos alle ihm erinnerlichen Fakten und Vorgänge, um den Bandenchef F. in die Lage zu versetzen, Erkenntnisse darauf für die Forcierung seiner subversiven Tätigkeit zu gewinnen. Trotz seiner eigenen Erfahrung gab er die Schleusung seines Freundes Bruno T. in Auftrag und setzte damit unmittelbare Ursachen für dessen Straffälligkeit und Inhaftierung. Er war unmittelbar verantwortlich dafür, daß ein weiterer, von früher her Bekannter in die verbrecherische Tätigkeit von Menschenhändlern integriert wurde und handelte insgesamt in dem festgestellten Umfang mit großer Intensität. Er hatte keine Skrupel, die Ausstellung einer Urkunde für den grenzüberschreitenden Verkehr mit unrichtigen Angaben zu bewirken, {95} und damit neuerliche Straftaten zu begehen.

Der Angeklagte Bor. hatte die Gelegenheit erhalten, im Interesse seines persönlichen Lebens in die BRD überzusiedeln. Anstatt sich um seine junge Ehe zu kümmern, schloß er sich den genannten Kreisen an, um Verbrechen wie dargestellt zu begehen. Dabei mißbrauchte er die ihm eingeräumte Besuchserlaubnis für die DDR-Hauptstadt, um junge Menschen seines Bekanntenkreises zur Begehung von Straftaten zu animieren.

Er entwickelte – wie das ‚Informationsblatt' beweist, eigene Initiative und in einem Zeitraum von 3 Monaten eine erhebliche Intensität. Weder seine finanzielle Situation noch seine auf Desinteresse zurückzuführende Uninformiertheit über Ausmaß und Folgen der durch staatsfeindlichen Menschenhandel für die DDR entstandenen Schäden können seine Schuld mindern.

Ausgehend von dem unterschiedlichen individuellen Tatbeiträgen, des unterschiedlichen Tatzeitraumes und der Tatsache, daß der Angeklagte als Rückfalltäter gem. § 44 Abs. 2 StGB mit einer Mindestfreiheitsstrafe von 3 Jahren zu bestrafen war sowie aus Gründen einer notwendigen sichtbareren Differenzierung erkannte der Senat für den Angeklagten R. nicht auf die beantragte Freiheitsstrafe von 8 Jahren, sondern auf eine solche von 9 Jahren und für den Angeklagten Bor. antragsgemäß auf eine Freiheitsstrafe von 5 Jahren und 10 Monaten.

Der Widerruf der Strafaussetzung aus dem genannten Beschluß des Bezirksgerichts Schwerin hatte zwingend gem. § 45 Abs. 6 StGB in Verbindung mit § 350 StPO zu erfolgen. Gem. § 59 Abs. 1 StGB war gegen beide auf Ausweisung zu erkennen, da die Angeklagten Ausländer sind." {96}

Auch in diesem Fall war sich die Angeklagte darüber klar, daß R. und Bor. durch ihr Verhalten den Tatbestand des § 213 Abs. 3 Nr. 4 StGB/DDR nicht erfüllt hatten.

In den Urteilsgründen hat sie zwar die Geständnisse der Angeklagten erwähnt, jedoch trotz der maßlos hohen Strafen für die sehr jungen Angeklagten jede Auseinandersetzung mit strafmildernden Umständen vermieden, weil sie wußte, daß die Höhe der Strafen mit den für sie verbindlichen Grundsätzen der Strafzumessung (§ 61 StGB/ DDR) nicht zu vereinbaren war.

8. *Strafverfahren: Aktenzeichen: 101a Bs 12/86 = 211-31-86*

gegen Silvio B. und Peter Kl., Urteil vom 22. April 1986, in dem wie folgt erkannt wurde:

„Wegen gemeinschaftlicher teils versuchter landesverräterischer Agententätigkeit sowie wegen Zusammenschlusses zur Verfolgung gesetzwidriger Ziele in Tateinheit und Tatmehrheit mit ungesetzlicher Verbindungsaufnahme – Verbrechen und Vergehen gem. §§ 100 Abs. 1, 100 Abs. 1 und 2, 22 Abs. 2 Ziff. 2, 218 Abs. 1, 219 Abs. 2 Ziff. 1[14], 63, 64 StGB – der Angeklagte Berndt darüber hinaus wegen Beeinträchtigung staatlicher Tätigkeit – Vergehen gem. § 214 Abs. 1 StGB – werden verurteilt: {97} Der Angeklagte B. zu einer Freiheitsstrafe von 2 – zwei – Jahren und 4 – vier – Monaten, der Angeklagte Kl. zu einer Freiheitsstrafe von 1 – einem – Jahr und 10 – zehn – Monaten."

Die Gründe des Urteils hatten folgenden Inhalt:

„Der 25jährige Angeklagte Silvio B. qualifizierte sich nach Abschluß der Schule mit dem Ziel der 8. Klasse zum Straßenbahnfahrer, kündigte im Oktober 1984 sein Arbeitsrechtsverhältnis mit der BVB und arbeitete dann als Kellner.
Der gleichaltrige Angeklagte Peter Kl. besuchte die Schule bis zur 10. Klasse, erlernte den Beruf eines Kochs und wechselte aus gesundheitlichen Gründen zur Tätigkeit als Kellner. Im Jahre 1984 nahm er Wohnsitz in Berlin und lebte fortan mit dem Angeklagten B. zusammen.
Beide Angeklagte stellten 1984 Anträge auf Ausreise nach der BRD und verfolgten ihr Vorhaben auch dann noch mit Hartnäckigkeit, als ihnen deren Ablehnung durch den Rat des Stadtbezirks Friedrichshain mitgeteilt worden war. {98}
Im Oktober 1984 und im März 2985 verfaßten und versandten die Angeklagten Schreiben an die ausländische Organisation ‚amnesty international' sowie an das Bundesministerium für ‚innerdeutsche Beziehungen', in denen sie sich als Bürger der DDR vorstellten, die ihre Heimat verlassen wollten, darauf abzielende Ersuchen bei den zuständigen Organen der DDR gerichtet hatten, abschlägig beschieden worden aber nicht willens seien, dies zu akzeptieren. Der Erhalt dieser Schreiben wurde ihnen bestätigt.
Der Angeklagte B. war seit 1982 mit der BRD-Bürgerin Erika J. bekannt und stand mit ihr in Briefwechsel. Ihren Besuch in der DDR-Hauptstadt ausnutzend beauftragten sie die Angeklagten, im April 1985 Verbindung zu der ihnen aus Sendungen des BRD-Fernsehens namentlich und hinsichtlich ihrer Zielstellung bekanntgewordenen Organisation ‚Hilferufe von drüben' aufzunehmen, ihr Anliegen dort bekanntzumachen sowie Personalien und Fotografien zu übergeben. Davon erhofften sie sich, die Durchsetzung ihrer Übersiedelungsabsichten zu erzwingen. Die Ausführung dieses Auftrages wurde ihnen durch die BRD-Bürgerin bestätigt.
Im Juni 1985 veranlaßten sie die gleiche Person, Verbindung zur ‚Internationalen Gesellschaft für Menschenrechte e.V.' herzustellen. Bis zu ihrer Inhaftierung hatten sie hinsichtlich der Erledigung dessen noch keine Rückantwort.
Die Angeklagten waren durch ihre fortwährenden Aufenthalte beim Rat des Stadtbezirkes Friedrichshain, Abteilung Genehmigungswesen mit den in gesonderten Verfahren rechtskräftig verurteilten Ba., O., P., R., Beh., S. und G. sowie mit weiteren bekannt geworden. Sie alle sind Opfer der von Entspannungsfeinden entwickelten und kolportierten Menschenrechtsdemagogie, nach der den sozialistischen Staaten unterstellt wird, völkerrechtlichen {99} Verpflichtungen

zur Gewährleistung der Menschenrechte nicht nachzukommen und damit zusammenhängende verfassungsmäßige Rechte nicht zu verwirklichen, weshalb die DDR und andere sozialistische Staaten zu deren Einhaltung gezwungen werden müßten. Sie beinhaltet den jeder juristischen Grundlage entbehrenden Versuch, aus dem Völkerrecht oder aus innerstaatlichen Rechtsnormen eine Verpflichtung der DDR zu konstruieren, ihre Bürger aus der Staatsbürgerschaft zu entlassen.
Aus dem Kreis derer, die in Verfolg ihres Ausreisebegehrens turnusmäßig die Abteilung Genehmigungswesen beim Rat des Stadtbezirks Friedrichshain aufsuchten, hatten sich im März 1985 zunächst Ba., G., Beh. und S. entschlossen, weitere Personen um sich zu scharen, um einen Gedanken- und Erfahrungsaustausch zwischen ihnen sowie ein geschlossenes Auftreten gegenüber den zuständigen Mitarbeitern des Rates zu organisieren. In Realisierung dessen wurden die Angeklagten durch den Verurteilten Beh. angesprochen und zur Teilnahme an ihren Zusammenkünften aufgefordert. Die Angeklagten gingen darauf ein, nahmen in der Folge an ca. 16 Treffen Teil und stellten ihre Wohnungen wiederholt hierfür zur Verfügung.
Es wurde festgelegt, die Ratssprechstunden gemeinsam aufzusuchen, Ausweise geschlossen abzugeben, aufeinander zu warten und abschließend eine ‚Auswertung' vorzunehmen. Deren Ziel bestand darin, sich über benutzte Argumente auszutauschen und sich über ihnen erfolgreicher erscheinendes Auftreten zu verständigen. Es bestand darin, sich gegenseitig zu bestärken, die Bereitschaft zu Aktivitäten zu entwickeln und Aktionen festzulegen. So wurde im April/Mai 1985 die Durchführung einer Demonstration beraten, zu der ausländische Journalisten für die Berichterstattung herangezogen werden sollten. Damit wollten sie sich – wie der Angeklagte Kl. ausführte – unliebsam machen und DDR-Behörden veranlassen, ihrem Ausreisebegehren stattzugeben. {100}
Im gleichen Zeitraum wurde innerhalb der Gruppierung die Möglichkeit diskutiert, eine ‚Legalisierung' ihres Zusammenschlusses dadurch zu erreichen, daß sie auf der Grundlage der ‚Verordnung über die Gründung und Tätigkeit von Vereinigungen' vom 6.11.1975 ihre Zulassung beim Magistrat von Berlin, Hauptstadt der DDR, beantragten. Hierzu besorgte auch der Angeklagte B. ein Gesetzblatt. Einer entsprechenden Festlegung folgend, verfaßten und versandten die Angeklagten je ein auf die Zulassung einer ‚Interessengemeinschaft ausreisewilliger Berliner' gerichtetes Schreiben an den Magistrat. Sie sollten solchen Bürgern der DDR, die ihr Land verlassen wollen, die Möglichkeit bieten, sich gegenseitig zu unterstützen, und sich bei schwerwiegenden Problemen hilfreich zur Seite zu stehen. Weitere Anträge wurden von Ba. und Beh. gestellt.
Angeregt durch Presseveröffentlichungen im Juni 1985 kamen die Angehörigen dieser Gruppierung einschließlich der Angeklagten zu dem Entschluß, den 10. Jahrestag der Unterzeichnung der Schlußakte von Helsinki zum Anlaß nehmen, sich an ausländischen Politiker von Rang zu wenden, um sie zu bestimmen, sich in die Entscheidungen der DDR zu Staatsbürgerschaftsfragen einzumischen. Schreiben an den damaligen Premierminister der Republik Frankreich sowie die Außenminister Großbritanniens und der BRD wurden von anderen Angehörigen der Gruppierung entworfen, zur Diskussion gestellt und in die Endfassung gebracht, die von den meisten Personen einschließlich der Angeklagten unterschrieben wurden. {101}
Zu den Gewohnheiten der Angeklagten und weiterer zur Gruppierung gehörender Personen gehörte es, die Botschaft der USA in der Deutschen Demokratischen Republik aufzusuchen und in deren Lesesaal Presseerzeugnisse kapitalistischer Staaten zu lesen. Dabei hatte sich zwischen ihnen und der Mitarbeiterin Frau H. ein persönlicher Kontakt entwickelt. Es wurde daher beschlossen, die genannten Schreiben in der Botschaft zu übergeben und um deren Weiterleitung zu ersuchen. Um ganz sicher zu gehen, daß die Schreiben ihren Empfänger erreichten, wurde bestimmt, sie durch drei Personen transportieren zu lassen. Hiermit wurden Ba. sowie die Angeklagten beauftragt, während Beh. auf der Straße beobachten sollte, ob alles nach ihren Vorstellungen verlief.

Unter diesen Bedingungen begaben sich die Genannten am 9. Juli 1985 zur Botschaft der USA, wo sie sich zunächst an Frau H. wandten. Durch ihre Vermittlung wurden sie mit einem ‚Greg' bzw. ‚Gregory' bekannt, den sie ihnen als den für ‚Menschenrechtsfragen in der DDR' zuständigen Botschaftsmitarbeiter vorstellte. Er erklärte sich zur Erfüllung ihres Anliegens bereit und bestätigte deren Erledigung bei einer weiteren Zusammenkunft am 11. Juli 1985. An diesem Tage äußerte der Amerikaner den Wunsch nach einer Zusammenkunft mit diesem Personenkreis, allerdings außerhalb des Botschaftsgebäudes. Hierfür stellte der Verurteilte P. seine Wohnung zur Verfügung, in der am 13. Juli 1985 eine solche Zusammenkunft stattfand, an welcher mindestens 9 Personen beteiligt waren. Sie informierten den Botschaftsangehörigen über ihre jeweiligen Motive, die von ihnen einzeln bzw. gemeinschaftlich unternommenen Aktivitäten, Reaktionen staatlicher Organe usw. {102}

Am 10. September 1985 suchte der Angeklagte B. wiederum die Abteilung Genehmigungswesen auf, und nahm die Aussprache über das Fehlen von Gründen für die Genehmigung seines Antrages zum Anlaß, die Aufnahme von Verbindungen zu Massenmedien der BRD anzukündigen, falls seinem Begehren nicht stattgegeben würde.

Dieser Sachverhalt ist das Ergebnis der Beweisaufnahme und beruht auf den Geständnissen der Angeklagten.

Danach steht fest:

1. Die Angeklagten machten sich der gemeinschaftlich vollendeten und versuchten landesverräterischen Agententätigkeit – § 100 Abs. 1 und 2 StGB – schuldig, indem sie Verbindung zu der gerichtsbekannten Feindorganisation ‚Hilferufe von drüben', herstellten und dies bezüglich der ‚Gesellschaft für Menschenrechte' e.V. versuchten.
   Beides sind ausländische Organisationen im Sinne des § 97 StGB, die zur Einmischung in die inneren Angelegenheiten der DDR eingeschaltet werden sollten.
2. Machten sich die Angeklagten der gemeinschaftlichen mehrfachen ungesetzlichen Verbindungsaufnahme – § 219 Abs. 2 Ziff. 1 StGB – schuldig, indem sie die im Sachverhalt aufgeführten Nachrichten an ‚amnesty international' sowie eine Dienststelle der BRD zuleiteten und damit im Ausland verbreiten ließen.
   Dies diente dem Zweck, sie zur Einmischung in die der staatlichen Souveränität der DDR vorbehaltenen Entscheidung über Staatsbürgerschaftsfragen zu bestimmen. Damit sind sie geeignet, den Interessen der DDR zu schaden.
3. Führten die Angeklagten seit April 1985 zusammen mit weiteren mindestens 9 Personen einen Zusammenschluß herbei und wurden darin in der festgestellten Weise tätig, der das Ziel verfolgte, die Tätigkeit staatlicher Organe der DDR hinsichtlich der Entscheidung über Ersuchen zur {103} Ausreise zu beeinträchtigen und so den Erhalt einer Genehmigung hierzu zu erzwingen. Er war darauf gerichtet, durch geplantes, koordiniertes und ihren Zusammenhalt demonstrierendes Verhalten ihre Mißachtung der für die Regelung von Staatsbürgerschaftsfragen geltenden und Zuständigkeiten betreffenden Gesetze zu bekunden und Eingriffe in die Souveränität der DDR bezüglich der Regelung dieser Fragen von außen zu erwirken. Damit verfolgten sie eindeutig gesetzeswidrige Ziele und verwirklichten objektiv und subjektiv den Tatbestand von § 218 Abs. 1 StGB, und zwar tateinheitlich mit § 219 Abs. 2 Ziff. 1 StGB, indem sie in Verfolg ihrer Gruppenziele die aufgeführten Nachrichten an ausländische Politiker übermittelten und damit im Ausland verbreiten ließen.
4. Machte sich der Angeklagte B. als Alleintäter der Beeinträchtigung staatlicher Tätigkeit – § 214 Abs. 1 StGB schuldig, indem er mit der Einschaltung ausländischer Presseorgane drohte, um den Erhalt einer Ausreisegenehmigung zu erzwingen.

Die Angeklagten hatten in der Deutschen Demokratischen Republik alle Möglichkeiten, sich entsprechend ihren Fähigkeiten zu entwickeln und ein Leben in sozialer Sicherheit zu führen. Dementgegen entschlossen sie sich zur Begehung der dargestellten Straftaten.

Sie handelten weitgehend gemeinschaftlich, unterscheiden sich jedoch hinsichtlich ihrer Tatintensität und damit der Schwere ihrer Schuld.
Der Angeklagte B. war federführend bei der Verbindungsaufnahme zu ausländischen Organisationen, bei der Eingliederung in den sich bildenden Zusammenschluß, er zeichnete sich durch ausgeprägtes demonstratives Verhalten aus und beging allein eine Straftat nach § 214 StGB.
Die Angeklagten handelten über einen längeren Zeitraum und waren an einer Vielzahl von Aktivitäten beteiligt. {104}
Unter Berücksichtigung dieser Umstände und ihrer Geständigkeit beantragte die Anklagevertretung eine Freiheitsstrafe von 2 Jahren und 4 Monaten für den Angeklagten B. und eine solche von einem Jahr und 10 Monaten für den Mitangeklagten.
Diesen Anträgen schloß sich der Senat an. Der von der Verteidigung angestrebte Ausspruch einer geringeren Freiheitsstrafe für den Angeklagten B. konnte angesichts der bereits dargelegten Gründe nicht erfolgen."

Im Zusammenhang mit der Verurteilung der Angeklagten B. und Kl. war sich die Angeklagte darüber klar, daß das Verhalten der Angeklagten, die lediglich von dem ihnen auch nach der Verfassung der DDR zustehendem Recht auf freie Meinungsäußerung und Einreichung von Eingaben Gebrauch gemacht hatten, nicht die von ihr angegebenen Straftatbestände erfüllte und insbesondere durch das Verhalten der Angeklagten keine Schädigung der Interessen der DDR herbeigeführt worden war.

Die Angeklagte ist im Rahmen des Ermittlungsverfahrens von dem Zeugen Staatsanwalt Trottmann nach entsprechender Belehrung am 29. Juli 1992 verantwortlich vernommen worden. Anläßlich dieser Vernehmung hat sie jedes strafbare Verhalten in Abrede gestellt und u.a. erklärt, sie habe sich während ihrer gesamten Tätigkeit in der früheren DDR als unabhängige Richterin gefühlt. Es sei niemals vom Ministerium für Staatssicherheit oder der Staatsanwaltschaft versucht worden, Einfluß {105} auf ihre Rechtsprechung zu nehmen. Sie habe auch nicht „rapportieren" müssen. Absprachen bestimmter strafbarer Handlungen unter den Richtern habe es nicht gegeben, denn die Richter „hätten ja schließlich auch ihre Ehre gehabt". Es sei auch vorgekommen, daß sie von Schöffen überstimmt worden sei, jedoch sei dies „nicht häufig" geschehen, ohne daß sie sich an konkrete Fälle erinnern könne.

Als der Zeuge Trottmann die Angeklagte konkret unter Bezugnahme auf das Urteil vom 24. April 1978 gegen K. (Fall II.1.) ansprach und die Frage stellte:

„Zur Tatzeit galt das Grundrecht der Meinungsäußerungsfreiheit nach Artikel 27 der Verfassung der DDR. Mußte dieses Grundrecht nicht im Rahmen der Auslegung der Strafvorschrift Beachtung finden? Im Urteil wird es mit keinem Wort erwähnt."

antwortete die Angeklagte wörtlich:

„Wenn ein entsprechender Einwand gekommen wäre, dann hätte ich mich auch damit auseinandergesetzt."

Als der Zeuge Trottmann ihr unter Bezugnahme auf das Urteil vom 13. Juli 1978 gegen H. und F. (Fall II.2.) vorhielt, er vermisse in dem Urteil Feststellungen, weshalb die Interessen der DDR durch das Verhalten der Angeklagten geschädigt worden seien, erwiderte die Angeklagte:

„,Vier' für das Urteil! Es ist möglich, daß entsprechende Feststellungen bei der Abfassung des Urteils ‚weggerutscht' sind."

Als ihr vorgehalten wurde, auch in dem Urteil vom 8. Juli 1982 gegen Bo. (Fall II.3.) finde sich keine Auseinander-{106}setzung mit den Grundrechten, erklärte sie, sie beziehe sich insoweit auf ihre früheren Angaben, ohne daß sie insoweit nähere Ausführungen machte.

Zu dem ihr vorgehaltenen Urteil vom 22. April 1986 gegen Silvio B. und Peter Kl. (Fall II.8.) und zu der Frage, weshalb in diesem Urteil eine Schädigungsabsicht zum Nachteil der DDR angenommen worden sei, obgleich es den Angeklagten lediglich auf eine Ausreise aus der DDR angekommen sei, erwiderte sie: Hierzu könne sie keine Angaben machen.

III. [Einlassungen der Angeklagten und Beweiswürdigung]

Die Angeklagte hat sich in der Hauptverhandlung zu ihren persönlichen Verhältnissen geäußert. Am 2. Verhandlungstag hat sie eine Erklärung verlesen, die folgenden Wortlaut hat:

„Erklärung

zu dem mit Anklage und Eröffnungsbeschluß des Landgerichts Berlin gegen mich erhobenen Vorwurfes der Rechtsbeugung nach § 244 StGB/DDR

1. Ich bin mir völlig sicher, während meiner gesamten Tätigkeit als Richter bzw. Oberrichter am Stadtgericht Berlin (Hauptstadt der DDR) bei der Durchführung gerichtlicher Verfahren *niemals* wissentlich gesetzwidrig zugunsten {107} oder zuungunsten eines Beteiligten entschieden oder an einer derartigen Entscheidung mitgewirkt zu haben. Der gegen mich erhobene Vorwurf der Rechtsbeugung stellt das Vorhandensein richterlichen Berufsethos' in Frage. Er verletzt meine Ehre und wird daher von mir in aller Entschiedenheit zurückgewiesen.
2. Die Strafrechtsprechung in der Deutschen Demokratischen Republik war streng an die verfassungsmäßig erlassenen gesetzlichen Bestimmungen einschließlich der Verfassung selbst (Artikel 105) und die allgemein anerkannten Normen des Völkerrechts i.S. Art. 91 Verfassung der DDR gebunden. Die Verfassungsmäßigkeit erlassener Rechtsvorschriften war selbst Verfassungsgebot (Art. 89 Abs. 3 Satz 1 Verfassung[15]). Es bestand daher zu keinem Zeitpunkt für mich Veranlassung, an der verfassungsmäßigen Verbindlichkeit der von mir angewandten gesetzlichen Bestimmungen zu zweifeln. Darin befand ich mich in Übereinstimmung mit der Auffassung des Obersten Gerichts der DDR, dem die Leitung der Rechtsprechung gemäß Art. 93 Abs. 2 Verfassung der DDR (1974)[16], Art. 7 StGB (1974) oblag.
   Daß verfassungsmäßige Grundrechte durch Straf- und andere Gesetze im vorgeschriebenen Rahmen eingeschränkt oder im Einzelfall aufgehoben werden können, liegt in der gesellschaftlichen Schutzfunktion des Strafrechts, wie es auch in der BRD praktiziert wird. Wie hoch im Einzelfall {108} das Schutzbedürfnis des Staates gegenüber Individualrechten angesetzt ist, ist einer Veröffentlichung in der ‚Deutschen Richterzeitung' 1/1 und 78 S. 23/24 über die Vorrangigkeit der ‚Staatssicherheit vor Menschenrechte' zu entnehmen, in welcher eine Grundsatzentscheidung der Europäischen Kommission für Menschenrechte behandelt wird.
   Da die Verwirklichung verfassungsmäßiger Grundrechte und allgemeiner Menschenrechte (nach dem Beitritt der DDR zu den UN-Menschenrechtskonventionen des Jahres 1966) gemäß der damals herrschenden Auffassung verfassungskonform erfolgte (s. z.B. ‚Verfassung der DDR – Dokumente/Kommentar' Berlin 1969, Bd. 2 S. 107 und Eberhardt Poppe: ‚Menschenrechte – eine Klassenfrage' Staatsverlag der DDR 1971 S. 63) war für mich aus dieser Sicht eine Verletzung verfassungsmäßiger Grundrechte oder allgemeiner Menschenrechte durch die Anwendung des geltenden Strafrechts völlig ausgeschlossen.

Es ist mir bewußt, daß die jetzt auch für das Gebiet der ehemaligen DDR geltende Rechtsordnung solchen Begriffen wie der Verwirklichung von verfassungsmäßigen Grundrechten oder allgemeinen Menschenrechten eine andere, teilweise konträre Bedeutung beimißt. Diese, einer anderen Rechtsordnung, d.h. der Rechtsordnung eines *anderen Staates* entspringende juristische Denkweise kann und darf jedoch nicht auf mein richterliches Handeln übertragen werden, {109} um mir den strafrechtlichen Vorwurf zu machen, ich hätte nicht als Richter der Bundesrepublik Deutschland gedacht und gehandelt (mich auch nicht durch Nichtanwendung des DDR-Rechtes einer Rechtsbeugung schuldig gemacht zu DDR-Zeiten) sondern als Richter der Deutschen Demokratischen Republik auf der Grundlage der geltenden Gesetze dieses Staates – u.a. auch im Interesse des Schutzes dieses Staates und seiner staatlichen Ordnung.

3. Nach bestem Wissen und Gewissen habe ich als Richter der DDR Berufspflichten erfüllt wie sie Dr. Walter Priebke aus Frankfurt/Main in DRiZ im Januar 1991 formulierte. Danach ist ‚ein wesentliches Eignungsmerkmal für die Ausübung des Amtes eines Berufsrichters in unserer freiheitlichen Demokratie die politische Treuepflicht. Diese Eignungsvoraussetzung … erlangt mit der Wiedervereinigung zu einem Gesamt-Deutschland erhebliches, wenn nicht sogar existenzielles Gewicht.‘
   … ‚Der moderne Rechts- und Verwaltungsstaat mit seinen ebenso vielfältigen wie komplizierten Aufgaben‘ … sei ‚auf eine intakte loyale Pflichttreue dem Staat und seiner verfassungsmäßigen Ordnung innerlich verbundenen Beamten und Richterschaft angewiesen‘. Kern dieser Treuepflicht sei ‚die politische Treuepflicht‘ … ‚die Pflicht zur Bereitschaft, sich mit der Idee eines Staates, dem der Richter dienen soll‘ … zu identifizieren. {110}
   Ich weise also nochmals jeden Vorwurf, mich der Rechtsbeugung schuldig gemacht zu haben, zurück.“

Im übrigen hat die Angeklagte die Einlassung zur Sache und zu ihrem Lebenslauf verweigert.

Sie ist der ihr zur Last gelegten Taten nach dem Ergebnis der Beweisaufnahme überführt.

Soweit die Strafkammer Feststellungen zum beruflichen Lebenslauf der Angeklagten und ihren Auszeichnungen getroffen hat, beruhen diese auf ihrer restlichen in der Hauptverhandlung verlesenen Personalakte (die vollständige Personalakte ist nicht mehr vorhanden, sie ist der Angeklagten nach der „Wende“ ausgehändigt worden).

Die Feststellungen zum Inhalt der verantwortlichen Vernehmung vom 29. Juli 1992 beruhen auf der glaubhaften Aussage des Zeugen Staatsanwalt Trottmann.

Die Mitwirkung der Angeklagten als Vorsitzende und einzige Berufsrichterin des 1a Strafsenats des Stadtgerichts Berlin der ehemaligen DDR ergibt sich aus den in der Hauptverhandlung verlesenen Urteilen. Zur Überzeugung der Strafkammer steht auch fest, daß die Angeklagte in keinem Fall von den Schöffen hinsichtlich Schuld- und Straffrage zu Ungunsten der damaligen Angeklagten überstimmt worden ist. Sie hat zwar anläßlich ihrer verantwortlichen Vernehmung durch den Zeugen Trottmann ange-{111}geben, es sei im Laufe ihrer langjährigen richterlichen Tätigkeit auch vorgekommen, daß sie von den Schöffen überstimmt worden sei. Dies sei jedoch „nicht häufig“ geschehen. Soweit ihr von dem Zeugen Trottmann einzelne Urteile, die Gegenstand des vorliegenden Verfahrens sind, vorgehalten worden sind, hat sie in keinem der Fälle behauptet, überstimmt worden zu sein. Sie hat dies auch in der Hauptverhandlung nicht getan, auch wenn sie sich zur Sache nicht eingelassen hat. Abgesehen davon, daß sich aus dem Inhalt der Vernehmung bei dem Zeugen Trottmann bereits ergibt, daß sie in entscheidenden Fällen jedenfalls von den Schöffen nicht überstimmt worden ist, ergibt sich hierfür auch nichts aus der von ihr im Verlauf der Hauptverhandlung abgegebenen längeren Erklärung. Aus dieser Erklärung folgt vielmehr im Gegenteil, daß sie noch heute sämtliche von ihr getroffenen Entscheidungen für richtig hält, was nur den Schluß zuläßt, daß sie auch damals ihre Stimme im Sinne der jeweiligen Urteilssprüche abgegeben hat.

Unter diesen Umständen ist der Hilfsbeweisantrag der Verteidigung, „den Sachverhalt hinsichtlich ihres (der Angeklagten) Abstimmungsverhaltens weiter aufzuklären", abzulehnen. Es handelt sich um einen Beweisermittlungsantrag, denn es wurden in ihm weder bestimmte Tatsachen behauptet noch bestimmte Beweismittel benannt. Der Kammer drängt sich nicht auf, diesem Antrag nachzugehen, denn es ist bereits dargelegt worden, daß sich die Angeklagte in ihrer ausführlichen Erklärung zu den von ihr gefällten {112} Urteilen noch heute bekennt. Es kann daher keine Rede davon sei, daß sie auch nur in einem Fall von den Schöffen zu Ungunsten der damaligen Angeklagten überstimmt worden ist.

Da in dem Urteil gegen Bo. (Fall II.3.) die von diesem verfaßten Beiträge zwar angeführt, nicht jedoch wörtlich wieder gegeben worden sind, hat die Strafkammer hierzu den Zeugen Bo. gehört und neun noch vorhandene Beiträge in Gegenwart des Zeugen Bo. verlesen. Der Zeuge Bo. hat im Anschluß an die Verlesung glaubhaft bekundet, auch die übrigen in dem Urteil erwähnten und von ihm verfaßten Schriftstücke hätten einen ähnlichen Inhalt gehabt. Niemals habe er in ihnen zu Gewalttätigkeiten oder gar zu einem bewaffneten Aufstand aufgerufen. Wenn er in der damaligen Hauptverhandlung von einem von ihm beschrittenen „revolutionären Weg" gesprochen habe, so habe er stets darunter friedliche und demokratisch zugelassene Mittel wie z.B. Demonstrationen verstanden. Er sei vom Sozialismus zutiefst überzeugt gewesen, habe jedoch gemeinsam mit seinen Genossen erkennen müssen, daß in der ehemaligen DDR kein wahrer Sozialismus geherrscht habe. Dies habe er in den von ihm verfaßten Flugblätterartikeln und Schriften kritisiert. Er habe bei den Taten, deretwegen er seinerzeit bestraft worden sei, keinerlei Unrechtsbewußtsein gehabt, wenn er sich auch darüber klar gewesen sei, daß seine Handlungsweise – sollte er entdeckt werden – strafrechtliche Verfolgung nach sich ziehen würde. {113}

Zweifel an der Glaubwürdigkeit des Zeugen Bo. bestehen nicht.

Der Hilfsbeweisantrag der Verteidiger, sämtliche in dem Urteil gegen Bo. erwähnten Ausgaben „Roter Morgen" sowie die Broschüre „Aufgebot DDR 30" herbeizuziehen und zu verlesen, ist abzulehnen. Auch insoweit handelt es sich um einen Beweisermittlungsantrag, denn die Verteidigung trägt nicht vor, welche Tatsachen durch die beantragte Verlesung bewiesen werden sollen. Im Hinblick auf die Verlesung der vom Gericht herbeigezogenen Beiträge und die Aussage des Zeugen Bo, drängen sich der Strafkammer weitere Ermittlungen nicht auf. Hierbei hat das Gericht die Aussage des Zeugen berücksichtigt, wonach auch die übrigen in dem Urteil erwähnten und von ihm verfaßten Beiträge inhaltlich den in der Hauptverhandlung verlesenen neun Beiträgen gleichen. In diesem Zusammenhang kann auch nicht unberücksichtigt bleiben, daß dem Zeugen in dem Urteil vom 8. Juli 1982 auch keinerlei etwa geplante Gewalttaten zur Last gelegt werden, was zur Überzeugung der Strafkammer mit Sicherheit geschehen wäre, wenn auch nur einer der von dem Zeugen verfaßten Beiträge einen derartigen Aufruf zu Gewalt oder gar Waffengebrauch enthalten hätte.

Schließlich ist auch der Hilfsbeweisantrag der Angeklagten, einen Sachverständigen für DDR-Recht anzuhören, abzulehnen. Es ist ausschließlich Sache des erkennenden Gerichts, Rechtsfragen zu prüfen, auch dann, wenn es sich nicht ausschließlich {114} um bundesdeutsches Recht handelt. Soweit der Sachverständige dazu gehört werden soll, daß in dem Urteil gegen Bo. von der Möglichkeit, die Strafe nach § 64 Abs. 3 StGB/DDR zu erhöhen, kein Gebrauch gemacht worden ist, obgleich dies möglich gewesen wäre, ist der Antrag schon deshalb abzulehnen, weil die behauptete Tatsache durch den Inhalt des verlesenen Urteils bereits bewiesen ist.

IV. [Rechtliche Würdigung]

Nach dem festgestellten Sachverhalt ist die Angeklagte der Rechtsbeugung gemäß §§ 244 StGB/DDR, 336 StGB schuldig.

Verfahrenshindernisse bestehen nicht. Weder ist die Verfolgung durch Amnestien ausgeschlossen (vgl. BGH Urteil vom 20. Oktober 1993 in NJW 1994, 267, 268 ff.[17]), noch ist das Verhalten der Angeklagten der Aburteilung durch Gerichte der Bundesrepublik Deutschland entzogen (vgl. BGHSt 39, 1, 5 ff.[18] und BGHSt 39, 168, 174 ff[19]).

Die von der Angeklagten begangenen Taten sind auch nicht verjährt, so daß der Antrag der Verteidigung vom 28. Februar 1994, das Verfahren mindestens teilweise wegen Strafverfolgungsverjährung einzustellen, keinen Erfolg hat. Abgesehen davon, daß die Verjährung mit der am 3. Oktober 1990 eingetretenen Einigung Deutschlands nach Artikel 315a S. 2 EGStGB {115} in der Fassung des Einigungsvertrages, jetzt Artikel 315a S. 3 Halbsatz 1 EGStGB in der Fassung des Verjährungsgesetzes unterbrochen worden wäre, folgt die Strafkammer der von Kammergericht in dem Beschluß vom 17. Dezember 1992 – 4 Ws 160/92[20] – (abgedruckt in NStZ 1993, 240) vertretenen Rechtsansicht, wonach die Verfolgung der von der Angeklagten begangenen Taten während des Bestehens der DDR ruhte. Es kann keinem Zweifel unterliegen, daß die Angeklagte wegen der Taten des vorliegenden Verfahrens in der damaligen DDR keinesfalls strafrechtlicher Verfolgung ausgesetzt gewesen wäre.

Straftaten, die in der früheren DDR vor dem 3. Oktober 1990 begangen worden sind, sind gemäß Artikel 315 EGStGB (in der Fassung des Einigungsvertrages) nach § 2 StGB zu beurteilen. Nach Absatz 1 dieser Vorschrift ist grundsätzlich das Recht maßgeblich, das zur Tatzeit gegolten hat, somit für die Rechtsbeugung § 244 StGB/DDR. An die Stelle dieser Vorschrift ist mit dem Inkrafttreten des Einigungsvertrages die Strafbestimmung des § 336 StGB getreten (Artikel 8, 9 des Einigungsvertrages). Soll ein Richter der ehemaligen DDR wegen Rechtsbeugung bestraft werden, so ist zunächst Voraussetzung, daß er sich nach § 244 StGB/DDR strafbar gemacht hat und daß sein Verhalten auch nach § 336 StGB strafbar ist. Eine Anwendung {116} des § 244 StGB/DDR setzt voraus, daß der Richter „gesetzwidrig zu Gunsten oder zu Ungunsten eines Beteiligten" entschieden hat. Allerdings müßte die Vorschrift des § 336 StGB angewendet werden, wenn sich das Recht der Bundesrepublik Deutschland bei einem Vergleich mit der Vorschrift des DDR-Strafgesetzbuches als milderes Recht erweisen würde. Dies ist indessen nicht der Fall, denn die Vorschrift des § 244 StGB/DDR sieht eine niedrigere Strafdrohung vor als § 336 StGB.

Der 5. Strafsenat des Bundesgerichtshofs hat in seiner Grundsatzentscheidung vom 13. Dezember 1993 – 5 StR 76/93[21] – mit eingehender Begründung dargelegt, daß eine Bestrafung ehemaliger DDR-Richter wegen Rechtsbeugung grundsätzlich möglich ist. Er hat insoweit ausgeführt, zwar müßten die besonderen politischen Verhältnisse, die in der ehemaligen DDR geherrscht haben, berücksichtigt werden. Hierzu gehörten insbesondere die allgemein bekannte staatliche Einflußnahme auf die Tätigkeit der Richter, durch die deren persönliche Unabhängigkeit erheblich eingeschränkt worden sei. Deshalb könne eine Gesetzesverletzung gemäß § 244 StGB/DDR nicht schon darin liegen, daß ein Richter sich von derartigen Einflüssen habe bestimmen lassen. Gleichwohl käme eine Bestrafung wegen Rechtsbeugung – abgesehen von Einzelexzessen – dann in Betracht, wenn „die Rechtswidrigkeit der Entscheidung so offensichtlich war, daß insbesondere die Rechte anderer, hauptsächlich ihre Menschenrechte, derart schwerwiegend verletzt worden sind, daß sich die {117} Entscheidung als Willkürakt darstellt". Dabei sei Orientierungsmaßstab „die offensichtliche Verletzung von Menschenrechten, wie sie in der DDR durch den Beitritt zum Internationalen Pakt über bürgerliche und politische Rechte (für die DDR in Kraft getreten am 23. März 1976 – GBl. DDR II S. 108 –) anerkannt waren". Grundsätzlich sei es nämlich jedem Richter der ehemaligen DDR möglich gewesen, das dort geltende Recht auch so auszulegen, daß Willkürakte vermieden werden konnten, denn auch die Richter der ehemaligen DDR hätten sich bei ihren Entscheidungen auf die dort geltenden Verfassungsnormen berufen können. Damit sei es den Richtern möglich gewesen „von grob unverhältnismäßigen Eingriffen in Menschenrechte abzusehen oder die Verletzung solcher Rechte zumindest in Grenzen zu halten". Dies gelte auch, soweit es sich um die Anwendung der sich aus § 1 Abs. 1 Nr. 1 des Strafrechtlichen Rehabilitationsgesetzes erwähnten Vorschriften handele. Der Bundesgerichtshof führt aus:

„Als durch Willkür gekennzeichnete offensichtliche schwere Menschenrechtsverletzung, bei der auch unter Beachtung des Artikel 103 Abs. 2 GG eine Bestrafung wegen Rechtsbeugung in Betracht kommt, werden hiernach Fälle zu bewerten sein, in denen Straftatbestände unter Überschreitung des Gesetzeswortlauts oder unter Ausnutzung ihrer Unbestimmtheit bei der Anwendung derart überdehnt worden sind, daß eine Bestrafung, zumal mit Freiheitsstrafe, als offensichtliches Unrecht anzusehen ist; dies gilt auch für die Auslegung des § 21 Abs. 2 StGB/ DDR (Vorbereitungshandlung). Ferner wird {118} eine willkürliche Menschenrechtsverletzung in dem dargelegten Sinne anzunehmen sein, wenn die verhängte Strafe etwa bei der Anwendung des § 213 StGB/DDR in einem unerträglichen Mißverhältnis zu der Handlung gestanden hat, so daß die Strafe auch im Widerspruch zu Vorschriften des DDR Strafrechts (Artikel 4 Abs. 5[22] Artikel 5 Satz 3, § 61 Abs. 1, 2 StGB/DDR) als grob ungerecht und als schwerer Verstoß gegen die Menschenrechte erscheinen muß. Des weiteren ist an schwere Menschenrechtsverletzungen im Hinblick auf die Art und Weise der Durchführung von Verfahren, insbesondere von Strafverfahren, sowie an Fälle zu denken, in denen die Strafverfolgung und die Bestrafung überhaupt nicht der Verwirklichung von Gerechtigkeit (Artikel 86 der DDR-Verfassung), sondern der Ausschaltung des politischen Gegners oder einer bestimmten sozialen Gruppe gedient haben." (Vgl. BGH a.a.O., fortgeführt durch Urteil vom 9. Mai 1994 – 5 StR 354/93[23]).

Diese Kriterien erfüllen die von der Angeklagten gefällten acht Entscheidungen.

Im einzelnen gilt folgendes: {119}

1. Urteil gegen Harald K.

Die Rechtswidrigkeit dieser Entscheidung ist offensichtlich, denn ihre Feststellungen tragen nicht die Verurteilung wegen staatsfeindlicher Hetze gemäß § 106 Abs. 1 Ziffer 3 StGB/DDR. Dieser Tatbestand erforderte nämlich eine feindliche Handlung gegen die DDR oder deren Organe, war jedoch nicht anzuwenden, wenn lediglich andere Auffassungen zum Ausdruck gebracht wurden (Strafrecht der DDR Kommentar 5. Auflage 1987, § 106 Anm. 1). Die Angeklagte hat in den Urteilsgründen unter anderem ausgeführt, K. habe von ihm als notwendig angesehene Änderungen der gesellschaftlichen Verhältnisse in der DDR nicht durch einen Aufstand, sondern „evolutionär" herbeiführen wollen. Schon daraus ergibt sich, daß § 106 StGB/DDR keine Anwendung finden konnte. Die von ihm verfaßten Eingaben und die Diskussionen, die er mit Arbeitskollegen führte, hielten sich im Rahmen der Verfassung der Deutschen Demokratischen Republik, nach der jeder Bürger das Recht der freien Meinungsäußerung (Art. 27) und das Recht, Eingaben in Form von Hinweisen, Anliegen oder Beschwerden an staatliche Organe anzubringen (Artikel 103), hatte.

An die Beachtung der Verfassung der DDR war die Angeklagte als Richterin gebunden (Artikel 96), sie hatte sie als unmittelbar geltendes Recht von Amts wegen zu beachten (Artikel 105). Dessen war sie sich, wie sich aus der von ihr im Laufe der Hauptverhandlung verlesenen {120} Erklärung ergibt, auch bewußt. Daß sie dies im Fall K. bewußt unterlassen hat, um einen politischen Gegner auszuschalten, ergibt sich aus ihrer Einlassung anläßlich ihrer verantwortlichen Vernehmung, in der sie sich dahin eingelassen hat, sie hätte sich mit der Vorschrift des Artikels 27 der Verfassung im Fall K. nur dann auseinandergesetzt, wenn seitens des Angeklagten „ein entsprechender Einwand gekommen wäre".

2. Urteil gegen Klaus H. und Manfred F.

Auch dieses Urteil ist offensichtlich rechtswidrig, denn die Angeklagten hatten durch ihr Verhalten keine feindlichen Handlungen gegen DDR unternommen, sondern lediglich die ihnen nach Artikel 27 und 103 der Verfassung der DDR zustehenden Rechte in Anspruch genommen. In diesem Zusammenhang ist auch zu beachten, daß die Internationale Konvention für zivile und politische Rechte für die DDR am 23. März 1976 in Kraft getreten war (GBl. DDR II S. 108). Damit hatte die DDR die in dieser Konvention verbrieften Menschenrechte anerkannt. Zu diesen Rechten gehörte nach Artikel 12 Abs. 2 auch das Recht „jedes Land, auch sein eigenes zu verlassen". Unabhängig davon, ob diese Konvention in innerstaatliches Recht umgesetzt worden war, bestand – völkerrechtlich für die DDR verbindlich (vgl. BGH NJW 1993, 145) – formal die Möglichkeit der Ausreise aus der DDR. Dies brachte im übrigen auch § 10 Abs. 1 des Staatsbürgerschaftsgesetzes {121} der DDR vom 20. Februar 1967 zum Ausdruck, wonach ein Antragsrecht auf Entlassung aus der Staatsbürgerschaft der DDR und damit verbunden ein Recht auf Ausreise bestanden hat. Daraus folgt aber, daß die Wahrnehmung dieser Rechte keine feindliche Handlung gegen die DDR und ihre Organe darstellen konnte. Entsprechende Feststellungen hierzu hat die Angeklagte in dem Urteil daher auch bewußt unterlassen. Soweit sie anläßlich ihrer verantwortlichen Vernehmung insoweit erklärt hat, diese Feststellung sei möglicherweise bei der Abfassung des Urteils „weggerutscht", vermag sie dies nicht zu entlasten.

3. Urteil gegen Andreas Bo.

Diese Entscheidung erfüllt den Tatbestand der Rechtsbeugung schon deshalb, weil sie ausschließlich der Ausschaltung eines politischen Gegners gegolten hat. Als Anhänger der marxistisch-leninistischen Gruppierung der KPD galt Bo. in der früheren DDR als politisch mißliebig. Obgleich er ausschließlich von dem ihm nach Artikel 27 der Verfassung der DDR zustehenden Recht auf freie Meinungsäußerung Gebrauch gemacht hatte, ist er nach § 106 StGB/DDR bestraft worden, und zwar zu der sich aus dieser Vorschrift ergebenden Höchststrafe von acht Jahren. Durch diese extrem hohe Bestrafung des unbestraften Zeugen, der als verheirateter Mann und Vater zweier Kinder in geordneten Verhältnissen lebte, hat die {122} Angeklagte willkürlich und schwerwiegend in die Menschenrechte des Zeugen eingegriffen. Daran ändert sich auch nichts dadurch, daß von der Möglichkeit, die Strafe nach § 64 Abs. 3 StGB/DDR zu erhöhen kein Gebrauch gemacht worden ist.

4. Urteil gegen die Eheleute von D.

Die Rechtswidrigkeit dieser Entscheidung, durch die die Menschenrechte der unbestraften Angeklagten durch die Verhängung empfindlicher Freiheitsstrafen verletzt worden sind, ist offensichtlich. Die Eheleute wollten aufgrund ihrer christlichen Lebenseinstellung die DDR auf legalem Wege verlassen, wobei sie sich unter anderem ausdrücklich auf Artikel 12 Abs. 2 der Internationalen Konvention über zivile und politische Rechte berufen haben. Sie haben damit weder feindliche Handlungen gegen die DDR im Sinne des § 106 StGB/DDR begangen, noch eine landesverräterische Nachrichtenübermittlung im Sinne des § 99 StGB/DDR vorgenommen. Voraussetzung für eine Bestrafung wegen dieser Vorschrift wäre gewesen, daß die Nachrichten zum Nachteil der Interessen der DDR weitergeleitet worden wären, wobei „der Interessennachteil … insbesondere … am Charakter der Nachrichten, an der Geeignetheit ihrer Verwertung gegen die DDR und an der Rolle und den Zielen der Empfängerstellen" zu messen war (vgl. Strafrecht der DDR Kommentar a.a.O. § 99 Anmerkung 1, 2). Dessen war sich die Angeklagte auch bewußt, was {123} sich bereits daraus ergibt, daß das Urteil jede Auseinandersetzung mit dieser Problematik ebenso vermissen läßt, wie die Auseinandersetzung mit der sich aus Artikel 12 Abs. 2 der Internationalen Konvention über zivile und politische Rechte ergebenden Ausreisefreiheit.

5. Urteil gegen Helmut St.

Auch die Rechtswidrigkeit dieser Entscheidung, die die Menschenrechte des damaligen Angeklagten durch die Verhängung einer zweijährigen Freiheitsstrafe schwerwiegend verletzt hat, ist offensichtlich. St., der unbestraft war, hatte nichts weiter getan, als sich bei der Ständigen Vertretung der Bundesrepublik Deutschland in der DDR nach den Möglichkeiten erkundigt, in die Bundesrepublik Deutschland zu gelangen und dort ein

Taxiunternehmen zu betreiben. Daraufhin ist ihm von der Ständigen Vertretung der Weg der legalen Ausreise aus der DDR gewiesen worden. Als dieser sich als erfolglos erwies, wandte er sich an das ZDF und erhielt von der Fernsehanstalt legale, in der DDR geltende Gesetzesbestimmungen für eine Ausreise. Zutreffend ist in den Urteilsgründen daher auch ausgeführt worden, daß sein Ziel darin bestand, eine Ausreisegenehmigung der zuständigen DDR-Behörden zu erhalten. Unter diesen Umständen konnte von dem Verbrechen einer landesverräterischen Agententätigkeit im Sinne des § 100 Abs. 1 StGB/DDR {124} keine Rede sein, weil Voraussetzung für eine Verurteilung nach dieser Vorschrift der Vorsatz des Täters ist, „daß die Handlung mit der Zielstellung begangen wird, die Interessen der DDR zu schädigen“ (vgl. Strafrecht der DDR Kommentar a.a.O., § 100 Anmerkung 3).

6. *Urteil gegen Dr. Michael Br.*

In diesem Fall ist die Rechtswidrigkeit der Entscheidung ebenso offensichtlich. Die Angeklagte hat willkürlich – um das sich aus § 213 Abs. 3 Nr. 4 StGB/DDR ergebende erhöhte Strafmaß anwenden zu können – behauptet, die von dem damaligen Angeklagten begangene Tat sei durch Urkundenfälschung begangen worden. Dabei war sie sich dessen bewußt, daß der Reisepaß der Bundesrepublik Deutschland, der von der Botschaft. der Bundesrepublik Deutschland in Prag ausgestellt worden war, keine falsche Urkunde, sondern echt war. Ebenso wie nach bundesdeutschem Recht sieht § 240 StGB/DDR vor, daß Urkundenfälschung nur der begeht, der zur Täuschung im Rechtsverkehr eine unechte Urkunde herstellt, eine echte Urkunde verfälscht oder von einer unechten oder verfälschten Urkunde Gebrauch macht. Nichts davon hat der damalige Angeklagte getan. Soweit der Paß den unrichtigen Wohnort „Nürnberg“ enthielt, handelt es sich lediglich um eine schriftliche Lüge, die auch nach den in der DDR geltenden Gesetzen nicht strafbar war (vgl. Strafrecht der DDR Kommentar a.a.O., § 240 Anmerkung 5). {125} Dessen war sich die Angeklagte auch bewußt, denn sie kannte die Strafbestimmung des § 240 StGB/DDR genau.

Dies folgt insbesondere aus dem ebenfalls in der Hauptverhandlung verlesenen Urteil vom 31. März 1982 gegen Barbara L. und Peter R. – insoweit ist das Verfahren gemäß § 154 Abs. 2 StPO eingestellt worden –, in dem sie detaillierte und zutreffende Ausführungen zu § 240 StGB/DDR gemacht hat.

7. *Urteil gegen Thomas R. und Jens Bor.*

Auch in diesem Urteil hätte die Angeklagte den aus § 213 Abs. 3 StGB/DDR ergebenden erhöhten Strafrahmen nur deshalb anwenden dürfen, weil R. wegen ungesetzlichen Grenzübertritts bestraft war (§ 213 Abs. 3 Nr. 6 StGB/DDR), wobei das Urteil jede Feststellung darüber vermissen läßt, ob Bor. dies wußte, so daß diese Vorschrift auch auf ihn anzuwenden war. Die von der Angeklagten ebenfalls angenommene Voraussetzung des § 213 Abs. 3 Nr. 4 StGB/DDR lagen jedenfalls keinesfalls vor. Nach den Feststellungen des Urteils hatte Bor. in Hamburg für R. einen Antrag zur Erlangung eines Reisepasses der Bundesrepublik Deutschland ausgefüllt und dabei bewußt das Geburtsdatum von R. mit einem unrichtigen Monat versehen. Auch [bei] diesem Paß handelte es sich – was die Angeklagte wußte – nicht um eine falsche Urkunde, da weder eine unechte Urkunde durch Täuschung über den Aussteller hergestellt, noch eine echte Urkunde {126} nachträglich verfälscht worden war (vgl. Strafrecht der DDR Kommentar a.a.O., § 240 Anm. 1).

Das Urteil erfüllt aber allein schon deshalb den Tatbestand der Rechtsbeugung, weil die gegen die Angeklagten verhängten Strafen in einem unerträglichen Mißverhältnis zu den von ihnen begangenen Taten standen. Zwar war R. im Zusammenhang mit einer im Dezember 1983 versuchten Flucht aus der DDR vorbestraft, jedoch bedarf es angesichts der Tatsache, daß er im Zeitpunkt der Verurteilung erst 21 Jahre alt und voll geständig war, keiner weiterer Ausführungen dazu, daß die von der Angeklagten verhängte Freiheitsstrafe von neun Jahren unangemessen hoch und maßlos war. Sie stellte sich ebenso als Willkürakt dar wie die Freiheitsstrafe von fünf Jahren und zehn Monaten, zu der Bo. verurteilt worden ist.

Dieser Angeklagte war unbestraft, voll geständig und zum Zeitpunkt der Verurteilung erst 20 Jahre alt.

Die Angeklagte war sich der Unverhältnismäßigkeit der Strafen auch bewußt. Dies folgt bereits daraus, daß sie zwar die Geständnisse der Angeklagten erwähnt, im übrigen aber in den Strafzumessungsgründen jede Auseinandersetzung mit weiteren Strafmilderungsgründen vermieden hat. {127}

8. *Urteil gegen Silvio B. und Peter K.*

Schließlich erfüllt auch dieses Urteil den Tatbestand der Rechtsbeugung, denn auch diese Angeklagten hatten lediglich von ihrem in der Verfassung der DDR garantierten Recht der freien Meinungsäußerung und der Anbringung von Eingaben Gebrauch gemacht. Dies ergibt sich bereits aus der von der Angeklagten in den Urteilsfeststellungen gewählten Formulierung

> „es wurde (von den Angeklagten) festgelegt, die Ratssprechstunden gemeinsam aufzusuchen, Ausweise geschlossen abzugeben, aufeinander zu warten und anschließend eine ‚Auswertung' vorzunehmen. Deren Ziel bestand darin, sich über benutzte Argumente auszutauschen und sich über ihnen erfolgreicher erscheinendes Auftreten zu verständigen. Es bestand darin, sich gegenseitig zu bestärken, die Bereitschaft zu Aktivitäten zu entwickeln und Aktivitäten festzulegen".

Dieses Verhalten der damaligen Angeklagten war nicht geeignet, in irgendeiner Form die Interessen der DDR zu schädigen, worüber sich die Angeklagte auch klar war. Dies folgt unter anderem aus ihrer Einlassung zu diesem Fall anläßlich ihrer verantwortlichen Vernehmung durch Staatsanwalt Trottmann, bei der sie erklärt hat, sie sei nicht in der Lage Angaben dazu zu machen, weshalb in diesem Urteil eine Schädigungsabsicht zum Nachteil der DDR angenommen worden sei, obgleich sie sich darüber klar war, daß die Angeklagten durch ihr Verhalten Belange der DDR nicht geschädigt haben, hat sie sie zu hohen Frei-{128}heitsstrafen, nämlich zu zwei Jahren und vier Monaten und einem Jahr und zehn Monaten verurteilt.

Zusammenfassend ist festzustellen, daß die Angeklagte in den acht Urteilen offensichtlich rechtswidrige Entscheidungen zu Ungunsten der damaligen Angeklagten gefällt hat, durch die Menschenrechte insbesondere durch die Verhängung empfindlicher und ungerechtfertigter Freiheitsstrafen verletzt worden sind. Dabei hat sie in allen Fällen vorsätzlich und jeweils aufgrund eines neuen Tatentschlusses gehandelt. Sie war eine langjährige und erfahrene Strafrichterin, die die gesetzlichen Normen und deren Anwendung kannte und auch wußte, daß sie die Bestimmungen der Verfassung der DDR bei ihrer Rechtsprechung zu beachten hatte. Gleichwohl hat sie bewußt zu Ungunsten der damaligen Angeklagten entschieden.

In den Fällen 3, 4 und 9 der Anklageschrift vom 26. Oktober 1992 und 1 und 2 der Anklageschrift vom 15. April 1993[24] ist das Verfahren auf Antrag der Staatsanwaltschaft gemäß § 154 Abs. 2 StPO vorläufig eingestellt worden.

Die Fälle 6 und 10 der Anklageschrift vom 26. Oktober 1992 sind zur gesonderten Verhandlung und Entscheidung abgetrennt worden.[25] {129}

V. [Strafzumessung]

Der Strafrahmen ergibt sich aus § 244 StGB/DDR i.V.m. § 40 Abs. 1 StGB/DDR (sechs Monate bis zu fünf Jahren) als dem gegenüber § 336 StGB (Strafrahmen ein Jahr bis zu fünf Jahren) milderen Gesetz.

Obgleich die Angeklagte acht Einzeltaten begangen hat, sind hierfür keine Einzelstrafen und eine Gesamtstrafe festzusetzen, wie dies § 53 StGB vorsieht. Vielmehr findet auch insoweit das Strafgesetzbuch der DDR Anwendung, nach dessen § 64 Abs. 1 eine sogenannte Hauptstrafe innerhalb des gesetzlichen Strafrahmens zu verhängen ist.

Bei Bemessung der gegen die unbestrafte Angeklagte zu verhängenden Strafe spricht für die Angeklagte, daß sie nicht, wie Richter in demokratischen Staaten, in ihrer Rechtsprechung unabhängig war. Die Richter der ehemaligen DDR als einem Diktaturstaat waren vielmehr mannigfachen äußeren Einflüssen durch Partei und Politik ausgesetzt, durch die im Interesse sozialistischer Prinzipien eine möglichst weitgehende Uniformität der Rechtsprechung (vgl. Herrmann/Schuesseler NJ 1963, 129, 132, 133) erreicht werden sollte. Das hatte dazu geführt, daß das oberste Gericht Richtlinien und allgemeine Beschlüsse herausgab, an die sich die Richter zu halten hatten. Sie wurden angeleitet und kontrolliert und hatten sich gegebenenfalls für Entscheidungen, die nicht den Partei- und Staatsinteressen entsprachen, innerhalb ihrer Behörde zu verantworten. Es liegt auf der Hand, daß unter diesen Umständen von einer unab-{130}hängigen Rechtspflege keine Rede sein konnte. Dies muß zu Gunsten der Angeklagten berücksichtigt werden, die im übrigen als überzeugte Anhängerin des SED-Staates bestrebt war, in den Vordergrund ihrer Rechtsprechung nicht die Interessen der Angeklagten, sondern die des Staates und der Partei zu stellen.

Demgegenüber fallen strafschärfend der lange Zeitraum und die Vielzahl der von der Angeklagten begangenen Fälle ins Gewicht, insbesondere die Tatsache, daß sie in allen Fällen empfindliche Freiheitsstrafen verhängt hat. In diesem Zusammenhang kann nicht unberücksichtigt bleiben, daß es auch in der ehemaligen DDR den Richtern möglich war, von grob unverhältnismäßigen Eingriffen in Menschenrechte abzusehen, bzw. sie in Grenzen zu halten, ohne sich dadurch der Gefahr besonderer staatsrechtlicher Sanktionen auszusetzen. Von dieser Möglichkeit hat die Angeklagte keinen Gebrauch gemacht.

Unter Abwägung der für und gegen sie sprechenden Umstände ist zur Überzeugung der Strafkammer eine empfindliche Freiheitsstrafe zu verhängen, die in Höhe von *zwei Jahren*

ausreichend, andererseits aber auch mindestens erforderlich ist, um dem Schuldgehalt der von der Angeklagten begangenen Taten gerecht zu werden. Bei Bemessung der Höhe der Strafe hat die Strafkammer auch bedacht, daß die Durchführung des {131} Strafverfahrens die Angeklagte offensichtlich beeindruckt hat.

Die Vollstreckung der Freiheitsstrafe ist zur Bewährung ausgesetzt worden, obgleich sie ein Jahr übersteigt (§ 56 Abs. 1 und 2 StGB). Wenn es auch keinen Zweifel gibt, daß die Sozialprognose für die Angeklagte günstig ist, und wenn auch angenommen werden kann, daß aufgrund der in der ehemaligen DDR herrschenden politischen Verhältnisse besondere Umstände nicht nur in der Persönlichkeit der Angeklagten, sondern wegen der besonderen Einflußnahme auf die Rechtsprechung auch in der von ihr begangenen Taten vorliegen, so bestehen allerdings Bedenken, ob nicht die Verteidigung der Rechtsordnung die Strafvollstreckung gebieten könnte (§ 56 Abs. 3 StGB). Es könnte nämlich für das Rechtsempfinden der Bürger der früheren DDR, insbesondere für diejenigen, die unter der politischen Rechtsprechung der DDR zu leiden hatten, unverständlich erscheinen und dem wachsenden Vertrauen dieses Teils der Bevölkerung in die Unverbrüchlichkeit des Rechts entgegenstehen, wenn Richter, die dazu berufen sind, das Recht zu wahren, diese ihnen übertragene Aufgabe verletzen und gleichwohl von der Vollstreckung der gegen sie verhängten Strafe verschont werden. Wenn die Strafkammer sich von diesen Gedanken nicht hat leiten lassen, so deshalb, weil für die Angeklagte eine Wiederholung ihrer Taten aufgrund ihres Alters, insbesondere aber wegen der Veränderung der politischen Verhältnisse nicht mehr möglich ist. Die durch sie geschädigten Menschen und die {132} übrigen Opfer der SED-Justiz erhalten Genugtuung schon durch die Durchführung des Strafverfahrens und die Verhängung einer Freiheitsstrafe, ohne daß es der Vollstreckung bedarf. Dabei kommt auch den mit der Strafaussetzung verknüpften Bewährungsauflagen, die der Wiedergutmachung des Unrechts dienen sollen, eine nicht unerhebliche Bedeutung zu.

Anmerkungen

1 Vgl. Anhang S. 1046.
2 Vgl. Anhang S. 1042.
3 Vgl. Anhang S. 1036.
4 Vgl. Anhang S. 1040.
5 Vgl. Anhang S. 1044.
6 In der *Keibel*straße befand sich eine Untersuchungshaftanstalt. Die Straße ist nach Carl Heinrich Wilhelm Keibel, einem Berliner Fabrikanten und Kommunalpolitiker, benannt. Von 1820 bis 1950 war er Stadtrat. Das Magistratsmitglied war u.a. tätig im Verein zur Besserung der Strafgefangenen in den brandenburgischen Anstalten. Er hatte die Verlängerung der ehemaligen Schießgasse durchgesetzt und diese auf eigene Kosten pflastern lassen. Seit 1858 trägt daher diese Straße seinen Namen.
7 Vgl. Anm. 6.
8 An dieser Stelle enthielt das Original eine Anmerkung: „Arbeiter-Wohnbaugenossenschaft“.
9 Vgl. Anhang S. 1040.
10 Vgl. Anhang S. 1039.
11 Vgl. Anhang S. 1041.
12 Vgl. Anhang S. 1043.
13 Vgl. Anhang S. 1041.

14 Vgl. Anhang S. 1045.
15 Vgl. Anhang S. 1035 bzw. 1035.
16 Vgl. Anhang S. 1036. Art. 93 der DDR-Verfassung von 1974 blieb im Vergleich zur DDR-Verfassung von 1968 unverändert.
17 Vgl. Dokumentationsband zu den Gewalttaten an der deutsch-deutschen Grenze, lfd. Nr. 10-2.
18 Vgl. Dokumentationsband zu den Gewalttaten an der deutsch-deutschen Grenze, lfd. Nr. 2-2.
19 Vgl. Dokumentationsband zu den Gewalttaten an der deutsch-deutschen Grenze, lfd. Nr. 1-2.
20 Vgl. Dokumentationsband zu den Gewalttaten an der deutsch-deutschen Grenze, lfd. Nr. 13-2.
21 Vgl. lfd. Nr. 1-2.
22 Vgl. Anhang S. 1038.
23 Mittlerweile veröffentlicht in BGHSt 40, 169.
24 Gegen Gerda Klabuhn richteten sich insgesamt drei Anklagen der Staatsanwaltschaft bei dem Landgericht Berlin. Die erste Anklage wurde am 26.10.1992 – Az. 76 Js 681/92 – erhoben, dem folgte eine weitere Anklage vom 15.4.1993 – Az. 76 Js 876/92 – sowie schließlich eine dritte Anklage vom 11.6.1993 – Az. 76 Js 1835/91. Die beiden letztgenannten Anklagen wurden durch Beschluss des Landgerichts Berlin vom 4.10.1993 – Az. (520) 76 Js 681/92 (27/93) – bzw. 7.10.1993 – Az. 520 - 19/93 – zur erstgenannten Anklage hinzuverbunden. Sämtliche Anklagevorwürfe waren Gegenstand des hier vorliegenden Verfahrens.
25 Die genannten Fälle wurden durch Beschluss des Landgerichts Berlin vom 12.5.1998 – Az. (520) 76 Js 681/92 KLs (8/98) – gem. § 154 Abs. 2 StPO eingestellt.

Inhaltsverzeichnis
Revisionsurteil des Bundesgerichtshofs vom 15.9.1995, Az. 5 StR 642/94

Bundesgerichtshof 15. September 1995
Az.: 5 StR 642/94

URTEIL

Im Namen des Volkes

In der Strafsache gegen

Gerda Margot Klabuhn, geboren 1926,

wegen Rechtsbeugung {2}

Der 5. Strafsenat des Bundesgerichtshofs hat aufgrund der Sitzungen vom 5. und 15. September 1995, an denen teilgenommen haben:

⊗ Es folgt die Nennung der Verfahrensbeteiligten. ⊗ {3}

am 15. September 1995 für Recht erkannt:

1. Auf die Revision der Angeklagten wird das Urteil des Landgerichts Berlin vom 21. April 1994 in den Fällen II 1, 2, 6, 7 und 8 des Urteils aufgehoben. In diesen Fällen wird die Angeklagte freigesprochen. Insoweit fallen die Kosten des Verfahrens und die der Angeklagten erwachsenen notwendigen Auslagen der Staatskasse zur Last.
2. Auf die Revisionen der Angeklagten und der Staatsanwaltschaft wird das genannte Urteil im gesamten Rechtsfolgenausspruch mit den zugehörigen Feststellungen aufgehoben.
3. Die weitergehende Revision der Angeklagten wird verworfen. Danach ist die Angeklagte der Rechtsbeugung in drei Fällen schuldig.
4. Zur Straffestsetzung wird die Sache zu neuer Verhandlung und Entscheidung, auch über die verbleibenden Kosten der Revisionen, an eine andere Strafkammer des Landgerichts zurückverwiesen.

– Von Rechts wegen – {4}

Gründe

Das Landgericht hat die Angeklagte wegen Rechtsbeugung in acht Fällen zu einer Freiheitsstrafe von zwei Jahren – als Hauptstrafe (§ 64 Abs. 1 StGB-DDR) – unter Strafaussetzung zur Bewährung verurteilt.

A. [Verfahrenshintergrund]

⊗ Es folgt eine Darstellung der erstinstanzlichen Feststellungen zur Person. ⊗

I. [Verfahrensgegenstand]

⊗ Es folgt eine Darstellung der erstinstanzlichen Sachverhaltsfeststellungen. ⊗ {5}

II. [Rügen]

Gegen das Urteil des Landgerichts richtet sich die zuungunsten der Angeklagten eingelegte, auf den Strafausspruch beschränkte Revision der Staatsanwaltschaft, die vom Generalbundesanwalt vertreten wird. Die Staatsanwaltschaft rügt die Verletzung sachlichen Rechts. Die Angeklagte rügt mit ihrer unbeschränkten Revision die Verletzung formellen und materiellen Rechts.

B. [Zu den Verfahrensrügen]

Die von der Revision der Angeklagten erhobenen Verfahrensrügen greifen nicht durch. {6}

I. [Besetzung des Gerichts]

Die Besetzungsrüge versagt. Eine Ergänzung der Vorschlagsliste gemäß § 36 GVG nach „individueller Vorauswahl" (BGHSt 38, 47) durch eine nach dem Zufallsprinzip erstellte Liste ist revisionsrechtlich nicht zu beanstanden (Senatsbeschluß vom 4. Mai 1995 – 5 StR 178/95 –).

II. [Sitzungsvertreter der Staatsanwaltschaft]

Die gegen die Mitwirkung der Sitzungsvertreter der Staatsanwaltschaft gerichteten Verfahrensrügen sind unbegründet. Dabei bedarf es hier keiner Entscheidung, ob, gegebenenfalls inwieweit und unter welchen Voraussetzungen die Mitwirkung eines „befangenen" Staatsanwalts revisibel ist (vgl. dazu Kleinknecht/Meyer-Goßner, StPO 42. Aufl. vor § 22 Rdn. 3 ff. m.w.N.). Denn es ist, zumal angesichts weniger strenger Maßstäbe im Vergleich zur Beurteilung der Besorgnis der Befangenheit eines Richters (vgl. BVerfG JR 1979, 28), nicht ersichtlich, daß sich aus dem beanstandeten Prozeßverhalten des Staatsanwalts Trottmann oder aus den persönlichen leidvollen Erfahrungen des Staatsanwalts Dr. Bath mit der DDR-Strafjustiz (vgl. dazu BGHSt 39, 168, 177)[1] Umstände herleiten ließen, die das Recht der Angeklagten auf ein faires Verfahren bei Mitwirkung jener Staatsanwälte als Sitzungsvertreter beeinträchtigten. Daß nach der Zeugenvernehmung des Staatsanwalts Trottmann die vom Bundesgerichtshof geforderten Einschränkungen (vgl. BGHR StPO § 24 Staatsanwalt 2 mwN; dazu Häger in: Gedächtnisschrift für Karlheinz Meyer 1990 S. 171, 179 ff.) nicht eingehalten worden wären, ist nicht ersichtlich. {7}

III. [Verletzung des § 258 StPO]

Die auf Verletzung des § 258 StPO gestützte Verfahrensrüge hat ebenfalls keinen Erfolg. Die Strafkammer hat die Schlußvorträge und das letzte Wort zu fünfzehn Anklagepunkten entgegengenommen, hingegen nur zu acht Anklagepunkten ein Urteil und anschließend Beschlüsse über die vorläufige Einstellung von fünf Anklagepunkten nach § 154 Abs. 2 StPO und über die Abtrennung von zwei weiteren Anklagepunkten verkündet. Dieses Vorgehen berührt die Rechte aus § 258 StPO nicht. Eine hierauf gestützte Formalrüge kann allenfalls Erfolg haben, wenn ein Angeklagter durch die Verfahrensweise unzulässig überrascht worden ist und es sich daher nicht ausschließen läßt, daß ihm effektive Verteidigungsmöglichkeiten entgangen sind. Solches wird regelmäßig eine enge sachliche und argumentative Verflechtung zwischen den abgeurteilten und den abgetrennten Verfahrensteilen erfordern. Das ist hier nicht der Fall.

Die Verfahrensweise nach § 154 Abs. 2 StPO war für die Angeklagte und ihre Verteidiger schon deshalb nicht überraschend, weil von der Staatsanwaltschaft ein entsprechender Antrag gestellt worden war. Das Vorbringen der Revision, bei entsprechender Beschlußfassung vor Urteilsverkündung hätte die Angeklagte die Berufsrichter wegen Besorgnis der Befangenheit abgelehnt, zeigt zudem wegen der offensichtlichen Aussichtslosigkeit eines solchen Gesuchs (vgl. Kleinknecht/Meyer-Goßner aaO § 24 Rdn. 14) keine entgangene effektive Verteidigungsmöglichkeit auf. Zur Abtrennung ist die Angeklagte allerdings ersichtlich nicht gehört worden (§ 33 StPO). Indes hat die Strafkammer im Urteil {8} – abgesehen von einem unerheblichen Punkt, zudem zu einem Fall, in dem die Angeklagte nunmehr freigesprochen wird (UA S. 125) – keinerlei aus den eingestellten oder abgetrennten Verfahrensteilen gewonnene Erkenntnisse zum Nachteil der Angeklagten verwertet. Es ist auch weder dargetan noch sonst ersichtlich, inwieweit die Angeklagte weitere wirksame Argumente zu ihrer Verteidigung aus den nicht mitabgeurteilten Verfahrensteilen unter Berücksichtigung der Teileinstellung oder Abtrennung hätte herleiten sollen (vgl. auch BGHR StPO § 258 Abs. 3 Wiedereintritt 7).

IV. [Verletzung des § 244 Abs. 2 StPO]

Die auf eine Verletzung des § 244 Abs. 2 StPO gestützte Rüge, die Strafkammer hätte das Abstimmungsverhalten der Angeklagten weiter aufklären müssen, bleibt – ihre Zulässigkeit und die Erheblichkeit der Frage unterstellt – in der Sache schon deshalb ohne Erfolg, weil sich die Strafkammer aufgrund der von der Angeklagten im Ermittlungsverfahren gemachten Angaben rechtsfehlerfrei und ausreichend davon überzeugt hat, daß die Angeklagte in keinem der hier in Rede stehenden Fälle von Schöffen überstimmt worden ist (UA S. 110-112).

V. [Ablehnung von Verteidigeranträgen]

Mit der Ablehnung der von der Verteidigung gestellten Anträge auf Einholung von Sachverständigengutachten sowie auf Beiziehung und Verlesung von schriftlichen Unterlagen über das Recht und das Justizsystem der DDR hat das Landgericht nicht gegen Verfahrensrecht verstoßen. Entsprechende Kenntnis von einem deutschsprachigen Rechtssystem mit einer Vielzahl zugänglicher Quellen konnte {9} sich die Strafkammer ohne Anhörung von Sachverständigen im Freibeweisverfahren aufgrund eigener Sachkunde verschaffen. Zur Problematik faktischer Steuerung der Justiz im SED-Staat gilt im Ergebnis nach § 244 Abs. 2 und Abs. 4 Satz 1 StPO nichts anderes; hinreichend konkrete Behauptungen für Aufklärungsdefizite, insbesondere im Hinblick auf den Inhalt von Orientierungen, sind zudem insoweit dem Revisionsvorbringen nicht zu entnehmen. Soweit Beweiserhebungen über statistische Erkenntnisse zu in der DDR verhängten Strafen vom Landgericht wegen tatsächlicher und rechtlicher Bedeutungslosigkeit abgelehnt worden sind, ist dies nicht zu beanstanden. Auch insoweit fehlt es an näher konkretisiertem Sachvortrag in der Revision. Abgesehen davon ist die Erwägung des Tatrichters tragfähig, daß die der Angeklagten angelasteten Bestrafungen selbst dann als Rechtsbeugung aufzufassen wären, wenn andere Gerichte der DDR ähnlich hohe Strafen verhängt hätten.

VI. [Aufklärungsrüge]

Schließlich bleibt die wegen Ablehnung von Anträgen auf Beiziehung und Verlesung von Schriftstücken zum Fall II 7 des Urteils (Bo.) erhobene Rüge erfolglos. Ein Beweisantrag hat nach den Grundsätzen von BGHSt 39, 251 nicht vorgelegen. Entsprechend scheitert eine Aufklärungsrüge am Fehlen einer konkreten Bezeichnung der nicht aufgeklärten Tatsache (§ 344 Abs. 2 Satz 2 StPO; Kleinknecht/Meyer-Goßner aaO § 244 Rdn. 81; Basdorf StV 1995, 310, 316; vgl. zum inhaltlichen Gegenstand der Rüge unten C III 1 b cc). {10}

C. [Zu den Sachrügen]

Sachlichrechtlich ist die Revision der Angeklagten zum Schuldspruch unbegründet, soweit sie die Fälle II 3 bis 5 des Urteils betrifft; das Rechtsmittel hat im übrigen mit der Sachrüge Erfolg.

I. [Prüfungsmaßstab]

Zum Prüfungsmaßstab für die Verfolgung des Justizunrechts in der DDR gilt folgendes: 1. Grundsätzlich bestehen keine Bedenken gegen die Verfolgung von Richtern der DDR wegen Rechtsbeugung (§ 336 StGB, § 244 StGB-DDR[2]). Dies entspricht der bisherigen Rechtsprechung des Bundesgerichtshofs und ist mit den dafür geltenden Grundsätzen vom Senat in seinem Urteil vom heutigen Tage (– 5 StR 713/94 –[3], zum Abdruck in BGHSt bestimmt, mit zahlreichen Nachweisen) nochmals eingehend dargelegt und bekräftigt worden. Die von Art. 315 EGStGB und § 2 StGB vorausgesetzte Unrechtskontinuität besteht; eine Bestrafung ist weder durch Verfolgungsverjährung noch durch in der DDR erlassene Amnestien ausgeschlossen.

2. Nicht jede unrichtige Anwendung des Rechts stellt eine Rechtsbeugung dar; Rechtsbeugung begeht nur der Amtsträger, der sich bewußt in schwerwiegender Weise von Recht und Gesetz entfernt. An dieser bereits in früheren Entscheidun-{11}gen entwickelten Einschränkung des Tatbestandes ist für die Behandlung der DDR-Justiz fest-

zuhalten; dies gilt auch für den besonders sensiblen Bereich der politisch motivierten Strafjustiz.

a) Eine Bestrafung von Richtern der DDR wegen Rechtsbeugung ist, abgesehen von Einzelexzessen, auf Fälle zu beschränken, in denen die Rechtswidrigkeit der Entscheidung so offensichtlich war und in denen insbesondere die Rechte anderer, hauptsächlich ihre Menschenrechte, derart schwerwiegend verletzt worden sind, daß sich die Entscheidung als Willkürakt darstellt; namentlich drei Fallgruppen kommen hier als mögliche Rechtsbeugungstatbestände in Betracht: Fälle, in denen Straftatbestände überdehnt worden sind; Fälle, in denen die verhängte Strafe in einem unerträglichen Mißverhältnis zu der abgeurteilten Handlung gestanden hat; schwere Menschenrechtsverletzungen durch die Art und Weise der Durchführung von Verfahren (näher BGHSt 40, 30, 42 f.[4]).

Bei der extensiven Auslegung von Strafnormen sind die Grenzen zur bereits den objektiven Tatbestand der Rechtsbeugung erfüllenden „Überdehnung" freilich fließend. Soweit die Auslegung einer Strafnorm zum Nachteil des Beschuldigten offensichtlich die äußersten Grenzen hinnehmbarer Rechtsanwendung berührt, wird bei gleichzeitiger Verhängung einer im vorgesehenen Strafrahmen besonders schwerwiegenden Rechtsfolge die Annahme von Rechtsbeugung wegen eines unerträglichen Mißverhältnisses der Strafe zu der abgeurteilten Handlung in Betracht kommen. Dies ist nicht auf absolut besonders {12} schwere Strafen beschränkt, sondern kann allein bei Verhängung einer zu vollstreckenden Freiheitsstrafe für einen offensichtlichen Grenzfall gegeben sein.

b) Als notwendige Konsequenz aus der speziellen Regelung für eine eingeschränkte strafrechtliche Verantwortung ist auch den Richtern der DDR die „Sperrwirkung" des Rechtsbeugungstatbestandes uneingeschränkt zuzubilligen.

3. Bei der danach gebotenen Untersuchung jedes Einzelfalls ist grundsätzlich vom (gesetzten) Recht der DDR und nicht von Wertmaßstäben des Grundgesetzes auszugehen.

Das geschriebene Recht der DDR war, auch soweit es durch die strafrechtliche Verfolgung von Menschen, die lediglich von Ausreisefreiheit, Meinungsfreiheit oder Versammlungs- und Vereinigungsfreiheit Gebrauch machen wollten, in offenem Widerspruch zu Menschen- und Völkerrecht stand, geltendes Recht. Anders als eine „Legalisierung" der Tötung unbewaffneter Flüchtlinge ist ein Gesetz, auch wenn es zu einer empfindlichen Bestrafung politisch Andersdenkender führen kann, bei der erforderlichen Gesamtabwägung der widerstreitenden Gebote von Gerechtigkeit und Rechtssicherheit noch kein schlechthin unerträgliches Unrecht. {13}

Bei der Auslegung der danach im Ansatz verbindlichen DDR-Gesetze kommt es auf die Auslegungsmethoden der DDR unter Berücksichtigung ihres anderen Rechtssystems und insbesondere ihres grundlegend abweichenden Grundrechtsverständnisses an, nicht auf die am Grundgesetz orientierten Wertvorstellungen der Bundesrepublik Deutschland.

4. Die aus alledem folgenden beträchtlichen Einschränkungen für eine Strafverfolgung von Richtern der DDR wegen Rechtsbeugung vermögen nichts an der Wertung zu ändern, daß die Behandlung der Betroffenen durch die DDR-Justiz in allen Fällen „politischen Strafrechts", wie sie hier zur Prüfung stehen, im Sinne der Maßstäbe des Grundgesetzes rechtsstaatswidrig war.

II. [Teilweiser Freispruch]

In fünf Fällen hat die Revision der Angeklagten mit der Sachrüge zum Schuldspruch Erfolg. Der Senat entscheidet insoweit gemäß § 354 Abs. 1 StPO in der Sache selbst und erkennt auf Freispruch. Die Annahme von Rechtsbeugung durch die Angeklagte kommt hier nicht in Betracht, weil sich eine gesetzwidrige Entscheidung im Sinne offensichtlicher Willkür noch nicht sicher feststellen läßt.

1. Dies gilt zunächst für die im April 1978 erfolgte Verurteilung von K. (Fall II 1 des Urteils) wegen „staatsfeindlicher Hetze" (§ 106[5], teilweise i.V.m. § 108 StGB-DDR, in der Neufassung vom 19. Dezember 1974, GBl I 1975 Nr. 3 {14} S. 13) zu einer Freiheitsstrafe von zwei Jahren und acht Monaten. Dem Betroffenen wurde zur Last gelegt, seit Oktober 1977 wiederholt in Gesprächen mit Arbeitskollegen die staatlichen und politischen Verhältnisse in der DDR diskriminiert zu haben.

a) Die Anwendung der Straftatbestände überschritt – gemessen am Rechtsverständnis der DDR – die Grenzen möglicher Auslegung nicht.

Die Auffassung des Landgerichts, daß eine Strafbarkeit nach § 106 StGB-DDR einen „Angriff gegen die DDR" voraussetzte „und nicht lediglich eine andere, wenn auch gesellschaftskritische Meinungsäußerung", findet im Normtext keine Stütze. Der Hinweis der Strafkammer auf das Grundrecht der Meinungsfreiheit verkennt die aus dem „sozialistischen" Verfassungsverständnis folgenden Beschränkungen des Art. 27 der DDR-Verfassung (vgl. Senatsurteil vom heutigen Tage – 5 StR 713/94 – C I 1 a).

b) Auch die Strafzumessung erfüllt hier noch nicht die Voraussetzungen einer gesetzwidrigen Entscheidung im Sinne des § 244 StGB-DDR. Die verhängte Freiheitsstrafe von zwei Jahren und acht Monaten stellt sich zwar als für ein Meinungsäußerungsdelikt gänzlich unverhältnismäßig dar. Als Rechtsbeugung nach den oben genannten Maßstäben muß sie jedoch noch nicht erscheinen. Die Feststellungen des von der Angeklagten verfaßten Urteils lassen erkennen, daß der Betroffene bei seinen Kollegen tatsächlich Zweifel an der Richtigkeit der SED-Po-{15}litik geweckt hat, wobei er zudem aus noch nachvollziehbarer Sicht der Angeklagten in den Gesprächen mit seinen Mitarbeitern „seine Autorität als Vorgesetzter ausspielte". Schließlich wurde der Tatbestand über einen nicht unerheblichen Zeitraum mehrfach verwirklicht, so daß über den bei weitem nicht ausgeschöpften Strafrahmen aus § 106 Abs. 1 StGB-DDR hinaus sogar ein erhöhter Strafrahmen (vgl. § 64 Abs. 3 StGB-DDR) zur Verfügung gestanden hätte.

c) Ein Mißbrauch des Verfahrensrechts (vgl. dazu BGHSt 40, 272, 284 f.[6]), namentlich in Form wissentlicher Entstellung des der Verurteilung zugrunde gelegten Sachverhalts, ist der Angeklagten weder in diesem noch in einem anderen Fall als Rechtsbeugung angelastet worden. Anhaltspunkte hierfür sind nicht ersichtlich, so daß auch dieser Aspekt einer Durchentscheidung auf Freispruch in keinem Fall entgegenstehen kann.

2. Die im Juli 1978 erfolgte Verurteilung von H. und F. (Fall II 2 des Urteils) zu Freiheitsstrafen von jeweils drei Jahren und sechs Monaten wegen „mehrfacher staatsfeindlicher Hetze" (§ 106 Abs. 1 Nr. 1 und Nr. 3 StGB-DDR), wegen (teilweise versuchter) „Nachrichtenübermittlung" (§ 98 StGB-DDR, in der Neufassung vom 19. Dezember 1974, GBl I 1975 Nr. 3 S. 13[7]) und wegen versuchter „Beeinträchtigung staatlicher Tätigkeit" (§ 214 StGB-DDR, idF des 2. Strafrechtsänderungsgesetzes vom 7. April 1977, GBl I Nr. 10 S. 100[8]) erfüllt ebenfalls noch nicht den Tatbestand der Rechtsbeugung. Die Betroffenen wurden {16} für schuldig befunden, zur Unterstützung ihrer

Ausreisebegehren über Bekannte in der Bundesrepublik Deutschland verschiedene persönliche Angaben enthaltende Schreiben, die ferner erhebliche gegen die DDR gerichtete Unmutsäußerungen enthielten, an – teils auch internationale – Organisationen versandt zu haben. Darüber hinaus wurde ihnen vorgeworfen, in Briefen an den Minister des Inneren bzw. den Staatsratsvorsitzenden der DDR für den Fall einer weiteren Verweigerung der Ausreisegenehmigung mit der Einschaltung „internationaler Organisationen" gedroht zu haben.

a) Die Anwendung der herangezogenen Straftatbestände hielt sich noch in den Grenzen möglicher Gesetzesinterpretation nach den Auslegungskriterien der DDR. Mit seiner den Schuldspruch gegen die Angeklagte stützenden, namentlich auf die Bedeutung von Ausreisefreiheit und Meinungsfreiheit sowie auf das verfassungsrechtlich garantierte Eingaberecht (Art. 103 der DDR-Verfassung) abstellenden Argumentation legt das Landgericht wiederum den hier nicht zutreffenden Maßstab zugrunde (vgl. oben 1 a).

b) Auch die Strafzumessung erfüllt die Voraussetzungen einer Rechtsbeugung noch nicht. Die unverhältnismäßigen und rechtsstaatswidrigen Strafen sind trotz ihrer augenfälligen Höhe noch dem unteren Bereich des Strafrahmens des – freilich in seiner Anwendung nicht unproblematischen – § 98 StGB-DDR entnommen. Ferner konnten in der wiederholten Begehung sowie nach der Betrachtungs-{17}weise der DDR-Justiz sowohl in der Auswahl der Adressaten der Schreiben als auch in der Schärfe verschiedener Formulierungen erschwerende Umstände gesehen werden.

3. Die im April 1984 erfolgte Verurteilung des Zahnarztes Dr. Br. (Fall II 6 des Urteils) zu einer Freiheitsstrafe von zwei Jahren und sechs Monaten wegen „landesverräterischer Agententätigkeit in Tateinheit mit Vorbereitung zum ungesetzlichen Grenzübertritt im schweren Fall" (§ 100 Abs. 1[9], § 213 Abs. 2 und Abs. 3 Nr. 4 StGB-DDR[10], idF des 3. Strafrechtsänderungsgesetzes vom 28. Juni 1979, GBl I Nr. 17 S. 139) erfüllt den Tatbestand der Rechtsbeugung nicht. Dem Betroffenen wurde vorgeworfen, die Botschaft der Bundesrepublik Deutschland in Prag aufgesucht zu haben, wo ihm ein Reisepaß der Bundesrepublik Deutschland ausgestellt wurde; mit Hilfe dieses Ausweises hoffte er, die DDR über Ungarn und Jugoslawien verlassen zu können.

a) Die herangezogenen Strafvorschriften sind durch die Angeklagte nicht überdehnt worden.

aa) Die Besuche des Betroffenen in der Botschaft konnten in den Grenzen des möglichen Wortsinns als Verbindungsaufnahme mit einer fremden Macht angesehen werden. Auch die Annahme der subjektiven Zielrichtung des Verfolgten, „die Interessen der Deutschen Demokratischen Republik zu schädigen", erscheint angesichts des von dem Betroffenen verfolgten Planes als noch nachvollziehbar. {18}

bb) Auch die Vorbereitung eines „ungesetzlichen Grenzübertritts im schweren Fall" konnte von der Angeklagten als gegeben erachtet werden. Zwar mag es entgegen den von der Angeklagten verfaßten Urteilsgründen an der darin genannten Urkundenfälschung (§ 240 StGB-DDR) gefehlt haben, weil der von der Bundesrepublik Deutschland für den Betroffenen ausgestellte Reisepaß lediglich eine schriftliche Lüge (Eintragung des Wohnorts Nürnberg) enthielt, im übrigen aber eine „echte Urkunde" darstellte. Die Flucht sollte aber jedenfalls nach Vorstellung der DDR-Justiz durch „Mißbrauch von Urkunden" im Sinne des § 213 Abs. 3 Nr. 4 StGB-DDR bewerkstelligt werden. Eine derartige Ungenauigkeit bei der Subsumtion strafbaren Verhaltens ist keine Willkür.

Die Folgerung des Landgerichts, die Angeklagte habe „– um das sich aus § 213 Abs. 3 Nr. 4 StGB/DDR ergebende erhöhte Strafmaß anwenden zu können – behauptet, die von dem damaligen Angeklagten begangene Tat sei durch Urkundenfälschung begangen worden" (UA S. 124), liegt daher fern. Gegen sie spricht zudem, daß der bestimmende Strafrahmen im vorliegenden Fall der des § 100 StGB-DDR (Höchststrafe von zehn Jahren) und nicht der des § 213 Abs. 3 StGB-DDR (Höchststrafe von acht Jahren) war.

b) Angesichts dieses Strafrahmens erscheint auch die von der Angeklagten gegen den Betroffenen verhängte Freiheitsstrafe noch nicht als Rechtsbeugung. {19}

4. Die im Januar 1986 erfolgte Verurteilung des 21jährigen R. zu neun Jahren Freiheitsstrafe und des 20jährigen Bor. zu fünf Jahren und zehn Monaten Freiheitsstrafe (Fall II 7 des Urteils) wegen (vorbereiteten, versuchten und vollendeten) „staatsfeindlichen Menschenhandels" (§ 105 Abs. 1 Nr. 2 StGB-DDR, idF des 3. Strafrechtsänderungsgesetzes vom 28. Juni 1979, GBl I Nr. 17 S. 139[11]) sowie wegen „Vorbereitung zum ungesetzlichen Grenzübertritt im schweren Fall" (§ 213 Abs. 1 und Abs. 3 Nr. 4 StGB-DDR) bzw. wegen Beihilfe hierzu stellt sich noch nicht als willkürliche Unterdrückungsmaßnahme dar. Der frühere DDR-Bürger R., der u.a. wegen versuchten ungesetzlichen Grenzübertritts zu einer Freiheitsstrafe von drei Jahren verurteilt und inzwischen aus dem DDR-Strafvollzug in die Bundesrepublik entlassen worden war, wurde für schuldig befunden, an organisierter Fluchthilfe für verschiedene Bürger der DDR beteiligt gewesen zu sein. Bor. – auch ein ehemaliger Bürger der DDR, dem die Übersiedlung zu seiner Verlobten nach Hamburg genehmigt worden war – wurde ebenfalls die Beteiligung an einer Fluchthilfe-Organisation vorgeworfen. Ferner habe R. sich mit Hilfe Bor.'s einen Reisepaß der Bundesrepublik Deutschland mit einem unzutreffenden Geburtsdatum beschafft, um eine „Einreisesperre" in die DDR zu umgehen.

a) Die von der Angeklagten angewendeten Strafbestimmungen sind innerhalb der Grenzen des Normtextes ausgelegt worden. {20}

aa) Die Beteiligung an organisierter Fluchthilfe, durch die – wie hier – in Kraftfahrzeugen versteckten DDR-Bürgern das Verlassen der DDR über die Transitwege ermöglicht werden sollte, erfüllte den Verbrechenstatbestand des § 105 StGB-DDR aus Sicht der DDR-Justiz zweifellos (vgl. Kommentar zum StGB-DDR, hrsg. vom Ministerium der Justiz und von der Akademie für Staats- und Rechtswissenschaft der DDR, 5. Aufl. 1987 § 105 Anm. 3).

bb) Auch die Voraussetzungen der Vorbereitung eines „ungesetzlichen Grenzübertritts im schweren Fall" durch R. bzw. einer Beihilfe hierzu durch Bor. waren nach dem Wortlaut des § 213 Abs. 1 und Abs. 3 Nr. 4 StGB-DDR durch Umgehung eines Einreiseverbots ohne weiteres erfüllt. Das Verhalten der Verfolgten war entgegen der Auffassung des Landgerichts (UA S. 96, 125 f.) auf die Verwirklichung des § 213 Abs. 3 Nr. 4 StGB-DDR gerichtet, auch wenn es sich bei dem Paß nicht um eine unechte Urkunde gehandelt hat (vgl. oben 3 a bb). Beide Betroffene hatten den Paß gezielt mit einem unzutreffenden Geburtsdatum ausstellen lassen und damit naheliegend eine Falschbeurkundung nach § 242 StGB-DDR begangen, jedenfalls – worauf die Revision der Angeklagten abhebt – die Tat unter „Mißbrauch von Urkunden" begehen wollen. Abgesehen davon hatte auch hier der Strafrahmen des § 213 Abs. 3 StGB-DDR (Höchststrafe von acht Jahren) keine entscheidende Bedeutung, weil die Betroffenen in erster Linie aus dem Tatbestand des § 105 StGB-DDR (Höchststrafe von fünfzehn Jahren) verurteilt worden sind. {21}

b) Selbst die außerordentlich hohen Freiheitsstrafen, die gegen die Betroffenen verhängt worden sind, stellen sich letztlich nicht als offensichtlicher Willkürakt dar. Freilich bewegen sich die verhängten Rechtsfolgen, namentlich mit Rücksicht auf das junge Lebensalter der Verfolgten, an der Grenze zur unerträglichen Menschenrechtsverletzung. Andererseits waren die Strafen jedenfalls nicht dem oberen Bereich des Strafrahmens entnommen, obwohl die Betroffenen jeweils an mehreren „Schleusungsaktionen" beteiligt waren. Schließlich hatten die Betroffenen sich bei ihrer Hilfe für Ausreisewillige erkennbar nicht ausschließlich von humanitären Vorstellungen leiten lassen, sondern waren maßgeblich auf kommerzielle Fluchthilfe mit nicht unerheblichem eigenen Gewinnstreben bedacht.

5. Die im April 1986 erfolgte Verurteilung von B. zu zwei Jahren und vier Monaten Freiheitsstrafe und von Kl. zu einem Jahr und zehn Monaten Freiheitsstrafe (Fall II 8 des Urteils) wegen „gemeinschaftlicher teils versuchter landesverräterischer Agententätigkeit", „Zusammenschlusses zur Verfolgung gesetzwidriger Ziele", „ungesetzlicher Verbindungsaufnahme" und (nur B. betreffend) „Beeinträchtigung staatlicher Tätigkeit" (§ 100, § 218 Abs. 1, § 219 Abs. 2 Nr. 1, § 214 Abs. 1 StGB-DDR, jeweils idF des 3. Strafrechtsänderungsgesetzes vom 28. Juni 1979, GBl I Nr. 17 S. 139)[12] erfüllt nicht den Tatbestand einer gesetzwidrigen Entscheidung. Den Betroffenen wurde vorgeworfen – jeweils zur Unterstützung ihrer Ausreisebegehren –, Verbindung zu verschiede-{22}-nen Organisationen aufgenommen und sich mit mindestens neun anderen ausreisewilligen Personen zum Austausch von Gedanken und Erfahrungen über Ausreisestrategien zusammengeschlossen zu haben; B. habe darüber hinaus beim Rat des Stadtbezirksgerichts Friedrichshain angekündigt, mit „Massenmedien in der BRD" Verbindung aufzunehmen, falls seinem Ausreisebegehren nicht entsprochen werde.

Die Subsumtion des Verhaltens der Betroffenen unter die angewendeten Strafbestimmungen hielt sich – namentlich im Blick auf die von den Betroffenen verfolgten Publikationsabsichten – noch in den Grenzen des möglichen Wortsinns der jeweiligen Normen. Soweit die Feststellungen des Urteils gegen B. nicht belegen, daß „der ordnungsgemäße Tätigkeitsablauf eines staatlichen Organs" tatsächlich beeinträchtigt worden ist (vgl. Kommentar zum StGB-DDR aaO § 214 Anm. 3), kam jedenfalls versuchte Beeinträchtigung staatlicher Tätigkeit (§ 214 Abs. 5 StGB-DDR) in Betracht. Eine solche lediglich fehlerhafte Einordnung strafbaren Verhaltens, wie sie naheliegend auf Nachlässigkeit beruht, stellt sich regelmäßig nicht als Rechtsbeugung dar (Senatsurteil vom heutigen Tage – 5 StR 713/94 – C I 4 a).

Die Strafzumessung durch die Angeklagte war auch hier rechtsstaatswidrig und unverhältnismäßig. Sie erreicht indes im Blick auf die den Betroffenen angelasteten mehrfachen Gesetzesverletzungen nicht den Grad eines unerträglichen Willkürakts. {23}

III. [Teilweise Bestätigung der Verurteilung]

In drei Fällen bleibt die Revision der Angeklagten zum Schuldspruch ohne Erfolg. Hier hat das Landgericht die objektiven und subjektiven Voraussetzungen einer Rechtsbeugung im Ergebnis zutreffend festgestellt.

1. Die im Juli 1982 erfolgte Verurteilung des Diplom-Mathematikers Bo. (Fall II 3 des Urteils) zu einer Freiheitsstrafe von acht Jahren wegen „staatsfeindlicher Hetze“ (§ 106 Abs. 1 StGB-DDR, während der Tatbegehung novelliert und verschärft durch das 3. Strafrechtsänderungsgesetz vom 28. Juni 1979, GBl I Nr. 17 S. 139) stellt sich als eine wissentlich gesetzwidrige Entscheidung im Sinne des § 244 StGB-DDR dar. Dem Betroffenen wurde insbesondere zur Last gelegt, von Ende 1975/Anfang 1976 bis 1980 „Hetzschriften“ hergestellt und/oder verbreitet zu haben. Hierbei handelte es sich namentlich um die in der Bundesrepublik gedruckte Zeitschrift „Roter Morgen“ sowie verschiedene Flugblätter, im Tatzeitraum weit über eintausend Exemplare von Schriften.

a) Allerdings läßt sich dem landgerichtlichen Urteil nicht entnehmen, daß der Tatbestand des § 106 Abs. 1 StGB-DDR durch die Angeklagte überdehnt worden wäre. Der Hinweis der Strafkammer, der Betroffene sei bestraft worden, obwohl er „ausschließlich von dem ihm nach Art. 27 der Verfassung der DDR zustehenden Recht auf freie Meinungs-{24}äußerung Gebrauch gemacht hatte“ (UA S. 121), geht auf ein nicht zutreffendes Verständnis vom Maßstab für die Auslegung und Anwendung der DDR-Verfassung zurück und ist als solcher für die Verurteilung der Angeklagten nicht tragfähig. Vielmehr machen die von der Angeklagten im damaligen Verfahren getroffenen Feststellungen hinreichend deutlich, worin aus Sicht der DDR-Justiz der Angriff bzw. die Aufwiegelung gegen die „verfassungsmäßigen Grundlagen der sozialistischen Staats- und Gesellschaftsordnung“ gelegen haben.

b) Die gegen Bo. verhängte Freiheitsstrafe von acht Jahren erscheint indes als unerträglicher Willkürakt und offensichtliche schwere Menschenrechtsverletzung. Wie der Senat in seinem Urteil vom heutigen Tage (– 5 StR 713/94 – C I 1 b; vgl. auch zur Beurteilung eines Parallelfalles: Senatsurteil vom heutigen Tage – 5 StR 168/95 – C II 1) nochmals bekräftigt hat, ist eine Beugung des Rechts durch das Verhängen einer überhöhten Strafe möglich (vgl. schon BGHSt 3, 110, 118 ff.; 4, 66, 69 ff.; 10, 294, 300 f.; BGH GA 1958, 241; NJW 1960, 974, 975). Angesichts der Beschränkung des Rechtsbeugungstatbestandes auf offensichtliche schwere Menschenrechtsverletzungen durch überhöhte Bestrafung kann dies – entgegen der Ansicht von Buchholz (ZAP-Ost 1994, 187, 192) – auch bei Anwendung des § 244 StGB-DDR keinen Bedenken unterliegen (vgl. auch BGHSt 40, 272, 283 f.). Die Beachtung des dem Verhältnismäßigkeitsprinzip entsprechenden Proportionalitätsgrundsatzes bei der Strafzumessung wur-{25}de auch in der DDR gesetzlich vorgesehen (vgl. den Hinweis auf die Schwere der Schuld in § 61 Abs. 2 Satz 1 StGB-DDR sowie Art. 30 Abs. 2 Satz 2 der DDR-Verfassung).

aa) Bei dem Verfolgten handelte es sich um einen unbestraften Bürger, der ein sozial eingeordnetes Leben geführt hatte. Er ging bis zu seiner Inhaftierung ständig geregelter Arbeit nach, war verheiratet und Vater zweier Kinder. Abgesehen von den erschwerenden Umständen des äußeren Tatbildes – namentlich das planmäßige Vorgehen über einen langen Tatzeitraum und die Vielzahl der hergestellten bzw. verbreiteten Schriften – läßt das Urteil gegen den – zudem „geständigen“ – Verfolgten keine wirklich gravierenden in seiner Person liegenden Strafschärfungsgründe erkennen. Dementsprechend erschöpfen sich die von der Angeklagten festgehaltenen Strafzumessungsgründe weitgehend in politischen Aussagen, die sich von einer eigentlichen Auseinandersetzung mit der „Persönlichkeit des Täters“ (vgl. § 61 Abs. 2 StGB-DDR) gänzlich entfernen (UA S. 46 f.). Eine derart massive Freiheitsstrafe, die letztlich für ein bloßes Meinungsäußerungsdelikt verhängt wird, verstößt – nicht zuletzt angesichts der notorischen Härte des Strafvollzugs in der DDR (vgl. BGHSt 38, 71, 73), der auch und gerade politische Häftlinge ausgesetzt waren – gegen das Verbot grausamen und übermäßig harten Strafens (vgl. bereits BGHSt 3, 110, 119; 10, 294, 300 f.). Ein Strafrichter begeht, mag auch sein Schuldspruch keine vorsätzliche Rechtsbeugung enthalten, dennoch Rechtsbeugung, wenn er bewußt eine Strafe verhängt, die {26} nach Art oder Höhe in einem unerträglichen Mißverhältnis zu der Schwere der Tat und der Schuld des Täters steht (BGH NJW 1960, 974, 975 – insoweit in BGHSt 14, 147 nicht abgedruckt). Eine solche in einem unerträglichen Mißverhältnis zu etwa begangenem Unrecht und möglicher Schuld stehende Art des Strafens entspricht nicht mehr sachlichen Erwägungen. Sie erscheint willkürlich, weil sie erkennbar allein darauf abzielt, durch übermäßige Strenge politisch Andersdenkende einzuschüchtern und damit die Herrschaft der Machthaber zu sichern (vgl. schon BGHSt 4, 66, 70).

bb) Die Annahme einer willkürlichen Menschenrechtsverletzung durch unmenschliche Härte bei der Strafzumessung setzt in Fällen der vorliegenden Art freilich voraus, daß lediglich (oder ganz überwiegend) die Bestrafung einer den staatlichen Machthabern unerwünschten und deshalb pönalisierten Meinungsäußerung in Rede steht. Die Pönalisierung kritischer Meinungsäußerungen stellt zwar mit Rücksicht auf die Gebote der Rechtssicherheit und des Vertrauensschutzes, auch wenn sie den Bereich anzuerkennender Strafzwecke verläßt und so weit geht, daß sie den Grad offensichtlicher Rechtsstaatswidrigkeit erreicht, noch kein unerträgliches Unrecht im Sinne des Radbruchschen Konzepts dar. Indes sind bei der Anwendung entsprechenden Strafrechts einem Staat jedenfalls auf der Rechtsfolgenseite engere Grenzen gezogen, als dies bei Delikten der Fall sein mag, die über eine bloße Meinungsäußerung hinausgehen. Werden diese Grenzen überschritten, liegt kein an der Verwirklichung {27} von Gerechtigkeit (vgl. § 61 Abs. 1 StGB-DDR) orientierter Rechtsprechungsakt mehr vor, sondern willkürliche Unterdrückung und gezielte Ausschaltung eines politischen Gegners.

cc) Hier hat das Landgericht rechtsfehlerfrei festgestellt, daß dem Verfolgten Bo. jedenfalls ganz überwiegend lediglich kritische Meinungsäußerungen zur Last gelegt wurden, die auch im Rahmen der Gesetze der DDR schlechterdings nicht mit einem Freiheitsentzug von acht Jahren belegt werden durften.

(1) Daß auch aus der Sicht der Angeklagten in den „Hetzschriften" – von vernachlässigenswerten möglichen Randerscheinungen abgesehen – keine Aufforderung zu oder Billigung von über etwaige Meinungsäußerungsdelikte hinausgehenden „staatsfeindlichen" Handlungen zum Ausdruck gekommen ist, ergibt sich bereits aus den von der Angeklagten verfaßten Urteilsgründen. Dabei übersieht der Senat nicht, daß der Betroffene auch nach § 106 Abs. 1 Nr. 2 StGB-DDR a.F. bzw. § 106 Abs. 1 Nr. 4 StGB-DDR n.F. wegen der „Aufforderung zur Widerstandsleistung gegen die sozialistische Staats- und Gesellschaftsordnung" (vgl. UA S. 44) verurteilt worden ist. Diese Aufrufe gingen indes, auch soweit – in einer verglichen mit der Gesamtzahl verschwindend geringen Zahl von Fällen ab Mitte 1980 – in Schriften sowie auf Plakaten oder sonstigen Inschriften zur Nachahmung des Freiheitskampfes der polnischen Gewerkschaften aufgefordert wurde, über plakative Parolen nicht hinaus; zu „Widerstandsleistungen" in der Form konkreter Beeinträchtigung {28} anerkannter Rechtsgüter wurde nicht aufgerufen,

auch wenn letztlich zur Überwindung des bestehenden Systems oder bestimmter Einrichtungen (etwa des FDGB) aufgefordert wurde. In diesem Zusammenhang weist die Strafkammer (UA S. 113) zutreffend darauf hin, daß dem Verfolgten in dem Urteil keinerlei etwa geplante Gewalttaten zur Last gelegt werden, dies aber mit Sicherheit geschehen wäre, wenn auch nur einer der von Bo. verfaßten Beitrage einen derartigen Aufruf enthalten hätte. Dieser Schluß des Tatrichters ist tragfähig; er wird zudem gestützt durch die von der Strafkammer für glaubhaft erachtete Bekundung des Betroffenen, die von ihm verfaßten Schriften hätten insgesamt einen vergleichbaren Inhalt gehabt wie neun in der Hauptverhandlung verlesene Artikel (UA S. 48-61). Diese Beiträge zeichnen sich zwar durch zum Teil harsche Kritik und ätzende Ironie aus, so daß sie zweifellos grundsätzlich geeignet waren, eine „staatsfeindliche" Stimmung zu nähren. Eine Aufforderung zu oder Billigung von Verletzungen anerkannter Rechtsgüter anders als durch bloße Meinungsäußerung kommt in ihnen jedoch nicht zum Ausdruck.

(2) Allerdings bezieht sich die Würdigung des Landgerichts ihrem Wortlaut nach nur auf die von dem Verfolgten Bo. „verfaßten" Beiträge. Diese Sicht wäre indes verkürzt. Nach dem von der Angeklagten hier nicht überdehnten Tatbestand des § 106 Abs. 1 StGB-DDR setzte eine Bestrafung wegen „staatsfeindlicher Hetze", namentlich in den in Nr. 2 der novellierten Strafbestimmung genannten Varianten (Herstellen, Einführen, Verbreiten oder {29} Anbringen), nicht voraus, daß der Täter der Autor von „Hetzschriften" war. Dem Gesamtzusammenhang der Feststellungen, insbesondere dem von der Angeklagten verfaßten Urteil gegen den Betroffenen, läßt sich jedoch hinreichend deutlich entnehmen, daß die seinerzeit verfahrensgegenständlichen Schriften keinen über bloße Meinungsäußerungsdelikte hinausgehenden Inhalt hatten. Diese Würdigung der Strafkammer läßt auch keinen sachlichrechtlichen Fehler erkennen, obwohl der Tatrichter – wie von der Revision mit einer erfolglosen Verfahrensrüge beanstandet (vgl. oben B VI) – nur einen Teil der vom Verfolgten Bo. verbreiteten Schriften im Detail ausgewertet hat. Einer ins einzelne gehenden Erörterung sämtlicher Schriften bedurfte es nach Lage des Falles nicht.

dd) Auch im übrigen konnte der „Unrechtsgehalt der Tat", wie er von der DDR-Justiz zu verstehen sein mochte, die Höhe der hier verhängten Strafe nicht annähernd plausibel machen. Die von der Angeklagten verfaßten Urteilsgründe stellen mit ihren die Staatspropaganda wiederholenden Gemeinplätzen eindeutig allenfalls auf den Gesichtspunkt abstrakter Gefährlichkeit der Tat ab: Die „besondere Gesellschaftsgefährlichkeit" bestehe darin, daß die Straftaten des Verfolgten „teilweise unter Mißbrauch völkerrechtlicher Verträge begangen wurden, über die Landesgrenzen wirkten und den Entspannungsfeinden und Konfrontationspolitikern in die Hand arbeiteten"; „gerade darin" lägen „auch die Folgen derartiger Verbrechen"; sie schadeten „nicht nur dem internationalen Ansehen der DDR, sondern sind – im Ausland organisiert – Bestand{30}teil der stabsmäßig geführten, koordinierten Hetze gegen die sozialistische DDR mit dem Ziel, sie im Ergebnis zu beseitigen" (UA S. 46/47). Daß die dem Betroffenen vorgeworfene „staatsfeindliche Hetze" auch nur in einem beschränkten Umfang erkennbare Auswirkungen gehabt hätte, ist nicht festgestellt. Solche Auswirkungen liegen auch denkbar fern.

c) Auch die subjektiven Voraussetzungen einer gesetzwidrigen Entscheidung sind vom Landgericht tragfähig dargetan. Zwar stellt die Strafkammer in ihrer rechtlichen

Würdigung des Falles (UA S. 121) mit ihrem Hinweis auf das von der DDR-Verfassung gewährte Recht auf freie Meinungsäußerung möglicherweise zu Unrecht auch auf den Aspekt der Überdehnung des Tatbestandes ab. Sie macht aber deutlich, daß eine Rechtsbeugung schon deshalb vorliege, weil die Entscheidung der Angeklagten ausschließlich der Ausschaltung eines politischen Gegners gegolten habe; darüber hinaus berücksichtigt der Tatrichter ausdrücklich den Gesichtspunkt der extrem hohen Bestrafung und belegt ihn mit zutreffenden Gesichtspunkten. Auch den Umstand, daß die verhängte Freiheitsstrafe mit Rücksicht auf § 64 Abs. 3 StGB-DDR nicht die denkbare Höchststrafe darstellte, hat das Landgericht nicht verkannt.

2. Durch die im März 1983 erfolgte Verurteilung der Eheleute D. von D. zu zwei Jahren und zehn Monaten sowie R. von D. zu zwei Jahren und vier Monaten Freiheitsstrafe (Fall II 4 des Urteils) wegen „landesverräterischer Nachrichtenübermittlung" (§ 99 Abs. 1 StGB-DDR, idF des {31} 3. Strafrechtsänderungsgesetzes vom 28. Juni 1979, GBl I Nr. 17 S. 139[13]) hat sich die Angeklagte ebenfalls wegen Rechtsbeugung strafbar gemacht. Die Annahme eines Verbrechens nach § 99 StGB-DDR überschreitet hier die Grenzen möglicher Gesetzesinterpretation. Den Betroffenen wurde vorgeworfen, die Ständige Vertretung der Bundesrepublik Deutschland aufgesucht und dort die Kopien von zwei Schreiben an den Rat des Stadtbezirks Treptow abgegeben zu haben, in denen die Eheleute unter Berufung auf Menschen- und Völkerrecht ihre Ausreise aus der DDR beantragt hatten; darüber hinaus wurde den Verfolgten angelastet, die Weiterleitung eines ihre vergeblichen Ausreisebemühungen betreffenden Schreibens über eine in der Bundesrepublik wohnhafte Verwandte an das Bundesministerium für Innerdeutsche Beziehungen vorbereitet zu haben.

a) Die den Verfolgten vorgeworfene Aushändigung von Durchschriften ihrer beiden Ausreiseanträge an die Ständige Vertretung der Bundesrepublik Deutschland in der DDR und die beabsichtigte Übermittlung des Ausreisebegehrens an das Bundesministerium für Innerdeutsche Beziehungen konnten zwar ohne Überdehnung des Normtextes als Übergabe oder Zugänglichmachen von „Nachrichten" an eine „fremde Macht" bzw. als entsprechende Sammlung von Nachrichten verstanden werden. Die Annahme eines Handelns „zum Nachteil der Interessen der Deutschen Demokratischen Republik" erscheint aber auch aus Sicht der DDR-Justiz nicht mehr nachvollziehbar. {32}

aa) Der Begriff „Interessennachteil" war freilich eher weit definiert (vgl. Kommentar zum StGB-DDR aaO § 99 Anm. 2). Trotzdem konnte ein Interessennachteil im Sinne des § 99 StGB-DDR hier im Rahmen gesetzmäßiger Norminterpretation augenfällig nicht bejaht werden. Die Maßstäbe für die äußersten Grenzen zulässiger Auslegung von Strafgesetzen unterscheiden sich für die Rechtsanwendung in der DDR nicht grundsätzlich von denen der Bundesrepublik Deutschland; danach richtet sich die Auslegung nach dem Sinn und Zweck der Norm, begrenzt durch den Wortlaut (vgl. BGHSt 40, 272, 279). Insbesondere bei Strafbestimmungen, die in Verbindung mit „offenen" Rechtsbegriffen auf der Tatbestandsseite extrem hohe Strafen auf der Rechtsfolgenseite androhen, ist jedenfalls ein Minimum an Restriktionsbemühungen die Voraussetzung gesetzmäßiger Rechtsanwendung. Dies gilt für § 99 StGB-DDR offensichtlich.

Die Vorschrift gegen die „landesverräterische Nachrichtenübermittlung" sieht eine Mindeststrafe von zwei Jahren und eine Höchststrafe von zwölf Jahren vor. Ein solcher Strafrahmen findet sich auch im StGB-DDR nur selten; vergleichbare Sanktionsdrohungen sind außerhalb der Bestimmungen über „Staatsverbrechen" regelmäßig schwerwiegenden Delikten gegen allgemein anerkannte Rechtsgüter vorbehalten (vgl. etwa – durchweg mit Höchststrafen von zehn Jahren Freiheitsstrafe – § 121 Abs. 2 für den schweren Fall der Vergewaltigung, § 131 Abs. 2[14] für die Freiheitsberaubung mit Todesfolge, § 174 Abs. 3 für die schweren Fälle der Geldzeichenfälschung oder § 181 für den „verbrecheri-{33}schen" Diebstahl oder Betrug). Demgegenüber sind die tatbestandlichen Anforderungen der „landesverräterischen Nachrichtenübermittlung" überwiegend von uferloser Weite. Jede Art von „Nachrichten" genügte; die Informationen brauchten ausdrücklich nicht der Geheimhaltung zu unterliegen. Als Empfänger der Nachrichten kamen alle in § 97 StGB-DDR[15] genannten Stellen und damit nahezu jegliche ausländische staatliche oder nichtstaatliche Einrichtung oder deren Helfer in Betracht. Bei der Auslegung des § 99 StGB-DDR muß daher namentlich der Systematik der Vorschrift innerhalb der Bestimmungen im Staatsschutzstrafrecht der DDR Rechnung getragen werden. Die Interessenverletzung im Sinne des § 99 StGB-DDR muß sich, da es um ein Nachrichtenübermittlungsdelikt geht, gerade aus dem Verrat von Informationen durch den möglichen Wissenszuwachs auf der Empfängerseite ergeben.

Eine Anwendung des § 99 StGB-DDR, die den Vorwurf der Willkür vermeiden wollte, mußte deshalb zumindest mit dem unbestimmten Rechtsbegriff des „Interessennachteils" zurückhaltend umgehen. Ohne Überdehnung der Bestimmung konnten insoweit nur Nachteile als tatbestandlich angesehen werden, die ein gewisses, im Einzelfall festzustellendes, im Zusammenhang mit dem Informationszuwachs beim Nachrichtenempfänger stehendes Gewicht aufwiesen. Daran fehlt es hier offensichtlich.

bb) Die Übermittlung von Informationen über vergeblich angebrachte Ausreiseanträge, zumal unter ausdrücklicher Berufung auf in der DDR verbriefte Menschenrechte, konnte einem DDR-Richter freilich {34} als geeignet erscheinen, zu einer unerwünschten und kritischen Beurteilung der DDR im Ausland beizutragen. Vor dem Hintergrund der Furcht des SED-Regimes vor Ansehensverlusten in der westdeutschen und ausländischen Öffentlichkeit (vgl. BGH, Urteil vom 5. Juli 1995 – 3 StR 605/94 –, zur Veröffentlichung in BGHSt bestimmt[16]) mögen die Ständige Vertretung der Bundesrepublik und das Bundesministerium für Innerdeutsche Beziehungen zudem problematische Nachrichtenempfänger gewesen sein. Die weitere Verbreitung der von den Eheleuten von D. erlangten Informationen in der Öffentlichkeit, namentlich in Massenmedien, lag hier jedoch eher fern. Vor allem kam den auf bloße Tatsachenmitteilungen beschränkten Nachrichten kein erkennbares individuelles Gewicht zu. Damit blieb der eigentliche Informationszuwachs auf der Empfängerseite denkbar gering. Daß das SED-Regime seinen Bürgern regelmäßig keine Ausreisefreiheit zuerkannte, war allgemein bekannt. Die Betroffenen repräsentierten lediglich einen nicht besonders gelagerten Einzelfall aus einer Vielzahl gleichartiger Fälle.

b) Aus Sicht der DDR-Justiz mochte freilich in Fällen der vorliegenden Art ein gewisses, nicht von vornherein als willkürlich zu wertendes Strafbedürfnis empfunden worden sein. Diesem Bedürfnis trug indes der durch das 3. Strafrechtsänderungsgesetz vom 28. Juni 1979 (GBl I Nr. 17 S. 139) neugefaßte § 219 StGB-DDR Rechnung, der in Abs. 2 Nr. 1 mit abgestuften Sanktionen (Freiheitsstrafe bis zu fünf Jahren, Verurteilung auf Bewährung oder Geldstrafe) das Verbreiten von Nachrichten im Ausland unter Strafe stellte, wenn diese Nachrich-{35}ten geeignet waren, den Interessen der Deutschen

Demokratischen Republik zu schaden. Hierbei ging es – anders und weitergehend als in § 99 StGB-DDR – namentlich um die vorliegend allein in Betracht kommende „Herbeiführung eines Ansehensschadens“ (vgl. Erläuterungen zum 3. Strafrechtsänderungsgesetz, OG-Inf. Sonderdruck 1979, S. 68). Diese Vorschrift hätte hier möglicherweise ohne Überdehnung des Normtextes herangezogen werden können (vgl. hierzu Senatsurteil vom heutigen Tage – 5 StR 68/95 – C II 2 b). In diesem Falle wäre aber in der Verhängung der ausgesprochenen Freiheitsstrafen von zwei Jahren und zehn Monaten bzw. von zwei Jahren und vier Monaten eine offensichtliche schwere Menschenrechtsverletzung im Sinne willkürlicher Rechtsanwendung zu erblicken gewesen. Wie der Senat in seinem Urteil vom heutigen Tage (– 5 StR 68/95 – aaO) ausgesprochen hat, bewegte sich die Annahme eines Verstoßes gegen § 219 Abs. 2 Nr. 1 StGB-DDR in Fällen der vorliegenden Art offensichtlich im Grenzbereich der Tatbestandlichkeit. Auf derartige „Bagatelldelikte“ durfte, angesichts der Öffnung des Strafrahmens nach unten auf Geldstrafe und Verurteilung auf Bewährung, regelmäßig nicht einmal mit vollstreckbaren Freiheitsstrafen reagiert werden, sofern nicht im Einzelfall erschwerende Umstände vorlagen. Denkbare Strafschärfungsgründe, namentlich solche, die so hohe Freiheitsstrafen wie die im vorliegenden Fall verhängten nachvollziehbar hätten rechtfertigen können, konnten aber auch aus Sicht der DDR-Justiz bei gesetzmäßiger Rechtsanwendung hier offensichtlich nicht bejaht werden. {36}

c) Auch im Fall der Eheleute von D. hat das Landgericht die innere Tatseite des § 244 StGB-DDR im Ergebnis letztlich noch tragfähig belegt. Zwar erwähnt die Strafkammer mit ihrem Hinweis auf die völkerrechtlich verankerte Ausreisefreiheit auch an dieser Stelle einen unzutreffenden Maßstab. Dies bleibt indes angesichts der Evidenz des Willküraktes unschädlich, weil der Tatrichter auch auf den zutreffenden Gesichtspunkt der offensichtlichen Menschenrechtsverletzung durch die Strafbemessung abgestellt hat (UA S. 122).

3. Auch die im Mai 1983 erfolgte Verurteilung von St. (Fall II 5 des Urteils) zu einer Freiheitsstrafe von zwei Jahren wegen „landesverräterischer Agententätigkeit“ (§ 100 Abs. 1 StGB-DDR, idF des 3. Strafrechtsänderungsgesetzes vom 28. Juni 1979, GBl I Nr. 17 S. 139) erfüllt die Voraussetzungen der Rechtsbeugung.

a) Die Angeklagte hat die von ihr herangezogene Strafbestimmung willkürlich überdehnt. Die Annahme, der Verfolgte habe gehandelt, „um die Interessen der Deutschen Demokratischen Republik zu schädigen“, ist – auch bei Zugrundelegen von in der DDR herrschenden Rechtsvorstellungen – in diesem Fall nicht mehr nachvollziehbar.

aa) Der Verurteilung des Verfolgten liegt nach den Urteilsfeststellungen der Angeklagten im wesentlichen folgender Sachverhalt zugrunde: St. mußte nach dem Bau der Berliner Mauer eine musikalische Ausbildung in Berlin (West) abbrechen. Er war in der DDR bis Anfang 1981 als Be-{37}rufskraftfahrer tätig. Nach zwei gescheiterten Ehen, und nachdem ihm im Oktober 1981 eine Gewerbegenehmigung als Taxifahrer endgültig versagt worden war, entschloß er sich, die DDR zu verlassen, um in der Bundesrepublik Deutschland seinen Berufswunsch als Taxifahrer zu verwirklichen. Er suchte deshalb am 15. Dezember 1981 die Ständige Vertretung der Bundesrepublik in der DDR auf und erkundigte sich nach den Bedingungen und der Aussicht für eine entsprechende Konzession. Ihm wurde daraufhin geraten, zunächst einen Ausreiseantrag zu stellen, was er kurz darauf tat. Das Gesuch wurde im Mai 1982 abgelehnt. Daraufhin ließ sich der Betroffene beim Ostberliner Büro des ZDF über eine mögliche Begründung für sein Ausreisebegehren informieren. Zeitgleich mit dem zweiten Ausreiseantrag wandte sich der Betroffene telefonisch und schriftlich an die Verwaltung der Stadt Dortmund, um sich nach den Bedingungen für eine Taxi-Konzession zu erkundigen und sich als Anwärter registrieren zu lassen. Er wurde in eine Bewerberliste aufgenommen. Im Oktober 1982 berichtete St. bei der Ständigen Vertretung über seine Verhandlungen mit der Stadtverwaltung Dortmund. Zudem füllte er in der Ständigen Vertretung einen an das Bundesministerium für Innerdeutsche Beziehungen gerichteten zweiseitigen Fragebogen mit Angaben zu seiner Person und zu seinen in der Bundesrepublik lebenden Angehörigen aus. Als Begründung für seinen Ausreisewunsch nannte er „Familienzusammenführung". {38}

bb) Dieses Verhalten des Betroffenen wertete die Angeklagte als „landesverräterische Agententätigkeit". Sie warf St. vor, er habe Verbindung zur Ständigen Vertretung der Bundesrepublik aufgenommen, „um sie über seine Absicht, die DDR zu verlassen, zu informieren, sich beraten zu lassen und endlich eine seinem Willen entsprechende Entscheidung der DDR-Behörden herbeizuführen"; wie seine Hinwendung an die Stadtverwaltung Dortmund beweise,

> „kam es ihm darauf an, seine Anfragen und Bewerbungen bezüglich des Taxiunternehmens zu benutzen, seinen Willen zum Verlassen der DDR publik zu machen und die Anmaßung der Personalhoheit durch Einrichtungen der BRD über DDR-Bürger auszunutzen, um die Entscheidung staatlicher Organe der DDR zu korrigieren";

er habe „auf die völkerrechtswidrige Einmischung der BRD in die inneren Angelegenheiten der DDR" gesetzt, „welche immer die Interessen der Deutschen Demokratischen Republik schädigt".

cc) Diese „Subsumtion" erscheint nicht mehr als nachvollziehbare Gesetzesauslegung. Zwar hat der Verfolgte durch seine Besuche in der Ständigen Vertretung und durch seinen Kontakt zur Dortmunder Stadtverwaltung zweifellos mit einer fremden Macht bzw. deren Einrichtung (vgl. § 97 StGB-DDR) Verbindung aufgenommen. Die von § 100 StGB-DDR geforderte „staatsfeindliche Motivation" (vgl. Kommentar zu StGB-DDR aaO § 100 Anm. 3) dieser Verbindungsaufnahme läßt sich dem Sachverhalt indes offensichtlich nicht entnehmen. Der Betroffene hat lediglich mehrfach seinen mit dem Wunsch nach Familienzusammenführung bzw. mit der Hoffnung auf {39} eine Berufsperspektive als Taxifahrer motivierten Ausreisewillen bekundet. Dies geschah ohne jede „Diskriminierung" der DDR und ohne jegliche Provokation staatlicher Stellen. Seine Handlungen erschöpften sich in einer schlichten Äußerung seines Ausreisewillens. Davon ging auch die Angeklagte in den von ihr verfaßten Urteilsgründen aus.

Warum der Betroffene auch nur in Erwägung ziehen konnte, daß seine durch nichts qualifizierten Kontakte zur Ständigen Vertretung geeignet sein sollten, „die Entscheidung staatlicher Stellen der DDR zu korrigieren", bleibt unerfindlich. Die von dem Verfolgten geäußerten Bitten um Hilfe bei der Verwirklichung seines Ausreisebegehrens beschränkten sich nach den von der Angeklagten getroffenen Feststellungen im wesentlichen auf die Suche nach Beratung. Seitens der Bundesrepublik Deutschland oder ihrer Ständigen Vertretung sollten keine konkreten Aktivitäten unternommen werden, mit denen Druck auf die DDR verbunden war. Der Betroffene mag sich allenfalls vorgestellt haben, daß die Bundesrepublik seinen durch keinerlei besondere Umstände gekennzeichneten Fall im Rahmen des innerdeutschen Dialogs über humanitäre Fragen in irgendeiner Weise ins Gespräch bringen würde. Dabei lag es auf der Hand, daß seinem Fall keine Bedeutung zukam, die über das gewöhnliche Maß bei Ausreisebegehren hinausging. Die Möglichkeit diplomatischer Verwicklungen oder auch nur gesteigerter Beachtung im Ausland war sicher auszuschließen und konnte dem Verfolgten auch nicht entfernt in den Sinn gekommen sein. Auf eine den Interessen der DDR widerstreitende Veröffentlichung der vom Be-{40}troffenen weitergegebenen Informationen hat die Angeklagte zur Begründung der erstrebten Schädigung der Interessen der DDR in ihrem Urteil nicht maßgeblich abgestellt.

b) Eine offensichtliche und schwere Menschenrechtsverletzung läge auch dann vor, wenn das Verhalten des Verfolgten – zumindest aus Sicht der Angeklagten – wenigstens die tatbestandlichen Voraussetzungen des § 219 Abs. 2 Nr. 1 StGB-DDR (vgl. entsprechend 2 b) erfüllt haben sollte. Eine Anwendung dieser Strafnorm mag auch bei Fehlen des weitergehenden subjektiven Tatbestandes in § 100 StGB-DDR in Betracht gekommen sein. Gleichwohl mußte sich in vergleichbaren Grenzfällen der „ungesetzlichen Verbindungsaufnahme" regelmäßig der Bagatellcharakter der Verfehlung aufdrängen, der eine Ahndung der Tat mit vollstreckbarer Freiheitsstrafe verbot (vgl. näher Senatsurteil vom heutigen Tage – 5 StR 68/95 – C II 2 b).

c) Die gegen den unbescholtenen St. verhängte Freiheitsstrafe von zwei Jahren stellte sich danach jedenfalls im Blick auf das gänzlich überzogene Strafmaß als offensichtliche schwere Menschenrechtsverletzung im Sinne willkürlicher Rechtsanwendung dar. Sie diente nicht mehr der Verwirklichung von Gerechtigkeit, sondern ausschließlich der rücksichtslosen Unterdrückung eines Ausreisewilligen. {41}

D. [Aufhebung des Strafausspruchs]

Angesichts der Bildung einer Hauptstrafe in Anwendung des StGB-DDR ist nach der Reduzierung des Schuldspruchs der Strafausspruch auf die Revision der Angeklagten insgesamt aufzuheben.

Auch die auf den Rechtsfolgenausspruch beschränkte, zuungunsten der Angeklagten eingelegte Revision der Staatsanwaltschaft hat Erfolg. Der Strafausspruch enthält jedenfalls deshalb Rechtsfehler zugunsten der Angeklagten, weil sich das Landgericht nicht in rechtsfehlerfreier Weise mit der Frage auseinandergesetzt hat, ob das Recht der DDR oder das StGB anzuwenden ist. Es hat den Strafrahmen des § 244 StGB-DDR (Freiheitsstrafe von sechs Monaten bis zu fünf Jahren) und den des § 336 StGB (Freiheitsstrafe von einem Jahr bis zu fünf Jahren) verglichen und gemäß § 2 Abs. 3 StGB die Strafvorschrift des § 244 StGB-DDR angewendet. Die Vollstreckung der nach § 64 StGB-DDR gebildeten Hauptstrafe hat die Strafkammer sodann nach § 56 Abs. 1 und 2 StGB zur Bewährung ausgesetzt. Damit hat der Tatrichter bei verschiedenen Schritten der Rechtsfindung die aus seiner Sicht für die Angeklagte jeweils günstigere Regelung zugrundegelegt. Diese Rechtsfolgenbestimmung verletzt den Grundsatz strikter Alternativität (vgl. BGH, Urteil vom 26. April 1995 – 3 StR 93/95[17] – m.N.). {42}

Der neue Tatrichter wird bei der Verhängung einer Strafe für die verbleibenden drei Fälle der Rechtsbeugung zu prüfen haben, ob der eine Strafaussetzung zur Bewährung nicht vorsehende § 244 StGB-DDR oder § 336 StGB i.V.m. § 54 Abs. 2 StGB mit der nach den Grenzen des § 56 StGB zu beurteilenden Möglichkeit einer Strafaussetzung zur Bewährung als das konkret mildere Recht anzuwenden ist.

Anmerkungen

1 Vgl. Dokumentationsband zu den Gewalttaten an der deutsch-deutschen Grenze, lfd. Nr. 1-2.
2 Vgl. Anhang S. 1046.
3 Vgl. lfd. Nr. 5-2.
4 Vgl. lfd. Nr. 1-2.
5 Vgl. Anhang S. 1042.
6 Vgl. lfd. Nr. 3-2.
7 Vgl. Anhang S. 1040.
8 Vgl. Anhang S. 1044.
9 Vgl. Anhang S. 1041.
10 Vgl. Anhang S. 1043.
11 Vgl. Anhang S. 1041.
12 Die genannten Normen sind teilweise abgedruckt im Anhang S. 1038ff.
13 Vgl. Anhang S. 1041.
14 Vgl. Anhang S. 1042.
15 Vgl. Anhang S. 1039.
16 Mittlerweile veröffentlich in BGHSt 41, 157.
17 Mittlerweile veröffentlicht in NJW 1995, 2861 und NStZ 1995, 505.

Inhaltsverzeichnis
Urteil nach Zurückverweisung des Landgerichts Berlin vom 22.10.1996, Az. (538) 30 Js 681/92 Kls (15/95)

Landgericht Berlin 22. Oktober 1996
Az.: (538) 30 Js 681/92 Kls (15/95)

URTEIL

Im Namen des Volkes

Strafsache *gegen*

die Gerda Margot Klabuhn
geborene Maldaque,
geboren 1926 in B.,

wegen Rechtsbeugung

Die 38. große Strafkammer des Landgerichts Berlin hat in der Sitzung vom 22. Oktober 1996, an der teilgenommen haben:

⊗ Es folgt die Nennung der Verfahrensbeteiligten. ⊗ {2}

für *Recht* erkannt:

Die der Rechtsbeugung in drei Fällen schuldige Angeklagte wird zu einer Freiheitsstrafe von

1 (einem) Jahr und 9 (neun) Monaten

als Hauptstrafe verurteilt.
Die Angeklagte trägt im Umfange der Verurteilung die Kosten des Verfahrens einschließlich derer des Revisionsverfahrens.

Gründe

Das Landgericht Berlin hat die Angeklagte durch Urteil vom 21.04.1994 (520 – 68/92)[1] wegen Rechtsbeugung in acht Fällen zu einer Freiheitsstrafe von zwei Jahren, deren Vollstreckung es zur Bewährung ausgesetzt hat, verurteilt. Auf die Revisionen der Angeklagten, die in erster Linie Freispruch erstrebte, und der Staatsanwaltschaft, die die verhängte Strafe für zu niedrig hielt, sprach der Bundesgerichtshof durch Urteil vom 15.09.1995 die Angeklagte in fünf Fällen frei. Hinsichtlich der verbleibenden drei Fälle bestätigte er den Schuldspruch und verwies die Sache zur Festsetzung einer neuen Strafe an eine andere Kammer des Landgerichts Berlin zurück.[2]

Da somit in den nunmehr noch Gegenstand des Verfahrens bildenden drei Fällen der Schuldspruch rechtskräftig ist und die dazu getroffenen Feststellungen bindend sind, hat die Kammer von folgendem Sachverhalt auszugehen: {3}

⊗ Es folgt eine Darstellung der Sachverhaltsfeststellungen. ⊗

Die erneute durchgeführte Hauptverhandlung führte lediglich zu folgenden ergänzenden Feststellungen.

⊗ Es folgen Angaben zur Einkommenssituation der Angeklagten. ⊗

Der Geschädigte B. war vom 20.03.1981 bis zum 20.11.1985, der Geschädigte von D. ebenso wie seine Ehefrau vom 28.10.1982 bis zum 07.03.1984 und der Geschädigte St. vom 16.12.1982 bis zum 20.12.1983 inhaftiert. In allen drei Fällen hatte die Angeklagte auf Antrag der Staatsanwaltschaft gemäß § 45 StGB/DDR den Vollzug der restlichen Freiheitsstrafe zur Bewährung ausgesetzt.

Die Angeklagte hat sich nur kurz zu ihren persönlichen Verhältnissen geäußert; Angaben zur Sache hat sie nicht gemacht. Die Feststellungen über die Dauer der Inhaftierung der Geschädigten beruhen auf der Verlesung der jeweiligen Einlieferungsanzeigen sowie Strafaussetzungsbeschlüsse und – soweit vorhanden – Entlassungsmitteilungen.

Aufgrund des feststehenden Schuldspruchs ist nunmehr die zu verhängende Strafe festzusetzen. Dabei ist nach dem Grundsatz der „strikten Alternativität" beider Rechtssysteme zunächst die Strafe nach dem Recht der ehemaligen DDR zu bilden und anschließend diejenige nach dem {5} Recht der Bundesrepublik. Anschließend ist zu vergleichen, welche der beiden Strafen die mildere ist.

Die Auffassung der Verteidigung, die Anwendung des Prinzips der „strikten Alternativität" sei nicht zwingend, ist unzutreffend. Die Bindungswirkung des § 358 Abs. 1 StPO gebietet die Anwendung dieses Prinzips. Der Bundesgerichtshof hat das Urteil des Landgerichts Berlin vom 21.04.1994 auch deshalb aufgehoben, weil es unter Verstoß gegen diesen Grundsatz zustande gekommen ist. Im übrigen würde die Durchbrechung dieses Prinzips bedeuten, daß auf derartige Fälle ein nachträglich gemischtes und damit fiktives Rechtssystem anzuwenden wäre, das in dieser Form nie Geltung hatte. Man würde dann unter Umständen zu Ergebnissen gelangen, die nach keinem der beiden Rechtssysteme möglich gewesen wären und die die Angeklagten über Sinn und Zweck des § 2 Abs. 3 StGB hinaus begünstigen würden.

Bei der Festsetzung der Strafe nach dem Recht der DDR waren folgende Erwägungen maßgeblich:

Der Strafrahmen des § 244 StGB-DDR[3] reicht von sechs Monaten (§ 40 Abs. 1 StGB-DDR) bis zu fünf Jahren Freiheitsstrafe. Dem Umstand, daß es sich um mehrere Taten handelt, ist durch Bildung einer Hauptstrafe gemäß § 64 Abs. 1 StGB-DDR, die sich innerhalb des genannten Strafrahmens zu bewegen hat, Rechnung zu tragen. Die Kammer sieht keinen Anlaß zu einer Erweiterung dieses Strafrahmens gemäß § 64 Abs. 3 StGB-DDR.

Strafmildernd wirkten sich das hohe Alter und die dadurch bedingte erhöhte Strafempfindlichkeit der Angeklagten sowie der Umstand, daß sie nicht vorbestraft ist, aus. Ferner war zu berücksichtigen, daß seit den Taten ein langer Zeitraum vergangen ist, und die Gefahr der Wiederholung nicht besteht. Schließlich wirkte sich auch zugunsten der Angeklagten aus, daß Richter in der DDR in starkem Maße staatlichem Einfluß ausgesetzt waren und deshalb in ihrer Unabhängigkeit {6} nicht mit bundesdeutschen Richtern verglichen werden können. Die Angeklagte war in das System der DDR eingebunden und verhielt sich diesem gegenüber konform. Es ist jedoch zu bedenken, daß niemand die Angeklagte gezwungen hat, Richterin zu werden bzw. zu bleiben.

Dagegen konnte die Kammer den Hinweisen der Verteidigung auf vergleichbare Urteile der bundesdeutschen Justiz in der Nachkriegszeit und die Situation des „Kalten Krieges" nicht folgen. Anfang der 80er Jahre herrschte ungeachtet scharfer politischer Gegensätze kein „Kalter Krieg" mehr. Fehler der bundesdeutschen Justiz in der Nachkriegszeit vermögen das davon völlig isoliert zu sehende Verhalten der Angeklagten nicht in einem milderen Licht erscheinen lassen.

Auch die Auffassung der Verteidigung, es läge ein vermeidbarer Verbotsirrtum vor, der den Schuldspruch nicht berühre und strafmildernd zu berücksichtigen sei, vermag die Kammer nicht zu teilen. Zunächst ist fraglich, ob das StGB der DDR diese Rechtsfigur überhaupt kannte (vgl. Strafrecht Allgemeiner Teil, Lehrbuch, 1. Auflage, DDR 1976, Seite 297 ff.). Selbst wenn man dies unterstellte, ist zu berücksichtigen, daß der Rechtsbeugungstatbestand gemäß § 244 StGB-DDR nur „wissentlich" verwirklicht werden konnte. Dies schließt jeden Verbotsirrtum aus. Angesichts der Rechtskraft des Schuldspruchs steht also fest, daß die Angeklagte „wissentlich" und damit frei von jedem Verbotsirrtum handelte. Die Kammer sieht im übrigen auch keine Anhaltspunkte für einen solchen Irrtum.

Strafschärfend wirkte sich aus, daß – insbesondere im Fall B. – die Angeklagte ihre Stellung als Richterin dazu mißbraucht hat, politisch andersdenkende Personen auszuschalten. Die Kammer verkennt nicht, daß der Geschädigte B. teilweise die Grenze der nach dem Recht der DDR zulässigen Meinungsäußerung überschritten hatte. Sie ist jedoch der Auffassung, daß bereits jede das Maß von vier Jahren überschreitende Freiheitsstrafe für dieses Verhalten nicht mehr mit den Gesetzen der DDR vereinbar war. Dabei geht sie davon aus, daß eine Ausdehnung des Strafrahmens gemäß § 64 Abs. 3 StGB-DDR auf ein Höchstmaß von zwölf Jahren Freiheits-{7}strafe vertretbar gewesen wäre. Daß die Angeklagte unter Hinweis auf das Geständnis des Geschädigten diese Strafrahmenerweiterung abgelehnt hat, ändert nichts daran, daß sie nicht die theoretisch denkbare Höchststrafe, sondern nur eine Strafe in Höhe von 2/3 dieser Höchststrafe verhängt hat. Davon unberührt bleibt jedoch die völlige Unangemessenheit dieser Strafe.

Im Falle der Geschädigten von D. wirkte sich erschwerend aus, daß das Urteil zwei Personen betraf.

In sämtlichen Fällen war schließlich die teilweise erhebliche Dauer des Freiheitsentzugs der Geschädigten zu berücksichtigen. Auch wenn der Vorwurf der Freiheitsberaubung gemäß § 154a StPO ausgeschieden worden ist, darf dieser Umstand bei der Strafzumessung berücksichtigt werden.

Nach alledem hielt die Kammer eine Freiheitsstrafe von einem Jahr und neun Monaten als Hauptstrafe für schuldangemessen.

Eine Strafaussetzung zur Bewährung durch das Urteil selbst ist nach dem Recht der DDR bei der Strafart „Freiheitsstrafe" ausgeschlossen.

Nach bundesdeutschem Recht ist gemäß § 336 StGB für jede der drei Taten ein Strafrahmen von einem bis zu fünf Jahren Freiheitsstrafe anzuwenden.

Für die konkrete Strafzumessung gilt das bei der Erörterung des DDR-Rechts Gesagte entsprechend. Auch hier ist aus demselben Grunde die Annahme eines vermeidbaren Verbotsirrtums gemäß § 17 StGB ausgeschlossen. Der Tatbestand des § 336 StGB kann gleichfalls nur bewußt verwirklicht werden (Dreher/Tröndle, StGB, 47. Auflage, RNr. 5 zu § 336). {8}

Danach hielt die Kammer folgende Einzelfreiheitsstrafen für schuldangemessen:

Fall B.:	– ein Jahr und zehn Monate,
Fall von D.:	– ein Jahr und vier Monate,
Fall St.:	– ein Jahr und zwei Monate.

Aus diesen Einzelstrafen hat sie unter nochmaliger Abwägung aller Umstände gemäß §§ 53, 54 StGB eine Gesamtfreiheitsstrafe von zwei Jahren und sechs Monaten gebildet.

Der Vergleich der beiden Strafen ergibt, daß diejenige nach dem Recht der DDR milder ist, weshalb die Kammer auf sie erkannt hat.

Anmerkungen

1 Vgl. lfd. Nr. 4-1.
2 Vgl. lfd. Nr. 4-2.
3 Vgl. Anhang S. 1046.

Inhaltsverzeichnis
Beschluss (Verwerfung der Revision) des Bundesgerichtshofs vom 15.5.1997, Az. 5 StR 39/97

Bundesgerichtshof
Az.: 5 StR 39/97

15. Mai 1997

BESCHLUSS

In der Strafsache gegen

Gerda Margot Klabuhn,
geboren 1926,

wegen Rechtsbeugung {2}

Der 5. Strafsenat des Bundesgerichtshofs hat am 15. Mai 1997 beschlossen:

Die Revision der Angeklagten gegen das Urteil des Landgerichts Berlin vom 22. Oktober 1996 wird nach § 349 Abs. 2 StPO als unbegründet verworfen. Die Beschwerdeführerin hat die Kosten des Rechtsmittels zu tragen.

[Gründe]

Im Ergebnis zutreffend hat das Landgericht eine Strafmilderung wegen eines vermeidbaren Verbotsirrtums abgelehnt (vgl. BGHSt 41, 247, 276 f.[1]; 41, 317, 340[2]).

Die Begründung der Höhe der Hauptstrafe – ein Jahr und neun Monate Freiheitsstrafe – nach dem Recht der DDR (vgl. BGHSt 38, 18, 22 f.) ist nicht zu beanstanden. An die Annahme, diese sei nicht aussetzungsfähig, war das Landgericht gebunden (vgl. zudem zum Ausschluß einer Verurteilung auf Bewährung nach dem Recht der DDR in Anwendung von §§ 62, 25 StGB-DDR oder § 45 StGB-DDR, § 349 StPO-DDR den Senatsbeschluß vom heutigen Tage – 5 StR 580/96[3] –).

Die angeklagte Oberrichterin war etwa 20 Jahre lang Vorsitzende des für politische Strafsachen erstinstanzlich zuständigen I a-Strafsenats beim Stadtgericht Berlin. Gegenstand ihrer Verurteilung sind drei Rechtsbeugungstaten, durch die gegen {3} vier Personen Freiheitsstrafen von jeweils zwei Jahren und mehr, einmal sogar von acht Jahren, verhängt worden sind. Im Blick darauf begegnet die – zutreffend alternativ geprüfte – Festsetzung einer der Höhe nach nicht mehr aussetzungsfähigen Gesamtfreiheitsstrafe in Anwendung des Strafgesetzbuchs (in Abgrenzung zum zitierten Senatsbeschluß vom heutigen Tage) keinen Bedenken.

Anmerkungen

1 Vgl. lfd. Nr. 5-2.
2 Vgl. lfd. Nr. 6-2.
3 Mittlerweile veröffentlicht in NJ 1997, 547 und NStZ-RR 1997, 301.

Inhaltsverzeichnis
Beschluss (Nichtannahme der Verfassungsbeschwerde) des Bundesverfassungsgerichts vom 7.4.1998, Az. 2 BvR 2560/95

Bundesverfassungsgericht 7. April 1998
Az.: 2 BvR 2560/95

BESCHLUSS

In dem Verfahren über die Verfassungsbeschwerde

der Frau Klabuhn
Bevollmächtigte: Rechtsanwälte Prof. Dr. Erich Buchholz und Kollegen,

gegen

a) das Urteil des Bundesgerichtshofs vom 15. September 1995 – 5 StR 642/94 –[1],
b) das Urteil des Landgerichts Berlin vom 21. April 1994 – (520) 76 Js 681/92 Kls (68/92) –[2]

und Antrag auf Erlaß einer einstweiligen Anordnung

hat die 2. Kammer des Zweiten Senats des Bundesverfassungsgerichts durch die Richter

⊗ Es folgt die Nennung der Verfahrensbeteiligten. ⊗

gemäß § 93b in Verbindung mit § 93a BVerfGG in der Fassung der Bekanntmachung vom 11. August 1993 (BGBl I S. 1473) am 7. April 1998 einstimmig beschlossen: {2}

Die Verfassungsbeschwerde wird nicht zur Entscheidung angenommen.
Damit erledigt sich der Antrag auf Erlaß einer einstweiligen Anordnung.

Gründe

I. [Verfahrensgegenstand]

Die Verfassungsbeschwerde betrifft die Frage der Strafbarkeit von DDR-Richtern wegen Rechtsbeugung.

⊗ Es folgt eine Darstellung der Sachverhaltsfeststellungen und des bisherigen Verfahrensverlaufs. ⊗

Nach Einlegung der Verfassungsbeschwerde ist die Beschwerdeführerin in der Sache rechtskräftig zu einer Freiheitsstrafe von einem Jahr und neun Monaten verurteilt worden, die sie derzeit verbüßt.

II. [Zu den Rügen]

Mit der fristgemäß eingelegten Verfassungsbeschwerde rügt die Beschwerdeführerin die Verletzung von Art. 1 Abs. 1 Satz l, Art. 2 Abs. 1 i.V.m. Art. 20 Abs. 3, Art. 2 Abs. 2 Satz 2, Art. 101 Abs. 1 Satz 2 und Art. 103 Abs. 2 GG. Zur Begründung hat sie vorgetragen:

1. Die Verurteilung beruhe auf einer nachträglichen Tatbestandserweiterung des Rechtsbeugungstatbestandes des § 244 StGB/DDR[3]. Die von dem Bundesgerichtshof entwickelten Fallgruppen zur Auslegung des § 244 StGB/DDR habe es in der DDR

nicht gegeben. Auch habe im DDR-Recht nicht die vom Bundesgerichtshof herangezogene menschenrechtsfreundliche Gesetzesauslegung gegolten. Indem der Bundesgerichtshof bei der Fallgruppe, die auf ein unerträgliches Mißverhältnis der verhängten Strafe zu der abgeurteilten Handlung abstellt, allein auf die verhängte Strafe und nicht die von ihr bei der Entscheidung über die Strafzumessung auch berücksichtigte Dauer der Strafvollstreckung (§ 45 StGB/DDR und Freikauf) abgestellt habe, habe er das dem Betroffenen zugefügte Übel unzutreffend gewichtet. Im Fall II 3 habe der Bundesgerichtshof den Inhalt des § 61 Abs. 1 StGB/DDR unzulässigerweise verkürzt, indem er lediglich auf den Gesichtspunkt der Ver-{10}wirklichung von Gerechtigkeit und nicht auf den Begriff der sozialistischen Gerechtigkeit abgestellt habe. Die Feststellung der Tatbestandsüberdehnung bei der Anwendung der §§ 99, 100 StGB/DDR[4] beruhe auf einer Auslegung der Normen des DDR-Strafrechts nach bundesdeutschen Wertvorstellungen. Damit würden die Strafbestimmungen zu restriktiv ausgelegt. Anhaltspunkte für diese Auslegung fänden sich weder in der Kommentierung dieser Vorschriften noch in den „Orientierungen des Obersten Gerichts" oder den „Gemeinsamen Standpunkten". Auch die Annahme, bei einer Verurteilung nach § 219 StGB/DDR[5] habe in Fällen der vorliegenden Art nicht mit einer Freiheitsstrafe reagiert werden dürfen, entbehre jeder Begründung. Im Bereich des politischen Strafrechts fehle es im übrigen an der von dem Bundesgerichtshof angenommenen Unrechtskontinuität von § 244 StGB/DDR und § 336 StGB.

2. Sie habe sich als eine in der DDR ausgebildete und über Jahrzehnte in der Rechtswirklichkeit dieses Staates tätige Juristin nicht an den nunmehr durch den Bundesgerichtshof aufgestellten Kriterien zur Auslegung des § 244 StGB/DDR und der Bestimmungen des politischen Strafrechts der DDR orientieren können, mithin sich nicht bewußt für das Unrecht entschieden. Anders als bei dem elementaren Tötungsverbot beziehe sich der Unwertgehalt der Rechtsbeugung auf ein ausgesprochen vielschichtiges und ausdifferenziertes System von Normen. Der Richter in der DDR-Justiz, der durch seine Ausbildung überhaupt erst in den Stand habe versetzt werden müssen, die für die Rechtsbeugung relevante Verbotsmaterie erkennen zu können, habe nicht zugleich die Fähigkeit zu normtreuem Handeln im Sinn der Rechtsprechung des Bundesgerichtshofs ausbilden können.

3. Mit der Bildung der Fallgruppe, die auf ein unerträgliches Mißverhältnis der verhängten Strafe zu der abgeurteilten Hand-{11}lung abstellt, sei der erkennende 5. Strafsenat von der zu derselben Rechtsfrage ergangenen Entscheidung des 4. Strafsenats des Bundesgerichtshofs vom 6. Oktober 1994 – 4 StR 23/94 – abgewichen. Die danach notwendige Anrufung des Großen Strafsenats habe der 5. Strafsenat unterlassen und die Beschwerdeführerin damit ihrem gesetzlichen Richter entzogen. Das Vorgehen sei willkürlich gewesen, da keine sachlichen Gründe für das Unterlassen der Vorlage ersichtlich seien.

Weiterhin hat die Beschwerdeführerin beantragt, im Wege der einstweiligen Anordnung die andauernde Vollstreckung der Freiheitsstrafe zu unterbrechen.

III. [Nichtannahme der Verfassungsbeschwerde]

Die Verfassungsbeschwerde ist nicht zur Entscheidung anzunehmen. Die Annahmevoraussetzungen des § 93a Abs. 2 BVerfGG liegen nicht vor.

Die Verfassungsbeschwerde hat keine grundsätzliche verfassungsrechtliche Bedeutung. Diese ist nur gegeben, wenn die Verfassungsbeschwerde eine verfassungsrechtliche Frage aufwirft, die sich nicht ohne weiteres aus dem Grundgesetz beantworten läßt und noch nicht durch die verfassungsgerichtliche Rechtsprechung geklärt oder durch veränderte Verhältnisse erneut klärungsbedürftig geworden ist (vgl. BVerfGE 90, 22 ‹24›). Die durch die Verfassungsbeschwerde aufgeworfenen verfassungsrechtlichen Fragen sind durch die Rechtsprechung des Bundesverfassungsgerichts hinreichend geklärt (vgl. BVerfGE 95, 96 ff.[6]; zu Art. 101 Abs. 1 Satz 2 GG: BVerfGE 13, 132 ff.; 17, 99 ff.; 76, 93 ff.).

Die Annahme der Verfassungsbeschwerde ist auch zur Durchsetzung der in § 90 Abs. 1 BVerfGG genannten Rechte der Beschwerde-{12}führerin nicht angezeigt (vgl. BVerfGE 90, 22 ‹25 f.›). Die Verfassungsbeschwerde hat keine hinreichende Aussicht auf Erfolg.

1. a) Die angegriffenen Entscheidungen verletzen das Rückwirkungsverbot des Art. 103 Abs. 2 GG durch die ihnen zugrundeliegende Anwendung und Auslegung des § 244 StGB/DDR nicht.

Art. 103 Abs. 2 GG läßt die Bestrafung einer Tat nur zu, wenn sie im Zeitpunkt ihrer Begehung mit hinreichender Bestimmtheit in einem gesetzlichen Tatbestand mit Strafe bedroht ist. Der Verfassungssatz steht einer Anwendung von Strafgesetzen, durch die die Bewertung des Unrechtsgehalts der Tat nachträglich zum Nachteil des Täters geändert wird, entgegen (vgl. BVerfGE 95, 96 ‹131›). Für die Rechtsprechung des Bundesgerichtshofs zu § 244 StGB/DDR kann dahinstehen, ob und inwieweit einer zur Tatzeit in der Staatspraxis zum Ausdruck gekommenen Interpretation der Strafgesetze bei der Frage, ob die Strafbarkeit einer Tat vor ihrer Begehung gesetzlich bestimmt war, Bedeutung zukommt. Das Vertrauen in den Fortbestand einer bestimmten Interpretation von Strafgesetzen ist jedenfalls in Fällen der vorliegenden Art nicht mehr durch Art. 103 Abs. 2 GG geschützt. Art. 103 Abs. 2 GG ist nicht anwendbar, wenn die der Rechtsanwendung zugrundeliegende Staatspraxis durch Aufforderung zu schwerstem kriminellen Unrecht und seiner Begünstigung die in der Völkergemeinschaft allgemein anerkannten Menschenrechte in schwerwiegender Weise mißachtet; denn hierdurch setzt der Träger der Staatsmacht extremes staatliches Unrecht, das sich nur solange behaupten kann, wie die dafür verantwortliche Staatsmacht faktisch besteht.

Dies hat das Bundesverfassungsgericht für die Inanspruchnahme eines – teils normierten, teils auf staatlicher Praxis beruhenden – Rechtfertigungsgrundes im Zusammenhang mit vorsätzlichen {13} Tötungshandlungen von Grenzsoldaten der DDR entschieden (vgl. BVerfGE 95, 96 ‹133›). Für die Anwendung von Rechtsvorschriften durch Richter und Staatsanwälte der DDR kann nichts anderes gelten. Die Fälle einer schwerwiegenden Mißachtung von Menschenrechten beschränken sich nicht auf Eingriffe in Leib und Leben. Zu den in der Völkergemeinschaft allgemein anerkannten Menschenrechten gehören auch das Recht auf persönliche Freiheit und der Schutz vor grausamer und unmenschlicher Bestrafung. Dies ergibt sich aus Art. 7 Satz 1 und Art. 9 Abs. 1 Satz 1 IPbürgR, aber auch schon aus Art. 3 und Art. 5 der Allgemeinen Erklärung der Menschenrechte in der von der Generalversammlung der Vereinten Nationen am 10. Dezember 1948 beschlossenen Fassung. Bei der Beugung des Rechts durch Richter und Staatsanwälte handelt es sich jedenfalls dann, wenn die Rechtsbeugungshandlung zu Freiheitsentzug führt, um schwerstes kriminelles Unrecht.

Die Rechtsprechung des Bundesgerichtshofs zu § 244 StGB/DDR führt durch eine einschränkende Auslegung des Rechtsbeugungstatbestandes dazu, daß die dienstliche Tätigkeit von Richtern und Staatsanwälten der DDR nur dann von der Strafvorschrift erfaßt wird, wenn im Einzelfall allgemein anerkannte Menschenrechte in schwerwiegender Weise mißachtet worden sind. Einen für die Annahme des Rechtsbeugungstatbestandes erforderlichen elementaren Verstoß gegen die Rechtspflege bejaht der Bundesgerichtshof nur bei Maßnahmen der DDR-Justiz, die sich bei Zugrundelegen des insoweit maßgeblichen Rechts der DDR und unter Berücksichtigung der im SED-Staat herrschenden, von rechtsstaatlichen Grundsätzen abweichenden Wertvorstellungen als offensichtliche und unerträgliche Menschenrechtsverletzung darstellen. Orientierungsmaßstab für die Verletzung von Menschenrechten ist für die Zeit nach seinem Inkrafttreten mit Wirkung für die DDR am 23. März 1976 {14} (vgl. GBl II S. 108) der Internationale Pakt über bürgerliche und politische Rechte (IPbürgR) vom 19. Dezember 1966.

Bei den beiden für die Verurteilung der Beschwerdeführerin maßgeblichen, von dem Bundesgerichtshof gebildeten Fallgruppen der Rechtsbeugung handelt es sich um unerträgliche Menschenrechtsverletzungen, für die sich ein daran beteiligter Richter der DDR nicht auf den strikten Schutz des Vertrauens durch Art. 103 Abs. 2 GG berufen kann.

Die Fallgruppe der Überdehnung von Straftatbeständen unter Überschreitung des Gesetzeswortlauts oder unter Ausnutzung ihrer Unbestimmtheit orientiert sich an Art. 15 Abs. 1 Satz 1 und Satz 2 IPbürgR, wonach niemand wegen einer im Zeitpunkt ihrer Begehung nach inländischem und nach internationalem Recht nicht strafbaren Handlung oder Unterlassung oder zu einer schwereren als der im Zeitpunkt der Begehung angedrohten Strafe verurteilt werden darf. Unter dem Gesichtspunkt der Erkennbarkeit und Verstehbarkeit der Strafvorschrift für den Normadressaten sind die gerade in der Gesetzgebung totalitärer Staaten besonders häufig verwendeten „offenen" Rechtsbegriffe ohnehin schon problematisch. Dies gilt verstärkt im Bereich des politischen Strafrechts. „Offene" Rechtsbegriffe ermöglichen es hier, Strafrecht als Mittel zu politischer Verfolgung einzusetzen. Dem muß durch ein Minimum an Restriktionsbemühungen bei der Auslegung dieser Begriffe begegnet werden. Nur dann bleibt die Rechtsprechung noch an Menschenrechten orientiert. Liegt eine diesen Mindestanforderungen nicht genügende Auslegung dann auch noch der Anwendung einer Vorschrift des politischen Strafrechts zugrunde, die extrem hohe Strafen vorsieht, werden Menschenrechte in schwerwiegender Weise mißachtet. {15}

Die Fallgruppe, die durch ein unerträgliches Mißverhältnis zwischen der verhängten Strafe und der abgeurteilten Tat, mithin eine grob ungerechte Strafe gekennzeichnet ist, orientiert sich an Art. 7 Satz 1 IPbürgR, wonach es verboten ist, jemanden einer grausamen oder unmenschlichen Strafe zu unterwerfen, und an Art. 9 Abs. 1 Satz 2 und Satz 3 IPbürgR, wonach die willkürliche Festnahme sowie die nicht auf gesetzlichen Gründen beruhende Freiheitsentziehung untersagt sind. Der Bundesgerichtshof sieht die Voraussetzungen dieser Fallgruppe nur dann als erfüllt an, wenn sich die Bemessung der Strafe von dem Verhältnismäßigkeitsgrundsatz so deutlich entfernt, daß die Bestrafung in einer sich selbst einem politisch indoktrinierten Richter aufdrängenden Weise als Willkür und damit für das Gerechtigkeitsempfinden unerträglich erscheint (vgl. BGHR StGB § 336, DDR-Richter 2, S. 2). Angesichts der engen Beschränkung dieser Fallgruppe kann man auch für die von ihr erfaßten Verurteilungen von einer schwerwiegenden Mißachtung der Menschenrechte ausgehen.

b) Eine Verletzung des Art. 103 Abs. 2 GG in seiner Ausgestaltung als spezielles Willkürverbot des Grundgesetzes für die Strafgerichtsbarkeit (vgl. BVerfGE 64, 389 ‹393 f.›; 71, 108 ‹115›) durch die den angegriffenen Entscheidungen zugrundeliegende Auslegung und Anwendung des § 244 StGB/DDR hat die Beschwerdeführerin nicht substantiiert dargetan. Insoweit bildet nicht die ständige Rechtsprechung der DDR-Strafgerichte, sondern der Wortlaut der Vorschrift die verfassungsrechtliche Grenze der Auslegung. Damit ist der Vortrag der Beschwerdeführerin schon im Ansatz ungeeignet, einen entsprechenden Verfassungsverstoß zu begründen.

c) Soweit die Beschwerdeführerin die Subsumtion des festgestellten Sachverhalts unter die dargestellten Fallgruppen der {16} Rechtsbeugung angreift, handelt es sich, wie auch bei den weiteren von ihr unter dem Gesichtspunkt des Art. 103 Abs. 2 GG erhobenen Rügen, lediglich um die Beanstandung der Anwendung einfachen Rechts durch die Strafgerichte, die das Bundesverfassungsgericht nur eingeschränkt zu überprüfen hat.

Strafgerichtliche Entscheidungen unterliegen nicht einer unbeschränkten tatsächlichen und rechtlichen Nachprüfung auf die Richtigkeit der Tatsachenfeststellungen und auf die Ordnungsmäßigkeit der Rechtsanwendung. Die Gestaltung des Strafverfahrens, die Feststellung und Würdigung des Sachverhalts, die Auslegung des Strafprozeßrechts und seine Anwendung auf den einzelnen Fall sind allein Sache der dafür zuständigen Strafgerichte und der Nachprüfung durch das Bundesverfassungsgericht entzogen. Das Bundesverfassungsgericht kann nur dann eingreifen, wenn die Gerichte Verfassungsrecht verletzt haben. Dies ist aber nicht schon dann der Fall, wenn eine Entscheidung, am Straf- oder Strafprozeßrecht gemessen, objektiv fehlerhaft ist. Der Fehler muß gerade in der Nichtbeachtung von Grundrechten liegen. Das ist in der Regel erst dann der Fall, wenn ein Fehler sichtbar wird, der auf einer grundsätzlich unrichtigen Anschauung von der Bedeutung eines Grundrechts, insbesondere vom Umfang seines Schutzbereichs beruht, oder wenn die fehlerhafte Rechtsanwendung bei verständiger Würdigung der das Grundgesetz beherrschenden Gedanken nicht mehr verständlich ist. Diese Einschränkung der Prüfungskompetenz des Bundesverfassungsgerichts gilt auch, wenn es um die Feststellung, Auslegung und Anwendung von Normen einer fremden Rechtsordnung durch die Strafgerichte geht, von denen nach den Vorschriften der Bundesrepublik Deutschland die strafrechtliche Beurteilung abhängt (vgl. BVerfGE 95, 96 ‹127 f.›). {17}

Einen derartigen Fehler hat die Beschwerdeführerin nicht aufgezeigt.

2. Der Schuldspruch verletzt nicht den Schuldgrundsatz (Art. 1 Abs. 1, Art. 2 Abs. 1 i.V.m. Art. 20 Abs. 3 GG).

Auf dem Gebiet der Strafrechtspflege bestimmt Art. 1 Abs. 1 GG das Wesen der Strafe und das Verhältnis von Schuld und Sühne. Der Grundsatz „Keine Strafe ohne Schuld“ hat Verfassungsrang; er findet seine Grundlage im Gebot der Achtung der

Menschenwürde sowie in Art. 2 Abs. 1 GG und im Rechtsstaatsprinzip. Aus diesem Grundsatz folgt für die Strafgerichte das Gebot schuldangemessenen Strafens im Einzelfall. Die Strafe ist im Gegensatz zur reinen Präventionsmaßnahme dadurch gekennzeichnet, daß sie – wenn nicht ausschließlich, so doch auch – auf Repression und Vergeltung für ein rechtlich verbotenes Verhalten abzielt. Mit der Strafe wird dem Täter ein rechtswidriges sozialethisches Fehlverhalten vorgeworfen. Eine solche strafrechtliche Reaktion wäre ohne Feststellung der individuellen Vorwerfbarkeit mit dem Rechtsstaatsprinzip unvereinbar (vgl. BVerfGE 95, 96 ‹140› m.w.N.).

Danach sind die angegriffenen Entscheidungen von ihrem Ausgangspunkt her nicht zu beanstanden. Der Rechtsprechung des Bundesgerichtshofs zu Rechtsbeugungshandlungen aus den Jahren 1933 bis 1945 (vgl. BGHSt 10, 294 ‹300›) folgend wird davon ausgegangen, daß der Rechtsbeugungsvorsatz auch Vorstellungen nach der Richtung umfassen muß, daß das Urteil mit der wahren Rechtslage im Widerspruch stehe. Die Strafgerichte haben dabei – auch insoweit der genannten Rechtsprechung des Bundesgerichtshofs (vgl. BGHSt 10, 294 ‹299 f.›) folgend – den Blickpunkt der Beschwerdeführerin als damals urteilende Richterin als maßgeblich angesehen. {18}

In diesem Zusammenhang hat das Bundesverfassungsgericht allerdings hinsichtlich der Tötung von Flüchtlingen an der innerdeutschen Grenze darauf hingewiesen, daß sich Bedenken gegen eine Erkennbarkeit des Strafrechtsverstoßes aus dem Umstand ergeben könnten, daß die Staatsführung der DDR den Rechtfertigungsgrund, der das Verhalten der Grenzsoldaten decken sollte, mit staatlicher Autorität ausgeweitet und den Soldaten so vermittelt hat. Dann sei es nicht selbstverständlich, daß sich dem durchschnittlichen Soldaten die richtige Grenze strafbaren Verhaltens zweifelsfrei erschließe, und es wäre unter dem Schuldgrundsatz unhaltbar, die Offensichtlichkeit des Strafrechtsverstoßes für den Soldaten allein mit dem – objektiven – Vorliegen eines schweren Menschenrechtsverstoßes zu begründen; es müsse näher dargelegt werden, warum der einzelne Soldat angesichts seiner Erziehung, der Indoktrination und der sonstigen Umstände in der Lage war, den Strafrechtsverstoß zweifelsfrei zu erkennen (vgl. BVerfGE 95, 96 ‹142›).

Diese Bedenken bestehen bei der Beschwerdeführerin hinsichtlich der Feststellung des Rechtsbeugungsvorsatzes nicht. Die Beschwerdeführerin ist rechtskundig. Die Rechtsanwendung war für sie als Berufsrichterin keine ungewöhnliche Aufgabenstellung. Für die Methodik der Auslegung von Rechtsvorschriften galten in der DDR keine Besonderheiten. Ihre Situation ist mit der Lage des Grenzsoldaten, der die Vereinbarkeit eines ihm erteilten Befehls mit dem Strafrecht überprüfen sollte, nicht vergleichbar. Danach ist es verfassungsrechtlich nicht zu beanstanden, daß der Bundesgerichtshof angesichts der besonders hohen Anforderungen an den objektiven Rechtsbeugungstatbestand davon ausgeht, es erscheine von vornherein kaum vorstellbar, daß einem Berufsrichter die evidente Rechtswidrigkeit seiner Entscheidung in diesen Fällen verborgen geblieben sein könne (vgl. BGH, NJW 1996, S. 857 {19} ‹862›[7]). Bei Berufsrichtern kann der Strafrichter auf die Schwere des Rechtsverstoßes regelmäßig die Feststellung stützen, der Betreffende habe wissentlich gegen das Gesetz verstoßen. Es unterliegt in diesem Zusammenhang auch keinen verfassungsrechtlichen Bedenken, wenn der Bundesgerichtshof davon ausgeht, daß der Richter, der in blindem Gehorsam gegenüber staatlichen Machthabern meint, sich auch dann im Einklang mit Recht und Gesetz zu befinden, wenn er über die Grenzen des gesetzlich Zulässigen hinaus den Willen der Staatsführung vollzieht und dabei Menschenrechte in schwerwiegender Weise verletzt, keinem den Vorsatz berührenden Irrtum unterliegt. Gleiches gilt für die Erwägung, daß ein möglicherweise vorliegender Verbotsirrtum nicht unvermeidbar sei und sich deshalb nicht der Strafrahmen verschiebt (vgl. BGH, NJW 1996, S. 857 ‹863›).

3. Ein Verstoß gegen Art. 101 Abs. 1 Satz 2 GG liegt nicht vor.

Zwar kann jemand seinem Richter auch dadurch entzogen werden, daß ein Gericht die Verpflichtung zur Vorlage an ein anderes Gericht außer acht läßt (vgl. BVerfGE 13, 132 ‹143›); Art. 101 Abs. 1 Satz 2 GG schützt insoweit aber nur vor einem willkürlichen Absehen von der Vorlage, nicht dagegen vor der irrtümlichen Verletzung der Vorlagepflicht durch das Gericht (vgl. BVerfGE 17, 99 ‹104›; 76, 93 ‹96›). Die Beschwerdeführerin hat nicht dargetan, daß der 5. Strafsenat von der nach ihrer Auffassung gemäß § 132 Abs. 2 GVG erforderlichen Vorlage an den Großen Senat für Strafsachen willkürlich abgesehen habe. Ihrem Vortrag ist schon nicht zu entnehmen, daß die Divergenz zwischen der angegriffenen Entscheidung des 5. Strafsenats und der zitierten Entscheidung des 4. Strafsenats des Bundesgerichtshofs, soweit sie tatsächlich besteht, Entscheidungsgründe betrifft, die die {20} letztgenannte Entscheidung tragen. Nur dann kommt eine Vorlagepflicht überhaupt in Betracht (vgl. BGHSt 11, 159 ‹162›).

Der Antrag auf Erlaß einer einstweiligen Anordnung ist mit der Nichtannahme der Verfassungsbeschwerde gegenstandslos.

Diese Entscheidung ist unanfechtbar.

Anmerkungen

1 Vgl. lfd. Nr. 4-2.
2 Vgl. lfd. Nr. 4-1.
3 Vgl. Anhang S. 1046.
4 Vgl. Anhang S. 1040.
5 Vgl. Anhang S. 1045.
6 Vgl. Dokumentationsband zu den Gewalttaten an der deutsch-deutschen Grenze, lfd. Nr. 15-3.
7 Vgl. lfd. Nr. 6-2.

Lfd. Nr. 5

Strafverfahren in den 70er und 80er Jahren gegen Ausreisewillige und Regimegegner

Inhaltsverzeichnis
Erstinstanzliches Urteil des Landgerichts Berlin vom 18.5.1994,
Az. (510) 76 Js 1277/91 KLs (68/93)

Landgericht Berlin 18. Mai 1994
Az.: (510) 76 Js 1277/91 KLs (68/93)

URTEIL

Im Namen des Volkes

Strafsache *gegen*

die Diplom-Juristin
Gudrun Elena Benser, geborene Rolle,
geboren 1932 in H.,

wegen Rechtsbeugung und Freiheitsberaubung.

Die 10. große Strafkammer des Landgerichts Berlin hat aufgrund der Hauptverhandlung vom 12. April bis 18. Mai 1994, an der teilgenommen haben: {2}

⊗ Es folgt die Nennung der Verfahrensbeteiligten. ⊗

in der Sitzung vom 18. Mai 1994

für *Recht* erkannt:

Die Angeklagte ist der Rechtsbeugung in 10 Fällen, jeweils in Tateinheit mit Freiheitsberaubung begangen, schuldig. Sie wird deswegen zu einer Freiheitsstrafe von

drei Jahren

verurteilt.
Die Angeklagte hat die Kosten des Verfahrens zu tragen.

Angewandte Strafvorschriften:
§§ 244[1], 131 Abs. 1[2], 63, 64 StGB/DDR i.V.m. Artikel 315 Abs. 1 EGStGB i.V.m. § 2 Abs. 3 StGB. {3}

Gründe

I. [Feststellungen zur Person]

Die Angeklagte ist die Tochter des Zimmerpoliers G. und der Buchdruckanlegerin G. Beide Eltern und später auch die Angeklagte waren in der DDR Mitglieder des FDGB und der SED. Die Angeklagte verließ altersgemäß nach der achten Klasse die Volksschule, durchlief danach für zwei Jahre als Verwaltungslehrling die Fachhochschule für Wirtschaft und Verwaltung und anschließend drei Jahre die Arbeiter- und Bauernfakultät in Leipzig, die sie mit dem Abitur verließ. Darauf studierte sie ab 1953 in Leipzig und Berlin Rechtswissenschaft mit dem Abschluß als Diplom-Jurist im Jahre 1957. Dann arbeitete sie als Staatsanwalt, seit 1974 in der Abteilung I a des Generalstaatsanwalts von Berlin (zuständig für Staatsverbrechen) und zuletzt als Staatsanwalt beim

Stadtbezirksgericht Berlin-Marzahn. Dort wurde sie am 30. April 1990 in den Vorruhestand versetzt und ist jetzt Rentnerin.

Die Angeklagte trat im Jahre 1948 in die FDJ ein, war dort von 1948 bis 1960 Mitglied der Kreisleitung, von 1952 bis 1954 Mitglied der Bezirksleitung. Seit 1949 ist sie Mitglied des FDGB, seit 1950 der Gesellschaft für Deutsch-{4}Sowjetische Freundschaft und seit 1953 der Gesellschaft für Sport und Technik. Der SED gehörte sie seit 1952 an und übte seit 1983 die Funktion des Sekretärs der Grundorganisation aus.

Für ihre Tätigkeit als Staatsanwalt wurde sie wiederholt ausgezeichnet: 1967 Medaille für ausgezeichnete Leistungen und Ehrennadel der Organe der Rechtspflege, 1970, 1972, 1976, 1984 Aktivist der Sozialistischen Arbeit, 1978 Medaille für Verdienste in der Rechtspflege in Bronze, 1979 Ehrennadel der Organe der Rechtspflege in Silber, 1980 Verdienstmedaille der DDR, am l. Januar 1990 Ernennung zum Justizrat durch den Generalstaatsanwalt der DDR.

Die Angeklagte ist verheiratet mit dem Historiker und stellvertretenden Abteilungsleiter des Instituts für Marxismus und Leninismus im Zentralkomitee der SED, Prof. Dr. Benser. Sie hat drei Kinder.

Die Angeklagte ist bisher nicht bestraft worden. {5}

II. [Feststellungen zur Sache]

In den nachfolgend festgestellten zehn Fällen war die Angeklagte als Staatsanwalt in der für Staatsverbrechen zuständigen Abteilung I a des Generalstaatsanwalts von Berlin tätig. In einigen Fällen vertrat sie die Behörde auch als Staatsanwalt in den Hauptverhandlungen. Sie war weisungsgebunden, aber auch nach § 87 StPO/DDR[3] „verantwortlich für die Einhaltung der Gesetzlichkeit im Ermittlungsverfahren“, insbesondere hatte sie nach Absatz 2 Ziffer 3 „zu gewährleisten, daß die Würde der Bürger gewahrt, kein Bürger unbegründet beschuldigt oder ungesetzlichen Beschränkungen seiner Rechte unterworfen wird“.

Soweit in den nachstehend festgestellten Fällen die staatsanwaltschaftlichen Entscheidungen der Angeklagten auf Tatsachen beruhen, sind diese zutreffend, von ihr richtig wiedergegeben und ergaben sich aus den ihr vorliegenden Akten, Handakten und Beweismitteln.

Das Rechtssystem der DDR beruhte auf dem Prinzip der Einheitlichkeit der Staatsgewalt, also der zentralen Lenkung auch der Justiz z.B. mit Hilfe von „Richtlinien“ und „Standpunkten“ des Obersten Gerichts und „gemeinsamen Standpunkten“ des Obersten Gerichts und des Generalstaats-{6}anwalts der DDR, deren Ziel eine einheitliche Auslegung und Anwendung der Gesetze war. Im Bereich der politischen Delikte zeichnete sich diese Rechtsordnung durch so weitgefaßte Tatbestände aus, daß damit fast jedes gewünschte Ergebnis erreichbar war, und auch die verhängten Strafen ließen regelmäßig zu Lasten der Verfolgten jedes vernünftige Maß gegenüber Anlaß, Bedeutung und Auswirkung der „Taten“ vermissen, indem extrem übersetzte Rechtsfolgen verhängt wurden.

Die Angeklagte wußte das und identifizierte sich damit. Ihre staatsanwaltschaftliche Tätigkeit in der Abteilung I a war darauf gerichtet, die Verfolgten übersetzten Sanktionen zu unterwerfen.

Für die Gerichtsentscheidungen selbst hat die Kammer sie nicht verantwortlich gemacht, denn wenn sie auch in einigen Fällen an der Hauptverhandlung als Staatsanwalt teilgenommen und Anträge gestellt hat, so hat sie doch hier nicht „entschieden".

1. Fall H.

Unter dem 9. Februar 1976 erhob die Angeklagte folgende Anklage, aufgrund derer der Verfolgte vom Strafsenat 1 b des Stadtgerichts von Groß-Berlin am 2. März 1976 zu zwei {7} Jahren Freiheitsstrafe verurteilt wurde, nachdem er sich bereits seit 14. Dezember 1975 in Untersuchungshaft befand und bis zum 17. November 1976 in Haft gehalten wurde: {8}

Generalstaatsanwalt von Groß-Berlin
– Abteilung I –
211-6-76

1026 Berlin, den 9.02.1976
Be/Br.

Stadtgericht der
Hauptstadt der DDR
– Strafsenat 1 –

Haftsache!

Anklageschrift

Den Laborleiter
H., *Siegfried*,
geb. 1938 in A.
wohnh. ⊗ unkenntlich gemacht ⊗
Familienstand: verheiratet, 1 Kind,
Beruf: Diplom-Chemiker,
Staatsbürgerschaft: DDR,
vorbestraft,
in dieser Sache seit dem 14.11.1975 in Untersuchungshaft, in der UHA Berlin-Pankow,
Verteidiger: RA Herbert Z.

klage ich an,

mit dem Ziel, gegen die sozialistische Staats- und Gesellschaftsordnung in der DDR aufzuwiegeln, die Tätigkeit staatlicher und gesellschaftlicher {9} Organe diskriminiert zu haben, indem er am 26.09.1975 im wissenschaftlich-praktischen Unterricht von Schülern einer 11. Klasse der Köpenicker ‚Gerhard Hauptmann' Oberschule im VEB Werk für Fernsehelektronik, zu deren Betreuung er sich verpflichtet hatte, die Politik der SED und der Regierung der DDR verunglimpfte, um bei den Schülern Zweifel zu erwecken und das Vertrauen zu untergraben. Ferner hetzte der Beschuldigte gegen die Sowjetunion und die anderen Länder der sozialistischen Staatengemeinschaft.
Er äußerte insbesondere,
in der DDR herrsche die ‚Oligarchie der Parteisekretäre', ‚die Klasse der Parteisekretäre'; die DDR sei eine ‚Diktatur unter dem Deckmantel der Arbeiter und Bauern'; seit 1953 seien ‚die Kanonen nach Innen gerichtet'. Hinsichtlich der Presse der DDR äußerte er ‚so werden wir hier in diesem Staat belogen' und orientierte auf Funk und Fernsehen der BRD, das die Jugendlichen verfolgen sollten.
Die Maßnahmen der Sowjetunion und der anderen Bruderländer 1968 in der CSSR zur Hilfe für den sozialistischen Staat bezeichnete er als ‚Okkupation und Annexion'. Ferner erklärte er ‚in der Sowjetunion sehen sich die Leute um die Früchte ihrer Arbeit betrogen' und in der Sowjetunion fänden ‚Terrorprozesse gegen Andersdenkende' statt.

Die Schüler waren über die Hetze des Beschuldigten gegen die DDR und die anderen sozialistischen Bruderländer äußerst empört.

Strafbar gemäß: § 106 (1) Ziff. 3 StGB[4],
§ 108,
§§ 63, 64 StGB {10}

Beweismittel:

1. Aussagen des Beschuldigten
2. Betriebliche Beurteilung
3. Psychiatrisches Gutachten über die uneingeschränkte Zurechnungsfähigkeit des H.
4. Protokoll über die Einbeziehung des Klassenkollektivs in das Ermittlungsverfahren vom 02. Dezember 1975
5. Protokoll über die Einbeziehung des Arbeitskollektivs vom 04.12.1975
6. Persönliche Niederschrift über Aussprachen mit staatlichen und gesellschaftlichen Funktionären, der Leiterin der Zentralen Kindereinrichtung sowie eines Mitglieds des Vorstandes des Motorsportclubs im VEB Werk für Fernsehelektronik
7. Vertrag zwischen der ‚Gerhart-Hauptmann-Oberschule' und H. über die Betreuung von Oberschülern im wissenschaftlich-praktischen Unterricht und ein Auszug des dazugehörigen Rahmenprogramms
8. Persönliche Aufzeichnungen des Beschuldigten mit einer Stellungnahme zur Annahme der sozialistischen Verfassung der DDR 1968
9. Persönliche Notiz des Beschuldigten über eine Fernsehsendung des Westdeutschen Rundfunks
10. *Aussagen der Zeugen:*
    - Andrea H.
    - Monika P.
    - Hans-Joachim H.
    - Carsten M.
    - Andreas C.
      (Die vorgenannten Zeugen können unter der Anschrift
      ‚Gerhart-Hauptmann-Oberschule'
      1162 Berlin, Bruno-Wille-Str. 37-45
      vorgeladen werden.
    - Sabine F. {11}

Wesentliches Ermittlungsergebnis:

Der Beschuldigte stammt aus einer Arbeiterfamilie und hatte ausgezeichnete Möglichkeiten seiner persönlichen Entwicklung. Nach dem Besuch der Grundschule besuchte er die Oberschule bis zum Jahre 1956 und studierte anschließend an der Hochschule für Chemie in Leuna-Merseburg. 1961 schloß er diese mit dem Diplom ab und begann im September, im VEB Werk für Fernsehelektronik zu arbeiten. Der Beschuldigte zeigte gute fachliche Leistungen und wurde zum Leiter eines Labors und zum stellvertretenden Abteilungsleiter ernannt. Als Leiter eines Kollektivs zeigte er nicht die geforderten Fähigkeiten und wurde deshalb im Zusammenhang mit einer Straftat wegen Verkehrsgefährdung durch Trunkenheit von dieser Funktion abgelöst.
Der Beschuldigte übte aktive gesellschaftliche Tätigkeit im Rahmen des ADMV und des Elternbeirates in Kindergarten und Schule aus. Der Beschuldigte ist Mitglied eines Kollektivs, das 1972, 1973 und 1974 den Titel ‚Kollektiv der sozialistischen Arbeit' bzw. ‚Kollektiv der Deutsch-Sowjetischen-Freundschaft' erhielt.
Der Beschuldigte orientierte sich sehr stark durch die Sendungen des Funks und Fernsehens der BRD. Bei ihm bildete sich eine Einstellung heraus, die zu einer negativen Grundhaltung gegenüber unserem sozialistischen Staat führte. In seinem Betrieb war er deshalb trotz seiner gesellschaftlichen Tätigkeit als ‚Nörgeler' bekannt.

Der Beschuldigte hatte sich im August 1975 verpflichtet, die Betreuung von 3 Oberschülern für den wissenschaftlich-praktischen Unterricht in seinem Betrieb zu übernehmen. Am 12. September 1975 fand der erste Unterricht statt, der ordnungsgemäß verlief. Beim zweiten Unterrichtstag, am 26. September 1975 hatte der Beschuldigte 5 Schüler zu betreuen und zwar die Zeugen Andrea H., Monika P., {12} Hans-Joachim H., Carsten M., Andreas C.
Nach dem Mittag setzte der Beschuldigte den Unterricht mit hetzerischen Äußerungen gegen die DDR und die sozialistische Staatengemeinschaft fort. Ausgangspunkt waren seine Fragen nach der Berufswahl. Er äußerte, daß es in der DDR ungerecht zuginge, da nur Arbeiterkinder bevorzugt Studienplätze erhalten würden. Dabei stammt der Beschuldigte selbst aus der Arbeiterklasse und konnte diesen Vorzug unseres Staates selbst wahrnehmen. Die Schüler widersprachen dem Beschuldigten und er hatte nunmehr das Ziel, sie von ihren, wie er es nannte, ‚Idealvorstellungen', die sie durch Schule und Kommunikationsmittel der DDR erhalten haben, abzubringen.
Er wollte in ihnen Zweifel an der Richtigkeit der Politik der Regierung und der SED hervorrufen und sie veranlassen, daß sie sich nach Funk und Fernsehen der BRD orientieren.
In dieser Zusammenhang diffamierte er die Politik der Partei und der Regierung als ‚Diktatur der SED', ‚Oligarchie der Parteisekretäre', als ‚Diktatur der Klasse der Parteisekretäre'.
Entgegen jeglicher objektiver Kenntnisse äußerte er ferner, daß es verboten sei in der DDR Zeitungen über viele Jahre zu sammeln, da so die Bürger die Möglichkeit des Vergleiches hätten.
Er sprach von der Verfolgung ‚politisch Andersdenkender', wobei er außer Acht ließ, daß bei uns volle Gedankenfreiheit besteht, aber sobald Handlungen unternommen werden, wie z.B. Hetze gegenüber anderen Personen betrieben wird, Strafgesetze der DDR verletzt werden.
Unseren Staat diffamierte er als ‚Diktatur unter dem Deckmantel der Arbeiter und Bauern', ‚die Kanonen seien seit 1953 nach Innen gerichtet' und nur so könne die Diktatur aufrecht erhalten werden.
Die konterrevolutionären Putschversuche 1953 in der DDR, 1956 in Ungarn und die Politik Dubceks im Jahre 1968 in der CSSR bezeichnete er als Volksaufstände bzw. als Politik in der CSSR, die seinen Auffassungen entsprach. Die Hilfe für den sozialistischen Staat der CSSR durch die Sowjetunion und die anderen Bruderländer diffamierte er als ‚Okkupation' und ‚Annexion'. {13}
Die Sowjetunion verleumdete er ferner als ein Regime, in dem ‚die Leute um die Früchte ihrer Arbeit betrogen würden'; ferner erklärte er, daß in der Sowjetunion ‚Terrorprozesse gegen Andersdenkende' stattfänden. Er bezog sich auf solche Verräter wie Solshenizyn und Sacharow. Gerade an Hand dieser Beispiele hätte er erkennen können, daß Solshenizyn den Staat den er ablehnte, verlassen konnte und Sacharow sogar die Freiheiten genießt, Pressevertreter und andere Bürger aus kapitalistischen Staaten zu empfangen.
Der Beschuldigte hat seine Pflichten zur Erziehung von Schülern grob verletzt und versucht, diese gegen die Politik der SED und des Staates aufzuwiegeln. Die Schüler waren über das Verhalten des Beschuldigten äußerst empört.

Ich beantrage:

1. das Hauptverfahren vor dem 1. Strafsenat des Stadtgerichts der Hauptstadt zu eröffnen,
2. Termin zur Hauptverhandlung anzuberaumen,
3. den Haftbefehl aus den Gründen des Erlasses aufrechtzuerhalten,
4. gemäß § 35 (3) StGB und 344 (1) StPO über den Vollzug der angedrohten Strafe aus der Bewährungsverurteilung vom 01.03.1974 mit zu entscheiden.

[Unterschrift]
Benser
Staatsanwalt {14}

2. Fall D.

Unter dem 29. Dezember 1976 erhob die Angeklagte folgende Anklage gegen die Verfolgte, die sich wie darin angegeben in Haft befand und noch bis zum 20. Dezember 1977 in Haft gehalten wurde, nachdem sie vom Stadtbezirksgericht Berlin-Pankow am 25. Januar 1977 unter Mitwirkung der Angeklagten und gemäß ihrem Antrag zu zwei Jahren und sechs Monaten Freiheitsstrafe verurteilt worden war und sich danach noch bis zum 20. Dezember 1977 in Haft befand: {15}

Generalstaatsanwalt von Groß-Berlin
– Abteilung I –
211-169-76

1026 Berlin, den 29.12.1976
Be/Br.

Stadtbezirksgericht
Berlin-Pankow
– Strafkammer –
110 Berlin
Kissingenstr. 5/6

Haftsache!

Anklageschrift

Die Beschuldigte
D., *Barbara*,
geb. 1946 in M.,
wohnh.: ⊗ unkenntlich gemacht ⊗ Berlin,
Familienstand; ledig, keine Kinder,
Beruf: Fachschullehrerin Russisch-Deutsch,
zuletzt tätig als Serviererin beim HO-Gaststättenbetrieb Berlin-Treptow,
Staatsbürgerschaft: DDR,
lt. Strafregisterauszug nicht vorbestraft,
in dieser Sache seit dem 28.06.1976 in der UVR in U-Haft, am 07.07.1976 in die DDR, in die UHA Berlin-Pankow überstellt,
Verteidiger: RA Dr. Wolfgang *Vogel*,
Dieter *Starkulla*,

klage ich an,

1. 1974 und 1975 mehrfach Vorbereitungen zum ungesetzlichen Grenzübertritt im schweren Fall begangen zu haben, indem sie {16}
   - im September 1974 mit dem Bürger K. verabredete, die Staatsgrenze der CSSR nach Österreich zu überwinden und dazu 2 Flugkarten nach Bratislava buchte,
   - im Oktober 1974 und im November 1975 weitere Absprachen mit Personen trat, um in einem kontrollbefreiten Diplomatenfahrzeug nach Westberlin ausgeschleust zu werden,
   - im November 1975 unter Verwendung falscher Grenzübertrittsdokumente eine Ausreise nach Österreich erreichen wollte.

   Strafbar *gemäß:* § 213 (1) (2) 2 + 3 (3) StGB[5]
2. Am 25. Juni 1976 reiste die Beschuldigte mit dem Bürger F. nach vorheriger Absprache mit dem Ziel der Nichtrückkehr in die DDR in die CSSR, um bei Bratislava die Staatsgrenze nach Österreich zu durchbrechen. Da ihr dieser Grenzabschnitt zu stark gesichert erschien, durchbrach sie mit dem Bürger F. am 28.06.1976 die Staatsgrenze der CSSR nach der Ungarischen Volksrepublik bei Sahy und wurde von ungarischen Grenzsicherungskräften festgenommen.

   Strafbar *gemäß:* § 213 (1) (2) 3 StGB,
   §§ 63, 64 StGB

Beweismittel:
1. Einlassungen der Beschuldigten
2. *Zeugenaussagen*:
2.1. F., Wolf-Dieter, z.Zt. im Strafvollzug
2.2. M., Peter, wohnh.: ⊗ unkenntlich gemacht ⊗ Berlin,
2.3. H., Gerd, wohnh.: ⊗ unkenntlich gemacht ⊗ Berlin, {17}
3. *Beweisgegenstände*:
3.1. Flugkarte der Interflug Nr. 2777289
3.2. Devisenumtauschbescheinigung Nr. 3316
3.3. Fahrkarte der Staatsbahn der CSSR Nr. 6661
3.4. 1 Zimmerkarte Interhotel ‚Carlton'
3.5. 1 Autoatlas der CSSR
4. 1 betriebliche Beurteilung vom 25.08.1976

Wesentliches Ermittlungsergebnis:
Die Beschuldigte wuchs in geordneten Verhältnissen im Elternhaus auf. Sie besuchte die Allgemeinbildende Polytechnische Oberschule und die Erweiterte Oberschule in M. Nachdem ein Medizinstudium abgelehnt worden war, nahm die Beschuldigte ein Studium an der Pädagogischen Hochschule ‚Dr. Theodor Neubauer' in Erfurt auf. Sie erwarb 1968 das Staatsexamen als Fachlehrer für Russisch und Deutsch.
Sie arbeitete von 1968-1971 an der ‚Anton-Sefkow-Oberschule' in S. Bis 1973 übte sie ihren Beruf aus, und zwar zuletzt in der Ingenieurschule für Bergbau und Energetik in S. Seit 1973, nachdem die Beschuldigte nach Berlin verzogen war, war sie als freiberuflicher Fremdenführer und Dolmetscher beim Reisebüro der DDR tätig.
Bis Juni 1975 hatte die Beschuldigte kein festes Arbeitsrechtsverhältnis und geriet in den Verdacht asozialen Verhaltens, der sich jedoch nicht bestätigte. Im Juni 1975 begann sie im Versorgungskontor für Papier- und Bürobedarf zu arbeiten. Die Beschuldigte wechselte nunmehr die Arbeitsstellen und war nicht immer beschäftigt.
Ihre letzte Arbeitsstelle war der VEB Gaststätten HO Berlin, in dem die Beschuldigte ein befristetes Arbeitsrechtsverhältnis innehatte.
In den letzten Jahren geriet die Beschuldigte zu einer sich ständig festigenden ablehnenden Einstellung zu den gesellschaftlichen Verhältnissen in der DDR. Sie hatte die Absicht, Wohnsitz in der BRD zu nehmen. {18}
Seit 1974 unternahm sie mehrfach Vorbereitungshandlungen, um die DDR ungesetzlich zu verlassen. Im September 1974 schloß sie sich mit ihrem Bekannten Jürgen K. zusammen, um mit ihm gemeinsam die CSSR-Grenze bei Bratislava nach Österreich zu durchbrechen. Die Beschuldigte hatte in Vorbereitung dieses ungesetzlichen Grenzübertritts Flugkarten nach Bratislava gebucht und 200,-- DM/DBB ungesetzlich eingetauscht.
In den mit K. geführten Absprachen wurde ihr bewußt, daß dieser auch unter Gewaltanwendung die Staatsgrenze durchbrechen wollte, weshalb die Beschuldigte davon Abstand nahm, ihr Vorhaben mit K. zu verwirklichen.
Noch im September 1974 begab sich die Beschuldigte zu ihrer Bekannten D. und erkundigte sich, ob diese Möglichkeiten eines ungesetzlichen Grenzübertritts kennt. Die Beschuldigte erhielt den Hinweis, daß ein sudanesischer Staatsbürger M., Abdul die Ausschleusung der Beschuldigten in einem Diplomatenfahrzeug organisieren könne. Sie führte in der Folgezeit Absprachen mit dem Bürger M. Der Kontakt zu M. brach ab, als die Beschuldigte im November 1974 kurzzeitig inhaftiert wurde.
Im November 1975 nahm sie Kontakt zu dem polnischen Staatsbürger K. auf, und sprach mit ihm über Möglichkeiten einer Ausschleusung, die er ihr vermitteln sollte. K. erklärte sich bereit, die Beschuldigte an Bürger in Wien/Österreich zu vermitteln, die ihre Personaldokumente gegen

Bezahlung von 10.000,-- bis 15.000,-- DM/DBB zum ungesetzlichen Grenzübertritt zur Verfügung stellen würden.
In einer Rücksprache mit ihrem in der BRD wohnhaften Verlobten, kam die Beschuldigte zu dem Schluß, daß es sich bei dem Angebot K.'s um einen Betrug handeln könne. Sie nahm deshalb davon Abstand.
Im November 1975 traf sie Absprachen mit dem DDR-Bürger H., Gerd, der ihr in mehreren Gesprächen zusicherte, die Ausschleusung in einem kontrollbefreiten Diplomatenfahrzeug zu organisieren. Er kenne ein Diplomatenehepaar, das für die Ausschleusung der Beschuldigten zu gewinnen sei. Da H. die Beschuldigte hinsichtlich des Termins für die Bekanntschaft mit dem Diplomatenehepaar immer wieder vertröstete, sah sich die Beschuldigte nach anderen Möglichkeiten um. {19}
Im Frühjahr 1976 lernte sie den Bürger Wolf-Dieter F. kennen, mit dem sie weitere Absprachen für ein ungesetzliches Verlassen der DDR führte. Sie entschloß sich, gemeinsam mit F. in die CSSR zu reisen und bei Bratislava die Staatsgrenze nach Österreich zu durchbrechen.
Am 25.06.1976 fuhr die Beschuldigte abspracheġemäß mit F. in die CSSR und stellte dabei fest, daß die Staatsgrenze bei Bratislava stark gesichert ist. Sie legte deshalb mit F. gemeinsam fest, die Staatsgrenze der CSSR nach der Ungarischen Volksrepublik zunächst ungesetzlich zu überwinden, um dann weiter über Jugoslawien und Italien in die BRD zu gelangen.
Nachdem die Beschuldigte sich mit F. anhand einer in der CSSR erworbenen Landkarte informiert hatte, legten beide fest, bei Sahy die Staatsgrenze nach Ungarn zu durchbrechen. Sie fuhren am 28.06.1976 in Grenznähe und durchbrachen gegen 21.30 Uhr die Staatsgrenze zur Ungarischen Volksrepublik. Dort wurden sie von ungarischen Grenzsicherungskräften festgenommen.

Es wird beantragt:

1. das Hauptverfahren vor der Strafkammer des Stadtbezirksgerichts Berlin-Pankow zu eröffnen,
2. Termin zur Hauptverhandlung anzuberaumen,
3. über die Fortdauer der Untersuchungshaft zu entscheiden.

I.A.
[Unterschrift]
Benser
Staatsanwalt {20}

Die Verfolgte D. hatte zu ihrem Verlobten nach Hamburg ziehen wollen, was ihr verweigert wurde, weil die DDR ein Ausreiserecht nicht anerkannte. Das Tatmotiv war der Angeklagten bekannt, sie verschwieg es aber in der Anklageschrift und überging es auch in der mündlichen Verhandlung, wo sie vielmehr darauf abhob, die Verfolgte habe „mit ihrem Verlassen der DDR dieser einen materiellen und finanziellen Schaden zugefügt, weil sie die sehr guten Bildungsmöglichkeiten wahrgenommen habe".

3. Fall N.

Unter dem 7. Februar 1978 erhob die Angeklagte folgende Anklage gegen den Verfolgten, der sich wie darin angegeben und danach noch bis zum 6. Dezember 1978 in Haft befand, nachdem ihn das Stadtbezirksgericht Lichtenberg am 16. März 1978 gemäß dem Antrag der Angeklagten als Sitzungsvertreter der Anklagebehörde zu einem Jahr und drei Monaten Freiheitsstrafe verurteilt hatte, obwohl sie durch das Schreiben des Verfolgten vom 3. Januar 1978 über dessen Motive unterrichtet war bzw. in der Sitzung seine Einlassung – auf ihre Fragen – hörte: „Ich bin nicht bereit, daß man mich als Eigentum des Staates an Körper und Geist betrachtet". {21}

Generalstaatsanwalt von Berlin
Hauptstadt der DDR
211-19-78

1026 Berlin, den 07.02.1978

Stadtbezirksgericht
Berlin-Lichtenberg
– Strafkammer –
113 Berlin
Roedeliusplatz 01

Haftsache!

Anklageschrift

Den Beschuldigten
N., Rolf-Dieter,
geb. 1944 in B.,
wohnh.: ⊗ unkenntlich gemacht ⊗ Berlin,
Familienstand: verheiratet, 2 Kinder,
Beruf: Diplomingenieur,
Staatsbürgerschaft: DDR,
nicht vorbestraft,
in dieser Sache seit dem 04.10.1977 in Untersuchungshaft,
in der UHA Berlin – Magdalenenstraße,
Verteidiger: RA Dr. Wolfgang Vogel,
Dieter Starkulla,

klage ich an,

die Tätigkeit staatlicher Organe durch Bekundung einer Mißachtung der Gesetze der DDR in einer die öffentliche Ordnung gefährdenden Weise beeinträchtigt zu haben, indem er am 04. Oktober 1977 gegen 17.30 Uhr im Fußgängertunnel am Alexanderplatz in Berlin, Hauptstadt der DDR, ein selbstgefertigtes Plakat mit der Aufschrift
‚Seit 12 Monaten werde ich am legalen Verlassen der DDR gehindert'
zur Schau stellte, das von ca. 50 Passanten wahrgenommen wurde. Damit wollte der Beschuldigte die staatlichen Organe zu einer ihm genehmen Entscheidung für eine Übersiedlung in die BRD zwingen.
Strafbar gemäß: § 214 (1) StGB[6] {22}

Beweismittel:

I. Einlassungen des Beschuldigten

II. *Zeugenaussagen*:
1. Sieglinde N., wohnh.: ⊗ unkenntlich gemacht ⊗ Berlin,
2. Rolf R., wohnh.: ⊗ unkenntlich gemacht ⊗ Berlin,
3. Rainer Sch., wohnh.: ⊗ unkenntlich gemacht ⊗ Berlin,

III. *Beweisgegenstände*:
1. 1 Zeichenblock Format A 2, beschrieben mit ‚Seit 12 Monaten werde ich am legalen Verlassen der DDR gehindert'
2. 1 ‚Steppke'-Faserschreiber
3. 1 Kassenbon über 4,-- Mark vom Centrum-Warenhaus vom 04.11.1977[7] über den Erwerb eines Zeichenblockes A 2 und eines ‚Steppke'-Faserschreibers

IV. *Beurteilungen, Bestätigungen, Dokumentationen*
1. 1 Schreiben des VEB Robotron – Vertrieb Berlin vom 28.12.1977 mit den Kopien der Beurteilung und der Kündigung des Beschuldigten
2. 1 Festnahmebericht vom 04.10.1977

3. 1 Protokoll über die Befragung N., Rolf-Dieter vom 23.03.1977
4. 1 Erklärung des Beschuldigten vom 23.03.1977

Wesentliches Ermittlungsergebnis:
Der Beschuldigte wuchs im Hause seiner Eltern auf und besuchte die Grundschule bis 1958. Anschließend erwarb er das Abitur und das Facharbeiterzeugnis als Schlosser. 1963 nahm er ein Studium an der Technischen Universität Dresden im Fach Elektrotechnik auf. 1969 erwarb er das Staatsexamen als Diplomingenieur, Anschließend war der Beschuldigte zunächst als Programmierer im VEB Maschinelles Rechnen Berlin tätig und wurde 1972 als Sektorenleiter eingesetzt. 1975 kündigte er diese Tätigkeit, da er sich als Leiter der politisch-ideologischen Arbeit entziehen wollte. Er begann {23} im VEB Robotron Berlin und löste Ende 1976 auch dieses Arbeitsrechtsverhältnis durch Kündigung, da er für den Staat der DDR nicht mehr arbeiten wollte. Anschließend war er von Januar bis April 1977 nicht berufstätig und arbeitete danach etwa 14 Tage als Friedhofsarbeiter und bis zu seiner Inhaftierung etwa 5 Monate als Transportarbeiter bei der Firma H. W., Möbeltransporte Berlin-Rahnsdorf.
Seit 1961 orientierte sich der Beschuldigte sehr stark anhand der kapitalistischen Massenmedien und bevorzugte insbesondere derartige Hetzsendungen wie ‚Hilferufe von drüben', die von *Löwenthal* im ZDF-Magazin moderiert wird. Der Beschuldigte gelangte zu einer die politischen und gesellschaftlichen Verhältnisse in der DDR ablehnenden Einstellung und beabsichtigte, mit seiner Familie aus der Staatsbürgerschaft der DDR entlassen zu werden. Er stellte 1976 im Oktober und Dezember Anträge an den Rat des Stadtbezirks Berlin-Prenzlauer Berg, die dem Beschuldigten mündlich abgelehnt wurden. 1977 richtete der Beschuldigte an zentrale Dienststellen der DDR Schreiben, in denen er mit Nachdruck eine Entlassung aus der Staatsbürgerschaft der DDR anstrebte. An den Minister des Innern stellte er zugleich die Forderung auf Genehmigung einer Demonstration. Im März 1977 erfolgte eine Belehrung des Beschuldigten darüber, daß weitergehende kriminelle Aktivitäten strafrechtliche Konsequenzen nach sich ziehen.
Trotz der ablehnenden Bescheide hat der Beschuldigte hartnäckig auf seinem Ansinnen beharrt, aus der Staatsbürgerschaft der DDR entlassen zu werden. Am 04.10.1977 suchte er die Sprechstunde des Staatsrates der DDR auf, um erneut sein Ansinnen zu bekunden. Da er an den örtlichen Rat des Stadtbezirks verwiesen wurde, faßte er den Entschluß, in der Öffentlichkeit mit einem entsprechenden Plakat zu demonstrieren. Der Beschuldigte kaufte im Centrum-Warenhaus einen Zeichenblock im Format A 2 und einen schwarzen Faserstift, mit dem er in den Anlagen vor dem Rat des Stadtbezirks Berlin-Prenzlauer Berg die Losung malte , Seit 12 Monaten werde ich am legalen Verlassen der DDR gehindert'. Da er sich beobachtet glaubte, stellte {24} er das Plakat nicht dort, wie beabsichtigt zur Schau, sondern begab sich zum Alexanderplatz. Hier stellte er sich im Fußgängertunnel am Alexanderplatz auf, nachdem er das Plakat in einen leeren Schaukasten gestellt hatte. Etwa 50 Passanten nahmen davon Kenntnis. Unmittelbar danach erfolgte seine Festnahme. Um weiteres Aufsehen zu erregen, ließ er sich vom Ereignisort wegtragen.
Ich beantrage,

1. das Hauptverfahren vor der Strafkammer des Stadtbezirkgerichts Berlin-Lichtenberg zu eröffnen,
2. Termin zur Hauptverhandlung anzuberaumen,
3. den Haftbefehl aus den Gründen des Erlasses aufrechtzuerhalten.

I.A.
[Unterschrift]
Benser
Staatsanwalt{25}

„Berlin, den 3.1.78

Stellungnahme zur Straftat

Am 4.10.77 demonstrierte ich im Alextunnel unter der Losung ‚Seit 12 Monaten werde ich am legalen Verlassen der DDR gehindert‘ für die Durchsetzung meines Vorhabens, mit meiner Familie die DDR legal zu verlassen.
Ich entschloß mich zu dieser Tat, da mein dritter Antrag auf Entlassung aus der Staatsbürgerschaft und Aussiedlung aus der DDR nicht bearbeitet, beantwortet bzw. überhaupt dessen Eingang bestätigt wurde und bei der von mir erwirkten Sprechstunde beim Staatsrat und beim Rat des Stadtbezirkes gar nicht darauf eingegangen wurde, sondern ich in wenigen Minuten ‚abgefertigt‘ und quasi rausgeworfen wurde. Damit waren meine letzten Zweifel an der Richtigkeit meines Vorhabens beseitigt und mir wurde klar, daß ich auf dem Antragsweg mein Ziel nicht erreichen würde.
Es geht mir nicht darum, den DDR-Staat zu schädigen, sondern mein Anliegen durchzusetzen und ich halte die gewählte Form für ein legitimes Mittel.
Auf meinem Plakat habe ich die Wahrheit gesagt, niemand darf mir das verbieten und jeder kann sie wissen.
Wo ich die Wahrheit nicht sagen darf will ich nicht leben.
Ich bin jederzeit bereit, solche und ähnliche Taten zu wiederholen.

Rolf-Dieter N.“ {26}

4. Fall M.

Unter dem 11. Dezember 1978 erhob die Angeklagte folgende Anklage gegen die wie darin angegeben inhaftierten Verfolgten, welche erfolglos 1975/78 17 Ausreiseanträge gestellt hatten und noch bis 10. Juli 1979 in Haft gehalten wurden: {27}

Generalstaatsanwalt von Berlin
Hauptstadt der DDR
211-136-78

1026 Berlin, den 11.12.1978

Stadtgericht Berlin
Hauptstadt der DDR
– Strafsenat 1 –
1026 Berlin

Haftsache!

Anklageschrift

Die Beschuldigten

1. M., geb. X., Gisela,
   geb. 1935 in B.,
   wohnh.: ⊗ unkenntlich gemacht ⊗ Berlin,
   Familienstand: verheiratet, 2 Kinder,
   Beruf: Schneiderin,
   Staatsbürgerschaft: DDR,
   nicht vorbestraft,
   in dieser Sache seit dem 03.10.1978 in Untersuchungshaft,
   in der UHA Berlin-Pankow,
   Verteidiger: RA Dr. Wolfgang *Vogel*,
   Dieter *Starkulla*,
2. M., Winfried,
   geb. 1937 in B.,

wohnh.: ⊗ unkenntlich gemacht ⊗ Berlin,
Familienstand: verheiratet, 1 Kind,
Beruf: ohne,
zuletzt Kraftfahrer im VEB Handelstransport Berlin,
Staatsbürgerschaft: DDR,
nicht vorbestraft,
in dieser Sache seit dem 03.10.1978 in Untersuchungshaft,
in der UHA Berlin-Pankow,
Verteidiger: RA Dr. Wolfgang *Vogel*,
Dieter *Starkulla* {28}

klage ich an,

1. gemeinschaftlich handelnd in insgesamt 3 Fällen staatsfeindliche Verbindungen aufgenommen zu haben, indem sie seit Anfang 1976 bis August 1976 jeweils einen Durchschlag ihrer ‚Anträge auf Ausreise aus der DDR' und ein Familienfoto an die Bürgerin B., wohnhaft Berlin (West), zur Weiterleitung an das ZDF-Magazin, moderiert durch *Löwenthal* und an die ‚Gesellschaft für Menschenrechte e.V.' wegen deren gegen die DDR gerichteten Tätigkeit mit dem Ziel der Veröffentlichung sandten.
   Durch die Bürgerin B. erhielten sie telefonisch die Bestätigung der erfolgten Verbindungsaufnahme, und zwar im Frühjahr 1976 und im Mai/Juni 1978, hinsichtlich des ZDF-Magazin und im Juni 1978 hinsichtlich der ‚Gesellschaft für Menschenrechte e.V.'.
2. In weiteren selbständigen Handlungen beeinträchtigten die Beschuldigten mehrfach und gemeinschaftlich die Tätigkeit staatlicher Organe, indem sie in ihrem 11. ‚Antrag auf Ausreise' vom 05.06.1977 gegenüber staatlichen Organen der DDR mit der Veröffentlichung in mehreren Presseorganen über ihre Westberliner Rechtsanwälte drohten und diese Drohung im 12. ‚Antrag' vom 08.08.1977 und im 13. ‚Antrag' vom 10.10.1977 bekräftigten, um eine ihnen genehme Entscheidung zu erzwingen.

Strafbar gemäß: zu 1. §§ 100 (1)[8], 22 (2) 2, 56 (1), 63, 64 StGB
zu 2. §§ 214 (1), 22 (2) 2, 56 (1), 63, 64 StGB {29}

Beweismittel:
1. Aussagen der Beschuldigten
2. Zeugen:
2.1. F., Hildburg, wohnh.: ⊗ unkenntlich gemacht ⊗
2.2. H. Heinz, wohnh.: ⊗ unkenntlich gemacht ⊗
2.3. Z., Berta wohnh.: ⊗ unkenntlich gemacht ⊗
3.1. Beurteilung der Beschuldigten M., Gisela
3.2. Beurteilung des Beschuldigten M., Winfried
4. Positionen 1-5 des Besichtigungsprotokolls (von den Beschuldigten hergestellte Schriften und Notizen)
5. Akte der Abteilung Innere Angelegenheiten des Rates des Stadtbezirks Berlin-Pankow
6. Presseveröffentlichungen in der BRD und in Westberlin
6.1. ‚GfM' (Gesellschaft für Menschenrechte e.V.) – Zeitschrift ‚Menschenrechte, Schicksale – Informationen' Nr. 3/4 – 1978
6.2. ‚Berliner Morgenpost' vom 26.09.1978
6.3. ‚BZ' vom 17.10.1978
6.4. ‚Bild' vom 17.10.1978
6.5. ‚Berliner Morgenpost' vom 07.10.1975

Wesentliches Ermittlungsergebnis:
Die Beschuldigte Gisela M. wurde in einer Angestelltenfamilie erzogen. Sie besuchte die Schule bis zum Abschluß der 9. Klasse und erlernte danach in den Jahren von 1951-1954 den Beruf einer Schneiderin. Die Beschuldigte war zunächst Hausfrau und arbeitete von 1962-1976 in verschiedenen Betrieben in der Hauptstadt der DDR. Seit März 1976 ist die Beschuldigte nicht mehr berufstätig, da sie von den staatlichen Organen die von ihr angestrebte Genehmigung zur Übersiedlung nach Westberlin nicht erhielt. {30}
Die Beschuldigte entwickelte eine die gesellschaftlichen Verhältnisse in der DDR ablehnende Einstellung und erstrebte wie ihr Ehemann seit 1975 die Übersiedlung nach Westberlin.
Der Beschuldigte Winfried M. wuchs in einer Arbeiterfamilie auf und besuchte die Schule bis zum Abschluß der 8. Klasse. Nach der Schulausbildung nahm er keine Lehre auf, sondern arbeitete als Transportarbeiter. Von 1957-1959 hielt er sich in der BRD auf und kehrte zu dieser Zeit in die DDR zurück. Bis zum 13. August 1961 nutzte der Beschuldigte den bestehenden Schwindelkurs und arbeitete als Gelegenheitsarbeiter in Westberlin. Seit August 1961 ist der Beschuldigte als Transportarbeiter und später als Kraftfahrer in verschiedenen Betrieben der Hauptstadt der DDR tätig gewesen. Auch bei dem Beschuldigten Winfried M. entwickelte sich durch das regelmäßige Verfolgen westlicher Massenmedien und die persönlichen Kontakte zu Bürgern der BRD eine die gesellschaftlichen Verhältnisse der DDR ablehnenden Haltung.
Seit 1975 fertigten die Beschuldigten insgesamt 17 als ‚Anträge auf Familienzusammenführung' deklarierte Schreiben an und sandten diese an staatliche Organe der DDR, überwiegend an den Innenminister der DDR. Den Text besprachen die Beschuldigten, Gisela M. stellte die Schriften handschriftlich, ab dritter etwa mit zwei Durchschlägen jeweils her, und die Beschuldigten sowie deren Kinder René M. und Gabriele P. unterschrieben mit Vor- und Familiennamen. Anfang 1976 gingen die Beschuldigten nach gemeinsamer Absprache dazu über, jeweils einen Durchschlag der Mutter der Beschuldigten, der Bürgerin B., Hedwig, wohnhaft: Berlin (West), ⊗ unkenntlich gemacht ⊗ zuzusenden und erteilten ihr die Ermächtigung, staatliche Dienststellen in der BRD sowie das ‚ZDF-Magazin', moderiert durch *Löwenthal*, und die sogenannte ‚Gesellschaft für Menschenrechte e.V.' miteinzubeziehen und diesen entsprechende Exemplare zu übergeben. Insbesondere vom ‚ZDF-Magazin' und der ‚Gesellschaft für Menschenrechte e.V.' versprachen sich die Beschuldigten eine Veröffentlichung und damit einen Druck auf die {31} staatlichen Organe der DDR auszuüben, um ihrem Ansinnen nachzukommen.
Den Beschuldigten war der Charakter des ‚ZDF-Magazins' sowie der ‚Gesellschaft für Menschenrechte e.V.' aus Sendungen des Fernsehens der BRD bekannt. Sie gingen davon aus, daß bei einer Veröffentlichung durch diese Einrichtung und Organisation das Ansehen der DDR international herabgewürdigt wird. Um die Veröffentlichung besonders wirksam zu gestalten, übersandten die Beschuldigten der Bürgerin B. 1977 ein Familien-Foto zum Zwecke der Veröffentlichung durch das ‚ZDF-Magazin' und die ‚Gesellschaft für Menschenrechte e.V.'.
Die Beschuldigten erhielten bei den regelmäßigen Anrufen der Bürgerin B. im März 1976 die Bestätigung, daß diese Antwort vom ‚ZDF-Magazin' erhalten habe und vorerst aus Sicherheitsgründen von einer Veröffentlichung Abstand genommen würde. (Seite 79 d. A. und 155 d. A.)
Im Mai/Juni 1978 erhielten die Beschuldigten wiederum telefonisch durch die Bürgerin B. bestätigt, daß diese nach einer erneuten Anfrage an das ‚ZDF-Magazin' Antwort erhalten hatte. (Seite 81 d.A.)
Im Juli und August wurde telefonisch von der Bürgerin B. mitgeteilt, daß die ‚Gesellschaft für Menschenrechte e.V.' nunmehr einen Artikel veröffentlicht hat, nachdem sie im Juni bereits eine Ankündigung dieses Artikels den Beschuldigten bestätigte. (Seite 70, 77 d.A.)
Da die Beschuldigten bis 1977 keine in ihrem Sinne ergangene Entscheidung erhielten, entschlossen sie sich in ihren 11., 12. und 13. ‚Antrag auf Ausreise aus der DDR und Familienzusammenführung', im Juni, August und Oktober durch Drohungen die Tätigkeit staatlicher Organe zu beeinträchtigen, um eine Entscheidung in ihrem Interesse zu erzwingen. Im 11. ‚Antrag'

drohten sie an, daß sie über ihren Westberliner Rechtsanwalt eine Veröffentlichung in den Massenmedien veranlassen. Entsprechende Mitteilungen gaben sie der Bürgerin B.
Im 12. ‚Antrag' verstärkten sie diese Drohung und schrieben u.a., daß sie ‚auf einer anderen Geige spielen würden' und im {32} 13. ‚Antrag' stellten sie provokatorisch die Frage, ob sie ‚straffällig werden müßten, um zum Menschenhandel freigegeben zu werden'. Entsprechende Artikel mit provokatorischem Inhalt und den Fotos der Beschuldigten erschienen in der ‚Berliner Morgenpost' vom 26.09.1978, in der ‚BZ' vom 17.10.1978, in ‚Bild' vom 17.10.1978 und in der ‚Berliner Morgenpost' vom 07.10.1978. Im Sommer 1978 stellten die Beschuldigten Überlegungen an, nach weiterer Ablehnung ihres Antrages durch eine Demonstrativhandlung, indem sie in der Öffentlichkeit ein Plakat zur Schau stellen, ihr Ziel auf diese Weise zu erreichen. Die Beschuldigte Gisela M. informierte davon auch ihre Mutter.
Die Beschuldigten haben ferner gleichlaufend zu ihren ‚Anträgen auf Ausreise',‚Aufforderungen zur Aberkennung der Staatsbürgerschaft der DDR' an die staatlichen Organe gesandt, und zwar insgesamt 11 derartige Schreiben, die an den Minister des Innern der DDR adressiert wurden.

Ich beantrage:

1. das Hauptverfahren vor dem 1. Strafsenat des Stadtgerichts von Berlin – Hauptstadt der DDR zu eröffnen,
2. Termin zur Hauptverhandlung anzuberaumen,
3. Haftbefehle aus den Gründen des Erlasses aufrechtzuerhalten,
4. über die Beweismittel gemäß § 56 StGB mit zu entscheiden.

I.A.
[Unterschrift]
Benser
Staatsanwalt {33}

5. *Fall W.*

Unter dem 9. April 1979 erhob die Angeklagte gegen die wie darin angegeben Inhaftierten folgende Anklage, die unter Mitwirkung der Angeklagten in der Hauptverhandlung vor dem Stadtbezirksgericht Berlin-Pankow am 17. Mai 1979 zu grob unverhältnismäßigen Freiheitsstrafen von drei Jahren und sechs Monaten für John W. und einem Jahr und sechs Monaten für Rolf-Dieter W., die bis 12. Oktober 1979 verbüßt wurden, wegen Beihilfe führte: {33}

Generalstaatsanwalt von Berlin
Hauptstadt der DDR
211-49-79

1026 Berlin, den 9.4.1979

Stadtbezirksgericht
Berlin-Pankow
110 Berlin
Kissingenstraße 5/6

Haftsache!

Anklageschrift

Die Beschuldigten

1. W., *John*,
   geboren 1958 in B.,
   wohnhaft: Dortmund,
   Nebenwohnung: Westberlin,

Staatsangehörigkeit: BRD,
ledig, keine Kinder,
in der DDR nicht vorbestraft,
in U-Haft seit dem 1.2.1979,

2. W., Ralf-Dieter,
geboren 1959 in I.,
wohnhaft: Dortmund,
Nebenwohnung Westberlin,
Staatsangehörigkeit: BRD,
ledig, keine Kinder,
in der DDR nicht vorbestraft,
in U-Haft seit dem 1.2.1979 {35}

klage ich an,

Zu 1. Menschenhandel begangen zu haben.
Der Beschuldigte übergab am 31.01.1979, nach Absprache mit dem DDR-Bürger Peter B. und dessen Westberliner Freundin Helga H., seinen BRD-Reisepaß und das Einreisevisum an B., um diesen nach dem Ähnlichkeitsprinzip auf seinen Reisepaß am selben Tage über die Grenzübergangsstelle Friedrichstraße nach Berlin/West zu verbringen. Gegen 23.45 Uhr reiste B. in Begleitung der Bürgerin Helga H. nach Westberlin aus und der Beschuldigte meldete den angeblichen Verlust seiner Reisedokumente im VP-Revier 4 in Berlin-Mitte.

strafbar gemäß: § 132 Absatz 1 Strafgesetzbuch

Zu 2. Beihilfe zum Menschenhandel geleistet zu haben.
Der Beschuldigte sicherte dem Beschuldigten Zu 1. am 31.01.1979 in Kenntnis des Vorhabens, den DDR-Bürger Peter B. nach Berlin/West zu verbringen, seine Hilfe zu, gegenüber den DDR-Behörden den zufälligen Verlust der Reisedokumente zu bestätigen. Ferner instruierte er den DDR-Bürger Peter B. über den Ablauf der Grenzkontrolle an der Grenzübergangsstelle Friedrichstraße, zerstreute Bedenken des B., riet ihm, sich bei der Kontrolle ruhig und unauffällig zu verhalten und schlug vor, daß die H. mit B. zuerst die {36} Grenzübergangsstelle passieren und er mit John W. noch in der Hauptstadt der DDR verbleibt.

strafbar gemäß: § 132 Absatz 1 Strafgesetzbuch
§ 22 Absatz 2, Ziffer 3 Strafgesetzbuch

Beweismittel:

1. Einlassungen der Beschuldigten
2. Fotokopien sichergestellter Notizzettel mit der Anschrift Helga H.
3. Bestätigung des MfS über die Einreisen der Beschuldigten sowie der H.
4. Bestätigung der VP über das ungesetzliche Verlassen der DDR durch Peter B.

Wesentliches Ermittlungsergebnis:
Die Beschuldigten wuchsen im Elternhaus auf, besuchten beide die Hauptschule bis zum Abschluß der 9. Klasse.
Der Beschuldigte John W. erlernte anschließend den Beruf eines Elektromonteurs und war zuletzt bei der Firma ,W. und P. ' in Dortmund in seinem Beruf tätig.
Der Beschuldigte Ralf-Dieter W. erlernte nach der Schulausbildung den Beruf eines Kochs. Zuletzt war der Beschuldigte in Berlin/West im Hotel ,P.' in seinem Beruf tätig.
Nach Vereinbarung mit seinem Bruder reiste der Beschuldigte John W. am 31.1.1979 nach Berlin/West, um sich dort anzumelden und dem Grundwehrdienst in der Bundeswehr zu entgehen. Die Ummeldung nahm er in Berlin/West vor und beide Beschuldigte entschlossen sich, noch am

selben Tage einen Besuch in der Hauptstadt der DDR vorzunehmen. Gegen 16.00 Uhr fuhren sie mit der S-Bahn zur Grenzübergangsstelle Friedrichstraße und trafen dort mit einem türkischen Staatsbürger, {37} den der Beschuldigte Ralf-Dieter W. von seiner Arbeitsstelle kennt, und mit der in Berlin/West wohnenden Helga H. zusammen. Diese erklärte, daß sie sich auf dem Alexanderplatz mit ihrem in der DDR wohnhaften Freund trifft. Gleichzeitig wurde vereinbart, daß sich alle Personen um 19.00 Uhr in der Milchbar des Hotels ‚Stadt Berlin' treffen. Dort lernten die Beschuldigten den DDR-Bürger Peter B. kennen. Anschließend besuchten alle Personen die Gaststätte ‚Ratskeller' und danach das Café ‚Moskau' in der Karl-Marx-Allee. Im Foyer-Café ‚Moskau' zeigten die Beschuldigten und die H. ihre Reisepässe vor. Dabei stellten sie eine große Ähnlichkeit zwischen dem Beschuldigten John W. und dem DDR-Bürger Peter B. fest. Dieser erklärte, daß er die Absicht hat, die DDR ungesetzlich zu verlassen. Der Beschuldigte John W., die H. sowie B. erörterten Möglichkeiten, im Sommer 1979, nach einem Abtausch der Pässe, den Bürger B. über das sozialistische Ausland, Volksrepublik Bulgarien, nach der BRD zu bringen. Ferner wurden auch Möglichkeiten der Ausschleusung im Versteck eines Pkw unter Mißbrauch der Transitwege erörtert. Dazu bot sich der Beschuldigte John W. an. Diese Variante wurde jedoch verworfen.

Die Bürgerin H. unterbreitete nunmehr den Vorschlag, sofort den Reisepaß des Beschuldigten John W. an B. zu übergeben und diesen aus der Hauptstadt der DDR zu verbringen. Der Beschuldigte John W. händigte auch seinen BRD-Reisepaß sowie das Einreisevisum vom 31.1.1979 aus und bekam den DDR-Personalausweis des Peter B., den er später in die Spree warf.

Zwischen den Beschuldigten John W. und Ralf-Dieter W. wurde bereits im Café ‚Moskau' vereinbart, daß John W. gegenüber den staatlichen Organen der DDR angibt, er habe seine Reisedokumente verloren. Ralf-Dieter W. sicherte zu, diese Angaben zu bestätigen.

Alle Personen begaben sich zum Bahnhof Friedrichstraße und auf Vorschlag des Beschuldigten Ralf-Dieter sollten B. und H. die Grenzübergangsstelle zuerst passieren, während er und sein Bruder noch in der Hauptstadt der DDR verbleiben sollten. Bedenken des B. zerstreute insbesondere Ralf-Dieter W. und erklärte ihm, daß er bei der Grenzkontrollabfertigung ruhig und unauffällig auftreten soll. {38}

Er erklärte ihm, wie der Ablauf der Kontrolle erfolgt. Als B. und H. bereits in Richtung Kontrollstelle gingen und noch einmal zurückkehrten, weil sie unsicher waren, beruhigte sie insbesondere der Beschuldigte Ralf-Dieter W. Nachdem die Beschuldigten noch ca. 10 Minuten an der Kontrollstelle gewartet hatten, ohne daß B. und H. wieder zurückkamen oder sonstige Feststellungen getroffen wurden, begaben sie sich zunächst zur Ständigen Vertretung der BRD. Dort war geschlossen und sie suchten auf Hinweis eines VP-Angehörigen das Revier 4 auf. Dort erklärte der Beschuldigte John W., daß er seine Reisedokumente verloren habe und Ralf-Dieter W. bestätigte diese Angaben.

Ich beantrage:
1. das Hauptverfahren vor dem Stadtbezirksgericht Berlin-Pankow zu eröffnen,
2. einen Termin zur Hauptverhandlung anzuberaumen,
3. die Haftbefehle aus den Gründen des Erlasses aufrechtzuerhalten.

I.A.
[Unterschrift]
Benser
Staatsanwalt {39}

6. Fall L.

Am Morgen des 5. April 1979 hörte die Zeugin L. in einer Nachrichtensendung des Sender Freies Berlin von einer Anordnung der DDR-Behörden, mit der DDR-Bürger verpflichtet werden sollten, DM-Beträge, mit denen sie in Intershop-Läden einkaufen konnten, jetzt vorher bei der DDR-Staatsbank in Gutscheine umzutauschen. Am Nachmittag verließ sie ihre Arbeitsstelle, sie war Sekretärin im Zentralinstitut für Arbeitsmedizin der DDR, und reihte sich vor dem Intershop in der Friedrichstraße in Berlin in die Schlange der dort wartenden Kunden ein, um ihre DM-Gelder vor dem Wirksamwerden der neuen Beschränkungen zu verwenden. Dort befragte sie der ARD-Fernsehjournalist Lutz L. um ihre Meinung zu der Neuregelung. Was sie sagte, wurde am selben Abend in den ARD-Tagesthemen gesendet und vom staatlichen Komitee für Rundfunk der DDR mitgeschnitten. Die – der nachstehenden Anklageschrift zu entnehmende – tatsächliche Äußerung führte zur Einleitung eines Ermittlungsverfahrens durch das Ministerium für Staatssicherheit, zur Identifizierung der Verfolgten und zu ihrer Verhaftung am 23. Mai 1979 auf ihrer Arbeitsstelle unter dem Vorwurf „in der Öffentlichkeit Maßnahmen staatlicher Organe herabgewürdigt zu haben". Als Haftgrund wurde {40} Verdunklungsgefahr behauptet.

Obwohl die Angeklagte von dem Mitschnitt des gesendeten Interviews in Bild und Ton, dem umfassenden „Geständnis" und dem nachfolgend wiedergegebenen Handaktenvermerk Kenntnis hatte, sorgte sie nicht zumindest für eine sofortige Haftentlassung der Verfolgten, sondern erhob unter dem 18. Juli 1979 Anklage mit dem Antrag auf Haftfortdauer, obwohl Verdunklungsgefahr eindeutig nicht bestand. Erst jetzt in der Hauptverhandlung hier erfuhr die Angeklagte, daß eine zustimmende „Vorschrift" des jetzigen Untersuchungsgefangenen Mielke „einverstanden" zum Abschluß des Ermittlungsverfahrens und „Anwendung" des § 220 StGB/DDR[9] unter BStU 00174 registriert ist.

Die Zeugin L. wurde durch die totale Wohnungsdurchsuchung, Inhaftierung und das Strafverfahren seelisch zutiefst getroffen und in ihrer beruflichen Existenz vernichtet. Sie leidet noch heute unter den Folgen des Geschehenen. {41}

Vermerk zur Strafsache L.
Am 8.6.1979 wurde in der Sache L., Gudrun eine Rücksprache mit Genossen E. geführt, wegen des beschleunigten Abschluß des Verfahrens, da nach meiner Auffassung in dieser Sache nur eine kurzfristige Haftstrafe zur Anwendung kommen kann.
Gen. E. teilte dabei mit, daß das Verfahren ermittlungsmäßig in der kommenden Woche abgeschlossen wird. Nach der Auffassung seiner Leitung kann es aber nicht nur zu einer Haftstrafe kommen, es müßte ein längerer Freiheitsentzug zur Anwendung kommen. Diesbezüglich wurde von ihrer Seite bereits eine Rücksprache mit Gen. H. – Stadtgericht geführt, der dabei erklärt haben soll, daß durchaus ein Freiheitsentzug von einem Jahr ausgesprochen werden kann.
Al. z. K.
zum Vorgang

11.6.1979
⊗ unleserliche Unterschrift ⊗" {42}

„Berlin, den 11.6.1979

Vorschlag
zum Abschluß des Ermittlungsverfahrens gegen L., Gudrun[10]

Die im Ermittlungsverfahren wegen öffentlicher Herabwürdigung gemäß § 220 StGB mit Haft gegen

L., Gudrun (43),
geb. 1936 in M.
Beruf: Schneidermeisterin, Sekretärin,

zuletzt: Sekretärin im Zentralinstitut für Arbeitsmedizin der DDR, Berlin,
wohnhaft: Berlin

geführten Untersuchungen ergaben:

Die Beschuldigte, die kleinbürgerlichen Verhältnissen entstammt, erlernte nach dem Abschluß der 8. Klasse der Grundschule von 1951 bis 1954 in Magdeburg den Beruf einer Schneiderin und qualifizierte sich während dessen Ausübung im Jahre 1957 zur Meisterin.
Auf der Grundlage dieser Qualifikation war sie bis zum Jahre 1961 als Schnittkonstrukteurin und Lehrausbilderin in verschiedenen Konfektionsbetrieben tätig. Im Zeitraum von 1961 bis 1968 war die Beschuldigte, die ihre vorgenannte berufliche Tätigkeit aus gesundheitlichen Gründen aufgeben mußte, als Sachbearbeiterin bzw. Sekretärin in Industriebetrieben und Hochschuleinrichtungen in Magdeburg beschäftigt.
In dem Bestreben, den durch ihren Verbleib im Elternhaus bedingten Differenzen auszuweichen, nahm sie im Oktober 1968 eine Tätigkeit als Sachbearbeiterin im Amt für Erfindungs- und Patentwesen in der Hauptstadt der DDR auf und qualifizierte sich dort zur Facharbeiterin für Schreibtechnik. {42}
Im Jahre 1973 lehnte sie die Übernahme einer GVS/VVS-Verpflichtung mit der Begründung ab, daß sie in einer damit verbundenen Meldepflicht für Westkontakte einen ‚Eingriff in ihre Privatsphäre und eine unzumutbare Einschränkung ihres Bekanntenkreises‘ sehe.
Die geführten Ermittlungen ergaben, daß die Beschuldigte seit 1957 mit

M., Joachim (44),

der 1958 die DDR illegal verließ und gegenwärtig als Geschäftsführer der Versicherungsmakler GmbH ‚I.‘ Frankfurt/Main tätig ist, freundschaftliche Beziehungen unterhält.
Ferner steht sie seit 1970 mit R., Gisela (40), tätig als Sekretärin in Frankfurt/Main, die ihr durch M. bekannt wurde, sowie mit M., Christian (50), einem Bekannten ihrer Eltern, in postalischer und persönlicher Verbindung. Darüber hinaus werden von ihr mehrere verwandtschaftliche Beziehungen in die BRD aufrechterhalten.
Im Ergebnis von Strukturveränderungen wechselte sie im Jahre 1973 zum Zentralinstitut für Arbeitsmedizin der DDR über, wo sie bis zum Zeitpunkt ihrer Festnahme entsprechend der als Beweismittel vorliegenden Beurteilung mit guten Arbeitsergebnissen tätig war und aktiv in der Gewerkschaftsgruppe ihres Kollektivs mitarbeitete.
Bedingt durch ihre Erziehung im Elternhaus, beeinflußt durch den regelmäßigen Empfang unterschiedlicher Sendungen des Rundfunks und Fernsehens der BRD sowie durch enge persönliche Kontakte zu den angeführten Bürgern der BRD bildete sich bei der Beschuldigten ein kleinbürgerliches Konsumdenken heraus, das sich bei ihr zunehmend verfestigte.
Dabei gelangte die Beschuldigte zu der Auffassung, daß die materielle Versorgung der Bürger der DDR unzureichend sei {44} und alleinstehende Personen im Rahmen der sozialpolitischen Maßnahmen, insbesondere bei der Bereitstellung von Wohnraum benachteiligt würden.
Ausgehend von der aus dieser Haltung resultierenden Überbewertung der Qualität westlicher Konsumgüter brachte sie sich seit etwa 1970 über ihre in der BRD wohnhaften Bekannten in den Besitz von Kleidungsstücken, Genußmitteln und Kosmetika sowie von Zahlungsmitteln im Gesamtumfang von etwa 1 000,-- DM/DBB, welche sie für Einkäufe im Intershop verwendete.
Am Morgen des 5.4.1979 erhielt die Beschuldigte durch eine von ihr verfolgte Nachrichtensendung des ‚SFB‘ von der Anordnung des Ministeriums für Außenhandel der DDR über die Einführung von Mark-Wertschecks für Einkäufe im Intershop Kenntnis, ohne sich hinsichtlich des Inhalts dieser Maßnahmen durch Mitteilungen der Publikationsorgane der DDR zu vergewissern.
Entsprechend der in dieser Nachrichtensendung gegebenen Darstellung gelangte sie zu der Auffassung, daß sie durch diese staatlichen Maßnahmen der DDR in ‚ihrer Bewegungsfreiheit‘ eingeengt und eine Einschränkung der Einkaufsmöglichkeiten im Intershop erfolgen werde.

Aus diesem Grund verließ die Beschuldigte L. am gleichen Tag, die Abwesenheit ihrer Vorgesetzten ausnutzend, vor Dienstschluß ihre Arbeitsstelle, um vor Inkrafttreten der vorgenannter Maßnahme weitere Einkäufe an Lebens- und Genußmitteln in der Intershop-Verkaufsstelle am Hotel ‚Sofia' in der Friedrichstraße zu tätigen.
Unmittelbar nach ihrem Eintreffen vor dieser Verkaufsstelle gegen 15.00 Uhr stellte die Beschuldigte fest, daß der ihr durch das Verfolgen von Sendungen des Westfernsehens bekannte ARD-Korrespondent Lutz L. Befragungen dort wartender Personen durchführte, von denen Bild- und Tonaufzeichnungen gefertigt wurden.
Um die von ihr beabsichtigten Einkäufe an Lebens- und Genußmitteln zu tätigen, reihte sich die Beschuldigte, der die tendenziöse Berichterstattung über die DDR durch ARD-{45}Korrespondenten bekannt war, unter den wartenden Personen ein, wobei sie nach ihren Aussagen nicht damit gerechnet habe, daß sie von L. angesprochen wird. Im Gegensatz dazu wurde sie jedoch bereits kurze Zeit später von L. unter Vorhalt eines Mikrofons mehrfach zu einer Stellungnahme zu diesen staatlichen Maßnahmen aufgefordert.
Ausgehend von ihrer dargelegten Haltung entschloß sie sich daraufhin, diese Maßnahmen in der Öffentlichkeit herabzuwürdigen.
Nachdem sie mit der provokatorischen Fragestellung ‚Warum darf man nicht mit Geld im Laden bezahlen, wenn schon solche Läden existieren?' die Richtigkeit dieser staatlichen Maßnahmen in Zweifel gezogen, ihr Unverständnis dafür bekundet und die Mark-Wertschecks geringschätzig als ‚Gutscheine' betitelt hatte, bezeichnete sie deren Einführung als eine ‚Entmündigung' der Bürger der DDR. Ferner stellte sie entgegen ihrer Kenntnis über gleichartige Verfahrensweisen in anderen sozialistischen Staaten diese Maßnahmen als ein internationalen Gepflogenheiten widersprechendes Vorgehen dar, indem sie ihren in diesem Zusammenhang gemachten Äußerungen die Formulierung ‚... denn Geld ist Geld in der ganzen Welt.' abschließend hinzufügte.
Von ihr wird jedoch bestritten, sich zum Zeitpunkt der Äußerungen an die Verfahrensweise in anderen sozialistischen Staaten erinnert zu haben.
Die von der Beschuldigten gegenüber dem genannten Korrespondenten gemachten Äußerungen wurden unter Weglassung der an sie gerichteten Fragen am gleichen Tag, wie aus einer Bestätigung des Staatlichen Komitees für Rundfunk der DDR hervorgeht, in der Sendung der ARD ‚Tagesthemen' gegen 22.30 Uhr ausgestrahlt, die von der Beschuldigten L. verfolgt wurde.
Es wurde vorgeschlagen, den Haftbefehl aus den Gründen seiner Anordnung aufrechtzuerhalten.[11] {46}

Generalstaatsanwalt von Berlin
Hauptstadt der DDR
211-90-79

1026 Berlin, den 18.07.1979

Stadtbezirksgericht
Berlin-Lichtenberg
– Strafkammer –
113 Berlin
Roedeliusplatz 01

Haftsache!

Anklageschrift

Die Beschuldigte
L., *Gudrun*,
geb. 1936 in M.,
wohnh.: ⊗ unkenntlich gemacht ⊗ Berlin,
Familienstand: ledig,
Beruf: Damenschneidermeister,
zuletzt tätig als Sekretärin im Zentralinstitut für Arbeitsmedizin der DDR,

Staatsbürgerschaft: DDR,
nicht vorbestraft, in dieser Sache seit dem 23.05.1979 in Untersuchungshaft,
in der UHA Berlin-Magdalenenstraße,
Verteidiger: RA Dr. Wolfgang *Vogel*,
Dieter *Starkulla*

klage ich an,

öffentliche Herabwürdigung begangen zu haben, indem sie am 05. April 1979 Maßnahmen staatlicher Organe zur Einführung von Schecks für den Einkauf in Intershop-Geschäften in einer Straßenbefragung – Friedrichstraße – durch einen Korrespondenten des BRD-Fernsehens ‚ARD' {49} als ‚Entmündigung der DDR-Bürger' verächtlich machte.
Strafbar gemäß: § 220 (1) StGB

Beweismittel:
1. Einlassungen der Beschuldigten
2. *Beurteilungen und Bestätigungen*
2.1. 1 Beurteilung des Zentralinstituts für Arbeitsmedizin der DDR vom 23.05.1979
2.2. 1 Bestätigung des Staatlichen Komitees für Rundfunk der DDR vom 30.05.1979
2.3. 1 Bildanlagekarte zur Identifizierung der Beschuldigten

Wesentliches Ermittlungsergebnis:
Die Beschuldigte wuchs im Elternhaus auf, erlernte nach dem Besuch der Schule den Beruf einer Schneiderin und qualifizierte sich 1957 zur Meisterin. In ihrem Beruf war sie als Lehrausbilderin in verschiedenen Konfektionsbetrieben tätig.
Von 1961 bis 1968 war die Beschuldigte aus gesundheitlichen Gründen nicht mehr in ihrem Beruf tätig, sondern als Sachbearbeiterin bzw. Sekretärin in Industriebetrieben und Hochschuleinrichtungen in Magdeburg. 1968 im Oktober kam die Beschuldigte in die Hauptstadt der DDR und war im Zentralinstitut für Arbeitsmedizin tätig. Von der Arbeitsstelle wird ihr eine aktive Mitarbeit und gute Arbeitsergebnisse bestätigt.
Die Beschuldigte orientierte sich stark auf die Lebensweise in kapitalistischen Staaten, erhielt Geldbeträge in Währung DM/DBB und kaufte in den Einrichtungen der Intershop-Verkaufsstellen ein. {48}
Am 05. April 1979 erhielt die Beschuldigte durch eine Nachrichtensendung des ‚SFB' von der Anordnung des Ministeriums für Außenhandel der DDR über die Einführung von Mark-Wertschecks für Einkäufe in Intershopgeschäften Kenntnis, ohne sich hinsichtlich des Inhalts durch entsprechende Veröffentlichungen der DDR zu vergewissern.
Die Beschuldigte begab sich am Nachmittag zum Intershop-Geschäft Friedrichstraße Nähe Restaurant ‚Sofia' und reihte sich in die dort wartenden Bürger ein. Sie war der Auffassung daß sie ihre Geldbeträge in DM/DBB schnell ausgeben müsse. Sie stellte fest, daß ein ihr bekannter Korrespondent des BRD-Fernsehens Befragungen durchführt. Als die Frage an sie gerichtet wurde, was sie von dieser Neuregelung halte, gab sie folgende Antwort: ‚Warum darf man nicht mit Geld im Laden bezahlen, wenn schon solche Läden existieren? Das ist etwas, also es tut mir leid, da, also, da habe ich kein Verständnis für. Ich bin ein mündiger Bürger, auch hier in der DDR. Und wenn ich dann mit Geld, was ich ja bisher haben durfte in den letzten Jahren, nicht mehr offiziell im Laden bezahlen muß, sondern mir 'nen Gutschein geben lassen muß, dann ist das 'ne Entmündigung in meinen Augen, denn Geld ist Geld in der ganzen Welt.'
Mit ihrer Antwort, daß diese Maßnahmen eine ‚Entmündigung' der DDR-Bürger seien, hat sie in der Öffentlichkeit die staatlichen Maßnahmen herabgewürdigt.
Dieser provokatorische Text wurde am gleichen Abend unter Weglassung der Fragen in der ARD-Sendung ‚Tagesthemen' in der Öffentlichkeit verbreitet.

Ich beantrage:
1. das Hauptverfahren vor der Strafkammer des Stadtbezirksgerichts Berlin-Lichtenberg zu eröffnen,
2. Termin zur Hauptverhandlung anzuberaumen,
3. den Haftbefehl aus den Gründen des Erlasses aufrechtzuerhalten.

I.A.
[Unterschrift]
Benser/Staatsanwalt {49}

In der Hauptverhandlung gegen die Zeugin L. vor dem Stadtbezirksgericht Berlin-Lichtenberg am 16. August 1979 beantragte die Angeklagte ein Jahr Freiheitsstrafe, was auch verhängt wurde. Die Verfolgte befand sich bis zum 7. November 1979 in Haft.

7. Fall K.

Die damals 16jährige unbescholtene Angela K., die nach Abschluß der 10. Klasse der Polytechnischen Oberschule eine Lehre als Fachverkäuferin für Autoersatzteile und Zubehör aufgenommen hatte, stellte unbeholfen auf einer Schreibmaschine 10 Exemplare der nachfolgend wiedergegebenen „Anklage“ und mindestens 25 Exemplare des „Aufruf“ her und verbreitete sie teils durch Einwerfen in Hausbriefkästen, teils durch Einstecken in Verkaufstüten auf ihrer Lehrstelle, teils durch Übergabe an Bekannte in Gaststätten. Zudem wurde ein ebenfalls nachstehend wiedergegebener, handschriftlicher Entwurf „Leute! …“ bei ihr gefunden, der noch nicht weiter verwendet war.

Die Angeklagte beantragte, wie nachstehend wiedergegeben, unter dem 28. Januar 1982 gegen die Jugendliche in Kenntnis fehlender Haftgründe und ohne nähere Würdigung des psycho-sozialen Hintergrundes Haftbefehl, der an-{50}tragsgemäß erlassen wurde. Die Verfolgte befand sich vom 28. Januar bis 4. März 1982 in Untersuchungshaft. Nach dem Haftbefehlsantrag wirkte die Angeklagte an dem weiteren Verfahren nicht mehr mit. {51}

„Anklage
Wir sind im Unrecht, wo immer wir bleiben
in diesem Staat, dürfen wir uns nur mit Arbeit
die ‚Freizeit‘ vertreiben.
Hat jemand wirklich mal kein Glück,
stößt man ihn immer weiter zurück.
Er darf zwar singen, unser Staat, der ist schön,
aber unsere Interessen kann niemand verstehen.
Wir wollen nicht kämpfen, wir wollen nicht siegen
wir wollen bloß unsere Anerkennung kriegen.
Wir lieben Musik, die brennt, wie das Feuer,
aber diese finden die Leute schon wieder ungeheuer.
Wir hassen das Schöne, denn jeder soll sehen
und an unserem Ausdruck die Wahrheit ersehen.
Es gibt sehr viele, die uns nicht können leiden,
aber solche sind auch nicht zu beneiden.
Gibt es mal Krach, weil man uns verleugnet, aber
dieses eben bei Anderen für unsere ‚Aggressivitäten zeugt.
Wir lieben das Leben genauso, wie alle, leben aber

in einer gefährlichen Mausefalle.
Wir wollen nicht Gewalt, wir wollen bloß leben
Verständnis und Einigkeit!

Aber wer ist nicht dagegen?

– *Gewidmet allen Jugendlichen, besonders den Punks*
sollte auch die Älteren zum Nachdenken anregen." {52}

„Aufruf
Leute setzt euch zur Wehr, verhindert den 3. Weltkrieg!!!!! Nehmt keine Waffen in die Hand! Seid einig, verfolgt euch nicht gegenseitig. Nutzt die Gelder der Rüstung für den Umweltschutz!!! *Jedem eine volle Meinungsfreiheit und das Recht auf Zusammenschluß von Interessengemein*schaften!!!!!!! Kämpft gegen Neonazismus! Laßt unschuldige existieren (z.B. die Punkscene in Ost-Berlin!! Verschließt nicht eure Augen vor der Wirklichkeit (z.B. Drogensucht in Ost-Berlin)!!!

Danke!

Leute! Gebt Euch nicht gleich bei dem kleinsten Konflikt geschlagen! Informiert Euch über Eure *Rechte*! Duldet nicht länger die verlogenen Intrigen der ‚Bonzen'. Kämpft für eure Rechte." {53}

„28. Januar 1982

213-1-82

Stadtbezirksgericht
Berlin Mitte
*Haftrichte*r

Gegen die Jugendliche
K, Angela
geboren 1965 in B.
wohnhaft: ⊗ unkenntlich gemacht ⊗ Berlin,
beantrage ich,
Haftbefehl
zu erlassen.
Sie wird beschuldigt, im November und Dezember 1981 sowie im Januar 1982 Schriften, die geeignet sind, die staatliche und öffentliche Ordnung zu beeinträchtigen, hergestellt und verbreitet zu haben.
Sie verfaßte etwa 10 Exemplare einer als ‚Anklage' deklarierten Schrift mit Schreibmaschine, in der sie u.a. äußerte, daß sie in einer gefährlichen Mausefalle lebe. In einer als ‚Aufruf' bezeichneten Schrift bringt sie zum Ausdruck, daß keine Meinungsfreiheit bestehe und Unschuldige nicht existieren ... Davon fertigte sie ebenfalls etwa 10 Exemplare.
Diese Schriften warf sie in Hausbriefkästen der Storkower Straße, der Köpenicker Straße und anderen.
Strafbar gemäß § 220 (2) StGB, §§ 63, 64, 65, 66 StGB
Der Haftbefehl ist erforderlich, da Wiederholungsgefahr besteht und eine disziplinierende Strafmaßnahme zu erwarten ist.

I.A.
[Unterschrift]
Benser
Staatsanwalt

Benachrichtigung an:
VEB IFA-Vertrieb Berlin-Lichtenberg,
(Rhinstraße) und an die Eltern:

Helmut K.
wh.: ⊗ unkenntlich gemacht ⊗ Berlin {54}

8. Fall D./M.

Unter dem 18. Februar 1983 erhob die Angeklagte die nachfolgende Anklage, wobei ihr als Gegenstand dieses Verfahrens nur die Anklagepunkte 1., 2. und 3. zur Last liegen. In der Sitzung des Stadtgerichts Berlin vom 17. Mai 1983 wurden unter Mitwirkung der Angeklagten die Verfolgten auch wegen der Anklagefälle 1.-3. verurteilt, und zwar D. zu sechs Jahren und M. zu vier Jahren und sechs Monaten Freiheitsstrafe. {55}

Generalstaatsanwalt von Berlin
Hauptstadt der DDR
211-14-83

1026 Berlin, den 18.02.1983

Stadtgericht Berlin
Hauptstadt der DDR
– Strafsenat 1 a –
1026 Berlin
Littenstraße 12-15

Haftsache!

Anklageschrift

Die Beschuldigten

1. D., Wolfgang,
geboren 1956 in B.,
PKZ: ⊗ unkenntlich gemacht ⊗,
wohnh.: ⊗ unkenntlich gemacht ⊗ Berlin,
Beruf: Baumaschinist,
verheiratet, 2 Kinder,
Staatsbürgerschaft: DDR,
nicht vorbestraft,
in dieser Sache seit dem 24.09.1982 in Untersuchungshaft, in der UHA Berlin-Lichtenberg,
2. M., Thorsten,
geboren 1961 in B.,
PKZ: ⊗ unkenntlich gemacht ⊗,
wohnh.: ⊗ unkenntlich gemacht ⊗ Berlin,
Beruf: Straßenbauer,
ledig, 1 Kind,
Staatsbürgerschaft: DDR,
vorbestraft,
in dieser Sache seit dem 24.09.1982 in Untersuchungshaft, in der UHA Berlin-Lichtenberg,
Verteidiger: RA Dr. Günter *Ullmann*,
Dr. Winfried *Matthäus*, {56}

klage ich an,

1. den Beschuldigten D.,
Beihilfe zum versuchten Terror in Tateinheit mit versuchtem ungesetzlichen Grenzübertritt im schweren Fall geleistet zu haben, indem er einen geplanten Gewaltakt zur Zerstörung von

Grenzanlagen, um gegen die Staats- und Gesellschaftsordnung der DDR Widerstand zu leisten, unterstützte.
In der Nacht vom 16. zum 17.07.1982 fuhr er in einem PKW die in anderer Sache Beschuldigten Frank R., Karsten S., dessen Ehefrau und Kind zum Übungsplatz der Nationalen Volksarmee in Lehnitz, wo diese einen Schützenpanzerwagen entwenden und damit gewaltsam die Staatsgrenze der DDR nach Berlin (West) durchbrechen wollten.
Anschließend fuhr er die Beschuldigte Rosemarie S. mit Kind zum Krankenhaus in Hohen Neuendorf, wo deren Aufnahme in den Schützenpanzerwagen vorgesehen war.
Verbrechen gemäß § 101 (1) (2),
§ 213 (1) (3) 2 + 5 (4) StGB
§ 22 (2) 3,
§§ 63, 64 StGB

2. den Beschuldigten M.,
von dem ihm Juli 1982 bekanntgewordenen Vorhaben der Beschuldigten S. und R. pflichtwidrig keine Anzeige erstattet zu haben. Vor dem 16./17.07.1982 erlangte der Beschuldigte M. auf einer Fahrt zum Übungsgelände der NVA in Lehnitz, zur Besichtigung abgestellter Schützenpanzerwagen glaubhaft Kenntnis von deren Vorhaben, die Staatsgrenze der DDR mit einem {57} SPW unter Zerstörung von Grenzanlagen zu durchbrechen und nach Berlin (West) zu gelangen.
Verbrechen gemäß § 225 (1) 2 + 5 StGB
§ 101 (1) (2),
§ 213 (1) (3) 2 + 5 (4) StGB

3. den Beschuldigten D. des weiteren,
im August 1981 Beihilfe zur vorbereiteten rechtswidrigen Nichtrückkehr in die DDR geleistet zu haben, indem er dem Beschuldigten S. und dessen Bekannten seinen PKW Typ ‚Polski Fiat' zur Verfügung stellte, damit diese in die CSSR reisen konnten, um die Staatsgrenze der CSSR nach der BRD zu durchbrechen.
Die Täter wurden an der Grenzübergangsstelle Schönberg jedoch zurückgewiesen.
Vergehen gemäß § 213 (2) (3) 5 (4) StGB
§ 22 (2) 3 StGB

4. die Beschuldigten D. und M. seit Mitte 1981 mehrfach, teils allein, teils gemeinschaftlich sozialistisches Eigentum durch Diebstahl und verbrecherischen Diebstahl geschädigt zu haben.
Sie schlossen sich Anfang 1982 zur wiederholten Begehung von Diebstahl am sozialistischen Eigentum zusammen und drangen gewaltsam in mehrere Objekte des VEB (K) Tiefbau Berlin, in einen Wohn-Neubau und in einen im sozialistischen Eigentum stehenden PKW in Berlin-Marzahn ein und entwendeten Kfz-Batterien, elektrische Warmwasserboiler, elektrische Handbohrmaschinen, Toilettenspülkästen, einen Auto-Kassettenrecorder, Werkzeuge und andere Gegenstände im Werte von mindestens
7.200,-- Mark. {58}
Der Beschuldigte D. hat in gleicher Weise mehrfach mit anderen Tätern sozialistisches Eigentum im VEB (K) Tiefbau Berlin durch Diebstahl um mindestens weiteren
3.990,-- Mark
und allein um
170,-- Mark
geschädigt.
Damit verursachte der Beschuldigte D. gleichzeitig eine schwere Schädigung am sozialistischen Eigentum.
Der Beschuldigte M. entwendete allein einen Toilettenspülkasten im Werte von 100,-- Mark.
Verbrechen strafbar gemäß
§§ 157, 158, 162 (1) 2 StGB

für D. zusätzlich
§ 162 (1) 1 StGB
§§ 63, 64, 56 (1) StGB

5. mehrfach, teils allein, teils gemeinschaftlich, teils versucht persönliches Eigentum durch Diebstahl geschädigt zu haben.
Die Beschuldigten schlossen sich Ende 1981 zur wiederholten Begehung von Diebstahl gegen das persönliche Eigentum zusammen und verursachten eine schwere Schädigung. Sie entwendeten in mehreren Stadtbezirken der Hauptstadt der DDR, Berlin, von und aus Kraftfahrzeugen Autokassettenradios, Magnetbandkassetten, PKW-Räder, Autoersatzteile, Werkzeug und andere Gegenstände im Werte von mindestens
11.500,-- Mark.
Allein stahlen die Beschuldigten mehrfach in gleicher Weise Gegenstände aus persönlichem Eigentum, der Beschuldigte D. im Werte von mindestens
4.100,-- Mark {59}
und der Beschuldigte M. im Werte von mindestens
3.200,-- Mark.
Verbrechen gemäß §§ 177 (1) (2), 181 (1) 1 + 2 StGB
§ 56 (1) StGB
6. den Beschuldigten D. weiterhin
tateinheitlich Sachbeschädigung an persönlichem Eigentum begangen zu haben, indem er zwei Türschlösser an dem PKW ‚Golf' des Geschädigten Sch. zerstörte und einen Schaden von 272,60 Mark verursachte.
Vergehen gemäß § 183 (1) StGB

Beweismittel:

1. Einlassungen des Beschuldigten D.
2. Einlassungen des Beschuldigten M.
3. *Aussagen der Zeugen:*
   – S., Karsten
   – R., Frank
   beide z.Z. in der UHA des MfS Berlin-Lichtenberg
4. – D., Robert, wohnhaft: Berlin,
5. – K., Eberhard, wohnhaft: Berlin,
6. Anzeigen
   Blatt 288 ff, 345 ff, 389 ff, 386 ff, 412 ff, 428 ff, 433 ff, 418 ff, 446 ff, 464 ff d. Akten {60}

Wesentliches Ermittlungsergebnis:

Der Beschuldigte D. wuchs im Elternhaus in geordneten Verhältnissen auf. Wegen einer ungenügenden Lerneinstellung schaffte er lediglich den Abschluß der 8. Klasse der POS. Anschließend begann er 1970 beim VE Wohnungsbaukombinat Berlin eine Lehre als Betonbauer, die er aus gleichen Gründen nicht erfolgreich abschließen konnte. Seit 1974 ist der Beschuldigte beim VEB Kombinat Tiefbau Berlin beschäftigt. Er konnte eine Qualifizierung als Baumaschinist erfolgreich abschließen, eben den Teilabschluß der 10. Klasse. Seit 1981 arbeitete er als Straßenbauer und war zuletzt als stellvertretender Brigadier eingesetzt. Seine Arbeitsleistungen werden im wesentlichen als gut und gewissenhaft eingeschätzt.
Der Beschuldigte ist im FDGB organisiert und wurde als Vertrauensmann gewählt.
Im wesentlichen verfolgt der Beschuldigte Massenmedien kapitalistischer Sendestationen.
Der Beschuldigte M. wurde von seiner Mutter erzogen. Seit 1972 lebt diese mit dem Kraftfahrer Peter M. in Lebensgemeinschaft.
Der Beschuldigte besuchte die POS und erreichte wegen einer mangelhaften Lerneinstellung nur den Abschluß der 8. Klasse. Anschließend begann er eine Lehre als Straßenbauer beim VEB

Kombinat Tiefbau Berlin. Diese bestand er 1980 mit dem Prädikat ‚befriedigend'. Zwischenzeitlich wurde eine angedrohte Bewährungsstrafe teilweise vollstreckt.
Nach der Beurteilung leistet der Beschuldigte eine qualitätsgerechte Arbeit.
Der Beschuldigte unterliegt dem Einfluß westlicher Massenmedien und hat Kontakt mit seinem in der BRD lebenden leiblichen Vater, der die DDR ungesetzlich verlassen hatte.
Der Beschuldigte D. hatte seit 1978 etwa Kenntnis davon, daß sein Schwager Karsten S. die DDR ungesetzlich verlassen wollte. Als dieser 1981 mit einer Bekannten in die CSSR reisen wollte, um die Staatsgrenze der CSSR nach der BRD zu durchbrechen, gab er seinen PKW ‚Polski Fiat' auf {61} Wunsch des S. an diesen. S. fuhr mit seiner Bekannten im August 1981 in Richtung CSSR, wurde jedoch an der Staatsgrenze Schönberg zurückgewiesen.
Für den Fall, daß der PKW des Beschuldigten nicht zurückgeführt wird, hatte S. dem Beschuldigten versprochen, daß er einen entsprechenden materiellen Ausgleich erhält.
Im Juli 1982 trafen die Beschuldigten D. und M. zufällig mit S. und R. zusammen, als die Letzteren eine Fahrt nach *Lehnitz* antreten wollten. Die Beschuldigten fuhren mit und wurden während der Fahrt davon informiert, daß S. und R. sowie die Ehefrau des Bürgers S. und sein Kind mit einem Schützenpanzerwagen die Staatsgrenze der DDR nach Berlin (West) durchbrechen wollten. Auf dem Truppenübungsplatz in Lehnitz würden Schützenpanzerwagen stehen, von denen einer entwendet werden sollte. Den Beschuldigten wurde angeboten, sich an diesem Vorhaben zu beteiligen. Ferner erläuterten S. und R. während der Fahrt, daß R. den SPW fahren sollte, der Durchbruch an der Autobahn-Grenzübergangsstelle Stolpe-Süd erfolgen sollte und daß die Zerstörung von Grenzanlagen eingeplant war, wonach die Sicherheit an der Staatsgrenze zeitweise nicht gewährleistet wäre.
Die Beschuldigten besichtigten das Gelände in Lehnitz Kreis Oranienburg und erklärten nach dieser Fahrt, daß sie sich nicht am Grenzdurchbruch mit einem Schützenpanzerwagen beteiligen. S. und R. hatten die Benutzung eines SPW damit begründet, daß dieser geeignet ist, Schutz vor dem Schußwaffengebrauch zu gewähren. S. wies außerdem daraufhin, daß der Grenzdurchbruch um jeden Preis durchgeführt werden sollte, auch wenn Leben und Gesundheit von Menschen gefährdet wären. Aus dieser Planung war den Beschuldigten ersichtlich, daß das geplante Vorgehen einen Gewaltakt mit dem Ziel darstellt, Widerstand gegen die sozialistische Staats- und Gesellschaftsordnung zu leisten.
Der Beschuldigte M. unterließ die ihm vom Gesetz auferlegte Anzeigenerstattung pflichtwidrig und der Beschuldigte D. leistete zu dem genannten Vorhaben Beihilfe. {62}
Der Beschuldigte D. wurde durch S. aufgefordert, bei der Realisierung des Grenzdurchbruchs in der Nacht vom 16. zum 17.07.1982 ihn, R. sowie seine Ehefrau und das Kind zum Gelände in Lehnitz zu fahren, die Beschuldigte Rosemarie S. mit Kind zurück zum Krankenhaus in Hohen Neuendorf zu fahren, wo sie in dem Schützenpanzerwagen aufgenommen werden sollte. Der Beschuldigte D. führte diese Beihilfehandlung auch aus und fuhr die Beschuldigten nach Lehnitz. Anschließend begab er sich im PKW mit der Beschuldigten Rosemarie S. und dem Kind zum vereinbarten Treffort. Dort wartete er bis gegen 06.00 Uhr morgens. Danach sollte er die Beschuldigte Rosemarie S. wieder zurück nach Berlin fahren. Nach 06.00 Uhr kamen jedoch S. und R. zurück, da ihnen die Inbetriebnahme eines Schützenpanzerwagens nicht gelungen war.
Von diesem Versuch erhielt auch der Beschuldigten M. durch den Beschuldigten D. Kenntnis. D. wurden von S. darüber informiert, daß noch zwei weitere Versuche erfolgt waren. D. wurde jedoch zu diesen nicht mehr als Fahrer tätig.
Ende 1981 schlossen sich die Beschuldigten zu Diebstählen am persönlichen Eigentum und Anfang 1982 zum Diebstahl am sozialistischen Eigentum zusammen. Sie verabredeten die Tatorte, Objekte des Diebstahls und legten die Tatausführung in der Weise fest, daß der Beschuldigte D. überwiegend die Eigentumssicherung durchbrach, während der Beschuldigte M. die Beobachtung der Umgebung vornahm und den Diebstahl absicherte. Beide begaben sich in und an die

Objekte und entwendeten eine Vielzahl von Gegenständen. Diese nahmen sie jeweils mit in ihre Wohnung bzw. verkauften Autobatterien und anderes.
Das sozialistische Eigentum schädigten sie wie folgt:

1. Im Februar 1982 begaben sich die Beschuldigten zu dem Unterkunftscontainer des VEB Kombinat Tiefbau Berlin in Ahrensfelde, Spinatweg. Durch einen Lüftungsschacht gelang es, das Fenster zu öffnen, was sie in der folgenden Zeit für weitere Diebstähle offen ließen. Sie entwendeten daraus
   zwei 10-l-Warmwasserboiler
   einen 5-l-Warmwasserboiler
   eine Mischbatterie {63}
   eine Toilettenbrille
   einen Plastebehälter
   und diverse Formstücke für Wasserrohre
   im Gesamtwert von 805,-- Mark.
   (Seite 195, 645)
2. In der Nacht vom 4. zum 05.03.1982 begingen die Beschuldigten gemeinsam einen Einbruch in einen PKW ‚Lada 1600', der dem Ministerium für Staatssicherheit gehört. Nach gewaltsamen Öffnen der Tür entwendeten die Beschuldigten daraus
   einen Auto-Kassettenrecorder
   zwei Lautsprecherboxen
   zwei Kopfstützen
   eine Garnitur Schonbezüge
   eine Autouhr
   einen Innenrückspiegel und
   einen Schalthebelknauf.
   Der Gesamtschaden beträgt 3.516,30 Mark.
   Durch Rückgabe eines Teiles des Diebesgutes verbleibt ein Restschaden von 1.116,30 Mark.
   (Seite 196, 646)
3. In der Nacht vom 14. zum 15.04.1982 drangen die Beschuldigten gewaltsam in einen Bauwagen des VEB Tiefbau, Berlin-Marzahn, Alt-Marzahn 25 ein. Der Beschuldigte D. öffnete die Tür mit einem Beil und beide Beschuldigten stahlen daraus:
   ein Bankschleifgerät
   einen Schraubstock
   zwei Rollen Kabel
   eine Scheibenwaschanlage
   einen Halogenscheinwerfer
   eine Spritzpistole
   mehrere Kfz-Lampen
   einen großen Nußkasten und
   diverse Zündkerzen.
   Der Gesamtschaden beträgt 1.014,-- Mark.
   Nach Übergabe eines Teiles des Diebesgutes verbleibt ein Schaden von 339,-- Mark.
   (Seite 196, 647) {64}
4. Aus einem Wohnhaus-Neubau in Berlin-Marzahn, Bruno-Leuschner-Straße stahlen die Beschuldigten im Juni 1982 gemeinsam zwei Toilettenspülkästen mit Zubehör in einem Gesamtwert von 200,-- Mark.
   (Seite 197, 648)

5. Im Juni 1982 drangen die Beschuldigten unbefugt mit einem Schlüssel in den Batteriebunker des VEB Kombinat Tiefbau in Alt-Marzahn 25 ein. Sie stahlen daraus eine Kfz-Batterie (105 Ah).
(Seite 197, 648)
6. Im Juli 1982 drangen sie in den gleichen Batteriebunker ein und stahlen daraus eine Kfz-Batterie (180 Ah) und zwei Kfz-Batterien (je 135 Ah). Der Gesamtschaden zu Ziffer 5. und 6. beträgt 1.816,10 Mark.
Nach Teilrückgabe verbleibt ein Schaden von 1.223,70 Mark.
(Seite 197, 648)
7. Im September 1982 drangen die Beschuldigten unbefugt in die Werkstatt des VEB Kombinat Tiefbau in Alt-Marzahn 25 ein und stahlen daraus eine Armatur für Azethylenschweißen und einen kleinen Nußkasten im Werte von insgesamt 150,-- Mark. Nach Teilrückgabe verbleibt ein Restschaden von 100,-- Mark.
(Seite 197)

Das Diebesgut fuhren die Beschuldigten wie auch in den weiteren Fällen zumeist mit einem PKW ab und lagerten es in ihren Wohnungen bzw. Kellern. Zum Teil wurden die Gegenstände auch unmittelbar an Käufer übergeben. Die Beschuldigten D. und M. verursachten damit einen Gesamtschaden zum Nachteil am sozialistischen Eigentum im Umfang von
7.200,-- Mark. {65}

Der Beschuldigte D. stahl gemeinsam mit anderen Tätern zum Nachteil des sozialistischen Eigentums wie folgt:

1. Im September 1981 mit Peter H., indem er mit diesem in das Gelände des VEB Kombinat Tiefbau, Alt-Marzahn 25 eindrang und daraus eine Kfz-Batterie (105 Ah) und 48 Klinkersteine im Gesamtwert von 412,-- Mark
entwendete. (Seite 194)
2. Im Dezember 1981 stahl er mit S. und R. ebenfalls in Alt-Marzahn 25 vom Gelände des VEB Tiefbau 3 Werkzeugkästen mit Inhalt und 2 Kfz-Batterien (je 105 Ah) im Gesamtwert von 1.175,-- Mark.
(Seite 195)
3. Im März 1982 drang er mit S. und R. gewaltsam nach Öffnen eines Bauwagens mittels eines Beiles im Gelände Alt-Marzahn 25 ein und stahl daraus
   zwei elektrische Bohrmaschinen,
   eine Werkzeugkiste mit Inhalt
   einen großen Nußkasten
   eine elektrische Stichsäge
   eine elektrische Blechschere
   einen Anlasser (12 Volt)
   mehrere Sätze Scheibenwischer
   ein Batterieladegerät sowie
   20 Kfz-Lampen.
   Der Gesamtwert des Diebesgutes beträgt 2.410,-- Mark.
   Nach Teilrückgabe verbleibt ein Schaden von 1.053,-- Mark
   (Seite 196)

Der von dem Beschuldigten D. mit anderen Tätern verursachte Schaden zum Nachteil sozialistischen Eigentums beträgt damit rund 3.990,-- Mark. {66}

Als Alleintäter entwendete der Beschuldigte D. im Dezember 1981 aus der Kraftfahrerwerkstatt seines Betriebes in Alt-Marzahn 25 mindestens
   zehn Maulschlüssel
   zehn Ringschlüssel sowie
   zwei Schraubendreher

und verursachte damit einen Schaden von 170,-- Mark.
Der Beschuldigte stahl allein im Frühjahr 1982 aus einem Wohn-Neubau in Berlin-Marzahn, Bruno-Leuschner-Straße
einen Toilettenspülkasten mit Zubehör
im Werte von 100,-- Mark.
(Seite 195, 225, 646)
Der Wert des Diebesgutes an sozialistischem Eigentum beträgt bei dem Beschuldigten D. damit über 10.000,-- Mark
und stellt gleichzeitig eine schwere Schädigung des sozialistischen Eigentums dar.
Um Autoradios bzw. Kassettenrecorder, Autoersatzteile und andere Gegenstände für sich selbst oder zum Verkauf zu erhalten, begingen die Beschuldigten eine Anzahl von Diebstählen von und aus Kraftfahrzeugen.
Sie fuhren wiederum mit einem Fahrzeug zum Tatort und entwendete eine Reihe von Gegenständen.
Die Beschuldigten D. und M. haben folgende Handlungen zu verantworten:

1. Im November/Dezember 1981 suchten sie in der Basdorfer Straße und Zühlsdorfer Straße einen Parkplatz auf, da dort ‚einiges zu holen wäre'. Sie entwendeten aus einem PKW ‚Polski Fiat'
   ein Reserverad
   einen Schalthebelknauf
   und ein Autoradio.
   Der Beschuldigte D. öffnete gewaltsam jeweils die Autotür und beide nahmen das Diebesgut entgegen oder der Beschuldigte M. sicherte den Tatort ab.
   Der Gesamtschaden beträgt hierbei 780,-- Mark.
   (Seite 199, 649) {67}
2. Am 30.03.1982 stahlen die Beschuldigten gemeinsam
   ein Motorrad MZ ES 250
   von dem Geschädigten P.
   Der Gesamtschaden betrug 1.500,-- Mark.
   Dieses Krad hatte der Beschuldigte M. an sich genommen.
   Es konnte dem Geschädigten zurückgegeben werden. (Seite 200, 414, 650)
3. In der Nacht vom 4. zum 5.7.1982 stahlen die Beschuldigten von mehreren Kraftfahrzeugen folgende Gegenstände: aus Berlin-Mitte, Brunnenstraße 154,
   PKW‚Dacia'
   Geschädigter: B.:
   1 Autoradio
   2 Lautsprecherboxen
   1 Schalthebelknauf und
   2 Magnetbandkassetten.
   Der Schaden beträgt 2514,35 Mark.
   (Seite 200, 425, 651)
4. Einen in der Zionskirchstraße abgestellten PKW ‚Wartburg 311' wollten die Beschuldigten ebenfalls aufbrechen, um daraus Gegenstände zu entwenden. Der Beschuldigte D. versuchte jedoch vergeblich, die Tür gewaltsam zu öffnen. (Seite 201, 651)
5. Aus dem PKW ‚Moskwitsch' des Geschädigten H. am Zionskirchplatz entwendeten sie 1 Schalthebelknauf im Werte von 40,-- Mark.
   (Seite 201, 433, 652)
6. Aus dem in der Swinemünderstraße in Berlin-Mitte abgestellten PKW ‚Lada 1200' von dem Geschädigten S. entwendeten sie in der gleichen Nacht vom 4. zum 5.7.1982 nach gewaltsamem Öffnen

1 Autokassettenradio
2 Lautsprecherboxen
15 Magnetbandkassetten
1 Schalthebelknauf
1 Kilometerzähler. {68}
Gesamtschaden 2.051,-- Mark.
(Seite 201, 440,-652)

7. Am 9.7.1982 stahlen sie aus einem PKW ‚Lada 1600' des Geschädigten D., der in der Swinemünder Straße abgestellt war,
1 Autokassettenradio
2 Lautsprecherboxen
12 Magnetbandkassetten
1 Schalthebelknauf und
1 Haftthermometer.
Der Gesamtschaden beträgt 2.482, 48 Mark.
Mit diesem PKW fuhren sie außerdem 40 km unbefugt. (Seite 201, 463, 652)
8. Am 4. August 1982 stahlen sie vom Automarkt Berlin-Pankow, Blankenburger Straße aus einem PKW ‚Wartburg 311'
1 Reserverad und
1 Werkzeugkasten
im Werte von 250,-- Mark.
(Seite 202, 653)
9. Ebenfalls am 4.8.1982 vom gleichen Tatort stahlen sie aus einem PKW ‚Volkswagen 1600'
1 Bedienungsanleitung und
diverses Werkzeug
im Werte von 20,-- Mark.
(Seite 202, 654)
10. Ebenfalls in der Nacht vom 4. zum 5.8.1982 drangen sie gewaltsam in einen PKW ‚Wartburg 311' in Berlin-Marzahn, Paul-Schwenk-Straße ein. Aus dem Fahrzeug wurde nichts gestohlen. Die Tür wurde wie in fast allen übrigen Fällen von den Beschuldigten D. gewaltsam abgezogen. Der dadurch entstandene Schaden wurde von dem Geschädigten selbst behoben. Er stellt keine Ansprüche. (Seite 202) {69}
11. In der gleichen Nacht vom 4. zum 5.8.1982 stahlen sie aus dem PKW ‚Wartburg 311' des Geschädigten K. nach gewaltsamem Öffnen
3 Räder
1 Kofferradio
1 Autokindersitz
1 5-l-Kanister, gefüllt mit Vergaserkraftstoff
und 1 Autobatterie
im Gesamtwert von 1.840,50 Mark.
(Seite 202, 470, 475, 654)
12. Aus Berlin-Marzahn, Fichtelbergstraße/Ecke Pekrunstraße entwendeten sie aus einem PKW ‚Lada', der wiederum wie in allen übrigen Fällen gewaltsam geöffnet worden war,
1 Schalthebelknauf
1 Schraubendreher
und 1 Antistatiktuch.
Der Gesamtschaden beträgt 50,-- Mark.
Der Versuch, das Autoradio auszubauen, mißlang. (Seite 202, 654)

Damit beträgt der von den Beschuldigten D. und M. verursachte Gesamtschaden am persönlichen Eigentum mindestens *11.500,-- Mark.*

Damit verursachten sie eine schwere Schädigung persönlichen Eigentums.
Der Beschuldigte D. entwendete allein aus weiteren PKW folgende Gegenstände:

1. Am 24.9.1981 aus einem PKW ‚Lada 1500 S', der in der Storkower Straße in Berlin-Lichtenberg abgestellt war,
   2 Räder
   im Werte von 470,50 Mark.
   (Seite 199, 393) {70}
2. Vom Automarkt in Berlin Pankow entwendete er im Dezember 1981 von einem PKW ‚Lada'
   1 Autokassettenradio Marke ‚Universum'
   und 2 Lautsprecherboxen
   im Werte von .000,-- Mark.
   (Seite 200)
3. Aus dem PKW ‚Lada 1200' des Geschädigten W., der in der Brunnenstraße 147 abgestellt war, stahl er
   1 Autoradio ‚Stern'
   1 Radbremszylinder
   1 Benzinpumpe
   und 1 Autopappe
   im Werte von .072,50 Mark.
   (Seite 199, 411)
4. Aus einem Bauwagen in Berlin-Marzahn, Alt-Marzahn entwendete er einen in persönlichem Eigentum stehenden
   elektronischen Taschenrechner
   und 1 Autobatterie
   im Werte von 60,-- Mark.
   (Seite 205, 222)
5. Aus dem PKW ‚Golf' des Geschädigten S. versuchte der Beschuldigte D. einen Diebstahl zu begehen, beschädigte jedoch nur die Türschlösser.
   Der Schaden beträgt 72,60 Mark.
   (Seite 200, 445, 354)

Der Wert des Diebesgutes, der von dem Beschuldigten D. allein zu verantworten ist, beträgt
4.100,-- Mark
mindestens.
Der Beschuldigte M. beging allein folgende Diebstähle an Kraftfahrzeugen: {71}

1. Mitte 1981 stahl er ein in der Bergstraße/Ecke Invalidenstraße abgestelltes Motorrad Typ MZ TS 250 im Werte von 1.500,-- Mark.
   (Seite 649)
2. Im November/Dezember 1981 drang er in einen in Berlin-Marzahn, Althansstraße abgestellten PKW ‚Moskwitsch' ein und stahl einen Schalthebelknauf und einen Kugelschreiber im Werte von 30,-- Mark.
   (Seite 654)
3. Im November/Dezember 1981 entwendete er von einem abgestellten Motorrad in Berlin-Marzahn, Basdorfer-/Ecke Zühlsdorfer Straße
   1 Verdeckhaube des Seitenwagens und
   1 Motorradlenker
   im Werte von 200,-- Mark.
   (Seite 650)

4. In der Nacht vom 14. zum 15.4.1982 stahl der Beschuldigte aus dem Bauwagen Alt-Marzahn 25 ein in persönlichem Eigentum stehendes Kofferradio im Werte von
500,-- Mark.
(Seite 647)
5. Im Mai 1982 entwendete er in Berlin-Marzahn aus einem PKW ‚Lada 1200', Allee der Kosmonauten,
1 Autokassettenradio und
2 Lautsprecherboxen
im Werte von 1.000,-- Mark.
(Seite 650)

Der von dem Beschuldigten M. als Alleintäter verursachte Schaden beträgt damit mindestens
3.200,-- Mark. {72}

Es wird beantragt:
1. das Hauptverfahren vor dem 1 a Strafsenat des Stadtgerichts Berlin – Hauptstadt der DDR – zu eröffnen,
2. Termin zur Hauptverhandlung anzuberaumen,
3. die Haftbefehle aus den Gründen des Erlasses aufrechtzuerhalten,
4. über die gestellten Schadensersatzanträge mitzuentscheiden und
5. die aus der Straftat stammenden Gegenstände einzuziehen.

I.A.
[Unterschrift]
Benser
Staatsanwalt {73}

9. Fall K.

Die Angeklagte erhob unter dem 29. Mai 1985 folgende Anklage, die unter Mitwirkung der Angeklagten in der Hauptverhandlung vom 10. Juni 1985 vor dem Stadtbezirksgericht Berlin-Pankow zu einer Freiheitsstrafe von einem Jahr und deswegen auch zur Anordnung der Vollstreckung einer zur Bewährung angedrohten Freiheitsstrafe von neun Monaten aus dem Urteil vom 7. November 1983 führte. Der Verfolgte befand sich vom 9. April 1985 bis 8. Januar 1987 in Haft. {74}

Generalstaatsanwalt von Berlin 1026 Berlin, den 29.5.1985
Hauptstadt der DDR
211-81-85

Stadtbezirksgericht
Berlin-Pankow *Haftsache!*
Strafkammer
1100 Berlin
Kissingenstr. 5/6

Anklageschrift

Den Beschuldigten
Olaf K.,
geb. 1964 in L.,
PKZ ⊗ unkenntlich gemacht ⊗,
wohnhaft: ⊗ unkenntlich gemacht ⊗ Berlin,

Beruf. Bautischler,
ledig, keine Kinder,
Staatsbürger der DDR,
vorbestraft,
in U-Haft seit dem 9.4.1985
in der UHA Berlin-Pankow

klage ich an,

die staatliche Tätigkeit beeinträchtigt zu haben, indem er am 9.4.1985 im Gebäude des Rates des Stadtbezirks Berlin-Marzahn, Maratstr., Sektor Genehmigungsangelegenheiten, bei Ablehnung seiner Anträge auf Übersiedlung nach Berlin (West) drohte, sich ein Plakat mit der Aufschrift ‚Ich will endlich ausreisen' um den Hals zu hängen und damit vor dem Staatsratsgebäude oder an der Staatsgrenze aufzutreten.
Damit wollte der Beschuldigte die staatlichen Organe unter Druck setzen, um eine ihm genehme Entscheidung zur Ausreise zu erzwingen.
Vergehen strafbar gemäß § 214 Abs. 1 StGB

Beweismittel
1. Aussagen des Beschuldigten K.
2. Übersiedelungsersuchen des Beschuldigten K.
3. Aktenvermerke des Rates des Stadtbezirks Berlin-Marzahn Sektor Genehmigungsangelegenheiten
4. betriebliche Beurteilung des VEB KWV Friedrichshain {75}

Wesentliches Ermittlungsergebnis
Der Beschuldigte wuchs in einem fortschrittlichen Elternhaus auf, besuchte die polytechnische Oberschule bis zum Abschluß der 10. Klasse und erlernte den Beruf eines Bautischlers im VEB Ingenieurhochbau Berlin. In diesem Beruf ist der Beschuldigte bis zu seiner Inhaftierung tätig gewesen. Seine letzte Arbeitsstelle ist der VEB KWV Friedrichshain. Nach der letzten Betriebsbeurteilung erfüllt der Beschuldigte seine Arbeitsaufgaben ordentlich.
Der Beschuldigte gehörte gesellschaftlichen Organisationen an, ohne dort aktiv zu werden.
Da sich die Eltern des Beschuldigten häufig beruflich im Ausland aufhielten, wurde deren Einfluß auf den Jugendlichen nicht voll wirksam. Der Beschuldigte verbrachte seine Freizeit mit Jugendlichen, die nicht immer eine positive Einstellung zur DDR hatten. Ferner verfolgte er die Massenmedien der BRD und geriet mehr und mehr unter deren Einfluß. Er pflegte ebenfalls die Bekanntschaft mit westberliner Bürgern und besuchte mit diesen Gaststätten in der Hauptstadt der DDR. Von diesen nahm er auch Geld- und Sachgeschenke entgegen.
Gemeinsam mit Frank W., der wegen Wehrdienstverweigerung strafrechtlich zur Verantwortung gezogen wird, stellte er im Juli 1984 an den Rat des Stadtbezirkes Berlin-Lichtenberg ein Ersuchen auf Übersiedelung nach Berlin (West).
Nach Ablehnung dieses Ersuchens stellte er weitere Anträge auf Übersiedlung ab Oktober 1984 an den Rat des Stadtbezirkes Berlin-Marzahn. Bei mehrfachen Aussprachen wurde dem Beschuldigten deutlich gemacht, daß seine Ersuchen keinen Erfolg haben.
Er steigerte sich in diesen Ersuchen mit Äußerungen gegen die DDR. So würde er die DDR hassen und möchte sein Glück im ‚goldenen Westen' machen.
Bereits während einer Aussprache im Rat des Stadtbezirkes, Sektor Genehmigungsangelegenheiten in Marzahn äußerte er, daß wenn sein Antrag abgelehnt wird, er sich ein Schild um den Hals hängen müsse oder etwas anderes tun müsse.
Als er am 9.4.1985 erneut beim Rat des Stadtbezirkes Berlin-Marzahn erschien, um seinem Ersuchen auf Übersiedlung Nachdruck zu verleihen, steigerte er sich in die Drohung, daß er sich

ein Schild um Hals oder Körper hängen müsse mit der Aufschrift: ‚Ich will endlich ausreisen!‚ womit er vor dem Staatsratsgebäude oder vor der Staatsgrenze auftreten würde.
Damit wollte der Beschuldigte die staatlichen Organe zwingen, in seinem Sinne zu entscheiden.
Im Laufe der Ermittlungen hat der Beschuldigte eine reale Einstellung zu den gesellschaftspolitischen Verhältnissen unter kapitalistischen Bedingungen erlangt und bekundet, daß er die DDR nun nicht mehr verlassen möchte.

Ich beantrage,
1. das Hauptverfahren vor der Strafkammer des Stadtbezirksgerichts Berlin-Pankow zu eröffnen
2. Termin zur Hauptverhandlung anzuberaumen
3. den Haftbefehl aus den Gründen des Erlasses aufrecht zu erhalten.

Im Auftrag
[Unterschrift]
Benser
Staatsanwalt {76}

10. Fall L.

In Kenntnis der nachfolgenden „Stellungnahme zur Straftat“ des Verfolgten vom 28. Juni 1984 und des ihr als Beweismittel vorliegenden Ausreiseantrages vom 3. April 1984 erhob die Angeklagte unter dem 10. Juli 1985 die nachstehende Anklage, die zu einer Verurteilung durch das Stadtbezirksgericht Berlin-Pankow am 12. August 1985 zu einer Freiheitsstrafe von einem Jahr und zwei Monaten führte: {77}

„10.07.1985

211-109-85

Stadtbezirksgericht
Berlin-Pankow
– Strafkammer –
1100 Berlin
Kissingenstr. 5/6

Haftsache!

Anklageschrift

Den Fachverkäufer
L., Wolfgang,
geboren 1939 in B.,
PKZ: ⊗ unkenntlich gemacht ⊗,
wh.: Berlin,
geschieden, 2 Kinder,
vorbestraft,
in dieser Sache seit dem 28.05.1985 in Untersuchungshaft
in der UHA Pankow
Verteidiger: RA Dr. Wolfgang *Vogel*
Dieter *Starkulla*
Klaus *Hartmann*

klage ich an,

die staatliche Tätigkeit beeinträchtigt zu haben, indem er in einer die öffentliche Ordnung gefährdenden Weise seine Mißachtung der Grenze bekundete.

Entgegen ergangener staatlicher Entscheidung auf Ablehnung einer Übersiedlung nach Berlin (West), wollte der beschuldigte die staatlichen Organe unter Druck setzen, um eine ihm genehme Entscheidung zu erzwingen. Zu diesem Zweck legte er am 28. Mai 1985 gegen 00.25 Uhr an der Grenzübergangsstelle Chausseestr. Berlin, {78} Hauptstadt der DDR, provokatorisch seinen Personalausweis für Bürger der DDR vor und forderte die Ausreise nach Berlin (West).
Vergehen gemäß § 214 (1) StPO

Beweismittel:
1. Aussagen des Beschuldigten
2. Aussagen der Zeugin Monika L., wh.: Berlin
3. Festnahmeprotokoll vom 28.05.1985
4. Befundbericht über die Untersuchung auf Äthanolkonzentration vom 03.06.1985
5. 4 Schreiben auf Übersiedlung nach Berlin (West) an den Rat des Stadtbezirks Berlin-Prenzlauer Berg vom 3.4.1984, 7.6.1984, 17.10.1984 und 22.1.1985

Wesentliches Ermittlungsergebnis:
Der Beschuldigte wuchs bei seinen Großeltern auf. Er erlernte nach dem Schulbesuch den Beruf eines Fachverkäufers und zwar in HO-Verkaufsstellen als Fachverkäufer und als Verkaufsstellenleiter tätig.
Die Arbeitsstelle gab der Beschuldigte durch eigene Kündigung seit 28. März 1984 auf. Seit dieser Zeit geht er keiner beruflichen Tätigkeit mehr nach.
Die Mutter des Beschuldigten verzog mit seinem Stiefvater im Jahre 1977 nach Berlin (West) und trennte sich damit von dem Beschuldigten.
Gesellschaftspolitisch zeigte der Beschuldigte ein Desinteresse und entschied sich, die DDR zu verlassen, um nach seiner Ehescheidung im Mai 1984 künftig bei seiner Mutter in Berlin (West) zu leben.
Die seit April 1984 an den Rat des Stadtbezirks Berlin-Prenzlauer Berg gerichteten Ersuchen auf Übersiedlung wurden abgelehnt. Der Beschuldigte entschloß sich im Mai 1985, mit einer demonstrativ-provokatorischen Handlung Druck auf die staatlichen Organe auszuüben, um eine Übersiedlung nach Berlin (West) zu erzwingen. Am 27. Mai 1985 trank er am Nachmittag in einer Gaststätte größere Mengen Bier, so daß der Promille-Spiegel 2,0 ausweist und begab sich gegen 00.25 Uhr des 28. Mai 1985 zur Grenzübergangsstelle {79} Chausseestraße in Berlin-Mitte. Dort legte er seinen Personalausweis vor und forderte die Ausreise nach Berlin (West). Mit seiner Handlung wollte er den Entscheidungsspielraum der staatlichen Organe über seine Anträge einschränken und eine ihm genehme Entscheidung erreichen.

Ich beantrage,
1. das Hauptverfahren vor der Strafkammer des Stadtbezirksgerichts Berlin-Pankow zu eröffnen,
2. Termin zur Hauptverhandlung anzuberaumen,
3. den Haftbefehl aus den Gründen seines Erlasses aufrechtzuerhalten.

I.A.
[Unterschrift]
Benser
Staatsanwalt {80}

Verteiler
HA
SA
Beschuld.
U-Organ“

„Bln den 3.4.1984

An den Rat des Stadtbezirks Bln.
Prenzlauer Berg – Abteilung innere
Angelegenheiten 1055 Berlin
Fröbelstr. 17

Betrifft: *Gesuch auf Wohno*rtwechsel

Begründung:
Da ich mit meiner Frau in Scheidung lebe, stelle ich ein Gesuch auf Wohnortwechsel zwecks Familienzusammenführung nach Berlin(West). Ich habe dort meine Mutter zu wohnen, die sehr krank ist und dringend meiner Hilfe bedarf.

Wolfgang L.
Bln.“ {81}

„Bln. den 28.6.85

Stellungnahme zur Straftat

Vom April 1984 bis Mai 1985 habe ich vier Ausreiseanträge zwecks Familienzusammenführung eingereicht, die aber nicht genehmigt wurden. Am Montag den 27.6.85 rief meine kranke Mutter aus Westberlin an und teilte mir mit, daß mein Stiefvater ins Krankenhaus müsse, es war Verdacht auf Krebs. Meine Mutter war so verzweifelt und weinte bitterlich. Das hat mich so mitgenommen, das ich keine Ruhe mehr fand. Ich habe dann im Laufe des Tages bis ca. 23.30 Uhr fünf Liter Bier und eine Flasche Rotwein getrunken. Danach bin ich dann mit einer Taxe zum Grenzübergang Chausseestr. gefahren. Dieser Grenzübergang war mir bekannt, weil ich des öfteren im Intershop welcher kurz davor ist eingekauft habe. Ich wollte damit die Staatlichen Organe auf mich aufmerksam machen, und dachte damit meine Ausreise zu beschleunigen. Es wurde von mir von einem Posten der Paß verlangt, worauf ich meinen Personalausweis vorzeigte. {82} Daraufhin wurde ich festgenommen. Wenn ich gewusst hätte, was das für Folgen nach sich ziehen würde, hätte ich diesen Schritt nicht gemacht.

Wolfgang L.“ {83}

III. [Einlassungen der Angeklagten]

Die Angeklagte hat sich zur Person umfassend geäußert und zur Sache allgemein dahin eingelassen, der äußere Hergang in den festgestellten Fällen entspreche den Tatsachen. Rechtsbeugung begangen zu haben, leugne sie: In allen Fällen habe ihr Handeln als Staatsanwalt der Rechtsordnung der DDR entsprochen und sei von dieser gebunden gewesen. Weisungen von Stellen außerhalb der Justiz, etwa der Partei oder des Ministeriums für Staatssicherheit, habe sie nicht erhalten und auch nicht um solche gebeten. In keinem Falle habe sie wissentlich gesetzwidrig zu Ungunsten eines Betroffenen entschieden. Die Strafen hätten dem Sicherheitsbedürfnis von Staat und Gesellschaft entsprochen, wären zum Teil hart, aber nicht willkürlich gewesen und hätten sogar meist an der unteren Grenze der gesetzlichen Strafrahmen gelegen, obwohl der Generalprävention an der Nahtstelle zweier Gesellschaftssysteme und Militärblöcke besondere Bedeutung zugekommen sei. Das Unrecht habe in der DDR „da gelegen, wo das Recht nicht auch als Maß der Macht respektiert wurde“.

Weiter – insbesondere zu den Einzelfällen der Anklage – wollte sie sich nicht äußern. {84}

IV. [Rechtliche Würdigung]

Die Angeklagte hat in allen oben festgestellten Fällen die Tatbestände der Rechtsbeugung, § 244 StGB/DDR und zugleich, §§ 63, 64 StGB/DDR, der Freiheitsberaubung, § 131 StGB/DDR, erfüllt. Sie hat wissentlich bei der Durchführung eines Ermittlungsverfahrens als Staatsanwalt gesetzwidrig zu Ungunsten eines Beteiligten entschieden und sie damit zugleich menschenrechtswidrig der persönlichen Freiheit beraubt, und das in zehn Fällen. Die Gerichtsentscheidungen, auf die ihr Handeln abzielte, fallen als Rechtsbeugung nicht ihr zur Last, da sie insofern nicht entschieden hat.

Daß ihr Tun der allgemeinen Verfahrensweise der DDR-Justiz entsprach, ändert nichts. Jedenfalls im Bereich des hier betroffenen politischen Strafrechts war die Gesetzesauslegung und -anwendung im Interesse der zwangsweisen Durchsetzung der herrschenden Ideologie, der sich auch die Angeklagte anschloß, bewußt darauf ausgelegt, den Menschen als „Eigentum" des Staates zu behandeln, als Objekt staatlichen Handelns zu manipulieren, abweichende Meinungen auf betont abschreckende Weise zu unterdrücken, die selbstbewußte, eigenverantwortliche Lebenszielbestimmung des Bürgers dort zu verhindern, wo sie der Parteilinie nicht folgte, ihn so des Kerns der Menschenwürde zu berauben und die äußeren {85} Formen des Gesetzes und des Gerichtswesens zur Ausschaltung des politischen Gegners zu mißbrauchen. Dazu ist keine Partei und kein Staat berechtigt, auch wenn sie aus geschichtlichen Gründen an die Macht gelangen, sich durchzusetzen. Was Recht und was Unrecht ist, entscheidet nicht die gerade herrschende Partei oder Weltanschauung. Gesetze sind nicht schon deswegen verbindliches Recht, weil sie im Gesetzblatt abgedruckt werden, auf ihren Gehalt und ihre Anwendung kommt es an.

Die Tätigkeit der Angeklagten in den hier festgestellten zehn Fällen diente nicht einem friedlichen sozialistischen Miteinander der in einem Staate zusammen lebenden Menschen, sondern der Ausschaltung des politischen Gegners und der Unterdrückung der Partei unerwünschter Meinungen durch abschreckende Maßnahmen und Sanktionen, um eine bestimmte Ideologie um jeden Preis an der Macht zu halten. Dies war ihr bewußt und sie wollte es. Zu diesem Zweck hat sie zu Ungunsten der Verfolgten wissentlich gesetzwidrig entschieden und rechtswidrige Freiheitsentziehungen bestätigt, aufrechterhalten oder herbeigeführt.

Die Weisungsgebundenheit der Angeklagten als in das System der einheitlichen Staatsgewalt eingebundene Staatsanwältin hat keine unmittelbare rechtliche Bedeutung, weil sie {86} außerhalb der gesetzlichen Tatbestände der §§ 244, 131 StGB/DDR liegt. Ebenso ist bedeutungslos, daß die Freiheitsberaubung in Form strafprozessualer bzw. materiellstrafrechtlicher Maßnahmen erfolgte.

Die Angeklagte hat vorsätzlich gehandelt im Sinne des § 6 Abs. 1 StGB/DDR, weil sie wußte, daß sie gesetzwidrig handelt und sich damit bewußt zu der im gesetzlichen Tatbestand bezeichneten Tat entschieden hat. Daß sie diese für rechtmäßig hielt, berührt den Vorsatz nicht, weil er sich auf die Rechtswidrigkeit nicht zu beziehen braucht, denn diese liegt außerhalb der gesetzlichen Vorsatzdefinition. Der Ausschluß der Straftat nach § 3 StGB/DDR liegt nicht vor, denn die Auswirkungen der Tat sind ersichtlich nicht unbedeutend.

Die Angeklagte ist Täter, § 22 StGB/DDR, weil sie die Straftaten selbst ausführte.

Die Taten der Angeklagten sind nicht amnestiert worden. Amnestie als Verzicht auf Strafverfolgung setzt den Willen voraus, als rechtswidrig und strafbar betrachtete Handlungen nicht oder nicht weiter zu verfolgen. Die Staats- und Parteiführung der DDR (wie auch die Angeklagte noch heute) betrachtete mit Selbstverständlichkeit die Tätigkeit aller {87} ihrer Staatsorgane und deren Angehöriger und Funktionsträger als rechtmäßig. Es wäre absurd, anzunehmen, sie habe dieses Tun amnestieren wollen.

Die Taten der Angeklagten sind deshalb auch nicht verjährt. Die Strafverfolgung hat bis zum Sturz des SED-kontrollierten Justizsystems der DDR, mindestens bis zum 9. November 1989, geruht. Unter den bis dahin geltenden politischen Bedingungen war an die Verwirklichung des Anspruchs des Staatsvolkes auf Einhaltung bzw. Wiederherstellung des Rechts und Strafverfolgung staatlicher Rechtsverletzer nicht zu denken.

Dieser Strafanspruch ist durch den Beitritt der DDR zur Bundesrepublik Deutschland weder aufgehoben worden noch von selbst entfallen. Es fehlt jeder Anhalt dafür, die den Beitritt im Einigungsvertrag erklärende und vollziehende erste demokratisch legitimierte Regierung der DDR und ihr Staatsvolk habe dies so gewollt. Eher das Gegenteil ist der Fall: Auseinandersetzung mit der eigenen Geschichte erfordert nicht nur für den Nationalsozialismus, auch für die SED-Diktatur, daß Unrecht festgestellt und verfolgt wird. {88}

Zu den Einzelfällen gilt folgendes: Soweit Gesetzwidrigkeit festgestellt wird, handelt es sich um Rechtsbeugung gemäß § 244 StGB/DDR, soweit Rechtswidrigkeit festgestellt wird, um Freiheitsberaubung nach § 131 StGB/DDR.

1. Fall H.

Die Inhaftierung und Anklage des Verfolgten waren offensichtlich gesetzwidrig bzw. rechtswidrig, weil er die Wahrheit gesagt und damit sein von DDR-Verfassung verbürgtes Grundrecht der Meinungsfreiheit ausgeübt hatte. Daß diese Meinungsfreiheit nur für bestimmte, nämlich politisch genehme Meinungen gegolten hätte, ist ohne rechtliche Bedeutung, weil diese Einschränkung außerhalb des Gesetzes lag. Das Strafmaß von zwei Jahren steht zu Lasten des Verfolgten in extremem Mißverhältnis zur Bedeutung der Tat.

2. Fall D.

Die Inhaftierung, Anklage und Verurteilung der Verfolgten waren offensichtlich gesetz- bzw. rechtswidrig, weil sie nach Ablehnung ihres Ausreiseantrages ihr Menschenrecht, zu ihrem Verlobten zu ziehen, wahrnehmen wollte. Zur Einhaltung der Menschenrechte hatte sich {89} die DDR im Artikel 2 des Grundlagenvertrages mit der Bundesrepublik Deutschland bereits 1973 verpflichtet. Durch das Verschweigen des Fluchtmotivs hat die Angeklagte zudem gegen § 5 Abs. 2 StGB-DDR verstoßen, der ausdrücklich vorschrieb, die „Ursachen und Bedingungen der Tat zu berücksichtigen, die den Täter zum verantwortungslosen Handeln bestimmt haben“. Dies kann, da sich die Berücksichtigung des Fluchtmotivs geradezu aufdrängte, nur wissentlich im Sinn des § 244 StGB/DDR geschehen sei. Im übrigen war nach dem Inhalt der Anklageschrift der Tatbestand des § 213 StGB/DDR gerade nicht erfüllt: Die Verfolgte hatte das Gebiet der DDR weder widerrechtlich noch ohne staatliche Genehmigung verlassen, sondern ist mit Genehmigung in die CSSR ausgereist. Daß sie diese Genehmigung wohl nicht erhalten hätte, wenn ihr Fluchtwille bekannt gewesen wäre, ändert nichts am Vorliegen der Genehmigung. Das Strafmaß von zwei Jahren und sechs Monaten steht zu Lasten der Verfolgten in extremem Mißverhältnis zur Tat.

3. Fall N.

Die Inhaftierung, Anklage und daraufhin Verurteilung des Verfolgten waren gesetzwidrig bzw. rechtswidrig. Der von dem Verfolgten geschriebene und ausgestellte Text entsprach der Wahrheit, sein Handeln war durch das Grundrecht der Meinungsfreiheit gedeckt. Die Wahrheit zu sagen, kann nicht verboten und bestraft werden. Sein Ausreisebegehren ist durch das Menschenrecht gedeckt, sein Land auch verlassen zu dürfen, das die DDR völkerrechtlich verbindlich anerkannt und im Grundlagenvertrag zu achten versprochen hatte. Das Strafmaß von einem Jahr und drei Monaten steht zu Lasten des Verfolgten in offensichtlich extremem Mißverhältnis zur Bedeutung der Tat, die nur wenige Minuten dauerte und höchsten 50 Passanten erreichte.

4. Fall M.

Die Inhaftierung und Anklage und daraufhin Verurteilung der Verfolgten zu Freiheitsstrafe waren gesetzwidrig bzw. rechtswidrig. Das Ausreisebegehren der Verfolgten war rechtmäßig, zu seiner Beachtung hatte sich die DDR zumindest im Grundlagenvertrag verpflichtet. Die in der Anklageschrift dargestellten „Drohungen“ gegen die {91} Behörden der DDR und die Information der Mutter in Berlin (West) zum Zweck auch der Veröffentlichung im Westen waren rechtmäßig, weil sie darauf abzielten, die DDR zur Einhaltung der von ihr anerkannten Menschenrechte zu veranlassen. Solches ist nicht strafwürdig. Die gleichwohl verhängten Strafen von zwei Jahren und drei Monaten für Gisela M. und zwei Jahren für Winfried M. durch das Urteil des Stadtgerichts Berlin vom 2. Februar 1979 stehen zu Lasten der Verfolgten in offensichtlichem Mißverhältnis zur Bedeutung der Tat.

5. Fall W.

Die Inhaftierung und Anklage der Verfolgten war gesetz- bzw. rechtswidrig. Das im Anklagesatz beschriebene Verhalten erfüllte den Tatbestand des Menschenhandels in Form des „Verbringens ins Ausland“ nicht, da der Flüchtling aus eigenem Antrieb sein Recht, die DDR zu verlassen, verwirklichen wollte. Nach der amtlichen Auslegung der Vorschrift bedurfte es zwar keiner Einwirkung auf den zu Verbringenden durch Gewalt, Drohung oder Täuschung, aber doch einer Einwirkung auf den Willen, an der es fehlte. Hierauf hat die Verteidigung übrigens in der Hauptverhandlung vom 17. Mai 1979, an {92} der die Angeklagte als Staatsanwalt teilgenommen hat, unter Hinweis auf entgegenstehende Rechtsprechung ausdrücklich hingewiesen, die Angeklagte beharrte sowohl auf ihrer „Rechtsansicht“, als auch auf ihrem Strafantrag von drei Jahren und sechs Monaten für John W. und einem Jahr sechs Monaten für Ralf-Dieter W., wie das

Gericht dann auch „entschied“, obwohl die Verteidigung dies als „unvorstellbar“ beanstandete. Demgemäß konnte es auch keine Beihilfe zu einem derartigen Delikt geben. Auch nach anderen gesetzlichen Bestimmungen der DDR war eine Strafbarkeit nicht eingetreten, denn das generelle Einsperren der Bevölkerung durch Verweigerung der Ausreise war rechtswidrig, so daß das Benutzen eines fremden Ausweises zur Flucht ein angemessenes Mittel der gewaltlosen Abwehr war (§ 17 Abs. 1 StGB/DDR).

6. Fall L.

Die Inhaftierung der Verfolgten war rechtswidrig, weil kein Haftgrund des § 122 StPO/DDR[12] vorlag, insbesondere fehlte es an „festgestellten Tatsachen, aus denen zu schließen ist, daß der Beschuldigte oder der Angeklagte 1. Spuren der Straftat vernichten oder Beweismaterial beiseite schaffen werde; 2. Zeugen oder Mitbeschuldigte {93} zu einer falschen Aussage oder Zeugen dazu verleiten werde, sich der Zeugenpflicht zu entziehen“, § 122 Abs. 3 StPO/DDR. Durch den Mitschnitt des Interviews in Bild und Ton und durch das Geständnis gab es nichts zu verdunkeln.

Die Anklageerhebung gegen die Verfolgte war gesetzwidrig, denn ihre Äußerung war keine Tatsachenbehauptung, sondern eine Wertung, die den Schutz der Meinungsfreiheit genoß. Sie war sogar zutreffend, denn der von der Angeklagten mit der Anklageschrift und in ihrem Schlußvortrag in der damaligen Hauptverhandlung erhobene Vorwurf, die Verfolgte habe sich hinsichtlich der fraglichen Umtauschanordnung nicht durch „entsprechende Veröffentlichungen der DDR vergewissert“, ging ins Leere, weil es solche, wie die Angeklagte wußte, nicht gab. Öffentlichkeitsarbeit in der Weise. daß die Staatsführung der DDR den Bürgern ihre Anordnungen erläuterte, fand nicht statt. Daß diese den Eindruck hatten, über sie werde vom Staat einfach verfügt wie von einem Vormund, war berechtigt. Berechtigte Kritik war erlaubt (vgl. z.B. § 19 StPO/DDR). Die Strafe von einem Jahr Freiheitsstrafe für die unbescholtene Verfolgte war offensichtlich extrem übersetzt. {94}

Soweit die Verteidigung in der Sitzung vom 29. April 1984 die Einstellung des Verfahrens in diesem Fall beantragte, konnte dem nicht entsprochen werden, weil dafür kein Grund vorliegt.

7. Fall K.

Der Antrag auf Haftbefehl war gesetzwidrig, weil er durch die Strafprozeßordnung nicht gedeckt war, und die Inhaftierung war rechtswidrig:

Ein Haftgrund nach § 122 StPO/DDR lag nicht vor. Es fehlte ersichtlich schon am dringenden Tatverdacht einer Straftat, insbesondere nach dem zitierten § 220 StGB/DDR.

Der Wortlaut und die Anzahl der verbreiteten Schriften rechtfertigt offensichtlich nicht den Schluß, sie seien geeignet, die staatliche oder öffentliche Ordnung zu beeinträchtigen. Daß die Angeklagte die Tat strafrechtlich verfolgte, bestätigt den Inhalt der Zettel, es herrsche keine Meinungsfreiheit, man lebe in einer gefährlichen Mausefalle, als richtig. Mit dem Grundrecht der Meinungsfreiheit hat sich die Angeklagte überhaupt nicht auseinandergesetzt. {95}

Auch § 123 StPO/DDR hat sie nicht beachtet, obwohl sich aufdrängte, nicht nur den banalen Charakter der Handlung, sondern insbesondere das Alter der Verfolgten zu berücksichtigen. Ob auch die Voraussetzungen des § 135 StPO/DDR vorlagen, ist zweifelhaft (aber hier nicht entscheidungserheblich). Es läßt sich dem § 1 StGB/DDR und dem Haftantrag der Angeklagten nicht mit Klarheit entnehmen, ob die „Tat" der Verfolgten als Verbrechen oder als Vergehen angesehen wurde. Auf keinen Fall war die Anordnung und der Vollzug der Untersuchungshaft hier unerläßlich.

8. Fall D./M.

Die Beschuldigten D. und M. in den Punkten 1 bis 3 anzuklagen, war gesetzwidrig im Sinn des § 244 StGB/DDR:

a) – Anklagepunkt 3 –

Eine „Beihilfe zur vorbereiteten rechtswidrigen Nichtrückkehr in die DDR" lag nicht vor. Die mitgeteilten Tatsachen rechtfertigen nicht den Schluß, die Verfolgten S. und dessen Bekannte hätten die Staatsgrenze der DDR (zur CSSR) widerrechtlich oder {96} ungenehmigt passieren wollen. Dieser Schluß ist nicht dadurch möglich, daß diese Personen die tschechoslowakisch/deutsche Grenze durchbrechen wollten. Die mitgeteilten Tatsachen rechtfertigen auch nicht den Schluß, die gesondert Verfolgten hätten versucht, in die DDR nicht zurückzukehren. Ein derartiger Versuch ist erst nach Verlassen der DDR denkbar, wozu es nicht kam. Eine Beihilfe zur Vorbereitung der Nichtrückkehr ist in dem hier angeklagten Falle ebenso nicht denkbar.

b) – Anklagepunkt 1 –

Der Tatbestand „Terror", § 101 StGB/DDR, setzte die Zielrichtung beim Täter voraus, „gegen die sozialistische Staats- und Gesellschaftsordnung der DDR Widerstand zu leisten oder Unruhe hervorzurufen". Daran fehlte es offensichtlich. Die gesondert Verfolgten wollten nicht Widerstand leisten und nicht Unruhe hervorrufen, sondern entkommen, die DDR also schlicht verlassen, wie sie war. Widerstand kann nicht durch Weg-Laufen verübt werden. {97}

Auch die Verfolgung unter dem rechtlichen Gesichtspunkt der Beihilfe zum versuchten ungesetzlichen Grenzübertritt war gesetzwidrig, weil ein Versuch offensichtlich nicht vorlag. Nach § 21 Abs. 3 StGB/DDR liegt Versuch vor, „wenn der Täter mit der vorsätzlichen Ausführung der Tat beginnt, ohne sie zu vollenden". Nach den ermittelten und mitgeteilten Tatsachen war das Entwenden eines Schützenpanzerwagens mißlungen und waren die Fluchtwilligen *deshalb* noch gar nicht zur Grenze aufgebrochen. Nach den ermittelten Tatsachen lag allenfalls eine nicht strafbare Beihilfe zur (mißlungenen) versuchten Vorbereitung vor. Vorbereitung war nach der Legaldefinition des § 21 Abs. 2 StGB/DDR gegeben, „wenn der Täter Voraussetzungen oder Bedingungen für die Ausführungen der geplanten Straftat schafft, ohne mit der Ausführung zu beginnen". Ohne Besitz des Schützenpanzerwagens sollte die Flucht nicht einmal versucht werden.

c) – Anklagepunkt 2 –

Nach der von der DDR praktizierten und durch die von der Angeklagten erhobenen Anklage dokumentierten überdehnten Strafverfolgung in Fluchtfällen mußte {98} der Verfolgte M. davon ausgehen, daß er bei der durch § 225 StGB/DDR geforderten Anzeige sich selbst bereits der Strafverfolgung wegen seiner Teilnahme an der Besichtigungsfahrt aussetzen würde. Seine Nichtanzeige war schon deshalb nicht „pflichtwidrig", weil sie einer Selbstanzeige gleichgekommen wäre, die auch das DDR-Recht nicht forderte. Zur Anzeige eines geplanten „ungesetzlichen Grenzübertritts" als solchen konnte die DDR auch nicht wirksam und strafbewehrt verpflichten, weil jeder Unbescholtene das Recht hat, sein Land zu verlassen.

Die Inhaftierung der Verfolgten, die hauptsächlich unter dem Gewicht der gesetzwidrigen Anklagevorwürfe 1 bis 3 geschah, war deshalb auch rechtswidrig.

9. Fall K.

Die Strafverfolgung war gesetzwidrig. Der Verfolgte hatte keine Straftat begangen. Sein Wunsch auf Ausreise entsprach den von der DDR zumindest im Grundlagenvertrag anerkannten Menschenrechten. Mit seiner „Drohung" hatte er die staatliche Stelle lediglich anhalten wollen, diese von der DDR übernommene Verpflichtung auch einzuhalten. Zudem hat die Angeklagte mit dem Satz der {99} Anklageschrift „Da sich die Eltern des Beschuldigten häufig beruflich im Ausland aufhielten, wurde deren Einfluß auf den Beschuldigten nicht voll wirksam", einen wesentlichen, nach § 5 Abs. 2 StGB/DDR zwingend zu beachtenden Teil des Sachverhalts unterdrückt: Der Vater war Abteilungsleiter im Amt für Auswärtige Angelegenheiten der DDR, war mit der Mutter für Jahre nach Wien gezogen und hatte den Verfolgten im Alter von 16 bis 18 Jahren in Berlin allein zurückgelassen. Nicht einmal Verwandte, sondern Nachbarn konnten ihm helfen. Aus dem forensisch-psychiatrischen Gutachten vom 17. Mai 1985 ging – mehrfach wiederholt – hervor, daß die „Tat" des „etwas zur Infantilität neigenden und auch labilen jungen Mannes" durch die langjährige Trennung vom Elternhaus wesentlich bedingt war. Im Gutachten heißt es zu Frage 2 des Gutachtenauftrages der Staatsanwaltschaft „Hatten die erheblichen psychischen Auffälligkeiten Auswirkungen auf den Tatentschluß?" wörtlich: {100}

Zu *Frage 2,* ob die erheblichen psychischen Auffälligkeiten Auswirkungen auf den Tatentschluß hatten?, kann gesagt werden, da diese erheblichen psychischen Auffälligkeiten ja erst *nach* der Inhaftierung aufgetreten sind, haben sie keine Auswirkungen auf den Tatentschluß haben können. Richtig ist dagegen, daß es durch die langjährige Abwesenheit der Eltern bei dem annehmbar etwas akzentuiert-sensiblen und labilen Jungen Mann bei ohnehin mehr oder weniger leichter Beeinflußbarkeit zum Guten wie zum Bösen, es auch zu Trotz- und Protestreaktionen (wegen des Alleinseins) gekommen ist und außerdem die von ihm selbst recht kritisch und auch neuerlich selbstkritisch festgestellte Beeinflußbarkeit durch negative Umweltpersonen bei seinen Lebens- und Verhaltensweisen das übrige dazugetan hat. Was eine wesentliche Auswirkung auf den Tatentschluß hatte, war seine damalige ‚Überzeugung' hier weg zu wollen (das Anstellen von Vergleichen) und vor allem aber auch bei dem Verhalten gegenüber der Abt. Inneres ein mehr oder weniger noch etwas jugendliches ‚Imponiergehabe', um eben zu beweisen, daß er ‚so oder so' auch verstehe seinen Wunsch und Willen gegen Widerstand durchsetzen zu können. {101}

Unter diesen Umständen drängte es sich auf, § 3 StGB/DDR anzuwenden, wonach eine Straftat nicht vorliegt, wenn die Handlung zwar dem Wortlaut eines gesetzlichen Tatbestands entspricht, jedoch die Auswirkungen der Tat auf die Rechte und Interessen der Bürger oder der Gesellschaft und die Schuld des Täters unbedeutend sind. Die Angeklagte hätte das Ermittlungsverfahren nach § 147 Ziffer 1 StPO/DDR einstellen müssen.

Demzufolge war die Inhaftierung des Verfolgten rechtswidrig. Nur bei einer zu Lasten des Verfolgten extrem übelwollenden Betrachtung konnten die Voraussetzungen der Untersuchungshaft, § 122 StPO/DDR, herbeigezogen werden: Eine erhebliche Straftat lag nicht vor (§ 122 Abs. 1 Nr. 2, 3 und 4 StPO/DDR), für Fluchtverdacht oder Verdunklungsgefahr waren keine Tatsachen aktenkundig festgestellt und die Untersuchungshaft war „zur Durchführung des Strafverfahrens" nicht unerläßlich, § 123 StPO/DDR. Zudem ist die verhängte Freiheitsstrafe extrem überzogen.

10. Fall D.

Die Inhaftierung des Verfolgten war rechtswidrig und seine Anklage gesetzwidrig. Eine Straftat lag nach dem Inhalt der Anklageschrift selbst unter der überzogenen Auslegung des § 214 StGB/DDR durch die Justiz der DDR nicht vor. Der abstrakte Anklagesatz beschreibt die Tatbestandsalternative „in einer die öffentliche Ordnung gefährdenden Weise eine Mißachtung der Gesetze bekundet", der konkrete Anklagesatz will jedoch mit der Wendung „wollte der Beschuldigte die staatlichen Organe unter Druck setzen, um eine ihm genehme Entscheidung zu erzwingen" die Tatbestandsalternative „die Tätigkeit staatlicher Organe durch Gewalt oder Drohungen beeinträchtigt" belegen. Für beides werden jedoch keine Tatsachen angeführt und sind auch dem wesentlichen Ermittlungsergebnis nicht zu entnehmen. Dort ist lediglich von einer „demonstrativ-provokatorischen Handlung" die Rede, also gerade nicht von Gewalt oder Drohung, die zudem nach der Praxis der DDR vorausgesetzt hätte, daß die Tat den ordnungsgemäßen Tätigkeitsablauf eines staatlichen Organs beeinträchtigt hat. Dies wurde nicht nur bei schwerwiegenden Störungen angenommen, sondern auch dann, wenn diese zu Tätigkeitsunterbrechungen oder Sicherheitsmaßnahmen führen, die nicht dem normalen {103} Tätigkeitsablauf entsprechen. Dies war ersichtlich ebenso wenig gegeben wie eine „die öffentliche Ordnung gefährdende Weise" der Mißachtung der Gesetze. Denn die Grenzübergangsstelle war eigens zu dem Zweck eingerichtet, die nicht zuvor genehmigte Ausreise von DDR-Bürgern zu verhindern. Für einen nicht dem normalen Tätigkeitsablauf dieses Organs entsprechendes Geschehen ist nichts angeführt oder ersichtlich, vor allem nicht – für die zweite Alternative – daß die Tat öffentliches Aufsehen erregte. Das Oberste Gericht der DDR hatte jedoch schon im Urteil vom 7. Januar 1983 – 1 OSB 63/82 – (nach der Systematik des DDR-Rechts verbindlich) festgestellt, daß eine Gefährdung der öffentlichen Ordnung dann nicht anzunehmen ist, wenn sich zum Zeitpunkt der Tat außer den Grenzsicherungskräften keine weiteren Personen an der Grenzübergangsstelle aufhielten. Im übrigen ist es ohnehin absurd, eine Beeinträchtigung staatlicher Tätigkeit anzunehmen, wenn das staatliche Organ lediglich das tut, wozu es geschaffen ist.

Zudem hat die Angeklagte deswegen gesetzwidrig entschieden, weil sie einen wesentlichen Teil des Sachverhalts, der nach § 5 Abs. 2 StGB/DDR zwingend zu berücksichtigen war, wissentlich unterdrückt hat: Bereits im Ausreiseantrag vom 3. April 1984 – der ihr {104} bekannt war, denn sie hat ihn als Beweismittel der Anklage beigefügt – hatte der Verfolgte sein Ausreisebegehren so begründet, daß es ohne Verletzung des DDR-Verfassungsgrundsatzes, der Mensch habe im Mittelpunkt aller Bemühungen der sozialistischen Gesellschaft zu stehen (Artikel 2 Verfassung DDR) und alle Macht habe dem Wohle des Volkes zu dienen (Artikel 4 Verfassung DDR) nicht verweigert werden durfte. Schon wegen dieser Verfassungsgrundsätze lag eine Straftat gar nicht vor: Eindeutig handelte es sich um eine Verzweiflungstat eines Menschen, der trotz inständigen Bemühens ohne eine Spur von Mitgefühl oder auch nur „sozialistischer Gesetzlichkeit" nicht zu seiner kranken Mutter gelassen wurde. Statt dessen wurde er – offensichtlich rechtswidrig – inhaftiert und zu einer extrem übersetzten Freiheitsstrafe von einem Jahr und zwei Monaten verurteilt.

V. [Strafzumessung]

Bei der Strafzumessung war nach Maßgabe des § 64 StGB/DDR nur eine Hauptstrafe festzusetzen, „die dem Charakter und der Schwere des gesamten strafbaren Handelns angemessen und in einem verletzten Gesetze angedroht ist", § 64 Abs. 1 StGB/DDR. {105}

Die Angeklagte hat „schuldhaft" gehandelt im Sinn des § 5 Abs. 1 StGB/DDR, nämlich vorsätzlich im Sinn des § 6 Abs. 1 StGB/DDR und besaß auch die Möglichkeit zu „gesellschaftsgemäßem Handeln". Sie war zwar schon vom Elternhaus her in die kommunistische Doktrin hinein gewachsen, der offenkundige Widerspruch zwischen dem philosophischen Anspruch und der diktatorisch-menschenverachtenden Praxis konnte und ist ihr nicht verborgen geblieben. Von ihr als einer Juristin muß ungeachtet der unterschiedlichen Rechtslehre verlangt werden, sich wenigstens so grob menschenfeindlicher Entscheidungen zu enthalten, wie sie es hier getan hat. Sie hat irrtumsfrei gehandelt. Zur Tätigkeit in der Abteilung I a ist sie nicht genötigt worden – auf anderen Gebieten konnte auch ein Staatsanwalt maßvoll und mit menschlichem Mitgefühl amtieren, ohne selbst mit der Partei in Konflikt zu geraten. Die Praxis, in politischen Sachen weit übersetzte Strafen zu verhängen, war ihr nicht nur bekannt, sondern sie identifiziert sich damit und beteiligte sich daran aus eigener Überzeugung. Besonders der Fall L. ist in seiner unmenschlichen Roheit ein herausragender Fall der zynischen Menschenverachtung der Angeklagten, der in so krassem und unübersehbaren Gegensatz zu den wohltönenden Worten der DDR-Verfassung steht, daß er nur auf böswilliger, absichtlicher Gesetzesverletzung beruhen kann. Wie {106} anders sollte es zu erklären sein, daß die Angeklagte in ihrer Anklageschrift das verständliche, einsehbare und unübersehbare Motiv des Verfolgten, seiner kranken Mutter zu helfen, mit keinem einzigen Wort berücksichtigte.

Dasselbe gilt, wenn auch in gewissem geringeren Maße, auch für die anderen, hier zu beurteilenden Fälle.

Das Verschulden der bisher unbestraften Angeklagten wiegt im Hinblick auf die erheblichen Tatfolgen schwer. Ihre Taten dienten jahrelang einem System, das für sich beanspruchte, das Wohl des Menschen in einer geschichtlich bis dahin nicht geschehenen Weise angestrebt und die genaue Beachtung des Gesetzes zur Grundlage seiner Gerichtspraxis gemacht zu haben.

Eine Freiheitsstrafe von drei Jahren ist schuldangemessen und erforderlich, aber auch ausreichend, um das Unrecht der Angeklagten zu sühnen. Eine weitere Funktion als diese kommt der Strafe hier nicht zu: General- und Spezialprävention entfallen, da das System untergegangen ist und die Angeklagte keine Gelegenheit mehr haben wird, ihre Vorstellungen von Gesetzlichkeit ihren Mitmenschen aufzuzwingen. {107}

Anmerkungen

1 Vgl. Anhang S. 1046.
2 Vgl. Anhang S. 1042.
3 Vgl. Anhang S. 1046.
4 Vgl. Anhang S. 1042.
5 Vgl. Anhang S. 1043.
6 Vgl. Anhang S. 1044.
7 Im Original. Vermutlich ist der 4.10.1977 gemeint, das Datum, an dem der damals Beschuldigte das Plakat gezeichnet und damit demonstriert haben soll.
8 Vgl. Anhang S. 1040.
9 Vgl. Anhang S. 1045.
10 In der linken oberen Ecke findet sich handschriftlich der Vermerk „einverstanden Mielke“.
11 Am unteren Ende der Seite findet sich der handschriftliche Vermerk „§ 220 öffentliche Herabwürdigung“.
12 Vgl. Anhang S. 1048.

Inhaltsverzeichnis
Revisionsurteil des Bundesgerichtshofs vom 15.9.1995, Az. 5 StR 713/94

Bundesgerichtshof 15. September 1995
Az.: 5 StR 713/94

URTEIL

Im Namen des Volkes

In der Strafsache gegen

Gudrun Elena Benser geborene Rolle,
geboren 1932,

wegen Rechtsbeugung u.a. {2}

Der 5. Strafsenat des Bundesgerichtshofs hat aufgrund der Sitzungen vom 5. und 15. September 1995, an denen teilgenommen haben:

⊗ Es folgt die Nennung der Verfahrensbeteiligten. ⊗ {3}

am 15. September 1995 für Recht erkannt:

1. Auf die Revision der Angeklagten wird das Urteil des Landgerichts Berlin vom 18. Mai 1994 aufgehoben
   a) in den Fällen II 1, 2, 3, 4, 5, 8 und 9 des Urteils; in diesen Fällen wird die Angeklagte freigesprochen; insoweit fallen die Kosten des Verfahrens und die der Angeklagten erwachsenen notwendigen Auslagen der Staatskasse zur Last;
   b) im gesamten Strafausspruch mit den zugehörigen Feststellungen.
2. Die weitergehende Revision wird verworfen. Danach ist die Angeklagte der Rechtsbeugung in drei Fällen, jeweils in Tateinheit mit Freiheitsberaubung, schuldig.
3. Zur Straffestsetzung wird die Sache zu neuer Verhandlung und Entscheidung, auch über die verbleibenden Kosten der Revision, an eine andere Strafkammer des Landgerichts zurückverwiesen.

– Von Rechts wegen – {4}

Gründe

Das Landgericht hat die Angeklagte wegen Rechtsbeugung in zehn Fällen, jeweils in Tateinheit mit Freiheitsberaubung, zu einer Freiheitsstrafe von drei Jahren – als Hauptstrafe (§ 64 Abs. 1 StGB-DDR) – verurteilt.

A. [Zur Person der Angeklagten]

Die 1932 geborene Angeklagte studierte bis 1957 in der DDR Rechtswissenschaft. Danach war sie als Staatsanwältin tätig, seit 1974 in der Abteilung I a des Generalstaatsanwalts von Berlin, zuletzt beim Stadtbezirksgericht Berlin-Marzahn. Seit Mai 1990 ist sie Rentnerin.

I. [Verfahrensgegenstand]

Gegenstand des Verfahrens ist die Tätigkeit der Angeklagten in Strafverfahren in den Jahren 1976 bis 1985 als Vertreterin der Anklagebehörde in der Abteilung I a des Generalstaatsanwalts von Berlin. Hier war die Angeklagte mit der Verfolgung von „Staatsverbrechen" sowie von „Straftaten gegen die staatliche und öffentliche Ordnung" (§§ 212-224 StGB-DDR) befaßt. {5}

In zehn Fällen hat das Landgericht das Vorgehen der Angeklagten als Rechtsbeugung gewertet und sie angesichts der Inhaftierung der Betroffenen jeweils auch wegen tateinheitlicher Freiheitsberaubung verurteilt. Die Fälle hängen mit dem Vorwurf „ungesetzlichen Grenzübertritts" zusammen oder betreffen, jedenfalls im Schwerpunkt, die Vorwürfe der „Beeinträchtigung staatlicher Tätigkeit", „staatsfeindlicher Hetze" oder „öffentlicher Herabwürdigung". In einem Fall wird der Angeklagten lediglich der Antrag auf Erlaß eines Haftbefehls gegen eine 16jährige Beschuldigte angelastet, die deshalb etwa fünf Wochen Untersuchungshaft erlitt. In allen anderen Fällen erhob die Angeklagte die Anklage, die sie in sechs Fällen auch als Sitzungsvertreterin der Staatsanwaltschaft in der Hauptverhandlung vertrat. In diesen neun Fällen wurden insgesamt zwölf Betroffene zu Freiheitsstrafen zwischen einem und sechs Jahren verurteilt. Alle haben die Strafen mindestens teilweise verbüßt.

II. [Rügen]

Gegen ihre Verurteilung wendet sich die Angeklagte mit der auf die Rüge der Verletzung sachlichen Rechts gestützten Revision.

B. [Grundsätze der Strafbarkeit von DDR-Justizangehörigen wegen Rechtsbeugung]

Für die sachlichrechtliche Beurteilung von Fällen der vorliegenden Art gilt allgemein folgendes: {6}

I. [Verfolgbarkeit]

Richter oder Staatsanwälte der DDR können in der Bundesrepublik Deutschland wegen Rechtsbeugung verfolgt werden (vgl. BGHSt 40, 30[1]; 40, 169; 40, 272[2]; BGH, Urteil vom 5. Juli 1995 – 3 StR 605/94 –, zum Abdruck in BGHSt bestimmt[3]).

1. Sowohl § 244 StGB-DDR[4] als auch § 336 StGB dienen dem Schutz des überindividuellen Rechtsguts der innerstaatlichen Rechtspflege, so daß trotz der tiefgreifenden Unterschiede zwischen der Justiz der DDR und der Justiz der Bundesrepublik Deutschland zwischen beiden Tatbeständen der Rechtsbeugung die von Art. 315 EGStGB und § 2 StGB vorausgesetzte Unrechtskontinuität besteht. Dabei kommt ein Schuldspruch wegen Rechtsbeugung gegen einen Richter oder Staatsanwalt der DDR nur in Betracht,

wenn er die im Verhältnis zu § 336 StGB engeren Voraussetzungen des subjektiven Tatbestandes des § 244 StGB-DDR erfüllt hat (§ 2 Abs. 3 StGB).

2. Verfolgungsverjährung ist insgesamt nicht eingetreten. Die Verjährung hat mit Rücksicht auf ein in der Staatspraxis der DDR wurzelndes quasigesetzliches Verfolgungshindernis geruht (vgl. BGHSt 40, 48, 55 ff.[5]; 40, 113, 115 ff.[6]; BGH, Urteil vom 26. April 1995 – 3 StR 93/95[7] –). Die Ver-{7}folgung der Taten ist auch nicht durch in der DDR erlassene Amnestien ausgeschlossen (vgl. BGHSt 39, 353, 358 ff., 360; BGH NJW 1994, 3238, 3239 – insoweit nicht in BGHSt 40, 169 abgedruckt –).

3. Sowohl nach § 336 StGB (vgl. BGHSt 32, 357; 38, 381) als auch nach dem – insoweit weiter gefaßten – § 244 StGB-DDR (vgl. BGHSt 40, 169, 174 ff.) kann ein Staatsanwalt grundsätzlich Täter einer Rechtsbeugung sein.

a) Nicht jede Entscheidung der Staatsanwaltschaft im Ermittlungsverfahren stellt eine „Entscheidung einer Rechtssache" im Sinne des § 336 StGB dar. In einer Rechtssache entscheidet nur, wer wie ein Richter in einem rechtlich vollständig geregelten Verfahren zu entscheiden hat und dabei einen gewissen Grad sachlicher Unabhängigkeit genießt (BGHSt 40, 169, 177 m.w.N.). Diese Voraussetzungen hat der Bundesgerichtshof für staatsanwaltschaftliche Einstellungsverfügungen bejaht. Für Anklageerhebungen (§ 170 Abs. 1 StPO, § 154 StPO-DDR) kann nichts anderes gelten (so auch Kammergericht, Beschluß vom 10. April 1995 – 5 Ws 111/94 –). Auch in diesem Fall wird ein gesetzlich geregeltes Verfahren, das Ermittlungsverfahren, durch eine – von einer gerichtlichen Entscheidung unabhängige – Abschlußverfügung seinem Ende zugeführt und in das gerichtliche Verfahren (§§ 199 ff. StPO, §§ 156 ff. StPO-DDR) übergeleitet. Der Prüfungsmaßstab („genügender Anlaß zur Erhebung der öffentlichen Klage" bzw. „hinreichender Tatverdacht") ist derselbe (§ 170 Abs. 1, § 203 StPO; § 154, § 187 Abs. 2 Nr. 2, Abs. 3, § 193 StPO-{8}DDR). Dabei kommt der Anklage eine entscheidende Bedeutung zu. Sie bewirkt die weitere Zuständigkeit des Gerichts für die Beurteilung der Tat des Beschuldigten und ist damit Voraussetzung für eine mögliche spätere justizförmige Verurteilung. Dadurch greift die Anklage auch mit unmittelbarer Außenwirkung in die Rechtsstellung des Beschuldigten ein und verbringt ihn in ein möglicher Bestrafung näheres Stadium.

b) Auch vor (Einstellung oder) Anklageerhebung kommt im Ermittlungsverfahren täterschaftliche Rechtsbeugung durch einen Staatsanwalt in Frage. Hier kann sich der Staatsanwalt anläßlich einer Entscheidung „bei der Durchführung eines Ermittlungsverfahrens" (§ 244 StGB-DDR) bzw. „bei der Leitung einer Rechtssache" (§ 336 StGB) wegen Rechtsbeugung strafbar machen. Dies kommt für den Antrag auf Erlaß eines Haftbefehls in Betracht. Hinsichtlich der Haftfrage kommt die Stellung des Staatsanwalts als „Herr des Ermittlungsverfahrens" im Strafverfahrensrecht sowohl der Bundesrepublik Deutschland als auch der DDR besonders deutlich zum Ausdruck. Im Ermittlungsverfahren erfolgt die Verhaftung eines Beschuldigten „auf Antrag des Staatsanwalts" (§ 128 Abs. 2 Satz 2 StPO, § 124 StPO-DDR). Ein Haftbefehl ist aufzuheben, wenn die Staatsanwaltschaft es vor Anklageerhebung beantragt; eine Entlassungsanordnung kann bereits durch den Staatsanwalt ergehen (§ 120 Abs. 3 StPO, § 133 StPO-DDR). {9}

c) Ob und in welchem Umfang Handlungen eines Staatsanwalts zwischen Erhebung der öffentlichen Klage und Aburteilung noch als täterschaftliche Rechtsbeugung angesehen werden können, braucht der Senat aus Anlaß des vorliegenden Falles nicht abschließend zu entscheiden. Hier wird nur eine Strafbarkeit wegen Teilnahme im Blick darauf in Betracht kommen, daß die Herrschaft über das weitere Verfahren mit Anklageerhebung auf das Gericht übergegangen ist. Insbesondere gilt solches für die Mitwirkung des Staatsanwalts als Sitzungsvertreter in der Hauptverhandlung.

d) Soweit der Staatsanwalt als Herr des Ermittlungsverfahrens zugleich mit einer Rechtsbeugung (§ 336 StGB, § 244 StGB-DDR) verantwortlich für eine Inhaftierung des Beschuldigten ist, kommt tateinheitliche Freiheitsberaubung (§ 239 StGB, § 131 StGB-DDR[8]) in Betracht. Liegt die Rechtsbeugung im Maß der vom Staatsanwalt in der Hauptverhandlung beantragten Freiheitsstrafe, wird der mitwirkende Staatsanwalt insoweit wegen tateinheitlicher (Anstiftung oder) Beihilfe zur Rechtsbeugung und zur Freiheitsberaubung zu verurteilen sein.

e) Mehrfache Rechtsbeugungshandlungen eines Staatsanwalts in demselben Strafverfahren mit identischer Zielrichtung (zugunsten oder) zuungunsten desselben Beschuldigten – oder auch mehrerer zusammenhängend Beschuldigter – bilden regelmäßig eine einheitliche Tat (vgl. BGHSt 40, 169, 188). {10}

Die einheitliche Rechtsbeugung verbindet insoweit regelmäßig auch Freiheitsberaubungen zum Nachteil mehrerer im selben Strafverfahren Verfolgter zu einer einheitlichen Tat.

II. [Maßstab der Beurteilung]

Zum Maßstab der Beurteilung gelten die folgenden Grundsätze.

1. Der Bundesgerichtshof hat bereits in früheren Entscheidungen unabhängig von der Problematik strafrechtlicher Bewertung der Rechtsprechung in einem totalitären System hervorgehoben, daß nicht jede unrichtige Rechtsanwendung eine Beugung des Rechts darstellt (BGHSt 32, 357, 363 f.; 34, 146, 149; 38, 381, 383). Diese im Begriff der Rechtsbeugung angelegte Einschränkung des Tatbestandes hat sich auch bei der Beurteilung von Richtern und Staatsanwälten der DDR-Justiz ausgewirkt (vgl. BGHSt 40, 30, 40; 40, 169, 178). Nur der Rechtsbruch als elementarer Verstoß gegen die Rechtspflege soll unter Strafe gestellt sein. Rechtsbeugung begeht daher nur der Amtsträger, der sich bewußt in schwerwiegender Weise von Recht und Gesetz entfernt (vgl. zuletzt BGHSt 40, 272, 283).

An dieser Einschränkung des Rechtsbeugungstatbestandes ist festzuhalten (vgl. dagegen Seebode JR 1994, 1; Spendel JR 1994, 221, 222 f.; ders. JR 1995, 214, 215 f.; Schulz StV 1995, 206, 208 f.). Einen Maßstab, der auf die (bloße) Unvertretbarkeit von Entscheidungen abstellte, lehnt {11} der Senat ab. Im Vordergrund stehen dabei weniger der Schutz richterlicher Unabhängigkeit oder das Bedürfnis, Sachverhalte auszugrenzen, die mit dem Verbrechensverdikt des § 336 StGB überbewertet wären. Ausschlaggebend ist vielmehr, daß im Interesse der Rechtssicherheit eine neuerliche Überprüfung von Rechtsprechungsakten durch die Staatsanwaltschaft – und gegebenenfalls auch das Gericht – im Rahmen von Strafverfahren wegen des Vorwurfs der Rechtsbeugung von hohen Schranken abhängig sein muß, da sich aus Schranken im eigentlichen subjektiven Tatbestand mit Blick auf die eigene besondere Rechtskundigkeit der so Beschuldigten kaum taugliche Grenzen ableiten lassen (vgl. Rautenberg NJ 1994, 88, 89). Vor dem Hintergrund, daß die Annahme von Unvertretbarkeit bei der gerichtlichen Überprüfung von Entscheidungen nicht etwa auf extreme Ausnahmefälle beschränkt ist – beispielsweise bei revisionsgerichtlicher Überprüfung von Strafaussprüchen (vgl. BGHSt 40, 272, 283; dazu Spendel JR 1995, 214, 216) und bei Annahme „objektiver Willkür“ im Verfassungsbeschwerdeverfahren –, sind gesteigerte Anforderungen an den Rechtsbeugungstatbestand ein notwendiges Korrektiv gegen die andernfalls drohende Konsequenz, Gerichtsentscheidungen allzu häufig nochmals wegen des Vorwurfs der Rechtsbeugung erneuter Sachprüfung durch die Justiz zu unterstellen.

2. Die Beantwortung der Frage, wann sich ein Richter oder Staatsanwalt der DDR in strafbarer Weise von Recht und Gesetz entfernt hat, ist durch den infolge der Vereinigung Deutschlands eingetretenen Systemwechsel in mannigfaltiger Weise erschwert. {12}

Dabei steht die Rechtsprechung zum Teil vor ähnlichen Rechtsproblemen, wie sie sich auch bei der Verfolgung nationalsozialistischen Justizunrechts gestellt haben.

a) Freilich kann das staatlich verübte Unrecht in der DDR mit Rücksicht auf die unterschiedliche Dimension nicht mit dem im nationalsozialistischen Regime begangenen gleichgesetzt werden (vgl. – in anderem Zusammenhang – BGHSt 40, 113, 117).

Gleichwohl sind auch in den Fällen der hier zu beurteilenden politisch motivierten Strafverfolgung Menschen auf vielfältige Weise – namentlich durch gravierende Eingriffe in ihre persönliche Freiheit mit schwer oder gar nicht wiedergutzumachenden Folgeschäden – zu Opfern einer rechtsstaatswidrigen Strafjustiz (vgl. Art. 17 Satz 2 des Einigungsvertrages) geworden. Dabei kamen Gesetze zum Tragen, die schon für sich, erst recht aber in ihrer konkreten Anwendung mit rechtsstaatlichen Anforderungen unvereinbar und nicht an der Wahrung von Menschenrechten ausgerichtet waren. Auf solches Unrecht muß ein der Idee der Gerechtigkeit verpflichteter Rechtsstaat in angemessener Weise reagieren.

b) Das Fehlschlagen der Verfolgung nationalsozialistischen Justizunrechts (vgl. BGHSt 40, 30, 40) darf auf der anderen Seite nicht dazu führen, daß Justizangehörige der DDR ohne Rücksicht auf ihre individuelle Schuld und unter Hintanstellung rechtsstaatlicher Gebote für ihre dienstliche Tätigkeit zur Rechenschaft gezogen werden. Dabei verdient es Beachtung, daß die Richter und Staats-{13}anwälte, die das seiner selbst unsichere und mit ausufernder Kriminalisierung weiter Bevölkerungskreise reagierende System gestützt haben, ihrerseits durch dieses System vorgeprägt waren, und zwar vielfach grundlegend stärker als Richter während der nationalsozialistischen Diktatur. Die im hiesigen Tatzeitraum in der DDR tätige Juristengeneration hatte im wesentlichen nichts anderes als den Sozialismus, wie ihn die DDR verstand, und seine „Gesetzlichkeit“ kennengelernt. Rechtsstaatliches Denken und die Achtung individueller Menschenrechte sind ihnen weitgehend nicht vermittelt worden.

3. Der Bundesgerichtshof hat folgende Leitlinien zur Strafbarkeit von Unrechtsakten der DDR-Justiz entwickelt:

a) In seinem Urteil vom 13. Dezember 1993 (BGHSt 40, 30) hat der Senat – anhand eines Arbeitsrechtsfalles – die für die Behandlung von DDR-Justizunrecht geltenden Grundsätze erstmals entwickelt. Er hat sie in seinem Urteil vom 9. Mai 1994 (BGHSt 40, 169) bekräftigt und auf die Beurteilung von Rechtsbeugungen durch DDR-Staatsanwälte erstreckt. Im Einklang mit diesen Grundsätzen steht auch das Urteil des 3. Strafsenats vom 5. Juli 1995 – 3 StR 605/94 – (zur Veröffentlichung in BGHSt bestimmt) zur Behandlung fristlos entlassener Ausreiseantragsteller durch DDR-Arbeitsrichter. {14}

Zum Prüfungsmaßstab muß gelten, daß schon bei der Prüfung des objektiven Tatbestandes der Rechtsbeugung, im übrigen im Hinblick auf die innere Tatseite, zu berücksichtigen ist, daß es um die Beurteilung von Handlungen geht, die in einem anderen Rechtssystem vorgenommen worden sind; die besonderen Züge dieses Rechtssystems müssen bei der Prüfung der Frage, ob die Handlung „gesetzwidrig" im Sinne des § 244 StGB-DDR gewesen ist, beachtet werden (BGHSt 40, 30, 40 f.). Dieser Maßstab ist an Beschränkungen orientiert, die sich aus Grundprinzipien des Schuldstrafrechts ergeben, entspricht der Struktur des Rechtsbeugungstatbestandes und trägt insbesondere dem Gesichtspunkt des Vertrauensschutzes Rechnung, der im Rechtsstaatsprinzip, speziell auch in Art. 103 Abs. 2 GG, verankert ist (vgl. BGH, Urteil vom 5. Juli 1995 – 3 StR 605/94 –; s. auch BVerfG NJW 1995, 1811, 1813). Eine Bestrafung von Richtern der DDR wegen Rechtsbeugung ist danach, abgesehen von Einzelexzessen, auf Fälle zu beschränken, in denen die Rechtswidrigkeit der Entscheidung so offensichtlich war und in denen insbesondere die Rechte anderer, hauptsächlich ihre Menschenrechte, derart schwerwiegend verletzt worden sind, daß sich die Entscheidung als Willkürakt darstellt (BGHSt 40, 30, 41).

Namentlich drei Fallgruppen hat der Senat im Urteil vom 13. Dezember 1993 (BGHSt 40, 30) – damals nicht tragend – als mögliche Rechtsbeugungstatbestände aufgezeigt: Fälle, in denen Straftatbestände unter Überschreitung des Gesetzeswortlauts oder unter Ausnutzung ihrer Unbestimmtheit bei der An-{15}wendung derart überdehnt worden sind, daß eine Bestrafung, zumal mit Freiheitsstrafe, als offensichtliches Unrecht anzusehen ist; ferner Fälle, in denen die verhängte Strafe in einem unerträglichen Mißverhältnis zu der abgeurteilten Handlung gestanden hat, so daß die Strafe, auch im Widerspruch zu Vorschriften des DDR-Strafrechts (Art. 4[9], Art. 5 Satz 3, § 61 Abs. 1 und 2 StGB-DDR), als grob ungerecht und schwerer Verstoß gegen die Menschenrechte erscheinen muß; des weiteren schwere Menschenrechtsverletzungen durch die Art und Weise der Durchführung von Verfahren, namentlich Strafverfahren, in denen die Strafverfolgung und die Bestrafung überhaupt nicht der Verwirklichung von Gerechtigkeit (Art. 86 der DDR-Verfassung), sondern der Ausschaltung des politischen Gegners oder einer bestimmten sozialen Gruppe gedient haben (BGHSt 40, 30, 42 f.).

b) An diesen Grundsätzen ist vom 4. Strafsenat des Bundesgerichtshofs in seinem Urteil vom 6. Oktober 1994 (BGHSt 40, 272) auch ein Fall der Anwendung „politischen Strafrechts" durch Richter und Staatsanwälte der DDR gemessen worden. Der 4. Strafsenat des Bundesgerichtshofs hat in dieser – die Anwendung des § 214 StGB-DDR[10] betreffenden – Entscheidung ausgesprochen, daß weder in der Ausreisegesetzgebung der DDR als solcher noch in der Pönalisierung öffentlicher Kritik an jener Gesetzgebung für sich genommen bereits eine offensichtliche schwere Menschenrechtsverletzung zu erblik-{16}ken sei (BGHSt 40, 272, 278). Folglich konnte die bloße Anwendung dieser Bestimmungen den Vorwurf der Rechtsbeugung in dem vom 4. Strafsenat entschiedenen Fall noch nicht begründen.

c) Auch der 3. Strafsenat des Bundesgerichtshofs geht in seinem Urteil vom 29. April 1994 (BGHSt 40, 125) im Zusammenhang mit der möglichen Bestrafung wegen der Anzeige einer geplanten „Republikflucht" davon aus, daß die Anwendung der gegen die

Ausreisefreiheit gerichteten Strafvorschrift des § 213 StGB-DDR[11] durch das DDR-Gericht für sich genommen noch keine Rechtsbeugung darstellt. Eine auf jenen Tatbestand gestützte Verurteilung ist zwar regelmäßig rechtsstaatswidrig; eine Bestrafung der für eine deshalb erfolgte Inhaftierung Verantwortlichen kommt indes nach den Gründen dieser Entscheidung nur in Betracht, wenn eine noch darüber hinausgehende offensichtliche schwere Menschenrechtsverletzung vorliegt (BGHSt 40, 125, 133 und 136). Gleiche Erwägungen liegen dem Beschluß des erkennenden Senats in NStZ 1995, 288 zugrunde. In demselben Sinne verhält sich der VI. Zivilsenat des Bundesgerichtshofs in seinem Urteil vom 11. Oktober 1994 (zum Abdruck in BGHZ bestimmt[12] = NJW 1995, 256).

d) Bei alledem billigt die Rechtsprechung des Bundesgerichtshofs – in Anlehnung an Radbruch (SJZ 1946, 105, 108) – die als notwendige Konsequenz aus der speziellen Regelung für eine eingeschränkte strafrechtliche Verantwortung von Richtern hergeleitete „Sperrwirkung“ des Rechtsbeugungstatbestandes (BGHSt 10, 294; 32, 357, 364) {17} auch den Richtern und Staatsanwälten der DDR zu. Zwar kommt einer solchen Auslegung bei § 336 StGB auch die Funktion eines Schutzes für die Unabhängigkeit der Rechtspflege zu. Dies führt aber nicht dazu, sie für § 244 StGB-DDR im Blick auf das andersartige Justizsystem der DDR zu verwerfen. Denn sie ist unabhängig von mit der Regelung geschützten und schützenswerten Rechtsgütern vornehmlich als Folge einer Spezialregelung systematisch geboten (vgl. Schroeder GA 1993, 389, 394 f.; Letzgus in: Festschrift für Helmrich 1994, S. 73, 86 f.).

4. An der restriktiven und im Ausgangspunkt an der geschriebenen Rechtsordnung der DDR orientierten Rechtsprechung des Bundesgerichtshofs hält der Senat auch für den besonders sensiblen Bereich des „politischen Strafrechts“ fest.

a) Der Senat verkennt hierbei nicht, daß insbesondere die politisch motivierte Strafjustiz und ihre menschenrechtsverachtende Praxis ein wesentlicher Teil des auf Aufrechterhaltung des totalitären Systems gerichteten Regimes waren. Rechtsstaatlichen Anforderungen genügte diese Justiz in keiner Weise, wie der Senat bereits dargelegt hat (vgl. BGHSt 40, 30, 35 ff.; 40, 169, 174 f. m.N.).

Angesichts einer charakteristischen Vielzahl rechtsstaats- und menschenrechtswidriger Maßnahmen der DDR-Justiz, namentlich der Strafjustiz, gab das Interesse der Opfer Anlaß zu weitreichenden Bestimmungen über die Kassation von Urteilen und die Rehabilitierung von Opfern der DDR-Gerichte. {18}

Die Mitwirkung an rechtsstaats- und menschenrechtswidrigen Maßnahmen, denen die Opfer der DDR-Justiz ausgesetzt waren, fordert insbesondere auch jenseits strafrechtlicher Verfolgung Konsequenzen gegenüber den dafür verantwortlichen Richtern und Staatsanwälten der DDR, etwa die kritische Prüfung, inwieweit solche Juristen für den Beruf eines Rechtsanwalts als unwürdig erscheinen (vgl. § 7 Nr. 5 BRAO, § 7 Nr. 2 RAG-DDR[13]; dazu BGH NJ 1995, 332). Daß sie keine Verwendung als Richter oder Staatsanwalt mehr finden können, wird sich regelmäßig von selbst verstehen.

b) Auf der anderen Seite ist es unerläßlich, die strafrechtliche Bewertung der Tätigkeit von DDR-Justizangehörigen unter strikter Beachtung rechtsstaatlicher Prinzipien vorzunehmen, die für das Strafrecht entwickelt worden sind und seiner Anwendung Grenzen setzen. Nicht jede rechtsstaatswidrige oder mit Grundsätzen des Menschenrechtsschutzes als unvereinbar zu wertende Entscheidung von Richtern oder Staatsanwälten, die auf der Grundlage des DDR-Rechts erging, kann nachträglich als eine Beugung des Rechts aufgefaßt werden. Das rechtsstaatlich verankerte Prinzip des Vertrauensschutzes verlangt grundsätzlich, auch im Blick auf Art. 103 Abs. 2 GG, das geschriebene DDR-Recht bei der Prüfung der Gesetzwidrigkeit einer Entscheidung im Sinne des § 244 StGB-DDR als wirksam zu betrachten, soweit es um die Strafbarkeit des Amtsträgers geht, der sein Handeln von diesem DDR-Recht gedeckt sehen konnte. Aus demselben Grund darf das geschriebene Recht der DDR nicht nach einer am Grundgesetz orientierten Auslegung inter-{19}pretiert und damit das Handeln eines Täters an ihm fremden Maßstäben, nämlich denen eines Rechtsstaats und seiner Wertordnung, gemessen werden (vgl. BGH, Urteil vom 5. Juli 1995 – 3 StR 605/94 –).

aa) Zur Unbeachtlichkeit geschriebenen Rechts hat sich der Senat in seinem Urteil vom 3. November 1992 (BGHSt 39, 1, 15 ff.[14]) im Zusammenhang mit der Beurteilung vorsätzlicher Tötungshandlungen an der innerdeutschen Grenze geäußert; er hat seine Auffassung im Urteil vom 20. März 1995 (zum Abdruck in BGHSt bestimmt = NStZ 1995, 401[15]) abschließend bekräftigt; danach gilt:

Fälle, in denen ein zur Tatzeit angenommener Rechtfertigungsgrund als unbeachtlich anzusehen ist, müssen mit Rücksicht auf die hohe Bedeutung der Rechtssicherheit auf extreme Ausnahmen beschränkt bleiben. Ein zur Tatzeit angenommener Rechtfertigungsgrund kann nur dann wegen Verstoßes gegen höherrangiges Recht unbeachtet bleiben, wenn in ihm ein offensichtlich grober Verstoß gegen Grundgedanken der Gerechtigkeit und Menschlichkeit zum Ausdruck kommt; der Verstoß muß so schwer wiegen, daß er die allen Völkern gemeinsamen, auf Wert und Würde des Menschen bezogenen Rechtsüberzeugungen verletzt. Der Widerspruch des positiven Gesetzes zur Gerechtigkeit muß so unerträglich sein, daß das Gesetz als unrichtiges Recht der Gerechtigkeit zu weichen hat. Bei der Beurteilung von Taten, die in staatlichem Auftrag begangen {20} worden sind, ist darauf zu achten, ob der Staat die äußerste Grenze überschritten hat, die ihm nach allgemeiner Überzeugung in jedem Land gesetzt ist.

Diese äußerste Grenze hat der Senat bei den staatlich verfügten Tötungshandlungen an der Berliner Mauer als überschritten angesehen. In nunmehr ständiger Rechtsprechung (zuletzt NStZ 1995, 401) hat er ausgesprochen, daß ein Rechtfertigungsgrund, der einer Durchsetzung des Verbots, die DDR zu verlassen, Vorrang vor dem Lebensrecht von Menschen gab, indem er die vorsätzliche Tötung unbewaffneter Flüchtlinge gestattete, wegen offensichtlichen, unerträglichen Verstoßes gegen elementare Gebote der Gerechtigkeit und gegen völkerrechtlich geschützte Menschenrechte unwirksam ist.

bb) Einen solchen schlechthin unerträglichen Verstoß gegen elementare Gebote der Gerechtigkeit und gegen die Menschenrechte, mithin gegen den „Kernbereich des Rechts“ (vgl. BGHSt 40, 272, 276 f.), vermag der Senat in den Vorschriften des politisch motivierten Strafrechts der DDR nicht zu erblicken. Die Anwendung dieser Strafvorschriften durch Richter und Staatsanwälte der DDR begründet deshalb für sich allein noch nicht den Vorwurf einer gesetzwidrigen Entscheidung zuungunsten eines Beteiligten.

(1) Allerdings kann es keinen Zweifel an der Rechtsstaatswidrigkeit der Heranziehung der einschlägigen Strafbestimmungen in Fällen der vorliegenden Art geben (vgl. auch § 1 Abs. 1 {21} Nr. 1 StrRehaG). Die jeweiligen Strafvorschriften führten, namentlich wenn sie zur Verurteilung zu Freiheitsstrafen herangezogen wurden, zu schweren Eingriffen in die persönliche Freiheit. Wie die hier zu beurteilenden Sachverhalte

erweisen, wurden sie insbesondere im Zusammenhang mit der strafrechtlichen Verfolgung von Menschen angewandt, die von Ausreisefreiheit und Meinungsfreiheit, auch Versammlungs- und Vereinigungsfreiheit, Gebrauch machen wollten.

Die Ausreisefreiheit, gegen die sich namentlich der Straftatbestand des ungesetzlichen Grenzübertritts (§ 213 StGB-DDR) richtete, ist in völkerrechtlichen Konventionen und Abkommen, etwa in Art. 13 der Allgemeinen Erklärung der Menschenrechte vom 10. Dezember 1948 und in Art. 12 des Internationalen Paktes über bürgerliche und politische Rechte vom 19. Dezember 1966 (IPbürgR), als Menschenrecht anerkannt. Dieses Recht darf zwar gesetzlichen Einschränkungen unterworfen werden, diese müssen aber Ausnahmecharakter haben, und sie dürfen keinesfalls die Substanz des Rechts zerstören. Die einengende Handhabung dieses Rechts durch die Gesetze und die Behörden der DDR, die einen Ausreiseanspruch nur in eng begrenzten Ausnahmefällen anerkannten, entsprach nicht dem Geist jener auch von der DDR anerkannten völkerrechtlichen Abkommen (hierzu eingehend BGHSt 39, 1, 16 ff.; 40, 272, 278). {22}

Die Meinungsfreiheit stellt ein völkerrechtlich anerkanntes, in Art. 19 IPbürgR unter Schutz gestelltes, auch in der Verfassung der DDR in Art. 27 bezeichnetes Menschenrecht dar. Sie gilt zwar nicht schrankenlos, sondern steht auch nach völkerrechtlichen Übereinkünften unter einem weitreichenden Gesetzesvorbehalt. Die Bestrafung einer – auch provokativen – Kritik an der menschenrechtswidrigen Ausreiseregelung wird man jedoch nach rechtsstaatlichen Grundsätzen als unzulässig anzusehen haben (vgl. BGHSt 40, 272, 278). Dasselbe muß für Versammlungen von Menschen gelten, die derartige berechtigte Kritik gemeinsam zum Ausdruck bringen wollten (vgl. auch Art. 28 der DDR-Verfassung), sowie für Vereinigungen, welche der effektiven Durchsetzung gemeinsamer Bestrebungen nach mehr Ausreisefreiheit dienen sollten (vgl. Art. 29 der DDR-Verfassung).

(2) Die Unvereinbarkeit der Bestimmungen im politischen Strafrecht der DDR mit Menschenrechten, insbesondere die damit verbundene, rechtsstaatlichen Anforderungen zuwiderlaufende Einschränkung von Ausreisefreiheit, Meinungsfreiheit sowie Versammlungs- und Vereinigungsfreiheit, geht indes nicht so weit, daß sie jenes Maß der Unerträglichkeit erreichte, das im Sinne von Radbruchs Konzept zur Annahme der Unverbindlichkeit gesetzten Rechts führt. Solches muß wegen des hohen Wertes der Rechtssicherheit auf extreme Ausnahmefälle beschränkt bleiben (zuletzt BGH, Urteil vom 5. Juli 1995 – 3 StR 605/94 –). {23}

Im Einklang mit dem 4. Strafsenat (BGHSt 40, 272, 278) sieht der Senat weder in der Ausreisegesetzgebung der DDR als solcher, einschließlich der zugehörigen Strafvorschriften, noch in einer Pönalisierung öffentlicher Kritik an dieser Gesetzgebung eine offensichtliche schwere Menschenrechtsverletzung, deren Anwendung zu einer Strafbarkeit wegen Rechtsbeugung führt. Unbeschadet der völkerrechtlichen Verankerung der von der DDR insoweit verletzten Menschenrechte und ungeachtet des Gewichts möglicher Eingriffe in die persönliche Freiheit (vgl. Art 9 IPbürgR, Art. 30 der DDR-Verfassung) durch die Verhängung und Vollstreckung von Freiheitsstrafen wegen entsprechender Zuwiderhandlungen kommt den betroffenen Rechtspositionen nicht die elementare Bedeutung der Unantastbarkeit menschlichen Lebens zu, die in der allen zivilisierten Völkern gemeinsamen Grundüberzeugung vom allgemeinen Tötungsverbot wurzelt, und das Maß der Rechtsbeeinträchtigungen geht nicht bis zum unwiederbringlichen Verlust eines höchsten Rechtsguts. Das menschliche Leben ist die Basis der Menschenwürde und die Voraussetzung aller anderen Grundrechte (BVerfGE 39, 1, 42). Anders als eine Legalisierung der Tötung unbewaffneter Flüchtlinge ist ein Gesetz, auch wenn es in der genannten Weise zu empfindlicher Bestrafung politisch Andersdenkender führen kann, bei der erforderlichen Gesamtabwägung der widerstreitenden Gebote von Gerechtigkeit und Rechtssicherheit noch kein schlechthin unerträgliches Unrecht. {24}

5. Nach den genannten Grundsätzen kommt die Annahme einer Rechtsbeugung durch Staatsanwälte – abgesehen von möglichen schweren Mißbräuchen bei der Gestaltung des Verfahrens in den einzelnen Fällen – insbesondere dann in Betracht, wenn die Staatsanwälte Straftatbestände unter Überschreitung des Gesetzeswortlauts oder unter Ausnutzung ihrer Unbestimmtheit derart überdehnt haben, daß eine Anklageerhebung als offensichtliches Unrecht anzusehen ist. Ferner kann eine willkürliche Menschenrechtsverletzung anzunehmen sein, wenn eine vom Staatsanwalt als Täter zu vertretende Maßnahme im Ermittlungsverfahren in einem unerträglichen Mißverhältnis zu der nach DDR-Recht strafbaren Handlung gestanden hat. Schließlich ist jedenfalls eine Strafbarkeit des Staatsanwalts als Teilnehmer denkbar, wenn die Höhe einer vom Gericht erkannten Strafe, auf deren Verhängung er hingewirkt hat, als grob ungerecht und schwerer Verstoß gegen die Menschenrechte im Sinne willkürlicher Rechtsanwendung erscheint. Dies ist für jeden Einzelfall zu prüfen.

a) An einer gesetzwidrigen Entscheidung bei der Auslegung von Strafvorschriften hat es grundsätzlich gefehlt, wenn die Handlung des Richters oder Staatsanwalts vom Wortlaut des Rechts der DDR gedeckt war; das muß auch gelten, soweit der Wortlaut des Gesetzes wegen seiner Unschärfe mehrdeutig war (BGHSt 40, 30, 41). Dabei ist auch eine weite Interpretation von Straftatbeständen hinzunehmen. Die Unschärfe von Gesetzen und die daraus resultierende Problematik der Abgrenzung zulässi-{25}ger Auslegung von verbotener Analogie mag ein in der Gesetzgebung totalitärer Staaten besonders häufiges Phänomen sein (vgl. BGHSt 40, 272, 279), ist indes nicht etwa auf diese beschränkt.

b) Der Senat hat ferner darauf hingewiesen, daß es bei der Auslegung von DDR-Gesetzen auf die Auslegungsmethoden der DDR, nicht auf die der Bundesrepublik Deutschland ankommt (BGHSt 40, 30, 41; 40, 169, 179). Dieser Ansatz erscheint dem Senat nach wie vor zwingend.

Dabei ist insbesondere beachtlich, daß es im „demokratischen Zentralismus" der DDR keine Gewaltenteilung im Sinne westlicher Demokratien gab. Dementsprechend kam dem förmlichen Gesetz nicht die für einen Rechtsstaat konstitutive Bedeutung zu. Der Gesetzesbegriff in der DDR wurde vielmehr von Theorie und Praxis der „sozialistischen Gesetzlichkeit" (Art. 19 Abs. 1 Satz 2 der DDR-Verfassung[16]) nachhaltig verdunkelt. Vor diesem Hintergrund erlangen die für den Rechtsanwender in der DDR verbindlichen Beschlüsse und Richtlinien des Obersten Gerichts (§ 20 Abs. 2 GVG-DDR[17]), aber auch sonstige Verlautbarungen, namentlich unter Beteiligung des Obersten Gerichts herausgegebene „Standpunkte" und „Orientierungen" (vgl. BGHSt 40, 30, 37 f., 41; vgl. dazu im einzelnen Rottleuthner, Steuerung der Justiz in der DDR 1994, S. 33 f.; Behlert ebenda S. 287, 323 ff.; ferner – auch zur „Anleitungstätigkeit" des Ministeriums der Justiz – BGH, Urteil vom 5. Juli 1995 – 3 StR 605/94 –) besondere Bedeutung. {26}

Allerdings kannte auch das Strafrecht der DDR den Grundsatz „nullum crimen, nulla poena sine lege“ (Art. 4 Abs. 3[18] StGB-DDR); er war auch in der Verfassung der DDR verankert (Art. 99[19]). Dieser auch in der DDR gültige Gesetzesvorbehalt im engeren Sinne verbietet es, Bestimmungen, die keine Gesetzesqualität besitzen, eine das förmliche Gesetz verdrängende, strafbarkeitsbegründende Kraft zukommen zu lassen. Beschlüsse und Richtlinien des Obersten Gerichtes der DDR oder sonstige Verlautbarungen von Staatsorganen können damit für das Merkmal der Gesetzwidrigkeit in § 244 StGB-DDR nur insoweit Bedeutung erlangen, als sie mit der – unter Umständen extensiven – Auslegung eines gesetzlichen Straftatbestandes noch vereinbar sind. Anders als im nationalsozialistischen Führerstaat gab es in der DDR keine Doktrin, wonach der bloße Wille der Inhaber staatlicher Macht Recht schaffen konnte (BGHSt 39, 1, 24; 40, 30, 35; 40, 113, 116).

c) Soweit Strafnormen extensiv ausgelegt wurden, sind die Grenzen zur bereits den objektiven Tatbestand der Rechtsbeugung erfüllenden „Überdehnung“ fließend. Bei einem Einklang der Rechtsanwendung mit üblicher Praxis oder mit obergerichtlicher Orientierung ist es auch denkbar, daß es selbst in Fällen objektiver „Überdehnung“ – bei nicht grotesker Entfernung von Gesetzeswortlaut, -sinn und -systematik – an direktem Vorsatz gefehlt hat. Für diejenigen Fälle, in denen die Auslegung einer Strafnorm zum Nachteil des Beschuldigten offensichtlich die äußersten Grenzen hinnehmbarer Rechtsanwendung berührt, wird bei gleichzeitiger {27} Verhängung einer im vorgesehenen Strafrahmen besonders schwerwiegenden Rechtsfolge – bzw. beim Hinwirken des Staatsanwalts hierauf – jedenfalls die Annahme eines (vom entscheidenden Richter oder Staatsanwalt erkannten) unerträglichen Mißverhältnisses der Strafe zu der abgeurteilten Handlung in Betracht kommen (vgl. bereits BGHSt 40, 30, 43). Dies ist nicht auf absolut besonders schwere Strafen beschränkt. Nicht zuletzt auch im Blick auf die besondere Härte des DDR-Strafvollzuges (vgl. BGHSt 38, 71, 73) kann allein die Verhängung einer zu vollstreckenden Freiheitsstrafe für einen offensichtlichen Grenzfall im Einzelfall als Rechtsbeugung zu werten sein.

d) Bei der Prüfung der Gesetzwidrigkeit einer durch einen DDR-Justizangehörigen getroffenen Entscheidung ist schließlich zu berücksichtigen, daß die DDR-Verfassung und die Staatsrechtspraxis der DDR von einem Grundrechtsverständnis ausgingen, das dem Charakter der Grundrechte unter der Herrschaft des Grundgesetzes nicht entspricht. Insoweit erwachsen aus dem staatsrechtlichen Begriff der „sozialistischen Gesetzlichkeit“ (Art. 19 Abs. 1 Satz 2 der DDR-Verfassung) und dem daraus folgenden großen Gewicht der Positionen des „sozialistischen Staates“ gleichsam „verfassungsimmanente Schranken“ für garantierte Grundrechte. Die Auslegung von Straftatbeständen oder die Beurteilung der Rechtswidrigkeit des Verhaltens von strafrechtlich verfolgten DDR-Bürgern darf mithin nicht im Lichte der Wertvorstellungen des Grundgesetzes und orientiert an seinem Menschenbild erfolgen. Vielmehr ist zu berücksichtigen, daß die {28} Rechtspflege von Verfassungs wegen vorrangig dem Schutz und der Entwicklung der DDR und ihrer Staats- und Gesellschaftsordnung dienen sollte (Art. 90 Abs. 1 Satz 1 der DDR-Verfassung[20]).

C. [Zu den Rügen]

Danach muß die Revision teilweise Erfolg haben.

I. [Freispruch in sieben Fällen]

Die Prüfung von sieben im vorliegenden Verfahren behandelten Fällen durch den Senat hat ergeben, daß die Verurteilung der Angeklagten wegen Rechtsbeugung insoweit entweder bereits nach der objektiven Sach- und Rechtslage wegen fehlender Gesetzwidrigkeit ausscheidet oder nicht in Betracht kommt, weil es an einer tragfähigen Feststellung wissentlich gesetzwidrigen Handelns fehlt und deren Nachholung sicher auszuschließen ist. Aus der Verfahrensgestaltung – neben der Anordnung und Aufrechterhaltung der Untersuchungshaft namentlich der Ausschluß der Öffentlichkeit oder eine nur eingeschränkte Überlassung von Anklageschriften, Eröffnungsbeschlüssen sowie schriftlichen Urteilen – läßt sich in diesen Fällen der Vorwurf der Rechtsbeugung nicht ableiten. Die Art und Weise der Durchführung von Strafverfahren mag insoweit rechtsstaatswidrig erscheinen; sie entsprach aber {29} den Verfahrensvorschriften der DDR und stellte – zumindest aus Sicht der Angeklagten – keine schwere Menschenrechtsverletzung dar (vgl. BGHSt 40, 272, 284).

Der Senat entscheidet danach in den folgenden Fällen gemäß § 354 Abs. 1 StPO in der Sache selbst und erkennt auf Freispruch.

1. Das Verhalten der Angeklagten im Fall der im Februar 1976 gegen den Diplom-Chemiker Siegfried H. erhobenen Anklage (Fall II 1 des Urteils) wegen „staatsfeindlicher Hetze" (§ 106[21], teilweise i.V.m. § 108 StGB-DDR, in der Neufassung vom 19. Dezember 1974, GBl I 1975 Nr. 3 S. 13) war noch keine Rechtsbeugung. H. wurde vorgeworfen, vor fünf Schülern der 11. Klasse einer Oberschule, die er im Rahmen eines Betriebspraktikums zu unterrichten hatte, die DDR, ihre Repräsentanten und mit ihr verbündete Staaten herabgewürdigt zu haben. Er wurde deshalb vom Stadtgericht Berlin zu zwei Jahren Freiheitsstrafe verurteilt.

a) Die von dem Betroffenen gewählten Formulierungen konnten als „Diskriminierung" im Sinne der Tatbestände jedenfalls im Blick darauf angesehen werden, daß hier in scharfem Ton gehaltene Äußerungen eines Unterrichtenden vor jugendlichen Schülern in Rede standen.

Die Auffassung des Landgerichts, daß der Verfolgte „die Wahrheit gesagt und damit sein von der DDR-Verfassung verbürgtes Grundrecht der Meinungsfreiheit ausgeübt" habe, berücksichtigt nicht, daß die {30} Meinungsfreiheit nach Art. 27 der DDR-Verfassung den aus dem „sozialistischen" Verfassungsverständnis folgenden Beschränkungen im Sinne einer Orientierung auf staatlich erwünschte Bekundungen unterlag (Sorgenicht u.a., Verfassung der DDR Art. 27 Anm. 1 ff.). Um die Freiheitsrechte des Bürgers gegenüber dem Staat ging es dabei nicht. Dementsprechend galten auch nur die von der SED gewünschten Meinungsäußerungen als geschützt. Daß eine solche Reduzierung der Wirkkraft der Meinungsäußerungsfreiheit nach rechtsstaatlichem Verständnis den Wesensgehalt dieses Menschenrechts bis zur Unkenntlichkeit einengt, vermag weder die Annahme der Ungültigkeit der hier herangezogenen Strafvorschriften zu rechtfertigen noch ihre Anwendung durch die Angeklagte auf den vorliegenden Fall als Rechtsbeugung erscheinen zu lassen.

b) Auch die Strafzumessung erfüllt hier nicht die Voraussetzungen einer gesetzwidrigen Entscheidung im Sinne des § 244 StGB-DDR, so daß auch im Blick darauf eine Strafbarkeit der Angeklagten, hier etwa wegen Durchsetzung der Anordnung oder Aufrechterhaltung der Untersuchungshaft, nicht in Betracht kommt.

aa) Allerdings ist eine Beugung des Rechts durch das Verhängen einer überhöhten Strafe möglich (vgl. schon BGHSt 3, 110, 118 ff.; 4, 66, 69 ff.; 10, 294, 300 f.; BGH GA 1958, 241; NJW 1960, 974, 975). Eine gesetzwidrige Entscheidung im Sinne des § 244 StGB-DDR liegt dann vor, wenn die Sanktion in krassem Widerspruch zum Verhältnismäßigkeitsprinzip steht, das insbesondere Eingriffe in die {31} Freiheit eines Menschen auch bei strafrechtlichen Verfehlungen begrenzt. Angesichts der Beschränkung des Rechtsbeugungstatbestandes auf offensichtliche schwere Menschenrechtsverletzungen durch überhöhte Bestrafung kann dies – entgegen der Ansicht von Buchholz (ZAP-Ost 1994, 187, 192) – auch bei Anwendung des § 244 StGB-DDR keinen Bedenken unterliegen (vgl. BGHSt 40, 272, 283 f.).

bb) Die gegen den Betroffenen verhängte Freiheitsstrafe von zwei Jahren war zweifellos unverhältnismäßig. Als grob ungerecht und schwerer Verstoß gegen die Menschenrechte im Sinne willkürlicher Rechtsanwendung erscheint sie jedoch im Blick auf Tatumstände und Strafrahmen noch nicht.

2. Das Verhalten der Angeklagten im Fall der im Dezember 1976 gegen Barbara D. erhobenen Anklage (Fall II 2 des Urteils) wegen vorbereiteten und versuchten „ungesetzlichen Grenzübertritts“ (§ 213 StGB-DDR, in der Neufassung vom 19. Dezember 1974, GBl I 1975 Nr. 3 S. 13) war ebenfalls noch keine Rechtsbeugung. Frau D. wurden fünf näher bezeichnete gescheiterte Vorhaben der Flucht aus der DDR oder der unerlaubten Nichtrückkehr vorgeworfen. Sie wurde vom Stadtbezirksgericht Berlin-Pankow – entsprechend dem von der Angeklagten in der Hauptverhandlung gestellten Antrag – zu einer Freiheitsstrafe von zwei Jahren und sechs Monaten verurteilt. {32}

a) Die Anwendung des § 213 StGB-DDR war hier keine Überdehnung der Strafvorschrift. Die insoweit erhobenen Einwendungen des Tatrichters (UA S. 89) gehen sowohl an der Strafbarkeit der Vorbereitung bzw. des Versuchs als auch an der Strafbarkeit der Nichtrückkehr in die DDR vorbei. Ebenso vernachlässigt der Tatrichter mit seinem Hinweis, die Betroffene habe ihr Menschenrecht, zu ihrem Verlobten zu ziehen, wahrnehmen wollen (UA S. 88), den Umstand, daß für DDR-Bürger jedenfalls nach der in der DDR vertretenen Auffassung kein Rechtsanspruch auf Ausreise bestand (BGHSt 40, 272, 281; vgl. auch BGHSt 39, 1, 17 m.N.). Auch an dieser Stelle legt die Strafkammer der Beurteilung der Strafbarkeit des Handelns der Angeklagten als Maßstab in unzulässiger Weise die Wertvorstellungen einer rechtsstaatlichen Verfassung zugrunde.

b) Eine Rechtsbeugung unter Beteiligung der Angeklagten ist auch hier nicht im Hinblick auf das Strafmaß anzunehmen. Der Bundesgerichtshof hat bislang nicht entschieden, wann eine Freiheitsentziehung wegen Vorbereitung (oder Versuchs) der Republikflucht eine schwere und offensichtliche Menschenrechtsverletzung ist (vgl. Senat NStZ 1995, 288). Der Senat neigt zu der Auffassung, daß die Verhängung einer Freiheitsstrafe in Höhe der hier verhängten zwei Jahre und sechs Monate ohne sonst gravierende Erschwerungsgründe aus Sicht der DDR-Justiz häufig bereits als unerträglicher Willkürakt angesehen werden müßte. Angesichts der Mehrzahl der geplanten Fluchtvorhaben nimmt der Senat die Strafe im vorliegenden Fall aber als noch nicht rechtsbeugerisch überhöht hin. {33}

c) Auch aus dem Verfahren gegen Barbara D. läßt sich für den Vorwurf der Rechtsbeugung nichts herleiten. Die Behauptung des Landgerichts (UA S. 20, 89), die Angeklagte habe das Motiv der Verfolgten, die zu ihrem Verlobten nach Hamburg gelangen wollte, übergangen, ist ausweislich der die Anklageschrift mitteilenden Urteilsgründe zumindest ungenau (vgl. UA S. 18). Abgesehen davon läge in einem „Verschweigen" des Tatmotivs keine als Willkürakt erscheinende Sachverhaltsverfälschung (vgl. BGHSt 40, 169, 181 ff.).

3. Im Falle der im Februar 1978 gegen Rolf-Dieter N. erhobenen Anklage (Fall II 3 des Urteils) wegen „Beeinträchtigung staatlicher oder gesellschaftlicher Tätigkeit" (§ 214 Abs. 1 StGB-DDR, idF des 2. Strafrechtsänderungsgesetzes vom 7. April 1977, GBl I Nr. 10 S. 100) scheitert eine Verurteilung der Angeklagten wegen Rechtsbeugung jedenfalls aus subjektiven Gründen. N. wurde zur Last gelegt, am 4. Oktober 1977 gegen 17.30 Uhr im Fußgängertunnel am Berliner Alexanderplatz ein selbstgefertigtes Plakat zur Schau gestellt zu haben, das von rund fünfzig Passanten wahrgenommen worden sei; das Plakat habe die Aufschrift getragen: „Seit 12 Monaten werde ich am legalen Verlassen der DDR gehindert". Er wurde vom Stadtbezirksgericht Berlin-Lichtenberg – entsprechend dem von der Angeklagten in der Hauptverhandlung gestellten Antrag – zu einer Freiheitsstrafe von einem Jahr und drei Monaten verurteilt. {34}

a) Die Bekundung einer „Mißachtung der Gesetze" oder die Aufforderung dazu „in einer die öffentliche Ordnung gefährdenden Weise" im Sinne des § 214 Abs. 1 StGB-DDR wurde entsprechend den „Gemeinsamen Standpunkten" des Obersten Gerichts der DDR und des Generalstaatsanwalts der DDR vom 17. Oktober 1980 (OG-Inf. Sonderdruck/1980 S. 17) angenommen für

„Fälle, in denen der Täter in der Öffentlichkeit oder gegenüber staatlichen Organen und deren Vertretern in demonstrativer Weise, kategorisch und provokatorisch die Gesamtheit oder einzelne Gesetze der DDR herabwürdigt und z.B. ankündigt, sie als ungültig oder für ihn als nicht verbindlich zu betrachten".

Eine solche Erklärung konnte „auch in demonstrativen Handlungen zum Ausdruck kommen" (Kommentar zum StGB-DDR, hrsg. vom Ministerium der Justiz und von der Akademie für Staats- und Rechtswissenschaft der DDR, 5. Aufl. 1987 § 214 Anm. 4). Auch wenn diese Auslegungsrichtlinien zu § 214 Abs. 1 StGB-DDR erst in einem späteren Zeitpunkt (1980) veröffentlicht wurden, kann ihnen für die Gesetzesinterpretation zur hier in Rede stehenden Tatzeit (1977/1978) die Bedeutung nicht abgesprochen werden.

Die Subsumtion des von dem Betroffenen gezeigten Verhaltens unter die zweite Variante des § 214 Abs. 1 StGB-DDR hielt sich noch in den äußersten Grenzen möglicher Auslegung. Mit dem Plakattext bezeichnete der Betroffene zwar nicht ausdrücklich Gesetze, die von ihm nicht anerkannt wurden. Aus den Umständen konnte die Angeklagte jedoch den – wenngleich nicht zwingenden, so doch möglichen – Schluß ziehen, daß er die gesamte mit der Grenzre-{35}gelung zusammenhängende Gesetzgebung der DDR, die auch einer Bewilligung seines Ausreisegesuchs entgegenstand, als illegal in Frage stellen wollte. Der Namhaftmachung eines bestimmten Gesetzes bedurfte es nicht; ebenso kommt es nicht darauf an, daß es in keinem Gesetz der DDR eine umfassende

Ausreiseregelung gab (vgl. BGHSt 40, 272, 281). Die Wertung des Vorgehens des Verfolgten als „demonstrativ und provokatorisch“ läßt sich angesichts von Zeit und Ort der Handlung nicht als rechtsbeugende Rechtsauslegung werten. Die – in den Begleitumständen der Handlung, jedenfalls in der immerhin noch nachvollziehbaren Betrachtungsweise der Angeklagten, zum Ausdruck kommende – „provokatorische“ Tendenz ist für den Senat in Übereinstimmung mit dem 4. Strafsenat des Bundesgerichtshofs (vgl. BGHSt 40, 272, 282) in Fällen der vorliegenden Art das maßgebliche Kriterium dafür, ob die Begriffe „Gefährdung der öffentlichen Ordnung“ und „Mißachtung der Gesetze“ in § 214 StGB-DDR noch in den Grenzen des möglichen Wortsinns ausgelegt worden sind. Nach diesen Grundsätzen ist hier – naheliegend anders als in Fällen, in denen Personen lediglich ihren Wunsch nach Ausreise öffentlich bekundet haben – die Wortlautschranke unter Zugrundelegung der Wertmaßstäbe der DDR noch nicht überschritten.

b) Die gegen Rolf-Dieter N. verhängte Strafe von einem Jahr und drei Monaten grenzt bereits an einen Willkürakt, gerade weil das Verhalten des Betroffenen den Straftatbestand nur bei extensiver Auslegung erfüllte. Auch wenn die Tat „nur wenige Minuten dauerte und höchstens 50 Passanten er-{36}reichte“ (UA S. 90), scheitert eine Verurteilung der Angeklagten wegen Rechtsbeugung durch Veranlassung der Untersuchungshaft oder wegen Beihilfe zur Rechtsbeugung durch ihren Strafantrag in der Hauptverhandlung letztlich doch aus subjektiven Gründen. Auch das Zusammenspiel von tendenzieller Überdehnung einer Norm auf der Tatbestandsseite und gleichzeitiger Verhängung einer hohen vollstreckbaren Freiheitsstrafe (oben B. II 5 c) begründet hier noch nicht den Vorwurf der Rechtsbeugung (vgl. BGHSt 40, 472, 283 f.). Immerhin hatte sich der Betroffene nach wiederholter Ablehnung von Ausreiseanträgen und nach ausdrücklicher Vorwarnung, folglich in voller Kenntnis ihm drohender massiver strafrechtlicher Konsequenzen, zur Durchführung seiner Aktion entschlossen. Im Verfahren hat er ausdrücklich seinen Willen zur Wiederholung ähnlicher Taten bekundet.

c) Die Tatsache, daß eine Bestrafung, wie sie Rolf-Dieter N. erfahren hat, nicht als Rechtsbeugung gewertet wird, verdeutlicht beispielhaft den unbefriedigenden Aspekt, daß massive Reaktionen der DDR-Justiz gerade auf besonders mutiges und aktiv auf die Durchsetzung von Freiheitsrechten gerichtetes Verhalten wegen des nach rechtsstaatlichen Prinzipien gebotenen Abstellens auf die Sicht des DDR-Rechts eher selten zur Annahme von Rechtsbeugung führen werden. Letztlich geht dies darauf zurück, daß die DDR-Justiz gerade solches Verhalten von Menschen mit Zivilcourage – wie die Ereignisse vom November 1989 belegen – aus ihrer Sicht zu Recht besonders fürchten mußte. {37}

4. Das Verhalten der Angeklagten im Fall der im Dezember 1978 gegen die Eheleute Gisela und Winfried M. erhobenen Anklage (Fall II 4 des Urteils) wegen „staatsfeindlicher Verbindungen“ (§ 100 StGB-DDR aF – in der Neufassung vom 19. Dezember 1974, GBl I 1975 Nr. 3 S. 13[22], vor der Änderung im 3. Strafrechtsänderungsgesetz vom 28. Juni 1979, GBl I Nr. 17 S. 139 –) und wegen „Beeinträchtigung staatlicher oder gesellschaftlicher Tätigkeit“ (§ 214 StGB-DDR) stellte sich nicht als Rechtsbeugung dar. Den Eheleuten wurde vorgeworfen, Material über ihre Ausreiseanträge mit dem Ziel der Veröffentlichung an das „ZDF-Magazin“ und an die „Gesellschaft für Menschenrechte“ gesandt zu haben, ferner dreimal in Ausreiseanträgen mit der Veröffentlichung in west-

lichen Presseorganen gedroht zu haben, um ihre Ausreisegenehmigung zu erzwingen. Das Stadtgericht Berlin verurteilte die Eheleute am 2. Februar 1979 zu Freiheitsstrafen von zwei Jahren und drei Monaten (Gisela M.) bzw. zwei Jahren (Winfried M.).

a) Die Annahme der Voraussetzungen des § 100 Abs. 1 StGB-DDR aF und des § 214 Abs. 1 StGB-DDR, erste Variante erweist sich als vom Normtext her letztlich noch hinnehmbare Interpretation der Vorschriften. Soweit die Anklage nicht belegt, daß „der ordnungsgemäße Tätigkeitsablauf eines staatlichen Organs" tatsächlich beeinträchtigt worden ist (vgl. Kommentar zum StGB-DDR aaO § 214 Anm. 3), kam jedenfalls eine versuchte Beeinträchtigung staatlicher Tätigkeit (§ 214 Abs. 5 StGB-DDR) in Betracht. Eine solche {38} lediglich fehlerhafte Einordnung strafbaren Verhaltens, wie sie naheliegend auf Nachlässigkeit beruht, stellt sich jedoch regelmäßig nicht als Rechtsbeugung dar.

b) Die (zudem ohne unmittelbaren Einfluß der Angeklagten, die an der Hauptverhandlung nicht mitgewirkt hat) gegen die Betroffenen verhängten Haftstrafen lassen ein krasses Mißverhältnis von Tat und Sanktion erkennen. Als schlechthin unerträglicher Willkürakt erscheinen sie angesichts der Mehrzahl der Tatvorwürfe indes noch nicht.

5. Im Falle der im April 1979 gegen die Brüder John und Ralf-Dieter W. erhobenen Anklage (Fall II 5 des Urteils) wegen „Menschenhandels" (§ 132 Abs. 1 StGB-DDR, in der Neufassung vom 19. Dezember 1974, GBl I 1975 Nr. 3 S. 13) bzw. Beihilfe hierzu kommt eine Verurteilung der Angeklagten wegen Rechtsbeugung jedenfalls aus subjektiven Gründen nicht in Betracht. John W. wurde vorgeworfen, am 31. Januar 1979 während eines Besuchs in Ostberlin dem DDR-Bürger Peter B. seinen Reisepaß und das Einreisevisum übergeben zu haben, um den ihm ähnlich sehenden B. „über die Grenzübergangsstelle Friedrichstraße nach Berlin/West zu verbringen". Nachdem B. am selben Tag gegen 23.45 Uhr auf diese Weise nach Berlin (West) ausgereist sei, habe John W. den angeblichen Verlust seiner Reisedokumente bei der Volkspolizei gemeldet. Ralf-Dieter W. wurde zur Last gelegt, seinem Bruder die Bestätigung des Verlustes der Reisedokumente gegenüber den DDR-Behörden zugesagt zu haben; ferner habe er B. über {39} den Ablauf der Grenzkontrolle instruiert und Bedenken des B. zerstreut. Das Stadtbezirksgericht Berlin-Pankow verurteilte die Brüder auf Antrag der Angeklagten zu Freiheitsstrafen von drei Jahren und sechs Monaten (John W.) bzw. einem Jahr und sechs Monaten (Ralf-Dieter W.). Beide befanden sich vom 1. Februar 1979 bis zum 12. Oktober 1979 in Haft.

In der Aushändigung des Reisepasses ein „Verbringen" im Sinne des § 132 Abs. 1 StGB-DDR zu sehen, ist aus systematischen und teleologischen Gründen durchgreifend bedenklich. Der Menschenhandel wurde verstanden als „besonders schwere Form der Freiheitsberaubung" (Kommentar zum StGB-DDR aaO § 132 Anm. 2), die in § 131 StGB-DDR unmittelbar vor dem § 132 StGB-DDR geregelt war. Indes sprach für die Anwendung ein Urteil des Obersten Gerichts der DDR (vom 19. März 1979 – 1 OSB 14/79 –, OG-Inf. 4/1979 S. 47; vgl. auch „Gemeinsame Standpunkte" des Obersten Gerichts und des Generalstaatsanwalts der DDR vom 17. Oktober 1980, OG-Inf. Sonderdruck 1980 S. 3 ff.).

Der Senat braucht letztlich nicht zu entscheiden, ob in der gewählten Gesetzesauslegung der Tatbestand des Menschenhandels insoweit überdehnt worden ist; jedenfalls ist der Angeklagten nicht der Vorwurf einer wissentlich gesetzwidrigen Entscheidung zu machen. Denn die zweifelhafte rechtliche Einordnung des Verhaltens der Brüder W. hatte nicht notwendig bestimmenden Einfluß auf die gegen sie verhängten (äußerst hohen) Strafen. Bei einer auf dem Boden des DDR-Rechts juristisch nicht an-{40}greifbaren Würdigung des Geschehens als Beihilfe zum ungesetzlichen Grenzübertritt im schweren Fall (§ 213 Abs. 2 Nr. 2, § 22 Abs. 2 Nr. 3 StGB-DDR; vgl. zudem auch § 105 StGB-DDR[23]) war ein Strafrahmen eröffnet, der die später konkret verhängten Strafen ermöglichte. Nachweismöglichkeiten, daß die Angeklagte durch eine Überdehnung des § 132 Abs. 1 StGB-DDR eine besonders harte Bestrafung der Betroffenen erreichen wollte, liegen daher nicht vor.

Auch das außergewöhnlich hohe Strafmaß von drei Jahren und sechs Monaten Freiheitsstrafe gegen den zuvor nicht bestraften John W. stellte sich angesichts der geglückten Flucht, womöglich auch im Blick auf die zu erwartende konkrete Vollstreckung, noch nicht als Rechtsbeugung dar.

6. Im Falle der im Februar 1983 gegen Wolfgang D. und Thorsten M. erhobenen Anklage (Fall II 8 des Urteils) wegen (u.a.) Beihilfe zum versuchten „Terror" (§ 101 Abs. 1 StGB-DDR) in Tateinheit mit versuchtem „ungesetzlichen Grenzübertritt" im schweren Fall (§ 213 Abs. 1, Abs. 3 Nr. 2 und Nr. 5 StGB-DDR) sowie wegen Beihilfe zur vorbereiteten „rechtswidrigen Nichtrückkehr in die DDR" (§ 213 Abs. 2 StGB-DDR) bzw. wegen „Unterlassung der Anzeige" (§ 225 Abs. 1 Nr. 2 und Nr. 5 StGB-DDR, jeweils idF des 3. Strafrechtsänderungsgesetzes vom 28. Juni 1979, GBl I Nr. 17 S. 139) ist bereits objektiv der Tatbestand der Rechtsbeugung nicht erfüllt. D. wurde insoweit vorgeworfen, zwei DDR-Bürger in einem PKW zu einem Übungsplatz der Nationalen Volksarmee gefahren zu {41} haben, wo diese – wie D. gewußt habe – einen Schützenpanzerwagen entwenden und damit die Grenze der DDR nach Berlin (West) durchbrechen wollten; anschließend habe er Frau und Kind des einen zu einem Krankenhaus gebracht, wo deren Aufnahme in den Schützenpanzerwagen vorgesehen gewesen sei. M. wurde vorgeworfen, er habe das Vorhaben, das ihm bekannt gewesen sei, nicht angezeigt. D. wurde weiter zur Last gelegt, bereits früher seinen PKW für eine CSSR-Reise, die zur Flucht in die Bundesrepublik Deutschland genutzt werden sollte, zur Verfügung gestellt zu haben. Den Verfolgten wurden in derselben Anklage zahlreiche Diebstähle zur Last gelegt. Sie wurden vom Stadtgericht Berlin – unter Mitwirkung der Angeklagten als Sitzungsvertreterin der Staatsanwaltschaft – zu Freiheitsstrafen verurteilt, Wolfgang D. zu sechs Jahren und Thorsten M. zu vier Jahren und sechs Monaten.

Die Subsumtion des Verhaltens der Betroffenen unter die herangezogenen Strafbestimmungen hielt sich im Rahmen zulässiger Auslegung. Die Vorbehalte des Tatrichters dagegen sind unbegründet. Insbesondere sind seine Ausführungen, die Nichtanzeige durch den an der nächtlichen Fahrt beteiligten M. sei schon deshalb nicht pflichtwidrig gewesen, weil sie einer Selbstanzeige gleichgekommen wäre, verfehlt, weil M. bei entsprechender Bewertung seines Verhaltens konsequent seinerseits wegen Beteiligung an der Tat, deren bloße Nichtan-{42}zeige ihm vorgeworfen wurde, angeklagt worden wäre; sie lassen zudem unberücksichtigt, daß die geforderte Anzeige naheliegend zur Straffreiheit nach § 21 Abs. 5 StGB-DDR geführt hätte.

Es läßt sich nicht feststellen, daß die gegen die Betroffenen verhängten (hohen) Freiheitsstrafen Rechtsbeugungen darstellten. Dies gilt schon deshalb, weil diese Maßnahmen neben den hier in Rede stehenden Taten zahlreiche und nicht unerhebliche Eigentumsdelikte betrafen.

7. Im Fall der im Mai 1985 gegen Olaf K. erhobenen Anklage (Fall II 9 des Urteils) wegen „Beeinträchtigung staatlicher Tätigkeit“ (§ 214 Abs. 1 StGB-DDR. idF des 3. Strafrechtsänderungsgesetzes vom 28. Juni 1979, GBl I Nr. 17 S. 139) erfüllte das Verhalten der Angeklagten nicht die Voraussetzungen einer Rechtsbeugung. Dem 21jährigen Betroffenen wurde vorgeworfen, im Gebäude des Rates des Stadtbezirks Berlin-Marzahn erklärt zu haben, für den Fall einer Ablehnung seines Ausreiseantrages werde er sich ein Plakat mit der Aufschrift: „Ich will endlich ausreisen“, um den Hals hängen und damit vor dem Staatsratsgebäude oder „an der Staatsgrenze“ auftreten. Er wurde vom Stadtbezirksgericht Berlin-Pankow – unter Mitwirkung der Angeklagten als Sitzungsvertreterin der Staatsanwaltschaft – zu einer Freiheitsstrafe von einem Jahr verurteilt. Infolgedessen wurde auch der Vollzug einer zuvor angedrohten Freiheitsstrafe von neun Monaten unter Widerruf der Bewährungszeit nach § 35 Abs. 3 StGB-DDR beschlossen. Olaf K. mußte beide Strafen voll verbüßen. {43}

Die Ankündigung des Betroffenen konnte aus Sicht der Angeklagten innerhalb der Grenzen des Normtextes als Drohung ausgelegt werden, nämlich als Einengung der Entscheidungsmöglichkeiten staatlicher Organe (vgl. Kommentar zum StGB-DDR aaO § 214 Anm. 3 a. E.).

Die gegen den Betroffenen verhängte Strafe verrät zwar ein krasses Mißverständnis[24] von Schuld und Sanktion; sie erscheint jedoch, auch im Blick auf das beträchtliche Gewicht der Gesamtsanktion, noch nicht als Rechtsbeugung.

Die Einwendungen des Tatrichters gegen die Sachverhaltsdarstellung in der Anklage (UA S. 98/99) belegen keine Sachverhaltsverfälschung. Seine Annahme, die Auswirkungen der Tat und die Schuld des Betroffenen seien unbedeutend gewesen, so daß sich die Anwendung des § 3 StGB-DDR aufgedrängt habe, entspricht Maßstäben, die an den für die Beurteilung seiner Schuld entscheidenden Gegebenheiten der DDR-Justiz vorbeigehen.

II. [Rechtsbeugung in drei Fällen]

Die Prüfung der verbleibenden drei Fälle hat hingegen ergeben, daß hier der objektive Tatbestand einer gesetzwidrigen Entscheidung vorliegt (nachfolgend 1 bis 3). Hierfür fehlt es auch nicht an {44} den subjektiven Voraussetzungen für eine Verurteilung wegen Rechtsbeugung (nachfolgend 4). Diese Fälle betreffend ist die Revision der Angeklagten zum Schuldspruch mithin zu verwerfen.

1. Die von der Angeklagten im Juli 1979 mit Antrag auf Aufrechterhaltung des Haftbefehls gegen Gudrun L. erhobene Anklage (Fall II 6 des Urteils) wegen „öffentlicher Herabwürdigung“ (§ 220 Abs. 1 StGB-DDR, idF des 2. Strafrechtsänderungsgesetzes vom 7. April 1977, GBl I Nr. 10 S. 100[25]) war gesetzwidrig im Sinne des § 244 StGB-DDR. Die 43jährige Sekretärin Gudrun L. hatte am Morgen des 5. April 1979 in einer Nachrichtensendung des Senders Freies Berlin von einer Anordnung des Ministeriums für Außenhandel über die Einführung von „Wertschecks“ für Einkäufe im Intershop erfahren. Um ihr Westgeld vor Wirksamwerden dieser Anordnung noch zu verwenden, begab sie sich am Nachmittag desselben Tages zu einem Intershop in der Berliner

Friedrichstraße. Dort befragte der ARD-Korrespondent Lutz L. die vor dem Geschäft in einer Schlange wartenden DDR-Bürger. Unter anderem sprach er unter Vorhalt eines Mikrofons auch Frau L. auf eine Stellungnahme zu der beabsichtigten Einführung der Wertgutscheine an. Sie äußerte daraufhin:

„Warum darf man nicht mit Geld im Laden bezahlen, wenn schon solche Läden existieren? Das ist etwas, also es tut mir leid, da, also, da habe ich kein Verständnis für. Ich bin ein mündiger Bürger, auch hier in der DDR. Und wenn ich dann mit Geld, was ich ja bisher haben durfte in den letzten Jahren, nicht mehr offiziell im Laden bezahlen muß, sondern mir 'nen Gutschein geben las-{45}sen muß, dann ist das 'ne Entmündigung in meinen Augen, denn Geld ist Geld in der ganzen Welt."

Die Äußerung von Frau L. wurde am selben Abend in der ARD-Sendung „Tagesthemen" ausgestrahlt.

Gudrun L. wurde deshalb nach ihrer Identifizierung durch das MfS am 23. Mai 1979 verhaftet. Sie wurde vom Stadtbezirksgericht Berlin-Lichtenberg – wie von der Angeklagten in der Hauptverhandlung beantragt – zu einer Freiheitsstrafe von einem Jahr verurteilt und befand sich bis zum 7. November 1979 in Haft.

a) Der Tatbestand der Strafnorm des § 220 Abs. 1 StGB-DDR (dazu Kommentar zum StGB-DDR aaO § 220 Anm. 2) konnte allerdings bei extensiver Auslegung aus Sicht der Angeklagten im Blick darauf als gegeben angesehen werden, daß die Betroffene ihre kritischen Äußerungen gegenüber einem westlichen Journalisten machte und damit ihre Kritik in einem für die DDR besonders sensiblen Bereich der Öffentlichkeit zum Ausdruck brachte.

b) Der Haftbefehl gegen die Betroffene, dessen Aufrechterhaltung die Angeklagte beantragte, und die – ebenfalls von ihr beantragte – Verhängung einer zu vollstreckenden Freiheitsstrafe von einem Jahr stellen sich indes wegen offensichtlicher Willkür im Gewand eines justizförmigen Strafverfahrens als Rechtsbeugung dar. {46}

Die Betroffene machte ihre Äußerungen gegenüber dem ARD-Korrespondenten, die den Tatbestand der öffentlichen Herabwürdigung ohnehin nur bei extensiver Auslegung der Vorschrift erfüllen, spontan, dementsprechend ohne vorangegangene Überlegung und, was der festgestellte Gesamtinhalt der Äußerungen nahelegt, aus einer gewissen Erregung heraus. Sie hatte die Kritik auch nicht auf eigene Initiative vorgebracht, sondern war von dem Reporter unter Vorhalten des Mikrofons zu einer Stellungnahme aufgefordert worden. Diese Umstände bildeten offensichtliche gravierende Strafmilderungsgründe. Bei gesetzmäßiger Entscheidung konnte innerhalb des vorgegebenen Strafrahmens – selbst eingedenk der Annahme eines aus Sicht der Angeklagten gewichtigen Erschwerungsgrundes durch den Kontakt zu einem Reporter der Westmedien, ohne dessen Vorliegen indes schon die tatbestandlichen Voraussetzungen nur schwerlich anzunehmen gewesen wären – für das unüberlegte Spontanverhalten der gänzlich unbestraften, eingeordnet lebenden Frau nur eine der in § 220 StGB-DDR vorgesehenen verschiedenen Rechtsfolgen unterhalb der Freiheitsstrafe (Verurteilung auf Bewährung, Haftstrafe, Geldstrafe oder öffentlicher Tadel) in Betracht kommen. Diese bei Anwendung der Strafzumessungsgrundsätze des § 61 Abs. 2 StGB-DDR zwingende Ermessenseinschränkung bestand auch angesichts des Gebots, bei der Strafzumessung „Grundsätze der sozialistischen Gerechtigkeit zu verwirklichen" (§ 61 Abs. 1 StGB-DDR). Sie entspricht im übrigen den Grundsätzen des Berichts des Präsidiums an die 17. Plenartagung des Obersten Gerichts vom 25. September 1980 „über die Wirksamkeit der {47} Rechtsprechung der Gerichte bei Verbrechen gegen die Deutsche Demokratische Republik und bei Straftaten gegen die staatliche und öffentliche Ordnung" (OG-Inf. 6/1980 S. 2 ff.). In diesem (freilich erst nach dem hiesigen Tatzeitraum verfaßten) Bericht heißt es mit Blick auf § 220 StGB-DDR:

„Insoweit wird richtig mit Freiheitsstrafen reagiert, wenn aus einer verfestigten negativen Haltung entsprechend schwere Straftaten begangen werden.... Auch sind hartnäckige Begehungsweisen sowie der konkrete Inhalt der Äußerungen wichtige Gesichtspunkte für den Ausspruch von Freiheitsstrafen. Der überwiegenden Zahl der Fälle kann jedoch wirksam mit Strafen ohne Freiheitsentzug begegnet werden" (aaO S. 12).

Da eine Strafe mit Freiheitsentzug danach jedenfalls im Rahmen der Gesetze nicht zu erwarten war, gab es keinen Haftgrund im Sinne des § 122 StPO-DDR[26]. Dabei kommt es gar nicht darauf an, ob neben § 122 Abs. 1 Nr. 4 StPO-DDR, nach Sachlage gänzlich abwegig, namentlich auch von der Angeklagten der Haftgrund der Verdunkelungsgefahr herangezogen worden ist.

Die nach vorangegangener intensiver Wohnungsdurchsuchung (UA S. 40) erfolgte Inhaftierung der Betroffenen war mithin ein offensichtlicher Willkürakt. Hier sollte an einem Menschen, der auch bei systemimmanenter Betrachtung allenfalls geringe Schuld auf sich geladen hatte, ein Exempel statuiert werden, indem er einer grausamen Strafverfolgung unterworfen wurde, um Bürger von mißliebigen Äußerungen ohne Rücksicht auf deren Gewicht abzu-{48}schrecken. Die schwere seelische Belastung der Betroffenen durch die Vorgehensweise der Strafverfolgungsorgane und ihre berufliche Vernichtung (UA S. 40) belegen beispielhaft, daß die Voraussetzungen menschenrechtswidriger willkürlicher Sanktionen im Einzelfall auch ohne absolut besonders gravierende Strafhöhe vorliegen können (vgl. oben B. II 5 c). Im übrigen sprechen hier für eine solche gewollte Schreckensherrschaft – abgesehen von anfänglich bestehenden, sogar dokumentierten Bedenken (UA S. 40 f.) – das vom Ministerium für Staatssicherheit (MfS) im Fall L. gezeigte massive Interesse am Verfahrensablauf und die im landgerichtlichen Urteil möglicherweise nicht einmal vollständig wiedergegebenen und ausgewerteten Kontakte dieses Ministeriums mit Justizangehörigen während des Ermittlungsverfahrens (vgl. UA S. 42 ff.). Die für den Schuldspruch hier unerhebliche Annahme liegt nicht fern, daß hier eine Einflußnahme des MfS auf das Verhalten der Justiz vorlag, die so gestaltet war, daß sie für sich die Annahme der Rechtsbeugung durch die konkrete Verfahrensgestaltung rechtfertigte (vgl. dazu Werkentin in: Rottleuthner, Steuerung der Justiz in der DDR 1994 S. 93 ff.).

2. Auch der im Januar 1982 gestellte Antrag der Angeklagten auf Erlaß eines Haftbefehls gegen die 16jährige Angela K. (Fall II 7 des Urteils) wegen „öffentlicher Herabwürdigung" nach § 220 Abs. 2 StGB-DDR (idF des 3. Strafrechtsänderungsgesetzes vom 28. Juni 1979, GBl I Nr. 17 S. 139) stellte sich als gesetzwidrig im Sinne des § 244 StGB-DDR dar. Der Jugendlichen wurde vorge-{49}worfen, zwischen November 1981 und Januar 1982 jeweils etwa zehn Exemplare einer als „Anklage" und einer als „Aufruf" bezeichneten Schrift auf ihrer Schreibmaschine hergestellt und in Hausbriefkästen geworfen zu haben. In der „allen Jugendlichen, insbesondere den Punks" gewidmeten, in Versform verfaßten „Anklage" hieß es u.a.:

„In diesem Staat dürfen wir uns nur mit Arbeit die Zeit vertreiben … Wir … leben in einer gefährlichen Mausefalle.“ Der „Aufruf“ bestand aus einer Aufzählung von Imperativen, unter anderem den folgenden: „Jedem eine volle Meinungsfreiheit … Laßt Unschuldige existieren (z.B. die Punkscene in Ost-Berlin)!“

Als Haftgrund gab die Angeklagte in ihrem Antrag „Wiederholungsgefahr“ und die Erwartung einer „disziplinierenden Strafmaßnahme“ an. Das Mädchen befand sich vom 28. Januar 1982 bis zum 4. März 1982 in Untersuchungshaft. Nach dem Haftbefehlsantrag wirkte die Angeklagte an dem weiteren Verfahren nicht mehr mit.

a) Allerdings lagen die tatbestandlichen Voraussetzungen der herangezogenen Strafbestimmung vor. Die von der Jugendlichen verfaßten Schriftstücke konnten ohne rechtsbeugende Wertung trotz ihres Bagatellcharakters als zur Beeinträchtigung der staatlichen und öffentlichen Ordnung geeignet angesehen werden; die eher geringe Anzahl und ihr Wortlaut stehen dieser Betrachtung entgegen der Auffassung des Tatrichters (UA S. 94) nicht notwendig entgegen. {50}

b) Der Bagatellcharakter des Falles, der sich bereits in der geringen Anzahl und der unbeholfenen Formulierung der Schriften offenbarte, verbot es aber, eine zudem nicht vorbelastete Jugendliche wegen eines solchen Vergehens mit Untersuchungshaft zu überziehen. Der Antrag der Angeklagten auf Erlaß eines Haftbefehls stellt sich danach objektiv als gesetzwidrige Entscheidung im Sinne des § 244 StGB-DDR dar. Die Inhaftierung des Mädchens konnte sich auf keinen Haftgrund stützen. Die von der Angeklagten hierfür angegebene Begründung war offensichtlich nicht tragfähig.

aa) Die Annahme von Wiederholungsgefahr setzte nach § 122 Abs. 1 Nr. 3 StPO-DDR voraus, daß „das Verhalten des Beschuldigten oder des Angeklagten eine wiederholte und erhebliche Mißachtung der Strafgesetze darstellt“. Eine solche Erheblichkeit konnte dem Verhalten der Jugendlichen schlechterdings nicht beigemessen werden. Darüber hinaus galt nach dem in der Textausgabe der StPO-DDR insoweit abgedruckten Beschluß des Obersten Gerichts der DDR zu Fragen der Untersuchungshaft vom 20. Oktober 1977 (OG-Inf. Nr. 4/1977 S. 54), daß Wiederholungsgefahr nur vorliege,

> „wenn das bisherige strafrechtswidrige und damit in Zusammenhang stehende Verhalten, insbesondere der zu Vortaten bestehende Zusammenhang, die erneute Straftat als Ausdruck einer fortbestehenden, negativen Grundeinstellung zur gesellschaftlichen Verantwortung oder als hartnäckige Mißachtung der Strafgesetze kennzeichnet“.

Ungeachtet der wiederholten Aktivitäten in den beiden Tatkomplexen konnte für die Unterstellung einer derartig verfestigten inneren {51} Haltung ohne zusätzliche konkrete Anhaltspunkte bei einer Jugendlichen, die nicht vorbelastet war und die innerhalb eines Zeitraumes von drei Monaten einige wenige, überwiegend eher schwärmerische Pamphlete in Hausbriefkästen geworfen hatte, kein Raum sein.

bb) Auch auf § 122 Abs. 1 Nr. 4 StPO-DDR ließ sich die von der Angeklagten gegen die Betroffene beantragte Untersuchungshaft nicht stützen. Nach dieser Vorschrift stellte es einen Haftgrund dar, daß eine Tat „mit Haftstrafe bedroht und eine Strafe mit Freiheitsentzug zu erwarten ist“. Dabei schloß der Begriff der Haftstrafe die Jugendhaft nach § 74 StGB-DDR ein (vgl. Kommentar zur StPO-DDR, hrsg. vom Ministerium der Justiz, 3. Aufl. 1989, § 122 Anm. 1.6); es genügte jedoch nicht, daß im verletzten Strafgesetz eine Haftstrafe angedroht war, vielmehr mußte auch für die konkrete Tat eine Strafe mit Freiheitsentzug „real zu erwarten“ sein (Kommentar zur StPO-DDR aaO).

Eine solche Strafe war hier bei gesetzmäßiger Entscheidung unter Berücksichtigung des Alters der Jugendlichen (vgl. zu den insoweit möglichen Sanktionen §§ 67 ff. StGB-DDR) und der auch sonst offensichtlich ganz überwiegenden mildernden Gesichtspunkte angesichts eines weiten Spektrums vom Gesetz vorgesehener anderer möglicher Rechtsfolgen aus Verhältnismäßigkeitsgründen unzweideutig ausgeschlossen. Der „politische“ Bezug der Taten war eindeutig so harmlos und wenig gewichtig, daß auch mit Rücksicht auf eine in diesem Bereich besonders {52} empfindliche und unnachsichtige Betrachtungsweise eines DDR-Staatsanwalts eine andere Interpretation des Haft- und Strafzumessungsrechts nicht ernstlich erwogen werden kann.

cc) Es kommt hinzu, daß dem Antrag auf Anordnung der Untersuchungshaft trotz der Unbestraftheit der Betroffenen und insbesondere ihres Alters offenbar jede Auseinandersetzung mit dem Unumgänglichkeitserfordernis des § 123 StPO-DDR fehlte. Auf der Hand hätte auch eine Erwägung zum Einsatz der besonderen Aufsicht Erziehungsberechtigter nach § 135 StPO-DDR – als „milderes Mittel“ – liegen müssen, sofern, was sich den Urteilsfeststellungen nicht entnehmen läßt, konkrete tatsächliche Verhältnisse dem nicht entgegenstanden.

3. Schließlich war auch die im Juli 1985 erhobene, auf „Beeinträchtigung staatlicher Tätigkeit“ (§ 214 Abs. 1 StGB-DDR, idF des 3. Strafrechtsänderungsgesetzes vom 28. Juni 1979, GBl I Nr. 17 S. 139) gestützte Anklage gegen Wolfgang L. (Fall II 10 des Urteils) – in Verbindung mit dem Antrag auf Aufrechterhaltung der Untersuchungshaft – gesetzwidrig im Sinne des § 244 StGB-DDR. Der DDR-Bürger, der nach seiner Ehescheidung zu seiner kranken Mutter nach Berlin (West) hatte ausreisen wollen, dessen Ausreiseantrag zuvor jedoch abgelehnt worden war, hatte am 28. Mai 1985 gegen 0.25 Uhr an der Grenzübergangsstelle Chausseestraße in Berlin, wie es in der Anklage heißt, „provokatorisch“ seinen Personalausweis vorgelegt {53} und die Ausreise nach Berlin (West) gefordert. Er wurde vom Stadtbezirksgericht Berlin-Pankow zu einer Freiheitsstrafe von einem Jahr und zwei Monaten verurteilt.

a) Bereits die Heranziehung der Strafnorm auf einen Fall der schlichten Äußerung eines Ausreisebegehrens unter Vorlage des Personalausweises legt hier die Annahme einer „Überdehnung“ des herangezogenen Straftatbestandes nahe.

Der Vorlage des Personalausweises, verbunden mit dem geäußerten Ausreisebegehren durch eine Person, deren Ausreiseantrag zuvor abgelehnt worden war, mag die Bekundung einer Mißachtung der Gesetze, nämlich der „Grenzregelung“ (vgl. oben I. 3 a), noch zu entnehmen sein. Mag das Verhalten des Betroffenen zudem zumindest eine gewisse Ähnlichkeit mit einer „demonstrativ-provokatorischen Handlung“ nach DDR-Verständnis aufweisen, sprechen die Umstände der Tat insgesamt eindeutig gegen das erforderliche Vorliegen eines Vorgehens „in einer die öffentliche Ordnung gefährdenden Weise“: Es ist nach den Feststellungen nicht belegt, daß außer den staatlich Bediensteten am Grenzübergang irgend jemand sonst vom Tun des Betroffenen Kenntnis erlangte. Bei einem parallel gelagerten Fall der schlichten Paßvorlage hatte das Oberste Gericht der DDR entschieden, daß eine Gefährdung der öffentlichen Ordnung nicht gegeben sei, wenn sich außer den Grenzsicherungskräften keine weiteren Personen an der Grenzübergangsstelle aufhielten; die Gefährdung könne auch nicht allein daraus hergeleitet werden, daß die Mißachtung der Gesetze im {54} Bereich einer Grenzübergangsstelle bekundet worden ist (Urteil vom 7. Januar 1983 – 1 OSB 63/82 –). Für die Mutmaßung der Revision, der Betroffene habe die „Hauptrückreisezeit“ für seine Aktionen gewählt, folglich bewußt öffentliches Aufsehen erregt, bieten die Urteilsfeststellungen keinen Anhalt.

Die erste Variante des § 214 Abs. 1 StGB-DDR lag offensichtlich nicht vor, da die schlichte Äußerung eines Ausreisebegehrens und die Vorlage des Personalausweises an einer Grenzübergangsstelle unter keiner erkennbaren nachvollziehbaren Betrachtungsweise die Voraussetzungen von „Gewalt oder Drohung“ erfüllen. Es bleibt auch unerfindlich, inwieweit durch ein solches Verhalten der Entscheidungsspielraum staatlicher Stellen – auch nur in der Vorstellung des Handelnden – beeinträchtigt sein konnte.

b) Zu einer offensichtlich schweren Menschenrechtsverletzung wird die gegen den Betroffenen gerichtete Strafverfolgung in diesem Grenzbereich des Tatbestandes – selbst wenn man die Annahme der Voraussetzungen der zweiten Variante des § 214 Abs. 1 StGB-DDR noch nicht für sich als „Überdehnung“ ansehen wollte – jedenfalls durch das in einem unerträglichen Mißverhältnis zur „Tat“ stehende Strafmaß von einem Jahr und zwei Monaten Freiheitsstrafe. Die Verhängung des schärfsten in § 214 Abs. 1 StGB-DDR vorgesehenen Strafübels konnte keinen auch nur theoretisch an der Verwirklichung von Gerechtigkeit (vgl. Art. 86 Verfassung der DDR) orientierten Rechtsprechungsakt darstel-{55}len. § 214 Abs. 1 StGB-DDR sah neben Freiheitsstrafe bis zu drei Jahren als abgestufte mildere Sanktionen Haftstrafe, Verurteilung auf Bewährung, Geldstrafe und öffentlichen Tadel vor. Dies läßt erkennen, daß auch das SED-Regime den Unterschieden der möglichen tatbestandlichen Begehungsformen Rechnung tragen wollte. Die Beeinträchtigung staatlicher Tätigkeit durch Gewalt oder Drohung und die Bekundung einer Mißachtung der Gesetze waren danach ersichtlich nicht ohne weiteres mit einem hohen Strafbedürfnis verbunden. Vielmehr blieb Raum, auf Bagatell- und Grenzfälle mit abgemilderten Sanktionen zu reagieren. Da hier die Beurteilung eines Verhaltens in Rede stand, das, falls überhaupt, dann nur bei denkbar weitester Auslegung den Tatbestand der Norm im Grenzbereich erfüllen konnte, war die Verhängung von Freiheitsstrafe als der schärfsten Sanktion, zumal da keine Anhaltspunkte für etwa gravierende persönliche Erschwerungsgründe bei dem Betroffenen vorlagen, mit dem Gesetz (vgl. § 61 Abs. 2 StGB-DDR) schlechthin nicht zu vereinbaren.

Auf diesen offensichtlichen Rechtsbruch, der einen willkürlichen Unterdrückungs- und Gewaltakt gegenüber einem Ausreisewilligen darstellte, hat die Angeklagte mit ihrer Anklage, in der sie die Aufrechterhaltung des Haftbefehls gegen den Betroffenen beantragte (zum Fehlen eines Haftgrundes vgl. oben 1 b), hingewirkt. {56}

4. Die Angeklagte hat jeweils vorsätzlich gehandelt. Der Tatrichter hat festgestellt, die Angeklagte habe gewußt, daß sie gesetzwidrig gehandelt hat. Damit ist die innere Tatseite der Rechtsbeugung, die das Bewußtsein der Rechtswidrigkeit voraussetzt, hinreichend belegt. Dies wird auch nicht dadurch in Frage gestellt, daß der Tatrichter in den drei Fällen, in denen Rechtsbeugung objektiv im Ergebnis mit Recht bejaht wurde, dies noch weitergehend, teilweise bedenklich, insbesondere nach Maßgabe am Grundgesetz orientierter Maßstäbe, begründet hat. Allein das Gewicht der vom Senat in diesen Fällen angenommenen Rechtsbrüche läßt keinen nachvollziehbaren Raum für die Annahme, die Angeklagte könne hier nicht wissentlich gesetzwidrig entschieden haben.

Unmittelbar im Anschluß an die Feststellung zum Vorsatz der Angeklagten heißt es allerdings in den Urteilsgründen, daß die Angeklagte ihre Handlungsweise für rechtmäßig gehalten habe und daß dies den Vorsatz nicht berühre, weil sich der Vorsatz nicht auf die Rechtswidrigkeit zu beziehen brauche (UA S. 86). Diese zusätzliche Wendung stellt die Feststellung des Vorsatzes der Rechtsbeugung indessen nicht in Frage. Der Senat hält es für ausgeschlossen, daß der Tatrichter zwei einander ausdrücklich widersprechende Sätze aneinanderfügen wollte. Vielmehr muß der zweite Satz wie folgt verstanden werden: Der Tatrichter wollte zum Ausdruck bringen, daß die Angeklagte im Bewußtsein der Gesetzwidrigkeit ihrer Handlungen gemeint hat, sie sei befugt, aus politischen Gründen, etwa zum Schutz der sozialistischen Staats- und Gesell-{57}schaftsordnung vor politischen Gegnern, auch solche Anträge zu stellen, die nach Maßgabe des § 244 StGB-DDR gesetzwidrig sind. Auf eine solche Vorstellung trifft die Wendung der Urteilsgründe zu, daß der Vorsatz hiervon unberührt bleibt. Es kann dahinstehen, ob Vorstellungen dieser Art als Verbotsirrtum anzusehen sind. Es würde sich jedenfalls um keinen unvermeidbaren Verbotsirrtum nach § 17 Satz 1 StGB handeln. Angesichts der Schwere der hier festgestellten Rechtsverstöße wäre auch für eine Strafmilderung wegen eines vermeidbaren Verbotsirrtums (§ 17 Satz 2 StGB) kein Raum. Nach dem Recht der DDR wäre die Vorstellung, mit einer ungesetzlichen Handlung „recht getan" zu haben, unbeachtlich (vgl. BGHSt 39, 168, 190 f.[27]; Renzikowski ZStW 106 – 1994 –, 93, 136 f.), und zwar auch bei der Strafrahmenbestimmung.

III. [Aufhebung des Strafausspruchs]

Der Strafausspruch ist wegen der Bildung einer Hauptstrafe nach § 64 Abs. 1 StGB-DDR umfassend aufzuheben.

Der neue Tatrichter wird bei der Bestimmung der Rechtsfolgen nach den Grundsätzen der strikten Alternativität von StGB und StGB-DDR (vgl. BGH, Urteil vom 26. April 1995 – 3 StR 93/95 –) zu beachten haben, daß eine Verurteilung auf Bewährung in § 244 StGB-DDR nicht vorgesehen ist und die Anwendung des § 56 StGB auf eine nach DDR-Recht gebildete Freiheitsstrafe nicht in Betracht kommt. Es wird in Anwendung des § 244 i.V.m. §§ 63 f. StGB-{58}DDR eine Hauptstrafe zu bilden sein, welche mit der – nach Verhängung von Einzelstrafen nach § 336, § 239 Abs. 2, § 52 Abs. 2 StGB – zu bildenden Gesamtstrafe nach §§ 53 f. StGB zu vergleichen sein wird. Sollte die letztere nach § 56 StGB zur Bewährung ausgesetzt werden können, wird sie als mildere Sanktion gemäß Art. 315 Abs. 1 Satz 1 EGStGB, § 2 Abs. 3 StGB zu verhängen sein.

Anmerkungen

1 Vgl. lfd. Nr. 1-2.
2 Vgl. lfd. Nr. 3-2.
3 Mittlerweile veröffentlicht in BGHSt 41, 157.
4 Vgl. Anhang S. 1046.
5 Vgl. Dokumentationsband zu den Gewalttaten an der deutsch-deutschen Grenze, lfd. Nr. 11-2.
6 Vgl. Dokumentationsband zu den Gewalttaten an der deutsch-deutschen Grenze, lfd. Nr. 7-4.
7 Mittlwereile veröffentlicht in: NJW 1995, 2861 und NStZ 1995, 505.
8 Vgl. Anhang S. 1042.
9 Vgl. Anhang S. 1038.

10 Vgl. Anhang S. 1044.
11 Vgl. Anhang S. 1043.
12 Mittlerweile veröffentlicht in BGHZ 127, 195.
13 Die Abkürzung RAG steht für das Gesetz über die Anwendung des Rechts auf internationale zivil-, familien- und arbeitsrechtliche Beziehungen sowie auf internationale Wirtschaftsverträge – Rechtsanwendungsgesetz – v. 5.12.1975 (DDR-GBl. I, S. 748). Gemeint ist hier aber wohl § 7 Abs. 2 des Gesetzes über die Kollegien der Rechtsanwälte der Deutschen Demokratischen Republik v. 17.12.1980 (DDR-GBl. I, S. 1), der lautete: „Nach der Aufnahme gibt das Mitglied vor der Mitgliederversammlung die Verpflichtung ab, seine Tätigkeit als Rechtsanwalt entsprechend der Verfassung, den Gesetzen und anderen Rechtsvorschriften einschließlich des Musterstatus auszuüben und seine Rechte und Pflichten als Mitglied des Kollegiums der Rechtsanwälte verantwortungsbewußt wahrzunehmen."
14 Vgl. Dokumentationsband zu den Gewalttaten an der deutsch-deutschen Grenze, lfd. Nr. 2-2.
15 Mittlerweile veröffentlicht in BGHSt 41, 101. Vgl. auch den Dokumentationsband zu den Gewalttaten an der deutsch-deutschen Grenze, lfd. Nr. 4-2.
16 Vgl. Anhang S. 1035.
17 Vgl. Anhang S. 1037.
18 Im Original. Gemeint ist wohl Artikel 4 Satz 3, vgl. auch Anhang S. 1038f.
19 Vgl. Anhang S. 1037.
20 Vgl. Anhang S. 1036.
21 Vgl. Anhang S. 1042.
22 Vgl. Anhang S. 1041.
23 Vgl. Anhang S. 1041.
24 Im Original. Gemeint ist wohl ein „Miß*verhältnis*" von Schuld und Sanktion, in Anlehnung an die Formulierung der Fallgruppen im Urteil des BGH v. 13.12.1993 – Az. 5 StR 76/93, vgl. lfd. Nr. 1-2, S. 28.
25 Vgl. Anhang S. 1045.
26 Vgl. Anhang S. 1048.
27 Vgl. Dokumentationsband zu den Gewalttaten an der deutsch-deutschen Grenze, lfd. Nr. 1-2.

Inhaltsverzeichnis
Urteil nach Zurückverweisung des Landgerichts Berlin vom 10.1.1996,
Az. (522) 30 Js 1277/91 KLs (45/95)

Landgericht Berlin 10. Januar 1996
Az.: (522) 30 Js 1277/91 KLs (45/95)

URTEIL[1]

Im Namen des Volkes

Strafsache *gegen*

die Diplom-Juristin
Gudrun Elenor Benser,
geboren 1932 in H.,

wegen Rechtsbeugung.

Die 22. große Strafkammer des Landgerichts Berlin hat in der Sitzung vom 10. Januar 1996, an der teilgenommen haben:

⊗ Es folgt die Nennung der Verfahrensbeteiligten. ⊗ {2}

für Recht erkannt:

Die Angeklagte wird wegen Rechtsbeugung in drei Fällen, jeweils in Tateinheit mit Freiheitsberaubung, zu einer
Gesamtfreiheitsstrafe von einem (1) Jahr und sechs (6) Monaten
verurteilt, deren Vollstreckung zur Bewährung ausgesetzt wird.
Sie trägt die Kosten des Verfahrens, soweit sie verurteilt ist. Von den Kosten der Revision fallen ihr 1/4 zur Last. Die im Revisionsverfahren entstandenen notwendigen Auslagen fallen zu 3/4 der Landeskasse Berlin zur Last.
Weiter angewendete Vorschrift: § 56 I und II StGB.

Gründe

I. [Verfahrenshintergrund]

Die Angeklagte ist am 18. Mai 1994 von dem Landgericht Berlin – 510-68/93 – wegen Rechtsbeugung in zehn Fällen, jeweils in Tateinheit mit Freiheitsberaubung, zu einer Freiheitsstrafe von drei Jahren – als Hauptstrafe (§ 64 Abs. 1 StGB-DDR) – verurteilt worden. Auf die Revision der Angeklagten hat der Bundesgerichtshof mit Urteil vom 15. September 1995 – 5 StR 713/94 – das Urteil des Landgerichts Berlin in sieben Fällen aufgehoben und die Angeklagte insoweit freigesprochen; auch der gesamte Strafausspruch nebst zugehöriger Feststellungen kam in Wegfall. Dagegen hat der Bundesgerichtshof in den Fällen II 6, 7 und 10 des Urteils die weitergehende Revision nach § 349 Abs. 2 StPO als unbegründet {3} verworfen und die Sache im Umfang der Aufhebung zur erneuten Verhandlung und Entscheidung, auch über die Kosten der Revision, an das Landgericht Berlin zurückverwiesen.

Damit sind in diesen Fällen (II 6, 7 und 10) die den Schuldspruch tragenden tatsächlichen und rechtlichen Feststellungen für das erneute tatrichterliche Verfahren bindend.

Es wird insoweit auf die Gründe des Urteils des Landgerichts Berlin vom 18. Mai 1994 Bezug genommen.

II. [Neue Feststellungen zur Person]

Die erneute Hauptverhandlung hat hinsichtlich der persönlichen Verhältnisse der Angeklagten über die Urteilsfeststellungen des Landgerichts Berlin vom 18. Mai 1994 hinaus ergeben, daß der Ehemann der Angeklagten im Vorruhestand ist. ⊗ Es folgen Angaben zur Einkommenssituation der Angeklagten. ⊗ Beide erwachsene Kinder leben nicht mehr im Haushalt der Angeklagten. Die Angeklagte gab ferner noch an, daß sie in den Jahren 1965 bis 1970 als Jugendstaatsanwältin tätig war.

III. [Beweiswürdigung]

Soweit damit hinsichtlich der Lebensverhältnisse der Angeklagten die bereits im Urteil des Landgerichts Berlin vom 18. Mai 1994 getroffenen Feststellungen ergänzt werden, beruhen sie auf den Angaben der Angeklagten. Im übrigen bestätigte sie die dort getroffenen Feststellungen hinsichtlich ihrer persönlichen Verhältnisse ebenso wie den dort festgehaltenen Umstand, daß sie nicht vorbestraft ist.

IV. [Keine Pflicht zur Vorlage gem. Art. 100 Abs. 1 GG]

Die Kammer hält – anders als die Verteidigung – weder die Revisionsentscheidung des Bundesgerichtshofs noch das dieser zugrundeliegende (einfache) Recht für verfassungswidrig {4} und war daher nicht zur Vorlage der Sache an das Bundesverfassungsgericht verpflichtet (Art. 100 Abs. 1 GG).

V. [Strafzumessung]

1. a. Die Kammer hat zunächst gemäß §§ 244², 63, 64 Abs. 1 StGB/DDR eine Hauptstrafe gebildet:

Zu Gunsten der Angeklagten war zu berücksichtigen, daß sie dem Staat DDR aus Überzeugung verbunden war und innerhalb dieses Systems ihre Funktion als Staatsanwältin auszuüben hatte. Dabei kann zu ihren Gunsten davon ausgegangen werden, daß sie ihre Rolle möglicherweise kritiklos und, gemessen an den politischen Gegebenheiten, auch unreflektiert ausgeübt und vertreten hat. Für die Angeklagte sprach ferner, daß der Staat DDR untergegangen ist, die Taten lange zurückliegen, sich die Angeklagte in einem Alter befindet, in dem sie keine Berufstätigkeit mehr ausüben kann und schließlich die Tatsache, daß sie nicht vorbestraft ist. Berücksichtigung fand schließlich auch, daß die Angeklagte mit ihrer Äußerung im Schlußwort, sie halte heute jede Inhaftierung wegen politischer Handlungen in jedem Staat für zweifelhaft, in gewissem Maße Einsicht gezeigt hat.

Gegen die Angeklagte sprach, daß sie ihre Rolle als Staatsanwältin, auch unter Berücksichtigung der damaligen politischen Verhältnisse, nicht unbewußt, vielmehr zielstrebig und energisch ausgeübt hat. Zu ihren Lasten hat die Kammer auch berücksichtigt, daß es sich bei den verbliebenen drei Fällen um massive Verstöße gegen das Strafrecht der DDR handelt.

Unter Abwägung aller für und gegen die Angeklagte sprechenden Umstände hat die Kammer eine *Hauptstrafe* von

einem Jahr und sechs Monaten {5}

für tat- und schuldangemessen gehalten.

b. Der Tatbestand der Rechtsbeugung gemäß § 244 StGB/DDR sah keine Verurteilung auf Bewährung vor. Die sonst im Strafrecht der DDR gegebenen Möglichkeiten zur Strafaussetzung verhängter Strafen kamen nicht in Betracht. Schließlich scheidet auch die Anwendung des § 56 StGB auf eine nach dem StGB/DDR gebildete Hauptstrafe aus.

2. a. Unter Zugrundelegung des StGB war bei der Bildung der Einzelstrafen für die drei verbliebenen Fälle gemäß § 52 Abs. 2 Satz 1 StGB vom Strafrahmen aus § 336 StGB auszugehen.

b. Die Kammer hielt – unter Berücksichtigung der oben genannten für und gegen die Angeklagte sprechenden Umstände, ferner der jeweils für die Betroffenen eingetretenen Folgen des Verhaltens der Angeklagten – für den Fall L. (Fall II 6 des Urteils des Landgerichts Berlin vom 18. Mai 1994) eine Einzelstrafe von

einem (1) Jahr und zwei (2) Monaten Freiheitsstrafe,

sowie für die Fälle K. und L. (Fälle II 7 und 10 des Urteils des Landgerichts Berlin vom 18. Mai 1994) Einzelstrafen von jeweils

einem (1) Jahr und einem (1) Monat Freiheitsstrafe

für tat- und schuldangemessen.

c. Unter nochmaliger Abwägung der genannten und bestimmenden Strafzumessungserwägungen, vor allem der Würdigung der Person der Angeklagten und der einzelnen Taten hat die Kammer diese Einzelstrafen unter Erhöhung derjenigen von einem Jahr und zwei Monaten nach §§ 53 und 54 SGB auf eine Gesamtfreiheitsstrafe von {6}

einem Jahr und sechs Monaten

zurückgeführt, die insgesamt schuldangemessen ist und allen Strafzwecken genügt.

d. Die Vollstreckung dieser Freiheitsstrafe konnte zur Bewährung ausgesetzt werden, § 56 Abs. 1 und 2 StGB. Nach Auffassung des Gerichts kann der Angeklagten in vollem Umfang eine positive Sozialprognose gestellt werden, weil wegen des Untergangs der DDR keine Wiederholungsgefahr besteht und die Angeklagte in völlig geordneten wirtschaftlichen und sozialen Verhältnissen lebt. Auch die nach § 56 Abs. 2 StGB erforderlichen besonderen Umstände liegen vor. Es handelt sich bei den von der Angeklagten verwirklichten Taten um solche, die zur Verteidigung des ideologie-geprägten Staats DDR typisch waren und von ihm für nötig gehalten wurden. Die Geschichte ist über diese vermeintliche Notwendigkeit hinweggegangen. Schon dieser beispiellose Umbruch, der natürlich für die Bewertung des Verhaltens der Angeklagten von großer Bedeutung ist, erlaubt die Annahme eines „besonderen Umstandes“, ebenso noch die sonst zugunsten der Angeklagten bereits dargestellten Argumente.

Auch zur Verteidigung der Rechtsordnung war die Vollstreckung der Gesamtfreiheitsstrafe nicht geboten, § 56 Abs. 3 StGB.

VI. [Mildestes Gesetz]

Nach dem sogenannten Grundsatz der strikten Alternativität von Strafgesetzbuch und DDR-Strafgesetzbuch (vgl. BGH NJW 1995, 2861) mußte die Kammer die in Anwendung des § 244 in Verbindung mit §§ 63 f. StGB/DDR gebildete Hauptstrafe mit der – nach Verhängung von Einzelstrafen gemäß §§ 336, 239 Abs. 2, 52 Abs. 2 StGB – gebildeten Gesamtstrafe nach §§ 53, 54 StGB vergleichen. Entscheidend war, daß die Vollstreckung einer {7} solchen Gesamtfreiheitsstrafe anders als die unbedingte Hauptstrafe nach StGB/DDR gemäß § 56 Abs. 1 und 2 StGB zur Bewährung ausgesetzt werden kann. Die Kammer hat sie demgemäß als die im Vergleich insgesamt mildere Sanktion gemäß Artikel 315 Abs. 1 Satz 1 EGStGB, § 2 Abs. 3 StGB verhängt.

Anmerkungen

1 Das Urteil ist mittlerweile rechtskräftig. Der Bundesgerichtshof hatte die gegen das Urteil eingelegte Revision der Angeklagten durch Beschluss vom 4.6.1996 – Az. 5 StR 238/96 – als unbegründet verworfen und das Bundesverfassungsgericht die Verfassungsbeschwerde der Angeklagten durch Beschluss vom 9.6.1998 – Az. 2 BvR 2559/95 – unter Hinweis auf seinen Beschluss vom 7.4.1998 – Az. 2 BvR 2560/95 – (vgl. lfd. Nr. 4-5) nicht zur Entscheidung angenommen.

2 Vgl. Anhang S. 1046.

Lfd. Nr. 6

Strafverfahren in den 50er und 60er Jahren wegen Kriegshetze, friedensgefährdender Propaganda und Spionage

Inhaltsverzeichnis
Erstinstanzliches Urteil des Landgerichts Berlin vom 17.6.1994,
Az. (528) 29/2 Js 283/92 Ks (1/94)

Landgericht Berlin 17. Juni 1994
Az.: (528) 29/2 Js 283/92 Ks (1/94)

URTEIL

Im Namen des Volkes

Strafsache gegen

Prof. Dr. Hans Reinwarth,
geboren 1920 in W.

wegen Rechtsbeugung u.a.

Die 28. große Strafkammer – Schwurgericht des Landgerichts Berlin hat auf Grund der Hauptverhandlung vom 25., 29., 31. März, 5., 8., 12., 15., 19., 22., 26., 29. April, 27. Mai, 3., 10. und 17. Juni 1994, an der teilgenommen haben:

⊗ Es folgt die Nennung der Verfahrensbeteiligten, darunter als Nebenkläger Karl Fricke. ⊗ {2}

in der Sitzung vom 17. Juni 1994

für *Recht* erkannt:

Der Angeklagte wird wegen Rechtsbeugung in drei Fällen, davon in zwei Fällen in Tateinheit mit Totschlag und in einem Fall in Tateinheit mit versuchtem Totschlag in zwei rechtlich zusammentreffenden Fällen zu einer Gesamtfreiheitsstrafe von

drei Jahren und neun Monaten

verurteilt.
Im übrigen wird der Angeklagte

freigesprochen.

Der Angeklagte trägt die Kosten des Verfahrens, soweit er verurteilt worden ist. Im übrigen fallen die Kosten des Verfahrens und die dem {3} Angeklagten insoweit entstandenen notwendigen Auslagen der Landeskasse Berlin zur Last.

Angewendete Vorschriften:
§§ 244[1], 21, 22 Abs. 2 Nr. 2, 63 Abs. 2 StGB/DDR,
§§ 212, 213, 53 StGB.

Gründe

I. [Feststellungen zur Person]

Der Angeklagte wurde im Jahre 1920 in der damaligen Tschechoslowakei geboren. Er besuchte in W. die Volks- und Bürgerschule in den Jahren von 1926 bis 1935. Danach erlernte er den Beruf des Strumpfwirkers. Im Jahre 1936 wurde der Angeklagte Mitglied des antifaschistischen Jugendbundes in W., was dazu führte, daß er 1938 von den Nationalsozialisten festgenommen und nach mehreren Gefängnisaufenthalten in das Konzentrationslager nach Dachau überstellt wurde. Ihm wurde zum Vorwurf gemacht, Wahlpropaganda gegen die Nationalsozialisten in der Tschechoslowakei, die sogenannte Henlein-Partei, betrieben zu haben. Im Jahre 1939 wurde der Angeklagte vor die Wahl gestellt, im Konzentrationslager zu verbleiben oder sich als Soldat zu bewähren. Der Angeklagte entschied sich angesichts der Gefahren und Bedrohungen, denen er in einem Konzentrationslager ausgesetzt war, für den Fronteinsatz. Am 1. August 1940 wurde er demzufolge zur Kriegsmarine eingezogen und unter {4} anderem als Bewährungssoldat im Minensuchkommando eingesetzt. Zum Ende des Krieges wurde er im Raum Stettin als Marineinfanterist schwer am Arm verletzt und in ein Lazarett nach Hamburg verbracht. Zum Ende des Jahres 1945 kehrte er auf eigene Faust in die Tschechoslowakei in seinen Geburtsort zurück und wurde von dort mit einem sogenannten antifaschistischen Transport nach Mecklenburg gebracht. Dort baute er im Kreis Parchim zusammen mit anderen die FDJ auf. Er wurde in die Kreisleitung gewählt, nahm jedoch im Jahre 1948 den Vorschlag an, einen Kursus als Volksrichter in Schwerin zu absolvieren. Derartige Kurse wurden damals durchgeführt, weil nach Ablösung der meisten während der NS-Zeit tätig gewesenen Richter und Staatsanwälte – nicht aller, denn selbst der erste Präsident des Obersten Gerichts, Schumann, und der spätere Generalstaatsanwalt der DDR, Dr. Melsheimer, hatten während jener Zeit höhere Justizämter bekleidet – ein akuter Mangel in diesen Berufszweigen herrschte. Nach Beendigung des einjährigen Kurses legte der Angeklagte im September des Jahre 1949 sein Examen mit der Note gut ab, wobei er sich durch eine Prüferin nicht sehr gut behandelt fühlte, da er „Spitzenkandidat" der Schule war und eigentlich mit der Note sehr gut gerechnet hatte. Durch die abgelegte Prüfung hatte der Angeklagte die Befähigung zum Richteramt erlangt. Der Angeklagte wurde zunächst 1949 als Amtsrichter in Parchim eingesetzt. Er wollte zwar eigentlich als Zivilrichter tätig werden, mußte jedoch auch Strafsachen machen. Einige Monate später wurde er zum Landgericht Schwerin an eine große Strafkammer versetzt, war jedoch gleichzeitig auch noch als Amtsrichter tätig. Im Frühjahr des Jahres 1950 – einige Wochen {5} vor Beginn der sogenannten Waldheim-Prozesse – wurde der Angeklagte aufgefordert, zu einer Besprechung in das Gebäude des Zentralkomitees der SED nach Berlin zu kommen. Dort wurde der Angeklagte wie etwa 60 andere Juristen von einer Kommission befragt, ob er bereit sei, Häftlinge, die von der sowjetischen Besatzungsmacht noch nicht verurteilt worden seien, ihrer gerichtlichen Verurteilung zuzuführen. Dabei gab man ihm zu verstehen, daß „die sowjetischen Genossen" keine großen Bürokraten seien und deshalb nicht immer Akten geführt hätten. Da den Gefangenen nicht einfach ein Genickschuß verpaßt werden könne, müßten, notfalls auch ohne Akten, Schnellgerichtsverfahren durchgeführt werden. Dem Angeklagten war klar, daß von ihm verlangt wurde, an nicht rechtsstaatlichen Verfahren mitzuwirken, die nur das Ziel hatten, dem Wunsch der sowjetischen Besatzungsmacht entsprechend, Häftlinge zu sehr langen Freiheitsstrafen oder zum Tode zu verurteilen. Der Angeklagte lehnte dieses Angebot ab, da er die verlangte Verfahrensweise mit seinem Gewissen nicht vereinbaren konnte. Als ihm nach Beendigung der Waldheim-

Verfahren ein Kollege, der daran teilgenommen hatte, unter Bruch der Schweigeverpflichtung Einzelheiten über die Verfahren berichtete, war er entsetzt.

Der juristischen Karriere des Angeklagten tat diese Ablehnung keinen Abbruch, er wurde vielmehr im September 1952 nach der territorialen Umstrukturierung der DDR zum Direktor des Bezirksgerichts Schwerin ernannt, das er bis zum März 1954 leitete. Der Angeklagte verhandelte in dieser Zeit auch Strafsachen. So hatte er in einem Verfahren wegen {6} Doppelmordes zu entscheiden und erreichte es, daß statt der beantragten Todesstrafe nur auf lebenslange Zuchthausstrafe erkannt wurde. Dieses Urteil stieß in der Presse und auch bei den politischen und gesellschaftlichen Gremien auf Ablehnung, das Urteil hatte jedoch Bestand und führte für den Angeklagten auch nicht zu beruflichen Nachteilen. Bereits seit jener Zeit war der Angeklagte, wie er in der Hauptverhandlung erklärt hat, ein Gegner der Todesstrafe.

Im März 1954 wurde der Angeklagte zunächst als Hilfsrichter zum Obersten Gericht der DDR versetzt. Da der Angeklagte, wie er es selbst ausdrückte, als „Allroundman" galt, wurde er in den verschiedensten Rechtsmittelstrafsenaten eingesetzt. Häufig war er beim I a-Strafsenat tätig, der damals von der Oberrichterin Eisermann – jetzt Jendretzky[2] – geleitet wurde. Noch im Jahre 1954 wurde der Angeklagte zum Parteisekretär des Obersten Gerichts ernannt. Die Aufgaben eines Parteisekretärs, die im übrigen gerichtsbekannt sind, hat der Angeklagte wie folgt geschildert:

Der Parteisekretär war der Vertrauensmann der Partei im jeweiligen Betrieb bzw. beim Gericht. Er sollte alles wissen, was die Partei interessierte und dies weiterleiten. Beim Obersten Gericht hatte der Parteisekretär die Kontakte zum Zentralkomitee der SED, insbesondere zur Abteilung für Staat und Rechtspflege, zu halten {7} und sich mit prinzipiellen ideologischen und politischen Problemen zu befassen. Den Bezirksgerichten hatte der Parteisekretär Rede und Antwort zu stehen, wenn das Oberste Gericht eine Entscheidung getroffen hatte, die bei den Untergerichten auf Unverständnis stieß oder als politisch falsch angesehen wurde. Darüber hinaus sollte der Parteisekretär über die persönlichen Probleme der Richter informiert sein. Eine weitere wichtige Aufgabe bestand darin, gegenüber dem Zentralkomitee Stellung zu nehmen, wenn ein Verfahren anders gelaufen war, als die zuständigen politischen Gremien sich dies vorgestellt hatten. Der Angeklagte hat in der Hauptverhandlung bestritten, daß ihm zur damaligen Zeit bekannt gewesen sei, daß auch zwischen der Generalstaatsanwaltschaft und dem Gericht Absprachen über die zu verhängenden Schuldsprüche und das Strafmaß bestanden hätten. Gegenteiliges war dem Angeklagten nicht nachzuweisen.

Wenn es der Angeklagte für durchsetzbar oder auch für gesellschaftspolitisch opportun hielt, war er in der Folgezeit durchaus in der Lage, seine juristische Meinung durchzusetzen. So erreichte er, daß das Todesurteil des Bezirksgerichts Cottbus gegen einen jungen Soldaten, der die Elbe überquert hatte, in eine lebenslange Freiheitsstrafe umgewandelt wurde. Ebenso setzte er sich erfolgreich für den Freispruch eines Rechtsanwalts, dem Kontakte zum Untersuchungsausschuß freiheitlicher Juristen vorgeworfen worden waren, ein. Er begründete den Freispruch damit, daß für die Verbindung keinerlei Beweise bestanden hätten. Ebenso setzte er sich erfolgreich für den {8} Freispruch eines Vertreters des Ciba-Konzerns ein, dem Spionage vorgeworfen worden war, weil dieser sich anläßlich von Vertragsverhandlungen mit DDR-Betrieben Aufzeichnungen über Art und Umfang der Produktion gemacht hatte. In diesen Fällen gelang es dem

Angeklagten auch, sich auf entsprechende Vorladungen vor dem Zentralkomitee der SED und anderen Gremien zu rechtfertigen. Gerade in dem letztgenannten Fall konnte er die entscheidenden Parteigremien davon überzeugen, daß eine Verurteilung des Ciba-Vertreters den außenwirtschaftlichen Interessen der DDR schweren Schaden zufügen würde. Seine Karriere erlitt dadurch keinen Schaden. Anders als die Oberrichterin Eisermann und der Vizepräsident des Obersten Gerichts Ziegler wurde er nicht von seinem Posten als Richter abgelöst, lediglich seine Stellung als Parteisekretär verlor er im Jahre 1958. Ebenfalls im Jahre 1958 wurde der Angeklagte für ein halbes Jahr an die Akademie für Staats- und Rechtswissenschaft in Babelsberg abgeordnet, wo er sein zweites juristisches Staatsexamen ablegte. Danach wurde der Angeklagte noch im Jahre 1958 einem Zivilsenat beigeordnet und später Ende 1959/Anfang 1960 zum Oberrichter befördert und zum Vorsitzenden des 2. Strafsenats am Obersten Gericht ernannt. Dieser Senat befaßte sich mit Rechtsmitteln in Verfahren allgemeiner Kriminalität.

Nach dem Bau der Mauer im Jahre 1961 bearbeitete der Angeklagte auch Rechtsmittelverfahren in sogenannten politischen Strafsachen. Im Jahre 1965 wurde der Angeklagte zum Vizepräsidenten für Zivilsachen des Obersten Gerichts ernannt. Er promovierte im Jahre 1965 {9} und wurde 1968 Dozent für Zivil- und Familienrecht an der Akademie für Staats- und Rechtswissenschaften, wo er im Jahre 1973 auch eine Professur erhielt. Seit 1980 ist der Angeklagte Rentner und lebt im Ostteil von Berlin.

Der verheiratete Angeklagte ist nicht bestraft. Er befand sich in dieser Sache vom 20. Dezember 1993 bis zum 17. Juni 1994 in Untersuchungshaft.

II. [Feststellungen zur Sache in den Fällen Tiemann, Friedemann sowie Held u.a.]

Als der Angeklagte seine Tätigkeit als Richter am Obersten Gericht der DDR aufnahm, hatte dieses Gericht vier Rechtsmittelstrafsenate und zwei Rechtsmittelzivilsenate. Bei den Strafsenaten gab es die sogenannten 1 a und 1 b Rechtsmittelstrafsenate, die hauptsächlich für die politische Strafkriminalität – dieser Ausdruck war allerdings in der damaligen DDR verpönt – zuständig waren. Daneben gab es Rechtsmittelstrafsenate, die für die übrigen Strafsachen zuständig waren. Für die erstinstanzlichen Strafsachen gab es keinen ständigen Strafsenat, dieser wurde als erster Strafsenat in den nicht sehr häufigen Einzelfällen jeweils eingesetzt. Sofern der erste Strafsenat tätig wurde, fungierte der Vizepräsident des Obersten Gerichts in der Regel als Vorsitzender, daneben sollten grundsätzlich zwei Oberrichter als beisitzende Richter eingeteilt werden, es kam jedoch auch vor, daß beispielsweise der Angeklagte, der noch nicht Oberrichter war, als Beisitzer eingesetzt wurde. {10}

Obwohl die Richter der damaligen DDR gemäß Artikel 127 der Verfassung der DDR von 1949 in ihrer Rechtsprechung unabhängig und nur der Verfassung und dem Gesetz unterworfen waren, unterlagen sie doch zahlreichen Einflüssen von staatlicher und gesellschaftlicher Seite. Dabei ist zunächst zu berücksichtigen, daß gemäß Artikel 132 der Verfassung der DDR die Richter des Obersten Gerichts nach Einholung eines Gutachtens eines Justizausschusses, der bei der Volkskammer zu bilden war, abberufen werden konnten. Die übrigen Richter, die durch die Landtage gewählt wurden, konnten von den betreffenden Landtagen abgewählt werden. Weiter beachtenswert ist der Umstand, daß es in der DDR keine Gewaltenteilung gab, und daß die Rechtsanwendung stets auf das

Staatsziel der Verwirklichung einer sozialistischen Gesellschaft gerichtet war. Die Entscheidungen der Justiz und auch der Richter unterlagen daher mannigfachen äußeren Einflüssen, die letztlich sämtlich auf die SED zurückzuführen waren. So bestand beispielsweise eine sogenannte Justizkommission, die vor [der] Hauptverhandlung hauptsächlich in politischen Prozessen, auch wenn sie vor dem Obersten Gericht der DDR stattfanden, bereits die Strafhöhe festlegte. An dieser Kommission waren in der Regel der zuständige Abteilungsleiter vom Zentralkomitee der SED beteiligt, daneben der Generalstaatsanwalt der DDR und bei entsprechenden Fällen auch der Vizepräsident des Obersten Gerichts. Letzterer gehörte übrigens immer der SED an und war für die politische Linie des Gerichts verantwortlich, während der Präsident üblicherweise Mitglied einer Blockpartei war. Nach der Einlassung des Angeklagten kam es sogar vor, daß während {11} einer laufenden Hauptverhandlung und während der Beratung der Leiter der Abteilung für Sicherheitsfragen im Zentralkomitee der SED, zur damaligen Zeit Erich Honecker, anrief, um sich nach der zu erwartenden Entscheidung zu erkundigen. Daneben mußten sich die Richter des Obersten Gerichts der Kritik von sogenannten gesellschaftlichen Einrichtungen bzw. der Bezirksgerichte stellen. Auch wurden die Mitglieder des jeweiligen Strafsenats in das Justizministerium einbestellt, um sich für Entscheidungen, die den dortigen Ansichten nicht entsprachen, zu rechtfertigen.

Obwohl der Angeklagte in dem Anklagezeitraum, der Zeit von 1954 bis 1956, lediglich Hilfsrichter bzw. Richter beim Obersten Gericht war, kam es nach seiner eigenen Schilderung öfter vor, daß er es war, der sich zusammen mit dem Vorsitzenden oder auch allein derartigen Gesprächen stellen mußte.

Der Angeklagte hatte in der damaligen Zeit ein außergewöhnlich großes Arbeitspensum zu bewältigen. Denn neben seinem Richteramt und seinen Aufgaben als Parteisekretär veröffentlichte er auch zahlreiche Zeitschriftenartikel. Er stellte sich diesen Anforderungen jedoch bereitwillig, weil er nach den Erfahrungen der NS-Zeit am Aufbau eines anderen, auf sozialistischen Prinzipien basierenden Staates mitwirken wollte. Er glaubte damals, daß die DDR auf dem richtigen Wege sei und daß es sich bei Geschehnissen wie den Waldheim-Verfahren um im Rahmen einer revolutionären Entwicklung vorkommende, Exzesse handele. Wie sich aus seinem geschilderten Eintreten zugunsten der Angeklagten in verschiedenen Prozessen {12} zeigt, war der Angeklagte, obwohl er nur eine bescheidene Schulbildung und eine sehr verkürzte juristische Ausbildung erfahren hatte, keineswegs von blindem Parteigehorsam, sondern durchaus zur kritischen Prüfung des Einzelfalles in der Lage. Andererseits hatte der damalige Zeitgeist sicher auch einen gewissen Einfluß auf das Denken des Angeklagten. Das Ende der 40er und der Anfang der 50er Jahre waren in politischer Hinsicht geprägt von dem Kalten Krieg, dem Ost-West-Konflikt, der aus den Interessengegensätzen der Siegermächte des 2. Weltkrieges hervorgegangen war. Höhepunkte dieses Konflikts waren die Berliner Blockade in den Jahren 1948/1949 und der Koreakrieg in den Jahren 1950-1953. Nach dem Tode Stalins im März 1953 verlor die Konfrontation zwar nach und nach an Schärfe, bis sie schließlich von der Entspannungspolitik abgelöst wurde. Jedoch gab es immer wieder Verschärfungen des Konflikts wie zum Beispiel im Zusammenhang mit dem Aufstand vom 17. Juni 1953 in der DDR, dem ungarischen Volksaufstand im Jahre 1956, dem Berlin-Ultimatum von 1958 und der Kuba-Krise von 1962. Kampfmaßnahmen des Kalten Krieges zwischen den Staatsblöcken waren die gegenseitige ideologische und propagandistische Unterwanderung, wirtschaftliche Kampfmaßnahmen (Embargo), Kriegsdrohungen und Wettrüsten. Das durch den sogenannten „Eisernen Vorhang“ geteilte Deutschland war durch diesen Konflikt besonders betroffen.

Auf Grund von Wahrunterstellung geht die Kammer von folgendem aus:

1. Von Berlin (West) ausgehend waren in den 50er Jahren zahlreiche Geheimdienste in der DDR und in den Ostblockstaaten tätig. {13}
2. Der CIA war in Berlin vertreten.
3. Zahlreiche Referate des BND waren mit Ermittlungen bezüglich der DDR beschäftigt.
4. Die DDR war für den BND ein wesentliches Operationsfeld.
5. Die westlichen Geheimdienste waren auch an Einzelheiten interessiert, die von Flüchtlingen und ähnlichen Personen über die Zustände in der DDR berichtet wurden.
6. Der Vorsitzende der sowjetischen Kontrollkommission und der hohe Kommissar der UdSSR forderten 1952 und 1954 die Westmächte auf, Spionage und Diversionszentralen in Berlin (West) zu schließen.
7. In den 50er Jahren herrschte eine äußerst angespannte politische Lage, in der sämtliche Großmächte des öfteren den Ausbruch eines Dritten – möglicherweise atomaren – Weltkrieges befürchteten und entsprechende Vorkehrungen trafen.
8. In den 50er Jahren vertraten die maßgeblichen politischen Kräfte der DDR und anderer osteuropäischer Länder die Ansicht, daß seitens der USA, unter Einbeziehung des Potentials der Bundesrepublik, ein Dritter – atomarer Weltkrieg vorbereitet würde, was durch die entsprechenden Verlautbarungen in der Tagespresse und anderen Medien veröffentlicht wurde. {14}
9. In der Zeit von März 1955 bis Januar 1956 wirkte der Angeklagte an drei Strafverfahren mit, bei denen er wissentlich gesetzwidrig zu Ungunsten der jeweiligen Angeklagten entschied. Es handelte sich dabei um die Strafverfahren gegen Karl-Albrecht Hermann Tiemann, Heinz Friedemann sowie gegen Max Held, Werner Rudert, Eva Halm, und Joachim Sachße.

1. Zum Fall Tiemann

Der 1. Strafsenat des Bezirksgerichts Cottbus verurteilte in dem Strafverfahren 1 Ks 23/55 I 33/55 u.a. den damaligen Angeklagten Tiemann am 3. März 1955 wegen Verbrechens gemäß Artikel 6 der Verfassung der Deutschen Demokratischen Republik[3] in Verbindung mit der Kontrollratsdirektive Nr. 38[4] Abschnitt II Artikel III A III zum Tode. Die Niederschrift über die Sitzung des Strafsenats I des Bezirksgerichts Cottbus vom 28. Februar und 1. März 1955 lautet wie folgt: {14a}

„Öffentliche Sitzung Cottbus, den 28. Februar 1955
des Strafsenats I des Bezirksgerichts
I 33/55
1 Ks 23/55

Strafsache gegen
1.) den Kaufmann Karl-Albrecht, Hermann Tiemann
geb. 1902 in C.,

2.) den Diplomchemiker Wilhelm, Alfred Voigt
geb. 1900 in B.,
wegen Verbrechens gemäß Artikel 6 der Verfassung der DDR und KRD Nr. 38 Abschn. II Art. III A III

Gegenwärtig:
Oberrichter Jakob
als Vorsitzender
Angestellte Berta L., Cottbus
Rentner Willi S., Cottbus
als Schöffen,
Bezirksstaatsanwalt Heilborn
als Vertreter der Staatsanwaltschaft,
Justizangestellte R.
als Schriftführer

Beginn: 8,35 Uhr
Ende: 17,15
1.9.55
Beginn: 8,35 Uhr
Ende: 14,30 Uhr
3.3.55
Beginn: 16,00 Uhr
Ende: 16,35 Uhr

Die Verhandlung begann mit dem Aufruf der Angeklagten, die in dieser Sache aus der U-Haft vorgeführt wurden.
Als Offizialverteidiger für den Angeklagten Tiemann meldete sich RA Bahr, Cottbus,
als Offizialverteidiger für den Angeklagten Voigt erschien RA Vogel, Cottbus.

B.u.v.:
Gemäß § 83 Abs. 2 StPO wird die Öffentlichkeit wegen Gefährdung der Staatssicherheit ausgeschlossen.

B.u.v.:
Gemäß § 85 Abs. 2 StPO wird allen anwesenden Personen die Geheimhaltung der in dieser Verhandlung zur Sprache kommenden Tatsachen und Umstände zur Pflicht gemacht.
Der Angeklagte bestreitet die Zuständigkeit des Gerichts.
Der Vorsitzende gibt § 14 StPO bekannt, wonach auch das Gericht zuständig ist, in dessen Bereich der Beschuldigte zur Zeit der Erhebung der Anklage auf Anordnung eines staatlichen Organs untergebracht ist.
Die Zuständigkeit ist somit gegeben. {15}
Der Vorsitzende gab die Namen des Richters, der Schöffen und des Staatsanwaltes bekannt.
Die Angeklagten, über die persönlichen Verhältnisse vernommen, gaben an:
Angeklagter Tiemann: Dasselbe wie Blatt 23 der Akten.
Ich bin seit dem 2.8.1954 in Untersuchungshaft.
Angeklagter Voigt: Dasselbe wie Blatt 15 der Akten u. ferner:
Ich bin nicht vorbestraft.
Ich bin seit dem 9.11.1964 in Untersuchungshaft.

Danach trug der Staatsanwalt den wesentlichsten Inhalt der Anklage vor. Anschließend wurde der Beschluß über die Eröffnung des Hauptverfahrens verlesen.

Die Angeklagten wurden befragt, was sie auf die Beschuldigung zu erwidern haben. Sie erklärten:

Angeklagter Tiemann
Ich erkläre, daß ich die Anklageschrift nur einmal durchgelesen konnte und es mir nicht möglich war, alle Anklagepunkte im Kopf zu behalten. Die Anklageschrift wurde mir wieder abgenommen.

Dem Angeklagten wurde in Übereinstimmung mit dem Staatsanwalt gestattet, die Anklageschrift während der Verhandlungsdauer im Besitz zu behalten.

Angeklagter Tiemann
Ich bezweifle die Zulässigkeit des Verfahrens gegen mich. Ich bin am 1.8.1954 in Westberlin überfallen und mit Gewalt in die DDR verbracht worden. Das ist eine rechtswidrige Handlung nach der man nicht die Möglichkeit hat, gegen mich zu verhandeln.

Der Staatsanwalt verweist in diesem Zusammenhang auf den amtlichen Bericht, daß der Angeklagte im demokratischen Sektor von Berlin festgenommen worden ist.

Da sich der Angeklagte z.Zt. der Anklageerhebung in der U-Haft in Cottbus befand, ist die Zuständigkeit des hiesigen Gerichts gegeben.

Angeklagter Tiemann
Ich bitte, mir den Wortlaut der Gesetze, und zwar des Artikels 6 der Verfassung und der KRD Nr. 38 vorzulesen, da ich diese Gesetze nicht kenne.

Der Staatsanwalt widerspricht dem Ansinnen des Angeklagten.

Der Verteidiger erklärt, daß er den Inhalt dieser Gesetze dem Angeklagten Tiemann sinngemäß mitgeteilt habe. {16}

II. Einlagebogen:
Angeklagter Tiemann
Ich wurde als Sohn eines Oberlehrers in C. geboren. Mein Vater wurde später Professor. Ich besuchte das Gymnasium in C. bis zum Abitur. Danach lernte ich Bankkaufmann. Am 1.10.1923 beendete ich meine Lehre u. war danach als Bankbeamter in C. und Berlin tätig. Aus gesundheitlichen Gründen mußte ich 1924 aus dem Bankfach ausscheiden, war danach kurze Zeit als Bürochef in einem Betrieb bei Verwandten tätig und ging dann aufs Land, um mich zu erholen. Im Jahre 1926 begann ich mein Studium der Philologie an der Universität in Greifswald, was ich 1930 in Rostock fortsetzte. Mein Ziel war, Universitätslehrer zu werden. In dieser Studienzeit habe ich auch wissenschaftlich gearbeitet. Ich wurde 1933 exmatrikuliert, da ich der ‚Deutschen Volkspartei' beitrat und mich gegen die NSDAP betätigte. Ich war danach als Hauslehrer tätig. Diese Stellung habe ich wegen meiner politischen Betätigung ebenfalls wieder verloren. Im September 1934 kehrte ich zu meinen Eltern nach Cottbus zurück. Bis 1939 gab ich Privatstunden, außerdem habe ich in dieser Zeit wissenschaftlich gearbeitet. 1935 wurde ich zu einem Kurzlehrgang eingezogen. Es wurde mir nahegelegt, ob ich mich in Kurzkursen zur Ausbildung als Reserveoffizier zur Verfügung stellen würde. Ich erklärte mich hierzu bereit und habe in den Jahren 1935, 1936, 1937 und 1938 in jedem Jahr eine Kurzübung mitgemacht und war im August 1938 soweit, daß ich zum Reserveoffizier eingereicht wurde. Die Kristallnacht veranlaßte mich, an das Wehrbezirkskommando zu schreiben, daß man mich von der Liste der Offiziersanwärter streichen möchte, und brachte meine Empörung über die Ereignisse in der Kristallnacht zum Ausdruck. Man drohte mir zunächst mit der Gestapo, strich mich dann aber letztlich, ohne daß eine Verhaftung erfolgte, von der Liste der Offiziersanwärter. Ich habe in Cottbus auch Juden, die auswandern wollten, trotz Verbotes Privatunterricht in englisch und spanisch erteilt, ohne eine Bezahlung hierfür zu verlangen.
Am 23.10.1939 wurde ich als Feldwebel eingezogen. Ich war zunächst Ausbilder und kam im Februar 1940 ins Ruhrgebiet und machte hier den Feldzug nach Belgien, Nordfrankreich und Holland mit. Direkt vom Truppenteil wurde ich dann zum Leutnant befördert. 1942 wurde ich Oberleutnant.
Im September 1941 trat ich in Beziehungen zum Kreis des Grafen Moltke, eine Bewegung, die auf Beseitigung des Nationalsozialismus hinzielte. Diese Gruppe umfaßte auch Politiker der

verschiedensten Richtungen. Die absolute Kapitulation sollte vermieden werden. Im März 1942 erhielt ich ein Kommando nach Oslo. Diese Tätigkeit dauerte den ganzen Krieg über an. Im März/April 1944 wurde Graf Moltke verhaftet. Ich geriet dann in norwegische Internierung. Am 22.6.1946 wurde ich nach Osnabrück entlassen, war dann 14 Tage bei Verwandten und verrichtete Arbeiten beim Bauern und ging dann nach Rothenburg als Dolmetscher.
Am 11.7.1947 kehrte ich nach Cottbus zurück. Ich möchte noch erklären, im Jahre 1941 hatte ich geheiratet. Die ersten Monate nach meiner Rückkehr habe ich Gelegenheitsarbeiten verrichtet. Ich erhielt dann eine Anstellung als Dozent der Volkshochschule in Cottbus. Am 1.7.1948 wurde ich Kreissekretär des Kulturbundes in Cottbus. Im Juni 1948 trat ich der SED bei, da ich vom Direktor wiederholt angesprochen wurde, er könnte mich nur halten, wenn ich der SED beitreten würde. Ich habe dann diesem Drängen nachgegeben, ich selbst hatte nicht die Absicht, irgendeiner Partei beizutreten. {17}

III. Einlagebogen:
Von der Existenz der VPO habe ich im Lager erfahren. Ich trat der VPO bei, um mich gegen willkürliche Maßnahmen von Verwaltungsstellen zu schützen. Ich wurde Mitglied etwa Anfang November 1951. Meine Tätigkeit für die VPO begann mit der Vorbereitung einer Weihnachtsfeier. In den Versammlungen zu den Wahlen sollten die Flüchtlinge über ihre Lage sprechen. Ich besuchte eine ganze Reihe dieser Versammlungen, ich wollte mich über das politische Leben in Berlin ins Bild setzen.
Die VPO hatte u.a. auch die Aufgabe, über die Verhältnisse in der DDR aufzuklären. Ich bin Westdeutscher und stehe auf der anderen Seite, ich betrachte das nicht als Hetze, sondern als Aufklärung. In den Protokollen wurde nicht meine eigene Formulierung aufgenommen, sondern der Vernehmer formulierte die Sätze selbst. Ich habe die Protokolle dann unterschrieben, da mein Wunsch nicht berücksichtigt wurde.
Ich habe im Protokoll angegeben, daß es beabsichtigt war, eine Versammlungskampagne über die Verhältnisse in der DDR in West-Berlin aufzuziehen, und daß damals ein Baron S. an die VPO herangetreten ist mit der Bitte, daß sich Redner zur Verfügung stellen möchten. Er kam aber nicht wieder, so daß dann aus der Geschichte nichts wurde. Es wurde damals eine Liste mit 12 Personen aufgestellt, auf der ich auch stand, aber aus der ganzen Sache ist dann nichts geworden. Es wurden von Mitgliedern der VPO auch einige Male übriggebliebene westliche Tageszeitungen verteilt, und zwar an Grenzbahnhöfen nach dem demokratischen Sektor. Ich habe auch einige dieser Zeitungen verteilt, und zwar vor dem Bahnhof Wannsee. In diesen Zeitungen wurden auch Abdrucke von Entschließungen des Bundestages oder Ereignisse von weltpolitischem Format mit eingelegt. Ich habe auch diese Einlagen mit eingelegt. Wieviel Zeitungen ich verteilt habe, weiß ich nicht. Ich war als Westberliner interessiert, diese Zeitungen zu verteilen, dies kann mir nicht als Verbrechen angerechnet werden. Als Westberliner kann ich mich nicht strafbar machen, wenn ich die Meinung der freien Welt publiziere.

Dem Angeklagten wurden Vorhaltungen aus seiner polizeilichen Vernehmung gemacht.

Angeklagter Tiemann
Die Einschleusung dieser Zeitungen in die DDR war nicht meine Aufgabe.
Diese Tätigkeit habe ich nur vorübergehend ausgeführt.

Auf Vorhalt
Es ist richtig, daß ich an der Ausarbeitung eines Gesetzes für Ostflüchtlinge beteiligt war. An der Aufstellung der Präambel habe ich jedoch nicht mitgearbeitet, dies hat der Vorstand selbst getan.
Es kann mir niemand zum Vorwurf machen, wenn ich als Westberliner im Sinne und für die westlichen Regierungsstellen arbeite.

Auf Vorhalt
Ich bestreite, daß der ‚Offene Brief' an Pastor Niemöller ein Hetzbrief war. Der Brief enthielt eine Kritik an Pastor Niemöller, weil er in einem Interview erklärt hat, daß er anläßlich einer

Reise durch die DDR keinen bewaffneten Volkspolizisten gesehen habe, vorliegendes Material einzusehen, daß etwas anderes besagt und zu dieser Sache Rede und Antwort zu stehen. Ich beteiligte mich an der Abfassung dieses Briefes, weil ich der Meinung bin, daß Pastor Niemöller leichtfertig Behauptungen aufgestellt hat, die nicht den Tatsachen entsprächen. {18}
Für diese Mitarbeit habe ich kein Geld erhalten, Diese Mitarbeit hat auch mit Haß gegen die DDR nichts zu tun.
Von der VPO wurde beschlossen, eine Flugschrift für Westdeutschland herauszugeben, in der ein Bild über die beginnende Aufrüstung der Volkspolizei gegeben werden sollte, um zu zeigen, daß es notwendig sei, für die Sicherheit des Westens auch entsprechende Maßnahmen zu treffen. Das Material, das vorlag, waren, soviel ich weiß, ca. 200-300 Berichte, die ein anderes Mitglied der VPO gesammelt hatte und die einer Nachrichtenorganisation der Alliierten vorgelegt war, und zur Veröffentlichung freigegeben wurden. Ich habe diese Broschüre mit abgefaßt. Ich kann nicht sagen, welche Behauptungen in der Broschüre nicht der Wahrheit entsprochen hätten. Dies ist der amtliche Nachrichtendienst. Spionage ist das m. Meinung nicht.
Ich wurde dann später Mitglied des ‚politischen Ausschusses' der VPO. Der Ausschuß hatte den Zweck, den Vorstand, der aus 2 Personen bestand, in seiner Arbeit zu unterstützen. Der Ausschuß war bestrebt, die politische und gesellschaftliche Entwicklung. wie sie in Westdeutschland und Westberlin eingeleitet wurde, fortzusetzen und dafür zu sorgen, daß sie nicht von einer anderen Entwicklung überschwemmt würde. Ich bin auch für eine Wiedervereinigung, aber dafür, daß das deutsche Volk vollkommen frei entscheiden soll, welche politische Entwicklung gelten soll.

Dem Angeklagten wurden Vorhaltungen aus seinen polizeilichen Vernehmungen gemacht.

Die VPO nahm dann später eine Entwicklung, die ich nicht mehr vertreten konnte.
Im März 1952 fand eine Veranstaltung in der ‚Neuen Welt' in der Hasenheide statt, in der Helene Wessel und Heinemann sprachen. Von der VPO u. anderen Organisationen wurde beschlossen, an diesem Abend eine Gegenversammlung durchzuführen. Von der VOS trat man an mich heran, ob ich für die VPO kurz auf dieser Versammlung sprechen würde. Im Gegensatz zu Wessel und Heinemann, die dafür sprachen, daß Deutschland aus der EVG herausgehalten werden müsse, sprachen wir dafür, daß es eine politische Notwendigkeit sei, daß Deutschland in den EVG-Vertrag mit einbezogen werden müsse. Dies habe ich in einem vierstündigen Referat zum Ausdruck gebracht. Der Hauptredner war ein Vorsitzender der VOS.
Es kann sein, daß in dieser Versammlung eine Resolution verfaßt wurde, den Inhalt weiß ich nicht mehr. Ich war an der Abfassung der Resolution nicht beteiligt.
Durch das Verteilen der Flugblätter für die VPO kam ich mit dem Vorsitzenden Kinzel ins Gespräch, der mir erklärte, daß die ‚Deutsche Freiheitsliga' die Flugblätter in die DDR hinein vertreibe. Diese Organisation würde aus amerikanischem Privatkapital finanziert. Verfasser sei ein ehemals in der DDR tätig gewesener Jurist. Die Aufgabe der ‚Deutschen Freiheitsliga' war also, Personen in der DDR zu finden, die diese Flugblätter vertreiben. Dabei blieb es 1 Jahr lang, d.h. im Frühjahr sah ich die Flugblätter in der VPO liegen und bis Frühjahr 1952 blieb es so, ohne daß ich eine Tätigkeit für die ‚Freiheitsliga' übernahm. Kinzel schickte mir dann die Flugblätter ins Haus. Ich hatte jedoch niemand, der sich mit dem Vertrieb der Flugblätter beschäftigte. Bei mir füllte sich das Lager und ich {19}

IV. Einlagebogen

habe die Flugblätter dann abfahren u. verbrennen lassen, das kostete mich noch DM 18.--. Die Flugblätter waren in ihrem Inhalt sehr unterschiedlich, sie enthielten Reden von führenden Staatsmännern des Westens, Auszüge aus wichtigen Zeitungen der Weltpresse sowohl westdeutscher Zeitungen als auch der Prawda. Sie enthielten nichts, was die DDR anging, sondern nur die großen DDR-Probleme. Daneben gab es Flugblätter, die rein propagandistisch wirken sollten. Ich nenne das nicht Hetze. Ab November 1951 erhielt ich die Flugblätter durch 2 junge

Leute ins Haus gebracht, nicht mehr durch Kinzel. Bis April 1952 holten sich dann 2 Westberliner einige Flugblätter bei mir ab, dann noch weitere 2 Personen. In allen 4 Fällen sind die Personen von selbst an mich herangetreten und baten mich um die Überlassung der Flugblätter. 2 Personen davon wurden mir von Kinzel zugeschickt, da sie Interesse hatten, diese Flugblätter zu vertreiben. Ich habe keine Personen für diese Tätigkeit angeworben. Hetzblätter habe ich nicht weitergegeben, sondern nur Reden von Staatsmännern, Broschüren, die einen Querschnitt durch die Weltpresse enthielten usw. Ich habe von mir aus auch keine Gruppen geschaffen.
Mit Mü. bin ich durch seine Bekannte, die nach Westberlin geflüchtet war, bekanntgeworden. Er ist längere Zeit in meinem Hause ein- und ausgegangen. Und zwar nicht um Gruppen für die ‚Freiheitsliga' zu bilden, sondern um bei mir zu lesen usw. Er hat von sich aus auch öfter Bekannte mitgebracht, auch seinen Stiefbruder.
Re. u. Eh. haben noch mehr auf die DDR geschimpft als ich u. sie können ungestört durch die DDR fahren und werden nicht zur Verantwortung gezogen, dann fühle ich mich auch nicht schuldig.
Flugblätter in russischer Schrift hatte ich nicht. Seit Mai 1952 habe ich kein einziges Flugblatt mehr in die DDR herausgegeben. Es war mir bekannt, daß Flugblätter in russischer Sprache herausgegeben worden sind, aber ich selbst habe solche nicht herausgegeben.
Ende 1951 ist von mir zum Zwecke der Berichterstattung ein Tarnnetz aufgebaut worden, ich habe es Ende 1952 Anfang 1953 fertiggestellt meine Tätigkeit endete aber zu dieser Zeit bei der ‚Freiheitsliga', es ist zu keiner Verbindung gekommen. Ich habe einmal 2 Monate lang 54.-- Westmark erhalten, ich wurde sonst nicht bezahlt. Ich habe zu dieser Zeit eine Sozialunterstützung von 125.-- Westmark monatlich erhalten, zuzüglich 40.-- Westmark Mietzuschuß.
Bis April 1952 war die Tätigkeit in der ‚Freiheitsliga' eine außerordentlich ungeregelte. Im April 1952 sagten mir dann die beiden Verbindungsleute, daß die Organisation weiter ausgebaut werden soll, und zwar wolle man nun zu einer Störtätigkeit übergehen, irgendwelcher materieller oder personeller Schaden dürfe dabei nicht verursacht werden. Die Störtätigkeit sollte sich darin ausdrücken, daß sogenannte Stempelgruppen gebildet werden, die wichtige Plakate überstempelten. Ferner sollten Störgruppen gebildet werden, die mit Stinkbomben ausgerüstet werden sollten. Zur Vernichtung von Plakaten sollte diese Störgruppen mit Phosphorampullen ausgerüstet werden. Ich habe diese Phosphorampullen zu Hause auf einem Kuchenblech ausprobiert und gesehen, daß das Papier auf dem sie lagen, nicht verbrannte, sonder nur verkohlte, aus diesem Grunde hatte ich gegen die Anwendung keine Bedenken. {20}
Es sollten dann noch Gruppen gebildet werden, die selbst Flugblätter herstellen.
Dann gab es noch die sogenannten Nervenkriegsgruppen. In dieser Gruppe sollten Persönlichkeiten, die man als gefährlich ansah, unsicher gemacht werden in ihrer Tätigkeit oder zu einem Absetzen nach dem Westen veranlaßt werden. Wenn ein solcher Plan gefaßt werden sollte, mußte er jedoch erst nach oben gemeldet werden und es wurde dort entschieden, ob die Aktion gestartet werden darf oder nicht.
Ich persönlich habe folgendes dazu getan:
Ich habe J. nicht geworden, er kam zu mir mit dem Wunsch, mitzuarbeiten. Ich habe ihn daraufhin mit einer Schreibmaschine und mit Wachsmatritzen ausgerüstet. Er erklärte mir, er habe sich schwarz einen Abziehapparat gekauft. Ich habe von der Tätigkeit J.'s mit den von mir gelieferten Materialien nicht das leiseste mehr gehört. Er ist bei mir nicht mehr erschienen, bis er sich Anfang 1953 als Flüchtling einfand.
Ich habe ferner von 2 Mittelsleuten erhalten einige Phosphorampullen, 4 Stinkbomben und einige Behälter mit Flußsäuresalz. Dieses habe ich restlos vernichtet. Die Stinkbomben habe ich auch sofort in Aschkute geworfen. Es ist von mir einmal weitergegeben worden, und zwar auf ausdrückliche Forderung des Mü. hin, eine kleine Phosphorampulle. Mü. erklärte mir, er wolle ein Plakat damit vernichten, um zum Ausdruck zu bringen, daß er ein Gegner der FDJ sei. Er erzählte mir dann, daß er die Phosphorampulle weggeworfen habe, da ihm die Sache zu gefährlich

und zu unsicher erschien. Für mich sah der Fall damals so aus. Bei uns im Westen, wenn wir ein Plakat vernichten, können wir höchstens wegen Sachbeschädigung bestraft werden. Es ist aber nichts geschehen, Mü. hat davon Abstand genommen.
Ich habe in meiner Wohnung einen Unterricht darüber, wie man sich als Agent verhält, zugelassen, dies gehörte ja mit zu meiner Tätigkeit. In 3 Fällen wurden die Schulungen bei mir abgehalten.
Es wurde einmal gefragt, ob wir Stellen wüßten, wo man evtl. Depots anlegen könnte. Diese Frage wurde von mir verneint, mir ist auch nicht bekannt, daß ein einziges Depot angelegt worden ist. Von einem Kriegsfall war dabei nicht die Rede-, sondern davon, daß man – für den Fall, daß die Grenzen zwischen Ost und West geschlossen würden, diese Depots anlegen möchte. Von der Absicht hatte ich Kenntnis, jedoch ist es dazu nicht gekommen.
Es war dann so, daß ich seit Mai 1952 mit jeglicher Verteilertätigkeit in der ‚Freiheitsliga' gebrochen hatte, und zwar, weil ich mir sagte, wenn die Geschichte über die Flugblättertätigkeit hinaus geht, kommt man oft in Dinge hinein, die man nicht vertreten kann und die Grenze verwischt wird, wo es einmal zu Gewalt kommen kann.
Ich habe von der ‚Freiheitsliga' etwa 3300.-- Westmark erhalten, die ich für Hilfe von Personen verwandte, die sich aus der DDR abgesetzt hatten. Die Zettelverteiler haben ihre Auslagen und Fahrtkosten vergütet bekommen. Ich selbst sollte eine Art Aufwandsentschädigung erhalten, und zwar monatlich 54.-- Westmark. Ich habe Sie aber nur 3 Mal bekommen, dann hatte die ‚Freiheitsliga' kein Geld mehr. Die ‚Freiheitsliga' ist dann aufgelöst worden. {21}

V. Einlagebogen:
Auf Vorhalt des StA:
Es ist mir bekanntgeworden, daß am 17.6.1953 HO-Kioske durch Phosphorampullen angezündet worden sind. Damit hatte ich aber nichts zu tun.

Die Sitzung wurde um 12,20 Uhr unterbrochen und um 14,05 Uhr in Anwesenheit der Gerichtspersonen, des Staatsanwalts, der Angeklagten und der Verteidiger fortgesetzt.

Angeklagter Tiemann
Im März 1951 wurde ich von 2 Zivilisten in meiner Wohnung aufgesucht. Da sie mich nicht antrafen, hinterließen sie mir die Nachricht, ich möchte sie in Frohnau aufsuchen. Ich folgte der Aufforderung und bemerkte, daß es sich um den französischen Geheimdienst ‚Sureté' handelte. Ich sollte den Herren etwas über die DDR erzählen. Ich habe dann über den Aufbau der Einheitsschule, über Lehrpläne usw. berichtet. Man machte mir dann das Angebot, zu dieser Dienststelle in eine dauernde Beziehung zu treten. Ich machte zur Bedingung, daß meine Mitarbeit freiwillig bliebe und forderte, daß ich angestellt würde. Auf diese Weise wollte ich aus der Arbeitslosigkeit herauskommen. Ich wurde dann offizieller Angestellter dieser Institution und wurde über den Berliner Magistrat bezahlt. Ich wurde als Angehöriger der Sekte ‚Hawai' geführt. In dieser Stelle wurden sämtliche deutschen Mitarbeiter geführt. Meine Tätigkeit bestand darin, daß ich täglich die Zeitungen der DDR in bezug auf wichtige und interessierende Artikel durchlas und wichtige Artikel anstrich und Auszüge machen mußte. Diese Auszüge wurden dann ins Französische übersetzt und weitergegeben. Ich mußte dann die Bedeutung eines Betriebskollektivvertrages erklären. Ferner wurde ich gefragt, was ich über die Stimmung in der Bevölkerung in der DDR wisse und sagte das, was ich über die VPO erfuhr. Während der Weltfestspiele war man sehr stark daran interessiert, ob eine französische Delegation in der Öffentlichkeit aufgetreten sei oder nicht und ob zahlreiche Franzosen die Weltfestspiele besuchten. Ich habe versucht, dies zu erkunden.
In den Monaten nach den Weltfestspielen kamen eine Menge FDJler als Flüchtlinge zu uns. Die Jugendlichen, die die französische Dienststelle aufgesucht hatten, wurden gehört und ich mußte mich mit diesen Flüchtlingen dann noch unterhalten. Die Unterhaltung blieb aber eine völlig freiwillige.

Am 1.5.1952 sollte ich auskundschaften, ob eine Demonstration im französischen Sektor geplant sei.
Ich habe die 5 Jugendlichen nicht angeworden. Die Jugendlichen waren keine Agenten für mich, einer zog den anderen aufgrund von persönlichen Bekanntschaften nach sich. Sie waren alle volljährig und über 21 Jahre alt. Sie hielten sich gern mit mir auf und erzählten von sich aus, was sie wußten. Wenn sie Geld brauchte, haben sie das Geld von mir bekommen. Die Tätigkeit als solche war absolut freiwillig, ich habe sie nicht zu einer Tätigkeit veranlaßt. Was ich durch sie erfahren habe, habe ich selbstverständlich weitergegeben.
Sie wünschten Flugblätter zu lesen und mitzunehmen. Wo sie die Flugblätter verteilt haben, weiß ich nicht. {22}
Mü. hat einmal eine Reise für mich gemacht. Im März 1952 erschien einmal im ‚Telegraf' eine Meldung, daß verschiedene Grenzgebiete in der DDR zwangsgeräumt würden. Die Gegenden waren auch angegeben. Da Mü. eine Erholungsreise machen wollte, beauftragte ich ihn, mal nachzusehen, ob diese Nachricht stimme. Er kam zurück und erklärte, daß diese Meldung nicht stimme, die Bevölkerung lebe in diesen Gebieten friedlich wie immer. Ich betrachte das als keine Spionage.
Im August 1952 sollte ich meinen Dienst in einer neu eingerichteten Dienststelle antreten. Es wurde von den Franzosen hier eine Art Ausfragebehörde eingerichtet. Ich sollte die Aufgabe übernehmen, Flüchtlinge auszufragen evtl. unter der Anwendung von Druck. Diese habe ich mir einen Nachmittag mit angesehen. Ich selbst habe keine Vernehmungen durchgeführt, sondern nur dabeigesessen. Da mir dieser Zwang nicht gefiel, trat ich diesen Dienst nicht an, sondern wechselte meine Wohnung. 1 Monat später wurde ich von den Franzosen festgenommen, d.h. von deutscher Polizei. Sie lieferte mich den Franzosen jedoch nicht aus. Damit war meine Verbindung zu den Franzosen abgebrochen.
Ich war also für den französischen Geheimdienst von April 1951 bis Ende Juli 1952 tätig. Das Gehalt betrug monatlich 350.-- Westmark netto.
Im Mai 1951 wurde ich durch eine Person, die ich noch von Cottbus her kannte, mit einem Herrn K. bekanntgemacht. Dieser erzählte mir, daß er Angestellter des Abwehrdienstes der britischen Rheinarmee sei und daß er sich in deren Auftrag um Nachrichten in bezug auf Stärke und Tätigkeit der sowjetischen Einheiten in der DDR bekümmere.
Auf Vorhalt: Diese militärischen Nachrichtendienststellen sind in allen modernen Staaten nach demselben Schema aufgebaut. Diese Dienststellen sind legale und offizielle Dienststellen, wenn auch geheim. Die Angestellten dieser Dienststellen, die zwar mit Spionen in Verbindung stehen, sind aber selbst keine Spione, ihre Tätigkeit ist legal und offiziell, wenn auch geheim.
Mir wurde von K. folgendes mitgeteilt:
Es handelt sich um eine Abwehrorganisation, die den Auftrag hat, durch eine Überwachung der Stärke und Tätigkeit der Sowjetarmee in der DDR zu verhüten, daß durch einen plötzlichen Angriff auf die Bundesrepublik die Besatzungsarmeen überrannt würden. Das habe ich geglaubt und das glaube ich heute noch. Mir war bekannt, daß in der englischen Zone, die genauso groß ist wie die DDR, damals 2 Divisionen waren, während in der DDR 28 Divisionen standen. Man befürchtete einen ähnlichen Zwischenfall wie in Korea.

Der Angeklagte wurde vom Staatsanwalt und vom Vorsitzenden über die Vorgänge in Korea belehrt.

Ich habe mir dann durch Mittelsmänner ein Netz von Erkundern aufgebaut. Ich selbst habe Personen nur sehr selten angesprochen, einer zog den anderen nach. Im Durchschnitt hatte ich zwischen 12 bis 18 Agenten. Diese hatten den Auftrag, eine Reihe von militärischen Objekten laufend zu beobachten. Die Agenten waren in der DDR ansässig. Die betreffenden Personen waren, wenn sie zu mir kamen, im Bilde, worum es sich handelte. Meine Tätigkeit war legal, jedoch die der Agenten nicht. Ich habe lange genug illegal gearbeitet und weiß, welche Gefährlichkeit sie mit sich bringt. Ich meine damit meine Tätigkeit während der Hitlerzeit. Ich habe die Agenten auch auf die Gefahren hingewiesen. Ich war hauptamtlicher, legaler Mitarbeiter eines offiziellen Nachrichtendienstes und habe mich nicht strafbar gemacht. {23}

VI. Einlagebogen:
Auf Vorhalt des StA:
Es interessierte zu wissen, ob die sowjetische Armee moderne Waffen einsetzt, welche usw.
Mir ist nicht zur Kenntnis gekommen, daß irgendeine Angriffsabsicht vorlag.
Ich erhielt hier eine Decknummer 400, später 6/00. Mein Deckname lautete auf ‚Stüve'. Auch jede offizielle Persönlichkeit, die im Nachrichtendienst arbeitet, soll nur unter ihrem Decknamen bekannt sein, weil die Tätigkeit eine geheime ist. Eine offizielle Tätigkeit kann auch unbedingt geheim sein.
Den Decknamen sollte ich benutzen, wenn ich mit Agenten aus der DDR in Verbindung kam, daß man nicht auf meine Person schließen konnte, wenn mal etwas passierte. Die Decknummer wurde auf den Berichten vermerkt. Die Berichte habe ich zunächst über K. weitergeleitet, später durch einen Kurier. Ich wurde im August 1952 dem britischen Geheimdienstoffizier, Oberstleutnant Gordon, direkt unterstellt. Aus diesem Grunde änderte sich dann die Decknummer. Bis Ende Januar 1953 bin ich dann 2 Mal im Monat zu Gordon nach Westdeutschland geflogen, wo wir die laufenden Dinge durchsprachen. Ab Februar 1953 verlegte Gordon seinen Dienstsitz nach Westberlin und wir trafen uns dann nach Bedarf. Die Berichte wurden von mir abgefaßt. Der einzelne Agent erhielt für einen Bericht 50 bis 60.-- Westmark und einen Spesensatz von 100.-/200.-- DM monatlich. Dies war eine feste monatliche Bezahlung. Mein Gehalt betrug. am Anfang 250.-, zuletzt 450.-- Westmark monatlich. Die Spesen schätze ich auf 150.-/200.-- Westmark monatlich.
Es wurde mir dann gesagt, daß ich aus der militärischen Erkundung heraus sollte, da man sich dafür interessiere, zu erfahren, welche politische Strömungen in der Regierung und in der SED herrschen. Ich sollte also Verbindung aufnehmen zu Regierungsstellen in der DDR und zum ZK der SED
Die britische Rheinarmee interessierte sich auch dafür, was sich hinter der Oder zutrug und man trat an mich heran, ich sollte versuchen, an einen Brigadefahrer heranzukommen. Es ist aber zu keiner Verbindung gekommen.
Ganz am Anfang sagte K. einmal zu mir, ob ich evtl. Personen wüßte, die sich irgendwie nach Volkspolen einschleusen lassen könnten, um dort die Stärke der sowjetischen Truppen zu erkunden. Es wurde mir gleich gesagt, mit dieser Sache hätte ich nichts zu tun, ich sollte nur die Personen dazu nennen, das andere wäre dann nicht meine Aufgabe.
Es wurde durch 2 meiner Leute an drei Stellen erkundet, wo illegale Übergangsmöglichkeiten beständen. Diese Berichte sind weitergegeben worden, der Fall war damit für mich abgeschlossen.
Mit von Ze. kam es zu keiner Zusammenarbeit.
Am 1.6.1953 erhielt ich plötzlich das Angebot, ich sollte als Deutscher Bürochef einer englischen Dienststelle Dienst tun. Das habe ich abgelehnt. Damit endete dann meine Tätigkeit bei der britischen Besatzungsmacht.
Ich habe hier an Gehalt für die ganze Zeit etwa 8500.-- Westmark erhalten, außer Spesen. {24}
Auf Vorhalt des StA:
Ich schätze die Zahl der Agenten, mit denen ich in dieser Zeit gearbeitet habe, vielleicht auf 40, davon haben sich ca. 12 abgesetzt. Ich machte am Ende jeden Monats eine Etatsaufstellung über das, was im neuen Monat gebraucht würde, getrennt nach West- und Ost-Geldern. Die angeforderte Summe belief sich etwa auf 1500.--/3000.-- Westmark. Die Belege brauchte ich nicht einzureichen. Ich habe nur in ganz seltenen Fällen Blanco-Quittungen geben lassen, dies geschah aber nur im Falle der Zusammenarbeit mit der ‚Freiheitsliga', da die Mitarbeiter, wenn ich die Quittungen ausschrieb, dann nicht mehr da waren. Das ist in 3 oder 4 Fällen geschehen. Herr Voigt hat niemals eine Blanco-Quittung unterschrieben.

An Va. habe ich einmal einen Kleinstfotoapparat ausgegeben, er sollte auf dem Flughafen in Cottbus eine besondere Maschine fotografieren und einen gleichen Apparat an We., es sollte auf dem Bahnhof Militärtransporte fotografieren.
Außerdem habe ich an Va. und einen anderen Agenten je 1 Fernglas ausgegeben.

Die Sitzung wurde um 15.25 Uhr unterbrochen und um 15.45 in Anwesenheit der Gerichtspersonen, des Staatsanwalts, der Angeklagten und der Verteidiger fortgesetzt.

Angeklagter Tiemann:
Im Mai 1953 hörte ich durch eine Person, die ich nur flüchtig kannte, die mit einer deutschen Dienststelle in Berührung gekommen sei. Ich interessierte mich dafür und wurde durch diesen Bekannten. einen gewissen Sch., weitergeleitet. Es kam dann zu der Mitarbeit bei der Organisation Gehlen, die sich über knapp zwei Monate erstreckte und Ende Juni von mir wieder gelöst wurde. Um eine Grundlage zu schaffen, wurden alte Berichte geliefert, es können ca. 40 Stück gewesen sein. Es kam in dieser Dienststelle sehr bald zu Differenzen, ich selber sah nicht recht durch und dann erfüllte man mir nicht die gemachten Zusagen. Mein Agentenstab betrug damals 18 Personen, ich hatte jedoch noch einige Personen, mit denen ich noch in Verbindung kommen konnte. Einige hatte ich noch angesprochen, die aber nicht zum Einsatz gekommen waren, es können also insgesamt 25 gewesen sein. Ich wurde hier finanziell betrogen. Ich wurde veranlaßt, Geld vorzuschießen, nachher stellte sich heraus, daß die Gelder nicht gezahlt werden würden und ich habe dann von mir aus die Verbindung abgebrochen. Ich habe hier insgesamt 500.-- Westmark bekommen, davon mußte ich noch meine Mitarbeiter bezahlen. Ich sollte noch 2000.-- Westmark nachbekommen, erhielt diese jedoch nicht. Bei Gehlen mußte quittiert werden. Ende Juli hatte ich an baren Auslagen 1050.-- Westmark, da ich kein Geld erhielt, habe ich meine Tätigkeit sofort eingestellt.
Es war mir bekannt, daß Gehlen eine auf deutsch getarnte amerikanische Dienststelle war. Ich hatte kein Interesse, mit einer amerikanischen Dienststelle zusammenzukommen. Die Berichte gingen restlos an den Amerikaner. Jeder offizielle Mitarbeiter von Gehlen wird durch die Amerikaner legitimiert, seine Tätigkeit ist auch legal. Wenn ich das in meiner Vernehmung anders ausgesagt habe, so muß ich mich berichtigen. {25}

VII. Einlagebogen

Dem Angeklagten wurden Vorhaltungen aus Blatt 72 d.A. gemacht.

Angeklagter Tiemann:
Wie weit diese Organisation den Gesetzen der Bundesrepublik widerspricht, weiß ich nicht. Wenn ich das im Protokoll angegeben habe, so habe ich diesem Satz keine Bedeutung beigemessen.

Dem Angeklagten wurden Vorhaltungen aus Blatt 23 R. d.A. gemacht.

Ich habe die Protokolle unterschrieben, da ich in der ersten Zeit sehr zusammengeschlagen war. Das Schreibbüro ‚Grysa' ist meiner Meinung nach echt, wenn ich dort hinbestellt wurde, mußten wir leise sprechen. Ich wurde dort zur Untervertretung der Geheimdienstorganisation bestellt, jedoch bin ich der Meinung, daß das Schreibbüro ‚Grysa' nicht als solches getarnt war.
Auf Vorhalt: Später habe ich erfahren, daß man sich zur Tarnung auch Handelsfirmen bediente.
Auf Vorhalt: Ich habe mich bemüht, im Schuldienst eine Anstellung zu bekommen, dies war jedoch in den ganzen Jahren unmöglich.
Anfang Oktober 1953 hatte ich mehrere Besprechungen mit einem höher gestellten Vertreter des ‚Amtes Blank'. Ich erklärte mich zu Mitarbeit bereit, und es sollte mit den Vorarbeiten begonnen werden. Plötzlich kam die Geschichte zum Abbruch, und zwar vermutlich aus dem Grunde, daß der Leiter H. ausschied und alle Verbindungen abgeschaltet wurden, damit er keinen Einfluß auf die Arbeit des Amtes Blank nehmen konnte. Bei den Vorarbeiten habe ich eine Liste aufgestellt von Personen in der DDR, die evtl. zur Mitarbeit herangezogen werden könnten, ich schätze die Zahl auf ca. 100. Außerdem hatte ich Kenntnis davon erhalten, daß in der DDR 200 ehemalige Fallschirmjäger seien, an die man ebenfalls herantreten könnte. Ich habe zu

diesen keine Verbindung aufgenommen, was an der Sache dran ist, weiß ich nicht. Mehr habe ich für das Amt Blank nicht getan.
Wo. hatte offenbar hinsichtlich der Wirtschaftsspionage eine Verbindung zu einer amerikanischen Dienststelle. Für Wirtschaftsspionage hatte ich kein Interesse und da diese Stelle an militärischen Sachen nicht interessiert war, war die Angelegenheit damit erledigt.
N. wurde mir von einem Bekannten aus Oranienburg zugeführt, da er für ihn keine Verwendung hatte. Da seine Berichte mich auch nicht interessierten, habe ich ihn mit Wo. bekanntgemacht. Wo. hat mir nach einigen Monaten mitgeteilt, daß aus der Sache nichts geworden ist. Auf seinen eigenen Wunsch hin habe ich ihn mit Wo. bekanntgemacht.
Auf Vorhalt: Wirtschaftsspionage lehne ich ab, ich sehe jedoch die Notwendigkeit ein, mit dem Westen zusammenzuarbeiten hinsichtlich des militärischen Schutzes. {26}
Durch Me. kam ich in Verbindung mit dem amerikanischen Nachrichtendienst. Die Verbindung trug genau den gleichen Charakter wie ich sie mit dem britischen Geheimdienst hatte. Ich war hauptamtlicher Mitarbeiter, ich arbeitete hier nur durch Mittelsmänner. Ich selbst trat gar nicht in Erscheinung, es ging alles über die Mittelsmänner. Diese Mittelsleute waren mir auch nicht bekannt, sondern nur den Amerikanern. Sie lief mit kleinen Unterbrechungen, da die amerikanischen Offiziere häufig wechselten. Es war Interesse für Flugplätze und sonstige militärische Objekte vorhanden. Für jeden Bericht erhielt ich einen Pauschalbetrag von 40.-- Westmark. Es war ein Verkaufen von Bericht zu Bericht.
Einmal brachte Me. ein Tonband mit; das haben uns die Amerikaner geschickt. Dieses Gerät stand 3 bis 4 Wochen in meiner Wohnung. Da wir dafür keine Verwendung hatten, habe ich es wieder zurückgegeben.
Im November 1953 machte von Ze. den Vorschlag, ob er nicht den Volkswirtschaftsplan 1954 fotografieren könnte. Zu diesem Zweck habe ich über Me. von den Amerikanern einen Kleinstfotoapparat erhalten und von Ze. durch eine Mittelsperson übergeben lassen. Ze. hat dann auch Aufnahmen gemacht, die ich selbst entwickelte und an eine deutsche Stelle weitergab. Bei der Entwicklung des Filmes stellte ich fest, daß die beiden Filme völlig leer waren. Entweder ist überhaupt nicht fotografiert worden oder völlig mißlungen, es war darauf nicht ein Strich zu erkennen.
Für die amerikanische Dienststelle habe ich eine weitere Tätigkeit nicht ausgeübt. Es wurden jedoch einige Male Sonderwünsche laut hinsichtlich der Verhältnisse der Eisenbahn in der DDR. Es interessieren folgende Punkte:
Es war wichtig zu erfahren, erhöht sich, vermindert sich oder bleibt der Bestand an Reserveloks. Diese Reserveloks stehen jederzeit bereit für sowjetische Militärtransporte. Aus dem Bestand der Reserveloks kann man also ersehen, ob in Zukunft größere militärische Transporte beabsichtigt sind oder nicht.
Weiter sollte festgestellt werden, ob die Zahl der Waggons, die nach dem Osten gehen, größer ist oder die, die von dem Osten zurückkommen.
Ferner wurde gefordert, zu erkunden, ob das 2-Schienengleis in der DDR wieder gelegt wird oder ob es bei dem alten Zustand verbleibt.
Ferner wurde gefragt, ob die Reparaturen der Loks beschleunigt durchgeführt werden oder ob es bei dem alten Bestand verbleibt.
Auf Vorhalt:
Über Eisenbahnbrücken wurde nichts gefragt, auch nichts über die Straßenverhältnisse. Es wurde auch nicht zu mir davon gesprochen, Personen anzuwerben, die in einem Kriegsfalle für eine bestimmte Tätigkeit in der DDR zur Verfügung stünden.
Das vorstehend Gesagte ist von uns nicht in Angriff genommen worden, ich habe nur von diesem Auftrag gehört. {27}

VIII. Einlagebogen
Ich habe zwar, bevor ich mit dem ‚Amt Blank' in Verbindung kam, der amerikanischen Dienststelle, weil mir die Sache militärisch wichtig erschien, eine Notiz übergeben, daß evtl. eine Möglichkeit bestünde, über ein in der Nähe von Berlin vorhandenes Atominstitut Berichte zu übergeben. Diese Geschichte ist mir zurückgegeben worden mit dem Bemerken, daß sie nicht interessiere. Es ist nie ein Bericht dieser Art weitergegangen. Die Berichte, die ich von Voigt erhalten habe, sind an das Amt für Verfassungsschutz gegangen. Die anderen Berichte sind nicht durch meine Hände gegangen.
Auf Vorhalt:
Mit dem dänischen Geheimdienst bin ich nicht in Verbindung gekommen. Ich habe hier keine Berichte geliefert, sondern habe für einen Bekannten eine Reihe von Kontrollfragen beantwortet, und zwar handelt es sich hier um folgendes: Der Bekannte wollte wissen, ob seine Quelle, die bisher für ihn gearbeitet hat, zuverlässig ist. Um dies festzustellen, müßte er an Ort und Stelle Stichproben machen, ob der abgegebene Bericht stimmt. Um sich nun die Reisekosten usw. zu ersparen, wandte er sich an mich. Ich konnte anhand meiner schon längere Zeit zurückliegenden Berichte feststellen, ob evtl. an dem oder dem Tage dies oder jenes gewesen ist. Ich erhielt von ihm 8 bis 10 Fragen zu beantworten, d.h. ich lieferte 25 Kontrollberichte und erhielt pro Bericht etwa 25.-- Westmark, insgesamt habe ich ca. 300.-/400.-- Westmark von ihm erhalten, es können auch 500.--/600.-- Westmark gewesen sein.
Ich habe das getan, um mitzuhelfen, eine Überrumpelung Westdeutschlands zu verhindern. Ich habe keine Agenten ausgesaugt, es ist jedem von vornherein gesagt worden, worum es sich handelt und daß seine Mitarbeit eine völlig freiwillige sei. Ich habe nicht ein einziges dabei Mal gedroht, sondern habe immer wieder betont, daß das, was sie täten, freiwillig sei.
Dem Zu. habe ich sogar nahegelegt, sich abzusetzen.

Die Sitzung wurde um 17.15 Uhr unterbrochen und am 1.3.1955 um 8.05 Uhr in Anwesenheit der Gerichtspersonen, des Staatsanwalts, der Angeklagten und der Verteidiger fortgesetzt.

Angeklagter Tiemann
Das ‚Amt für Verfassungsschutz' war mir seit November 1953 bekannt. Ich bemühte mich, Anschluß an eine amtliche deutsche Dienststelle zu bekommen. Im April 1954 wurde ich von einem Herren, der sich als ein Herr S. legitimierte, aufgesucht, der sich als Angestellter des Amtes für Verfassungsschutz vorstellte. Er fragte mich, ob ich bereit sei, mitzuarbeiten. Ich sollte Personen auskundschaften, die der SED angehören und die mit politischen Kreisen in der DDR in Verbindung stehen. An dieser Arbeit hatte ich kein Interesse und habe ihm dies auch mitgeteilt. Er hat mich dann Ende 1954 bekanntgemacht mit einem Herren namens Hu., der gleichfalls Angestellter des Amtes für Verfassungsschutz war. Ich habe dann erfahren, daß dieser Mann D. heißt. Es kam dann zu einer Zusammenarbeit mit ihm, die sich auf die Monate Mai, Juni, Juli erstreckte. Im Laufe der Zeit stellte ich fest, daß D. besonders für 4 Punkte Interesse hatte, und zwar: {28}
1. Bekanntgabe von politischen Maßnahmen der höchsten Regierungsstellen der DDR,
2. Bekanntgabe des politischen Lebens in der SED, und zwar in der höchsten Ebene des ZK, Bezirksstellen usw.,
3. Bekanntgabe der Verhältnisse in der Volkspolizei, und zwar nicht der KVP, sondern der üblichen VP,
4. Bekanntgabe der Verhältnisse im Staatssekretariat für Staatssicherheit.

Für das Vorgenannte erhielt ich keine Aufträge, ich habe nur im Laufe der Zeit gemerkt, daß diese Fragen besonders interessieren.
Durch Ze. hatte ich eine gewisse Frau F. kennengelernt, die Verbindung zur SED hatte, sie studierte auf der Hochschule für Finanzwirtschaft.

Ferner hatte ich Voigt kennengelernt, der mir sagte, daß er eine Verbindung zum Atomforschungsinstitut hätte und weiter zum Ministerium für Post- und Fernmeldewesen.
Ferner kannte ich L., der evtl. über eine Verbindung zur Volkspolizei verfügen sollte.
Ich erhielt von H. den Auftrag, diese Verbindungen entsprechend auszubauen.
Frau F. lieferte mir kleinere Angaben, die sie aus ihrer Tätigkeit machen konnte, auch aus ihrer Tätigkeit als Instrukteur. Frau F. hatte ich mit D. bekanntgemacht, ebenso geschah es auch mit Voigt. Die weitere Arbeit erledigte D. selbst und ich war nur die Mittelsperson. Es sind von Voigt eine Reihe von Berichten über das Atomforschungsinstitut herausgegeben worden, insgesamt waren es etwa 5 oder 6 Berichte. Ich habe die Quelle, aus der Voigt die Berichte schöpfte, nicht erfahren. Aufgrund der Berichte hatte ich jedoch den Eindruck, daß Voigt nur Verbindung zu einer Scheuerfrau oder Angestellten von Miersdorf haben konnte und nicht zu einer Person, die wissenschaftliche Einsicht hatte.
Auf Vorhalt: Mir wurde der Name von Frau Dierks vorgehalten und ich habe gesagt, daß nach den Berichten zu urteilen evtl. Frau Dierks die Quelle für Voigt gewesen sein könnte.
An der Verbindung nach Miersdorf war dem Amt für Verfassungsschutz wenig gelegen. Es wurde auch erwogen, zu versuchen, Voigt mit dieser Quelle an das Amt Blank abzugeben.
D. interessierte sich insbesondere für eine Quelle beim Ministerium für Post- und Fernmeldewesen. Voigt erhielt von mir und Hu. den Auftrag, die Verbindung zu Frau S. herzustellen. Ich sagte zu Voigt, wir müssen die Verbindung bekommen, denn sonst könnte aus der Zusammenarbeit mit dem Amt für Verfassungsschutz evtl. nichts werden. Voigt hat Frau S. 3 Mal zu einem Treff bestellt. Sie ist jedoch nie erschienen. Es ist also zu keiner Zusammenarbeit in dieser Beziehung gekommen.
L. wurde mir durch Voigt zugeführt. Ich machte ihn mit D. bekannt. L. erklärte, daß er eine Verbindung zur Volkspolizei habe. Die Quelle selber wurde mir von L. als ‚Willi' bezeichnet. Zu einer Zusammenarbeit mit dieser Quelle ist es nicht gekommen. Diese Quelle sollte nach Angaben von L. ihren Sitz in der Hauptverwaltung der KVP in Berlin-Adlershof haben. Es sind von L. Kurzberichte abgegeben worden, die angeblich von dieser Quelle stammen sollten. Die Berichte enthielten nur formal die Struktur, Aufstellung über einige Einheiten der KVP usw. Es wurde L. gesagt, daß das Amt für Verfassungsschutz die übliche Volkspolizei, und nicht die KVP interessiere. {29}
Im Falle von Verhaftungen wurde überlegt, wer noch dadurch gefährdet sein könnte und diese Personen wurden aus der DDR nach West-Berlin geholt. Es sind auch Unterstützungen an Familienangehörige gezahlt worden. Es ist in keinem Falle jemand, der in Not war, im Stich gelassen worden.
Auf Vorhalt:
August Ne. hat sich niemals an mich gewandt, wenn er in Not war. Es ist auch keinerlei Druck auf ihn ausgeübt worden. Es ist auch gesagt worden, wenn einige verhaftet würden, sollen sie vor Gericht ruhig auf westberliner Dienststellen schimpfen, wenn sie glauben, daß sie dadurch ihre Lage erleichtern. Hr. Ne. war das letzte Mal bei mir, er sagte, er müsse den Nachlaß seiner verstorbenen Mutter regeln. Er hat an mich keine Forderung oder Bitte wegen Unterstützung gerichtet. Er sich nur wenige Minuten auf. Wir verabredeten uns, er ist dann aber nicht mehr wiedergekommen.
Ich bestreite auch, jemals auf Frau T. einen Druck ausgeübt zu haben. Auch Zu. ist von mir nicht unter Druck gesetzt worden.
Auf Vorhalt:
Während meiner Tätigkeit beim britischen Geheimdienst wurde mir angetragen, ein selbständiges Netz von Funkern heranzuziehen. Mir wurde gesagt, ich hätte dann mit der Sache nichts mehr zu tun, ich sollte nur die Verbindungen herstellen. Ich habe einige Namen genannt, die Verbindungen kamen aber nicht zustande.

Ar. hat Personen zur Mitarbeit herangeführt, er baute ein selbständiges Netz auf. Voigt ist in den demokratischen Sektor von Berlin gefahren, auch L.
Auf Vorhalt:
Die Treffs sollten so unauffällig wie möglich stattfinden. Ich habe sie zum überwiegenden Teil in meiner Wohnung stattfinden lassen. Es wurde geraten, für diese Treffs ein Zimmer zu mieten, ich habe einen Monat lang auch ein solches Zimmer gehabt. Treffs in Gastwirtschaften und dergl. habe ich nicht durchgeführt.
Sch. sagte mir, daß der Dänische Geheimdienst ein Interesse daran hatte, ein 2. Netz aufzubauen, und zwar für den nördlichen Teil der DDR. Sch. wollte mich hierfür mit einschalten. Ich stellte die Bedingung, mit dem Offizier persönlich zu sprechen. Sch. stellte einen solchen Treff in Ansicht, der Offizier ist aber nicht gekommen.
Auf Vorhalt:
Ich habe 2 Mal Briefe geschrieben an Personen, die ich von mir aus anwerben wollte, und zwar an He. und Do. Dies fällt in die Zeit, wo die Arbeit des Va. anders gestaltet werden sollte. Do. hat nicht reagiert, ich habe auch nichts weiter unternommen. He. war einmal bei mir. Er lehnte eine Mitarbeit ab, er sagte, er müsse Rücksicht nehmen, auf seine Familie. Obgleich er versprach noch einmal wiederzukommen, habe ich nichts mehr unternommen.
Sonst kamen die Personen zu mir, bereits durch andere eingewiesen.
Es haben sich mehr Leute zur Mitarbeit angeboten, als ich zu nehmen bereit war. {30}
Ich habe L. gefragt, ob er evtl. eine Verbindung zum Staatssekretariat für Staatssicherheit herstellen könnte. Er erklärte mir, es gäbe eine Möglichkeit, da weiterzukommen. Weitere Angaben wurden mir von ihm nicht gemacht.
Durch L. erhielt ich die Verbindung zu einem gewissen Z., beschäftigt bei der Bau-Union, der Verbindung zu Regierungsstellen haben sollte. Es ist zwischen Z. und mir zu einer Reihe von Besprechungen gekommen. Er versprach, Personen mitzubringen, habe aber keine zu Gesicht bekommen. Es ist auch zu keiner weiteren Verbindung zwischen Z. und mir gekommen.
Seit April 1954 war ich für das Amt für Verfassungsschutz tätig. Für meine Tätigkeit erhielt ich den Decknamen ‚Reinhard'. Eine Decknummer bekam ich nicht. Ich habe in dieser Tätigkeit etwa 35-40 Berichte weitergegeben. Ich erhielt im ersten Monat 150.-- Westmark, im Juni 200.-- und im Juli 250.-- Westmark. Später sollte ich dann fest angestellt werden. Es kam dann zu einer Differenz zwischen D. und mir und ich habe eine weitere Zusammenarbeit abgelehnt. In dieser Zeit habe ich mit 4 Personen in festem Verhältnis gearbeitet.
Auf Vorhalt
Seit November 1954 bemühte ich mich, eine zivile Arbeit zu erhalten, ich hatte mich auch an eine Reihe westdeutscher Firmen gewandt, um evt. Vertretungen zu übernehmen. Bis zu meiner Verhaftung ist mir das nicht gelungen.
Auf Vorhalt des StA:
Während meiner Tätigkeit beim französischen Geheimdienst habe ich im Auftrage Einladungen zu Personen in der DDR zu einem Treff in Westberlin durch junge Leute, die sich beim französischen Geheimdienst meldeten, überbringen lassen. Ob diese jungen Leute Agenten waren, weiß ich nicht. Ob die Treffs zustande gekommen sind, weiß ich auch nicht. Es können 4 bis 5 Briefe gewesen sein, die ich an diese jungen Leute übergeben habe.
Auf Vorhalt des StA:
Die ersten Agenten habe ich gewissermaßen überliefert bekommen. Diese Personen hatten mit K. gesprochen und wurden dann an mich angehängt. Diese Personen wurden sofort aufgeklärt, worum es sich handelte. Ich hab dann mit ihnen die einzelnen konkreten Dinge abgesprochen. Ich habe die Personen nach oben gemeldet und von dort die Anweisung erhalten, ob auf die Verbindung Wert gelegt wird oder nicht.

Die Verbindung mit Cottbus kam wie folgt zustande: Der geflüchtete Gerhard B. machte mich auf Frau Ti. aufmerksam, die mir bereits bekannt war. Frau Ti. wurde dann als Kurier eingesetzt.
Frau Ti. wandte sich dann wieder an einige Personen, die ich ebenfalls von früher her kannte. – Ich möchte mich berichtigen, wenn ich gestern gesagt habe, es sind von diesen Personen etwa 12 geflüchtet, so sind es nicht 12, sondern ca. 30 Personen gewesen, die nach Westberlin geflüchtet sind.
Was ich den Agenten sagte war, wir müssen in erster Linie für die Sicherheit Westdeutschlands sorgen und diese Sicherheit ist im Augenblick nur gewährleistet, durch die dort vorhandene Besatzungsmacht, da Westdeutschland über keine eigenen militärischen Verbände verfügt. Ich habe jedem gesagt, sie können jeden Auftrag ablehnen, die Mitarbeit sei völlig freiwillig. Im Falle einer Absetzung wird für die sofortige Anerkennung und für einen Arbeitsplatz gesorgt. {31}

X. Einlagebogen:
Angeklagter Tiemann
Ich habe nie die Absicht gehabt, jemand zu provozieren. Ich habe die Tätigkeit begonnen in der festen Überzeugung, dadurch einer guten Sache zu dienen, nämlich der Sicherheit Westdeutschlands, deren Bürger ich nun war. Ich habe dieser Sache gedient deswegen, weil sich die Sache darbot als eine Tätigkeit, die Hand und Fuß hatte. Die betreffenden Stellen, die alles amtliche Behördenstellen sind, haben mir stets gesagt, daß meine Tätigkeit eine legale ist und ich jederzeit durch sie legitimiert werden würde. Ich bin von dieser Tätigkeit im Laufe der Jahre enttäuscht worden. Ab November 1953 habe ich mich bemüht wieder in Arbeit zu kommen. Ich habe in meiner Tätigkeit nie etwas Verbrecherisches gesehen, ich glaubte, wir haben lediglich zu sichern, weiter nichts. In den Monaten meiner Verhaftung habe ich einiges gehört, nämlich Dinge, von denen ich mich auf das schärfste lossage. Ich stehe am Scheidewege, ich kann die Antwort nicht geben. Ich habe meine Arbeit im guten Glauben getan, wenn ich mich da geirrt und getäuscht haben sollte, wäre es für mich ein sehr furchtbares Erwachen. Ich persönlich habe nie irgendwie wissentlich einem politischen oder sonstigen Verbrechen die Hand reichen wollen.

Dem Angeklagten wurden Vorhaltungen aus seiner polizeilichen Aussage gemacht.

Ich bin ein Gegner des in der DDR herrschenden Systems, als solch ein Gegner bin ich auch weggegangen. Ich konnte es nicht verstehen, daß mir der Boden unter den Füßen in der DDR weggezogen worden ist und ich bin mit einer großen Wut auf die DDR nach Westberlin gegangen.

Die Sitzung wurde um 9,25 Uhr unterbrochen und um 9,55 Uhr in Anwesenheit der Gerichtspersonen, des Staatsanwalts, der Angeklagten und der Verteidiger fortgesetzt.
Nachdem keine weiteren Fragen und Anträge an das Gericht gestellt werden, wird die Beweisaufnahme geschlossen. {32}

Die Gründe des Urteils des Bezirksgerichts Cottbus vom 3. März 1955 lauteten wie folgt:

Gründe

Nach dem im Potsdamer Abkommen zum Ausdruck gekommenen Willen der Alliierten, der im Interesse des deutschen Volkes liegt, sollte der Faschismus und Militarismus in Deutschland mit samt seinen ökonomischen und ideologischen Wurzeln ausgerottet und dadurch die Grundlage für den Aufbau eines friedlichen und demokratischen Deutschlands geschaffen werden. Entsprechend diesen Grundsätzen ist auch in der Deutschen Demokratischen Republik konsequent und mit aller Entschiedenheit verfahren worden.
Es begann in der Deutschen Demokratischen Republik ein friedlicher Aufbau, der ungeahnte Kräfte der Werktätigen entwickelte, welche ständig von der Sowjetunion und den Volksdemokratien, zur Erhaltung des Friedens unterstützt wurden. So gestaltete sich die Deutsche Demo-

kratische Republik zur festen Basis im Kampf um ein einheitliches, demokratisches und friedliebendes Deutschland.
Im Westen unseres Vaterlandes dagegen wurden die Grundsätze des Potsdamer Abkommens ständig verletzt, die Spaltung Deutschlands vertieft, die Friedensbestrebungen der Sowjetunion, der Volksdemokratien und der Deutschen Demokratischen Republik sabotiert, Faschismus und Militarismus gefördert und der deutsche Imperialismus im Interesse des amerikanischen Imperialismus wieder errichtet. Das Ziel dieser imperialistischen Mächte ist darauf gerichtet, gegen das Weltfriedenslager einen neuen Aggressionskrieg vorzubereiten.
Angesichts dieser Gefahr eines neuen schrecklichen Weltbrandes setzen sich auch die Patrioten Westdeutschlands leidenschaftlich gegen die Kriegstreiber zur Wehr, was zur Folge hat, daß die Bonner Regierung in ihrer Schwäche und Isoliertheit vom Volke {33} zu den Mitteln brutalsten Terrors greift, um den Widerstand der Massen gegen ihre Kriegspolitik zu brechen.
In der Deutschen Demokratischen Republik kommt der Friedenskampf der Bevölkerung vor allem in dem Willen zum Ausdruck, unsere Republik als Basis der fortschrittlichen Entwicklung Deutschlands zu festigen in der Bereitschaft, den Staat der Arbeiter und Bauern gegen seine inneren und äußeren Feinde im Interesse der Erhaltung des Friedens zu verteidigen, was sich in der erhöhten Wachsamkeit gegenüber Agenten und Saboteuren zeigt.
So entwickeln die Geheimdienststellen der imperialistischen Mächte und seine westdeutschen und westberliner Agenturen, die mit amerikanischen Dollars finanziert werden, eine fieberhafte Tätigkeit. Sie entsenden zur Durchführung ihres Zieles hauptsächlich von Westberlin aus Agenten, Spione und Saboteure in die Deutsche Demokratische Republik, die von ihnen konkrete Aufträge zur Ausübung von Hetzpropaganda in weitestem Umfange zur Spionage auf allen Gebieten des gesellschaftlichen, politischen und wirtschaftlichen Lebens zur Durchführung einzelner Sabotage- und Diversionshandlungen und zur Ausübung des persönlichen Terrors erhalten. Das sind die Mittel, mit denen der amerikanische Imperialismus im Weltmaßstab seinen sogenannten ‚kalten Krieg‘ führt, mit denen er unmittelbar den ‚heißen Krieg‘ vorbereitet und von denen er hofft, daß ihre Anwendung speziell in Deutschland mit seinen politischen Zündstoffen reichen Möglichkeiten zur Inbrandsetzung der Kriegsfackel führen wird.
In diesem Kampf gegen die Kriegsbrandstifter und um die Erhaltung des Friedens und Sicherung unseres Aufbaues in der Deutschen Demokratischen Republik fällt unserer Volkspolizei eine besondere Aufgabe zu. Die Volkspolizei in der DDR ist ein wichtiges Organ zum Schutze unserer Arbeiter- und Bauernmacht und seiner demokratischen Errungenschaften.
Ihr Bestehen trägt somit wesentlich auch zur Sicherung und Erhaltung des Friedens in Europa und der Welt bei und ist ein ernstes Hindernis für die imperialistischen Kräfte auf ihrem verbrecherischen Wege. Das haben die Feinde unserer Ordnung sehr wohl erkannt. Sie versuchen insbesondere den Aufbau der Volkspolizei zu erfahren, um Angriffspunkte gegen sie zu finden, {34} um die Schlagkraft und Einsatzbereitschaft der Volkspolizei zu lähmen.
Auch die Angeklagten waren als Agenten für diese Spionageorganisationen tätig. Daher war auch der größte Teil der verbrecherischen Tätigkeit des Tiemann gerade auf dieses Gebiet gerichtet. Der Angeklagte Tiemann hatte sich zu diesem Zweck eine eigene Spionageagentur geschaffen, in der ständig 12 bis 25 Agenten, die ihren Wohnsitz im Gebiet der Deutschen Demokratischen Republik hatten, gleichzeitig tätig waren und ihm Spionagematerial lieferten, das sie im Gebiet der Deutschen Demokratischen Republik sammelten. Dieses ihm überbrachte Material wurde von ihm gesammelt, gesichtet, zusammengestellt und an die verschiedenen imperialistischen Geheimdienststellen gegen Bezahlung geliefert. Durch die laufenden Zu- und Abgänge waren, nach vorsichtigen Schätzungen des Tiemann, im Laufe seiner Tätigkeit weit über 100 Agenten für ihn tätig.
Der 52 Jahre alte Angeklagte Tiemann ist der Sohn eines Oberlehrers. Er besuchte in seiner Geburtsstadt Cottbus das Gymnasium bis zum Abitur. Dann lernte er Bankkaufmann und verblieb als Bankangestellter bis 1924 an der DANAT-Bank, später war er als Bürochef bei einer Cott-

buser Wollimportfirma tätig. Im Jahre 1926 begann er ein Studium der Philologie an der Universität Greifswald, was er 1930 in Rostock fortsetzte. Nach seinen Angaben ist er 1933 exmatrikuliert worden, weil er infolge seiner politischen Tätigkeit in der Hochschulgruppe der sogenannten ‚Deutschen Volkspartei' im Machtkampf mit den Nazis unterlegen war. Er war dann eine zeitlang als Hauslehrer tätig und trieb Privatstudien. Seit 1935 nahm er an mehrwöchigen Militärlehrgängen teil, im Oktober 1939 wurde er mit dem Dienstgrad eines Feldwebels einberufen, 1940 wurde er zum Leutnant und 1942 zum Oberleutnant befördert. Während seiner Militärzeit hatte er Verbindung mit dem sogenannten ‚Moltke-Kreis', der im Machtkampf mit dem Faschismus lag und an seine Stelle eine reaktionäre Militärdiktatur setzen wollte. Im Juni 1946 wurde er aus der norwegischen Internierung nach Osnabrück entlassen. Nachdem er eine zeitlang als Landarbeiter auf einem Bauernhof in der Nähe von Hannover gearbeitet hatte, {35} übte er anschließend eine Funktion als Dolmetscher des deutschen Polizeichefs in Rothenburg bei Bremen aus. Im Juli 1947 kehrte er nach Cottbus zurück und erhielt nach einiger Zeit eine Anstellung als Dozent an der Volkshochschule in Cottbus. Am 1.7.1948 wurde er Kreissekretär des Kulturbundes in Cottbus. Infolge seiner beharrlichen reaktionären Haltung wurde er im März 1950 von sämtlichen Funktionen entbunden und ging Ende desselben Monats nach Westberlin, seine Familie folgte ihm nach. Nach einer Zeit, die er im Flüchtlingslager Düppel verbrachte, erhielt er dann in Berlin-Zehlendorf ein Zimmer, das er später aufgrund einer Empfehlung des französischen Geheimdienstes in eine Wohnung in Berlin-Wedding Sansibarstraße, umtauschte. Später zog er wieder in den amerikanischen Sektor.

Der Angeklagte ist seit seiner Flucht nach Westberlin im März 1950 nur für die Hetz- und Spionageorganisationen im Westsektor aktiv tätig gewesen. Eine ehrliche Arbeit hat er bis zu seiner Verhaftung in Westberlin nicht ausgeübt.

Vor 1933 gehörte er der Deutschen Volkspartei an. Im Jahre 1948 wurde er Mitglied des SED, wurde aber im Jahre 1950 wegen parteischädigenden Verhaltens wieder ausgeschlossen.

Der 54 Jahre alte Angeklagte Voigt ist der Sohn eines Fabrikanten und hat in Berlin das Realgymnasium besucht. Im Frühjahr 1917 unterbrach er seine Schule und meldete sich freiwillig, nachdem er eine Zeit schon beim ‚Vaterländischen Hilfsdienst' tätig war, zum Militär. Auch nach Kriegsende blieb er noch bei seiner militärischen Formation. Sein letzter Dienstgrad war Gefreiter. Als Angehöriger des Freikorps ‚Nacketau' hatte er an der Niederschlagung der Spartakistenbewegung in mehreren Städten des Ruhrgebietes teilgenommen, wobei fast stets bewaffnete Gewalt angewendet wurde. Der Angeklagte kehrte 1920 nach Berlin zurück und machte sein Abitur. Anschließend studierte er an der Humboldt-Universität 6 Semester Chemie und 3 Semester Volkswirtschaft. Aufgrund der Auflösung der elterlichen Firma brach er sein Studium ab. Im Angestelltenverhältnis arbeitete er dann bis Oktober 1933 und wurde dann hauptamtlicher Sozialreferent in der faschistischen Deutschen Arbeitsfront. Diese Funktion übte er bis 1943 aus. Vorher, im Jahre 1932, war er bereits der Nazi-Partei beigetreten, deren aktives Mitglied er bis Kriegsende gewesen ist. {36}

Im April 1943 kam er zur Luftwaffe und war hier Fourier im ‚NS-Ausbildungsstab zbV', der sich mit der faschistisch ideologischen Ausbildung der Offiziere befaßte.

Im Mai 1945 geriet er in sowjetische Gefangenschaft, wurde aber bereits im Herbst 1945 wieder entlassen. Nach einer kurzen Arbeitszeit als Bauarbeiter wurde er schließlich bei einer westberliner Baufirma als Lohnbuchhalter eingestellt. Seit 1950 ist der Angeklagte arbeitslos.

Der Angeklagte Tiemann wurde im September 1950 nach seiner Flucht nach Westberlin Mitglied der Hetzorganisation VPO (Verein politischer Ostflüchtlinge). Diese Organisation, die sich, wie er selbst aussagt, in erster Linie mit der Hetze gegen die Deutsche Demokratische Republik und nebenbei mit der Hilfe für die sogenannten Flüchtlinge befaßt – letzte Aufgabe wurde nach seinem Eingeständnis zum Schluß nur noch formal gehandhabt – hatte an Tiemann einen Aktivität kaum noch zu überbietenden Mithetzer gefunden. So war er schon kurz nach seinem Beitritt vorgesehen mit 11 anderen Rednern, an einer Versammlungskampagne der VPO

teilzunehmen, die gemeinsam mit anderen Hetzorganisationen gegen die fortschrittlichen Bestrebungen gerichtet war.
1951 verteilte er auf und an westberliner Bahnhöfen übriggebliebene westberliner Tageszeitungen, meistens die übel berüchtigten Hetzblätter ‚Der Tag‘ und ‚Der Telegraf‘, wobei er zur Verstärkung der Hetzwirkung noch Flugschriften in die Zeitungen einlegte. So hat der Angeklagte mindestens etwa 7000 Hetzschriften an westberliner Grenzbahnhöfen verteilt, die zum größten Teil in die Deutsche Demokratische Republik eingeschleust wurden. An der Abfassung eines ‚Offenen Briefes‘ gegen den fortschrittliche Bestrebungen unterstützenden Pastor Niemöller war der Angeklagte ebenfalls beteiligt.
Einen Hauptteil seiner Zeit verwandte er dazu, mit anderen Gleichgesinnten eine von Unwahrheiten und Lügen strotzende Hetzbroschüre gegen die Volkspolizei zusammenzustellen. Aufgrund seiner großen Aktivität im Sinn seiner Auftraggeber wurde er sehr bald in den sogenannten ‚politischen Ausschuß‘ der VPO kooptiert. In den Ausschußsitzungen wurde eine wüste Hetze gegen die Deutsche Demokratische Republik betrieben und ständig wurden {37} Resolutionen gefaßt, in denen alles, was gegen den Adenauerkurs gerichtet war beschimpft und mit Verdächtigungen überhäuft wurde. Ferner wurde in diesem Ausschuß ein Flüchtlingsnetz vorbereitet, dessen Präambel allein Hetze gegen die Deutsche Demokratische Republik enthielt. Schließlich wurde Tiemann noch in den sogenannten Beirat der VPO gewählt. Bei einer von der VPO aufgezogenen Versammlung als Kundgebung gegen die fortschrittlichen Kreise in ‚Kliems-Festsälen‘ in der Hasenheide war der Angeklagte mit einer der Hauptredner. Auch auf dieser Kundgebung wurde eine wüste Hetze und Greulpropaganda gegen die Deutsche Demokratische Republik betrieben.
Noch während seiner Tätigkeit für die VPO wurde Tiemann Hauptverbindungsmann zur sogenannten ‚Deutschen Freiheitsliga‘, einer weiteren Hetzorganisation, die sich im umfangreichen Maße mit der Organisation von Terror- und Sabotageakten und organisierter Hetze befaßt. Nachdem Tiemann zunächst 2 Personen mit dem systematischen Vertrieb von Hetzschriften beauftragt hatte, organisierte er extra 4 Untergruppen zur Sabotage- und Terrortätigkeit. Die gesamte Tätigkeit der Untergruppen, auch ‚Nervenkriegsgruppen‘ genannt, arbeiteten nach einem im wesentlichen vom Angeklagten Tiemann ausgearbeiteten Plan. Hierbei wurden auch durch sogenannte ‚A 5 Agenten‘ Flugblätter in russischer Sprache vertrieben. Monatlich erhielt Tiemann allein 2 mal je 2- bis 3000 Hetzflugblätter, die er durch die Untergruppen und durch seine teilweise schon bestehenden Spionagegruppen in der Deutschen Demokratischen Republik absetzen ließ. Auf diese Art und Weise sind Zehntausende von übelsten Hetzschriften in die DDR eingeschleust worden. Außerdem rüstete der Angeklagte, der im übrigen seine Spionagetätigkeit als Dienst an einer gerechten Sache auszugeben versuchte, einen Teil der Untergruppen mit Phosphorampullen, Stinkbomben und Apparaturen zur selbständigen und ungesetzlichen Herstellung von Hetzflugblättern aus. Die Phosphorampullen wurden von ihm auf ihren Verwendungszweck vorher in seiner Wohnung auf einem Kuchenblech ausprobiert. Den Agenten Mü. beauftragte er, das IV. Parlament der Freien Deutschen Jugend zu stören und übergab ihm eine Kiste mit Phosphorampullen, mit denen er Transparente und Plakate in Brand setzen sollte. Zur Durchführung dieses Auftrags soll es angeblich nicht gekommen sein. {38}
Neben dieser Tätigkeit für die der Angeklagte Tiemann insgesamt 3300.-- DM West erhielt, die teils für ihn, teils für seine Untergruppen bestimmt waren, beschäftigte er sich ständig damit, für die verschiedensten Herausgeber von Hetzschriften Gutachten über deren Wirksamkeit und Schlagkräftigkeit abzugeben. Er selbst gibt zu, in über 100 Fällen derartige Stellungnahmen abgegeben zu haben. Durch seine inzwischen für ihn arbeitenden Spione gab er den Herausgebern von Hetzschriften Meldungen weiter, die dazu geeignet waren, Unruhe unter der Bevölkerung oder Haß gegen Maßnahmen der demokratischen Verwaltungen innerhalb der Deutschen Demokratischen Republik zu erzeugen.

Für den Fall, daß die Westsektoren Berlins von der Deutschen Demokratischen Republik durch Maßnahmen, mit denen der Angeklagte rechnete, abgeschnitten werden, hatte er geplant innerhalb der Deutschen Demokratischen Republik Depots einzurichten. in denen sich Geld und Schmuckgegenstände zur Finanzierung der Untergruppen, Hetzflugblätter und Apparaturen zur Herstellung von Hetzflugblättern befinden sollten. Außerdem war in Erwägung gezogen, einen Ausbildungskursus für Funker einzurichten.
Für die Verfasser von Hetzflugblättern gab er aufgrund seines Agentennetzes sogenannte Mitarbeitermeinungen und Leserechos weiter, die ihm teils durch Agenten zugetragen und teilweise der Einfachheit halber selbst von ihm verfaßt worden sind. Außerdem stellte der Angeklagte seine Wohnung zur Schulung von Agenten zur Verfügung.
Im März 1951 wurde Tiemann von 2 Angehörigen des französischen Geheimdienstes ‚Sureté Nationale' aufgesucht und in die entsprechende Dienststelle nach Frohnau bestellt. Tiemann wurde bei seinem Vorsprechen in der Dienststelle zur Spionage angeworben. Hierfür erhielt er eine Dienstwohnung im französischen Sektor und wurde als Senatsangestellter mit 350.-- DM West monatlich bezahlt. Zur Durchführung seiner Spionagetätigkeit warb er eine Anzahl von Jugendlichen aus den demokratischen Sektor an. Mit Hilfe dieser Agenten führte er eine Reihe von Aufträgen der französischen Geheimdienstoffiziere aus. So gab er einen 20 Seiten langen Bericht über das Schulsystem in der DDR und laufend Stimmungsberichte während der Weltfestspiele 1951 in Berlin ab. {39}
Insbesondere war Tiemann beauftragt, nach französischen Teilnehmern zu fahnden und deren Namen festzustellen. Besonders interessiert war der französische Geheimdienst daran, Informationen über die FDJ zu erlangen und Tiemann machte sich zu diesem Zweck mit einer, Reihe von ehemaligen FDJ-Funktionären bekannt, die ihm Hinweise für weitere Spionageberichte gaben. Mit 5 dieser von ihm geworbenen Personen stand der Angeklagte noch bis zum Jahre 1952 in Verbindung. Außer diesen ständigen Aufträgen besorgte er z.B. sämtliche Schulbücher der Deutschen Demokratischen Republik und wurde von den französischen Geheimdienstoffizieren auch dazu angehalten, bei den Vernehmungen der Republikflüchtigen in der Dienststelle des ‚Sureté Nationale' zugegen zu sein und es hierbei, wie ihm aufgetragen wurde, an Druck und Gewalt nicht fehlen zu lassen. Er will jedoch nur einmal daran teilgenommen haben.
Ferner führte er mit seiner Spionagegruppe Kurierdienste für den französischen Geheimdienst durch, indem er Briefe an Personen im demokratischen Sektor und in der Deutschen Demokratischen Republik zustellte oder übergeben ließ. Die Verbindung mit dem französischen Geheimdienst wurde 1952 gelöst.
Ende Mai 1951 kam Tiemann mit einem Angestellten des sogenannten Abwehrdienstes der britischen Rheinarmee mit dem Decknamen K. in Verbindung. Hier erklärte er sich bereit, Spionage gegen sowjetische Einheiten in der Deutschen Demokratischen Republik zu betreiben. Er wurde beauftragt, ein Spionagenetz aufzubauen. Im Laufe mehrerer Monate warb der Angeklagte eine große Anzahl, mindestens 22 Personen, zur Spionage an. Die für ihn nunmehr angeworbenen Spione beauftragte er in einigen Fällen weitere Personen anzuwerben. Seine Spione empfing er teils in seiner Wohnung, teils in Gaststätten von Westberlin und stellte die erhaltenen Informationen zu Berichten zusammen, die er dem britischen Geheimdienst übergab. Der Resident K. unterrichtete in etwa 50 Treffs den Angeklagten über alle Methoden der Spionagetätigkeit. Im Sommer 1952 hatte das von Tiemann inzwischen aufgebaute Spionagenetz einen derartigen Umfang angenommen, daß er dem britischen Geheimdienstoffizier, Oberstleutnant {40} Gordon, unterstellt wurde. Zweimal monatlich flog Tiemann mit einem britischen Verkehrsflugzeug nach Westdeutschland, um Mr. Gordon über die Spionagetätigkeit zu berichten und neue Befehle zu empfangen. Er erhielt den Decknamen ‚Stüve ' und wurde in der Statistik des englischen Geheimdienstes unter den Deckzahlen K 400 und später 6/00 geführt. Zur intensiveren Ausspionierung gab Tiemann seinen Spionen We. und Voigt je einen Fotoapparat. Ab Feb-

ruar 1953 verlegte der britische Geheimdienstoffizier seinen Dienstsitz nach Westberlin und stellte Tiemann folgende Standardaufgaben:

1. Schaffung eines Agentennetzes.
2. Beschaffung von militärischen Informationen.
3. Grenzgeländeerkundungen zum Einschleusen von Agenten nach der Volksrepublik Polen.
4. Schaffung von Verbindungen zum Zentralkomitee der SED, zum Parteiapparat allgemein und zu den Spitzen des Staatsapparats.

Während seiner Tätigkeit für den britischen Geheimdienst erhielt Tiemann zunächst 250.-- DM West monatlich, später 450.-- DM West und 150.--/200.-- DM West Spesen. Darüber hinaus empfing er ohne wesentliche Nachweise für seine Spione etatmäßige Beträge von monatlich 50.-- DM West und 100.--/150.-- DDM der Deutschen Notenbank. Tiemann hat also vom britischen Geheimdienst mindestens etwa 15000.-- DM West selbst bezogen und weitere Zehntausende sind durch seine Hände zur Aushändigung an seine Spione geflossen. In der zweijährigen Tätigkeit mit dem britischen Geheimdienst arbeiteten für ihn, nach eigenen Angaben, insgesamt ca. 40 Agenten.

Durch den gewaltigen Umfang der Spionagetätigkeit seiner Agentur befürchtete der englische Geheimdienstoffizier, daß es unzweckmäßig sein würde, wenn Tiemann weiter diese Agentur leitet. Sie boten ihm daher eine leitende Stellung im Apparat der Besatzungsmacht an. Diese Stellung schlug Tiemann jedoch aus, da er nicht gewillt war, seinen Agentenstab dem britischen Geheimdienstoffizier zu überlassen. Daraufhin trennte sich der britische Geheimdienst von ihm. Nachdem die Verbindung zum britischen Geheimdienst abgebrochen war, wurde Tiemann Hauptagent der Spionageorganisation Gehlen. {41}

Durch den ihm bekannten Gehlenagenten Sch. ließ er sich mit dem Leiter der Untervertretung 5872 Ko. in Verbindung bringen und bot ihm gegen Bezahlung seine Mitarbeit und Übernahme des Agentennetzes an. Die Verbindung kam zustande. Tiemann erhielt den Decknamen ‚Moeser' und die Agentennummer 5807, einen Monatsgehalt von 450.-- DM West und für jeden Agenten 100.-- DM West. Darüber hinaus wurden ihm Spesen, die quittiert werden mußten, ersetzt. Auch hier erhielt Tiemann den ständigen Auftrag, über sowjetische Objekte Informationen zu sammeln. Er wurde in das als Schreibbüro ‚Grysa' getarnte Büro der Gehlenuntervertretung in Berlin-Friedenau bestellt und von Ko. in die Arbeitsmethoden der Gehlenorganisation eingewiesen. Tiemann wurde ein Anfangskapital von 500.-- DM West gegeben, das auf 2000.-- DM West erhöht werden sollte. Auch zu dieser Zeit arbeiteten mindestens 25 ständige Agenten für Tiemann. In den zwei Monaten, die er für die Spionageorganisation Gehlen arbeitete, hat er dort etwa 34 Treffs durchgeführt und dabei insgesamt etwa 42 Spionageberichte im wesentlichen über Objekte sowjetischer Einheiten und der Kasernierten Volkspolizei übergeben. Nach zwei Monaten will der Angeklagte eine weitere Mitarbeit in der Gehlenorganisation abgelehnt haben, weil ihm eine angebliche Geldforderung von über 1000.-- DM West nicht bezahlt wurde.

Im September 1953 unternahm Tiemann den Versuch, sein Agentennetz dem Spionagedienst des ‚Amtes Blank' zu unterstellen. Über den Westberliner Residenten Wo. erhielt er Verbindung zu dem Blank-Agenten Sche. Dieser vermittelte im Oktober eine Zusammenkunft mit dem leitenden Angestellten des Amtes Blank, namens Ri. Dieser war ein ehemaliger faschistischer Abwehroffizier und Tiemann hatte vor, ihm seine Spionagemöglichkeiten und sein Gebiet zu erläutern. Der Angeklagte wollte selbständiger Leiter einer bestimmten Vertretung werden und stellte mit Hilfe der Residenten Me., Ka., Ar. und Va. eine Liste von etwa 100 Agenten zusammen. Als Etat für das Amt Blank waren 5/6000.-- DM West monatlich vorgesehen. Eine Verbindung zum Amt Blank kam jedoch aus nicht ermitteltem Grund nicht zustande. Es blieb bei den vorbereiteten Treffs und bei der Zusammenkunft mit den anderen Residenten zur Aufstellung der {42} Agentenliste, wobei Tiemann zur Kenntnis nehmen konnte, daß die Möglichkeit bestand, an etwa 200 Adressen ehemaliger jetzt in der DDR wohnenden Fallschirmjäger heranzukommen, die man zur Mitarbeit in einer Spionageorganisation zu gewinnen hoffte.

Der Agent Wo. eröffnete daraufhin dem Tiemann, daß er noch eine Verbindung zu einer bisher nicht genannten amerikanischen Dienststelle hat. Diese Dienststelle war an Wirtschaftsspionage über Großbetriebe in der DDR interessiert. Da Tiemann auf diesem Gebiet bisher noch nicht tätig gewesen war, verschacherte er den Spion N. an den Angestellten dieser Dienststelle.
Vom November 1953 bis zu seiner Festnahme unterhielt Tiemann eine weitere mittelbare Spionagebeziehung über den Residenten Me. zu einer amerikanischen Geheimdienststelle. Auch hier berichtete Tiemann durch seine Agenten über militärische Objekte. Die ersten Berichte dienten, wie er aussagte, zur Probe und er erhielt in Form einiger Vorschüsse 300.-- DM West.
Später wurde ein fester Preis von 40.-- DM West für jeden gelieferten Spionagebericht gezahlt. Insgesamt übergab er an Me. zunächst einmal etwa 60 Spionageberichte. Das Interesse dieser amerikanischen Dienststelle erstreckte sich insbesondere auch auf verkehrstechnische Einrichtungen der Deutschen Demokratischen Republik, woraus sehr deutlich zu erkennen ist, daß diese Spionageinformationen unmittelbar zur Durchführung eines Angriffskrieges verwendet werden sollen. Einen weiteren Spion, der sich auf einem wichtigen volkswirtschaftlichen Lehrgang befand, übergab Tiemann durch einen Agenten einen Spezial-Fotoapparat in der Größe von etwa 2 x 4 x 6 cm. Dieser Spion hatte damit den Volkswirtschaftsplan, den Warenbereitstellungs- und Warenzirkulationsplan fotografiert, jedoch waren die Aufnahmen mißlungen. Diese Aufnahmen wollte Tiemann an eine ihm bekannte Dienststelle in Bonn weiterliefern. Die Amerikaner lieferten Tiemann weiterhin ein Tonbandgerät, ein sogenanntes ‚Miniphon' in der Größe von 15 x 10 x 4 cm mit dem Auftrag, es in wichtigen Büros einbauen zu lassen. Dieses Gerät ist ein Spezialaufnahmegerät mit einem etwa 1 mm breiten Tonband, {43} welches lang genug ist, um Gespräche von der Dauer einer Stunde aufzunehmen. Zur Auswertung dieses Apparates ist es jedoch nicht mehr gekommen. Zu der gleichen Dienststelle nahm Tiemann über Me. nach einer kurzen Pause erneut Verbindung auf und lieferte speziell Informationen über Flugplätze. Hier sind insbesondere noch einmal 60 Berichte erstattet worden, von denen allein für die letzten 35 Berichte 1200.-- DM West an Tiemann gezahlt worden sind.
Anfang April 1954 lieferte Tiemann auf Anforderung des Gehlenagenten Sch. Spionageberichte an den Dänischen Geheimdienst gegen eine Bezahlung von 25.-- DM West je Bericht. Tiemann hat an den Dänischen Geheimdienst für ca. 500.-- DM West etwa 25 Spionageberichte, die aus teils alten, teils neuen Informationen zusammengestellt wurden, geliefert. Seine Bemühungen, sein Agentennetz direkt dem Dänischen Geheimdienst anzuschließen, sind nicht mehr zum Erfolg gekommen.
Nachdem der Angeklagte Tiemann bereits seit Herbst 1953 Anstrengungen unternommen hatte, mit dem westberliner Landesamt für Verfassungsschutz in Spionageverbindung zu kommen, erhielt er den Besuch eines Angestellten dieser Dienststelle, namens Schm. Dieser forderte Tiemann auf, in Westberlin angehörige der SED und mit fortschrittlichen Kräften sympathierende Personen zu bespitzeln. Schm. erfuhr von Tiemann, daß er ein großes Agentennetz in der DDR hat und führte ihn daraufhin mit anderen Angestellten des Landesamtes für Verfassungsschutz zusammen. Dieser erklärte ihm, daß er mit der Arbeit sofort beginnen könne.
Tiemann wurde der allgemeine Auftrag zuteil, Spionageverbindungen in zentrale Regierungsstellen der DDR in zentrale Parteiorgane, in die Volkspolizei und SFS zu legen. Er erhielt hier den Decknamen ‚Reinhard '. Neben dem Versuch, über den Mitangeklagten Voigt eine Verbindung in das Ministerium für Post- u. Fernmeldewesen und in das Forschungsinstitut Miersdorf zu legen, gelang es ihm, durch eine Agentin etwa 25 Spionageberichte über finanzwirtschaftliche Probleme der Deutschen Demokratischen Republik und über landwirtschaftliche Produktionsgenossenschaften zu bekommen. 6 oder 7 Berichter erhielt er von dem Mitangeklagten Voigt, der ihm auch den Agenten L. nannte. Dieser sollte die Möglichkeit haben, eine Verbindung zur Volkspolizei und Kasernierten Volkspolizei zu Spionagezwecken herzustellen. Von diesem L. erhielt er {44} Spionageberichte über Objekte der KVP.

Tiemann gab selbst zu, daß allein etwa 40 Personen, die für ihn als Agenten tätig waren, aufgrund ihrer verbrecherischen Tätigkeit republikflüchtig geworden sind.
Durch die Festnahme des Angeklagten Tiemann am 1.8.1954 gelang es, diesem umfangreichen Staatsverbrechen ein Ende zu bereiten.
Im Oktober 1952 traf sich der Angeklagte Voigt mit dem ihm aus der Zeit des Faschismus bekannten gleichfalls arbeitslosen Wo. in der Charlottenstraße. Wo. eröffnete dem Angeklagten, daß er Verbindung zu einer amerikanischen Geheimdienststelle hat, die vorwiegend Informationen wirtschaftlicher Art aus der Deutschen Demokratischen Republik sammle und forderte ihn auf, gegen Bezahlung solche Spionageinformationen zu liefern.
Der Angeklagte erklärte sich bereit und nutzte seine intimen Beziehungen zu einer Angestellten des Forschungsinstitutes Miersdorf aus, um diese geschickt über den Betrieb des Institutes in Form einer harmlosen Unterhaltung auszuforschen. Die Angaben dieser Frau wurden von Voigt, da er fachliche Kenntnisse besaß, zu einem eingehenden Bericht ausgearbeitet. Auf diese Art gelang es dem Angeklagten Voigt 7 Spionageberichte zu liefern, für die er etwa 250.-- DM West erhielt. Er stellte die Lieferung seiner Berichte in dem Augenblick ein, als man von ihm die Quelle aus Miersdorf verlangte.
Im April 1954 erhielt der Angeklagte Voigt wiederum durch Vermittlung des Wo. Verbindung mit dem derzeitigen Hauptagenten des Amtes für Verfassungsschutz, des Angeklagten Tiemann. Voigt teilte Tiemann mit, daß er in der Lage sei, Spionageinformationen aus dem Forschungsinstitut Miersdorf zu liefern und eine lose Verbindung zu einer Angestellten des Ministerium des Post- u. Fernmeldewesens besitze, die Zutritt zu intimen Regierungstelegrammen und Regierungspost habe. Hierauf erhielt der Angeklagte Voigt den Auftrag, mit der Lieferung von Spionageberichten über das Forschungsinstitut so schnell wie möglich zu beginnen und zu versuchen, die Person aus dem Ministerium für Post- u. Fernmeldewesen nach Westberlin zu locken, damit sie zur Spionage angeworben werden konnte. {45}
Anfang Mai 1954 wurde Voigt durch Tiemann dem Residenten des Amtes für Verfassungsschutz, D., vorgestellt. D. bestimmte, daß Voigt in Verbindung mit Tiemann bleiben solle, legte für ihn den Decknamen ‚Vogel' fest und vereinbarte ein monatliches Gehalt von vorläufig 50.-- DM West für Voigt und 50.-- DM West für die angebliche Quelle in Miersdorf. Da die persönlichen Beziehungen zu der Frau seit Herbst 1953 abgebrochen waren, übergab Voigt etwas umgeschrieben an Tiemann die gleichen Berichte, die er einige Zeit vorher an den amerikanischen Geheimdienst verkaufte. Er übergab auch Tiemann im ganzen 7 derartige Spionageberichte. Gleichzeitig unternahm er fortgesetzt verschiedenartige Anstrengungen, um auftragsgemäß die Angestellte des Postministeriums nach Westberlin zu locken. Alle derartigen Versuche seinerseits blieben jedoch ohne Erfolg.
Von Tiemann beauftragt, weitere Personen für Spionagezwecke zu bestimmen, vermittelte er seinen früheren Bekannten L., von dem er wußte, daß er Verbindungen zum demokratischen Sektor von Berlin besaß, an Tiemann. Während seiner Agententätigkeit für Tiemann erhielt er von diesem 170.-- DM West und für die angebliche Quelle in Miersdorf 100.-- DM West. Den zweiten Betrag behielt jedoch der Angeklagte Voigt ebenfalls für sich.
Die Angeklagten sind in vollem Umfange geständig.
Den Einwendungen der Angeklagten, daß sie als Bürger Westberlins vor den Gerichten der Deutschen Demokratischen Republik nicht verurteilt werden können, kann nicht gefolgt werden.
Die Deutsche Demokratische Republik hat ihre volle Souveränität.
Jeder, ganz gleich welcher Nationalität er angehört, der sich in der Deutschen Demokratischen Republik nach den Gesetzen strafbar macht, wird bestraft. Die Handlungen der Angeklagten stellen einen Angriff gegen die Grundlagen unseres Staates dar. Ihre gesamte verbrecherische Tätigkeit war darauf gerichtet, den Staat der Arbeiter und Bauern, die Deutsche Demokratische Republik zu schädigen und zu beseitigen. So erstreckt sich ihre Spionagetätigkeit von Westber-

lin über den demokratischen Sektor von Berlin bis in das Gebiet der Deutschen Demokratischen Republik, aus der sie durch ihre Agenten ihr Spionagematerial bezogen und ihre Agententätigkeit ausüben ließen. {46}
Das trifft besonders für den Angeklagten Tiemann zu. Wenn schon gemäß § 4 Abs. 2 Ziffer 1 StGB ein Ausländer, der ein Staatsverbrechen begeht, vor unseren Gerichten zur Verantwortung gezogen werden kann, um wieviel mehr ein Deutscher, der glaubt, die von den westlichen imperialistischen Machthabern herbeigeführte und gerade zu diesem Zweck aufrecht erhaltene Spaltung Deutschlands und seiner Hauptstadt Berlin für seine verbrecherischen, Handlungen gegen die Deutsche Demokratische Republik den Staat der Arbeiter und. Bauern ausnutzen zu können.
Auch die örtliche Zuständigkeit ist gemäß § 14 Abs. 3 StPO gegeben, da beide Angeklagten sich zum Zeitpunkt der Anklageerhebung auf Anweisung des Staatssekretariats für Staatssicherheit in Cottbus in Untersuchungshaft befanden.
Aus den bereits oben angeführten Gründen, daß sich ihre Tätigkeit bis auf das Gebiet der Deutschen Demokratischen Republik erstreckte, ist auch die Anwendung des Artikels 6 der Verfassung der DDR begründet.
Beide haben durch ihre Handlung Boykotthetze gegen demokratische Einrichtungen, militärische Propaganda sowie Kriegshetze und durch Erfindung und Verbreitung tendenziöser Gerüchte Propaganda für den Nationalsozialismus gemacht und damit den Frieden des deutschen Volkes und der ganzen Welt gefährdet.
Sie haben sich somit eines Verbrechens gemäß Artikel 6 der Verfassung der DDR in Verbindung mit der Kontrollratsdirektive Nr. 38 Abschn. II Art. III A III schuldig gemacht.
Die Intensität bei der Begehung ihrer Verbrechen, ihre Persönlichkeit und ihr bisheriges Verhalten ist bei den Angeklagten sehr unterschiedlich, was auch bei der Strafzumessung seinen Ausdruck finden muß.
Der Angeklagte Voigt ist ein alter Faschist. Seit 1932 in der faschistischen Partei und seit 1933 hauptamtlicher Angestellter der faschistischen DAF. Noch als Schüler meldete er sich schon im ersten Weltkrieg freiwillig zum Militär und bei Ende des Krieges trat er sofort dem Freikorps ‚Hacketau' bei und war mit an der Niederschlagung der Spartakistenbewegung im Ruhrgebiet mit Waffengewalt beteiligt. Er scheute nicht davor zurück, als Deutscher auf Deutsche zu schießen. {47}
Diese Ideologie behielt der Angeklagte Voigt auch weiterhin bei, wie seine Entwicklung zeigt. Er gibt auch offen zu, daß seine faschistische und militaristische Einstellung ihn zum Feind der Deutschen Demokratischen Republik werden ließ, und aus dieser Einstellung heraus er auch seine verbrecherischen Handlungen begangen hat. Seine wirtschaftliche Notlage, hervorgerufen durch seine jahrelange Arbeitslosigkeit In Westberlin, hat dann das Ihrige noch mit dazu beigetragen. Wenn auch die Handlungen des Angeklagten Voigt einen starken gesellschaftsgefährlichen Charakter in sich tragen, so stehen sie jedoch im Vergleich zu den Handlungen des Angeklagten Tiemann in keinem Verhältnis. Seine Strafe mußte daher unter Berücksichtigung des Interesses unserer Werktätigen und der Erhaltung des Friedens eine harte sein, die aber weit hinter der des Angeklagten Tiemann liegen muß. Der Senat hat daher gemäß dem Antrage des Staatsanwaltes für den Angeklagten Voigt eine Zuchthausstrafe von fünf Jahren ausgesprochen.
Der Angeklagte Tiemann ist ein ausgesprochener Militarist, wie wir sie zur Genüge aus der Vergangenheit der deutschen Geschichte kennen und wie sie bereits gegenwärtig in Westdeutschland zur Wiederaufrichtung des alten preußischen Militarismus frech ihr Haupt erheben. Ehemaliger Oberleutnant bei der faschistischen Wehrmacht, obwohl er es angeblich gar nicht werden wollte. Tiemann glaubt besonders stolz zu sein auf seine Verbindung zum sogenannten ‚Moltkekreis' während des letzten faschistischen Krieges. Er muß aber zugeben, daß die Ziele dieses Kreises dieselben waren wie die der alten Offiziersclique heut in Westdeutschland.
Der Angeklagte Tiemann will seine gesamte Tätigkeit als eine legale hinstellen. Eine Tätigkeit die sich, wie er selbst zugibt, gegen den Staat der Arbeiter und Bauern, gegen die Volksdemo-

kratien und gegen die Sowjetunion richtet. Eine Tätigkeit, bei der er nach seinen eigenen Angaben weit über 100 Agenten beschäftigte, die für ihre Spionagetätigkeit von ihm angeworben wurden. Eine Tätigkeit, bei der er in seiner eigenen Agentur über 4 Jahre lang ständig 12 bis 25 Agenten beschäftigte und das Material an fast alle Geheimdienststellen in Westberlin verschacherte. {48}
Eine Tätigkeit, bei der er Stör- und Terrorgruppen, sogenannte Nervenkriegsgruppen, zusammenstellte und sie mit Phosphor und Flußsäureampullen ausrüstete und zur Tätigkeit in das Gebiet der DDR schickte.
Diese Tätigkeit will allen Ernstes der Angeklagte als eine legale hinstellen.
Der Angeklagte Tiemann machte noch den Versuch, selbst im Gerichtssaal seine Provokationen fortzusetzen. So nannte er seine Festnahme durch die staatlichen Organe einen Überfall, aber den Überfall Hitlers auf Frankreich, Polen und die Sowjetunion einen Feldzug. Er spricht auch nur in seiner Vernehmung in den bekannten militaristischen Jargon von ‚seinen Leuten‘ und von ‚Einsätzen‘.
Er versucht auch, seine Hetze als harmlose Propaganda für edle Ziele hinzustellen, um einen Korea-Zwischenfall in Deutschland zu vermeiden, obwohl er ganz genau weiß, daß gerade seine Tätigkeit für den westlichen imperialistischen Geheimdienst der Vorbereitung eines solchen Zwischenfalles, den diese Kriegstreiber beabsichtigten, diente.
Der Angeklagte Tiemann gibt das Bild eines ausgesprochen verbrecherischen Agenten für die westlichen Kriegstreiber wider. Er ist auch nicht zu den vielen kleinen Agenten zu zählen, die für einen Residenten einer Geheimdienststelle tätig sind, sondern er war selbst das Haupt einer Spionageagentur mit einem Agentenstab von weit über 100 Agenten. Diese Tätigkeit kann nur von einem ausgesprochenen Feind unserer Deutschen Demokratischen Republik ausgeführt werden, wozu der Angeklagte Tiemann sich ganz offen zu bekennt.
Solche Menschen, die brutal und rücksichtslos durch ihre verbrecherische Tätigkeit dazu beitragen, einen neuen Weltkrieg vorzubereiten, der nach menschlichen Erfahrungen ungeheuren Millionen Tod und Verderbung bringen wird und nach dem Willen dieser imperialistischen Kriegstreiber auch bringen soll, kann nur die Todesstrafe ausgesprochen werden. {49}
Aus all diesen Gründen verurteilt der Senat gemäß des Antrags des Staatsanwaltes den Angeklagten Tiemann zum Tode.
Die Verhängung der Sühnemaßnahmen ergibt sich aus der KRD Nr. 38 Abschn. IX.
Die Anrechnung der Untersuchungshaft erfolgte gemäß § 219 Abs. 2 StPO.
Die Kostenentscheidung regeln §§ 353, 354 StPO.“ {50}

Gegen das Urteil des Bezirksgerichts Cottbus legte der Verteidiger des damaligen Angeklagten Tiemann mit Schriftsatz vom 5. März 1955 Berufung ein. Mit der Berufung rügte er zum einen, daß der Angeklagte, was den Tatsachen entsprach, von Berlin (West) aus in die DDR verschleppt worden war, zum anderen rügte der Verteidiger die teilweise unrichtige Sachverhaltsdarstellung, weil der Sachverhalt aus den Vernehmungsprotokollen entnommen worden sei, ohne zu berücksichtigen, daß der Angeklagte Tiemann in der Hauptverhandlung zum Teil abweichende Angaben gemacht habe.

Zur Beweiswürdigung ist, wie sich aus den Urteilsgründen des Bezirksgerichts ergibt, lediglich festgestellt, daß der Angeklagte in vollem Umfang geständig war.

Die Berufungsverhandlung vor dem Obersten Gericht – 1 a Strafsenat – fand am 1. April 1955 statt. Der zwischenzeitlich verstorbene Oberrichter Möbius fungierte als Vorsitzender, während der Angeklagte und der ebenfalls inzwischen verstorbene Richter Kubasch als Beisitzer mitwirkten. Die Berichterstattung in dieser Sache oblag dem Angeklagten. Bei der Vorbereitung der Hauptverhandlung arbeitete der Angeklagte das Hauptverhandlungsprotokoll und das Urteil des Bezirksgerichts Cottbus sorgfältig durch. Dabei gelangte er zu der Auffassung, daß der damalige Angeklagte Tiemann Spionage in großem Umfang betrieben hatte und sich daher wegen Verbrechens gemäß Artikel 6 der Verfassung der Deutschen Demokratischen Republik in Verbindung mit der Kontrollratsdirektive Nr. 38 schuldig gemacht hatte. Der Angeklagte war der Überzeugung, daß diese Bestimmungen geltendes Recht darstellten und da-{51}her angewendet werden mußten. Er bemerkte jedoch bei der Durcharbeitung des Hauptverhandlungsprotokolls im Vergleich mit den Urteilsgründen, daß die Feststellungen in vielen Punkten von der Einlassung des Angeklagten abwichen. Da Zeugen nicht vernommen worden waren und in der Beweiswürdigung des Urteils lediglich vermerkt war, daß der damalige Angeklagte geständig gewesen sei, erkannte der Angeklagte, daß vom Bezirksgericht eine teilweise unrichtige Sachverhaltsfeststellung vorgenommen worden war (vgl. III 1).

Nach der Strafprozeßordnung der DDR war es vorgesehen, daß die Urteilsgründe bei der Urteilsverkündung bereits schriftlich abgefaßt vorlagen. Auch in vorliegender Sache hatte der Angeklagte die Urteilsgründe vor der Verkündung fertiggestellt.

Wie der Angeklagte sich unwiderlegt eingelassen hat, sind jedoch einige Passagen, insbesondere zur Strafzumessung, durch den Vorsitzenden Möbius verändert worden. So fügte dieser den folgenden Satz ein: „Vor Elementen wie der Angeklagte kann sich die friedliebende Menschheit nur durch deren Austilgung wirksam schützen." Obwohl der Angeklagte der Überzeugung war, daß es sich bei dem damaligen Angeklagten Tiemann um einen „Großunternehmer in Spionagesachen" gehandelt habe, hielt er die Verhängung einer Zuchthausstrafe und nicht die Todesstrafe für schuldangemessen. Auf Grund der politischen und gesellschaftlichen Umstände wagte der Angeklagte jedoch nicht, auf seine Meinung hinzuweisen. Er erkannte, daß die Verhängung der Todes-{52}strafe nicht schuldangemessen war. Dennoch stimmte er der Berufungsverwerfung zu, wobei er mit der Vollstreckung des Todesurteils rechnete.

Das Urteil des 1 a Strafsenates lautete wie folgt: {53}

„Oberstes Gericht[5]
der
Deutschen Demokratischen Republik
1a – Strafsenat
1a Ust 46/55

Im Namen des Volkes

In der Strafsache
gegen den Kaufmann
Karl-Albrecht Tiemann
geb. 1902 in C.,
wegen Verbrechens gegen Artikel 6 der Verfassung der Deutschen Demokratischen Republik in Verbindung mit Kontrollratsdirektive Nr. 38 Abschnitt II Artikel III A III,

hat der 1a-Strafsenat des Obersten Gerichts der Deutschen Demokratischen Republik in der Sitzung vom 1. April 1955, an der teilgenommen haben:

Oberrichter Möbius
als Vorsitzender
Richter Reinwarth
Richter Kubasch
als beisitzende Richter,

Staatsanwalt Stutzriemer
als Vertreter des Generalstaatsanwalts der Deutschen Demokratischen Republik,
Sachbearbeiter H.
als Protokollführer,

für Recht erkannt:

Die Berufung des Angeklagten gegen das Urteil des Bezirksgerichts Cottbus vom 3. März 1955 wird als unbegründet

zurückgewiesen.

Die Kosten des Rechtsmittelverfahrens werden dem Angeklagten auferlegt. {54}

Gründe:

Dem Urteil des Bezirksgerichts Cottbus vom 3. März 1955 liegen, soweit es den Angeklagten Tiemann betrifft, folgende Feststellungen zugrunde:

Der am 8. Oktober 1902 in Cottbus als Sohn eines Oberlehrers geborene Angeklagte besuchte das Gymnasium bis zum Abitur. Anschliessend erlernte er den Beruf eines Bankkaufmannes und war bis zum Jahre 1924 als Bankangestellter tätig. Von 1924 bis 1926 war er Bürochef bei einer Wollimportfirma in Cottbus. Im Jahre 1926 nahm er an der Universität in Greifswald das Studium der Philologie auf, das er im Jahre 1930 an der Universität in Rostock fortsetzte. Nach seinen Angaben ist er im Jahre 1933 exmatrikuliert worden, weil er sich in der Hochschulgruppe der ‚Deutschen Volkspartei' als Gegner der Nazipartei betätigt hatte.

Er war daraufhin als Hauslehrer tätig und trieb nebenbei Privatstudien. Seit dem Jahre 1935 nahm er mehrfach an Militärlehrgängen teil. Im Oktober 1939 wurde er als Feldwebel zur faschistischen Wehrmacht einberufen; im Jahre 1940 wurde er zum Leutnant und zwei Jahre später zum Oberleutnant befördert. Während seiner Dienstzeit bei der faschistischen Wehrmacht hatte er seinen Angaben zufolge Verbindung mit dem sogenannten ‚Moltekreis',[6] dessen Ziel es war, das faschistische Regime zu stürzen und eine Militärdiktatur zu errichten. Im Juni 1946 wurde er aus norwegischer Internierung nach Osnabrück entlassen. Er arbeitete in Westdeutschland zuerst als Landarbeiter und erhielt dann eine Anstellung als Dolmetscher beim deutschen Polizeichef in Rothenburg bei Bremen. Im Juli 1947 kehrte er in seine Heimatstadt Cottbus zurück. Dort betätigte er sich als Dozent an der Volkshochschule. Am 1. Juli 1948 wurde er Kreissekretär des Kulturbundes zur demokratischen Erneuerung Deutschlands in Cottbus.

Wegen seiner dauernd gezeigten gegnerischen Einstellung zu den gesellschaftlichen Verhältnissen in der Deutschen Demokratischen Republik wurde er im März 1950 von sämtlichen Funktionen entbunden. Er wurde daraufhin republikflüchtig. Seine Familie liess er kurze Zeit später ebenfalls nach Westberlin kommen. Nachdem er einige Zeit in einem sogenannten Flüchtlingslager verbracht hatte, erhielt er durch Vermittlung des französischen Geheimdienstes eine Wohnung in Berlin-Wedding. Später verzog er in den amerikanischen Sektor.

Im September 1950 wurde der Angeklagte in Westberlin Mitglied der Hetzorganisation ‚Vereinigung politischer Ostflüchtlinge' (VPO). {55}

In dieser Organisation, die sich nach den eigenen Angaben des Angeklagten in der Hauptsache mit Hetze gegen die Deutsche Demokratische Republik befasst, übte der Angeklagte eine ausserordentlich aktive, gegen den Bestand der Deutschen Demokratischen Republik gerichtete verbrecherische Tätigkeit aus.

Schon kurze Zeit nach seinem Beitritt wurde er zusammen mit noch elf anderen Personen ausersehen, an einer Versammlungskampagne der VPO als Redner teilzunehmen. Im Jahre 1951 verteilte er unentgeltlich auf westberliner Grenzbahnhöfen, die erfahrungsgemäss von vielen Bewohnern des demokratischen Sektors von Berlin und den Randgebieten der Deutschen Demokratischen Republik passiert werden müssen, westberliner Tageszeitungen, wie ‚Der Tag' und ‚Der Telegraf', die im ordentlichen Verkauf nicht abgesetzt werden konnten. In diese Tageszeitungen, die an sich schon eine üble Hetze gegen die Deutsche Demokratische Republik enthalten, wurden noch besondere Hetzschriften eingelegt. Der Angeklagte hat auf diese Weise mindestens 7000 Hetzschriften verteilt. Er beteiligte sich weiterhin an der Abfassung eines ‚Offenen Briefes' gegen den für die Erhaltung des Friedens eintretenden westdeutschen Kirchenpräsident Niemöller. Eine seiner Hauptaufgaben als Mitglied der VPO bestand darin, gemeinsam mit einigen anderen Gegnern der Deutschen Demokratischen Republik eine Hetzbroschüre gegen die Volkspolizei zusammenzustellen. In Anerkennung seiner im Sinne dieser Verbrecherorganisation liegenden aktiven Mitarbeit kam er in den ‚politischen Ausschuss' der VPO. In den Ausschußsitzungen wurden neben der üblichen, den verbrecherischen Charakter dieser Organisation bestimmenden Tätigkeit laufend Resolutionen gefasst, mit denen alle Stellungsnahmen gegen die Kriegspolitik Adenauers aufs schärfste verunglimpft wurden. In diesem Ausschuss wurde ausserdem ein sogenanntes ‚Flüchtlingsgesetz' vorbereitet, dessen Präambel eine üble Hetze gegen die Deutsche Demokratische Republik enthielt. Der Angeklagte wurde dann auch noch in den sogenannten Beirat der VPO gewählt. Bei einer von der VPO organisierten Kundgebung gegen die fortschrittlichen Kreise Westberlins in ‚Kliems Festsälen' trat der Angeklagte mit wüster Hetze und Greuelpropaganda gegen die Deutsche Demokratische Republik als einer der Hauptredner auf.

Noch während seiner Tätigkeit für die VPO wurde der Angeklagte Hauptverbindungsmann zur ‚Deutschen Freiheitsliga', ebenfalls einer verbrecherischen Organisation, die sich mit dem Vertrieb von Hetzschriften und der Organisation von Terror- und Sabotageakten {56} in der Deutschen Demokratischen Republik befasste. Nachdem der Angeklagte zunächst zwei Personen für den systematischen Vertrieb von Hetzschriften angeworben hatte, organisierte er vier Untergruppen der ‚Deutschen Freiheitsliga', die mit der Bezeichnung ‚Nervenkriegsgruppen' im wesentlichen nach einem vom Angeklagten ausgearbeiteten Plan tätig wurden. Durch diese Gruppen wurden monatlich mehrere tausend Hetzflugblätter, die vom Angeklagten an die einzelnen Agenten ausgegeben wurden, in der Deutschen Demokratischen Republik abgesetzt. Darunter befanden sich auch Flugblätter in russischer Sprache, die durch besondere ‚A 5-Agenten' vertrieben wurden. Diese Untergruppen wurden ausserdem mit Phosphorampullen, Stinkbomben und Apparaten zur selbständigen Herstellung von Hetzschriften ausgerüstet. Die Phosphorampullen probierte der Angeklagte vorher in seiner Wohnung auf einem Kuchenblech hinsichtlich ihres Verwendungswertes aus. Der Agent Mü. erhielt vom Angeklagten eine Kiste mit Phosphorampullen mit dem Auftrag, damit während des 4. Parlamentes der Freien Deutschen Jugend Transparente und Plakate in Brand zu setzen. Dieser Auftrag ist jedoch nach Angaben des Angeklagten nicht zur Ausführung gekommen. Für diese verbrecherische Tätigkeit erhielt der Angeklagte insgesamt 3.300,- DM als Bezahlung für sich und seine Untergruppen.

Neben dieser Tätigkeit beschäftigte er sich ständig mit der Abgabe von ‚Gutachten' über die Wirksamkeit und Schlagkraft verschiedener Hetzschriften. Nach seinen Angaben hat er in über hundert Fällen derartige Stellungnahmen abgegeben. Die Herausgeber dieser Hetzschriften wurden vom Angeklagten ausser diesen ‚Gutachten' auch noch tatkräftig mit der Übergabe von Mitteilungen unterstützt, die er von seinen für ihn arbeitenden Agenten und Spionen erhalten hatte. Die Mitteilungen wurden von ihm aufgrund der erhaltenen Informationen als ‚Mitarbeitermeinungen' und ‚Leserechos' gleich entsprechend verarbeitet übergeben. Für den von ihm angenommenen Fall einer Abriegelung Westberlins von der Deutschen Demokratischen Republik wurde vom Angeklagten geplant, innerhalb der Deutschen Demokratischen Republik Depots einzurichten, in denen Geld und Schmuckgegenstände zur Finanzierung seiner Untergruppen hinterlegt, sowie Apparate zur Herstellung von Hetzschriften bereitgestellt werden sollten. Ausserdem sollte ein Ausbildungskurs für Funk eingerichtet werden. Zur Schulung der Agenten stellte der Angeklagte seine Wohnung zur Verfügung. {57}

Im März 1951 wurde der Angeklagte von Angehörigen des französischen Geheimdienstes ‚Sureté Nationale' aufgesucht und zu der in Frohnau befindlichen Dienststelle bestellt.

Der Angeklagte kam dieser Aufforderung nach und wurde bei seinem Besuch für den französischen Geheimdienst angeworben. Er erhielt eine Wohnung im französischen Sektor und wurde auf Veranlassung des französischen Geheimdienstes vom westberliner Senat, getarnt als Angestellter, monatlich mit 350.- DM bezahlt. Zur Durchführung seiner erhaltenen Spionageaufträge warb er mehrere Jugendliche aus dem demokratischen Sektor von Berlin an. Er führte mit Hilfe seiner Agentengruppe ständig Kurierdienste für den französischen Geheimdienst in die Deutsche Demokratische Republik durch. Ausserdem hatte er über das Schulsystem in der Deutschen Demokratischen Republik zu berichten, wozu auch die Besorgung sämtlicher Schulbücher gehörte, und Stimmungsberichte zu liefern. Während der Weltfestspiele der Jugend und Studenten im Jahre 1951 hatte er den Auftrag, die Namen von französischen Teilnehmern festzustellen. Ferner hatte er Informationen über die FDJ zu liefern. Zu diesem Zweck setzte er sich mit einer Reihe von ehemaligen FDJ-Funktionären in Verbindung. Er sollte sich auch an allen Vernehmungen republikflüchtiger Personen durch den französischen Geheimdienst beteiligen, wobei ihm angeraten wurde, es nicht an ‚Druck und Gewalt‘ fehlen zu lassen. An diesen Vernehmungen nahm der Angeklagte entsprechend seinen Angaben jedoch nur einmal teil. Im Jahre 1952 endete die Tätigkeit des Angeklagten für den französischen Geheimdienst.
Ende Mai 1951 war der Angeklagte mit einem Angehörigen des Abwehrdienstes der britischen Rheinarmee mit dem Decknamen K. in Verbindung gekommen. Nachdem er sich bereit erklärt hatte, in der Deutschen Demokratischen Republik Militärspionage hinsichtlich der sowjetischen Militäreinheiten zu betreiben, wurde er beauftragt, ein entsprechendes Spionagenetz aufzubauen. In Erfüllung dieses Auftrages warb er mindestens 22 Personen zur Spionagetätigkeit an, die teilweise wiederum den Auftrag zur Anwerbung weiterer Personen von ihm erhielten. Die Berichte der für ihn tätigen Agenten nahm er selbst in Empfang und stellte daraus die Gesamtberichte für den britischen Geheimdienst zusammen. Durch den Residenten K. wurde er in etwa 50 Zusammenkünften über alle Methoden der Spionagetätigkeit unterrichtet. Im Sommer 1952 hatte das vom Angeklagten aufgebaute Spionagenetz einen derartigen Umfang angenommen, dass er dem britischen Geheimoffizier, Oberstleutnant Gordon, unterstellt wurde. Er {58} wurde jeden Monat zweimal mit einem britischen Flugzeug nach Westdeutschland gebracht, um Gordon direkt zu berichten und neue Anweisungen zu empfangen. Er arbeitete unter dem Decknamen ‚Stüve ‘ und wurde in der Kartei des britischen Geheimdienstes unter den Nummern K 400 und 6/00 geführt. Zur Durchführung von Spezialaufträgen erhielten die Spione We. und Va. vom Angeklagten einen Fotoapparat.
Im Februar 1953 verlegte der britische Geheimdienstoffizier seinen Dienstsitz nach Westberlin und stellte dem Angeklagten mit seiner von ihm geschaffenen Spionageorganisation folgende Schwerpunktaufgaben:
1.) die Schaffung eines Agentennetzes,
2.) die Beschaffung von militärischen Informationen,
3.) Grenzgeländeerkundungen zum Einschleusen von Agenten nach der Volksrepublik Polen,
4.) Schaffung von Verbindungen zum Zentralkomitee und anderen zentralen Parteiinstitutionen der Sozialistischen Einheitspartei Deutschlands, sowie zu den höchsten Institutionen des Staatsapparates der Deutschen Demokratischen Republik.
Seitens des britischen Geheimdienstoffiziers wurde dem Angeklagten jedoch angeraten, die direkte Leitung seines Spionageapparates aufzugeben und diese dem britischen Geheimdienst zu überlassen. Der Angeklagte war aber nicht gewillt, die Leitung der von ihm geschaffenen Spionageorganisation aus den Händen zu geben und lehnte das Angebot, eine hohe Stellung im Apparat der britischen Besatzungsmacht zu übernehmen, ab. Daraufhin löste der britische Geheimdienst die Verbindung mit ihm.
Während der zweijährigen Tätigkeit des Angeklagten für den britischen Geheimdienst arbeiteten für ihn insgesamt etwa 40 Agenten. Er selbst erhielt zunächst monatlich 250.- und später 450.- WM Gehalt und ausserdem monatlich 150.- bis 200.- WM Spesengelder. Für die für ihn

tätigen Spione erhielt er monatlich je 50.- WM und 100.- bis 150.- DM der Deutschen Notenbank. Er hat mindestens 15.000.- WM für sich selbst bezogen und weitere Zehntausende Mark beider Währungen an seine Agenten gezahlt.
Nachdem der Angeklagte keine Verbindung mehr zum britischen Geheimdienst hatte, wurde er Hauptagent der bekannten Spionageorganisation Gehlen. Er bot sich selbst mit seinem gesamten {59} Agenten-Apparat zur Spionagetätigkeit gegen Bezahlung an, bekam den Decknamen Moeser und die Agentennummer 5807. Als monatliches Gehalt erhielt er 450.- WM und für die Agenten 100.- WM. Darüber hinaus wurden ihm sämtliche Spesen ersetzt. Seine Hauptaufgabe bestand auch bei dieser Spionageorganisation in der Durchführung von Militärspionage. Er war insgesamt zwei Monate für diese Verbrecherorganisation mit mindestens 25 ständigen Agenten tätig und lieferte in dieser Zeit bei etwa 34 Zusammenkünften mit den verantwortlichen Mittelsmännern etwa 42 Spionageberichte über Objekte sowjetischer Militäreinheiten und der kasernierten Volkspolizei. Eine weitere Tätigkeit wurde nach seinen Angaben von ihm abgelehnt, weil ihm eine von ihm erhobene Geldforderung von über tausend Westmark nicht bezahlt worden war.
Im September 1953 versuchte der Angeklagte mit seinem Spionageapparat beim ‚Amt Blank' unterzukommen. Er brachte die entsprechenden Verbindungen zustande und wurde einem leitenden Angestellten des Amtes Blank, namens Ri., vorgestellt.
Ri. war bei der faschistischen Wehrmacht Abwehroffizier in hohem Dienstrang. Der Angeklagte wollte auch hier selbständiger Leiter einer bestimmten Spionageabteilung werden und stellte in Zusammenarbeit mit einigen anderen Agenten eine Liste von etwa 100 für diese Aufgabe infrage kommende Agenten zusammen. Für diese Tätigkeit sollte das Amt Blank monatlich 5-6.000,- Westmark zur Verfügung stellen. Aus dem Angeklagten angeblich nicht bekannten Gründen kam es jedoch nicht zur Aufnahme seiner geplanten Tätigkeit. Er erhielt bei diesen vorbereitenden Besprechungen aber davon Kenntnis, dass die Möglichkeit bestand, etwa 200 in der Deutschen Demokratischen Republik wohnende ehemalige Fallschirmjäger der faschistischen Wehrmacht zur Spionagetätigkeit anzuwerben.
Da die Verbindung mit dem Amt Blank nicht zustande kam, wurde der Angeklagte von einem Agenten namens Wo. darauf aufmerksam gemacht, dass eine amerikanische Geheimdienststelle an der Durchführung von Wirtschaftsspionage in verschiedenen Grossbetrieben in der Deutschen Demokratischen Republik interessiert sei. Da der Angeklagte jedoch auf diesem Gebiet über keine Erfahrung verfügte, begnügte er sich damit, den Spion N. an den Agenten Wo. zu vermitteln. {60}
Von November 1953 bis zu seiner Verhaftung unterhielt der Angeklagte Spionagebeziehungen über einen gewissen Me. zu einer amerikanischen Geheimdienststelle. Für diese lieferte er vorerst ‚probeweise' mit Hilfe seines Agentenapparates Spionageberichte über militärische Objekte in der Deutschen Demokratischen Republik, für die er als Entgelt Vorschüsse in Höhe von 300.- WM erhielt. Nachdem sich die Brauchbarkeit seiner gelieferten Spionageberichte herausgestellt hatte, wurde für jeden Bericht ein Beitrag von 40.-- WM bezahlt. Der Angeklagte lieferte unter diesen Bedingungen zunächst etwa 60 Spionageberichte, die auftragsgemäss Informationen über verkehrstechnische Einrichtungen in der Deutschen Demokratischen Republik enthielten. Einen Spion, der sich in der Deutschen Demokratischen Republik auf einem wichtigen volkswirtschaftlichen Lehrgang befand, liess der Angeklagte eine Spezialkamera in der Grösse von etwa 2 x 4 x 6 cm übermitteln. Mit diesem Apparat fotografierte der Spion den Volkswirtschaftsplan, den Warenbereitstellungs- und Warenzirkulationsplan. Die Aufnahmen wollte der Angeklagte an eine Dienststelle in Bonn weiterleiten. Angeblich sind jedoch diese Aufnahmen nicht gelungen. Von seinen amerikanischen Auftraggebern erhielt der Angeklagte ferner ein Tonbandgerät, ein ‚Miniphon' in der Grösse von 15 x 10 x 4 cm. Dieses Gerät sollte der Angeklagte in das Büro einer wichtigen Verwaltungsdienststelle der Deutschen Demokratischen Republik einbauen lassen, da dieses Gerät die Aufnahme von Gesprächen von der Dauer

einer Stunde ermöglicht. Zur Verwendung dieses Apparates ist es aber nicht mehr gekommen. Für diese amerikanische Geheimdienststelle lieferte der Angeklagte dann auch noch etwa 60 Spionageberichte speziell über Flugplätze in der Deutschen Demokratischen Republik.
Im April 1954 erhielt der Angeklagte durch Vermittlung des Gehlenagenten Sch. einen größeren Spionageauftrag des dänischen Geheimdienstes. Er lieferte gegen Bezahlung von 500.- Westmark etwa 25 Spionageberichte, wozu er nur zum Teil neue Informationen verwendete. Seine Bestrebungen, mit seinem gesamten Agentenapparat direkt für den dänischen Geheimdienst tätig zu werden, haben nicht mehr zum Erfolg geführt. {61}
Bereits im Herbst 1953 hatte sich der Angeklagte bemüht, in Westberlin mit dem sogenannten Landesamt für Verfassungsschutz in Verbindung zu kommen. Er erhielt vorerst den Auftrag, in Westberlin Angehörige der Sozialistischen Einheitspartei Deutschlands und andere fortschrittliche Personen zu bespitzeln. Nachdem der Angeklagte jedoch mitgeteilt hatte, dass der über einen grossen Spionageapparat verfüge, erhielt er vom Landesamt für Verfassungsschutz den Auftrag, Spionageverbindungen zu zentralen Stellen der Regierung der Deutschen Demokratischen Republik, zentralen Parteiorganisationen, der Volkspolizei und dem Staatssekretariat für Staatssicherheit herzustellen. Er erhielt den Decknamen ‚Reinhard ‘. Neben dem Versuch, über den in diesem Strafverfahren rechtskräftig verurteilten Mitangeklagten Voigt, von dem er auch 6 oder 7 Berichte erhielt, Spionageverbindungen zum Ministerium für Post- und Fernmeldewesen und dem Forschungsinstitut Miersdorf herzustellen, gelang es ihm durch eine Agentin, etwa 25 Spionageberichte über finanzwirtschaftliche Angelegenheiten und über landwirtschaftliche Produktionsgenossenschaften zu erhalten. Der Agent L., der Spionageverbindungen zur VP und KVP schaffen sollte, lieferte 4 Spionageberichte über Objekte der KVP.
Im Verlaufe der gesamten verbrecherischen Tätigkeit des Angeklagten sind für ihn weit über hundert Agenten tätig geworden; etwa 40 davon gelang es, sich der Verhaftung durch unsere Sicherheitsorgane durch die Republikflucht zu entziehen.
Aufgrund dieses Sachverhalts hat das Bezirksgericht den Angeklagten wegen Verbrechens gemäss Artikel 6 der Verfassung der Deutschen Demokratischen Republik in Verbindung mit der Kontrollratsdirektive Nr. 38 Abschnitt II Artikel III A III zum Tode verurteilt.
Gegen dieses Urteil hat der Angeklagte Berufung eingelegt.
Mit dem Rechtsmittel wird das Urteil des Bezirksgerichts im vollen Umfang angefochten. Zur Begründung wird im wesentlichen ausgeführt, das Bezirksgericht habe den Sachverhalt teilweise unrichtig festgestellt. Es habe sich in der Hauptsache {62} an die Vernehmungen des Angeklagten im Ermittlungsverfahren gehalten und die vom Angeklagten in der Hauptverhandlung gemachten Einschränkungen bzw. gegebenen Erläuterungen nicht berücksichtigt. Das Bezirksgericht habe daher die Vorschriften des § 220 StPO verletzt, da Gegenstand der Urteilsfindung das in der Anklage bezeichnete Verhalten des Angeklagten sein müsse, wie es sich nach dem Ergebnis der Verhandlung darstelle.
Der Angeklagte habe ausserdem in den Hauptverhandlungen mehrfach darauf hingewiesen, dass er alle ihm als strafbar zur Last gelegten Handlungen als westberliner Bürger auf westberliner Boden begangen habe. Er sei legaler und legitimierter, wenn auch geheimer Mitarbeiter amtlicher Stellen gewesen. Sein Handeln sei in Westberlin nicht mit Strafe bedroht und die gegen ihn zur Anwendung gebrachten Strafgesetze der Deutschen Demokratischen Republik könnten auf sein Verhalten keine Anwendung finden. Mit der Berufung werde somit die Verletzung formellen und materiellen Rechts durch das Bezirksgericht gerügt. Sollte das Rechtsmittelgericht jedoch zu der Auffassung gelangen, dass sich der Angeklagte nach den Strafgesetzen der Deutschen Demokratischen Republik strafbar gemacht habe, so sei die vom Bezirksgericht ausgesprochene Todesstrafe nicht gerechtfertigt. Der Angeklagte habe sich seit seiner Republikflucht im Jahre 1950 als westberliner Bürger gefühlt und sei völlig von der in Westberlin und Westdeutschland herrschenden politischen Atmosphäre erfasst worden. Von seinen Auftraggebern sei ihm immer versichert worden, dass seine Tätigkeit lediglich der Sicherheit Westberlins gegen irgendwelche

Massnahmen, die diese Sicherheit gefährden könnten, diene. Er habe immer im guten Glauben gehandelt, was am besten dadurch bewiesen würde, dass er die Durchführung von Wirtschaftsspionage abgelehnt habe.
Im Verlaufe seiner Tätigkeit sei er zwar in gewisser Beziehung enttäuscht worden und er habe sich deshalb auch seit dem Jahre 1953 ernstlich um einen ordentlichen Beruf gekümmert. {63}
Die Berufung konnte keinen Erfolg haben.
Die Überprüfung der angefochtenen Urteile hat ergeben, dass die mit der Berufung vorgebrachte Rüge, das Bezirksgericht habe die Vorschriften des § 220 StPO verletzt, unbegründet ist. Die Feststellungen des Bezirksgerichts zum Sachverhalt beruhen nicht, wie mit der Berufung behauptet wird, auf den im Ermittlungsverfahren als Ergebnis der Vernehmungen des Angeklagten angefertigten Protokollen. Vielmehr stimmen die Angaben des Angeklagten in der Hauptverhandlung, soweit sie die objektiven Erscheinungsformen seiner verbrecherischen Tätigkeit betreffen, mit seinen Aussagen im Ermittlungsverfahren überein. Die von der Berufung als Erläuterungen und Einschränkungen bezeichneten Äußerungen des Angeklagten werden in keiner Weise näher erklärt. Da keine Protokollberichtigung beantragt worden ist, war bei der Nachprüfung des angefochtenen Urteils vom Inhalt des Protokolls über die Hauptverhandlung erster Instanz auszugehen. Danach bestehen diese sogenannten Erläuterungen und Einschränkungen lediglich in einigen mehr oder minder provokatorischen Erklärungen des Angeklagten, daß er die ihm als strafbar zur Last gelegten Handlungen als Einwohner Westberlins gänzlich legal und offiziell, wenn auch zum Teil geheim ausgeführt habe, was aber ebenfalls nichts an der Legalität und Straflosigkeit seiner Tätigkeit ändere. Außerdem hätten die für ihn tätig gewordenen Agenten auf völlig freiwilliger Basis gearbeitet und seine Tätigkeit sei zum militärischen Schutz des Westens erforderlich gewesen. Diese Äußerungen des Angeklagten können den vom Bezirksgericht festgestellten Sachverhalt, der ausschließlich auf den Angaben des Angeklagten beruht, in keiner Weise erschüttern, da sie für die Feststellung des Sachverhalts keinerlei Bedeutung haben. Die vom Bezirksgericht aufgrund einer sehr sorgfältigen und umfangreichen Beweisaufnahme getroffenen Sachverhaltsfeststellungen entsprechen in jeder Hinsicht dem Ergebnis der Hauptverhandlung und das angefochtene Urteil ergibt nicht den geringsten Anhaltspunkt für eine Verletzung der Vorschriften des § 220 StPO. {64}
Ebenso abwegig ist das Vorbringen der Berufung, das Bezirksgericht habe durch die Anwendung des Artikel 6 der Verfassung der Deutschen Demokratischen Republik in Verbindung mit der Kontrollratsdirektive Nr. 38 Abschnitt II Artikel III A III materielles Recht verletzt. Zur Begründung wird auch hierfür nichts anderes vorgebracht, als daß der Angeklagte seine Handlungen in Westberlin durchgeführt habe und diese dort nicht strafbar seien. Mit diesem Argument hat sich das Bezirksgericht völlig zutreffend auseinandergesetzt, so daß sich Wiederholungen erübrigen. Für die Strafbarkeit des Verbrechens des Angeklagten ist es soweit es das Recht der Deutschen Demokratischen Republik betrifft, gänzlich unerheblich, ob die verbrecherischen Handlungen vom Angeklagten unmittelbar auf dem Territorium unseres Staates ausgeführt wurden oder ob er wie im vorliegenden Fall der Inspirator der jeweiligen Verbrechen war und andere Spione und Diversanten mit der Ausführung beauftragte. Die Tätigkeit derartiger Initiatoren wie der Angeklagte einer war, ist noch weitaus gefährlicher als die der einzelnen ausführenden Agenten, und demnach auch strafrechtlich entschieden schwerer zu bewerten. In welchen Maße der Angeklagte der Inspirator von Verbrechen war, ergibt sich eindeutig aus dem festgestellten Sachverhalt. Das Argument des Angeklagten stellt daher nichts anderes als eine unerhörte Anmaßung dar, die ihn nur einmal mehr als abgefeimtesten Verbrecher charakterisiert. Er wagt es, für seine ganzen ungeheuerlichen Verbrechen, die sich unmittelbar gegen den Bestand des ersten deutschen Arbeiter- und Bauernstaates und des gesamten Weltfriedenslagers richteten, für seine Person Straflosigkeit zu beanspruchen, nur weil er diese Verbrechen aus dem Hinterhalt von einem vermeintlich sicheren Standort aus durch andere gewissenlose, von ihm gedungene Elemente ausführen ließ, die er aber sehr wohl auf die Strafbarkeit ihrer verbrecheri-

schen Handlungen im Sinne der Strafgesetze der Deutschen Demokratischen Republik aufmerksam gemacht und ihnen im Falle der notwendigen Republikflucht die sofortige Anerkennung als ‚politische Flüchtlinge' in Westberlin und den Nachweis von Arbeitsstellen versprochen hat. Die Berufung war daher auch in dieser Hinsicht zurückzuweisen. {65}
Die Berufung ist auch unbegründet, soweit mit ihr die vom Bezirksgericht ausgesprochene Todesstrafe angegriffen wird. Der Angeklagte bringt zur Begründung dieser Berufungsrüge vor, er habe sich nach seiner Republikflucht als westberliner Bürger gefühlt und seine verbrecherischen Handlungen seien auf das in Westberlin herrschende politische Milieu zurückzuführen. Dies ist eine schamlose Beleidigung aller friedliebenden Einwohner der Westsektoren von Berlin, denen gegenüber Verbrecher wie der Angeklagte in der verschwindenden Minderheit sind. Das politische Milieu, von dem der Angeklagte als allgemein vorhanden zu sprechen können glaubt, herrscht in dieser Form nur innerhalb der Verbrecherorganisationen, in denen der Angeklagte ausschließlich verkehrt hat und von denen sich die Bürger Westberlins schärfstens distanzieren, da sie die Auswirkungen des Vorhandenseins dieser Verbrecher an der Menschheit zu Genüge verspüren müssen. Sein weiteres wiederholtes Vorbringen, er habe im guten Glauben für die Sicherheit Westdeutschlands gehandelt, bedarf in diesem Zusammenhang keiner nochmaligen Erörterungen. Neben seinen eigenen Widerlegungen dieser Behauptung in der Hauptverhandlung vor dem Bezirksgericht ergibt der festgestellte Sachverhalt eindeutig die erdrückende Schuld des Angeklagten, die das Bezirksgericht hinsichtlich der Strafzumessung zu einer absolut sicheren und überzeugenden Begründung geführt hat, warum der Angeklagte zum Tode verurteilt werden mußte.
Wie sich bereits aus den vorstehenden Ausführungen zu dem anderweitigen Berufungsvorbringen ergibt, hat der Angeklagte mit einer kaum zu überbietenden Intensität Verbrechen in einem Ausmaß begangen, die aufgrund ihres Charakters einen beispiellosen Grad an Gesellschaftsgefährlichkeit aufweisen. Die energischen und auf Eile drängenden Vorbereitungen zur Entfesselung eines 3. Weltkrieges gegen das gesamte Weltfriedenslager seitens der westlichen Imperialisten, zu denen vor allen Dingen auch die Wiederaufrüstung Westdeutschlands gehört, wurden durch zahlreiche Strafverfahren vor den Gerichten der Deutschen Demokratischen Republik gegen im Auftrag westlicher Geheimdienste und zahlreicher {66} deutscher Verbrecherorganisationen handelnde Spione und Diversanten Stück für Stück im jeweiligen Stadium dieser Kriegsvorbereitungen nachgewiesen. Diese Verbrecher, die sich wegen ihrer staatsfeindlichen Handlungen vor den Gerichten der Deutschen Demokratischen Republik verantworten mußten, hatten durchweg schwere Verbrechen begangen. In den meisten Fällen waren sie aber, wenn auch bedingungslos ergeben und voll Haß gegen die Befreiung der Arbeiterklasse vom Joch des Imperialismus beseelte, ausführende Werkzeuge im Hintergrund verborgener Auftraggeber, und waren meistens auch nur für eine bestimmte Agentenzentrale tätig. Ein solcher sich in den Berliner Westsektoren sicher fühlender Auftraggeber zur Durchführung von Verbrechen in der Deutschen Demokratischen Republik, die für die imperialistischen Kriegsvorbereitungen wichtig sind, war der Angeklagte im vorliegenden Fall. Eine ganze Reihe seiner über hundert Agenten sind bereits von den Gerichten der Deutschen Demokratischen Republik verurteilt worden. Die Verbrechen, die jeder einzelne dieser für den Angeklagten tätig gewesenen Agenten begangen hat, lassen, wenn auch nur zum Teil, erst richtig in allen Einzelheiten erkennen, welche schwere Schuld den Angeklagten trifft. Er hat sich fast in allen Begehungsarten, die die zur Anwendung gebrachten Strafgesetze mit Strafe bedrohen, schuldig gemacht. Er ist als Hetzredner aufgetreten, hat Hetzschriften verteilt, sie mit verfaßt und Gutachten darüber abgegeben, andere Personen zur Verteilung von Hetzschriften bewogen, seine ‚Nervenkriegsgruppen' mit Phosphorampullen, Stinkbomben und Apparaten zur Herstellung von Hetzschriften und andere Agenten wieder mit Fotoapparaten ausgerüstet. Er hat eine Vielzahl von Agenten angeworben und eine unter seiner Leitung stehende Spionageorganisation aufgebaut, mit der er für eine ganze Reihe Agentenzentralen tätig geworden ist. Äußerst charakterisierend ist sein Bestreben gewesen, un-

bedingt die Leitung seiner Spionageorganisation in den Händen zu behalten und sich seine verabscheuungswürdigen Verbrechen so hoch wie irgend möglich bezahlen zu lassen. Im Verfolg dieses Bestrebens schreckte er auch nicht vor Konsequenzen zurück, wie {67} dies die Lösung der Verbindungen zum britischen Geheimdienst und zu der Spionageorganisation Gehlen beweist. Hartnäckig versuchte er jedoch auch sofort wieder für sich und seinen gesamten Agentenapparat andere Auftraggeber zu finden, was ihm bei dem Bedarf und Verschleiß an derartigen Elementen auf der imperialistischen Seite auch immer wieder gelungen ist.
Der Angeklagte versuchte sich auch damit zu entlasten, daß er keine Wirtschaftsspionage durchgeführt habe. Dieses Vorbringen entspricht jedoch nicht den Tatsachen und ist auch sonst in keiner Weise zu einer Entlastung geeignet. Der Angeklagte hat sich, wenn auch im Vergleich zu seiner Militärspionagetätigkeit nur am Rande, auch mit Wirtschaftsspionage befasst, und zwar im Verlaufe seiner Spionage für das westberliner Landesamt für Verfassungsschutz. In diesem Zusammenhang hat ihm eine Agentin etwa 25 Spionageberichte über die Finanzwirtschaft in der Deutschen Demokratischen Republik und über landwirtschaftliche Produktionsgenossenschaften geliefert. In diesem Umfange hat der Angeklagte nichts anderes als Wirtschaftsspionage betrieben. Daß sich der Angeklagte nicht intensiver mit der Durchführung von Wirtschaftsspionage beschäftigt hat, hatte andere Gründe als etwa moralische Hemmungen, die ihm, wie sein gesamtes Verhalten beweist, gänzlich fremd sind. Sein Interesse ging dahin, nach Kräften dazu beizutragen, die Deutsche Demokratische Republik mit militärischen Mitteln zu beseitigen zu helfen; daher war die Militärspionage für ihn die gegebene Methode, und solange er auf diesem Gebiet ausreichende Beschäftigungsmöglichkeiten gefunden hat, bestand für ihn keine Veranlassung, sich mit Wirtschaftsspionage zu befassen.
Als letzten Umstand, den der Angeklagte zu seinen Gunsten berücksichtigt wissen will, bringt er vor, er sei im Verlaufe seiner Tätigkeit in gewisser Beziehung enttäuscht worden und habe sich daher im Jahre 1953 ernstlich um einen ordentlichen Beruf bemüht. Die ‚gewissen Beziehungen', die den Angeklagten angeblich enttäuscht haben, werden mit der Berufung nicht näher erklärt. Da der Angeklagte trotzdem die Meinung vertritt, eine von seinem Standpunkt aus moralisch einwandfreie Tätigkeit ausgeführt zu haben, kann die Ursache dieser Enttäuschungen nur in den egoistischen Motiven des Angeklagten zu suchen sei, und diese sprechen {68} keinesfalls zu seinen Gunsten. Ebenso wenig kann seine angebliche Suche nach einem ordentlichen Beruf zu einer milderen Beurteilung seiner Verbrechen führen. Nach seinen eigenen Angaben in der Hauptverhandlung vor dem Bezirksgericht ist allen republikflüchtigen Agenten neben der sofortigen Anerkennung als ‚politische Flüchtlinge' auch der Nachweis von Arbeitsstellen versprochen worden. Es hätte demnach für den Angeklagten selbst viel leichter sein müssen, eine ehrliche Arbeit zu finden. Aber abgesehen davon, was von derartigen Versprechen zu halten ist, gibt es in Westberlin und Westdeutschland hunderttausende von Arbeitslosen, die zwar unter den denkbar schlechtesten Verhältnissen ihr Leben fristen müssen, deshalb aber niemals zu Verbrechern werden. Überdies liegt bei dem Angeklagten die Sache ganz anders. Er hatte in der Deutschen Demokratischen Republik ein seinen Fähigkeiten entsprechendes Betätigungsgebiet und war frei von Existenzsorgen. Er hat jedoch seine berufliche Lehrtätigkeit zur Offenbarung seines abgrundtiefen Hasses gegen unseren Staat solange ausgenutzt bis er entlarvt worden war. Nunmehr führte sein Weg direkt zu den Feinden des werktätigen Volkes und des Friedens, und nur seine Feindschaft zu unserem Staat, die ihn vor keinen Verbrechen zurückschrecken liess, hat ihn zu den Verbrechen bestimmt, wofür er sich nunmehr vor der Gerichten unseres Staates zu verantworten hatte.
Wie aus den vorstehenden Gründen ersichtlich ist, hat die Überprüfung des angefochtenen Urteils keinerlei Anhaltspunkte ergeben, die es rechtfertigen könnten, gegen den Angeklagten für seine begangenen schwersten Verbrechen nicht auf die gerechte Strafe, wie sie das Bezirksgericht mit der Todesstrafe ausgesprochen hat, zu erkennen. Vor Elementen wie der Angeklagte,

kann sich die friedliebende Menschheit nur durch deren Austilgung wirklich schützen. Die Berufung war daher in jeder Hinsicht als unbegründet zurückzuweisen.
Die Kostenentscheidung beruht auf § 358 StPO.

gez. Möbius gez. Reinwarth gez. Kubasch[7] {69}

Das Urteil gegen Tiemann wurde am 1. April 1955 rechtskräftig. In der Sitzung des Politbüros des Zentralkomitees der SED vom 21. Juni 1955 wurde eine Vorlage der „Staatlichen Organe“ bestätigt, in der es hieß: „Das Politbüro beschließt: Die beabsichtigte Vollstreckung des Todesurteils gegen Karl-Albrecht Tiemann wird zur Kenntnis genommen.“

Nach der Verwerfung des Gnadengesuches wurde der Angeklagte Tiemann am 26. Juli 1955 um 4.00 Uhr in der Untersuchungshaftanstalt I in Dresden hingerichtet. {70}

2. [Zum Fall Friedemann]

Am 4. November 1955 verurteilte der erste Strafsenat des Bezirksgerichts Cottbus – 1 Ks 317/55 - I 42/551 S 1 – den damaligen Angeklagten Friedemann wegen Verbrechens gegen Artikel 6 der Verfassung der Deutschen Demokratischen Republik zum Tode. Der Angeklagte Friedemann hatte sich laut Hauptverhandlungsprotokoll des ersten Strafsenats des Bezirksgerichts Cottbus am 4. November 1955 wie folgt zur Sache eingelassen: {71}

I. Einlagebogen:[8]
Auf Vorhalt:
1948 trat ich der NDPD bei. Hier kam ich mit einigen ehem. Offizieren in Verbindung u. von dieser Partei wurde ein Aufruf an alle ehem. Offiziere herausgegeben, den ich auf Zureden als Hauptmann unterschrieb. Von diesem Zeitpunkt an habe ich stets auf meinem Fragebogen als letzten Dienstgrad Hauptmann angegeben, obwohl ich nur Feldwebel gewesen bin.
Von 1935-1937 habe ich dem NS-Studentenbund angehört. Ich hatte keine Funktion inne.
Im Jahre 1946 trat ich der SED bei, und zwar aus dem Grunde, da ich am Aufbau mithelfen wollte. 1948 bin ich aus der SED ausgetreten, da ich damals als Unternehmer galt. Ich wechselte deshalb über zur NPDP, weil diese Partei die Vertreterin des Mittelkreises war. Dieser Partei gehörte ich bin zu meiner Verhaftung an.
Ich war Vorsitzender des Ortsverbandes, war Mitglied des Kreisvorstandes im Block im Ziegelheim bis zum Wegzuge nach Berlin im Jahre 1952. Im VEB-Z-Projektierung war ich Vorsitzender der Parteigruppe bis zur Auflösung der Gruppe im Herbst 1952. Seitdem hatte ich keine Funktion mehr inne.
Weiterhin war ich Mitglied des FDGB und der DSF.
E. war selbständiger Unternehmer in Ziegelheim, ich war mit ihm befreundet. Er ist mir seit 1947 bekannt.
Im Mai oder Juni 1952 hat mich E. mit seinem Wagen zum Bahnhof gefahren. Bei dieser Gelegenheit hat er mir erzählt, daß er von einem Manne angesprochen worden sei, Berichte über den Flugplatz in Altenburg zu sammeln u. diese nach Westberlin zu bringen. Ich riet ihm von einer solchen Tätigkeit ab. Von dieser Mitteilung gab ich einem mir bekannten VP-Angehörigen in Berlin-Wedding Kenntnis.
Im November 1952 wollte E. bei mir in Berlin übernachten. Er bat mich, ihn in einem bestimmten Lokal in Westberlin abzuholen. Als ich dort hinkam, war noch ein anderer Herr anwesend,

mit diesem machte mich E. bekannt. Zu Hause sagte mir E., daß dies ein Bekannter von ihm gewesen sei, den er besucht habe.

Dem Angeklagten wurden Vorhaltungen aus der Gegenüberstellung mit E. gemacht.

Wer dieser Mann in Wirklichkeit war, habe ich erst beim nächsten Treff im Februar 1953 erfahren. Im Februar 1953 sagte mir E., wer Tr. ist. Bei diesem Treff bat mich Tr., {72} ihn einmal ohne E. aufzusuchen. E. erzählte mir, daß er für Tr. Spionageberichte sammele.

Dem Angeklagten wurden Vorhaltungen aus Blatt 103 der Akten gemacht.

Bei dem Treff im Februar 1953 habe ich Tr. meine Zusage gegeben, ihn mal ohne E. aufzusuchen. E. sagte mir dann in der Wohnung, daß Tr. Agent ist. Trotz dieser Kenntnis bin ich 1 Woche später zu Tr. gefahren. Da ich wirtschaftliche Schwierigkeiten hatte u. meinen Betrieb aufgeben mußte, hatte sich meine Einstellung gewandelt. Ich sah darin auch eine Geldquelle, da ich damals nur 650.-- DM verdiente und davon konnte ich nicht leben. Es war mir klar, daß es sich um eine ausländische Spionageorganisation handelte, ich glaubte aber, es käme nicht ans Tageslicht.

Auf Vorhalt des StA:

Ich hatte das Gefühl, daß nicht mehr alles korrekt war, was durchgeführt wird, aus diesem Grunde war meine Einstellung nicht mehr positiv. Ich war mir auch im klaren darüber, daß diese Organisation sich die Spionageunterlagen für die Vorbereitung eines neuen Krieges beschaffte.

Tr. hat mich dann überzeugt. Er kannte meine wirtschaftliche Notlage und bot mir geldliche Hilfe, wenn ich ihm Berichte liefere. Ich sah darin eine Möglichkeit, meine Schulden abzahlen zu können. Er hat mir gesagt, für wen er arbeitet.

Ich habe mir damals keine Gedanken darüber gemacht.

Ich blieb weiterhin Mitglied der NDPD und der DSF, um mich zu tarnen. Tr. hat zunächst von mir einen Lebenslauf verlangt, den ich ihm im April 1953 übergeben habe. Diesen Lebenslauf wollte er seiner vorgesetzten Dienststelle vorlegen, und diese würde dann über meinen Einsatz entscheiden.

Von März bis Oktober 1953 bin ich etwa 1 Mal im Monat nach Westberlin zu Tr. gefahren. Die erste Zeit wurde festgelegt, an welchem Tage und in welchem Lokal wir uns treffen. Dann gab er mir seine private Telephonnummer, diese sollte ich benutzen, wenn ich einmal verhindert sein sollte, einen Treff einzuhalten. Diese Telephonnummer habe ich später zur Tarnung in Form einer Rechnung in mein Notizbuch geschrieben. Ab und zu bin ich auch mal sonntags nach Westberlin gefahren, es können insgesamt 3 Mal gewesen sein. An diesen Sonntagen wurden sogenannte Schulungstage abgehalten; und zwar mußte ich durch die Straßen gehen und aufpassen, ob mich jemand verfolgt oder ich mußte selbst jemanden verfolgen. Diese Schulungen hat Tr. selbst geleitet. Während dieser Zeit habe ich keine Bezahlung erhalten, es wurden mir nur die Spesen vergütet.

Der erste Auftrag wurde mir von Tr. im Oktober 1953 erteilt. Ich sollte sowjetische Fahrzeugnummer in der Treskow-Allee in Karlshorst aufschreiben u. übermitteln, weiterhin sollte ich feststellen, wieviel LKW's und wieviel PKW's u. welche Wagen in das Sperrgebiet fahren. Diese Nummern sollte ich mit einem Kreuz versehen.

Weiterhin sollte ich eine Skizze anfertigen über ein Objekt, das südlich der Rennbahn von Karlshorst liegt m. Angabe der darin befindlichen Baracken. {73}

II. Einlagebogen:

Die Nummern habe ich mir auf einer Zigarettenschachtel vermerkt, zu Hause auf ein Blatt Papier geschrieben u. die Schachteln vernichtet. Diese Nummern habe ich dann jeweils Tr. übergeben. Ich habe im Monat etwa 10, 20, evtl. auch mal 30 Nummern übergeben. Ich traf mich weiterhin monatlich einmal mit Tr. In dieser Zeit erhielt ich von Tr. monatlich 25.-- Westmark. Diese Tätigkeit habe ich bis Mai 1954 durchgeführt.

Für die Anfertigung der Skizze besorgte ich mir einen Stadtplan. Ich fuhr dann mit der Straßenbahn mehrmals am Objekt auf u. ab u. beobachtete, wo die einzelnen Baracken stehen. Diese habe ich dann eingezeichnet. Diese Skizze habe ich im Mai 1954 übergeben. Für die Anfertigung der Skizze habe ich keine besondere Bezahlung erhalten.
Auf Vorhalt des StA:
Weiterhin sollte ich beobachten, ob KVP und sowjetische Einheiten sich im Sperrgebiet befinden. Ich berichtete mündlich, daß ich nur sowjetische Einheiten gesehen habe.

Dem Angeklagten wurden Vorhaltungen aus Blatt 57 der Akten gemacht.

Ich sollte notieren, welche Fahrzeuge nach 18 oder 20 Uhr durch die Treskow-Allee fahren.
Im Mai 1954 erhielt ich den Auftrag, keine Kraftfahrzeuge mehr zu beobachten. Tr. erklärte mir, ich sollte Kurierfahrten in die DDR durchführen. Tr. verlangte von mir, daß ich diese Fahrten mit der Bahn unternehmen sollte. Ich machte ihm aber klar, daß sich dies durch meinen Dienst nicht ermöglichen lasse. Tr. gab mir dann 3000.-- DM zur Anschaffung eines PKW's, mit dem ich dann diese Kurierfahrten ausführen sollte. Im September 1954 habe ich dann einen PKW gekauft.
Auf Vorhalt:
Ich habe mit der Spionage nicht aufgehört u. mich freiwillig gemeldet, da ich nicht daran glaubte, daß eine freiwillige Meldung strafmildernd berücksichtigt werden würde.
Auf Vorhalt:
Von Mai bis September 1954 hatte ich keinerlei Aufträge erhalten. Die 25.-- Westmark habe ich aber weiter bekommen.
Die Kurierfahrten gingen in Richtung Naumburg. Hier sollte ich bereits angelegte tote Briefkästen entleeren u. wieder füllen. Ein toter Briefkasten war in einem Waldstück in der Nähe von Stössen. Er war an einer hohen Kiefer angelegt. Tr. hat mir von dieser Stelle eine genaue Lageskizze gezeigt, so daß es für mich nicht schwierig war, die Stelle zu finden. Ich entnahm einen verschlossenen Umschlag u. legte wieder einen hinein. Es war für mich klar, daß es sich dabei um Spionagematerial handelt. {74}
Für diesen Tag hatte ich noch den Auftrag, mich mit einem mir unbekannten Mann zu treffen. Es war ein bestimmter Platz vereinbart worden. Die Person wurde mir von Tr. beschrieben. Ich hatte mich bei ihm zu melden u. sollte nach einem Weg fragen. Daraufhin mußte er mir die vereinbarte Antwort geben an der ich erkennen konnte, daß es sich um die betr. Person handelt.
Dieser Mann gab mir einen verschlossenen Briefumschlag und ich gab ihm einen Fotoapparat mit Auslöser und ein Fernglas.
Seit der Zeit, wo ich mit den Kurierfahrten begann, habe ich monatlich 50.-- Westmark erhalten. Das Geld erhielt ich jedoch nicht, es wurde auf die 3000.-- DM für die Anschaffung des PKW verrechnet. Dieser Wagen sollte nach Begleichung der 3000.-- DM in meinen Besitz übergehen.
Im Oktober 1954 fuhr ich wieder in dieselbe Gegend, jedoch an einen anderen Briefkasten, er lag an der Autobahnbrücke von Zeitz nach Naumburg und zwar an einem Eisenmast. In den Sockel des Eisenmastes war ein Marmeladenglas eingegraben, in welchem sich die Kurierpost befand. Hier entnahm ich wiederum einen verschlossenen Umschlag u. legte wieder einen hinein.
Auf Vorhalt: Es ist richtig, aus dem ersten toten Briefkasten habe ich außerdem einen Film entnommen.
Gleichzeitig erhielt ich den Auftrag, selbst einen toten Briefkasten anzulegen, und zwar in derselben Gegend. Ich bekam eine Skizze vorgelegt, wo ich den Briefkasten anzulegen hatte. Ich habe zu diesem Zweck ein Marmeladenglas von zu Hause mitgenommen, um es in die Erde einzulassen.
Im November 1954 wurde der erste tote Briefkasten von der Kiefer an eine Birke verlegt. Ich erhielt den Auftrag, hier wiederum Kurierpost abzuholen. Als ich hinkam, war keine Nachricht darin enthalten. Ich habe auch keine hineingetan. Dies berichtete ich Tr.
Im Dezember 1954 und Januar habe ich keine Kurierfahrten durchgeführt.

Bei der Fahrt im November 1954 habe ich einen Brief an einen gewissen Ei. in Dessau überbringen müssen. Bei diesem war ich im Mai nochmals im Auftrage von Tr. Im November 1954 habe ich von Ei. nichts mitbekommen, im Mai 1955 gab er mir für Tr. ein Fernglas, das ich Tr. dann auch übermittelte, weiterhin einen Brief. Ich habe ihm im Mai ebenfalls einen verschlossenen Briefumschlag gegeben.
Im Mai 1955 habe ich eine mir unbekannte Person in Leipzig aufsuchen müssen und zwar vor dem Krankenhaus. Die Person war dadurch gekennzeichnet, daß sie in der linken Jackentasche eine Zeitung zu stecken hatte, außerdem wurde mir ein Kennwort genannt. Diese Person gab mir einen Briefumschlag u. ich übergab ihr ebenfalls einen verschlossenen Umschlag.
Auf Vorhalt: Im Jahre 1953 war ich mal bei einem Schneidermeister in Halle. Hier hatte ich den Auftrag, für Tr. ein Paket abzuholen, welches Wäsche enthalten sollte.
Bei einem Gärtner in Naumburg sollte ich ebenfalls mal für Tr. ein Paket, das Schokolade, Kakao u. Zigaretten enthalten sollte, abholen. Als ich dort hinkam, war es aber bereits schon von einer anderen Person abgeholt worden.
Auf Vorhalt StA:
Auf diesen Fahrten habe ich auch meine Ehefrau mitgenommen, die volle Kenntnis von meinen Verbrechen hatte. {75}

III. Einlagebogen:
Am 10.6.1955 wurde ich zum Kaderleiter meines Betriebes bestellt. Hier wurde mir mitgeteilt, daß ich von der KVP als Architekt übernommen werden sollte. Da es für mich überraschend kam, sagte ich nicht sofort zu. 8 Tage später wurde ich wieder hinbestellt und ich gab dann meine Zusage. Ich habe einen Fragebogen ausgefüllt und eine Verpflichtungserklärung unterschrieben. Am nächsten Tage, am 18.6.1955, fuhr ich zu Tr. nach Westberlin und unterrichtete diesen, daß ich von der KVP übernommen worden sei u. nun nicht mehr werde nach Westberlin kommen können. Meine Frau war bei diesem Gespräch mit Tr. zugegen. Tr. war dann damit einverstanden, daß ich keine Kuriertätigkeit mehr ausübe. Er sagte, er wolle mit seiner Dienststelle Rücksprache nehmen, wie man mich künftig einsetzen wolle. Aus seinen Worten war zu entnehmen, daß ich Spionage in der KVP betreiben solle.
Auf Vorhalt: Die Deckanschrift habe ich von Tr. nicht an diesem Tage, sondern schon einige Monate früher bekommen.
Der Wagen wurde mir belassen. Es wurde nicht darüber gesprochen, welche Bezahlung ich bei einer evtl. Spionagetätigkeit in der KVP erhalten sollte.
Ich hatte jedoch die Absicht, mit der Spionagetätigkeit aufzuhören. Ich habe dieserhalb schon öfter mit meiner Frau gesprochen. Ich habe mich nicht getraut, Tr. dies offen zu sagen, mir war es recht, daß ich erstmal durch den Beitritt zur KVP eine Pause hatte u. ich wollte mich dann allmählich von Tr. lösen.
Auf Vorhalt:
Die bei mir gefundene Netzzeitschrift ‚Tarantel' habe ich im März 1955 auf der Straße in Westberlin gekauft. Dieses Blatt habe ich nur selbst gelesen.
Auf Vorhalt:
Wir haben mit Tr. nicht darüber gesprochen, welche Weisungen ich künftig erhalten sollte. Ich nehme an, daß mich zu diesem Zweck jemand aufgesucht hätte.

> Die Sitzung wurde um 11,15 Uhr unterbrochen und um 11,45 Uhr in Anwesenheit der Gerichtspersonen, des Staatsanwalts und des Angeklagten fortgesetzt.
> Nachdem keine weiteren Fragen und Anträge an das Gericht gestellt werden, wird die Beweisaufnahme geschlossen." {76}

Zeugen wurden in dieser Hauptverhandlung nicht vernommen.

Das Urteil des ersten Strafsenats des Bezirksgerichts Cottbus lautet wie folgt: {77}

„1 KS 317/55[9]
I 42/55 S 1

Im Namen des Volkes!

In der Strafsache

gegen den Bauingenieur und Architekt
Heinz Friedemann
geb. 1915 in Z.
wohnhaft in Berlin Karlshorst

wegen Verbrechens gemäß Artikel 6 der Verfassung der Deutschen Demokratischen Republik

hat der I. Strafsenat des Bezirksgerichts Cottbus in der Sitzung vom 4. November 1955, an der teilgenommen haben:

Direktor des Bezirksgerichts
Frau von Ehrenwall
als Vorsitzender,

Appreturarbeiterin Hildegard S., Forst,
Fleischer Friedrich G., Vetschau
als Schöffen,

Staatsanwalt der Volkspolizei Schleif
als der Vertreter der Oberstaatsanwaltschaft der Volkspolizei,

Justizangestellte R.
als Schriftführer der Geschäftsstelle

für Recht erkannt:

Der Angeklagte Friedemann wird wegen Verbrechens gegen Artikel 6 der Verfassung der Deutschen Demokratischen Republik

zum Tode verurteilt.

Ein Personenkraftwagen Marke ‚Opel P 4' Pol.Kennz.: IA – 54 – 35 wird eingezogen.

Die Kosten des Verfahrens hat der Angeklagte zu tragen. {78}

Gründe

Der 1915 in Z. geborene Angeklagte entstammt kleinbürgerlichen Verhältnissen. Sein Vater unterhielt einen Maurerhandwerksbetrieb mit jeweils 10 bis 15 Beschäftigten. Der Angeklagte besuchte das Realgymnasium bis zur ‚mittleren Reife'. Nach der Erlernung des Maurerhandwerks besuchte er 3 Jahre die Höhere Technische Lehranstalt (Bauschule), die er als Bauingenieur beendete. Von Frühjahr 1937 bis Oktober 1937 war er als selbständiger Architekt tätig. Anschließend wurde er zur faschistischen Wehrmacht eingezogen. Bei Beginn des 2. Weltkrieges hatte er den Dienstgrad eines Gefreiten. Im Jahr 1940 wurde er zum Feldwebel befördert. Er nahm an den Raubzügen des Hitlerfaschismus gegen Polen, Frankreich und gegen die Sowjetunion teil. Für seinen besonderen Einsatz bei der faschistischen Wehrmacht wurde er mit dem EK I und II, mit dem Kriegsverdienstkreuz II. Klasse, der Winterschlachtmedaille und dem Krimschild ausgezeichnet. Im April 1945 war es ihm möglich, sich vorzeitig nach Z. zu begeben, so daß er nicht in Kriegsgefangenschaft geriet. Von 1945 bis 1947 betätigte er sich wiederum als selbständiger Architekt. Danach übernahm er das väterliche Bauunternehmen, das er bis Februar 1952 führte. von März 1952 bis 20. Juni 1955 arbeitet er bei der VEB-Z-Projektierung in Berlin als Architekt. Er verdiente dort seit Anfang 1954 monatlich 1090.-- DM brutto. Am 21.6.1955

wurde er auf Vorschlag seiner Dienststelle von der KVP als Architekt in der Dienststellung eines Hauptmannes übernommen.
Während des Faschismus gehörte der Angeklagte dem NS-Studentenbund an. 1946 trat er der SED bei. Den Beitritt zur Partei der Arbeiterklasse vollzog er angeblich deshalb, um sich am Aufbau eines neuen Deutschlands zu beteiligen. Im Jahre 1948 schied er aus der SED aus und wechselte zur NDPD über. Dieser Partei gehörte der Angeklagte bis zu seiner Verhaftung an. Mit seinem Übertritt zur NDPD hielt es der Angeklagte für angebracht, sich den Rang eines Hauptmannes der faschistischen Wehrmacht zuzulegen. Auf diese Weise beging der Angeklagte mehrere Fragebogenfälschungen, indem er jeweils angab, Hauptmann der faschistischen {79} Wehrmacht gewesen zu sein.
Der Angeklagte war außerdem Mitglied des FDGB und der DSF.
Im Frühjahr 1952 erfuhr der Angeklagte von dem Unternehmer E., mit dem er näher befreundet war, daß dieser zur Spionagetätigkeit aufgefordert worden sei. Der Angeklagte will hiervon einem Volkspolizisten Kenntnis gegeben haben. Diese Einlassung des Angeklagten ist aufgrund seines späteren Verhaltens nicht glaubhaft.
Im Oktober 1952 wurde der Angeklagte von E. aufgefordert, ihn in Westberlin abzuholen, da E. die Absicht hatte, bei dem Angeklagten zu übernachten. Bei dieser Gelegenheit lernte der Angeklagte den Residenten des englischen Geheimdienstes Tr. alias Tü. kennen. Im Februar 1953 unterrichtete E. den Angeklagten, daß er für Tr. Spionageinformationen über einen Flugplatz sammele und dass dieser in den Diensten einer ausländischen Macht stehe. Trotz dieser Kenntnis kam der Angeklagte der Aufforderung des Tr., sich mit ihm ohne E. zu treffen, nach. Dieser Treff fand Ende Februar 1953 statt. Da er feindlich gegen die Deutsche Demokratische Republik eingestellt war, ging er auf das Angebot des Tr., Spionagedienste für den ausländischen Geheimdienst zu leisten, bereitwillig ein. Im April 1953 schrieb er in der Wohnung des Tr. seinen Lebenslauf zwecks Vorlage bei der vorgesetzten Dienststelle des Tr. Bis zu seiner Bestätigung als fester Agent durch diese Dienststelle, die im Oktober 1953 erfolgte, besuchte der Angeklagte den Tr. zur Aufrechterhaltung der Verbindung monatlich ein Mal. Außerdem begab er sich an 3 Sonntagen nach Westberlin, um dort für seine spätere Spionagetätigkeit geschult zu werden. Er mußte unter der Anleitung des Tr. sogenannte Beobachtungsspiele durchführen.
Im Oktober 1953 erhielt der Angeklagte den Generalauftrag, sowjetische Objekte und Einheiten in Karlshorst auszukundschaften. Im einzelnen sollte er die Nummern von sowjetischen Fahrzeugen, die in der Treskow-Allee jeweils ab 18,00 Uhr eines jeden Tages {80} zu sehen waren, notieren und dabei vermerken, welche dieser Wagen in das Sperrgebiet einfahren. Ferner sollte er die Fahrtrichtung der Fahrzeuge und die Kragenspiegel der sowjetischen Soldaten und Offiziere feststellen. Der Angeklagte kam diesem Auftrage sorgfältig nach. Er lieferte monatlich jeweils 10 bis 30 Nummern sowjetischer Fahrzeuge an den Residenten Tr. aus und machte diesem weitere Angaben über die sowjetischen Einheiten. Außerdem fertigte er im Mai 1954 eine Skizze über ein bestimmtes sowjetisches Objekt in Karlshorst aufgrund seiner Beobachtungen und anhand der Stadtkarte an.
Für diese Tätigkeit erhielt der Angeklagte monatlich 25.-- Westmark.
Da sich der Angeklagte in dieser Tätigkeit bewährt hatte, wurde ihm ab Mai 1954 der Auftrag erteilt, Kurierfahrten in der Deutschen Demokratischen Republik durchzuführen und dadurch die Verbindung zwischen einem Spionagering in der DDR und dem englischen Geheimdienst herzustellen.
Um die zahlreichen Kurierfahrten, die er unternehmen sollte, besser bewältigen zu können, schlug er dem Tr. vor, ihm die Anschaffung eines Pkws zu ermöglichen. Tr. zahlte darauf an den Angeklagten 3000.-- DM, für die sich der Angeklagte einen PKW ‚Opel P4' anschaffte.
Bis zur Anschaffung des PKW pausierte der Angeklagte in seiner Agententätigkeit, erhielt aber die 25.-- Westmark monatlich weiter.
Ab Oktober 1954 führte der Angeklagte weisungsgemäß folgende Kuriertätigkeiten aus:

Unter Benutzung des Pkws lief der Angeklagte in 3 Fällen tote Briefkästen, die von anderen Agenten bereits angelegt waren, an, entleerte diese und legte die ihm von Tr. übergebenen Briefe in dieselben ein. Unter dem Material, das er auf diese Weise nach Westberlin schaffte, befand sich auch ein Film. Außerdem legte der Angeklagte entsprechend einer Skizze, die er selbst bei Tr. eingesehen hatte, einen toten Briefkasten selbst an. {81}
Neben dieser Tätigkeit suchte der Angeklagte im Auftrage des Hauptagenten Tr. mehrere Agenten persönlich auf. So traf er sich der Angeklagte im Oktober 1954 mit dem ihm unbekannten Agenten G. an der Landstraße bei Stössen (Raum von Naumburg) und übergab diesem zu Spionagezwecken eine Spezialkamera, einen Selbstauslöser und einen Feldstecher. Im November 1954 und im Mai 1955 überbrachte er dem Spion Ei. in Dessau je einen Brief des Tr. mit Anweisungen und übernahm von diesem ein zu Spionagezwecken benutztes Fernglas, welches er dem Tr. zu überbringen hatte.
Weiterhin setzte sich der Angeklagte im Mai 1955 mit einem weiteren Agenten in Naumburg in Verbindung, um diesem gleichfalls eine Nachricht von Tr. zu übermitteln.
In gleicher Weise stellte er die Verbindung im Mai 1955 mit einem Spion in Leipzig her.
Entsprechend der Bedeutung der von dem Angeklagten seit Oktober 1954 für den ausländischen Geheimdienst geleisteten Agenten- und Spionagetätigkeit erhielt der Angeklagte von diesem Zeitpunkt an monatlich je 50.-- Westmark. Diese wurden auf die 3000.-- DM, die der Angeklagte zur Anschaffung des Pkws erhalten hatte, verrechnet.
Anfang Juni 1955 wurde dem Angeklagten von der Kaderabteilung seines Betriebes mitgeteilt, daß er für eine Tätigkeit als Architekt bei der KVP vorgeschlagen worden sei. Diesen Vorschlag, der im Vertrauen auf eine ehrliche Mitarbeit des Angeklagten erfolgt war, nahm der Angeklagte skrupellos an. Auf Grund des von ihm eingereichten Fragebogens wurde der Angeklagte am 21. Juni 1955 von der KVP mit dem Dienstgrad eines Hauptmannes übernommen.
Am 18. Juni 1955 begab sich der Angeklagte in Begleitung seiner Ehefrau zu dem Hauptagenten Tr., um diesen über die neu entstandene Lage zu informieren und darauf hinzuweisen, daß er nunmehr nicht mehr persönlich nach Westberlin kommen könne. Darauf wurde von Tr. der dem Angeklagten {82} bereits erteilte Auftrag zu einer weiteren Kurierfahrt zurückgezogen, um diesen nicht einer Gefährdung auszusetzen. Gleichzeitig erteilte Tr. dem Angeklagten die Weisung, weitere Informationen abzuwarten. Tr. beabsichtigte, den weiteren Einsatz des Angeklagten erst mit seiner vorgesetzten Dienststelle zu besprechen. Um dem Angeklagten die Möglichkeit zu geben, auch künftig Spionageberichte an den Geheimdienst zu liefern, ohne selbst die Westsektoren betreten zu müssen, teilte Tr. dem Anklagten die Deckadresse ‚Ernst Wieland Berlin Schmagendorf, Postfach 10' mit. Durch die Annahme der Deckadresse erklärte sich der Angeklagte einverstanden, seine Spionagetätigkeit in den Reihen der KVP fortzusetzen.
Dank der Wachsamkeit unserer Sicherheitsorgane konnte eine weitere verbrecherische Tätigkeit des Angeklagten unterbunden werden.
Dieser vom Gericht als erwiesen festgestellte Sachverhalt beruht auf den Angaben des Angeklagten und den bei den Akten befindlichen Aufzeichnungen und Beweismitteln.
Die Einlassung des Angeklagten, daß er mit der Aufnahme der Tätigkeit in der KVP die Absicht gehabt habe, sich von dem Residenten des englischen Geheimdienstes zu lösen, ist nicht glaubhaft. Der Angeklagte hat den Hauptagenten Tr. im Juni 1955 eigens zu dem Zweck aufgesucht, um diesem von seinem Beitritt zur KVP zu berichten. Aus der Durchführung und dem Ergebnis dieses Besuches ergibt sich zwingend, daß der Angeklagte aufgrund der veränderten Situation neue Verhaltensmaßregeln einholen wollte. Aus dem Verhalten des Angeklagten in der fraglichen Zeit ergeben sich keinerlei Hinweise, die die Einlassung des Angeklagten in der Hauptverhandlung bestätigen könnten. Sein hartnäckiges Leugnen während der ersten Vernehmung bestätigen vielmehr den Vorsatz des Angeklagten, auch innerhalb der KVP für den englischen Geheimdienst weiterhin tätig zu sein. {83}

Der Angeklagte hat mit der von ihm betriebenen Spionage- und Agententätigkeit Vorbereitungen der anglo-amerikanischen und westdeutschen Monopolkapitalisten für einen dritten Weltkrieg unterstützt. Er war sich über die verbrecherische Zielsetzung seiner Handlungen im klaren. Er hat die Verbindung zum Hauptagenten Tr. bereits mit dieser Zielsetzung aufgenommen.
Der Angeklagte hat diese Verbrechen, die sich gegen die Grundlagen unserer Arbeiter- und Bauernmacht richteten, aus Feindschaft gegen unsere demokratische Ordnung und aus Geldgier begangen.
Er hat somit vorsätzlich den Tatbestand des Artikels 6 der Verfassung der Deutschen Demokratischen Republik in der Begehungsform der Kriegshetze verwirklicht.
Die verbrecherische Tätigkeit des Angeklagten erstreckte sich auf einen Zeitraum von mehr als 2 Jahren. Die ihm erteilten Aufträge hat er mit größter Intensität und Skrupellosigkeit ausgeführt. Er hat den Feinden des deutschen Volkes umfangreiche Informationen über sowjetische Objekte geliefert und zahlreiches Material anderer Agenten über Verhältnisse in der Deutschen Demokratischen Republik übermittelt. Für die Dauer von 8 Monaten hat er die Verbindung eines größeren Spionageringes zu den Kriegstreibern hergestellt. Er war bereit, seinem Verrat am deutschen Volke in den Reihen der KVP im Auftrage des ausländischen Geheimdienstes fortzusetzen. Gewissenlos hat sich der Angeklagte darüber hinweggesetzt, daß er durch seine verbrecherische Handlungsweise das Leben von Millionen Menschen gefährdet.
Der Angeklagte hat sich dadurch als ein verbissener und verschworener Feind des deutschen Volkes zu erkennen gegeben. {84}
Die Gefährlichkeit seiner Verbrechen erfordert im Interesse aller ehrlichen und friedliebenden Menschen die höchste Maßnahme des sozialen Selbstschutzes, die Todesstrafe.
Die Einziehung des zu den Kurierfahrten benutzten Personenkraftwagens erfolgt gemäß § 40 StGB.
Die Kostenpflicht des Angeklagten ergibt sich aus § 353 StPO.“ {85}

Gegen dieses Urteil legte der Verteidiger des damaligen Angeklagten Berufung ein, wobei sich das Rechtsmittel gegen einige vom Bezirksgericht getroffene Feststellungen und vor allem gegen den Strafausspruch richtete. Dabei machte der damalige Angeklagte in erster Linie geltend, daß er bei dem letzten Treffen mit Tr. nicht bereit gewesen sei, die Spionageverbindung fortzusetzen. Insbesondere habe er nicht, wie im Urteil des Bezirksgerichts festgestellt, bei diesem letzten Treffen eine Deckadresse erhalten, um die Spionagetätigkeit später fortsetzen zu können.

Zur Durchführung der Berufungsverhandlung vor dem 1 a Strafsenat des Obersten Gerichts der Deutschen Demokratischen Republik war Oberrichter Möbius als Vorsitzender, der Angeklagte als Berichterstatter und als weiterer beisitzender Richter der Richter Schilde berufen. Nachdem der Angeklagte die Akten zur Vorbereitung der Berufungsverhandlung erhalten und durchgearbeitet hatte, führte er ein Gespräch mit Oberrichter Möbius, in dem er diesem klarzumachen versuchte, daß die verhängte Todesstrafe auch in diesem Fall nicht angemessen sei. Der Angeklagte wußte, daß von der Staatsanwaltschaft Spionageverfahren, bei denen ein besonders hartes Urteil von der Behörde erhofft wurde, häufig in Cottbus angeklagt wurden, da die dort tätigen Richter als äußerst „scharf“ bekannt waren. Der Angeklagte erkannte, daß die dem Angeklagten Friedemann zur Last gelegten Taten weitaus weniger schwerwiegend waren {86} als diejenigen, wegen derer der damalige Angeklagte Tiemann verurteilt worden war, wobei der Angeklagte wie oben ausgeführt, bereits dieses Todesurteil nicht als gerecht empfunden hatte. Oberrichter Möbius, – wie der Angeklagte in der Hauptverhandlung anschaulich schilderte – hinter einem Aktenberg sitzend, gab dem Angeklagten nur kurz zu verstehen, daß Tiemann sicherlich schlimmer gewesen sei, jedoch Friedemann immer noch schlimm genug. Er äußerte zudem, daß Friedemann, hätte dieser weitergearbeitet, ein zweiter Tiemann geworden wäre. Außerdem erklärte Möbius, hätte das Bezirksgericht Cottbus auf eine zeitige Freiheitsstrafe erkannt, wäre dies auch in Ordnung gewesen, da dieses Gericht jedoch nun einmal auf die Todesstrafe erkannt hätte, wäre es nicht angemessen, von dieser Entscheidung abzuweichen. Der Angeklagte gab sich mit diesen Auskünften des Vorsitzenden zufrieden und war der Ansicht, daß weitere Vorstöße zur Abänderung des Urteils in der Berufungsverhandlung keinen Erfolg haben würden. Der Angeklagte wußte zudem, daß Oberrichter Möbius besonders empfindlich reagierte, wenn es um „Spionagetätigkeit" gegen die Volkspolizei oder andere militärische Einrichtungen ging. Für ihn – den Angeklagten – war klar, daß insbesondere die Feststellung des Bezirksgerichtes, der Angeklagte Friedemann sei bereit gewesen, die Spionagetätigkeit auch bei der kasernierten Volkspolizei fortzusetzen, für die Verhängung des Todesurteils durch das Bezirksgericht ausschlaggebend gewesen war. {87}

In der Berufungshauptverhandlung vor dem 1 a Strafsenat am 2. Dezember 1955, an der der Angeklagte Friedemann nicht teilnahm, wandte sich der Verteidiger insbesondere gegen die Feststellung, der damalige Angeklagte Friedemann habe am 18. Juni 1955 bei dem letzten Zusammentreffen mit dem Agenten Tr. im Hinblick auf seine künftige Zugehörigkeit zur kasernierten Volkspolizei von diesem eine Deckadresse für Übermittlungen von Nachrichten nach West-Berlin erhalten. Für den Fall, daß das Gericht nicht davon ausginge, daß der Angeklagte Friedemann bei dem letzten Treffen mit Tr. keine Deckadresse erhalten habe, benannte der Verteidiger des Angeklagten Friedemann dessen Ehefrau als Zeugin, die bei dem Gespräch anwesend gewesen war.

Der Gang der Hauptverhandlung ergibt sich aus dem Protokoll, das folgenden Wortlaut hat: {88}

„Oberstes Gericht
der Deutschen Demokratischen Republik
Öffentliche Sitzung des 1a-Strafsenat
1a – Ust 268/55

Berlin den 2. Dezember 1955

Strafsache

gegen
Friedemann, Heinz
wegen
Verbrechens gegen Artikel 6 der Verfassung der Deutschen Demokratischen Republik

Gegenwärtig:
Oberrichter Möbius
als Vorsitzender

Richter Reinwarth
Richter Schilde
als beisitzende Richter,

Staatsanwalt Haberkorn
als Vertreter des Oberstaatsanwalts der Volkspolizei

Sachbearbeiter H.
als Protokollführer.

Zur Hauptverhandlung über die Berufung
vom 9. November 1955
gegen das Urteil des Bezirksgerichte Cottbus
vom 4. November 1955
erscheint nach Aufruf:

Rechtsanwalt Dr. *Maczkowsky*, Cottbus, als Pflichtverteidiger des Angeklagten, dem Gericht von Person bekannt.

Der Vorsitzende stellt fest, dass der Angeklagte und der Verteidiger vom heutigen Termin benachrichtigt worden sind und gibt die Namen der Richter und des Staatsanwalts bekannt.
Der Berichterstatter hält Vortrag über das bisherige Verfahren.
Der Verteidiger erhält das Wort zu seinen Ausführungen und begründet die Berufung, mit der die Strafzumessung gerügt wird. {89}
Der Verteidiger trägt im wesentlichen vor, dass die intensive verbrecherische Tätigkeit zwar ein hohes Strafmaß erfordere, jedoch sei die gegen den Angeklagten ausgesprochene Todesstrafe zu hoch. Er geht auf die Handlungen des Angeklagten bis zu seinem Eintritt in die KVP ein und vertritt die Meinung, dass bis zu diesem Zeitpunkt für die Handlungen des Angeklagten die Todesstrafe noch nicht erforderlich gewesen sei. Die Annahme des Bezirksgerichts, der Angeklagte sei nur in die KVP eingetreten um noch gefährlichere Spionage betreiben zu können, sei irrig. Die Deckadresse habe der Angeklagte schon einige Zeit vor diesem Zeitpunkt erhalten. Der Angeklagte habe ehrlich versichert, dass er mit seinem Eintritt in die KVP mit seiner verbrecherischen Tätigkeit ernstlich habe brechen wollen. Der Angeklagte habe vor seinem Dienstantritt bei der KVP mit dem Agenten Tr. eine Aussprache herbeigeführt und diesem im Beisein seiner Ehefrau mitgeteilt, dass er nun nicht mehr kommen könne. Der Angeklagte habe sich, da er von der Geheimdienststelle Repressalien befürchtete, nur unklar ausdrücken können. Unter Berücksichtigung dieser Erwägungen bittet der Verteidiger, noch einmal zu überprüfen, ob in diesem Falle nicht von der Todesstrafe abgesehen werden könne.
Weiter bittet der Verteidiger, im Zweifelsfall die Ehefrau des Angeklagten als Zeugin zu hören.
Der Staatsanwalt erhält das Wort zu seinen Ausführungen und nimmt Stellung zu den Ausführungen der Verteidigung. Er geht im wesentlichen auf die Handlungen des Angeklagten ein und weist insbesondere darauf hin, dass der Angeklagte etwa seit dem Jahre 1952 von Spionageausführungen wußte bezw. selbst ausführte. Auf die Persönlichkeit des Angeklagten eingehend, hebt der Staatsanwalt insbesondere hervor, dass es sich bei dem Angeklagten um einen intelligenten Menschen handele, ihm sei sehr wohl bewußt gewesen, welchen Schaden er unserem Staat zufügte. Der Angeklagte habe auch Kenntnis von durchgeführten Spionageprozessen und der freizügigen Zusicherung unserer Regierung auf Straffreiheit für sich freiwillig stellende Agenten gehabt. Er habe aus alledem keine Konsequenzen gezogen. Unter diesen Gesichtspunkten erfolgte sein Eintritt in die KVP. Der Angeklagte sei ein Feind unseres Staates. Es sei nicht das Verdienst des Angeklagten, dass er bei {90} der KVP keine Spionage habe treiben können. Die Handlungen des Angeklagten seien so schwerwiegend, dass die gegen den Angeklagten ausgesprochene Todesstrafe gerechtfertigt sei. Der Staatsanwalt beantragt deshalb,

die Berufung zurückzuweisen.

Der Vorsitzende verliest folgende Aussagen des Angeklagten:
1.) Blatt 152 der Akten, – auszugsweise –
2.) polizeiliche Vernehmung des Angekl. am 8. Aug. 1955, Blatt 48 u. 49
3.) " " " am 29. August 1955, Blatt 81 u. 82 d. A.
Staatsanwalt und Verteidiger bleiben bei ihren Anträgen.
Das Urteil wird nach Beratung gemäß § 222 Abs. 2 StPO dahingehend verkündet:

Im Namen des Volkes!

Die Berufung gegen das Urteil des Bezirksgerichts Cottbus vom 4. November 1955 wird als unbegründet

zurückgewiesen.

Die Kosten des Rechtsmittels werden dem Angeklagten auferlegt.

gez. Möbius gez. H.“ {91}

Der Angeklagte hatte bereits beim Durcharbeiten der Akten erkannt, daß der damalige Angeklagte Friedemann bei seiner Einlassung vor dem Bezirksgericht Cottbus auch auf Vorhalt – welche Passagen ihm vorgehalten worden sind, wurde im Protokoll des Bezirksgerichts nicht erwähnt – bestritten hatte, die Deckanschrift an diesem Tage erhalten zu haben, sondern sich dahingehend eingelassen hatte, daß er diese Anschrift bereits viele Monate vorher erhalten habe.

Der 1 a Strafsenat verwarf die Berufung. Dabei stimmte auch der Angeklagte für die Berufungsverwerfung. Er tat dies, obwohl er erkannt hatte, daß zum einen das verhängte Strafmaß grob unbillig und gegen die Menschenrechte des damaligen Angeklagten Friedemann verstieß, und zum anderen durch das Oberste Gericht eine Verletzung des Verfahrensrechts begangen worden war. Der Angeklagte als Berichterstatter, wie auch die beiden anderen Richter, erkannte, daß der Angeklagte Friedemann vor dem Bezirksgericht bestritten hatte, an dem Tage, an dem er letztmalig mit Tr. zusammengetroffen war, die Deckadresse erhalten zu haben. Der Angeklagte erkannte ferner, wie die anderen beiden Richter auch, daß erst vor dem 1 a Strafsenat des Obersten Gerichts die polizeilichen Aussagen des damaligen Angeklagten in den Strafprozeß eingeführt worden waren. Dies war jedoch nach der Strafprozeßordnung der DDR in Abwesenheit des Angeklagten unzulässig. Weiterhin wußte der Angeklagte, daß über den Beweisantrag, die Ehefrau als Zeugin zu hören, nicht hätte hinweggegangen {92} werden dürfen. Diese Zeugin sollte den damaligen Angeklagten in einem wesentlichen Punkt entlasten. Dieser Verstoß war um so schwerwiegender, als insbesondere der Angeklagte nach dem Vorgespräch mit dem Vorsitzenden Möbius erkannt hatte, daß für diesen die angebliche Bereitschaft des Friedemann, auch als Mitglied der kasernierten Volkspolizei weiter zu spionieren, für die Verhängung der Todesstrafe entscheidend war. Der Angeklagte handelte insoweit auch wissentlich. Er stimmte nicht gegen die Berufungsverwerfung, obwohl er erkannt hatte, daß das verhängte Todesurteil grob unbillig war. Dabei nahm er die Vollstreckung der Todesstrafe und den Tod des damaligen Angeklagten Friedemann billigend in Kauf.

Das Berufungsurteil des 1 a Strafsenats hatte folgenden Wortlaut: {93}

„Oberstes Gericht
der
Deutschen Demokratischen Republik
1a – Strafsenat
1a Ust 268/55

Im Namen des Volkes!

In der Strafsache
gegen den Bauingenieur
Heinz Friedemann
geb. 1915 in Z.

wegen Verbrechens gegen Artikel 6 der Verfassung der Deutschen Demokratischen Republik,

hat das Oberste Gericht der Deutschen Demokratischen Republik durch den 1a-Strafsenat in der Sitzung vom 2. Dezember 1955, an der teilgenommen haben:

Oberrichter *Möbius*
als Vorsitzender

Richter *Reinwarth*
Richter *Schilde*
als beisitzende Richter

Staatsanwalt *Haberkorn*
als Vertreter des Oberstaatsanwalts der Volkspolizei

Sachbearbeiter *H.* als Protokollführer

für Recht erkannt:

Die Berufung gegen das Urteil des Bezirksgerichts Cottbus vom 4. November 1955 wird als unbegründet

zurückgewiesen.

Die Kosten des Rechtsmittelverfahrens werden dem Angeklagten auferlegt.

Gründe: {94}
Dem Urteil des Bezirksgerichts Cottbus vom 4. November 1955 liegen im wesentlichen folgende Feststellungen zugrunde:
Der 1915 geborene Angeklagte ist kleinbürgerlicher Herkunft. Er besuchte bis zur mittleren Reife das Realgymnasium, erlernte anschließend das Maurerhandwerk und besuchte dann drei Jahre eine technische Lehranstalt, die er mit dem Prädikat eines Bauingenieurs verließ. Vom Frühjahr 1937 bis zu seiner Einberufung zur faschistischen Wehrmacht im Oktober 1937 war er als selbständiger Architekt tätig. Während des zweiten Weltkrieges wurde er bis zum Feldwebel befördert und mit dem EK I und II sowie dem Kriegsverdienstkreuz II. Klasse ausgezeichnet. Nachdem er 1945 bis 1947 wieder als selbständiger Architekt tätig gewesen war, übernahm er das Baugeschäft seines Vaters, das er bis zum Februar 1952 führte. Von März 1952 bis 20. Juni 1955 arbeitete er im VEB-Z-Projektierung in Berlin als Architekt. Am 21. Juni 1955 wurde er als Architekt im Dienstrang eines Hauptmannes in die kasernierte Volkspolizei eingestellt.
Während der Zeit der faschistischen Herrschaft war der Angeklagte Mitglied des NS-Studentenbundes. Im Jahre 1946 trat er der sozialistischen Einheitspartei Deutschlands bei, aus der er 1948 austrat. Kurz danach wurde er Mitglied der NDPD. Bei seinem Eintritt in die NDPD gab er wahrheitswidrig an, er sei bei der faschistischen Wehrmacht Hauptmann gewesen. Der Angeklagte gehörte ferner dem FDGB und der Gesellschaft für Deutsch-Sowjetische-Freundschaft an.
Im Frühjahr 1952 erfuhr der Angeklagte von dem ihm gut bekannten Unternehmer E., daß dieser zur Spionagetätigkeit gegen die Deutsche Demokratische Republik aufgefordert worden sei. Den Angaben des Angeklagten zufolge unterrichtet er einen Angehörigen der Volkspolizei über die von E. erhaltene Mitteilung
Im Oktober 1952 ersuchte E. den Angeklagten, ihn aus Westberlin abzuholen, da er bei ihm übernachten wollte. Der Angeklagte kam der Aufforderung nach und wurde bei dieser Gelegenheit von E. dem Agenten des englischen Geheim-{95}dienstes Tr. alias Tü. vorgestellt.
Im Februar 1953 teilte E. dem Angeklagten mit, daß er im Auftrage des Agenten Tr. Spionageinformationen über einen Flugplatz sammle. Obwohl der Angeklagte nunmehr unzweideutig Klarheit über die verbrecherische Tätigkeit E.'s und Tr.'s hatte, kam er Ende Februar 1953 einer Aufforderung Tr.'s nach, ihn in Westberlin aufzusuchen. Im Verlaufe der Zusammenkünfte ließ sich der Angeklagte als Spion anwerben. Im April 1953 schrieb er in der Wohnung des Tr. seinen Lebenslauf. Bis zu seiner Bestätigung als Agent durch die vorgesetzte Dienststelle Tr.'s

suchte er diesen bis Oktober 1953 monatlich einmal auf. An drei Sonntagen wurde er in Westberlin für seine künftige Agententätigkeit geschult, wobei er unter Tr.'s Anleitung sogenannte Beobachtungsspiele durchführte.
Im Oktober 1953 erhielt der Angeklagte den Spionageauftrag, Informationen über sowjetische Objekte und Militäreinheiten zu sammeln. Insbesondere ging sein Auftrag dahin, Beobachtungen anzustellen über sowjetische Kraftfahrzeuge, die in der Treskow-Allee ab 18.00 Uhr jeden Tag verkehren. Von diesen Fahrzeugen sollte er die Nummern und die Fahrtrichtung und dabei feststellen, welche Kraftwagen in das Sperrgebiet einfahren. Auch hinsichtlich der Wageninsassen hatte er Beobachtungen zu machen, bei Uniformierten wurde Wert auf die Farbe des Kragenspiegels gelegt.
Bis Mai 1954 lieferte der Angeklagte monatlich zehn bis dreißig der vorbezeichneten Spionageinformationen an den Agenten Tr. Außerdem fertigte er im Mai 1954 unter Zuhilfenahme einer Stadtkarte eine Skizze über ein bestimmtes sowjetisches Objekt in Karlshorst an. Für diese staatsfeindlichen Handlungen erhielt er monatlich 25,-- Westmark.
Im Mai 1954 wurde dem Angeklagten aufgrund seiner bisherigen Bewährung als Spion der Auftrag erteilt, Kurierfahrten in die Deutsche Demokratische Republik durchzuführen. {96} Um diesem Auftrag im Sinne des imperialistischen Geheimdienstes gerecht werden zu können, hielt er die Anschaffung eines Personenkraftwagens für angebracht. Tr. billigte den Vorschlag des Angeklagten und händigte ihm 3.000,-- DM aus. Für dieses Geld erwarb der Angeklagte einen PKW Opel P 4. Ab Oktober 1954 führte der Angeklagte mit dem PKW eine Reihe Kurierfahrten aus.
Er entleerte drei ‚tote Briefkästen' und versah sie mit neuen schriftlichen Spionageanweisungen. Den Inhalt der ‚toten Briefkästen', worunter sich auch ein Film befand, lieferte er an Tr. ab. Auftragsgemäß legte er anhand einer genauen Skizze einen neuen ‚toten Briefkasten' an.
Im Oktober 1954 traf er sich mit einem Agenten an einer Landstraße bei Stößen im Raum Naumburg, dem er eine für Spionagezwecke bestimmte Spezialkamera und einen Feldstecher übergab.
Im November 1954 und Mai 1955 überbrachte er einem Agenten in Dessau je einen Brief mit Spionageanweisungen und übernahm ein für Tr. bestimmtes Fernglas.
Im Mai 1955 hatte außerdem Zusammenkünfte mit je einem Agenten in Naumburg und Leipzig. Für seine Tätigkeit als Kurier bekam der Angeklagte monatlich 50,-- Westmark bezahlt, die aber vorerst mit dem für den Kauf des PKW erhaltenen Betrag verrechnet wurden.
Nachdem der Angeklagte im Juni 1955 sein Einverständnis erklärt hatte, in die KVP einzutreten, fuhr er in Begleitung seiner Ehefrau am 18. Juni 1955 nach Westberlin und unterrichtete den Agenten Tr. über die neue Situation. Tr. erklärte darauf, Kurierfahrten brauche der Angeklagte nicht mehr durchzuführen, er solle weitere Benachrichtungen abwarten, da er erst mit den zuständigen Spionagestellen Rücksprache halten müsse. Er gab dem Angeklagten eine Deckadresse, damit er ohne Betreten der Westsektoren von Berlin die Möglichkeit der Verbindung mit ihm habe. {97}
Aufgrund dieses festgestellten Sachverhaltes hat das Bezirksgericht den Angeklagten wegen Verbrechens gemäß Artikel 6 der Verfassung der Deutschen Demokratischen Republik zum Tode verurteilt. Außerdem wurde die Einziehung des für die Spionagehandlungen benutzten Personenkraftwagens ausgesprochen.
Gegen dieses Urteil hat der Angeklagte Berufung eingelegt. Das Rechtsmittel richtet sich gegen einige vom Bezirksgericht getroffenen Feststellungen, in erster Linie aber gegen den Strafausspruch. Zur Begründung wird im wesentlichen vorgetragen: Die Feststellung, der Angeklagte habe bei seiner letzen Zusammenkunft mit Tr. am 18. Juni 1955 eine Deckadresse mitgeteilt bekommen, entspreche nicht den Tatsachen. Es treffe zwar zu, dass der Angeklagte die vom Bezirksgericht in der Urteilsbegründung bezeichnete Deckadresse besessen habe, diese sei ihm aber schon mehrere Monate vorher von Tr. gegeben worden und könne daher nicht in Beziehung

zu seinem Eintritt in die Kasernierte Volkspolizei gebracht werden. Der Angeklagte sei auch nicht mit der Zielrichtung zur Kasernierten Volkspolizei gegangen, um noch gefährlichere Spionage verüben zu können, vielmehr habe er sich mit diesem Schritt endgültig von seiner verbrecherischen Tätigkeit zurückziehen wollen. Das Bezirksgericht habe auch nicht die Gründe dargelegt, die es zu der zwingenden Annahme veranlaßten, dass die diesbezügliche Behauptung des Angeklagten nicht glaubhaft sei. Selbst wenn der Angeklagte lediglich durch den schnellen Zugriff unserer Sicherheitsorgane an einer die Kasernierte Volkspolizei betreffenden Spionagetätigkeit verhindert werden sein sollte, bleibe immer noch die durchaus bedeutsame Tatsache bestehen, dass er keine Spionage innerhalb der Kasernierten Volkspolizei betrieben habe. Ferner hätte zugunsten des Angeklagten sein offenes Geständnis und seine ehrliche Reue berücksichtigt werden müssen.

Der Berufung war der Erfolg zu versagen. {98}

Die Überprüfung des angefochtenen Urteils anhand des Protokolls über die Hauptverhandlung erster Instanz hat ergeben, dass es das Bezirksgericht aufgrund von Geständnissen des Angeklagten im Ermittlungsverfahren trotz seines Bestreitens in der Hauptverhandlung für erwiesen angesehen hat, dass er am 18. Juni 1955 im Hinblick auf seine künftige Zugehörigkeit zur Kasernierten Volkspolizei von dem Agenten Tr. eine Deckadresse für die Übermittlung von Nachrichten nach Westberlin erhalten hat. Hierzu sind ihm seine Aussagen im Ermittlungsverfahren vorgehalten worden. Diese besagen:

Aussage vom 8. August 1955 – Blatt 49 der Akten –

> ‚Tü. erklärte mir, dass ich in die Kasernierte Volkspolizei eintreten sollte und noch nichts unternehmen sollte. Er würde mir noch nähere Anweisungen über meine Tätigkeit zukommen lassen. Wie er mir diese Anweisungen zukommen lassen wollte, weiss ich nicht. Da ich als Angehöriger der Sicherheitsorgane der Deutschen Demokratischen Republik die Westsektoren Berlins und auch Westdeutschland nicht betreten durfte, gibt mir Tü. die Deckadresse mit Postschließfach in Berlin Schmagendorf.
>
> Er sagte dazu, dass ich, nachdem ich seine Anweisungen und Aufträge erhalten habe, an diese Deckadresse schreiben sollte. Die Deckadresse sollte auch während meiner zukünftigen Tätigkeit als Spion in den Reihen der Kasernierten Volkspolizei von mir benutzt werden.‘

Aussage vom 29. August 1955 – Blatt 81, 82 der Akten –

> ‚Er gab mir die Anweisung, vorläufig nichts zu unternehmen und auf seine Anordnungen zu warten. Es war klar, dass ich für Tr. weiterhin als Spion in den Reihen der inneren Truppen arbeiten sollte.
>
> Er gab mir noch die Deckadresse Ernst W., Berlin-Schmagendorf, Postfach 10. An diese Deckadresse sollte ich zukünftig meine Spionageberichte senden. Auf alle Fälle sollte ich seine Anweisungen in Bezug auf meine Spionagetätigkeit in den inneren Truppen abwarten.‘ {99}

Daraus ergibt sich, dass der Angeklagte in zwei Vernehmungen im Ermittlungsverfahren, die zeitlich drei Wochen auseinander liegen, völlig übereinstimmende und mit dem tatsächlichen Geschehnisablauf logisch im Einklang stehende Angaben darüber gemacht hat, dass er die Deckadresse erst bei seiner letzten Zusammenkunft mit dem Agenten Tr. alias Tü. für seine ihm zugedachte künftige Spionagetätigkeit innerhalb der Kasernierten Volkspolizei erhalten hat.

Der Angeklagte hat nicht nur mehrfach im Ermittlungsverfahren ganz konkrete Angaben darüber gemacht, dass er aus den Worten des Agenten Tr. unmißverständlich seine weitere Verpflichtung gegenüber der Spionagezentrale auch als Angehöriger der KVP vernommen hat, er hat dies auch in der erstinstanzlichen Hauptverhandlung bestätigt – Blatt 152 der Akten –. Mithin ist die Behauptung des Angeklagten in der Hauptverhandlung betreffs des Erhalts der Deckadresse ebenso unglaubhaft wie seine Erklärung, es sei seine Absicht gewesen, durch den Ein-

tritt in die Kasernierte Volkspolizei eine Pause in seiner Spionagetätigkeit zu bekommen und sich allmählich von dem Agenten Tr. zu lösen.
Dem Angeklagten war auf Grund seiner langen Verbindung zum imperialistischen Geheimdienst und seines Intelligenzgrades vollkommen klar, dass es für ihn ausser der freiwilligen Stellung bei den Sicherheitsorganen der Deutschen Demokratischen Republik kein Zurückziehen von seiner verbrecherischen Tätigkeit gab, und dass ihn seine westlichen Auftraggeber als Offizier der KVP nur noch fester in den Händen hatten. Darüber hinaus hatte er noch bei weitem noch nicht das für den Kauf des Kraftwagens vorgeschossene Geld ‚abgearbeitet'. Der Angeklagte mußte in der Hauptverhandlung vor dem Bezirksgericht auch zugeben, dass er es nicht wagte, den für die Zukunft geplanten Dispositionen Tr.'s über seine Person zu wiedersprechen und fest damit rechnete, in absehbarer Zeit den Besuch eines beauftragten Agenten zu erhalten – Blatt 152 der Akten –. Aus alledem ergibt sich, dass die Beweisführung des Bezirksgerichts nicht zu beanstanden und das dagegen gerichtete Berufungsvorbringen unbegründet ist.
Zu den Motiven seines strafbaren Verhaltens hat der Angeklagte {100} in der Hauptverhandlung ausgesagt, er sei von der Korrektheit der in der Deutschen Demokratischen Republik durchgeführten Maßnahmen nicht überzeugt gewesen und habe deshalb eine negative Einstellung zu unseren Staat gehabt. Er sei sich bewusst gewesen, dass er für einen ausländischen Geheimdienst tätig war, der die Spionageinformationen für die Vorbereitung eines neuen Krieges benutzte; darüber habe er sich aber keine Gedanken gemacht, da es ihm hauptsächlich darauf angekommen sei, sich Geldmittel für die Bezahlung seiner Schulden zu beschaffen – Blatt 150 der Akten –.
Der Angeklagte hat also einmal aus Feindschaft zum ersten deutschen Arbeiter- und Bauernstaat, zum anderen aus niedrigen Eigeninteressen im vollen Bewußtsein das die ganze friedliebende Menschheit bedrohenden verbrecherischen Charakters seines Verhaltens skrupellos die imperialistischen Kriegstreiber aktiv in ihren volksfeindlichen Bestrebungen unterstützt. Er hat seit dem Jahre 1953 eine intensive, vielseitige und für die Erhaltung des Friedens außerordentlich gefährliche Spionagetätigkeit durchgeführt. Nicht nur als mögliche Folge, sondern mit Sicherheit hätte er auch in der Kasernierten Volkspolizei, dem wichtigsten Schutzorgan der Deutschen Demokratischen Republik gegen militärische Angriffe, mit der gleichen Intensität Spionage zu Gunsten der imperialistischen Aggressoren verübt. Der Umstand, dass es gegen den Willen des Angeklagten dazu nicht mehr gekommen ist, ändert nichts an der Gefährlichkeit des Vorhabens selbst. Die Gesamtheit aller den Grad der Gesellschaftsgefährlichkeit bestimmenden Umstände des Verbrechens erfordert im vorliegenden Fall die härteste gesetzlich zulässige {101} Abwehrmaßnahme. Diese ist gemäß Artikel 6 der Verfassung der Deutschen Demokratischen Republik die Todesstrafe
Die Berufung wird daher als unbegründet zurückgewiesen.
Die Kostenentscheidung beruht auf § 358 StPO." {102}

Die Ehefrau des Verurteilten Friedemann reichte mit einem Schreiben vom 13. November 1955 ein Gnadengesuch an den Staatspräsidenten der DDR ein, das nicht beschieden wurde.

Das Todesurteil gegen Heinz Friedemann wurde am 22. Dezember 1955 in der Untersuchungshaftanstalt I in Dresden vollstreckt.

3. [Zum Fall Held u.a.]

In der Zeit vom 24. bis 27. Januar 1956 fand vor dem ersten Strafsenat des Obersten Gerichts der Deutschen Demokratischen Republik der Strafprozeß gegen Max Held, Werner Rudert, Eva Halm und Joachim Sachße statt. Den Vorsitz hatte der Vizepräsident Ziegler, Beisitzer waren Oberrichter Dr. Löwenthal als Berichterstatter sowie der Angeklagte.

Den damaligen vier Angeklagten, die sich untereinander nicht kannten, wurde durch die Anklageschrift unter anderem zur Last gelegt, sie hätten sich als Agenten der „imperialistischen Kriegstreiber“ mit der Abwerbung von Wissenschaftlern und Spezialisten aus der Deutschen Demokratischen Republik befaßt. Grund für die Durchführung des Verfahrens gegen die damaligen Angeklagten vor dem Obersten Gericht war wahrscheinlich, daß in jener Zeit viele Menschen mit qualifizierter {103} Berufsausbildung die DDR verließen. Deswegen sollte den Bürgern der DDR in einem durch die Medien verbreiteten Schauprozeß die Strafbarkeit der „Abwerbung“ vor Augen geführt werden. Außerdem sollte ihnen durch die Berichte von zeugenschaftlich vernommenen, zurückgekehrten Flüchtlingen der Eindruck vermittelt werden, diese hätten in der Bundesrepublik in elenden und unwürdigen Verhältnissen leben müssen. Die Hauptverhandlung wurde sorgfältig vorbereitet.

Bereits vor Prozeßbeginn, nämlich am 16. Januar 1956, fertigte die Abteilung „Staatliche Organe“ eine Vorlage für das Politbüro, welches das Verfahren gegen Held u.a. betraf. Das Betreff lautete: Strafverfahren gegen vier Abwerber vor dem Obersten Gericht. Als Beschlußvorschlag wurde aufgenommen: Das Politbüro beschließt: „Der Bericht in der Strafsache gegen vier Abwerber wird zur Kenntnis genommen.“ Die Vorlage der Abteilung „Staatliche Organe“ endet mit folgendem Absatz:

> „Der Prozeß soll in der Zeit vom 24. bis 27. Januar 1956 vor dem Obersten Gericht durchgeführt werden. Die Justizkommission hat über die Strafhöhe beraten und schlägt vor: Gegen Held und Rudert Todesstrafe. Gegen Halm fünfzehn Jahre bzw. lebenslänglich Zuchthaus, gegen Sachße acht bis zehn Jahre Zuchthaus.“

Am 17. Januar 1956, also vor Beginn der Hauptverhandlung {104}, fand die Sitzung des Politbüros des Zentralkomitees der SED statt. Dabei wurde die Vorlage zum Strafverfahren gegen Rudert u.a. mit folgender Änderung zur Kenntnis genommen: „Die Bezeichnung als Abwerber wird als falsch erklärt. Die Verhandlung hat gegen die Angeklagten als Spione zu erfolgen.“ In der Hauptverhandlung konnte nicht festgestellt werden, daß der Angeklagte von dieser Vorlage Kenntnis hatte.

Die damaligen Angeklagten Rudert und Sachße wurden vor Prozeßbeginn zu kooperativem Verhalten ermahnt. Rudert war von seinem Vernehmungsbeamten erklärt worden, daß er ohnehin „seine Rübe verlieren würde“, daß aber seine ebenfalls inhaftierte Ehefrau mit einer Strafe von nur acht Jahren Zuchthaus davonkommen würde, wenn in der Hauptverhandlung alles so liefe, wie es sich die Staatsanwaltschaft vorstelle. Auch von seinem Verteidiger, Rechtsanwalt R., war dem damaligen Angeklagten Rudert geraten worden, sich im Interesse seiner Ehefrau in der Verhandlung geständig zu zeigen und auch einen Appell an andere Spione zu richten, ihre Tätigkeit aufzugeben und sich den staatlichen Organen zu stellen.

Der damalige Angeklagte Sachße wurde kurz vor Prozeßbeginn dem Generalstaatsanwalt Melsheimer vorgeführt. Als er diesem gegenüber den Anklagevorwurf zurückwies, erklärte ihm {105} Melsheimer, daß er mit der doppelten Strafe zu rechnen habe, wenn er sich nicht an die Anklage halte. Auch seine Verteidigerin, Rechtsanwältin K., habe ihm dringend geraten, sich an die Anklageschrift zu halten.

Am 24. Januar 1956 begann dann die nach Art eines Schauprozesses durchgeführte Hauptverhandlung vor dem ersten Strafsenat des Obersten Gerichts. Sie fand im großen Saale vor mehreren hundert Zuschauern, darunter auch Arbeitskollegen des damaligen Angeklagten Rudert, statt. Es waren zahlreiche Pressevertreter anwesend und sogar die Wochenschau der DDR berichtete unter dem Titel „Spione vor Gericht" über den Prozeß. Als Zuschauerin nahm auch die damalige Justizministerin der DDR, Dr. Hilde Benjamin, teil. Insbesondere der Generalstaatsanwalt Melsheimer führte die Befragungen in einem äußerst rüden Ton durch, der die damaligen Angeklagten Rudert und Sachße an den Verhandlungsstil des berüchtigten Vorsitzenden des Volksgerichtshofes, Roland Freisler, erinnerte. Gerade die damalige Angeklagte Halm, die wegen einiger fehlender Zähne Probleme beim Sprechen hatte, wurde von ihm heftig attackiert.

Der damalige Angeklagte Held, der zwischenzeitlich verstorben ist, äußerte sich vor dem Obersten Gericht laut {106} wörtlicher Mitschrift seiner Angaben, die durch Verlesung in die jetzige Hauptverhandlung eingeführt worden sind, wie folgt zur Sache: {107}

⊗ Es folgt die angekündigte Mitschrift aus der Hauptverhandlung. ⊗ {180}

Hinsichtlich der Einlassung der damaligen Angeklagten Halm in der Hauptverhandlung vor dem Obersten Gericht ist in der wörtlichen Mitschrift, die in der jetzigen Hauptverhandlung verlesen worden ist, folgendes festgehalten:

⊗ Es folgt die angekündigte Mitschrift aus der Hauptverhandlung. ⊗ {247}

Der damalige Angeklagte Rudert wurde in der jetzigen Hauptverhandlung als Zeuge vernommen. Dabei bestätigte er, daß er den Sachverhalt im wesentlichen in der damaligen Hauptverhandlung vor dem Obersten Gericht so wiedergegeben hat, wie im Urteil festgestellt. Er bestätigte, daß er von 1951 bis 1955 die monatlichen Produktionsziffern der Empfangs- und Senderöhren seines Betriebes, des VEB RFT weitergegeben habe. Er und sein Verteidiger hätten allerdings in der Hauptverhandlung – unwidersprochen – darauf hingewiesen, daß die Produktionsziffern zumindest für die Empfangsröhren auch aus entsprechenden Taschenkalendern, die auf der Leipziger Messe ausgelegen hätten und für jeden zugänglich gewesen seien, hätten ersehen werden können. Soweit im Urteil festgehalten worden sei, daß er Militärspionage betrieben habe, habe er lediglich berichtet, daß Flugzeuge der sowjetischen Luftwaffe über seinen Betrieb geflogen seien und daß er von Kollegen gehört habe, daß ein Manöver der Sowjetarmee stattgefunden habe. Bezüglich der „Abwerbung" des Ingenieurs Rudolf habe er vor dem Obersten Gericht ausgesagt, daß er nicht gewußt habe, warum Rudolf die DDR verlassen habe, er habe ihn nicht dazu veranlaßt. Er habe weiterhin in der Hauptverhandlung bestritten, versucht zu haben, die Zeugin Bi. zum Verlassen der Deutschen Demokratischen Republik zu bewegen.

Der Zeuge Rudert hat weiterhin ausgesagt, er habe die übrigen Mitangeklagten nicht gekannt, das Ganze sei ihm wie ein {248} Schauprozeß vorgekommen.

Auch der damalige Angeklagte Sachße wurde in der jetzigen Hauptverhandlung als Zeuge gehört. Er hat ausgesagt, er habe bei seiner damaligen Vernehmung vor dem Obersten Gericht bestritten, Arbeitskollegen abgeworben zu haben. Er habe damals lediglich ausgesagt, daß er dem Kollegen Ha., der unabhängig von seinem Angebot entschlossen gewesen wäre, die DDR zu verlassen, den Brief des Augustin zu lesen gegeben habe. Welcher Schaden seinem Betrieb durch die angebliche Abwerbung entstanden sei, wäre in der damaligen Hauptverhandlung nicht erörtert worden. Lediglich der Generalstaatsanwalt habe einen Schaden behauptet.

Die Angaben der Zeugen Rudert und Sachße sind nach der Überzeugung der Strafkammer glaubhaft. Beide Zeugen haben einerseits trotz des langen Zeitablaufs detailreich und sicher, anderseits aber auch sorgsam abwägend und ohne jeden Belastungseifer ausgesagt.

Das aufgrund der Hauptverhandlung ergangene Urteil des Obersten Gerichts lautete wie folgt: {249}

„Oberstes Gericht
der
Deutschen Demokratischen Republik
1. Strafsenat
1 Zst (I) 1/36

Im Namen des Volkes!

In der Strafsache gegen

1. den Konstrukteur Max Held,
   geboren 1913 in Z.,
   wohnhaft: Berlin-Adlershof;
2. den Elektriker Werner Rudert,
   geboren 1922 in G.,
   wohnhaft: Erfurt;
3. die Stenotypistin Eva Halm,
   geboren 1922 in B.,
   wohnhaft: Potsdam;
4. den Hollerith-Spezialisten Joachim Sachße,
   geboren 1928 in C.,
   wohnhaft: Karl-Marx-Stadt;

wegen Verbrechen gegen Artikel 6 der Verfassung der Deutschen Demokratischen Republik

hat das Oberste Gericht der Deutschen Demokratischen Republik durch den 1. Strafsenat in der Sitzung von 24.-27. Januar 1956 in Berlin, an der teilgenommen haben:

Vizepräsident Ziegler,
als Vorsitzender

Oberrichter Dr. Löwenthal,
Richter Reinwarth
als beisitzende Richter

Generalstaatsanwalt Dr. Melsheimer
und Staatsanwalt Bauch

Sekretär K.
als Protokollführer

für Recht erkannt: {250}

Wegen Verbrechen gegen Artikel 6 der Verfassung der Deutschen Demokratischen Republik werden verurteilt:

der Angeklagte *Held*
zum *Tode*,

der Angeklagte *Rudert*,
zum *Tode*,

die Angeklagte *Halm*
zu lebenslangen Zuchthaus,

und der Angeklagte *Sachße*
zu 8 – acht – Jahren Zuchthaus.

Die Angeklagten dürfen gemäss Artikel 6 Absatz 3 der Verfassung der Deutschen Demokratischen Republik weder im öffentlichen Dienst noch in leitenden Stellen im wirtschaftlichen und kulturellen Leben tätig sein. Sie verlieren das Recht, zu wählen und gewählt zu werden.
Dem Angeklagten Sachse wird die erlittene Untersuchungshaft angerechnet.
Die Angeklagten haben die Kosten des Verfahrens zu tragen.

I.

Der Kampf gegen die fortschrittliche Entwicklung in der Deutschen Demokratischen Republik wird von den imperialistischen Kräften seit Jahren mit allen Mitteln geführt. Haupttriebkraft dieses Kampfes ist das amerikanische Monopolkapital, das unablässig bemüht ist, jede friedliche fortschrittliche Erscheinung zu zerstören. Willige Hilfe hierfür leistet das deutsche Monopolkapital, der Juniorpartner des amerikanischen Kapitals. Mit den verschiedensten Methoden des kalten Krieges erstreben sie die wirtschaftliche und politische Schädigung der Deutschen Demokratischen Republik und im Endergebnis die Entfachung eines neuen Weltkrieges durch den der Kapitalismus in der ganzen Welt restauriert werden soll. Neben der schon in vielen Prozessen vor dem Obersten Gericht fest-{251}gestellten systematischen Spionage auf wirtschaftlichem, politischem und kulturellem Gebiet, neben den mit hinterhältigsten Mitteln durchgeführten Sabotage- und Diversionsakten neben einer gemeinen politischen Hetze gegen alle fortschrittlichen Massnahmen und Politiker sind die Strategen des kalten Krieges auch dazu übergegangen, in organisierter Form hervorragende Wissenschaftler und Facharbeiter aus der Deutschen Demokratischen Republik abzuziehen. Diese Form des Angriffes auf die wirtschaftliche und kulturelle Entwicklung des ersten Arbeiter- und Bauernstaates in der Geschichte Deutschlands verfolgt mehrere Zwecke. Einmal wird dadurch die wissenschaftliche Forschung und Produktion in der Deutschen Demokratischen Republik, die der maximalen Befriedigung der ständig wachsenden Bedürfnisse der Bevölkerung dient, gehemmt und dadurch das Vertrauen der Werktätigen zur Regierung der Deutschen Demokratischen Republik und auf ihre eigene Kraft beeinträchtigt, zweitens schafft man auf diese Weise für die imperialistischen Kriegsindustrie Kader an erstklassigen Spezialisten und Facharbeitern, drittens bietet die Entfernung von Spezialisten die Möglichkeit, die in der volkseigenen Industrie in der Deutschen Demokratischen Republik entwickelten Patente und neuen Verfahren zu stehlen und zu einer Beute des internationalen Monopolkapitals zu machen und schließlich viertens wird hierdurch ebenso wie mit den sonstigen Massnahmen des kalten Krieges die für eine friedliche Wiedervereinigung unbedingt erforderliche Verständigung der Deutschen in Ost und West erschwert und damit die nationalen Interessen des deutschen Volkes verraten.
Diese Form der Schädigung der Deutschen Demokratischen Republik durch Abwerbung von Fachkräften wird schon seit Jahren betrieben. Dabei konzentrieren sich die Anstrengungen der imperialistischen Kriegstreiber zunächst auf Wissenschaftler und Facharbeiter, die als Spezialisten in der Sowjetunion gearbeitet haben, um deren Erfahrungen der Deutschen Demokratischen Republik auf diese Weise zu entziehen und die Ergebnisse der Sowjetwissenschaft ausnützen zu können. In letzter Zeit werden aber mit der verstärkten Aufrüstung in Westdeutschland nicht nur die aus der Sowjetunion zurückge-{252}kehrten Spezialisten, sondern alle Fachkräfte insbeson-

dere solche mit Spezialerfahrungen von gewissenlosen Agenten unter den verschiedenen Vorwänden zum Verlassen der Deutschen Demokratischen Republik aufgefordert. Sie verschaffen sich genaue Angaben über die persönlichen Verhältnisse einzelner Wissenschaftler, über ihre besonderen Fähigkeiten und Leistungen, über ihre Verwandten und Bekannten, über ihre Neigungen und Schwächen. Die ihnen zur Kenntnis gelangten persönlichen Umstände machen sie sich zunutze, um auf die wirksamste Art und Weise die einzelnen Wissenschaftler zu bedrängen. Sie versprechen einflussreiche Stellungen mit hohen Gehältern, sofortige Zuteilung von Wohnraum und die Gewährung von Krediten. Sie nutzen politische Unklarheiten aus, bedienen sich des Einflusses von in Westdeutschland lebenden Verwandten und Freunden, setzen andere Wissenschaftler unter Druck indem sie ihnen vorreden, sie würden in der Deutschen Demokratischen Republik wegen irgendwelcher angeblicher Verfehlungen verhaftet und schwer bestraft werden, alles zu dem Zweck, sie zum Verlassen der Deutschen Demokratischen Republik zu bewegen. Eine besonders hinterhältige und gemeine Methode besteht darin, dass man den Ehefrauen von Spezialisten Drohbriefe schickt, in denen ausgesprochen wird, dass nach einer ‚Vereinigung' Deutschlands nach westlichen Muster ihr Ehemann wegen seiner positiven Tätigkeit für die Deutsche Demokratische Republik schwer werde büssen müssen; das einzige Mittel, diese Gefahr abzuwenden, sei die sofortige Aufgabe seines Arbeitsplatzes und das Verlassen der Deutschen Demokratischen Republik. Schliesslich auch versuchen sie, Wissenschaftler auf Tagungen oder bei Besuchen in Westberlin oder Westdeutschland in Fachgespräche zu verwickeln und bestimmte Angaben aus ihnen herauszulocken. Die auf diese Weise gewonnen Kenntnisse benutzen sie zu Erpressungen. Sie drohen ihnen an, sie bei den Sicherheitsorganen der Deutschen Demokratischen Republik wegen Spionage anzuzeigen, wenn sie sich nicht bereiterklärten, nach Westdeutschland überzusiedeln.
Mit all diesen Mitteln ist es den Kriegstreibern gelungen, eine Reihe hervorragender Wissenschaftler und Facharbeiter zum Verlassen der Deutschen Demokratischen Republik zu {253} bewegen. Die Sicherheitsorgane der Deutschen Demokratischen Republik haben in der letzen Zeit eine grosse Anzahl von Agenten dingfest gemacht, die sich auch mit der Abwerbung von Wissenschaftlern und Spezialisten aus der Deutschen Demokratischen Republik befassten. Diese Agenten haben sich vor den Gerichten der Deutschen Demokratischen Republik für ihre Verbrechen zu verantworten. Zu ihnen gehören die in diesem Verfahren angeklagten Held, Rudert, Halm und Sachße.

II.

1. Der 42 Jahre alte Angeklagte Held ist kleinbürgerlicher Herkunft. Nachdem er auf der städtischen Mittelschule die mittlere Reife erlangt hatte, erlernte er den Beruf eines technischen Zeichners. In diesem Beruf war er von 1934 an in verschiedenen Rüstungsbetrieben, zuletzt bei den Junkers Flugzeugwerken in Dessau tätig. Im Februar 1945 wurde er zur Waffen-SS einberufen. Im März des gleichen Jahres wurde er verwundet. Nach kurzer Kriegsgefangenschaft kehrte er im Juli 1946 nach Dessau zurück. Nachdem er vorübergehend als Landarbeiter gearbeitet hatte, war er bis Ende April 1948 als Revolverdreher in Eisenach tätig. Danach war er Konstrukteur im Elektromotorenwerk in Dessau von wo aus er im Frühjahr 1950 zum Entwicklungs- und Konstruktionsbüro in Berlin versetzt wurde. Im November 1953 wechselte er noch einmal seine Stellung und wurde Konstrukteur im Konstruktions- und Ingenieurbüro Chemie (KIB) – Maschinentechnische Abteilung 5 (MTA).
Im Jahre 1931 trat der Angeklagte in Zeitz der Jugendorganisation des Stahlhelm bei und war seit 1933 Mitglied der SA in der Funktion eines Scharführers. 1937 wurde er Mitglied der Nazipartei und übte die Funktion eines Blockleiters aus. Nach 1945 war er lediglich im FDGB organisiert.
Bei der Bewerbung um Anstellung in die volkseigenen Betriebe verschwieg der Angeklagte seine Zugehörigkeit zur Waffen-SS sowie seine Funktion in der Nazipartei. {254}

2. Der 53 Jahre alte Angeklagte Rudert wurde ausserehelich geboren. Seine Mutter war Arbeiterin. Nach dem Besuch der Volksschule erlernte er den Beruf des Elektrikers, den er bis zu seiner Einberufung zur faschistischen Wehrmacht im Februar 1942 überwiegend beim Junkers-Konzern ausübte. Bei der Wehrmacht wurde er als Fernsprecher ausgebildet. Sein letzter Dienstgrad war Obergefreiter. Er erhielt das Infranutriesturmabzeichen, die Nahkampfspange in Bronze und das EK II. Klasse. Wegen einer Verwundung kam er in ein Lazarett nach Erfurt. Seit 1946 war der Angeklagte im Funkwerk in Erfurt (RFT) tätig. Er war dort Elektriker und später hauptamtlicher 2. Vorsitzender der Betriebsgewerkschaftsleitung. Der Angeklagte wurde im Jahre 1951 wegen Entwendung von Rundfunkröhren zu drei Monaten Gefängnis verurteilt.
3. Die 35jährige Angeklagte Halm stammt aus kleinbürgerlichen Verhältnissen. Im Jahre 1938 erwarb sie auf der Mittelschule in Breslau die mittlere Reife. Danach war sie als Reichsbahngehilfin und später als Stenokontoristin tätig. Während dieser Zeit bestand sie an der Abendschule in Breslau das Abiturium. Im Juni 1944 wurde sie zum Heereszeugamt als Zivilangestellte verpflichtet und war dort als Kraftfahrerin eingesetzt. Anfang März 1945 kam sie als Kompanieschreiberin zu einer Wehrmachtseinheit nach Grüneiche. Für ihre Einsätze bei einem Abtransport von Wehrmachtsakten aus Brieg wurde sie mit dem EK II ausgezeichnet. Ihre Verbundenheit zum Faschismus brachte sie unter anderem dadurch zum Ausdruck, dass sie noch einige Tage nach der Besetzung Breslaus bei offenem Fenster das Deutschlandlied auf dem Klavier spielte. Im Oktober 1945 wurde sie aus Breslau in die damalige sowjetische Besatzungszone umgesiedelt. Sie erhielt zunächst Wohnraum in Greiz. Hier ging sie wegen Krankheit keiner Arbeit nach und bezog Unterstützung. Im September 1946 zog sie zu ihren Eltern nach Lauenburg Krs. Oberbarnim, auf deren Neubauernstelle sie arbeitet. In den folgenden Jahren war sie nacheinander kurze Zeit {255} als Kriminalassistentin bei der Volkspolizei, Abteilung K 5, in Potsdam, als Stenotypistin im Gewerkschaftsbüro der SAG Linsa in Potsdam-Babelsberg, als Angestellte im Amt für Reparationen in Berlin, als Stenotypistin im Ministerium für Finanzen der Landesregierung Brandenburg in Potsdam, als Sekretärin beim Landesausschuss der Nationalen Front in Potsdam, als 1. Sekretär der VdgB (BGH) im Ortsbezirk Angermünde, als Schülerin der Propagandisten-Schule der VdgB in Neutschental bei Halle, als Sachbearbeiterin in der Bezirksleitung des Kulturbundes in Potsdam, als Aushilfe beim Bezirksvorstand des DFD in Potsdam und zuletzt als Maurerlehrling in der Baufachschule in Berlin-Lichtenberg tätig.
Die Angeklagte trat am 1. Februar 1946 in Greiz der KPD bei und wurde nach der Vereinigung der beiden Arbeiterparteien Mitglied der Sozialistischen Einheitspartei Deutschlands. Im Jahr 1947 besuchte sie die Kreisparteischule und drei Monate lang einen Lehrgang der Landesparteischule in Schmarwitz.
4. Der 27. Jahre alte Angeklagte Sachße ist der Sohn eines Schuhmachermeisters. Nach dem Besuch der Volksschule lernte er im väterlichen Betrieb. Seine Lehre musste von November 1944 bis Februar 1945 unterbrochen werden, da er zur RAD einberufen worden war. Dann setzte er seine Lehre bei seinem Vater fort, schloss sie jedoch nicht ab, weil sein Vater als aktiver Nazi und SA-Mann enteignet wurde. Seit September 1947 arbeitete der Angeklagte beim VEB Fettchemie und Fewawerk in Karl-Marx-Stadt als Hollerith-Locher. Durch den Besuch eines Lehrganges und durch Selbststudium qualifizierte er sich zum Hollerith-Spezialisten. Vor 1945 war der Angeklagte Mitglied der faschistischen Jugendorganisation.

III.

Die Angeklagten Held und Rudert wurden unmittelbar von dem Agenten des amerikanischen Geheimdienstes Wi.'s alias Ritter angeleitet. {256}
Die Dienststelle Wi.'s befindet sich in Berlin-Zehlendorf in der Clay-Allee 172 und wird von dem amerikanischen Oberst Frank und dessen Vertreter Major Gerhard geführt. Beiden Angeklagten wurden vornehmlich durch Wi. aber auch gelegentlich durch Frank Aufträge zur Wirtschaft- und Militärspionage sowie zur Abwerbung von hervorragenden Wissenschaftlern erteilt.

1. Der Angeklagte Held wurde im März 1951 von seiner Schwester nach West-Berlin eingeladen. Als er dieser Einladung gemeinsam mit seiner Ehefrau folgte, wurde er mit Wi. in Verbindung gebracht. Wi. schlug ihm ohne Umschweife vor, nachdem er sich zunächst über seine Arbeitsverhältnisse und seine politische Entwicklung erkundigt hatte, Mitarbeiter des amerikanischen Geheimdienstes zu werden. Ohne Zögern erklärte der Angeklagte sein Einverständnis. Er erhielt den Decknamen ‚Meier'. Mit ihm wurde auch ein Warnsystem vereinbart. In den Jahren 1951-1955 lieferte der Angeklagte in etwa hundert Treffs ausführliche Spionageinformationen aus den Betrieben, in denen er tätig war und über gelegentlich beobachtete militärische Objekte.
So berichtete er über Konstruktionsaufträge über die Entwicklung der elektrotechnischen Industrie in der Deutschen Demokratischen Republik, über den Konstruktionsentwurf einer Rotationsdampfmaschine, über die Planung und den Bau von Großsendern und einer Verladebrücke in Leipzig, über Schiffsbaugeräte und Eisenbahnkräne. Seit 1953 lieferte er insbesondere Informationen über die Sprengstoffindustrie, über eine Schwefelsäurekonzentrationsanlage und die Projektierung eines Tanklagers. Der Angeklagte lieferte weiter Berichte über den Neubau einer Penicillin Streptomycin-Anlage, einer Autoklavenanlage zur Hydrierung pharmazeutischer Stoffe, über Neubau und Erweiterung der Anlage zur Gewinnung von Benzyl-Zellulose, über den Umbau eines Zementwerkes zu einem Superphosphatwerk, über den Neubau einer Anlage für die Gewinnung von Hormonen aus Schweinegalle, über den Erweiterungsbau einer Kugelmühlenanlage für die Gewinnung von Farbpigmenten und über den Umbau einer Produktionsanlage für die Verspinnung von Polyamiden zu Perlon. Die {257} nicht von ihm selbst bearbeiteten Unterlagen für seine Berichte beschaffte er sich dadurch, dass er sie in unbeobachteten Augenblicken von den Arbeitsplätzen seiner Kollegen entwendete oder aus der Ablage herausnahm. Er überbrachte sie Wi. meist im Original, der sie dann in seinem mit allen technischen Einrichtungen ausgerüsteten Treffzimmer fotokopierte. Danach brachte der Angeklagte die Unterlagen wieder in den Betrieb und legte sie an die Stellen, von denen er sie fortgenommen hatte. Zu den entwendeten Unterlagen gehörten auch sechs Protokolle über Werkleiterbesprechungen im VEM ENKO[10].
Der Angeklagte war in infolge seiner Fachkenntnisse in der Lage, den Wert der ihm zu Gesicht kommenden Zeichnungen, Konstruktionserläuterungen, Protokolle usw. genau zu erkennen. Er wählte nur die ihm besonders wichtig erscheinenden Unterlagen aus und liess alles Nebensächliche zurück. Besonderes Gewicht wurde von seinen Auftraggebern auch auf Informationen über die wirtschaftlichen Verbindungen der Deutschen Demokratischen Republik zur Sowjetunion, zu China und zu Polen gelegt. Alles, was der Angeklagte darüber erfahren konnte, teilte er ihnen mit.
Von Anfang an erhielt der Angeklagte auch den Auftrag, Militärspionage zu treiben. Er berichtete im Laufe der Jahre über den Flugplatz Dessau, insbesondere über den Flugbetrieb und die dort stationierten Einheiten der sowjetischen Luftwaffe. Desgleichen berichtete er über ihm bekannt gewordene Militärtransporte. Gelegentlich wurde der Angeklagte auch als Kurier verwendet. Daneben war der Angeklagte seit April 1951 beauftragt Informationen über hervorragende Wissenschaftler zu sammeln. Zunächst konzentrierte sich das Interesse des amerikanischen Geheimdienstes auf gute Spezialisten, insbesondere auf solche, die aus der Sowjetunion zurückgekehrt waren oder deren Rückkunft bevorstand. Der Angeklagte war sich darüber im klaren, dass diese Informationen dazu dienen sollten, die betreffenden Wissenschaftler abzuwerben. Später wurde der Auftrag auf Wissenschaftler sämtlicher Industriezweige der Deutschen Demokratischen Republik erweitert. {258}
Im Laufe der Zeit lieferte der Angeklagte Informationen über insgesamt neunzig Wissenschaftler darunter 35 Flugspezialisten. Diese Angaben betreffen Personalien, Arbeitsstelle, Angaben über fachliche Qualifikation, politische Vergangenheit sowie die Einstellung zur politischen und

wirtschaftlichen Entwicklung in der Deutschen Demokratischen Republik und über charakterliche und moralische Eigenschaften und Schwächen.
Da die Auftraggeber danach selbst die Verbindung zu den benannten Personen aufnahmen, ist dem Angeklagten nur bekannt geworden, dass drei von ihnen die Deutsche Demokratische Republik verlassen haben. Die Ingenieure Gr. und H. befanden sich noch in der Sowjetunion, als der Angeklagte sie dem amerikanischen Geheimdienst als für die Abwerbung wertvolle Kräfte nannte. Der Zeuge Gr. bekundete in der Hauptverhandlung, dass ihm unmittelbar nach seiner Rückkehr in die Deutsche Demokratische Republik eine Aufforderung erreichte, nach Westdeutschland überzusiedeln. Dabei wurden ihm grosse materielle Versprechungen gemacht. Die Zeugin H., die ihren Vater in die Sowjetunion begleitet hatte, aber vor ihm zurückgekommen war, wurde kurz darauf unter einen Vorwand nach Westberlin bestellt. Dort wurde ihr zunächst das Angebot gemacht, ihren Vater nach dessen Rückkehr zu veranlassen, republikflüchtig zu werden. Nachdem die Zeugin erklärt hatte, dass er dies auf keinen Fall tun werde, sollte sie ihn zur Spionagetätigkeit überreden. Als sie auch dieses Ansinnen zurückgewiesen hatte, wollte man sie selbst zur Mitteilung von Spionagenachrichten gewinnen.
Der Angeklagte selbst vermied es, die von im benannten Spezialisten zur Republikflucht aufzufordern. Ihm war von Wi. äusserste Vorsicht angeraten und immer wieder eingeschärft worden, sich nicht zu gefährden.
Für seine verbrecherische Tätigkeit erhielt der Angeklagte Held etwa 3.500 Westmark.
2. Der Angeklagte Rudert wurde im Juni 1951 von einer Kollegin in Erfurt mit einer Westberlinerin zusammengebracht. Diese lud ihn zu einem Besuch in ihre westberliner Wohnung ein. Als der Angeklagte anlässlich der Weltfestspiele 1951 in Berlin war, benutzte er die Gelegenheit, um der Einladung Folge zu leisten. Hier traf er einen Agenten, {259} der sich Ba. nannte und der ihn aufforderte Hetzmaterial in die Deutsche Demokratische Republik einzuschleusen. Dieses Ansinnen lehnte der Angeklagte ab, weil ihm die Bezahlung zu gering erschien und er eine solche Tätigkeit für nicht schädlich genug hielt. Daraufhin wurde er von der Westberlinerin mit Wi. zusammengebracht, der sich als Agent des amerikanischen Geheimdienstes zu erkennen gab und ihn aufforderte, Spionage zu treiben. Rudert erklärte ohne Zögern sein Einverständnis. Er erhielt den Decknamen ‚Schinke'. Auch mit ihm wurde ein Warnsystem vereinbart. Wie der Angeklagte Held kam Rudert mit dem Vorgesetzten Wi.'s, Frank, in Verbindung. Von beiden erhielt er umfangreiche Spionageaufträge, über die er in etwa vierzig Treffs berichtete. Seine Wirtschaftsspionage bezog sich im wesentlichen auf die Produktion des VEB RFT in Erfurt. So gab er von 1951 bis 1955 die monatlichen Produktionsziffern der Empfangs- und Senderöhren preis, berichtete über Materialschwierigkeiten, beschaffte Zeichnungen und Muster von neukonstruierten Röhren und berichtet über einen Hexoden-Meßtisch, übergab zwölf Protokolle von Arbeitsbesprechungen der Hauptverwaltung RFT, machte Angaben über Neukonstruktionen elektrotechnischer Geräte, über Rohstoffengpässe, verriet westdeutsche Firmen, die Lieferungen nach der Deutschen Demokratischen Republik vornahmen und berichtete über den Export nach Polen, China und der Sowjetunion. Er lieferte auch Muster von neuentwickelten Genom- und Miniaturröhren. Die Informationen beschaffte er sich dadurch, dass er seine Stellung als hauptamtliches BGL'Mitglied dazu ausnutze, nichtsahnende Kollegen über ihr Arbeitsgebiet auszufragen und sich die Unterlagen aushändigen zu lassen. Darüber hinaus warb er aus seinem Betrieb noch die Zeuginnen Bi. und A. und den inzwischen republikflüchtigen gewordenen Abteilungsleiter Be. als Spione.
Im Jahre 1952 erhielt er auch den Auftrag, Militärspionage zu treiben. Er berichtete über Einheiten der sowjetischen Luftwaffe und Manöver der Sowjetarmee. Den im Jahre 1954 übernommen Auftrag, einen sowjetischen Gasmaskenfilter zu besorgen, konnte er nicht ausführen. Die Informationen für Wi. brachte der Angeklagte grösstenteils selbst nach Westberlin. In elf Fällen übergab er sie seiner Ehefrau, die dann in seinem Auftrag mit Wi. verhandelte. Zweimal wurde

er auch von einem von Wi. geschickten Kurier {260} aufgesucht, der Nachrichten und Röhren unmittelbar aus Erfurt abholte.
Bereits im Jahre 1951 erhielt auch Rudert den Auftrag, Angehörige der technischen Intelligenz aus dem RFT-Werk Erfurt zu benennen. Seine Auftraggeber interessierten insbesondere Spezialisten für Hochfrequenz- und Elektrotechnik in leitenden Funktionen. Der Angeklagte erhielt den Auftrag, die Personalien, die politische Einstellung und bekannt gewordene moralische Schwächen dieser Angehörigen der Intelligenz mitzuteilen. In Erfüllung dieses Auftrages lieferte er zwölf Charakteristiken. Dabei erhielt er auch spezielle Aufträge hinsichtlich einzelner Wissenschaftler. So bestand besonderes Interesse an einem Ingenieur namens Rudolf. Rudert unterhielt sich mit Rudolf und stellte fest, dass dieser nicht geneigt war, die Deutsche Demokratische Republik zu verlassen. Er verstand es jedoch, von Rudolf Einzelheiten über seine fachlichen Aufgaben zu erfahren. Er teilte seine Beobachtungen dem amerikanischen Geheimdienst mit. Später verliess Rudolf die Deutsche Demokratische Republik.
Der Abteilungsleiter, den Rudert zuvor als Spion angeworben hatte, flüchtete nach Westdeutschland. Der Angeklagte lieferte Informationen über die Spezialisten Kn., Bu., Mu. und Se. Die genannten Personen verliessen sämtlich das Gebiet der Deutschen Demokratischen Republik. Weiter versuchte Rudert auch, die Zeugin Bi., die ihm Spionagematerial lieferte, zum Verlassen der Deutschen Demokratischen Republik zu bewegen. Er nutzte die Tatsache aus, dass die Zeugin mit einem Studenten der Mathematik an der Universität Jena verheiratet war, der vorübergehend Schwierigkeiten an der Universität hatte. Rudert stellte der Bi. eine gutbezahlte Anstellung und ihrem Mann Studienmöglichkeit in Westberlin an der sogenannten Freien Universität in Aussicht. Beide lehnten jedoch die Aufforderungen ab.
Für seine Verbrechen erhielt der Angeklagte Rudert insgesamt 4.000,-- Westmark. {261}
3. Die Angeklagte Halm wandte sich Mitte des Jahres 1950 an das westberliner Rote Kreuz, um Auskunft über eine frühere Lehrerin zu erhalten. Sie wurde von dort an den Rias verwiesen. Hier kam sie zunächst mit einem Dr. Eu. zusammen, der sie aufforderte, Spionageberichte aus der Deutschen Demokratischen Republik zu übermitteln. Dieser Aufforderung kam die Angeklagte nach. Kurze Zeit später brachte Eu. sie mit der berüchtigten Agentin Th. alias Stein zusammen. Sie erhielt den Decknamen ‚Queck'. In der Folge lieferte sie Nachrichten über die ihr in ihrer Tätigkeit beim Sekretariat der Nationalen Front in Potsdam und bei der VdgB in Angermünde und Teutschenthal bekannt gewordenen Vorkommnisse, soweit sie für den Rias in Betracht kamen. Ihre Spionage erstreckte sich weiter auf die Versorgungslage in Potsdam. Ende 1952 und Anfang 1953 brachte die Stein die Angeklagte mit dem Agenten des amerikanischen Geheimdienstes Ma. in Verbindung. Mit Ma. traf sie sich in seiner Wohnung in Berlin-Dahlem. Von ihm erhielt sie den Decknamen ‚Elisabeth Span'. Sie bekam den Auftrag, Informationen über verschiedene Objekte der KVP in Potsdam zu sammeln. Weiterhin sollte sie ein KVP-Objekt im Bereich Dresden ausspionieren. Diese Aufträge führte sie durch und beichtete ihm über die Lage dieser Objekte, die ungefähre Stärke und die Art der Einheiten, die dort stationiert waren. Im Sommer 1953 fuhr sie gemeinsam mit einer Freundin in die Sächsische Schweiz und nahm die Gelegenheit wahr, um das bei Dresden gelegene Objekt auszuspionieren. Sie fotografierte das Objekt mehrmals und fertigte eine genaue Lageskizze an. Skizze und Filme übergab sie Ma. Um weitere Informationen zu sammeln, nutzte sie ihre damalige Stellung bei der Bezirksleitung des Kulturbundes in Potsdam aus. Unter dem Vorwand, kulturelle Veranstaltungen für die Angehörigen der KVP zu organisieren, verschaffte sie sich Zugang zu diesen Objekten und war so in der Lage, genaue Skizzen davon anzufertigen und Ma. zu übergeben. Vor Ma. erhielt sie auch weitere Aufträge zur Ausspionierung der Einheiten der Sicherheitsorgane unseres Staates. Sie spionierte 1955 die Wohnung einer Mitarbeiterin der Dienststelle der Sicherheitsorgane in Potsdam aus und berichtete hierüber Ma. Im März/April 1955 fertigte sie eine Lageskizze des Gebäudes der Bezirksverwaltung Potsdam des damaligen Staatssekretariats für Staatssicherheit sowie eine Lageskizze der Haftanstalt an. Sie {262} verschaffte sich unter dem Vorwand,

eine ihr bekannte Mitarbeiterin sprechen zu wollen, Zutritt zur Dienststelle und erhielt so Einblick in das Innere des Gebäudes. Diese Mitarbeiterin hatte sie kennen gelernt, als sie sich Ende 1953 im Auftrag der Stein, allerdings vergeblich, bei dem damaligen Staatssekretariat für Staatssicherheit um eine Anstellung beworben hatte. Im April/Mai 1955 versuchte sie, zwei Mitarbeiter des damaligen Staatssekretariats für Staatssicherheit zur Spionage anzuwerben. An der Durchführung dieses Auftrages wurde sie durch ihre Verhaftung gehindert. Weiter erhielt sie den Auftrag, auch einen Angestellten des Einwohnermeldeamtes Potsdam zur Spionagetätigkeit anzuwerben. Auch dieses Verbrechen bereitete sie vor.
Nach dem faschistischen Putschversuch im Jahre 1953 riss die Verbindung der Angeklagten zu Stein und zu Ma. vorübergehend ab. Daraufhin suchte sie die Stein, sobald die Möglichkeit dazu bestand, im Gebäude des Rias auf, liess sich von ihr einen speziellen Spionageauftrag erteilen und die Verbindung mit Ma. wiederherstellen. Über die Vorkommnisse des Putschversuches in Potsdam berichtete sie von sich aus. Im Auftrag Ma.'s erkundete sie dreimal an verschiedenen Übergangsstellen aus Westberlin nach der Deutschen Demokratischen Republik die dort durchgeführten Kontrollen. Sie meldete sofort telefonisch an Ma., wo nach ihrer Meinung die beste Möglichkeit zur ungefährdeten Durchschleusung von Agenten bestand. Auch einen Kurierauftrag Ma.'s führte sie aus.
Bereits 1951 erhielt sie von Stein und später auch von Ma. den allgemein gültigen Auftrag, Wissenschaftler und Spezialisten namhaft zu machen, die für eine Abwerbung nach Westberlin oder Westdeutschland in Betracht kommen könnten. Im Laufe der Zeit berichtet sie über persönliche Umstände einer Reihe von Wissenschaftlern. Ma. zeigte besonderes Interesse für Offiziere der KVP mit abgeschlossener Spezialausbildung auf militärischem Gebiet. Die Stein interessierte sich für Angestellte der Defa, des Meteorologischen Institut in Potsdam und für Spezialisten aus dem Karl-Marx-Werk Potsdam-Babelsberg. {263}
Von sich aus bot die Angeklagte der Stein an, die Abwerbung einer Mathematiklehrerin durchzuführen. Dieser Vorschlag wurde gebilligt. Diese Lehrerin, die Zeugin Dö., hatte die Angeklagte in einem Volkshochschulkursus kennengelernt. Sie verschaffte sich zunächst Informationen über die fachliche Qualifikation der Zeugin und, als sie sich vergewissert hatte, dass sie eine gute Fachkraft war, trat sie an sie heran und erklärte sich mehrmals bereit, ihr eine Stellung in Westberlin oder den USA zu besorgen. Die Zeugin verhielt sich jedoch zurückhaltend.
Auch die Angeklagte Halm wurde sowohl vom Rias wie auch vom amerikanischen Geheimdienst für ihre Verbrechen bezahlt.
4. Der Angeklagte Sachße stand seit dem Jahre 1948 mit dem kaufmännischen Leiter der Geschäftsstelle Dresden der internationalen Büromaschinen-Gesellschaft (IBM), Augustin, in Verbindung. Er hatte ihn bei einem Qualifizierungslehrgang für Hollerith-Tabellierer kennengelernt und wandte sich auch in der Folge in fachlichen Fragen öfter an ihn. Im Jahre 1952 wurde Augustin republikflüchtig. Der Angestellte Sachße schrieb ihm, um die Verbindung nicht abreißen zu lassen. Im Laufe der Korrespondenz gab der Angeklagte dem Wunsch Ausdruck, ebenfalls nach Westdeutschland überzusiedeln. Eine Bewerbung bei der Zentrale der IBM in Hannover schlug zunächst fehl. Daraufhin schrieb der Angeklagte einige Zeit später an Augustin, der inzwischen Geschäftsstellenleiter der IBM in Augsburg geworden war und erklärte ihm erneut seine Bereitschaft, in Westdeutschland zu arbeiten. Augustin begrüsste sein Angebot. Im April 1955 teilte er ihm mit, dass er eine Stellung für ihn habe. Der Angeklagte entschloss sich jedoch aus inzwischen eingetretenen persönlichen Gründen, das Angebot nicht anzunehmen. Um aber Augustins Angebot auszunutzen, wandte er sich an verschiedene Kollegen, um sie zur Übersiedelung nach Westdeutschland zu überreden. Eine Kollegin lehnte seinen Vorschlag rundweg ab. Daraufhin forderte der Angeklagte seinen Kollegen Ha. auf, die ‚Chance' auszunutzen und nach Westdeutschland zu gehen. Er wusste, dass Ha. politischen Schwankungen unterworfen {264} war. Ha. lehnte zunächst das Angebot ab, entschloss sich später doch, nach Augsburg zu fahren. Der Angeklagte war auch massgeblich daran beteiligt, dass sein Kollege Ehr. den Verlockungen

Augustins erlag und illegal nach Augsburg übersiedelte. Unter einer fingierten Absenderangabe teilte er Ha. mit, dass Ehr. die Deutsche Demokratische Republik ebenfalls verlassen habe.
Die Folgen der Republikflucht von Ha. und Ehr. waren sehr ernste Schwierigkeiten in der Hollerith-Abteilung des Fewa-Werkes in Karl-Marx-Stadt. Die Fortführung der termingebundenen Arbeiten wurde erheblich gefährdet, da der Hollerith-Abteilung, die aus fünf Mitarbeitern bestand, durch die Machenschaften des Angeklagten zwei wertvolle Fachkräfte fehlten. Der vorstehende Sachverhalt beruht auf den Aussagen der Angeklagten und der vernommenen Zeugen sowie auf den zum Gegenstand des Verfahrens gemachten Materialien und Dokumenten.

IV.

Die Angeklagten haben sich schwer gegen die Deutsche Demokratische Republik vergangen.
Die Angeklagten Held, Rudert und Halm haben durch ausserordentlich umfangreiche und intensive Spionage auf allen Gebieten des gesellschaftlichen Lebens den Tatbestand der Kriegshetze des Artikels 6 der Verfassung der Deutschen Demokratischen Republik verwirklicht. Sämtliche Angeklagte haben in starkem Maße daran mitgewirkt, dass eine grosse Anzahl von Wissenschaftlern und Spezialisten infolge von lügenhaften Versprechungen, Erpressungen und Hetze die Deutsche Demokratische Republik unter Bruch ihrer Verpflichtungen verlassen haben. Die Angeklagten Held, Rudert und Halm taten dies im direkten Auftrag des amerikanischen Geheimdienstes. Der Angeklagte Sachße hatte zwar selbst keine unmittelbare Verbindung zu einem imperialistischen Geheimdienst, handelte aber im Zusammenwirken mit dem Leiter der Geschäftsstelle der IBM, einem massgeblich unter amerikanischen Einfluss stehenden internationalen Konzern.
Der Zweck des Abziehens von Arbeitskräften aus der Deutschen Demokratischen Republik ist die ökonomische und politische Schädigung der Deutschen Demokratischen Republik, die Versor-{265}gung der imperialistischen Rüstungsindustrie mit gutausgebildeten Fachkräften, die bequeme und unberechtigte Ausnutzung der in der Deutschen Demokratischen Republik gemachten Erfindungen und Neuentwicklungen durch die westdeutschen Monopolherren für ihre aggressiven Ziele und die Verhinderung der friedlichen Wiedervereinigung unseres Vaterlandes auf demokratischer Grundlage, insbesondere durch die damit verbundene Hetze. Deshalb ist das Abwerben von Arbeitskräften aus der Deutschen Demokratischen Republik in das Lager der Kriegstreiber Boykott und Kriegshetze im Sinne des Artikels 6 der Verfassung der Deutschen Demokratischen Republik. Die grosse Gefahr, die durch ihre Handlungen, insbesondere durch die umfassende Spionage heraufbeschworen wurde, war den Angeklagten bekannt. Sie wussten ferner, dass in der Deutschen Demokratischen Republik für die ständige Steigerung der Produktion im Interesse des Ausbaues der Friedenswirtschaft und ihres Schutzes jede Arbeitskraft dringend benötigt wird. Sie haben ihre gegen die Deutsche Demokratische Republik gerichteten Handlungen vorsätzlich begangen.
Die Angeklagten sind eingefleischte Faschisten und von unversöhnlichem Hass gegenüber der friedlichen Entwicklung in der Deutschen Demokratischen Republik erfüllt. Ihre Gedanken waren stets darauf gerichtet, wie sie der Arbeiter- und Bauernmacht Schaden zufügen konnten.
Die Verbrechen der Angeklagten Held und Rudert wiegen besonders schwer. Sie standen jahrelang mit dem amerikanischen Geheimdienst in unmittelbarer Verbindung und nutzten in seinem Auftrag jede sich ihnen bietende Gelegenheit zur Spionage und zur Abwerbung aus. Der Angeklagte Held ging in der Intensität seines Handelns so weit, dass er alle ihm erteilten Aufträge unterschiedslos bereitwillig erfüllte, sorgfältig das ihm zugängliche Material sichtete und dem Geheimdienst nur diejenigen Dokumente aushändigte, bei denen er sicher war, dass ihr Bekanntwerden seinen Auftraggebern grosse Vorteile bringen könnte. In seinem Hass sperrte er sich gegen jeden fortschrittlichen Einfluss und hörte weder die Sendungen des demokratischen Rundfunks noch las er die demokratische Presse. Den Einflüsterungen seiner Auftraggeber schenkte er dagegen in {266} vollem Umfang Glauben, schlug alle Aufforderungen und Warnungen der Staatsorgane der Deutschen Demokratischen Republik in den Wind, fühlte sich bei

der Begehung seiner Verbrechen vollkommen sicher und rechnete niemals mit seiner Aufdeckung. Von seinen Auftraggebern selbst ist er als vorsichtiger und zuverlässiger Agent und als erbitterter Gegner des Bolschewismus charakterisiert worden.
Als dem Angeklagten Rudert bei der Aufnahme seiner verbrecherischen Verbindung die Einschleusung von Hetzmaterialien angeboten wurde, lehnte er den Auftrag ab, weil ihm der dadurch zu erreichende Schaden zu gering erschien, erklärte sich aber sofort bereit, Spion zu werden. Um seinen Auftraggebern möglichst gute und vollwertige Informationen liefern zu können, warb er eine Reihe von Kollegen für die Spionage an, so seinen Vorgesetzten, den Abteilungsleiter Be., den er dem Geheimdienst zuführte und der später selbst republikflüchtig wurde und die Sachbearbeiterinnen Bi. und A., die ihm Originalunterlagen aus ihrem Arbeitsbereich auslieferten. Seine Vertrauensstellung als Mitglied der BGL nutzte er dazu aus, nichtsahnende Kollegen zu veranlassen, ihm interne Informationen zu übermitteln. Auch seine eigene Frau brachte er dazu, für ihn als Kurier mit dem Geheimdienst in Verbindung zu treten. Seine Auftraggeber haben ihn als einen zum äussersten entschlossenen, fanatischen Gegner der Sowjetunion charakterisiert.
Beide Angeklagte muss die schwerste Strafe, die Todesstrafe treffen.
Auch die Angeklagte Halm hat jede Möglichkeit ausgenutzt, durch Spionage und Abwerbung der Deutschen Demokratischen Republik Schaden zuzufügen. Sie bemühte sich intensiv darum, die einmal abgerissene Verbindung mit der Spionagezentrale wieder aufzunehmen. Bevor sie Urlaubsreisen antrat, unterrichtete sie ihre Auftraggeber davon, um sich von ihnen Spezialaufträge erteilen zu lassen und auch diese Gelegenheiten wirksam für Spionagezwecke nutzen zu können. Die Skrupellosigkeit der Angeklagten zeigt sich darin, dass sie nicht nur die Vielzahl der Stellungen, die sie in gesellschaftspolitischen {267} Organisationen bekleidete, zur Begehung ihrer Verbrechen missbrauchte, sondern sich sogar bemühte, als Angestellte in ein Sicherheitsorgan unseres Staates einzudringen. Der Umfang ihrer Verbrechen erforderte ihre Isolierung von der Gesellschaft auf Lebenszeit.
Der Angeklagte Sachße hat zwar keine Spionage betrieben. Aber die Gefährlichkeit seiner Verbrechen ist trotzdem nicht gering. Er entschloss sich aus eigenem Antrieb, weil er aus persönlichen Gründen die Deutsche Demokratische Republik zunächst nicht verlassen wollte, den deutschen Arbeiter- und Bauernstaat durch die Abwerbung anderer Holllerithspezialisten zu schädigen. Durch sein Verhalten wurde die reibungslose Durchführung der Arbeiten eines wichtigen Produktionsbetriebes in Frage gestellt. Eine Strafe von acht Jahren Zuchthaus ist angemessen.
Die auferlegten Beschränkungen beruhen auf Artikel 6 Abs. 3 der Verfassung der Deutschen Demokratischen Republik.
Die Anrechnung der Untersuchungshaft bei dem Angeklagten Sachße folgt aus § 219 Abs. 2 StPO; die Kostenentscheidung beruht auf § 355 StPO.“ {268}

Der Angeklagte hielt die von seinen Kollegen vorgeschlagenen Strafhöhen für nicht schuldangemessen. Er ließ es jedoch nicht auf eine Kampfabstimmung ankommen, sondern schloß sich stillschweigend dem Votum der beiden anderen Richter an. Der Angeklagte erkannte, daß er durch sein Abstimmungsverhalten wissentlich bei der Durchführung eines gerichtlichen Verfahrens gesetzwidrig zu Ungunsten der Beteiligten entschied. Er erkannte insbesondere, daß den damaligen Angeklagten Sachße und Halm eine „Abwerbung“ nicht nachgewiesen worden war. Ebenso erkannte er, daß bezüglich der Abwanderungen von Spezialisten, die den damaligen Angeklagten Rudert und Held angelastet wurden, eine Kausalität zwischen dem Verhalten der damaligen Angeklagten und der Abwanderung in der Hauptverhandlung nicht festgestellt worden ist. Ihm war bewußt, daß das Hauptverfahren nur zu Propagandazwecken und zur Ausschaltung des politischen Gegners dienen sollte. Es sollten für die Bevölkerung der DDR Zeichen gesetzt und nicht Gerechtigkeit verwirklicht werden. Ferner war dem Angeklagten bewußt, daß die von den Angeklagten Held, Rudert und Halm begangenen Spionagehandlungen nicht sehr erheblich waren, und ein meßbarer Schaden für die Wirtschaft der DDR nicht festgestellt worden war. Insbesondere war ihm bewußt, daß die von dem Angeklagten Held weitergegebenen Konstruktionspläne und ähnliches für die westdeutsche Industrie uninteressant waren, da es sich zwar in der DDR um Neukonstruktionen handelte, diese jedoch in der Bundesrepublik schon bekannt waren. {269} Ebenso erkannte er, daß die von den Angeklagten Held, Rudert und Halm begangene „Militärspionage" von untergeordneter Bedeutung war. Der Angeklagte erkannte auch, daß die verhängten Strafen für das begangene Unrecht, soweit es überhaupt nachgewiesen worden war, unangemessen überhöht [waren], und die damaligen Angeklagten in ihren Menschenrechten verletzte.

Die gegen die damaligen Angeklagten Held und Rudert verhängten Todesstrafen wurden durch Gnadenerweis des Präsidenten der DDR vom 8. Februar 1956 in lebenslangen Zuchthausstrafen umgewandelt. Später wurden die lebenslangen Zuchthausstrafen zunächst in solche von jeweils fünfzehn Jahren verkürzt, die Angeklagte Held wurde schließlich am 14. August 1964, der Angeklagte Rudert am 21. August 1964 auf Bewährung entlassen.

Die Strafe des damaligen Angeklagten Sachße wurde, ohne daß ihm das damals bekannt gegeben worden ist, durch Gnadenentscheid des Präsidenten der DDR am 30. Oktober 1956 auf drei Jahre herabgesetzt und mit Wirkung vom 8. März zur Bewährung ausgesetzt. Am 17. Juni 1969 wurde die Reststrafe erlassen.

Die damalige Angeklagte Halm, die am 13. Juni 1955 in Untersuchungshaft genommen war, verstarb am 12. September 1956 im Haftkrankenhaus Klein-Meusdorf. {270}

III. [Einlassungen des Angeklagten]

Der Angeklagte hat sein Abstimmungsverhalten und die jeweiligen Vorgespräche mit den Kollegen in den drei Fällen so geschildert, wie oben festgestellt. Er bestreitet jedoch, auch nur in einem Falle wissentlich gesetzwidrig entschieden zu haben. Im einzelnen hat er sich zu den Fällen wie folgt eingelassen:

[1. Zum Fall Tiemann]

Zu Tiemann (1.): Er habe in seiner Berufszeit eine ganze Anzahl von Spionagesachen zu verhandeln gehabt, Tiemann habe jedoch seinesgleichen gesucht, denn dieser sei ein „Großunternehmer in Spionagesachen" gewesen. Die Erörterung über das Strafmaß bei der Beratung sei relativ schnell gewesen. Kein Senat hätte es unter den damaligen Bedingungen gewagt, das Urteil abzuändern, dann „wäre es knüppeldick" gekommen. Der Angeklagte hat weiter darauf hingewiesen, daß eine Beweisaufnahme nicht stattgefunden habe, sondern das Urteil des Bezirksgerichts Grundlage für die Entscheidung gewesen wäre. Der Angeklagte hat bei seinen allgemeinen Erklärungen zu den Aufgaben des Berichterstatters erläutert, daß dieser regelmäßig die Akten kannte. Weiterhin hat sich der Angeklagte in vorliegendem Fall dahingehend eingelassen, daß ganze Passagen des schriftlichen Urteils nicht von ihm, sondern vom Vorsitzenden Möbius abgefaßt worden seien. Er hat zu-{271}gegeben, daß gerade die Strafzumessung auch nach seiner Sicht im „Freisler-Stil" abgefaßt worden sei. Er könne sich nicht mehr daran erinnern, ob die Tatsache, daß Tiemann von Berlin-West aus in die DDR verschleppt worden sei, Gegenstand von Erörterungen in der Beratung gewesen sei. Weder er noch die beiden anderen Mitglieder des Gerichts hätten jeweils Zweifel daran gehabt, daß die Anwendung des Artikel 6 der Verfassung der Deutschen Demokratischen Republik und der Kontrollratsdirektive Nr. 38 rechtmäßig gewesen sei. Die Anwendung dieser Bestimmungen als Strafnormen sei seit 1950 vom Obersten Gericht und allen anderen Gerichten anerkannt gewesen. Im übrigen sei es den Richtern verwehrt gewesen, über die Verfassungsmäßigkeit von Gesetzen zu entscheiden. Aus Artikel 144 der Verfassung habe sich darüberhinaus ergeben, daß Artikel 6 unmittelbar geltendes Recht gewesen sei.

Abweichend von der Einlassung des Angeklagten ist die Kammer davon überzeugt, daß der Angeklagte in stillschweigendem Übereinstimmen mit den anderen Richtern im Fall Tiemann wissentlich gesetzwidrig zu Ungunsten des damaligen Angeklagten Tiemann entschieden hat. Der Angeklagte hat darauf hingewiesen, daß Grundlage für die Entscheidung des Obersten Gerichts die Entscheidung des Bezirksgerichts Cottbus und {272} damit verbunden die Einlassung des Angeklagten in dieser Sache gewesen sei, da weitere Zeugen nicht gehört worden sind. Es war also Aufgabe des Obersten Gerichts zu überprüfen, ob das Bezirksgericht sich ordnungsgemäß im Sinne des § 220 der Strafprozeßordnung der DDR verhalten hat. Nach dieser Bestimmung war Gegenstand der Urteilsfindung, das in der Anklage bezeichnete Verhalten des Angeklagten, wie es sich nach dem Ergebnis der Verhandlung darstellte. Als Beweiswürdigung steht im Urteil des Bezirksgerichts lediglich der Satz: „Der Angeklagte ist in vollem Umfang geständig." Weitere Ausführungen enthält das Urteil nur noch zur Frage, ob der Umstand, daß Tiemann Bürger West-Berlins gewesen sei, etwas an der Zuständigkeit des Gerichts ändern könne. Da das Urteil des Bezirksgerichts somit auf dem Geständnis des damaligen Angeklagten beruhte, hätte das Oberste Gericht zu überprüfen gehabt, ob die Einlassung des Angeklagten Tiemann, wie sie sich im Wortprotokoll dargestellt hat, mit den Feststellungen des erstinstanzlichen Gerichts übereinstimmt. Die Kammer ist davon überzeugt, daß dem Angeklagten, der sich selbst als guten Juristen und sorgfältig vorbereiteten Berichterstatter bezeichnete, in zahlreichen Widersprüchen zwischen der protokollierten Einlassung des Angeklagten Tiemann und den Urteilsgründen nicht entgangen sind. So steht im Urteil des Bezirksgerichts (Seite 7), daß Tiemann mit dem systematischen Vertrieb von Hetzschriften zunächst zwei Personen beauftragt hatte. In der Einlassung des Angeklagten steht:

„Bis April 1952 holten {273} sich dann zwei West-Berliner einige Flugblätter bei mir ab, dann noch weitere zwei Personen. In allen diesen vier Fällen sind die Personen von selbst an mich herangetreten und baten um die Überlassung von Flugblätter. Ich habe keine Personen für diese Tätigkeiten angeworben. Hetzblätter habe ich nicht weitergegeben, sondern nur Reden von Staatsmännern, Broschüren, die einen Querschnitt durch die Weltpresse enthielten usw. Ich habe von mir aus keine Gruppe geschaffen."

Der Unterschied zwischen den Urteilsfeststellungen und der Einlassung des damaligen Angeklagten ist so eklatant, daß der Angeklagte Reinwarth [ihn] nach Überzeugung der Kammer nicht übersehen hat. Ebensowenig kann er übersehen haben, daß im Urteil festgestellt ist, daß sich unter den Flugblättern auch solche in russischer Sprache befanden, während der damalige Angeklagte Tiemann in seiner Einlassung ausdrücklich bestritten hat, daß er auch Flugblätter in russischer Sprache vertrieben habe. Weiterhin enthält das Urteil des Bezirksgerichts folgende Feststellung:

„Außerdem rüstete der Angeklagte, der im übrigen seine Spionagetätigkeit als Dienst an einer gerechten Sache auszugeben versuchte, einen Teil der Untergruppen mit Phosphorampullen, Stinkbomben und Apparaturen zur selbständigen und ungesetzlichen Herstellung von Hetzflugblättern aus."

Der Angeklagte Tiemann hat dazu in seiner Einlassung bekundet:

„Ich habe ferner von zwei Mittelsleuten erhalten einige Phosphorampullen, vier Stink-{274}-bomben und einige Behälter mit Flußsäuresalz. Dieses habe ich restlos vernichtet. Die Stinkbomben habe ich auch sofort in die Aschkute geworfen. Es ist von mir einmal weitergegeben worden, eine kleine Phosphorampulle. Mü. erklärte mir, er wolle ein Plakat damit vernichten, um zum Ausdruck zu bringen, daß er ein Gegner der FDJ sei. Er erzählte mir dann, daß er die Phosphorampulle weggeworfen habe, da ihm die Sache zu gefährlich und zu unsicher erschien."

Auch diese offensichtliche Diskrepanz zwischen Urteilsfeststellungen und Einlassung des Angeklagten Tiemann sind dem jetzigen Angeklagten Reinwarth nicht entgangen.

Weiterhin enthält das Urteil des Bezirksgerichts folgende Feststellung:

„Für den Fall, daß die Westsektoren Berlins von der Deutschen Demokratischen Republik durch Maßnahmen, mit denen der Angeklagte rechnete, abgeschnitten werden, hatte er geplant, innerhalb der Deutschen Demokratischen Republik Depots einzurichten, in denen sich Geld- und Schmuckgegenstände zur Finanzierung der Untergruppen, Hetzflugblätter und Apparaturen zur Herstellung von Hetzflugblättern befinden sollten. Der Angeklagte Tiemann hat sich dazu wie folgt eingelassen: ‚Es wurde einmal gefragt, ob wir Stellen wüßten, wo man eventuell Depots anlegen könnte. Diese Frage wurde von mir verneint, mir ist auch nicht bekannt, daß ein einziges Depot angelegt worden ist.'" {275}

Im Urteil ist weiter aufgeführt, daß der Angeklagte Tiemann nach dem Abbruch seiner Verbindungen mit dem britischen Geheimdienst Hauptagent der Organisation Gehlen wurde. Aus der Einlassung des Angeklagten Tiemann vor dem Bezirksgericht ergibt sich indessen, daß die Zusammenarbeit nur äußerst kurz gewesen war und wegen finanzieller Unstimmigkeiten nach ganz kurzer Zeit abgebrochen wurde.

Weiterhin ist im Urteil festgehalten (S. 12),

„von November 1953 bis zu seiner Festnahme unterhielt Tiemann eine weitere mittelbare Spionagebeziehung über den Residenten Me. zu einer amerikanischen Geheimdienststelle. Das Interesse dieser amerikanischen Dienststelle erstreckte sich insbesondere auch auf verkehrstechnische Einrichtungen der Deutschen Demokratischen Republik, woraus sehr deutlich zu erkennen ist, daß diese Spionageinformationen unmittelbar zur Durchführung eines Angriffkrieges verwendet werden sollen".

Der damalige Angeklagte Tiemann hat in seiner Einlassung dazu ausgeführt, daß er tatsächlich derartige Aufträge über das Verkehrssystem in der DDR erhalten habe. Er hat dazu jedoch weiterhin bekundet, daß er die Aufträge nicht in Angriff genommen habe. Auch diese gravierenden Unterschiede sind dem Angeklagten Reinwarth nach Überzeugung der Kammer nicht entgangen. Weiterhin enthält das Urteil des Bezirksgerichts (S. 13) folgenden Passus:

„Anfang April 1954 lieferte Tiemann auf Anordnung des Gehlen-Agenten Sch. Spionageberichte an den {276} dänischen Geheimdienst gegen eine Bezahlung von 25,- DM West je Bericht. Tiemann hatte dem dänischen Geheimdienst für ca. 500,- DM West etwa 25 Spionageberichte, die aus teils alten, teils neuen Informationen zusammengestellt wurden, geliefert. Seine Bemühungen, sein Agentennetz direkt dem dänischen Geheimdienst anzuschließen, sind nicht mehr zum Erfolg gekommen."

Der Angeklagte Tiemann hat sich vor dem Bezirksgericht dazu wie folgt geäußert:

„Mit dem dänischen Geheimdienst bin ich nicht in Verbindung gekommen. Ich habe hier keine Berichte geliefert, sondern habe für einen Bekannten eine Reihe von Kontrollfragen beantwortet."

Der Angeklagte Reinwarth erkannte als Berichterstatter – ebenso wie der nach seinen Angaben stets gut auf die Verhandlung vorbereitete Vorsitzende Möbius – bei Durcharbeitung der Akten, daß das Bezirksgericht Cottbus, von dem er ohnehin wußte, daß es für extrem harte Strafen bekannt war, die Einlassung des damaligen Angeklagten Tiemann verdreht und falsch dargestellt hatte, um zu einer Verurteilung zu kommen und die Todesstrafe verhängen zu können. Das Bezirksgericht hatte eindeutig gegen § 220 der Strafprozeßordnung der DDR verstoßen. Der Senat des Obersten Gerichts war zur Überprüfung des Urteils in bezug auf genügende Aufklärung und {277} richtige Feststellung des Sachverhalts verpflichtet (§ 280 Nr. 1 der Strafprozeßordnung). Indem der Angeklagte nicht auf die gravierenden Mängel des Urteils hingewiesen, sondern für die Verwerfung der Berufung bestimmt hat, hat er nach Überzeugung der Kammer wissentlich gesetzwidrig zu Ungunsten des Angeklagten Tiemann entschieden. Darüber hinaus erkannte der Angeklagte, der, wie er selbst gesagt hat, seit jeher ein Gegner der Todesstrafe ist und wußte, daß diese, wie er selbst zugegeben hat, nur für die härtesten Verfehlungen angewendet werden durfte, daß im Fall Tiemann die Verhängung der Todesstrafe ungerecht war und einen Verstoß gegen die Menschenrechte darstellte. Der Angeklagte als Richter wußte nach Überzeugung der Kammer, daß auch die DDR bereits in der Präambel ihrer Verfassung die Menschenrechte anerkannt hatte. Er entschied gesetzwidrig, wie sich aus seiner Einlassung ergibt, weil er sich nicht traute, unter den damaligen politisch Verhältnissen für eine Aufhebung des Urteils des Bezirksgerichts zu stimmen.

2. [Zum Fall Friedemann]

Bezüglich des Falles Friedemann hat sich der Angeklagte im einzelnen wie folgt eingelassen:

Er habe von Oberrichter Möbius die Akten als Berichterstatter zur Vorbereitung erhalten und diesen nach Durcharbeiten angesprochen und zu bedenken gegeben, daß der damalige Angeklagte Friedemann im Vergleich zu Tiemann doch sehr wenig getan habe und des-{278}halb die Todesstrafe unangemessen sei. Der zwischenzeitlich verstorbenen Möbius habe den Einwand mit dem Bemerkung abgetan, wenn Tiemann schlimm gewesen sei, so besage dies nicht, daß Friedemann nicht auch schlimm sei; Friedemann wäre im übrigen nach seinem Eintritt in die kasernierte Volkspolizei ein zweiter Tiemann geworden, wenn er nicht verhaftet worden wäre. Möbius gab ihm außerdem zu verstehen, daß, wäre in der 1. Instanz die Strafe anders ausgefallen, dies auch in Ordnung wäre, nun wolle er nicht an dem Urteil des Bezirksgerichts herumdeuteln. Der Angeklagte Reinwarth hat in der jetzigen Hauptverhandlung sein damaliges Verhalten auch damit erklärt, daß er, der immer gegen die Todesstrafe gewesen sei, zuweilen müde geworden sei, zumal wenn man in dem Geruch gestanden hätte, Schutzpatron der Spione zu sein. Er habe zudem erkannt, daß der zweite Beisitzer nie bereit gewesen wäre, sich gegen den Vorsitzenden durchzusetzen. Der Angeklagte hat bei seiner Einlassung weiterhin angegeben, er habe gewußt, daß Oberrichter Möbius insbesondere deshalb für die Verwerfung der Berufung gewesen sei, weil es sich um Spionage im Zusammenhang mit der kasernierten Volkspolizei gehandelt habe. Gerade weil der Angeklagte sich dahingehend eingelassen hat, er habe erkannt, daß die Todesstrafe ein wesentlich überhöhtes Strafmaß dargestellt habe, ist die Kammer überzeugt, daß der Angeklagte – wie die anderen Mit-{279}glieder des Gerichts – nicht übersehen hat, daß der Verteidiger des damaligen Angeklagten Friedemann in der Berufungsverhandlung beantragt hat, die Ehefrau des damaligen Angeklagten zum Beweis dazu zu hören, daß Friedemann bereits zu einem vorangegangenen Zeitpunkt die in Rede stehende Deckanschrift erhalten habe. In diesem Zusammenhang kann der Angeklagte auch nicht übersehen haben – und tat es auch nicht –, daß dieser Punkt entscheidend dafür war, ob dem damaligen Angeklagten Friedemann zu Recht vorgehalten werden konnte, nach seinem Eintritt in die kasernierte Volkspolizei weiterhin zur Spionage bereit gewesen zu sein. Der Umstand, daß dieser Beweisantrag schlichtweg übergangen worden ist, stellt nach Überzeugung der Strafkammer eine wissentliche Entscheidung zu Ungunsten des damaligen Angeklagten dar. Der Umstand, daß der Angeklagte Friedemann in der Berufungsverhandlung nicht anwesend war, hat das Gericht nicht entbunden, den Beweis zu erheben. Dieser war sachdienlich und die Anwesenheit des Angeklagten hätte herbeigeführt werden müssen (§ 289 Abs. 4 StPO/DDR). Dies gilt insbesondere unter Berücksichtigung des Umstandes, daß § 287 Abs. 3 StPO/DDR vorsah, daß der Vorsitzende berechtigt ist, die Vorführung des nicht anwesenden Angeklagten anzuordnen, wenn dies erforderlich ist. Die Kammer hält es für ausgeschlossen, daß der Angeklagte, der bereits damals ein erfahrener Richter war, die Bestimmungen der Strafprozeßordnung nicht kannte oder falsch ausgelegt {280} hat. Es bleibt daher nur der Schluß, daß der Angeklagte wissentlich im stillschweigenden Übereinstimmen mit den anderen Richtern für eine Berufungsverwerfung gestimmt hat, obwohl ihm klar war, daß der beantragte Beweis hätte erhoben werden müssen. Des weiteren hat der Angeklagte bereits nach seiner eigenen Einlassung erkannt, daß für die sonstige Tätigkeit des damaligen Angeklagten Friedemann auf dem geheimdienstlichen Sektor die Verhängung der Todesstrafe absolut unangemessen war. Friedemann hatte letztendlich nur Auskünfte über Vorgänge, die von beliebigen Passanten wahrgenommen werden konnte, gegeben, ohne daß auch nur die geringste Gefährdung der Sicherheit der DDR oder der sowjetischen Streitkräfte erkennbar war. Dies gilt auch unter Berücksichtigung der damaligen politischen Gesamtsituation, wie die Kammer sie für wahr unterstellt hat. Unter diesen Umständen hat die Kammer keinerlei Zweifel daran, daß der Angeklagte zur damaligen Zeit wissentlich gesetzeswidrig zu Ungunsten des Angeklagten Friedemann entschieden hat.

3. [Zum Fall Held u.a.]

Zu der Strafsache gegen Held und andere hat sich der Angeklagte im einzelnen wie folgt eingelassen: Er könne sich noch daran erinnern, daß der Prozeß wegen des „Abwerbens" ganz groß aufgezogen worden sei. Der größte Saal sei bis zum letzten Platz mit ausgewählten Zuhörern besetzt gewesen. Die Diskussion über „Abwerben" sei durch den Prozeß, der in Presse und in der Wochenschau groß herausgebracht worden sei, erst in Gang gekommen. Die damaligen Angeklagten Held, {281} Rudert und Halm seien für ihn „Top-Spione" gewesen. Der damalige Angeklagte Sachße sei nur ein Anhängsel gewesen, dessen Verfahren seiner Ansicht nach nicht vor das Oberste Gericht gehört habe.

Er sei damals nicht der Meinung gewesen, daß Todesurteile herauskommen sollten. Es wäre seine Pflicht gewesen, dies in der Beratung zu sagen, er habe dies jedoch nicht getan. Es sei zu einer regelrechten Abstimmung gar nicht erst gekommen, er habe alles über sich ergehen lassen und damit mitgetragen. Ebenso sei er bereits damals der Ansicht gewesen, die Strafe für Sachße sei viel zu hoch.

Bereits diese Einlassung des Angeklagten zeigt deutlich, daß er erkannt hatte, daß die verhängten Strafen wesentlich überhöht waren und das ganze Verfahren nicht der Verwirklichung von Gerechtigkeit, sondern der Ausschaltung des politischen Gegners bzw. einer bestimmten Gruppe diente. Dies erhellte sich nach der Überzeugung der Kammer für den Angeklagten auch daraus, daß eine Vielzahl von Zeugen vernommen wurden, die bis auf wenige Ausnahmen nicht zu den Taten der damaligen Angeklagten aussagen sollten, sondern lediglich berichten sollten, wie schlecht es ihnen in der Bundesrepublik nach ihrer Übersiedlung ergangen sei und in welchen elenden Verhältnissen sie dort leben und arbeiten mußten. Auch dies belegt zur Überzeugung der {282} Kammer, daß es sich um einen Schauprozeß handelte und der Angeklagte dies erkennen konnte, mußte und auch erkannte.

Auch wenn dem Angeklagten nicht zu widerlegen ist, daß er davon ausging, daß auch das Abwerben als Kriegshetze bestraft werden konnte, so entging ihn, und auch den weiteren Mitgliedern des Gerichts, nach Überzeugung der Kammer nicht, daß den damaligen Angeklagten Halm und Sachße eine Abwerbung überhaupt nicht nachgewiesen werden konnte, und bei den Angeklagten Held und Rudert die Kausalität zwischen der Betätigung dieser beiden Angeklagten, nämlich dem Weitergeben von Adressen sogenannter Spezialisten an den Geheimdienst, und dem späteren Abwandern dieser qualifizierten Arbeitskräfte nicht festgestellt wurde.

Soweit der damaligen Angeklagten Halm die Abwerbung der Zeugin Dö. vorgeworfen wurde, hat die damalige Angeklagte Halm die Abwerbung laut Mitschrift ihrer Einlassung vor dem Obersten Gericht bestritten und auch die Zeugin Dö., die vernommen wurde, hat dies nicht bestätigt. Insbesondere auf Fragen des Generalstaatsanwaltes hat diese Zeugin nicht bestätigt, daß die damalige Angeklagte Halm ihr eine Stelle in West-Berlin oder in Amerika angeboten habe. Gerade in bezug auf Amerika erklärte diese Zeugin laut verlesenem Sitzungsprotokoll:

> „Frau Halm sprach von der Absicht, sich in Amerika zu verheiraten, und sie würde dann Interesse daran haben, die Bekanntschaft mit mir oder auch Freundschaft aufrechtzuerhalten, {283} sofern ich wollte."

Daß ein derartiges Gespräch nicht als Abwerbung angesehen werden kann, ist offensichtlich.

Das gleiche gilt bezüglich des Angeklagten Sachße, der in der Hauptverhandlung vor dem Obersten Gericht lediglich zugegeben hat, daß er den Brief, in dem er eine Stellung in der Bundesrepublik angeboten bekommen habe, vor Kollegen herumgezeigt habe. Ein solches Verhalten fällt bereits dem Wortlaut nach nicht unter Abwerben.

Bezüglich der Spionagetätigkeit der damaligen Angeklagten Held, Rudert und Halm ergibt sich zwar aus dem Urteil und den Einlassungen der Angeklagten bzw. der jetzigen glaubhaften Aussage des Zeugen Rudert, daß sie tatsächlich spioniert haben. Jedoch werden in dem Urteil die konkreten Schäden, die durch ihre Tätigkeit etwa eingetreten sind, nicht erwähnt. Entlastende Momente, wie die Einlassung des Angeklagten Held, daß die Rotationsdampfmaschine, deren Konstruktion er verraten hat, für den Betrieb unbrauchbar war oder in bezug auf Rudert, der glaubhaft bekundet hat, in der damaligen Hauptverhandlung sei unwidersprochen erörtert worden, daß die weitergegebenen Konstruktionspläne in Westdeutschland letztendlich schon bekannt waren, werden im Urteil nicht erwähnt, obwohl sie laut Protokoll von den damaligen Angeklagten in der Hauptverhandlung so dargestellt und durch entgegenstehende Zeugenaussagen nicht widerlegt worden sind. Es wäre daher Pflicht des Gerichts gewesen, dies {284} im Urteil aufzuführen und sich damit auseinanderzusetzen. Daß dies nicht geschah, zeigt, daß es dem Gericht nicht auf die Wahrheitsfindung, sondern nur auf die Verurteilung der politischen Gegner ankam.

Bezüglich des Angeklagten Sachße wurde in der Hauptverhandlung – entgegen den Urteilsfeststellungen – eine durch die „Abwerbung" eingetretene Schädigung seines Betriebes überhaupt nicht festgestellt. Wie der Zeuge Sachße glaubhaft bekundet hat, hat lediglich der Generalstaatsanwalt in Frageform einen Schaden behauptet. Auch soweit Held und Rudert sowie Halm Militärspionage betrieben haben sollen, wird im Urteil der Umfang dieser Spionagetätigkeit nicht im einzelnen aufgeführt, während sich aus den damaligen Einlassungen dieser Angeklagten ergab, daß es sich um äußerst harmlose und unwichtig Spionage gehandelt hat. All dies zeigt, daß die verhängten Strafen in einem unerträglichen Mißverhältnis zu den Taten gestanden haben. Nach Überzeugung der Kammer hat dies der Angeklagte auch erkannt, zumal er zugegeben hat, daß er die Strafen für unangemessen hielt. {285}

IV. [Rechtliche Würdigung in den Fällen Tiemann, Friedemann sowie Held u.a.]

Der Angeklagte hat sich somit wegen gemeinschaftlicher – § 22 Abs. 2 Nr. 2 StGB/DDR – Rechtsbeugung in drei Fällen, davon in zwei Fällen (II.1 und 2) in Tateinheit mit Totschlag, und in einem Fall in Tateinheit mit versuchtem Totschlag in zwei rechtlich zusammentreffenden Fällen (II.3) strafbar gemacht (§§ 244, 63 Abs. 2 StGB/DDR, 212, 213, 53 StGB).

Wegen Totschlages begangen in mittelbarer Täterschaft kann sich der Angeklagte nur dann strafbar gemacht haben, wenn er sich der Rechtsbeugung schuldig gemacht hat. Straftaten, die in der früheren DDR vor dem 3. Oktober 1990 begangen worden sind, sind gemäß Artikel 315 EGStGB (in der Fassung des Einigungsvertrages) nach § 2 StGB zu beurteilen. Nach Abs. 1 dieser Vorschrift ist grundsätzlich das Recht maßgeblich, das zur Tatzeit gegolten hat, somit für die Rechtsbeugung zur Tatzeit zunächst § 336 StGB/DDR[11], der mit dem in der Bundesrepublik geltenden § 336 StGB im wesentlichen übereinstimmte und später durch § 244 StGB/DDR ersetzt wurde. An die Stelle dieser Vorschrift ist mit dem Inkrafttreten des Einigungsvertrages die Strafbestimmung des § 336 StGB getreten (Artikel 8, 9 des Einigungsvertrages). Nach Artikel 315 Abs. 1 EGStGB in der Form des Einigungsvertrages (Anlage I, Kap. III Sachgebiet C, Abschnitt II Nr. 1 b) ist auf diese Rechtsänderung die Vorschrift des § 2 StGB anwendbar. {286}

Die Strafbarkeit eines Richters setzt danach zunächst voraus, daß dieser sich nach § 244 StGB/DDR strafbar gemacht hat und daß sein Verhalten auch nach § 336 StGB strafbar ist. § 244 StGB/DDR verlangt, daß der Richter „gesetzeswidrig" zu Gunsten oder zu Ungunsten eines Beteiligten entschieden hat. Prüfungsmaßstab für die Frage der Gesetzwidrigkeit ist das Recht der DDR (vgl. BGH 5 Str 76/93 S. 10[12]). Der Strafbarkeit steht nicht entgegen, daß sich § 244 StGB/DDR und § 336 StGB vor dem Wirksamwerden des Beitritts auf Tathandlungen aus unterschiedlichen Rechtsgebieten bezogen haben (vgl. BGHSt 38, 1, 2) und daß § 336 StGB nur den Schutz der Rechtspflege der Bundesrepublik Deutschland erfaßt. Aus Sinn und Zweck der Übergangsregelung des Artikel 315 Abs. 1 EGStGB in Verbindung mit § 2 StGB ergibt sich, daß § 336 StGB auf Alttaten in der DDR anwendbar ist. Der in Artikel 315 Abs. 1 EGStGB enthaltene Gesetzesbefehl, auf unter Geltung des StGB/DDR begangene Taten § 2 StGB anzuwenden, soll sicherstellen, daß die Anwendbarkeit des § 2 StGB nicht daran scheitert, daß die Strafrechtsnormen der Deutschen Demokratischen Republik und der Bundesrepublik Deutschland vor der Herstellung der Einheit Deutschlands verschiedene Geltungsbereiche hatten (BGH aaO, S. 11). Als der Gesetzgeber in der nach der Volkskammerwahl vom 18. März 1990 demokratisch verfaßten DDR mit dem 6. Strafrechtsänderungsgesetz vom 29. Juni 1990 zahlreiche Straftatbestände des Strafgesetzbuches in der DDR änderte, blieb § 244 StGB/DDR unverändert. {287}

Der demokratisch gewählte Gesetzgeber brachte damit zum Ausdruck, daß nach dem 6. Strafrechtsänderungsgesetz Rechtsbeugung im bisherigen Umfang strafbar bleiben sollte. Davon gingen auch beide Parteien des Einigungsvertrages aus. Diesem kann entnommen werden, daß eine bereits begründete Strafbarkeit wegen in der DDR begangener Straftaten nicht aufgehoben werden sollte, soweit diese Taten auch nach dem Strafgesetzbuch strafbar sind.

Trotz tiefgreifender Unterschiede zwischen der Justiz der Deutschen Demokratischen Republik und der Bundesrepublik Deutschland sind die mit dem Rechtsbeugungstatbestand zu schützenden Rechtsgüter in der Bundesrepublik Deutschland und in der ehemaligen DDR nicht derart ungleich, daß eine Anwendung des § 336 StGB auszuscheiden hätte. Auch die Rechtsprechung in der ehemaligen DDR diente dazu, ein geordnetes Zusammenleben der Menschen zu regeln. Selbst wenn Gerichte de facto nicht unabhängig gewesen waren, so konnten sie doch streitentscheidend, befriedend und ahndend wirken, wenn nur in bezug auf den jeweiligen Konflikt Neutralität gegenüber den Beteiligten und das Bemühen, ihnen gerecht zu werden, vorausgesetzt werden kann.

Somit steht das durch den Einigungsvertrag bestimmte Rechtsanwendungsrecht (Artikel 315 Abs. 1 EGStGB) in der Form des {288} Einigungsvertrages in Verbindung mit § 2 Abs. 1, 3 StGB der Anwendung des Rechtsbeugungstatbestandes nicht entgegen.

Soweit Rechtsbeugung festgestellt ist, ist gemäß § 2 StGB das Recht der ehemaligen DDR (§ 244 StGB/DDR) als das mildere Gesetz anzuwenden, soweit eine Verurteilung wegen Totschlages in Betracht kommt, ist § 212 bzw. 213 StGB das anzuwendende mildere Gesetz.

Der 5. Strafsenat des Bundesgerichtshofes hat in seiner Grundsatzentscheidung vom 13. Dezember 1993 – 5 StR 76/93 – mit eingehender Begründung dargelegt, daß eine Bestrafung ehemaliger DDR-Richter wegen Rechtsbeugung grundsätzlich möglich ist. Dabei hat der Bundesgerichtshof ausgeführt, daß insoweit stets die besonderen politischen Verhältnisse, die in der ehemaligen DDR geherrscht hätten, berücksichtigt werden müßten. Dazu gehörte insbesondere die allgemein bekannte staatliche Einflußnahme auf die Tätigkeit der Richter, durch die deren persönliche Unabhängigkeit erheblich eingeschränkt worden sei. Deshalb könne eine Gesetzesverletzung gemäß § 244 StGB/DDR nicht schon darin liegen, daß ein Richter sich von derartigen Einflüssen habe bestimmen lassen. Gleichwohl käme eine Bestrafung wegen Rechtsbeugung – abgesehen von Einzelexzessen dann in Betracht, wenn „die Rechtswidrigkeit der Entscheidung so offensichtlich war, daß insbesondere die Rechte anderer, hauptsächlich ihre Menschenrechte, derart {289} schwerwiegend verletzt worden sind, daß sich die Entscheidung als Willkürakt darstellt. Dabei sei Orientierungsmaßstab „die offensichtliche Verletzung von Menschenrechten“. Grundsätzlich sei es jedem Richter der ehemaligen DDR möglich gewesen, das dort geltende Recht auch so auszulegen, daß Willkürakte vermieden werden konnten, denn auch die Richter der DDR hätten sich bei ihren Entscheidungen auf die dort geltenden Verfassungsnormen berufen können. Damit sei es den Richtern möglich gewesen, „von grob unverhältnismäßigen Eingriffen in Menschenrechte abzusehen oder die Verletzung solcher Rechte zumindest in Grenzen zu halten.“ Eine solche menschen[rechts]freundliche Auslegung sei dem Richter ungeachtet der auf ihn wirkenden Einflüsse möglich gewesen, auch wenn er nicht berechtigt gewesen sei, die Übereinstimmung von Gesetzen mit der Verfassung zu prüfen (Artikel 89 Abs. 3 Satz 2 der Verfassung der DDR von 1949[13]), war doch in Artikel 128 der Verfassung[14] geregelt, daß ein Richter sein Amt gemäß den Grundsätzen der Verfassung auszuüben habe. Der Bundesgerichtshof führt weiter aus,

„[a]ls durch Willkür gekennzeichnete offensichtliche schwere Menschenrechtsverletzung, bei der auch unter Beachtung des Art. 103 Abs. 2 GG eine Bestrafung wegen Rechtsbeugung in Betracht kommt, werden hiernach Fälle zu bewerten sein, in denen Straftatbestände unter Überschreitung des Gesetzeswortlauts oder unter Ausnutzung ihrer Unbestimmtheit bei der Anwendung derart überdehnt worden {290} sind, daß eine Bestrafung, zumal mit Freiheitsstrafe, als offensichtliches Unrecht anzusehen ist; dies gilt auch für die Auslegung des § 21 Abs. 2 StGB-DDR (Vorbereitungshandlungen). Ferner wird eine willkürliche Menschenrechtsverletzung in dem dargelegten Sinne anzunehmen sein, wenn die verhängte Strafe, etwa bei Anwendung des § 213 StGB-DDR[15], in einem unerträglichen Mißverhältnis zu der Handlung gestanden hat, so daß die Strafe, auch im Widerspruch zu Vorschriften des DDR-Strafrechts (Art. 4 Abs. 5[16], Art. 5 Satz 3, § 61 Abs. 1, 2 StGB-DDR), als grob ungerecht und als schwerer Verstoß gegen die Menschenrechte erscheinen muß. Des weiteren ist an schwere Menschenrechtsverletzungen im Hinblick auf die Art und Weise der Durchführung von Verfahren, insbesondere von Strafverfahren, sowie an Fälle zu denken, in denen die Strafverfolgung und die Bestrafung überhaupt nicht der Verwirklichung von Gerechtigkeit (Art. 86 der DDR-Verfassung), sondern der Ausschaltung des politischen Gegners oder einer bestimmten sozialen Gruppe gedient haben.“

Nach einer weiteren Entscheidung des Bundesgerichtshofes, in dem die Rechtsprechung fortgesetzt und erweitert wird (– 5 StR 354/93 – Urteil vom 9. Mai 1994) kann der Straftatbestand des § 244 StGB/DDR bzw. 336 StGB dann erfüllt sein, wenn die Rechtswidrigkeit der Entscheidung so offensichtlich ist, daß sie sich ohne weiteres als Willkürakt darstellt, der für das Zusammenleben der Menschen seinem Gewicht nach einer Menschenrechtsverletzung entspricht. Für die Annahme eines Willküraktes kann es sprechen, wenn ein Sachverhalt in schwerwiegender Weise verfälscht wird, um ein politisch erwünschtes Ziel zu erreichen. {291}

Dieser Rechtsprechung des Bundesgerichtshofes schließt sich die Kammer an.

Verfolgungshindernisse bestehen nicht, insbesondere sind die Taten nicht verjährt.

Nach § 82 Abs. 1 Nr. 3 des StGB/DDR verjährte die Verfolgung einer Straftat, die mit Freiheitsstrafen bis zu fünf Jahren bedroht war, in acht Jahren (§ 244 StGB) und nach § 82 Abs. 1 Nr. 5, wenn eine schwerere Straftat als zehn Jahre Freiheitsstrafe angedroht ist, in 25 Jahren (§ 112 StGB/DDR).

Die Verjährungsfristen sind jedoch nicht abgelaufen, weil die Verjährung der Strafverfolgung bis zur ersten demokratischen Wahl in der ehemaligen DDR im Frühjahr 1990 ruhte. Nach § 83 Nr. 2 StGB/DDR lief die Verjährungsfrist nicht ab, solange ein Strafverfahren aus einem anderen gesetzlichen Grund nicht eingeleitet oder fortgesetzt werden konnte. Die unmittelbare Anwendung dieser Vorschrift auf die vorliegenden Fälle scheitert an der Tatsache, daß es formell erlassene Gesetze oder Bestimmungen, die die strafrechtliche Verfolgung der angeklagten Taten verboten, nicht gab. Die Kammer schließt sich jedoch der herrschenden {292} Rechtsprechung an, wonach die Verjährung auch dann ruhte, wenn der Wille der Staats- und Parteiführung, auch wenn er nicht in förmliche Gesetze gegossen war, einer Strafverfolgung entgegenstand (vgl. u.a. Urt. des BGH vom 18. Januar 1994 – 1 StR 740/93[17] – und Beschluß des KG vom 17. Dezember 1992, 4 Ws 160/92, NStZ 1993, 240[18]). Es unterliegt für die Kammer keinerlei Zweifel, daß die Taten des Angeklagten in der damaligen DDR keinesfalls strafrechtlicher Verfolgung ausgesetzt gewesen wären. Diese allgemein vertretene Auffassung ist deklaratorisch durch das Gesetz über das Ruhen der Verjährung bei SED-Unrechtstaten vom 26. März 1993 in Artikel 1 bestätigt worden.

Im einzelnen gilt folgendes:

Zu II.1. [– Tiemann]

Eine wissentliche gesetzwidrige Entscheidung zu Ungunsten des damaligen Angeklagten Tiemann liegt bereits deshalb vor, weil der Angeklagte gemeinschaftlich mit den übrigen Mitgliedern des Gerichtes das Verfahrensgesetz verletzt hat. Obwohl die unter III aufgezeigten Widersprüche zwischen der Einlassung des damaligen Angeklagten vor den Bezirksgericht und den Feststellungen im Urteil des Bezirksgerichtes, die ja nur auf dem Geständnis des Angeklagten beruhten, offensichtlich waren, hat das Oberste Gericht auf Seite 11 ausgeführt:

„Die Überprüfung des angefochtenen Urteils hat ergeben, daß die mit der Berufung vorgebrachte Rüge, das Bezirksgericht habe die Vorschriften des § 220 StPO verletzt, unbegründet ist. Die Feststellungen des Bezirksgerichts zum Sachverhalt beruhen nicht, wie mit der Berufung behauptet wird, auf den im Ermittlungsverfahren als Ergebnis der {293} Vernehmungen des Angeklagten gefertigten Protokollen. Vielmehr stimmen die Angaben des Angeklagten in der Hauptverhandlung, soweit sie die objektiven Erscheinungsformen seiner verbrecherischen Tätigkeiten betreffen, mit seinen Aussagen im Ermittlungsverfahren überein“.

Hätten der Angeklagte und die weiteren Mitglieder des Obersten Gerichts die Widersprüche zwischen dem Geständnis des Angeklagten in der Hauptverhandlung vor dem Bezirksgericht und den Feststellungen des Bezirksgerichts in ihrer Berufungsentscheidung pflichtgemäß aufgezeigt, so hätte das Urteil aufgehoben und zurückverwiesen werden müssen.

Da die Diskrepanzen so offensichtlich waren, hat das Gericht keine Zweifel, daß sowohl der Angeklagte als zumindest auch der Vorsitzende diese Widersprüche erkannten und insofern auch wissentlich zu Ungunsten des Geschädigten Tiemann entschieden haben.

Unabhängig davon wußten sowohl der Angeklagte als auch der Vorsitzende und der zweite Beisitzer, daß Todesstrafen nach der bereits damals in der DDR vertretenen Meinung nur für schwerste Verbrechen verhängt werden durften. Auch insoweit stellt die Berufungsverwerfung eine Rechtsbeugung im Sinne des § 244 StGB-DDR dar. Zwar spricht diese Vorschrift von einer gesetzwidrigen Entscheidung, dies bedeutet jedoch nach allgemein herrschender Meinung nicht, daß nicht auch Verstöße gegen ungeschriebenes Recht, wie beispielsweise die allgemeinen Regeln {294} über die Strafzumessung, die zur damaligen Zeit noch nicht gesetzlich festgelegt waren, Gegenstand einer Rechtsbeugung sein können. Durch das Mißverhältnis zwischen Tat und Verhängung der Todesstrafe wurde der damalige Angeklagte Tiemann auf das Schwerste in seinen Menschenrechten verletzt.

Zu II.2. – Friedemann

Der Angeklagte hatte erkannt, daß die vom Bezirksgericht verhängte Todesstrafe nicht schuldangemessen war, zumal sich aus dem Urteil tatsächliche schwere Schäden für den Staat nicht ergeben haben. Auch in diesem Falle liegt eine Verletzung der Vorschriften der Strafprozeßordnung vor. Wie oben ausgeführt wäre das Oberste Gericht verpflichtet gewesen, dem Beweisantrag des Verteidigers in der Berufungshauptverhandlung nachzugehen. Bereits aus der Beweiswürdigung des Urteils des Bezirksgerichts ergab sich, daß der Angeklagte Friedemann in der damaligen Hauptverhandlung bestritten hatte, weiter für den englischen Geheimdienst tätig werden zu wollen. Gerade weil es nach Ansicht der Richter des Obersten Gerichts und auch des Angeklagten für die Schwere der Schuld entscheidend auf die Absicht, weiter für den Geheimdienst tätig zu werden, ankam, hätte dieser Beweisantrag nicht pflichtwidrig übergangen werden dürfen. Wegen der Offensichtlichkeit dieser Umstände hat die Kammer keinerlei Zweifel daran, daß der Angeklagte und auch die übrigen Mitglieder des Obersten Gerichts insofern wissentlich gehandelt haben. Darüber hinaus erkannte der Angeklagte, wie er zugegeben hat, in diesem Falle das unerträgliche Mißverhältnis zwischen den Straftaten und der verhängten Strafe. {295}

Zu II.3. [– Held u.a.]

Auch in diesem Fall hatte der Angeklagte erkannt, daß bezüglich aller vier damaligen Angeklagten die verhängten Strafen nicht schuldangemessen waren. Seine Entscheidung, für die beiden Todesurteile, die lebenslange Zuchthausstrafe und für diejenige von acht Jahren zu stimmen, stellt somit wiederum eine wissentlich gesetzwidrige Entscheidung zu Ungunsten der damals Angeklagten dar. Der Angeklagte erkannte insbesondere, daß bezüglich der Spionagetätigkeiten der Angeklagten Held und Rudert konkrete Schäden nicht festgestellt worden sind und die von der Angeklagten Halm zugegebenen Spionagetaten im unteren Bereich von Agententätigkeit anzusiedeln waren. Er erkannte weiterhin, daß dieses Verfahren nicht der Verwirklichung von Gerechtigkeit dienen sollte, sondern daß durch den Schauprozeß die Bevölkerung der DDR auf das Problem der sogenannten Abwerbung hingewiesen werden sollte. Im Falle Sachße und Halm erkannte er zudem, daß im Urteil eine Abwerbung überhaupt nicht festgestellt worden war. Er handelte in stillschweigender Übereinstimmung mit den übrigen Mitgliedern des Senats.

Nach Überzeugung der Kammer stellt allein die Anwendung des Artikel 6 der Verfassung der Deutschen Demokratischen Republik und der Kontrollratsdirektive Nr. 38 keine Rechtsbeugung dar. Diese Vorschriften entsprechen zwar nicht dem bundesrepublikanischen Verständnis von Strafrechtsbestimmungen, jedoch kommt es darauf nicht an. Nach dem damaligen Verständnis der Juristen in der DDR gab es keinerlei Zweifel an der Anwendbarkeit dieser Bestimmungen. Auch wenn der Angeklagte, wie von ihm in der Haupt-{296}verhandlung zugegeben, im Ermittlungsverfahren ausgesagt hat, er und auch andere Richter hätten zuweilen „Bauchschmerzen“ bei der Anwendung des Artikel 6 der Verfassung der DDR gehabt, so hat er diese Bemerkung unwiderlegt dahingehend erläutert, daß er derartige Strafverfahren zwar als außerordentlich schwierig, die Anwendung der Bestimmung jedoch für gesetzmäßig gehalten hat.

Die drei Taten stehen zueinander im Verhältnis der Tatmehrheit gemäß § 53 StGB.

V. [Strafzumessung]

Bei der Strafzumessung findet bezüglich der Rechtsbeugung der Strafrahmen des § 244 StGB-DDR (sechs Monate bis fünf Jahre Freiheitsstrafe) Anwendung, während bezüglich der Tötungsfälle § 212 StGB materiell-rechtlich gesehen das mildere Gesetz im Verhältnis zu den Vorschriften des StGB der DDR darstellt. Dies gilt unabhängig davon, ob minder schwere Falle angenommen werden.

Die Strafkammer hat jedoch in allen drei Fällen das Vorliegen von minder schweren Fällen im Sinne des § 213 StGB (sonstiger minder schwerer Fall) angenommen. Dabei ist insbesondere zu berücksichtigen, daß die Taten fast 40 Jahre zurückliegen. Der BGH hat in seinem Urteil vom 18. Januar 1994 – 1 StR 740/93 – darauf hingewiesen, daß schon bei einem Zeitablauf von 24 Jahren {297} seit der Tat das Vorliegen von minder schweren Fällen zu prüfen ist. Weiterhin spricht für das Vorliegen von minder schweren Fällen, daß der Angeklagte damals erst kurze Zeit als junger Richter beim Obersten Gericht tätig und vielerlei Einflüssen ausgesetzt war. Auch die damalige politische Lage, wie sie die Kammer als wahr unterstellt hat, kann nicht unberücksichtigt bleiben. Nach der unwiderlegten Einlassung des Angeklagten war auch nicht er derjenige, der sich vehement für die Todesstrafen eingesetzt hat, sondern der, der eher versucht hat, zunächst andere Lösungen zu finden. Auch wenn die damaligen Leiden der Opfer und ihrer Angehörigen nicht vergessen werden dürfen, wird nach Überzeugung der Kammer nur die Annahme von minder schweren Fällen dem Schuldgehalt gerecht.

Somit ist in jedem Falle die Anwendung des bundesdeutschen Rechtes für den Angeklagten günstiger.

Bezüglich des Falles II.3. macht die Kammer von der Versuchsmilderung der §§ 23 Abs. 2, 49 Abs. 1 StGB keinen Gebrauch. Der Angeklagte hatte von sich aus alles zur Vollendung des Deliktes getan. Daß es nicht zur Vollstreckung der Todesstrafen gekommen ist, unterlag nicht seinem Einfluß.

Die Strafkammer hat die Einzelstrafen jeweils dem Strafrahmen des Tötungsdelikts § 213 StGB entnommen.

Bei der Strafzumessung im einzelnen berücksichtigt die Kammer zu Ungunsten des Angeklagten, daß er in jedem Falle zwei Straf-{298}gesetze verletzt hat und es sich im Fall II.3. um vier Opfer der Rechtsbeugung und um versuchten Totschlag in zwei rechtlich zusammentreffenden Fällen gehandelt hat.

Für den Angeklagten spricht, daß er nicht bestraft ist und in seiner Jugend ein schweres Lebensschicksal zu meistern hatte. Strafmildernd würdigt die Kammer weiterhin die Gründe, die bereits zur Annahme von minder schweren Fällen geführt haben. Ferner ist berücksichtigt worden, daß bei den Urteilsberatungen seine Stimme gegen das Votum der beiden anderen Richter möglicherweise nichts hätte ausrichten können. Strafmildernd wirkt sich auch die besondere Strafempfindlichkeit des Angeklagten aus. Er muß im hohen Alter erstmals Freiheitsstrafe verbüßen, wobei auch sein Gesundheitszustand nicht stabil ist. Er hat sich bereits jetzt durch die seit dem 20. Dezember 1993 verbüßte Untersuchungshaft stark beeindruckt gezeigt. Außerdem spricht für den Angeklagten, daß er zwar kein Geständnis im eigentlichen Sinne abgelegt hat, daß er aber insbesondere durch das unumwundene Zugeben seines Abstimmungsverhaltens einen wesentlichen Beitrag zur Sachverhaltsaufklärung geleistet hat. Ohne diese Einlassung wären ihm die Taten kaum nachzuweisen gewesen, da andere Erkenntnisquellen nicht zur Verfügung standen.

Schließlich hat die Kammer strafmildernd berücksichtigt, daß der Angeklagte in seinem letzten Wort, wenn auch keine Reue, so doch Bedauern über das Geschehen geäußert hat, indem er seine damalige Rolle mit einem Brecht-Zitat wie folgt charakterisierte: „Ein guter Mensch zu sein, wer wär's nicht gerne, doch die Verhält-{299}nisse, die sind nicht so."

Unter Berücksichtigung dieser Strafzumessungserwägungen hat die Kammer folgende Einzelstrafen festgesetzt: Für den Fall *Tiemann* (II.1) eine Freiheitsstrafe in Höhe von *zwei Jahren*, bezüglich des Falles *Friedemann* (II.2) ebenfalls eine Freiheitsstrafe von *zwei Jahren*, wobei zwar hier mildernd für den Angeklagten spricht, daß er versucht hat, das Todesurteil abzuwenden, zum anderen muß jedoch berücksichtigt werden, daß die Diskrepanz zwischen Tat und Strafe besonders groß war.

Auch für den Fall II.3. – Held, Rudert, Halm und Sachße – verhängt die Kammer eine Einzelstrafe in Höhe von *zwei Jahren*. Dabei ist auf der einen Seite berücksichtigt worden, daß es sich hier um mehrere Opfer handelt, andererseits aber auch, daß es letztendlich nicht zur Vollstreckung der Todesstrafen gekommen und die Tat somit im Versuchsstadium steckengeblieben ist.

Da die Strafen dem bundesdeutschen Recht entnommen worden sind, ist auch bei der Festsetzung der Gesamtstrafe § 53 StGB anzuwenden. Dies gilt insbesondere unter Berücksichtigung des Grundsatzes der strikten Alternativität zwischen der Anwendung des bundesdeutschen Rechtes und desjenigen der DDR (vgl. Urteil des BGH vom 24. Juli 1991 – 3 StR 40/91 –).

Unter nochmaliger Abwägung aller für und gegen den Angeklagten sprechenden Umstände setzt die Kammer eine schuldangemessene {300} und zur Einwirkung auf den Angeklagten erforderliche Gesamtfreiheitsstrafe von

drei Jahren und neun Monaten

fest. Bei der Gesamtstrafenbildung hat die Strafkammer das fortgeschrittene Lebensalter des Angeklagten und die daraus resultierende erhöhte Strafempfindlichkeit nochmals zu seinen Gunsten berücksichtigt. {301}

VI. [Zu den Fällen Fricke, Eheleute Krüger und Lohse]

Die Staatsanwaltschaft bei dem Kammergericht wirft dem Angeklagten mit ihrer Anklageschrift vom 29. März 1993[19] vor, am 11. Juli 1956 durch eine Handlung gemeinschaftlich eine Rechtsbeugung und eine Freiheitsberaubung begangen zu haben (Urteil zum Nachteil des Nebenklägers Fricke),[20] mit der Anklage vom 22. Juli 1993[21], am 4. August 1954 eine gemeinschaftliche Rechtsbeugung zu Ungunsten der Eheleute Bruno und Susanne Krüger begangen zu haben sowie mit der Anklageschrift vom 26. Januar 1994 – im Fall I. – am 21. Dezember 1954 zum Nachteil des Geschädigten Lohse eine gemeinschaftliche Rechtsbeugung begangen zu haben.

Nach dem Ergebnis der Beweisaufnahme war der Angeklagte von diesen drei Vorwürfen aus tatsächlichen Gründen freizusprechen.

Die Hauptverhandlung hat hierzu im einzelnen folgendes erbracht:

1. Zum Fall Lohse (Anklage vom 26. Januar 1994)

Der erste Strafsenat des Bezirksgerichts Schwerin hatte den damaligen Angeklagten Lohse am 21. Dezember 1954 wegen Verbrechens gegen Artikel 6 der Verfassung der Deutschen {302} Demokratischen Republik in Verbindung mit der Kontrollratsdirektive Nr. 38 Abschnitt II Artikel III A III sowie wegen Untreue und passiver Bestechung zu einer Gesamtfreiheitsstrafe von fünfzehn Jahren Zuchthaus und den obligatorischen Sühnemaßnahmen verurteilt. Das Gericht setzte folgende Einzelstrafen fest: Wegen des „Spionageverbrechens“ zwölf Jahre Zuchthaus, wegen schwerer Untreue, fünf Jahre Zuchthaus und wegen passiver Bestechung eine Gefängnisstrafe von drei Monaten, die das Bezirksgericht gemäß § 21 StGB-DDR[22] in zwei Monate Zuchthaus umwandelte (auf eine Wiedergabe des Urteils wird verzichtet, da die Feststellungen des Bezirksgerichtes in dem späteren Urteil des 1 a Strafsenates enthalten sind). Gegen dieses Urteil hat die Staatsanwaltschaft der Volkspolizei Protest eingelegt, der auf die Strafzumessung bezüglich des Spionageverbrechens und des Verbrechens gegen § 266 Abs. 2

StGB[23] beschränkt wurde. Mit dem Protest erstrebte die Staatsanwaltschaft bezüglich der Verurteilung gemäß Artikel 6 der Verfassung der DDR die Verhängung einer lebenslangen Zuchthausstrafe und wegen der schweren Untreue eine solche in Höhe von zehn Jahren.

Der damalige Angeklagte hatte das Urteil zwei Tage nach Urteilsverkündung angenommen.

Der Protest gegen das Urteil des Bezirksgerichts wurde {303} durch Urteil des Obersten Gerichts der DDR – 1 a Senat vom 21. Dezember 1954 (1 a Ust 432/54) unter Mitwirkung der Oberrichterin Eisermann (jetzt Jendretzky) als Vorsitzende, sowie des Angeklagten und des Richters Feistkorn als Beisitzer zurückgewiesen. Berichterstatter in diesem Fall war der zwischenzeitlich verstorbene Richter Feistkorn.

Das Urteil lautete wie folgt: {304}

„Oberstes Gericht[24]
der
Deutschen Demokratischen Republik
1a – Strafsenat
1a Ust 432/54

Im Namen des Volkes

In der Strafsache
gegen den Angestellten Rolf *Lohse*,
geboren 1927 in L.
wegen Verbrechens gegen Artikel 6 der Verfassung der Deutschen Demokratischen Republik in Verbindung mit Kontrollratsdirektive Nr. 38 Abschnitt II Artikel III A III

hat das Oberste Gericht der Deutschen Demokratischen Republik durch den 1a-Strafsenat in der Sitzung vom 21 Dezember 1954, an der teilgenommen haben:

Oberrichter Frau *Eisermann*
als Vorsitzender,
Richter *Feistkorn*
Richter *Reinwarth*
als beisitzende Richter,
Staatsanwalt *Haberkorn*
als Vertreter des Oberstaatsanwalts der Volkspolizei,
Sachbearbeiter *H.*
als Protokollführer

für Recht erkannt:

Der Protest gegen das Urteil des Bezirksgerichts Schwerin vom 1. Dezember 1954 wird
zurückgewiesen.
Die weitere Untersuchungshaft wird angerechnet. Die Kosten des Rechtsmittelverfahrens fallen dem Staatshaus zur Last. {305}

Gründe:
Dem Urteil des Bezirksgerichts Schwerin vom 1. Dezember 1954 liegen im wesentlichen folgenden Feststellungen zu Grunde:
Der 28-jährige Angeklagte Lohse entstammt einer Arbeiterfamilie. Er besuchte die Volks- und Handelsschule und begann danach eine Lehre als Bankkaufmann. Nach etwa vier Monaten musste er die Lehre abbrechen, weil er zum faschistischen Arbeitsdienst und anschließend zur

faschistischen Wehrmacht eingezogen wurde. Sein höchster Dienstgrad war Gefreiter. Am 10. Mai 1945 geriet er in sowjetische Kriegsgefangenschaft, aus der er am 28. Juni 1948 entlassen wurde. Er kehrte nach Leipzig zurück und trat am 23. August 1948 der Volkspolizei bei. Dort war er zunächst als Revierpolizist, in der Folgezeit als Schreiber, Personalsachbearbeiter und dann bis zu seiner Festnahme als Intendant tätig. Sein letzter Dienstrang war Major.
In der Zeit von 1933 bis 1945 gehörte er dem faschistischen Jungvolk und der Hitlerjugend an. Nach seiner Rückkehr aus sowjetischer Kriegsgefangenschaft war er Mitglied der Sozialistischen Einheitspartei Deutschlands, des FDGB und der FDJ. Der Angeklagte lernte Ende des Jahres 1948 in seiner Tätigkeit als Revierpolizist einen Architekten En. kennen, als er diesen wegen vorschriftswidrigen Parkens seines PKW mit einer Ordnungsstrafe belegte. Ende des Jahres 1949 oder Anfang des Jahres 1950 traf der Angeklagte den Architekten En. in der Gaststätte ‚Wilhelmshöhe' in Leipzig, lernte ihn näher kennen und erfuhr, dass dieser Architekt und Bauleiter ist. Als der Angeklagte Stellvertreter des Leiters für Versorgung in der VP-Dienstelle Küstrin war, vermittelte er dem Architekten En. die Stelle eines Bauleiters. Dieser nahm nach entsprechender Genehmigung der vorgesetzten Dienststelle seine Tätigkeit als Bauleiter in der Volkspolizeidienststelle Küstrin auf. Für diese Vermittlung schenkte ihm En. dreimal je 100,- DM. Zwischen En. und dem Angeklagten entstand in der Freizeit ein freundschaftliches Verhältnis.
In den Jahren 1950/51 schädigte der Angeklagte die Volkspolizei in erheblichen Maße durch unerlaubte Geschäfte mit En. So kaufte er als Intendant der Dienststelle Küstrin-Kietz drei Fässer Farbe je 200 kg von En., der ihm für die Vermittlung dieses Geschäftes 150,- DM gab. Als die Dienststelle Küstrin-{306}Kietz aufgelöst wurde, war noch rote, nicht vereinnahmte Lackfarbe vorhanden, die der Angeklagte an En. für etwa 300,- DM verkaufte. Das Geld verbrauchte er für persönliche Zwecke. Ausserdem befand sich in der Dienststelle ein erheblicher Überbestand an Ofenkacheln, die der Angeklagte für etwa 1.200,- DM verkaufte und den Betrag in eine von ihm unrechtmässig unterhaltene ‚illegale Kasse' legte. Im April 1950 kaufte er für die Maifeier der Dienststelle sechs Scheinwerfer zu einem Betrag von etwa 900.- DM und Freileitungskabel für etwa 600,- DM. Bezüglich des Freileitungskabels stellte En. im Einvernehmen mit dem Angeklagten eine Rechnung über 800,- DM aus, die der Angeklagte aus der ‚illegalen Kasse' beglich.
Den zuviel ausgeschriebenen Betrag von 200,- DM teilten sich beide. Die sechs Scheinwerfer gab der Angeklagte im Dezember 1950 an En., der sie an die Volkspolizeidienststelle Boizenburg für 800,- DM verkaufte. Diesen Geldbetrag teilten sich der Angeklagte und En. ebenfalls. Entsprechend seinen Angaben hat der Angeklagte von seinem Anteil 75,- DM für sich verbraucht und den Rest für die Dienststelle verwendet. Im Februar 1950 wurde En. beauftragt, für die Dienststelle Küstrin-Kietz Fliesen zu beschaffen. Er erbat sich für den Kauf 7.000,- DM als Vorauszahlung. Der Angeklagte händigte ihm diesen Betrag aus der Kasse der Volkspolizei aus. Bis zur Auflösung der Dienststelle waren die Fliesen noch nicht geliefert und wurden nunmehr nicht benötigt. Der Angeklagte teilte En. dies mit. Daraufhin vereinbarten sie vorzutäuschen, dass die Fliesen geliefert und verbaut worden seien. Den vorausgezahlten Betrag teilten sie sich und verwendeten ihn für persönliche Zwecke.
Im Herbst 1951 suchte En. den Angeklagten auf und teilte ihm mit, dass er mit dem ehemaligen Leiter der Dienststelle Küstrin-Kietz Ku. in Westberlin in Verbindung stehe und für diesen Spionagetätigkeit ausübe. En. äusserte gegenüber dem Angeklagten, dass Ku. sich für Dienstgeheimnisse der Volkspolizei interessiere und ihn beauftragt habe, den Angeklagten zur Spionagetätigkeit anzuwerben. Bei dieser ersten Unterredung erklärte sich der Angeklagte nicht bereit, Spionageinformationen zu liefern. Als jedoch En. einige Tage später wieder mit ihm sprach, sagte er zu, Spionagematerial zu beschaffen. Während der zweiten Zusammenkunft fertigte der {308}[25] Angeklagte eine Skizze von der Volkspolizeidienstelle Frankenberg an und zeichnete die genaue Lage der Objekte ein. Für die Durchführung von Spionageaufträgen sagte ihm En.

eine Bezahlung von monatlich 100,- DM der Bank Deutscher Länder zu. Der Angeklagte suchte nach Aufforderung durch En. Ende des Jahres 1951 den im Dienst des imperialistischen Geheimdienst stehenden Ku. in Westberlin auf und erklärte auch ihm gegenüber seine Bereitschaft zur Durchführung von Spionageaufträgen. Ku. teilte dem Angeklagten bei diesem Gespräch mit, dass alles weitere durch En. geregelt werde. Anfang des Jahres 1952 schrieb der Angeklagte einen Strukturplan der Volkspolizeidienststelle Prenzlau ab und übergab sie an En. Diesen Strukturplan hatte er zur Erledigung seiner dienstlichen Arbeit benötigt. Er schrieb ihn zunächst handschriftlich in sein Tagebuch und übertrug diese Abschrift mit einer von ausgeliehenen Schreibmanschiene. Dieser Strukturplan enthielt eine vollkommene Übersicht von dem Objekt Prenzlau. Unter anderem sind darin der Personalbestand, aufgeschlüsselt in die verschiedenen Funktionen, sowie der Bestand an Kraftfahrzeugen und die Arten der Waffen und Geräte enthalten. Diesen Strukturplan hat der Angeklagte dem Agenten En. aus eigener Initiative übergeben. Ausserdem übergab er die Postschliessfachnummern von fünf Volkspolizeidienststellen an En. Das an En. übergebene Material ist an den Agenten Ku. in Westberlin weitergegeben worden und somit in die Hände des imperialistischen Geheimdienstes gelangt. Der Angeklagte erhielt von En. 300,- DM der Deutschen Notenbank für seine verbrecherische Tätigkeit. Im März des Jahres 1952 teilte der Angeklagte dem Agenten En. mit, dass er keine weitere Spionagetätigkeit ausführen werde. Gleichzeitig forderte er En. und dessen Tochter R., die für den französischen Geheimdienst tätig war, auf, ebenfalls von weiteren Spionagetätigkeiten abzusehen. Ihm war auch vor dieser Aussprache mit En. bekannt geworden, dass En. Hetzschriften herstellte und verbreitete.

Aufgrund dieses Sachverhalts hat das Bezirksgericht den Angeklagten wegen Verbrechens gegen Artikel 6 der Verfassung der Deutschen Demokratischen Republik in Verbindung mit der Kontrollratsdirektive Nr. 38 Abschnitt II Artikel III A III sowie wegen schwerer Untreue und passiver Bestechung zu einer Gesamtstrafe von fünfzehn Jahren Zuchthaus und den obligatorischen {309} Sühnemassnahmen verurteilt. Ausserdem hat es das Vermögen des Angeklagten gemäss Ziffer 2 des Artikels IX der Kontrollratsdirektive Nr. 38 eingezogen. Folgende Einzelstrafen sind festgesetzt worden: Wegen des Spionageverbrechens zwölf Jahre Zuchthaus und wegen der passiven Bestechung eine Gefängnisstrafe von drei Monaten, die gemäss § 21 StGB in zwei Monate Zuchthaus umgewandelt worden ist.

Gegen dieses Urteil hat der Staatsanwalt der Volkspolizei Protest eingelegt, der auf die Strafzumessung bezüglich des Spionageverbrechens und des Verbrechens gegen § 266 Abs. 2 StGB beschränkt ist. Mit dem Protest werden, soweit der Angeklagte Spionageverbrechen begangen hat, eine lebenslange Zuchthausstrafe und wegen der schweren Untreue eine solche von zehn Jahren erstrebt.

Der Protest hatte keinen Erfolg.

Die tatsächlichen Feststellungen und die rechtliche Beurteilung sind mit dem Protest nicht angefochten, von ihnen ist daher auszugehen. Die Nachprüfung des Strafmasses hat nicht ergeben, dass das Bezirksgericht die für die Strafzumessung massgebenden Umstände nicht genügend beachtet hat. Es hat das Spionageverbrechen des Angeklagten zutreffend als besonders gefährlich bezeichnet und alle erschwerenden Umstände, wie die verantwortungsvolle Funktion des Angeklagten zur Zeit der Tat und die Möglichkeit für die imperialistischen Geheimdienste, durch das von dem ihm gelieferte Material Anknüpfungspunkte für weitere Spionageverbindungen zu erhalten, zutreffend berücksichtigt. Es hat aber andererseits auch die Umstände, dass der Angeklagte im März 1952 seine Spionagetätigkeit aus eigenem Entschluss eingestellt, und dass er En. sowie dessen Tochter von einer weiteren feindlichen Tätigkeit abzubringen versucht hat, bei der Bewertung des Verbrechens des Angeklagten beachtet. Die Auffassung des Bezirksgerichts, dass diese Umstände ebenfalls bei der Bemessung der Strafe ihren Ausdruck finden müssen, ist zutreffend. Dem steht auch nicht entgegen, dass der Angeklagte den Agenten En. und dessen Tochter nicht unseren Sicherheitsorganen übergeben hat, weil sein eigenes Verbrechen

so eng mit dem oben genannten Personen verbunden war, dass er bei einer Anzeige sich selbst hätte beschuldigen müssen. Aus diesem Grunde kann die Nichtanzeige auch nicht erschwerend gewertet werden. Zur Begründung {310} der erstrebten höheren Strafe wird mit dem Protest auch vorgetragen, dass bei dem Angeklagten der Verdacht einer weiteren Spionageverbindung auch nach dem März 1952 bestehe. Abgesehen davon, dass selbst ein bestehender Verdacht auf eine Spionagetätigkeit des Angeklagten nach dem März 1952 nicht zur Begründung einer höheren Strafe herangezogen werden dürfte, weil der Angeklagte nach den ausdrücklichen, mit dem Protest nicht angegriffenen tatsächlichen Feststellungen des Bezirksgericht zu dem oben genannten Zeitpunkt von sich aus von weiterer Spionagetätigkeit Abstand genommen hat.
Auch die mit dem Protest erstrebte Zuchthausstrafe von zehn Jahren wegen der vom Angeklagten begangenen schweren Untreue ist nicht gerechtfertigt. Dem Protest ist soweit zuzustimmen, dass der Angeklagte auch hinsichtlich dieses Verbrechens als höherer Offizier eine große Verantwortung trug. Gleichzeitig muss aber der Umfang des begangenen Verbrechens in der Strafe seinen Ausdruck finden. Dieser Umfang ist im vorliegenden Fall nicht so erheblich, dass die höchste Strafe gemäss § 266 Abs. 2 StGB angemessen wäre. In der vom Bezirksgericht festgesetzten Einzelstrafe sind alle sachlichen und persönlichen Umstände des Verbrechens ausreichend berücksichtigt worden.
Bei den von dem Bezirksgericht festgesetzten Einzelstrafen hat es sich auch im übrigen zutreffend davon leiten lassen, dass ihre Höhe ausreicht, auf den Angeklagten erzieherisch zu wirken. Die gegen den Angeklagten gemäss § 74 StGB ausgesprochene Gesamtstrafe von fünfzehn Jahren Zuchthaus ist die gesetzlich zulässige zeitige Höchststrafe.
Der Protest war daher als unbegründet zurückzuweisen.
Die Anrechnung der weiteren Untersuchungshaft beruht auf § 219 Abs. 2 StPO und die Kostenentscheidung auf § 358 StPO.
gez. Eisermann gez. Feistkorn gez. Reinwarth {311}[26]

Der Angeklagte hat sich wie folgt eingelassen:

Die damalige Vorsitzende Eisermann habe ihn zu einem Gespräch gebeten. Dabei habe sie zu verstehen gegeben, daß sie mit einem „Lebenslang" nicht einverstanden sei.

Sowohl sie als auch er, der Angeklagte, hätten den Protest der Staatsanwaltschaft nicht für gerechtfertigt gehalten. Auch der Berichterstatter Feistkorn sei mit dem Protest nicht glücklich gewesen, hätte diesem jedoch wohl stattgegeben. Er, der Angeklagte, habe danach auf vielfältigen Wegen versucht, die Staatsanwaltschaft zur Rücknahme des Protestes zu bewegen. Dies sei jedoch letztendlich gescheitert, auch wenn die Staatsanwaltschaft zu verstehen gegeben habe, daß sie sich mit einer Verwerfung des Protestes zufriedengeben würde. Eine solche Entscheidung sei zur damaligen Zeit nicht einfach gewesen, da es nicht üblich gewesen sei, Proteste der Staatsanwaltschaft zurückzuweisen. Schließlich hätten die Richter sich jedoch darauf verständigt und so wie geschehen entschieden. Auf den Gedanken, obwohl dies nach der StPO zulässig gewesen sei, die Strafe noch zu mildern, seien weder er noch seine Kollegen gekommen, Dies hätte er – der Angeklagte – auch nicht angemessen gefunden.

Die Staatsanwaltschaft beim Kammergericht ist der Ansicht, die Entscheidung des la- Strafsenates des Obersten {312} Gerichts der DDR, die der Angeklagte, wie er selbst eingeräumt hat, mitgetragen hat, würde bereits deshalb einen Fall der Rechtsbeugung darstellen, weil weder Artikel 6 der Verfassung der DDR noch die Kontrollratsdirektive Nr. 38 eine gültige Strafrechtsnorm dargestellt hätten.

Das erkennende Gericht vermag diese Ansicht nicht zu teilen. Die Kammer ist, den Ausführungen des Bundesgerichtshofes in dem Urteil vom 13. Dezember 1993 – 5 StR

76/93 – folgend, der Überzeugung, daß allein die Anwendung des Artikel 6 Abs. 2 der Verfassung der DDR 1949 sowie der Kontrollratsdirektive Nr. 38 im Abschnitt II Artikel III A III keine Rechtsbeugung darstellt. Der Bundesgerichtshof hat in seiner Grundsatzentscheidung darauf hingewiesen, daß bei der Prüfung, ob sich ein Richter der DDR-Justiz der Rechtsbeugung schuldig gemacht hat, schon bei der Prüfung des objektiven Tatbestandes, im übrigen erst recht im Hinblick auf die innere Tatseite zu berücksichtigen ist, daß es um die Beurteilung von Handlungen geht, die in einem anderen Rechtssystem vorgenommen worden sind. Die besonderen Züge dieses Rechtssystems sind bei der Prüfung der Frage, ob die Handlung gesetzeswidrig im Sinne des § 244 StGB-DDR gewesen ist bzw. im Sinne des § 336 StGB das Recht gebeugt worden ist, zu beachten. Der Bundesgerichtshof hat auch darauf hingewiesen, daß es bei der {313} Auslegung von Normen nicht auf die Auslegungsmethoden der Bundesrepublik Deutschland, sondern auf diejenigen der DDR ankommt. Dieser Ansicht schließt sich die Kammer uneingeschränkt an. Nach der Rechtsprechung der DDR war es seit dem Jahre 1950 (vgl. insbesondere Urteil des Obersten Gerichts der DDR vom 4. Oktober 1950 – 1 Zst (1) 3/50 –) verbindliches Recht, Artikel 6 der Verfassung der DDR ebenso wie die Kontrollratsdirektive Nr. 38 als Strafrechtsnormen anzuwenden.

Auch der Bundesgerichtshof hat bereits in einem Urteil vom 10. Dezember 1957 – 5 StR 519/57 – die Auffassung vertreten, daß ein Richter, der die oben zitierten Bestimmungen für geltendes Strafrecht hält, nicht alleine deshalb wegen Rechtsbeugung verurteilt werden kann. Nach der grundlegenden Entscheidung des Bundesgerichtshofes vom 13. Dezember 1993 liegt Rechtsbeugung daher nur dann vor, wenn die Gesetze der DDR falsch ausgelegt worden sind, wenn grobe Verfahrensmängel vorliegen oder wenn insbesondere bezüglich des Strafmaßes das richterliche Ermessen zum Nachteil eines Beteiligten falsch angewendet worden ist.

Der BGH hat, wie bereits erwähnt, darauf hingewiesen, daß Richter der ehemaligen DDR, deren Unabhängigkeit zu Gunsten einer weitgehenden Uniformität der Rechtsprechung eingeschränkt war, dennoch in der Lage waren, Gesetze menschenrechtsfreundlich auszulegen. {314}

Gegen diese vom BGH aufgestellten Richtlinien hat der Angeklagte im vorliegenden Fall nicht verstoßen. Grobe Verfahrensmängel sind nicht ersichtlich. Die vom Bezirksgericht verhängten Strafen sind zwar aus heutiger Sicht sehr hart und kaum nachvollziehbar. Es kann jedoch nicht übersehen werden, daß der damalige Angeklagte in der Tat auch aus heutiger Sicht Spionage betrieben hat und sich die DDR zur damaligen Zeit von westlichen Geheimdiensten erheblich bedrängt fühlte (vgl. die Wahrunterstellungen der Kammer).

Im übrigen wurden zu jener Zeit auch in der Bundesrepublik höhere Strafen verhängt als dies heutzutage geschieht.

Es kann dem Angeklagten nicht widerlegt werden, daß er zwar den Protest der Staatsanwaltschaft unberechtigt fand, nicht jedoch das damals verhängte Strafmaß. Der Angeklagte hat sich unwiderlegt dahingehend eingelassen, daß er erhebliche Anstrengungen unternommen hat, die Staatsanwaltschaft zur Rücknahme des Protestes zu bewegen. Der Umstand, daß der Angeklagte zur damaligen Zeit nicht geprüft hat, die angefochtene Entscheidung (was gemäß § 276 Abs. 2 StPO DDR vom 2. Oktober 1952 möglich gewesen wäre) im Strafmaß zu Gunsten des Geschädigten Lohse abzumildern, kann insbesondere aus damaliger Sicht nicht als Rechtsbeugung angesehen werden. Die verhängten Strafen des Bezirksgerichts, die der 1 a-Strafsenat des Obersten Gerichts der DDR durch die Verwerfung des Protestes letztendlich auch als gerecht-{315}fertigt mit der Stimme des Angeklagten bezeichnet hat, können aus der Sicht der DDR-Rechtsprechung nicht als Willkürakte angesehen werden. Der Angeklagte war daher von diesem Vorwurf aus tatsächlichen Gründen freizusprechen.

[2. Zum Fall Eheleute Krüger]

Am 4. August 1955 verurteilte das Oberste Gericht der Deutschen Demokratischen Republik – 1. Strafsenat – (1 ZSt 1 6/55) die damaligen Angeklagten Bruno und Susanne Krüger wegen Verbrechens gegen Artikel 6 der Verfassung der Deutschen Demokratischen Republik in Verbindung mit Kontrollratsdirektive Nr. 38 Abschnitt 2 Artikel III A III zum Tode. Ursprünglich sollte Vizepräsident Ziegler den Vorsitz führen, da dieser jedoch erkrankte, wurde Oberrichter Möbius, der zuvor Berichterstatter war und der diese Stellung beibehielt, mit dem Vorsitz betraut. Als Beisitzer wurden der Angeklagte und Richter Kubasch eingesetzt. Der Angeklagte war nach seiner eigenen Einlassung auf die Verhandlung nicht vorbereitet, obwohl er am 23. Juli 1955 den Eröffnungsbeschluß mitunterzeichnet hatte.

Bereits am 14. Juni 1955 lag dem Politbüro des Zentralkomitees der SED unter Tagesordnungspunkt 7 die Vorlage der Abteilung Staatliche Organe vom 10. Juni 1955 bezüglich der Angeklagten Krüger vor, in der als letzter Absatz folgendes enthalten war:

„Angesichts der Skrupellosigkeit, mit welcher die Verräter alle ihnen be-{316}kannten Geheimnissen an die imperialistischen Geheimdienste verrieten, angesichts der Tatsache, daß sie weitere Agenten aus dem MfS bzw. ehemaligen Mitarbeiter des MfS zu werben versuchten, um die Abwehrbereitschaft unserer Sicherheitsorgane gegen feindliche Angriffe zu schwächen, wird die Todesstrafe gegen beide Verräter vorgeschlagen. Das Urteil ist sofort nach der Rechtskraft und der Versagung des Gnadenerweises durch den Präsidenten der DDR zu vollstrecken."

In der Hauptverhandlung konnte nicht festgestellt werden, daß der Angeklagte Kenntnis von dieser Vorlage hatte.

Die Hauptverhandlung gegen die Eheleute Krüger, die, was rechtlich zulässig war, auf die Beiordnung von Verteidigern für die Hauptverhandlung verzichtet hatten, fand vor einer ausgewählten Zuhörerschaft, bestehend aus MfS-Mitarbeitern, statt. Beide damaligen Angeklagten waren umfassend geständig, so daß eine Beweisaufnahme nicht durchgeführt wurde.

Das Urteil des ersten Strafsenats des Obersten Gerichtshofes der DDR lautete wie folgt: {317}

„Oberstes Gericht
der
Deutschen Demokratischen Republik
1. Strafsenat
1 Zst (I) 6/55

Im Namen des Volkes!

In der Strafsache
gegen 1. Krüger, Bruno, Max
geb. 1924 in G.
Beruf: Friseur
2. Krüger, Susanne
geb. 1925 in G.
Beruf: Anwaltsgehilfin
wegen Verbrechens gegen Art. 6 der Verfassung der Deutschen Demokratischen Republik in Verbindung mit der Kontrollratsdirektive Nr. 38 Abschn. II Art. III A III,

hat das Oberste Gericht der Deutschen Demokratischen Republik durch den 1. Strafsenat in der Sitzung vom 4. August 1955 in Berlin, an der teilgenommen haben:

Oberrichter *Möbius*
als Vorsitzender,
Richter *Reinwarth*
Richter *Kubasch*
als beisitzende Richter,
Staatsanwalt der Volkspolizei
Haberkorn
als Vertreter des Generalstaatsanwalts
der Deutschen Demokratischen Republik,
Hauptsachbearbeiter *K.*
als Protokollführer,

für Recht erkannt:

wegen Verbrechens gegen Art. 6 der Verfassung der Deutschen Demokratischen Republik in Verbindung mit Kontrollratsdirektive Nr. 38 Abschn. II Art. III A III werden verurteilt:

der Angeklagte Bruno *Krüger*
zum *Tode*,
die Abgeklagte Susanne *Krüger*
zum *Tode*. {318}
Den Angeklagten werden die Sühnemaßnahmen des Abschn. II Art. IX Ziff. 3 bis 9 der Kontrolldirektive Nr. 38[27] auferlegt.
Die Angeklagten haben die Kosten des Verfahrens zu tragen.

Gründe:
Die Deutsche Demokratische Republik ist der erste Arbeiter- und Bauernstaat in der Geschichte der deutschen Nation. Die Arbeiter, die werktätigen Bauern und die schaffende Intelligenz haben nach dem Sieg der ruhmreichen Sowjetarmee über den deutschen Faschismus im heutigen Gebiet der Deutschen Demokratischen Republik unter Führung der Partei der Arbeiterklasse und der UdSSR den Faschismus und Militarismus mit den Wurzeln ausgerottet und die Monopolisten und Großgrundbesitzer für alle Zeiten entmachtet. Die sich daraus frei von Ausbeutung und Unterdrückung entwickelten gesellschaftlichen Verhältnisse ermöglichten im Jahre 1952 den auf der II. Parteikonferenz gefaßten Beschluß der Sozialistischen Einheitspartei Deutschlands, in der Deutschen Demokratischen Republik mit der Schaffung der Grundlagen des Sozialismus zu beginnen und damit vor aller Welt unmißverständlich den Weg aufzuzeigen, den die Werktätigen in der Deutschen Demokratischen Republik in der Zukunft gehen werden.
Seit dieser Zeit haben die westlichen Imperialisten im Verein mit den deutschen Faschisten und Revanchisten ihre wütenden Angriffe auf die Grundlagen und Errungenschaften unseres Arbeiter-

und Bauernstaates um ein Vielfaches verstärkt. Westberlin ist von ihnen zu einem Agentenstützpunkt ausgebaut worden, in dem viele Verbrecherorganisationen unter dem Schutz der westlichen Besatzungsmächte ihr Unwesen gegen die Deutsche Demokratische Republik treiben. Von Westberlin aus werden die Agenten, Spione, Saboteure und Diversanten nicht nur in die Deutsche Demokratische Republik, sondern auch in die Volksdemokratien und die UdSSR zur Begehung ihrer gegen die friedliebenden werktätigen Menschen gerichteten Verbrechen eingeschleust. Daß die auf Restaurierung ihrer alten Machtverhältnisse bestrebten Feinde des Volkes in der Verfolgung ihres Zieles vor keinem noch so abscheulichen Verbrechen zurückschrecken, haben bereits zahlreiche Strafverfahren vor den {319} Gerichten der Deutschen Demokratischen Republik, insbesondere aber die Vorgänge im Zusammenhang mit dem faschistischen Putschversuch vom 17. Juni 1953 bewiesen. Es ist daher notwendig, neben der unaufhörlichen Erziehung unserer Bürger zur revolutionären Wachsamkeit, die staatlichen Sicherheitsorgane stetig weiter auszubauen und in ihrer Abwehrkraft zu stärken.

Den westlichen Agentenzentralen werden insbesondere durch die Arbeit des Staatssekretariats für Staatssicherheit – im folgenden als SfS bezeichnet – immer wieder vernichtenden Schläge versetzt. In Erkenntnis der Stärke dieses wichtigsten Sicherheitsorganes unseres Staates versuchen sie daher mit allen nur irgendwie geeigneten Methoden, die Schlagkraft des SfS zu beeinträchtigen. Verbrecherische Elemente, wie im vorliegenden Fall die beiden Angeklagten, sind dabei von außerordentlichem Nutzen. Mit dem Strafverfahren gegen die Angeklagten Bruno und Susanne Krüger, die Mitarbeiter des Ministeriums für Staatssicherheit bzw. SfS waren, wurden zwei gewissenlose Menschen zur Verantwortung gezogen, die sich schwerstens gegen die Lebensgrundlage des deutschen Volkes vergangen haben.

Im einzelnen hat die Hauptverhandlung gegen die Angeklagte ergeben:

Der 1924 geborene Angeklagte Bruno Krüger entstammt einer Arbeiterfamilie. Er besuchte die Volksschule und erlernte danach das Friseurhandwerk. Im März 1941 kam er zum Reichsarbeitsdienst und später zur faschistischen Wehrmacht. Von Mai 1942 bis September 1944 befand er sich wegen ‚Zersetzung der Wehrkraft' in Haft. Nachdem er sich als Wehrmachtshäftling einige Zeit in Torgau und Glatz in Gewahrsam befunden hatte, wurde er als Minensucher in den Rokitno-Sümpfen (UdSSR) eingesetzt. Im September 1944 gelangt es ihm zu entfliehen und Anschluß an eine sowjetische Partisaneneinheit zu finden, bei der er bis April 1945 als Sanitäter tätig war. Ende Mai 1945 wurde er in Minsk in ein Krieggefangenenlager eingewiesen. Dort war er als Dolmetscher und Verwalter eingesetzt. Im Juni 1949 wurde er vom Ministerium für Staatssicherheit als Wachmann übernommen und später als Sachbearbeiter beschäftigt. Im Oktober 1952 wurde er wegen seines unmoralischen Lebenswandels entlassen. Er war dann beim Rat der Stadt Schwerin als Angestellter tätig. Am 27. August 1953 verließ er illegal die Deutsche Demokratische Republik und begab sich {320} nach Westberlin.

Politisch war der Angeklagte vor dem Jahr 1945 nicht organisiert. Nach seiner Entlassung aus sowjetischer Kriegsgefangenschaft im Jahre 1949 wurde er in die Sozialistische Einheitspartei Deutschlands aufgenommen, deren Mitglied er bis zu seiner Republikflucht war.

Die Angeklagte Susanne Krüger ist die Ehefrau des Angeklagten Bruno Krüger. Sie ist 1925 geboren und entstammte ebenfalls einer Arbeiterfamilie. Sie besuchte die Volksschule und erlernte danach den Beruf einer Anwaltsgehilfin. Von November 1945 bis Juni 1946 war sie als Sekretärin im Amt für Handel und Versorgung und beim Kreisschulrat in Stralsund tätig. Sie wurde dann bei der Kreispolizeibehörde in Stralsund eingestellt. Dort war sie zuerst Sekretärin und später Personalsachbearbeiterin. Am 1. April 1949 wurde sie nach Ahlbeck versetzt. Am 1. November 1949 wurde sie Mitarbeiterin des Ministeriums für Staatssicherheit. Zum Zeitpunkt ihrer Entlassung, die am 10. August 1953 wegen der Republikflucht ihres Ehemannes gegen sie ausgesprochen werden mußte, war sie in Schwerin tätig. Am 5. September 1953 verließ sie illegal die Deutsche Demokratische Republik und begab sich zu ihrem Ehemann nach Westberlin.

Die Angeklagte gehörte von 1939 bis 1942 dem faschistischen BDM an, ohne Funktionen inne gehabt zu haben. Von April 1946 bis zu ihrer Republikflucht war sie Mitglied der Sozialistischen Einheitspartei Deutschlands. Außerdem gehörte sie dem FDGB und der Gesellschaft für deutsch-sowjetische Freundschaft an.
Der Angeklagte Bruno Krüger verließ am 27. August 1953 zusammen mit einer gewissen Anneliese Schu., mit der er ein intimes Verhältnis hatte, illegal die Deutsche Demokratische Republik. Seine Ehefrau, die Angeklagte Susanne Krüger, hatte er von seinem Vorhaben in Kenntnis gesetzt und mit ihr vereinbart, daß sie ihm später folgen solle.
In Westberlin mietete sich der Angeklagte mit Anneliese Schu. im Hotel ‚Hamburger Hof' in Spandau ein. Am 30. August 1953 suchten sie gemeinsam das Auffanglager Marienfelde auf. Hier wurde das sogenannte Notaufnahmeverfahren eingeleitet. Bei der amerikanischen ‚Sichtungsstelle', die zuerst aufgesucht werden {321} mußte, gab der Angeklagte seine frühere Tätigkeit beim Ministerium für Staatssicherheit an. Daraufhin wurde er von seiner Freundin getrennt und am 31. August 1953 einer amerikanischen Geheimdienststelle in Berlin-Dahlem, Fahrbeckstraße 5a[28] zugeführt.
In dieser Dienststelle wurde der Angeklagte von einem Amerikaner, der sich unter dem Namen ‚Reinhold' vorstellte, vernommen. im Verlaufe dieser Vernehmungen machte der Angeklagte umfangreiche Angaben über die Dienststellen des SfS im Bezirk Schwerin. Nachdem er über die Dauer und die Art der eigenen Tätigkeit beim SfS ausgesagt hatte, machte er Angaben über vier Mitarbeiter, mit denen er zusammengearbeitet hatte. Er gab dann genaue Auskunft über die Lage der Dienststellen Schwerin, Parchim, Güstrow und Wismar. Auch über die Struktur des SfS im Bezirk Schwerin und den verschiedenen Abteilungen der Bezirksverwaltung Schwerin des SfS sowie über die Bewaffnung der Mitarbeiter machte er in alle Einzelheiten gehende Aussagen.
Am 1. September traf der Angeklagte zum zweitenmal mit dem Agenten Reinhold zusammen. Diesmal bezogen sich seine verräterischen Angaben auf die nach Abteilungen aufgegliederte Besetzung der Bezirksverwaltung Schwerin des SfS und verschiedener Kreisdienststellen. Die einzelnen Mitarbeiter wurden von ihm nicht nur namentlich angegeben, vielmehr verriet er, soweit er dazu in der Lage war, auch noch die Wohnadressen. Außerdem fertigte er über die von ihm namhaft gemachten Mitarbeiter Charakteristiken an, wobei er – entsprechend dem Wunsche Reinholds – insbesondere charakterliche und moralische Schwächen von einzelnen Mitarbeitern hervorhob, damit der imperialistische Geheimdienst die erwünschten Anknüpfungspunkte für seine verbrecherischen Ziele bekam. Von Mitarbeitern, die der Angeklagte zu charakterisieren nicht in der Lage war, gab er Personenbeschreibungen. Auf diese Weise verriet er etwa 80 Mitarbeiter des SfS.
Am 3. September 1953 traf der Angeklagte wiederum mit Reinhold zusammen. Diesmal bezogen sich seine Angaben auf die Anleitung der Kreisdienststellen durch die übergeordneten Institutionen und die durchschnittliche Bearbeitung von Vorgängen. Dabei machte er auch Aussagen über ganz bestimmte Vorgänge, die er selbst in der Untersuchungsabteilung bearbeitet hatte. Ferner gab er dem Agenten Reinhold Auskunft über der Kurierverkehr zwischen der Bezirksverwaltung Schwerin und dem SfS, sowie über {322} die Besonderheiten des Telefonverkehrs.
Bis Ende November 1953 führte der Angeklagte mit dem Agenten Reinhold insgesamt etwa 30 Zusammenkünfte durch, dabei spielte auch seine Ehefrau, die Angeklagte Susanne Krüger, mit der er am 10. September 1953 in Westberlin zusammentraf, eine wesentliche Rolle.
Der Agent Reinhold hatte dem Angeklagten hatte dem Angeklagten den verbrecherischen Auftrag erteilt, sich brieflich mit Mitarbeitern der Bezirksverwaltung Schwerin des SfS in Verbindung zu setzen und diese zu einem Besuch in Westberlin aufzufordern, damit sie für Agententätigkeit gegen die Deutsche Demokratische Republik angeworben werden konnten. Er schrieb daraufhin zuerst an Anni M. in Schwerin, deren Ehemann Mitarbeiter des SfS war. Anni M. besuchte die Angeklagten in der zweiten Hälfte des September 1953 in Westberlin. Sie wurde von

den beiden Angeklagten dem Agenten Reinhold zugeführt, der sie für den verbrecherischen Auftrag anwarb, ihren Ehemann zum Zwecke der Anwerbung für Agententätigkeit im Interesse der westlichen Imperialisten nach Westberlin zu schicken. Anni M. erklärte sich mit dem Auftrag einverstanden und erhielt dafür von Reinhold 40.- Westmark. Ihr Ehemann Sylvester M. suchte die Angeklagten auch tatsächlich Ende September 1953 in Westberlin auf. Nachdem Sylvester M. sein Einverständnis zur Durchführung der ihm zugedachten verbrecherischen Tätigkeit erklärte hatte, führten ihn die Angeklagten dem Agenten Reinhold zu. M. wurde von Reinhold vernommen und erhielt, nachdem er Bedenken hinsichtlich der Anwerbung eines bestimmten Abteilungsleiters geäußert hatte, auf seinen eigenen Vorschlag hin den Auftrag, die von Reinhold gewünschte Verbindung mit dem Verschlußsachenbearbeiter bei der Bezirksverwaltung Schwerin des SfS aufzunehmen.

Der Agent Reinhold gab dem Angeklagten den Auftrag, an weitere Mitarbeiter des SfS oder andere für die Anwerbung als Spion in Frage kommende Bürger Schwerins zu schreiben und sie nach Westberlin zu locken. Der Angeklagte schrieb daraufhin noch an zwei Mitarbeiter des SfS und an einen Abteilungsleiter beim Rat des Kreises Schwerin. Seine Ehefrau veranlaßte er ebenfalls zum Schreiben von etwa zehn Briefen und Karten an drei Mitarbeiter der Bezirksverwaltung Schwerin des SfS. Besonders hartnäckig {323} bemühten sie sich um die Familie Knö., worauf noch beim strafbaren Verhalten der Angeklagten Susanne Krüger eingegangen wird.

Während der Angeklagte in der ersten Zeit nach seiner Republikflucht von dem Agenten Reinhold nur von Fall zu Fall kleinere Geldbeträge und mit der Ankunft seiner Ehefrau die gemeinsamen Unterbringungs- und Verpflegungskosten erhielt, bekamen die Angeklagten mit der Anwerbung der Anni M. wöchentlich 115,- Westmark festes ‚Gehalt'.

Ab November 1953 unterhielt der Agent Reinhold keine festen Verbindungen mehr zu dem Angeklagten. Der Angeklagte Bruno Krüger blieb Reinhold aber weiter verpflichtet und sollte diesen sofort benachrichtigen, wenn sich auf Grund der von dem Angeklagten veranlaßten Schreiben Personen in Westberlin einfinden sollten.

Mitte Dezember 1953 schickte der Angeklagte seine Ehefrau zu der amerikanischen Geheimdienststelle mit dem Ziel, von dort Geld zu erhalten. Die Angeklagte Susanne Krüger wurde für eine Woche später bestellt und erhielt dann, nachdem sie ein Schriftstück unterzeichnet hatte, wonach sie an die Amerikaner keine Ansprüche mehr zu stellen habe, 100,- Westmark ausbezahlt. Gleichzeitig wurde ihr mitgeteilt, daß ihr Ehemann am nächsten Tag ebenfalls zu Entgegennahme einer Abfindung in gleicher Höhe erscheinen könne. Dies tat der Angeklagte Bruno Krüger auch.

Kurze Zeit nach dem Eintreffen seiner Ehefrau in Westberlin suchte er auch die englische Geheimdienststelle in Charlottenburg, Karolinger Platz 8 auf. Hier machte er im wesentlichen die gleichen verbrecherischen Angaben über seine Tätigkeit und den Dienststellen des SfS im Bezirk Schwerin und fertigte Lageskizzen über die einzelnen Objekte an. Durch die englische Geheimdienststelle wurde er mit dem Agenten ‚Ne.' vom sogenannten Amt für Verfassungsschutz in Verbindung gebracht.

Anfang Dezember 1953 brachte der Angeklagte vereinbarungsgemäß die Angeklagte Susanne Krüger mit dem Agenten Ne. in Verbindung. Bei dieser Zusammenkunft, die im Beisein des Angeklagten Bruno Krüger stattfand, machte die Angeklagte Susanne Krüger dem Agenten Ne. umfangreiche Spionageangaben über die Bezirksverwaltung Schwerin des SfS. {324}

Mitte Dezember 1953 traf sich der Angeklagte Bruno Krüger erneut mit dem Agenten Ne. Hierbei erhielt er den Auftrag, an Mitarbeiter des SfS nach Schwerin zu schreiben und sie zu Besuchen nach Westberlin aufzufordern. Diesen Auftrag nahm er an und schrieb auch an einen Mitarbeiter des SfS in Schwerin. Seine Ehefrau beauftragte er, erneut an Frau Knö. zu schreiben. Ne. zeigte bei dieser Zusammenkunft außerdem besonderes Interesse an der Aufnahme von verbrecherischen Verbindungen zu Mitarbeitern des SfS in Berlin. Daraufhin machte ihm der Angeklagte Vorschläge, wie Ne. dies nach seiner Meinung am besten bewerkstelligen könne.

Anfang Januar und am 17. Januar 1954 traf sich der Angeklagte Bruno Krüger abermals mit dem Agenten Ne. Bei diesen Zusammenkünften legte er die für den Versand nach Schwerin vorgesehenen Briefe vor, deren Inhalt von Ne. für richtig befunden wurde.
Ne. zahlte den Angeklagten neben kleineren Beträgen monatlich 60.- Westmark.
Im weiteren Verlaufe seines ‚Notaufnahmeverfahrens' suchte der Angeklagte Bruno Krüger noch die Abteilung K9 im Präsidium der Sturm-Polizei, die Verbrechenszentrale ‚Kampfgruppe gegen Unmenschlichkeit', den ‚Untersuchungsausschuß freiheitlicher Juristen' und das ‚Ostbüro der CDU' auf. Überall beging er den gleichen umfangreichen Verrat; bei all diesen Verbrecherzentralen übergab er Durchschläge seiner an die amerikanischen und englischen Geheimdienststellen gelieferten Spionageberichte.
Mitte August 1954 wurde der Angeklagte Bruno Krüger von einem ihm bis dahin unbekannten Agenten aufgesucht, der ihm das Angebot machte, Spionage gegen die Sowjetunion durchzuführen. Zu diesem Zwecke sollte er vorerst eine Spezialschulung erhalten. Danach sollte er in die UdSSR eingeschleust werden. Zu diesem Angebot hatte sich der Angeklagte wegen der außerordentlichen Gefährlichkeit für seine Person Bedenkzeit ausgebeten. Zu einer nochmaligen Zusammenkunft mit diesem Agenten kam es infolge der Verhaftung des Angeklagten nicht mehr.
Für seine verbrecherische Tätigkeit hat der Angeklagte zusammen mit seiner Ehefrau etwa 2.500.- Westmark als Bezahlung erhalten. {325}
Die Angeklagte Susanne Krüger war als Mitarbeiterin der Bezirksverwaltung Schwerin des SfS von dem Vorhaben ihres Ehemannes, illegal die Deutsche Demokratische Republik zu verlassen, vollkommen unterrichtet. Sie vereinbarte mit ihm, wie die Verbindung zwischen ihnen aufrecht zu erhalten sei und auch, daß sie ihm später nach Westberlin folgen werde.
Schon wenige Tage nach der Republikflucht ihres Ehemannes erhielt sie von diesem Nachricht, die sie veranlaßte, sich ebenfalls nach Westberlin zu begeben. Von ihrem Vorhaben setzte sie die Eheleute M. in Kenntnis, die ihrer Bitte um Unterstützung bei der Republikflucht entsprachen und sie am 5. September 1953 bis in das Auffanglager Marienfelde in Westberlin begleiteten.
Nachdem die Angeklagte in Marienfelde registriert worden war, wurde sie einer sich im Lager befindlichen amerikanischen Geheimdienststelle zugeführt. Auf Grund ihrer Angaben über ihre Tätigkeit beim SfS und über ihren Ehemann, wurde sie am 8. September 1953 wieder bestellt. An diesem Tage wurde sie mit einem Kraftwagen zu der amerikanischen Geheimdienststelle in Berlin Dahlem, Fahrbeckstraße 5a gebracht. Auf dieser Geheimdienststelle wurde sie in der Zeit vom 8. bis 18. September 1953 täglich über ihre Tätigkeit beim SfS vernommen. Ihre Angaben schrieb sie selbst mit einer ihr zur Verfügung gestellten Schreibmaschine nieder. Sie machte bis in alle Einzelheiten gehende Angaben über die Struktur, die Aufgabengebiete und Bezeichnungen der einzelnen Abteilungen, die Dienstgrade, Namen und Tätigkeitsgebiete der einzelnen Mitarbeiter und ihrer Wohnadressen. Darüberhinaus fertigte sie von allen Mitarbeitern Personalbeschreibungen an und erwähnte dabei insbesondere ihre Lebensgewohnheiten. Charakterliche und moralische Schwächen, die nach ihrer Ansicht bei verschiedenen Mitarbeitern vorhanden waren, wurden von ihr deutlich herausgestellt, um den Agenten die Auswahl von Personen für die Anwerbung zur Agententätigkeit zu erleichtern.
Am 10. September 1953 wurde die Angeklagte durch den Agenten Reinhold mit ihrem Ehemann zusammengeführt. Nunmehr ergänzten die Angeklagten gegenseitig ihre Spionageangaben. Das Ergebnis davon war, dass der amerikanische Geheimdienst jetzt eine umfassende Einsicht in alle innerdienstlichen Angelegenheiten der Dienststellen des SfS im Bezirk Schwerin hatte und teilweise auch über die {326} Dienststellen in Rostock und Neubrandenburg informiert war. Die Angeklagte benannte, beschrieb und charakterisierte etwa 150 Mitarbeiter des SfS. Ihre verbrecherischen Angaben bezogen sich auch auf Mitarbeiter des SfS, die zu anderen Dienststellen versetzt worden waren. Auch die Lage der Kreisdienststellen und das Objekt, in dem das Wachbataillon untergebracht war, sowie die Bewachung der Dienststellen nach

Dienstschluß und an Sonn- und Feiertagen verriet sie. Ferner bezeichnete sie die Kurierwege zwischen den Dienststellen und die Sacharbeiter für Verschlußsachen.
Ende September bis Anfang Oktober 1953 war die Angeklagte, wie bereits beim Angeklagten Bruno Krüger dargestellt, an der Zuführung der Anni und des Sylvester M. an den Agenten Reinhold beteiligt.
Im November 1953 wurde sie durch ihren Ehemann mit dem Agenten Ne. in Verbindung gebracht. Dieser Agent stellte ihr ebenfalls eine Schreibmaschine zur Verfügung, mit der sie nochmals in dreifacher Ausfertigung ihre beim amerikanischen Geheimdienst gemachten außerordentlich umfangreichen Spionageangaben niederschrieb.
Ebenfalls im November 1953 schrieb sie im Auftrag des Agenten Reinhold an einen Mitarbeiter des SfS in Schwerin, mit dem sie ein intimes Verhältnis unterhalten hatte, einen Brief, um diesen Mitarbeiter nach Westberlin zu locken.
Im Auftrag des Agenten Ne. richtete die Angeklagte an das Ehepaar Knö. in Schwerin etwa zehn Briefe. Für jeden Brief zahlte ihr Ne. 20.- Westmark. Sie verstand es dabei in raffinierter Weise, neben Versprechungen auf Ersatz des Reisegeldes unter Vorspiegelung ihres gespannten Eheverhältnisses, das schließlich zur Trennung von ihrem Ehemann geführt habe, bei Frau Knö. den Eindruck zu erwecken, als ob sie dringend ihren menschlichen Rat benötige. Um bei Frau Knö. auch noch ein verpflichtendes Gefühl zu erwecken, sandte der Agent Ne. dieser einige Päckchen mit Lebens- und Genußmitteln unter dem Namen der Angeklagten. Als Frau Knö. infolge der andauernden hartnäckigen Aufforderungen die Angeklagte Susanne Krüger dann am 2. November 1953 in Westberlin aufsuchte, gelange es der Angeklagten aber trotz allen Zuredens nicht, Frau Knö. dem Agenten Ne. zuzuführen. {327}
Nachdem der amerikanische Geheimdienst kein Interesse mehr an den beiden Angeklagten hatte, betrieb auch die Angeklagte ihr ‚Notaufnahmeverfahren' weiter. Zu diesem Zweck suchte sie am 2. November 1953 im Auffanglager Marienfelde die dort stationierten Dienststellen des englischen und französischen Geheimdienstes auf. Beim englischen Geheimdienst war der Fall Krüger bereits ein Begriff, auf weitere Angaben der Angeklagten wurde deshalb verzichtet. Weit mehr Interesse zeigte der französische Geheimdienst. Die Angeklagte wurde einem Agenten zugeführt, der ihr ein Protokoll zur Verlesung brachte, das Spionageangaben eines ehemaligen Mitarbeiters der Bezirksverwaltung Schwerin des SfS enthielt. Die Angeklagte stellte fest, daß die Angaben dieses anderen Verräters ‚unvollkommen' waren und ergänzte sie entsprechend ihren umfangreichen Kenntnissen. Sie gab dem Agenten auch noch anderweitige Informationen über den Post- und Kurierverkehr und über inoffizielle Mitarbeiter des SfS. Ebenso machte sie ausführlich Angaben über ihre eigene Tätigkeit. Die Angeklagte wurde dann für den folgenden Tag wiederbestellt. Sie kam dieser Aufforderung nach und wurde diesmal von zwei Agenten über ihre verbrecherischen Angaben vom Vortage vernommen; außerdem gab sie diesen Agenten auf Befragen noch Auskunft über den Standort des Wachbataillons des SfS in Schwerin. Für ihren diesmaligen Verrat erhielt sie 5.- Westmark.
Am 26. November 1953 suchte die Angeklagte das Präsidium der Sturmpolizei auf und sagte dort bei der berüchtigten Abteilung K 5 ebenso wie bei allen vorangegangenen Spionagezentralen aus. Unter Mithilfe ihres Ehemannes fertigte sie nochmals mit einer Schreibmaschine in mehreren Durchschlägen ihre umfangreichen Spionageberichte an, wovon einer der Abteilung K 5 übergeben wurde.
Im Dezember 1953 begab sich die Angeklagte jeweils einen Tag nach ihrem Mann zu der ‚Kampfgruppe gegen Unmenschlichkeit' und dem ‚Untersuchungsausschuß freiheitlicher Juristen'. Ihren Aussagen zufolge brauchte sie bei diesen Verbrechenszentralen keine Spionageangaben mehr zu machen, da der Angeklagte Bruno Krüger je einen Durchschlag der von ihr gefertigten Spionageberichte bei diesen Stellen überreicht hatte. Ferner bestätigte die Angeklagte im Dezember 1953 bei der sogenannten Vorprüfungsstelle B I am Kaiserdamm 83 die von dem Angeklagten gemachten Spionageangaben.

Die tatsächlichen und möglichen Folgen des ungeheuerlichen Verrates der beiden Angeklagten sind unübersehbar. Es gibt fast keine in dem westberliner Agentenstützpunkt existierende Organisation, die {328} sich mit Spionage, Sabotage und Diversion gegen die Deutsche Demokratische Republik befaßt, die nicht von den Angeklagten mit umfangreichen Spionagematerial beliefert wurde. Die Fülle desselben ist, soweit es die Arbeit des SfS im Bezirk Schwerin betrifft, nicht zu überbieten. In seiner Qualität stellt es eine allumfassende Einheit dar, die den Feinden unseres Staates die breitesten verbrecherischen Angriffsmöglichkeiten eröffnete. Der skrupellose Verrat der beiden Angeklagten gab nicht nur den im Auftrag der westlichen Imperialisten tätigen Agenten, Spionen und Diversanten die Möglichkeit, sich vor allem im Bezirk Schwerin, aber auch zum Teil in den Bezirken Rostock und Neubrandenburg bei der Begehung ihrer Verbrechen die Kenntnis von den Verhältnissen des in diesen Gebieten stationierten wichtigsten Sicherheitsorganes unseres Staates auszunutzen. Vielmehr wurde durch den zutiefst verabscheuenswürdigen Verrat der Angeklagten den westlichen Verbrecherorganisationen die Basis zum direkten Angriff auf die Objekte und die Personen der einzelnen Mitarbeiter des SfS in diesen Gebieten geschaffen. Die erwiesenermaßen selbst vor Massenmord, Sabotage- und Diversionsakten allergrößten Ausmaßes nicht zurückschreckende Verbrecherbande ‚KgU‘ verbreitete seit dem Frühjahr 1954 in Schwerin Hetzschriften, die, wie die Angeklagten selbst zugeben müssen, ihrem Inhalt nach zum großen Teil auf den Spionageangaben der Angeklagten, insbesondere aber auf denen der Angeklagten Susanne Krüger, beruhen. Mit diesen Flugblättern, die die gesamte seinerzeitige Struktur und personelle Besetzung mit Personenbeschreibungen und Wohnanschriften der Dienststellen des SfS im Bezirk Schwerin enthielten, wurde die Bevölkerung gegen diese Mitarbeiter aufgehetzt. Ein besonderes Flugblatt richtete sich speziell gegen einige Mitarbeiter, die damit als ‚Terroristen des Volkes‘ verleumdet wurden. Außerdem enthielt es eine Morddrohung gegen diese Mitarbeiter. Ferner wurden an eine ganze Reihe von Mitarbeitern des SfS Schreiben gesandt, die neben allerlei bedrohenden Anspielungen den Mitarbeitern die Aufnahme von Verbindungen zu westlichen Verbrecherorganisationen dringend anriet. Die Mitarbeiter wurden aber auch noch auf andere Art angegriffen, indem ihnen offene Karten geschickt wurden, die einmal den Verdacht erwecken sollten, daß diese Mitarbeiter eine staatsfeindliche Tätigkeit ausüben, zum andern sollte der mitunter außerordentlich gemeine Text dieser Karten die Mitarbeiter als Personen schlechthin in der Öffentlichkeit bloßstellen, womit sie also auf diese oder jene Weise für die Beschäftigung beim SfS unmöglich gemacht werden sollten. Auf diese Weise sollten {329} die Kader des SfS im Bezirk Schwerin zerschlagen werden und zwar unter Einbeziehung auch der nicht hauptamtlichen von den Angeklagten verratenen Mitarbeitern des SfS. Zu diesem Zwecke gab die ‚KgU‘ ein Flugblatt heraus, mit denen Mitarbeiter unter Namensnennung, Personenbeschreibung und Angabe ihrer Tätigkeit als ‚Spitzel‘ bezeichnet und die Bürger Schwerins vor ihnen gewarnt wurden.
Vorstehender Sachverhalt beruht auf den Geständnissen der beiden Angeklagten und den zum Gegenstand der Hauptverhandlung gemachten Beweismitteln.
Die verbrecherischen Handlungen der beiden Angeklagten stellen ihrem Charakter nach rechtlich Kriegs- und Boykotthetze im Sinne des Art. 6 der Verfassung der Deutschen Demokratischen Republik dar und beinhalten ihrem Wesen entsprechend die Tatbestandsmerkmale der Kontrollratsdirektive Nr. 38 Abschn. II Art. III A III.
Der Staatsanwalt beantragt unter den vorstehenden rechtlichen Gesichtspunkten gegen beide Angeklagte die Todesstrafe.
Die Angeklagten haben als ehemalige Mitarbeiter des SfS in verantwortlichen Funktionen wie sich aus dem Umfang, dem Charakter, den tatsächlich eingetretenen und den möglichen Folgen ihres mit hemmungsloser verbrecherischer Intensität betriebenen strafbaren Verhaltens ergibt, ein für die Sicherheit und den Bestand des ersten deutschen Arbeiter- und Bauernstaates außerordentlich gefährliches Verbrechen begangen. Die ganze Tragweite der an Schändlichkeit nicht zu überbietenden verbrecherischen Handlungsweise der Angeklagten wird aber erst dann klar,

wenn die zeitliche Begehung ihrer schwerwiegenden verbrecherischen Handlungen im Zusammenhang mit der gleichzeitig bestehenden politischen Situation betrachtet wird.
Am 17. Juni 1953 unternahmen die deutschen Faschisten, Millitaristen, Monopolkapitalisten und Junker mit Einverständnis und Unterstützung der Westmächte von ihrem Brückenkopf Westberlin aus einen Putschversuch in der Deutschen Demokratischen Republik, dessen Ziel die gewaltsame Beseitigung der Staatsmacht der Arbeiter und Bauern und die Wiederherstellung der bis zum Jahre 1945 bestandenen gesellschaftlichen Machtverhältnisse war. Abgesehen von einem geringen Teil schwankender und ideologisch zurückgebliebener {330} Werktätigen gelang es den Initiatoren dieses Putsches im Verein mit den in der Deutschen Demokratischen Republik lebenden feindlichen Elementen nicht, größere Teile der Arbeiter- und werktätigen Bauernklasse unseres Staates für ihre verbrecherischen Ziele zu mißbrauchen. Vielmehr verteidigte die überwältigende Mehrheit ihre Staatsmacht und half, den faschistischen Provokateuren eine entscheidende Niederlage beizubringen. Damit gaben sich jedoch die Feinde der werktätigen Menschen keineswegs zufrieden. Mit fieberhafter Eile bereiteten sie einen neuen ‚Tag X‘ vor. Der mißglückte Putschversuch vom 17. Juni 1953 hatte vor allem auch den Beweis der Treue und Schlagkraft der Sicherheitsorgane unseres Staates erbracht; um also den neuen Überfall erfolgreicher gestalten zu können, wäre vor allem eine Schwächung der Sicherheitsorgane der Deutschen Demokratischen Republik erforderlich gewesen.
Dies alles war den beiden Angeklagten besser als jedem anderen Bürger bekannt. Insbesondere die Angeklagte Susanne Krüger wußte, welche große Verantwortung dem SfS in dieser Bewährungsprobe für unsere Gesellschaftsordnung oblag. In rastloser Arbeit und selbstlosem Einsatz trafen die Mitarbeiter des SfS alle erforderlichen Maßnahmen. In dieser Zeit faßte der Angeklagte Bruno Krüger den Entschluß, in das Lager der Feinde überzugehen, genauso wissend, was dieser Schritt für ihn selbst und für unseren Staat zu bedeuten hatte. Daß er bereit war, den in seinen Kräften stehenden Beitrag zur Beseitigung der Deutschen Demokratischen Republik zu leisten, beweist sein von Anbeginn seiner Ankunft in Westberlin an den Tag gelegtes Verhalten. Er weihte auch die Angeklagte Susanne Krüger in sein verbrecherisches Vorhaben ein, die sich über die Folgen desselben ebenfalls in keinerlei Zweifel befunden hat und nicht nur mit dem Unternehmen ihres Ehemannes einverstanden war, sondern sich mit ihm noch darüber einigte, ihm zu gegebener Zeit zu folgen.
Für den erneut beabsichtigten Überfall lieferten die Angeklagten mit ihren Spionageangaben den westlichen Provokateuren eine umfassende Angriffsgrundlage gegen das wichtigste Abwehrorgan im Bezirk Schwerin und gaben darüberhinaus auch für die Bezirke Rostock und Neubrandenburg nicht unwesentliche Informationen für den gleichen Zweck. Wäre es der Wachsamkeit der Bevölkerung der Deutschen Demokratischen Republik nicht gelungen, den faschistischen Provokateuren die Basis eines neuerlichen Putschversuches zu entziehen, hätte der Verrat der Angeklagten {331} katastrophale Folgen haben können. Aber auch die Verwendung des von den Angeklagten gelieferten Spionagematerials zu einer systematischen Wühlarbeit und Hetzpropaganda sowie die Auswertung zu einer sicheren Durchführung der Spionage- und Diversionstätigkeit anderer Agenten war für die westlichen Verbrecherorganisationen von unermeßlichem Wert. Dazu kommen noch die von den Angeklagten durchgeführten staatsfeindlichen Angriffe der versuchten und im Falle der Eheleute M. auch gelungenen Zuführung von Mitarbeitern des SfS und anderer Bürger der Deutschen Demokratischen Republik an die westlichen Geheimdienste. Die schamlose Ausnutzung ehemaliger persönlicher Beziehungen läßt die ganze verbrecherische Skruppellosigkeit beider Angeklagten besonders deutlich in Erscheinung treten.
Die beiden Angeklagten haben das in sie gesetzte Vertrauen der Werktätigen der Deutschen Demokratischen Republik schändlichst mißbraucht und unseren Staat, der ihnen alle Förderung angediehen ließ, durch ihre ungeheuerlichen Verbrechen großen Schaden zugefügt. Das schwerste Verbrechen, das es gegen die Lebensinteressen und den hart erarbeiteten Errungen-

schaften unserer Bevölkerung geben kann, ist der Angriff auf die Grundlagen der Deutschen Demokratischen Republik, die auf der Erhaltung des Friedens, der Völkerfreundschaft und der Schaffung eines Lebens in Wohlstand, frei von kapitalistischen Ausbeutung beruhen. Menschen, die sich in derart schwerer und verbrecherischer Weise gegen unseren Staat vergehen, wie dies die beiden Angeklagten getan haben, müssen durch die Anwendung der härtesten vom Gesetz mit der Todesstrafe vorgesehenen Schutzmaßnahme aus der Gesellschaft entfernt werden. Gegen beide Angeklagte war daher auf die Todesstrafe zu erkennen.
Die Verhängung der obligatorischen Sühnemaßnahmen der Kontrollratsdirektive Nr. 38 Abschn. II Art. IX ist vom Gesetz zwingend vorgeschrieben.
Die Kostenentscheidung beruht auf § 353 StPO.
gez. Möbius gez. Reinwarth gez. Kubasch {332}[29]

Die Eheleute Krüger wurden am 14. September 1955 in Dresden hingerichtet.

Der Angeklagte hat sich wie folgt eingelassen:

Angesichts der zu erwartenden hohen Strafen habe er es nicht für gut gehalten, daß die Angeklagten ohne Verteidiger verhandeln wollten. Der Vorsitzende Möbius habe ihn jedoch beruhigt und ihm zu verstehen gegeben, daß wahrscheinlich die Sache mit dem MfS abgesprochen worden sei, wobei er scherzhaft hinzugefügt habe, es sei beim MfS wie bei der katholischen Kirche, die lasse auch niemanden fallen. Als er dann den Antrag des Staatsanwalts auf Todesstrafe gehört habe, sei er entsetzt gewesen und es sei zu einer heftigen Auseinandersetzung mit Möbius gekommen. Er, der Angeklagte, habe sich dann auch in der Beratung energisch gegen die Verhängung von Todesstrafen und für die Verhängung von lebenslangen Zuchthausstrafen eingesetzt, was er für schuldangemessen gehalten habe. Den Umstand, daß vieles dafür sprach, daß die beiden damaligen Angeklagten vom Gebiet West-Berlins aus in die DDR verschleppt worden seien, habe er nicht als Verfahrenshindernis angesehen. Schließlich sei es zu einer Kampfabstimmung gekommen, bei der er, der für eine lebenslange Zuchthausstrafe gestimmt habe, überstimmt worden sei. Das Geschehen habe ihn sehr erregt. Er habe sich noch in derselben Nacht zu Hause an den Schreibtisch gesetzt und eine Stellungnahme für das zu erwartende Gnadengesuch verfaßt, in dem er sich für einen Gnadenerweis ausgesprochen habe. Am nächsten Tage habe er erreicht, daß sowohl der Beisitzer Kubasch als auch der Vorsitzende die Stellungnahme unterzeichneten. Erst später habe er durch Zufall erfahren, daß die Eheleute Krüger hingerichtet worden seien. {333}

Der Angeklagte war auch in diesem Falle von dem Vorwurf der Rechtsbeugung aus tatsächlichen Gründen freizusprechen. Die Kammer glaubt dem Angeklagten, daß er bei der Beratung und der Abstimmung gegen die Verhängung der Todesstrafen war. Zum einen ist ihm Gegenteiliges nicht nachzuweisen, zum anderen spricht der Umstand, daß der Angeklagte in den Fällen II.1 bis 3 sein Abstimmungsverhalten und das Mittragen der jeweiligen Todesurteile offen zugegeben hat für die Richtigkeit seiner Einlassung in dieser Sache. Es ist kein Grund ersichtlich, warum der Angeklagte gerade hier die Unwahrheit sagen sollte. Bei der Frage, ob sich der Angeklagte wegen Rechtsbeugung in diesem Fall schuldig gemacht hat, ist somit von seinem Strafvorschlag – lebenslanges Zuchthaus – und nicht von der verhängten Todesstrafe auszugehen.

Wie die Kammer bereits oben ausgeführt hat, stellt die Anwendung des Artikel 6 der Verfassung der Deutschen Demokratischen Republik und der Kontrollratsdirektive Nr. 38 für sich genommen noch keine Rechtsbeugung dar. Es ist somit wieder anhand der vom Bundesgerichtshof aufgestellten Grundsätze zu prüfen, ob die Rechtsanwendung im übrigen gesetzeswidrig war. Dabei kann dem Angeklagten zunächst nicht nachgewiesen werden, daß er auf Grund der erfolgten Verschleppung der Eheleute Krüger von einem Verfahrenshindernis ausging. Dabei ist zu berücksichtigen, daß selbst nach Ansicht des Bundesverfassungsgerichts (NStZ 1986, S. 178 ff) die bundesdeutsche Justiz {334} an der Durchführung eines Strafverfahrens nicht dadurch gehindert wird, daß ein Angeklagter zuvor durch List völkerrechtswidrig auf das Gebiet der Bundesrepublik Deutschland verbracht worden war. Es sind keinerlei Anhaltspunkte ersichtlich, aus denen geschlossen werden könnte, daß der Angeklagte zur damaligen Zeit von einem bestehenden Verfahrenshindernis ausging.

Der Umstand, daß das Verfahren vor dem Obersten Gericht ohne Verteidiger stattfand, ist ebenfalls kein schwerwiegender Verfahrensmangel, da gem. § 76 Nr. 3 StPO/DDR eine solche Vorgehensweise möglich war. Die Bestrafung der Eheleute Krüger hat auch nicht ausschließlich oder überwiegend lediglich der Ausschaltung eines politischen Gegners gedient. Wie sich aus dem Urteil ergibt – ein Hauptverhandlungsprotokoll liegt nicht vor – haben die damaligen Angeklagten tatsächlich Straftaten begangen.

Es bleibt daher zu prüfen, ob eine lebenslange Zuchthausstrafe in einem so unerträglichen Mißverhältnis zu den festgestellten Handlungen stand, daß die Strafsache als grob ungerecht und als schwerer Verstoß gegen die Menschenrechte angesehen werden muß. Auch die vom Angeklagten vorgeschlagene lebenslange Zuchthausstrafe ist aus heutiger Sicht eine extrem hohe Bestrafung. Es kommt jedoch, wie bereits mehrfach dargelegt und vom BGH grundlegend ausgeführt, auf die damaligen Verhältnisse {335} in der DDR an. Dabei sind wiederum die seinerzeitigen politischen Verhältnisse zu berücksichtigen, wie sie die Kammer als wahr unterstellt hat. In diesem Rahmen ist dann zu würdigen, daß die Angeklagten ehemalige Angehörige des SfS (Staatssekretariat für Staatssicherheit) und damit Geheimnisträger waren, die beide ihr „Insider"-Wissen an gegnerische Geheimdienstes weitergegeben haben. Beide damalige Angeklagte wußten auch, daß sie zu besonderer Verschwiegenheit verpflichtet gewesen waren. Schließlich betraf ihr Verrat einen besonders sicherheitsempfindlichen Bereich. Die Folgen waren für die Mitarbeiter des SfS in Schwerin bedeutungsvoll, denn schließlich wurden ihre Namen und Adressen veröffentlicht.

Als besonders strafwürdig wurde ferner nach Angaben des Angeklagten angesehen, daß die Eheleute Krüger einem Agenten des amerikanischen Geheimdienstes weitere Personen aus dem Bereich des SfS zugeführt hatten (Eheleute M.) bzw. dies versucht hatten (u.a. Eheleute Knö.).

Unter Berücksichtigung all dieser Umstände war sicherlich eine lebenslange Zuchthausstrafe auch zu damaliger Zeit eine harte Strafe, die jedoch die Grenze zur Willkür noch nicht überschritt.

Der Angeklagte war daher auch von diesem Vorwurf aus tatsächlichen Gründen freizusprechen. {336}

[3. Zum Fall Fricke]

Am 11. Juli 1956 fand vor dem 1. Strafsenat des Obersten Gerichts der Deutschen Demokratischen Republik die Hauptverhandlung gegen den damaligen Angeklagten und jetzigen Nebenkläger Fricke statt, dem ein Verbrechen gegen Artikel 6 der Verfassung der DDR zur Last gelegt wurde. Den Vorsitz führte der Vizepräsident des Obersten Gerichts Ziegler, Beisitzer waren Oberrichter Dr. Löwenthal, dem die Berichterstattung oblag, und der Angeklagte.

Der damalige Angeklagte Fricke, beeindruckt durch das Schicksal seines Vaters, der 1946 von sowjetischen Stellen festgenommen worden und seither im Lager Buchenwald inhaftiert war, und gewarnt durch eigene Verhaftung im Februar 1949, war noch vor Gründung der DDR aus der SBZ nach Westdeutschland geflohen und später nach Berlin gezogen. Dort war er nach entsprechender Ausbildung als Journalist tätig, wobei sein besonderes Interesse dem Geschehen in der DDR galt. Er wollte das dort herrschende, von ihm abgelehnte Regime mit journalistischen Mitteln bekämpfen und tat dies auch in zahlreichen Artikeln – unter anderem im Rheinischen Merkur – und Rundfunksendungen („Berlin spricht zur Zone"). Für seine Arbeit hatte er sich ein Zeitungsausschnitt-Archiv zusammengestellt. Auf illegale Informationsquellen griff er nicht zurück. Ebenso lehnte er es ab, Spionagedienste zu leisten. Im Rahmen seiner journalistischen Tätigkeit lernte er im Oktober 1952 Thomas von Se. kennen, der in München den Aktuellen Reportage und Pressedienst betrieb. Später erfuhr er, daß von Se. {337} über Geheimdienstkontakte verfügte. Er erhielt von diesem eine Aufstellung von Fragen, die von Interesse für den Geheimdienst waren, und zwar sollte berichtet werden über die Stationierung von Einheiten der kasernierten Volkspolizei (KVP), über Firmen, die Ausrüstung für die KVP lieferten, über die Höhe der Treibstoffproduktion der DDR und über Lieferung westdeutscher Firmen in die DDR. Außerdem bekam er ein Tonbandgerät und eine Tränengaspistole.

Im Januar/Februar 1953 traf der jetzige Nebenkläger seinen ehemaligen Studienkollegen B. wieder, der an von Se. Informationen verkaufen wollte. Schließlich nahm er zwei Berichte von B. entgegen und sandte diese an von Se. Ein Bericht enthielt Angaben über die Treibstoffproduktion der DDR im Jahre 1952 und im 1. Quartal 1953 – getrennt nach Benzin und Treiböl – der andere, der undatiert war, über die Produktion von Lastkraftwagen und Traktoren in der DDR. Der Nebenkläger erhielt für einen Bericht 20,00 DM, die er an B. weiterleitete. Als B. dem Nebenkläger bald darauf erklärte, er sei im Besitz wichtiger Informationen über die KVP, machte dieser ihn mit von Se. im Westteil Berlins persönlich bekannt. An dem Gespräch zwischen den beiden nahm er nicht teil.

Durch seine journalistische Tätigkeit hatte der Nebenkläger die Aufmerksamkeit des Staatssicherheitsdienstes der DDR erregt. Es kam schließlich dazu, daß er am 1. April 1955 in {338} der Wohnung der Eheleute R. im Westteil Berlins mit einem vergifteten Cognac betäubt und sodann in den Gewahrsam des Staatssicherheitsdienstes nach Ost-Berlin verbracht wurde.[30] Vom 2. April 1955 an wurde der Nebenkläger zunächst täglich stundenlang vernommen, wobei die ersten Vernehmungen zur Nachtzeit stattfanden, die übrige Zeit verbrachte er in vollständiger Isolation in einer fensterlosen Zelle. Dem Vernehmer ging es darum, die Namen von Kontaktpersonen in der DDR sowie „illegale Informationsquellen" zu erfahren. Da der Nebenkläger über derartige Verbindungen nicht verfügte, konnte er auch kein Geständnis ablegen. In einer der Nachtvernehmungen kam er jedoch ungefragt und von sich aus auf seine vorstehend dargestellte Verbindung zu von Se. und B. zusprechen, ein Thema, das er selbst für harmlos hielt und das in den folgenden Vernehmungen auch kaum noch angesprochen wurde.

Ab Juli 1955 fanden nur noch wenige Vernehmungen statt. Erst am 18. April 1956 erhob der Generalstaatsanwalt der Deutschen Demokratischen Republik Anklage gegen den damaligen Angeklagten Fricke wegen Verbrechens gemäß Art. 6 der Verfassung der DDR.

In dem Begleitschreiben, mit dem eine Anklageabschrift dem ZK der SED übersandt wurde, kündigte die Staatsanwaltschaft an, daß sie eine Zuchthausstrafe von 15 Jahren beantragen werde.

Die Anklage war jedoch so ungenügend, daß der Vizepräsident Ziegler sie unter Bezugnahme auf ein vorangegangenes Telefonat zurücksandte. {339} Daraufhin wurde am 18. Juni 1956 erneut Anklage gegen den damaligen Angeklagten Fricke erhoben mit dem Vorwurf, er habe sich durch seine Aktivitäten bezüglich der Verbindung von Se./B. der Spionage schuldig gemacht und sei deswegen nach Art. 6 der Verfassung der DDR zu bestrafen. Diesmal hieß es in dem Begleitschreiben an das ZK der SED, daß die Staatsanwaltschaft eine Strafe von vier Jahren Zuchthaus beantragen werde.

Die Anklage lag der Hauptverhandlung vom 11. Juli 1956 zugrunde. In der Hauptverhandlung machte der damalige Angeklagte Fricke dieselben Angaben über sein Verhältnis zu von Se. und B., in dem er nach wie vor keine Spionage erblickte. Außerdem spielte er in seinem letzten Wort auf die Art seiner Verbringung in den Ostteil Berlins an, die er als „Griff über die Grenze" bezeichnete.

Das Urteil des Obersten Gerichts vom 11. Juli 1956 lautete wie folgt: {340}

„Ausfertigung

Oberstes Gericht
der
Deutschen Demokratischen Republik
1. Strafsenat
1 Zst (I) 2/56

Im Namen des Volkes !

In der Strafsache
gegen den Journalisten Karl *Fricke*,
geb. 1929 in H.
seit dem 1. April 1955 in dieser Sache in Haft,
wegen des Verbrechens gegen Artikel 6 der Verfassung der Deutschen Demokratischen Republik,

hat das Oberste Gericht der Deutschen Demokratischen Republik durch den 1. Strafsenat in der Sitzung vom 11. Juli 1956 in Berlin, an der teilgenommen haben:

Vizepräsident *Ziegler*
als Vorsitzender,
Oberrichter Dr. *Löwenthal*
Richter *Reinwarth*,
Staatsanwalt *Jahnke*
als Vertreter des Generalstaatsanwalts
der Deutschen Demokratischen Republik,
Hauptsachbearbeiter *K.*
als Protokollführer,

für Recht erkannt:

der Angeklagte wird wegen Verbrechens gegen Artikel 6 der Verfassung der Deutschen Demokratischen Republik

zu 4 – vier – Jahren Zuchthaus verurteilt.

Die Untersuchungshaft wird dem Angeklagten in vollem Umfang auf die erkannte Strafe angerechnet.
Die Kosten des Verfahrens trägt der Angeklagte. {341}

Gründe:
Der Angeklagte ist 1929 in H. geboren. Sein Vater war Volksschullehrer. Nach der Grundschule in H. besuchte der Angeklagte die Oberschule in Aschersleben, wo er im Jahre 1948 die Reifeprüfung bestand. Anschließend war er von Oktober 1948 bis Februar 1949 Sprachlehrer für Russisch an der Volksschule in H. Wegen hetzerischer Äußerungen im Lehrerkollektiv wurde der Angeklagte am 22. Februar 1949 von der Volkspolizei festgenommen. Es gelang ihm jedoch, noch am gleichen Tag aus der Haftanstalt zu entweichen und nach Westdeutschland zu flüchten. In Wilhelmshafen studierte er bis Mai 1952 an der Hochschule für Arbeit, Politik und Wirtschaft, dann siedelte er nach Westberlin über und setzte bis Februar 1953 sein Studium an der Hochschule für Politik in Schöneberg fort. Hiernach war er bis zu seiner Festnahme in Westberlin Journalist.
Von 1940 bis 1944 gehörte der Angeklagte dem faschistischen ‚Deutschen Jungvolk' an. Von 1944 an war Mitglied der Hitlerjugend. Im Dezember 1950 trat er dem ‚Bund Deutscher Jugend' (BDJ) bei. Er wurde nach kurzer Zeit zum Leiter der Kriegsgeschäftsstelle des BJD in Wilhelmshafen ernannt und war außerdem Gründer und Leiter der Hochschulgruppe dieser Organisation. Im März des Jahres 1952 trat er aus dem BDJ aus und wurde im September des gleichen Jahres Mitglied der Jugendorganisation der ‚Freien Demokratischen Partei', genannt ‚Jungdemokraten'. Dieser Organisation gehörte er bis Februar 1953 an.
Im Oktober 1952 wurde der Angeklagte durch einen Bekannten mit dem Herausgeber des ‚Aktuellen Reportagepressedienstes' (ARP) München, Thomas von Se., in Verbindung gebracht. Se. suchte den Angeklagten in seiner Wohnung in Westberlin auf und gewann ihn für die Mitarbeit an diesem Pressedienst. In diesem Pressedienst wurde eine üble Hetze gegen die Deutsche Demokratische Republik betrieben und die Beseitigung der politischen und wirtschaftlichen Verhältnisse der Deutschen Demokratischen Republik erstrebt. Während seiner journalistischen Tätigkeit richtete der Angeklagte ein eigenes Archiv aus {342} Veröffentlichungen der Deutschen Demokratischen Republik und aus Westzeitschriften ein und trat in enge Beziehungen zu den Pressestellen des ‚Ministeriums für gesamtdeutsche Fragen', der ‚Kampfgruppe gegen Unmenschlichkeit' und des ‚Untersuchungsausschuß Freiheitlicher Juristen', indem er teils die eigenen Archivunterlagen zur Verfügung stellte, teils die Archivmaterialien der genannten Spionageorganisation für seine gegen die Deutsche Demokratische Republik, ihre Regierung und gegen führende Funktionäre gerichtete Artikel verwertete.
Im weiteren Verlauf der Tätigkeit für Se. erfuhr der Angeklagte, daß dieser sich in der Hauptsache mit der Sammlung von Spionagenachrichten wirtschaftlichen, militärischen und politischen Inhalts aus dem Gebiet der Deutschen Demokratischen Republik befaßt und der ARP nur zur Tarnung diente. Im Frühjahr 1953 erhielt der Angeklagte von Se. zwei bis drei Schreibmaschienenseiten Komplexfragen als Richtlinie für die Sammlung von Spionagenachrichten. Danach interessierte sich Se. insbesondere dafür, wo Einheiten der Kasernierten Volkspolizei stationiert sind, wie sie in lufttechnischer Hinsicht ausgebildet werden, für die Stärke der Einheiten, für die Frage, welche Betriebe der Deutschen Demokratischen Republik Ausrüstungsgegenstände für die KVP herstellen und um welche Ausrüstungsgegenstände es sich handelt, wie hoch die Produktion von Treibstoffen in der Deutschen Demokratischen Republik ist und welche westdeutschen Firmen Handelsbeziehungen zur Deutschen Demokratischen Republik unterhielten. Der

Angeklagte erhielt den Decknamen ‚Student‘ und wurde durch Se. mit dessen Mitarbeiter Sp. bekannt gemacht und beauftragt, mit Sp. unter diesem Decknamen zusammenzuarbeiten. In einem Fall stellte er Sp. sein Tonbandgerät zur Übermittlung von Spionagenachrichten zur Verfügung. Auf seinen eigenen Wunsch übergab Se. ihm auch eine Tränengaspistole.
Während seiner Studienzeit in Wilhelmshafen hatte der Angeklagte einen gewissen B. kennengelernt, den er im Januar oder Februar 1953 in Westberlin wiedertraf. Er erzählte B., daß er für den ARP tätig sei. B. fragte, ob auch er {343} in diesem Pressedienst Artikel veröffentlichen könnte. Nachdem der Angeklagte dies verneint hatte, fragte er, ob dieser Pressedienst Spionagematerial aus dem Gebiet der Deutschen Demokratischen Republik ankaufe. Der Angeklagte versprach B., über diese Frage mit Se. zu verhandeln.
Se. beauftragte den Angeklagten, das von B. angebotene Spionagematerial anzunehmen und an ihn weiterzuleiten. Daraufhin erhielt der Angeklagte von B. im Frühjahr 1953 zwei Spionageberichte. Aus einem war die gesamte Treibstoffproduktion der Deutschen Demokratischen Republik, aufgeschlüsselt nach Benzin und Treiböl des Jahres 1952 und des 1. Quartals 1953, zu entnehmen, aus dem anderen die Produktion von Lastkraftwagen und Traktoren in der Deutschen Demokratischen Republik. Bei der Aushändigung des ersten Berichtes an Se. erhielt der Angeklagte 20,- Westmark, die er auftragsgemäß als Bezahlung an B. weitergab. Den zweiten Bericht leitete der Angeklagte durch Luftpost an Se. weiter. Als B. dem Angeklagten bald darauf erklärte, im Besitz wichtiger Spionageinformationen über Einheiten der KVP zu sein, brachte ihn der Angeklagte mit Se. selbst in Verbindung. Von nun an wirkten Se. und B. unmittelbar zusammen.
Von Se. hatte der Angeklagte auch den Auftrag erhalten, ihm wichtig erscheinende Spionageinformationen aus dem Gebiet der Deutschen Demokratischen Republik sofort auf dem Funkwege nach München mitzuteilen. Dies sollte in der Weise geschehen, dass der Angeklagte Spionageinformationen im verschlossenen Umschlag in einem genau bezeichneten Briefkasten warf; der Briefumschlag sollte nur die Deckbezeichnung ‚Jena‘ enthalten.
Der vorstehende Sachverhalt beruht auf den Aussagen des Angeklagten und den zum Gegenstand der Hauptverhandlung gemachten Dokumenten.
Der Angeklagte hat dabei mitgewirkt, das Produktionsziffern über Treibstoff und Kraftfahrzeuge, die im Interesse der wirtschaftlichen Festigung der Deutschen Demokratischen Republik geheimzuhalten waren, in die Hände von Spionageorganisationen kamen. Diese von ihm betriebene Spionage ist gemäß Art. 6 der Verfassung der Deutschen Demokratischen Republik als Kriegshetze zu bestrafen. Der Angeklagte hat in zahlreichen Artikeln {344} die Deutsche Demokratische Republik, den ersten Arbeiter- und Bauernstaat auf deutschen Boden, in gemeiner Art und Weise angegriffen und verleumdet. Er hat damit gezeigt, dass er von tiefem Haß gegen diesen Staat erfüllt war. Diese innere Einstellung des Angeklagten hat auch in seinen Spionagehandlungen ihren objektiven Ausdruck gefunden. Der Angeklagte hat in seinem Schlußwort zum Ausdruck gebracht, daß seine Einstellung zur Deutschen Demokratischen Republik auf unrichtigen politischen Konzeptionen beruhte. Er hat jedoch nicht nur diese politische fehlerhafte Auffassung vertreten, was an sich nicht strafbar wäre, sondern hat in Verfolgung seiner politischen Anschauungen auch Handlungen begangen, deren verbrecherischer Charakter ihm klar war.
Dem Angeklagten mußte jedoch zugute gehalten werden, daß er von sich aus die Spionagetätigkeit eingestellt hat. Das Oberste Gericht hat deshalb in Übereinstimmung mit dem Antrag des Generalstaatsanwalts auf vier Jahre Zuchthaus erkannt.
Die Anrechnung der Untersuchungshaft beruht auf § 219 Abs. 2 StPO, die Kostenentscheidung auf § 2 Abs. 2 der Verordnung über die Kosten in Strafsachen vom 15. März 1956 und § 353 StPO.

gez. Ziegler gez. Dr. Löwenthal gez. Reinwarth {345}[31]

Der jetzige Nebenkläger mußte die gesamte Strafe – unter Anrechnung der Untersuchungshaft – verbüßen.

Er hat den seine Erlebnisse und Ansichten betreffenden Teil des Sachverhalts wie vorstehend dargestellt und glaubhaft geschildert. Die Strafkammer hat seine detailreich und ohne jeden Belastungseifer gegenüber dem Angeklagten vorgetragenen Angaben geglaubt.

Der Angeklagte hat sich wie folgt eingelassen:

Er sei sehr kurzfristig zu diesem Prozeß berufen worden und daher unvorbereitet gewesen. Die Vernehmungsmethoden der Staatssicherheit im Ermittlungsverfahren seien ihm nicht bekannt gewesen, ebensowenig die Umstände der Entführung des Nebenklägers in den Ostteil Berlins. Vizepräsident Ziegler sei über das Verfahren verärgert gewesen, und zwar deshalb, weil der damalige Angeklagte zu lange in Untersuchungshaft gewesen sei.

Falls der Vorsitzende mehr über den Gang des Ermittlungsverfahrens gewußt haben sollte, so habe er ihm dies jedoch nicht mitgeteilt.

Auch in diesem Fall ist nach Überzeugung der Kammer eine Rechtsbeugung nicht gegeben.

Schwerwiegende Verfahrensmängel, die dem Angeklagten und den {346} übrigen Mitgliedern des Gerichts angelastet werden können, sind nicht ersichtlich. Wie bereits oben ausgeführt, stellt das auch gewaltsame oder listige Verbringen eines Verdächtigen in ein anderes Hoheitsgebiet, um dort ein Strafverfahren gegen ihn durchzuführen, kein Verfolgungshindernis dar.

Die Vernehmungsmethoden der Staatssicherheit – insbesondere die nächtlichen Verhöre – stellen ebenfalls keinen dem Angeklagten anzulastenden Verfahrensmangel dar, da der Angeklagte sich unwiderlegt dahingehend eingelassen hat, er habe davon keine Kenntnis gehabt.

Wie bereits ausgeführt, ist nach Überzeugung der Kammer alleine die Anwendung des Artikels 6 der Verfassung der Deutschen Demokratischen Republik auf ein Spionageverhalten keine Rechtsbeugung. Im vorliegenden Fall ist insbesondere festzustellen, daß nach der Einlassung des damaligen Angeklagten, die er als Zeuge in der jetzigen Hauptverhandlung bestätigt hat, von ihm zugegeben worden ist, die Berichte an von Se., die sich tatsächlich mit Spionage beschäftigten weitergegeben zu haben.

Auch wenn die Authentizität der Berichte nicht feststeht und auch im Urteil nicht mitgeteilt wird, von wem diese Produktionsziffern stammten, war es aus damaliger Sicht nicht zu {347} beanstanden, die Handlungsweise des Angeklagten als Spionage anzusehen, und somit als Kriegshetze gemäß Artikel 6 der Verfassung der Deutschen Demokratischen Republik zu bestrafen. Daß es herrschende Meinung in der Rechtsprechung der DDR Gerichte war, Spionagetätigkeit als Kriegshetze zu bestrafen, hat die Kammer bereits ausgeführt.

Somit ist lediglich noch zu prüfen, ob die gegen den Nebenkläger verhängte Strafe als Willkürakt angesehen werden muß.

Angesichts der zu damaligen Zeiten in der DDR üblichen Strafhöhen, kann eine Freiheitsstrafe von vier Jahren, auch wenn die Tat aus jetziger Sicht völlig unbedeutend ist, noch nicht als Willkürakt angesehen werden.

Der Angeklagte war daher aus tatsächlichen Gründen freizusprechen.

Anmerkungen

1 Vgl. Anhang S. 1046.

2 Zu Jendretzky vgl. lfd. Nr. 9. Auf eine weitere Anklage der Staatsanwaltschaft bei dem Kammergericht Berlin vom 16.11.1993 – Az. 29 Js 1008/93 – wegen Rechtsbeugung während ihrer Tätigkeit als Vorsitzende eines Ia-Strafsenats am Obersten Gericht der DDR lehnte das Landgericht Berlin durch Beschluss vom 30.5.1994 – Az. 504 - 51/93 – die Eröffnung des Hauptverfahrens aus rechtlichen Gründen ab. Eine Verurteilung sei nicht wahrscheinlich, da sich die Handlungen der Angeklagten nicht als offensichtliche Menschenrechtsverletzungen darstellten.

3 Vgl. Anhang S. 1034.

4 Vgl. Anhang S. 1026ff.

5 Das Urteil trägt in der rechen oberen einen Stempel, der den Eintritt der Rechtskraft zum 1. April 1955 bestätigt.

6 Im Original. Gemeint ist wohl die Widerstandsgruppe „Kreisauer Kreis" um Helmuth James Graf von *Moltke*.

7 Das Urteil trägt in der linken unteren Ecke einen Stempel des Obersten Gerichts der DDR sowie in der rechten unteren Ecke einen Stempel, der als Ausfertigungsdatum den 14.4.55 ausweist.

8 Auf den Einlagebögen befindet sich in der rechten oberen Ecke jeweils das Az. 1 Ks 317/55 – I 42/55 S 1.

9 Das Urteil trägt in der rechten oberen Ecke einen Stempel, der den Eintritt der Rechtskraft zum 2.12.1955 bestätigt.

10 Im Original. Gemeint ist wohl „VEM ELMO". Die beiden Abkürzungen stehen für einen Elektromaschinenbaubetrieb.

11 Gemeint ist hier § 336 RStGB, da das RStGB in der DDR mit kleinen Änderungen bis zum Erlass des Strafgesetzbuchs vom 12.1.1968 (DDR-GBl. I, S. 1) fortgalt.

12 Vgl. lfd. Nr. 1-2.

13 Vgl. Anhang S. 1035.

14 Vgl. Anhang S. 1035.

15 Vgl. Anhang S. 1043.

16 Vgl. Anhang S. 1038.

17 Vgl. Dokumentationsband zu den Gewalttaten an der deutsch-deutschen Grenze, lfd. Nr. 11-2.

18 Vgl. Dokumentationsband zu den Gewalttaten an der deutsch-deutschen Grenze, lfd. Nr. 13-2.

19 Die erwähnte Anklage der Staatsanwaltschaft bei dem Kammergericht – Az. 2 Js 221/91 – datiert nicht vom 29.3., sondern vom 3.3.1993.

20 Vgl. Anklage der Staatsanwaltschaft bei dem Landgericht Berlin vom 3.3.1993 – Az. 2 Js 221/91. Das Verfahren wurde durch Beschluss des Landgerichts Berlin vom 15.3.1994 – Az. 528 - 1/94 – zu dem hier vorliegenden Verfahren hinzuverbunden.

21 Vgl. Anklage der Staatsanwaltschaft bei dem Kammergericht Berlin vom 22.7.1993 – Az. 2 Js 27/92. Durch Beschluss des Landgerichts Berlin vom 6.12.1993 – Az. (515) 2 Js 27.92 (31.93) – wurde dieses Verfahren zu dem in Anm. 20 genannten Verfahren gegen Reinwarth hinzuverbunden. Dieses wiederum wurde später durch Beschluss des Landgerichts Berlin vom 15.3.1994 – Az. 528 - 1/94 – zu dem hier vorliegenden Verfahren hinzuverbunden.

22 Gemeint ist hier § 21 RStGB (vgl. schon Anm. 11).

23 Gemeint ist hier § 266 RStGB (vgl. schon Anm. 11).

24 Das Urteil enthält in der rechten oberen Ecke eine Stempel, der den Eintritt der Rechtskraft zum 29.12.1954 bestätigt.

25 S. 307 stellt eine Wiederholung der S. 306 dar, deshalb wird die Originalseitenzählung mit S. 308 fortgesetzt.

26 Das Urteil enthält in der linken unteren Ecke einen Stempel des Obersten Gerichts der DDR sowie in der rechten unteren Ecke einen Stempel, der als Ausfertigungsdatum den 30.12.54 ausweist.

27 Im Original. Gemeint ist die Direktive Nr. 38 des Alliierten Kontrollrates vom 12. Oktober 1946 (sog. Kontroll*rats*direktive), vgl. Anhang S. 1026ff.

28 Im Original. Gemeint ist wohl die Fabeckstraße in Berlin-Dahlem.

29 Das Urteil enthält in der linken unteren Ecke einen Stempel des Obersten Gerichts der DDR sowie in Mitte eine Anmerkung, wonach das Ausfertigungsdatum der 19.7.1956 war.

30 Die Staatsanwaltschaft ermittelte wegen der Entführung Frickes u.a. gegen das Ehepaar R., aus dessen Wohnung Fricke entführt wurde, sowie Erich Mielke. Kurt R. verstarb 1993, so dass die Staatsanwaltschaft II bei dem Landgericht Berlin am 4.11.1994 – Az. 29/2 Js 69/93 – nur gegen seine Ehefrau Anne-Maria R. Anklage wegen Freiheitsberaubung erhob. Das Landgericht Berlin verurteilte Anne-Maria R. am 29.9.1997 – Az. (534) 29/2 Js 69/93 KLs (5/95) – zu einer Freiheitsstrafe von sieben Monaten, deren Vollstreckung zur Bewährung ausgesetzt wurde. Das Urteil wurde rechtskräftig, nachdem die Verteidigung die zunächst eingelegte Revision wieder zurücknahm. Die Ermittlungen gegen Erich Mielke wurden im Hinblick auf die bereits gegen ihn vorliegenden Anklagen gem. § 154 Abs. 1 StPO eingestellt.

31 Das Urteil enthält in der rechten unteren Ecke einen Stempel, der als Ausfertigungsdatum den 6.8.1955 ausweist.

Inhaltsverzeichnis
Revisionsurteil des Bundesgerichtshofs vom 16.11.1995, Az. 5 StR 747/94

Bundesgerichtshof
Az.: 5 StR 747/94

16. November 1995

URTEIL

Im Namen des Volkes

In der Strafsache gegen

Prof. Dr. Hans Reinwarth aus B.
geboren 1920
in W.,

wegen Totschlags u.a. {2}

Der 5. Strafsenat des Bundesgerichtshofs hat aufgrund der Hauptverhandlung vom 14. und 16. November 1995, an der teilgenommen haben:

⊗ Es folgt die Nennung der Verfahrensbeteiligten, darunter ein Vertreter des Nebenklägers Karl Fricke. ⊗ {3}

am 16. November 1995 für Recht erkannt:

Die Revisionen der Staatsanwaltschaft, des Nebenklägers und des Angeklagten gegen das Urteil des Landgerichts Berlin vom 17. Juni 1994 werden verworfen. Der Angeklagte und der Nebenkläger tragen die Kosten ihrer Rechtsmittel. Der Staatskasse fallen die dem Angeklagten im Revisionsverfahren erwachsenen notwendigen Auslagen insoweit zur Last, als die Revision der Staatsanwaltschaft sie verursacht hat.

– Von Rechts wegen –

Gründe

Das Schwurgericht hat den Angeklagten wegen Rechtsbeugung in drei Fällen, davon in zwei Fällen in Tateinheit mit Totschlag und in einem Fall in Tateinheit mit versuchtem Totschlag (in zwei rechtlich zusammentreffenden Fällen) unter Verhängung von Einzelstrafen von jeweils zwei Jahren Freiheitsstrafe zu einer Gesamtfreiheitsstrafe von drei Jahren und neun Monaten verurteilt; im übri-{4}gen hat es den Angeklagten freigesprochen.[1] Vorwürfe mit Rechtsbeugung in Tateinheit stehender Freiheitsberaubung sind gemäß § 154a StPO aus dem Verfahren ausgeschieden worden.

A. [Zu den erstinstanzlichen Feststellungen und zum bisherigen Verfahrensverlauf]

⊗ Es folgen Angaben zur Person des Angeklagten. ⊗ {5}

I. [Verurteilung wegen Rechtsbeugung in drei Fällen]

⊗ Es folgt eine Darstellung der entsprechenden erstinstanzlichen Sachverhaltsfeststellungen. ⊗ {6}

II. [Freispruch in drei weiteren Fällen]

⊗ Es folgt eine Darstellung der entsprechenden erstinstanzlichen Sachverhaltsfeststellungen. ⊗ {7}

III. [Rügen]

Das Urteil des Landgerichts wird vom Angeklagten, von der Staatsanwaltschaft und vom Nebenkläger mit der Revision – jeweils mit der Sachrüge – angegriffen. Die Staatsanwaltschaft hat ihr zuungunsten des Angeklagten eingelegtes Rechtsmittel – das vom Generalbundesanwalt nur hinsichtlich des Freispruchs im Fall Fricke vertreten wird –, soweit der Angeklagte verurteilt worden ist, auf den Strafausspruch beschränkt. Sämtliche Revisionen haben keinen Erfolg. {8}

B. [Zu den Rügen]

Die Feststellungen des Schwurgerichts tragen die Verurteilung des Angeklagten wegen Rechtsbeugung und damit tateinheitlich zusammentreffender Tötungsdelikte.

I. [Grundsätze zur Strafbarkeit von Richtern der DDR wegen Rechtsbeugung]

Nach inzwischen gefestigter Rechtsprechung des Bundesgerichtshofs können Richter der DDR wegen Rechtsbeugung (§ 336 StGB, § 244 StGB-DDR[2]) und damit tateinheitlich zusammentreffender Delikte verfolgt werden (vgl. BGHSt 40, 30[3]; 40, 125; 40, 169; 40, 272[4]; BGH NJW 1995, 2734[5]; Senatsurteile vom 15. September 1995 – 5 StR 642[6] und 713/94[7] sowie 23, 68 und 168/95 –[8]).

1. Eine Bestrafung ist weder durch in der DDR erlassene Amnestien (vgl. BGHSt 39, 353, 358 ff.; BGH NJW 1994, 3238, 3239 insoweit nicht in BGHSt 40, 169 abgedruckt; Senatsurteil vom 15. September 1995 – 5 StR 713/94 –, zum Abdruck in BGHSt bestimmt) noch durch Verfolgungsverjährung ausgeschlossen. Auch für die hier zur Entscheidung stehenden Fälle der Anwendung politischen Strafrechts durch den Ia-Strafsenat des Obersten Gerichts der DDR hat die Verjährung in der DDR aufgrund eines quasigesetzlichen Verfolgungshindernisses geruht, so daß Verfolgungsverjährung nach Art. 315a EGStGB ausgeschlossen ist (BGHSt 40, 48[9]; 40, 113[10]; BGH NJW 1995, 2861; – 1. – VerjährungsG vom 26. März 1993, BGBl I 392). Das {9} dem Angeklagten angelastete Verhalten stand in allen drei seiner Verurteilung zugrundeliegenden Fällen im Einklang mit der Staatsführung der DDR, welche hier zudem jeweils ganz konkret Einfluß nahm, indem das Politbüro des Zentralkomitees der SED die Hinrichtung Tiemanns vorab (billigend) zur Kenntnis nahm (UA S. 69), der Staatspräsident ein für Friedemann eingelegtes Gnadengesuch unbeschieden ließ (UA S. 102) und wie-

derum das Politbüro das Verfahren gegen Held u.a. vorab, auch bereits hinsichtlich des Ergebnisses, maßgeblich beeinflußte (UA S. 103). Demgemäß entsprach es dem politischen Willen der Staatsführung, die mit jenen Verfahren befaßten Justizangehörigen deswegen nicht strafrechtlich zur Verantwortung zu ziehen.

Besonderheiten, welche der Annahme des daraus folgenden Ruhens der Verjährung hier ausnahmsweise entgegenstehen könnten, liegen nicht vor.

2. Die von Art. 315 EGStGB und § 2 StGB vorausgesetzte Unrechtskontinuität besteht (BGHSt 40, 30, 32 ff.; vgl. auch BGHSt 14, 147 sowie LG Leipzig NJ 1994, 111 und die darauf ergangene Revisionsentscheidung BGH, Beschluß vom 10. August 1994 – 3 StR 252/94 –, s. NJ 1994, 456). An den mit dem Erfordernis eines elementaren Verstoßes gegen die Rechtspflege verbundenen Einschränkungen des Rechtsbeugungstatbestandes hat der Senat auch für den besonders sensiblen Bereich der politisch motivierten Strafjustiz festgehalten (dazu näher Urteil vom 15. September 1995 – 5 StR 713/94 –, zum Abdruck in BGHSt bestimmt). Ein elementarer Verstoß gegen die Rechtspflege kann dabei, nicht zuletzt mit Rücksicht auf den im Rechtsstaatsprinzip {10} und speziell auch in Art. 103 Abs. 2 GG verankerten Gesichtspunkt des Vertrauensschutzes, nur bei offensichtlichen Willkürakten seitens der DDR-Justiz bejaht werden. Die Entscheidung des Amtsträgers muß sich – abgesehen von den hier nicht in Betracht kommenden Fällen von Einzelexzessen – bei Zugrundelegen des für die Beurteilung maßgeblichen Rechts der DDR und unter Berücksichtigung der im SED-Staat herrschenden, von rechtsstaatlichen Grundsätzen abweichenden Wertvorstellungen als unerträgliche Menschenrechtsverletzung darstellen.

Als notwendige Konsequenz aus der speziellen Regelung für eine eingeschränkte strafrechtliche Verantwortung ist auch Richtern der DDR die „Sperrwirkung" des Rechtsbeugungstatbestandes zuzubilligen.

3. Für die Feststellung einer durch Willkür gekennzeichneten offensichtlichen schweren Menschenrechtsverletzung hat der Senat namentlich drei Fallgruppen als mögliche Rechtsbeugungstatbestände aufgezeigt: Fälle, in denen Straftatbestände überdehnt worden sind; Fälle, in denen die verhängte Strafe in einem unerträglichen Mißverhältnis zu der abgeurteilten Handlung gestanden hat; schwere Menschenrechtsverletzungen durch die Art und Weise von Verfahren.

a) Eine Überdehnung des zur Verurteilung der Betroffenen herangezogenen Art. 6 Abs. 2 der DDR-Verfassung vom 7. Oktober 1949 (GBl I Nr. 1 S. 5) hat das Schwurgericht dem Angeklagten zu Recht nicht vorgeworfen. Die Bestimmung lautete: {11}

> „Boykotthetze gegen demokratische Einrichtungen und Organisationen, Mordhetze gegen demokratische Politiker, Bekundung von Glaubens-, Rassen-, Völkerhaß, militaristische Propaganda sowie Kriegshetze und alle sonstigen Handlungen, die sich gegen die Gleichberechtigung richten, sind Verbrechen im Sinne des Strafgesetzbuches. Ausübung demokratischer Rechte im Sinne der Verfassung ist keine Boykotthetze."

Daß dieser Verfassungsartikel mangels hinreichender Bestimmtheit nach rechtsstaatlichen Grundsätzen (Art. 103 Abs. 2 GG) als Strafnorm keine Wirksamkeit entfalten könnte (vgl. Maurach ROW 1958, 177 f.; siehe auch Schuller Deutschland Archiv 1994, 1255, 1258 ff.), läßt seine Anwendung durch den Angeklagten auch angesichts des in der DDR-Verfassung verankerten Satzes „nulla poena sine lege" (vgl. Art. 135 Abs. 1 der DDR-Verfassung/1949[11]) noch nicht als Rechtsbeugung erscheinen (vgl. bereits

BGH NJW 1960, 974, 975 – insoweit in BGHSt 14, 147 nicht abgedruckt). Die Fragen der Wirksamkeit des Art. 6 Abs. 2 der DDR-Verfassung/1949 als Strafnorm und der objektiven Vereinbarkeit seiner Auslegung durch die DDR-Justiz mit dem Normtext brauchen nicht abschließend entschieden zu werden. Die Heranziehung des Art. 6 Abs. 2 der DDR-Verfassung/1949 als „unmittelbar anzuwendendes Strafgesetz" mit den aus § 1 Abs. 1 StGB (in der zur Tatzeit geltenden Fassung) für Verbrechen vorgesehenen Rechtsfolgen der Todesstrafe, der lebenslänglichen Zuchthausstrafe und der zeitigen Zuchthausstrafe war durch die Entscheidung des Obersten Gerichts der DDR vom 4. Oktober 1950 {12} vorgegeben, ebenso die Subsumtion von „Spionagehandlungen" unter den Begriff der „Kriegshetze" (OGSt 1, 33 ff.). Unter Ausnutzung der Unbestimmtheit der Norm wurden „Staatsverbrechen" verschiedenster Art dem Art. 6 Abs. 2 der DDR-Verfassung/1949 durch das Oberste Gericht subsumiert (vgl. den referierenden Überblick bei Kleine/Krutzsch NJ 1954, 71 ff.). Diese extensive Interpretation des (im Abschnitt über die „Rechte des Bürgers" angesiedelten) Verfassungsartikels sollte eine Strafbarkeitslücke schließen, die nach Aufhebung der vormals gültigen Staatsschutzbestimmungen des Strafgesetzbuches vom 15. Mai 1871 durch das Gesetz Nr. 11 des Kontrollrats vom 30. Januar 1946 (Amtsbl. des Kontrollrats S. 55) entstanden war. Damit trug die unter rechtsstaatlichen Gesichtspunkten inakzeptable Rechtsprechung des Obersten Gerichts einem mit der Einleitung des Prozesses der Wiederherstellung deutscher Souveränität in West und Ost empfundenen Bedürfnis nach Staatsschutznormen Rechnung (vgl. zu der Problematik Laufhütte in LK 11. Aufl. vor § 80 Rdn. 6, 19). Unter diesen Umständen läßt sich den getroffenen Feststellungen entnehmen, daß es dem Angeklagten als Richter der DDR, der im Einklang mit den Vorgaben des Obersten Gerichts Schuldsprüche auf diese Verfassungsnorm gestützt hat, jedenfalls am Vorsatz der Rechtsbeugung gefehlt hat, soweit die bloße Anwendung als Strafnorm betroffen ist. Die Feststellung, daß Verurteilungen auf der Grundlage des Art. 6 Abs. 2 der DDR-Verfassung/1949 mit rechtsstaatlichen Grundsätzen unvereinbar sind (vgl. § 1 Abs. 1 Nr. 1 Buchst. f StrRehaG), bleibt hiervon unberührt. {13}

b) Soweit das Schwurgericht die Schuldsprüche auch auf Verfahrensverstöße gestützt hat, bestehen gegen eine, insbesondere isolierte, Tragfähigkeit dieser Begründung aus den vom Generalbundesanwalt aufgeführten Gründen durchgreifende Bedenken. Soweit die Verfahrensweise anstößig war, ist dies jedoch als Indikator für den rechtsbeugerischen Charakter der Bestrafung bedeutsam.

c) Rechtsbeugung liegt hier in der Form grausamen und überharten Strafens vor. Der Senat hat bereits entschieden, daß eine Beugung des Rechts durch das Verhängen einer überhöhten Strafe möglich ist (Senatsurteile vom 15. September 1995 – 5 StR 642 und 713/94 sowie 168/95 – jeweils m.w.N.; ebenso schon OGHSt 2, 23, 29). Angesichts der Beschränkung des Rechtsbeugungstatbestandes auf offensichtliche schwere Menschenrechtsverletzungen durch überhöhte Bestrafung kann dies (entgegen Buchholz ZAP-Ost 1994, 187, 192) auch bei Anwendung des § 244 StGB-DDR keinen Bedenken unterliegen (vgl. auch BGHSt 40, 272, 276, 282 ff.; zu entsprechend geäußerten Bedenken bei Anwendung des § 336 StGB auf NS-Justizangehörige: Gribbohm NJW 1988, 2842, 2847).

Entgegen der Auffassung der Revision ergibt sich hier Abweichendes auch nicht daraus, daß das 1968 in Kraft getretene Zwischengesetz des § 244 StGB-DDR für den Tatbestand der Rechtsbeugung eine „gesetzwidrige" Entscheidung verlangt, ausdrückliche gesetzliche Strafzumessungsvorschriften (vgl. Art. 4[12], Art. 5 Satz 3, § 61 StGB-DDR vom 12. Janu-{14}ar 1968, GBl I Nr. 1 S. 1; vgl. auch Art. 30 Abs. 2 Satz 2 der DDR-Verfassung/1968) ebenfalls erst zu jener Zeit in Kraft traten, zur Tatzeit indes noch kein geschriebenes Recht waren. Der Grundsatz, daß eine verhängte Strafe nicht in einem unerträglichen Mißverhältnis zur geahndeten Tat stehen darf, ist Allgemeingut aller zivilisierten Völker der Neuzeit (vgl. Badura JZ 1964, 337, 343) und galt in der DDR auch ohne seine (partielle) Kodifizierung (vgl. Lehrbuch des Strafrechts der DDR, Allgemeiner Teil 1957 S. 543, 607). Allein die gesetzliche Eröffnung von Strafrahmen anstelle absoluter Strafdrohungen, wie sie für Art. 6 Abs. 2 der DDR-Verfassung/1949 aus § 1 Abs. 1 StGB entnommen wurde, bildet hierfür eine hinreichend deutliche gesetzliche Verankerung (vgl. BGHSt 3, 110, 118 f.), so daß die Verhängung einer in diesem Sinne unverhältnismäßig hohen Strafe aus dem gesetzlichen Strafrahmen fraglos eine gesetzwidrige Entscheidung war (s. auch Lehrbuch aaO S. 602 f., 605 f.).

II. *[Grundsätze zur Strafbarkeit von Richtern der DDR wegen Rechtsbeugung insbesondere bei Todesurteilen]*

Für die Beurteilung von Fällen der vorliegenden Art gilt im Grundsatz folgendes:

1. Für den Tatzeitraum vermag die Verhängung der Todesstrafe, die in der DDR bis zu ihrer Abschaffung durch Beschluß des Staatsrats vom 17. Juli 1987 (GBI I Nr. 17 S. 192) als Sanktion vorgesehen war, als solche eine Verurteilung wegen Rechtsbeugung nicht ohne weiteres zu rechtfertigen. {15}

a) Die speziell in Art. 102 GG zum Ausdruck gekommene Wertentscheidung des Grundgesetzes, die in engem Zusammenhang mit dem Rechtsstaatsprinzip, der Menschenwürde (Art. 1 Abs. 1 GG) und dem Recht auf Leben (Art. 2 Abs. 2 Satz 1 i.V.m. Art. 19 Abs. 2 GG) steht, kann insoweit keinen Maßstab darstellen, an dem das damalige Handeln des Angeklagten gemessen werden dürfte. Bei der Prüfung seiner individuellen Schuld ist vielmehr zu beachten, daß die Todesstrafe in der Nachkriegszeit in den sogenannten sozialistischen Staaten in erheblichem Umfang angewandt wurde (vgl. hierzu Kubiak Osteuroparecht 1984, 249 ff.). Die Verbreitung der Todesstrafe in den osteuropäischen Staaten, in deren System die DDR eingebunden war, verbietet es, von einem DDR-Richter im Tatzeitraum zu erwarten, daß er sein Verhalten an Erkenntnissen ausrichtete, die nach heutigem Verständnis für die Menschenrechtswidrigkeit der Sanktion sprechen. Ein Todesurteil kann deshalb in der gegebenen Fallkonstellation, jedenfalls aus subjektiven Gründen, nicht ohne Hinzutreten weiterer Umstände bereits für sich genommen als willkürliche Menschenrechtsverletzung angesehen werden. Dies gilt namentlich angesichts der Tatsache, daß auch führende westliche Demokratien in ihren Rechtsordnungen zur Tatzeit die Todesstrafe androhten; in Großbritannien etwa war sie bis 1969, in Frankreich bis 1981 vorgesehen. Mit Beschluß vom 30. Juni 1964 hat das Bundesverfassungsgericht im Zusammenhang mit einem Auslieferungsbegehren des französischen Staates darauf hingewiesen, daß nicht wenige Kulturstaaten, darunter gerade die führenden Demokratien der {16} westlichen Welt, die Todesstrafe beibehalten haben (BVerfGE 18, 112, 117 f.; eher distanzierend BVerfGE 60, 348, 354). Heute noch gibt es die Todesstrafe in der überwiegenden Zahl der US-amerikanischen Bundesstaaten (vgl. Frankowski ZStW 100 – 1988 –, 951 ff.).

b) Allerdings begegnet die Todesstrafe aus heutiger Sicht nach Auffassung des Senats unüberwindlichen Bedenken.

aa) Aus humanitären Gründen kann keinem Staat das Recht zustehen, durch diese Sanktion über das Leben seiner Bürger zu verfügen. Vielmehr erfordert es der Primat des absoluten Lebensschutzes, daß eine Rechtsgemeinschaft gerade durch den Verzicht auf die Todesstrafe die Unverletzlichkeit menschlichen Lebens als obersten Wert bekräftigt. Darüber hinaus erscheint es unbedingt geboten, der Gefahr eines Mißbrauchs der Todesstrafe durch Annahme ihrer ausnahmslos gegebenen Unzulässigkeit von vornherein zu wehren. Fehlurteile sind niemals auszuschließen. Die staatliche Organisation einer Vollstreckung der Todesstrafe ist schließlich, gemessen am Ideal der Menschenwürde, ein schlechterdings unzumutbares und unerträgliches Unterfangen.

bb) Diese Bedenken legen den Befund nahe, daß nach deutschem Verfassungsrecht jegliche Wiedereinführung der Todesstrafe – auch abgesehen von Art. 102 GG – vor Art. 1 Abs. 1 GG und der Wesensgehaltsgarantie des Grundrechts auf Leben (Art. 2 {17} Abs. 2 Satz 1 i.V.m. Art. 19 Abs. 2 GG) keinen Bestand haben könnte (vgl. dazu Geck im Bonner Kommentar zum GG – Zweitbearbeitung 1967 – Art. 102 Rdn. 4).

Eine derartige Betrachtung kommt im Völkerrecht der Nachkriegszeit indes mit geringerer Eindeutigkeit zum Ausdruck. Art. 2 Abs. 1 Satz 2 der vor dem Tatzeitraum vereinbarten (Europäischen) Konvention zum Schutze der Menschenrechte und Grundfreiheiten (MRK) vom 4. November 1950 (Gesetz vom 7. August 1952 – BGBl II 685) ging von der Zulässigkeit der Vollstreckung eines Todesurteils, das von einem Gericht im Falle eines mit der Todesstrafe bedrohten Verbrechens ausgesprochen worden ist, aus. Erst durch das 6. Zusatzprotokoll (in der Bundesrepublik durch Gesetz vom 23. Juli 1988, BGBl II 662, ratifiziert und am 1. August 1989 in Kraft getreten, Bekanntmachung vom 27. September 1989 – BGBl II 814) ist die Todesstrafe für die Mitgliedsstaaten des Europarates grundsätzlich abgeschafft und ihre ausnahmsweise gegebene Zulässigkeit auf Kriegszeiten und Zeiten unmittelbarer Kriegsgefahr beschränkt worden (zum 6. ZP vgl. Calliess NJW 1989, 1019). Der weit nach der Tatzeit beschlossene Internationale Pakt über bürgerliche und politische Rechte vom 19. Dezember 1966 (BGBl 1973 II 1534 – IPbürgR –) ging in Art. 6 Abs. 2 Satz 1 ebenfalls von der Zulässigkeit der Todesstrafe aus; er bestimmte allerdings, daß ein Todesurteil „nur für schwerste Verbrechen“ verhängt werden darf. Bemühungen um die Förderung einer Abschaffung und Ächtung der Todesstrafe in aller Welt, namentlich durch das Zweite Fakultativ-{18}protokoll vom 15. Dezember 1989 zum IPbürgR (Gesetz vom 2. Juni 1992, BGBl II 390), dauern, da viele Staaten immer noch an dieser Sanktion festhalten (vgl. BT-Drucksache 12/937), bis in die Gegenwart an.

2. Wenngleich desungeachtet die Todesstrafe für sich genommen, gemessen am Maßstab unerträglicher Menschenrechtsverletzung, zur damaligen Zeit nicht als schlechthin unzulässige Reaktion auf eine Straftat zu werten sein mag, kann es keinem Zweifel unterliegen, daß ein so irreparabler fundamentaler Eingriff in das Rechtsgut Leben, wie ihn die Anordnung und Vollstreckung dieser Rechtsfolge bedeutet, nach diesem Maßstab nur in aufs engste begrenzten Ausnahmefällen hinnehmbar sein kann. Die staatlich verfügte Vernichtung eines Menschenlebens ist allenfalls dann keine Rechtsbeugung, wenn die Ahndung schwersten Unrechts und schwerster Schuld, etwa in bestimmten Fällen vorsätzlicher Tötung, in Rede steht. Sachverhalte, in denen die Todesstrafe nicht

als Sanktion für vorsätzliche Tötungsdelikte verhängt wird, geben deshalb regelmäßig zu besonders kritischer Prüfung Anlaß. Dies gilt angesichts der offenkundigen Mißbrauchsgefahren namentlich für den Bereich des politisch motivierten Strafrechts.

a) Jede gerichtlich verhängte Strafe hat vor dem Willkürverbot nur Bestand, wenn sie in einer noch angemessenen Relation zum begangenen Unrecht bleibt. Die Idee der Gerechtigkeit fordert, daß Tatbestand und Rechtsfolge in einem sachgerechten Verhältnis zueinander stehen (BVerfGE 20, 323, {19} 331); eine verhängte Strafe muß ein gerechtes Verhältnis zum Maß der Schuld des Täters einhalten (BVerfGE 45, 187, 260). Dieser Grundsatz folgt aus den allgemeinen Prinzipien des Grundgesetzes, insbesondere dem Rechtsstaatsprinzip (vgl. BVerfGE 6, 389, 439). Er war als Verbot grausamen oder übermäßig harten Strafens von jeher ungeschriebener Grundsatz des deutschen Strafrechts (BGHSt 3, 110, 119; 10, 294, 301); er wurde bereits durch das MRG Nr. 1 Art. IV Ziff. 8 (Amtsblatt der Militärregierung Deutschland [1944], S. 11) ausgesprochen. Verbindlich wurde das Verbot, „Strafen, die gegen das gerechte Maß oder die Menschlichkeit verstoßen", zu verhängen, durch die Proklamation Nr. 3 des Alliierten Kontrollrats vom 20. Oktober 1945 (abgedr. u.a. HannRPfl 1945, 7) für alle vier Besatzungszonen. Der Sache nach war das Verbot auch in der DDR anerkannt. Daß namentlich bei der Anwendung des Art. 6 Abs. 2 der DDR-Verfassung/1949 „aus der Überbetonung des Schutzinteresses des Staates" teilweise überhöhte Strafen festgesetzt wurden, hat das Plenum des Obersten Gerichts der DDR in seinem Urteil vom 26. August 1953 ausdrücklich kritisiert (vgl. OGSt 3, 102, 103 f.). „Überspitzte" Bestrafungen sind gelegentlich auch in Äußerungen höchster Justizfunktionäre beanstandet worden (vgl. etwa Benjamin NJ 1953, 477, 478; 509; Melsheimer NJ 1953, 576, 577; vgl. auch Lekschas/Renneberg NJ 1953, 762, 768 mit einer Forderung nach Anwendung der Todesstrafe nur auf „schwerste Verbrechen"). {20}

b) Die strafrechtliche Bewertung der Tätigkeit von DDR-Justizangehörigen ist unter strikter Beachtung rechtsstaatlicher Prinzipien vorzunehmen, die für das Strafrecht entwickelt worden sind und seiner Anwendung Grenzen setzen (Senatsurteil vom 15. September 1995 – 5 StR 713/94 –, zum Abdruck in BGHSt bestimmt). Das Recht der DDR darf mit Rücksicht auf das Prinzip des Vertrauensschutzes, auch im Blick auf Art. 103 Abs. 2 GG, nicht nach einer am Grundgesetz orientierten Auslegung interpretiert werden; sonst würde das Handeln eines Täters an ihm fremden Maßstäben, nämlich denen eines Rechtsstaats und seiner Wertordnung, gemessen werden (vgl. Senatsurteil aaO; BGH NJW 1995, 2734). Maßgeblich für die Betrachtung, ob ein unerträglicher Willkürakt vorliegt, müssen vielmehr die in der DDR herrschenden Wertvorstellungen im Tatzeitraum sein. Besonders beachtlich ist dabei auch die Berücksichtigung zeitgebundener Wandlungen im Verständnis von Strafe und Strafrechtsfunktion (vgl. BVerfGE 45, 187, 229).

aa) Einerseits ist der Tatzeitraum in den Jahren 1955/1956 maßgeblich gekennzeichnet als Periode des „Kalten Krieges". Das Schwurgericht legt dabei – nach Wahrunterstellungen (UA S. 12/13) – zugrunde, daß von den Westsektoren Berlins ausgehend zahlreiche Geheimdienste in der DDR und den Ostblockstaaten tätig wurden und daß eine äußerst angespannte politische Lage herrschte, in der die Großmächte des öfteren den Ausbruch eines Dritten – möglicherweise atomaren – Weltkriegs befürchteten. Eine solche durch entsprechende Staatspropaganda vermittelte und in weiten Bevölkerungskrei-{21}sen als krisenhaft empfundene Situation konnte auch an der Rechtsprechung nicht spurlos vorübergehen. So wurde in dieser Zeit – auf beiden Seiten – eine „politische Justiz" mit einer aus heutiger Sicht nicht immer nachvollziehbaren Intensität betrieben. Die Konfrontation von West und Ost und die ideologische Konkurrenz der Machtblöcke beeinflußten gerade die in der SED-Diktatur ohnehin instrumentalisierte Rechtsprechung zusätzlich. Vor diesem Hintergrund wurde in der DDR-Justiz auch die Todesstrafe als „Mittel des Klassenkampfes" für notwendig gehalten. Hinzu kam, daß die Strafpraxis in der DDR – namentlich im Tatzeitraum – wesentlich härter als in der Bundesrepublik Deutschland war (vgl. Weber GA 1993, 195, 222 f. m.w.N.). Dies legt nahe anzunehmen, daß auch eine Todesstrafe nicht schon deshalb als rechtsbeugerisch überhöht betrachtet werden kann, weil ihre Verhängung aus späterer Sicht nicht mehr nachvollziehbar erscheint.

bb) Andererseits muß in diesem Zusammenhang auch die überragende Bedeutung des Rechtsguts des menschlichen Lebens Beachtung finden. Sie kann dazu führen, daß Tatzeitrecht, welches vorsätzliche Tötung gestattete, im Blick auf vorrangige übergesetzliche Grundsätze und völkerrechtliche Normen als unwirksam zu verwerfen ist und daß militärische Befehle, die sonst als unbedingt verbindlich anzusehen wären, wenn sie auf vorsätzliche Tötung gerichtet sind, als unbeachtlich gelten müssen. So hat der Bundesgerichtshof für die Todesschüsse an der innerdeutschen Grenze entschieden (BGHSt 39, 1[13]; zuletzt BGH NJW 1995, 2728, m.w.N.[14]). Die allen {22} zivilisierten Völkern gemeinsame Grundüberzeugung vom allgemeinen Tötungsverbot erfordert, auch in der Verhängung der Todesstrafe durch einen Richter, der sich an Tatzeitrechtspraxis orientiert hat, bei der Annahme von Rechtsbeugung weniger Zurückhaltung zu üben. Dem steht nicht die Einsicht entgegen, daß aus Gründen rechtsstaatlich geforderten Vertrauensschutzes die Rechtsanwendung in einem anderen System weitgehend zu akzeptieren ist. Im übrigen gestattete Art. 6 Abs. 2 der DDR-Verfassung/1949 in der Auslegung durch die Rechtsprechung der DDR es dem Richter in allen Fällen, eine andere Strafe als die Todesstrafe zu wählen; insofern konnte die Vorschrift „menschenrechtsfreundlich" (BGHSt 39, 1, 25) ausgelegt werden.

cc) Eine besonders kritische Überprüfung von Todesurteilen ist namentlich vor dem Hintergrund der Erfahrungen mit der NS-Diktatur notwendig. Das menschenverachtende nationalsozialistische Regime wurde durch willfährige Richter und Staatsanwälte gestützt, die das Recht pervertierten. Die Grausamkeit, die das Bild der Justiz in der NS-Zeit prägt, gipfelte in einem beispiellosen Mißbrauch der Todesstrafe. Diese Erfahrungen führten in der Bundesrepublik zur Abschaffung der Todesstrafe durch Art. 102 GG. Zwar behielt die DDR die Todesstrafe bei. Sie bekannte sich aber gerade zur Abkehr von der nationalsozialistischen Gewaltherrschaft. Die DDR-Justiz war daher – auch unter den Bedingungen des „Kalten Krieges" – in besonderem Maße gehalten, die von der Rechtsordnung vorgesehene Todesstrafe, zumal im Bereich politisch motivierten Strafrechts, auf Fälle schwersten Unrechts {23} zu beschränken. Namentlich durfte diese äußerste Sanktion nicht angeordnet werden, wenn durch die zu ahndende Straftat kein gravierender Schaden verursacht worden war.

c) Der Senat verkennt nicht, daß Maßstäbe, wie sie in der Bundesrepublik Deutschland bei der Beurteilung von NS-Justizunrecht angewandt worden sind, weit weniger streng waren. Die Erkenntnis, daß eine Todesstrafe nur dann als nicht rechtsbeugerisch anzusehen ist, wenn sie der Bestrafung schwersten Unrechts dienen sollte, hätte in einer Vielzahl von Fällen zur Verurteilung von Richtern und Staatsanwälten des nationalsozialistischen Gewaltregimes führen müssen. Derartige Verurteilungen gibt es trotz des tausendfachen Mißbrauchs der Todesstrafe, namentlich in den Jahren 1939-1945, nur in sehr geringer Zahl (vgl. Spendel, Rechtsbeugung durch Rechtsprechung 1984 S. 17; Lamprecht NJW 1994, 562).

III. [Strafbarkeit in den konkreten Fällen]

Nach diesen Grundsätzen stellen sich die in den Fällen Tiemann, Friedemann sowie Held und Rudert ausgesprochenen Todesurteile als Rechtsbeugungen jeweils in Tateinheit mit vollendetem (Tiemann und Friedemann) oder versuchtem (Held und Rudert) Totschlag dar. {24}

1. Auch wenn das Verhalten der Betroffenen aus der Sicht des Angeklagten grundsätzlich als nach Art. 6 Abs. 2 der DDR-Verfassung/1949 strafbar anzusehen sein mochte, rechtfertigte hier keiner der vom Obersten Gericht festgestellten Sachverhalte auch nur annähernd die verhängte Sanktion. Für diese in die äußere Form von Gerichtsurteilen gekleideten Tötungsverbrechen ist der Angeklagte (mit-)verantwortlich. Ob sich in einem Kollegialgericht ein Richter nur dann der Rechtsbeugung schuldig macht, wenn er für die von ihm als Unrecht erkannte Entscheidung stimmt (vgl. BGH GA 1958, 241, 242; OGHSt 1, 217, 222), bedarf keiner abschließenden Entscheidung. Ein entsprechendes Abstimmungsverhalten des Angeklagten ist hier entgegen der Auffassung seiner Revision im angefochtenen Urteil hinreichend und ohne Rechtsfehler festgestellt. Für die rechtliche Bewertung kommt es nicht darauf an, ob die Zustimmung zu einer Kollegialentscheidung ausdrücklich billigend oder schlüssig erfolgt, indem sich ein Richter „stillschweigend dem Votum der beiden anderen Richter" anschließt (UA S. 268 im Fall Held u.a.). In den beiden Fällen der Berufungsverwerfung ist die Zustimmung des Angeklagten aufgrund seiner eigenen Einlassung (UA S. 270) ausdrücklich festgestellt (UA S. 52, 91). {25}

a) Im Fall des zum Tode verurteilten Karl-Albrecht Tiemann ergeben die Feststellungen keine „Verbrechen", die – auch aus damaliger Sicht eines DDR-Richters – äußerstes Unrecht und schwerste Schuld des Verfolgten offenbarten und die Verhängung der Todesstrafe nicht als rechtsbeugerisch erscheinen ließen.

aa) Tiemann wurden zum einen Aktivitäten in DDR-feindlichen Gruppierungen seit Herbst 1950 vorgeworfen: Er sei Mitglied der „Vereinigung politischer Ostflüchtlinge" gewesen und habe an verschiedenen Versammlungen dieser Organisation auch als Redner teilgenommen. Später sei er Verbindungsmann zur „Deutschen Freiheitsliga" gewesen. 1951 habe er auf Grenzbahnhöfen zu den östlichen Sektoren Berlins westliche Tageszeitungen und andere „Hetzschriften" (insgesamt mindestens 7.000 Exemplare) verteilt. Er habe Gruppen für den systematischen Vertrieb von „Hetzschriften" in der DDR organisiert und sei dafür verantwortlich gewesen, daß monatlich mehrere tausend „Hetzflugblätter", zum Teil in russischer Sprache, in der DDR abgesetzt worden seien. Diese Gruppen seien auch mit Phosphorampullen (zur Inbrandsetzung von Transparenten und Plakaten), Stinkbomben und Apparaten zur selbständigen Herstellung von Hetzschriften ausgerüstet gewesen. Neben dieser Organisationstätigkeit habe der Betroffene sich ständig mit Gutachten über die Wirksamkeit verschiedener „Hetzschriften“ beschäftigt. {26}

Darüber hinaus wurden dem Verfolgten geheimdienstliche Aktivitäten von Frühjahr 1951 bis zu seiner Inhaftierung im Sommer 1954 vorgeworfen: Bis 1952 habe er „Spionageaufträge“ und „Kurierdienste“ für den französischen Geheimdienst „Sureté Nationale“ ausgeführt. Er habe während der „Weltspiele der Jugend und Studenten“ die Namen französischer Teilnehmer feststellen sollen. Außerdem habe er (nicht näher bezeichnete) Informationen über die FDJ sowie „Stimmungsberichte“ geliefert und über das Schulsystem in der DDR berichtet, wozu auch die „Besorgung sämtlicher Schulbücher“ gehört habe.

Im Jahre 1951 habe er im Auftrag des Abwehrdienstes der britischen Rheinarmee ein „Spionagenetz“ in der DDR aufgebaut mit dem Ziel, „Militärspionage hinsichtlich der sowjetischen Militäreinheiten“ zu betreiben. Dieses Spionagenetz habe im Sommer 1952 einen derartigen Umfang angenommen, daß der Betroffene einem britischen Geheimdienstoffizier im Range eines Oberstleutnants unterstellt worden sei; Tiemann sei zweimal monatlich mit einem britischen Flugzeug nach Westdeutschland gebracht worden, um diesem Offizier direkt zu berichten und neue Anweisungen zu empfangen. Dem Verfolgten seien folgende Schwerpunktaufgaben gestellt gewesen: Schaffung eines Agentennetzes, Beschaffung von militärischen Informationen, Grenzgeländeerkundungen zum Einschleusen von Agenten nach Polen sowie Schaffung von Verbindungen zu Institutionen des Staatsapparates der DDR. Da Tiemann nicht gewillt gewesen sei, die Leitung der von ihm geschaffenen Spionageorganisation aus den {27} Händen zu geben, habe der britische Geheimdienst die Verbindungen mit ihm gelöst. Während der zweijährigen Zusammenarbeit mit dem britischen Geheimdienst hätten für den Betroffenen insgesamt etwa 40 Agenten gearbeitet.

Anschließend sei Tiemann „Hauptagent“ der „Organisation Gehlen“ gewesen. Auch hier habe seine wesentliche Aufgabe in der Militärspionage bestanden. Er sei insgesamt zwei Monate für diese Organisation mit mindestens 25 ständigen Mitarbeitern tätig gewesen und habe in dieser Zeit 42 Berichte über Objekte der sowjetischen Militäreinheiten und der kasernierten Volkspolizei geliefert.

Seit November 1953 habe Tiemann Spionage für den amerikanischen Geheimdienst betrieben; er habe etwa 120 Berichte über verkehrstechnische Einrichtungen und Flugplätze geliefert. Für die Berichte habe er jeweils ein Entgelt von 40 DM erhalten. Darüber hinaus habe er einen Spion mit einer Spezialkamera ausgerüstet, mit welcher dieser Wirtschaftspläne habe fotografieren sollen. Ferner habe der Betroffene ein Tonbandgerät in das „Büro einer wichtigen Verwaltungsdienststelle“ der DDR einbauen lassen wollen, wozu es allerdings nicht gekommen sei.

Im April 1954 habe Tiemann einen „größeren Spionageauftrag“ des Dänischen Geheimdienstes erhalten; er habe gegen Bezahlung von 500 Westmark etwa 25 Berichte geliefert, wobei er nur zum Teil neue Informationen verwendet habe. {28}

Seit Herbst 1953 habe der Betroffene schließlich Kontakte zum „Landesamt für Verfassungsschutz“ in Berlin (West) gesucht; von diesem Amt sei er beauftragt worden, Spionageverbindungen zu Organisationen der DDR herzustellen; in diesem Zusammenhang habe Tiemann durch eine Agentin etwa 25 Berichte über „finanzwirtschaftliche

Angelegenheiten“ und über „landwirtschaftliche Produktionsgenossenschaften“ sowie vier Berichte über Objekte der kasernierten Volkspolizei erhalten.

bb) Die im Urteil des Bezirksgerichts getroffenen, vom Obersten Gericht unter Mitwirkung des Angeklagten im Berufungsverfahren überprüften Feststellungen zu der von Tiemann entfalteten „Spionagetätigkeit“ ergeben zwar nachhaltige Aktivitäten des Betroffenen, welche nach Umfang und Dauer aus damaliger Sicht des Angeklagten als gewichtige, in Anwendung des Art. 6 Abs. 2 der DDR-Verfassung/1949 schwer zu bestrafende Spionagetätigkeiten gewertet werden konnten, ohne daß der Angeklagte sich deshalb bereits wegen Rechtsbeugung strafbar gemacht hätte. Andererseits belegen die Feststellungen keinen die Staatssicherheit wesentlich beeinträchtigenden Geheimnisverrat zum Nachteil der DDR. Vielmehr befaßten sich die weitgehend nicht näher bezeichneten „Berichte“, die der Verfolgte verschiedenen westlichen Geheimdiensten zur Verfügung stellte, ersichtlich mit der äußerlichen Beschreibung von Anlagen, die einer Vielzahl von Personen zugänglich waren („Objekte sowjetischer Militäreinheiten“, „verkehrstechnische Einrichtungen“, „Flugplätze“), oder lieferten bereits nach der Bezeichnung in den Urteilen des {29} Bezirksgerichts und des Obersten Gerichts nichtssagend – Informationsmaterial über „finanzwirtschaftliche Angelegenheiten“ oder über „landwirtschaftliche Produktionsgenossenschaften“. Ein von Tiemann zu verantwortender Verrat relevanter Fakten klingt an keiner Stelle der Urteile an.

Bei alledem verkennt der Senat nicht, daß strafbare Spionagetätigkeit auch im Verrat nicht geheimer und für sich allein nicht bedeutsamer Erkenntnisse liegen kann, die für einen gegnerischen Geheimdienst in ihrem Zusammenhang, auch mit anderen Erkenntnissen, wesentlich sein können (vgl. BVerfGE 57, 250, 263 f. zu § 99 StGB), und daß der Umfang auch derartiger Spionagetätigkeit so weit gehen kann, daß er die Wertung schwerer Kriminalität gestattet. An schwerster Schuld, die mit Rücksicht auf die angenommene Gemeingefährlichkeit von Spionage für das gegnerische System in der dargestellten Tatzeitsituation des „Kalten Krieges“ eine Gleichstellung mit schweren Kapitalverbrechen als nachvollziehbar und damit die Verhängung der Todesstrafe als nicht rechtsbeugerisch erscheinen ließ, fehlte es gleichwohl offensichtlich. Denn es lag eben kein für sich gewichtiger Geheimnisverrat vor, und auch andere möglicherweise gleich gewichtige Gründe waren nicht belegt; sie konnten hier auch nicht in der Verstrickung einer Vielzahl von – indes nicht irgendwie besonders verantwortlichen oder qualifizierten – DDR-Bürgern zur Mitwirkung an „feindbegünstigender“ Spionage gesehen werden. {30}

Dementsprechend sind der Stil der Rechtsausführungen und die Strafzumessungserwägungen des Obersten Gerichts weithin phrasenhaft; der Angeklagte selbst hat in seiner Einlassung eingeräumt, daß einige Passagen des Urteils, die indes der seinerzeit amtierende Vorsitzende eingefügt habe, im „Freisler-Stil“ abgefaßt seien (UA S. 271).

Der Einwand Tiemanns, seine Tätigkeit sei am Ort der Handlung (Westberlin) nicht mit Strafe bedroht gewesen, wird beantwortet mit der Erwägung, das Argument des Angeklagten stelle „nichts anderes als eine unerhörte Anmaßung“ dar, die ihn „nur einmal mehr als abgefeimtesten Verbrecher“ charakterisiere; er wage es,

> „für seine ganzen ungeheuerlichen Verbrechen, die sich unmittelbar gegen den Bestand des ersten deutschen Arbeiter- und Bauernstaates und des gesamten Weltfriedenslagers richteten, für seine Person Straflosigkeit zu beanspruchen, nur weil er diese Verbrechen aus dem Hinterhalt von einem vermeintlich sicheren Standort aus durch andere gewissenlose, von ihm gedungene Elemente ausführen ließ“ (UA S. 64).

Tiemann habe „mit einer kaum zu überbietenden Intensität Verbrechen in einem Ausmaß begangen, die aufgrund ihres Charakters einen beispiellosen Grad an Gesellschaftsgefährlichkeit“ aufwiesen (UA S. 65). Ein vom Vorsitzenden eingefügter Satz lautete: „Vor Elementen wie der Angeklagte kann sich die friedliebende Menschheit nur durch deren Austilgung wirksam schützen“ (UA S. 68). Hier wird das angesichts des festgestellten tatsächlichen Sachverhalts fehlende Gewicht des von einem Angeklagten verschuldeten Unrechts durch übersteigerte, {31} nur noch propagandistisch zu verstehende Formulierungen überspielt. In einem so begründeten Todesurteil kommen schon in der Wortwahl unmißverständlich der unbedingte Wille zur physischen Vernichtung eines politischen Gegners ohne Rücksicht auf dessen persönliche Schuld und der Wunsch nach genereller Abschreckung auch um den Preis eines Menschenlebens zum Ausdruck. Dies ist willkürliches Töten unter dem Vorwand eines justizförmigen Verfahrens.

b) Die vom Bezirksgericht und vom Obersten Gericht im Verfahren gegen Heinz Friedemann getroffenen Feststellungen belegen ebenfalls und erst recht keinen Sachverhalt, der auch nur entfernt geeignet wäre, das gegen den Betroffenen verhängte Todesurteil zu rechtfertigen.

aa) Friedemann wurde beschuldigt, von Herbst 1953 bis Sommer 1955 für den britischen Geheimdienst tätig gewesen zu sein.

Bis Mai 1954 habe er Informationen über „sowjetische Objekte und Militäreinheiten“ gesammelt; insbesondere habe er Beobachtungen über sowjetische Kraftfahrzeuge und deren Insassen angestellt, die zu einer bestimmten Zeit eine bestimmte Straße passierten und in ein Sperrgebiet fuhren. Monatlich habe der Betroffene zehn bis dreißig solcher Informationen geliefert. Außerdem habe er unter Zuhilfenahme eines Stadtplanes eine Skizze über ein „sowjetisches Objekt“ gefertigt. Für diese „staatsfeindlichen Handlungen“ habe er monatlich 25 Westmark erhalten. {32}

Seit Mai 1954 habe Friedemann mit einem PKW-Opel, für dessen Erwerb ihm 3.000 DM ausgehändigt worden seien, Kurierfahrten in die DDR durchgeführt und unter anderem „tote Briefkästen“ entleert. Hierfür habe er monatlich 50 Westmark bezogen, die zunächst mit dem Geld für den Pkw-Erwerb verrechnet worden seien.

Nachdem der Betroffene im Juni 1955 sein Einverständnis erklärt habe, in die kasernierte Volkspolizei einzutreten, sei er nicht weiter mit Kurierfahrten betraut worden, sondern habe eine Deckadresse für die Nachrichtenübermittlung erhalten, um auch ohne Betreten der Westsektoren Berlins Verbindung mit dem britischen Geheimdienst halten zu können, wozu es später indes nicht gekommen sei.

bb) Die Feststellungen des Obersten Gerichts zur Tätigkeit Friedemanns zeichnen das Bild eines eher im unteren Bereich der Agentenhierarchie angesiedelten Mannes, der dementsprechend im wesentlichen untergeordnete und unselbständige Dienste auszuführen hatte. Auch nur im Umfeld relevanter Staatsgeheimnisse hat sich Friedemann zu keinem Zeitpunkt bewegt. Irgendwelche Feststellungen zum Inhalt der „toten Briefkästen“ sind vom Obersten Gericht der DDR nicht getroffen worden. Ob der Eintritt Friedemanns in die kasernierte Volkspolizei auf längere Sicht als Bedrohung der Staatssicherheit angesehen werden konnte, mag offenbleiben. Jedenfalls hat der Betroffene – auch wenn er, was ihm angelastet wurde, die Absicht dazu gehabt {33} hatte – bis zu seiner Verhaftung tatsächlich keine Spionage innerhalb dieser Einrichtung betrieben. Vor diesem Hintergrund war die Todesstrafe eine offensichtlich in keinem Verhältnis zum Unrecht der Tat stehende Sanktion. Auch in den Strafzumessungsgründen des Obersten Gerichts finden sich keinerlei sachliche Erwägungen, die das Urteil insoweit nachvollziehbar machen könnten. Die Behauptung, der Betroffene habe „seit dem Jahre 1953 eine intensive, vielseitige und für die Erhaltung des Friedens außerordentlich gefährliche Spionagetätigkeit durchgeführt“ und damit „im vollen Bewußtsein des die ganze friedliebende Menschheit bedrohenden verbrecherischen Charakters seines Verhaltens skrupellos die imperialistischen Kriegstreiber aktiv in ihren volksfeindlichen Bestrebungen unterstützt“ (UA S. 100), stellt eine vom Sachverhalt augenfällig nicht gedeckte, verbal überhöhte Bewertung dar. Die Verhängung der Todesstrafe im Fall Friedemann läßt sich nur als willkürlicher Gewaltakt gegenüber einem „Staatsfeind“ und als gewollte Schreckensherrschaft zur Unterstützung der staatlichen Machthaber durch massive Abschreckung deuten.

c) Auch im Fall der Verurteilten Max Held und Werner Rudert stehen die Todesurteile in einem unerträglichen Mißverhältnis zu den gegen die Betroffenen erhobenen Vorwürfen, ebenso die Haftstrafe für Joachim Sachße (acht Jahre Zuchthaus). {34}

aa) Held und Rudert wurden beschuldigt, im Auftrag des amerikanischen Geheimdienstes Spionage sowie die Abwerbung von Wissenschaftlern und sonstigen Fachkräften aus der DDR betrieben zu haben.

Held wurde zum einen zur Last gelegt, in den Jahren 1951 bis 1955 bei etwa 100 Zusammentreffen ausführliche Informationen aus den Betrieben, in denen er tätig war, und Berichte über gelegentlich beobachtete militärische Objekte weitergegeben zu haben. Er habe auch Zeichnungen, Pläne und Unterlagen aus den Betrieben entnommen, wobei er infolge seiner Fachkenntnisse in der Lage gewesen sei, den Wert der jeweiligen Unterlagen genau zu erkennen. Von Anfang an sei Held auch mit Militärspionage beauftragt gewesen; er habe über den Flugplatz Dessau und die dort stationierten Einheiten der sowjetischen Luftwaffe berichtet. Zum anderen habe er Informationen (Personalien, Arbeitsstelle, Qualifikation, politische Vergangenheit usw.) über insgesamt 90 Wissenschaftler gesammelt, die dem amerikanischen Geheimdienst dazu dienen sollten, die Betreffenden in den Westen abzuwerben. Held habe „für seine verbrecherische Tätigkeit“ insgesamt etwa 3.500 Westmark erhalten.

Rudert wurde zum einen vorgeworfen, Wirtschaftsspionage, namentlich in einem Erfurter Rundfunkwerk, betrieben zu haben. Er habe Produktionsziffern verraten, über Materialschwierigkeiten und Rohstoffengpässe berichtet, Zeichnungen und Muster von Röhren beschafft; er habe in die DDR liefernde westdeutsche Firmen verraten und über den Export nach Polen, China und der Sowjetunion berichtet. {35}

Zum anderen habe Rudert sich der Militärspionage schuldig gemacht, indem er über Einheiten der sowjetischen Luftwaffe und Manöver der Sowjetarmee berichtet habe. Schließlich habe auch Rudert dem amerikanischen Geheimdienst zwölf abzuwerbende „Angehörige der technischen Intelligenz“ aus dem Erfurter Rundfunkwerk benannt. Für seine „Verbrechen“ habe Rudert insgesamt etwa 4.000 Westmark erhalten.

bb) Der Senat verkennt Umfang und Dauer der den beiden zum Tode Verurteilten angelasteten (Spionage- und „Abwerbe“-)Tätigkeiten nicht. Er sieht sich mit Rücksicht auf die damaligen Wertungen von DDR-Richtern auch nicht in der Lage, die gegen Eva Halm verhängte lebenslange Zuchthausstrafe als Rechtsbeugung zu werten. Die Frau, deren als strafbar angesehenes Verhalten vom Obersten Gericht ersichtlich als geringer eingestuft wurde als das von Held und Rudert, hatte von 1950 bis 1955 für den RIAS und den amerikanischen Geheimdienst insbesondere Gebäude der Polizei und der Staatssicherheit „ausspioniert“ sowie dem amerikanischen Geheimdienst eine Reihe von Wissenschaftlern zum Zwecke der Abwerbung namhaft gemacht.

Zwar ist die gegen Frau Halm verhängte massive Sanktion nach rechtsstaatlichen Maßstäben gänzlich unangemessen. Nach diesen Maßstäben darf aber – gleichfalls aufgrund rechtsstaatlicher Gebote – die Strafbarkeit des Angeklagten nicht bewertet werden. Und angesichts von Art, Ausmaß und Dauer des der Betroffenen angelasteten Verhaltens, das immerhin teilweise als besonders sicherheitsrele-{36}vant angesehene öffentliche Belange tangierte, vermag der Senat hier noch keine Rechtsbeugung anzunehmen, wenngleich dies namentlich angesichts des Prozeßcharakters (vgl. nur UA S. 105) und mancher Urteilsformulierungen (vgl. nur UA S. 267) nicht unbedenklich ist.

cc) Ungeachtet des namentlich bei Held gewichtigeren Ausmaßes des als strafbar gewerteten Verhaltens muß die Verhängung von Todesstrafen anders bewertet werden. Wie ausgeführt, fordert die besondere Bedeutung des Rechts auf Leben eine essentiell kritischere Überprüfung der Strafbarkeit eines für ein Todesurteil verantwortlichen Richters. Dabei verkennt der Senat auch das besondere Gewicht der Verhängung gerade lebenslanger Freiheitsstrafe nicht, die ebenfalls nur für schweres Unrecht verhängt werden darf. Kann die Annahme solchen Unrechts mit Rücksicht auf die Betrachtungsweise der DDR-Justiz zur Tatzeit gerade noch hingenommen werden, könnte dies bei der Verhängung eines Todesurteils nur für den Fall vertretbarer Annahme notwendig noch weit schwereren, schwersten Unrechts gelten. Diese Voraussetzungen waren bei Held und Rudert nach den vom Obersten Gericht der DDR getroffenen Feststellungen nicht erfüllt.

Dies gilt zunächst für die abgeurteilte „Spionage“. Der Inhalt der von den Betroffenen Held und Rudert an den amerikanischen Geheimdienst verratenen Informationen wird allenthalben nur stichwortartig bezeichnet. Im Vordergrund der Unrechtsfeststellung steht die Beschreibung bloßer Gegenstände („Zeichnungen, Konstruktionserläuterungen, Proto-{37}kolle usw.“) und Handlungen (Berichten, Liefern von Informationen). Eine aus der jeweiligen Spionagetätigkeit resultierende gewichtige volkswirtschaftliche oder militärische Gefährdung der DDR oder mit ihr verbündeter Staaten wird im Urteil des Obersten Gerichts nicht einmal ansatzweise belegt, versteht sich auch nicht etwa von selbst, erscheint vielmehr nach den Umständen eher fernliegend, weil die ausspionierten Daten und Fakten offensichtlich keinem besonderen Geheimnisschutz unterlagen.

Auch die den zum Tode Verurteilten angelasteten „Abwerbungen“ waren nach den getroffenen Feststellungen nicht von einem solchen Gewicht, das die Verhängung der Todesstrafen auch nur annähernd nachvollziehbar erscheinen lassen könnte. Sie belegen im Gegenteil eher das krasse Mißverhältnis zwischen Tat und Strafe, denn bei der Würdigung des als „Kriegs- und Boykotthetze“ bezeichneten Verhaltens der Verfolgten heißt es im Urteil des Obersten Gerichts zusammenfassend, die Angeklagten hätten „in starkem Maße daran mitgewirkt, daß eine große Anzahl Wissenschaftler und Spezialisten infolge von lügenhaften Versprechungen, Erpressungen und Hetze die Deutsche Demokratische Republik unter Bruch ihrer Verpflichtungen verlassen haben“ (UA S. 264). Dieser für die Strafzumessung ersichtlich bestimmende Schluß findet in den Feststellungen des Obersten Gerichts keine Stütze. Vielmehr wird aus den mit dem vorliegenden Schauprozeß verbundenen propagandistischen Zwecken heraus ohne weiteres unterstellt, daß die damalige {38} Fluchtbewegung aus der DDR auf sogenannte „Abwerbungen" zurückgehe – was der Angeklagte noch geglaubt haben mag –, insbesondere aber behauptet, daß die zum Tode Verurteilten im großen Umfang daran beteiligt gewesen seien, obgleich nach den Urteilsfeststellungen allenfalls drei (Held, UA S. 258) bzw. sechs (Rudert, UA S. 260) konkrete erfolgreiche „Abwerbungen" belegt werden konnten.

Dabei verkennt der Senat nicht, daß in der angenommenen „Abwerbungsbewegung" aus damaliger Sicht der DDR-Justiz ein besonderer Anlaß zu abschreckenden Verurteilungen gesehen worden sein mag. Auch dies vermag indes an der Beurteilung der Rechtsbeugung bei Verhängung von Todesstrafen nichts zu ändern.

dd) Rechtsbeugerisch überhöht ist daneben auch die gegen Joachim Sachße verhängte achtjährige Zuchthausstrafe. Diesem Verurteilten wurde angelastet, zwei Arbeitskollegen durch den Hinweis auf ein ihm selbst aus Westdeutschland gemachtes Stellenangebot zur Übersiedelung dorthin veranlaßt und dies bei einer weiteren Kollegin versucht zu haben. Selbst durch gewichtige wirtschaftliche Engpässe infolge der Ausreise von zwei Fachkräften, worauf das Oberste Gericht maßgeblich abgestellt hat, konnte eine achtjährige Zuchthausstrafe – die auch der Angeklagte nach seiner Einlassung als „viel zu hoch" ansah (UA S. 281) – für das dem Verurteilten angelastete Verhalten offensichtlich keine angemessene Sanktion sein. Es handelte sich vielmehr auch insoweit ersichtlich um ein allein oder jedenfalls vorrangig gänzlich überzogener Abschreckung dienendes Signal als Ergebnis eines Schaupro-{39}zesses, mit dem die seitens des SED-Staats als gefährlich angesehene Abwanderungs- und Abwerbungsbewegung plakativ angeprangert werden sollte. Der Verurteilte Sachße wurde hierbei rechtsbeugerisch zum Objekt dieses Verfahrens gemacht.

2. Die Feststellungen des Schwurgerichts zur inneren Tatseite tragen die Verurteilungen wegen Rechtsbeugung und damit tateinheitlich zusammentreffender Tötungsdelikte.

Der Tatrichter führt dazu aus, der Angeklagte habe – wie er einräumt – die verhängten Strafen für „nicht schuldangemessen" (Fälle Tiemann sowie Held u.a.) bzw. für „grob unbillig" (Fall Friedemann) gehalten; gleichwohl habe er für die jeweiligen Entscheidungen gestimmt, wobei er mit der Vollstreckung der Todesurteile gerechnet habe. Damit ist hier auch der Vorsatz der Rechtsbeugung hinreichend belegt; und zwar auch, soweit § 244 StGB-DDR als mildestes Zwischengesetz (§ 2 Abs. 3 StGB) über den zur Tatzeit geltenden § 336 StGB hinaus eine „wissentlich" gesetzwidrige Entscheidung und damit direkten Vorsatz voraussetzt. Der unbedingte Rechtsbeugungsvorsatz wird hier auch nicht dadurch in Frage gestellt, daß der Angeklagte bestreitet, wissentlich gesetzwidrig gehandelt zu haben (UA S. 270). Zwar bedeutet die vom Angeklagten eingeräumte Ansicht, wonach er die verhängten Strafen für „nicht angemessen" gehalten habe, nicht notwendig, daß er die davon abweichende Meinung der anderen Kollegialrichter bereits für rechtsbeugerisch im Sinne einer willkürlichen Menschenrechtsverletzung gehalten haben muß. Die Auf-{40}fassung des Angeklagten, daß die verhängten Strafen überhöht waren, legt indes den Schluß des Schwurgerichts besonders nahe, daß das, was nach objektiven Maßstäben als offensichtlicher Willkürakt gesetzwidrig war, auch vom Angeklagten so beurteilt wurde. Abgesehen davon wäre auch ohne diese Erwägung der direkte Vorsatz des Angeklagten hier ausreichend belegt.

a) Angesichts der besonders hohen Anforderungen an den objektiven Rechtsbeugungstatbestand, der in Fällen der vorliegenden Art auf offensichtliche schwere Menschenrechtsverletzungen durch unerträgliche Willkürakte beschränkt ist, erscheint es von vornherein kaum vorstellbar, daß einem Berufsrichter die evidente Rechtswidrigkeit seiner Entscheidung verborgen geblieben sein kann. Dies gilt auch in Anbetracht des Werdeganges des Angeklagten und selbst unter Berücksichtigung seiner bloßen Volksrichterausbildung.

b) Für die vom Tatrichter vorgenommene Würdigung, daß der Angeklagte die willkürlichen Unterdrückungsakte gegen die seinerzeit Verfolgten auch subjektiv als solche erkannt hat, sprechen hier als zusätzliche Anzeichen einige Feststellungen des Schwurgerichts zu fragwürdigen Verfahrensabläufen. So gab es im Verfahren gegen Tiemann einige unüberbrückbare Unverträglichkeiten zwischen dem protokollierten Geständnis des Verurteilten und weiterreichenden erstinstanzlichen Urteilsfeststellungen, insbesondere die Ausrüstung seiner Spione betreffend (vgl. UA S. 273 f.). Derartige unbelegte Übertreibungen des als strafbar erachte-{41}ten Verhaltens eines Angeklagten auch in Randbereichen sind gerade angesichts der dann verhängten Höchststrafe ein deutliches Anzeichen für dessen Herabstufung zum Verfahrensobjekt.

In der Sache Held u.a. war das Verfahren, wenngleich das Schwurgericht die festgestellten rechtsbeugerischen Verfahrensmanipulationen (UA S. 103 ff.) dem Angeklagten mangels nachgewiesener Kenntnis nicht anlastet, nicht frei von für den Angeklagten offensichtlichen Elementen eines Schauprozesses, der vor dem Obersten Gericht der DDR verbunden gegen vier einander nicht bekannte Personen unter nachhaltiger Zurschaustellung des „Abwerbungs"-Problems gegenüber der Öffentlichkeit geführt wurde (UA S. 102 f., 105). Diese Prozeßabläufe weisen darauf hin, daß die Betroffenen Richtern gegenüberstanden, denen es auch subjektiv nicht primär um Gerechtigkeit, sondern um Abschreckung durch Vernichtung von Angeklagten ging.

Im Fall Friedemann begegnet das Verfahren solchen Bedenken nicht. Das Unterlassen der Vernehmung der in der Berufungsverhandlung als Zeugin benannten Ehefrau Friedemanns für den Zeitpunkt des Erhalts einer „Deckadresse" seines Agentenführers rechtfertigt nicht den Schluß auf rechtsbeugerischen Verfahrensmißbrauch, weil für die gegenteiligen Urteilsfeststellungen frühere Angaben Friedemanns als tragfähig und durch seine Frau als Zeugin nicht widerlegbar angesehen werden konnten (vgl. § 289 Abs. 3 StPO-DDR vom 2. Oktober 1952, GBl Nr. 142 S. 996), zudem – worauf die Revision des Angeklagten zutreffend hinweist – der Zeit-{42}punkt der Übergabe der Adresse für die Annahme des Erschwerungsumstands, Friedemann sei zur Spionage bei der Volkspolizei bereit gewesen, kaum ausschlaggebend war. In diesem Fall ist indes die Unangemessenheit der Todesstrafe für sich ganz besonders deutlich, so daß das Fehlen eines zusätzlichen Indizes gegen den Angeklagten aus der Verfahrensgestaltung seinen Vorsatz nicht etwa in Frage zu stellen vermag.

c) Danach ist hinreichend belegt, daß der Angeklagte, der in Kenntnis aller maßgeblichen Umstände handelte, auch das Bewußtsein hatte, daß die verhängten Todesstrafen in einem krassen Mißverhältnis zur Schuld der Verurteilten standen und deshalb gesetzwidrig waren. Es erscheint lediglich denkbar, daß der Angeklagte diese Rechtsfolgen trotz dieses Bewußtseins letztlich aus Rücksicht auf die Staatsräson für hinnehmbar gehalten hat. Eine solche Fehlbewertung des eigenen Handelns berührt den (auch direkten) Vorsatz der Rechtsbeugung jedoch nicht.

d) Fälle der vorliegenden Art sind allerdings vor dem Hintergrund zu beurteilen, daß die willkürliche Unterdrückung von Regimegegnern im äußeren Gewand eines gerichtlichen Verfahrens in totalitären Systemen nicht auf Einzelfälle beschränkt, sondern weitreichende Praxis einer in der Diktatur herrschenden Unrechtsjustiz ist. Unter rechtsstaatlichen Verhältnissen werden hingegen Verstöße gegen das Verbot übermäßig harten Strafens seltene Ausnahmen sein (vgl. BGH MDR 1952, 693, 694), und dieser Ausnahmecharakter des Willküraktes inner-{43}halb einer an der Wahrung von Menschenrechten orientierten Rechtsprechung wird den Vorsatz und das Unrechtsbewußtsein des Amtsträgers, der sich objektiv eines solchen elementaren Rechtsbruchs schuldig macht, ohne weiteres problemlos indizieren. Demgegenüber mag das Unrechtsbewußtsein, das im Rahmen des Rechtsbeugungstatbestandes regelmäßig Teil des Vorsatzes ist, innerhalb einer von den staatlichen Machthabern gelenkten Justiz weniger geschärft sein. So mag es vor dem Hintergrund der fundamentalen Unterschiede zwischen der DDR-Justiz und einer dem Rechtsstaat verpflichteten Dritten Gewalt bei einem das Recht beugenden Richter eine Form der „Verblendung" gegeben haben, bei der dieser Amtsträger ungeachtet seines Wissens um die objektive Rechtslage und einer daraus ohne weiteres folgenden Unrechtseinsicht seine Terrorurteile in erster Linie durch vorrangig verfolgte politische Zielvorstellungen für sich rechtfertigte, in seinem Handeln insbesondere aber durch seine Einbindung in Weisungssysteme und kollektive Handlungsschemata bestimmt war. Diese Einordnung in ein Unrechtssystem mag dabei unter Umständen so weit gehen, daß der gesetzwidrig Entscheidende ungeachtet seiner Kenntnis von allen Umständen und Wertungen, welche die Gesetzwidrigkeit ausmachen, sich gleichwohl von rechtsfremden Vorstellungen hat leiten lassen, die er in fehlsamer Subsumtion für „Recht" hält. Dies vermag den (auch direkten) Rechtsbeugungsvorsatz gleichwohl nicht in Frage zu stellen. {44}

aa) Beispiele für die dargestellte Problematik bietet namentlich auch die (insgesamt fehlgeschlagene) Auseinandersetzung mit der NS-Justiz. Die nationalsozialistische Gewaltherrschaft hatte eine „Perversion der Rechtsordnung" bewirkt, wie sie schlimmer kaum vorstellbar war (Spendel, Rechtsbeugung durch Rechtsprechung 1984 S. 3), und die damalige Rechtsprechung ist angesichts exzessiver Verhängung von Todesstrafen nicht zu Unrecht oft als „Blutjustiz" bezeichnet worden. Obwohl die Korrumpierung von Justizangehörigen durch die Machthaber des NS-Regimes offenkundig war, haben sich bei der strafrechtlichen Verfolgung des NS-Unrechts auf diesem Gebiet erhebliche Schwierigkeiten ergeben (vgl. Gribbohm NJW 1988, 2842, 2843 ff.). Die vom Volksgerichtshof gefällten Todesurteile sind ungesühnt geblieben, keiner der am Volksgerichtshof tätigen Berufsrichter und Staatsanwälte wurde wegen Rechtsbeugung verurteilt; ebensowenig Richter der Sondergerichte und der Kriegsgerichte. Einen wesentlichen Anteil an dieser Entwicklung hatte nicht zuletzt die Rechtsprechung des Bundesgerichtshofs (vgl. BGHSt 10, 294; BGH NJW 1968, 1339, 1340; vgl. dazu LG Berlin DRiZ 1967, 390, 393, r. Sp.). Diese Rechtsprechung ist auf erhebliche Kritik gestoßen, die der Senat als berechtigt erachtet. Insgesamt neigt der Senat zu dem Befund, daß das Scheitern der Verfolgung von NS-Richtern vornehmlich durch eine zu weitgehende

Einschränkung bei der Auslegung der subjektiven Voraussetzungen des Rechtsbeugungstatbestandes bedingt war (vgl. Spendel aaO S. 13, 69 f.). {45}

bb) Das staatlich verübte Unrecht in der DDR kann mit Rücksicht auf die unterschiedliche Dimension nicht mit dem im nationalsozialistischen Regime begangenen gleichgesetzt werden (vgl. Senatsurteil vom 15. September 1995 – 5 StR 713/94 –). Eine so vollständige Mißachtung der Ideen von Gerechtigkeit und Menschlichkeit, wie sie das Bild der NS-Justiz prägt, hat es in der DDR-Justiz (vielleicht abgesehen von Verfahren in den „Waldheim-Prozessen") nicht gegeben. Anders als im nationalsozialistischen Führerstaat gab es in der DDR keine Doktrin, wonach der bloße Wille der Inhaber staatlicher Macht Recht schaffen konnte (vgl. BGHSt 39, 1, 24; 40, 30, 35; 40, 113, 116). Der Befund deutet bereits darauf hin, daß das Rechtsbewußtsein der in der DDR tätigen Richterschaft – vielleicht gerade angesichts der schrecklichen Erfahrung mit der Terrorjustiz im überwundenen NS-Staat – nicht gänzlich verstummt gewesen sein kann.

cc) Durch Willfährigkeit gegenüber den politischen Machthabern „abgestumpfte" Täter einer Rechtsbeugung sind hiernach nicht aus subjektiven Gründen straflos. Damit wird zugleich eine schwer erträgliche Besserstellung des Überzeugungstäters gegenüber denjenigen vermieden, die sich – wie der hiesige Angeklagte – nach Vereinnahmung durch eine Unrechtsjustiz letztlich bewußte Skrupel und ein Gefühl für Menschlichkeit erhalten haben. Ein Richter, der in blindem Gehorsam gegenüber staatlichen Machthabern meint, sich auch dann im Einklang mit Recht und Gesetz zu befinden, wenn er über die Grenzen des gesetzlich Zulässigen hinaus den Willen der Staatsführung vollzieht und dabei {46} in der geschilderten Weise Menschenrechte verletzt, unterliegt keinem den Vorsatz berührenden Irrtum. Dasselbe gilt, wenn er aus Motiven der Staatsräson in einer Weise „Recht" spricht, welche die Grenzen aus ihm bekannten grundlegenden unverbrüchlichen Rechtsgrundsätzen offensichtlich überschreitet. Es kann dahinstehen, ob Vorstellungen dieser Art als Verbotsirrtum anzusehen sind; ein solcher wäre jedenfalls weder unvermeidbar noch jemals zur Strafrahmenverschiebung geeignet (vgl. Senatsurteil vom 15. September 1995 – 5 StR 713/94 –).

C. [Strafausspruch]

Soweit der Angeklagte verurteilt worden ist, sind die Einzelstrafaussprüche und der Gesamtstrafausspruch frei von Rechtsfehlern zum Vorteil oder zum Nachteil des Angeklagten, die den Bestand des Rechtsfolgenausspruchs in Frage stellen. Auch insoweit bleibt die Revision des Angeklagten ohne Erfolg; desgleichen das zu seinen Ungunsten eingelegte Rechtsmittel der Staatsanwaltschaft.

I. [Strafzumessungsumstände; Einordnung als minder schwere Fälle]

Die Einzelbeanstandungen der Staatsanwaltschaft zeigen nichts für die Annahme auf, das Schwurgericht habe einen notwendig bestimmenden (§ 267 Abs. 3 Satz 1 StPO) Strafzumessungsumstand {47} unberücksichtigt gelassen. Auch die Einordnung der Taten als minder schwere Fälle des Totschlags (§ 213 StGB, 2. Alt.) ist hier aus Rechtsgründen nicht zu beanstanden.

Zwar stellt die bewußte Tötung eines Menschen durch einen willkürlichen Richterspruch ein derart gravierendes und offensichtlich mit Bedacht ausgeführtes Verbrechen dar, daß die Annahme eines „minder schweren Falles" sich auf den ersten Blick zu verbieten scheint. Eine gewichtigere Verantwortung eines den Tod eines Menschen vorsätzlich verursachenden Täters als diejenige eines ihn rechtsbeugend zum Tode verurteilenden Richters, der gerade zur Rechtswahrung berufen ist, ist schwerlich denkbar. In einem solchen Fall wird eher, wenn nicht schon Mord vorliegt, an einen besonders schweren Fall des Totschlags (§ 212 Abs. 2 StGB) zu denken sein. Hier liegen indes derart außergewöhnliche Milderungsgründe vor, daß die Heranziehung des Ausnahmestrafrahmens durch den Tatrichter im Ergebnis keinen durchgreifenden Rechtsbedenken unterliegt.

1. Der Angeklagte war in ein Unrechtssystem eingebunden, in dem die Todesstrafen in den abgeurteilten Fällen zum Zwecke vermeintlichen Staatswohls verhängt wurden. So wurde die Zustimmung des Angeklagten zu den Todesurteilen von seinen richterlichen Kollegen, namentlich dem jeweiligen Vorsitzenden, von ihm erwartet; die Staatsanwaltschaft hatte – ihrerseits offensichtlich unter dem Einfluß von Staats- und Parteiorganen – darauf angetragen. Teilweise hatten Vorinstanzen bereits ent-{48}sprechend entschieden. Unter diesen Voraussetzungen war es für den Angeklagten ungeachtet seiner Richterstellung in allen Fällen viel schwerer, das Recht zu wahren, als es, den massiven äußeren Einflüssen folgend, zu beugen. Rechtmäßiges Verhalten hätte Mut und die Inkaufnahme mindestens von Unannehmlichkeiten, naheliegend jedenfalls von Nachteilen im beruflichen Fortkommen erfordert. All dies vermag an der Schuld des Angeklagten nichts zu ändern. Gleichwohl sind solche Konflikte des rechtsbeugenden Richters nur innerhalb eines Unrechtssystems typisch, für den Straftatbestand seiner Idee nach hingegen untypisch und daher auch gravierend schuldmindernd.

Ferner bemerkt der Generalbundesanwalt zu Recht, daß insbesondere das Eingeständnis des Angeklagten, sein Abstimmungsverhalten betreffend, als überragend gewichtiger Milderungsgrund zu werten war. Sein Aussageverhalten war insoweit als deutliches Zeichen von Verantwortungsbewußtsein hinsichtlich der vor dem Landgericht von ihm bedauerten Taten zu werten (vgl. UA S. 298 f.). Daß der Angeklagte sich im übrigen auch in den Fällen eingestandener Billigung von Todesurteilen gegen den Vorwurf der Rechtsbeugung verteidigt hat, ändert daran nichts.

Das persönliche Schicksal des Angeklagten kennzeichnet ihn als Opfer der NS-Gewaltherrschaft. Jenseits der hier abgeurteilten Taten gelang es dem Angeklagten, der grundsätzlich gegen die Todesstrafe eingestellt war, wiederholt, in erfolg-{49}reichem Widerstand gegen ihm entgegengebrachte Erwartungen des Systems Betroffene vor der Verhängung der Todesstrafe und Unschuldige vor ungerechten Verurteilungen zu bewahren (UA S. 5 ff.).

2. Zutreffend hat das Schwurgericht neben den übrigen bedeutenden mildernden Gesichtspunkten in der Persönlichkeit des Angeklagten auf die ungewöhnlich lange Zeit von rund 40 Jahren Bedacht genommen, welche seit Begehung der Taten verstrichen ist (vgl. auch BGH NStZ 1995, 394, 399).

Zu der Zeit, als der Angeklagte die Taten beging, für die er jetzt verurteilt wird, und noch später waren Richter der NS-Justiz, die Todesurteile gefällt hatten, aufgrund der bereits skizzierten überaus einschränkenden Auslegung und Anwendung des § 336

StGB von der bundesdeutschen Justiz nicht zur Verantwortung gezogen worden; sie waren hingegen teilweise sogar weiter in der Justiz tätig, zuweilen konnten sie auch in Staatsämtern Karriere machen (vgl. nur den Katalog zur Ausstellung „Im Namen des Deutschen Volkes“ des Bundesministers der Justiz zu Justiz und Nationalsozialismus, 3. Aufl. 1994, S. 307 ff.). Hätte sich die Rechtsprechung schon damals bei der Prüfung richterlicher Verantwortung für Todesurteile an Kriterien orientiert, wie sie der Senat in seiner heutigen Entscheidung für Recht erkennt, hätte eine Vielzahl ehemaliger NS-Richter strafrechtlich wegen Rechtsbeugung in Tateinheit mit Kapitalverbrechen zur Verantwortung gezogen werden müssen. Naheliegend wären viele von ihnen nicht anders, als es dem Angeklagten in diesem Verfahren widerfährt, {50} entsprechend zu verurteilen gewesen, und zwar vielfach, wie die Erkenntnisse über die NS-Justiz erweisen, angesichts des Mißverhältnisses zwischen Todesurteil und abgeurteilter „Tat“ wegen noch weit schwererer Fälle. Darin, daß dies nicht geschehen ist, liegt ein folgenschweres Versagen bundesdeutscher Strafjustiz. Dies kann selbstverständlich nicht dazu führen, das Verhalten des Angeklagten nun nach den gleichen zu engen Maßstäben zu beurteilen. Daß ihm gleichwohl eine grundlegend veränderte Haltung der Rechtsprechung, ohne die seine Verurteilung nicht möglich wäre, kaum als gerecht zu vermitteln sein dürfte, liegt nicht fern. Durch diese Umstände bestärkt, sieht der Senat allen Anlaß, die Strafrahmenwahl und die überaus milde Bestrafung hier unbeanstandet zu lassen.

II. [Mängel des Strafausspruchs]

Im übrigen enthält das angefochtene Urteil zur Begründung des Strafausspruchs lediglich – verhältnismäßig geringfügige – Rechtsfehler und Mängel zum Vorteil wie zum Nachteil des Angeklagten, bei denen der Senat durchweg sicher ausschließt, daß der Strafausspruch hierauf beruht.

1. Das Schwurgericht legt den Strafrahmen des § 213 StGB der Einzelstrafbestimmung zugrunde. Es läßt dabei außer acht, daß wegen der höheren Mindeststrafe der Strafrahmen des § 336 StGB zugrundezulegen gewesen wäre (§ 52 Abs. 2 StGB). {51}

§ 244 StGB-DDR hat insoweit wegen des Grundsatzes strikter Alternativität (vgl. BGH NJW 1995, 2861; Senatsurteil vom 15. September 1995 – 5 StR 642/94 –) außer Betracht zu bleiben.

Indes überschreiten die jeweiligen Einzelstrafen auch die Mindeststrafe des § 336 StGB deutlich. Daß der Tatrichter sie bei zutreffender Erkenntnis über den abweichenden Strafrahmen strenger bemessen hätte, läßt sich daher ausschließen.

2. Es ist ferner auszuschließen, daß das Schwurgericht in Anwendung des StGB-DDR zu einer die verhängte Gesamtstrafe unterschreitenden Hauptstrafe gelangt wäre, wenngleich bei Anwendung des § 113 Abs. 1 Nr. 3 StGB-DDR, die anstelle von § 213 StGB alternativ nicht grundsätzlich ausgeschlossen ist (vgl. BGHSt 40, 48, 55; 40, 113, 115), i.V.m. §§ 244, 64 StGB-DDR theoretisch eine geringere Mindeststrafe (sechs Monate Freiheitsstrafe) zur Verfügung gestanden hätte. Namentlich angesichts der höheren Höchststrafe (zehn, bei Hauptstrafenerhöhung sogar 15 Jahre) ist sicher auszuschließen, daß das Schwurgericht bei alternativer Anwendung des DDR-Zwischenrechts im Ergebnis zu einer milderen Gesamtbestrafung gelangt wäre, so daß die unterbliebene

Erörterung dieser Möglichkeit auf die Revision des Angeklagten keinen Anlaß zur Beanstandung gibt.

3. Da das Gewicht aller drei Taten durch die rechtsbeugerische Verhängung von Todesstrafen bestimmt wird, bleiben die Einzelstrafaussprüche davon unberührt, daß das Schwurgericht in allen {52} drei Fällen unzutreffend Rechtsbeugung auch durch die Verfahrensgestaltung angenommen hat und daß im Fall Held u.a. die Verurteilung von Frau Halm nicht als Rechtsbeugung zu bewerten ist.

D. [Revision der Staatsanwaltschaft in den Fällen Lohse, Krüger und Fricke sowie Revision des Nebenklägers]

Die Revision der Staatsanwaltschaft in den Fällen Lohse, Krüger und Fricke und die Revision des Nebenklägers bleiben ohne Erfolg. Die Freisprüche haben Bestand. Daß die Anwendung des Art. 6 Abs. 2 der DDR-Verfassung/1949 als Strafnorm trotz der Unbestimmtheit dieser Vorschrift für sich genommen nicht den Vorwurf der Rechtsbeugung begründet, hat der Senat bereits dargelegt (B I 3 a). Aus der ergänzenden Anwendung der Kontrollratsdirektive Nr. 38 vom 12. Oktober 1946[15] (Amtsbl. des Kontrollrats S. 184) ergibt sich offensichtlich nichts anderes (vgl. Abschn. II Art. III A III). Der Ausführung bedarf im übrigen nur folgendes: {53}

I. [Verschleppung kein Prozeßhindernis]

Die in den jeweiligen Urteilsgründen des Obersten Gerichts als „Verhaftung" (UA S. 324) oder „Festnahme" (UA S. 341) bezeichnete Verschleppung der Eheleute Krüger. (UA S. 333) und von Karl Fricke (UA S. 337/338) zum Zwecke der Strafverfolgung aus dem Westteil Berlins nach Ostberlin mußte jedenfalls aus der Sicht des Angeklagten kein Verfahrenshindernis darstellen, das eine Verfolgung dieser Betroffenen verbot. Die zwingende Annahme eines Prozeßhindernisses in dem Fall, daß ein Tatverdächtiger unter Verletzung fremder Gebietshoheit in den die Strafverfolgung betreibenden Staat verbracht wird, ist selbst unter den Bedingungen des Rechtsstaats bislang weitgehend nicht anerkannt, und zwar weder im Blick auf das Rechtsstaatsprinzip noch auf Völkerrecht (vgl. BVerfG – Kammer – NJW 1986, 1427 ff.; 3021 f.; BGH NStZ 1984, 563; 1985, 464). Es kann dahinstehen, ob die Rechtsentwicklung in dieser Frage heute zu einer strengeren Betrachtung Anlaß geben könnte (vgl. hierzu Wilske ZStW 107 – 1995 –, 48 ff.; ders. NStZ 1995, 553 f.). An solchen Auffassungen dürfte das Verhalten des Angeklagten im Tatzeitraum (1955/56) ohnehin nicht gemessen werden.

Angesichts der Einbettung der hier in Rede stehenden Verfahren in die Phase des „Kalten Krieges" (vgl. dazu oben B II 2 b aa) kann die Verurteilung der Betroffenen dem Angeklagten – zumindest subjektiv – auch nicht deshalb als rechtsbeugerisches Hinwegsetzen über ein Prozeßhindernis angelastet {54} werden, weil in den Fällen Krüger und Fricke eine Auslieferung der Verfolgten mit Sicherheit ausgeschlossen gewesen wäre. Dieser Umstand unterstreicht zwar die Völkerrechtswidrigkeit der Entführungen. Hieraus wie möglicherweise auch aus Organisation und Durchführung der Entführungen ergeben sich naheliegend wesentliche Unterschiede zu den von der bundesdeutschen Justiz beurteilten Fällen. Gleichwohl mußte dies aus damaliger Sicht der DDR-

Justiz in den vorliegenden Fällen nicht zur Annahme einer Verpflichtung führen, das Strafverfahren gegen die Verschleppten abzubrechen und sie nach Westberlin rücküberstellen zu lassen.

Naheliegend ist der Angeklagte als Angehöriger der DDR-Justiz zur Tatzeit der Auffassung gefolgt, die Verfolgung von Straftätern, die „Verbrechen" gegen die DDR verübt hätten, genieße unbedingten Vorrang vor Hoheitsinteressen einer feindlichen Macht, von der aus jene „Verbrechen" organisiert worden seien. Eine solche Auffassung ist, auch wenn die Durchführung der Strafverfahren gegen die Betroffenen nach den Maßstäben des Grundgesetzes offensichtlich rechtsstaatswidrig war, hingegen nicht geeignet, einen Rechtsbeugungsvorsatz zu belegen.

Der Senat hat erwogen, ob im Fall des jetzigen Nebenklägers deshalb Abweichendes zu gelten habe, weil der Verurteilungsgegenstand auch aus Sicht der DDR-Justiz die Annahme eines erheblich geringeren Strafverfolgungsinteresses nahelegt. Da sich der Verurteilungsgegenstand immerhin noch als „Verbrechen" darstellte, der Angeklagte zudem von gewichtigeren Verdachtsmomenten gegen den Betrof-{55}fenen bei dessen Entführung ausgegangen sein mag, schließt der Senat insoweit auch für diesen Fall eine tragfähige Grundlage für eine Rechtsbeugungsverurteilung des Angeklagten aus.

II. [Keine unerträgliches Mißverhältnis von Strafe und Schuld; keine Rechtsbeugung durch Verfahrensgestaltung]

Eine vom Angeklagten zu verantwortende Rechtsbeugung durch eine Überdehnung des Art. 6 Abs. 2 der DDR-Verfassung/1949, durch ein unerträgliches Mißverhältnis von Strafe und Schuld oder durch die Art und Weise der Verfahrensgestaltung hat das Landgericht in allen Fällen rechtsfehlerfrei ausgeschlossen.

1. Das den Verurteilten als Verbrechen nach Art. 6 Abs. 2 der DDR-Verfassung/1949 zur Last gelegte Verhalten konnte sich dem Angeklagten jeweils als „Spionage" darstellen. Rolf Lohse hatte nach den Feststellungen des Obersten Gerichts an einen im Westteil Berlins ansässigen „imperialistischen Geheimdienst" Informationen über Dienststellen der Volkspolizei in Frankenberg und Prenzlau geliefert. Die Eheleute Krüger hatten nach ihrer Flucht aus der DDR gegenüber dem amerikanischen Geheimdienst wiederholt ausführliche Beschreibungen des „Staatssekretariats für Staatssicherheit" im Bezirk Schwerin, wo sie beruflich tätig gewesen waren, abgegeben. Karl Fricke wurde vorgeworfen, dem Agenten eines westlichen Geheimdienstes zwei Berichte über die Treibstoffproduktion sowie über die Produktion von Lastkraftwagen und Traktoren in {56} der DDR verschafft zu haben. Auch das letztgenannte Verhalten als „Spionage" zu werten, ist ersichtlich nicht willkürlich; die naheliegend geringe Bedeutung des Verratsgegenstandes ändert daran nichts (vgl. dazu oben B III 1 a bb)

2. Die unter Mitwirkung des Angeklagten vom Obersten Gericht jeweils verhängten Strafen erscheinen trotz ihrer augenfälligen Unverhältnismäßigkeit nach rechtsstaatlichen Maßstäben angesichts der vom Tatrichter mit Recht hervorgehobenen Zeitumstände und angesichts eines zur Tatzeit generell höheren Strafenniveaus (vgl. UA S. 314, 347) noch nicht als offensichtlich willkürliche Menschenrechtsverletzungen.

a) Daß der Angeklagte im Fall Lohse über die Verwerfung des auf Strafschärfung gerichteten Protests der Staatsanwaltschaft hinaus nicht noch auf Herabsetzung der –

ohnehin nicht offenkundig rechtsbeugerisch überhöhten – Strafe gedrungen hat, ist ihm ersichtlich nicht als Rechtsbeugung anzulasten.

b) Im Fall Fricke liegt zwar der Verdacht nicht fern, daß die bei weitem überhöhte Strafe hier nicht den geringfügigen „Spionage"-Aktivitäten, sondern der DDR-kritischen journalistischen Tätigkeit des Betroffenen galt; das liegt gerade angesichts der in dem abgeurteilten Bagatellfall besonders auffälligen Verschleppung Frickes nahe (oben I). Dies zwingt dennoch nicht zu dem – objektiv freilich außerordentlich naheliegenden – Schluß, mit der Strafe sei ausschließlich oder {57} überwiegend der Zweck verfolgt worden, Fricke mundtot zu machen; von einem solchen willkürlichen Mißbrauch des Strafverfahrens hat sich das Schwurgericht nicht zu überzeugen vermocht. Die Strafe grenzt angesichts des geringen Gewichts der abgeurteilten „Spionage"-Tätigkeit freilich schon allein ihrer Höhe wegen an einen rechtsstaatswidrigen Willkürakt. Ungeachtet aller Bedenken vermag der Senat Rechtsbeugung für den weit zurückliegenden Tatzeitpunkt noch nicht zu bejahen. Auch der Umstand, daß bei der Strafbemessung der engagierte und öffentlichkeitswirksame berufliche Einsatz des Betroffenen gegen die DDR diesem – auch wenn er für sich nicht strafbar war – erschwerend angelastet wurde, belegt im Blick auf die gebotene Sicht eines damals tätigen DDR-Richters keine Rechtsbeugung.

3. Im Fall der schließlich zum Tode verurteilten und hingerichteten Eheleute Krüger ist dem Angeklagten, der für eine – mit Blick auf das erhebliche Gewicht des von den Betroffenen geübten Geheimnisverrats aus damaliger Sicht der DDR-Justiz noch nachvollziehbare und damit nicht gesetzwidrige – lebenslange Freiheitsstrafe gestimmt hatte, dieses (nach den genannten Grundsätzen – vgl. oben B – naheliegend rechtsbeugerische) Todesurteil nicht anzulasten. Den Fragen, ob ein richterlicher Beisitzer bei der Verkündung eines rechtsbeugerischen Urteils schweigend mitwirken und ob er ein solches Urteil mit seiner Unterschrift versehen darf (vgl. Sarstedt in: Festschrift für Ernst Heinitz 1972, S. 427, 433), ob er jedenfalls verstärkte Bemühungen zur Abwendung des Urteils auf-{58}bringen muß, braucht der Senat hier nicht nachzugehen. Denn der Angeklagte hat – was das Landgericht ihm nach dem Gesamtzusammenhang der Urteilsgründe ersichtlich abnimmt – unmittelbar nach der Urteilsverkündung eine Stellungnahme für das zu erwartende Gnadengesuch verfaßt und sich für einen Gnadenerweis ausgesprochen; am folgenden Tage erreichte er, daß der Vorsitzende und der andere Beisitzer diese Stellungnahme unterzeichneten (UA S. 332 f.). Dieser letztlich vergeblich gebliebene Versuch, das Leben der Verurteilten zu retten, war den Umständen nach wohl der einzige erfolgversprechende Weg, die Vollstreckung der rechtsbeugerischen Todesurteile abzuwenden. Damit hat der Angeklagte für die Verurteilten mehr getan, als wenn er in der gegebenen Situation mindestens seine berufliche Stellung gefährdende, zudem aussichtslose Abwendungsversuche unternommen und damit zugleich jenen allenfalls noch nicht chancenlosen Versuch, den er anschließend unternahm, von vornherein vereitelt hätte.

4. Eine unerträgliche Menschenrechtsverletzung durch die Art und Weise des Verfahrens ist vom Angeklagten ebenfalls nicht zu verantworten.

a) Eine Hauptverhandlung ohne Mitwirkung eines Verteidigers war bei einem entsprechenden Verzicht des Angeklagten gesetzlich vorgesehen (§ 76 Abs. 3 StPO-DDR vom 2. Oktober 1952, GBl Nr. 142 S. 996). Einen solchen Verzicht hatten die Eheleute

Krüger erklärt (UA S. 316). Daß der Verzicht infolge von Folter oder sonstigem Zwang zustande gekommen ist und daß der Angeklagte davon Kenntnis {59} hatte, ist nicht festgestellt. Die Verhängung von Todesstrafen gegen nicht verteidigte Betroffene erscheint zwar nach rechtsstaatlichen Maßstäben ganz unerträglich. Die Abwesenheit eines Verteidigers machte die prozessuale Behandlung der Verfolgten jedoch noch nicht willkürlich. Dies gilt insbesondere angesichts der im System der damaligen DDR-Justiz offenkundig ohnedies beschränkten Möglichkeiten eines Verteidigers, auf das Verfahrensergebnis Einfluß zu nehmen; eine anwaltliche Verteidigung konnte hier namentlich in Staatsschutzsachen kaum als Garantie eines die Menschenrechte achtenden Verfahrens dienen.

Im Fall der Eheleute Krüger ist freilich eine willkürliche Menschenrechtsverletzung durch die Art und Weise des Verfahrens objektiv gegeben, weil die am 4. August 1955 ausgesprochenen Todesurteile gegen die Betroffenen offensichtlich auf einer Vorgabe des Politbüros des Zentralkomitees der SED aus dem Juni 1955 beruhten. Eine Vorlage der „Abteilung Staatliche Organe" an das Politbüro gelangte zu dem Vorschlag der „Todesstrafe gegen beide Verräter". Im Vorgriff auf die Verhandlung des Obersten Gerichts heißt es abschließend: „Das Urteil ist sofort nach der Rechtskraft und der Versagung des Gnadenerweises durch den Präsidenten der DDR zu vollstrecken" (UA S. 315 f.). Das Landgericht ist indes davon ausgegangen, daß der Angeklagte von dieser Vorlage keine Kenntnis hatte (UA S. 316, 333). {60}

b) Im Fall Fricke ist es im Ermittlungsverfahren durch unzulässige Vernehmungsmethoden zu offensichtlichen schweren Menschenrechtsverletzungen gekommen. Karl Fricke wurde täglich stundenlang vernommen, wobei die ersten Vernehmungen zur Nachtzeit stattfanden; die übrige Zeit verbrachte er in vollständiger Isolation in einer fensterlosen Zelle. In einer der Nachtvernehmungen räumte er das später seiner Verurteilung zugrunde gelegte Geschehen ein (UA S. 338). Indes hat das Schwurgericht dem Angeklagten eine Kenntnis von jenen Vernehmungsmethoden nicht nachzuweisen vermocht.

c) Es liegt nicht fern, daß der Angeklagte – anders, als er sich vor dem Schwurgericht eingelassen hatte – von der willkürlichen Verfahrensgestaltung in den Fällen sehr wohl wußte. Aus {61} Rechtsgründen kann der Senat die Beweiswürdigung des Schwurgerichts, das hiervon nicht ausgegangen ist und seine rechtlichen Folgerungen auf abweichender Grundlage vorgenommen hat, nicht beanstanden.

Anmerkungen

1 Vgl. lfd. Nr. 6-1.
2 Vgl. Anhang S. 1046.
3 Vgl. lfd. Nr. 1-2.
4 Vgl. lfd. Nr. 3-2.
5 Mittlerweile veröffentlicht in BGHSt 41, 157.
6 Vgl. lfd. Nr. 4-2.
7 Vgl. lfd. Nr. 5-2.
8 Das Urteil 5 StR 23/95 ist mittlerweile u.a. veröffentlich in NJ 1996, 152 (red. Leitsatz und Gründe). Das Urteil 5 StR 168/95 ist u.a. abgedruckt in NJ 1996, 153 (red. Leitsatz und Gründe).
9 Vgl. Dokumentationsband zu den Gewalttaten an der deutsch-deutschen Grenze, lfd. Nr. 11-2.

10 Vgl. Dokumentationsband zu den Gewalttaten an der deutsch-deutschen Grenze, lfd. Nr. 7-4.
11 Vgl. Anhang S. 1035.
12 Vgl. Anhang S. 1038.
13 Vgl. Dokumentationsband zu den Gewalttaten an der deutsch-deutschen Grenze, lfd. Nr. 2-2.
14 Vgl. Dokumentationsband zu den Gewalttaten an der deutsch-deutschen Grenze, lfd. Nr. 4-2.
15 Vgl. Anhang S. 1026ff.

Inhaltsverzeichnis
Beschluss (Nichtannahme der Verfassungsbeschwerde) des Bundesverfassungsgerichts vom 12.5.1998, Az. 2 BvR 61/96

Bundesverfassungsgericht 12. Mai 1998
Az.: 2 BvR 61/96

BESCHLUSS

In dem Verfahren
über
die Verfassungsbeschwerde

des am 8. April 1996 verstorbenen Herrn Prof. Dr. Reinwarth, fortgeführt von Frau Reinwarth

– Bevollmächtigter: Rechtsanwalt Prof. Dr. Erich Buchholz, –

gegen

a) das Urteil des Bundesgerichtshofs
vom 16. November 1995 – 5 StR 747/94[1]
b) das Urteil des Landgerichts Berlin
vom 17. Juni 1994 – (528) 29/2 Js 283/92 Ks (1/94)[2]

und Antrag auf Erlaß einer einstweiligen Anordnung

hat die 2. Kammer des Zweiten Senats des Bundesverfassungsgerichts durch die Richter

⊗ Es folgt die Nennung der Verfahrensbeteiligten. ⊗

gemäß § 93b in Verbindung mit § 93a BVerfGG in der Fassung der Bekanntmachung vom 11. August 1993 (BGBl I S. 1473) am 12. Mai 1998 einstimmig beschlossen: {2}

Die Verfassungsbeschwerde wird nicht zur Entscheidung angenommen.
Der Antrag auf Erlaß einer einstweiligen Anordnung hat sich durch den Tod des Beschwerdeführers erledigt.

Gründe

Die Verfassungsbeschwerde betrifft die Frage der Verjährung sogenannter DDR-Alttaten und die Frage der Strafbarkeit von DDR-Richtern wegen Rechtsbeugung.

I. [Zu den tatrichterlichen Feststellungen]

⊗ Es folgt eine Darstellung der tatrichterlichen Feststellungen. ⊗

II. [Zu den Rügen]

Mit der fristgemäß eingelegten Verfassungsbeschwerde rügt der Beschwerdeführer insbesondere eine Verletzung von Art. 103 Abs. 2 GG.

Diese Vorschrift sei dadurch verletzt, daß die Gerichte bereits verjährte Taten verfolgt und bestraft hätten. Sie hätten entgegen der eindeutigen Gesetzeslage in der DDR ein Ruhen der Verjährung bis zur Wiedervereinigung angenommen. Damit hätten sie sich in eklatanter Weise über die Rechtsprechung und Rechtspraxis eines anderen Staates hinweggesetzt. Im Unterschied zum Berechnungsgesetz von 1965 würden durch diese Rechtsprechung des Bundesgerichtshofs nicht nur (verfassungsrechtlich zulässig) noch laufende Verjährungsfristen in die Zukunft hinein verlängert, sondern es würden darüber hinaus an abgeschlossene Tatbestände für die Betroffenen ungünstigere Folgen geknüpft als im Zeitpunkt der Vollendung der Tatbestände vorhersehbar gewesen {12} sei. Um abgeschlossene Tatbestände handle es sich in zweifacher Hinsicht. Zum einen sei nach der Rechtsordnung der DDR definitiv Verjährung eingetreten gewesen; zum anderen sei mit dem Ende der DDR, mit ihrem Beitritt zur Bundesrepublik Deutschland, auch deren Rechtsordnung „abgeschlossen" gewesen. Es sei für den Einzelnen nach rechtsstaatlichen Grundsätzen nicht voraussehbar gewesen, daß sich danach noch etwas zu seinem Nachteil ändern könnte oder dürfte.

Des weiteren sei Art. 103 Abs. 2 GG dadurch verletzt worden, daß Landgericht und Bundesgerichtshof die durch die Vorschrift des § 244 StGB/DDR von 1968[3] erfolgte Einengung des Rechtsbeugungstatbestandes auf „wissentlich gesetzwidrige" Entscheidungen, die (als milderes Gesetz) auch für frühere Taten hätte in Anwendung kommen müssen, nicht beachtet und den Beschwerdeführer wegen Rechtsbeugung verurteilt hätten, obwohl es zur Tatzeit keine geschriebene Strafzumessungsbestimmung in der DDR gegeben habe, gegen die der Beschwerdeführer habe verstoßen können. Der Bundesgerichtshof habe vielmehr seine heutige Rechtsansicht – insbesondere zum Verhängen der Todesstrafe – zum Maßstab für die Beurteilung 40 Jahre zurückliegender gerichtlicher Entscheidungen in einem anderen Staat gemacht.

Im Hinblick auf die drohende Strafverbüßung hat der Beschwerdeführer mit Einlegung der Verfassungsbeschwerde den Erlaß einer einstweiligen Anordnung beantragt. Im April 1996 ist der Beschwerdeführer verstorben. Seine Ehefrau hat erklärt, das Verfahren fortführen zu wollen. {13}

III. [Nichtannahme der Verfassungsbeschwerde]

Ein Grund zur Annahme der Verfassungsbeschwerde im Sinne des § 93a Abs. 2 BVerfGG liegt nicht vor. Die Sache hat keine grundsätzliche verfassungsrechtliche Bedeutung. Die mit der Verfassungsbeschwerde aufgeworfenen verfassungsrechtlichen Fragen lassen sich anhand der vorliegenden Rechtsprechung des Bundesverfassungsgerichts beantworten. Die Annahme der Verfassungsbeschwerde ist auch nicht zur Durchsetzung der in § 90 Abs. 1 BVerfGG bezeichneten Rechte angezeigt. Die Verfassungsbeschwerde hat keine hinreichende Aussicht auf Erfolg.

Die Verfassungsbeschwerde hat sich nicht dadurch erledigt, daß der Beschwerdeführer verstorben ist. Das Bundesverfassungsgericht hat bereits entschieden, daß der Ehefrau des Beschwerdeführers mit Rücksicht auf ihr Antragsrecht im Wiederaufnahmeverfahren nach § 361 Abs. 2 StPO auch die Befugnis zuzubilligen ist, eine gegen das Strafurteil gerichtete Verfassungsbeschwerde nach seinem Tod fortzuführen (vgl.

BVerfGE 37, 201 ‹206›). Von dieser Befugnis hat die Ehefrau des Beschwerdeführers Gebrauch gemacht.

Die angegriffenen Entscheidungen verletzen den Beschwerdeführer jedoch nicht in Grundrechten oder grundrechtsgleichen Rechten.

1. a) Aus den angegriffenen Entscheidungen ergibt sich, daß der Eintritt der Verfolgungsverjährung nicht aufgrund des Gesetzes über das Ruhen der Verjährung bei SED-Unrechtstaten vom 26. März 1993 (BGBl I S. 392) und des durch dieses Gesetz in Art. 315a Abs. 1 EGStGB eingefügten Satzes 2 verneint worden ist. Es bedarf daher keiner Erörterung, ob die Regelungen des Verjährungsgesetzes mit dem Grundgesetz vereinbar sind. {14}

Über die Verjährung wurde ausschließlich anhand der allgemeinen Verjährungsvorschriften entschieden. Bei der auf dieser Grundlage getroffenen Entscheidung der Strafgerichte, Verfolgungsverjährung sei nicht eingetreten, handelt es sich um die Auslegung und Anwendung einfachen Rechts auf den einzelnen Fall, die grundsätzlich Sache der dafür allgemein zuständigen Gerichte und der Nachprüfung durch das Bundesverfassungsgericht entzogen sind. Nur bei Verletzung von spezifischem Verfassungsrecht durch die Gerichte kann das Bundesverfassungsgericht insoweit auf die Verfassungsbeschwerde hin eingreifen (vgl. BVerfGE 1, 418 ‹420›). Spezifisches Verfassungsrecht ist aber nicht schon dann verletzt, wenn eine Entscheidung, am einfachen Recht gemessen, objektiv fehlerhaft ist; der Fehler muß vielmehr gerade in der Nichtbeachtung von Grundrechten liegen (BVerfGE 18, 85 ‹92 f.›). Dabei kommt ein verfassungsgerichtliches Eingreifen auf der Grundlage des allgemeinen Willkürverbots (Art. 3 Abs. 1 GG) nur in seltenen Ausnahmefällen in Betracht; es erfordert, daß sich über eine fehlerhafte Rechtsanwendung hinaus der Schluß aufdrängt, diese beruhe auf sachfremden Erwägungen (vgl. BVerfGE 62, 189 ‹192). Diese Einschränkung der Prüfungskompetenz des Bundesverfassungsgerichts gilt auch, wenn es um die Feststellung, Auslegung und Anwendung von Normen einer fremden Rechtsordnung durch die Strafgerichte geht, von denen nach den Vorschriften der Bundesrepublik Deutschland die strafrechtliche Beurteilung abhängt (BVerfGE 95, 96 ‹128›).

b) Die Auffassung des Bundesgerichtshofs, bereits nach den allgemeinen Verjährungsvorschriften sei die Verfolgung der Taten des Beschwerdeführers nicht verjährt, beruht auf folgenden Erwägungen: {15}

Die Verfolgungsverjährung der Straftaten des Beschwerdeführers habe sich bis zur Vereinigung nach dem Recht der DDR bestimmt. Dies ergebe sich aus Art. 315a Abs. 1 Satz 1 EGStGB. Die Bestimmung gehe als spezielle Vorschrift über die Verjährung dem Art. 315 Abs. 1 Satz 1 EGStGB vor mit der Folge, daß bei der Prüfung, welches Recht das mildere sei, die Verjährungsfrage auszuklammern sei. Nach der durch den Einigungsvertrag geschaffenen Rechtslage könne bei DDR-Alttaten, die auch nach dem Strafgesetzbuch der Bundesrepublik Deutschland strafbar gewesen seien, der noch unverjährte DDR-Strafanspruch auch dann verfolgt werden, wenn der originäre Strafverfolgungsanspruch der Bundesrepublik nach den Vorschriften des Strafgesetzbuchs bereits vor dem Beitritt der DDR verjährt gewesen sei. Für DDR-Alttaten, die entsprechend dem Willen der Staats- und Parteiführung der DDR aus politischen oder sonst mit wesentlichen Grundsätzen einer freiheitlichen rechtsstaatlichen Ordnung unvereinbaren Gründen nicht geahndet worden seien, ruhe der Lauf der Verjährung bis zum Wegfall dieses

Verfolgungshindernisses. Dieser Wille sei einer „gesetzlichen Vorschrift“ im Sinne des § 69 Abs. 1 StGB a.F. (gültig bis zum Inkrafttreten des StGB/DDR von 1968) und einem „gesetzlichen Grund“ im Sinne des § 83 Nr. 2 StGB/DDR von 1968 gleichzuachten, so daß die entsprechende Anwendung dieser Vorschriften über das Ruhen der Verjährung geboten sei (vgl. BGHSt 40, 48 ‹55 ff.›; 40, 113 ‹115 ff.›).

c) (1) Die entsprechende Anwendung der §§ 69 StGB a.F. und 83 Nr. 2 StGB/DDR auf systemtragende Straftaten, die von der DDR, in deren Namen sie begangen wurden, nicht verfolgt worden sind, verletzt nicht Art. 103 Abs. 2 GG. Diese Verfassungsbestimmung betrifft lediglich die Voraussetzungen, unter denen ein Verhalten für strafbar erklärt werden kann, nicht die Frage, wie lange eine Straftat zu verfolgen und zu ahnden ist (vgl. BVerfGE 25, {16} 269 ‹286›; 81, 132 ‹135›). Im übrigen handelt es sich vorliegend nicht um eine nachträgliche Verlängerung von Verjährungsfristen, sondern allein um die Frage der Auslegung von Verjährungsvorschriften und die Zulässigkeit von deren entsprechender Anwendung auf vergleichbare Sachverhalte.

(2) Ein weitergehender Vertrauensschutz zugunsten des Beschwerdeführers läßt sich aus dem Grundgesetz nicht herleiten. Eine von Verfassungs wegen zu beachtende Rückwirkung liegt nicht vor. Die dem Beschwerdeführer zur Last gelegten Taten waren bereits vor dem Inkrafttreten des Einigungsvertrags in beiden Teilen Deutschlands mit Strafe bedroht. Daß der Beschwerdeführer zunächst in der DDR nicht belangt wurde, beruht nicht auf den damals dort geltenden Gesetzen, sondern auf dem mangelnden Verfolgungswillen eines Regimes, das noch vor der Vereinigung gestürzt wurde. Bereits vor Inkrafttreten des Einigungsvertrags wäre die Strafverfolgung infolge der Änderung der Machtverhältnisse in der DDR nicht nur rechtlich, sondern auch faktisch möglich gewesen. Bei dieser Sachlage kann nicht gesagt werden, das Inkrafttreten des Einigungsvertrags habe zu einer dem Beschwerdeführer nachteiligen Veränderung der verfahrensrechtlichen Lage geführt.

(3) Die Auslegung der Art. 315, 315a EGStGB (a) und der Vorschriften der DDR über das Ruhen der Verfolgungsverjährung (b) ist auch nicht willkürlich.

(a) Der Auslegung der Art. 315, 315a EGStGB wird entgegengehalten, sie setze das Bestehen zweier Strafansprüche in der Hand eines Staates voraus und dies sei begrifflich unmöglich, weil sich der Beitritt der DDR nicht als Zusammenschluß zweier gleichrangiger Staaten vollzogen habe (vgl. Jakobs, NStZ 1994, S. 332 ‹333 f.›; Grünwald, StV 1992, S. 333 ‹337›). Dieser Einwand ist {17} jedoch nicht zwingend. Unabhängig von der staats- und völkerrechtlichen Form, in der sich die Vereinigung vollzog, bestand die Notwendigkeit, Übergangsregelungen für die Verfolgung der in beiden Teilrechtsgebieten strafbaren Taten zu schaffen. Dabei mußte auch eine Lösung für die in beiden Teilrechtsgebieten unterschiedlichen Verjährungsfristen gefunden werden. Diese Lösung ist nicht durch die Eigenart des staatlichen Strafanspruchs vorgegeben.

Die Auffassung, Art. 315a Abs. 1 EGStGB gehe als spezielle Regelung über die Verjährung Art. 315 Abs. 1 Satz 1 EGStGB vor, ist ohne weiteres nachvollziehbar.

(b) Die entsprechende Anwendung der §§ 69 StGB a.F. und 83 Nr. 2 StGB/DDR kann sich auf die Grundsätze stützen, die von der Rechtsprechung zur verjährungsrechtlichen Beurteilung von NS-Unrecht entwickelt worden sind (vgl. BGHSt 18, 367 ‹368 f.›; 23, 137 ‹139 f.›).

Der Einwand, NS-Gewaltherrschaft und SED-Regime seien nicht vergleichbar, greift demgegenüber nicht durch. Der Einwand wird damit begründet, daß die Strafverfolgung von NS-Gewalttaten durch einen gesetzesgleich erachteten Führerwillen verhindert worden sei, während es in der DDR Vergleichbares nicht gegeben habe. Für die Frage des Ruhens der Verjährung kann indessen ohne Verfassungsverstoß als maßgeblich angesehen werden, daß in beiden Herrschaftssystemen vergleichbare Unrechtsstrukturen bestanden haben, kraft derer die Verfolgung systemkonformer Straftaten am Willen der Machthaber scheitern mußte. Auch in der DDR wurden staatlich veranlaßte Unrechtstaten generell nicht verfolgt, und zwar auch dann nicht, wenn sie als Unrecht erkannt wurden (vgl. Jähnke in: Leipziger Kommentar, 11. Aufl., § 78c, Rn. 48). {18}

Die Anwendung der §§ 69 StGB a.F. und 83 Nr. 2 StGB/DDR verbietet sich auch nicht aufgrund der Überlegung, dies hätte den Zielsetzungen des Gesetzgebers der DDR widersprochen (so Heuer/Lilie, DtZ 1993, S. 354 ‹355 f.›). Zwar kann die Auslegung des Rechts der DDR nicht ohne Rücksicht auf die damalige Anschauung und Rechtspraxis erfolgen. Dies bedeutet indes nicht, daß der nunmehr erkennende Richter im Sinne reiner Faktizität in jeder Hinsicht an die Interpretation des Rechts gebunden wäre, die in der damaligen Staatspraxis Ausdruck gefunden hat (vgl. BGHSt 39, 1 ‹29›[4]). Es ist von Verfassungs wegen nicht zu beanstanden, eine entgegenstehende Staatspraxis als unbeachtlich anzusehen, wenn sie ausschließlich oder vorwiegend dem Zweck gedient hat, die strafrechtliche Ahndung staatlich veranlaßten Unrechts zu verhindern. würde man auch hier die Sicht des Unrechtsstaates für maßgeblich erachten, wäre die Verfolgung solcher Straftaten von vornherein zum Scheitern verurteilt.

2. Die Anwendung und Auslegung des § 244 StGB/DDR durch den Bundesgerichtshof verstößt nicht gegen Art. 103 Abs. 2 GG.

Das Vertrauen in den Fortbestand einer bestimmten Interpretation von Strafgesetzen ist nicht mehr durch Art. 103 Abs. 2 GG geschützt, wenn die ihr zugrundeliegende Staatspraxis durch Aufforderung zu schwerstem kriminellen Unrecht und seiner Begünstigung die in der Völkergemeinschaft allgemein anerkannten Menschenrechte in schwerwiegender Weise mißachtet hat; denn hierdurch setzt der Träger der Staatsmacht extremes staatliches Unrecht, das sich nur solange behaupten kann, wie die dafür verantwortliche Staatsmacht faktisch besteht (vgl. BVerfGE 95, 96 ‹133›; Beschluß der 2. Kammer des Zweiten Senats des Bundesverfassungsgerichts vom 7. April 1998 – 2 BvR 2560/95[5] – Umdruck S. 12 f.). {19}

Die Rechtsprechung des Bundesgerichtshofs zu § 244 StGB/DDR führt durch die einschränkende Auslegung des Rechtsbeugungstatbestandes dazu, daß die dienstliche Tätigkeit von Richtern und Staatsanwälten der DDR nur dann von der Strafvorschrift erfaßt wird, wenn im Einzelfall allgemein anerkannte Menschenrechte in schwerwiegender Weise mißachtet wurden (vgl. BVerfG a.a.O., Umdruck S. 13 f.). Bei einer Rechtsbeugung in der Form grausamen und überhöhten Strafens handelt es sich um eine unerträgliche Menschenrechtsverletzung. Dies kann auch für die Zeit vor dem Beitritt der DDR zum Internationalen Pakt über bürgerliche und politische Rechte (IPbürgR) vom 19. Dezember 1966 nicht zweifelhaft sein. Das Verbot grausamer, unmenschlicher oder erniedrigender Strafen ist bereits in Art. 5 der Allgemeinen Erklärung der Menschenrechte in der von der Generalversammlung der Vereinten Nationen am 10. Dezember 1948 beschlossenen Fassung enthalten. Wenn der Bundesgerichtshof annimmt, daß der Erklärung jedenfalls insofern ein hohes Maß an rechtlicher Bedeutung zukomme, als sie den Willen der Völkergemeinschaft, Menschenrechte zu verwirklichen, und den ungefähren Inhalt dieser Menschenrechte zum Ausdruck bringe (vgl. BGHSt 40, 241 ‹246 ff.›[6]), ist dies nicht zu beanstanden.

Die Wertung des Bundesgerichtshofs im Ausgangsverfahren, auch ausgehend von den in der DDR im Tatzeitraum herrschenden Wertvorstellungen rechtfertige keine der vom Obersten Gericht der DDR festgestellten Sachverhalte (mit Ausnahme des Falles Halm) auch nur annähernd die jeweils verhängte Sanktion, betrifft ausschließlich die Auslegung und Anwendung einfachen Rechts. Die insoweit – wie dargestellt – auf die Verletzung spezifischen Verfassungsrechts eingeschränkte Überprüfung der angegriffenen Entscheidung deckt keinen Fehler auf. {20}

3. Die den angegriffenen Entscheidungen zugrundeliegende Auslegung der Strafbestimmungen der DDR über Rechtsbeugung (§ 336 StGB a.F. und § 244 StGB/DDR) verstößt auch nicht gegen Art. 103 Abs. 2 GG in seiner Ausgestaltung als spezielles Willkürverbot des Grundgesetzes für die Strafgerichtsbarkeit.

Art. 103 Abs. 2 GG verpflichtet den Gesetzgeber, die Voraussetzungen der Strafbarkeit so konkret zu umschreiben, daß Tragweite und Anwendungsbereich der Straftatbestände zu erkennen sind und sich durch Auslegung ermitteln lassen (vgl. BVerfGE 47, 109 ‹120›; 55, 144 ‹152›). Dieses Erfordernis gesetzlicher Bestimmtheit schließt nach der Rechtsprechung eine analoge oder gewohnheitsrechtliche Strafbegründung aus. Dabei ist „Analogie" nicht im engeren technischen Sinn zu verstehen; vielmehr ist jede Rechtsanwendung ausgeschlossen, die über den Inhalt einer gesetzlichen Sanktionsnorm hinausgeht. Art. 103 Abs. 2 GG zieht insoweit der Auslegung von Strafvorschriften eine verfassungsrechtliche Grenze (vgl. BVerfGE 71, 108 ‹115›). Mit diesem Grundgedanken des Art. 103 Abs. 2 GG setzt sich eine Verurteilung in Widerspruch, der eine objektiv willkürliche Auslegung des materiellen Strafrechts zugrundeliegt.

Die Rechtsauffassung, auch wenn das geschriebene Recht der DDR zur Tatzeit keine Strafzumessungsregeln enthalten habe, könne die Verhängung einer unerträglich überhöhten Strafe innerhalb des vorgegebenen Strafrahmens eine gesetzwidrige Entscheidung im Sinne von § 244 StGB/DDR von 1968 darstellen und damit den objektiven Tatbestand einer Rechtsbeugung erfüllen, überschreitet diese verfassungsrechtliche Grenze der Auslegung nicht. Der Bundesgerichtshof geht dabei von folgenden Überlegungen aus:

Der aus den allgemeinen Prinzipien des Grundgesetzes, insbesondere dem Rechtsstaatsprinzip, folgende Grundsatz, daß eine {21} verhängte Strafe ein gerechtes Verhältnis zum Maß der Schuld des Täters einhalten müsse, sei von jeher ungeschriebener Grundsatz des deutschen Strafrechts gewesen (vgl. BGHSt 3, 110 ‹118 f.›; 10, 294 ‹301›) und auch bereits durch das MRG Nr. 1 Art. IV Nr. 8 (Amtsbl. der Militärregierung Deutschland 1944, S. 12) ausgesprochen worden. Die Proklamation Nr. 3 des Alliierten Kontrollrats vom 20. Oktober 1945 (II. 4. Satz 2) für alle vier Besatzungszonen (Official Gazette of the Control Council for Germany) habe das Verbot enthalten, „Strafen, die gegen das gerechte Maß oder die Menschlichkeit verstoßen", zu verhängen. Der Sache nach sei das Verbot auch in der DDR anerkannt gewesen. Daß namentlich bei der Anwendung des Art. 6 Abs. 2 der DDR-Verfassung von 1949[7] „aus der Überbetonung des Schutzinteresses des Staates" teilweise überhöhte Strafen festgesetzt wurden, habe das Plenum des Obersten Gerichts der DDR in seinem Urteil vom 26. August 1953 ausdrücklich kritisiert (vgl. OGStE 3, 102 ‹103 f.›).

Die Auslegung des Tatbestandmerkmals „gesetzwidrige Entscheidung" des § 244 StGB/DDR durch den Bundesgerichtshof hält sich danach in den verfassungsrechtlichen Grenzen einer zulässigen Auslegung.

4. Das Landgericht hat schließlich in verfassungsrechtlich nicht angreifbarer Weise festgestellt, daß dem Beschwerdeführer bewußt gewesen sei, daß die verhängten Strafen „nicht schuldangemessen" und „grob unbillig" gewesen seien, und daß er darüber hinaus erkannt habe, daß diese Entscheidungen nach objektiven Maßstäben als offensichtliche Willkürakte gesetzwidrig gewesen seien. {22}

Der Antrag auf Erlaß einer die Strafvollstreckung betreffenden einstweiligen Anordnung nach § 32 Abs. 1 BVerfGG hat sich durch den Tod des Beschwerdeführers erledigt.

Diese Entscheidung ist unanfechtbar. {23}

Anmerkungen

1 Vgl. lfd. Nr. 6-2.
2 Vgl. lfd. Nr. 6-1.
3 Vgl. Anhang S. 1046.
4 Vgl. Dokumentationsband zu den Gewalttaten an der deutsch-deutschen Grenze, lfd. Nr. 2-2.
5 Vgl. lfd. Nr. 4-5.
6 Vgl. Dokumentationsband zu den Gewalttaten an der deutsch-deutschen Grenze, lfd. Nr. 3-2.
7 Vgl. Anhang S. 1034.

Lfd. Nr. 7

„Aktion Rose“

Inhaltsverzeichnis
Beschluss (Nichteröffnungsbeschluss) des Landgerichts Rostock vom 31.7.1995, Az. III KLs 4/95

Landgericht Rostock 31. Juli 1995
Az.: III KLs 4/95

BESCHLUSS

In der Strafsache *gegen*

Reinhold Schneider
geboren 1924
Verteidiger: Rechtsanwalt Roland Streit,

wegen Rechtsbeugung u.a.

hat die 3. Große Strafkammer des Landgerichts Rostock durch ⊗ es folgt die Nennung der Verfahrensbeteiligten ⊗ am 31. Juli 1995

beschlossen

1. Die Eröffnung des Hauptverfahrens wird abgelehnt.
2. Die Kosten des Verfahrens und die notwendigen Auslagen des Angeschuldigten trägt die Staatskasse. {2}

Gründe

I. [Anklagevorwurf]

Mit undatierter Anklageschrift[1] wirft die Staatsanwaltschaft Schwerin dem Angeschuldigten vor, in Bützow in der Zeit vom 27.02.1953 bis zum 16.04.1953 durch neun selbständige Handlungen wissentlich bei der Durchführung eines gerichtlichen Verfahrens als Staatsanwalt zu Ungunsten eines Beteiligten entschieden zu haben und dazu in sieben Fällen durch dieselbe Handlung neun Menschen rechtswidrig der persönlichen Freiheit beraubt zu haben.

1. Den Anschuldigungen liegen folgende Tatgeschehen zugrunde:

Der Angeschuldigte war im Rahmen der „Aktion Rose“, hinsichtlich deren Hintergrund auf das wesentliche Ergebnis der Ermittlungen der Staatsanwaltschaft Schwerin Bezug genommen wird, als Staatsanwalt tätig. Im Rahmen seiner Tätigkeit bearbeitete er unter anderem die Strafverfahren, die den Gegenstand des hiesigen Verfahrens bilden.

a) Mit Anklageschrift vom 27.02.1953 beschuldigte der Angeschuldigte die damalige Betriebsleiterin des Hotels „Strandkasino“, Elisabeth R., im Jahre 1952 in dem ihrer Mutter gehörenden Hotelbetrieb 4.500,- DM nicht verbucht und versteuert, ca. 30 kg Zucker aus den Zuweisungen nicht an Gäste gegeben, Speisekartoffeln aus den Zuweisungen an ein Schwein verfüttert sowie für den Betrieb ohne Bezugsschein 15 Raummeter Brennholz bezogen und ohne Berechtigung 100 kg Fleisch verarbeitet zu haben. Zugleich beantragte er, den gegen sie bestehenden Haftbefehl aus den Gründen seiner Anordnung aufrechtzuerhalten. {3}

Das Kreisgericht Bützow verurteilte Elisabeth R. daraufhin am 10.03.1953 nach der Wirtschaftsstrafverordnung vom 20.10.1948[2] zu einer Zuchthausstrafe von einem Jahr und acht Monaten und ordnete darüber hinaus die Einziehung des Vermögens und des ihrer Mutter gehörenden Hotels an.

b) Mit Anklageschrift vom 04.03.1953 legte der Angeschuldigte Alma M. und deren Tochter Gertrud M. zu Last, in der Zeit von 1948 bis 1952 als Inhaberinnen der Pensionen „Kaiserhof" und „Villa M." Einnahmen von etwa 8.000,- DM nicht verbucht und die darauf entfallenden Abgaben nicht an den Staatshaushalt abgeführt, Heizmaterial und Lebensmittel, welche zur Versorgung von „Erholungsbedürftigen" geliefert und nicht verbraucht worden waren, für sich verwandt und ohne Bezugsberechtigung von Landwirten drei Zentner Hafer und zwei Zentner Weizen gekauft zu haben. Zugleich beantragte er, die Fortdauer der für beide angeordneten Untersuchungshaft zu beschließen.

Das Kreisgericht Bützow verurteilte Alma M. und Gertrud M. daraufhin am 10.03.1953 nach der Wirtschaftsstrafverordnung zu Zuchthausstrafen von je sieben Jahren unter gleichzeitiger Einziehung ihrer gesamten Vermögen.

Auf die von den Betroffenen eingelegte Berufung änderte das Bezirksgericht Schwerin das Urteil des Kreisgerichts Bützow in der Hauptverhandlung vom 25.03.1953, an der der Angeschuldigte als Vertreter der Staatsanwaltschaft teilnahm, dahin ab, daß beide zu Zuchthausstrafen von je fünf Jahren und Vermögenseinziehung verurteilt wurden. {4}

c) Am 06.03.1953 klagte der Angeschuldigte den Hotelbesitzer Wilhelm Ludwig V. und dessen Vater Wilhelm Johann V. an, in der Zeit von 1950 bis 1953 etwa 50 Zentner Kartoffeln und etwa sechs Zentner Getreide ohne Bezugsberechtigung erworben sowie durch Einsparungen zu Lasten ihrer Gäste 33 kg Zucker „gehortet" zu haben. Weiterhin beantragte er die Fortdauer der angeordneten Untersuchungshaft gegen Wilhelm Ludwig V.

Das Kreisgericht Bützow verurteilte Wilhelm Ludwig V. wegen der ihm angelasteten Taten am 12.03.1953 nach der Wirtschaftsstrafverordnung zu einer Zuchthausstrafe von einem Jahr und sechs Monaten und der Einziehung seines gesamten Vermögens und seinen Vater zu einer Geldstrafe von 1.000,- DM und der Einziehung seines Anteils an dem gemeinsamen Hotel. Die von Wilhelm Ludwig V. gegen das Urteil eingelegte Berufung verwarf das Bezirksgericht Schwerin mit Beschluß vom 14.04.1953 als offensichtlich unbegründet.

d) Mit Anklageschrift vom 10.03.1953 warf der Angeschuldigte Mathilde H. und deren Tochter Svea D. vor, in der Zeit von 1950 bis 1953 als Inhaberinnen und Betreiberinnen des Hotels „Arkona" in Sellin zwei Zentner Weizen, mehrere Zentner Hafer, etwa 540 Liter Vollmilch, 30 Pfund Butter, 8 Liter Speiseöl, 15 Pfund Bohnenkaffee und Schinken im Wert von etwa 30,- DM ohne Bezugsberechtigung von Landwirten und Hotelgästen aufgekauft und dadurch Verbrechen nach der Wirtschaftsstrafverordnung begangen zu haben.

Das Kreisgericht Bützow verurteilte beide in der Hauptverhandlung vom 19.03.1953, an der der {5} Angeschuldigte als Vertreter der Staatsanwaltschaft teilnahm, antragsgemäß zu Zuchthausstrafen von je einem Jahr und acht Monaten sowie zur Einziehung ihrer Vermögen.

e) Mit Anklageschrift vom 28.03.1953 legte der Angeschuldigte Jakob P. zur Last, als Pächter der Pension „Heimkehr" in Göhren/Rügen in der Zeit von 1950 bis 1953 von ortsansässigen Fischern zehn bis zwölf Zentner Heringe und zwei Zentner Frühkartoffeln ohne Bezugsberechtigung angekauft und im Pensionsbetrieb entgeltlich verwandt zu haben. Zugleich beantragte er, die Fortdauer der angeordneten Untersuchungshaft.

Das Kreisgericht Bützow verurteilte Jakob P. am 10.03.1953 nach der Wirtschaftsstrafverordnung zu einer Gefängnisstrafe von zehn Monaten und zur Einziehung der von ihm bewirtschafteten Pension.

f) Am 30.03.1953 klagte der Angeschuldigte Grete L. an, in der Zeit von 1950 bis 1953 als Inhaberin der Pension „Undine" in Kühlungsborn insgesamt etwa zwölf Zentner Getreide ohne Bezugsberechtigung bezogen, eine nicht mehr feststellbare Menge Zucker, die sie zur Verpflegung von Werktätigen erhalten hatte, zum Einwecken verwandt und ohne die erforderliche Fütterungsgrundlage 54 Zentner erworbene Speisekartoffeln zu Mastzwecken an ihre Schweine verfüttert zu haben. Zugleich beantragte er, die Fortdauer der Untersuchungshaft zu beschließen.

Das Kreisgericht Bützow verurteilte Grete L. am 10.04.1953 nach der Wirtschaftsstrafverordnung zu einer Gefängnisstrafe von acht Monaten und Einziehung der Pension „Undine". {6}

g) Mit Anklageschrift vom 09.04.1953 legte der Angeschuldigte dem Bauingenieur Max W. als Eigentümer eines Sägewerkes in Saßnitz und Pächter eines Sägewerkes in Putbus zur Last, in den Jahren 1950 und 1951 ca. 20-25 cbm Holz an Firmen und Personen ohne Bezugsberechtigung abgegeben, ohne Freigabe vier cbm Holz einer Firma zum Bau eines für ihn bestimmten Bootes überlassen und 15 Festmeter Holz unberechtigt bezogen und an einen anderen abgegeben zu haben. Zugleich beantragte er die Fortdauer der Untersuchungshaft.

Das Kreisgericht Bützow verurteilte Max W. am 14.04.1953 zu einer Zuchthausstrafe von fünf Monaten unter gleichzeitiger Einziehung seines Vermögens.

h) Mit Anklageschrift vom 10.04.1953 warf der Angeschuldigte dem Gastwirt Willi K. als Pächter der Gaststätte „Brandtshöhe" in Bad Doberan, dessen Ehefrau Ilse K. und dessen Vater Heinrich K. als Eigentümer dieser Gaststätte vor, in den Jahren 1948 bis 1953 70 Zentner Kartoffeln, 20-25 Zentner Kleie und 35-40 Zentner Getreide ohne Bezugsberechtigung erworben und ausnahmslos an deren Vieh- und Geflügelbestand verfüttert und dadurch Verbrechen gegen die Wirtschaftsstrafverordnung begangen zu haben. Der Angeschuldigte beantragte zugleich die Fortdauer der angeordneten Untersuchungshaft gegen Willi und Ilse K.

Das Kreisgericht Bützow verurteilte am 25.04.1953 Willi K. zu einer Zuchthausstrafe von einem Jahr und drei Monaten und Vermögenseinziehung, während es für Ilse und Heinrich K. auf Gefängnisstrafen von je vier Monaten erkannte. Darüber hinaus erkannte es bei Heinrich K. auf Einziehung der Gaststätte „Brandtshöhe". {7}

i) Mit Anklageschrift vom 16.04.1953 legte der Angeschuldigte dem Besitzer des „Schloßhotels" in Kühlungsborn, Kurt Sch., und seiner Ehefrau Martha zur Last, in der Zeit von 1951 bis 1953 etwa sieben kg Fleisch und ein kg Fett ohne Bezugsberechtigung bezogen, mindestens 30 kg Zucker, 70 kg Mehl und etwa 70 kg Briketts auf Kosten von Gästen erübrigt, dies nicht der Wirtschaftsverwaltung gemeldet, sodann selbst verbraucht und dadurch Verbrechen gegen die Wirtschaftsstrafverordnung begangen zu haben. Ferner warf er ihnen vor, im Oktober 1951 in West-Berlin zwei Fahrradschläuche, zwei Fahrraddecken, Damenwäsche und Zigaretten für DM der Deutschen Notenbank erworben und in die DDR eingeführt sowie zwei Hypotheken in Höhe von je 4.000,- DM, die auf dem Grundstück „Schloßhotel" lasteten, bis zum 31.01.1951 bei der Deutschen Notenbank nicht angemeldet zu haben und dadurch Vergehen gegen das Gesetz zur Regelung des innerdeutschen Zahlungsverkehrs vom 15.12.1950 begangen zu haben.

Das Kreisgericht Bützow verurteilte Kurt Sch. am 29.04.1953 zu einer Zuchthausstrafe von einem Jahr und fünf Monaten und erkannte zugleich auf die Einziehung seines Vermögens sowie des von ihm und seiner Frau bewirtschafteten Hotels. Ob auch ein Urteil gegen Martha Sch. erging, ist nicht bekannt. {8}

2. Die Staatsanwaltschaft Schwerin ist der Auffassung, der Angeschuldigte habe den Tatbestand der Rechtsbeugung tateinheitlich mit Freiheitsberaubung in mittelbarer Täterschaft gemäß §§ 239, 336, 73, 74 StGB in der Fassung vom 15.05.1871, §§ 131[3], 244[4], 22 Abs. 2 Nr. 3, 63 StGB/DDR, Artikel 315 EGStGB, §§ 2 Abs. 3, 239, 336, 52, 53 StGB verwirklicht.

a) Der Angeschuldigte habe deshalb den Tatbestand der Rechtsbeugung erfüllt, weil er in allen Anklagen den Betroffenen Verbrechen gemäß § 1 Abs. 1 Nr. 3 der Wirtschaftsstrafverordnung vom 20.10.1948 (WStVO, Regierungsblatt für Mecklenburg 1948, Nr. 25, Seite 165 ff.) anlastete, obwohl die Tatbestandsvoraussetzungen jeweils nicht vorlagen. Eine danach jeweils erforderliche konkrete Gefährdung der Durchführung der Wirtschaftsplanung oder der Versorgung der Bevölkerung habe aufgrund der Handlungen der damaligen Angeklagten nicht vorgelegen; entsprechende Ausführungen in den jeweiligen Anklageschriften sind unterlassen worden. Durch die Anwendung des § 1 Abs. 1 Nr. 3 WStVO habe der Angeschuldigte die späteren vom Gericht ausgesprochenen Vermögenseinziehungen ermöglicht.

b) Ferner sei der Angeschuldigte deshalb der Rechtsbeugung schuldig, weil er in den Fällen 1.a bis 1.c und 1.e bis 1.h jeweils Haftfortdauer beantragte, obwohl die Voraussetzungen nicht vorlagen.

c) Der Tatbestand der Rechtsbeugung sei außerdem auch dadurch verwirklicht, daß der Angeschuldigte die Betroffenen durch die Anklageerhebungen beim Kreisgericht Bützow ihren gesetzlichen Richtern entzogen habe. Es habe sich bei den angerufenen Strafkammern um Ausnahmegerichte gehandelt, deren Einrichtung sowohl gemäß Artikel 134 der Verfassung der DDR vom 8.10.1949 als auch nach § 7 StPO in Verbindung mit § 7 Abs. 2 GVG/DDR – jeweils in der Fassung vom 2.10.1952 – nicht statthaft gewesen sei. {9}

II. [Kein hinreichender Tatverdacht]

Ein die Eröffnung des Hauptverfahrens rechtfertigender hinreichender Tatverdacht ist nicht gegeben, § 203 StPO.

Zwar können Staatsanwälte der ehemaligen DDR in der Bundesrepublik Deutschland grundsätzlich wegen Rechtsbeugung und damit tateinheitlich verwirklichter Delikte verfolgt werden (vgl. Urteil des BGH vom 6.10.1994, 4 StR 23/94[5], m.w.N.). Die Kammer legt dabei ihrer Entscheidung – wie sie es bereits in ihren Beschlüssen vom 10.02.1995 (III KLs 7/94), vom 9.03.1995 (III KLs 5/93) und vom 12.06.1995 (III KLs 12/93) getan hat – die vom Bundesgerichtshof in seiner oben zitierten Entscheidung aufgestellten Grundsätze, wie sie auch bei dem Oberlandesgericht Rostock in seinem Beschluß vom 11.05.1995 (I Ws 38/95) Niederschlag gefunden haben, zugrunde.

Danach ist bei der Prüfung, ob sich ein Staatsanwalt der DDR-Justiz wegen Rechtsbeugung – und damit tateinheitlich wegen Freiheitsberaubung – schuldig gemacht hat, zu berücksichtigen, daß dabei Handlungen und Entscheidungen der Beurteilung unterliegen, die in einem grundlegend anderen Wert- und Rechtssystem getroffen worden sind. Ein maßgeblicher Unterschied bestand darin, daß es in der DDR keine Gewaltenteilung gab. Die Staatsanwälte hatten in der Rechtsanwendung der führenden Rolle und dem Einfluß der SED Rechnung zu tragen. Ihnen ist zwar formal in § 1 Abs. 1 des Gesetzes über die Staatsanwaltschaft der Deutschen Demokratischen Republik vom 23. Mai 1952 Unabhängigkeit von anderen Organen der Staatsgewalt zugebilligt worden. Gleichzeitig wurde jedoch festgelegt, daß die Staatsanwaltschaft dem Ministerrat der DDR, mithin einem von der SED beherrschten politischen Gremium untersteht (§ 1 Abs. 1 Satz 2 Staatsanwaltsgesetz). Der gegenüber allen Staatsanwälten weisungsbefugte Generalstaatsanwalt der Deutschen Demokratischen Republik wird von der Volkskammer, einem weiteren von der {10} Einheitspartei beherrschten politischen Gremium, gewählt (§ 3 Staatsanwaltsgesetz). Die Volkskammer ist in der Lage, ihn bei gröblichem Pflichtenverstoß abzuberufen (Artikel 132 der Verfassung der Deutschen Demokratischen Republik in der Fassung vom 7.10.1949).

Die Beherrschung der Staatsanwaltschaft durch die SED zeigt sich in der späteren Entwicklung, in der die DDR-Justiz einen ausdrücklich formulierten politischen Auftrag zu erfüllen hatte. Dazu gehörte nach Artikel 90 Abs. 1 der Verfassung der Deutschen Demokratischen Republik[6] die „Entwicklung der Deutschen Demokratischen Republik und ihrer Staats- und Gesellschaftsordnung“. Die Staatsanwaltschaft hatte als „Organ der einheitlichen sozialistischen Staatsmacht“ über die Einhaltung der „sozialistischen Gesetzlichkeit“ zu wachen (§ 1 Abs. 1 des Gesetzes über die Staatsanwaltschaft der DDR; Artikel 97 der Verfassung der DDR).

Im Licht dieser Besonderheiten – nicht hingegen unter Anlegung der nach dem Beitritt der DDR geltenden Maßstäbe – sind Staatsanwälte der Rechtsbeugung schuldig hinsichtlich solcher Fälle, in denen es sich um einen Einzelexzeß handelt, die Rechtswidrigkeit des Antrages oder der Entscheidung offensichtlich war und die Menschenrechte derart schwerwiegend verletzt worden sind, daß sich die Entscheidung offensichtlich als Willkürakt darstellt. Rechtsbeugung kann insbesondere dann angenommen werden, wenn – unter Berücksichtigung der amtlichen Kommentierungen und der vom Obersten Gerichts der DDR herausgegebenen Verlautbarungen – die Grenzen zulässiger Auslegung augenfällig überschritten worden sind.

1. Soweit der Angeschuldigte sämtliche Anklagen auf § 1 Abs. 1 Ziff. 3 WStVO gestützt hat, ist die Grenze zur Rechtsbeugung noch nicht überschritten. Die Subsumtion der Tathandlungen der damaligen Angeklagten unter § 1 Abs. 1 Ziff. 3 WStVO ist nicht unvertretbar. Mag der Angeschuldigte {11} auch nicht in jedem Fall eine bis ins Detail gehende Subsumtion vorgenommen haben, so wird gleichwohl in jedem Einzelfall deutlich, daß der Angeschuldigte einen Bezug zur Gefährdung der Durchführung der Wirtschaftsplanung oder der Versorgung der Bevölkerung hergestellt hat. Dies ist im Rahmen einer Anklageschrift ausreichend.

Insbesondere in den Fällen, in denen die Tathandlungen der damaligen Angeklagten über einen längeren Zeitraum andauerten (1.1.d, e, h), liegt die konkrete Gefährdung der Durchführung der Wirtschaftsplanung oder der Versorgung der Bevölkerung – nach damaliger Sichtweise – auf der Hand.

Gleiches gilt allerdings auch für die weiteren Fälle. Zu den Anklagezeitpunkten hat sich die DDR – wie auch die Bundesrepublik Deutschland – in einer umfassenden politischen und wirtschaftlichen Aufbauphase befunden. Es war sowohl aus ökonomischer, vor allem aber aus ideologischer Sicht von immenser Bedeutung, eine bei herrschender Güterknappheit umfassende Wirtschaftsplanung durchzuführen. Zur Einhaltung des Planes sind sämtliche Bürger der DDR strikt angehalten worden. Relativ geringe Verstöße sind – aus heutiger Sicht der Überflußgesellschaft – unverhältnismäßig hart bestraft worden. Dementsprechend ist die Annahme der konkreten Gefährdung der Wirtschaftsplanung oder der konkreten Gefährdung der Versorgung der Bevölkerung bei den den damaligen Angeklagten zur Last gelegten Handlungen nicht unvertretbar. Dabei ist auch zu berücksichtigen, daß es sich nicht lediglich um Einzelfälle, sondern um eine große Anzahl gleichgelagerter Sachverhalte handelte. Alle, nicht nur die hier in Rede stehenden Fälle zusammengenommen, dürften eine konkrete Gefährdung der Wirtschaftsplanung oder der Versorgung der Bevölkerung darstellen, ohne daß es größerer Ausführung bedarf. Nichts anderes kann dann für den einzelnen angeklagten Fall, der sich lediglich als Teilstück des Gesamten darstellt, gelten.

Soweit die Anklageschriften keine Angaben über die Verwirklichung des subjektiven Tatbestandes des § 1 Abs. 1 Ziff. 3 WStVO enthalten, ist dies {12} ebenfalls nicht unvertretbar. Bei den damals Angeklagten handelte es sich um Kaufleute, denen ihr verbotenes Handeln bewußt war. Anders ist es nicht zu erklären, daß vor der Durchführung der Durchsuchung oftmals illegal verschaffte Lebensmittel beiseite geschafft oder vernichtet worden sind.

Im übrigen dürfen die Anforderung hinsichtlich Subsumtion und Erörterung von Tatbestandsmerkmalen an eine Anklageschrift nicht überspannt werden. Zur Erhebung der Anklage ist es ausreichend gewesen, wenn die Ermittlungen genügend Anlaß hierzu gegeben haben (§ 168 der Strafprozeßordnung der DDR vom 2.10.1952). Sichere Gewißheit vom Vorliegen eines Tatbestandsmerkmals ist nicht erforderlich gewesen. So ist es dann in fünf Verfahren der „Aktion Rose" nach Ablauf der Hauptverhandlung zu Freisprüchen der Angeklagten gekommen, ohne daß die Staatsanwaltschaft Rechtsmittel eingelegt hätte.

2. Durch die Beantragung der Haftfortdauer in den Fällen 1.1.a bis c und 1.1.e bis h hat sich der Angeschuldigte ebenfalls nicht der Rechtsbeugung strafbar gemacht. Die entsprechenden Anträge sind in Konsequenz der nicht unvertretbaren Subsumtion der Handlungen der damaligen Angeklagten unter § 1 Abs. 1 Ziff. 3 WStVO ergangen.

3. Der Angeschuldigte hat sich wegen Rechtsbeugung auch nicht dadurch strafbar gemacht, daß er die damaligen Angeklagten ihren gesetzlichen Richter entzogen hat, indem er Anklage bei Strafkammern des Kreisgerichts Bützow, die zeitlich begrenzt eigens zur Durchführung der „Aktion Rose" eingerichtet worden waren, erhoben hat.

Dabei mag dahinstehen, ob es sich bei den beim Kreisgericht Bützow eingerichteten Kammern um Ausnahmegerichte im Sinne des Artikel 134 der Verfassung der DDR in der Fassung vom 7.10.1949 bzw. § 7 StPO/DDR in {13} Verbindung mit § 7 Abs. 2

GVG/DDR handelte. Die Anklagen sind nicht vor einer besonderen Kammer des Kreisgerichts Bützow erhoben worden, sondern allgemein bei dem Kreisgericht Bützow. Dies ließe durchaus den Schluß zu, daß es sich um eingerichtete Hilfsstrafkammern zur Entlastung der übrigen Strafkammern wegen der zu erwarteten Verfahren, die gemäß § 14 Abs. 3 StPO/DDR in Bützow zu führen waren, handelte.

Zumindest wird nicht nachzuweisen sein, daß der Angeschuldigte wissentlich gehandelt hat. Er hat bis zu seinem Einsatz in Bützow nur eine sehr kurze juristische Ausbildung von Juli bis September 1952 genossen. Er war erst seit 1.11.1952 als Staatsanwalt tätig. Er stieß erst am 10.02.1953 im Austausch gegen Staatsanwalt Merbeth der Gruppe der bearbeitenden Staatsanwälte zu, stieß also auf eine bereits gefestigte Ordnung mit gefestigter Verfahrensbearbeitung. Er wurde von Staatsanwalt Streit, dem Vertreter des Generalstaatsanwalts der DDR, angeleitet; seine Anklageschriften wurden redigiert.

Angesichts dieser Umstände durfte und mußte der Angeschuldigte von der Gesetzlichkeit seines Handelns ausgehen. Bei seinen Ermittlungen und Anklageschriften handelte es sich nicht um Einzelexzesse, sondern um eine zur damaligen Zeit gefestigte Rechtspraxis. Die Frage nach der Vereinbarkeit seines Tuns mit höherrangigem Recht, insbesondere der Verfassung der Deutschen Demokratischen Republik, stellte sich ihm angesichts der strikten Anleitung durch den Vertreter der Generalstaatsanwaltschaft und der Kontrolle seiner Anklageschriften nicht.

4. Der Angeschuldigte hat den Tatbestand der Rechtsbeugung auch nicht dadurch erfüllt, daß er unter dem Deckmantel eines justizförmigen Verfahrens gesetzwidrige Enteignungen ermöglicht hat – mögen diese auch ein politisches Ziel der Aktion gewesen sein. Bei der Durchführung der Strafverfahren hat die Staatsanwaltschaft eine differenzierte strafrechtliche Betrachtung vorgenommen. Es ist nicht generell in allen Verfahren das Vermögen {14} eingezogen worden. Von den 404 anhängig gewordenen Verfahren ist in 331 Fällen Anklage erhoben worden. Neben 50 Einstellungen gab es 5 Freisprüche. Das gesamte Vermögen wurde in 235 Fällen, einzelne Objekte in 128 eingezogen. Es wurde nicht generell § 1 WStVO angewandt.

Angesichts dessen kann nicht davon gesprochen werden, daß ein justizförmiges Verfahren nur vorgeschoben worden ist (und der Angeschuldigte dies gewußt hat), um anderweitige Interessen zu verfolgen. Gaben die Verfahren keinen hinreichenden Anlaß zur Erhebung der öffentlichen Klage, wurde auch keine Anklage erhoben. Waren die Voraussetzungen des § 1 Abs. 1 Ziff. 3 der seit 1949 geltenden Wirtschaftsstrafverordnung erfüllt, wurde die obligatorische Rechtsfolge der Vermögenseinziehung beantragt. So liegen die Fälle hier.

Die Eröffnung des Hauptverfahrens war mithin aus Rechtsgründen (II.1., 2., 4.) und aus tatsächlichen Gründen (II.3.) mit der aus § 467 Abs. 1 StPO sich ergebenden Kostenfolge abzulehnen.

Rechtsmittelbelehrung:
Gegen den Beschluß steht der Staatsanwaltschaft die sofortige Beschwerde zu.

Anmerkungen

1 Nach Angaben der Staatsanwaltschaft Schwerin stammt die Anklageschrift vom 30.3.1995. Sie ging am 7.4.1995 beim Landgericht Rostock ein.
2 Die Wirtschaftsstrafverordnung – WStVO – stammt vom 23.9.1948 (vgl. ZVOBl. 1948 Nr. 41, S. 439ff.).
3 Vgl. Anhang S. 1042.
4 Vgl. Anhang S. 1046.
5 Vgl. lfd. Nr. 3-2.
6 Vgl. Anhang S. 1036.

Inhaltsverzeichnis
Beschluss (Eröffnungsbeschluss) des Oberlandesgerichts Rostock vom 28.3.1996, Az. I Ws 222/95

Oberlandesgericht Rostock 28. März 1996
Az.: I Ws 222/95

BESCHLUSS

In der Strafsache *gegen*

Reinhold Schneider
geboren 1924 in Z.
Verteidiger: Rechtsanwalt Streit

wegen Rechtsbeugung u.a.

hat der 1. Strafsenat des Oberlandesgerichtes Rostock durch

⊗ Es folgt die Nennung der Verfahrensbeteiligten. ⊗

auf die sofortige Beschwerde der Staatsanwaltschaft Schwerin gegen den Beschluß des Landgerichtes Rostock vom 31. Juli 1995

am *28. März 1996* beschlossen: {2}

1. Der Beschluß des Landgerichts Rostock vom 31. Juli 1995 wird aufgehoben.
2. Die am 07. April 1995 beim Landgericht Rostock eingegangene Anklage der Staatsanwaltschaft Schwerin wird zur Hauptverhandlung zugelassen.
3. Die Hauptverhandlung wird vor der 3. Großen Strafkammer des Landgerichts Rostock eröffnet.

Gründe

I. [Anklagevorwurf und bisheriger Verfahrensverlauf]

⊗ Es folgt eine Darstellung des Anklagevorwurfs sowie des Nichteröffnungsbeschlusses des Landgerichts Rostock vom 31. Juli 1995 (vgl. lfd. Nr. 7-1). ⊗ {9}

Gegen den ihr am 18. August 1995 zugestellten Beschluß des Landgerichts Rostock hat die Staatsanwaltschaft Schwerin mit am 21. August 1995 eingegangenem Telefax vom gleichen Tag sofortige Beschwerde eingelegt und diese am 15.09.1995 begründet. {10}

Die Generalstaatsanwaltschaft ist der sofortigen Beschwerde der Staatsanwaltschaft Schwerin beigetreten und hat beantragt, das Hauptverfahren vor einer anderen Strafkammer des Landgerichtes Rostock zu eröffnen.

II. [Zulässigkeit und Begründetheit der Beschwerde]

Die von der Staatsanwaltschaft eingelegte sofortige Beschwerde ist nach § 210 Abs. 2 StPO statthaft sowie gem. § 311 StPO zulässig; sie erweist sich auch in der Sache begründet. Das Landgericht hat die Eröffnung des Hauptverfahrens nach § 204 Abs. 1 StPO zu Unrecht abgelehnt.

Nach § 203 StPO beschließt das Gericht die Eröffnung des Hauptverfahrens, wenn der Angeschuldigte nach dem Ergebnis des Ermittlungsverfahrens einer Straftat hinreichend verdächtig erscheint. Ein hinreichender Tatverdacht ist nur dann gegeben, wenn eine Verurteilung des Angeschuldigten mit Wahrscheinlichkeit zu erwarten ist. Eine solche Wahrscheinlichkeit besteht, wenn unter Zugrundelegung des Ergebnisses der Ermittlungen und der daran anknüpfenden rechtlichen Erwägungen zum objektiven und subjektiven Tatbestand bei Einschätzung des mutmaßlichen Ausganges der Hauptverhandlung mehr für eine Verurteilung als für einen Freispruch spricht (vgl. Senatsbeschluß vom 11.05.1995, I WS 38/95 und 22.07.1994, I Ws 60/94; Kleinknecht/ Meyer-Goßner, StPO, 42. Aufl., § 203, Rdn. 2 m.w.N.; KK-Treuer, StPO, 3. Aufl., § 203, Rdn. 5).

Der Senat geht bei der sachlich-rechtlichen Beurteilung grundsätzlich von folgendem aus: {11}

1. Richter oder Staatsanwälte der DDR können in der Bundesrepublik Deutschland wegen Rechtsbeugung verfolgt werden. Verfolgungsverjährung ist nicht eingetreten. Die Verjährung hat mit Rücksicht auf ein in der Staatspraxis der DDR wurzelndes quasigesetzliches Verfolgungshindernis geruht. Die Verfolgung der Taten ist auch nicht durch in der DDR erlassene Amnestien ausgeschlossen (BGH NJW 1994, 3238, 3239[1]; BGH Urteil vom 15.09.1995 – 5 StR 713/94[2] m.w.N.).

Der Gesetzgeber hat mit dem zweiten Verjährungsgesetz die Verjährungsfristen für in der DDR begangene Straftaten erheblich verlängert. Hinsichtlich der von im Rahmen der „Aktion Rose" tätigen Richtern und Staatsanwälten begangenen Straftaten der Rechtsbeugung ist entsprechend dem 2. Berechnungsgesetz vom 26.03.1993 davon auszugehen, daß aufgrund der besonderen Zielrichtung und Hintergrunde der „Aktion Rose" – worauf noch einzugehen ist – diese entsprechend dem ausdrücklichen oder mutmaßlichen Willen der Staats- und Parteiführung der ehemaligen Deutschen Demokratischen Republik aus politischen oder sonst mit wesentlichen Grundsätzen einer freiheitlichen rechtsstaatlichen Ordnung unvereinbaren Gründen nicht geahndet worden sind. Hierfür spricht bereits, daß schon ab Herbst 1953 die Folgen der „Aktion Rose" durch Rückgaben eingezogenen Eigentums und Entschädigungen aufgrund Entscheidungen der sogenannten Härtekommissionen und vereinzelt durch Gnadenakte rückgängig gemacht wurden (vgl. Müller, Die Lenkung der Strafjustiz durch die SED Staats- und Parteiführung der DDR am Beispiel der Aktion Rose, S. 66 ff), jedoch Strafverfahren wegen Rechtsbeugung gegen beteiligte Richter und Staatsanwälte nicht eingeleitet wurden. {12}

2. Die Strafbarkeit von an der „Aktion Rose" beteiligten Richtern und Staatsanwälten bestimmt sich gem. § 2 Abs. 3 StGB nach dem zur Tatzeit geltenden Recht. Wahrend es aufgrund der Tätigkeit der durch Ministerratsbeschluß über die Bildung einer Kommission zur Schaffung neuer Gesetze, nämlich des GVG, der StPO und des StGB, vom 12.06.1952 bereits am 02.10.1952 zum Inkrafttreten des GVG/DDR und der StPO/DDR kam, wurde das materielle Strafrecht zunächst nur durch einzelne Gesetze wie z.B. das am 02.10.1952 in Kraft getretenen Gesetz zum Schutz des Volkseigentums und anderen gesellschaftlichen Eigentums abgeändert. Die Neufassung des StGB/DDR trat erst am 12.01.1968 in Kraft. Davor galt das in der ersten Auflage im Jahre 1951 vom Ministerium der Justiz der DDR aufgrund einer gemeinschaftlichen Arbeit der obersten Justizorgane herausgegebene Strafgesetzbuch vom 15.05.1871 weiter, das nur insoweit Abände-

rungen erfuhr, als Vorschriften weggelassen oder als aufgehoben bezeichnet wurden, die durch die Verfassung der DDR oder durch Gesetze der DDR sowie durch Kontrollratsgesetze entweder ausdrücklich, oder weil sie diesen Gesetzen widersprachen, aufgehoben worden waren (vgl. Strafgesetzbuch der DDR 1954, Vorbemerkung).

§ 336 StGB hatte folgenden Wortlaut:

Ein Beamter oder Schiedsrichter, welcher sich bei der Leitung oder Entscheidung einer Rechtssache vorsätzlich zugunsten oder zum Nachteil einer Partei einer Beugung des Rechts schuldig macht, wird mit Zuchthaus bis zu fünf Jahren bestraft. {13}

Den Begriff des Beamten bestimmte § 359 StGB wie folgt:

Unter Beamten im Sinne dieses Strafgesetzes sind zu verstehen alle im Dienst des Reichs oder im unmittelbaren oder mittelbaren Dienste eines Bundesstaats auf Lebenszeit, auf Zeit oder nur vorläufig angestellte Personen, ohne Unterschied, ob sie einen Diensteid geleistet haben oder nicht, ingleichen Notare, nicht aber Advokaten und Anwälte.

Da die Textausgabe geltender Gesetze keine gesetzgeberischen Aufgaben lösen und veraltete Gesetzesbestimmungen nicht inhaltlich abändern oder aufheben konnte, wurden einzelne Satzteile, die infolge „der demokratischen Entwicklung gegenstandslos geworden“ waren, wie z.B. „Beamter“ in der geltenden Textfassung kursiv gesetzt (vgl. Strafgesetzbuch a.a.O.). Dennoch findet § 336 StGB in der damals gültigen Fassung auf Staatsanwälte Anwendung. In der Vorbemerkung zu der vom Ministerium der Justiz der DDR herausgegebenen Textfassung der StPO vom 02.10.1952 sowie des Gesetzes über die Staatsanwaltschaft der DDR vom 23.05.1952 hatte der damalige Minister der Justiz, Max Fechner, ausgeführt, daß die Organe der Rechtsprechung, der Staatsanwaltschaft und der Justizverwaltung Bestandteile der einheitlichen demokratischen Staatsmacht seien, die Hauptinstrument bei der Schaffung der Grundlagen des Sozialismus sei. § 1 Abs. 1 des Gesetzes über die Staatsanwaltschaft der DDR führte demgemäß aus, daß die Staatsanwaltschaft ein von anderen Staatsorganen unabhängiges Organ der Staatsgewalt der DDR sei, die dem Ministerrat untersteht. Staatsanwalt konnte gem. § 4 nur sein, wer nach seiner Persönlichkeit und Tätigkeit die Gewähr dafür bot, daß er sein Amt gemäß den Grundsätzen der Verfassung ausübte. Jeder Staatsanwalt war dem ihm übergeordneten Staatsanwalt verantwortlich, § 5 Abs. 1, {14} wobei alle Staatsanwälte dem Generalstaatsanwalt der DDR verantwortlich waren, § 5 Abs. 2. Der Senat hat demnach keinen Zweifel daran, daß § 336 StGB a.F. jedenfalls entsprechend auf Staatsanwälte zur Anwendung kam.

Sowohl nach § 336 StGB als auch nach § 336 StGB a.F. kann ein Staatsanwalt grundsätzlich Täter einer Rechtsbeugung sein. Allerdings stellt nicht jede Entscheidung der Staatsanwaltschaft im Ermittlungsverfahren eine „Entscheidung einer Rechtssache“ im Sinne des § 336 StGB dar. In einer Rechtssache entscheidet nur, wer wie ein Richter in einem rechtlich vollständig geregelten Verfahren zu entscheiden hat und dabei einen gewissen Grad sachlicher Unabhängigkeit genießt. Diese Voraussetzung ist für staatsanwaltschaftliche Einstellungsverfügungen und auch bei Anklageerhebungen ehemaliger DDR-Staatsanwälte zu bejahen (vgl. BGH Urteil vom 15.09.1995 – 5 StR 713/94 m.w.N.). Das gesetzlich geregelte Ermittlungsverfahren wird durch eine – von einer gerichtlichen Entscheidung unabhängige – Abschlußverfügung dem Ende zugeführt oder in das gerichtliche Verfahren übergeleitet. Dabei kommt der Anklage eine entscheidende Bedeutung zu. Sie bewirkt die weitere Zuständigkeit des Gerichts für die Beurteilung der Tat des Beschuldigten und ist somit Voraussetzung für eine mögliche spätere justizförmige Verurteilung. Dadurch greift die Anklage auch mit unmittelbarer Außenwirkung in die Rechtsstellung des Beschuldigten ein und verbringt ihn in ein möglicher Bestrafung näheres Stadium.

Aber auch vor Anklageerhebung kann sich ein Staatsanwalt anläßlich einer Entscheidung „bei der Leitung einer Rechtssache" wegen Rechtsbeugung strafbar gemacht haben, so bei dem Antrag auf Erlaß eines Haftbefehls. Hinsichtlich der Haftfrage kommt die Stellung des Staatsanwaltes als „Herr des {15} Ermittlungsverfahrens" im Strafverfahrensrecht sowohl der Bundesrepublik Deutschland als auch der DDR besonders deutlich zum Ausdruck. Im Ermittlungsverfahren erfolgt die Verhaftung des Beschuldigten „auf Antrag des Staatsanwaltes" (§ 128 Abs. 2 Satz 2 StPO, § 124 StPO/DDR). Ein Haftbefehl ist aufzuheben, wenn die Staatsanwaltschaft es vor Anklageerhebung beantragt; eine Entlassungsanordnung kann bereits durch den Staatsanwalt ergehen (§ 120 Abs. 3 StPO, § 133 StPO/DDR).

Soweit der Staatsanwalt als Herr des Ermittlungsverfahrens zugleich mit einer Rechtsbeugung verantwortlich für eine Inhaftierung des Beschuldigten ist, kommt tateinheitliche Freiheitsberaubung (§ 239 StGB und § 239 StGB a.F.) in Betracht. Liegt die Rechtsbeugung im Maß der vom Staatsanwalt in der Hauptverhandlung beantragten Freiheitsstrafe, wird der mitwirkende Staatsanwalt insoweit wegen tateinheitlicher Anstiftung oder Beihilfe zur Rechtsbeugung und zur Freiheitsberaubung zu verurteilen sein.

Mehrfache Rechtsbeugungshandlungen eines Staatsanwalts in demselben Strafverfahren mit identischer Zielrichtung zugunsten oder zuungunsten desselben Beschuldigten – oder auch mehrerer zusammenhängend Beschuldigter – bilden regelmäßig eine tateinheitliche Tat. Die einheitliche Rechtsbeugung verbindet insoweit regelmäßig auch Freiheitsberaubungen zum Nachteil mehrerer im selben Strafverfahren Verfolgter zu einer einheitlichen Tat (vgl. BGH a.a.O., m.w.N.).

Für die Erfüllung des Tatbestandes der Rechtsbeugung durch ehemalige Staatsanwälte der DDR kommen insbesondere in Betracht: {16}

a) Fälle, in denen Straftatbestände unter Überschreitung des Gesetzeswortlauts oder unter Ausnutzung ihrer Unbestimmtheit bei der Anwendung derart überdehnt worden sind, daß eine Bestrafung, zumal mit Freiheitsstrafe, als offensichtliches Unrecht anzusehen ist;
b) Fälle, in denen die verhängte Strafe in einem unerträglichen Mißverhältnis zu der abgeurteilten Handlung gestanden hat, so daß die Strafe als grob ungerecht und schwerer Verstoß gegen die Menschenrechte erscheinen muß;
c) Fälle, in denen schwere Menschenrechtsverletzungen durch die Art und Weise der Durchführung von Verfahren, namentlich Strafverfahren, in denen die Strafverfolgung und die Bestrafung überhaupt nicht der Verwirklichung von Gerechtigkeit (Artikel 86 der DDR-Verfassung), sondern der Ausschaltung des politischen Gegners oder einer bestimmten sozialen Gruppe gedient haben.

Nicht jede unrichtige Rechtsanwendung stellt indes – unabhängig von der Problematik strafrechtlicher Bewertung von Rechtsprechung in totalitären Systemen – eine Beugung des Rechtes dar. Dies wirkt sich auch bei der Beurteilung von Staatsanwälten der DDR-Justiz aus. Nur der Rechtsbruch als elementarer Verstoß gegen die Rechtspflege soll unter Strafe gestellt sein. Rechtsbeugung begeht daher nur derjenige, der sich bewußt in schwerwiegender Weise von Recht und Gesetz entfernt hat.

An dieser Einschränkung des Rechtsbeugungstatbestandes ist festzuhalten. Der Vorwurf der Rechtsbeugung ist von hohen Schranken abhängig. Der Senat ist der Auffassung, daß zur Vermeidung einer Überlastung der Justiz die gesteigerten {17} Anforderungen an den Rechtsbeugungstatbestand ein notwendiges Korrektiv gegen die andernfalls drohende Konsequenz sind, Gerichtsentscheidungen allzu häufig wegen des Vorwurfes der Rechtsbeugung erneuter Sachprüfung durch die Justiz unterstellen zu müssen (BGH a.a.O.).

Danach muß als Maßstab gelten, daß schon bei der Prüfung des objektiven Tatbestandes der Rechtsbeugung, im übrigen auch im Hinblick auf die innere Tatseite, zu berücksichtigen ist, daß es um die Beurteilung von Handlungen geht, die in einem anderen Rechtssystem vorgenommen worden sind; die besonderen Züge dieses Rechtssystems müssen beachtet werden. Dieser Maßstab ist an Beschränkungen orientiert, die sich aus den Grundprinzipien des Strafrechtes ergeben; er entspricht der Struktur des Rechtsbeugungstatbestandes und trägt insbesondere dem Gesichtspunkt des Vertrauensschutzes Rechnung sowie dem Rechtsstaatsprinzip, das speziell auch in Artikel 103 Abs. 2 GG verankert ist. Eine Bestrafung wegen Rechtsbeugung ist danach, abgesehen von Einzelexzessen, auf Falle zu beschränken, in denen die Rechtswidrigkeit der Entscheidung so offensichtlich war und in denen insbesondere die Rechte anderer, hauptsächlich ihre Menschenrechte, derartig schwerwiegend verletzt worden sind, daß sich die Entscheidung als Willkürakt darstellt.

Die als notwendige Konsequenz aus der speziellen Regelung für eine eingeschränkte strafrechtliche Verantwortung von Richtern hergeleitete „Sperrwirkung“ des Rechtsbeugungstatbestandes ist auch den Richtern und Staatsanwälten der DDR zuzubilligen (BGH a.a.O.). {18}

3. Die von der Staatsanwaltschaft vorgelegten Ermittlungsergebnisse begründen den hinreichenden Verdacht, der Angeschuldigte habe sich in dem beschriebenen Sinne im Rahmen der aufgrund der „Aktion Rose“ geführten Strafverfahren gegen Elisabeth R. (Fall 1), Alma M. und Gertrud M. (Fall 2), Wilhelm Ludwig V. und Wilhelm Johann V. (Fall 3), Mathilde H. und Svea D. (Fall 4), Jacob P. (Fall 5), Grete L. (Fall 6), Max W. (Fall 7), Willi K., Ilse K. und Heinrich K. (Fall 8) sowie Kurt und Martha Sch. (Fall 9) jeweils der Rechtsbeugung schuldig gemacht und in sieben Fällen (Fälle 1-3 sowie 5-8) tateinheitlich hierzu neun Menschen der Freiheit beraubt.

a) Für die strafrechtliche Bewertung der Handlungen des Angeschuldigten ist die damalige Situation der DDR, insbesondere der Ablauf der „Aktion Rose“ und die Ausgestaltung der hier im Rahmen der „Aktion Rose“ zur Anwendung gekommenen Gesetze bzw. Verordnungen von entscheidender Bedeutung.

aa) Bereits in der sowjetischen Besatzungszone hatten mit der Schaffung

„antifaschistisch-demokratischer Staatsorgane, mit der Bodenreform, der Entmachtung der Monopole und Bestrafung der Kriegs- und Naziverbrecher, mit der demokratischen Schulreform und der Justizreform … tiefgreifende antifaschistisch-demokratische, antiimperialistische Umwälzungen begonnen. Zur ersten Etappe der Demokratisierung in der Justiz gehörten: Entnazifizierung der Justizorgane; Ausbildung und Einsatz der Volksrichter; Wiedereinführung der von den Faschisten beseitigten Schöffengerichte; Beseitigung alter Privilegien der Richterschaft; Überwindung der Gewaltenteilung und beginnend {19} Einordnung der Justiz in die antifaschistisch-demokratische Staatsmacht: Entwicklung der demokratischen Gesetzlichkeit und einer demokratischen Rechtsprechung im Interesse des werktätigen Volkes, wobei auch in der Justiz die von der SED geführte Arbeiterklasse von Beginn an die entscheidende Triebkraft des revolutionären Prozesses bildete" (vgl. Benjamin in: Zur Geschichte der Rechtspflege in der DDR 1949 bis 1961, Staatsverlag der DDR, Berlin, 1980, S. 15).

Mit Gründung der DDR am 07.10.1949 war zugleich deren Verfassung in Kraft getreten, die eine einheitliche Staatsgewalt in der obersten Volksvertretung konzentrierte; die Aufgaben der Justiz wurden vom Willen der Arbeiterklasse und von den Interessen des werktätigen Volkes bestimmt (Benjamin a.a.O., S. 19). Durch die Gesetzgebung der Volkskammer als zentrales Machtorgan „erhielten die Justizorgane zunehmend Rechtsgrundlagen für ihre Tätigkeit, die mit dem historischen Fortschritt in Einklang standen" (Benjamin a.a.O. S. 21).

„Die Umgestaltung der gesellschaftlichen Verhältnisse durch die Volksmassen in der Übergangsperiode bis zum Sieg der sozialistischen Produktionsverhältnisse erforderte und bedeutete unter den Bedingungen der damaligen DDR u.a., daß die materielle Grundlage einer sozialistischen Volkswirtschaft, das Volkseigentum, in Verbindung mit dem Auf- und Ausbau einer leistungsfähigen Grundstoff- und Schwerindustrie systematisch zu mehren und zur bestimmenden Eigentumsform zu führen war; außerdem galt es, bestehende Sektoren der privatkapitalistischen Wirtschaft … so zu entwickeln, daß der Übergang zu sozialistischen Produktionsverhältnissen vorbereitet und eingeleitet, überholte Anschauungen und Verhaltensweisen schrittweise überwunden und eine Reaktivierung des Kapitalismus verhindert wurde" (Benjamin a.a.O., S. 20).

Die Grundaussage der Verfassung der DDR, daß alle Staatsgewalt vom Volk ausgeht, galt uneingeschränkt auch für die Justiz, {20} die vor der Volkskammer, dem höchsten Organ der Arbeiter-und-Bauern-Macht ihre Tätigkeit zu verantworten hatte. Eine Prüfung von der obersten Volksvertretung ordnungsgemäß beschlossener und verkündeter Gesetze auf ihre Verfassungsmäßigkeit stand den Gerichten nicht zu. Artikel 127 – „Die Richter sind in ihrer richterlichen Freiheit unabhängig und nur der Verfassung und dem Gericht unterworfen" – band nach damaliger Auslegung die Gerichte und ihre Rechtsprechung an die Gesetze der Arbeiter-und-Bauern-Macht und verpflichtete sie der sozialistischen Gesetzlichkeit (Benjamin a.a.O., S. 35).

In den die Wirtschaftsordnung und das Eigentum regelnden Bestimmungen der Verfassung (Artikel 19-28) kam u.a. zum Ausdruck, daß jeder Mißbrauch des Eigentums zur Begründung wirtschaftlicher Machtstellung zum Schaden des Gemeinwohls die entschädigungslose Enteignung und Überführung in das Eigentum des Volkes zur Folge hatte (Benjamin a.a.O., S. 34).

bb) Bereits im Jahr 1948 war in der sowjetischen Besatzungszone die auch in der DDR weitergeltende Wirtschaftsstrafverordnung zum Schutz der Volkswirtschaft geschaffen worden, die zur zentralen Strafvorschrift im Rahmen der „Aktion Rose" wurde. Diese stammte aus der Feder der im Juni 1947 gegründeten deutschen Wirtschaftskommission, die 1948 Gesetzgebungsfunktion erhalten hatte. Die Vorschriften der Wirtschaftsstrafverordnung sahen bereits für geringfügige Vergehen Zuchthausstrafen und Vermögenseinziehung vor. § 17 Abs. 1 WStVO stellte ausdrücklich klar, daß über beschlagnahmte Gegenstände schon vor der Entscheidung über die Einziehung verfügt werden konnte, sofern dies zur Befriedigung eines „dringenden Bedarfs der Wirtschaft oder der Verbraucher zur Aufrechterhaltung eines ordnungsgemäßen Wirtschaftsablaufes erforderlich" war, womit {21} die Möglichkeit eröffnet war, jederzeit Privateigentum eines Beschuldigten – über die Rechtsträgerschaft der staatlichen Organe – in Eigentum des Volkes überzuführen

cc) Dem Bestreben, Privateigentum in Volkseigentum umzuwandeln, diente insbesondere auch die im Frühjahr 1953 im Küstenbereich der DDR groß angelegte Polizei- und Justizmaßnahme „Aktion Rose", bei der vornehmlich Hotels, Pensionen und Taxiunternehmen überprüft wurden. Die überwiegende Anzahl der damals Beschuldigten – soweit sie nicht nach Westdeutschland flüchten konnten – wurden in Schnellverfahren zu hohen Freiheitsstrafen verurteilt und das Vermögen, insbesondere Hotels, Pensionen und sonstige gewerbliche Betriebe, eingezogen; die Familienangehörigen wurden in einer anschließenden „Umsiedlungsaktion" an entfernte Orte in Mecklenburg und Brandenburg deportiert (Müller, Die Lenkung der Strafjustiz durch die SED Staats- und Parteiführung der DDR am Beispiel der Aktion Rose, S. 17, S. 27 jeweils m.w.N.).

Die von langer Hand vorbereitete und geplante „Aktion Rose", die nach dem Plan der Generalstaatsanwaltschaft der DDR bis zum 15. Mai 1953 abgeschlossen werden sollte, lief in der Zeit vom 10.02.-10.03.1953 im gesamten Küstengebiet der DDR.

Die erste vorbereitende Sitzung zur Durchführung der „Aktion Rose" fand am 02.01.1953 in Rostock unter Beteiligung von Vertretern der Hauptverwaltung Deutsche Volkspolizei, Verantwortlichen der Volkspolizeischule für Kriminalistik Arnsdorf, eines Vertreters der Generalstaatsanwaltschaft der DDR sowie der Leiter der Abteilung K der Bezirksbehörde der Volkspolizei Rostock statt. Am 23. und 24.01.1953 folgten dann bei der Bezirksbehörde der Deutschen Volkspolizei in Rostock {22} Vorbesprechungen für eine zentrale Einsatzgruppe. Zur Unterstützung dieser Einsatzgruppe, die aus mehreren Polizeioffizieren bestand, wurden je ein Offizier der Grenzpolizei und der Kasernierten Volkspolizei, ein Mitarbeiter des Ministeriums für Finanzen und ein Staatsanwalt vom Generalstaatsanwalt der DDR abgeordnet. Der eigentliche Einsatzplan zur „Aktion Rose" wurde am 30.01.1953 unter der Bezeichnung „Ferienaktion" im Ministerium des Innern der DDR/Hauptverwaltung Deutsche Volkspolizei aufgestellt. Auf dem Einsatzplan wurde der Begriff „Aktion Rose" lediglich handschriftlich vermerkt. Begründet wurde der Einsatzplan damit, daß Hinweise vorlagen, wonach Besitzer von Hotels und Pensionen im Küstenbereich seit Jahren Straftaten im Zusammenhang mit dem Verkauf von illegal eingeführten Westwaren und dem An- und Verkauf von bezugsbeschränkten Lebensmitteln ohne Bezugsberechtigung sowie Preisvergehen, Steuerhinterziehungen und sonstige Wirtschaftsdelikte begehen würden. Weiter wurde die Aktion damit begründet, die Betreiber der Hotels und Pensionen hätten mit „Agentenzentralen des amerikanischen Imperialismus in West-Berlin und Westdeutschland" zusammenarbeitet. Am 26.01.1953 wurde in Rostock ein Vorkommando, bestehend aus der Einsatzleitung und 20 Angehörigen der Volkspolizeischule für Kriminalistik Arnsdorf, gebildet, das geeignete Durchsuchungsobjekte bestimmte.

Die Einweisung der insgesamt mit 405 Polizeiangehörigen besetzten Einsatzgruppen erfolgte erst am Vorabend des Aktionsbeginnes. Die Einsatzgruppen waren u.a. darauf hingewiesen worden, bei den Durchsuchungen stets Eheleute und sonstige in den Betriebe oder Haushalten aufhaltsame Personen voneinander zu trennen und auf spezielles Belastungsmaterial wie Hinweise auf Westverbindungen, Kontoauszüge Westberliner oder Westdeutscher Banken, Beweise für illegale Einnahmen sowie aus Westdeutschland oder Westberlin stammende Nahrungsmittel zu achten. In einer Instruktion III wurde festgelegt, daß alle {23} Wertsachen von Beschuldigten mit dem jeweiligen Vorgang der Einsatzleitung vorzulegen waren. Beschlagnahmte Genußmittel waren ausschließlich an die Räte der Gemeinden abzugeben (Müller a.a.O., S. 20 ff). Am 10.02.1953 begann unter Beteiligung von 400 Angehörigen der Volkspolizeischule für Kriminalistik Arnsdorf die Durchsuchung der festgelegten Objekte. Gesucht wurde – in der Regel ohne den konkreten Anfangsverdacht einer Straftat – nach Beweismaterial, das Westverbindungen, gegnerische Einstellung, faschistische Tätigkeit vor 1945, illegale Konten (insbesondere Westkonten), illegale Einnahmen aus dem Bezug ungesetzlich erworbener Westwaren, den Bezug von Nahrungsmitteln ohne Berechtigungsscheine und Preisverstöße belegen sollte. 442 Personen wurden festgenommen und in eigens für die Aktion bereitgestellten Bahntransportgefangenenwagen in verschiedene im Küstengebiet liegenden Haftanstalten verbracht. Im Ergebnis der durchgeführten Ermittlungsverfahren wurden 440 Hotels und Pensionen sowie 181 Gaststätten, Wohnhäuser und andere Wirtschaftsbetriebe beschlagnahmt. Der Einheitswert der beschlagnahmten Objekte betrug zum damaligen Zeitpunkt rund 30 Millionen DM, worin Bargeld, Kontoguthaben und weitere Wertgegenstände noch nicht enthalten waren.

Bei dem zentral für die Durchführung sämtlicher Verfahren vorgeschlagenen Kreisgericht Bützow bildete man zunächst drei und später vier Strafkammern, für die vier Richter eingesetzt waren. Der in Schwerin etablierte Berufungssenat, der „aus Zweckmäßigkeitsgründen“ die Berufungsverhandlungen ebenfalls in Bützow durchführte, war mit drei Richtern besetzt. Für die Staatsanwaltschaft wurden fünf Staatsanwälte, besonders nach ihrer politischen und gesellschaftlichen Zuverlässigkeit ausgewählte „Kader“, dorthin abgeordnet sowie jeweils eine Geschäftsstellenleiterin, eine Rechtspflegerin und drei {24} Stenotypistinnen nach Bützow abgeordnet (Müller a.a.O., S. 22, 23).

Im Einsatzzeitraum wurden 711 Überprüfungen durchgeführt, die zur Einleitung von 527 Ermittlungsverfahren führten. Von den bei der Staatsanwaltschaft anhängig gewordenen 404 Verfahren wurde in 331 Fallen Anklage erhoben. Insgesamt wurden 408 Personen verurteilt, nur fünf Angeklagte wurden freigesprochen (Müller a.a.O., S. 24, m.w.N.).

Der Zeitplan der Generalstaatsanwaltschaft wurde insoweit überboten, als bereits am 18. April 1953 sämtliche Anklageschriften gefertigt waren und die drei in Bützow für die Durchführung der Aktion bestimmten Strafkammern in der Zeit vom 05.03.1953-28.04.1953 sämtliche 331 angeklagten Verfahren abschlossen.

Die zunächst drei, später vier beim Kreisgericht Bützow eingerichteten Strafkammern hatten ihre Arbeit am 05.03.1953 aufgenommen und beendeten sie am 28.04.1953. Lediglich drei Richter blieben zurück, um die noch anstehenden Berufungsverhandlungen durchzuführen (Abschlußbericht des Generalstaatsanwaltes der DDR vom 02.05.1953, S. 15). Das Problem der in Bützow nicht vorhandenen Verhandlungs-, Dienst- und Wohnräume konnte nur dadurch gelöst werden, daß Staatsanwälte und technische Hilfskräfte Dienst- und Wohnräume in der Strafvollzugsanstalt Bützow bezogen und auch dort verpflegt wurden, während für die Richter und ihre technischen Hilfskräfte ein Stockwerk eines Gasthauses belegt wurde. Dienst- und Verhandlungsräume wurden durch den Kreisamtsleiter bzw. die Kreisverwaltung zur Verfügung gestellt (Abschlußbericht, a.a.O., S. 6).

Ziel der „Aktion Rose“ war es, Privateigentümern ihren Besitz zu entziehen und den bürgerlichen Mittelstand zu beseitigen. {25}

Auf der 34. Sitzung des Sekretariats der Bezirksleitung der SED Rostock vom 24.03.1953 wurde beschlossen, daß sämtliche Ferienplätze (einschließlich der Pensionen und Privatquartiere) durch den FDGB-Feriendienst zu registrieren und auch zu belegen waren. Plätze, die nicht vom FDGB belegt, wurden dem volkseigenen Reisebüro (DER der DDR) zugewiesen und nicht beanspruchte Privatquartiere waren fortan als Wohnraum für Arbeiter zu nutzen (Müller a.a.O., S. 42). In einem Schreiben der Regierung der DDR/Staatssekretariat für Innere Angelegenheiten – Abteilung staatliches Eigentum vom 04.05.1953 an den Rat des Bezirkes Rostock wurden detaillierte Einzelanweisungen erteilt, wie die Übertragung von Objekten aus der „Aktion Rose“ in die Rechtsträgerschaft des FDGB zu erfolgen hatte; eingezogene Kontoguthaben und Barmittel waren jedoch auf ein speziell eingerichtetes Konto für Vermögenseinziehung aufgrund von Strafurteilen abzuführen und nicht an den FDGB. Persönliches Eigentum der Verurteilten mußte durch den Rechtsträger den zuständigen Räten der Gemeinde mit entsprechendem Protokoll übergeben werden (Müller a.a.O., S. 43, 44).

So diente die Wirtschaftsstrafverordnung mit ihren weitreichenden Einziehungsmöglichkeiten dem Ziel, die privaten Hotel- und Pensionsinhaber an der Ostseeküste zu enteignen. Die vage gehaltenen Strafvorschriften der §§ 1-9 der Wirtschaftsstrafverordnung sahen drakonische Strafen vor. Insbesondere auch durch die 105 Anordnungen und Erlässe, Verordnungen und Durchführungsbestimmungen der Wirtschaftsstrafverordnung konnten praktisch alle Lebensbereiche eines Beschuldigten über die jeweiligen wirtschaftsregelnden Anordnungen nach den Strafvorschriften der Wirtschaftsstrafverordnung strafrechtlich verfolgt und geahndet werden (Müller a.a.O., S. 121). {26}

Die Absicht der Vermögensentziehung geht aus allen bei der „Aktion Rose“ angewandten Wirtschaftsstrafgesetzen, Verordnungen u.s.w. hervor. Mit Mitteln des Wirtschaftsstrafrechtes wurde staatliches Eigentum gebildet. Ohne diese weitreichenden Vermögenseinziehungen mittels des Strafrechtes, die letztendlich auch Ausdruck des marxistisch-leninistisch geprägten Eigentumsbegriffes sind, wäre der Wirtschaftsaufbau der DDR in den frühen 50er Jahren nicht möglich gewesen (Müller a.a.O., S. 146).

b) Vor diesem Hintergrund ist bei der Beurteilung der Strafbarkeit des Beschuldigten von folgendem auszugehen:

aa) Die Wirtschaftsstrafverordnung in der bis zum 29.10.1953 geltenden Fassung, insbesondere § 1 Abs. 1 WStVO, der zwangsläufig, ohne nach der Verhältnismäßigkeit zu fragen, die Vermögenseinziehung als Sanktion vorsah, verstößt gegen die verfassungsmäßige Ordnung der Bundesrepublik und wurde daher wegen ihrer systemstützenden Funktion insgesamt vom Bundesverfassungsgericht als rechtsstaatswidrig eingestuft (BVerfGE NJW 60, 1611, 1613). Obwohl die Wirtschaftsstrafverordnung als Instrument zur Durchsetzung des kommunistischen Wirtschaftssystems und der Konfiskation von Eigentum aus politischen Gründen und zum Zwecke der Eliminierung von „Staatsfeinden“ diente, und damit einen Mißbrauch des Strafrechts zur politisch-ideologischen Verfolgung Andersdenkender darstellte, begründen auf dieser Vorschrift beruhende Verurteilungen im Rehabilitierungsrecht stets nur die Vermutung der Rechtsstaatswidrigkeit, weil diese nicht in den Regelaufhebungskatalog des § 1 Abs. 1 RehaG aufgenommen wurde (ständ. Rechtsprechung des OLG {27} Rostock u.a. Beschluß vom 09.08.1995 – II WsRH 42/95 – ; vom 21.03.1996 – II WsRH 52/96 – jeweils m.w.N.).

Allein die Anwendung des § 1 WStVO durch einen Staatsanwalt der ehemaligen DDR erfüllte nach alledem nicht den Tatbestand der Rechtsbeugung. Dies kommt vielmehr nur in Betracht, wenn der bewußt vage gehaltene Tatbestand des § 1 Wirtschaftsstrafverordnung unter Überschreitung des Gesetzeswortlauts oder unter Ausnutzung seiner Unbestimmtheit bei der Anwendung überdehnt wurde oder ansonsten einer der oben unter II 2 a-c genannten Fälle vorliegt. Diese Voraussetzungen sind hier gegeben.

bb) Das Oberste Gericht der DDR hatte in ständiger Rechtsprechung zum Ausdruck gebracht, daß es für die Frage, ob ein Normalfall des § 1 Wirtschaftsstrafverordnung vorliegt, allein auf die objektive Gefährdung der Versorgung der Bevölkerung ankam und daß andere Momente für die Entscheidung dieser Frage nicht herangezogen werden konnten (Urteil vom 11.10.1951, Entscheidung des Obersten Gerichts der DDR, Bd. II, Nr. 56, S. 246, 247). Nach dem Wortlaut des § 1 WStVO handelte es sich um ein konkretes Gefährdungsdelikt, bei dem die Tat nur dann strafbar war, wenn durch sie eine Gefährdung der Wirtschaftsplanung oder der Versorgung der Bevölkerung tatsächlich eingetreten war. Diese tatsächlich erfolgte Gefährdung des Tatbestandsmerkmals mußte objektiv vorliegen und vom Vorsatz umfaßt sein (vgl. Urteil vom 21.09.1950, Entscheidungen des Obersten Gerichts der DDR in Bd. I, Nr. 34, S. 257, 258). Nach der ständigen Rechtsprechung des Obersten Gerichts der DDR waren bei der Feststellung, ob die Tat gegen § 1 Abs. 1 oder gegen Abs. 2 WStVO verstieß, alle subjektiven Momente außer Betracht zu lassen, so daß die Annahme eines minder schweren Falles nach § {28} 1 Abs. 2 WStVO nur dann begründet war, wenn die Tat in objektiver Beziehung sachlich geringere Bedeutung hatte, d.h. wenn dadurch die Durchführung der Wirtschaftsplanung oder die Versorgung die Bevölkerung nur geringfügig gefährdet war. Daraus ergibt sich, daß bei der Beurteilung, ob ein Normalfall oder ein minder schwerer Fall vorlag, auch nicht in Erwägung gezogen werden konnte, ob der Täter Besitzer von Produktionsmitteln war oder über sonstiges Privateigentum verfügte. Andererseits war die zwingend vorgesehene Einziehung des Vermögens nach § 1 Abs. 1 WStVO keine Frage der Auslegung, da die Anwendung des § 11 Abs. 2 WStVO um die Vermögenseinziehung zu vermeiden, eine Umgehung des Gesetzes bedeutete (vgl. Urteil vom 07.06.1951, Entscheidungen des Obersten Gerichts der DDR in Strafsachen, Bd. II, S. 186, 189 ff.). Für die Annahme eines minder schweren Falles mußten alle in der Person des Täters liegenden Umstände außer Betracht bleiben, insbesondere auch die bei der Tat hervorgetretene Willensrichtung des Täters, seine besondere Absicht oder der Grad der bei Tat hervorgetretenen verbrecherischen Intensität (Urteil vom 12.04.1951, Entscheidungen des Obersten Gerichts der DDR in Strafsachen, Bd. II, S. 143, 147). Für die Feststellung, ob der Normalfall des § 1 Abs. 1 WStVO oder ein minder schwerer Fall vorlag, kam es daher ausschließlich darauf an, welcher Grad der Gefährdung festgestellt wurde. Für diese Feststellung hatte nach der Rechtsprechung des Obersten Gerichts der DDR ein Gericht, das sich hierzu allein nicht in der Lage sah, einen Sachverständigen zu hören, wobei dieser nur in tatsächlicher Hinsicht zu einem Gutachten veranlaßt werden konnte, welche Auswirkungen die Tat auf die jeweilige wirtschaftliche Lage gehabt hatte (Urteil vom 15.11.1951, Entscheidungen des Obersten Gerichts der DDR in Strafsachen, Bd. II, S. 262, 265). {29} Neben der dem Obersten Gericht der DDR durch § 58 GVG/DDR vom 2.10.1952 ein eingeräumten Befugnis, Richtlinien mit bindender Wirkung für alle Gerichte zu erlassen, übte das Oberste Gericht die ihm zukommende Leitungsfunktion und Aufsicht über die Rechtsprechung der unteren Gerichte, § 55 Abs. 2 GVG/DDR durch die Rechtsmittel- und Kassationsentscheidungen aus (Benjamin a.a.O., S. 132, 170). Die Entscheidungen des Obersten Gerichtes der DDR sind daher als verbindlich für die Justizorgane der ehemaligen DDR anzusehen.

c) Die von dem Angeschuldigten verfaßten Anklageschriften genügten den von der Rechtsprechung des Obersten Gerichts der DDR in Strafsachen gestellten Anforderungen nicht.

aa) So hat der Angeschuldigte im *Fall 1* die Anklageerhebung gegen Elisabeth R. wegen Verbrechens nach § 1 Abs. 1 Ziff. 3 WStVO darauf gestützt, daß sie Nahrungsmittel im Rahmen ihres Beherbergungsbetriebes eingespart und die eingesparten Nahrungsmittel an Gäste in Form von Mahlzeiten veräußert bzw. für den eigenen Bedarf verwendet habe. An keiner Stelle wird erwähnt, daß die Handlungen der Betroffenen die Durchführung der Wirtschaftsplanung oder die Versorgung der Bevölkerung gefährdet hatten. Der Nachweis einer diesbezüglichen konkreten Gefährdung war dem Angeschuldigten auch nicht möglich gewesen, weil die geringen Mengen der von der Betroffenen eingesparten Nahrungsmittel gar nicht geeignet waren, um die vom Tatbestand vorausgesetzte Folge herbeizuführen. So hatte die damalige Angeklagte gerechnet auf den Tatzeitraum von einem Jahr täglich die Menge von rund 0,031 Gramm Zucker abgezweigt und hiervon eine nicht bestimmte Menge zum Einwecken von Obst {30} verwandt. Die zuviel gekaufte Menge von täglich rund 300 Gramm Fleisch wurde im Hotelbetrieb verbraucht.

Im *Fall 2* hatte der Angeschuldigte den Tatvorwurf des Verbrechens gem. § 1 Abs. 1 Ziff. 2 WStVO gegen Alma M. und Gertrud M. damit begründet, daß sie erwirtschaftete Beträge in Hohe von insgesamt 8.000,00 DM nicht ordnungsgemäß verbucht und die darauf entfallenden Abgaben nicht entrichtet hatten. Den Tatvorwurf des Verbrechens nach § 1 Abs. 1 Ziff. 3 WStVO begründete er damit, daß sie nach Saisonende in ihrem Beherbergungsbetrieb übriggebliebene Nahrungs- und Heizmittel nicht an die Wirtschaftsverwaltung gemeldet und für den eigenen Bedarf verbraucht hatten. Die Anklageschrift enthält auch hier keine Ausführungen über die vom Tatbestand geforderte konkrete Gefährdung der Durchführung der Wirtschaftsplanung oder Versorgung der Bevölkerung. Ein solcher Nachweis durfte angesichts des langen Tatzeitraumes auch kaum zu führen gewesen sein.

In *Fall 3* hatte der Angeschuldigte die Anklageerhebung gegen Wilhelm Ludwig V. und Wilhelm Johann V. wegen Verbrechens nach § 1 Abs. 1 Ziff. 3 WStVO damit begründet, daß sie ohne Bezugsberechtigung Kartoffeln und Getreide erworben und durch Einsparungen bei ihren Gästen Zucker gehortet hatten, ohne daß er angesichts des langen Tatzeitraumes auch nur mit einem Wort auf die für die Tatbestandserfüllung vorausgesetzte Gefährdung einging.

Auch in *Fall 4* erfolgte die Anklageerhebung wegen fortgesetzten Verbrechens nach § 1 Abs. 1 Ziff. 3 WStVO trotz fehlender Ausführungen zur konkreten Gefährlichkeit des Handelns der Betroffenen Mathilde H. und Svea D., denen lediglich zur Last gelegt wurde, über einen Zeitraum von drei {31} Jahren Lebensmittel in kaum erheblichen

Mengen – gerechnet pro Tag – ohne Bezugsberechtigung angekauft zu haben. Die dem Wirtschaftskreislauf „entzogene" Milchmenge belief sich z.B. auf 0,49 l/Tag.

Die Anklageerhebung des Angeschuldigten im *Fall 5* gegen Jacob P., der im Zeitraum von 1949 bis 1953 zehn bis zwölf Zentner Heringe und zwei Zentner Kartoffeln für seinen Pensionsbetrieb ohne Bezugsberechtigung aufgekauft haben soll, wegen Verbrechens nach § 1 Abs. 1 Nr. 3 WStVO war bereits deshalb gesetzwidrig, weil durch das beschriebene Verhalten des Betroffenen im Hinblick auf den „Taterfolg" an eine Gefährdung im Sinn des § 1 Abs. 1 WStVO nicht zu denken war. Demgemäß finden sich auch in der Anklageschrift des Beschuldigten keine dahingehenden Ausführungen, zumal der größte Teil der Lebensmittel im Pensionsbetrieb verbraucht wurde.

Auch in der Anklageerhebung im *Fall 6* gegen Grete L. hatte der Angeschuldigte eine konkrete Gefährdung der Durchführung der Wirtschaftsplanung oder Versorgung der Bevölkerung nicht einmal behauptet, geschweige denn bewiesen. Seine Ausführungen in der Anklageschrift erschöpfen sich darin, daß die Betroffene das ihr entgegengebrachte Vertrauen enttäuscht und ausschließlich aus „kapitalistischer Profitgier" gehandelt habe, Merkmale, die im Tatbestand der WStVO keine Stütze fanden.

Das dem Betroffenen Max W. im *Fall 7* vorgeworfene Verhalten rechtfertigte nicht die Anklageerhebung wegen Verbrechens nach § 1 Abs. 1 Nr. 3 WStVO. Der Angeschuldigte behauptete im wesentlichen Ergebnis der Ermittlungen zwar, daß das Beiseiteschaffen der Holzmengen durch den Betroffenen zu einer Schädigung der Wirtschaftsplanung geführt habe. Angesichts der {32} von dem Betroffenen über einen langen Zeitraum unberechtigt bezogenen geringen Mengen von Holz dürfte die Handlungsweise in keiner Weise geeignet gewesen sein, zu einer Gefährdung der Durchführung der Wirtschaftsplanung zu führen.

Die auf § 1 Abs. 1 Ziff. 3 WStVO gestützte Anklageerhebung gegen die Familie K. im *Fall 8* entbehrte ebenfalls hinreichender Grundlagen. Der Angeschuldigte beschränkte sich darauf darzustellen, daß die den Betroffenen vorgeworfenen Handlungen den „Charakter persönlicher Bereicherungsabsicht und kapitalistischer Geschäftstüchtigkeit" besessen hatten. Zu einer eingetretenen konkreten Gefährdung wurde nichts ausgeführt, obwohl dies aufgrund des langen Tatzeitraumes von fünf Jahren und der Tatsache, daß zwei der 1952 gemästeten vier Schweine als „freie Spitzen" abgeliefert wurden und so der Versorgung der Bevölkerung dienten, umso mehr geboten gewesen wäre.

Auch im *Fall 9*, in dem der Beschuldigte die Eheleute Sch. unter anderem wegen Verbrechens nach § 1 Abs. 1 Ziff. 3 WStVO anklagte, weil diese von 1951 bis 1953 Lebensmittel im Rahmen ihrer Wirtschaftsführung abgezweigt haben sollen, erwähnte er in seiner Anklageschrift wiederum mit keinem Wort die vom Tatbestand vorausgesetzte konkrete Gefährdung. Diese lag aufgrund des Tatzeitraumes von zwei Jahren und der – pro Tag gerechnet – äußerst geringen Mengen auch keinesfalls nahe.

bb) Da in keiner der Anklageschriften Ausführungen gemacht wurden zu der Frage, ob und in welchem Umfang durch die Handlungsweise der damals Angeklagten eine konkrete Gefährdung der Versorgungslage der Bevölkerung eingetreten war, war eine Subsumtion der Tathandlungen unter § 1 Abs. 1 Ziff. 3 WStVO entgegen der Auffassung des Landgerichtes nicht vertretbar. Die Länge der {33} jeweiligen Tatzeit war nicht Tatbestandsmerkmal, sondern mußte – wie ausgeführt – Anlaß zur Prüfung geben, ob überhaupt an eine konkrete Gefährdung von einigermaßen erheblichem Umfang gedacht werden konnte. Der Nachweis einer konkreten Gefährdung wäre in keinem Fall zu führen gewesen, weil die Menge der von dem damaligen Angeklagten erworbenen Lebensmittel und Bedarfsgegenstände in Relation zum Tatzeitraum außerordentlich gering gewesen ist. Angesichts der objektiven Geringfügigkeit hätte es auch bei den angeklagten Kaufleuten der besonderen Darlegung bedurft, ob und inwieweit diese dabei überhaupt das Bewußtsein gehabt hatten, die gesamtwirtschaftlichen Belange der ganzen DDR zu beeinträchtigen. Die von dem Landgericht vertretene Auffassung, daß gerade die große Anzahl gleichgelagerter Einzelfälle berücksichtigt werden mußte, mit der Folge, daß es für den Einzelfall, der sich als ein Teilstuck des Gesamten darstelle, keiner größeren Ausführungen zu der Frage der konkreten Gefährdung der Wirtschaftsplanung bedurft hatte, widerspricht den vom Obersten Gericht der DDR aufgestellten Anforderungen an den Nachweis einer konkreten Gefährdung *im Einzelfall.* Unter Berücksichtigung dieser Rechtsprechung genügt auch nicht der pauschale Hinweis unter Bezugnahme auf § 168 StPO/DDR, daß hinsichtlich der Subsumtion und Erörterung von Tatbestandsmerkmalen keine überspannten Anforderungen gestellt werden dürften.

Der objektive Tatbestand der Rechtsbeugung war demnach von dem Angeschuldigten bereits nach damals gültigem Recht erfüllt worden, weil der Tatbestand des § 1 Abs. 1 Ziff. 3 Wirtschaftsstrafverordnung in jeder der Anklageschriften überdehnt worden war. {34}

Der objektive Tatbestand der Rechtsbeugung war hier zudem auch bereits deshalb erfüllt, weil die im Rahmen der „Aktion Rose“ zumeist ohne jeglichen konkreten Anfangsverdacht durchgeführten Durchsuchungsaktionen und die aufgrund der hierbei festgestellten Zufallsfunde unter Anwendung des § 1 Abs. 1 WStVO durchgeführten Strafverfahren nicht der Verwirklichung von Gerechtigkeit, sondern dem Ziel dienten, eine bestimmte soziale Gruppe, die privaten Pensions- und Hotelinhaber, ausschalten zu können. Dies wird in den von dem Angeschuldigten angeklagten Fällen nicht zuletzt auch aufgrund der zumeist geringfügigen Handlungen der damals Betroffenen deutlich.

Der objektive Tatbestand der Rechtsbeugung war aber in den von dem Angeschuldigten zur Anklage gebrachten Fällen bereits schon deshalb gegeben, weil insbesondere die Vermögenseinziehung in einem unerträglichen Mißverhältnis zu den abgeurteilten Handlungen stand und daher als grob ungerecht und als schwerer Verstoß gegen die Menschenrechte erscheint. Hervorzuheben ist insoweit im Fall 1, daß die Einziehung des Hotels ohne Rücksicht auf die mögliche Kenntnis der Eigentümerin, der Mutter der damaligen Angeklagten, die infolge ihres hohen Alters die Geschäftsleitung abgegeben hatte, erfolgte. Angesichts des langen Tatzeitraumes im Fall 2 und des hohen Alters der damaligen Angeklagten M. stand auch die vom Angeschuldigten beantragte Strafe von knapp 4 und 3 1/2 Jahren und verhängte Freiheitsstrafe von sieben Jahren Zuchthaus im Falle des Nachweises einer Straftat nach § 1 Abs. 1 WStVO außer jeglichem Verhältnis. Indem der Angeschuldigte mit aus heutiger Sicht polemischen Worten die unzureichende Versorgung der in den Hotelbetrieb der damaligen Angeklagten eingewiesenen Neubürger angeprangert hatte, wird in diesem Fall zudem besonders deutlich, daß das Strafverfahren dem Ziel diente, Vertreter einer mißliebigen sozialen Gruppe auszuschalten. {35}

Auch in den weiteren von dem Angeschuldigten angeklagten Fällen können die verhängten Strafen keinesfalls als ein gerechter Schuldausgleich angesehen werden.

bb) Der Senat ist auch der Auffassung, daß hinreichender Tatverdacht vorsätzlichen Handelns besteht. Dafür spricht, daß der Angeschuldigte als ausgewählter „Kader“ sich nicht nur an der Vorbesprechung zur „Aktion Rose“, sondern auch an den fortwährenden taktischen Besprechungen teilgenommen hat, in denen die Zielsetzung der „Aktion Rose“ deutlich hervortrat. Obwohl der Angeschuldigte nach eigenen Angaben von Ende 1946 bis 1951 bei der Polizei beschäftigt war und von Juli bis September 1951 an einem Kurzlehrgang der Hochschule für Justiz in Potsdam/Babelsberg teilgenommen hatte, der lediglich Grundkenntnisse auf dem Gebiet des Strafrechts und des Strafprozeßrechtes vermittelte und er sonst über keine weitere juristische Ausbildung verfügte, muß davon ausgegangen werden, daß ihm die Rechtsprechung des Obersten Gerichtes der DDR vertraut war. Nach Beendigung des Lehrganges in Potsdam/Babelsberg war er nämlich nach eigenen Angaben zum Staatsanwalt berufen und zunächst als beigeordneter Staatsanwalt eingesetzt worden. Im November 1952 wurde er zudem zur Teilnahme an einem Fernstudium immatrikuliert. Gerade aufgrund der Leitungsfunktion des Obersten Gerichts der DDR dürfte dessen Rechtsprechung zur WStVO wegen ihrer Bedeutung Inhalt seiner Aus- und Fortbildung gewesen sein. Obwohl nach eigenen Angaben des Angeschuldigten Aktenvorgänge, die ihm zur Anklageerhebung übergeben wurden, bereits mit Vermerken versehen gewesen seien, auf welche Rechtsgrundlage diese zu stützen seien und vor Übergabe der Akten an das Kreisgericht eine abschließende Prüfung seiner Arbeit erfolgt sei, ist mit großer Wahrscheinlichkeit davon auszugehen, daß der Angeschuldigte die Überdehnung des Tatbestandes des {36} § 1 Abs. 3 WStVO vornahm, um den Zielen der „Aktion Rose“ zu dienen und die ihm zugeteilte Aufgaben zu erfüllen. Da der Angeschuldigte bereits seit 1946 fünf Jahre im Polizeidienst gestanden hatte, dürfte ihm nicht zuletzt auch aufgrund der hierdurch erworbenen Kenntnis von Recht und Gesetz bewußt gewesen sein, daß die drakonischen Strafen und insbesondere die zwangsläufige Vermögenseinziehung bei Anwendung des Normalfalles des § 1 Abs. 1 WStVO im krassen Mißverhältnis zu den jeweiligen Handlungen der Betroffenen standen. Dieses krasse Mißverhältnis und die Überdehnung des Tatbestandes waren zudem für jeden juristischen Laien ohne weiteres einsehbar. Die Unrechtmäßigkeit der Sonderaktion dürfte ihm auch nicht zuletzt aufgrund der Umstände, unter denen die Strafkammern des Kreisgerichtes Bützow ebenso wie die Abteilung der Staatsanwaltschaft innerhalb kürzester Zeit eingerichtet, notdürftig mit den erforderlichen sachlichen und personellen Mitteln ausgestattet und sogleich nach Abschluß der Verfahren wieder aufgelöst wurden, bewußt gewesen sein, obwohl nach Art. 134 der Verfassung der DDR vom 08.10.1949 i.V.m. § 7 Abs. 2 GVG/DDR vom 09.10.1952 Gerichte für bestimmte Sachgebiete nur vom Gesetzgeber hätten eingerichtet werden dürfen. Mag der Angeschuldigte auch in anderen als den von der Staatsanwaltschaft Schwerin in die Anklageschrift aufgenommenen Fällen Verstöße gegen § 1 Abs. 1 WStVO jeweils hinreichend begründet haben, so ist dies für den objektiven und subjektiven Tatvorwurf ebenso ohne Belang wie der verfehlte Hinweis des Landgerichts auf die Tatsache, daß einige Ermittlungsverfahren im Rahmen der „Aktion Rose“ eingestellt und in fünf Fallen Verfahren durch Freispruch beendet wurden. In allen vom Angeschuldigten hier angeklagten Fallen kam es jedenfalls zu Verurteilungen.

Da nur linientreue Staatsanwälte zur Teilnahme an der „Aktion Rose“ aufgefordert wurden, kann davon ausgegangen werden, daß die Abordnung aus damaligen Sicht auch als Auszeichnung zu {37} verstehen war und gerade wegen der engen Zusammenarbeit mit dem Vertreter des Generalstaatsanwaltes die Chance zu einer Profilierung bot. Insoweit ist der von dem Angeschuldigten geschilderte Versuch, eine Teilnahme zu umgehen, auch als Indiz für sein Wissen um die Unrechtmäßigkeit der Aktion insgesamt zu werten.

Nicht zuletzt aufgrund der krassen Fehler bei der Anwendung der Wirtschaftsstrafverordnung besteht somit eine überwiegende Wahrscheinlichkeit auch des Nachweises des subjektiven Tatbestandes.

Da nach alledem hinreichender Tatverdacht besteht, daß sich der Angeschuldigte i.S.d. Anklageschrift der Staatsanwaltschaft Schwerin strafbar gemacht hat, war gem. § 203 StPO die Eröffnung des Hauptverfahrens zu beschließen, gem. § 207 Abs. 1 die Anklage zur Hauptverhandlung zuzulassen sowie das Gericht, vor dem die Hauptverhandlung stattfinden soll, zu bezeichnen.

Der Senat hat davon abgesehen, die Hauptverhandlung gem. § 210 Abs. 3 Satz 1 StPO vor einer anderen Kammer des Landgerichts Rostock zu eröffnen, weil er auch nach der Begründung des angefochtenen Beschlusses keine Anhaltspunkte dafür hat, an der Unvoreingenommenheit der Richter dieses Spruchkörpers zu zweifeln (vgl. Kleinknecht/Meyer-Goßner, a.a.O., § 211, RNr. 10, m.w.N.).

4. Der Angeschuldigte wird auf folgendes hingewiesen:

Die Prüfung der Anklageschrift der Staatsanwaltschaft Schwerin hat den Tatvorwurf gegen den Angeschuldigten i.S.d. § 264 StPO nicht berührende Fehler ergeben. {38}

Im Fall 5 wurde der damalige Angeklagte P am 10.*04*.1953 vom Kreisgericht Bützow verurteilt. Im Fall 7 betraf die Anklageschrift vom 09.04.1953 den Tatzeitraum zwischen 195*1* und 195*2*. Dem damaligen Angeklagten war weiter vorgeworfen worden, *infolge von schlechter Lagerung von Nutzholz die Ungeeignetheit von fünf laufenden Metern als Baustoff verursacht zu haben.* Das Kreisgericht Bützow verurteilte den damaligen Angeklagten W. am 14.04.1953 zu einer *Zuchthausstrafe von einem Jahr drei Monaten* unter gleichzeitiger Einziehung seines *Vermögens und des Sägewerkes in Putbus*. Im Fall 8 war mit Anklageschrift vom 10.04.1953 *dem Eigentümer der Gaststätte, Heinrich K.,* vorgeworfen worden, zwischen 1948 und 1953 *16 Zentner Hafer, Gerste und Weizen zur Geflügelfütterung erworben zu haben.*

Anmerkungen

1 Mittlerweile veröffentlicht in BGHSt 40, 169.
2 Vgl. lfd. Nr. 5-2.

Inhaltsverzeichnis
Erstinstanzliches Urteil des Landgerichts Rostock vom 23.6.1997,
Az. III KLs 4/95

Landgericht Rostock 23. Juni 1997
Az.: III KLs 4/95

URTEIL

Im Namen des Volkes

In der Strafsache *gegen*

Reinhold Schneider
geboren 1924 in Z.,
Rentner,
verheiratet, Deutscher,

wegen Rechtsbeugung pp.

hat die 3. Große Strafkammer des Landgerichts Rostock aufgrund der Hauptverhandlung vom 17., 20. und 23. Juni 1997, an der teilgenommen haben:

⊗ Es folgt die Nennung der Verfahrensbeteiligten. ⊗ {2}

für *Recht* erkannt:

Der Angeklagte wird wegen Rechtsbeugung in 9 Fällen, davon in 5 Fällen in Tateinheit mit Freiheitsberaubung in je einem Fall und in zwei weiteren Fällen in Tateinheit mit Freiheitsberaubung in je 2 Fällen zu einer Gesamtfreiheitsstrafe von

1 – einem – Jahr und 3 – drei – Monaten

verurteilt.
Die Vollstreckung der Freiheitsstrafe wird zur Bewährung ausgesetzt.
Der Angeklagte hat die Kosten des Verfahrens, einschließlich seiner notwendigen Auslagen zu tragen.

Angewendete Vorschriften:
§§ 239, 336, 73, 74 StGB in der Fassung vom 15.05.1871, §§ 131[1], 244[2], 22 Abs. 2 Nr. 3, 63 StGB/DDR;
Artikel 315 EGStGB, §§ 2 Abs. 3, 13, 239, 336, 52, 53, 56 StGB. {3}

Gründe

I. [Feststellungen zur Person]

Der Angeklagte wurde am 12.05.1924 in Z. als Sohn des Maschinenschlossers S. und der Hausfrau S., geb. F., geboren. Die Eltern des Angeklagten bewirtschafteten in Z. einen Garten und Ackerland in einer Größe von etwa 5 Hektar. Daneben arbeitete der Vater als Maschinist in einer tschechischen Fabrik und verrichtete später Reparaturarbeiten. Der Angeklagte wuchs in geordneten Verhältnissen auf. Von 1930 bis 1938 besuchte er die Volks- und die Bürgerschule. In Jerma begann er eine Lehre als Kfz- und Landmaschinenschlosser, die er mit der Besetzung des Sudetenlandes aufgab. In Ketzelsdorf schloß er dann eine Lehre als Werkzeugmacher und Maschinenschlosser ab. Sodann arbeitete er als Werkzeugmacher bei der Firma C. L. Telefon- und Telegrafenwerk. Im Oktober 1942 wurde der Angeklagte durch die Kriegsmarine eingezogen. Nach Ableistung der Grundausbildung bei der 8. Schiffsstammabteilung in Leer in Ostfriesland war er 1943 auf dem Mittelmeer im Einsatz und geriet im April 1945 in Kriegsgefangenschaft. Im September 1946 wurde er aus dieser nach Parchim entlassen. Dort arbeitete er zunächst als Maschinenschlosser. Der Bruder des Angeklagten, der bei der Polizei beschäftigt war, weckte im Angeklagten den Entschluß, sich bei der {4} Polizei zu bewerben. Dies tat der Angeklagte, da er sich für die Arbeit bei der Polizei interessierte. Der Angeklagte wurde sodann bei der Polizei eingestellt und arbeitete zunächst als Kraftfahrer und anschließend im Wachdienst bei der Polizei. Seit dem Jahre 1948 war er Mitglied der Kriminalpolizei. Er arbeitete zunächst bei der Kriminalstelle in Plau, dann in Goldberg und anschließend in Ludwigslust. Während der Arbeit bei der Kriminalpolizei gab es für den Angeklagten keine größeren Probleme. Eine direkte Ausbildung erfolgte nicht. Der Angeklagte wurde vielmehr von erfahrenen Kollegen in die Arbeiten der Kriminalbeamten eingeweiht. Die Arbeit des Angeklagten war zufriedenstellend. Da sich der Angeklagte in amerikanischer Kriegsgefangenschaft befunden hatte, wurde er im Jahre 1951 aus dem Polizeidienst entlassen. Nach kurzer Arbeitslosigkeit war er zunächst als Instrukteur beim Landesbauausschuß tätig.

Der Angeklagte interessierte sich weiterhin für die Arbeit als Polizeibeamter bzw. als Strafrichter oder Staatsanwalt und bewarb sich daher im Jahre 1952 an der Hochschule für Justiz in Potsdam-Babelsberg. Aufgrund seiner Bewerbung wurde ihm die Teilnahme an einem Kurzlehrgang an der Hochschule für Justiz in Potsdam-Babelsberg ermöglicht. Dieser Kurzlehrgang dauerte drei Monate. Im Verlaufe dieses Kurzlehrgangs wurde der Angeklagte in Staatsbürgerkunde und Strafrecht unterrichtet. Der Unterricht wurde in der Regel von in der Praxis tätigen Juristen durchgeführt. Leistungskontrollen wurden nicht {5} durchgeführt. Leistungsnachweise wurden demzufolge nicht erteilt. Im Anschluß an die Ableistung dieses Kurzlehrganges wurde der Angeklagte zum Staatsanwalt berufen und war zunächst beim Staatsanwalt des Bezirkes Schwerin in der Abteilung 5 allgemeine Aufsicht als beigeordneter Staatsanwalt eingesetzt. Am 1.11.1952 wurde er zum Staatsanwalt des Bezirkes Rostock versetzt. Dort war er in mehreren Abteilungen, u.a. in der Abteilung 3 für allgemeine Kriminalität tätig. Um seine juristischen Kenntnisse zu vertiefen, nahm er Ende des Jahres 1952 ein Fernstudium der Rechtswissenschaften an der Akademie für Staats- und Rechtswissenschaften in Potsdam-Babelsberg auf. Eine Vereidigung des Angeklagten als Staatsanwalt erfolgte nicht.

Der Angeklagte wurde während der Tätigkeit als Staatsanwalt mit ganz unterschiedlichen Fällen aus unterschiedlichen Rechtsgebieten konfrontiert. Da er keine fundierte Ausbildung hatte, wurde er zum Teil bei der Arbeit angeleitet. Er arbeitete sehr gründlich. Seine Vorgesetzten waren mit seiner Arbeit zufrieden.

In der Zeit vom 10. Februar 1953 bis zum 17. April 1953 wurde der Angeklagte nach Bützow abgeordnet. In dieser Zeit kam es zu den Straftaten, die Gegenstand dieses Verfahrens sind.

Im April des Jahres 1953 heiratete der Angeklagte. Ab dem 1.08.1953 war er in Schwerin als Staatsanwalt tätig. Ende {6} November 1961 wurde er wegen passiver Bestechlichkeit entlassen. Aus diesem Grunde wurde er auch 1961 aus der SED, deren Mitglied er seit 1947 gewesen war, ausgeschlossen. Der Angeklagte arbeitete fortan in verschiedenen Berufen. Ab dem 1.02.1965 war er dann als Justitiar im Wohnungsbaukombinat Schwerin tätig. 1989 beendete der Angeklagte seine berufliche Tätigkeit und wurde Rentner. ⊗ Es folgen Angaben zur Einkommenssituation des Angeklagten. ⊗ Der Angeklagte hat zwei erwachsene Kinder, für die er nicht unterhaltsverpflichtet ist. Der Angeklagte ist nicht vorbestraft.

II. [Feststellungen zur Sache]

In den Jahren 1952 und Anfang des Jahres 1953 wurde die Politik der ehemaligen DDR ganz maßgeblich von den Zielen der SED beeinflußt und bestimmt. Diese wiederum richteten sich an den politischen Zielen und Vorgaben aus der Sowjetunion. Es war beabsichtigt, einen Arbeiter-und-Bauern-Staat aufzubauen.

Daraus folgte, daß sich die gesamte Gesetzgebung sowie die gesamte Rechtsprechung der ehemaligen DDR an den politischen Zielen und Vorgaben der SED zu orientieren hatte. Gerade im {7} Bereich des politischen Strafrechts trat die eigentliche Strafverfolgung hinter die Interessen der Partei völlig zurück. Bestimmte Normen sowie das Strafprozeßrecht wurden zum Teil lediglich für politische Ziele eingesetzt.

Für die Juristenausbildung bedeutete dies, daß als Richter und Staatsanwälte sogenannte Volksrichter eingesetzt wurden. Diese wurden in 6-monatigen Lehrgängen ausgebildet. Dabei wurden in erster Linie Personen mit Volksschulabschluß berücksichtigt, Personen mit Abitur oder mittlerer Reife dagegen nicht, da dies dem Ideal des Arbeiter-und-Bauern-Staates nicht entsprach.

Als Mitarbeiter des FDGB im Jahre 1952 feststellten, daß es gerade im Bereich der Ostseeküste eine Vielzahl von privaten Pensionen und Hotels gab, der FDGB aber weitere Ferienwohnungen für Parteimitglieder benötigte, entschloß sich die damalige Führung der ehemaligen DDR, die Inhaber von Hotels, Pensionen und Taxiunternehmen zu enteignen. Um die Enteignungsmaßnahmen gegenüber anderen Staaten zu rechtfertigen, entschloß man sich, die Inhaber der Hotels und Pensionen zu kriminalisieren.

Juristische Grundlage der Enteignung war die Wirtschaftsstrafverordnung aus dem Zentralverordnungsblatt 1948 Nr. 41 vom 6. Oktober 1948, Seite 439. Die Vorschriften der Wirtschaftsstrafverordnung, soweit der Angeklagte die Anklageerhebung auf sie stützte, hatten folgenden Wortlaut: {8}

§ 1 Abs. 1
Wer die Durchführung der Wirtschaftsplanung oder die Versorgung der Bevölkerung dadurch gefährdet, daß er vorsätzlich

1. entgegen einer für ihn verbindlichen Anordnung einer Dienststelle der Wirtschaftsverwaltung die Herstellung, Gewinnung, Verarbeitung, Bearbeitung, Beförderung oder Lagerung von Rohstoffen oder Erzeugnissen ganz oder teilweise unterläßt oder fehlerhaft vornimmt,
2. Gegenstände, die wirtschaftlichen Leistungen zu dienen bestimmt sind, ihrem bestimmungsmäßigen Gebrauch entzieht oder ihre Tauglichkeit hierfür mindert,
3. Rohstoffe oder Erzeugnisse entgegen dem ordnungsgemäßen Wirtschaftsablauf vernichtet, beiseiteschafft, zurückbehält oder im Werte mindert,

wird mit Zuchthaus und mit Vermögenseinziehung bestraft.

Abs. 2
Liegt ein minder schwerer Fall vor oder ist die Tat fahrlässig begangen, so ist auf Gefängnis und Geldstrafe oder auf eine dieser Strafen zu erkennen.

§ 4 Abs. 1
Mit Gefängnis und mit Geldstrafe oder mit einer dieser Strafen wird bestraft, wer in Ausübung eines Gewerbes oder eines Berufes vorsätzlich oder fahrlässig

1. bewirtschaftete Rohstoffe oder Erzeugnisse ohne Bezugsberechtigung (z.B. Bezugskarten, Bezugscheine, Eintragungen in die Kundenliste, Lieferanweisungen) bezieht oder abgibt oder einer Bezugsberechtigten bewirtschaftete Rohstoffe oder Erzeugnisse, zu deren Abgabe er verpflichtet ist, vorenthält,
2. eine ihm nicht zustehende Bezugsberechtigung sich verschafft, für sich ausnutzt oder die {9} Verfügung über eine Bezugsberechtigung einem anderen überläßt,
3. Gegenstände, deren Erlangung oder Verwendung ihm oder einem anderen durch eine Genehmigung, Bewilligung oder Unterstützung einer Dienststelle der Wirtschaftsverwaltung ermöglicht worden ist, für einen anderem als dem angegebenen oder vorgesehenen Zweck oder entgegen Auflagen oder Bestimmungen der Dienststelle verwendet.

Abs. 2
Ist die Tat vorsätzlich begangen, so ist in schweren Fällen die Strafe Zuchthaus bis zu zehn Jahren, neben dem auf Geldstrafe erkannt werden kann.

§ 5 Abs. 1
Mit Gefängnis bis zu zwei Jahren und mit Geldstrafe oder mit einer dieser Strafen wird bestraft, wer, ohne in Ausübung eines Gewerbes oder Berufes zu handeln, vorsätzlich oder fahrlässig

1. bewirtschaftete Rohstoffe oder Erzeugnisse oder Bezugsberechtigung bezieht, eine ihm nicht zustehende Bezugsberechtigung für sich ausnutzt oder die Verfügung über eine Bezugsberechtigung sich gegen Entgelt verschafft oder in der Absicht, sich zu bereichern, einem anderen überläßt.
2. eine nach § 4 Abs. 1 Ziff. 3 strafbare Handlung begeht.

Abs. 2
Ebenso wird bestraft, wer bewirtschaftet Erzeugnisse dem eigenen Betrieb entnimmt, ohne hierzu berechtigt zu sein.

Abs. 3
In leichten Fällen kann auf Haft oder auf Geldstrafe bis zu 150 DM erkannt werden. {10}

§ 6 Abs. 1
Mit Gefängnis und mit Geldstrafe oder mit einer dieser Strafen wird bestraft, wer vorsätzlich oder fahrlässig

1. die von einer Dienststelle der Wirtschaftsverwaltung im Rahmen ihrer Ermächtigung geforderten Auskünfte über wirtschaftliche Verhältnisse und Vorgänge nicht oder nicht in der bestimmten Frist oder unrichtig, unvollständig oder irreführend erstattet,
2. die von einer Dienststelle der Wirtschaftsverwaltung im Rahmen ihrer Ermächtigung geforderte Besichtigung von Betriebseinrichtungen oder Räumen oder Einsichtnahme in Geschäftsbücher oder Geschäftspapiere verweigert, vereitelt oder erschwert,
3. als Inhaber, Leiter oder Angestellter eines Betriebes entgegen einer Betriebsvereinbarung, einem Tarifvertrag oder einer sonstigen rechtlichen Verpflichtung die Unterrichtung des Betriebsrates oder der Betriebsgewerkschaftsleitung über bedeutsame wirtschaftliche Verhältnisse oder Vorgänge des Betriebes verweigert, vereitelt oder erschwert.

Abs. 2
Ist die Tat vorsätzlich begangen, so ist in schweren Fällen die Strafe Zuchthaus bis zu zehn Jahren, neben dem auf Geldstrafe erkannt werden kann.

Die Vorschriften der damals geltenden Strafprozeßordnung hatten folgenden Wortlaut:

§ 141 StPO/DDR

1.) Der Beschuldigte darf nur dann in Untersuchungshaft genommen werden, wenn dringende Verdachtsgründe gegen ihn vorhanden sind und wenn entweder Fluchtverdacht- oder Verdunklungsgefahr besteht. {11}

2.) Verdunklungsgefahr ist begründet, wenn Tatsachen vorliegen, aus denen zu schließen ist, daß der Beschuldigte Spuren des Verbrechens vernichten oder daß er Zeugen oder Mitschuldige zu einer falschen Aussage oder Zeugen dazu verleiten werde, sich der Zeugenpflicht zu entziehen.
Diese Tatsachen sind aktenkundig zu machen.

3.) Fluchtgefahr bedarf keiner weiteren Begründung,
   1. wenn das Verbrechen, das den Gegenstand des Verfahrens bildet, mit einer Freiheitsentziehung von mehr als zwei Jahren bedroht ist;
   2. wenn sich der Beschuldigte über seine Person nicht ausweisen kann;
   3. wenn der Beschuldigte ein Ausländer oder Staatenloser ist und eine nicht unerhebliche Strafe zu erwarten ist.

§ 146

Der Staatsanwalt und nach Eröffnung des Hauptverfahrens auch das Gericht haben jederzeit zu prüfen, ob die Fortdauer der Haft geboten ist.

§ 148 Abs. 1 Satz 1

Der Haftbefehl ist aufzuheben, wenn die Voraussetzungen der Untersuchungshaft nicht mehr vorliegen.

§ 150

Ist die Anklage noch nicht erhoben, so ist der Haftbefehl aufzuheben, wenn der Staatsanwalt es beantragt. Er kann die Entlassung des Beschuldigten schon vor der Entscheidung des Gerichts anordnen. {12}

Die sogenannte Aktion Rose wurde in der Zeit ab 10.02.1953 im Küstengebiet durchgeführt. Die Aktion Rose war von langer Hand geplant. Es wurden etwa 400 Volkspolizisten eingesetzt. In Bützow, wo sich eine Haftanstalt befand, wurden eigens für die Aktion Rose neue Hafträume eingerichtet. Der Transportweg für die Gefangenen von Rügen wurde durch Einsatz eines Sonderzuges verstärkt. Darüber hinaus wurden eine Vielzahl von Richtern und Staatsanwälten an das Kreisgericht Bützow abgeordnet. Die Richter und Staatsanwälte wurden eigens für diese Aufgabe ausgesucht. Auf Seiten des Staatsanwalts hatte der Vertreter des Generalstaatsanwalts, Staatsanwalt Streit, die Aufgabe, die Aktion Rose zu leiten und zu überwachen. Während der gesamten Aktion Rose kam es regelmäßig zu Dienstbesprechungen. Die Staatsanwälte wurden angewiesen, möglichst schnell Anklage zu erheben. Dabei wurde ihnen die politische Bedeutung der Aktion bereits zu Beginn der Aktion vor Augen geführt und war somit allen Beteiligten bekannt. Beim Kreisgericht Bützow wurden gesonderte Strafkammern sowie ein auswärtiger Berufungssenat eingerichtet. Dadurch war gewährleistet, daß die Verfahren innerhalb kürzester Zeit rechtskräftig abgeschlossen werden konnten.

Der Angeklagte war in der Zeit vom 10.02.1953 bis zum 17.04.1953 als Staatsanwalt von der Bezirksstaatsanwaltschaft Rostock nach Bützow abgeordnet. Er war gemeinsam mit dem Staatsanwalt Dettmann und dem die Aktion leitenden Staatsanwalt Streit einer der ersten {13} Staatsanwälte, die in Bützow ihre Arbeit aufnahmen. Der Angeklagte war zum damaligen Zeitpunkt Mitglied der SED. Dem Angeklagten waren Aufgabe und

Ziel der Aktion Rose bekannt. Der Angeklagte wußte, daß es nur darum ging, die damaligen Beschuldigten zu kriminalisieren, um mit Hilfe des Strafrechts in den Besitz der Hotels und Pensionen zu kommen. Der Angeklagte wußte auch, daß in den von ihm bearbeiteten Fällen, in denen sich die Beschuldigten in Untersuchungshaft befanden, die Voraussetzungen der Untersuchungshaft nicht vorlagen. Der Angeklagte wußte aufgrund seiner Tätigkeit als Staatsanwalt in den Jahren zuvor, daß er, nachdem ihm die Akten nach Abschluß der Ermittlungen vorgelegt wurden, umgehend die Aufhebung der Haftbefehle hätte beantragen müssen. Die Vorschriften über das Recht der Untersuchungshaft in der damals gültigen Fassung waren ihm bekannt. Gleichwohl entschloß sich der Angeklagte, in jedem von ihm zu bearbeitenden Fall unmittelbar nach Akteneingang und nach Studium der Akten, eine auf die Wirtschaftsstrafverordnung gestützte Anklage zu erheben. In den Fällen, in denen sich die Beschuldigten in Untersuchungshaft befanden, unterließ es der Angeklagte, die Aufhebung der Haftbefehle zu beantragen, obwohl er dazu verpflichtet war und in der Lage gewesen wäre, die Freilassung der Beschuldigten zu veranlassen. Insgesamt fertigte der Angeklagte im Tatzeitraum täglich etwa zwei Anklagen. Diese Anklagen wurden vom Angeklagten mit seiner Unterschrift versehen und sodann unmittelbar über Staatsanwalt Streit an das Kreisgericht Bützow weitergeleitet. {14}

Im einzelnen erhob der Angeklagte folgende Anklagen:

„Staatsanwalt des
Kreises Bützow

Bützow, den 27.2.1953
Haftsache!

An das
Kreisgericht
in *Bützow*

Anklageschrift

Die berufslose

Elisabeth R., geb. T.,
geb. 1905 in B.,
wohnhaft in Kühlungsborn,
verwitwet, 1 Kind, 10 Jahre alt,
angeblich nicht vorbestraft,
vorl. festgenommen am 17.2.1953,
Haftbefehl erlassen am 19.2.1953,
Beschuldigte ist im Besitz von 10.000,- DM auf
dem Hotel ‚Strandkasino' in Kühlungsborn.

wird angeklagt

als Täter fortgesetzt handelnd im Jahre 1952 in Kühlungsborn

a.) Die Durchführung der Wirtschaftsplanung und die Versorgung der Bevölkerung dadurch gefährdet zu haben, daß sie vorsätzlich Erzeugnisse entgegen dem ordnungsgemäßen Wirtschaftsablauf beiseite schaffte.

b.) In Ausübung eines Gewerbes bewirtschaftete Erzeugnisse ohne Bezugsberechtigung bezogen zu haben. Sie hat 15 Raummeter Brennholz ohne im Besitz einer Bezugsberechtigung zu sein, von dem Bauern H. aus B. bezogen. Pro Meter bezahlte sie 50,- DM. Des weiteren bezog sie 107,135 kg Fleischwaren, ohne hierzu berechtigt zu sein und verarbeitete diese im Hotel, welches Eigentum ihrer Mutter ist und verabreichte es in Form von Essen den Gästen.

Durch eine weitere Handlung nahm sie für verabfolgtes Essen einen Betrag in Höhe von 4.500,- DM an, ohne diesen zu buchen und zu versteuern. {15}
Weiterhin wurden von ihr ca. 30 kg Zucker an ihre Schwägerin in Waren geschickt. Diesen entnahm sie aus den Beständen der Zuweisungen, welche sie von den FDGB-Feriendienst für die Verpflegung der Gäste erhalten hatte. Für die Fütterung eines Schweines, welches in ihrem Besitz war, verwendete sie Speisekartoffeln, welche ihr zur Verwendung für den Mittagstisch zugewiesen waren.

Verbrechen gemäß § 1 Abs. 1 Ziff. 3, § 4 Abs. 1 Ziff. 1 WStVO; 73 des StGB.

Beweismittel:
Einlassungen der Beschuldigten Blatt 12 u. 13 d.A.,
Urkunden, Sicherstellung über 8 Raummeter Brennholz (Bl. 25 d.A.),
Fleischrechnungen – Anlage I

Wesentliches Ermittlungsergebnis:
Die Beschuldigte ist 47 Jahre alt. Sie besuchte in der Zeit von 1911 bis 1919 die Privatschule in Kühlungsborn. Nach ihrer Schulentlassung war sie im elterlichen Betrieb tätig. Im Jahre 1932 war sie ein halbes Jahr in einem Weinhaus in Wismar als Kochlehrling tätig. Anschließend arbeitete sie wieder bei ihren Eltern. Sie heiratete im Jahre 1941 (November) und hat ein Kind. Ihr Ehemann verstarb im Jahre 1945. Im Jahre 1953 verstarb ihr Vater, der Besitzer des Hotels ‚Strandkasino‘ war. Mit diesem Zeitpunkt übernahm ihre Mutter den Betrieb, welche die Beschuldigte mit der Leitung des Betriebes betraute.
Während der Zeit des Hitlerfaschismus war sie über eine Zeitdauer von neun Jahren Mitglied der NS-Frauenschaft. Jetzt gehört sie weder einer Partei noch einer Massenorganisation an. Diese Tatsache läßt darauf schließen, welche Einstellung sie zu unserem demokratischen Staat hat. Ihr ganzes Bestreben war darauf gerichtet, sich auf Kosten der Gesellschaft persönliche Vorteile zu verschaffen.
Die im Zusammenhang mit dieser Strafsache geführten Ermittlungen haben folgendes ergeben:
Die Mutter der Beschuldigten ist Besitzerin des Hotels ‚Strandkasino‘ in Kühlungsborn. Die Beschuldigte selbst wurde mit der Leitung des Geschäftsbetriebes dieses Objektes betraut. Ihre Mutter selbst kann den geschäftlichen Verpflichtungen in Folge ihres hohen Alters in keiner Weise nachkommen. Im Jahre 1952 wurde das Hotel durch den FDGB mit Feriengästen beschickt. Diese Beschickung erfolgte aufgrund eines Vertrages. Den Erholungssuchenden wurde im Betrieb der Beschuldigten Unterkunft als auch Verpflegung gewährt. {16}
Der jeweilige Urlaubsturnus erstreckte sich über eine Zeitdauer von 14 Tagen.
Die Beschuldigte duldete es jedoch, daß verschiedene Gäste über diesen Zeitraum hinaus im Hotel verblieben. Sie gewahrte auch für diese Zeit Verpflegung, welche von den Gästen in bar an die Beschuldigte bezahlt wurde.
Die eingenommenen Beträge in einer Gesamthöhe von 4.500,- DM wurden in den Geschäftsbüchern nicht geführt, sondern von ihr für den Ankauf von Brennholz, einem Pelzmantel, eine Reise nach Oberhof, für Bekleidung und Wäsche und eine Schenkung in Höhe von 1.000,- DM verbraucht.
Das Holz kaufte sie von einem jetzt republikflüchtig gewordenen Baumann namens S. aus Basdorf. Es handelte sich um 15 Raummeter, für welche sie insgesamt 750,- DM bezahlte. Das Holz fand als Brennmaterial im Hotelbetrieb Verwendung.
Aufgrund des mit dem FDGB abgeschlossenen Vertrages wurden an die Beschuldigte Lebensmittel, welche dazu bestimmt waren, an die Erholungssuchenden in Form von Mahlzeiten verabfolgt zu werden, beliefert. Aus diesen Beständen entnahm sie ca. 30 bis 40 kg Zucker und sandte diesen zum Teil an ihre Schwägerin in Waren und zum Teil wurde der Zucker zum Einwecken von Obst verwandt.

Die erforderlichen Fleischmengen wurden der Beschuldigten auf Anforderung geliefert. Sie war berechtigt, in der Saison 1952 insgesamt 1.393,4 kg Fleischwaren zu beziehen und zu verbrauchen. Wie die der Akte aus Anlage I beigefügten Rechnungsunterlagen ihres Lieferanten des Fleischers H. jedoch ausweisen, wurde Fleisch im Gesamtgewicht von 1.523,535 kg geliefert. 23 kg wurden von dieser Summe jedoch auf Marken für das Personal geliefert. Es wurde somit eine Menge von 107,135 kg Fleisch bezogen, ohne das hierfür die entsprechende Bezugsberechtigung vorgelegen hätte, und im Hotelbetrieb verbraucht.
Die Beschuldigte war im Besitz eines Schweines, ohne jedoch hierfür die entsprechende Futtergrundlage zu haben. Sie entnahm daher zum Zwecke der Fütterung aus dem Speisekartoffelbestand erhebliche Mengen, welche auf diese Weise den Erholungssuchenden entzogen wurden.
Die Beschuldigte hat somit Erzeugnisse, welche für den ordnungsgemäßen Wirtschaftsablauf bestimmt sind, beiseite geschafft und zum Teil ohne Bezugsberechtigung bezogen und dadurch die Durchführung der Wirtschaftsplanung und die Versorgung der Bevölkerung gefährdet.
Die Tatsachenfeststellung ergibt sich aus ihren eigenen Einlassungen und den den Akten beiliegenden Urkunden.
Die Werktätigen unserer Republik sind unter hingebungsvollem Einsatz aller ihrer Kräfte ständig {17} bemüht, die Volkswirtschaftspläne zu erfüllen und überzuerfüllen. Ihre Arbeit dient der demokratischen und friedlichen Entwicklung unseres Staates und trägt wesentlich dazu bei, die Einheit Deutschlands herbeizuführen.
Gewissenlose Elemente, die aus persönlichem Eigennutz handelnd und nur ihre persönlichen Vorteile suchen, stellen ein Hemmnis in dieser Entwicklung dar.
Auch die Beschuldigte zählt zu ihnen, denn ihre Handlungsweise ist verbrecherisch und somit gesellschaftsgefährdend.
Sie hat bewußt unsere demokratische Gesetzlichkeit verletzt und verdient bestraft zu werden. Es wird Aufgabe der Strafvollstreckung sein, die Beschuldigte zu einem nützlichen Mitglied der Gesellschaft zu erziehen.

Es wird beantragt:
a) Das Hauptverfahren vor dem Kreisgericht Bützow zu eröffnen und Termin zur Hauptverhandlung anzuberaumen.
b) Den Haftbefehl aus den Gründen seines Erlasses aufrechtzuerhalten.

(Schneider)
Staatsanwalt"

Das Kreisgericht Bützow verurteilte Elisabeth R. daraufhin am 10.03.1953 nach der Wirtschaftsstrafverordnung vom 20.10.1948[3] zu einer Zuchthausstrafe von 1 Jahr und 8 Monaten. Darüber hinaus wurde die Einziehung des Vermögens und des ihrer Mutter gehörenden Hotels angeordnet.

Beim Abfassen der Anklageschrift war dem Angeklagten bekannt, daß sich die Beschuldigte in Untersuchungshaft befand. Ihm war auch bekannt, daß er die Aufhebung des {18} Haftbefehls beantragen mußte, da die Voraussetzungen der Untersuchungshaft nicht vorlagen. Die Untersuchungshaft wurde daher weiter vollstreckt. Gleichwohl unterließ er diese Handlung und erhob stattdessen Anklage gegen die damals Beschuldigte.

Am 4.03.1953 erhob der Angeklagte Anklage gegen die damals Beschuldigten Alma M. und deren Tochter Gertrud M. Die Anklage hatte folgenden Wortlaut:

„Der Staatsanwalt des
Kreises Bützow
43/53.

Bützow, den 4. März 1953

Haftsache!

An das
Kreisgericht
Bützow

Anklageschrift

1. Die Pensionsinhaberin Alma Elsa Franziska Marie M., geb. L.,
   geb. 1884 in W.,
   wohnhaft in Kühlungsborn,
   verwitwet, 5 Kinder,
   deutsche Staatsangehörige,
   nach eigenen Angaben nicht vorbestraft,
   seit 17.2.1953 in U-Haft in der VPHA Bützow-Dreibergen,
2. die Geschäftsführerin Gertrud Klara Charlotte Marie Ma., geb. M.,
   geb. 1907 in W.,
   wohnhaft in Kühlungsborn,
   geschieden, 1 Kind von 12 Jahren,
   deutsche Staatsangehörige,
   nach eigenen Angaben nicht vorbestraft,
   seit 17.2.1953 in U-Haft in der {19} VPHA Bützow-Dreibergen,

werden *angeklagt,*

in der Zeit von 1948 bis zum Jahre 1952
in Kühlungsborn
gemeinschaftlich durch mehrere selbständige, zum Teil in sich fortgesetzte Handlungen

1. die Durchführung der Wirtschaftsplanung und die Versorgung der Bevölkerung dadurch gefährdet zu haben, daß sie Gegenstände, die wirtschaftlichen Leistungen zu dienen bestimmt sind, ihrem bestimmungsmäßigen Gebrauch entzogen.
Sie haben als Inhaber von Pensionen einen Betrag in Höhe von ca. 8.000,- DM eingenommen, nicht ordnungsgemäß in den Geschäftsbüchern als Eingang verbucht und somit nicht die entsprechenden Abgaben an den Staatshaushalt entrichtet.
Sie zahlten diesen Betrag nicht bei einer Bank ein, obwohl sie Kenntnis von der Einzahlungspflicht hatten, sondern horteten ihn vielmehr in ihrer Wohnung,

durch eine weitere selbständige und in sich fortgesetzte Handlung

2. Erzeugnisse entgegen dem ordnungsgemäßigen Wirtschaftsablauf beiseiteschafften.
Aufgrund von Verträgen, welche zwischen dem FDGB und den Beschuldigten geschlossen worden waren, wurden seitens der Abt. Handel und Versorgung größere Mengen Briketts, Kartoffeln und andere Lebensmittel zum Zwecke der Verpflegung erholungsbedürftiger Werktätiger geliefert. Am Ende der Saison verblieben ihnen größere Mengen als Bestand, welche sie einer Dienststelle der Wirtschaftsverwaltung nicht meldeten, sie verbuchten vielmehr einen Teil dieser Restbestände für ihren eigenen Bedarf,

durch eine weitere selbständige und in sich fortgesetzte Handlung

3. bewirtschaftete Erzeugnisse ohne Bezugsberechtigung bezogen.
Sie haben bis zum Herbst des Jahres 1952
    3 Ztr. Hafer zum Preis von 75,- DM und
    2 " Weizen zum Preis von 60,- DM {20}
von Landwirten gekauft, ohne im Besitz einer entsprechenden Bezugsberechtigung zu sein. Das Getreide haben sie als Hühnerfutter verbraucht.

zu 1: – Verbrechen gemäß § 1 Abs. 1 Ziffer 2 der WirtschaftsstrafVO,
zu 2: – Verbrechen gemäß § 1 Abs. 1 Ziffer 3 der WirtschaftsstrafVO,
zu 3: – Vergehen gemäß § 4 Abs. 1 Ziffer 1 der WirtschaftsstrafVO,
zu 1-3 verbunden durch §§ 74, 47 StGB.

Beweismittel: 1. Die Einlassungen der Beschuldigten M. Bl. 19-21 d.A.
2. die Einlassungen der Beschuldigten Ma. Bl. 10-12 und 38 d.A.
3. Beschlagnahmeprotokoll Bl. 2 d.A.

Wesentliches Ermittlungsergebnis:

I.

Die Beschuldigte M.

Die Beschuldigte ist 68 Jahre alt und die Tochter eines Handwerkers und Landwirts. Sie hat Volks- und Bürgerschulbildung. Nach der Schulentlassung war sie bis zum 20. Lebensjahr im elterlichen Haushalt in der Landwirtschaft tätig. Im Anschluß daran lernte sie in einem Schweriner Hotel kochen und verheiratete sich kurze Zeit später mit dem Oberkellner Theodor M. Nach der Heirat pachteten beide in Wismar das Hotel ‚Stadt Hamburg'. Nach 19-jähriger Pacht kauften sie in Kühlungsborn die Pension ‚Kaiserhof'. Nach etwa 7 Jahren erwarb der Ehemann der Beschuldigten die Villa M. und ca. 6 Jahre später das Haus ‚Seeblick'.
Die drei Objekte haben einen Einheitswert von insgesamt ca. 120.000,- DM und sind Eigentum der Beschuldigten. Die Beschuldigte war weder vor 1933 noch während des Hitlerfaschismus Mitglied einer Partei oder Organisation; dasselbe trifft auch für die Zeit nach 1945 zu. {21}

Die Beschuldigte Ma.

Sie ist 45 Jahre alt und die Tochter der Beschuldigten zu 1). Sie besuchte vom 7. bis 14. Lebensjahre das Lyzeum in Wismar. Nach erfolgter Schulentlassung nahm sie 1/4 Jahr Privatunterricht in der Buchführung. Die Beschuldigte lernte, nachdem ihre Eltern die Pension ‚Kaiserhof' erworben hatten, im väterlichen Betrieb den Beruf einer Kontoristin und legte auch eine entsprechende Prüfung ab. im Sommer 1939 verstarb ihr Vater und sie übernahm von diesem Zeitpunkt ab die Geschäftsführung. Im Jahre 1938 verheiratete sie sich. Sie hat ein Kind im Alter von 12 Jahren.
Die Beschuldigte ist zur Zeit im Besitz eines Grundstücks mit Haus in B., welches einen Einheitswert von ca. 6.000,- DM hat. Sie besitzt ferner Wertpapiere, welche einen Gesamtwert von 20.000,- DM haben, des weiteren hat sie ein Darlehen in Höhe von 12.000,- bis 13.000,- DM gewährt. Die Ehe der Beschuldigten wurde im Oktober 1952 geschieden, ihr Mann befindet sich in den westlichen Besatzungszonen Deutschlands.
Vor 1933 und während der Zeit des Hitlerfaschismus war sie weder Mitglied einer Partei noch einer Organisation; dasselbe trifft auch für die Zeit nach 1945 zu.

II.

Im Jahre 1942 wurden die der Beschuldigten zu 1) gehörenden Häuser mit Evakuierten belegt und im Jahre 1945 der ‚Kaiserhof' von der Sowjetarmee in Anspruch genommen. Im Jahre 1947 wurde der Pensionsbetrieb in der Villa M. eröffnet. Bis einschl. 1950 wurden sowohl das Haus und die Küche Privatgästen zur Verfügung gestellt. Ab 1951 wurde die Villa M. Vertragsheim des FDGB, des weiteren 6 Zimmer im ‚Kaiserhof' an FDGB-Feriengäste abgegeben. In den Jahren 1948 bis 1950, also in der Zeit, wo die Beschuldigten in den Pensionen Privatgäste beherbergten, wurden die Einnahmen nicht restlos in den Geschäftsbüchern verbucht, sondern das Geld in der Privatwohnung der Beschuldigten zurückgehalten. Auf diese Weise wurden bis Ende des Jahres 1950 ca. 6.500,- DM erworben, im Jahre 1951 wurde auf die gleiche Weise ein weiterer Betrag von ca. 1.200,- DM zurückbehalten, so daß die Beschuldigten im Februar 1953 über einen gehorteten Geldbetrag von 6.981,- DM verfügten.

Durch die geschilderte Handlungsweise wurden somit dem Staatshaushalt eine erhebliche Menge an Abgaben vorenthalten.
Nachdem die Beschuldigten von der Geschäftsüberprüfung, welche im Februar 1953 durchgeführt wurde, Kenntnis {22} erhalten hatten, verpackten sie einen Betrag von 4.581,- DM in eine Blechbüchse und versteckten diese hinter ihrem Grundstück unter Buschwerk, um das Geld dem Zugriff der Volkspolizei zu entziehen.
Obwohl es sich bei dem Gesamtbetrag ausschließlich um Geschäftsgelder handelte, wurde er nicht entsprechend den wirtschaftsregelnden Anordnungen einer Bank zugeführt, trotzdem beide Beschuldigte von dieser Anordnung Kenntnis hatten.
Aufgrund der mit dem FDGB abgeschlossenen Verträge wurden den Beschuldigten auf Lieferanweisungen entsprechende Mengen Briketts und Kartoffeln geliefert, welche ausschließlich der Versorgung der erholungssuchenden Werktätigen zu dienen hatten. Mit Abschluß der Saison verblieb an Briketts ein Bestand von ca. 50 Ztr. Dieser wurde einer Wirtschaftsdienststelle nicht gemeldet. Die Beschuldigten verbrauchten vielmehr eine beträchtliche Menge für ihren persönlichen Bedarf. Das Gleiche trifft für die Kartoffeln und etwa 1/2 Ztr. als Restbestand verbliebenen Zucker zu. Die Kartoffeln wurden sogar als Hühnerfutter verwandt.
Obzwar die Beschuldigten keine Futtergrundlage für ihre zeitweilig 50 Tiere umfassenden Geflügelbestand besaßen, hielten sie sich einen solchen und kauften für Futterzwecke in den Jahre 1951 und 1952 erhebliche Mengen an Getreide. Im Herbst 1952 wurden von einem Landwirt 3 Ztr. Gerste und Hafer und 2 Ztr. Weizen gekauft. Der Preis für Gerste und Hafer betrug pro Ztr. 25,- DM und für Weizen 30,- DM. Beim Ankauf des Getreides waren die Beschuldigten nicht im Besitz einer entsprechenden Bezugsberechtigung. Bei Bekanntwerden der Betriebsüberprüfung wurden von den Beschuldigten insgesamt 4 Ztr. Getreide in der Pensionsküche unter den Fliesen versteckt. 1/2 Ztr. Getreide wurde an einen gewissen St. abgegeben mit der Bitte, diesen zu verwahren. Ebenso wurden verschiedene Lebensmittel wie Weizenmehl, Grütze, Gries, Haferflocken, Nudeln, Zucker, Reis, Kartoffelmehl und Zitronen an verschiedene in den Häusern der Beschuldigten wohnhaften Neubürger abgegeben, um zu erreichen, daß ein nicht allzuhoher Lebensmittelbestand bei der Durchsuchung der Objekte festgestellt werden sollte. Trotzdem ein erheblicher Teil an Lebensmitteln (Bl. 20 d.A.) auf diese Art und Weise abgegeben wurden, wurden Nahrungsmittel und Wäsche in einer außerordentlich großen Menge festgestellt (Bl. 3 und 4 d.A.).
Diese Tatsache zeugt davon, daß die Beschuldigten, trotzdem sie wußten, daß zeitweilig Versorgungsschwierigkeiten hinsichtlich bestimmter Erzeugnisse, welche sie horteten, zu verzeichnen waren, {23} außerordentlich raffgierig waren und ihre persönlichen Interessen in den Vordergrund stellten.
Zur Charakterisierung der beiden Beschuldigten ist es notwendig festzustellen, daß sie trotz ihres großen Reichtums und der bei ihnen lagernden Lebensmittel von bedürftige Neubürger weder Möbel noch die primitivsten Dinge abgaben. Diese wohnten in ihren Häusern, ohne im Besitz eines Stuhls oder einer Bettstelle zu sein. Auf Anfrage seitens der Neubürger bei den Beschuldigten wegen Überlassung von Möbelstücken wurde ihnen von diesen die Antwort erteilt, daß keine vorhanden seien, trotzdem Betten, Matratzen und andere Möbelstücke in großen Mengen in verschiedenen Räumlichkeiten lagerten. Die Niedertracht der Beschuldigten ging sogar soweit, daß sie den Neubürgern die Benutzung der Toilette verboten und sie anwiesen, auf einen Eimer zu gehen und diesen dann in den Wald zu bringen. Dasselbe trifft für die Benutzung der Wasserleitung zu. Die Beschuldigten wußten, daß diese nicht in Ordnung war, erklärten aber immer, daß sie infolge Geldmangels nicht in der Lage wären, Reparaturen vornehmen zu lassen. Die Einwohner waren daher gezwungen, das Wasser in Eimern aus der Küche, welche im Erdgeschoß liegt, in den zweiten Stock zu schleppen. Schließlich wurde auf eigene Initiative der Neubürger die Toilette gewaltsam geöffnet und die Wasserleitung in Ordnung gebracht. Die Beschuldigten wollten offensichtlich damit erreichen, die ‚lästigen Gäste‘ loszuwerden. Das

Vermieten der von den Neubürgern benutzten Räume an Privatgäste wäre für sie nutzbringender gewesen. Ihre feindliche Einstellung zu den Werktätigen kommt durch diese Handlungsweise äußerst charakteristisch zum Ausdruck.

III.

Bei beiden Beschuldigten handelt es sich um Schädlinge, die den planmäßigen Aufbau des Sozialismus in der Deutschen Demokratischen Republik feindlich gegenüberstehen. Ihre verbrecherischen Handlungen stellen unter Beweis, daß sie nicht im Interesse der Allgemeinheit, sondern aus krassem Egoismus gehandelt und werktätige erholungssuchende Menschen auf das Schändlichste betrogen haben. Gleichzeitig haben sie das Vertrauen, welches durch staatliche Organe in sie gesetzt wurde, mißbraucht. Wenn die hohen Aufgaben, die der Fünfjahrplan uns stellt, erfolgreich gelöst werden sollen, ist es notwendig, daß sich alle Staatsbürger tatkräftig am Aufbau beteiligen und nicht, wie es die Beschuldigten getan haben, die demokratische Gesetzlichkeit mißachten. {24}

Es wird beantragt,

1. das Hauptverfahren zu eröffnen und Hauptverhandlungstermin vor der Strafkammer des Kreisgerichts Bützow anzuberaumen,
2. die Fortdauer der Untersuchungshaft zu beschließen.

Im Auftrage:

(Schneider)
Staatsanwalt“

Das Kreisgericht Bützow verurteilte Alma M. und Gertrud Ma. daraufhin am 10.03.1953 nach der Wirtschaftsstrafverordnung zu Zuchthausstrafen von je 7 Jahren unter gleichzeitiger Einziehung ihrer gesamten Vermögen.

Auf die von den damals Beschuldigten eingelegte Berufung änderte das Bezirksgericht Schwerin das Urteil des Kreisgerichts Bützow in der Hauptverhandlung vom 25.03.1953, an der der Angeklagte als Vertreter der Staatsanwaltschaft teilnahm, dahin ab, daß beide zu Zuchthausstrafen von je 5 Jahren und Vermögenseinziehung verurteilt wurden. Die Zeugin M. war insgesamt ein Jahr inhaftiert. Anschließend wurde sie entlassen. Eine Rückgabe des eingezogenen Vermögens erfolgte nicht. Auch in diesem Fall war dem Angeklagten bewußt, daß die Voraussetzungen der Untersuchungshaft nicht vorlagen. Gleichwohl unterließ er es, die Aufhebung der Haftbefehle zu beantragen. {25}

Am 6.03.1953 erhob der Angeklagte Anklage gegen den Hotelbesitzer Wilhelm Ludwig V. und dessen Vater Wilhelm Johann V. Der Angeklagte wußte bei Anklageerhebung, daß sich der Beschuldigte Wilhelm Ludwig V. in Untersuchungshaft befand, obwohl ein dringender Tatverdacht nicht vorlag. Gleichwohl beantragte er nicht, wie es nach der damals geltenden StPO seine Pflicht gewesen wäre, den Haftbefehl aufzuheben, so daß die Untersuchungshaft weiter vollstreckt wurde, sondern erhob folgende Anklage:

„Der Staatsanwalt des
Kreises Bützow
27/53.

Bützow, den 6. März 1953

Haftsache!

An das
Kreisgericht
Bützow

Anklageschrift

1. Der Hotelbesitzer Wilhelm Ludwig V.,
   geb. 1908 in B.,
   wohnhaft in Kühlungsborn,
   verheiratet, 2 Kinder,
   deutscher Staatsangehöriger,
   nach eigenen Angaben nicht vorbestraft,
   seit dem 17.2.1953 in U-Haft in der VPHA Bützow-Dreibergen,
2. der Altsitzer Wilhelm Johann V.,
   geb. 1877 in Z.,
   wohnhaft in Kühlungsborn,
   verwitwet, 2 Kinder im Alter von 45 Jahren,
   deutscher Staatsangehöriger,
   nach eigenen Angaben nicht vorbestraft,
   nicht in U-Haft, {26}

werden *angeklagt*:

in den Jahren 1950 bis Februar 1953
in Kühlungsborn
als Täter gemeinschaftlich und fortgesetzt handelnd die Durchführung der Wirtschaftsplanung und die Versorgung der Bevölkerung dadurch gefährdet zu haben, daß sie vorsätzlich
a) Erzeugnisse entgegen dem ordnungsgemäßigen Wirtschaftsablauf beiseiteschafften und zurückhielten,
durch dieselbe Handlung
b) vorsätzlich bewirtschaftete Erzeugnisse ohne Bezugsberechtigung bezogen zu haben.

Sie haben als Inhaber eines Hotels ca. 50 Ztr. Kartoffeln von verschiedenen Bauern ohne Bezugsberechtigung gekauft und für die Fütterung ihrer Schweine verwandt.
Desgleichen haben sie ca. 6 Ztr. Getreide, vornehmlich Weizen, ebenfalls von ablieferungspflichtigen Bauern, ohne im Besitz einer entsprechenden Bezugsberechtigung zu sein, bezogen.
Aufgrund des zwischen dem FDGB und den Beschuldigten abgeschlossenen Verträgen wurden ihnen für die verpflegungsmäßige Versorgung der erholungssuchenden Werktätigen Nahrungsmittel zur Verfügung gestellt. Sie kürzten die Verpflegungssätze der Werktätigen und erzielten hierdurch einen erheblichen Bestand an Zucker, welchen sie zu Einkochzwecken verwandten. 33 kg wurden bei der von der Volkspolizei durchgeführten Durchsuchung gefunden. Einer Wirtschaftsdienststelle wurde von dem Vorhandensein des Zuckers keinerlei Meldung erstattet.

– Verbrechen und Vergehen gemäß § 1 Abs. 1 Ziffer 3, § 4 Abs. 1 Ziffer 1 der WirtschaftsstrafVO –

Beweismittel: 1. Einlassungen des Beschuldigten Wilhelm V. sen. Bl. 17 und 18 d.A.,
2. Einlassungen des Beschuldigten Wilhelm V. jun. Bl. 8, 9, 10, 30 und 32 d.A. {27}

Wesentliches Ermittlungsergebnis

I.

Der Beschuldigte Wilhelm V. sen.

ist 76 Jahre alt und von Beruf Landwirt. Es besuchte die achtklassige Volksschule und war nach der Schulentlassung als Landarbeiter im väterlichen Betrieb tätig. Im Jahre 1911 kaufte er in Kühlungsborn eine Pension und machte sich selbständig. Die Barmittel für diesen Kauf erhielt er von seinem Vater und Schwiegervater. Mit Ausbruch des ersten Weltkrieges wurde er im Jahre 1914 zur Wehrmacht eingezogen und als Unteroffizier der Res. entlassen. Nach Kriegsende eröffnete er wieder seinen Betrieb in Kühlungsborn. Im Jahre 1932 wurde zwischen ihm und seinem Sohn vertraglich festgelegt, daß letzterer die Führung des Betriebes übernimmt, er selbst blieb jedoch Besitzer und ist am Geschäftsanteil mit 25% beteiligt. Vor 1933 gehörte er der Liberalen Partei an. Während der Nazizeit war er von 1935 an Mitglied der NSDAP; nach dem Zusammenbruch des Hitlerfaschismus trat er weder einer Partei noch einer Massenorganisation bei.

Der Beschuldigte Wilhelm V. jun.

ist 45 Jahre alt und der Sohn des Beschuldigten zu 1). Er ist von Beruf Kellner und hat Volks- und Oberschulbildung. Sein Betriebsvermögen beträgt 26.000,- DM. Nach beendeter Lehrzeit arbeitete er in seinem Beruf als Kellner in Dortmund, kehrte alsdann nach Kühlungsborn zurück und arbeitete im väterlichen Betrieb. Im Jahre 1939 wurde er zur faschistischen Wehrmacht eingezogen. Nach Beendigung des Krieges verblieb er zunächst bei Verwandten in Schleswig-Holstein, kehrte im Oktober 1945 nach Kühlungsborn zurück und vertritt seit diesem Zeitpunkt ununterbrochen die geschäftlichen Belange im Betrieb seines Vaters.
Vor 1933 gehörte er weder einer Partei noch einer Massenorganisation an. Im Jahre 1937 trat er der NSDAP bei und war Mitglied bis 1945. Im Jahre 1935 erklärte er seine Mitgliedschaft zur NSEK[4] und hatte hier den Rang eines Scharführers. Nach dem Zusammenbruch des Hitlerfaschismus ist er weder einer Partei noch einer Massenorganisation beigetreten.

II.

Die im Zusammenhang mit dieser Straftat geführten Ermittlungen haben folgendes ergeben: {28}
Der Beschuldigte zu 1) ist Besitzer eines Hotels in Kühlungsborn. Infolge seines hohen Alters ist er nicht in der Lage, die geschäftlichen Belange wahrzunehmen. Diese werden ausgeführt von dem Beschuldigten zu 2). Seit dem Jahre 1946 haben sie den Hotelbetrieb aufgenommen und zunächst Privatgäste in ihrem Hause beherbergt und verpflegt. Seit 1948 wurden ihnen die ersten erholungssuchenden Werktätigen vom FDGB zugewiesen, jedoch wurde noch ein Teil der vorhandenen Zimmer an Privatgäste vermietet. Seit dem Jahre 1951 besteht ein Vertrag zwischen dem FDGB und den beiden Beschuldigten, das Hotel gilt als Vertragsheim. Im Rahmen der jährlich erneut abgeschlossenen Verträge wurden den Beschuldigten aufgrund entsprechender Zuweisungen Lebensmittel geliefert, die für die Versorgung der FDGB-Urlauber Verwendung finden mußten.
Von diesen Lebensmitteln wurde insbesondere Zucker im Gewicht von etwa 70 bis 80 kg einbehalten und auf diese Weise den Urlaubern entzogen. Zum Teil wurde er für die Konservierung von Obst verwandt. Ein Restbestand von 35 kg wurde gelegentlich der von der Volkspolizei durchgeführten Durchsuchung vorgefunden. Trotzdem ein Bestand von etwa 80 kg verblieb, sah sich insbesondere der Beschuldigte zu 2) nicht veranlaßt, einer Wirtschaftsdienststelle hiervon Mitteilung zu machen. Im Gegenteil, es erging an die Abteilung Handel und Versorgung bei den monatlichen Meldungen die Mitteilung, daß Lebensmittelbestände nicht vorhanden seien. Dieser Meldung wurde lediglich eine rechnerische Bestandsaufnahme zugrundegelegt, jedoch keine warenmäßige.
Beide Beschuldigte unterhielten einen Viehbestand, welcher sich aus 2 bis 3 Schweinen und etwa 20 Hühnern zusammensetzt. Zum Zwecke der Fütterung wurden von verschiedenen Bauern etwa 50 Ztr. Kartoffeln und mehrere Ztr. Getreide, vornehmlich Weizen, aufgekauft, ohne daß sie im Besitz einer entsprechenden Bezugsberechtigung waren. Für das Getreide wurde ein Durchschnittspreis von etwa 25,- DM pro Zentner gezahlt, für die Kartoffeln ein solcher von 5,- DM-10,- DM pro Zentner. Das Getreide wurde nicht in allen Fällen an die Bauern bar bezahlt, sondern diese erhielten von den Beschuldigten als Austauschmittel Obst geliefert. Aber nicht genug damit, daß sie Kartoffeln von ablieferungspflichtigen Bauern bezogen, es wurden auch aus dem Kartoffelbestand, der für die Verpflegung der FDGB-Feriengäste vorgesehen war, die Schweine gefüttert.
Den vorstehenden Tatsachen liegen die Einlassungen der Beschuldigten zugrunde. {29}

III.

Die erfolgreiche Durchführung derjenigen Aufgaben, die im Rahmen des Fünfjahrplanes dem deutschen Volk gestellt sind, erfordern von jedem Bürger den selbstlosen Einsatz zum Wohle der Allgemeinheit. Die beiden Beschuldigten jedoch glaubten, eine Ausnahme machen zu dürfen und stellten daher, wie ihre begangenen verbrecherischen Handlungen zum Ausdruck bringen, ihre persönlichen Interessen in den Vordergrund und suchten sich auf Kosten der Allgemeinheit zu bereichern. Sie brachten hierdurch die Mißachtung vor der demokratischen Gesetzlichkeit zum Ausdruck und müssen daher entsprechend den Forderungen der Werktätigen bestraft werden.

Es wird beantragt,

1. das Hauptverfahren zu eröffnen und Hauptverhandlungstermin vor dem Kreisgericht Bützow anzuberaumen,
2. die Fortdauer der U-Haft bei dem Beschuldigten zu 1) zu beschließen.

Im Auftrage:

(Schneider)
Staatsanwalt“

Das Kreisgericht Bützow verurteilte Wilhelm Ludwig V. wegen der ihm angelasteten Tat am 12.03.1953 nach der Wirtschaftsstrafverordnung zu einer Zuchthausstrafe von 1 Jahr und 6 Monaten unter Einziehung seines gesamten Vermögens und seinen Vater zu einer Geldstrafe von 1.000,- DM unter Einziehung seines Anteils an dem gemeinsamen Hotel.

Am 10.03.1953 erhob der Angeklagte gegen die damals beschuldigten H. und D. folgende Anklage: {30}

Er tat dies in Kenntnis der Tatsache, daß die Tatbestandsvoraussetzungen der Wirtschaftsstrafverordnung nicht vorlagen.

„Der Staatsanwalt des
Kreises Bützow
38/53.

Bützow, den 10. März 1953

An das
Kreisgericht
Bützow

Anklageschrift

1. Die Pensionsinhaberin
   H., Mathilde, geb. P.,
   geb. 1880 in W.,
   wohnhaft in Sellin/Rügen,
   Deutsche,
   verwitwet, 1 Kind im Alter von 39 Jahren,
   angeblich nicht vorbestraft,
   vorl. festgenommen am 11.2.1953,
   Haftbefehl vom 13.2.1953,
   z.Zt. VPHA Bützow-Dreibergen.
2. Die Teilhaberin
   D., Svea, geb. H., verw. Sc.,
   geb. 1914 im H.,
   wohnhaft in Sellin/Rügen,

Deutsche,
verheiratet,
angeblich nicht vorbestraft,
vorl. festgenommen am 11.2.1953,
Haftbefehl vom 13.2.1953,
z.Zt. VPHA Bützow-Dreibergen.

werden *angeklagt*

in der Zeit von 1950 bis 1953 in Sellin
als Täter gemeinschaftlich und fortgesetzt handelnd,
die Durchführung der Wirtschaftsplanung und die Versorgung der Bevölkerung dadurch gefährdet zu haben, daß sie vorsätzlich Erzeugnisse entgegen dem ordnungsgemäßigen Wirtschaftsablauf beiseiteschafften,
und in Tateinheit damit in Ausübung eines Gewerbes bewirtschaftete Erzeugnisse ohne Bezugsberechtigung bezogen. {31}
Sie haben nachweislich 2 Ztr. Weizen, mehrere Zentner Hafer und in dem Zeitraum von 1950 bis 1951 ca. 540 Liter Vollmilch, ca. 30 Pfund Butter, 8 Liter Speiseöl, Schinken im Werte von 30,- DM und ca. 15 Pfund Bohnenkaffee teils von Landwirten und teils von Pensionsgästen aufgekauft.

Verbrechen gemäß § 1 Abs. 1 Ziff. 3
§ 4 Abs. 1 Ziff. 1 Abs. 2 WStVO
§§ 47, 73 StGB.

Beweismittel:
Einlassung der Beschuldigten H. (Bl. 6, 26, 43 d.A.)
Einlassung der Beschuldigten D. (Bl. 10, 41, 42 d.A.)

Urkunden: Ein Notizbuch der H. Zeitungsausschnitte enthalten in der Hauptakte beigefügte Beweisakte.

Wesentliches Ermittlungsergebnis:

Die Beschuldigte H., Mathilde:
Die Beschuldigte ist 73 Jahre alt und in Schweden erzogen worden. Sie besuchte die Mittelschule ebenfalls in Schweden und erlernte nach erfolgter Schulentlassung die Hauswirtschaft.
1910 verheiratete sie sich in London, um kurz danach nach Hamburg überzusiedeln. Sie ist zur Zeit im Besitz der Pension ‚Arkona' in Sellin, welche sie im Jahre 1938 mit einer Anzahlung von 10.000,- DM erwarb. Das Gebäude hat einen Einheitswert von 40.000,- DM.
Die Beschuldigte war politisch oder gewerkschaftlich nicht organisiert. Auch einer Massenorganisation hat sie nicht angehört.

Die Beschuldigte D., Svea:
Die Beschuldigte ist 38 Jahre alt und die Tochter der Beschuldigten zu 1). Sie hat höhere Schulbildung und ist im Besitz einer Hypothek in Höhe von 23.000,- DM, welche auf dem Grundstück der Beschuldigten zu 1) lastet.
Die im Zusammenhang mit dieser Strafsache von der VP geführten Ermittlungen haben folgendes ergeben:
Die Beschuldigten haben in ihrer Eigenschaft als Eigentümer und somit als Privatunternehmer die Wirtschaft unseres Staates erheblich geschädigt. In ihren {32} Einlassungen geben beide Beschuldigten zu, eine Menge von 540 Liter Milch von Siedlern und Bauern bezogen zu haben. Für den Liter Milch bezahlten sie 0,85 DM oder 1,- DM. Teils wurde die Milch ins Haus gebracht und teils abgeholt. Verbraucht wurde diese zum größten Teil in ihrem eigenen Haushalt. Des weiteren wurde in den Jahren 1950 bis 1951 ca. 30 Pfund Butter aufgekauft. Für das Pfund bezahlten sie 10,- DM bzw. zum Teil 20,- DM. Diese Feststellungen werden belegt durch ein

der Akte beiliegendes Notizbuch der Beschuldigten H. In diesem machte sie ihre persönlichen Eintragungen und verzeichnete gleichzeitig die Preise für die erworbenen Erzeugnisse. Aus diesem Notizbuch sowohl den Einlassungen der Beschuldigten geht hervor, daß sie ebenfalls in dem genannten Zeitraum ca. 8 Liter Speiseöl und für einen Betrag von 30,- DM Schinken von ihnen unbekannten Siedlern gekauft haben.
Den Bohnenkaffee in einem Gesamtgewicht von ca. 15 Pfund wollen die beiden Beschuldigten, der Einlassung der Beschuldigten H. entsprechend, zum größten Teil von Gästen bezogen haben, welche sich während der Saison in ihrem Haus aufgehalten haben. Für das Pfund wurden im Durchschnitt 55,- DM bezahlt. Trotz allen aufgestellten Behauptungen der Beschuldigten, es sei in ihrem Betrieb kein Bohnenkaffee an Gäste verabreicht worden, muß aufgrund des der Akte beiliegenden Beweismaterials, es handelt sich hier um eine Preisliste, angenommen werden, daß solcher dennoch an Gäste verabreicht wurde.
Die Tatsachenfeststellung beruht auf den Aussagen der beiden Beschuldigten (Bl. 6, 10, 26, 41, 42 und 43 d.A.) sowohl dem der Akten beiliegenden Notizbuch.
Eigentum verpflichtet. Diese Feststellung ergibt sich aus dem Artikel 26 der Verfassung der Deutschen Demokratischen Republik und bedeutet, daß solches nur zum Wohle der Allgemeinheit genutzt werden darf. Beide Beschuldigten machten es sich jedoch für ihre eigenen Interessen zu nutze und versuchten dieses durch verbrecherische Handlungen zu vermehren. Sie brachten hierdurch offensichtlich die Mißachtung vor der demokratischen Gesetzlichkeit zum Ausdruck und waren keineswegs gewillt mitzuwirken an der Erfüllung der großen Aufgaben, die allen Werktätigen der DDR durch den Fünfjahrplan und den planmäßigen Aufbau des Sozialismus gestellt sind. {33}
Es ist daher notwendig, gegen beide die entsprechende Strafe zu verhängen, um sie zur Achtung der Interessen der Allgemeinheit und der demokratischen Gesetze zu erziehen.

Im Auftrage:

(Schneider)
Staatsanwalt"

Das Kreisgericht Bützow verurteilte beide in der Hauptverhandlung vom 19.03.1953 zu Zuchthausstrafen von 1 Jahr und 8 Monaten sowie zur Einziehung ihrer Vermögen. An dieser Hauptverhandlung nahm der Angeklagte als Vertreter der Staatsanwaltschaft teil.

Da die gegen die Beschuldigten H. und D. gefertigte Anklage weder einen Antrag auf Eröffnung des Hauptverfahrens noch einen Antrag auf Fortdauer der Untersuchungshaft enthält, ist die Kammer zugunsten des Angeklagten davon ausgegangen, daß dieser sich bei der Abfassung der Anklage über etwaige Haftgründe keine Gedanken gemacht und somit keine Freiheitsberaubung begangen hat.

Am 28.03.1953 erhob der Angeklagte Anklage gegen den damals Beschuldigten Jakob P. Der Angeklagte wußte bei Anklageerhebung, daß die Voraussetzungen der Untersuchungshaft nicht vorlagen. Er wußte auch, daß er verpflichtet war, die Aufhebung des Haftbefehls zu {34} beantragen. Gleichwohl erhob er Anklage wegen eines Verstoßes gegen die Wirtschaftsstrafverordnung und beantragte die Fortdauer der angeordneten Untersuchungshaft. Die Untersuchungshaft wurde weiter vollstreckt.

Die Anklage hatte folgenden Wortlaut:

„Staatsanwalt des
Kreises Bützow
358/53

Bützow, den 28.3.1953

Haftsache!

An das
Kreisgericht
Bützow

Anklageschrift

Der Schneider und Pensionsbesitzer
P., Jakob,
geb. 1906 in A.,
wohnh. Göhren/Rügen,
deutsche Staatsangehörigkeit,
verheiratet,
5 Kinder im Alter von 11 Wochen, 5, 8, 10 u. 14 Jahren,
angeblich nicht vorbestraft,
in dieser Sache in U-Haft seit dem 27.2.1953
in der VPHA Bützow-Dreibergen,
Haftbefehl erlassen am 27.2.1953 – Bl. 18 d.A. –

wird angeklagt

in den Jahren von 1949 bis 1953 in Göhren/Kr. Putbus, die Durchführung der Wirtschaftsplanung und die Versorgung der Bevölkerung dadurch gefährdet zu haben, daß er vorsätzlich Erzeugnisse entgegen dem ordnungsgemäßigen Wirtschaftsablauf beiseiteschaffte

und in *Tateinheit* damit

in Ausübung eines Gewerbes oder Berufes bewirtschaftete Erzeugnisse *ohne* Bezugsberechtigung bezog und abgab. {35}
Er hat

a) in dem obengenannten Zeitraum von ortsansässigen Fischern insgesamt ca. 10-12 Ztr. *Heringe* aufgekauft ohne die für den Ankauf erforderliche Bezugsberechtigung zu besitzen. Der größte Teil der Fische wurde in seinem Pensionsbetrieb in Form von Mahlzeiten an die dort weilenden Gäste verbraucht. Einen nur kleinen Teil verwandte er im privaten Haushalt.
b) im August 1951 von dem Fischer Ha. 2 Ztr. *Frühkartoffeln* gekauft und dafür einen Betrag von DM 25,- entrichtet. Auch diese Kartoffeln fanden Verwendung im Pensionsbetrieb. Verbrechen gem. § 1 Abs. 1 Ziff. 3 u. § 4 Abs. 1 Ziff. 1-16 der WStVO – § 73 StGB.

Beweismittel:
1.) Einlassungen des Beschuldigten Bl. 8, 9 d.A.
2.) Urkunde: Der Akte beiliegende Rechnungen über gekauften Fisch Bl. 4 u. 5 d.A.

Wesentliches Ermittlungsergebnis:
Der Beschuldigte P., Jakob
Der Beschuldigte ist 47 Jahre alt und von Beruf Schneider. Er hat Volksschulbildung und ein jährliches Einkommen von DM 9.000,-. Von seinen Schwiegereltern hat er seit 1949 das Haus ‚*Heimkehr*' gepachtet; dieses hat einen Einheitswert von ca. DM 28.000,-.
Im Jahre 1934 trat er der SA bei und wurde zu einem späteren Zeitpunkt in die NSDAP übernommen. Er war Mitglied der Nazipartei bis zum Zusammenbruch des Hitlerfaschismus. Seit 1945 gehört er einer Partei nicht an, sondern ist lediglich Mitglied der demokrat. Sportbewegung.
Das wesentlichste des strafbaren Sachverhaltes ist erschöpfend im Tenor der Anklage enthalten. {36}
Der Beschuldigte mußte insbesondere als Privatunternehmer und Pächter einer Pension die wirtschaftsregelnden Gesetze beachten und entsprechend ihrem Inhalt handeln.

Er tat dieses jedoch nicht, sondern suchte sich durch gesellschaftsgefährdende Handlungen einen zusätzlichen Verdienst zu beschaffen.
Ursache seines Handelns ist seine profitgierige Haltung.
Dem Unrechtsgehalt der strafbaren Handlungen entsprechend ist er daher zu bestrafen.

Es wird *beantragt*
a) Das Hauptverfahren vor dem Kreisgericht Bützow zu eröffnen und Termin zur Hauptverhandlung anzuberaumen.
b) Die Untersuchungshaft aus den Gründen des Haftbefehls fortdauern zu lassen.

i. A

(Schneider)
Staatsanwalt“

Das Kreisgericht Bützow verurteilte Jakob P. am 10.03.1953 nach der Wirtschaftsstrafverordnung zu einer Gefängnisstrafe von 10 Monaten und zur Einziehung der von ihm bewirtschafteten Pension.

Am 30.03.1953 erhob der Angeklagte Anklage gegen die damals Beschuldigte Grete L. Dem Angeklagten war bei Abfassung der Anklage bekannt, daß sich die Beschuldigte in Untersuchungshaft befand. Ihm war {37} ebenfalls klar, daß er nach der damals geltenden Strafprozeßordnung die Aufhebung des Haftbefehls beantragen mußte. In Kenntnis dieser Tatsache unterließ er dies, beantragte aber gleichwohl die Fortdauer der Untersuchungshaft, die auch weiterhin vollstreckt wurde.

Die Anklage hatte folgenden Wortlaut:

„Staatsanwalt des
Kreises Bützow
251/53

Bützow, den 30.3.1953

Haftsache!

Anklageschrift

Die Köchin
L., geb. A., Grete, Mario, Nenny,
geb. 1898 in R.,
wohnh. Kühlungsborn,
deutsche Staatsangehörige,
verwitwet, 1 Kind im Alter von 32 Jahren,
angeblich nicht vorbestraft,
in dieser Sache in U-Haft seit dem 3.3.1953 in der VPHA Bützow-Dreibergen,
Haftbefehl erlassen am 3.3.1953 – Bl. 14 d.A.

wird angeklagt

in den Jahren von 1950 bis 1953 in Kühlungsborn als Täter fortgesetzt handelnd die Durchführung der Wirtschaftsplanung und die Versorgung der Bevölkerung dadurch gefährdet zu haben, daß sie vorsätzlich Erzeugnisse entgegen den ordnungsgemäßigen Wirtschaftsablauf beiseiteschaffte

und in *Tateinheit* damit

in Ausübung eines Berufes oder Gewerbes bewirtschaftete Erzeugnisse ohne Bezugsberechtigung bezog.

Sie hat {38}
a) in dem obengenannten Zeitraum ca. 12 Ztr. Getreide von verschiedenen ortsansässigen und fremden Bauern gekauft. Es handelt sich vornehmlich um Gemenge und Weizen.
Für das Gemenge bezahlte sie pro Ztr. DM 27,- und für den Weizen pro Ztr. DM 37,-.
Die jährliche Verbrauchsmenge betrug in Durchschnitt 4 Ztr. (Bl. 9 d.A.).
Dieses ohne Bezugsberechtigung erworbene Getreide wurde an den etwa 18 Stück zählenden Hühnerbestand und an die Schweine verfüttert.
b) aufgrund von ihm Jahre 1950 zwischen dem FDGB und ihr abgeschlossenen Verträgen, Lebensmittelzuteilungen für die Verpflegung der erholungssuchenden Werktätigen erhalten. Sie erübrigte in den Jahren von 1950 bis 1952 jährlich eine z.Zt. nicht mehr genau feststellbare Menge *Zucker*, die sie den Werktätigen vorenthielt. Den erübrigten Zucker verwandte sie zum Einkochen von Obst. Sie weckte jährlich etwa 120 Gläser Obst ein.
c) in dem obengenannten Zeitraum jährlich mindestens 1 Schwein gehalten, *ohne* die erforderliche Fütterungsgrundlage hierfür in vollem Umfange zu besitzen. Um die Mast erfolgreich abschließen zu können, verfütterte sie täglich 5-7 Pfund Kartoffeln an die Schweine. In dem genannten Zeitraum verfütterte sie somit etwa 54 Ztr. Speisekartoffeln, welche ihr ebenfalls aufgrund der FDGB-Verträge geliefert wurden.
Verbrechen gem. § 1 Abs. 1 Ziff. 3, § 4 Abs. 1 Ziff. 1 der WStVO,
§ 73 StGB

Beweismittel:

Geständnis der Beschuldigten Bl. 6, 7 u. 9 d.A.

Wesentliches Ermittlungsergebnis:
Der Beschuldigten L., Grete
Die Beschuldigte ist 54 Jahre alt und hat Volksschulbildung. Sie ist von Beruf Köchin und z.Zt. Besitzerin des Hotels ‚*Udine*' in Kühlungsborn und hat ein monatliches Einkommen von {39} DM 300,-. Seit dem Jahre 1950 steht sie in vertraglicher Bindung zwischen dem FDGB.
Es ist nicht festgestellt, ob die Beschuldigte vor 1933 bzw. während der Zeit des Hitlerfaschismus Mitglied einer Partei oder einer anderen Organisation war.
Seit 1946 ist sie Mitglied der SED.
Das wesentlichste des strafbaren Sachverhalts ist erschöpfend im Tenor der Anklage enthalten.
Der Beschuldigten wurden seitens staatlicher Organe umfangreiches Vertrauen dadurch entgegengebracht, indem man ihr erholungssuchende Werktätige anvertraute. Sie sollten in ihrem Betrieb Unterkunft und Verpflegung erhalten.
Dieses ihr entgegengebrachte Vertrauen mißbrauchte sie dadurch, indem sie die den Werktätigen zustehende Verpflegungssätze kürzte und ihnen Zucker vorenthielt, welchen sie für persönliche Zwecke verwandte.
Ihre verwerfliche Handlungsweise tritt in ebenso krasser Form in Erscheinung hinsichtlich der Verfütterung von Speisekartoffeln an ihre Schweine.
Ihrem Handeln liegt kapitalistische Profitgier zugrunde. Es ist daher notwendig, sie mit der entsprechenden Strafe zu belegen, um sie zur Achtung hinsichtlich der Einhaltung und Wahrung der demokratischen Gesetzlichkeit zu erziehen.

Es wird *beantragt*
1.) Das Hauptverfahren vor dem Kreisgericht Bützow zu eröffnen und Termin zur Hauptverhandlung anzuberaumen.
2.) Die Untersuchungshaft aus den Gründen des Haftbefehls fortdauern zu lassen.

i. A.

(Schneider)
Staatsanwalt" {40}

Das Kreisgericht Bützow verurteilte Grete L. am 10.04.1953 nach der Wirtschaftsstrafverordnung zu einer Gefängnisstrafe von 8 Monaten und zur Einziehung der Pension „Undine“.

Am 9.04.1953 erhob der Angeklagte Anklage gegen den damals Beschuldigten Max W. Auch in diesem Fall war dem Angeklagten bekannt, daß sich der Beschuldigte in Haft befand, obwohl die Voraussetzungen der Untersuchungshaft nicht vorlagen. Gleichwohl unterließ er es, die Aufhebung des Haftbefehls zu beantragen, sondern beantragte die Fortdauer der Untersuchungshaft. Die Untersuchungshaft wurde weiter vollstreckt.

Die Anklage hatte folgenden Wortlaut:

„Staatsanwalt des Bützow, den 9.4.1953
Kreises Bützow
391/53

Haftsache!

An das
Kreisgericht
Bützow

Anklageschrift

Der Bauingenieur und Betriebsinhaber

W., Max, Heinrich, Franz
geb. 1913 in S.,
wohnh. in Putbus,
deutsche Staatsangehörigkeit,
verheiratet, 1 Kind im Alter von 12 Jahren,
angeblich nicht vorbestraft,
in dieser Sache in U-Haft seit dem 25.2.1953 {41}
in der VPHA Bützow-Dreibergen,
Haftbefehl erlassen am 25.2.1953 – Bl. 16 d.A. –

wird angeklagt

in den Jahren von 1951 bis 1952 in Putbus auf Rügen als Täter fortgesetzt handelnd die Durchführung der Wirtschaftsplanung dadurch gefährdet zu haben, daß er vorsätzlich Rohstoffe und Erzeugnisse entgegen dem ordnungsgemäßigen Wirtschaftsablauf beiseiteschaffte und im Werte minderte

und in *Tateinheit* damit

in Ausübung eines Gewerbes oder Berufes bewirtschaftete Rohstoffe *ohne* Bezugsberechtigung bezog und abgab.

Er hat

a) in den Jahren von 1951 und 1952 ca. 20-25 cbm. *Holz*, vornehmlich Kiefer und Eiche, in Form von Brettern, Kantholz und Leisten etc. an verschiedene Privatfirmen – beispielsweise Pl., Bahnhofshotel, Schlachtmeister Pa., den Mühlenbesitzer W. und mehrere andere Personen – abgegeben, *ohne* hierfür die erforderliche Bezugsberechtigung zu verlangen.

Für seinen eigenen Bedarf ließ er sich bei der Fa. W. in L. ein Boot bauen, für welches 3 cbm Eiche und 1 cbm Kiefernholz benötigt wurden. Eine Freigabe besaß er nicht.

b) im Jahre 1952 in seiner Eigenschaft als Sägewerkbesitzer und Bauunternehmer von dem Siedler Sch. 15 fm Nutzholz bezogen und an H., welcher einen Bau ausführte, abgegeben. Bezugsberechtigungen besaß der Beschuldigte nicht.

c) in den letzten Jahren eine erhebliche Menge Nutzholz auf seinem Lagerplatz derart schlecht gelagert, so daß 5 fm Werte so stark gemindert wurden, daß sie für Bauzwecke nicht mehr Verwendung finden können. Er ließ den Lagerplatz versumpfen, und zwar dadurch, daß er nicht für ausreichenden Wasserabfluß sorgte, so daß das Holz unter Wasser stand.
Durch den Bezug und die Abgabe von erheblichen Mengen Nutzholz sowie schlechte Lagerung wurden {42} wertvolle Rohstoffe von dem Beschuldigten im Sinne des § 1 beiseitegeschafft bzw. im Werte gemindert. Sie gingen dem Aufbau verloren.

Verbrechen gem. § 1 Abs. 1 Ziff. 3 u. § 4 Abs. 1 Ziff. 1 der WStVO, § 73 StGB:

Beweismittel:

1.) Geständnis des Beschuldigten W., Max Bl. 7-9 u. 24-27 d.A.
2.) *Urkunden*: Aktenvermerk und Gutachten des Kreisbauhofes Putbus Bl. 20-21 d.A.

Wesentliches Ermittlungsergebnis:
Der Beschuldigte W., Max
Der Beschuldigte ist 39 Jahre alt und von Beruf Bauingenieur. Er hat in seiner Eigenschaft als Sägewerkbesitzer und Bauunternehmer ein jährliches Einkommen von ca. DM 7.000,- bis DM 3.000,-. Er ist im Besitz einer Sägerei mit Grundstück, welches einen Einheitswert von DM 40.000,- hat. Er besuchte die Oberrealschule in Bergen bis zur Mittelreife und erlernte anschließend in 3 1/2-jähriger Lehrzeit den Beruf eines Zimmermanns. Im Anschluß hieran besuchte er 3 Jahre die Staatsbauschule in Stettin und schloß diese mit dem Staatsexamen als Bauingenieur ab. Sodann war er bei verschiedenen Baufirmen und Behörden beschäftigt.
Nach dem Zusammenbruch des Hitlerfaschismus begann er im Jahre 1945 mit dem Aufbau seines heutigen Unternehmens.
Vor 1933 war er Mitglied der SPD und der Zimmerer-Gewerkschaft. Während der Zeit des Hitlerfaschismus gehörte er der technischen Nothilfe an. Der NSDAP will er nicht angehört haben.
Nach 1945 wurde er Mitglied der SPD und nach erfolgter Vereinigung der beiden Arbeiterparteien Mitglied der SED, aus welcher er im Jahre 1950 austrat, um im Sommer 1951 der NDPD beizutreten.
Außerdem ist er Mitglied der demokratischen Sportbewegung und des Kulturbundes. {43}
Das wesentlichste des strafbaren Sachverhaltes ist erschöpfend im Tenor der Anklage enthalten.
Der Beschuldigte hat seine Besitzverhältnisse dazu benutzt, sich auf Kosten der Allgemeinheit und zum Schaden der Werktätigen persönlich zu bereichern.
Obzwar ihm – wie er in seinen Einlassungen zum Ausdruck bringt – bekannt war, daß Nutzholz eine besondere Bedeutung im Rahmen des 5-Jahrplanes hat und darüber hinaus einen Engpaß in unserer Wirtschaft darstellte, schaffte er erhebliche Mengen beiseite und fügte dadurch der Wirtschaftsplanung erheblichen Schaden. zu.
Das Motiv zu seinem Handeln dürfte unzweifelhaft kapitalistische Gewinnsucht darstellen.
Er ist deshalb entsprechend dem Unrechtsgehalt der Gesellschaftsgefährdung seines verbrecherischen Handelns zu bestrafen.

Es wird *beantragt:*

1.) Das Hauptverfahren vor dem Kreisgericht Bützow zu eröffnen und Termin zur Hauptverhandlung anzuberaumen.
2.) Die Untersuchungshaft aus den Gründen des Haftbefehls fortdauern zu lassen.

i.A.

(Schneider)
Staatsanwalt"

Das Kreisgericht Bützow verurteilte den damals Beschuldigten Max W. am 14.04.1953 zu einer Zuchthausstrafe von 5 Monaten unter gleichzeitiger Einziehung seines Vermögens. {44}

Anfang April 1953 wurde dem Angeklagten das Ermittlungsverfahren gegen die damals Beschuldigten Willi, Ilse und Heinrich K. vorgelegt. Der Angeklagte wußte, daß sich die Beschuldigten Willi und Ilse K. in Untersuchungshaft befanden. Obwohl er wußte, daß die Voraussetzungen der Untersuchungshaft nicht vorlagen, fertigte er die Anklage und beantragte in dieser Anklage gegen die Beschuldigten Willi und Ilse K. die Untersuchungshaft anzuordnen, statt die Aufhebung des Haftbefehls zu beantragen. Die Untersuchungshaft wurde daher weiter vollstreckt.

Die Anklage hatte folgenden Wortlaut:

„Staatsanwalt des
Kreises Bützow
348/53

Bützow, den 10.4.1953

Haftsache!
zu 1.) u. 2.)

An das
Kreisgericht
Bützow

Anklageschrift

1.) Der Gastwirt
K., *Willi*, Karl, Max, Walter
geb. 1905 in B.,
wohnh. in Bad Doberan,
deutsche Staatsangehörigkeit,
verheiratet, 3 Kinder im Alter von 4 1/2, 14 und 21 Jahren,
vorbestraft im Jahre 1946 mit einer Geldstrafe von DM 100,- wegen Holzdiebstahl,
in dieser Sache in U-Haft seit dem 26.2.1953 in der VPHA Bützow-Dreibergen,
Haftbefehl erlassen am 26.2.1953 – Bl. 22 d.A. – {45}

2.) Die Kontoristin
K., geb. B., *Ilse*, Wilma, Herta Minna,
geb. 1922 in R.,
wohnh. in Bad Doberan,
deutsche Staatsangehörigkeit,
verheiratet, 1 Kind im Alter von 4 1/2 Jahren,
angeblich nicht vorbestraft,
in dieser Sache in U-Haft seit dem 26.2.1953 in der VPHA Bützow-Dreibergen,
Haftbefehl erlassen am 26.2.1953 – Bl. 24 d.A. –

3.) Der Kellner
K., *Heinrich*, Gottlieb, August
geb. 1877 in B.,
wohnh. in Bad Doberan,
deutsche Staatsangehörigkeit,
verheiratet, 2 Kinder im Alter von 48 u. 27 Jahren,
angeblich nicht vorbestraft,

werden angeklagt

in den Jahren von 1948 bis 1953 in Bad Doberan als Täter fortgesetzt handelnd – teils selbständig und teils gemeinschaftlich – die Durchführung der Wirtschaftsplanung und die Versorgung der Bevölkerung dadurch gefährdet zu haben, daß sie vorsätzlich Erzeugnisse entgegen dem ordnungsgemäßigen Wirtschaftsablauf beiseiteschafften und

in *Tateinheit* damit

ohne in Ausübung eines Gewerbes oder Berufes zu handeln, vorsätzlich bewirtschaftete Erzeugnisse *ohne* Bezugsberechtigung bezogen.

Sie haben

die Beschuldigten zu 1.) und 2.)
in den Jahren von 1948 bis 1953 ca. 70 Ztr. Kartoffeln, 20-25 Ztr. *Kleie* und 35-40 Ztr. *Getreide* – vornehmlich Hafer, Gerste und Weizen – von ortsansässigen und fremden Bauern aufgekauft *ohne* im Besitz der für den Ankauf erforderlichen Bezugsberechtigung zu sein. {46}
Für das Getreide bezahlten sie pro Zentner ca. DM 25,- bis zu DM 32,-.
Die oben angeführten landwirtschaftlichen Erzeugnisse wurden ausnahmslos an den Vieh- und Geflügelbestand der Beschuldigten verfüttert. Durch diesen Aufkauf war es ihnen möglich, beispielsweise im Jahre 1952 4 Schweine zu mästen, wovon 2 Stück auf freie Spitzen an die VKAB abgeliefert wurden. Die Fütterung erfolgte teils durch den Beschuldigten zu 1.) und teils durch die Beschuldigte zu 2.

Der Beschuldigte zu 3.)
in dem Zeitraum von 1948 und 1952 insgesamt etwa 16 Ztr. Hafer, Gerste und Weizen *ohne* Bezugsberechtigung erworben. Das Getreide wurde zur Fütterung an den Geflügelbestand des Beschuldigten verwandt.

Verbrechen gem. § 1 Abs. 1 Ziff. 3 u. 5, Abs. 1 Ziff. 1 der WStVO,
§§ 73 u. 47 StGB.

Beweismittel:

Einlassungen des Beschuldigten K., Willi
Bl. 10-12 d.A.
Einlassungen der Beschuldigten K., Ilse
Bl. 13 u. 14 d.A.
Einlassungen des Beschuldigten K., Heinrich
Bl. 8 u. 9 d.A.

Wesentliches Ermittlungsergebnis:
1.) Der Beschuldigte K., Willi
Der Beschuldigte ist 47 Jahre alt und hat Volksschulbildung. In der elterlichen Gastwirtschaft erlernte er den Beruf als Kellner und legte später die Prüfung als Gastwirt ab. Von 1932 bis 1933 war er in Rostock als Reisevertreter beschäftigt; sodann nahm er seine Tätigkeit wieder im elterlichen Betrieb auf. Im Jahre 1946 pachtete er von seinem Vater, dem Beschuldigten zu 3.), dessen Sohn er ist, die Gastwirtschaft. Er {47} entrichtete die jährliche Pachtsumme von DM 200,-. Er ist im Besitz eines Pkw, einer Kegelbahn und dem Inventar der Gaststätte.
Der Beschuldigte gehörte von 1938 bis 1945 dem faschistischen NSKK an. Mitglied der NSDAP war er nicht.
Jetzt ist er weder Mitglied einer Partei noch Massenorganisation.

2.) Die Beschuldigte K., Ilse:
Die Beschuldigte ist 30 Jahre alt, von Beruf Kontoristin und hat Volksschulbildung. Sie ist die Ehefrau des Beschuldigten zu 1.). Nach erfolgter Lehrzeit war sie bis 1941 als Handlungsgehil-

fin bei verschiedenen Firmen tätig. Anschließend wurde sie zum RAD-Kriegsdienst verpflichtet, um später wiederum in ihrem Beruf beschäftigt zu sein. Vermögen besitzt sie nicht.
Die Beschuldigte hat sich in ihrem bisherigen Leben politisch nie betätigt. Sie gehört auch heute weder einer Partei noch einer Massenorganisation an.

3.) Der Beschuldigte K., Heinrich:
Der Beschuldigte ist 75 Jahre alt, von Beruf Kellner und hat Volksschulbildung. Nach abgeschlossener Lehrzeit war er bis zum Jahre 1897 in seinem Beruf tätig. Sodann genügte er seiner Militärpflicht. Er war später wiederum als Kellner und Lohndiener tätig. Im Jahre 1919 erwarb er zum Preise von DM 25.000,- die Gaststätte ‚Brandts Höh‘ in Bad Doberan, die er heute noch im Besitz hat.
Der Beschuldigte gehörte von 1938 bis 1945 der NSDAP an und war mit der Leitung der Volkswohlfahrt in Bad Doberan beauftragt. Kurze Zeit war er stellvertretender Ortsgruppenleiter.
Jetzt gehört er weder einer Partei noch Massenorganisation an.
Das wesentlichste des strafbaren Sachverhalts ist erschöpfend im Tenor der Anklage enthalten.
Den Beschuldigten war bekannt, daß Getreide ein bewirtschaftetes und bezugsbeschränktes Erzeugnis ist. Trotz dieser Tatsache kauften sie im Laufe der letzten Jahre erhebliche Mengen Getreide und {48} Kartoffeln auf und verfütterten sie an ihren Geflügel- und Viehbestand, für den sie nur eine unzureichende Futtergrundlage hatten.
Durch den Ankauf dieser Erzeugnisse war es ihnen möglich, Schweine auf freie Spitzen an die vKAB abzuliefern, wofür sie bedeutende Geldmittel erhielten.
Die strafbaren Handlungen tragen somit den Charakter der persönlichen Bereicherung. Kapitalistische ‚Geschäftstüchtigkeit‘ ist das Motiv ihres Handelns.
Um die großen Aufgaben im Rahmen des 5-Jahrplanes und dem planmäßigen Aufbau des Sozialismus in unserer Republik erfüllen zu können, darf derartiges Handeln nicht geduldet werden.
Den Beschuldigten muß daher durch ein entsprechendes Strafmaß das Gesellschaftsgefährdende ihres Handelns eindeutig zum Bewußtsein gebracht werden.

Es wird *beantragt:*
1.) Das Hauptverfahren vor dem Kreisgericht Bützow zu eröffnen und Termin zur Hauptverhandlung anzuberaumen.
2.) Die Untersuchungshaft aus den Gründen des Haftbefehls der Beschuldigten zu 1.) und 2.) fortdauern zu lassen.

i. A.

(Schneider)
Staatsanwalt“

Das Kreisgericht Bützow verurteilte am 25.02.1953 Willi K. zu einer Zuchthausstrafe von 1 Jahr und 3 Monaten und Vermögenseinziehung, während es für Ilse und Heinrich K. auf Gefängnisstrafen von je 4 Monaten erkannte. Darüber {49} hinaus erkannte es bei Heinrich K. auf Einziehung der Gaststätte „Brandts Höh“.

Am 16.04.1953 erhob der Angeklagte Anklage gegen die Besitzer des Schloßhotels Kühlungsborn Kurt und Hertha Sch., unter anderem wegen eines Verstoßes gegen die Wirtschaftsstrafverordnung. Dem Angeklagten war auch bei Erhebung dieser Anklage bewußt, daß es nur darum ging, dem damals Beschuldigten das Vermögen zu entziehen.

Die Anklage hatte folgenden Wortlaut:

„Staatsanwalt des
Kreises Bützow
51/53

Bützow, den 16.4.1953

Haftsache zu 1.)

An das
Kreisgericht
Bützow

Anklageschrift

1.) Der kaufmännische Angestellte, zuletzt Hotelbesitzer
S., Karl Albert *Kurt*,
geb. 1904 in W.,
wohnh. in Kühlungsborn,
deutsche Staatsangehörigkeit,
verheiratet, 1 Pflegesohn im Alter von 13 Jahren,
im Jahre 1947 eine Ordnungsstrafe in Höhe von DM 100,- (Tabakanbau),
in dieser Sache in U-Haft
in der Strafvollzugsanstalt Bützow-Dreibergen,

2.) die berufslose
S., verw. W.,
Martha, Wilhelmine, Margarethe, Frieda {50}
geb. 1911 in B.,
wohnh. in Kühlungsborn,
deutsche Staatsangehörigkeit,
verheiratet, 1 Pflegesohn im Alter von 13 Jahren,
angeblich nicht vorbestraft,

werden angeklagt

in den Jahren von 1951 bis 1953 in Kühlungsborn durch mehrere selbständige, teils in sich fortgesetzte Handlungen und gemeinschaftlich handelnd

1.) die Durchführung der Wirtschaftsplanung und die Versorgung der Bevölkerung dadurch gefährdet zu haben, daß sie vorsätzlich
   a) Erzeugnisse entgegen dem ordnungsgemäßigen Wirtschaftsablauf beiseiteschafften durch dieselbe Handlung
   b) in Ausübung eines Gewerbes oder Berufes handelnd, bewirtschaftete Erzeugnisse *ohne* Bezugsberechtigung bezogen und
   c) die von einer Dienststelle der Wirtschaftsverwaltung im Rahmen ihrer Ermächtigung geforderten Auskünfte über wirtschaftliche Verhältnisse und Vorgängen nicht erstatteten.

Sie haben von dem in Kühlungsborn wohnhaften Fleischereibetrieb N., 7,610 kg Fleisch und 1 kg Fett bezogen *ohne* im Besitz der für den Bezug erforderlichen Bezugsberechtigung zu sein. Das Fleisch wurde in ihrem persönlichen Haushalt verbraucht.
Des weiteren erhielten die Beschuldigten aufgrund der zwischen ihnen und dem FDGB abgeschlossenen Verträge, welche die Unterbringung und Verpflegung von erholungssuchenden Werktätigen zum Inhalt hatte, Lebensmittel verschiedener Art zugewiesen. Die Verwendung der Lebensmittel war zweckgebunden und hat restlos an die Werktätigen zur Ausgabe zu gelangen. Sie erübrigten jedoch mindestens 30 kg *Zucker* und 70 kg *Mehl.*
Auch verblieben ihnen ca. 70 kg *Briketts.*
Von den Nahrungsmitteln wurden laufend kleine Mengen entnommen, welche im Haushalt der Beschuldigten zur Zubereitung von Speisen Verwendung fanden. Von den {51} Briketts wurden laufend die Privaträume der Beschuldigten beheizt.

Die Beschuldigten unterließen es, eine Meldung über die Bestände der zuständigen Dienststelle der Wirtschaftsverwaltung zu machen, verbrauchten vielmehr einen Teil dieser Bestände und schafften sie somit im Sinne des !5 der WStVO beiseite.

Durch eine weitere selbständige Handlung

2.) gegen wirtschaftsregelnde Anordnungen, welche den Zahlungsverkehr zwischen dem Gebiet der DDR und dem übrigen Deutschland regeln und beinhalten, verstoßen zu haben, indem sie
Zahlungen an natürliche oder juristische Personen, die ihren Sitz in den westlichen Besatzungssektoren von Groß-Berlin haben, unter Umgehung der gesetzlich bestehenden Zahlungsbedingungen leisteten.
Beide Beschuldigten begaben sich im Oktober 1951 nach West-Berlin und erwarben für DM der Deutschen Notenbank in West-Berliner Geschäften
2 Fahrradschläuche, 2 Fahrraddecken, Damenwäsche und Zigaretten.
Die Höhe des Betrages, welcher in die westl. Sektoren ausgeführt wurde, ist dem Akteninhalt nicht zu entnehmen.
Das erworbene Gut wurde in das Gebiet der DDR eingeführt.

Durch weitere selbständige Handlung

3.) gegen wirtschaftsregelnde Anordnungen, welche den Zahlungsverkehr zwischen der DDR und dem übrigen Deutschland regeln, verstoßen zu haben, indem sie Geldforderungen – ohne Rücksicht auf ihre Fälligkeit – gegen natürliche oder juristische Personen, die ihren Sitz in den Westzonen Deutschlands haben, bis zum 31.1.1951 bei der Deutschen Notenbank nicht anmeldeten.

Sie haben zwei Hypotheken in Höhe von je DM 4.000,-,
welche auf den Grundstück ‚Schloß-Hotel‘ in Warnemünde lasten, bei der Deutschen Notenbank nicht angemeldet, obwohl es ihnen bekannt war, daß die Hypotheken-Gläubiger {52}
a) Frau Anneliese G. in Bayern und
b) Frau Ilse Hee. in Lübeck
wohnhaft sind.

zu 1.) Verbrechen/Vergehen gem. §§ 1 Abs. 1 Ziff. 3, 4 Abs. 1 Ziff. 1, 6 Abs. 1 Ziff. 1 der WStVO, §§ 73 und 47 StGB.

zu 2.) Vergehen gem. §§ 1, 2, 16 des Gesetzes zur Regelung des innerdeutschen Zahlungsverkehrs vom 15.12.1950 in Verbindung mit § 9 Abs. 1 der WStVO, § 47 StGB.

zu 3.) Vergehen gem. §§ 8 Abs. 1, 16 des Gesetzes zur Regelung des innerdeutschen Zahlungsverkehrs vom 15.12.1950 in Verbindung mit § 9 Abs. 1 der WStVO, § 47 StGB.
zu 1-3 verbunden durch § 74 StGB

Beweismittel:

Einlassungen des Beschuldigten S., Kurt
Bl. 7, 7a, 9 u. 9a d.A.
Einlassungen der Beschuldigten S., Martha
Bl. 26 u. 26 a-b d.A.

Wesentliches Ermittlungsergebnis:
Der Beschuldigte S., Kurt
Der Beschuldigte ist 48 Jahre alt, von Beruf kaufm. Angestellter und hat Volks- und Mittelschulbildung. Er ist der Ehemann der Beschuldigten zu 2.). Vermögen besitzt er – außer einer Briefmarkensammlung im Werte von DM 3.000,- – nicht. In seiner Eigenschaft als Hotelier hat er ein monatliches Netto-Einkommen in Höhe von ca. DM 300,-. Seine Ehefrau ist die Beschuldigte zu 2.), mit welcher er sich im Jahre 1945 verheiratete und ist im Besitz des ‚Schloßhotel‘ in Kühlungsborn. Er leitet mit dieser verantwortlich das obengenannte Hotel.

Der Beschuldigte gehörte von 1923 bis 1925 der Gewerkschaft der Deutschen Angestellten sowie dem {53} Zentralverband Deutscher Angestellten an. Während der Nazizeit war er von 1934 bis 1937 Mitglied im NSBO und dem Luftschutzbund. Darüber hinaus war er in der DAF organisiert. Der NSDAP will er nicht angehört haben.
Nach dem Zusammenbruch des Hitlerfaschismus wurde der Beschuldigte im Jahre 1950 Mitglied der NDPD, übte jedoch keine Funktion aus.
Einer anderen Organisation gehört er nicht an.

Die Beschuldigte S., Martha zu 2.)
Die Beschuldigte ist 41 Jahre alt, hat Volks- und Privatschulbildung und ist die Ehefrau des Beschuldigten zu 1.). Sie ist im Besitz des ‚Schloßhotel' in Kühlungsborn, welches einen Einheitswert von ca. DM 15.000,- hat. Die Belastungen, welche auf dem Hotel in Form von Hypotheken ruhen, betragen etwa DM 90.000,-. Nach erfolgter Schulentlassung war die Beschuldigte zunächst im Hotel ihrer Eltern tätig. Durch den Tod ihres ersten Ehemannes wurde sie Eigentümerin des ‚Schloßhotel' in Kühlungsborn.
Während der Nazizeit war die Beschuldigte Mitglied der NS-Frauenschaft (1935-1945). Eine Funktion will sie nicht ausgeübt haben. Nach 1945 trat sie weder einer Partei noch einer Massenorganisation bei.
Das wesentlichste des strafbaren Sachverhaltes ist erschöpfend im Tenor der Anklage enthalten.
Den beiden Beschuldigten wurde seitens staatl. Organe umfangreiches Vertrauen entgegengebracht, welches sie aufgrund der Tatsache, daß sie die im Rahmen der Verträge gelieferten Nahrungsmittel den erholungssuchenden Werktätigen entzogen und für ihre persönlichen Bedürfnisse verwandten.
Aus dieser Tatsache ist ihre antidemokratische und republikfeindliche Einstellung zu erkennen.
Im Vordergrund ihres Daseins stand die persönliche Bereicherung und selbst zufriedenes Leben, welches auf Kosten der Werktätigen geführt wurde.
Ihre im Hotel wohnhaften Mieter – nicht FDGB-Gäste oder private Urlauber – lassen sie in menschenunwürdigen Wohnräumen hausen. Verschiedene Anfragen dieser Mieter, die sich auf Renovierung der Räume bezogen, wurden mit zynistischen Redensarten ignoriert. {54}
Durch das Verbringen von Mark der Deutschen Notenbank in die Westsektoren Berlins, schädigten sie unmittelbar unsere Finanzwirtschaft und unterstützten die kriegstreiberischen Elemente Westdeutschlands.
Dem Unrechtsgehalt ihres verbrecherischen Handelns sind beide Beschuldigten entsprechend zu betrafen.

Es wird *beantragt:*

1.) Das Hauptverfahren vor dem Kreisgericht Bützow zu eröffnen und Termin zur Hauptverhandlung anzuberaumen.
2.) [6]

i.A.

gez. *Schneider*
(Schneider)
Staatsanwalt"

Das Kreisgericht Bützow verurteilte Kurt Sch. am 29.04.1953 zu einer Zuchthausstrafe von 1 Jahr und 5 Monaten und erkannte zugleich auf die Einziehung seines Vermögens sowie das von ihm und seiner Frau bewirtschafteten Hotels. Ob auch ein Urteil gegen Martha Sch. erging, ist nicht bekannt.

Zu Gunsten des Angeklagten ist die Kammer davon ausgegangen, da die Fortdauer der Untersuchungshaft nicht beantragt wurde, daß er sich bei Anklageerhebung über diese Frage keine Gedanken machte und somit eine Strafbarkeit wegen Freiheitsberaubung entfällt. {55}

Während des gesamten Laufs der sogenannten Aktion Rose war dem Angeklagten bekannt, daß die Aktion Rose lediglich das Ziel hatte, die Hotel- und Pensionsbesitzer zu enteignen. Der Angeklagte handelte in der Absicht, mit seiner Arbeit zum sozialistischen Aufbau der ehemaligen DDR beizutragen. Aus diesem Grunde wurden vom Angeklagten die Voraussetzungen der Wirtschaftsstrafverordnung nicht geprüft. Ausführungen zum Tatbestandsmerkmal der Gefährdung des Aufbaus der Wirtschaftsordnung fehlten oder waren abwegig. Allein der bloße Besitz von Lebensmitteln im Zusammenhang mit dem Eigentum an einem Hotel oder einer Pension reichten dem Angeklagten für eine Anklageerhebung aus.

Die von den Gerichten im einzelnen verhängten Strafen, die zum Teil sehr hoch waren, wurden nur zu einem geringen Teil verbüßt. In der Regel wurden die damals Beschuldigten nach Abschluß der Vermögensentziehung wieder auf freien Fuß gesetzt. In den Jahren nach 1953 wurden den damals Beschuldigten teilweise ihre Objekte zurückgegeben. Dabei verblieben die Objekte aber regelmäßig im Eigentum des Staates. Den damals Beschuldigten wurde die Möglichkeit eingeräumt, diese Objekte als Pächter zu nutzen.

III. [Beweiswürdigung]

Die Feststellungen zu den persönlichen Verhältnissen des Angeklagten beruhen auf dessen Einlassung. Diese {56} Einlassung war glaubhaft. Die Kammer hat sie ihren Feststellungen zugrundegelegt.

Im übrigen hat der Angeklagte sich wie folgt eingelassen:

Er habe sich bereits frühzeitig für eine Tätigkeit als Polizeibeamter interessiert. Er habe daher, nachdem sein Bruder ihn darauf angesprochen habe, eine Zeitlang als Kriminalbeamter gearbeitet. Eine Unterweisung in juristischen Fragen habe es nicht gegeben. Seine Kenntnisse habe er dadurch erworben, daß ältere Kollegen ihn angelernt hätten. Die Arbeit als Polizeibeamter habe ihm gefallen. Er sei mit ganz unterschiedlichen Delikten und Straftätern zusammengekommen. So habe er Fälle der Kleinkriminalität, aber auch Fälle von schwerer Kriminalität bearbeitet.

Die Ausbildung zum Volksrichter habe lediglich drei Monate gedauert. Diese Ausbildung sei dergestalt vonstatten gegangen, daß er drei Monate lang mehrere Stunden am Tag unterrichtet worden sei. Die Unterrichtung sei durch Mitarbeiter der SED erfolgt. Diese hätten ihn sowohl in Staatsbürgerkunde als auch in strafrechtlichen Fragen unterrichtet. Eine Leistungskontrolle bzw. Leistungsnachweise habe es nicht gegeben. Die Unterrichtung sei auch in größeren Gruppen erfolgt. Die Studenten hätten sich in der Regel darauf beschränkt, sich die Vorlesung der Dozenten anzuhören. Zu Diskussionsveranstaltungen über bestimmte juristische Themen sei es nicht gekommen. {57}

Er habe dann als Staatsanwalt gearbeitet und sei in unterschiedlichen Abteilungen tätig gewesen. In der Regel sei es so gewesen, daß erfahrene Kollegen ihn angeleitet hätten. Er sei während der ganzen Zeit seiner Tätigkeit lediglich beigeordneter Staatsanwalt gewesen. Er [habe] daher Verfügungen und Anklagen immer mit dem Zusatz „im Auftrag" unterschrieben.

Er habe gleichwohl selbständig arbeiten können. Bei Fragen habe er sich an seine Dienstvorgesetzten gewandt. In den verschiedenen Abteilungen, in denen er tätig gewesen sei, habe er wiederum völlig unterschiedliche Deliktsgruppen bearbeitet. Seine Arbeit als Staatsanwalt habe ihm Spaß gemacht. Er habe auch keine fachlichen Probleme gehabt. Bei Einzelfragen habe er mit seinen Vorgesetzten Rücksprache gehalten. Im Bereich des politischen Strafrechts sei er nicht eingesetzt gewesen.

Zum Arbeitsablauf bei der Staatsanwaltschaft hat der Angeklagte geschildert, die Akten seien in der Regel mit einem Ermittlungsergebnis und einem Abschlußbericht von der Polizei eingereicht worden. Er habe dann die abschließende Verfügung erarbeitet. Bei konkreten Ermittlungen vor Ort sei er nie zugegen gewesen. Bisweilen aber habe er das Ermittlungsergebnis der Polizeibeamten moniert. Insbesondere in Fällen, in denen der Erlaß von Haftbefehlen beantragt werden sollte. Wenn es hier an einem hinreichenden Tatverdacht bzw. an ausreichenden Ermittlungen dazu gefehlt habe oder ein Haftgrund nicht {58} bestanden habe, habe er die Akten in Einzelfällen an die Polizei zu weiteren Nachermittlungen zurückgesandt. Die Polizei, die insoweit weisungsgebunden gewesen sei, habe dann die notwendigen Ermittlungen durchgeführt.

Alles in allem habe sich die Arbeit bei der Staatsanwaltschaft als angenehm und problemlos dargestellt.

Anfang des Jahres 1953 habe ihn der Bezirksanwalt aus Rostock auf eine Abordnung nach Bützow angesprochen. Er habe ihm erklärt, er solle für einen Zeitraum von mehreren Wochen nach Bützow abgeordnet werden, um dort eine verstärkt auftretende Kriminalität zu bearbeiten. Da er beabsichtigt habe, im April des Jahres 1953 zu heiraten und in Schwerin eine Wohnung zu beziehen, habe er gebeten, von der Abordnung Abstand zu nehmen. Letztendlich sei ihm aber zugesagt worden, zu seiner Hochzeit Sonderurlaub zu bekommen, so daß er schließlich der Abordnung zugestimmt habe. Im übrigen habe er ohnehin keine Möglichkeit gehabt, sich der Abordnung zu widersetzen. Schließlich sei ihm auch mitgeteilt worden, ursprünglich sei eine Abordnung seiner Person nicht vorgesehen gewesen. Aufgrund der Tatsache, daß ein anderer Staatsanwalt erkrankt sei, sei eine Abordnung aber notwendig.

Er sei dann in Bützow eingesetzt worden. An das genaue Datum seines Einsatzes könne er sich nicht erinnern. Als {59} er in Bützow eingesetzt worden sei, sei die sogenannte Aktion Rose, von dem Namen Aktion Rose habe er erst einige Wochen später gehört, bereits am Laufen gewesen. In Bützow hätten bereits Staatsanwalt Streit, der Vertreter des damaligen Generalstaatsanwaltes war, sowie mehrere Staatsanwälte gearbeitet. Man habe ihm ein Büro zugewiesen. Täglich seien ihm die eingehenden Akten vorgelegt worden. Sämtliche Akten seien mit einem Handzettel versehen gewesen. Auf diesem Handzettel habe der Staatsanwalt Streit die Paragraphen angegeben, wonach Anklage erhoben werden solle.

Der Angeklagte hat sich weiter dahin eingelassen, er habe sodann in der Folgezeit täglich etwa zwei Anklagen erstellt. Bezüglich der einzelnen Anklage habe er die Akten sehr gründlich studiert. Er habe sich sehr viel Mühe gegeben. Ihm sei auch bekannt gewesen, daß sich die Mehrzahl der Beschuldigten in Untersuchungshaft befunden hätte. Bezüglich der juristischen Würdigung habe er sich allerdings ohne nähere Nachprüfung auf die Paragraphen bezogen, die Staatsanwalt Streit ihm auf dem Handzettel angegeben habe. Diese habe er in die Anklage übernommen. Dies habe er deshalb gemacht, weil ihm die Vorschriften der Wirtschaftsstrafverordnung nicht geläufig seien. Aus seiner vorherigen Tätigkeit als Staatsanwalt habe er nur geringfügige Kenntnisse des Wirtschaftsstrafrechts gehabt. {60}

Was im einzelnen aus den Anklagen geworden sei, wisse er nicht. Er habe die im Anklagesatz aufgeführten Anklagen jedenfalls erstellt. An Gerichtsverhandlungen habe er seines Wissens nur in einem Fall mitgewirkt. Die Urteile in den verschiedenen Strafsachen habe er nicht gekannt. Lediglich zu einer Berufungsverhandlung sei er als Staatsanwalt eingesetzt worden. Bezüglich des dort zu stellenden Antrages habe ihm Staatsanwalt Streit konkrete Vorgaben gemacht. Er habe sich in der Hauptverhandlung gewundert, daß die Strafe recht hoch gewesen sei. Andererseits sei es in der damaligen DDR gang und gäbe gewesen, daß Personen, die zum Beispiel geringwertige Gegenstände gestohlen hätten, drakonisch bestraft worden seien. Dies habe im Zusammenhang damit gestanden, daß in der Zeit relativ kurz nach dem Krieg Lebensmittel in der ehemaligen DDR Mangelware gewesen seien. Mit seinen Arbeitskollegen, die er im einzelnen gar nicht gekannt habe, habe er sich über die sogenannte Aktion Rose nicht unterhalten. Es könne sein, daß es zu Dienstbesprechungen gekommen sei. Er könne sich aber nicht erinnern, daß er an einer Dienstbesprechung teilgenommen habe. Die Ziele und Hintergründe der Aktion Rose seien ihm daher zu dem damaligen Zeitpunkt nicht bekannt gewesen. Er habe sich im übrigen bei der Arbeit auch über diese sogenannte Aktion Rose keinerlei Gedanken gemacht. Er habe lediglich nach Anweisung von Staatsanwalt Streit die Anklagen erstellt und Staatsanwalt Streit vorgelegt. Dieser habe die Anklagen weitergeleitet. {61}

Soweit diese Einlassung mit den getroffenen Feststellungen im Widerspruch steht, ist sie durch die in der Hauptverhandlung durchgeführte Beweisaufnahme widerlegt worden. Die Tatsache, daß der Angeklagte als Staatsanwalt bei der Aktion Rose teilgenommen und die ihm in der Anklage vorgeworfenen Anklagen erstellt hat, steht zur Überzeugung der Kammer fest aufgrund der insoweit glaubhaften Einlassung des Angeklagten. Soweit der Angeklagte sich dahin eingelassen hat, er habe erst an der Aktion Rose in Bützow teilgenommen, als diese schon begonnen habe, und er sei als ermittelnder Staatsanwalt nicht eingesetzt gewesen, wird diese Einlassung widerlegt durch den Abschlußbericht des Staatsanwalt Streit. In einer Anlage zum Abschlußbericht des Staatsanwalts Streit vom 2. Mai 1953, welche in der Hauptverhandlung verlesen wurde, befindet sich eine Übersicht, aus der sich ergibt, wann welche Staatsanwälte im Rahmen der Aktion Rose eingesetzt wurden. Dieser Übersicht ist zu entnehmen, daß der Angeklagte und der Staatsanwalt Dettmann vom 10.02. bis zum 15.04. bzw. 17.04.1953 teilgenommen haben. Vergleicht man die Daten bezüglich der Zeit der Abordnung, ergibt sich aus dieser Übersicht, daß sämtliche anderen Staatsanwälte wesentlich später an der Aktion Rose teilgenommen haben, abgesehen von dem die Aktion Rose seitens der Staatsanwaltschaft leitenden Staatsanwalt Josef Streit. Die Kammer ist zu der festen Überzeugung gelangt, daß diese Übersicht zutreffend ist. Dabei hat die Kammer durchaus gesehen, daß der Abschlußbericht vom stellvertretenden Generalstaats-{62}anwalt der damaligen DDR geschrieben wurde. Der Abschlußbericht ist aber, darauf hat auch der Sachverständige Prof. Dr. Müller, nachdem der Abschlußbericht in der Beweisaufnahme erörtert wurde, in seinem mündlich erstatteten Gutachten hingewiesen, sehr detailreich. Der Abschlußbericht stellt minutiös die gesamte abgelaufene Aktion Rose dar.

In diesem Abschlußbericht werden viele Einzelheiten der Aktion Rose mitgeteilt. Insbesondere werden auch eine Vielzahl von Problemen bei der Aktion Rose bis ins einzelne genau dargelegt. Dies erscheint der Kammer auch nachvollziehbar, da die Aktion Rose damals nur eine von vielen gleichartigen Aktionen war, wie der Sachverständige Prof. Dr. Müller und der Sachverständige Zeuge Dr. Müller überzeugend dargelegt haben. Es war daher seitens des damaligen Leiters der Aktion folgerichtig und nachvollziehbar, den Ablauf der Aktion genau darzustellen. Dies belegen auch die Zitate aus dem Abschlußbericht, in denen auf Fehler hingewiesen wird. Die Kammer hatte daher keinen Zweifel daran, daß der Inhalt des Abschlußberichtes des Staatsanwalts Streit in allen Punkten zutreffend ist. Dies ergibt sich des weiteren daraus, daß sich der Abschlußbericht der Generalstaatsanwaltschaft deckt mit dem Abschlußbericht der Bezirksbehörde der Volkspolizei Rostock – Einsatzleitung Rose –, was der Sachverständige Prof. Dr. Müller in seinem mündlich erstatteten Gutachten überzeugend dargelegt hat. Damit aber ist die Einlassung des Angeklagten widerlegt, wonach er erst später für einen {63} wegen Krankheit ausgeschiedenen Kollegen an der Aktion Rose teilgenommen haben will.

Die Kammer ist auch zu der Überzeugung gelangt, daß die insoweit abgegebene Einlassung des Angeklagten falsch ist. Zwar hat die Kammer gesehen, daß aufgrund des Zeitablaufes Schwierigkeiten für den Angeklagten bestanden, Einzelheiten in bezug auf seine Tätigkeit bei der Aktion Rose wiederzugeben. Nach einem Ablauf von 45 Jahren ist dies verständlich und nachvollziehbar. Andererseits fiel beim Einlassungsverhalten des Angeklagten auf, daß dieser sich an bestimmte Dinge, zum Beispiel die Tatsache, daß sich an jeder Akte, welche er zur Bearbeitung erhielt, ein sogenannter Handzettel des stellvertretenden Generalstaatsanwalts befand, erinnern konnte, obwohl der Angeklagte im Rahmen der Aktion Rose nach seiner eigenen Einlassung eine Vielzahl von Akten bearbeitet haben will. Gleichwohl konnte er sich an diesen angeblichen Umstand noch genau erinnern. Dann aber hätte dem Angeklagten auch in Erinnerung bleiben müssen, daß er bereits ganz zu Anfang der Aktion Rose beteiligt war. Insbesondere unter Berücksichtigung der Tatsache, daß das Kreisgericht Bützow wegen der Aktion Rose ganz erheblich aufgestockt wurde, hätte dem Angeklagten auffallen müssen, daß zunächst nur relativ wenige Personen, nämlich er, Staatsanwalt Streit und Staatsanwalt Dettmann, im Gerichtsgebäude mit der Fertigung der Anklagen beauftragt waren. Der Angeklagte versucht mit dieser Art der Einlassung nach Auffassung der Kammer offensichtlich, {64} seinen Tatbeitrag geringfügiger darzustellen. Die Kammer ist daher zu der festen Überzeugung gelangt, daß der Angeklagte bereits ganz zu Beginn der Aktion Rose an dieser beteiligt war.

Die Kammer ist nach dem Ergebnis der Beweisaufnahme auch zu der Überzeugung gelangt, daß der Angeklagte um die Ziele der Aktion Rose Bescheid wußte. Insbesondere wußte er, daß ein sogenanntes justizförmiges Verfahren lediglich vorgeschoben werden sollte, um die Hotel- und Pensionsbesitzer kurzfristig zu inhaftieren und zu enteignen.

Dies folgt zum einen aus dem überzeugenden Gutachten des Sachverständigen Prof. Dr. Müller. Bei dem Sachverständigen handelt es sich um einen Historiker, der an der Universität Rostock unter anderem neuere deutsche Geschichte lehrt. Der Sachverständige Prof. Dr. Müller hat in seinem Gutachten überzeugend die Hintergründe der Aktion Rose dargestellt. Er hat diese so geschildert, wie sie in den Feststellungen niedergelegt sind. Der Sachverständige hat ebenfalls angegeben, bei der Aktion Rose seien vornehmlich junge Staatsanwälte eingesetzt worden. Dies habe dem russischen Vorbild entsprochen, wonach unter Berücksichtigung der Lehre Stalins die Politik in erster Linie von jungen Leuten vorangetrieben werden solle. Bei den bei der Aktion Rose eingesetzten Polizeibeamten, Staatsanwälten und Richtern habe es sich regelmäßig um SED-Mitglieder gehandelt. Diesen sei von {65} vornherein klargemacht worden, daß die Hotel- und Pensionsbesitzer „Volksschädlinge“ seien, die man enteignen müsse, um deren Eigentum der Partei und damit dem Staat zum Aufbau der DDR zuzuführen. Der Sachverständige Prof. Dr. Müller hat ebenfalls überzeugend ausgeführt, daß am Kreisgericht in Bützow extra Räume für die Richter und Staatsanwälte geschaffen wurden. Er hat überzeugend geschildert, daß auch ein Sonderzug für den Gefangenentransport von Rügen nach Bützow eingesetzt wurde. Er hat des weiteren ausgeführt, man habe bei der Aktion Rose nur systemtreue Staatsanwälte und Richter eingesetzt. Man habe jegliches Risiko, wonach die Aktion scheitern könne, ausschließen wollen.

Aus diesem Grunde seien nur Richter und Staatsanwälte eingesetzt worden, die absolut systemtreu gewesen seien. Bei auftretenden Zweifeln an der Systemtreue habe man die Richter und Staatsanwälte ausgetauscht. In den entsprechenden Berichten der Volkspolizei und des Staatsanwalts Streit seien diese Richter und Staatsanwälte als „formal und versöhnlerisch“ bezeichnet worden. Damit habe man Richter bzw. Staatsanwälte gemeint, die im Einzelfall die Tatbestandsvoraussetzungen der Wirtschaftsstrafverordnung oder aber die Voraussetzung der Untersuchungshaft geprüft hätten.

Diesen Ausführungen ist die Kammer gefolgt und hat sie ihren Feststellungen zugrundegelegt. Bei dem Sachverständigen Prof. Dr. Müller handelt es sich um einen Historiker. Gründe, weshalb dieser nicht über den nötigen Sachverstand verfügen sollte, waren für die Kammer nicht {66} erkennbar. Das mündlich erstattete Gutachten deckte sich übrigens in weiten Teilen mit den Ausführungen des sachverständigen Zeugen Dr. Müller. Anhaltspunkte dafür, daß das Gutachten fehlerhaft sein könnte, konnte die Kammer nicht feststellen. Darüber hinaus wird das Gutachten gestützt durch den Abschlußbericht der Generalstaatsanwaltschaft der Deutschen Demokratischen Republik vom 2. Mai 1953.

Dieser auszugsweise verlesene Abschlußbericht legt im einzelnen dar, daß nur Staatsanwälte und Richter eingesetzt wurden, die absolut systemtreu waren. So werden Beispielsfälle dargelegt, wonach Richter durchaus Bedenken hatten, Haftbefehle zu erlassen bzw. wonach Richter „formal und versöhnlerisch“ handelten bzw. nicht genügend gefestigt waren. Auch aus diesen Tatsachen folgert die Kammer, daß nur systemtreue Staatsanwälte und Richter eingesetzt wurden.

Die Kammer ist auch zu der festen Überzeugung gelangt, daß der Angeklagte an Arbeitsbesprechungen teilgenommen hat. Im Bericht des Staatsanwalts Streit ist dazu mitgeteilt, daß von Anfang an wöchentlich, und zwar jeden Mittwoch, gemeinsame Besprechungen abgehalten wurden.

Es heißt dazu im Abschlußbericht:

> „Von Anfang an wurden wöchentlich, und zwar jeden Mittwoch, gemeinsame Besprechungen abgehalten. In diesen Besprechungen wurden Zeitungsschauen durchgeführt und anschließend die notwendigen Arbeitsberatungen abgehalten. {67}

Diese gemeinsamen Beratungen zwischen den Genossen Richtern, Staatsanwälten und technischen Kräften haben sich bewährt und wesentlich zu der schnellen Beendigung der umfangreichen Arbeit beigetragen."

Auch aus diesem Vermerk im Abschlußbericht des stellvertretenden Generalstaatsanwalts folgt, daß es sehr wohl regelmäßige Besprechungen gegeben hat. Angesichts der gesamten Planung und Durchführung der Aktion Rose war dies aus der Sicht damaligen Initiatoren der Aktion Rose auch nur folgerichtig und nachvollziehbar. Es ist daher davon auszugehen, daß auch der Angeklagte an solchen Arbeitsbesprechungen teilgenommen hat. Dies folgert die Kammer daraus, daß ein solcher Umstand im Abschlußbericht des Staatsanwalts Streit nicht erwähnt ist. Aufgrund dieses Abschlußberichtes ist auch die Einlassung des Angeklagten widerlegt, wonach alle von ihm zu bearbeitenden Akten mit einem Handzettel des Staatsanwalts Streit versehen waren. Zum einen erscheint es mehr als zweifelhaft, ob Staatsanwalt Streit alle Akten gelesen hat, zum anderen fanden regelmäßige Dienstbesprechungen statt, die anderenfalls überflüssig gewesen wären. Wenn der Angeklagte, wie von ihm behauptet, an der Dienstbesprechung nicht teilgenommen hätte, hätte dieser Umstand Ausnahmecharakter besessen. Deshalb ist davon auszugehen, daß dies im Abschlußbericht seinen Niederschlag gefunden hätte. Aufgrund der Regelmäßigkeit und der Bedeutung der Dienstbesprechung ist auch nicht nachvollziehbar, daß der Angeklagte sich daran trotz des {68} Zeitablaufes nicht erinnert. Schließlich hätte die Tatsache, daß der Angeklagte im Einzelfall hätte angewiesen werden müssen, sicher seinen Niederschlag im Abschlußbericht gefunden. Dies folgert die Kammer daraus, daß der Abschlußbericht sehr detailreich gehalten ist. Es wird auf sehr viele Einzelpunkte konkret eingegangen. Hätte daher der Angeklagte im Rahmen der Aktion Rose nicht so gehandelt, wie es die Parteiführung von ihm verlangt und erwartet hätte, wäre dies mit Sicherheit erwähnt worden.

Dieses Beweisergebnis wird im weiteren gestützt durch die Ausführungen des sachverständigen Zeugen Dr. Müller. Der sachverständige Zeuge Dr. Müller hat seine Dissertation über die Lenkung der *Strafjustiz* der DDR am Beispiel der Aktion Rose geschrieben.

Auch der sachverständige Zeuge Dr. Müller hat in seiner uneidlichen Aussage bekundet, die Aktion Rose sei sehr gut geplant gewesen. Es seien nur systemtreue Richter und Staatsanwälte eingesetzt worden. Man habe im Vorfeld genaue Untersuchungen angestellt und Richter bzw. Staatsanwälte, welche nicht systemtreu gewesen wären, kurzfristig ausgewechselt. Aus diesem Grunde könne davon ausgegangen werden, daß jeder der beteiligten Richter und Staatsanwälte die Ziele der Aktion Rose genau gekannt habe.

Auch diesen Ausführungen ist die Kammer gefolgt. Sie decken sich sowohl mit dem Abschlußbericht der {69} Volkspolizeibehörde, des Stellvertretenden Generalstaatsanwalts sowie den Ausführungen des Sachverständigen Prof. Dr. Müller. Anhaltspunkte, wonach diese Angaben falsch sein könnten, konnte die Kammer nicht feststellen. Darüber hinaus wird die Auffassung der Kammer, wonach es sich bei der Aktion Rose um eine Aktion handelte, bei der es lediglich um die kurzfristige Inhaftierung zum Zwecke der Enteignung von Hotel- und Pensionsbesitzern ging, gedeckt durch die Aussagen der weiteren in der Hauptverhandlung vernommenen Zeugen. Aus diesen ergibt sich, daß auch weiten Teilen der Bevölkerung die Ziele der Aktion Rose bekannt waren. Der

Zeuge U. hat uneidlich bekundet, er sei damals Hotelbesitzer gewesen. Mitarbeiter der Volkspolizei seien am frühen Morgen in sein Hotel gekommen. Man habe ihn ohne Angabe von Gründen festgenommen und weggebracht. Er habe damals den Eindruck gehabt, daß keinerlei Verdachtsmomente gegen ihn vorgelegen hätten. Sein Hotel sei ohne erkennbaren Grund durchsucht worden. Er sei, ohne daß ihm eine strafbare Handlung vorgeworfen wurde, inhaftiert worden. Wenig später sei er dann zu einer Freiheitsstrafe verurteilt worden. Für ihn sei damals klar gewesen, daß einziges Ziel dieser Aktion gewesen sei, ihn zu enteignen. Dies folgere er daraus, daß ihm ein konkreter strafrechtlicher Vorwurf nicht gemacht worden sei. Darüber hinaus sei es auch sämtlichen anderen Hotel- und Pensionsbesitzern in Graal-Müritz, wo er damals gewohnt habe, so gegangen. Rechtsschutzmöglichkeiten gegen das Vorgehen der Volkspolizei habe er damals nicht gehabt. {70}

Dieser uneidlichen Aussage ist die Kammer gefolgt. Dabei hat die Kammer durchaus gesehen, daß die Bekundungen des Zeugen einen Sachverhalt betreffen, der mittlerweile 45 Jahre zurückliegt. Die Kammer hatte aber durchaus den Eindruck, daß der Zeuge sich recht gut erinnern konnte. Dies erscheint auch nachvollziehbar, da das Vorgehen der Volkspolizei einen gravierenden Eingriff für den Zeugen darstellte, den dieser noch recht gut in Erinnerung hatte. Der Zeuge hat sich im weiteren um seine Rehabilitierung bemüht und ist nach der Wende rehabilitiert worden. Auch daraus hat die Kammer geschlossen, daß der Zeuge während der vergangenen 45 Jahre diesen Vorfall mit Sicherheit behalten und nicht vergessen hat. Bedenken gegen die Glaubwürdigkeit des Zeugen hatte die Kammer auch nicht unter dem Gesichtspunkt, daß es sich um ein Opfer der Aktion Rose handelte. Die Kammer hatte nicht den Eindruck, daß der Zeuge eine einseitige Belastungstendenz im Hinblick auf den Angeklagten hat erkennen lassen. Der Zeuge hat lediglich angegeben, er habe die damalige Aktion als großes Unrecht empfunden. Eine Verbitterung über die von seiten der DDR Beteiligten an der Aktion war zum jetzigen Zeitpunkt nicht mehr zu erkennen. Auch unter diesem Gesichtspunkt geht die Kammer nicht davon aus, daß der Zeuge eine Falschaussage gemacht hat. Er hat selbst dazu angegeben, es gehe ihm in erster Linie darum, daß darauf hingewiesen werde, daß dies damals Unrecht gewesen sei. Er selbst wolle aber noch nicht einmal, daß die Beteiligten an dieser Aktion heute noch bestraft würden. Letztendlich {71} hat die Kammer der Zeugenaussage des Zeugen U. geglaubt und daraus den Schluß gezogen, daß auch ihm das Ziel der Aktion Rose sehr wohl bekannt war. Dann aber erscheint es unglaubwürdig, daß es dem Angeklagten, einem Beteiligten an der Aktion Rose, nicht bekannt war.

Darüber hinaus wird das so gefundene Beweisergebnis verstärkt durch die Aussage der Zeugin M. Die Zeugin M. hat in ihrer uneidlichen Aussage geschildert, sie sei im Frühjahr des Jahres 1953 morgens gegen 6.30 Uhr geweckt worden. Ein Mitarbeiter der Volkspolizei habe sie geweckt. Er habe ihr erklärt, sie sei festgenommen. Sie solle ihre Koffer packen. Das Hotel würde sie ohnehin nie wieder betreten. Anschließend sei sie festgenommen worden. Sie sei dann zunächst zu 7 Jahren und dann in einer Berufungsverhandlung zu 5 Jahren Haft verurteilt worden. In der Hauptverhandlung habe der Richter sie als „Volksschädling“ beschimpft. Sie sei von diesem angeschrieen worden. Sie habe zwar einen Verteidiger gehabt. Gleichwohl habe sie den Eindruck gehabt, daß es nur darum gegangen sei, sie zu enteignen. Sie habe gar keine Möglichkeit gehabt, sich im Prozeß zu äußern. Wenn sie Angaben gemacht hätte, habe sie der Richter sofort angeschrieen. Sie habe den Eindruck gehabt, das Urteil habe bereits zu Beginn der Verhandlung festgestanden.

Sie sei dann insgesamt ein Jahr inhaftiert worden.

Auch in dieser Aussage ist die Kammer gefolgt und hat sie ihren Feststellungen zugrundegelegt. {72}

M. konnte sich noch nach 45 Jahren recht gut erinnern. Die Kammer hatte keinen Grund, der Zeugin nicht glauben.

Auch hierbei hat die Kammer gesehen, daß die Zeugin damals Opfer der Aktion Rose gewesen ist. Die Zeugin hat aber in ihrer Aussage eindeutig zu erkennen gegeben, sie wolle heute keine Bestrafung der damals beteiligten Personen mehr. Ihr würde es ausreichen, wenn man sich wenigstens einmal bei ihr entschuldigen würde, da sie das Vorgehen der Verantwortlichen der Aktion Rose damals als ungeheuerlich empfunden habe.

Auch diese Aussagen hat die Kammer daher ihren Feststellungen zugrundegelegt.

Letztendlich wird die Überzeugung der Kammer, wonach es sich bei der Aktion Rose um keine echte Strafverfolgung, sondern um eine Aktion handelte, die einen ganz anderen Zweck verfolgte, gestützt durch die Aussage des Zeugen Dr. V. Bei dem Zeugen Dr. V. handelt es sich um einen Rechtsanwalt, der in verschiedenen Verfahren in Bützow als Verteidiger von Opfern der Aktion Rose aufgetreten ist. Der Zeuge Dr. V. hat zum Verfahrensablauf angegeben, die Verfahren seien sehr zügig durchgeführt worden. Akteneinsicht habe man als Verteidiger nur unmittelbar vor der Verhandlung erhalten. Die Verhandlungen seien in der Regel so abgelaufen, daß allen Beteiligten klar gewesen wäre, daß die Urteile {73} bereits feststanden. Wenn die Angeklagten kein Geständnis abgelegt hätten, habe der Vorsitzende lapidar lediglich darauf hingewiesen, daß sich ein solches jedenfalls bei der Akte befinde. Dieses Geständnis habe er sodann verlesen und ein Urteil verkündet. Verfahrensrügen, insbesondere die Rüge, wonach es sich bei der Kammer in Bützow um Sondergerichte gehandelt habe, habe man lediglich zur Kenntnis genommen. Darauf eingegangen sei man aber nicht.

Aus den gleichen Gründen hätten auch Rechtsmittel gegen die Entscheidungen kaum Erfolg gehabt. Die wesentlichen Entscheidungen, wonach die Beschuldigten in Untersuchungshaft zu verbleiben hätten bzw. das Vermögen eingezogen worden sei, seien auch im Berufungsrechtszug nie abgeändert worden. Darüber hinaus sei die Terminierung so kurzfristig erfolgt, daß seitens der Verteidigung eine Vorbereitung der Verhandlung nicht habe stattfinden können. Die Verfahren der Aktion Rose hätten sich, was den Verfahrensablauf anging, auch sehr stark von anderen Strafverfahren, welche in der ehemaligen DDR durchgeführt worden seien, abgehoben. Die politische Zielsetzung, wonach Personen kriminalisiert werden sollten, sei eindeutig gewesen.

Auch dieser Aussage ist die Kammer gefolgt. Dabei hat die Kammer durchaus gesehen, daß auch der Zeuge Dr. V. zum damaligen Zeitpunkt in einer ganz bestimmten „parteiischen" Rolle aufgetreten ist. Bei dem Zeugen Dr. V. handelt es sich aber um einen seit langer Zeit {74} tätigen und sehr erfahrenen Strafverteidiger. Der Zeuge war sich nach Auffassung der Kammer der Tragweite seiner Aussage bewußt. Anhaltspunkte, wonach der Zeuge etwas Falsches gesagt haben könnte, konnte die Kammer nicht feststellen. Im übrigen deckt sich der Eindruck, den der insoweit sachverständige Zeuge von dem Verfahren hatte, mit den Eindrücken der übrigen Zeugen sowie der Einschätzung der Sachverständigen.

Schließlich mußte dem Angeklagten die Rechtswidrigkeit der Aktion Rose auch nach Kenntnis der Akten bekannt sein. Aus dem Inhalt der vom Angeklagten erstellten Anklagen ergibt sich, daß eine Enteignung von Hotel- bzw. Pensionsbesitzern bereits erfolgen sollte, wenn diese über einen Zeitraum von mehreren Jahren Lebensmittel besessen hatten. Daß sich die Menge der Lebensmittel von dem eines Einzelhaushalts abhob, ergab sich schon zwanglos daraus, daß ein Hotelbesitzer zur Aufrechterhaltung seines Betriebes wesentlich mehr Lebensmittel halten muß als ein gewöhnlicher Haushalt. Die Anwendung der Wirtschaftsstrafverordnung durch den Angeklagten kam daher einem Verbot des Gastgewerbes gleich. Dieser Umstand ist so offensichtlich, daß ihn auch der Angeklagte erkannt haben muß.

Dafür spricht letztlich auch der Brief eines Bürgers aus Sellin. In diesem anonymen Brief, dessen Echtheit der sachverständige Zeuge Dr. Müller, der den Brief eingesehen hat, bestätigt hat, wird die Stimmung von weiten Teilen an der Ostsee wohnenden Bevölkerung wiedergegeben, was der sachverständige Zeuge Dr. Müller glaubhaft und {75} nachvollziehbar dargelegt hat. In Übereinstimmung damit hat auch der Sachverständige Prof. Dr. Müller bekundet, die Aktion Rose sei von der Bevölkerung als großes Unrecht empfunden worden.

Wenn aber weiten Teilen der Bevölkerung die Rechtswidrigkeit der Aktion Rose bekannt war und das Vorgehen der Justiz als großes Unrecht empfunden wurde, muß der Angeklagte als Staatsanwalt erst recht gewußt haben, daß die Aktion Rose mit Strafverfolgung nichts zu tun hatte, sondern nur politischen Zwecken diente.

Die Feststellungen zu den in den Einzelfällen ergangenen Urteilen beruhen auf der Verlesung der Urteilstenorierungen, an deren Richtigkeit die Kammer keine Zweifel hatte.

Unter Berücksichtigung all dieser vorgenannten Umstände, insbesondere des Einlassungsverhaltens des Angeklagten sowie der gewürdigten Beweise hatte die Kammer letztendlich keinen vernünftigen Zweifel, wonach der Angeklagte die ihm zur Last gelegten Taten begangen hat. Weitere Ansatzpunkte für eine Aufklärung des Sachverhalts hat die Kammer nicht gesehen. Die weiteren im damaligen Verfahren tätigen Verteidiger sowie Opfer sind mittlerweile, soweit die Kammer recherchieren konnte, verstorben. Die damals geführten Ermittlungsakten sind ebenfalls nicht mehr auffindbar. Die Kammer hatte daher keine weiteren Aufklärungsmöglichkeiten. Angesichts der durchgeführten Beweisaufnahme sah die Kammer allerdings {76} auch keinen Anlaß, den Sachverhalt noch weitergehend aufzuklären. Die weiteren zum Gegenstand der Hauptverhandlung gemachten Beweismittel, es handelt sich um die auszugsweise Verlesung eines Urteils des Bundesverfassungsgerichtes, haben das Beweisergebnis nicht beeinflussen können.

Die Einlassung des Angeklagten ist damit, soweit sie mit den Feststellungen in Widerspruch steht, widerlegt worden.

IV. [Rechtliche Würdigung]

Nach den getroffenen Feststellungen hat sich der Angeklagte in sämtlichen Fällen der Rechtsbeugung strafbar gemacht. In den Fällen, in denen er es unterließ, die Aufhebung von bereits bestehenden Haftbefehlen zu beantragen, hat er sich tateinheitlich dazu der Freiheitsberaubung in mittelbarer Täterschaft strafbar gemacht. Der Angeklagte hat, statt die Aufhebung der Haftbefehle zu beantragen, Anklage erhoben und die Fortdauer der Untersuchungshaft beantragt. Die Kammer sah hier ein strafbares Unterlassen des Angeklagten, da er als Staatsanwalt verpflichtet war, die Aufhebung der Haftbefehle zu beantragen. Der Schwerpunkt des dem Angeklagten vorzuwerfenden Verhaltens liegt dabei eindeutig auf einem Unterlassen. {77}

Die Tatsache, daß der Angeklagte seine Anklagen mit dem Zusatz „im Auftrag" unterzeichnete, beseitigt dabei seine Täterschaft nicht. Er war befugt, selbständig Anklage zu erheben bzw. die Freilassung von Beschuldigten zu veranlassen.

Im übrigen wollte er mit seiner Arbeit die Aktion Rose unterstützen und handelte folglich mit Täter- und nicht bloß mit Gehilfenvorsatz.

V. [Strafzumessung]

Bei der Strafzumessung hat die Kammer zunächst den Strafrahmen des § 244 StGB/DDR zugrunde gelegt. Dieser sieht Freiheitsstrafe nicht unter 6 Monaten vor.

Dabei hat die Kammer gesehen, daß nach den Grundsätzen der strikten Alternativität von StGB und StGB/DDR eine Verurteilung auf Bewährung in § 244 StGB/DDR nicht vorgesehen ist. Es war daher zunächst eine Gesamtstrafe gemäß §§ 336, 239 Abs. 2, 52 Abs. 2 und 53 StGB zu bilden. Zu Gunsten des Angeklagten hat die Kammer den Strafrahmen des § 244/DDR zugrundegelegt. Dieser sieht eine Freiheitsstrafe nicht unter 6 Monaten vor.

Die Kammer hat zu Gunsten des Angeklagten gewertet, daß sämtliche von ihm begangenen Straftaten sehr lange zurück liegen. Zu Gunsten des Angeklagten hat sie des {78} weiteren gewertet, daß es für den Angeklagten mit erheblichen Unannehmlichkeiten verbunden gewesen wäre, sich einer Abordnung und einer Teilnahme an der Aktion Rose zu widersetzen. Darüber hinaus war zu Gunsten des Angeklagten sein hohes Alter zu werten. Schließlich ist der Angeklagte durch das Verfahren in der Öffentlichkeit recht bekannt geworden. Aus diesem Grunde stellt das Verfahren für den Angeklagten eine ganz erhebliche Belastung dar, da er eine der wenigen Personen ist, die als Beteiligter an der Aktion Rose noch leben und dafür zur Verantwortung gezogen werden.

Unter Abwägung all dieser Umstände hielt die Kammer in den Fällen, in denen der Angeklagte lediglich eine Rechtsbeugung begangen hat, die Verhängung der Mindeststrafe von 6 Monaten, sowie in den Fällen, in denen der Angeklagte zusätzlich eine Freiheitsberaubung begangen hat, die Verhängung einer Freiheitsstrafe von 7 Monaten für tat- und schuldangemessen. Aus dem dann verbleibenden Strafrahmen von 7 Monaten bis zu 75 Monaten hat die Kammer dann eine Gesamtstrafe gebildet, wobei es die höchste Einsatzstrafe angemessen erhöht hat. Dabei hat die Kammer erneut die gesamte Persönlichkeit des Angeklagten berücksichtigt. Schließlich mußte berücksichtigt werden, daß der Angeklagte von vornherein beabsichtigte, in allen von ihm zu bearbeitenden Fällen nur zu Gunsten der SED zu handeln und somit in allen Fällen von Anfang an fest entschlossen war, eine Rechtsbeugung bzw., sofern es sich um Haftsachen handelte, eine Freiheitsberaubung zu {79} begehen. Unter Berücksichtigung dieser Tatsache kommen die Einzelhandlungen des Angeklagten einer „fortgesetzten" Handlung nahe.

Die Kammer hat daher die Einsatzstrafe von 7 Monaten angemessen auf eine Gesamtfreiheitsstrafe von

1 Jahr und 3 Monaten

erhöht.

Diese Gesamtfreiheitsstrafe konnte selbstverständlich zur Bewährung ausgesetzt werden.

Vergleicht die Kammer daher die so gefundene Gesamtstrafe mit der einer nach ehemaligem DDR-Recht zu bildenden Hauptstrafe, handelt es sich bei der gefundenen Gesamtstrafe um die für den Angeklagten günstigere Regelung, so daß als mildere Sanktion eine Gesamtfreiheitsstrafe von 1 Jahr und 3 Monaten zu verhängen war.

Anmerkungen

1 Vgl. Anhang S. 1042.
2 Vgl. Anhang S. 1046.
3 Die Wirtschaftsstrafverordnung – WStVO – stammt vom 23.9.1948 (vgl. ZVOBl. 1948 Nr. 41, S. 439ff.).
4 Im Original. Gemeint ist wohl das Nationalsozialistische Kraftfahrkorps (NSKK).
5 Im Original.
6 Der zweite Punkt des Antrags fehlt im Original.

Inhaltsverzeichnis
Revisionsurteil des Bundesgerichtshofs vom 9.7.1998, Az. 4 StR 599/97

Bundesgerichtshof 9. Juli 1998
Az.: 4 StR 599/97

URTEIL

In der Strafsache gegen

Reinhold Schneider aus S.,
geboren 1924 in Z.,

wegen Beihilfe zur Rechtsbeugung {2}

Der 4. Strafsenat des Bundesgerichtshofs hat in der Sitzung vom 9. Juli 1998, an der teilgenommen haben:

⊗ Es folgt die Nennung der Verfahrensbeteiligten. ⊗

für Recht erkannt: {3}

1. Auf die Revision des Angeklagten wird das Urteil des Landgerichts Rostock vom 23. Juni 1997
   a) im Schuldspruch dahin geändert, daß der Angeklagte in neun Fällen der Beihilfe zur Rechtsbeugung schuldig ist,
   b) im Strafausspruch mit den Feststellungen aufgehoben.
2. Im Umfang der Aufhebung wird die Sache zu neuer Verhandlung und Entscheidung, auch über die Kosten des Rechtsmittels, an eine andere Strafkammer des Landgerichts zurückverwiesen.
3. Die weitergehende Revision wird verworfen.

Von Rechts wegen

Gründe

Das Landgericht hat den Angeklagten wegen „Rechtsbeugung in neun Fällen, davon in fünf Fällen in Tateinheit mit Freiheitsberaubung in je einem Fall und in zwei weiteren Fällen in Tateinheit mit Freiheitsberaubung in je zwei Fällen“ zu einer Gesamtfreiheitsstrafe von einem Jahr und drei Monaten verurteilt, deren Vollstreckung es zur Bewährung ausgesetzt hat.[1] {4}

I. [Zu den erstinstanzlichen Sachverhaltsfeststellungen]

⊗ Es folgt eine Darstellung der erstinstanzlichen Sachverhaltsfeststellungen. ⊗ {6}

II. [Zu den Rügen]

1. Der strafrechtlichen Ahndung der Taten des Angeklagten im Zusammenhang mit der „Aktion Rose“ stehen keine Verfahrenshindernisse entgegen. Insbesondere ist keine Verfolgungsverjährung eingetreten. Die Verjährung hat mit Rücksicht auf ein in der

Staatspraxis der DDR wurzelndes quasigesetzliches Verfolgungshindernis geruht. Die Verfolgung ist auch nicht durch in der DDR erlassene Amnestien ausgeschlossen (vgl. BGHSt 41, 247, 248 m.w.N.[2]).

2. Die Revision des Angeklagten, mit der er die Verletzung sachlichen Rechts rügt, ist unbegründet, soweit sie sich gegen die vom Landgericht getroffenen Feststellungen wendet und die Beweiswürdigung beanstandet. Insofern hat die Nachprüfung des Urteils aufgrund der Revisionsrechtfertigung keinen Rechtsfehler ergeben. {7}

3. Den Vorwurf der Freiheitsberaubung hat der Senat mit Zustimmung des Generalbundesanwalts gemäß § 154a Abs. 2 StPO aus der Strafverfolgung ausgeschieden.

4. Hinsichtlich der dem Schuldspruch wegen Rechtsbeugung zugrundeliegenden Rechtsanwendung hat die Revision teilweise Erfolg. Entgegen der Auffassung des Landgerichts hat sich der Angeklagte durch die Erhebung der Anklage in den neun Strafverfahren der „Aktion Rose“, die Gegenstand des angefochtenen Urteils sind, nicht der täterschaftlich begangenen Rechtsbeugung schuldig gemacht.

a) Der Angeklagte war als Staatsanwalt zwar Beamter im Sinne des § 336 StGB (in der zur Tatzeit in der DDR geltenden Fassung des Strafgesetzbuchs vom 15. Mai 1871; vgl. RGSt 69, 213, 214), wie er auch die täterschaftlichen Voraussetzungen der Nachfolgevorschriften des § 244 StGB-DDR (vom 12. Januar 1968)[3] und des § 339 StGB n.F. erfüllte. Auch oblag ihm mit der Entscheidung über die Anklageerhebung in den ihm zugewiesenen Verfahren im Sinne dieser Vorschriften die Entscheidung einer Rechtssache. Dieses Tatbestandsmerkmal, das voraussetzt, daß der Täter wie ein Richter in einem rechtlich vollständig geregelten Verfahren zu entscheiden hat und dabei einen gewissen Grad sachlicher Unabhängigkeit genießt, ist bei staatsanwaltschaftlichen Einstellungsverfügungen und auch bei Anklageerhebungen ehemaliger DDR-Staatsanwälte im Regelfall erfüllt (BGHSt 40, 169, 177; 41, 247, 249). Umstände, die hier eine andere Beurteilung rechtfertigen könnten, sind auch unter Berücksichtigung der engen Führung und Überwachung der an der „Aktion Rose“ beteiligten Richter und Staatsanwälte nicht gegeben. {8}

b) Durch die Erhebung der Anklagen in den in Rede stehenden neun Fällen hat der Angeklagte aber nicht selbst das Recht gebeugt:

aa) Bei der Prüfung, ob sich ein Richter oder Staatsanwalt der DDR-Justiz der Rechtsbeugung gemäß § 336 StGB in der zur Tatzeit geltenden Fassung oder (ab 1. Juli 1968) des § 244 StGB-DDR bzw. des § 339 StGB n.F. schuldig gemacht hat, ist – schon bei der Prüfung des objektiven Tatbestandes, im übrigen im Hinblick auf die innere Tatseite – zu berücksichtigen, daß es um die Beurteilung von Handlungen geht, die in einem anderen Rechtssystem vorgenommen worden sind. Die besonderen Züge dieses Rechtssystems sind bei der Prüfung der Frage, ob die Handlung gesetzwidrig im Sinne des § 244 StGB-DDR gewesen ist bzw. im Sinne des § 336 StGB vom 15. Mai 1871 oder des § 339 StGB n.F. das Recht gebeugt hat, zu beachten. An einer gesetzwidrigen Entscheidung wie auch an einer Beugung des Rechts hat es grundsätzlich gefehlt, wenn die Handlung des Richters oder Staatsanwalts vom Wortlaut des Rechts der DDR gedeckt war. Das gilt regelmäßig auch, soweit der Wortlaut des Gesetzes – wie in vielen Vorschriften – mehrdeutig war. Das System der auf Vereinheitlichung und Durchsetzung der sozialistischen Zielsetzung gerichteten Einflußnahmen ist zu berücksichtigen; da diese Einflußnahmen im Einklang mit der Staatszielbestimmung der DDR-Verfassung standen, kann eine Gesetzesverletzung nicht schon darin gefunden werden, daß sich der Staatsanwalt oder Richter von solchen Einflüssen hat bestimmen lassen. Auch ist zu beachten, daß es bei der Auslegung von Normen auf die Auslegungsmethoden der DDR, nicht auf die der Bundesrepublik Deutschland ankommt (BGHSt 40, 30, 40 f.[4]; 40, 169, 177, 179). {9}

Hiervon ausgehend ist eine Bestrafung von Richtern und Staatsanwälten der DDR wegen Rechtsbeugung nur in Fällen möglich, in denen die Rechtswidrigkeit der Entscheidung so offensichtlich war und insbesondere die Rechte anderer, hauptsächlich ihre Menschenrechte, derart schwerwiegend verletzt worden sind, daß sich die Entscheidung als Willkürakt darstellt. Als durch Willkür gekennzeichnete offensichtliche schwere Menschenrechtsverletzungen sind Fälle zu bewerten, in denen Straftatbestände unter Überschreitung des Gesetzeswortlauts oder unter Ausnutzung ihrer Unbestimmtheit bei der Anwendung derart überdehnt worden sind, daß eine Bestrafung, zumal mit Freiheitsstrafe, als offensichtliches Unrecht anzusehen ist. Ferner wird eine willkürliche Menschenrechtsverletzung in dem dargelegten Sinne anzunehmen sein, wenn die verhängte Strafe in einem unerträglichen Mißverhältnis zu der Handlung gestanden hat, so daß die Strafe, auch im Widerspruch zu Vorschriften des DDR-Strafrechts, als grob ungerecht erscheinen muß. Des weiteren ist an schwere Menschenrechtsverletzungen im Hinblick auf die Art und Weise der Durchführung von Verfahren, insbesondere Strafverfahren, sowie an Fälle zu denken, in denen die Strafverfolgung und die Bestrafung überhaupt nicht der Verwirklichung von Gerechtigkeit (Art. 86 der DDR-Verfassung), sondern der Ausschaltung des politischen Gegners oder einer bestimmten sozialen Gruppe gedient haben (BGHSt 40, 30, 43).

bb) Bei Anlegung dieser Maßstäbe gilt für den Angeklagten:

Eine Rechtsbeugung kann nicht schon darin gesehen werden, daß der Angeklagte die von ihm verfaßten Anklagen überhaupt auf die Vorschriften der Wirtschaftsstrafverord-{10}nung der DDR vom 23. September 1948 gestützt hat. Allerdings begegnen die vage gehaltenen Tatbestandsbeschreibungen dieser Verordnung – jedenfalls in einer weiten Auslegung und zumal aus heutiger Sicht – rechtsstaatlichen Bedenken (vgl. auch BVerfGE 11, 150, 164). Mit Blick auf die wirtschaftlichen Verhältnisse der Nachkriegs- und Besatzungszeit verstößt die Wirtschaftsstrafverordnung indes – trotz ihrer weitreichenden Verbote und harten Sanktionen – nicht als solche gegen überpositives Recht.

Sodann kann dem Angeklagten Rechtsbeugung auch nicht mit der Begründung vorgeworfen werden, daß die von ihm angeklagten Taten die Tatbestände der Wirtschaftsstrafverordnung nicht erfüllt hätten oder die Beschuldigten dieser Taten nicht hinreichend verdächtig gewesen wären:

Nach den Ergebnissen der polizeilichen Durchsuchungen und Beschlagnahmen bestand in allen vom Angeklagten angeklagten Fällen der hinreichende Verdacht, daß die betroffenen Beschuldigten – entsprechend den Vorwürfen der jeweiligen Anklagen – bewirtschaftete Rohstoffe oder Erzeugnisse ohne Bezugsberechtigung bezogen oder abgegeben und auch die Tathandlungen des § 1 Abs. 1 Nr. 1 und/oder 2 WStVO begangen hatten. Bezogen auf diese Tatbestände erscheint zwar bei einer rechtsstaatlichem Verständnis verpflichteten Rechtsanwendung in der einen oder anderen vom Angeklagten angeklagten Sache zweifelhaft, ob durch die den Beschuldigten vorgeworfenen Handlungen die erforderliche konkrete Gefahr (OGSt 1, 257, 258; 2, 246, 247) für die Durchführung der Wirtschaftsplanung oder die Versorgung der Bevölkerung entstanden war. Ob dies der Fall war, bedarf hier indes keiner Entscheidung. Denn jedenfalls hat der Angeklagte mit der Bejahung der erforderlichen konkreten Gefahr in keinem {11} Fall den Straftatbestand des § 1 Abs. 1 WStVO derart überdehnt, daß schon die Erhebung der Anklage als offensichtliches, lediglich als Willkürakt zu begreifendes Unrecht und schwerwiegender Verstoß gegen Menschenrechte anzusehen wäre. Daß die Anklagen objektiv nicht als reine Willkürakte bewertet werden können und schon als solche den Vorwurf der Rechtsbeugung verdienen, zeigt sich bereits daran, daß ohne sie auch eine *angemessene* strafrechtliche Ahndung der angeklagten – und jedenfalls aus der Sicht der Zeit strafwürdigen – Verhaltensweisen (etwa mit Geldstrafen in leichten Fällen oder auch mit kurzen Freiheitsstrafen) nicht möglich gewesen wäre.

5. Der Angeklagte hat sich aber – was das Landgericht nicht erörtert hat und von seinem Ansatz aus auch nicht zu erörtern brauchte – durch seine Beteiligung an der „Aktion Rose" der Beihilfe zur Rechtsbeugung schuldig gemacht. Dabei stellt sich jede Anklage, die das Landgericht als täterschaftlich begangene Rechtsbeugung gewertet hat, als ein selbständiger Fall der Beihilfe dar.

a) Die mit den Verfahren befaßten Richter des Kreisgerichts Bützow haben – auch bei Anlegung der gebotenen strengen Maßstäbe – in jedem der neun dem Angeklagten angelasteten Fälle durch die Verurteilung der Beschuldigten zu Zuchthaus- oder Gefängnisstrafen unter gleichzeitiger Anordnung der Vermögenseinziehung eine tatbestandsmäßige Rechtsbeugung begangen.

Allerdings erweisen sich die Urteile gegen die Hoteliers und Pensionsinhaber nicht schon deswegen als tatbestandsmäßig im Sinne des zur Tatzeit geltenden § 336 StGB (vom 15. Mai 1871), weil die Beschuldigten der angeklagten {12} Vergehen und Verbrechen nach der Wirtschaftsstrafverordnung schuldig gesprochen worden sind. Die Schuldsprüche mögen im Einzelfall bei einer rechtsstaatlichen Grundsätzen entsprechenden Auslegung bedenklich oder rechtsfehlerhaft sein. Die Feststellungen des Landgerichts tragen aber nicht den Vorwurf, daß die Richter die Straftatbestände der Wirtschaftsstrafverordnung unter Überschreitung des Wortlauts der angewandten Vorschriften oder unter Ausnutzung ihrer Unbestimmtheit derart überdehnt hätten, daß schon die Schuldsprüche nur als offensichtliches Unrecht angesehen werden könnten.

Der Rechtsbeugung haben sich die an der „Aktion Rose" beteiligten Richter in den hier in Rede stehenden Fällen aber mit Blick auf die von ihnen festgesetzten Rechtsfolgen schuldig gemacht. Diese stehen zu dem von den Hoteliers und Pensionsinhabern durch die Verstöße gegen die Wirtschaftsstrafverordnung verwirklichten Unrecht in einem derart unerträglichen Mißverhältnis, daß sie – auch unter Berücksichtigung der wirtschaftlichen Verhältnisse der Nachkriegszeit und der durch sie beeinflußten Wertvorstellungen – als grob ungerecht und offensichtlich willkürlich erscheinen. Das gilt besonders augenfällig – aber nicht nur – für die Sachen, in denen mit Blick auf die eher geringe Menge der (zudem über einen langen Zeitraum) insgesamt beiseite geschafften geschützten Güter die Taten erkennbar von geringer Schwere waren und sich bei unvoreingenommener Betrachtung die Annahme minder schwerer Fälle aufgedrängt hätte, mit der Folge, daß Vermögenseinziehung und Zuchthausstrafe als Rechtsfolgen von vornherein nicht in Betracht gekommen wären. {13}

Entsprechend dem vom Landgericht festgestellten Zweck der Aktion haben sich die beteiligten Richter bei der Entscheidungsfindung erkennbar nicht von dem Bemühen um die Festsetzung von dem Unrechtsgehalt der Taten und der Schuldschwere angemessenen Sanktionen leiten lassen. Es ging ihnen vielmehr ausschließlich darum, unter Mißbrauch des Strafrechts das von der politischen Führung vorgegebene, verfahrensfremde Ziel der Enteignung der Hoteliers und Pensionsbesitzer zu erreichen. Schon dies allein rechtfertigt – unabhängig von dem Ausmaß des Mißverhältnisses zwischen Tatschwere und verhängter Sanktion im Einzelfall – den Vorwurf der Rechtsbeugung.

b) Der Angeklagte hat durch die Erhebung der Anklagen in den hier in Rede stehenden neun Fällen den im Hauptverfahren tätigen Strafrichtern zu den von ihnen begangenen Taten der Rechtsbeugung im Sinne des zur Tatzeit geltenden § 49 StGB – wie auch der Nachfolgevorschriften des § 22 Abs. 2 Nr. 3 StGB-DDR und des § 27 StGB – Beihilfe geleistet. Seine Unterstützung hat er – wie § 49 StGB (in der im Jahre 1953 gültigen Fassung) es voraussetzt – wissentlich erbracht. Nach den vom Landgericht getroffenen Feststellungen war er aufgrund der zu Beginn der „Aktion Rose" erfolgten Einweisung und der regelmäßigen Dienstbesprechungen über deren Sinn und Zweck unterrichtet, so daß ihm bewußt war, daß die von ihm mit der Anklageerhebung eingeleiteten Verfahren entsprechend diesem Zweck mit gesetzwidrigen und rechtsbeugenden Entscheidungen abgeschlossen würden.

Daß die Anklageerhebungen durch den Angeklagten nicht selbst tatbestandsmäßige Rechtsbeugungen waren, steht der Strafbarkeit dieser Handlungen unter dem Gesichtspunkt der Beihilfe zur Rechtsbeugung nicht entgegen. Auch wenn er {14} sich mit den Anklagen nicht selbst der (täterschaftlichen) Rechtsbeugung schuldig gemacht hat, stellen sich diese Handlungen als Förderung fremder rechtswidriger Taten ihrerseits als rechtswidrig dar. Ein rechtmäßiges Verhalten – durch Verweigerung der Anklagen oder der Beteiligung an der „Aktion Rose" – wäre dem Angeklagten auch dann zumutbar gewesen, wenn er als Folge eines solchen Verhaltens Nachteile für sein berufliches Fortkommen als Staatsanwalt hätte befürchten müssen. Nach den Feststellungen des sachverständig beratenen Landgerichts hat es auch kritische, als „formal und versöhnlerisch" bezeichnete Richter und Staatsanwälte gegeben, die erhebliche Skrupel wegen der gewählten Vorgehensweise hatten und die daraufhin ausgetauscht wurden, ohne daß ihnen etwa Strafverfolgung gedroht hätte (vgl. auch Müller, Die Lenkung der Strafjustiz durch die SED-Staats- und Parteiführung der DDR am Beispiel der Aktion Rose 1995, S. 147 ff.).

6. Der Senat ändert den Schuldspruch entsprechend. § 265 StPO steht dem nicht entgegen, weil der Angeklagte sich insoweit nicht wirksamer als geschehen hätte verteidigen können. Die Änderung des Schuldspruchs führt – schon {15} wegen der obligatorischen Strafmilderung nach § 27 StGB – zur Aufhebung des Strafausspruchs.

Anmerkungen

1 Vgl. lfd. Nr. 7-3.
2 Vgl. lfd. Nr. 5-2.
3 Vgl. Anhang S. 1046.
4 Vgl. lfd. Nr. 1-2.

Inhaltsverzeichnis
Urteil nach Zurückverweisung des Landgerichts Rostock vom 21.6.1999, Az. II KLs 40/98

Landgericht Rostock 21. Juni 1999
Az.: II KLs 40/98
191 Js 21263/93 StA Schwerin

URTEIL[1]

Im Namen des Volkes

In der Strafsache *gegen*

Reinhold Schneider
geboren 1924 in Z.,

wegen Beihilfe zur Rechtsbeugung

hat die 2. Große Strafkammer des Landgerichts Rostock in der Hauptverhandlung vom 21. Juni 1999, an der teilgenommen haben:

⊗ Es folgt die Nennung der Verfahrensbeteiligten. ⊗ {2}

für *Recht* erkannt:

Der Angeklagte Reinhold Schneider wird wegen Beihilfe zur Rechtsbeugung in neun Fällen zu einer Gesamtfreiheitsstrafe von

8 – acht – Monaten

verurteilt.
Die Vollstreckung der Freiheitsstrafe wird zur Bewährung ausgesetzt.
Der Angeklagte trägt die Kosten des Verfahrens, jedoch nur 2/3 der im Revisionsverfahren entstandenen Kosten und notwendigen Auslagen, im übrigen fallen insoweit die Kosten und notwendigen Auslagen des Staatskasse zur Last.

Angewendete Vorschriften:
§§ 339; 27; 49 Abs. 1 Nr. 3; 53; 54; 56 StGB
Artikel 315 EGStGB, § 2 Abs. 3 StGB

Gründe

(abgekürzt gem. § 267 Abs. 4 StPO)

I. [Anklagevorwurf und bisheriger Verfahrensverlauf]

⊗ Es folgt eine Darstellung des Anklagevorwurfs sowie des bisherigen Verfahrensverlaufs. ⊗

II. [Feststellungen zur Person]

⊗ Es folgt eine Darstellung der erstinstanzlichen Feststellungen zur Person des Angeklagten. ⊗ {9}

III. [Feststellungen zur Sache]

Nachdem der Bundesgerichtshof die Revision des Angeklagten, soweit sie sich gegen die tatsächlichen Feststellungen und die Beweiswürdigung im Urteil der 3. Großen Strafkammer vom 23.06.1997 richtete, als unbegründet verworfen hat, stehen nachfolgende Feststellungen für die nunmehr zur Entscheidung berufene Kammer fest:

⊗ Es folgt eine Darstellung der erstinstanzlichen Sachverhaltsfeststellungen. ⊗ {58}

IV. [Rechtliche Würdigung]

Nach den getroffenen Feststellungen hat sich der Angeklagte unter Beachtung der für die Kammer gemäß § 358 Abs. 1 StPO bindenden rechtlichen Beurteilung durch den Bundesgerichtshof wegen Beihilfe zur Rechtsbeugung in neun Fällen schuldig gemacht.

V. [Strafzumessung]

Die Kammer hat durch einen Vergleich der einschlägigen Strafvorschriften des StGB-DDR und des StGB das mildere Gesetz bestimmt, das anzuwenden ist, wenn es – wie vorliegend – vor der Entscheidung zu einer Gesetzesänderung gekommen ist, Art. 315 Abs. 1 EGStGB, § 2 Abs. 3 StGB.

§ 244 StGB-DDR[2] sah für den Tatbestand der Rechtsbeugung Freiheitsstrafe bis zu fünf Jahren vor. Die gesetzliche Mindeststrafe betrug gemäß § 40 Abs. 1 Satz 2 StGB-DDR 6 Monate Freiheitsstrafe; auf eine Freiheitsstrafe von drei bis sechs Monaten konnte nach § 40 Abs. 2 Satz 1 StGB-DDR nur erkannt werden, wenn die verletzte Strafrechtsnorm auch Strafen ohne Freiheitsentzug androht. Dies sah § 244 StGB-DDR allerdings nicht vor.

Gemäß § 22 Abs. 4, Satz 1 StGB-DDR konnte für Beihilfe die Strafe nach den Grundsätzen über die außergewöhnliche Strafmilderung (§ 62 StGB-DDR) herabgesetzt werden. Diese Grundsätze ermöglichten eine Milderung bis auf das gesetzliche Mindestmaß der angedrohten Strafart. {59}

Somit wäre es bei Anwendung der genannten Vorschriften des StGB-DDR nicht möglich, auf eine Freiheitsstrafe von weniger als sechs Monaten zu erkennen.

Demgegenüber sieht § 339 StGB zunächst Freiheitsstrafe von einem bis zu fünf Jahren vor.

Gemäß § 27 Abs. 2 Satz 2 StGB ist die Strafe für den Gehilfen nach § 49 Abs. 1 StGB zu mildern, so daß sich ein Strafrahmen von 3 Monaten bis 3 Jahre und 9 Monate Freiheitsstrafe ergibt.

Da dies die mildere Bestrafung des Angeklagten zuläßt, hat die Kammer die Vorschriften des StGB ihrer Entscheidung zugrundegelegt.

Bei der Strafzumessung im engeren Sinne hat die Kammer in ganz erheblichem Maße strafmildernd berücksichtigt, daß die abzuurteilenden Taten inzwischen mehr als 46

Jahre zurückliegen. Zugunsten des Angeklagten sprach weiterhin sein hohes Alter und die Tatsache, daß er nicht vorbestraft ist und ein arbeitsames, rechtschaffenes Leben geführt hat. Ferner ist mildernd in Rechnung gestellt worden, daß die völlig unzureichende Ausbildung im Strafrecht in einem kurzen Lehrgang von nur drei Monaten dem Angeklagten den Blick für die Tragweite seiner staatsanwaltlichen Tätigkeit verstellt haben mag. Schließlich hat das Gericht auch die überlange Dauer des Verfahrens, die der Angeklagte nicht zu vertreten hat, mildernd berücksichtigt.

Zu Lasten des Angeklagten sprach hingegen, daß er sich der Beteiligung an der „Aktion Rose“ nicht entzogen hat, obwohl dies, wie er wußte, möglich gewesen wäre, ohne daß {60} er hierbei berufliche oder private Nachteile zu besorgen hatte.

Da die schuldmindernden Aspekte deutlich überwiegen, waren die jeweiligen Einzelstrafen aus dem unteren Bereich des gefundenen Strafrahmens zu wählen. Hierbei hat die Kammer geprüft, ob die Verhängung von kurzen Freiheitsstrafen unerläßlich im Sinne des § 47 Abs. 1 StGB war.

Besondere Umstände, die in der Persönlichkeit des Angeklagten liegen und die deshalb eine Freiheitsstrafe erfordern würden, konnte die Kammer nicht erkennen.

Etwas anderes gilt jedoch für die besonderen Umstände der Tat. Auch für einen Unrechtsstaat wie die DDR war die generalstabsmäßig geplante rechtswidrige Enteignung einer Vielzahl von Menschen und ihre damit einhergehende Kriminalisierung im Rahmen der „Aktion Rose“ ein besonders perfides Beispiel für die skrupellose Durchsetzung politischer Machtinteressen.

Insbesondere bei der älteren Generation stößt diese Aktion auch heute noch vielfach auf Ablehnung oder völliges Unverständnis. Im Hinblick auf diese schwerwiegenden Besonderheiten wäre die Verhängung einer Geldstrafe für das allgemeine Rechtsempfinden schlechthin als unverständlich erschienen.

Unter Abwägung aller vorgenannter Gesichtspunkte hielt die Kammer somit hinsichtlich Ziffer 2 der Anklageschrift eine Freiheitsstrafe von

6 Monaten {61}

für tat- und schuldangemessen, da der Angeklagte in diesem Fall in der Berufungsverhandlung gegen Alma M. und Gertrud Ma. selbst als Sitzungsvertreter der Staatsanwaltschaft teilgenommen und eine maßlos überzogene Zuchthausstrafe von fünf Jahren beantragte, auf die das Bezirksgericht Schwerin auch erkannte.

In den übrigen acht Fällen hat das Gericht eine Freiheitsstrafe von

jeweils 4 Monaten

für tat- und schuldangemessen erachtet. Somit ergibt sich für die zu bildende Gesamtfreiheitsstrafe ein Strafrahmen von 7 Monaten bis zu 3 Jahren und 1 Monat Freiheitsstrafe.

Nach nochmaliger gründlicher und umfassender Abwägung aller für und gegen den Angeklagten sprechenden Umstände hielt das Gericht die Verhängung einer Gesamtfreiheitsstrafe von

8 Monaten

für ausreichend, aber auch für erforderlich, um dem Angeklagten das Unrecht seiner Taten vor Augen zu führen.

Die Vollstreckung der Freiheitsstrafe war selbstverständlich zur Bewährung auszusetzen; hierzu bedarf es keiner weiteren Ausführungen. {62}

Anmerkungen

1 Die Seitennummerierung des Originals ist falsch. Die textlich richtige Reihenfolge lautet S. 49, 51, 52, 50.

2 Vgl. Anhang S. 1046.

FSC
www.fsc.org
MIX
Papier | Fördert gute Waldnutzung
FSC® C083411

Kolibri 360 GmbH
Ferdinand-Jühlke-Straße 7
99095 Erfurt, Deutschland
produktsicherheit@kolibri360.de